# Direito Penal Decifrado

**PARTE GERAL**

O GEN | Grupo Editorial Nacional – maior plataforma editorial brasileira no segmento científico, técnico e profissional – publica conteúdos nas áreas de concursos, ciências jurídicas, humanas, exatas, da saúde e sociais aplicadas, além de prover serviços direcionados à educação continuada.

As editoras que integram o GEN, das mais respeitadas no mercado editorial, construíram catálogos inigualáveis, com obras decisivas para a formação acadêmica e o aperfeiçoamento de várias gerações de profissionais e estudantes, tendo se tornado sinônimo de qualidade e seriedade.

A missão do GEN e dos núcleos de conteúdo que o compõem é prover a melhor informação científica e distribuí-la de maneira flexível e conveniente, a preços justos, gerando benefícios e servindo a autores, docentes, livreiros, funcionários, colaboradores e acionistas.

Nosso comportamento ético incondicional e nossa responsabilidade social e ambiental são reforçados pela natureza educacional de nossa atividade e dão sustentabilidade ao crescimento contínuo e à rentabilidade do grupo.

Cláudia Barros **Portocarrero** & Filipe **Ávila**

# Direito Penal Decifrado

COORDENAÇÃO
Cláudia Barros
Filipe Ávila
Rogério Greco

2ª edição

PARTE GERAL

■ Os autores deste livro e a editora empenharam seus melhores esforços para assegurar que as informações e os procedimentos apresentados no texto estejam em acordo com os padrões aceitos à época da publicação, e todos os dados foram atualizados pelos autores até a data de fechamento do livro. Entretanto, tendo em conta a evolução das ciências, as atualizações legislativas, as mudanças regulamentares governamentais e o constante fluxo de novas informações sobre os temas que constam do livro, recomendamos enfaticamente que os leitores consultem sempre outras fontes fidedignas, de modo a se certificarem de que as informações contidas no texto estão corretas e de que não houve alterações nas recomendações ou na legislação regulamentadora.

■ Fechamento desta edição: *29.11.2022*

■ Os autores e a editora se empenharam para citar adequadamente e dar o devido crédito a todos os detentores de direitos autorais de qualquer material utilizado neste livro, dispondo-se a possíveis acertos posteriores caso, inadvertida e involuntariamente, a identificação de algum deles tenha sido omitida.

■ **Atendimento ao cliente:** (11) 5080-0751 | faleconosco@grupogen.com.br

■ Direitos exclusivos para a língua portuguesa
Copyright © 2023 by
**Editora Forense Ltda.**
*Uma editora integrante do GEN | Grupo Editorial Nacional*
Travessa do Ouvidor, 11 – Térreo e 6º andar
Rio de Janeiro – RJ – 20040-040
www.grupogen.com.br

■ Reservados todos os direitos. É proibida a duplicação ou reprodução deste volume, no todo ou em parte, em quaisquer formas ou por quaisquer meios (eletrônico, mecânico, gravação, fotocópia, distribuição pela Internet ou outros), sem permissão, por escrito, da Editora Forense Ltda.

■ Esta obra passou a ser publicada pela Editora Método | Grupo GEN a partir da 2ª edição.

■ Capa: Bruno Sales Zorzetto

■ **CIP – BRASIL. CATALOGAÇÃO NA PUBLICAÇÃO**
**SINDICATO NACIONAL DOS EDITORES DE LIVROS, RJ**

P883d
2. ed.

    Portocarrero, Cláudia Barros
    Direito penal decifrado : parte geral / Cláudia Barros Portocarrero, Filipe Ávila ; coordenação Cláudia Barros, Filipe Ávila, Rogério Greco. - 2. ed. - Rio de Janeiro : Forense, 2023.

(Decifrado)

    Inclui bibliografia
    ISBN 978-65-5964-635-7

    1. Direito penal - Brasil. 2. Serviço público - Brasil - Concursos. I. Ávila, Filipe. II. Greco, Rogério. III. Título. IV. Série.

22-80718                     CDU: 343.2(81)

Meri Gleice Rodrigues de Souza – Bibliotecária – CRB-7/6439

# Sobre os Coordenadores

## Cláudia Barros Portocarrero

Promotora de Justiça. Mestre em Direito Público. Professora de Direito Penal e Legislação Especial na Escola da Magistratura dos Estados do Rio de Janeiro e Espírito Santo, na Escola de Direito da Associação e na Fundação Escola do Ministério Público do Rio de Janeiro. Professora de Direito Penal Econômico da Fundação Getulio Vargas. Professora em cursos preparatórios. Autora de livros e palestrante.
@claudiabarrosprof

## Filipe Ávila

Formado em Direito pela Universidade Estadual de Mato Grosso do Sul. Foi aprovado no concurso de Agente de Polícia PC/DF (2013), tendo atuado por aproximadamente quatro anos na área de investigação criminal de diversas delegacias especializadas no Distrito Federal (Coordenação de Homicídios-CH; Coordenação de Repressão aos Crimes Contra o Consumidor, a Propriedade Imaterial e a Fraudes-CORF; Delegacia de Proteção à Criança e ao Adolescente-DPCA; Delegacia Especial de Atendimento à Mulher-DEAM). Posteriormente, pediu exoneração do cargo e, atualmente, é professor exclusivo do AlfaCon nas disciplinas de Direito Penal e Legislação Criminal, com foco em concursos públicos. Na mesma empresa, coordenou a criação de curso voltado para a carreira de Delegado de Polícia.
@filipeavilaprof

## Rogério Greco

Procurador de Justiça do Ministério Público do Estado de Minas Gerais. Pós-doutor pela Università degli Studi di Messina, Itália. Doutor pela Universidad de Burgos, Espanha. Mestre em Ciências Penais pela Universidade Federal de Minas Gerais. Especialista em Teoria do Delito pela Universidad de Salamanca, Espanha. Formado pela National Defense University, Washington, Estados Unidos, em Combate às Organizações Criminosas Transnacionais e Redes Ilícitas nas Américas. Professor de Direito Penal e palestrante em congressos e universidades no País e no exterior. Autor de diversas obras jurídicas. Embaixador de Cristo.

# Apresentação da Coleção

A **Coleção Decifrado** da Editora Método foi concebida visando, especialmente, ao público que se prepara para provas de concursos jurídicos (os mais variados), embora atenda perfeitamente às necessidades dos estudantes da graduação, os quais em breve testarão o conhecimento adquirido nas salas de aula – seja no Exame da Ordem ou em concursos variados.

Nessa toada, destacamos que o grande diferencial da coleção consiste na metodologia do "objetivo e completo".

**Objetivo**, àqueles que têm pressa e necessitam de um material que foque no que realmente importa, sem rodeios ou discussões puramente acadêmicas que não reflitam na prática dos certames.

**Completo**, porque não foge a nenhuma discussão/posicionamento doutrinário ou jurisprudencial que já tenha sido objeto dos mais exigentes certames. Para tanto, embora os autores não se furtem à exposição de seu posicionamento quanto a temas controversos, empenham-se em destacar a posição que, por ser majoritária, deverá ser adotada em prova.

Na formulação de cada obra, os autores seguiram padrão elaborado pelos coordenadores a partir de minudente análise das questões extraídas dos principais concursos jurídicos (magistratura, ministério público, delegado, procuradoria, defensoria etc.), indicando tópicos obrigatórios, sem lhes tirar a liberdade de acrescentar outros que entendessem necessários. Foram meses de trabalho árduo, durante os quais sempre se destacou que o **foco da coleção é a entrega de um conteúdo apto a viabilizar a aprovação do candidato em todas as fases das mais exigentes provas e concursos do país**.

Para tanto, ao longo do texto, e possibilitando uma melhor fluidez e compreensão dos temas, a coleção conta com fartos e atualizados julgados ("Jurisprudência destacada") e questões comentadas e gabaritadas ("Decifrando a prova").

Como grande diferencial, contamos ainda com o **Ambiente Digital Coleção Decifrado**, pelo qual é possível ter uma maior interação com os autores e é dado acesso aos diferentes conteúdos de todos os títulos que compõem a coleção, como informativos dos Tribunais Superiores, atualizações legislativas, *webinars*, mapas mentais, artigos, questões de provas etc.

Convictos de que o objetivo pretendido foi alcançado com sucesso, colocamos nosso trabalho à disposição dos leitores, futuros aprovados, que terão em suas mãos obras completas e, ao mesmo tempo, objetivas, essenciais a todos aqueles que prezam pela otimização de tempo na preparação.

Cláudia Barros Portocarrero, Filipe Ávila e Rogério Greco

# Agradecimentos

Sempre a Ele, Jesus, capitão da minha alma, luz do meu caminho.
A meus "meninos" Victor Hugo, João Victor e Alex, meus eternos amores.

*Cláudia Barros Portocarrero*

Em primeiro lugar, a Jesus Cristo, autor e consumador da minha fé.
A Ele a honra, a glória e o poder para todo o sempre.
À minha esposa Talita, amor da minha vida e companheira inseparável.
A todos os demais familiares que sempre me apoiaram neste e em todos os outros projetos (Marilda, Luiz Carlos, Acácio, Maria da Penha, Idiara, Tiago, Ananias).

*Filipe Ávila*

# Sumário

| | | |
|---|---|---|
| **1** | **Fontes e interpretação da lei penal** | **1** |
| 1.1 | Fontes do Direito Penal | 1 |
| | 1.1.1 Conceito | 1 |
| | 1.1.2 Fontes materiais/de produção/substanciais | 1 |
| | 1.1.3 Fontes formais/de conhecimento/cognitivas/de manifestação | 2 |
| 1.2 | Interpretação da lei penal | 8 |
| | 1.2.1 Conceito | 8 |
| | 1.2.2 Espécies de interpretação | 9 |
| 1.3 | Interpretação analógica e analogia | 13 |
| | 1.3.1 A dúvida | 16 |
| | 1.3.2 Retroatividade da lei interpretativa maléfica | 16 |
| **2** | **Conflito aparente de normas** | **17** |
| 2.1 | Conceito | 17 |
| 2.2 | Princípio da especialidade | 18 |
| 2.3 | Princípio da subsidiariedade | 18 |
| 2.4 | Princípio da consunção ou absorção | 19 |
| | 2.4.1 Crime complexo | 21 |
| | 2.4.2 Crime progressivo | 21 |
| | 2.4.3 Progressão criminosa | 21 |
| | 2.4.4 *Antefactum* e *postfactum* impuníves | 22 |
| | 2.4.5 Princípio da alternatividade | 22 |
| | 2.4.6 Críticas e reflexões | 23 |

| 3 | Evolução histórica do Direito Penal | 25 |
|---|---|---|
| 3.1 | Evolução no mundo | 26 |
| | 3.1.1 Direito Penal primitivo | 26 |
| | 3.1.2 Idade Antiga | 28 |
| | 3.1.3 Idade Média | 29 |
| | 3.1.4 Idade Moderna | 30 |
| 3.2 | Evolução no Brasil | 31 |
| | 3.2.1 Período colonial | 31 |
| | 3.2.2 Período imperial | 31 |
| | 3.2.3 Período republicano | 32 |
| 3.3 | Escolas penais | 33 |
| | 3.3.1 Escola Clássica | 33 |
| | 3.3.2 Escola Positiva | 35 |
| | 3.3.3 Terceira Escola | 37 |
| | 3.3.4 Escola Moderna Alemã | 37 |
| | 3.3.5 Escola Técnico-Jurídica | 38 |
| | 3.3.6 Escola Correcionalista | 38 |
| | 3.3.7 Escola da Nova Defesa Social | 39 |

| 4 | Velocidades do Direito Penal | 41 |
|---|---|---|
| 4.1 | Velocidades do Direito Penal | 41 |
| | 4.1.1 A primeira velocidade do Direito Penal | 41 |
| | 4.1.2 A segunda velocidade do Direito Penal | 41 |
| | 4.1.3 A terceira velocidade do Direito Penal: o Direito Penal do Inimigo | 42 |
| | 4.1.4 A quarta velocidade do Direito Penal: o neopunitivismo | 45 |

| 5 | Princípios | 47 |
|---|---|---|
| 5.1 | Princípio da humanidade | 47 |
| | 5.1.1 Pena de morte | 48 |
| | 5.1.2 Trabalho forçado × trabalho obrigatório do preso | 48 |
| | 5.1.3 Regime Disciplinar Diferenciado (RDD): art. 52 da LEP | 51 |
| 5.2 | Princípio da legalidade | 52 |
| | 5.2.1 Precedentes históricos | 53 |
| | 5.2.2 Aspectos políticos | 54 |

|  |  |  |  |
|---|---|---|---|
| | 5.2.3 | Aspectos jurídicos | 54 |
| | 5.2.4 | Reserva de lei | 54 |
| | 5.2.5 | Norma penal em branco | 58 |
| | 5.2.6 | Previsões anteriores | 61 |
| | 5.2.7 | Mandados constitucionais de criminalização | 61 |
| | 5.2.8 | Princípio da anterioridade | 61 |
| 5.3 | Princípio da taxatividade | | 62 |
| 5.4 | Princípio da proibição da analogia *in malam partem* | | 63 |
| 5.5 | Princípio da culpabilidade ou princípio da responsabilização penal subjetiva | | 63 |
| 5.6 | Princípio da intervenção mínima | | 66 |
| 5.7 | Princípio da fragmentariedade | | 66 |
| 5.8 | Princípio da ofensividade ou lesividade | | 66 |
| | 5.8.1 | Crimes de perigo abstrato e o princípio da lesividade | 70 |
| 5.9 | Princípio da insignificância ou bagatela | | 71 |
| | 5.9.1 | Os vetores para aplicação do princípio | 78 |
| | 5.9.2 | Insignificância × reincidência e habitualidade criminosa | 79 |
| | 5.9.3 | Insignificância e atos infracionais | 82 |
| | 5.9.4 | O princípio bagatelar impróprio | 82 |
| | 5.9.5 | A aplicação do princípio da bagatela pelo Delegado de Polícia | 82 |
| 5.10 | Princípio da adequação social | | 82 |
| 5.11 | Princípio da proporcionalidade | | 85 |
| 5.12 | Princípio da responsabilidade pessoal | | 86 |
| **6** | **Classificação das infrações penais** | | **87** |
| 6.1 | Crimes omissivos × crimes comissivos | | 87 |
| 6.2 | Crime de conduta mista | | 87 |
| 6.3 | Crime de esquecimento ou de olvido | | 87 |
| 6.4 | Crimes omissivos próprios × crimes omissivos impróprios (ou comissivos por omissão) | | 88 |
| 6.5 | Crimes omissivos por comissão | | 88 |
| 6.6 | Crimes comuns × crimes próprios | | 88 |
| 6.7 | Crimes bipróprios | | 90 |
| 6.8 | Crimes de mão própria | | 90 |
| 6.9 | Crime funcional | | 90 |
| 6.10 | Crime de responsabilidade | | 91 |

| | | |
|---|---|---|
| 6.11 | Crime formal × crime material × crime de mera conduta | 93 |
| 6.12 | Crimes de dano × crimes de perigo | 94 |
| 6.13 | Crimes de perigo concreto × crimes de perigo abstrato | 95 |
| 6.14 | Crime de perigo abstrato de perigosidade ou de perigosidade real ou de perigo abstrato-concreto | 97 |
| 6.15 | Crime de perigo individual e de perigo coletivo | 98 |
| 6.16 | Crime progressivo | 99 |
| 6.17 | Crimes vagos (ou multivitimários ou de vítimas difusas) | 99 |
| 6.18 | Crimes permanentes ou duráveis × crimes instantâneos | 99 |
| 6.19 | Crimes necessariamente permanentes × crimes eventualmente permanentes | 100 |
| 6.20 | Crimes instantâneos de efeitos permanentes | 100 |
| 6.21 | Crime habitual | 100 |
| 6.22 | Crime habitual impróprio ou acidentalmemente habitual | 100 |
| 6.23 | Crimes complexos | 101 |
| 6.24 | Crime complexo em sentido amplo | 102 |
| 6.25 | Crimes parcelares | 102 |
| 6.26 | Crime de circulação | 103 |
| 6.27 | Crimes monossubjetivos e plurissubjetivos (ou de concurso necessário) | 103 |
| 6.28 | Crime de concurso eventualmente necessário (ou crimes eventualmente coletivos) | 104 |
| 6.29 | Crime multitudinário | 104 |
| 6.30 | Crime tentado × crime consumado | 104 |
| 6.31 | Crime exaurido | 105 |
| 6.32 | Crimes unissubsistentes × plurissubsistentes | 105 |
| 6.33 | Crimes naturais × crimes de plástico | 105 |
| 6.34 | Crime de opinião | 106 |
| 6.35 | Crime de ação astuciosa | 106 |
| 6.36 | Crimes de atentado ou de empreendimento | 106 |
| 6.37 | Crime obstáculo | 106 |
| 6.38 | Crime de tendência × crime de intenção | 107 |
| 6.39 | Crime de forma livre × crime de forma vinculada | 109 |
| 6.40 | Crimes principais × crimes acessórios | 109 |
| 6.41 | Crime de ímpeto | 110 |
| 6.42 | Crimes *on demand* | 110 |
| 6.43 | Crime mercenário | 111 |
| 6.44 | Crime gratuito | 111 |

| | | |
|---|---|---|
| 6.45 | Crimes a distância e crimes plurilocais | 112 |
| 6.46 | Crime de ação simples e crime de ação múltipla (ou conteúdo variado, ou plurinuclear, ou tipo misto) | 112 |
| 6.47 | Infrações penais de menor, médio e maior (ou alto) potencial ofensivo | 112 |
| 6.48 | Crime remetido | 113 |
| 6.49 | Delito de acumulação | 113 |
| 6.50 | Crime transeunte e não transeunte | 113 |
| 6.51 | Crime falho × quase crime | 114 |
| 6.52 | Crime de hermenêutica | 114 |
| 6.53 | Crimes de colarinho branco e de colarinho azul | 115 |
| 6.54 | Delito liliputiano ou crime anão | 116 |
| 6.55 | Delito de catálogo | 116 |
| 6.56 | Crime putativo ou imaginário ou erroneamete suposto | 116 |
| 6.57 | Crime aberrante | 117 |
| 6.58 | Crime achado | 117 |
| 6.59 | Crime de mera suposição ou de mera suspeita | 117 |
| 6.60 | Crimes cibernéticos | 118 |
| 6.61 | Crimes hediondos | 118 |
| **7** | **Aplicação da lei penal no tempo** | **121** |
| 7.1 | Importância do tema e princípios reitores | 121 |
| 7.2 | Tempo do crime, teoria adotada pelo CP | 123 |
| 7.3 | Tempo do crime nos crimes habituais impróprios | 128 |
| 7.4 | Tempo do crime para o partícipe e para o autor mediato | 129 |
| 7.5 | Extratividade da lei penal mais benéfica | 130 |
| | 7.5.1 Leis intermediárias | 131 |
| | 7.5.2 Leis excepcionais e temporárias | 132 |
| | 7.5.3 *Abolitio criminis* | 133 |
| | 7.5.4 *Abolitio criminis* nas leis excepcionais e temporárias | 136 |
| | 7.5.5 *Abolitio criminis* e normas penais em branco | 137 |
| | 7.5.6 Efeitos da *abolitio criminis* | 140 |
| 7.6 | Combinação de leis | 140 |
| | 7.6.1 Dúvidas acerca da maior benignidade | 142 |
| | 7.6.2 Vedação de combinação de leis no Código Penal Militar | 142 |
| | 7.6.3 Mudança de entendimento jurisprudencial se submete às regras de retroatividade e irretroatividade? | 142 |

| | | | |
|---|---|---|---|
| 7.7 | Retroatividade da lei interpretativa maléfica | | 144 |
| 7.8 | Competência para aplicação da *lex mitior* | | 144 |
| 7.9 | Aplicação da lei posterior durante período de *vacatio legis* | | 145 |
| 7.10 | Aplicação de leis processuais no tempo | | 146 |
| 7.11 | Leis híbridas e sua aplicação no tempo | | 147 |

## 8 Aplicação da lei penal no espaço .................................................. 149

| | | | |
|---|---|---|---|
| 8.1 | Princípios reitores | | 149 |
| 8.2 | Local do crime | | 149 |
| | 8.2.1 | Lugar do crime para o partícipe | 151 |
| 8.3 | Princípio da territorialidade | | 152 |
| 8.4 | Princípio da extraterritorialidade | | 154 |
| | 8.4.1 | Hipóteses de extraterritorialidade incondicionada | 155 |
| | | 8.4.1.1 Os casos de extraterritorialidade incondicionada e a hipótese de absolvição no estrangeiro | 156 |
| | | 8.4.1.2 Crimes contra a vida ou liberdade do Presidente da República | 157 |
| | | 8.4.1.3 Crimes praticados contra o patrimônio ou a fé pública da União, do Distrito Federal, do Estado, territórios, municípios, empresas públicas, sociedades de economia mista, autarquias ou fundo de ações instituídas pelo Poder Público e crimes contra a Administração Pública por quem estiver a seu serviço | 157 |
| | | 8.4.1.4 Crime de genocídio, quando o agente for brasileiro ou domiciliado no Brasil | 158 |
| | 8.4.2 | Hipóteses de extraterritorialidade condicionada (art. 7º, II) | 158 |
| | | 8.4.2.1 Crime que o Brasil, por tratado ou convenção, obrigou-se a reprimir (art. 7º, II, *a*) | 159 |
| | | 8.4.2.2 Crime praticado por brasileiro (art. 7º, II, *b*) | 159 |
| | | 8.4.2.3 Crimes praticados em aeronaves ou embarcações brasileiras, mercantis ou de propriedade privada, quando em território estrangeiro e aí não sejam julgados (art. 7º, II, *c*) | 159 |
| | | 8.4.2.4 Condições para aplicação da lei brasileira nas hipóteses de extraterritorialidade condicionada | 160 |
| | 8.4.3 | Hipótese de extraterritorialidade ultracondicionada ou extracondicionada | 161 |
| | 8.4.4 | Hipóteses contempladas por lei especial | 161 |

| | | | |
|---|---|---|---|
| **9** | **Crime – noções introdutórias**............................................................. | | **163** |
| 9.1 | Conceito formal de crime ........................................................................ | | 163 |
| 9.2 | Conceito material de crime .................................................................... | | 163 |
| 9.3 | Conceito analítico de crime..................................................................... | | 164 |
| | 9.3.1 | Teoria adotada pelo Código Penal brasileiro ........................... | 165 |
| 9.4 | Crimes e contravenções penais.............................................................. | | 166 |
| | 9.4.1 | Classificação pela gravidade..................................................... | 169 |
| | 9.4.2 | Ação penal................................................................................... | 169 |
| | 9.4.3 | Tentativa...................................................................................... | 169 |
| | 9.4.4 | Territorialidade .......................................................................... | 170 |
| | 9.4.5 | Prazo máximo para cumprimento da pena ............................ | 170 |
| | 9.4.6 | Prazo das medidas de segurança ............................................ | 170 |
| | 9.4.7 | Modalidades de penas privativas de liberdade ..................... | 171 |
| | 9.4.8 | *Sursis*........................................................................................... | 171 |
| | 9.4.9 | Regime de cumprimento de pena ........................................... | 172 |
| | 9.4.10 | Dolo e culpa................................................................................ | 172 |
| | 9.4.11 | Modalidades de erro.................................................................. | 173 |
| | 9.4.12 | Crime antecedente de lavagem de capitais............................ | 174 |
| | 9.4.13 | Reincidência............................................................................... | 174 |
| | 9.4.14 | Competência............................................................................... | 175 |
| | 9.4.15 | Trabalho....................................................................................... | 176 |
| | 9.4.16 | Causas extintivas da punibilidade .......................................... | 176 |
| 9.5 | Ilícito civil × ilícito penal......................................................................... | | 176 |
| **10** | **Sujeitos e objeto do crime**........................................................................ | | **177** |
| 10.1 | Sujeito ativo ............................................................................................... | | 177 |
| | 10.1.1 | Pessoa jurídica como sujeito ativo de crime .......................... | 177 |
| | 10.1.2 | A responsabilidade penal da pessoa jurídica de direito público interno .............................................................................. | 179 |
| | 10.1.3 | A teoria da dupla imputação ou do sistema paralelo de imputação.. | 180 |
| | 10.1.4 | Sujeitos ativos especiais........................................................... | 181 |
| 10.2 | Sujeito passivo ......................................................................................... | | 182 |
| | 10.2.1 | As posições do Estado como sujeito passivo......................... | 184 |
| 10.3 | Sujeito passivo × prejudicado................................................................. | | 184 |

| | | | |
|---|---|---|---|
| 10.4 | A impossibilidade de alguém figurar, ao mesmo tempo, como sujeito ativo e passivo de um crime............................................................... | | 185 |
| | 10.4.1 | Objeto do crime ............................................................... | 185 |
| **11** | **Do fato típico – 1º elemento: conduta**................................................. | | **187** |
| 11.1 | Conduta ............................................................................................. | | 187 |
| | 11.1.1 | Teoria causalista, ou naturalista, ou tradicional, ou clássica............ | 187 |
| | 11.1.2 | Teoria neoclássica ou neokantiana, ou causal-valorativa................ | 189 |
| | 11.1.3 | Teoria social da ação ............................................................. | 190 |
| | 11.1.4 | Teoria final ou finalista .......................................................... | 190 |
| | 11.1.5 | Teorias funcionalistas............................................................. | 192 |
| | 11.1.6 | Teoria da ação significativa .................................................... | 194 |
| | 11.1.7 | Teoria jurídico-penal............................................................. | 196 |
| 11.2 | Modelo negativo de ação ................................................................. | | 196 |
| 11.3 | Modelo pessoal de ação ................................................................... | | 197 |
| 11.4 | Resumo do conceito de conduta para as várias teorias apresentadas............. | | 197 |
| 11.5 | Conduta e seus componentes........................................................... | | 198 |
| 11.6 | Ato × conduta.................................................................................. | | 202 |
| 11.7 | Momentos (ou fases) da conduta..................................................... | | 203 |
| **12** | **Fato típico – 2º elemento: resultado**................................................. | | **205** |
| 12.1 | Resultado naturalístico..................................................................... | | 205 |
| 12.2 | Resultado jurídico ou normativo..................................................... | | 208 |
| 12.3 | Há crime sem resultado?.................................................................. | | 209 |
| **13** | **Do fato típico – 3º elemento: nexo causal**....................................... | | **211** |
| 13.1 | Nexo causal....................................................................................... | | 211 |
| 13.2 | O conceito de causa ......................................................................... | | 212 |
| 13.3 | Concausas ......................................................................................... | | 213 |
| | 13.3.1 | As questões que a teoria da equivalência dos antecedentes causais não logra responder ........................................................... | 218 |
| | 13.3.2 | Interrupção de cursos causais salvadores ................................... | 219 |
| | 13.3.3 | Causalidade na omissão......................................................... | 219 |
| | 13.3.4 | Hipóteses em que o omitente tem dever de agir para impedir o resultado ........................................................................... | 222 |

| | | | |
|---|---|---|---|
| 13.4 | Hipótese em que o garantidor não responde pelo resultado................ | 224 |
| 13.5 | Importantes notas sobre a causalidade normativa na omissão............ | 225 |

## 14 Imputação objetiva ........................................................................... 227

| | | | |
|---|---|---|---|
| 14.1 | Conceito............................................................................................. | 227 |
| 14.2 | O risco permitido e a ausência de imputação objetiva...................... | 229 |
| 14.3 | A realização do risco no resultado .................................................... | 230 |
| 14.4 | Considerações finais.......................................................................... | 231 |

## 15 Fato típico – 4º elemento: tipicidade............................................... 233

| | | | |
|---|---|---|---|
| 15.1 | Conceito............................................................................................. | 233 |
| | 15.1.1 | Formas de adequação típica ................................................ | 234 |
| 15.2 | Tipicidade conglobante..................................................................... | 236 |
| 15.3 | Funções do tipo penal ....................................................................... | 241 |
| 15.4 | Mudanças históricas na concepção e estudo do tipo penal .............. | 241 |
| 15.5 | Espécies de tipo................................................................................. | 243 |
| | 15.5.1 | Estrutura do tipo legal de crime .......................................... | 243 |
| 15.6 | Elementos do tipo.............................................................................. | 244 |
| 15.7 | Classificação dos tipos penais .......................................................... | 246 |
| | 15.7.1 | Tipo normal × tipo anormal ................................................ | 246 |
| | 15.7.2 | Tipos fechados × tipos abertos ............................................ | 246 |
| | 15.7.3 | Tipo fundamental e tipo derivado....................................... | 246 |
| | 15.7.4 | Tipos simples e tipos mistos (ou de conduta múltipla)...... | 248 |
| | 15.7.5 | Tipo congruente × tipo incongruente.................................. | 249 |
| | 15.7.6 | Tipo preventivo.................................................................... | 250 |

## 16 Dolo .................................................................................................... 251

| | | | | |
|---|---|---|---|---|
| 16.1 | Definição de dolo............................................................................... | 251 |
| | 16.1.1 | Os componentes do dolo ..................................................... | 252 |
| 16.2 | Teorias acerca do dolo....................................................................... | 252 |
| | 16.2.1 | Teoria adotada para definição do dolo direto..................... | 252 |
| | 16.2.2 | Teorias acerca do dolo eventual e culpa consciente........... | 252 |
| | | 16.2.2.1 | Teorias intelectivas ou cognitivas do dolo........... | 253 |
| | | | 16.2.2.1.1 | Teoria da representação ou possibilidade .......... | 253 |

|        |          | 16.2.2.1.2 | Teoria da probabilidade............................................... | 254 |
|---|---|---|---|---|
|        |          | 16.2.2.1.3 | Teoria da evitabilidade................................................. | 254 |
|        |          | 16.2.2.1.4 | Teoria do risco............................................................. | 254 |
|        |          | 16.2.2.1.5 | Teoria do perigo a descoberto .................................. | 255 |
|        | 16.2.2.2 | Teorias volitivas........................................................................ | | 255 |
|        |          | 16.2.2.2.1 | Teoria do assentimento ou do consentimento ou da anuência.......................................................... | 255 |
|        |          | 16.2.2.2.2 | Teoria da indiferença.................................................. | 255 |
| 16.3 | Espécies de dolo .................................................................................................. | | | 255 |
|        | 16.3.1 | Dolo direto ou imediato ........................................................................ | | 255 |
|        | 16.3.2 | Dolo eventual............................................................................................ | | 257 |
|        | 16.3.3 | Dolo alternativo....................................................................................... | | 259 |
|        | 16.3.4 | Dolo cumulativo...................................................................................... | | 260 |
|        | 16.3.5 | Dolo geral (*dolus generalis*) ou erro sucessivo ................................... | | 260 |
|        | 16.3.6 | Dolo de ímpeto (ou repentino) × dolo de propósito (ou refletido) .. | | 261 |
|        | 16.3.7 | Dolo subsequente ou *subsequens* ou consecutivo ............................ | | 261 |
|        | 16.3.8 | Dolo *in re ipsa* ou dolo presumido....................................................... | | 262 |
|        | 16.3.9 | Dolo genérico e dolo específico............................................................ | | 262 |
|        | 16.3.10 | Dolo natural e dolo normativo ............................................................. | | 263 |
| 16.4 | Embriaguez na direção de veículo automotor: dolo ou culpa?........................ | | | 263 |
| 16.5 | O dolo nos crimes omissivos impróprios ......................................................... | | | 265 |
| 16.6 | Dolo sem vontade ................................................................................................ | | | 266 |
| 16.7 | A intensidade do dolo ......................................................................................... | | | 267 |

# 17   A culpa ................................................................................................................ 269

| 17.1 | Conceito de culpa ................................................................................................ | | | 269 |
|---|---|---|---|---|
| 17.2 | Formas de cometimento do crime culposo...................................................... | | | 269 |
|        | 17.2.1 | Imprudência............................................................................................. | | 270 |
|        | 17.2.2 | Negligência............................................................................................... | | 270 |
|        | 17.2.3 | Imperícia................................................................................................... | | 270 |
|        |          | 17.2.3.1 | Erro profissional × culpa profissional ...................... | 271 |
| 17.3 | A vontade e a finalidade no crime culposo ..................................................... | | | 271 |
| 17.4 | Existiria tipo subjetivo culposo?........................................................................ | | | 272 |
| 17.5 | Os elementos do fato típico culposo ................................................................ | | | 272 |
|        | 17.5.1 | Ação voluntária que inobserva o dever do cuidado objetivo ............ | | 272 |

|  |  |  |  |
|---|---|---|---|
|  | 17.5.2 | Resultado ................................................................................... | 275 |
|  | 17.5.3 | Nexo de causalidade ................................................................ | 276 |
|  | 17.5.4 | Previsibilidade objetiva do resultado ..................................... | 277 |
|  | 17.5.5 | A conexão interna entre o desvalor da conduta e o desvalor do resultado ................................................................................... | 278 |
|  | 17.5.6 | Tipicidade ................................................................................. | 279 |
| 17.6 | Tipos de crime culposo como tipos abertos .......................................... | | 280 |
| 17.7 | Espécies de culpa .................................................................................... | | 281 |
|  | 17.7.1 | Culpa consciente e culpa inconsciente ................................... | 281 |
|  | 17.7.2 | Culpa imprópria (culpa por extensão ou assimilação) ......... | 281 |
| 17.8 | Concorrência de culpas ........................................................................... | | 283 |
| 17.9 | Compensação de culpas ......................................................................... | | 283 |
| 17.10 | Graus de culpa ......................................................................................... | | 284 |

## 18 Tentativa ............................................................................................. 285

| 18.1 | *Iter criminis* ........................................................................................... | | | 285 |
|---|---|---|---|---|
| 18.2 | Fases do *iter criminis* ............................................................................. | | | 285 |
|  | 18.2.1 | Fase interna ............................................................................... | | 285 |
|  | 18.2.2 | Fase externa .............................................................................. | | 286 |
|  | 18.2.3 | Diferenças entre atos de preparação e atos de execução ..... | | 286 |
|  |  | 18.2.3.1 | Teoria subjetiva ...................................................... | 286 |
|  |  | 18.2.3.2 | Teoria objetivo-formal ou lógico-formal ............. | 286 |
|  |  | 18.2.3.3 | Teoria objetivo-material ........................................ | 287 |
|  |  | 18.2.3.4 | Teoria objetivo-individual .................................... | 287 |
|  |  | 18.2.3.5 | Teoria da hostilidade ao bem jurídico ................. | 289 |
|  | 18.2.4 | Atos de preparação transformados em crimes autônomos ... | | 289 |
|  | 18.2.5 | Consumação .............................................................................. | | 290 |
|  |  | 18.2.5.1 | Crimes materiais .................................................... | 290 |
|  |  | 18.2.5.2 | Crimes formais ....................................................... | 290 |
|  |  | 18.2.5.3 | Crimes de mera conduta ....................................... | 290 |
|  |  | 18.2.5.4 | Crimes permanentes .............................................. | 290 |
|  |  | 18.2.5.5 | Crimes culposos ..................................................... | 291 |
|  |  | 18.2.5.6 | Crimes omissivos próprios e impróprios ............ | 291 |
|  |  | 18.2.5.7 | Crimes habituais .................................................... | 291 |
|  |  | 18.2.5.8 | Crimes qualificados pelo resultado ..................... | 291 |

|  |  | 18.2.5.9 | Crimes complexos | 291 |
|---|---|---|---|---|
|  |  | 18.2.5.10 | Crimes de perigo concreto | 292 |
|  |  | 18.2.5.11 | Crimes de perigo abstrato | 292 |
|  | 18.2.6 | Exaurimento | | 293 |
| 18.3 | Conceito de tentativa | | | 293 |
| 18.4 | Natureza jurídica da tentativa | | | 294 |
|  | 18.4.1 | Critério para diminuição da pena na tentativa | | 294 |
|  | 18.4.2 | A adequação típica na tentativa | | 295 |
| 18.5 | Elementos do fato típico tentado | | | 297 |
|  | 18.5.1 | Início da execução | | 297 |
|  | 18.5.2 | Dolo | | 298 |
|  | 18.5.3 | Não superveniência do resultado por razões alheias à vontade do agente | | 300 |
| 18.6 | Teorias sobre a punibilidade do crime tentado | | | 300 |
|  | 18.6.1 | Teoria subjetiva | | 300 |
|  | 18.6.2 | Teoria sintomática | | 300 |
|  | 18.6.3 | Teoria objetiva | | 300 |
|  | 18.6.4 | Teoria da impressão | | 301 |
|  | 18.6.5 | Teoria adotada no Direito Penal brasileiro | | 301 |
| 18.7 | Infrações penais e inadmissibilidade da tentativa | | | 302 |
|  | 18.7.1 | Contravenções penais | | 302 |
|  | 18.7.2 | Crimes culposos | | 303 |
|  | 18.7.3 | Crimes omissivos puros ou próprios | | 303 |
|  | 18.7.4 | Crimes preterdolosos | | 303 |
|  | 18.7.5 | Crime de atentado | | 305 |
|  | 18.7.6 | Crimes habituais | | 305 |
|  | 18.7.7 | Crimes formais unissubsistentes | | 305 |
|  | 18.7.8 | Crimes de mera conduta | | 306 |
|  | 18.7.9 | Crime obstáculo | | 306 |
|  | 18.7.10 | Crimes de perigo | | 307 |
|  | 18.7.11 | Crimes permanentes de forma exclusivamente omissiva | | 308 |
|  | 18.7.12 | Crimes de ímpeto | | 308 |
|  | 18.7.13 | Crimes sujeitos ao implemento de condição objetiva de punibilidade | | 308 |
|  | 18.7.14 | Quadro-resumo da inadmissibilidade da tentativa | | 309 |
| 18.8 | A tentativa nos crimes omissivos impróprios | | | 310 |

| | | |
|---|---|---|
| 18.9 | Classificação da tentativa | 311 |
| | 18.9.1 Tentativa perfeita (ou acabada) × tentativa imperfeita (ou inacabada) | 311 |
| | 18.9.2 Tentativa cruenta (ou vermelha) × tentativa incruenta (ou branca) | 312 |
| | 18.9.3 Tentativa abandonada ou qualificada | 312 |
| | 18.9.4 Tentativa inidônea ou inadequada ou quase crime | 312 |
| **19** | **Desistência voluntária e arrependimento eficaz** | **313** |
| 19.1 | Tentativa abandonada ou qualificada | 313 |
| 19.2 | Natureza jurídica da desistência voluntária e do arrependimento eficaz | 314 |
| 19.3 | Distinção entre a desistência voluntária e arrependimento eficaz | 315 |
| | 19.3.1 Diferença entre a tentativa punível e a desistência voluntária | 316 |
| | 19.3.2 Desistência voluntária e desistência espontânea | 317 |
| | 19.3.3 A falsa representação da realidade | 317 |
| | 19.3.4 Motivos para desistir precisam ser éticos? | 317 |
| | 19.3.5 Desistência definitiva × desistência concreta | 318 |
| 19.4 | Arrependimento voluntário e arrependimento espontâneo | 319 |
| | 19.4.1 A necessária eficácia do arrependimento | 319 |
| | 19.4.2 Contribuição da vítima | 319 |
| 19.5 | Comunicabilidade da desistência voluntária e do arrependimento eficaz | 319 |
| 19.6 | A Lei de Terrorismo e o tratamento da desistência voluntária e do arrependimento eficaz | 320 |
| **20** | **Crime impossível** | **321** |
| 20.1 | Definição | 321 |
| 20.2 | Natureza jurídica | 321 |
| 20.3 | Crime impossível e erro de tipo | 322 |
| 20.4 | Objeto do crime | 322 |
| 20.5 | Meio absolutamente ineficaz | 323 |
| 20.6 | Teorias acerca do tratamento a ser dado àquele que pratica crime impossível | 325 |
| | 20.6.1 Teoria sintomática | 325 |
| | 20.6.2 Teoria subjetiva | 326 |
| | 20.6.3 Teoria objetiva | 326 |
| |     20.6.3.1 Teoria objetiva pura | 326 |
| |     20.6.3.2 Teoria objetiva temperada | 326 |
| 20.7 | Delito putativo (ou delito imaginário, ou erroneamente suposto) | 326 |

|  |  |  |  |
|---|---|---|---|
| 20.7.1 | | Delito putativo por erro de tipo................................................... | 327 |
| 20.7.2 | | Delito putativo por erro de proibição (ou delito de alucinação, ou delito de loucura)................................................................................. | 327 |
| 20.7.3 | | Delito putativo por obra do agente provocador (ou crime de ensaio, ou crime de experiência, ou flagrante provocado, ou flagrante preparado)........................................................................................ | 328 |
| | 20.7.3.1 | O agente disfarçado......................................................... | 328 |

## 21 Arrependimento posterior ............................................................. 331

|  |  |  |  |
|---|---|---|---|
| 21.1 | Definição............................................................................................... | | 331 |
| 21.2 | Crimes em que cabe o arrependimento posterior................................. | | 331 |
| 21.3 | Requisitos para o reconhecimento do arrependimento posterior........ | | 333 |
| | 21.3.1 | O crime cometido sem violência ou grave ameaça à pessoa........... | 333 |
| | 21.3.2 | O dano reparado ou coisa restituída até o recebimento da denúncia ou da queixa................................................................... | 335 |
| | 21.3.3 | Ato voluntário do agente................................................................ | 337 |
| | 21.3.4 | A reparação precisa ser integral?.................................................... | 339 |
| | | 21.3.4.1 Critério para diminuição da pena pelo arrependimento posterior............................................................. | 339 |
| 21.4 | Comunicabilidade do arrependimento posterior................................. | | 340 |
| 21.5 | Outras hipóteses de reparação do dano no Direito Penal brasileiro..... | | 340 |

## 22 Ilicitude – noções introdutórias...................................................... 345

|  |  |  |
|---|---|---|
| 22.1 | Conceito de ilicitude ............................................................................. | 345 |
| 22.2 | Antinormatividade e antijuridicidade .................................................. | 346 |
| 22.3 | Antijuridicidade formal e antijuridicidade material............................ | 346 |
| 22.4 | Antijuridicidade objetiva e antijuridicidade subjetiva......................... | 347 |
| 22.5 | Teoria dos elementos subjetivos das causas de justificação................. | 348 |
| 22.6 | Excludentes de antijuridicidade ou causas de justificação ou descriminantes .. | 349 |
| 22.7 | Causas gerais e especiais de exclusão de ilicitude ou antijuridicidade ............ | 349 |
| 22.8 | Consentimento do ofendido ................................................................. | 350 |
| | 22.8.1 Requisitos para o consentimento justificante ...................... | 352 |

## 23 Estado de necessidade ................................................................... 357

| | | | |
|---|---|---|---|
| 23.1 | Definição............................................................................................... | | 357 |
| | 23.1.1 | Estado de necessidade × estado de precisão ....................... | 357 |

| | | | |
|---|---|---|---|
| 23.2 | Direito ou faculdade do agente | | 358 |
| 23.3 | Natureza jurídica do estado de necessidade. Teorias unitária e diferenciadora | | 359 |
| | 23.3.1 | O estado de necessidade exculpante como causa supralegal – controvérsias | 361 |
| 23.4 | Elementos da situação de necessidade | | 362 |
| | 23.4.1 | Situação de perigo atual | 362 |
| | | 23.4.1.1 O perigo iminente | 362 |
| | 23.4.2 | Não criação voluntária do perigo pelo agente | 363 |
| | 23.4.3 | Perigo a direito próprio ou alheio | 364 |
| | | 23.4.3.1 Necessidade de autorização da vítima | 364 |
| | 23.4.4 | Inevitabilidade | 365 |
| | | 23.4.4.1 Estado de necessidade em crimes permanentes e habituais | 365 |
| | 23.4.5 | Inexigibilidade de sacrifício do bem ameaçado – proporcionalidade | 366 |
| | 23.4.6 | Ausência do dever legal de enfrentamento do perigo | 367 |
| | 23.4.7 | Elemento subjetivo | 368 |
| 23.5 | Estado de necessidade agressivo × estado de necessidade defensivo | | 369 |
| 23.6 | Situações especiais de estado de necessidade | | 370 |
| 23.7 | Estado de necessidade recíproco | | 370 |

## 24 Legítima defesa ........ 371

| | | | |
|---|---|---|---|
| 24.1 | Definição | | 371 |
| 24.2 | Fundamentos | | 372 |
| 24.3 | Requisitos da legítima defesa | | 372 |
| | 24.3.1 | Agressão humana | 372 |
| | | 24.3.1.1 Legítima defesa contra pessoa jurídica | 374 |
| | | 24.3.1.2 Legítima defesa e desobediência civil | 374 |
| | 24.3.2 | Agressão atual ou iminente | 374 |
| | 24.3.3 | Direito próprio ou alheio | 375 |
| | | 24.3.3.1 Agressão a bens coletivos | 376 |
| | 24.3.4 | Meios necessários | 376 |
| | 24.3.5 | Moderação no uso dos meios necessários | 377 |
| | | 24.3.5.1 Legítima defesa agressiva × legítima defesa defensiva | 377 |
| | 24.3.6 | Agressão injusta | 377 |
| | 24.3.7 | Elemento subjetivo | 378 |

| | | |
|---|---|---|
| 24.4 | Legítima defesa e *commodus discessus* | 378 |
| 24.5 | Legítima defesa sucessiva | 380 |
| 24.6 | Possibilidades | 380 |
| 24.7 | Ofendículos ou ofensáculos | 381 |
| 24.8 | Disparos contra pessoa em fuga | 382 |
| 24.9 | Legítima defesa e estado de necessidade – principais distinções | 383 |

| | | |
|---|---|---|
| **25** | **Estrito cumprimento de dever legal e exercício regular do direito** | **385** |
| 25.1 | Estrito cumprimento do dever legal | 385 |
| | 25.1.1 Conceito | 385 |
| | 25.1.2 Requisitos | 386 |
| | 25.1.3 Quem pode alegar a causa excludente de ilicitude do estrito cumprimento do dever legal | 387 |
| | 25.1.4 Dever de corrigir filhos: estrito cumprimeno de dever legal ou exercício regular de direito | 388 |
| 25.2 | Exercício regular de direito | 388 |

| | | |
|---|---|---|
| **26** | **Excesso nas causas de justificação** | **391** |
| 26.1 | Noções preliminares | 391 |
| 26.2 | Excesso intensivo × excesso extensivo | 392 |
| 26.3 | Excesso doloso e excesso culposo | 392 |
| | 26.3.1 Excesso doloso em sentido estrito | 393 |
| | 26.3.2 Excesso doloso por erro quanto aos limites da causa de justificação | 394 |
| | 26.3.3 Excesso culposo por erro quanto aos pressupostos fáticos da causa de justificação | 394 |
| | 26.3.4 Excesso culposo em sentido estrito | 396 |

| | | |
|---|---|---|
| **27** | **Culpabilidade** | **399** |
| 27.1 | Conceito de culpabilidade | 399 |
| | 27.1.1 Distintos significados da palavra culpabilidade | 399 |
| | 27.1.2 Fundamentos da culpabilidade | 400 |
| 27.2 | Transformações no conceito de culpabilidade | 400 |
| | 27.2.1 Teoria psicológica da culpabilidade | 400 |
| | 27.2.2 Teoria normativa ou psicológico-normativa da culpabilidade | 401 |
| | 27.2.3 Teoria normativa pura da culpabilidade | 402 |

| | | |
|---|---|---|
| 27.3 | O conceito funcional de culpabilidade ............................................. | 404 |
| 27.4 | Culpabilidade de fato × culpabilidade de autor ................................. | 404 |
| 27.5 | Coculpabilidade ............................................................................ | 405 |
| 27.6 | Coculpabilidade às avessas ........................................................... | 406 |
| 27.7 | Culpabilidade material e culpabilidade formal................................. | 407 |

## 28 Imputabilidade ............................................................................ 409

| | | |
|---|---|---|
| 28.1 | Conceito ........................................................................................ | 409 |
| 28.2 | Critérios para aferição da imputabilidade ....................................... | 411 |
| | 28.2.1 Biológico ........................................................................ | 411 |
| | 28.2.2 Psicológico ..................................................................... | 411 |
| | 28.2.3 Biopsicológico ................................................................ | 411 |
| | 28.2.4 Sistema adotado no Brasil .............................................. | 412 |
| 28.3 | Menoridade ................................................................................... | 413 |
| | 28.3.1 Mecanismo a ser adotado para a alteração da idade penal ..... | 414 |
| | 28.3.2 Regras sobre maioridade no Código Penal Militar ............ | 414 |
| 28.4 | Doença mental ou desenvolvimento mental incompleto ou retardado ..... | 415 |
| | 28.4.1 Os silvícolas ................................................................... | 415 |
| | 28.4.2 Os surdos-mudos ........................................................... | 417 |
| 28.5 | Semi-imputabilidade ..................................................................... | 417 |
| 28.6 | Consequências da inimputabilidade e da semi-imputabilidade por doença mental............................................................................. | 418 |
| 28.7 | Emoção e paixão ........................................................................... | 418 |
| | 28.7.1 Distinção ........................................................................ | 418 |
| | 28.7.2 Impactos da emoção e da paixão no Código Penal........... | 419 |
| 28.8 | Embriaguez................................................................................... | 420 |
| | 28.8.1 Conceito ......................................................................... | 420 |
| | 28.8.2 Fases .............................................................................. | 420 |
| | 28.8.3 Classificação da embriaguez quanto à intensidade ......... | 420 |
| | 28.8.4 Classificação da embriaguez quanto à origem ................ | 421 |
| | 28.8.5 A teoria da *actio libera in causa*...................................... | 424 |
| | 28.8.6 A embriaguez patológica e a dependência química de drogas ..... | 427 |

## 29 Erro de tipo e erro de proibição ................................................ 429

| | | |
|---|---|---|
| 29.1 | Conceito de erro ........................................................................... | 429 |

|  |  | 29.1.1 | A nomenclatura do erro e as mudanças trazidas pela parte geral de 1984 | 429 |
|---|---|---|---|---|
| 29.2 | Erro de tipo | | | 430 |
| | 29.2.1 | Erro essencial. Tratamento legal | | 430 |
| | | 29.2.1.1 | Provocação do erro por terceiro | 432 |
| | 29.2.2 | Erro acidental. Espécies | | 433 |
| | | 29.2.2.1 | Erro sobre a pessoa ou *error in persona* ou erro do baile de máscaras | 433 |
| | | 29.2.2.2 | Erro sobre o objeto | 434 |
| | | 29.2.2.3 | Erro sobre o nexo causal ou *aberratio causae* | 434 |
| | | 29.2.2.4 | Erro na execução ou *aberratio ictus* | 435 |
| | | 29.2.2.5 | Erro na execução e causas de justificação | 437 |
| | | 29.2.2.6 | Resultado diverso do pretendido ou *aberratio criminis* | 438 |
| 29.3 | Teoria extremada (ou estrita) e teoria limitada da culpabilidade e as descriminantes putativas | | | 439 |
| 29.4 | Erro de proibição | | | 443 |
| | 29.4.1 | Erro de proibição × *ignorantia legis* | | 443 |
| | 29.4.2 | Consequências do erro de proibição | | 446 |
| | 29.4.3 | As modalidades de erro de proibição | | 447 |
| | | 29.4.3.1 | Erro de proibição direto | 447 |
| | | 29.4.3.2 | Erro de proibição mandamental | 447 |
| | | 29.4.3.3 | Erro de proibição indireto | 448 |
| 29.5 | Erro quanto aos elementos normativos do tipo | | | 449 |
| 29.6 | Erro nos crimes omissivos impróprios ou comissivos por omissão | | | 450 |
| | 29.6.1 | Erro quanto à condição de garantidor, quanto à possibilidade de agir e quanto à existência da situação de perigo | | 450 |
| | 29.6.2 | Erro quanto ao dever de agir | | 451 |
| 29.7 | Hipóteses especiais de erros | | | 451 |
| | 29.7.1 | Erro de eficácia | | 451 |
| | 29.7.2 | Erro de vigência | | 452 |
| | 29.7.3 | Erro de subsunção | | 452 |
| | 29.7.4 | Erro de punibilidade | | 452 |
| **30** | **Exigibilidade de conduta diversa** | | | **453** |
| 30.1 | Hipóteses de exclusão de culpabilidade por inexigibilidade de conduta diversa | | | 453 |
| | 30.1.1 | Coação moral resistível | | 453 |

|  |  | 30.1.2 | Obediência hierárquica.................................................................... | 456 |
|---|---|---|---|---|
|  |  |  | 30.1.2.1 Tratamento da obediência hierárquica no Código Penal Militar............................................................... | 457 |
|  |  | 30.1.3 | Objeção de consciência................................................................... | 458 |

| 31 | Concurso de pessoas........................................................................................... | **461** |
|---|---|---|
| 31.1 | Diferença entre concurso eventual e concurso necessário............................... | 461 |
| 31.2 | Requisitos para o concurso de pessoas ............................................................. | 462 |
| 31.3 | Diferença entre autoria colateral e coautoria .................................................... | 464 |
| 31.4 | Conceito de autor................................................................................................. | 465 |
|  | 31.4.1 Conceito restritivo de autor ................................................................ | 465 |
|  | 31.4.2 Conceito extensivo de autor ............................................................... | 466 |
|  | 31.4.3 Teoria do domínio do fato................................................................... | 467 |
|  | 31.4.4 Teoria adotada pelo Código Penal brasileiro..................................... | 468 |
|  | 31.4.5 Autoria direta e indireta ....................................................................... | 469 |
|  | 31.4.6 Autoria mediata × crimes próprios e crimes de mão própria........... | 471 |
|  | 31.4.7 Coautoria e crimes de mão própria.................................................... | 472 |
|  | 31.4.8 Coautoria mediata ................................................................................ | 473 |
|  | 31.4.9 Autor de determinação ........................................................................ | 474 |
|  | 31.4.10 Autor intelectual ................................................................................... | 475 |
|  | 31.4.11 Autor por convicção............................................................................. | 477 |
|  | 31.4.12 Coautoria sucessiva ............................................................................. | 477 |
|  | 31.4.13 Autoria de escritório ............................................................................ | 478 |
|  | 31.4.14 Coautoria parcial ou funcional × coautoria direta ou material........ | 479 |
|  | 31.4.15 Executor de reserva.............................................................................. | 479 |
|  | 31.4.16 O vigia.................................................................................................... | 480 |
|  | 31.4.17 O motorista ........................................................................................... | 480 |
| 31.5 | Participação ......................................................................................................... | 481 |
|  | 31.5.1 Teorias sobre participação................................................................... | 481 |
|  | 31.5.2 Formas de participação........................................................................ | 482 |
|  |  31.5.2.1 Induzimento (ou determinação) e instigação................ | 482 |
|  |  31.5.2.2 Cumplicidade..................................................................... | 483 |
|  | 31.5.3 Momento da participação.................................................................... | 483 |
|  | 31.5.4 Contribuição causal da participação.................................................. | 483 |
|  | 31.5.5 Participação sucessiva × participação em cadeia ............................. | 484 |

|  |  | 31.5.6 | Participação por omissão × conivência impunível ............... | 484 |
|---|---|---|---|---|
|  |  | 31.5.7 | Impunibilidade da participação............................................. | 486 |
|  |  | 31.5.8 | Fundamentos da punibilidade da participação ..................... | 486 |
| 31.6 | Concurso de pessoas em crimes culposos............................................... | | | 487 |
| 31.7 | Concurso de pessoas em crimes omissivos.............................................. | | | 488 |
|  |  | 31.7.1 | Participação em crimes omissivos........................................ | 489 |
| 31.8 | Teorias sobre o concurso de pessoas ...................................................... | | | 490 |
| 31.9 | Teoria adotada no Brasil ......................................................................... | | | 491 |
|  |  | 31.9.1 | Mitigações ao monismo ....................................................... | 491 |
|  |  | 31.9.2 | Exceções pluralísticas ao monismo ...................................... | 491 |
|  |  | 31.9.3 | A participação de menor importância................................... | 492 |
|  |  | 31.9.4 | Os desvios subjetivos de conduta (cooperação dolosamente distinta)............................................................................... | 493 |
| 31.10 | Comunicabilidade das circunstâncias...................................................... | | | 495 |
|  |  | 31.10.1 | Qualificadoras são elementares?........................................... | 500 |

## 32  Penas privativas de liberdade ............................................................... 503

| 32.1 | Notas introdutórias................................................................................. | | 503 |
|---|---|---|---|
| 32.2 | Espécies de penas privativas de liberdade .............................................. | | 503 |
| 32.3 | Regimes penais....................................................................................... | | 504 |
|  | 32.3.1 | Regime fechado.................................................................... | 504 |
|  | 32.3.2 | Regime semiaberto ............................................................... | 505 |
|  | 32.3.3 | Regras do regime aberto ...................................................... | 506 |
| 32.4 | Fixação do regime inicial........................................................................ | | 507 |
| 32.5 | Prisão domiciliar..................................................................................... | | 509 |
| 32.6 | Progressão de regime de cumprimento de pena ...................................... | | 510 |
|  | 32.6.1 | Requisitos para a progressão de regime de cumprimento de pena.. | 511 |
|  | 32.6.2 | Tempo de cumprimento de pena........................................... | 512 |
|  | 32.6.3 | Reincidentes genéricos e Pacote Anticrime .......................... | 513 |
|  |  | 32.6.3.1  Bom comportamento carcerário ............................ | 516 |
|  |  | 32.6.3.2  Regime especial para gestantes e responsáveis por crianças e pessoas com deficiência .................................. | 517 |
| 32.7 | Progressão antes do trânsito em julgado para réu preso .......................... | | 518 |
| 32.8 | Regressão ............................................................................................... | | 520 |
| 32.9 | Detração penal ........................................................................................ | | 522 |
|  | 32.9.1 | Detração e prisão ocorrida em outro processo...................... | 523 |

| | | | | |
|---|---|---|---|---|
| 32.10 | Trabalho prisional | | | 524 |
| | 32.10.1 | Remição pelo trabalho e pelo estudo | | 524 |
| 32.11 | Regime Disciplinar Diferenciado (RDD) | | | 525 |
| 32.12 | Prescrição de falta grave | | | 527 |

## 33 Aplicação da pena privativa de liberdade ................................................. 529

| | | | | |
|---|---|---|---|---|
| 33.1 | Dosimetria da pena | | | 529 |
| 33.2 | Pena-base: circunstâncias judiciais | | | 530 |
| 33.3 | Pena provisória: agravantes e atenuantes genéricas | | | 535 |
| | 33.3.1 | Circunstâncias agravantes genéricas | | 535 |
| | | 33.3.1.1 | Reincidência | 537 |
| | | 33.3.1.2 | Ter o agente cometido o crime por motivo fútil ou torpe.. | 540 |
| | | 33.3.1.3 | Ter o agente praticado o crime para facilitar a execução, ocultação, a impunidade ou a vantagem de outro crime.. | 540 |
| | | 33.3.1.4 | À traição, emboscada, ou mediante dissimulação ou qualquer outro recurso que impossibilite ou torna impossível a defesa do ofendido | 540 |
| | | 33.3.1.5 | Com emprego de veneno, fogo, explosivo, tortura ou outro meio insidioso ou cruel, ou de que possa resultar perigo comum | 541 |
| | | 33.3.1.6 | Contra descendente, ascendente, irmão ou cônjuge | 541 |
| | | 33.3.1.7 | Com abuso de autoridade ou prevalecendo-se de relações domésticas, de coabitação, de hospitalidade, ou com violência contra a mulher na forma da legislação específica | 541 |
| | | 33.3.1.8 | Com abuso de poder ou violação de dever inerente a cargo, ofício, ministério ou profissão | 542 |
| | | 33.3.1.9 | Contra criança, maior de 60 anos, enfermo ou mulher grávida | 542 |
| | | 33.3.1.10 | Quando o ofendido estava sob a imediata proteção da autoridade | 542 |
| | | 33.3.1.11 | Em ocasião de incêndio, naufrágio, inundação ou qualquer calamidade pública, ou desgraça particular do ofendido | 542 |
| | | 33.3.1.12 | Em estado de embriaguez preordenada | 543 |
| | | 33.3.1.13 | Agravantes no concurso de pessoas (art. 62 do Código Penal) | 543 |

|  |  |  |  |
|---|---|---|---|
| | 33.3.2 | Circunstâncias atenuantes genéricas......................................... | 543 |
| | | 33.3.2.1 Ser o agente menor de 21 anos na data do fato ou maior de 70 anos na data da sentença............................ | 544 |
| | | 33.3.2.2 O desconhecimento da lei ................................................ | 544 |
| | | 33.3.2.3 Ter o agente cometido o crime por motivo de relevante valor social ou moral........................................................ | 544 |
| | | 33.3.2.4 Ter o agente procurado, por sua espontânea vontade e com eficiência, logo após o crime, evitar-lhe ou minorar-lhe as consequências, ou antes do julgamento, reparado o dano ............................................................... | 545 |
| | | 33.3.2.5 Ter o agente cometido o crime sob coação a que podia resistir ou em cumprimento de ordem de autoridade superior, ou sob a influência de violenta emoção, provocada por ato injusto da vítima ............................... | 545 |
| | | 33.3.2.6 Ter o agente confessado espontaneamente, perante a autoridade, autoria do delito............................................. | 546 |
| | | 33.3.2.7 Ter o agente cometido o crime sob a influência de multidão em tumulto, se não o provocou ................................ | 550 |
| | | 33.3.2.8 Atenuantes inominadas ..................................................... | 550 |
| | 33.3.3 | Concurso de circunstâncias agravantes e atenuantes ...................... | 550 |
| 33.4 | Pena definitiva: causas de aumento e diminuição..................................... | | 552 |

## 34 Penas restritivas de direitos ............................................................. 559

| | | | |
|---|---|---|---|
| 34.1 | Noções introdutórias............................................................. | | 559 |
| 34.2 | Espécies de penas restritivas de direitos ................................. | | 559 |
| 34.3 | Características das penas restritivas de direitos...................... | | 560 |
| 34.4 | Penas restritivas de direitos aplicadas em substituição à pena privativa de liberdade .......................................................................................... | | 561 |
| | 34.4.1 | Requisitos objetivos ................................................................. | 561 |
| | | 34.4.1.1 A quantidade de pena aplicada....................................... | 561 |
| | | 34.4.1.2 Crimes praticados sem violência ou grave ameaça à pessoa .............................................................................. | 563 |
| | 34.4.2 | Requisitos subjetivos ................................................................ | 566 |
| | | 34.4.2.1 Réu não reincidente em crime doloso ............................ | 566 |
| | | 34.4.2.2 Suficiência da substituição.............................................. | 567 |
| 34.5 | Duração da pena restritiva de direitos e regras de substituição .............. | | 568 |
| | 34.5.1 | Substituição da pena privativa de liberdade por multa ................ | 569 |

| | | | |
|---|---|---|---|
| 34.6 | Espécies de penas restritivas de direitos | | 570 |
| | 34.6.1 Prestação pecuniária | | 570 |
| | 34.6.2 Perda de bens e valores | | 572 |
| | 34.6.3 Prestação de serviços à comunidade ou a entidades públicas | | 573 |
| | 34.6.4 Interdição temporária de direitos | | 574 |
| | | 34.6.4.1 Proibição do exercício de cargo, função ou atividade pública, bem como de mandato eletivo | 574 |
| | | 34.6.4.2 Proibição do exercício de profissão, atividade ou ofício que dependam de habilitação especial, de licença ou autorização do poder público | 574 |
| | | 34.6.4.3 Suspensão de autorização ou de habilitação para dirigir veículo | 574 |
| | | 34.6.4.4 Proibição de frequentar determinados lugares | 574 |
| | | 34.6.4.5 Proibição de inscrever-se em concurso, avaliação ou exame públicos | 575 |
| | 34.6.5 Limitação de fim de semana | | 575 |
| 34.7 | Conversão da pena restritiva de direitos em pena privativa de liberdade | | 575 |
| 34.8 | Substituição de pena privativa de liberdade por pena restritiva de direitos na Lei Maria da Penha | | 577 |
| 34.9 | Substituição da pena privativa de liberdade por pena restritiva de direitos na lei ambiental | | 579 |
| 34.10 | Substituição de pena privativa de liberdade por pena restritiva de direitos na nova Lei de Abuso de Autoridade | | 580 |
| 34.11 | A Lei nº 14.071/2020 e os crimes de homicídio e lesão corporal culposa na direção de veículo automotor | | 581 |
| 34.12 | Substituição na hipótese de colaboração premiada | | 583 |
| 34.13 | Pena restritiva de direitos e perda de direitos políticos | | 584 |
| 34.14 | Início do cumprimento da pena restritiva de direitos | | 584 |

## 35 Multa .................................................................................................................. 585

| | | |
|---|---|---|
| 35.1 | Conceito | 585 |
| 35.2 | Critério de aplicação: dias-multa | 586 |
| 35.3 | Limites da pena de multa | 586 |
| 35.4 | Dosimetria da pena de multa | 587 |
| 35.5 | Pagamento da multa | 588 |
| 35.6 | Formas de pagamento da multa | 589 |
| 35.7 | Execução da pena de multa. Competência e alterações da Lei nº 13.964/2019 | 590 |

| | | |
|---|---|---|
| 35.8 | Multa de valor reduzido e (im)possibilidade de renúncia pelo Estado........... | 591 |
| 35.9 | Superveniência de doença mental................................................. | 591 |
| 35.10 | Multa substitutiva e Lei Maria da Penha....................................... | 592 |
| 35.11 | Remédios constitucionais e pena de multa................................... | 593 |

## 36 Concurso de crimes..................................................................... 595

| | | |
|---|---|---|
| 36.1 | Definição..................................................................... | 595 |
| 36.2 | Sistemas de aplicação da pena................................................. | 595 |
| 36.3 | Concurso material ou real....................................................... | 596 |
| 36.4 | Concurso formal ou ideal........................................................ | 597 |
| | 36.4.1 Concurso formal próprio (ou perfeito) e impróprio (ou imperfeito).. | 597 |
| | 36.4.2 Concurso formal homogêneo e heterogêneo........................ | 599 |
| | 36.4.3 Aumento de pena decorrente do concurso formal................... | 600 |
| 36.5 | Crime continuado................................................................. | 601 |
| | 36.5.1 Definição................................................................. | 601 |
| | 36.5.2 Natureza jurídica do crime continuado............................... | 601 |
| | 36.5.3 Teorias do crime continuado.......................................... | 601 |
| | 36.5.4 Requisitos do crime continuado...................................... | 603 |
| | 36.5.5 Crime continuado específico ou qualificado........................ | 607 |
| | 36.5.6 Requisitos............................................................... | 607 |
| | 36.5.7 Dosimetria da pena do crime continuado........................... | 609 |
| 36.6 | Concurso material benéfico ou favorável..................................... | 612 |
| 36.7 | Crime continuado e concurso formal......................................... | 612 |
| 36.8 | Pena de multa e concurso de crimes.......................................... | 613 |
| 36.9 | Concurso de crimes e habitualidade criminosa............................ | 614 |
| 36.10 | Concurso de crimes e Jecrim................................................... | 615 |
| 36.11 | Suspensão condicional do processo e crime continuado................. | 615 |

## 37 Sursis – suspensão condicional da pena .................................... 617

| | | |
|---|---|---|
| 37.1 | Conceito........................................................................ | 617 |
| 37.2 | Origens......................................................................... | 617 |
| 37.3 | Sistemas....................................................................... | 618 |
| | 37.3.1 Sistema anglo-saxão ou *probation system* ....................... | 618 |
| | 37.3.2 Sistema belga-francês ou europeu continental.................... | 618 |
| | 37.3.3 Sistema alemão ou eclético.......................................... | 618 |

| | | |
|---|---|---|
| 37.4 | Natureza jurídica da suspensão condicional da pena | 618 |
| 37.5 | Diferenças entre o *sursis* processual e o *sursis* da pena | 619 |
| 37.6 | Juiz competente para concessão do *sursis* | 620 |
| 37.7 | Requisitos | 620 |
| | 37.7.1 *Sursis* e crimes hediondos | 622 |
| 37.8 | Espécies de suspensão condicional da pena | 622 |
| | 37.8.1 *Sursis* simples | 622 |
| | 37.8.2 *Sursis* especial | 623 |
| | 37.8.3 *Sursis* etário e *sursis* humanitário ou profilático | 624 |
| 37.9 | Condições para o *sursis* | 624 |
| | 37.9.1 *Sursis* sem condições | 625 |
| | 37.9.2 A fixação do período de prova | 626 |
| 37.10 | Audiência admonitória | 626 |
| | 37.10.1 Conceito | 626 |
| | 37.10.2 O não comparecimento à audiência admonitória | 626 |
| 37.11 | Revogação do *sursis* | 626 |
| | 37.11.1 Consequências da revogação do *sursis* | 626 |
| | 37.11.2 Hipóteses de revogação obrigatória do *sursis* | 627 |
| | 37.11.3 Sobre a (des)necessidade de decisão judicial acerca de revogação obrigatória | 628 |
| | 37.11.4 Hipóteses de revogação facultativa do *sursis* | 629 |
| | 37.11.5 Prorrogação do período de provas | 629 |
| | 37.11.6 A prática de nova infração penal é causa de revogação de *sursis*? | 631 |
| 37.12 | *Sursis* simultâneo e *sursis* sucessivo | 631 |
| 37.13 | A extinção da pena privativa de liberdade | 631 |
| 37.14 | *Sursis* em crimes ambientais | 632 |
| 37.15 | *Sursis* na Lei de Contravenções Penais | 633 |
| 37.16 | *Sursis* e Lei Maria da Penha | 633 |
| **38** | **Livramento condicional** | **635** |
| 38.1 | Conceito de livramento condicional | 635 |
| 38.2 | Livramento condicional e *sursis* – distinções | 636 |
| 38.3 | Natureza jurídica do livramento condicional | 636 |
| 38.4 | Requisitos ou pressupostos necessários | 636 |
| 38.5 | Livramento condicional e crimes hediondos | 641 |

| | | |
|---|---|---|
| 38.6 | Livramento condicional para condenado em RDD | 643 |
| 38.7 | Condições para o livramento condicional | 644 |
|     38.7.1 | Sobre a necessidade do parecer do Conselho Penitenciário | 644 |
| 38.8 | Causas de revogação do livramento condicional | 645 |
|     38.8.1 | Causas de revogação obrigatória | 645 |
|     38.8.2 | Causas de revogação facultativa | 646 |
| 38.9 | Prorrogação do livramento condicional | 647 |
| 38.10 | Efeitos da revogação | 649 |
|     38.10.1 | Revogação em virtude de condenação irrecorrível por crime praticado antes do livramento condicional | 650 |
|     38.10.2 | Revogação em virtude de condenação irrecorrível por crime praticado durante a vigência do livramento | 650 |
|     38.10.3 | Revogação em virtude do descumprimento das condições impostas na sentença | 650 |
|     38.10.4 | Revogação em virtude de condenação irrecorrível pela prática de contravenção penal durante o livramento | 650 |
| 38.11 | Extinção da pena | 651 |

| | | |
|---|---|---|
| **39** | **Efeitos da condenação** | **653** |
| 39.1 | Efeitos penais e extrapenais | 653 |
| 39.2 | Efeitos secundários | 654 |
|     39.2.1 | Efeitos secundários de natureza penal | 654 |
|     39.2.2 | Efeitos secundários de natureza extrapenal | 654 |
|         39.2.2.1 | Efeitos secundários de natureza extrapenal genéricos | 654 |
|             39.2.2.1.1 | Tornar certa a obrigação de indenizar | 654 |
|             39.2.2.1.2 | Perda, em favor da união, dos instrumentos e produtos do crime | 654 |
|             39.2.2.1.3 | O disposto no art. 91-A do Código Penal e alterações do Pacote Anticrime | 655 |
|             39.2.2.1.4 | O perdimento de bens nas organizações criminosas e milícias | 656 |
|         39.2.2.2 | Efeitos secundários de natureza extrapenal específicos | 657 |
|             39.2.2.2.1 | Perda de cargo, função pública ou mandato eletivo | 657 |
|             39.2.2.2.2 | Perda de cargo, função pública ou mandato eletivo nas leis extravagantes | 659 |
|             39.2.2.2.3 | Incapacidade para o exercício de pátrio poder, tutela ou curatela | 660 |

|  |  | 39.2.2.2.4 | Inabilitação para dirigir veículo, utilizado em crime doloso | 661 |
|---|---|---|---|---|
| 39.3 | Suspensão dos direitos políticos | | | 661 |

## 40 Reabilitação ............ 663

| 40.1 | Conceito e natureza jurídica | 663 |
|---|---|---|
| 40.2 | Pressupostos e requisitos necessários | 663 |
| 40.3 | Efeitos da reabilitação | 664 |
| 40.4 | Revogação da reabilitação | 665 |
| 40.5 | Processo de reabilitação | 665 |

## 41 Medidas de segurança ............ 667

| 41.1 | Conceito | | 667 |
|---|---|---|---|
| 41.2 | Natureza jurídica | | 668 |
| 41.3 | Diferenças entre penas e medidas de segurança | | 669 |
| 41.4 | Modalidades de medidas de segurança | | 670 |
| | 41.4.1 | Impossibilidade de internação em penitenciária | 673 |
| | 41.4.2 | Conversão da medida restritiva para medida detentiva e desinternação progressiva | 673 |
| 41.5 | Natureza da decisão que impõe a medida de segurança | | 674 |
| 41.6 | Prazo de duração da medida de segurança | | 675 |
| | 41.6.1 | Prazo mínimo | 675 |
| | 41.6.2 | Prazo máximo | 676 |
| 41.7 | Pressupostos para a aplicação da medida de segurança | | 678 |
| | 41.7.1 | 1º pressuposto – a prática de conduta típica e ilícita | 678 |
| | 41.7.2 | 2º pressuposto – não estar extinta a punibilidade | 679 |
| | 41.7.3 | 3º pressuposto – a periculosidade | 680 |
| 41.8 | Sistema de aplicação de medidas de segurança aos semi-imputáveis | | 680 |
| 41.9 | Detração e medida de segurança | | 682 |
| 41.10 | Prescrição da medida de segurança | | 683 |
| | 41.10.1 | Prescrição das medidas de segurança aplicáveis aos semi-imputáveis | 684 |
| | 41.10.2 | Prescrição das medidas de segurança aplicáveis aos inimputáveis | 685 |
| 41.11 | Indulto e medidas de segurança | | 687 |
| 41.12 | Conversão da pena privativa de liberdade em medida de segurança | | 688 |

41.13 Aplicação da medida de segurança em segunda instância em recurso exclusivo do réu e a superação da Súmula nº 525 do STF .................... 689
41.14 Medida de segurança preventiva ou provisória ............................ 691

## 42 Ação penal ............................................................................. 693

42.1 Definição ............................................................................ 693
42.2 Natureza jurídica das normas que disponham sobre ação penal ............... 693
42.3 Da legitimidade para a ação penal ............................................... 694
    42.3.1 Legitimidade ordinária ................................................... 694
    42.3.2 Legitimidade extraordinária ............................................. 694
    42.3.3 Legitimidade concorrente ................................................ 695
42.4 Ação penal pública e ação penal privada: distinções ............................ 697
    42.4.1 Legitimidade para o exercício do direito de ação ....................... 697
    42.4.2 Exordial ou petição inicial ............................................... 698
    42.4.3 Oficialidade da ação pública ............................................. 698
    42.4.4 Obrigatoriedade × conveniência ........................................ 698
    42.4.5 Indisponibilidade da ação pública × disponibilidade da ação privada .............................................................................. 699
        42.4.5.1 Perdão do ofendido ........................................... 699
        42.4.5.2 Perdão × renúncia ............................................ 700
        42.4.5.3 Perempção .................................................... 700
    42.4.6 Indivisibilidade na ação penal privada .................................. 701
        42.4.6.1 Indivisibilidade na ação penal pública ....................... 702
    42.4.7 Intranscendência ......................................................... 703
42.5 Ação penal privada subsidiária da pública ...................................... 703
42.6 Representação e requisição nos crimes de ação penal pública condicionada .. 704
    42.6.1 Prazo para a representação ............................................. 704
    42.6.2 Retratação da representação ............................................ 704
    42.6.3 Retratação da representação na Lei Maria da Penha .................. 705
    42.6.4 Requisição do Ministro da Justiça ....................................... 705
42.7 Ação penal nos casos de violência doméstica e familiar contra a mulher ..... 706
42.8 Ação penal no crime de estelionato .............................................. 707
42.9 Ação penal secundária ............................................................. 711
42.10 Ação penal de prevenção ou ação de prevenção penal ........................ 712
42.11 Ação penal *ex officio* ........................................................... 712
42.12 Ação penal extensiva no crime complexo ...................................... 712

| | | |
|---|---|---|
| 42.13 | Ação penal originária | 712 |
| 42.14 | Ação penal pública subsidiária da pública | 712 |

## 43 Punibilidade .......................................................................................... 715

| | | |
|---|---|---|
| 43.1 | Causas extintivas da punibilidade fora do rol do art. 107 do CP | 716 |
| 43.2 | Momento para a declaração de extinção da punibilidade | 718 |
| 43.3 | Momento da ocorrência das causas extintivas da punibilidade | 719 |
| 43.4 | Extinção da punibilidade e crimes conexos | 719 |
| 43.5 | Causas extintivas da punibilidade trazidas pelo rol do art. 107 do CP | 721 |
| | 43.5.1 Morte do agente | 721 |
| | 43.5.2 Anistia, graça e indulto | 723 |
| |     43.5.2.1 Anistia | 723 |
| |     43.5.2.2 Graça | 724 |
| |     43.5.2.3 Indulto | 725 |
| | 43.5.3 Indulto humanitário | 728 |
| | 43.5.4 Natureza jurídica da decisão que concede o indulto | 729 |
| | 43.5.5 Indulto e medidas de segurança | 730 |
| | 43.5.6 Indulto e crimes hediondos | 730 |
| 43.6 | *Abolitio criminis* | 731 |
| 43.7 | Prescrição | 731 |
| 43.8 | Decadência | 731 |
| 43.9 | Perempção | 732 |
| 43.10 | Renúncia ao direito de queixa | 735 |
| 43.11 | Perdão do ofendido | 736 |
| 43.12 | Retratação do agente | 737 |
| 43.13 | Perdão judicial | 738 |

## 44 Prescrição ............................................................................................... 741

| | | |
|---|---|---|
| 44.1 | Conceito de prescrição | 741 |
| 44.2 | Hipóteses de imprescritibilidade | 742 |
| 44.3 | Prescrição e decadência | 743 |
| 44.4 | Fundamentos da prescrição | 744 |
| | 44.4.1 Segurança jurídica | 744 |
| | 44.4.2 Inércia estatal | 745 |
| | 44.4.3 A importância da proximidade entre o delito e a imposição da pena | 745 |

| | | | |
|---|---|---|---|
| 44.5 | Espécies de prescrição | | 745 |
| 44.6 | Prescrição antes do trânsito em julgado da condenação (prescrição da pretensão punitiva) | | 746 |
| | 44.6.1 | Efeitos do reconhecimento da prescrição da pretensão punitiva | 746 |
| | 44.6.2 | Início de contagem da prescrição da pretensão punitiva | 747 |
| | 44.6.3 | Outras regras de início de contagem de prescrição | 752 |
| | 44.6.4 | Cálculo do tempo da prescrição da pretensão punitiva | 752 |
| | | 44.6.4.1 Prescrição na Lei de Drogas | 755 |
| | | 44.6.4.2 Prescrição no Código Penal Militar | 755 |
| | 44.6.5 | Causas de suspensão da prescrição da pretensão punitiva | 755 |
| | | 44.6.5.1 Causas de suspensão da prescrição da pretensão punitiva fora do art. 116 do Código Penal | 758 |
| | 44.6.6 | Causas de interrupção da prescrição punitiva | 761 |
| | | 44.6.6.1 Interrupção pelo recebimento da denúncia ou da queixa | 761 |
| | | 44.6.6.2 Recebimento em segundo grau de jurisdição | 763 |
| | | 44.6.6.3 Denúncia recebida por juízo incompetente | 763 |
| | | 44.6.6.4 Recebimento anulado | 764 |
| | | 44.6.6.5 Aditamento da denúncia ou da queixa | 764 |
| | | 44.6.6.6 Interrupção pela pronúncia | 764 |
| | | 44.6.6.7 Hipótese de absolvição ou desclassificação em plenário | 764 |
| | | 44.6.6.8 Pronúncia em sede de apelação | 764 |
| | | 44.6.6.9 Desclassificação na fase de pronúncia | 765 |
| | | 44.6.6.10 Interrupção pela decisão confirmatória da pronúncia | 765 |
| | | 44.6.6.11 Interrupção pela publicação da sentença ou acórdão condenatórios recorríveis | 765 |
| | | 44.6.6.12 Acórdão confirmatório de condenação | 765 |
| | | 44.6.6.13 Sentença confirmatória reformada | 767 |
| | | 44.6.6.14 Sentença que concede perdão judicial | 767 |
| | | 44.6.6.15 Acórdão condenatório sujeito a embargos infringentes | 767 |
| | 44.6.7 | Extensão das causas interruptivas | 768 |
| | 44.6.8 | Prescrição retroativa | 769 |
| | | 44.6.8.1 A quem cabe o reconhecimento da prescrição retroativa? | 771 |
| | | 44.6.8.2 Ainda há prescrição retroativa? | 772 |
| | 44.6.9 | Prescrição intercorrente ou superveniente: conceito e início de contagem | 773 |
| | 44.6.10 | Períodos prescricionais da pretensão punitiva | 776 |

| | | | | |
|---|---|---|---|---|
| 44.7 | \multicolumn{3}{l}{Prescrição depois do trânsito em julgado da condenação (prescrição da pretensão executória)...............................................................................................} | 777 |
| | 44.7.1 | \multicolumn{2}{l}{Prazos ..................................................................................................} | 777 |
| | 44.7.2 | \multicolumn{2}{l}{Competência e efeitos do reconhecimento da prescrição da pretensão executória ................................................................................} | 777 |
| | 44.7.3 | \multicolumn{2}{l}{Início de contagem da prescrição da pretensão executória ............} | 778 |
| | | 44.7.3.1 | Prescrição da pretensão executória iniciada do dia em que transita em julgado a sentença condenatória para a acusação (art. 112, I, primeira parte) ......................... | 778 |
| | | 44.7.3.2 | Prescrição da pretensão executória iniciada a partir da decisão que revoga a suspensão condicional da pena ou o livramento condicional (art. 112, I, segunda parte).. | 781 |
| | | 44.7.3.3 | Do dia em que se interrompe a execução, salvo quando o tempo da interrupção deva computar-se na pena....... | 782 |
| | 44.7.4 | \multicolumn{2}{l}{Reflexos da reincidência na contagem da prescrição da pretensão executória ...............................................................................................} | 783 |
| | 44.7.5 | \multicolumn{2}{l}{Causa de suspensão da prescrição da pretensão executória .............} | 783 |
| | 44.7.6 | \multicolumn{2}{l}{Causas de interrupção da prescrição da pretensão executória........} | 784 |
| | | 44.7.6.1 | Pelo início ou continuação do cumprimento da pena... | 784 |
| | | 44.7.6.2 | Interrupção pela reincidência .............................. | 786 |
| | 44.7.7 | \multicolumn{2}{l}{A não extensão das causas de interrupção da prescrição executória..} | 787 |
| 44.8 | \multicolumn{3}{l}{Redução dos prazos prescricionais.................................................................} | 787 |
| 44.9 | \multicolumn{3}{l}{Prescrição da pena de multa..........................................................................} | 789 |
| | 44.9.1 | \multicolumn{2}{l}{Prescrição da pretensão punitiva da pena de multa..........................} | 789 |
| | 44.9.2 | \multicolumn{2}{l}{Prescrição da pretensão executória da pena de multa......................} | 790 |
| 44.10 | \multicolumn{3}{l}{Prescrição e atos infracionais .........................................................................} | 791 |
| 44.11 | \multicolumn{3}{l}{Prescrição virtual ..........................................................................................} | 795 |
| 44.12 | \multicolumn{3}{l}{Prescrição e detração....................................................................................} | 796 |
| 44.13 | \multicolumn{3}{l}{Prescrição da falta grave ...............................................................................} | 797 |

**Referências**................................................................................................................ 799

# Fontes e interpretação da lei penal

## 1.1 FONTES DO DIREITO PENAL

### 1.1.1 Conceito

Estudar a fonte do Direito Penal é compreender de onde ele se origina, ou seja, quem é o sujeito competente para produzir suas normas e, ainda, de que forma se exteriorizará esse ramo do Direito.

Do conceito acima podemos extrair a divisão tradicional das fontes do Direito Penal:

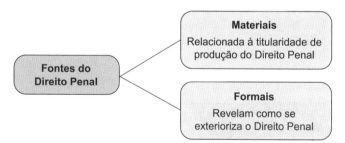

### 1.1.2 Fontes materiais/de produção/substanciais

Veja que possuem vários sinônimos, mas basicamente nos apontarão **quem será o ente encarregado de produzir as normas penais** no país, de modo que, sem a existência de uma lei definidora emanada desse legitimado, é impossível a qualificação de uma conduta como criminosa. Essa atribuição, em regra, caberá à **União** (por meio das Casas do Congresso Nacional, com posterior sanção/veto do Presidente da República),[1] por força do art. 22, I, da Constituição Federal de 1988:

---

[1] Nas lições de Luciana Botelho Pacheco (2013, p. 15): "a produção legislativa (...) não é feita exclusivamente pelas Casas Legislativas, mas em regime de coparticipação entre os poderes, notadamente entre o Legislativo e o Executivo".

> Art. 22. Compete privativamente à União legislar sobre:
> I – direito civil, comercial, penal, processual, eleitoral, agrário, marítimo, aeronáutico, espacial e do trabalho; (...)

Contudo é possível, ainda, que os **Estados-membros** legislem sobre matéria penal. Isso ocorrerá na hipótese excepcional do art. 22, parágrafo único, da CF/1988:

> Art. 22. (...)
> **Parágrafo único.** Lei complementar poderá autorizar os Estados a legislar sobre questões específicas das matérias relacionadas neste artigo.

Aqui vale uma observação: a lei complementar citada pelo dispositivo obrigatoriamente deverá ser **federal** (emanada do Congresso Nacional), além de a autorização valer apenas para **questões específicas** aos Estados (ex.: legislar sobre a regulamentação de crime ambiental de ocorrência específica naquela região do país, demandando tratamento criminal diferenciado).

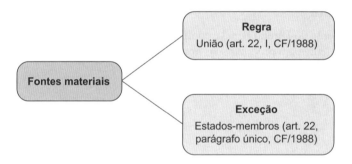

### Decifrando a prova

**(2009 – Cespe/Cebraspe – Detran/DF – Advocacia)** O Estado é a única fonte de produção do Direito Penal, já que compete privativamente à União legislar sobre normas gerais em matéria penal.
( ) Certo   ( ) Errado
**Gabarito comentado:** realmente o Estado (em sentido amplo, abrangendo União e, excepcionalmente, os Estados-membros) é a única fonte material (de produção) do Direito Penal. Portanto, a assertiva está certa.

## 1.1.3 Fontes formais/de conhecimento/cognitivas/de manifestação

As fontes formais esclarecerão como se manifesta o Direito Penal ou, em outras palavras, como ele será conhecido pela sociedade à qual cabe cumpri-lo. Como destacam Luiz

Flávio Gomes e Alice Bianchini (2015, p. 82): todos que querem conhecer o Direito Penal devem estudar suas fontes formais.

Elas são divididas em dois grupos: imediatas, diretas ou primárias; mediatas, indiretas ou secundárias.

**Fontes formais imediatas (diretas ou primárias).** Para a ampla maioria, as fontes formais imediatas são aquelas que poderão veicular normas penais incriminadoras (criam crimes/contravenções penais e cominam penas), ou seja: apenas a **lei em sentido estrito**. Como ensina Cleber Masson (2019b, p. 14), ao se referir à lei: "(...) constitui-se na única fonte formal imediata do Direito Penal, pois somente ela pode criar crimes (e contravenções penais) e cominar penas".

Mas o que se entende por lei em sentido estrito? São as **leis ordinárias ou complementares**.[2] Dessa forma, podemos citar como exemplos de atos normativos que **não podem** criar crimes/contravenções penais e cominar penas:

- **Leis delegadas.**
- **Decretos legislativos.**
- **Resoluções.**
- **Emendas à Constituição** – embora possam veicular conteúdo penal, como os mandados constitucionais de criminalização (que não se confundem com norma penal incriminadora – esta, como vimos, é reservada à lei ordinária ou complementar).
- **Medidas provisórias** – aqui encontramos proibição expressa na CF/1988: art. 62, § 1º, I, *b*, o qual veda a edição de medida provisória sobre matéria penal. Contudo, o entendimento majoritário é o de que tal vedação se refere apenas a normas penais incriminadoras, sendo lícita, por exemplo, a edição de medida provisória (MP) que verse sobre norma penal benéfica ao réu.

> **Decifrando a prova**
>
> **(2019 – Metrocapital Soluções – Prefeitura de Conchas/SP – Procurador Jurídico – Adaptada)** É permitida a criação de tipos penais incriminadores por meio de medidas provisórias.
> ( ) Certo   ( ) Errado
> **Gabarito comentado:** conforme exposto, somente a lei em sentido estrito poderá criar infrações penais e cominar sanções penais. Portanto, a assertiva está errada.

Com posicionamento diverso e minoritário, Luiz Flávio Gomes e Alice Bianchini (2015, p. 82-83 e 95) ensinam que esse tema merece atualização (principalmente após a Emenda

---

[2] Embora seja mais comum que as leis ordinárias criem tipos penais, teoricamente é possível que leis complementares também veiculem norma penal incriminadora (é o exemplo do art. 10 da Lei Complementar – LC nº 105/2001).

Constitucional – EC nº 45/2004), devendo ser incluídos como fonte formal imediata – além da lei – a CF/1988, os tratados e convenções internacionais de Direitos Humanos e as súmulas vinculantes.[3]

**Fontes formais mediatas (indiretas ou secundárias).** Os estudiosos as entendem como sendo aquelas que, embora não veiculem conteúdo incriminador (esse restrito às fontes formais imediatas), de alguma forma sejam relevantes na interpretação ou integração do Direito Penal.

O problema da classificação em questão é que na doutrina pátria não há consenso sobre quais e quantas fontes formais mediatas existem. Assim, elencaremos abaixo cada uma das fontes, conceituando-as, além de indicarmos os autores que as consideram (sem a pretensão de sermos exaustivos).

- **Costumes** – não se confundem com o mero hábito, pois exigem, além da prática reiterada, um consenso acerca de sua obrigatoriedade. De antemão destacamos que os costumes não criam delitos ou cominam penas. Contudo, eles possuem papel relevante na interpretação do Direito Penal, influenciando na sua aplicação em determinadas situações. Citamos como exemplo o conceito de "ato obsceno" (art. 233 do Código Penal – CP), o qual poderá variar dependendo da época ou região do país em que for praticado o delito. Vale citar aqui um trecho de antiga, porém (quanto ao tema) esclarecedora, decisão do Superior Tribunal de Justiça (STJ) ao analisar o conceito de obsceno que consta do art. 234 do CP:

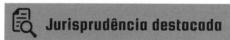

(...) 3. A moral vigente não se dissocia do costume vigente. Assim quando os costumes mudam, avançando contra os preconceitos, os conceitos morais também mudam. O conceito de obsceno hoje não é mais o mesmo da inspiração do legislador do Código Penal em 1940. (...) (STJ, 5ª Turma, HC nº 7.809/SP, Rel. Min. José Arnaldo da Fonseca, j. 24.11.1998).

- A doutrina elenca três espécies de costume: *secundum legem*/**interpretativo** é o costume segundo a lei (que a confirma); *contra legem*/**negativo**/*desuetudo* é o costume contrário ao previsto em lei (prevalece que não pode revogá-la); *praeter legem*/**integrativo** é o costume que vai além do contido na lei (utilizado como forma de integração, no contexto de normas penais benéficas) (MASSON, 2019b, p. 17).[4]

---

[3] Os autores, ao analisarem as fontes formais imediatas, não consideram apenas as normas penais incriminadoras, mas o Direito Penal como um todo (além de questionarem a utilidade prática dessa divisão das fontes formais).

[4] Masson cita o exemplo da circuncisão, costume religioso dos judeus.

- Quanto à possibilidade de os costumes revogarem infrações penais, a maioria entende que apenas uma lei poderá revogar outra lei (jamais os costumes) – art. 2º da Lei de Introdução às Normas do Direito Brasileiro – LINDB (princípio da continuidade das leis). Porém, eles poderão influenciar o legislador a concluir pela inutilidade de manutenção da infração penal na ordem jurídica.

> **Decifrando a prova**
>
> **(2013 – Cespe/Cebraspe – DPE/RR – Defensor Público – Adaptada)** A moderna doutrina penal considera a jurisprudência como fonte criadora do direito, similar à lei, em razão do fator de produção normativa decorrente da obrigatoriedade que possuem as decisões dos tribunais superiores e do caráter vinculante das Súmulas.
> ( ) Certo  ( ) Errado
> **Gabarito comentado:** a jurisprudência, mesmo que seja com força vinculante (como as súmulas vinculantes), não possui similaridade com a lei no tocante à possibilidade de inovar (criando tipos penais). A única fonte formal imediata do Direito Penal é a lei. Portanto, a assertiva está errada.

- **Princípios gerais de direito** – são normas que servem de fundamento para os diversos ramos do Direito (como o Penal). Muitas vezes possuem a função de orientar o Direito Penal, auxiliando na sua interpretação, integração ou até mesmo na criação das normas (embora não possa, diretamente, tipificar condutas ou cominar penas).

Greco (2019, p. 62) menciona apenas os costumes e os princípios gerais de direito como fontes formais mediatas: "(...) podemos comungar com a posição daqueles que incluem e entendem os costumes e os princípios gerais de direito como espécies de fontes cognitivas mediatas".

> **Decifrando a prova**
>
> **(2011 – Cespe/Cebraspe – DPE/MA – Defensor Público – Adaptada)** As fontes de cognição classificam-se em imediatas – representadas pelas leis – e mediatas – representadas pelos costumes e princípios gerais do direito.
> ( ) Certo  ( ) Errado
> **Gabarito comentado:** realmente apenas as leis são fontes formais (de cognição) imediatas do Direito Penal. Com relação às fontes formais mediatas, a banca adotou a posição tradicional, a qual cita apenas os costumes e os princípios gerais do direito. Portanto, a assertiva está certa.

- **Jurisprudência** – cada vez mais a jurisprudência, entendida como decisões reiteradas de um Tribunal em um mesmo sentido (incluindo aqui as súmulas), influencia na construção do Direito Penal – o futuro aprovado sabe bem disso. Inúmeras são as normas publicadas em nosso ordenamento jurídico, desafiando o intérprete em sua tarefa. É só pensarmos em uma lei penal recentemente publicada, como a Lei nº 13.869/2019 (abuso de autoridade). Quantos conflitos aparentes com delitos de outras normas hão de ser analisados após a vigência da novel lei? Vários. A jurisprudência vem auxiliar nessa função, buscando não só resolver conflitos, mas também orientar nas mais variadas situações de aplicação concreta das normas penais. Há, pelo menos teoricamente, uma importante contribuição na manutenção da segurança jurídica e construção de conclusões relevantes ao Direito Penal.

- **Doutrina** – assim como a jurisprudência, cumpre função de destaque na construção do Direito Penal. Peguemos o mesmo exemplo da recente Lei nº 13.869/2019. Após a sua publicação, quantos livros doutrinários foram lançados buscando esclarecer os artigos da mencionada norma? Muitos, sucessos de vendas, demonstrando a influência que a doutrina exerce: embora não crie delitos ou comine penas, auxiliam os mais variados operadores do Direito (estudantes, juízes, promotores, juristas etc.) na compreensão do crime e suas implicações na ordem jurídica. Como ensinam Luiz Flávio Gomes e Alice Bianchini (2015, p. 94):

> (…) não conta com caráter vinculante (o juiz adota se quiser), mas muitas vezes acaba cumprindo bem o seu papel de evitar a improvisação e o arbítrio, oferecendo conceitos coerentes que muito contribuem para a boa e adequada sistematização, interpretação e aplicação do Direito Penal objetivo.

Bitencourt (2020, p. 198), além dos costumes e princípios gerais do direito, acrescenta como fonte formal mediata a jurisprudência e a doutrina: "(…) e como fontes formais mediatas apontam-se, de modo geral, os costumes, a jurisprudência, a doutrina e os princípios gerais de direito".

- **Constituição Federal** – a CF/1988, embora não criminalize condutas, prevê várias normas de conteúdo penal, como os mandados de criminalização (art. 5º, XLIII), os princípios penais (art. 5º, XXXIX), as recomendações e vedações acerca de sanções penais (art. 5º, XLVII), dentre outras. Assim, de certa forma, não há total liberdade ao legislador ordinário em matéria penal, devendo observância a esses parâmetros constitucionais existentes.

- **Tratados e convenções internacionais sobre direitos humanos** – sejam aqueles aprovados com *status* de emenda constitucional (3/5 dos votos em dois turnos em cada Casa do Congresso Nacional – art. 5º, § 3º, da CF/1988), sejam os que possuem natureza supralegal (pois são aprovados com o quórum mencionado), poderão se constituir em fonte formal mediata, influenciando o Direito Penal. Por certo, se o tratado veicular conteúdo penal incriminador, essa parte não possuirá aplicabilidade no ordenamento jurídico pátrio. Nesse sentido, destacamos parte do REsp nº 1.798.903/RJ-STJ, extraído do voto do relator (o qual venceu por maioria):

> **Jurisprudência destacada**
>
> (...) 7. Mérito: o conceito de crime contra a humanidade se encontra positivado no art. 7º do Estatuto de Roma do Tribunal Penal Internacional, o qual foi adotado em 17.07.1998, porém apenas passou a vigorar em 1º.07.2002, sendo internalizado por meio do Decreto nº 4.388, de 25.09.2002. No Brasil, no entanto, ainda não há lei que tipifique os crimes contra a humanidade, embora esteja em tramitação o Projeto de Lei nº 4.038/2008. Diante da ausência de lei interna tipificando os crimes contra a humanidade, rememoro que o STF já teve a oportunidade de se manifestar no sentido de que não é possível utilizar tipo penal descrito em tratado internacional para tipificar condutas internamente, sob pena de se violar o princípio da legalidade – art. 5º, XXXIX, da CF (exemplo: tipo penal de organização criminosa trazido na Convenção de Palermo). Dessa maneira, não se mostra possível internalizar a tipificação do crime contra a humanidade trazida pelo Estatuto de Roma, mesmo se cuidando de Tratado internalizado por meio do Decreto nº 4.388, porquanto não há lei em sentido formal tipificando referida conduta. Ademais, cuidando-se de tratado que apenas passou a vigorar no Brasil em 25.09.2002, tem-se igualmente, na hipótese, o óbice à aplicação retroativa de lei penal em prejuízo do réu, haja vista o princípio constitucional da irretroatividade, previsto no art. 5º, XL, da CF/1988. (...) (STJ, 3ª Seção, REsp nº 1.798.903/RJ, Rel. Min. Reynaldo Soares da Fonseca, j. 25.09.2019).

- **Atos administrativos** – possuem papel relevante na complementação das chamadas normas penais em branco, como é o exemplo do conceito de droga para fins da Lei nº 11.343/2006, o qual não é por essa fornecido, mas, sim, pela Portaria nº 344/1998 – Agência Nacional de Vigilância Sanitária (Anvisa). Lembre-se de que atos administrativos não criam crimes ou cominam penas, somente podem complementar norma penal incriminadora, esclarecendo algum conceito relevante ao delito. Isso é especialmente necessário nos dias atuais, os quais exigem maior rapidez em adequar os tipos penais às mais variadas e inovadoras formas de criminalidade (assim, não há como esperar o trâmite moroso do Poder Legislativo em aprovar a inclusão de nova substância entorpecente que surgiu no mercado de drogas: delega-se essa função complementar ao Poder Executivo).

Masson (2019b, p. 14), por sua vez, além das fontes mencionadas pelos autores supracitados, acrescenta a CF/1988, os tratados e convenções internacionais sobre direitos humanos e os atos administrativos: "a Constituição Federal, a jurisprudência, a doutrina, os tratados e convenções internacionais sobre direitos humanos, os costumes, os princípios gerais do Direito e os atos administrativos são apontados como fontes formais mediatas do Direito Penal; (...)".[5]

---

[5] Citamos ainda o posicionamento de Busato (2018, p. 144), o qual entende que: "Podem ser fontes indiretas outras manifestações legislativas, tais como a medida provisória, a lei delegada, o decreto legislativo, a resolução e, ainda, os costumes, os Tratados Internacionais, os princípios gerais de direito, as decisões judiciais e o poder negocial entre os cidadãos (consentimento)".

## Decifrando a prova

**(2018 – Cespe/Cebraspe – PC/MA – Delegado – Adaptada)** No Direito Penal, a analogia é uma fonte formal mediata, tal como o costume e os princípios gerais do direito.
( ) Certo     ( ) Errado
**Gabarito comentado:** a doutrina classifica a analogia como método de integração do ordenamento jurídico, e não como fonte do Direito Penal. Portanto, a assertiva está errada.

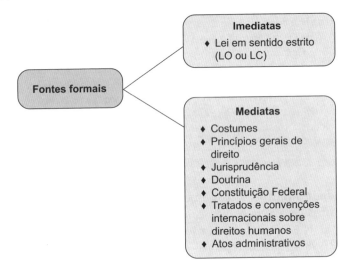

## Decifrando a prova

**(2011 – Cespe/Cebraspe – DPE/MA – Defensor Público – Adaptada)** As fontes materiais revelam o direito; as formais são as de onde emanam as normas, que, no ordenamento jurídico brasileiro, referem-se ao Estado.
( ) Certo     ( ) Errado
**Gabarito comentado:** a banca trocou os conceitos. As fontes que revelarão o direito (como ele será conhecido pela sociedade) são as formais. Já as fontes materiais nos apontarão quem será o ente encarregado de produzir as normas penais no país: em regra, a União, excepcionalmente os Estados-membros. Portanto, a assertiva está errada.

## 1.2 INTERPRETAÇÃO DA LEI PENAL

### 1.2.1 Conceito

A interpretação da lei penal busca, em breves palavras, **revelar o sentido da norma em sua exata extensão**. É a atividade que objetiva perquirir qual o preciso alcance da lei diante dos mais variados casos concretos, resultando, assim, na sua adequada abrangência. A ciência que estuda a interpretação é a hermenêutica, sendo que atividade interpretativa em si é denominada exegese.

Ressaltamos que, de acordo com uma linha de pensamento mais atual, **o intérprete visa a encontrar o sentido da norma** (*mens legis*) e não a intenção daquele que fez a lei (*mens legislatoris*), haja vista a finalidade de adequá-la da melhor forma possível ao ordenamento jurídico e à regulação das situações nas quais será empregada.

Destacando a importância da interpretação, Masson (2019b, p. 100) ensina que: "(...) **a interpretação sempre é necessária**, ainda que a lei se mostre, inicialmente, inteiramente clara, pois podem surgir dúvidas quanto ao seu efetivo alcance. O que ela abrange de modo imediato eventualmente não é tudo quanto pode incidir no seu campo de atuação" (grifos nossos).

## 1.2.2 Espécies de interpretação

Visto o conceito inicial, passemos ao estudo das espécies tradicionais de interpretação citadas pela doutrina,[6] as quais visam a atingir sua finalidade (o sentido exato da norma) e, para isso, poderão ser adotadas de forma isolada ou em conjunto (a depender da situação). Após, analisaremos outros temas relevantes para provas de concursos e que se relacionam à interpretação da lei penal.

Primeiramente, destacamos que as espécies de interpretação podem ser observadas sobre três prismas: sujeito (órgão ou fontes) intérprete; meios ou técnicas empregadas; resultado.

**Quanto ao sujeito/órgão/fontes.** Busca-se analisar a interpretação a partir do sujeito responsável por realizá-la. São três espécies:

- **Legislativa ou autêntica** – é aquela realizada pelo órgão responsável por criar a própria norma – Poder Legislativo – o qual edita uma outra lei (ou dispositivo) com o objetivo de esclarecê-la. É o exemplo do art. 327 do CP, que explica o termo "funcionário público" contido em vários delitos do Código Penal. Citamos também a edição de leis de introdução, as quais buscam esclarecer termos e institutos objetos de outros diplomas.

Quando está contida na própria norma, ou seja, na mesma lei que busca interpretar, cuida-se da chamada interpretação autêntica contextual (é o caso do art. 327 do CP). Ao lado, se for objeto de lei posterior, será denominada como interpretação autêntica posterior, cuja finalidade será esclarecer alguma obscuridade contida em lei pretérita.

Indagamos ainda: será que uma exposição de motivos (como a do CP) pode ser classificada como interpretação autêntica? Para Greco (2019, p. 85) não, pois não é efetivamente

---

[6] Conforme ensina Busato (2018, p. 182), desde Savigny a classificação da interpretação era apenas baseada nos **meios/técnicas**. Contudo, com o advento da jurisprudência de interesses de Ihering, levantou-se a importância das espécies quanto ao **sujeito** e ao **resultado**.

uma lei (não é votada pelo Congresso Nacional e nem sancionada pelo Poder Executivo), sendo hipótese de interpretação doutrinária.

> **Decifrando a prova**
>
> **(2012 – Vunesp – TJ/MG – Juiz – Adaptada)** A interpretação da lei é autêntica contextual quando o julgador, dentro de um determinado contexto fático, aplica-a.
> ( ) Certo ( ) Errado
> **Gabarito comentado:** será autêntica contextual quando estiver contida na mesma lei/norma que busca interpretar. Portanto, a assertiva está errada.

- **Judicial ou jurisprudencial** – será efetuada pelo Poder Judiciário em suas decisões (aplicação da lei ao caso concreto). Quando essas ocorrerem de modo reiterado e em um mesmo sentido, formam a chamada jurisprudência e, caso reflitam a orientação unânime do Tribunal, poderão resultar na edição das súmulas. Todas essas são formas de interpretação judicial/jurisprudencial.

Em regra, elas não são obrigatórias. Contudo, possuirão força vinculante quanto ao caso concreto decidido (em razão da coisa julgada). Para além, também serão dotados de obrigatoriedade os enunciados de súmula vinculante (apenas essas), bem como as decisões proferidas pelo Supremo Tribunal Federal (STF) em controle concentrado de constitucionalidade.

Acrescentamos aqui o princípio da interpretação conforme a Constituição – que possui estreita relação com o controle de constitucionalidade – pelo qual todas as normas infraconstitucionais, caso possuam mais de um sentido possível, serão interpretadas de acordo com as disposições normativas constitucionais. Tal princípio também possui influência no Direito Penal.

Nas palavras de Bernardes e Ferreira (2018, p. 256):

> (...) assim, sempre que possível atribuir a disposições normativas algum significado constitucionalmente válido, deverá ser esse o sentido adotado como norma pelos agentes responsáveis pelo controle de constitucionalidade, excluindo-se a pertinência dos demais sentidos que colidirem com a constituição.

Segundo os autores, prevalece na doutrina que a interpretação conforme é, além de técnica decisória no controle de constitucionalidade, princípio interpretativo dos atos normativos infraconstitucionais.

- **Doutrinária ou científica** – é aquela realizada pelos estudiosos do Direito (doutrinadores, juristas), os quais, após minuciosa análise, emitirão as suas conclusões acerca da melhor interpretação da norma. Embora seja de grande valia para evitar conclusões precipitadas e desarrazoadas, auxiliando os operadores jurídicos na missão de compreender o exato sentido da lei, não será dotada de obrigatoriedade.

Como já mencionado, prevalece que a exposição de motivos do CP é exemplo de interpretação doutrinária.

**Quanto aos meios ou às técnicas.** A análise aqui é feita de acordo com os meios ou as técnicas disponíveis ao intérprete para realizar a atividade interpretativa. Há algumas espécies:

- **Literal ou gramatical ou sintática ou filológica** – é considerado o mais precário dos métodos, em razão da sua objetividade excessiva: interpreta-se a norma de acordo com o sentido literal (de dicionário) das palavras ali empregadas. Embora objetivo, geralmente é dele que o intérprete inicia a sua exegese.
- **Teleológica** – propõe-se a compreender a finalidade da lei (o que ela pretende regular). Em outras palavras, os motivos (e objetivos desejados) que embasaram a edição da lei influenciarão nas conclusões do intérprete.

### Decifrando a prova

**(2012 – Cespe/Cebraspe – DPE/SE – Defensor Público – Adaptada)** A interpretação teleológica busca a vontade do legislador, a chamada *voluntas legislatoris*, e não a vontade da lei, denominada *voluntas legis*.
( ) Certo    ( ) Errado
**Gabarito comentado:** para a maioria, a interpretação teleológica pretende compreender a finalidade da lei enquanto norma, e não a do legislador em si (até porque são vários os que contribuem no processo legislativo, sendo inviável a pretensão de individualizar "o legislador"). Portanto, a assertiva está errada.

- **Sistemática ou sistêmica**[7] – a lei deverá ser interpretada considerando todo o sistema no qual esteja inserida, jamais isoladamente. Assim, o intérprete, em sua atividade, deverá tirar as suas conclusões apenas após cotejar (contextualizar) a norma com os princípios e as regras contidos nos demais diplomas que lhe são correlatos (busca-se a conformidade com o sistema ou microssistema jurídico).
- **Histórica** – busca o sentido da norma analisando o contexto histórico da sua criação. Citamos como exemplo o estudo de uma exposição de motivos, a qual fornecerá dados acerca de eventos ocorridos na origem da norma (debates parlamentares, justificativas etc.), auxiliando na compreensão de seu adequado alcance.
- **Progressiva ou adaptativa ou evolutiva** – levará em consideração os progressos ocorridos em determinada sociedade (progressos econômicos, culturais, sociais etc.). Possui o benefício do dinamismo interpretativo ante as transformações, evitando a necessidade de eventual reforma legislativa. É o exemplo da expressão "fra-

---

[7] Alguns a denominam "lógico-sistemática".

ções de cruzeiro", contida no art. 11 do CP, que atualmente deverá ser interpretada como frações de reais. Podemos citar também o conceito de "ato obsceno" (art. 233 do CP), o qual sofreu alteração quando comparado ao de décadas passadas.

> **Decifrando a prova**
>
> **(2012 – Cespe/Cebraspe – DPE/SE – Defensor Público – Adaptada)** O fenômeno denominado interpretação evolutiva ocorre quando a disposição legal ganha novo sentido, aplicando-se a situações imprevistas ou imprevisíveis ao legislador.
> ( ) Certo    ( ) Errado
> **Gabarito comentado:** pela interpretação evolutiva (ou progressiva) a norma ganha um novo sentido, adaptado às evoluções ocorridas, as quais eram imprevisíveis ao legislador quando da sua edição. Portanto, a assertiva está certa.

- **Lógica** – é aquela que resulta de simples raciocínio lógico, como a proibição de bigamia (crime do art. 235 do CP), a qual, embora literalmente puna aquele que contrai mais um casamento (já sendo casado), logicamente também será aplicada a quem contrai três ou mais casamentos.

Por fim, ressaltamos que não são todos os doutrinadores que citam essa espécie de interpretação (alguns dão a entender que está inserida na "sistemática", denominando-a como "lógico-sistemática").

**Quanto ao resultado.** Aqui, o resultado da interpretação determinará a sua classificação, a qual pode ser dividida em três:

- **Declaratória ou declarativa ou estrita** – ocorre quando o sentido da norma corresponde exatamente ao previsto em seu texto (sem a necessidade de ampliar ou restringir o alcance para obter a exata compreensão). Em outras palavras, a lei, em sua literalidade, expressa o adequado sentido.
- **Restritiva** – aqui há a necessidade de restringir o alcance da norma, pois a sua literalidade dá margem a uma compreensão mais abrangente do que o devido. Assim, interpreta-se restritivamente o dispositivo de forma a adequá-lo ao seu correto sentido.
- **Extensiva** – ao contrário da anterior, nesta espécie deverá ser estendido o âmbito de incidência da norma, pois a sua literalidade expressou menos do que o devido. Dessa forma, buscando o sentido adequado do dispositivo, ampliaremos o seu alcance para abarcar situações não visíveis (mas devidas) pela simples leitura do texto. Podemos citar o exemplo do art. 159 do CP, o qual, apesar de se referir à extorsão mediante sequestro, engloba também o cárcere privado.

Existe grande divergência sobre a possibilidade de ser utilizada a interpretação extensiva em prejuízo do réu.

- Para uma primeira corrente (majoritária na doutrina e com a qual concordamos), é possível tanto para beneficiar quanto para prejudicar. O que se busca é a correta interpretação da norma (*mens legis*), a qual, de forma impessoal, poderá ser favorável ou não. É o que ensina Nucci (2020b, p. 33), afirmando, quanto a essa dupla possibilidade, que: "(…) isso é indiferente, pois a tarefa do intérprete é conferir aplicação lógica ao sistema normativo, evitando-se contradições e injustiças".
- Outros afirmam que somente será admitida em benefício do réu. Entendimento contrário iria em desacordo com o princípio da legalidade previsto no art. 1º do CP. Quando vamos à jurisprudência, há julgados em ambos os sentidos.

Citamos ainda uma breve classificação, a qual divide a interpretação em: **objetiva**, que busca alcançar a vontade da lei enquanto norma/*voluntas legis*; **subjetiva**, sendo aquela que almeja compreender a vontade do legislador em si/*voluntas legislatoris* (rechaçada pela maioria).

## 1.3 INTERPRETAÇÃO ANALÓGICA E ANALOGIA

**Interpretação analógica (*intra legem*).** É a modalidade de interpretação que primeiramente apresenta uma fórmula casuística, seguida de outra genérica. Em palavras diversas, o legislador prevê de forma exata o âmbito de alcance da norma, mas, logo em seguida, complementa o texto com uma expressão genérica (a qual poderá incidir a várias situações similares).

Busca evitar a repetição excessiva de termos, além de abarcar situações fáticas não previstas na redação legislativa, mas que se adéquam perfeitamente ao seu sentido. É o exemplo da qualificadora do motivo torpe no homicídio (art. 121, § 2º, I, do CP):

| Mediante pagamento ou promessa de recompensa, ou por outro motivo torpe ||
|---|---|
| Fórmula casuística | Fórmula genérica |
| (apenas nesses termos) | (qualquer outro motivo torpe se encaixa aqui) |

Nucci acrescenta que há várias formas de apontar na lei a possibilidade de interpretação analógica, mais especificamente por meio de três sistemas: a) **alternância expressa** (indica claramente a indispensabilidade da interpretação analógica. Ex.: art. 28, II, CP); b) **alternância implícita** (aqui há a dedução pelo intérprete da sua necessidade. Ex.: art. 121, § 2º, I, CP); c) **autonomia correlata** (afigura-se como se fosse norma autônoma. Ex.: art. 260, IV, CP).

> **Decifrando a prova**
>
> **(2018 – Cefet/BA – MPE/BA – Promotor de Justiça – Adaptada)** Na lei penal, a viabilidade da interpretação analógica compreende tão somente o sistema da alternância expressa, ou seja, quando a própria norma penal indica claramente a indispensabilidade da interpretação analógica.
> ( ) Certo    ( ) Errado

> **Gabarito comentado:** como vimos, há ainda dois outros sistemas possíveis (segundo Nucci): alternância implícita e autonomia correlata. Portanto, a assertiva está errada.

**Interpretação analógica × interpretação extensiva.** Parte da doutrina considera que a interpretação analógica é uma espécie de interpretação extensiva, em especial a "cláusula genérica", por meio da qual a norma objetiva estender a sua incidência a situações fáticas similares à da fórmula casuística anterior.

Conforme Rogério Greco (2019, p. 92): "Podemos, portanto, entender que a interpretação extensiva é o gênero no qual são espécies a interpretação extensiva em sentido estrito e a interpretação analógica".

**Analogia (suplemento/integração analógica).** É um método de **integração** do ordenamento jurídico, o qual visa a **suprir as lacunas** normativas porventura existentes. Assim, as "brechas" da lei deverão ser colmatadas (preenchidas), pois o ordenamento jurídico não pode conter lacunas.

Pense em uma situação concreta para a qual não haja lei que a regule, mas que necessite de amparo jurídico. Como proceder? Deve o intérprete buscar norma que seja aplicada a caso similar (análogo) e utilizá-la como reguladora do caso concreto citado, integrando, dessa forma, o ordenamento jurídico.

Ex.: a escusa absolutória disposta no art. 181, I, do CP prescreve que é isento de pena quem comete qualquer dos crimes contra o patrimônio em prejuízo do cônjuge, na constância da sociedade conjugal (ressalvadas as hipóteses do art. 183 do CP). Aqui, apesar de o texto legal não citar aqueles que se encontram em união estável, doutrina e jurisprudência, por analogia, aplicam o dispositivo a essa situação similar.

Fazemos a ressalva de que a analogia, no Direito Penal, **será utilizada unicamente em benefício do réu** (jamais em seu prejuízo[8]), sob pena de violação do princípio da legalidade:

**CP, art. 1º** Não há crime sem lei anterior que o defina. Não há pena sem prévia cominação legal.

Além disso, somente poderá ser empregada quando existir lacuna na lei. Leis obscuras ou incertas não autorizam a utilização do método de integração (nem mesmo em benefício do réu), pois, mesmo que defeituosa, há norma regulando o caso concreto.

### Decifrando a prova

**(2016 – IBGE/BA – Procurador Municipal/Teixeira de Freitas – Adaptada)** A analogia consiste em aplicar-se a uma hipótese já regulada por lei uma disposição mais benéfica relativa a um caso semelhante.

---

[8] Bitencourt (2020, p. 214) destaca que, além da analogia *in malam partem*, também é inadmissível o instituto no caso de leis excepcionais e nas leis fiscais (possui caráter similar às penais).

( ) Certo    ( ) Errado
**Gabarito comentado:** se a hipótese já é regulada por lei não há que se falar em analogia (a qual pressupõe uma lacuna). Portanto, a assertiva está errada.

### Jurisprudência destacada

Não cabe ao Julgador aplicar uma norma, por semelhança, em substituição a outra já existente, simplesmente por entender que o legislador deveria tê-la tipificado de forma diversa; não pode a analogia ser utilizada para criar pena que o sistema não haja determinado. Estar-se-ia ferindo o princípio da reserva legal, aplicável também aos preceitos secundários das normas definidoras de condutas puníveis. (...) (STJ, 5ª Turma, AgRg no REsp nº 981.990/RS, Rel. Min. Napoleão Nunes Maia Filho, j. 29.05.2008).

Por fim, saiba ainda que apenas a omissão legislativa involuntária justifica a incidência do instituto (jamais a voluntária, na qual o legislador teve a intenção de não abarcar determinada hipótese).

**Espécies de analogia.** A doutrina divide a analogia em duas espécies: **legal (ou *legis*)**, consistente na utilização de uma lei para suprir a lacuna; **jurídica (ou *juris*)**, quando há o emprego de um princípio geral do direito na colmatação do ordenamento.

**Analogia × interpretação analógica.** De forma didática, apontamos as principais distinções no quadro-esquema a seguir:

| Analogia | Interpretação analógica |
|---|---|
| É um método de integração do ordenamento (não é espécie de interpretação). | É espécie de interpretação. |
| Característica integrativa (aplicação). | Característica interpretativa (compreensão). |
| Pressupõe lacuna (ausência de lei). | Pressupõe a existência de lei. |
| Busca suprir a ausência da lei. | Decorre de determinação contida na própria lei. |
| Apenas em benefício do réu. | Pode ser aplicada a normas benéficas ou maléficas ao réu. |

 **Decifrando a prova**

**(2019 – Cespe/Cebraspe – TCE/RO – Auditor – Adaptada)** A lei penal admite interpretação analógica para incluir hipóteses análogas às elencadas pelo legislador, ainda que prejudiciais ao agente.

( ) Certo     ( ) Errado

**Gabarito comentado:** ao contrário da analogia, a interpretação analógica poderá ser aplicada a normas benéficas ou maléficas ao réu. Portanto, a assertiva está certa.

## 1.3.1 A dúvida

É possível ocorrer que, mesmo diante de emprego das espécies e técnicas de interpretação estudadas, ainda paire dúvida com relação à exata compreensão da norma (a chamada "dúvida insuperável"). Buscando resolver essa situação, há três entendimentos que disputam espaço:

- **1ª corrente** – deve ser adotada a interpretação mais prejudicial ao agente (*in dubio pro societate*).
- **2ª corrente** – a escolha por uma interpretação mais benéfica ou prejudicial ao agente caberá ao julgador.
- **3ª corrente** – a interpretação adotada será necessariamente a mais benéfica ao agente, por força do princípio *in dubio pro reo*. Essa é a mais adequada (GRECO, 2019, p. 93).

Esse último posicionamento também é o adotado por Luiz Flávio Gomes e Alice Bianchini (2015, p. 99), os quais lecionam: "o princípio do *in dubio pro reo* deve ser sempre respeitado quando se estão em jogo questões probatórias (fato), não as questões de direito (interpretação da lei penal), salvo, nesse último caso, quando se trata de dúvida insuperável (...)".

## 1.3.2 Retroatividade da lei interpretativa maléfica

Se a lei penal é meramente interpretativa (explica algum conceito de outra lei ou dispositivo), mas o seu conteúdo de qualquer forma agrave a situação do agente, poderá retroagir de modo a influenciar fatos ocorridos no passado (interpretação autêntica posterior maléfica)? Há dois posicionamentos, adiantando que adotamos o primeiro.

Para Cleber Masson (2019b, p. 101), ao abordar a interpretação autêntica (legislativa): "Por se limitar à interpretação, tem eficácia retroativa (*ex tunc*), ainda que seja mais gravosa ao réu. Em respeito à força e à autoridade da coisa julgada, por óbvio não atinge os casos já definitivamente julgados".

Em sentido contrário são as lições de Nélson Hungria e René Dotti (2017):

> Nem mesmo as leis destinadas a explicar ponto duvidoso de outras leis, ou a corrigir equívoco de que estas se ressintam, podem retroagir em desfavor do réu. Se o próprio legislador achou que a lei anterior (interpretada ou emendada) era de difícil entendimento ou continha erro no seu texto, não se pode exigir do réu que a tivesse compreendido segundo o pensamento que deixou de ser expresso com clareza ou exatidão.

# Conflito aparente de normas

## 2.1 CONCEITO

Ocorre conflito aparente de normas nos casos em que podem ser aplicadas **duas ou mais normas penais a uma mesma conduta**, ou seja, quando uma mesma conduta parece se subsumir a mais de um modelo legal incriminador.

Inexiste, a rigor, um conflito efetivo de normas, na medida em que a ordem jurídica reclama a existência de normas que guardem harmonia entre si. No conflito aparente de normas, o que se tem é uma aparente contradição, firmando-se que apenas uma daquelas normas é aplicável ao caso concreto.

Ao contrário do que ocorre com o concurso de crimes, a lei penal brasileira não disciplina a matéria, cabendo à doutrina e à jurisprudência fazê-lo e, assim, cuida-se de um dos temas mais sensíveis de Direito Penal, sendo inúmeras as controvérsias apresentadas em casos concretos analisados.

O conflito aparente de normas é também denominado concurso aparente de normas, concurso aparente de normas coexistentes, concurso aparente de disposições penais, concurso fictício de leis, concorrência imprópria, concurso ideal impróprio ou concurso impróprio de normas (JESUS, 2010, p. 148).

Para a existência de conflito aparente de normas, são necessários os seguintes requisitos:

1. Unidade de conduta ou de fato. Existindo pluralidade de fatos, é incabível o reconhecimento do concurso aparente de normas. Na hipótese, estaremos diante de concurso de crimes (material ou continuidade delitiva).
2. Pluralidade de normas que indicam o mesmo fato como criminoso.
3. Vigência daquelas normas.

Para a solução do conflito aparente de normas, a doutrina apresenta os seguintes princípios: especialidade, subsidiariedade, consunção e alternatividade.[1]

---

[1] A doutrina, de forma amplamente majoritária, discorda da adoção do princípio da alternatividade

## 2.2 PRINCÍPIO DA ESPECIALIDADE

Uma norma será especial em relação a outra quando reunir **todos os elementos desta**, além de outros, pela doutrina denominados **especializantes**, razão pela qual toda ação que realiza o tipo do delito especial necessária e igualmente realiza o tipo do geral.

No caso, pelo princípio da especialidade, **a norma especial prevalecerá sobre a geral**, podendo-se fazer o raciocínio de forma abstrata, ou seja, pela mera comparação das definições que as normas abstratamente contêm: *Lex specialis derogat lex generalis*.

Nesse aspecto, a especialidade difere dos outros princípios, que demandam o confronto *in concreto* das leis para que se conclua qual delas prevalecerá.

A norma especial pode estar no mesmo diploma em que se encontra a norma geral ou em outra, podendo até mesmo existir uma norma em lei extravagante que seja especial com relação à outra prevista em lei extravagante distinta.

Como adverte Masson (2019b, p. 120), não é importante a sanção penal reservada para as infrações penais e a comparação não se faz da lei mais grave para menos grave, considerando-se que a lei especial pode narrar um ilícito mais rigoroso ou mais brando.

Podemos, assim, por exemplo, vislumbrar relação de gênero/espécie entre as seguintes normas, hipótese em que as últimas vão preferir as primeiras.

- Arts. 121, § 3º, do CP, e 302 do Código de Trânsito Brasileiro (CTB).
- Arts. 320 do CP e 3º, III, da Lei nº 8.137/1990.
- Arts. 316 e 317 do CP e 3º, II, da Lei nº 8.137/1990.
- Arts. 334-A do CP e 18 da Lei nº 10.826/2003.
- Arts. 138 do CP e 324 do Código Eleitoral (CE).
- Arts. 139 do CP e 325 do CE.
- Arts. 121 e 123 do CP.
- Arts. 28 e 33 da Lei nº 11.343/2006 e 290 do Código Penal Militar (CPM).

## 2.3 PRINCÍPIO DA SUBSIDIARIEDADE

Fala-se na aplicação do princípio da subsidiariedade sempre que houver **relação de primariedade e subsidiariedade** entre normas que descrevem diferentes graus de violação ao mesmo bem jurídico, estando **a norma subsidiária contida na primária**, sendo, portanto, afastada pela última.

Consoante leciona Bitencourt (2020, p. 272): "O fundamento material da subsidiariedade reside no fato de distintas proposições jurídico-penais protegerem o mesmo bem jurídico em diferentes estágios de ataque".

---

como sendo um dos princípios a dirimir o conflito aparente de normas. Afinal, o que se tem na alternatividade, com veremos, é conflito dentro da própria norma. Neste sentido Busato (2018, p. 917), Damásio de Jesus (2010, p. 150), Greco (2019, p. 81) e Bitencourt (2020, p. 271).

O tipo subsidiário apresenta-se, dessa forma, como "soldado de reserva". A figura subsidiária está inserida na figura principal.

Masson (2019b, p. 121) apresenta diferenças marcantes entre os princípios da especialidade e da subsidiariedade:

> No princípio da especialidade, a lei especial é aplicada mesmo se for mais branda do que a geral. No caso do princípio da subsidiariedade, ao contrário, a lei subsidiária, menos grave, sempre será excluída pela lei principal, mais grave. Ainda, no princípio da especialidade a aferição do caráter geral ou especial das leis se estabelece em abstrato, ou seja, prescinde da análise do caso concreto, enquanto no princípio da subsidiariedade a comparação sempre deve ser efetuada no caso concreto, buscando a aplicação da lei mais grave. Finalmente, no princípio da especialidade ocorre relação de gênero e espécie entre as leis em conflito, ao passo que, na subsidiariedade a lei subsidiária não deriva da principal.

A subsidiariedade pode ser tácita ou expressa. Quando **expressa**, ou **explícita**, a norma subsidiária expressamente condiciona a sua aplicação à não aplicação da principal, mais grave. É o exemplo do art. 307 do CP que, ao definir o crime de falsa identidade, menciona que a norma ali contida somente se aplicará quando a conduta não caracterizar crime mais grave.[2] A subsidiariedade será **tácita**, ou **implícita**, outrossim, quando a conduta descrita na norma subsidiária for elemento constitutivo, majorante ou meio de execução do crime descrito na norma principal. Assim, a figura típica da ameaça é subsidiária ao crime de constrangimento ilegal.

Diz-se que a estrutura lógica da subsidiariedade não é a da subordinação, mas a da interferência (JESCHECK, *apud* BITENCOURT, 2020, p. 272).

## 2.4 PRINCÍPIO DA CONSUNÇÃO OU ABSORÇÃO

A consunção se apresenta como princípio para **dirimir o conflito aparente de normas** quando o fato previsto em uma delas é compreendido em outra, com maior espectro de abrangência e que prevalecerá sobre a primeira.

Ao tratar do tema, Busato (2018, p. 919) leciona que a regra da consunção estabelece que a norma que abarca todo o desvalor atribuído pelo ordenamento jurídico a um caso concreto tem precedência sobre outra que somente abriga parte desse desvalor e, assim, o preceito principal absorve todos os demais preceitos consumidos no processo de seu alcance.

O princípio da consunção, ou absorção, é usado para o conflito aparente de normas quando **a norma que define um crime é meio necessário ou fase normal de preparação ou execução de outro crime ou constitui conduta anterior ou posterior do agente**, que a leva a efeito com a mesma finalidade prática atinente àquele crime (JESUS, 2010, p. 155).

---

[2] Poderíamos, ainda, como exemplos de subsidiariedade expressa, citar os seguintes dispositivos: arts. 129, § 3º; 132; 238; 239; e 240 do Código Penal; arts. 21, 29 e 46 da Lei de Contravenções Penais, e outros.

Por exemplo, por não reconhecer a embriaguez ao volante como meio para a execução do crime de lesão corporal culposa na direção de veículo automotor, o STJ não reconheceu a possibilidade de absorção do crime descrito no art. 306 do CTB pelo crime descrito no art. 303 do mesmo diploma legal.

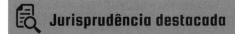 **Jurisprudência destacada**

PENAL. RECURSO ESPECIAL. CRIMES PREVISTOS NOS ARTS. 303 E 306 DO CÓDIGO DE TRÂNSITO BRASILEIRO. DELITOS AUTÔNOMOS. BENS JURÍDICOS DISTINTOS. APLICAÇÃO DO PRINCÍPIO DA CONSUNÇÃO. IMPOSSIBILIDADE. RECURSO ESPECIAL DESPROVIDO. 1. É inviável o reconhecimento da consunção do delito previsto no art. 306 do CTB (embriaguez ao volante), pelo seu art. 303 (lesão corporal culposa na direção de veículo automotor), quando um não constitui meio para a execução do outro, mas evidentes infrações penais autônomas, que tutelam bens jurídicos distintos. Precedentes. 2. Recurso especial desprovido (STJ, REsp nº 1.629.107/DF, 2016/0256587-4, Rel. Min. Ribeiro Dantas, Data de Julgamento: 20.03.2018, 5ª Turma, Data de Publicação: *DJe* 26.03.2018).

A consunção se aplica ainda que distintos os bens jurídicos tutelados (BITENCOURT, 2020, p. 273), embora muitas vezes os Tribunais neguem a aplicação do princípio pelo fato de os bens jurídicos serem distintos, como ocorreu no julgado supra-apresentado.

Outrossim, a relação consuntiva é aplicável independentemente da disparidade das sanções cominadas, podendo ocorrer, pela aplicação do princípio da consunção, absorção de um crime a que se cominem penas mais graves por outro, mais abrangente, a que o legislador tenha optado por uma sanção menor. O fenômeno aqui descrito é facilmente percebido na Súmula nº 17 do STJ, que reconhece absorção do falso pelo estelionato quando sua potencialidade lesiva se exaure no último crime. Por conseguinte, temos um crime punido com até seis anos de reclusão (na hipótese de falsidade de documento público) sendo absorvido pelo crime descrito no art. 171 no CP, cuja pena máxima é de cinco anos.

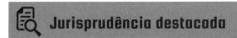 **Jurisprudência destacada**

**Súmula nº 17, STJ.** Quando o falso se exaure no estelionato, sem mais potencialidade lesiva, é por este absorvido.

Na consunção, não há relação de gênero e espécie, mas de *minus* e *plus*, de continente e conteúdo, de todo e parte, de inteiro e fração, hipótese em que a lei que institui um fato de maior abrangência e acaba por consumir as demais, como ocorre com as lesões corporais em relação ao homicídio.

É igualmente a consunção o princípio a ser invocado quando as disposições se relacionam de imperfeição a perfeição: o crime perfeito absorve o imperfeito, sendo essa a razão pela qual, entre o crime perfeito e o crime imperfeito, existe uma relação de absorção. Isso ocorre, por exemplo, quando o crime consumado absorve a tentativa.

A tentativa, a seu turno, na hipótese de haver incriminação do ato preparatório, absorverá o último.

Por derradeiro, também se aplicará a relação consuntiva quando atos preparatórios para um determinado delito se caracterizam como ato executório de outro, sendo essa a razão pela qual a violação de domicílio é absorvida pelo furto.

Também é a consunção o princípio a ser aplicado para solução do conflito aparente de normas na hipótese do crime complexo, do crime progressivo, da progressão criminosa e *antefactum* e *postfactum* impuníveis, como veremos a seguir.

### 2.4.1 Crime complexo

A figura do crime complexo está prevista no art. 101 do Código Penal. Nele a lei considera como elementos do tipo fatos que, por si sós, já constituem outros crimes.

Assim, o crime complexo, que também recebe a denominação crime composto, é a **fusão de elementos de dois ou mais crimes**. O roubo, que se origina da fusão da ameaça e do furto, é um exemplo de crime complexo.

Pela aplicação do princípio da consunção, o crime complexo absorve os crimes autônomos que o compõem.[3] Portanto, o roubo absorveria a ameaça que o agente empregou para a subtração do bem.

### 2.4.2 Crime progressivo

É aquele em que o agente, *ab initio*, ou seja, **desde o princípio deseja provocar um resultado**, a ele dirigindo finalisticamente a sua vontade. Contudo, para atingi-lo, precisa praticar crime menos grave, o denominado **crime de ação de passagem**. Ex.: o agente quer matar alguém e o fere inúmeras vezes para alcançar seu objetivo, hipótese em que responderá apenas pelo homicídio, restando absorvidas, pela consunção, as lesões corporais.

### 2.4.3 Progressão criminosa

Na progressão criminosa, o agente inicialmente quer praticar o crime menos grave e, após, mudando o seu dolo, passa a desejar o crime mais grave. Ex.: inicialmente quer le-

---

[3] Devemos pontuar que não existe na doutrina unanimidade quanto ao fato de estar o crime complexo incluído entre as hipóteses de consunção, embora assim seja por muitos considerado. Damásio de Jesus (2010, p. 157), por exemplo, entende que a figura do crime complexo é compreendida na relação de especialidade ou de subsidiariedade tácita; Masson (2019b, p. 123), a seu turno, destaca que, tratá-lo na relação consuntiva, não se afigura a melhor solução até porque entende que, em um crime complexo, o que se tem é concurso de crimes e não conflito aparente de normas, lembrando que, no conflito aparente de normas, é preciso que todas as leis qualifiquem o mesmo fato, o que não acontece no crime complexo. Bitencourt (2020, p. 271), a seu turno, entende que a relação com um crime complexo é de especialidade.

sionar e, após, resolve matar. Neste caso, também deverá ser responsabilizado apenas pelo crime mais grave, qual seja: o homicídio, que, pela aplicação do princípio da consunção, absorverá as lesões corporais.

### 2.4.4 *Antefactum* e *postfactum* impuníves

Fala-se em *antefactum* impunível quando **uma conduta menos grave precede outra conduta mais grave** como meio necessário ou normal de realização daquela conduta mais grave e que ofende o mesmo bem jurídico. Nesse caso, novamente invocaremos o princípio da consunção para a solução do conflito aparente de normas, e o crime mais grave absorverá o menos grave, por força do princípio *id quod plerumque accidit*.[4]

Assim, no caso de o agente quebrar o vidro da casa da vítima para dali retirar alguns pertences, o dano restará absorvido pelo furto, não se podendo imputar ao agente o crime descrito no art. 163 do CP.

No *postfactum* impunível, ocorre o inverso: o agente pratica a conduta violadora ao bem jurídico e, posteriormente, leva a efeito uma nova ofensa contra aquele mesmo bem jurídico, no mais das vezes para obter uma vantagem com relação ao crime anterior, tal qual ocorre quando o agente, depois de realizar um furto, vende os objetos subtraídos.

Deve-se destacar que, nas hipóteses citadas, relacionadas ao fato anterior e ao fato posterior não puníveis, será necessário que o ataque se direcione a um mesmo bem jurídico e que pertença ao mesmo titular, como adverte Grispigni (*apud* JESUS, 2010, p. 159).

### 2.4.5 Princípio da alternatividade

Aplica-se nos crimes de conduta múltipla ou de conteúdo variado, ou seja, aqueles definidos em normas penais que trazem **dois ou mais núcleos verbais**.

É, portanto, o princípio que se aplica aos crimes plurinucleares, como ocorre no exemplo dos arts. 33 da Lei nº 11.343/2006 e 14 da Lei nº 10.826/2003, que definem o tráfico de drogas e o porte ilegal de armas de fogo de uso permitido, respectivamente.

Pelo princípio da alternatividade, a realização pelo agente, no mesmo contexto fático, de mais de um daqueles núcleos verbais **caracterizará a prática de um crime único**. Assim, o agente que adquire, transporta e guarda a droga, embora tenha praticado três verbos típicos do art. 33 da Lei Antidrogas, não pratica três crimes, mas um só.

A mais rasa das leituras permite a conclusão de que não se está, quando se trata de alternatividade, diante de um conflito aparente de normas penais. Afinal, não existe mais de uma norma penal aparentemente aplicável ao mesmo fato. O conflito, *in casu*, se opera dentro de uma mesma norma.

---

[4] Aquilo que geralmente acontece.

## 2.4.6 Críticas e reflexões

A doutrina brasileira se mostra muito vacilante quando discorre sobre o conflito aparente de normas. A rigor, o que se tem a respeito da matéria são contradições flagrantes, bem distintas de meras divergências entre autores.

Não raras vezes, pode-se perceber um mesmo autor citando, na mesma obra, **dois princípios distintos como aplicáveis para a solução do conflito aparente no mesmo caso**. Um exemplo clássico é o da violação de domicílio e furto, em que alguns justificam a prevalência do último pela aplicação da subsidiariedade e, logo depois, citam a consunção como princípio aplicável. Idêntica contradição encontramos com relação ao dano e furto qualificado pelo arrombamento.

Percebe-se, dessa forma, a ausência de rigor científico no tratamento da consunção e da subsidiariedade, rigor esse que apenas conseguimos de alguma forma vislumbrar no princípio da especialidade. E é justamente na falta do rigor científico que a insegurança jurídica deita suas raízes.

> **Decifrando a prova**
>
> **(2019 – Cespe/Cebraspe – TJ/PA – Juiz de Direito Substituto – Adaptada)** Para se vingar de uma agressão pretérita, João, maior de idade, com vontade livre e consciente de matar, efetuou disparos de arma de fogo contra Pedro. Tendo se certificado de que apenas um projétil havia atingido Pedro, em local não letal, e de que ele ainda estava vivo, João, então, efetuou mais dois disparos. Esses dois disparos foram letais, e o homicídio se consumou. João possuía o porte e a posse legal da arma utilizada. Trata-se de um crime progressivo, pois João praticou vários atos, tendo passado de um crime menos grave para outro de maior gravidade.
>
> ( ) Certo ( ) Errado
>
> **Gabarito comentado:** em razão do princípio da consunção, que será aplicado ao caso, João responderá unicamente pelo homicídio, consideramos que os disparos foram meio para a prática do crime-fim. Portanto, a assertiva está errada.

# 3 Evolução histórica do Direito Penal

A evolução histórica do Direito Penal possui total identidade com a **história da própria humanidade**. Desde os primórdios, tem-se estabelecido o entendimento acerca da necessidade de punição àquele que cometer ato nocivo a alguém, como forma de pacificação social (a qual, no início, estava ligada diretamente a vingar o ato praticado).

Vale relembrar aqui o **primeiro homicídio de que se tem notícia**, consistente na morte de Abel por seu irmão, Caim – ambos filhos de Adão. Conforme registro bíblico, Gênesis, 4: 1-16, Deus sentenciou Caim a ser um fugitivo errante pelo mundo, afastando-o da sua presença. Infere-se também que ele perdeu o direito da primogenitura, sendo esse transferido futuramente ao filho de Adão chamado Sete ("Deus me concedeu um filho no lugar de Abel, visto que Caim o matou" – Gênesis, 4: 25b).

Indo além, o historiador judaico-romano Flávio Josefo (1969, p. 113) escreveu:

> Eis como a posteridade de Caim chafurdou-se em toda espécie de crimes. Não se contentaram em imitar os de seus pais, mas inventaram outros. Dentre eles, havia assassínios e latrocínios, e os que não mergulhavam as mãos em sangue estavam cheios de orgulho e de avareza.

Note, portanto, que desde o início (queda do Jardim do Éden para cristãos e judeus) e até hoje, **a pena cumpre função imprescindível no controle social**, pois infelizmente a violação a bens jurídicos fundamentais acompanha a humanidade em toda sua existência. A depender do período histórico, da necessidade e do esclarecimento da sociedade, ela foi adotada de uma ou outra forma, mais ou menos cruel.

Esse é o estudo que faremos a partir de agora: analisar as **fases de evolução do Direito Penal** (suas características e peculiaridades), primeiro no **mundo** e depois especificamente no **Brasil**, além de uma breve incursão acerca das principais **escolas penais** que foram surgindo. Ressaltamos, por fim, que os períodos a seguir apresentados por vezes se misturam, ou seja, não são estanques (a separação apresentada pela doutrina tem como objetivo auxiliar na compreensão do tema).

## 3.1 EVOLUÇÃO NO MUNDO

### 3.1.1 Direito Penal primitivo

**Vingança divina.** Consistia na imposição da **vontade dos Deuses** (forte carga religiosa/teocrática). Dessa forma, o castigo supostamente provinha de determinação divina, a qual, por ser superior, submetia o indivíduo a penas rigorosas como forma de purificação. Geralmente a vingança seria imposta por um sacerdote (era o representante dos Deuses), possuindo a justificativa de ser eficaz em **aplacar a ira divina** diante da prática de ato inadmissível ao meio social.[1] Como o próprio nome sugere, a pena tinha caráter **retributivo**.

Nas palavras de Regis Prado (2019a, p. 28): "O princípio religioso, de caráter onipresente, perdurou por muito tempo, por séculos. Daí por que o delito era tratado mais como agressão à divindade (pecado) do que à ordem social propriamente dita, e a pena visava justamente a aplacar a ira dos deuses".

A responsabilidade era **objetiva** e **sem a noção de culpabilidade** pelo ato cometido. Além disso, por conta da elevada carga de **subjetividade** na aplicação da vingança havia muitos **excessos e injustiças**, com sanções como as de:

- **Perda da paz:** consistia em expulsar o infrator do agrupamento social, sendo condenado a viver isoladamente e sem qualquer proteção coletiva (exposto ao ataque de inimigos).
- **Vingança de sangue:** era a reação violenta da tribo contra um estrangeiro que praticasse ato contra o grupo ou algum de seus membros.

Em conclusão, citamos as lições de Bitencourt (2020, p. 85): "pode-se destacar como legislação típica dessa fase o Código de Manu, embora legislações com essas características tenham sido adotadas no Egito (Cinco Livros), na China (Livro das Cinco Penas), na Pérsia (Avesta), em Israel (Pentateuco) e na Babilônia".

**Vingança privada.** Remonta a um período anterior à noção atual de Estado e consistia na possibilidade de um indivíduo, seus parentes ou os próprios integrantes do respectivo meio social o vingarem contra aquele que lhe causou um dano (ex.: uma tribo entrava em guerra com outra por conta de um ato cometido contra algum de seus integrantes). Tínhamos aqui uma noção de pena exclusivamente **retributiva** (mal com o mal), uma espécie de **justiça "com as próprias mãos"**, que, por vezes, resultava em uma **reação desproporcional** ao ato cometido anteriormente, não raro ocasionando o **prolongamento dos conflitos**.

Posteriormente, surgiu a denominada **"Lei de Talião"**, a qual, mesmo que de forma modesta, buscou estabelecer parâmetros na imposição da pena ao infrator, traduzindo-se no brocardo **"olho por olho, dente por dente"**. Assim, aquele que causasse mal a alguém seria punido com mal similar (ex.: se cortou o braço de outro, sofreria a punição de ter seu braço

---

[1] Para alguns povos primitivos, esse ato inadmissível consistiria na desobediência do chamado "tabu" (uma espécie de proibição sagrada de comportamentos).

cortado). Esse parâmetro foi importante, pois trouxe uma ideia de **proporcionalidade da pena** a ser aplicada (considerando o grau de desenvolvimento social da época), em contraposição à vingança desmedida que vigorava.

Retomando as lições de Bitencourt, a Lei de Talião representou a primeira tentativa de **humanização da pena**, tendo sido adotada por importantes sociedades na Antiguidade: hebreus (no Êxodo), babilônicos (Código de Hamurabi), romanos (Lei das XII Tábuas). Ressaltamos, ainda, que a responsabilidade penal aqui continua sendo a **objetiva** (sem qualquer análise de dolo ou culpa).

> **Decifrando a prova**
>
> **(2018 – FCC – DPE/AP – Defensor Público – Adaptada)** Em tempos remotos, a responsabilidade penal era, muitas vezes, objetiva, e a subjetividade só foi estruturada com a adoção da Lei do Talião. A clássica fórmula "olho por olho, dente por dente" aparece em muitos textos históricos, como no livro do Êxodo no Antigo Testamento.
> ( ) Certo    ( ) Errado
> **Gabarito comentado:** o erro consiste em afirmar que a responsabilidade penal subjetiva foi estruturada com a adoção da Lei do Talião. Portanto, a assertiva está errada.

Mais adiante, em razão do grande número de mortes, mutilações e deformidades decorrentes do sistema "olho por olho, dente por dente", houve a necessidade de criar uma forma menos traumática de punição para não comprometer a força dos agrupamentos sociais antigos. Com isso, surgiu um novo método de resolução dos conflitos, denominado *compositio*.

Por meio dele, a penalidade retributiva proporcional ao ato praticado cede espaço ao **consenso entre o ofensor e o ofendido** (ou sua família), consistente na **reparação do dano mediante a estipulação de um valor a ser pago à vítima** (pecúnia, bens etc.), em outras palavras, o infrator pagava para se livrar do castigo. É certo que os sistemas de vingança anteriores não foram totalmente abolidos, mas, ao lado o consenso, **antecedente histórico das atuais penas pecuniárias**, surge como alternativa de tranquilização social.

**Vingança pública.** Com a crescente organização político-social das comunidades, inicia-se também a **concentração do poder na figura do Estado**, o qual traz para si a punição daquele que infringir a ordem estabelecida e imposta aos seus conviventes. Dessa forma, a pena passa a ter um **caráter público**, pois será um dos instrumentos do ente central na busca por atender aos anseios e às necessidades da coletividade, atingindo um mínimo de coerência e disciplina social, para, com isso, conservar o poder mencionado.

Embora exista evolução no tratamento da pena (uma frágil impessoalidade), ela ainda era permeada por **crueldade e arbitrariedade** na sua aplicação, além da **forte carga religiosa** que se misturava ao suposto direito aplicado pelo detentor do poder.

> **Decifrando a prova**
>
> **(2018 – FCC – DPE/AP – Defensor Público – Adaptada)** Desde suas origens históricas, a pena foi uma reação social contra o membro da comunidade que transgrediu as regras de convivência e com isso colocou em perigo os interesses da comunidade.
> ( ) Certo ( ) Errado
> **Gabarito comentado:** conforme abordado nos sistemas de vingança, desde os tempos primitivos a ideia de reação do grupo contra o indivíduo transgressor estava presente. Portanto, a assertiva está certa.

### 3.1.2 Idade Antiga

**Direito Penal Grego.** Na Grécia Antiga não houve abolição da influência religiosa (manutenção do caráter expiatório), a qual ainda determinava a aplicação e a adoção da pena, tanto nas punições coletivas quanto nas individuais. Conforme Nucci (2020a, p. 34):

> Na Grécia antiga, como retratam os filósofos da época, a punição mantinha o seu caráter sacro e continuava a representar forte tendência expiatória e intimidativa. Em uma primeira fase, prevalecia a vingança de sangue, que terminou cedendo espaço ao talião e à composição. Predominava a pena de morte, utilizada para a maioria dos crimes (...). Além da pena capital, havia as penas corporais, exílio, confisco de bens, degradação cívica (retirada de parte ou da totalidade dos direitos do cidadão); venda como escravo (aplicada junto com o confisco de bens), aplicada, como regra, ao estrangeiro (...).

**Direito Penal Romano.** Como é cediço, o Direito Romano alicerçou um dos maiores impérios da Antiguidade, o qual possuiu períodos distintos (Monárquico, Republicano e Imperial). Inicialmente, também foi influenciado pela religiosidade, com todas as características já estudadas (prevalência da vingança e mistura entre Direito e religião). Tinha-se a ideia de que o patriarca da família seria o responsável por aplicar o castigo, segundo o seu livre-arbítrio (poder ilimitado ao *pater familias*), noção que posteriormente deu origem à atividade dos magistrados.

Destacamos uma diferenciação feita pelos romanos, a qual consistia em dividir os crimes entre: **públicos**, julgados pelo Estado (conspiração/traição contra este, além do assassinato); **privados**, julgados pela vítima (as demais espécies de delitos que não os públicos).

No período Republicano, houve a edição da Lei das XII Tábuas (primeiro código romano escrito), a qual foi influenciada pela Lei de Talião e trouxe fragmentos da *compositio*, em contraponto à vingança privada. Também tivemos aqui resquícios de separação entre Direito e Religião (afastamento do caráter expiatório da pena).

Posteriormente, no período Imperial, as penas possuíam a característica de serem dotadas de extrema crueldade (crucificações, decapitações, trabalhos forçados, dentre outras), com forte carga retributiva (diferentemente do adotado na República, a qual privilegiava também a prevenção).

Por fim, acrescentamos que várias foram as contribuições do Direito Penal Romano, como bem leciona Bitencourt (2020, p. 88), ao elencar as suas principais características:

a) a afirmação do caráter público e social do Direito Penal; b) o amplo desenvolvimento alcançado pela doutrina da imputabilidade, da culpabilidade e de suas excludentes; c) o elemento subjetivo doloso se encontra claramente diferenciado. O dolo – *animus* –, que significava a vontade delituosa, que se aplicava a todo campo do direito, tinha, juridicamente, o sentido de astúcia – *dolus malus* –, reforçada, a maior parte das vezes, pelo adjetivo má, o velho *dolus malus*, que era enriquecido pelo requisito da consciência da injustiça; d) a teoria da tentativa, que não teve um desenvolvimento completo, embora se admita que era punida nos chamados crimes extraordinários; e) o reconhecimento, de modo excepcional, das causas de justificação (legítima defesa e estado de necessidade); f) a pena constituiu uma reação pública, correspondendo ao Estado a sua aplicação; g) a distinção entre *crimina publica*, *delicta privata* e a previsão dos *delicta extraordinaria*; h) a consideração do concurso de pessoas, diferenciado a autoria e a participação.

### 3.1.3 Idade Média

**Direito Penal Germânico.** Direito baseado nos costumes (consuetudinário) que, inicialmente, foi influenciado pelos sistemas de vingança, nos quais o ofendido ou seu grupo familiar poderia exercer castigo vingativo contra aquele que lhe causou dano, resultando, por vezes, em uma reação desproporcional ao ato cometido anteriormente (estimulando o prolongamento dos conflitos), além da característica pena de perda da paz no caso de delitos públicos (ausência de proteção social, abandono).

Adotava-se aqui os chamados "juízos de Deus" (ou ordálias), pelos quais o acusado teria a chance de provar a sua inocência caso suportasse testes como andar sobre brasas quentes, em água fervente, dentre outros (o insucesso atestaria a sua culpa, supostamente confirmada por Deus). Mencionamos também os duelos judiciários que, mediante a lei do mais forte, aplicariam a "justiça" ao caso concreto: aquele que vencesse o duelo teria a razão.

Posteriormente, foi incorporado o sistema da composição (inicialmente voluntária, depois legal), bem como a Lei de Talião. Tais institutos contribuíram para uma noção de proporcionalidade da pena, embora não tenham abolido as práticas supracitadas.

**Direito Penal Canônico.** Como o próprio nome sugere, a religião guiava essa forma de Direito, o qual, embora continuasse sendo permeado pela crueldade, atentava-se quanto à possibilidade de recuperar o infrator.

Surge em um período de confusão entre Estado e Religião (a Igreja Católica Apostólica Romana era a detentora do poder), gerando uma pena de caráter expiatório, advinda do próprio Deus, com objetivo para além do castigo: visava também corrigir e estimular o arrependimento.

Foi permeada pela desproporcionalidade entre a infração cometida e a pena aplicada, principalmente na "Santa Inquisição", na qual eram utilizados vários métodos de tortura para se obter a confissão do pecado e posterior arrependimento, resultando em inúmeras mortes. Não havia devido processo legal, e as penas serviam tanto para confissão da transgressão quanto para intimidação da população em geral.

Segundo Masson (2019b, p. 63):

> (...) contribuiu consideravelmente para o surgimento da prisão moderna, principalmente no tocante à reforma do criminoso. Do vocábulo "penitência" derivam os termos "penitenciária" e "penitenciário". O cárcere, como instrumento espiritual de castigo, foi desenvolvido pelo Direito Canônico, uma vez que, pelo sofrimento e pela solidão, a alma do homem se depura e purga o pecado. A penitência visava aproximar o criminoso de Deus.

Por fim, opôs-se às ordálias e aos duelos judiciários do Direito Penal Germânico, bem como destacou o aspecto subjetivo do crime. Além disso, buscando estimular o arrependimento, preferiu as penas privativas de liberdade às pecuniárias; adotou a pena pública em detrimento da privada (combate à vingança privada).

### 3.1.4 Idade Moderna

**Período Humanitário.** Corresponde ao período de surgimento do movimento Iluminista (século XVIII), o qual trouxe luz às trevas que até então pairavam sob o mundo (em todas as áreas – religião, política, jurídica), tendo como ápice a Revolução Francesa dos ideais: liberdade, igualdade e fraternidade.

No campo jurídico penal, iniciou-se o pensamento de não aceitação das penas cruéis e místicas que até então vigoravam, resultando em uma reação que apregoava maior humanismo e racionalidade na punição. Nessa toada, vários pensadores e juristas publicaram obras enaltecendo a dignidade humana e condenando as leis excessivamente punitivas que até então vigoravam.

Um desses escritos foi elaborado pelo Marquês de Beccaria (Cesare Bonesana) e denominado *Dos delitos e das penas* (1764), o qual possui inspiração nos expoentes iluministas (John Locke, Voltaire, Rousseau, Montesquieu), e marca uma nova fase no Direito Penal, inaugurando a denominada "Escola Clássica". De forma objetiva, seguem alguns temas centrais da obra citada:[2]

- Prevalência da razão em detrimento da religiosidade.
- Proporcionalidade da pena ao ato praticado, além da necessidade de sua previsão legal (para que seja de conhecimento público).
- As leis precisam ser claras e bem delimitadas, possibilitando a correta compreensão pela sociedade.
- As penas devem ser públicas (jamais privadas), necessárias e adequadas, objetivando evitar que o indivíduo volte a delinquir. Bitencourt (2020, p. 96) acrescenta: "Beccaria tinha uma concepção utilitarista da pena. Procurava um exemplo para o futuro, mas não uma vingança pelo passado, celebrando a máxima de que 'é melhor prevenir delitos do que castigá-los'".

---

[2] Além de Beccaria, outros nomes tiveram protagonismo nessa evolução do Direito Penal (influenciando no sistema penitenciário vigente), como John Howard e Jeremy Bentham.

* O caráter humano deve permear o sistema punitivo, abolindo-se as penas de morte e as excessivamente cruéis.

## 3.2 EVOLUÇÃO NO BRASIL

### 3.2.1 Período colonial

Em um primeiro momento, antes da descoberta do Brasil pelos portugueses, predominavam os sistemas primitivos de punição. Cometida uma infração no seio da comunidade indígena, o castigo seria baseado na vingança privada ou Lei de Talião (métodos disseminados entre as tribos), ausente qualquer parâmetro de proporcionalidade na sua aplicação.

Posteriormente, após o início da colonização portuguesa, o Direito Penal desse país passou a reger a sistemática envolvendo o cometimento de crimes e punição do infrator em *terra brasilis*, sendo distribuído nas chamadas Ordenações do Reino, as quais se sucederam conforme disposto a seguir:

* **Ordenações Afonsinas** (1446 – publicadas por Dom Afonso V – primeiro Código completo da Europa).
* **Ordenações Manuelinas** (1521 – publicadas por Dom Manuel I).
* **Ordenações Filipinas** (1603 – publicadas por Filipe II).

Todas essas ordenações previam penas acentuadamente cruéis, com aplicação totalmente arbitrária pelos julgadores, além de punições que misturavam direito e religião (não havia a noção de legalidade e ampla defesa). As duas primeiras não foram efetivas, haja vista a dificuldade em se tornar homogêneas, não obtendo êxito em adaptar seus dispositivos às peculiaridades do novo país. A última, por sua vez, perdurou por mais de dois séculos.

### 3.2.2 Período imperial

Com o início do período Brasil Império, após a Proclamação da Independência (1822), foi promulgada a nossa primeira Constituição, no ano de 1824, sob forte influência Iluminista. Dessa forma, estavam contidos em seu texto dispositivos que consagravam institutos como proporcionalidade, legalidade, juiz natural, responsabilidade pessoal, dentre outros correlacionados a ideais humanistas de Direito Penal.

Essa nítida evolução normativa reclamava também uma reforma no tratamento legislativo criminal vigente. Atendendo a esse anseio, foi publicado no ano de **1830** o **Código Criminal do Império**[3] (autoria de Bernardo Pereira de Vasconcellos). Vários foram os elogios direcionados à novel legislação, tanto pelos avanços ligados a justiça e humanidade na regulação dos delitos e sanções quanto pela refinada técnica empregada.

Contudo, embora com significativos avanços, ainda permaneciam algumas penas cruéis (principalmente com relação aos escravos), de trabalhos forçados, banimento, dentre outras.

---

[3] Somente em 1832 é que foi publicado o Código de Processo Criminal, em complemento ao Código de 1830.

## 3.2.3 Período republicano

Proclamada a República por Marechal Deodoro da Fonseca, em 15 de novembro de 1889, iniciou-se uma nova fase político-jurídica no Brasil. Quanto à seara criminal, um **novo Código Penal** foi publicado no ano de **1890** (autoria de Batista Pereira), o qual, segundo a doutrina, pecava pela falta de técnica na abordagem dos assuntos, além de muitos retrocessos em termos jurídicos. Conforme demonstra a história, não houve tempo suficiente para a devida maturação das ideias centrais constantes do recém-publicado diploma normativo, estando em descompasso com os avanços científicos e sociais da época.

Tal falta de sintonia com a realidade à época fez surgir a necessidade de publicação de várias leis penais objetivando suprir as consequentes lacunas normativas, resultando em uma coletânea denominada *Consolidação das Leis Penais* (Vicente Piragibe – 1932).

Posteriormente, após tentativas infrutíferas de se aprovar um novo *códex*, finalmente foi publicado o **Código Penal de 1940** (autoria de Alcântara Machado, instituído pelo Decreto nº 2.848/1940 no período do Estado Novo),[4] entrando em vigor no ano de 1942 e perdurando até hoje. Embora esteja vigente, o mencionado código já foi objeto de várias reformas, dentre as quais destacamos:

- Lei nº 7.209/1984 – promoveu ampla reforma na parte geral (influenciada pelo finalismo).
- Lei nº 13.964/2019 (Pacote Anticrime) – alterou vários dispositivos do CP, do Código de Processo Penal – CPP (principalmente) e de Leis Penais Especiais.

Por fim, acrescentamos que no ano de 1961 foi iniciada a elaboração de um novo CP (autoria de Nélson Hungria; revisão de Heleno Fragoso e Benjamin de Moraes), o qual foi finalizado e publicado anos depois, por meio do Decreto-lei nº 1.004/1969 (período do regime militar). Contudo, após várias prorrogações do seu prazo de *vacatio*, o diploma foi revogado sem jamais obter vigência.

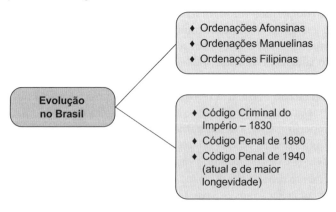

---

[4] Revisado pela Comissão formada por Nélson Hungria, Vieira Braga, Narcélio de Queiroz e Roberto Lyra.

> **Decifrando a prova**
>
> **(2014 – Vunesp – PC/SP – Delegado – Adaptada)** Foram três os Códigos Penais vigentes no Brasil.
> ( ) Certo  ( ) Errado
> **Gabarito comentado:** Código Criminal do Império de 1830; Código Penal de 1890; Código Penal de 1940. Portanto, a assertiva está certa.

## 3.3 ESCOLAS PENAIS

Conforme mencionado, os valores racionais e de liberdade advindos do período humanitário deram origem a uma nova forma de pensar o Direito Penal, inaugurando a denominada Escola Clássica. Posteriormente, outra linha de pensamento surgiu, culminando na criação da Escola Positiva. Essas duas se destacaram pela organização e consistência de seus argumentos, além de influenciar em maior ou menor grau no surgimento de várias outras escolas, dentre as quais destacaremos algumas.

Como bem destaca Nucci (2020a, p. 47):

> Várias outras escolas surgiram após a clássica e a positiva (...) buscando conciliar os princípios de ambas e apresentar modelos inéditos. Não há como prosseguir, indefinidamente, na procura da escola ideal, mesmo porque ela não existe. Jamais se alcançou, nem se atingirá, a unanimidade em torno das finalidades e funções do Direito Penal. E muito menos em relação à pena.

### 3.3.1 Escola Clássica

Surge influenciada pelos ideais Iluministas, pela prevalência da razão e da ciência, e, também, por obras referências do período humanitário, como a de Cesare Beccaria (*Dos delitos e das penas*). Podemos citar como integrantes dessa linha de pensamento nomes como os de Francesco Carrara (o principal expoente), Carmignani, Pellegrino Rossi, além de outros.

Pontuamos, ainda, que, embora denominada como "Escola", a linha de pensamento clássico foi muito heterogênea, inexistindo uma doutrina rigidamente comum entre os seus pensadores. A denominação "Escola Clássica" foi cunhada de forma pejorativa por Enrico Ferri (integrante da posterior Escola Positiva), insinuando que os seus autores seriam ultrapassados e relatando a ausência de caráter científico com relação às suas conclusões.

> **Decifrando a prova**
>
> **(2018 – FCC – DPE/AP – Defensor Público – Adaptada)** As contribuições do Iluminismo foram muito importantes como crítica ao poder absoluto anterior, entretanto, as ideias iluministas estavam até certo ponto desordenadas. A Escola Clássica traz pela primeira vez a ordem,

> já que considera o delito como uma construção jurídica. Contudo, pode-se duvidar seriamente de que se trate de uma Escola, pois suas concepções eram bastante heterogêneas.
> ( ) Certo   ( ) Errado
> **Gabarito comentado:** como dissemos, inexistia uma doutrina rigidamente comum entre os clássicos, destacando-se a heterogeneidade de suas concepções. Além disso, influenciados pelo Iluminismo, apregoavam uma construção jurídica do delito. Portanto, a assertiva está certa.

Em síntese, seguem os principais postulados dos clássicos:

- O delito era visto como um ente jurídico violador dos direitos de outrem, ou seja, tratava-se de um conceito simplesmente jurídico e subsidiado pelo direito natural (o qual lhe era superior, pois permeado de princípios absolutos). Aliás, os clássicos eram tidos como **jusnaturalistas**, **contratualistas** e adeptos de métodos **lógico-dedutivos**, além de prestigiarem o individualismo como forma de se opor à ideia do poder ilimitado do Estado.

### Decifrando a prova

> **(2015 – FCC – DPE/MA – Defensor Público – Adaptada)** A Escola Clássica propugna uma restauração da dignidade humana e o direito do cidadão perante o Estado, fundamentando-se no individualismo. Destaca-se pela aproximação do jusnaturalismo e contratualismo.
> ( ) Certo   ( ) Errado
> **Gabarito comentado:** todas essas são características da Escola Clássica, com nítida inspiração Iluminista. Portanto, a assertiva está certa.

- Imperava a ideia de **livre-arbítrio ou autodeterminação das pessoas**, de modo que a lei, geral e aplicada para todos, era infringida por livre decisão do indivíduo, o qual possuía responsabilidade moral por seus atos. Nesse sentido, a pessoa humana era vista de forma abstrata, desconsiderando suas particularidades ou propensões ao cometimento de delitos.

### Decifrando a prova

> **(2019 – Cespe/Cebraspe – TJ/PR – Juiz – Adaptada)** De acordo com a escola clássica, a responsabilidade penal é lastreada na imputabilidade moral e no livre-arbítrio humano.
> ( ) Certo   ( ) Errado
> **Gabarito comentado:** exatamente. Entre os clássicos imperavam as ideias de livre-arbítrio e responsabilidade (ou imputabilidade) moral das pessoas com relação a seus atos. Portanto, a assertiva está certa.

Como bem ensina Greco (2019, p. 51), para os clássicos, a pena possuía caráter:

- **Preventivo** (Beccaria, Feuerbach) – tanto geral quanto especial (fim utilitário), pois destinava-se a impedir que o indivíduo voltasse a delinquir, bem como dissuadir outros da ideia de cometer crimes.
- **Retributivo** (Carrara, Kant, Hegel, Carmignani) – objetivando punir aquele que praticou o delito, haja vista a necessidade de se restabelecer a integridade do sistema jurídico e o anseio de justiça gerado.

> **Decifrando a prova**
>
> **(2015 – MPE/MS – Promotor – Adaptada)** Para Carrara, destaque da Escola Clássica, a pena fundamenta-se no restabelecimento da ordem externa da sociedade, quebrada pelo delito.
> ( ) Certo    ( ) Errado
> **Gabarito comentado:** perfeito! São as lições que acabamos de estudar. Portanto, a assertiva está certa.

### 3.3.2 Escola Positiva

Possui como marco inicial a obra de Cesare Lombroso, denominada *O homem delinquente* (1876), sendo caracterizada pela **unidade** de suas ideias e **influência universal**. Os maiores expoentes foram, além de Lombroso (pai da criminologia moderna – fase antropológica), Enrico Ferri (fase sociológica) e Rafael Garofalo (fase jurídica). Surgiu em um contexto de predomínio do **pensamento positivista**, opondo-se ao individualismo dos clássicos e prestigiando a segurança do **meio social**. Trabalhava com as ciências naturais, como física, biologia e medicina, além de, posteriormente, considerar também contextos político-sociais.

Em síntese, seguem os principais postulados dos positivistas:

- Prevalência do **método indutivo/experimental** – em detrimento do dogmatismo clássico – baseado na análise das características do criminoso, além das possíveis influências externas que o levaram a delinquir. Acreditava-se que o crime era um fenômeno **social e natural**, assim, a observação dos fatos era utilizada para fundamentar as causas da criminalidade (método científico de Galileu) (GUEIROS; JAPIASSÚ, 2018, p. 24).
- Ao contrário da responsabilidade moral dos clássicos (individualistas), aqui propunha-se uma **responsabilidade social** fundamentada na **periculosidade do agente**. Em outras palavras, a periculosidade do delinquente (de caráter determinista) legitimaria o meio social a punir o ato cometido. Deixava-se em segundo plano a responsabilidade penal pelo fato praticado, prestigiando, como dissemos, a periculosidade do infrator.

> **Decifrando a prova**
>
> **(2015 – FCC – DPE/MA – Defensor Público – Adaptada)** A Escola Positiva é uma reação à Escola Clássica e reorienta estudos criminológicos. Opondo-se ao individualismo da Escola Clássica, defende o corpo social contra a ação do agente criminoso, priorizando os interesses sociais em relação aos individuais.
> ( ) Certo      ( ) Errado
> **Gabarito comentado:** o enunciado está em perfeita consonância com os ideais da Escola Positiva. Portanto, a assertiva está certa.

- O fundamento da pena é o de **defender o meio social** contra o delito praticado, objetivando impedir que outros crimes venham a ocorrer. Como ensina Bitencourt (2020, p. 117-118), à exceção de Ferri, os outros dois expoentes do positivismo eram céticos com relação à possibilidade de ressocialização do criminoso e, em geral, todos adotavam a **prevenção especial** como fim da pena.
- Os delinquentes possuem alguma **anormalidade**, seja permanente ou não, além de poderem ser classificados de acordo com suas características. O crime não era exclusivamente fruto do livre-arbítrio humano, havendo condicionantes que iriam além de sua simples vontade de decisão. Os sujeitos que não padecessem de alguma dessas "anormalidades" jamais cometeriam delitos.

> **Decifrando a prova**
>
> **(2018 – Vunesp – PC/SP – Delegado – Adaptada)** No que concerne às Escolas Penais, é correto afirmar que a "Lombrosiana" acredita que o homem é racional e nasce livre, sendo o crime fruto de uma escolha errada, concepção hipotetizada por Lombroso e também por Ferri.
> ( ) Certo      ( ) Errado
> **Gabarito comentado:** a afirmação do enunciado remete aos pensamentos da Escola Clássica. Os positivistas (como Lombroso e Ferri), por sua vez, eram contrários à ideia de que o crime é fruto exclusivo do livre-arbítrio, podendo existir condicionantes e influências que contribuiriam para a delinquência. Portanto, a assertiva está errada.

- O grande objeto de estudo aqui era o **criminoso em toda a sua complexidade**: o delinquente, o delito, a pena, as circunstâncias (e não mais a infração de forma meramente abstrata). Até por isso foi de grande valia para a compreensão atual de individualização da pena, considerando a pessoa do delinquente.

Por fim, e citando novamente as esclarecedoras lições de Bitencourt (2020, p. 117-119):

> A Escola Positiva teve enorme repercussão, destacando-se como algumas de suas contribuições: a) a descoberta de novos fatos e a realização de experiências ampliaram o conteúdo do direito; b) o nascimento de uma nova ciência causal-explicativa: a crimi-

nologia; c) a preocupação com o delinquente e com a vítima; d) uma melhor individualização das penas (legal, judicial e executiva); e) o conceito de periculosidade; f) o desenvolvimento de institutos como a medida de segurança, a suspensão condicional da pena e o livramento condicional; e g) o tratamento tutelar ou assistencial do menor.

### 3.3.3 Terceira Escola

Essa escola, de origem italiana, e também denominada **crítica** ou **positivismo crítico**, possuía como expoentes nomes como os de Impallomeni, Alimena e Carnevale. Seus teóricos eram ecléticos, pois buscavam reunir postulados tanto dos clássicos quanto dos positivistas, sem maiores traços de originalidade.

Seguem os principais argumentos:

- Emprestam a **responsabilidade moral** advinda da Escola Clássica, desprezando, contudo, a ideia do livre-arbítrio.
- Dos positivistas aderem a **finalidade de defesa social da pena**, porém, reconhecem também seu **caráter individual** (causador de aflição), em outras palavras, o delito é um fenômeno social e individual. Estabelecem, ainda, a distinção entre pena e medida de segurança.

### 3.3.4 Escola Moderna Alemã

A **Escola Moderna Alemã**, também denominada **Escola Sociológica** ou **Política Criminal**, viu em Franz von Liszt seu principal expoente. Também era **eclética**, valendo-se de algumas construções estabelecidas pelas escolas anteriores.

Seguem os principais argumentos:

- Adota a ideia de **determinação normal do indivíduo**, desprezando o livre-arbítrio, distinguindo os imputáveis (sujeitos à pena) dos inimputáveis (sujeitos à medida de segurança). Além disso, considera a **periculosidade** do infrator (Escola Positiva).
- Quanto ao fim da pena, prestigiava a prevenção especial em detrimento da retribuição (embora essa finalidade ainda se mantivesse presente).
- O crime é um fato jurídico, bem como fenômeno humano-social (positivismo jurídico com fundamentos naturalísticos).
- Aceitava contribuições de outros ramos do conhecimento ao Direito Penal, como a criminologia e a política criminal (essa possuía no Direito Penal uma barreira intransponível, segundo Liszt).

> **Decifrando a prova**
>
> **(2015 – FCC – DPE/MA – Defensor Público – Adaptada)** A Escola Alemã destaca-se pelo estudo do delito como um fenômeno humano-social e fato jurídico. A pena para esta teoria é finalística, coexistindo o caráter retributivo e preventivo.

> ( ) Certo     ( ) Errado
> **Gabarito comentado:** o enunciado está em perfeita consonância com os ideais da Escola Moderna Alemã. Portanto, a assertiva está certa.

### 3.3.5 Escola Técnico-Jurídica

A referida escola, também conhecida pela expressão **tecnicismo jurídico-penal**, teve como principal referência os estudos de Arturo Rocco, na Itália (embora sua gênese remeta ao Direito Alemão, por meio de Karl Binding). Estabeleceu contraponto ao ensinamento positivista de aplicar ao Direito Penal os métodos das ciências naturais.

Os seus principais postulados foram:

- Um novo método de estudo do Direito Penal, o qual, por ser normativo, se adequaria ao lógico-abstrato.
- Apregoava a separação do Direito Penal de outras áreas do conhecimento (sociologia, filosofia, política criminal etc.), ou seja, embora não negasse a importância dos outros ramos de estudo, defendia a autonomia do Direito Penal (o foco desse seria o delito como fenômeno jurídico).
- A pena possuiria função preventiva (geral e especial). Adotava-se a noção de responsabilidade moral.

> **Decifrando a prova**
>
> **(2019 – Cespe/Cebraspe – TJ/PR – Juiz – Adaptada)** A escola técnico-jurídica, que utiliza o método indutivo ou experimental, apresenta as fases antropológica, sociológica e jurídica.
> ( ) Certo     ( ) Errado
> **Gabarito comentado:** o enunciado é compatível com a Escola Positiva e não com a Técnico-Jurídica (a qual apregoava a separação do Direito Penal em relação às ciências citadas). Portanto, a assertiva está errada.

### 3.3.6 Escola Correcionalista

A **Escola Correcionalista**, de origem alemã, teve em Karl Roder o seu precursor. Foi disseminada também em solo espanhol, por meio de nomes como Alfredo Calderón e Pedro Dorado Montero.

Seguem as principais contribuições:

- Ideia de que a pena deveria perdurar enquanto necessária à efetiva recuperação do infrator (sem um prazo preestabelecido).
- A pena não deve ter caráter retributivo, mas, sim, ressocializador (prevenção especial): objetiva a recuperação do delinquente. O livre-arbítrio não era considerado,

pois entendia-se que o criminoso possuía uma anormalidade e a pena seria um "mal necessário", ou seja, uma coisa boa no sentido de possibilitar a sua recuperação.

### 3.3.7 Escola da Nova Defesa Social

O movimento de **defesa social** possuiu como principal expoente o italiano Filippo Gramatica, acompanhado de Marc Ancel (sistematizou a **Nova Defesa Social**). Seus postulados foram consolidados no contexto pós-Segunda Guerra Mundial, com forte ideais **humanitários** em razão das atrocidades cometidas no conflito.

Seguem as principais contribuições:

- Apregoava a defesa social contra o delito praticado, focando sua atenção no combate à criminalidade.
- As contribuições das ciências humanas e sociais (criminologia, sociologia, política criminal etc.) eram consideradas efetivas na proposta de diminuir a ocorrência de delitos.
- A ideia de responsabilidade moral foi rechaçada, devendo ser considerada a personalidade do infrator. O fim último é a proteção e o aprimoramento da sociedade, o qual seria alcançado não com a ideia de punir o delinquente, mas, sim, de **readaptá-lo ao convívio social**. Esse foco do Direito Penal converge com a prevenção do crime.
- Os institutos penais devem revestir-se de **humanidade** e não buscar a repressão a qualquer custo. Abandona-se o pensamento punitivista para alcançar a tão almejada recuperação social.
- O **encarceramento excessivo é prejudicial** e, por isso, a descriminalização de alguns delitos mais brandos é bem-vinda.

> **Decifrando a prova**
>
> **(2019 – Cespe/Cebraspe – TJ/PR – Juiz – Adaptada)** O movimento de defesa social sustenta a ressocialização do delinquente, e não a sua neutralização. Nesse movimento, o tratamento penal é visto como um instrumento preventivo.
> ( ) Certo ( ) Errado
> **Gabarito comentado:** o enunciado está em perfeita consonância com os ideais do movimento (escola) de defesa social. Portanto, a assertiva está certa.

# 4 Velocidades do Direito Penal

## 4.1 VELOCIDADES DO DIREITO PENAL

Trata-se de classificação proposta por Jesús Maria Silva Sánchez (2022, p. 145), que parte do pressuposto de que dois grandes blocos de ilícito formariam o Direito Penal:

1. Aquele de que fariam parte as infrações penais às quais se cominam penas de prisão, denominado **Direito Penal Nuclear**.
2. Aquele composto por infrações penais às quais seriam aplicadas penas diversas da prisão, mais próximas das sanções administrativas, que, contudo, continuariam guardando natureza penal, devendo ser processados e julgados pelo Poder Judiciário, denominado **Direito Penal Periférico**.

Assim, de acordo com a classificação de Silva Sanchez, haveria a primeira e a segunda velocidades no Direito Penal, que veremos a seguir.

### 4.1.1 A primeira velocidade do Direito Penal

Orientada no modelo liberal-clássico, consagra a prisão pautada em princípios iluministas, com as garantias constitucionais penais e processuais penais, como a legalidade estrita, a taxatividade, a lesividade, a ampla defesa e o contraditório, o *due process of law* etc. Assim, exige-se um procedimento **amplo e garantista** para os crimes cuja prática possa resultar na imposição de uma pena privativa de liberdade (MASSON, 2019b, p. 90).

A primeira velocidade é, na lição de Silva Sanchez, o **Direito Penal da Prisão**.

### 4.1.2 A segunda velocidade do Direito Penal

Nesta segunda velocidade, tem-se a **flexibilização de garantias penais e processuais**, marcada por um modelo processual célere, porém, eficiente, em que a prisão é substituída por penas alternativas, restritivas de direitos. Nela, consagram-se, ainda, institutos de justiça negocial. Cuida-se de etapa pautada na oralidade, na celeridade, na informalidade em que são contemplados acordo de não persecução penal, transação penal, suspensão condicional do processo, colaboração premiada, dentre outros.

A flexibilização de garantias penais e processuais, nesta segunda velocidade, guarda relação com a menor intensidade da sanção aplicada a determinados delitos.

Assim, na segunda velocidade do Direito Penal, o que se tem é uma maior celeridade processual, uma ação penal mais rápida.

### 4.1.3 A terceira velocidade do Direito Penal: o Direito Penal do Inimigo

A terceira velocidade é representada pelo **Direito Penal do Inimigo**.

A teoria do Direito Penal do Inimigo tem como criador o jusfilósofo alemão Günther Jakobs, e teve suas bases lançadas na Universidade de Bonn, na Alemanha, na década de 1980.

Trata-se de uma teoria que sofre nítidas influências do funcionalismo sistêmico, radical, que também tem Jakobs como criador, e propõe medidas para um regramento jurídico próprio, diferenciado, para o indivíduo que insiste em desrespeitar as normas da sociedade, assim entendido como inimigo.

Como ensina Masson (2019b, p. 90), o pensamento do professor alemão coloca em discussão a real efetividade do Direito Penal existente, flexibilizando, ou mesmo suprimindo, garantias materiais e processuais até então reputadas, em uníssono, como absolutas e intocáveis. Surge, assim, com base no combate à criminalidade, uma **dicotomia entre o Direito Penal do Inimigo e o Direito Penal do Cidadão.**

Jakobs constrói o conceito de inimigo buscando a base filosófica nos contratualistas, em especial em Rousseau, Hobbes e Immanuel Kant.

Em Hobbes, Jakobs encontra a figura do inimigo naquele que rompe o contrato social e, consequentemente, regressaria ao "estado de natureza", caracterizado pela barbárie. Da filosofia kantiana, Jakobs extrai a permissão de sanções hostis a todo aquele que, perdendo a qualidade de pessoa, representasse uma ameaça ao convívio social.

Jakobs divide os inimigos entre **inimigos totais e parciais**:

a. **O inimigo parcial** seria o cidadão delinquente e que pertenceria ao grupo dos cidadãos transgressores comuns, que devem ter assegurados direitos constitucionais e, com a aplicação da pena, teriam a possibilidade de reinserção social.

b. **O inimigo total é o próprio inimigo**, ou seja, aquele que abriu mão dos preceitos que regem a vida em sociedade, integrando organizações criminosas e terroristas consolidadas, ameaçando a estrutura social e que, por desrespeitar os regramentos próprios do Estado Democrático, **não têm os mesmos direitos e garantias fundamentais assegurados aos cidadãos.** Considerado "um perigo latente", o inimigo, em consequência, não mais se enquadraria na qualidade de pessoa. O inimigo afronta a estrutura do Estado.

Por essa razão, para o inimigo, como obtenção do meio de prova poderia ser admitida, inclusive, a tortura, tal qual ocorre com a adoção da **Teoria do Cenário da Bomba Relógio**, ou *Ticking Bomb Scenario Theory*.[1]

Silva Sanches (2002, p. 149) leciona que a transição do cidadão para inimigo se daria com reincidência, a habitualidade criminosa, a delinquência profissional e integração em estruturas criminosas estruturadas.

Na lição de Vicente Greco Filho (2010, p. 71):

> Ao inimigo, aplicar-se-iam, entre outras, algumas das seguintes medidas: não é punido com pena, mas com medida de segurança; é punido conforme sua periculosidade e não culpabilidade; no estágio prévio ao ato preparatório; a punição não considera o passado, mas o futuro e suas garantias sociais; para ele, o Direito Penal é prospectivo ou de probabilidade; não é sujeito de direitos, mas de coação como impedimento à prática de delitos, para o inimigo, haverá a redução de garantias como o sigilo telefônico, o ônus da prova, o direito de ficar calado, o processo penal em liberdade e outras garantias processuais.

Pelo Direito Penal do Inimigo, que traz ínsita a **ideia de prevenção**, consagra-se um **Direito Penal do Autor**, em que a punição não encontra fundamento em uma conduta, mas no que o indivíduo representa para a sociedade em que está inserido. Vê-se, destarte, que o Direito Penal do Inimigo está na contramão daquilo que atualmente se apregoa acerca da matéria.

Trata-se de um **sistema de dupla imputação**. Nele, aplica-se a pena para os cidadãos em decorrência de uma conduta por eles praticada no passado. Para o inimigo, contudo, a pena deve ser aplicada porque se trata de alguém que pode violar as regras estabelecidas para a convivência em sociedade, criando riscos para sua sobrevivência. O inimigo é, assim, pu-

---

[1] Trata-se de teoria que busca relativizar a proibição de uso de tortura quando não existir outra maneira de conter ações terroristas em que há iminência de tragédias de grandes proporções. Assim, admitida a sua adoção, seria possível que o Estado, ao confirmar a ação de um grupo de terroristas que instalaram bombas em lugares sensíveis, com possibilidade de extermínio de muitas vidas, os torturasse. Como ensina Greco (2016, p. 169), "(...) novas discussões têm sido realizadas sobre a possibilidade/necessidade do uso oficial da tortura como mais um instrumento de 'defesa' contra o terrorismo. Essas discussões ocorrem, principalmente, em países que vivem, ou pelo menos já vivenciaram, as consequências dos atos terroristas, e entendem que o uso oficial da tortura terá o condão de auxiliar o combate a essas células criminosas, que contam, cada dia mais, com a simpatia de jovens, cujas mentes vêm sendo 'lavadas' com discursos mentirosos e doentios. É comum, durante as discussões jurídicas, o argumento de que não existem direitos absolutos, e, hoje, a utilização da tortura, como forma não somente de obter a confissão pela prática de determinados crimes, mas, principalmente, como meio de investigação, a fim de identificar agentes terroristas, evitando-se o cometimento de atentados, tem sido corriqueiramente mencionada, principalmente na Europa e nos Estados Unidos. Embora não se possa duvidar que a tortura pode ser a única forma de salvar a vida de milhares de pessoas, prevalece o entendimento de ser absoluta a proibição da tortura, não havendo, destarte, espaço para a relativização de sua proibição, ainda que em casos extremos, considerando-se os termos do art. 2.2, da Convenção Contra a Tortura (Decreto nº 40/1981)".

nido pelos crimes que pode vir a praticar no futuro, afastando o perigo que representa para a sociedade. Se o Direito Penal do Cidadão é aplicado com o objetivo de manter a vigência das normas, o Direito Penal do Inimigo se presta ao combate de perigos. **Pune-se o inimigo, destarte, por sua periculosidade e não por sua culpabilidade.**

Dessa forma, se o atual modelo penal tem cariz garantista e retrospectivo, o **Direito Penal do Inimigo tem viés prospectivo**, ou seja, busca ver ao longe, busca enxergar o futuro.

Quanto à pena, para o cidadão se aplica como sanção, com caráter pedagógico e proporcional ao delito praticado. Ao inimigo devem ser aplicadas a pena e a **medida de segurança para a manutenção da ordem,** porque não é visto como um sujeito de direitos e, por ser perigoso, perdeu seu *status* de cidadão.

O Direito Penal do Cidadão seria um Direito Penal de todos; o Direito Penal do Inimigo é voltado para aqueles que atentam permanentemente contra o Estado, contra a sociedade e contra o pacto social: "Cidadão é quem, mesmo depois do crime, oferece garantias de que se conduzirá como pessoa que atua com fidelidade ao Direito. Inimigo é quem não oferece essa garantia" (GOMES, 2004).

Outrossim, o Direito Penal do Inimigo defende a ideia de antecipação da tutela penal para alcançar os atos preparatórios, e a justificativa para que o inimigo seja interceptado logo no estágio prévio é sua periculosidade, não se devendo, assim, esperar que pratique a infração para somente depois apená-lo.

Na legislação penal brasileira, encontramos, na Lei de Terrorismo, um tipo penal que guarda relação com a ideia de antecipação a que alude o parágrafo anterior, admitindo-se, no art. 5º da Lei nº 13.260/2016, a punição de atos preparatórios, embora com previsão de causa de diminuição de pena.

> **Art. 5º** Realizar atos preparatórios de terrorismo com o propósito inequívoco de consumar tal delito:
>
> **Pena** – a correspondente ao delito consumado, diminuída de um quarto até a metade.
>
> **§ 1º** Incorre nas mesmas penas o agente que, com o propósito de praticar atos de terrorismo:
>
> I – recrutar, organizar, transportar ou municiar indivíduos que viajem para país distinto daquele de sua residência ou nacionalidade; ou
>
> II – fornecer ou receber treinamento em país distinto daquele de sua residência ou nacionalidade.
>
> **§ 2º** Nas hipóteses do § 1º, quando a conduta não envolver treinamento ou viagem para país distinto daquele de sua residência ou nacionalidade, a pena será a correspondente ao delito consumado, diminuída de metade a dois terços.

O Direito Penal do Inimigo propõe mitigação ao princípio da estrita legalidade ao permitir que a descrição legal dos crimes seja vaga e pouco precisa, na medida em que "a periculosidade do inimigo impede a previsão de todos os atos que possam ser por ele praticados" (MASSON, 2019b, p. 93).

O **Direito Penal do Inimigo é, pois, um Direito de exceção**, e a terceira velocidade do Direito Penal a que corresponde a sua adoção equivaleria à adoção da pena privativa de liberdade, com supressão ou mitigação de princípios político-criminais e processuais clássicos.

### 4.1.4 A quarta velocidade do Direito Penal: o neopunitivismo

A ideia de o **neopunitivismo** representar uma quarta velocidade do Direito Penal foi desenvolvida por Daniel Pastor.

O neopunitivismo, como um movimento do **panpenalismo**, representa um **Direito Penal Absoluto** e é relacionado ao Direito Internacional, caracterizado pela forte incidência política, pela seletividade e pelo desrespeito a princípios penais e processuais básicos. Nele há incremento da utilização do aparato punitivo do Estado, de forma abusiva e arbitrária, mais abusiva até que o Direito Penal do Inimigo. Cuida-se de **Direito Penal Absoluto**, aplicável aos que, uma vez tendo ocupado posição de Chefes de Estado, atentaram contra direitos humanos consagrados em tratados internacionais, praticando crimes de guerra, genocídio etc.

> **Decifrando a prova**
>
> **(2012 – PUC/PR – TJ/MS – Juiz – Adaptada)** A terceira velocidade do Direito Penal, idealizada por Jesus María Silva Sánchez, está ligada à ideia do Tribunal Penal Internacional, ou seja, à proposição de um Direito Penal para julgar crimes de guerra, de agressão, de genocídio e de lesa humanidade.
> ( ) Certo     ( ) Errado
> **Gabarito comentado:** a ideia contida na assertiva diz respeito à quarta velocidade do Direito Penal. Portanto, está errada.

# 5  Princípios

O estudo do Direito Penal jamais prescindirá da análise dos princípios constitucionais setoriais que o **alicerçam**, princípios sobre os quais se ergue e à luz dos quais deverá ser interpretado. São disposições fundamentais que se irradiam sobre diferentes normas, compondo-lhes o espírito e servindo de critério para sua exata compreensão e inteligência (MELLO, 2000, p. 747-748).

Os princípios que servem como sustentáculo para o Direito Penal estarão explícitos ou implícitos no texto constitucional. Muitos são supraconstitucionais e, ligados à ideia de direito natural, não poderiam ser ignorados quando da aplicação de qualquer édito criado pelo homem, tampouco precisariam constar das leis humanas.

Merece destaque sua natureza vinculante, levando-nos à conclusão de que todas as normas penais devem estar em sintonia com seus preceitos. Por outro lado, esses princípios fundantes do Direito Penal lançarão luzes sobre o legislador quando da criação de novos comandos normativos.

## 5.1  PRINCÍPIO DA HUMANIDADE

Trata-se de princípio corolário da **dignidade da pessoa humana**, que fundamenta a República Federativa do Brasil.

> Art. 1º A República Federativa do Brasil, formada pela união indissolúvel dos Estados e Municípios e do Distrito Federal, constitui-se em Estado Democrático de Direito e tem como fundamentos: (...)
>
> III – a dignidade da pessoa humana; (...)

**É muito comum que se aponte a legalidade como o mais importante dos princípios constitucionais setoriais de Direito Penal, quando, a rigor,** esse papel cabe, a nosso ver, ao Princípio da Humanidade, pois não pode conceber o Direito Penal moderno que traga imposições e sanções que importem na violação da incolumidade do indivíduo, seja sob o aspecto físico ou moral.

O princípio da humanidade está previsto na CF/1988, de forma explícita, quando veda o trabalho forçado, as penas de banimento, a pena de morte etc.

> **CF/1988, art. 5º** (...)
> XLVII – não haverá penas:
> a) de morte, salvo em caso de guerra declarada, nos termos do art. 84, XIX;
> b) de caráter perpétuo;
> c) de trabalhos forçados;
> d) de banimento;
> e) cruéis; (...)

### 5.1.1 Pena de morte

Quanto à pena de morte, vale ressaltar seu cabimento em hipótese de **guerra declarada**, nos termos da Carta Constitucional.

> **CF/1988**
> **Art. 49.** É da competência exclusiva do Congresso Nacional: (...)
> II – autorizar o Presidente da República a declarar guerra, a celebrar a paz, a permitir que forças estrangeiras transitem pelo território nacional ou nele permaneçam temporariamente, ressalvados os casos previstos em lei complementar; (...)
> **Art. 84.** Compete privativamente ao Presidente da República: (...)
> XIX – declarar guerra, no caso de agressão estrangeira, autorizado pelo Congresso Nacional ou referendado por ele, quando ocorrida no intervalo das sessões legislativas, e, nas mesmas condições, decretar, total ou parcialmente, a mobilização nacional; (...)

Nesse aspecto, cremos ser importante destacar que, ainda que tenhamos em determinados lugares do país situações que poderiam ser consideradas de guerra civil, não se justificará a imposição da pena capital, na medida em que não satisfeitos os requisitos constitucionais para a adoção da medida extrema.

### 5.1.2 Trabalho forçado × trabalho obrigatório do preso

A Lei nº 7.210, de 1984 (Lei de Execução Penal – LEP), prevê o trabalho do preso como dever social e como condição de dignidade, tendo **finalidade educativa e produtiva**, na forma dos seus arts. 28 e ss.

> **Art. 28.** O trabalho do condenado, como dever social e condição de dignidade humana, terá finalidade educativa e produtiva.

Tratado como condição de dignidade, cuida-se de **direito** do preso, que, inclusive, poderá remir um dia de sua pena por cada três dias trabalhados.

**Art. 126.** O condenado que cumpre a pena em regime fechado ou semiaberto poderá remir, por trabalho ou por estudo, parte do tempo de execução da pena.

§ 1º A contagem de tempo referida no *caput* será feita à razão de: (...)

II – 1 (um) dia de pena a cada 3 (três) dias de trabalho.

Não se pode, porém, deixar de reconhecer que o trabalho do preso é também **obrigação** imposta pela LEP, tratando-se de um de seus deveres, conforme o art. 39, V, daquele diploma, sendo o seu descumprimento injustificado hipótese de reconhecimento de falta grave, nos termos do art. 50, VI, da LEP.

**Art. 39.** Constituem deveres do condenado: (...)

V – execução do trabalho, das tarefas e das ordens recebidas; (...)

**Art. 50.** Comete falta grave o condenado à pena privativa de liberdade que: (...)

VI – inobservar os deveres previstos nos incisos II e V, do art. 39, desta Lei.

Sendo a Lei nº 7.210, de 1984, um diploma anterior à CF/1988, que veda, nos termos aqui já colocados, o trabalho forçado, caberia questionarmos se os dispositivos que estabelecem o trabalho como obrigatório estariam ou não recepcionados pela Carta Política de 1988.

**O conceito de trabalho forçado** é dado pelo Pacto de São José da Costa Rica, em seu art. 6º, que cuida da proibição da escravidão e da servidão. Assim, trabalho forçado deve ser entendido como trabalho cruel, indigno, atentatório à humanidade porque servil, afetando a dignidade e a capacidade física e intelectual do recluso.

**Art. 6º** Proibição da Escravidão e da Servidão. 1. Ninguém pode ser submetido à escravidão ou a servidão, e tanto estas como o tráfico de escravos e o tráfico de mulheres são proibidos em todas as formas. 2. Ninguém deve ser constrangido a executar trabalho forçado ou obrigatório. Nos países em que se prescreve, para certos delitos, pena privativa da liberdade acompanhada de trabalhos forçados, esta disposição não pode ser interpretada no sentido de que proíbe o cumprimento da dita pena, importa por juiz ou tribunal competente.

Como se depreende da mais superficial das leituras da LEP, **o trabalho do preso não pode ser classificado como indigno, servil ou cruel e, portanto, não pode ser classificado como forçado**. Uma, porque a própria lei diz tratar-se de condição de dignidade, tendo finalidade produtiva e educativa, adotando-se precauções de segurança e higiene na sua execução.

**Art. 28.** (...)

§ 1º Aplicam-se à organização e aos métodos de trabalho as precauções relativas à segurança e à higiene.

Duas, porque se trata de trabalho remunerado, não podendo ser classificado como **servidão ou escravidão** a situação do preso que trabalha. Por todas essas razões, as disposições acerca do trabalho como dever do preso foram recepcionadas pela ordem constitucional que se estabeleceu com a CF/1988.

**Art. 29.** O trabalho do preso será remunerado, mediante prévia tabela, não podendo ser inferior a 3/4 (três quartos) do salário-mínimo.

Dissipando qualquer dúvida nesse sentido, poderíamos, ainda, destacar a própria ressalva feita pela Convenção Americana sobre Direitos Humanos, o Pacto de São José da Costa Rica, que, no item 3 do art. 6°, estabelece que:

> Não constituem trabalhos forçados ou obrigatórios para os efeitos deste artigo: a) os trabalhos ou serviços normalmente exigidos de pessoal reclusa em cumprimento de sentença ou resolução formal expedida pela autoridade judiciária competente. Tais trabalhos ou serviços devem ser executados sob a vigilância e controle das autoridades públicas, e os indivíduos que os executarem não devem ser postos à disposição de particulares, companhias ou pessoas jurídicas de caráter privado.

Por derradeiro, a **Convenção n° 29 da Organização Internacional do Trabalho (OIT)** define como trabalho forçado todo aquele exigido de uma pessoa **sob a ameaça de sanção e para o qual não se tenha oferecido espontaneamente**. Contudo, a exemplo do que ocorre no Pacto de São José da Costa Rica, o dispositivo ressalva que a expressão "trabalho forçado ou obrigatório" **não compreenderá qualquer trabalho ou serviço exigido de uma pessoa em decorrência de condenação judiciária. A cláusula é ainda repetida no Pacto de Direitos Civis e Políticos.**

Tais razões levaram o STJ a decidir que **a recusa injustificada à realização do trabalho constitui falta grave.**[1]

### Jurisprudência destacada

*HABEAS CORPUS* SUBSTITUTIVO DE RECURSO ESPECIAL. EXECUÇÃO PENAL. RECUSA INJUSTIFICADA AO TRABALHO. FALTA GRAVE. O DEVER DE TRABALHO IMPOSTO AO APENADO NÃO SE CONFUNDE COM A PENA DE TRABALHO FORÇADO. *HABEAS CORPUS* NÃO CONHECIDO. (...) O art. 50, inciso VI, da Lei de Execução Penal – LEP prevê a classificação de falta grave quando o apenado incorrer na inobservância do dever previsto no inciso V do art. 39 da mesma lei. Dessa forma, constitui falta disciplinar de natureza grave a recusa injustificada à execução do trabalho, tarefas e ordens recebidas no estabelecimento prisional. Ainda, determina o art. 31 da LEP a obrigatoriedade do trabalho ao apenado condenado à pena privativa de liberdade, na medida de suas aptidões e capacidades. – A pena de trabalho forçado, vedada constitucionalmente no art. 5°, inciso XLVIII, alínea c, da Constituição Federal, não se confunde com o dever de trabalho imposto ao apenado, consubstanciado no art. 39, inciso V, da LEP, ante o disposto no art. 6°, 3, da Convenção Americana de Direitos Humanos. – *Habeas corpus* não conhecido (HC n° 264.989/SP, Rel. Min. Ericson Maranho, Desembargador convocado do TJ/SP, j. 04.08.2015, *DJe* 19.08.2015).

Dessa forma, não confunda trabalho forçado com trabalho obrigatório.

---

[1] HC n° 264.989/SP, Rel. Min. Ericson Maranho (Desembargador convocado do TJ/SP), j. 04.08.2015, *DJe* 19.08.2015.

## 5.1.3 Regime Disciplinar Diferenciado (RDD): art. 52 da LEP

O RDD, previsto no art. 52 da LEP, **não pode ser considerado cruel e atentatório ao princípio da humanidade. Ao contrário, está em perfeita harmonia com o texto constitucional,** que, no art. 5º, XLVI, preceitua que a lei regulará a individualização da pena. Ora, estabelecer regime disciplinar diferenciado para presos que, ao contrário de tantos outros, frustram os objetivos da execução e praticam crimes dolosos definidos como falta grave, incitando desordem e indisciplina, corresponde aos ideais de individualização trazidos pela Carta Magna, desde que, nas regras da disciplina diferenciada, **não se vislumbrem pontos reveladores de crueldade**.

> **LEP, art. 52.** A prática de fato previsto como crime doloso constitui falta grave e, quando ocasionar subversão da ordem ou disciplina internas, sujeitará o preso provisório, ou condenado, nacional ou estrangeiro, sem prejuízo da sanção penal, ao regime disciplinar diferenciado, com as seguintes características. (Redação dada pela Lei nº 13.964, de 2019.)

> **CF/1988, art. 5º** Todos são iguais perante a lei, sem distinção de qualquer natureza, garantindo-se aos brasileiros e aos estrangeiros residentes no País a inviolabilidade do direito à vida, à liberdade, à igualdade, à segurança e à propriedade, nos termos seguintes: (...)
>
> XLVI – a lei regulará a individualização da pena e adotará, entre outras, as seguintes:
>
> a) privação ou restrição da liberdade;
>
> b) perda de bens;
>
> c) multa;
>
> d) prestação social alternativa;
>
> e) suspensão ou interdição de direitos; (...)

Na esteira do que se diz *supra*, o STJ, considerando que os princípios fundamentais consagrados na Carta Magna não são ilimitados (princípio da relatividade ou convivência das liberdades públicas), entendeu que o legislador infraconstitucional, ao estabelecer o RDD, **atendeu ao princípio da proporcionalidade**.[2]

As características do RDD não podem ser, em absoluto, consideradas violadoras do princípio da dignidade da pessoa humana.

O RDD tem duração máxima de até dois anos, não se estendendo, assim, por todo o período em que o agente estiver cumprindo sua pena, embora possa ser repetido na hipótese de cometimento de nova falta que autorize sua decretação.

---

[2]  HC nº 383.757, Rel. Min. Laurita Vaz, *DJe* 1º.02.2017.

O preso em RDD deverá ser recolhido em cela individual, que deverá preencher os mesmos requisitos trazidos pelo art. 88 da LEP, ou seja, deverá possuir **área mínima de 6,00 m²  (seis metros quadrados)**, conter dormitório, aparelho sanitário, lavatório e salubridade do ambiente pela concorrência dos fatores de aeração, insolação e condicionamento térmico adequado à existência humana. A lei, ao dispor sobre o RDD, em momento algum menciona a colocação do preso em celas escuras, insalubres e ambiente desumano.

> **LEP, art. 88.** O condenado será alojado em cela individual que conterá dormitório, aparelho sanitário e lavatório.
>
> **Parágrafo único.** São requisitos básicos da unidade celular:
>
> a) salubridade do ambiente pela concorrência dos fatores de aeração, insolação e condicionamento térmico adequado à existência humana;
>
> b) área mínima de 6,00 m² (seis metros quadrados).

Mesmo em RDD, o preso receberá visitas quinzenais, não deixará de se entrevistar com seu defensor e terá direito à saída da cela por duas horas diárias para banho de sol.

**A constitucionalidade do RDD vem sendo reconhecida pelas Cortes Superiores.**

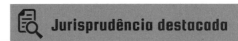

> Não há qualquer ilegalidade na submissão do paciente ao regime disciplinar diferenciado (art. 52, I, §§ 1º e 2º, da Lei nº 7.210/1984, na redação dada pela Lei nº 10.792/2003), pois todos os requisitos legais necessários à sua imposição estão presentes no caso: há requerimento circunstanciado do diretor do estabelecimento penal, prévia manifestação do MP e da defesa, além do despacho do juiz competente. Consta que o paciente pertence a conhecida facção criminosa, é mentor e líder de planos de fuga que só não se concretizaram devido à sua transferência para outro presídio. Outrossim, a sindicância instaurada que ao final concluiu pela participação do paciente na qualidade de líder do grupo insurgente foi devidamente acompanhada por advogado constituído (HC nº 117.199/SP, Rel. Min. Napoleão Nunes Maia Filho, j. 15.09.2009).

## 5.2 PRINCÍPIO DA LEGALIDADE

O princípio da legalidade está previsto na Constituição e na Lei Penal brasileira.

> **CF/1988, art. 5º** (...)
>
> XXXIX – não há crime sem lei anterior que o defina, nem pena sem prévia cominação legal; e também, no Código Penal: (...)

> **CP, art. 1º** Não há crime sem lei anterior que o defina. Não há pena sem prévia cominação legal.

## 5.2.1 Precedentes históricos

Na doutrina, aponta-se a **Magna Charta Libertatum**, a Carta de João sem Terra, do ano de 1215, como sendo a origem do princípio da legalidade. Em seu art. 39, a carta preceituava que nenhum homem livre seria detido, nem preso, nem despojado de sua propriedade, de suas liberdades, nem julgado um fora da lei, exilado ou perturbado em seus direitos de maneira alguma, não podendo o Estado pôr a mão sobre ele, a não ser em virtude de um juízo legal de seus pares e segundo as leis do país.[3]

A vontade do monarca, até então absoluta, não poderia prevalecer sobre as leis.

Análise do documento, cuja importância é inegável, revelará que a Carta "(...) não se preocupa com os direitos do Homem, mas sim com os direitos dos ingleses, decorrentes da imemorial *law of the land*" (FERREIRA FILHO, 1995).

Ainda assim, não se destinava a assegurar direitos de todos os ingleses, mas apenas à classe dos nobres feudais contra os desmandos do monarca.

Como precedente histórico, cuida-se de documento de valor incalculável, porque:

> (...) consiste na enumeração de prerrogativas garantidas a todos os súditos da monarquia. Tal reconhecimento de direitos importa numa clara limitação do poder, inclusive com a definição de garantias específicas em caso de violação dos mesmos (FERREIRA FILHO, 1995).

Embora apenas assegurasse direitos aos barões feudais, não se pode duvidar da importância que a Magna Carta teria para a transformação dos direitos corporativos em direitos humanos (CANOTILHO, 1995).

Vemos na Carta de João Sem-Terra mais preocupações com o *due process of law* do que exatamente com o princípio da legalidade na concepção pela qual o conhecemos. Cremos que o princípio deite suas verdadeiras raízes em diplomas que surgem com o Iluminismo, especialmente inspirados na obra de Rousseau e Beccaria.

Com a **Teoria do Contrato Social**, de 1762, Jean-Jacques Rousseau reflete sobre as condições em que o homem aceitaria sair de seu estado de natureza para viver em sociedade e conclui que isso somente se daria por meio de um pacto que lhe assegurasse garantias contra os arbítrios do Estado, dando-lhe garantias mínimas. Em 1764, Beccaria, influenciado pelas ideias de Rousseau, lecionava que só as leis poderiam decretar as penas dos delitos e que a autoridade, para editar leis, deveria residir no legislador, representante legítimo da sociedade unida pelo contrato social.

A Declaração dos Direitos do Homem e do Cidadão, de 1789, fruto da Revolução Francesa, consagra o princípio nos arts. 7º e 8º.[4]

---

[3] Livre tradução do disposto no art. 39 da Constituição Inglesa de 1215.

[4] Declaração dos Direitos do Homem e do Cidadão. França, 26 de agosto de 1789. Disponível em: http://www.direitoshmanos.usp.br. Acesso em: 07 dez. 2020.

**Art. 7º** Ninguém pode ser acusado, preso ou detido senão nos casos determinados pela lei e de acordo com as formas por esta prescritas. Os que solicitam, expedem, executam ou mandam executar ordens arbitrárias devem ser punidos; mas qualquer cidadão convocado ou detido em virtude da lei deve obedecer imediatamente, caso contrário torna-se culpado de resistência.

**Art. 8º** A lei apenas deve estabelecer penas estrita e evidentemente necessárias e ninguém pode ser punido senão por força de uma lei estabelecida e promulgada antes do delito e legalmente aplicada.

A partir de então, foi consagrado por inúmeros outros diplomas, sendo, atualmente, um princípio universal.

### 5.2.2 Aspectos políticos

Sob o aspecto político, o princípio da legalidade deve ser entendido como uma **garantia do primado da liberdade** contra as arbitrariedades do Estado, que é inegavelmente muito mais poderoso que cidadão. Assim, é preciso que se proteja o cidadão contra a tirania daqueles que detêm o exercício do poder estatal, garantindo-lhe que seus direitos fundamentais relacionados à liberdade somente poderão ser alcançados pelas mãos fortes do Estado se aquela conduta estiver em lei prevista como criminosa. O respeito à legalidade é indispensável à manutenção do Estado Democrático de Direito.

Por essa razão, pode-se entender a sua fragilização e mesmo supressão em períodos de exceção democrática. Relegá-lo a segundo plano, apequenar a sua importância e relativizá-lo, permitindo que se reconheçam como criminosas condutas não previstas em lei como tal equivale a abrir mão de uma das mais importantes conquistas alcançadas pela humanidade.

### 5.2.3 Aspectos jurídicos

A legalidade tem como **fundamento jurídico a taxatividade**, somente podendo ser consideradas criminosas as condutas que se adéquem perfeitamente a modelos legais incriminadores que, assim, deverão ser os mais claros, precisos e determinados possível, propiciando ao cidadão conhecimento da conduta que o legislador tem como criminosa para, assim, abster-se de seu cometimento, ao mesmo tempo que poderá exigir do estado juiz vinculação aos estritos termos da descrição legal, exigindo sua observância, inclusive para reconhecer os favores legais porventura aplicáveis na hipótese de cometimento do crime.

O princípio em estudo deve ser entendido como uma moeda com duas faces. Assim, a legalidade precisa ser estudada sob o aspecto da reserva de lei e o da anterioridade, embora muitos da doutrina não façam distinção entre princípio da legalidade e princípio da reserva de lei (FRAGOSO, 1995).

### 5.2.4 Reserva de lei

Sob o aspecto da reserva de lei, somente a lei pode trazer a descrição legal de uma conduta criminosa, não se admitindo que de qualquer outra fonte nasça a norma penal.

Cuida-se de imposição constitucional. Demais disso, apenas da lei em sentido estrito pode nascer a norma penal incriminadora. Por lei em sentido estrito se deve entender toda lei que emane e que seja aprovada pelo Poder Legislativo, por meio do processo legislativo próprio.

Dessarte, a norma penal incriminadora **não pode** ser trazida por **uma medida provisória**, que não pode ser considerada lei em sentido estrito, não emanando do Poder Legislativo e, portanto, não representando a vontade popular. Sobre medidas provisórias, embora sequer fosse necessário, nossa Constituição traz, em seu art. 62, § 1º, I, *b*, vedação explícita, não cabendo qualquer dúvida no sentido de que medidas provisórias não poderão versar sobre normas penais incriminadoras.[5]

> **CF/1988, art. 62.** Em caso de relevância e urgência, o Presidente da República poderá adotar medidas provisórias, com força de lei, devendo submetê-las de imediato ao Congresso Nacional.
> § 1º É vedada a edição de medidas provisórias sobre matéria: (...)
> b) Direito Penal, processual penal e processual civil; (...)

A reserva de lei impõe que a conduta capitulada como criminosa esteja na lei (**lei em sentido estrito**). Ressalte-se que, caso seja editada medida provisória trazendo um tipo pe-

---

[5] Sobre o assunto, há quem defenda que medidas provisórias poderiam versar sobre matéria penal quando se tratasse de norma que beneficiasse o agente. Citam-se, inclusive, medidas provisórias que prolongaram o período de *abolitio criminis* temporária trazido pelo Estatuto do Desarmamento no ano de 2003 para a posse ilegal de arma de fogo. Ao entrar em vigor, a Lei nº 10.826, de 2003 (Estatuto do Desarmamento), estabeleceu que os possuidores de arma que não dispusessem do registro respectivo deveriam regularizar sua situação em prazo inicialmente estabelecido como sendo de seis meses. Nesse período, não poderia ser considerada típica a conduta de quem possuísse armas sem registro porque não estaria atuando em desacordo com determinação legal ou regulamentar. Ocorre que o prazo de seis meses acabou sendo prorrogado por medidas provisórias e, posteriormente, por outras leis. O STF, manifestando-se acerca daquelas medidas provisórias, não as entendeu inconstitucionais. O episódio é citado como exemplo de cabimento de medidas provisórias versando sobre matéria penal com o fito de beneficiar o agente. De nossa parte, entendemos que medidas provisórias não poderão, sob qualquer argumento, versar sobre Direito Penal, quer seja para incriminar condutas, quer seja para beneficiar aquele que praticar condutas descritas em lei como criminosas. A Constituição da República é clara ao trazer vedação material explícita neste sentido. Defender argumento contrário nos soa como mais uma relativização daquilo que o Constituinte dispõe em texto claro, inequívoco. É desrespeitar limites semânticos do texto. Outrossim, temos que o exemplo citado por parte da doutrina como sendo indicativo da possibilidade de edição de medidas provisórias em matéria penal para beneficiar o agente, qual seja, o das medidas provisórias que versaram sobre as regras de regularização das armas de fogo, não desautoriza o entendimento que ora adotamos. Tais medidas provisórias não versavam sobre matéria penal, mas sobre questões administrativas referentes à regularização de registro de arma de fogo e que acabavam por produzir seus reflexos sobre o Direito Penal. Por não versarem sobre matéria penal, tais medidas provisórias em nada violavam a Constituição.

nal incriminador, mesmo que tal medida seja posteriormente convertida, o vício não restará convalidado, de nada valendo a chancela do Poder Legislativo.[6]

Normas penais incriminadoras também **não poderão** ser veiculadas por meio de **decretos**, ante o princípio constitucional em estudo.

O mesmo se diga das **leis delegadas**, que, por não poderem versar sobre direitos e garantias fundamentais, tal qual estabelecido no art. 68 da CF/1988, não poderão definir novos crimes, restringir direitos individuais, prejudicando a situação do agente.

> **CF/1988, art. 68.** As leis delegadas serão elaboradas pelo Presidente da República, que deverá solicitar a delegação ao Congresso Nacional.
>
> § 1º Não serão objeto de delegação os atos de competência exclusiva do Congresso Nacional, os de competência privativa da Câmara dos Deputados ou do Senado Federal, a matéria reservada à lei complementar, nem a legislação sobre:
>
> I – organização do Poder Judiciário e do Ministério Público, a carreira e a garantia de seus membros;
>
> II – nacionalidade, cidadania, direitos individuais, políticos e eleitorais;
>
> III – planos plurianuais, diretrizes orçamentárias e orçamentos.

Assim, normas penais incriminadoras somente poderão ter como fonte a lei. Embora quase totalidade dos nossos crimes estejam previstos em **leis ordinárias**, também entre nós são encontradas figuras típicas trazidas por **leis complementares**, como se dá com o disposto no art. 10 da LC nº 105, de 2001.

> **Art. 10.** A quebra de sigilo, fora das hipóteses autorizadas nesta Lei Complementar, constitui crime e sujeita os responsáveis à pena de reclusão, de um a quatro anos, e multa, aplicando-se, no que couber, o Código Penal, sem prejuízo de outras sanções cabíveis.
>
> **Parágrafo único.** Incorre nas mesmas penas quem omitir, retardar injustificadamente ou prestar falsamente as informações requeridas nos termos desta Lei Complementar.

Com relação aos tratados e convenções, são fontes imediatas do direito internacional penal e cuidam das relações do indivíduo com o *ius puniendi* internacional, que pertence a organismos internacionais, como o Tribunal Penal Internacional (TPI), mas não podem servir de base normativa para o Direito Penal interno, que cuida das relações do indivíduo com o *ius puniendi* do Estado brasileiro, cuja única fonte direta só pode ser a lei (ordinária ou complementar) (GOMES, 2007).

---

[6] Na doutrina, há quem defenda a possibilidade de desaparecimento do vício caso seja editada a medida provisória benéfica ao acusado em termos penais quando for chancelada pelo Poder Legislativo (CAPEZ, 2003).

> ### 🧩 Decifrando a prova
>
> **(2022 – FAURGS – TJ/RS – Juiz de Direito – Adaptada)** Cinco agentes, formando uma organização criminosa, em 2007, praticaram condutas caracterizadoras do crime de lavagem de dinheiro, previsto no art. 1º da Lei nº 9.613/1998. O caso veio a julgamento em 2014. Considerando a jurisprudência do STF e do STJ em matéria penal, os agentes não devem ser punidos pelo crime de lavagem de dinheiro, por força da reserva constitucional absoluta de lei em sentido formal (CF/1988, art. 5º, inciso XXXIX; CP, art. 1º).
>
> ( ) Certo ( ) Errado
>
> **Gabarito comentado:** em 2007, não havia entre nós definição do crime de organização criminosa. O STF, ao julgar o HC nº 96.007, em 2011, fixou que a definição trazida por tratados e convenções internacionais celebrados pelo Brasil, ainda que internalizados, não poderia ser considerada válida, com isso consagrando o entendimento de que tratados e convenções internacionais não podem fazer a previsão de crimes. Destarte, não se poderia imputar aos agentes a prática de crime de organização criminosa. Não havendo o delito antecedente, não restava caracterizada a lavagem de capitais. Portanto, a assertiva está certa.

Assim, não se pode criar crime ou cominar penas para o direito interno por meio de Tratados e Convenções Internacionais. Leis incriminadoras devem ser discutidas pelo parlamento brasileiro, que tem competência para a restrição das liberdades. As convenções internacionais são um compromisso firmado pelo Chefe do Executivo, sem discussão pelo parlamento, limitando-se a concordar, ou não, não estabelecer o seu conteúdo. Não é outro o entendimento do STF.[7]

---

[7] Nos autos do HC nº 96.007/SP, a defesa pleiteava o trancamento da ação penal sobre o crime de lavagem de capitais deflagrada contra líderes de uma igreja evangélica, ao argumento de que inexistia, no Brasil, o crime de organização criminosa. Na época, ao contrário do que ocorre atualmente, nem todo crime poderia ser antecedente da lavagem de capitais, mas apenas aqueles que constavam do rol trazido pela redação original do art. 1º da Lei nº 9.613/1998, dentre eles os que fossem praticados por organizações criminosas, consoante previa o art. 1º, VII, daquele diploma legal. A denúncia ofertada pelo MP narrava conduta em tese caracterizadora de crime de organização destinada à prática de estelionato, em que os bispos da igreja se valiam "da estrutura de entidade religiosa e de empresas vinculadas para arrecadar grandes valores em dinheiro, ludibriando os fiéis mediante variadas fraudes, desviando os numerários oferecidos para determinadas finalidades ligadas à igreja em proveito próprio e de terceiros, além de pretensamente lucrar na condução das diversas empresas, desvirtuando as atividades eminentemente assistenciais e aplicando seguidos golpes". Assim, o MP a eles imputou o crime de lavagem de capitais A defesa, porém, argumentou que não havia, na legislação penal brasileira, um tipo penal que definisse o crime de organização criminosa e que o conceito de organização criminosa trazido pela Convenção de Palermo, ratificada pelo Brasil pelo Decreto Legislativo nº 5.015/2004 não sanava a controvérsia, porque convenções internacionais não são instrumentos idôneos para a criação de normas incriminadoras no âmbito do direito interno dos países. O argumento defensivo foi acatado pelo STF, que, concedendo a ordem, decidiu pela impossibilidade de que decreto que ratifica convenção internacional possa ser utilizado como lei penal incriminadora, por ofensa aos princípios da democracia e da legalidade.

Cumpre destacar que o princípio da legalidade não apenas se aplica aos crimes, mas **também às contravenções**. Igualmente, vale pontuar que não somente as penas deverão estar previstas em lei, mas também as medidas de segurança, classificadas como sanções penais pela doutrina.

**Importante** destaque deve ser dado ao posicionamento do STF quanto às práticas caracterizadoras de **transfobia**. Embora a Corte já tivesse se manifestado no sentido de que a Lei nº 7.716, de 1989, não alcança a discriminação decorrente de opção sexual, em junho de 2019, no julgamento da Ação Direta de Inconstitucionalidade por Omissão (ADO) nº 26 e do Mandado de Injunção (MI) nº 4.733, o Plenário, por decisão majoritária, não apenas declarou a existência de omissão inconstitucional pela ausência de incriminação de práticas homofóbicas e transfóbicas, mas também a pretexto de interpretar a norma, **passou a entender que o preconceito de gênero caracteriza crime de racismo previsto na Lei nº 7.716, de 1989**.

Embora não tenhamos qualquer dúvida de que nosso legislador se omite quanto à necessidade de proteger de forma mais contundente os homossexuais e os transexuais contra práticas preconceituosas e segregadoras, certo é que somente ele poderá fazê-lo. A criminalização da homofobia é necessária, mas, por força do princípio da legalidade, não cabe ao Poder Judiciário reconhecer crime não previsto em lei. Trata-se de clara violação à garantia que o princípio da legalidade representa e abre espaço para que fiquemos todos sujeitos à possibilidade de que se reconheça, com relação a outros temas, em outras oportunidades, crime sem previsão legal. Cuida-se de perigosa abertura de margem para o arbítrio, para o desmantelamento da garantia que se espera e que é inafastável do Estado Democrático de Direito. A violação ao princípio da legalidade é cristalina na hipótese que se analisa, pois que nenhuma interpretação comportaria confundirmos preconceito de gênero com raça, religião, cor, etnia e procedência nacional. Enxergamos no episódio dois absurdos: um praticado pelo Legislativo, ao se omitir quanto à proteção de direitos de minoria; outro, pelo Judiciário, com a invasão inconstitucional da competência de outro Poder.

### 5.2.5 Norma penal em branco

As normas penais em branco, sempre previstas na lei, por força do princípio da legalidade, são também denominadas normas cegas ou leis penais em branco, pois demandam um determinado complemento, sem o qual não podem ser aplicadas. Esse complemento pode estar em outra lei ou em outro diploma que tenha natureza jurídica diversa, oriundo de órgão ou Poder distinto daquele que elaborou o tipo penal incriminador. Assim, podem ser divididas em normas penais em branco homogêneas e normas penais em branco heterogêneas:

   a. **Normas penais em branco de caráter homogêneo**. Assim como toda norma penal incriminadora, a norma penal em branco, como já ressaltado, sempre estará em uma lei. Quando a norma que a complementa estiver igualmente na lei, a norma penal em branco será denominada homogênea. A norma penal em branco homogênea pode ser, ainda, classificada como homovitelina (quando o complemento estiver na mesma lei) ou heterovitelina (quando o complemento estiver em lei diversa).

Um exemplo de norma penal em branco **homogênea homovitelina é aquele trazido pelo art. 229** do Estatuto da Criança e do Adolescente (ECA), Lei nº 8.069, de 1990.

> **Art. 229.** Deixar o médico, enfermeiro ou dirigente de estabelecimento de atenção à saúde de gestante de identificar corretamente o neonato e a parturiente, por ocasião do parto, bem como deixar de proceder aos exames referidos no art. 10 desta Lei:
> **Pena** – detenção de seis meses a dois anos.

Verifica-se da análise do tipo penal que este **não** mostra quais são os exames que devem ser realizados pelo profissional de saúde. Por isso, é norma em branco. A relação desses exames é encontrada no art. 10 daquele mesmo diploma, por isso é homogênea (seu complemento é trazido pela lei) e homovitelina (conteúdo complementar na mesma lei em que se prevê o tipo penal incriminador).

Poderíamos, ainda, citar como exemplo de norma penal em branco de caráter homogêneo homovitelino a norma do art. 2º da Lei nº 12.850, de 2013. Nela, não encontramos o conceito de organização criminosa, que, entretanto, é dado pelo § 1º do art. 1º **daquele mesmo diploma legal**.

Em se tratando das normas penais em branco **homogêneas heterovitelinas**, poderíamos citar as dos arts. 236 e 237 do CP, vez que os impedimentos ao casamento de que tratam são aqueles dispostos em outra lei, qual seja, o Código Civil – CC (arts. 1.521 a 1.524).

> **Art. 236.** Contrair casamento, induzindo em erro essencial o outro contraente, ou ocultando-lhe impedimento que não seja casamento anterior:
> **Pena** – detenção, de seis meses a dois anos.
> **Parágrafo único.** A ação penal depende de queixa do contraente enganado e não pode ser intentada senão depois de transitar em julgado a sentença que, por motivo de erro ou impedimento, anule o casamento.
>
> **Conhecimento prévio de impedimento**
> **Art. 237.** Contrair casamento, conhecendo a existência de impedimento que lhe cause a nulidade absoluta:
> **Pena** – detenção, de três meses a um ano.

b. **Normas penais em branco de caráter heterogêneo.** Seu complemento é encontrado em norma que tem fonte diversa da lei, como portarias e resoluções. Podemos citar como exemplos a norma do art. 33 da Lei nº 11.343, de 2006 (cujo complemento é retirado de uma portaria expedida pelo Ministério da Saúde, Portaria SVS MS nº 344, de 1998) e a do art. 268 do CP (as medidas sanitárias estarão determinadas em portarias, resoluções etc.).

> **Art. 33.** Importar, exportar, remeter, preparar, produzir, fabricar, adquirir, vender, expor à venda, oferecer, ter em depósito, transportar, trazer consigo, guardar, prescrever, ministrar, entregar a consumo ou fornecer drogas, ainda que gratuitamente, sem autorização ou em desacordo com determinação legal ou regulamentar:

**Pena** – reclusão de 5 (cinco) a 15 (quinze) anos e pagamento de 500 (quinhentos) a 1.500 (mil e quinhentos) dias-multa.

**Art. 268.** Infringir determinação do poder público, destinada a impedir introdução ou propagação de doença contagiosa:
**Pena** – detenção, de um mês a um ano, e multa.

Há quem sustente que normas penais em branco de caráter heterogêneo seriam violadoras do princípio da legalidade e, portanto, inconstitucionais. Não podemos concordar com esse raciocínio, que, aliás, não é sufragado pela doutrina majoritária. Aliando-nos à ampla maioria, defendemos que as normas penais em branco de caráter heterogêneo atendem plenamente aos ditames constitucionais acerca da matéria.

A rigor, nelas, quem define o que é crime ou não é o próprio legislador. Porém, como legislador não poderia descer a detalhes, no mais das vezes por não ter capacidade técnica para tanto, reporta-nos a outros diplomas elaborados por aqueles que o tenham.

Tomemos como exemplo o art. 268 do CP, tipo penal extremamente debatido por ocasião da pandemia global do coronavírus. É do legislador a opção de incriminar a conduta, de infringir determinação do poder público destinada a impedir introdução ou propagação de doença contagiosa. Todavia, não dispõe o legislador de conhecimento científico para dizer que medidas sanitárias seriam essas e, portanto, permite que as autoridades sanitárias do país as estabeleçam. Não foram as autoridades sanitárias que definiram os crimes, mas o legislador.

O mesmo poderia ser dito a respeito das drogas. O legislador quer ver tratado como crime o comércio ilegal de drogas, por entender necessário para a tutela da saúde pública. Contudo, não dispondo de cabedal científico para estabelecer que substâncias podem ser catalogadas por drogas, igualmente fará com que nos reportemos àqueles que, especialistas no assunto, poderão definir que substâncias seriam capazes de causar dependência química ou psíquica. Mais uma vez, não foram as autoridades do Ministério da Saúde que definiram que traficar droga é crime. Não tivesse o legislador criado o tipo penal, a conduta de comercializar, transportar etc. droga não seria penalmente relevante, ainda que as autoridades sanitárias reconhecessem o alto teor destrutivo das substâncias que cataloga como drogas.

Sobre normas penais em branco e sua classificação, observemos a figura a seguir:

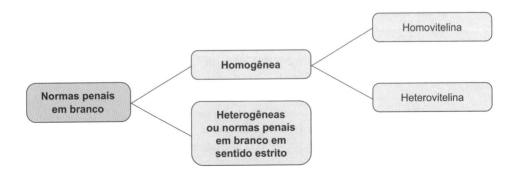

## 5.2.6 Previsões anteriores

Muitos tipos penais incriminadores foram previstos em decretos, como a própria Lei de Contravenções Penais (Decreto nº 3.688/1941) e o Decreto-lei nº 201, de 1967, que define crimes praticados por prefeito, dentre os quais figuras não encontradas no CP. O próprio CP, aliás, é decreto-lei.

Pela recepção constitucional, fulcrada em princípios de economia e segurança legislativa, sempre que se inicia uma nova ordem constitucional, as normas infraconstitucionais anteriores compatíveis com as disposições trazidas pela nova Carta são por esta recebidas, ainda que se dê nova roupagem normativa às regras antigas. Acolhidas pela Constituição, as normas anteriores continuarão a viger. Assim, os decretos-leis mencionados foram recepcionados como leis ordinárias.

O próprio STF, em julgamento em que a defesa pleiteava a não recepção do Decreto-lei nº 201, de 1967, ressaltou que são válidos, porque salvaguardados pelas Disposições Constitucionais Transitórias da Constituição Federal de 1967, os decretos-leis expedidos entre 24 de janeiro e 15 de março de 1967.[8]

## 5.2.7 Mandados constitucionais de criminalização

Mandados constitucionais de criminalização são **determinações impostas** pela Constituição Federal, obrigando o legislador a proteger determinados bens jurídicos, tipificando como criminosas as violações a tais bens.

Na Carta de 1988, podemos encontrar, no art. 5º, alguns desses mandados. Assim, **criminalizar racismo, tortura, terrorismo, crimes ambientais**, por exemplo, não foi fruto da vontade do legislador infraconstitucional, mas imposição feita pela ordem constitucional inaugurada no ano de 1988. O mesmo se diga da elaboração da Lei nº 8.072, de 1990, em que alguns crimes foram etiquetados de hediondos, vedando-se a seus autores determinadas benesses legais.

Cleber Masson (2019b, p. 22) defende a existência de mandados tácitos de criminalização, citando a necessidade de que se estabeleçam normas eficazes no combate à corrupção eleitoral, por força de determinação implícita na Constituição.

## 5.2.8 Princípio da anterioridade

Pelo princípio da anterioridade, a outra face da legalidade, a definição do crime e a imposição da pena respectiva devem estar previstas em lei anterior à prática da conduta. Assim, resta vedada a aplicação retroativa de uma lei que faça previsão de um crime a fatos praticados antes de sua vigência.

---

[8] RE nº 799.944/AgR, 1ª Turma, Rel. Min. Dias Toffoli, j. 16.12.2014, *DJe* 12.02.2015.

## 5.3 PRINCÍPIO DA TAXATIVIDADE

Cuida-se de princípio que **decorre da legalidade**, sendo corolário lógico da última. O Direito Penal moderno não se conforma com a mera existência de uma lei escrita definindo o fato como criminoso. O atendimento à legalidade também depende da existência de uma lei certa, ou, pelo menos, a mais certa, a mais determinada, a mais clara possível. Somente assim estarão plenamente atendidas as exigências da legalidade com vistas à proteção do indivíduo contra os arbítrios do Estado. Quanto mais precisa for a descrição legal da conduta típica, **maior a garantia** representada pelo tipo penal.

Vale ressaltar que a taxatividade não exige que o tipo seja fechado, cerrado. Contudo, impõe que seja o mais determinado possível.

Por sabermos que nem sempre é possível fechar conceitos, não se pode entender inconstitucional um tipo aberto.[9]

**Os tipos abertos** derivam de uma **necessidade jurídica**. Seria impossível, por exemplo, estabelecer um conceito fechado de justa causa, expressão trazida pelo art. 154 do CP. Seria igualmente impossível elencar todas as situações que poderiam ser consideradas violação do dever objetivo bem cuidado a caracterizar um crime culposo. Nesses casos, o legislador não deixou de fechar conceitos porque o quis, mas porque não havia como fechá-los.

> **Art. 154.** Revelar alguém, sem justa causa, segredo, de que tem ciência em razão de função, ministério, ofício ou profissão, e cuja revelação possa produzir dano a outrem:
>
> **Pena** – detenção, de três meses a um ano, ou multa (...).

Dessarte, **tipos abertos não poderão ser considerados inconstitucionais**. Embora não se possa negar que esses diminuem a garantia que a legalidade deseja ver conferida ao cidadão,[10] a observância à taxatividade resta atendida sempre que, por impossibilidade de cerrar, fechar tipos penais, o legislador venha a criar um modelo aberto de comportamento criminoso, cuja aplicação dependa da valoração do intérprete.

Importante, contudo, destacar a violação ao princípio da legalidade, no especial aspecto da taxatividade, quando uma norma penal incriminadora trouxer conceitos abertos quando poderia fechá-los, ou, pelo menos, melhor defini-los, tal qual ocorria com o revogado art. 233 do ECA, que tipificava o ato de torturar criança ou adolescente sob sua guarda, cuidado, proteção ou vigilância, sem, contudo, definir o que seria tortura.

Embora o STF não tenha, na época, reconhecido a existência de ofensa ao princípio da legalidade,[11] tratava-se de tipo penal que não atendia às exigências de *lex scripta et certa*.

---

[9] O tipo penal aberto é um modelo incompleto a exigir que o intérprete lhe dê o verdadeiro alcance para, enfim, concluir se a conduta corresponde, ou não, ao que nele se descreve.

[10] Essa diminuição da garantia nos parece indiscutível, na medida em que será perfeitamente possível que o labor valorativo de um julgador o conduza à interpretação diversa daquela que teria outro julgador. A respeito do mesmo fato, não são raros, por exemplo, casos em que a mesma conduta é interpretada como caracterizadora de violação de dever no cuidado por alguns e não é assim entendida por outros.

[11] STF, HC nº 70.389/SP, Rel. Min. Sydney Sanches, Tribunal Pleno, j. 23.06.1994, *DJe* 10.08.2001.

Afinal, a tortura poderia ser física, apenas? Poderia ser mental? Ambos? Haveria tortura se o objetivo fosse corrigir? A Lei nº 8.069, de 1990, não o dizia e poderia tê-lo feito, a exemplo do que atualmente ocorre com as definições da Lei nº 9.455, de 1997. Tratava-se de uma verdadeira cláusula geral, que não representava nenhuma garantia e, portanto, era evidentemente inconstitucional.

Legalidade somente se alcança com *lex praevia, stricta, scripta et certa*.

## 5.4 PRINCÍPIO DA PROIBIÇÃO DA ANALOGIA *IN MALAM PARTEM*

Corolário do princípio da legalidade, proíbe que lacunas existentes na lei penal sejam integradas com o reconhecimento de crimes ou para o estabelecimento de qualquer tratamento penal mais gravoso dispensado à hipótese semelhante.

**A analogia** vem contemplada no art. 4º da LINDB, sendo uma forma de autointegração da lei. Pela analogia, aplica-se a uma hipótese não contemplada pelo legislador a mesma solução por ele dada à hipótese semelhante.

Porém, a analogia não deve ser confundida com a interpretação analógica. Somente se pode falar em analogia quando não há lei regulando a matéria, havendo, portanto, lacuna a ser preenchida. Destarte, cuida-se de método de integração, não de interpretação. Na interpretação analógica, ao contrário, é a própria lei que determina que uma solução por ela aplicada também o seja para casos semelhantes. É o que ocorre, por exemplo, no art. 121, § 2º, III, do CP, quando menciona que será qualificado o homicídio, apenado com 12 a 30 anos de reclusão, quando cometido "com emprego de veneno, fogo, explosivo, asfixia, tortura ou outro meio insidioso ou cruel, ou de que possa resultar perigo comum". Como se depreende da leitura do dispositivo transcrito, o legislador determina que a solução ali adotada, no sentido de qualificar o delito, deverá ser igualmente usada quando o agente empregar outro meio, diferente do veneno, do fogo, da asfixia e da tortura, mas que, como eles, possa ser considerado insidioso, cruel, ou de que possa resultar perigo comum. Do dispositivo citado, pode-se, ainda, extrair a conclusão de que é possível a utilização de interpretação analógica para reconhecer uma solução mais gravosa para um determinado caso concreto, e isso se dá justamente porque é o próprio legislador que o diz.

Embora **vedada a sua aplicação** *in malam partem*, nada obsta que a analogia seja usada para favorecer o agente. Assim, quando a lei contempla benefícios penais ao cônjuge que pratica conduta criminosa e nada dispõe acerca do companheiro, poderá o juiz aplicar a mesma benesse ao último.

## 5.5 PRINCÍPIO DA CULPABILIDADE OU PRINCÍPIO DA RESPONSABILIZAÇÃO PENAL SUBJETIVA

Impede a denominada responsabilidade penal objetiva, ou seja, a responsabilidade penal sem dolo ou sem culpa. A responsabilidade penal não pode ficar adstrita à causação de um resultado. Afinal, sem dolo e sem culpa não existe sequer conduta penalmente relevante.

A vedação à responsabilidade penal objetiva consta do disposto no art. 19 de nosso Código Penal vigente: "Pelo resultado que agrava especialmente a pena, só responde o agente que o houver causado ao menos culposamente".

O princípio da culpabilidade **impõe a subjetividade da responsabilização penal**, não cabendo, em Direito Penal, responsabilidade decorrente tão só da associação causal entre a conduta e um resultado de lesão ou o perigo de lesão para um bem jurídico, como leciona Nilo Batista (1996, p. 104).

O querido leitor deverá atentar para o fato de que aqui a culpabilidade está sendo definida como princípio, e não como elemento integrante do conceito analítico de crime. Masson (2019b, p. 51) critica a utilização do termo princípio da culpabilidade como sinônimo de princípio da responsabilidade subjetiva, destacando que culpabilidade não se confunde com os elementos subjetivos do delito.

O princípio que veda a responsabilidade penal objetiva já foi inúmeras vezes reconhecido pelo STF, como no julgado parcialmente transcrito a seguir:[12]

**Jurisprudência destacada**

(...) condição de diretor ou de administrador de instituição financeira, sem a correspondente e objetiva descrição de determinado comportamento típico que o vincule, concretamente, à prática criminosa, não constitui fator suficiente apto a legitimar a formulação de acusação estatal ou a autorizar a prolação de decreto judicial condenatório. – A circunstância objetiva de alguém meramente exercer cargo de direção ou de administração em instituição financeira não se revela suficiente, só por si, para autorizar qualquer presunção de culpa (inexistente em nosso sistema jurídico-penal) e, menos ainda, para justificar, como efeito derivado dessa particular qualificação formal, a correspondente persecução criminal. – Não existe, no ordenamento positivo brasileiro, ainda que se trate de práticas configuradoras de macrodelinquência ou caracterizadoras de delinquência econômica, a possibilidade constitucional de incidência da responsabilidade penal objetiva. Prevalece, sempre, em sede criminal, como princípio dominante do sistema normativo, o dogma da responsabilidade com culpa (*nullum crimen sine culpa*), absolutamente incompatível com a velha concepção medieval do *versari in re illicita*, banida do domínio do Direito Penal da culpa. Precedentes. Em matéria de responsabilidade penal, não se registra, no modelo constitucional brasileiro, qualquer possibilidade de o

---

[12] Dentre os vários julgados do STF neste sentido, poderíamos citar o HC nº 138.637, de relatoria do Min. Celso de Mello, em que se buscava trancamento de ação penal deflagrada pela prática de homicídio culposo reconhecido em acidente em parque de diversões. Na hipótese, havia sido imputado o evento delituoso ao Presidente e Administrador do Complexo Hopi Hari, tendo o STF reconhecido a inviabilidade de instaurar-se persecução penal contra alguém pelo fato de ostentar a condição formal de *Chief Executive Officer* (CEO) da empresa. Destacou o STF a inexistência, no sistema jurídico brasileiro, da responsabilidade penal objetiva e a prevalência, em sede criminal, como princípio dominante do modelo normativo vigente em nosso País, do dogma da responsabilidade com culpa. *Nullum crimen sine culpa*.

> Judiciário, por simples presunção ou com fundamento em meras suspeitas, reconhecer a culpa do réu. Os princípios democráticos que informam o sistema jurídico nacional repelem qualquer ato estatal que transgrida o dogma de que não haverá culpa penal por presunção nem responsabilidade criminal por mera suspeita (HC nº 84.580/SP, Rel. Min. Celso de Mello).

A doutrina, todavia, aponta casos em que haveria responsabilidade objetiva no Direito Penal brasileiro, sendo elas as seguintes:

1. Crime de Rixa qualificado pelo resultado morte ou lesão grave, descrito no parágrafo único do art. 137 do CP, pelo que será responsabilizado, **pelo simples fato da participação na rixa**, ainda que não tenha o agente atuado com dolo ou culpa na produção da morte ou da lesão corporal de natureza grave.
2. Teoria da *actio in libera causa*, nos termos do art. 28, II, do CP. Os críticos da adoção do princípio da *actio libera in causa* alegam que a teoria antecipa o dolo ou culpa para o momento da ingestão da substância que gera embriaguez, o que revelaria resquícios da responsabilidade penal objetiva.[13]

Há quem aponte responsabilidade penal objetiva no direito ambiental, no que tange à pessoa jurídica, nos termos do art. 3º da Lei nº 9.605/1998. Ousamos, porém, discordar desse entendimento, pois, adotada a responsabilidade penal da pessoa jurídica para os crimes ambientais, conforme o art. 3º da Lei nº 9.605/1998, com fundamento no art. 225, § 3º, da CF/1988, a pessoa jurídica tem vontade própria, exteriorizada pela vontade de seus sócios e representantes. Portanto, os atos praticados pelos sócios, em benefício da empresa, constituem-se atos praticados pela empresa e por isso passíveis de responsabilização, sem qualquer ofensa ao princípio da culpabilidade.

Art. 28. Não excluem a imputabilidade penal: (...)

II – a embriaguez, voluntária ou culposa, pelo álcool ou substância de efeitos análogos.

Art. 137. Participar de rixa, salvo para separar os contendores:

**Pena** – detenção, de quinze dias a dois meses, ou multa.

**Parágrafo único.** Se ocorre morte ou lesão corporal de natureza grave, aplica-se, pelo fato da participação na rixa, a pena de detenção, de seis meses a dois anos.

---

[13] "A ideia da *actio libera in causa* tem origem no princípio romano *versare in re ilicita*, de larga utilização no Direito Canônico, que propõe uma espécie de responsabilidade objetiva, pois relaciona como obra do sujeito, atribuível a ele, tudo o que realiza a partir de uma conduta prévia ilícita: *qui in re illicita versatur tenetur etiam pro casu*, ou seja, quem se envolve em coisa ilícita é responsável pelo resultado fortuito posterior" (BUSATO, 2018, p. 566).

> **Decifrando a prova**
>
> **(2018 – Vunesp – PC/SP – Delegado – Adaptada)** O Direito Penal trabalha com a necessidade de se apurar a responsabilidade subjetiva para punir o autor do crime. No que concerne à responsabilidade objetiva, o Direito Penal admite-a excepcionalmente, quando pune aquele que agiu em estado de completa embriaguez culposa.
> ( ) Certo ( ) Errado
> **Gabarito comentado:** está certa a assertiva, pois, como exposto, a doutrina aponta a hipótese como de excepcional cabimento da responsabilidade penal objetiva, ou seja, independentemente da culpa ou do dolo do agente.

## 5.6 PRINCÍPIO DA INTERVENÇÃO MÍNIMA

Também conhecido como princípio da *ultima ratio*, e tendo o legislador como principal destinatário, trata-se de princípio segundo o qual a intervenção penal se justifica apenas quando outros ramos do Direito não apresentam tutela e resposta eficazes para proteção de um interesse ou bem jurídico. Busca-se, por meio da ideia de subsidiariedade, frear arbítrios do legislador, que deverá se abster de incriminar comportamentos que encontram nas sanções civis e administrativas uma tutela adequada, prescindindo, portanto, das sanções mais incisivas do Direito Penal.

O Direito Penal deve ser a *ultima ratio*, decorrendo do princípio da intervenção mínima, um outro: o da subsidiariedade. Sendo a última das opções dentre aquelas de que o legislador poderia dispor para tutelar um bem ou interesse jurídico, o Direito Penal é subsidiário.

## 5.7 PRINCÍPIO DA FRAGMENTARIEDADE

Somente uma pequena parcela de bens é protegida pelo Direito Penal, e nem todas as ações violadoras de bens jurídicos são alcançadas pelas mãos fortes desse ramo do Direito. Destarte, o Direito Penal somente incidirá sobre fragmentos que correspondam aos bens mais importantes para garantia do convívio em sociedade, destacando-se sua natureza altamente seletiva. A fragmentariedade é, portanto, uma **consequência lógica do princípio da intervenção mínima**.

Analisado sob a ótica do princípio da fragmentariedade, "impõe-se que o Direito Penal continue a ser um arquipélago de pequenas ilhas no grande mar do penalmente indiferente" (PRADO, 2000, p. 84).

## 5.8 PRINCÍPIO DA OFENSIVIDADE OU LESIVIDADE

Pelo princípio da ofensividade ou lesividade, não podem ser consideradas típicas condutas que não representem lesão ou pelo menos perigo de lesão ao bem jurídico tutelado.

Possui, conforme leciona Nilo Batista (1996, p. 92-94), **quatro funções principais**, proibindo:

1. **Incriminação de atitude interna** (*cogitationis poenam nemo patitur*). Assim, não hão de ser incriminados pensamentos, ideias ou sentimentos pessoais que não forem exteriorizados e não produzirem lesão a terceiro.

> **Decifrando a prova**
>
> **(2016 – Funcab – PC/PA – Delegado)** Ao realizar a manutenção da rede elétrica na casa de um cliente, o eletricista Servílio inadvertidamente entra em um quarto que pensava ser o banheiro. Lá encontra fotos do dono da casa fantasiado de Adolf Hitler, além de um diário. Ao folhear o diário, Servílio descobre vários escritos nos quais o dono da casa manifesta seu desprezo por um vizinho, por ele denominado "judeu sujo". Servílio, então, leva o fato ao conhecimento do vizinho, que, sentindo-se ofendido, noticia o fato em uma delegacia policial. Ouvido o dono da casa, este revela ser simpatizante do nazismo, usando o referido cômodo para dar secretamente vazão à sua ideologia. Outrossim, o diário seria uma forma de extravasar suas inquietações sem ser descoberto por terceiros. Considerando o caso concreto, é possível afirmar que a conduta do dono da casa:
> A) configura crime de difamação.
> B) configura crime de injúria por preconceito.
> C) configura crime de injúria.
> D) configura crime previsto em lei especial.
> E) é atípica.
>
> **Gabarito comentado:** a conduta é atípica, pois se tratava de sentimento jamais externado, correspondendo a ideias do agente que nunca chegaram a colocar em perigo qualquer bem jurídico. Portanto, a letra E é o gabarito.

2. **Incriminação de conduta que não exceda ao âmbito do próprio autor**. Neste aspecto, surge o princípio da alteridade como legado do princípio da ofensividade. A palavra alteridade deriva do latim *alter*, que significa "outro". Pelo princípio da alteridade, não podem ser consideradas típicas condutas que, sem extrapolar o âmbito do próprio agente, não atingem bens jurídicos de terceiros. Imaginemos, por exemplo, que alguém tenha o seu carro roubado e, não tendo contratado seguro do automóvel, venha a adquiri-lo posteriormente por preço bem menor do que o praticado pelo mercado, sabendo tratar-se do bem que lhe havia sido subtraído. Na hipótese, como o bem jurídico tutelado pelo crime de receptação é o patrimônio daquele que figura como sujeito passivo do crime anterior, o proprietário do veículo, ao fazer a aquisição, não estará praticando o crime de receptação. Afinal, não poderia praticar o crime contra si mesmo.

Situação distinta ocorreria no seguinte exemplo: o proprietário entregou ao credor um bem como garantia do pagamento de dívida. Ao tomar conhecimento de que esse fora roubado das mãos do credor, buscou saber quem era o ladrão e dele adquiriu o bem por valor bem menor do que a dívida contraída, frustrando a garantia pignoratícia. Como o crime de recepção não tem a "coisa alheia" como elementar, e como afetará o patrimônio do credor pignoratício, sua conduta poderá ser considerada típica. O exemplo é dado pelo eterno Mestre Damásio Evangelista de Jesus (1999, p. 484).

Também pelo princípio da alteridade, aquele que se automutilar não praticará contra si mesmo o crime de lesão corporal. Afinal, se o bem juridicamente tutelado na norma do art. 129 do CP é a integridade física, não se pode entender típica a conduta daquele que ofenda a própria integridade física, sem comprometer bens jurídicos alheios. Por essa mesma razão é que, na hipótese de a pessoa se autolesionar para receber prêmio de seguradora, a conduta poderá ser, em perfeita consonância com o princípio da alteridade, considerada típica, nos termos do art. 171, § 2º, V, do CP.

> **Art. 129.** Ofender a integridade corporal ou a saúde de outrem:
> **Pena** – detenção, de três meses a um ano.
>
> **Art. 171.** Obter, para si ou para outrem, vantagem ilícita, em prejuízo alheio, induzindo ou mantendo alguém em erro, mediante artifício, ardil, ou qualquer outro meio fraudulento: (...)
> § 2º Nas mesmas penas incorre quem: (...)
> V – destrói, total ou parcialmente, ou oculta coisa própria, ou lesa o próprio corpo ou a saúde, ou agrava as consequências da lesão ou doença, com o intuito de haver indenização ou valor de seguro; (...)

No crime do art. 171, § 2º, V, o objeto da tutela jurídica não é integridade física daquele indivíduo, mas o patrimônio da seguradora. Poderíamos também mencionar a hipótese trazida pelo art. 184 no CPM, que descreve a automutilação como conduta típica. Inexiste ofensa ao princípio da alteridade na previsão trazida pela lei castrense. Na norma referida, não se está protegendo a integridade física do militar, mas a própria administração pública militar e a regularidade do funcionamento das instituições militares. Os exemplos dados nos permitem concluir que nem sempre estaremos diante de condutas atípicas quando alguém se automutila ou mesmo destrói coisa própria.

> **Art. 184.** Criar ou simular incapacidade física, que inabilite o convocado para o serviço militar:
> **Pena** – detenção, de seis meses a dois anos.

 **Decifrando a prova**

**(2021 – FAPEC – PC/MS – Delegado – Adaptada)** Para evitar a dupla punição por fato único, a doutrina e a jurisprudência admitem determinados princípios que foram elencados para resolver conflito de normas penais aparentemente aplicáveis à mesma hipótese. Julgue a assertiva: São princípios do conflito aparente de normas: especialidade, subsidiariedade, consunção e alteridade.

> ( ) Certo    ( ) Errado
> **Gabarito comentado:** o princípio da alteridade nenhuma relação tem com o conflito aparente de normas. Cuida-se, outrossim, de uma das facetas da lesividade, consoante mencionado no capítulo dedicado ao estudo dos princípios que norteiam o Direito Penal. Cuida-se do princípio segundo o qual uma conduta não pode ser considerada típica se não extrapolar o âmbito do próprio agente para atingir bens jurídicos de terceiros. Portanto, a assertiva está errada.

3. **Incriminação de estados ou condições existenciais.** Por este especial aspecto da lesividade, o Direito Penal jamais poderá responsabilizar alguém por ser algo, "o 'ser' de uma pessoa, mas somente o seu agir, uma vez que o direito é uma ordem reguladora da conduta humana" (ZAFFARONI, 1996, p. 73). Veda-se, desta forma, o Direito Penal de autor, consagrando-se o Direito Penal de fato. Assim, não se pune alguém pelo que é, mas pelo que faz e desde que aquilo que faça esteja capitulado como crime pela legislação penal pátria. Da lesividade, portanto, nasce o princípio da responsabilidade pelo fato.[14]

> **Decifrando a prova**
>
> **(2021 – FAPEC – PC/MS – Delegado – Adaptada)** De acordo com a doutrina clássica, especialmente a de Robert Alexy, princípios são espécies de normas jurídicas, definidos como "mandamentos de otimização aplicáveis na maior medida possível". Em relação aos princípios do Direito Penal, assinale a alternativa correta. Pelo princípio da materialização do fato (*nullum crimen sine actio*), o Estado pode incriminar condições existenciais, desde que o faça por meio de lei e a conduta ameace gravemente determinados bens jurídicos.
> ( ) Certo    ( ) Errado
> **Gabarito comentado:** a incriminação de condições existenciais viola o princípio da lesividade. Portanto, a assertiva está errada.

4. **Incriminação de condutas desviadas que não afetem qualquer bem jurídico.** Não se pode tipificar como criminosas condutas que, embora causem asco e repulsa da sociedade (não escovar os dentes, andar com roupas sujas e mal cheirosas, por exemplo), não trazem qualquer lesão ou perigo de lesão a bens jurídicos de terceiros. Enfim, muitas condutas que agridem o senso comum da sociedade, desde que não lesivas a terceiros, não poderão ser proibidas ou impostas pelo Direito Penal (GRECO, 2019, p. 103).

---

[14] Na Alemanha nazista praticava-se o Direito Penal de autor. Puniam-se criminosos, ou melhor, aqueles que eram considerados criminosos pelo regime da época, independentemente do fato praticado. Cleber Masson (2019b, p. 50) cita a ideia do Direito Penal do inimigo como teoria que, nos tempos atuais, guarda sintonia como o Direito Penal de autor.

## 5.8.1 Crimes de perigo abstrato e o princípio da lesividade

Sob a ótica de lesividade, discute-se, ainda, se poderiam ser previstos, sem ofensa ao referido princípio, crimes de perigo abstrato.

**Os crimes de perigo abstrato**, também denominados crimes de perigo presumido ou de simples desobediência, são aqueles em que o legislador descreve uma determinada conduta, reputando criminosa a sua prática, independentemente de qualquer demonstração de que, naquele caso concreto, efetivamente foi criada uma situação de perigo. Nestes crimes, há uma presunção absoluta de que a conduta gera perigo a bem jurídico de terceiros, ainda que nenhum perigo real tenha sido demonstrado no caso concreto. Exemplo de crime de perigo abstrato é o descrito no art. 310 do CTB.

> **Art. 310.** Permitir, confiar ou entregar a direção de veículo automotor a pessoa não habilitada, com habilitação cassada ou com o direito de dirigir suspenso, ou, ainda, a quem, por seu estado de saúde, física ou mental, ou por embriaguez, não esteja em condições de conduzi-lo com segurança:
>
> **Penas** – detenção, de seis meses a um ano, ou multa.

Assim, a simples entrega do veículo automotor a uma pessoa não habilitada é crime, ainda que se trate de alguém que, ao dirigir, não provoque qualquer dano ou perigo de dano a terceiros. O perigo resta presumido de forma absoluta (*iure et de iure*).

A doutrina amplamente majoritária, a que nos aliamos, e a jurisprudência dos tribunais superiores reconhecem que os citados crimes não contrariam a Constituição, revelando opção legislativa que está em sintonia com a Carta Maior.

Temos que a criação de crimes de perigo abstrato é relevante para fazer frente aos riscos trazidos pela modernidade e, também, não enxergamos nisso qualquer ofensa ao princípio da lesividade. Consoante já ressaltado pelo STF, a tipificação de condutas que geram perigo em abstrato, muitas vezes, acaba sendo a melhor alternativa ou a medida mais eficaz para a proteção de bens jurídico-penais supraindividuais ou de caráter coletivo, como, por exemplo, o meio ambiente, a saúde etc.[15]

Assim, temos os crimes de tráfico de drogas, porte de arma, embriaguez ao volante e outros, todos classificados como sendo de perigo abstrato.

Com relação ao crime do art. 310 do Código de trânsito brasileiro, existe, inclusive, entendimento sumulado pelo STJ.

---

[15] STF, HC nº 102.087/MG, 2ª Turma, Rel. Min Celso de Mello, Rel. para acórdão Min Gilmar Mendes, j. 28.02.2013.

> **Jurisprudência destacada**
>
> **Súmula nº 575, STJ.** Constitui crime a conduta de permitir, confiar ou entregar a direção de veículo automotor a pessoa que não seja habilitada, ou que se encontre em qualquer das situações previstas no art. 310 do CTB, independentemente da ocorrência de lesão ou de perigo de dano concreto na condução do veículo.

Embora defendendo a constitucionalidade dessa modalidade de delito, colocamo-nos ao lado daqueles que advertem que crimes de perigo abstrato devam ser instituídos com parcimônia, evitando-se a desnecessária inflação legislativa, como faz Cleber Masson (2019b).

O princípio da ofensividade ou lesividade deve, assim, orientar a atividade do legislador para que, ao elaborar os modelos legais de incriminação, obedeça a exigência de que a conduta represente conteúdo ofensivo ao bem jurídico que se busca tutelar.

## 5.9 PRINCÍPIO DA INSIGNIFICÂNCIA OU BAGATELA

Princípio segundo o qual devem ser consideradas atípicas lesões insignificantes ao bem jurídico tutelado pela norma. Trata-se de um dos desdobramentos do princípio da fragmentariedade.

A insignificância já era conhecida entre os romanos, derivado do brocardo ***minimis non curat praetor*** (o Direito não deve se preocupar com assuntos irrelevantes). As atuais bases de aplicação do princípio da insignificância ao Direito Penal, porém, são atribuídas a Klaus Roxin (MASSON, 2019b, p. 22), que as incorporou aos seus estudos na década de 1970.

Cuida-se de hipótese em que a tipicidade penal será afastada por ausência de tipicidade material.[16] Assim, embora condutas penalmente insignificantes possam se adequar ao modelo legal incriminador, não serão penalmente típicas por ausência de tipicidade material. Imaginemos, assim, a conduta de subtrair uma caixa com fósforos de alguém. Cuida-se de subtração de coisa alheia móvel, adequando-se formalmente à descrição legal do crime de furto, mas, dada a insignificância da lesão provocada ao patrimônio, não pode ser considerada materialmente típica.

**Tipicidade penal = Tipicidade material + Tipicidade formal**

---

[16] A tipicidade material é afastada pela ausência de lesividade, pela insignificância e pela adequação social. O conceito de tipicidade penal se refere não à existência de uma conduta que gere lesão ou perigo de lesão ao bem.

**Nem todo crime admite a aplicação do princípio da insignificância**, vejamos alguns tópicos que merecem cuidado:

1. Não será aplicável aos crimes praticados com violência ou grave ameaça, como o roubo, a extorsão etc.[17]
2. A prática do delito de furto qualificado por escalada, destreza, arrombamento, rompimento de obstáculo ou concurso de agentes indica a reprovabilidade do comportamento do réu, sendo inaplicável o princípio da insignificância.[18]
3. A lesão jurídica resultante do crime de furto **não** pode ser considerada insignificante quando o valor dos bens subtraídos perfaz mais de 10% do salário-mínimo vigente à época dos fatos.[19]

    Contudo, mais recentemente, o STJ entendeu pela aplicação do princípio da insignificância em hipótese em que o valor dos bens subtraídos não ultrapassava 15% do salário-mínimo vigente.[20]
4. **Não é possível a aplicação do princípio da** insignificância **nas hipóteses de dano qualificado, quando o prejuízo ao patrimônio público** atingir outros bens de relevância social e tornar evidente o elevado grau de periculosidade social da ação e de reprovabilidade da conduta do agente.[21]

    Contudo, a Corte Suprema já aplicou o princípio da insignificância para dano qualificado a um homem que causou avaria na estrutura externa de aparelho televisivo antigo, pertencente a uma autarquia federal, motivado por sua irresignação com o

---

[17] STF, RHC nº 117.670, 1ª Turma, Rel. Min. Marco Aurélio, j. 26.03.2021; STF, RE nº 454.394, 1ª Turma, Rel. Min. Sepúlveda Pertence, j. 23.03.2007.

[18] AgRg no AREsp nº 694.006/SP, 5ª Turma, Rel. Min. Jorge Mussi, j. 05.11.2015, DJe 13.11.2015; AgRg no AREsp nº 735.871/MG, 5ª Turma, Rel. Min. Felix Fischer, j. 13.10.2015, DJe 21.10.2015; HC nº 327.356/MG, 5ª Turma, Rel. Min. Reynaldo Soares da Fonseca, julgado em 13.10.2015, DJe 19.10.2015; HC nº 330.359/MS, Rel. Min. Ericson Maranho (Desembargador Convocado do TJ/SP), j. 15.09.2015, DJe 20.10.2015; AgRg no HC nº 257.319/ES, 5ª Turma, Rel. Min. Newton Trisotto (Desembargador Convocado do TJ/SC), j. 15.09.2015, DJe 30.09.2015; STF, AgRg no RHC nº 198.201, 2ª Turma, Rel. Min. Gilmar Mendes, j. 31.05.2021.

[19] AgRg no REsp nº 1.503.539/GO, Rel. Min. Nefi Cordeiro, j. 20.08.2015, DJe 08.09.2015; AgRg no AREsp nº 651.694/MG, 5ª Turma, Rel. Min. Felix Fischer, j. 07.05.2015, DJe 15.05.2015; AgRg no REsp nº 1.361.146/MG, Rel. Min. Rogerio Schietti Cruz, j. 28.04.2015, DJe 07.05.2015; STJ, AgRg no REsp nº 1.883.330, 5ª Turma, Rel. Min. Joel Ilan Paciornik, j. 27.10.2020.

[20] STJ, AgRg no Ag em REsp nº 1.786.570, 6ª Turma, Rel. Min. Nefi Cordeiro, j. 09.03.2021. No STF, no HC nº 192.744, 1ª Turma, Rel. Min. Dias Toffoli, j. 29.03.2021, a Corte aplicou o princípio da insignificância para subtração de bens avaliados em R$ 145, portanto, superior a 10% do salário mínimo.

[21] STJ, AgRg no HC nº 622.285, 5ª Turma, Rel. Min. Reynaldo Soares da Fonseca, j. 02.02.2021; STJ, AgRg no HC nº 622.285, 5ª Turma, Rel. Min. Reynaldo Soares da Fonseca, j. 02.02.2021; HC nº 324.550/MT, 5ª Turma, Rel. Min. Ribeiro Dantas, j. 16.06.2016, DJe 28.06.2016; HC nº 245.457/MG, Rel. Min. Nefi Cordeiro, j. 03.03.2016, DJe 10.03.2016; AgRg no AREsp nº 522.783/MT, Rel. Min. Sebastião Reis Júnior, j. 06.11.2014, DJe 25.11.2014.

cancelamento de consulta médica, previamente agendada para tratar o diagnóstico de epilepsia, após ter aguardado o atendimento por quatro horas.[22]
5. **Não é possível a aplicação do princípio da insignificância aos crimes de violência doméstica e familiar contra a mulher**, consoante entendimento sumulado pelo STJ.

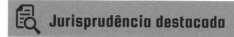

**Súmula nº 589, STJ.** É inaplicável o princípio da insignificância nos crimes ou contravenções penais praticados contra a mulher no âmbito das relações domésticas.[23,24]

6. **Não se aplica aos crimes contra a administração pública**, consoante entendimento sumulado do STJ, **porquanto a norma penal busca tutelar não somente o patrimônio, mas também a moral administrativa**.

**Súmula nº 599, STJ.** O princípio da insignificância é inaplicável aos crimes contra a administração pública.

Em que pese a súmula mencionada, o próprio STJ aplica o princípio da insignificância ao crime de descaminho, que, previsto no art. 334 do CP, é um crime contra a administração pública, adotando como critério para o reconhecimento da insignificância o valor mínimo para a propositura das ações fiscais, atualmente fixado, no âmbito da Fazenda Nacional, em 20 mil reais, de acordo com a Portaria nº 75, de 2012.[25] Assim, a Corte, que, neste sentido, acompanha o STF, entende atípicas as sonegações que não alcancem o referido valor.[26]

---

[22] STF, RHC nº 190.315, 2ª Turma, Rel. Min. Edson Fachin, j. 14.12.2020.

[23] É preciso lembrar quanto ao conceito de violência doméstica e familiar contra a mulher o que dispõe o art. 7º da Lei nº 11.340, de 2006. Não se trata apenas de violência física, mas também de violência sexual, sentimental, psicológica, patrimonial e moral.

[24] REsp nº 1.537.749/DF, Rel. Min. Rogerio Schietti Cruz, j. 30.06.2015, DJe 04.08.2015; AgRg no REsp nº 1.464.335/MS, Rel. Min. Maria Thereza de Assis Moura, j. 24.03.2015, DJe 31.03.2015; AgRg no AREsp nº 019.042/DF, 5ª Turma, Rel. Min. Marco Aurélio Bellizze, j. 14.02.2012, DJe 1º.03.2012.

[25] Estados e Municípios podem fixar valores mínimos para a propositura das execuções distintos daqueles trazidos pela Portaria nº 75 da Procuradoria-Geral da Fazenda Nacional (PGFN).

[26] AgRg no REsp nº 1.538.629/RS, 5ª Turma, Rel. Min. Ribeiro Dantas, j. 21.03.2017, DJe 27.03.2017; AgInt no REsp nº 1.622.588/RS, Rel. Min. Antonio Saldanha Palheiro, j. 09.03.2017, DJe 21.03.2017.

**Art. 334.** Iludir, no todo ou em parte, o pagamento de direito ou imposto devido pela entrada, pela saída ou pelo consumo de mercadoria:

**Pena** – reclusão, de 1 (um) a 4 (quatro) anos.

Dessa forma, entendemos que, ao tratar, na Súmula nº 599, de crimes contra a administração como hipóteses que inadmitem a aplicação do princípio da insignificância, o STJ apenas se refere aos crimes perpetrados por funcionários públicos contra a Administração Pública, hipóteses em que, para além de questões patrimoniais, também se faz a proteção da moralidade administrativa.

O STF, a seu turno, além de aplicar o princípio da insignificância ao crime de descaminho, já admitiu sua aplicação mesmo em crimes funcionais, como o peculato.[27]

A Corte, contudo, já entendeu ser inaplicável o princípio da insignificância para o crime de corrupção ativa, destacando que a aplicação do princípio da insignificância deve ser feita a partir das circunstâncias do caso concreto, e não apenas com base no valor do suborno ofertado a agentes públicos ressaltando o considerável grau de reprovabilidade do comportamento.[28]

7. **Ao crime de contrabando** (art. 334-A do CP), os tribunais superiores entendem que **não se aplica** o princípio da insignificância, por se tratar de crime com o qual se busca impedir a entrada e a saída de mercadorias ilícitas do território nacional. Destarte, não foi aceita a utilização do princípio da insignificância no contrabando de pequena quantidade de cigarros;[29] de peças de caça-níqueis;[30] de arma de pressão, qualquer que fosse o calibre;[31] de colete balístico.[32]

**Art. 334-A.** Importar ou exportar mercadoria proibida.

Embora já adotado o princípio da insignificância em hipótese de contrabando de pequena quantidade de medicamento para consumo pessoal,[33] julgado mais recente no STJ não admitiu sua incidência para a hipótese em que o agente intro-

---

[27] Ementa: Ação penal. Delito de peculato-furto. Apropriação, por carcereiro, de farol de milha que guarnecia motocicleta apreendida. Coisa estimada em treze reais. *Res furtiva* de valor insignificante. Periculosidade não considerável do agente. Circunstâncias relevantes. Crime de bagatela. Caracterização. Dano à probidade da administração. Irrelevância no caso. Aplicação do princípio da insignificância. Atipicidade reconhecida. Absolvição decretada (STF, HC nº 112.388/SP, 2ª Turma, j. 21.08.2012).

[28] STF, AgRg no RHC nº 199.851, 2ª Turma, Rel. Min. Ricardo Lewandowski, j. 12.05.2021.

[29] STF, HC nº 131.205/MG, *DJe* 22.09.2016; STJ, AgRg no AREsp nº 697.456/SC, *DJe* 28.10.2016.

[30] EREsp nº 1.230.325/RS, *DJe* 05.05.2015.

[31] AgRg no REsp nº 1.479.836/RS, *DJe* 24.08.2016.

[32] Ainda sobre o não cabimento do princípio da insignificância para o crime de contrabando: STF, AgRg no HC nº 184.586, 1ª Turma, Rel. Min. Rosa Weber, j. 04.12.2020.

[33] AgRg no REsp nº 1.572.314/RS, *DJe* 10.02.2017.

duz no território nacional medicamentos não autorizados pelas autoridades competentes, tendo em vista o alto grau de reprovabilidade da importação irregular de medicamentos.[34]

Quanto ao **descaminho**, o STJ entende que o valor do tributo não recolhido, por si só, não se revela suficiente para o reconhecimento do princípio da insignificância. Assim, a existência de outras ações penais, inquéritos policiais em curso ou procedimentos administrativos fiscais etc., ainda que não geradores de reincidência, por denotarem a habituação delitiva do réu, afastam, a incidência do princípio da insignificância.[35]

Embora, como se pode concluir até aqui, a regra seja a do não cabimento de aplicação do princípio da insignificância no crime de contrabando, tratando-se de importação de reduzida quantidade de sementes de maconha, por não possuírem o princípio ativo inerente à substância canábica, admite-se a aplicação do princípio da insignificância.[36]

8. **Não se aplica aos crimes ambientais, exceto quando se trata de bens encontrados em abundância na natureza** (como peixes, crustáceos, moluscos, plantas), hipóteses em que é possível, em tese, a depender dos métodos utilizados e quando demonstrada a mínima ofensividade ao meio ambiente, ainda que se trate de ação realizada em período de defeso, a aplicação do princípio da insignificância.

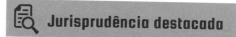

(...) No caso dos autos, o paciente foi denunciado, tendo sido acusado de pescar em período defeso, entretanto foi abordado pelos fiscais apenas com a "linha de mão", sem nenhuma espécime da fauna aquática, conduta que não causou perturbação no ecossistema a ponto de reclamar a incidência do Direito Penal, imperioso, portanto, o reconhecimento da atipicidade da conduta perpetrada, sendo o recorrente tecnicamente primário (RHC nº 58.247/RR, 5ª Turma, Rel. Min. Jorge Mussi, j. 17.03.2016, DJe 30.03.2016).

Nesse diapasão, o STJ já deixou de aplicar o referido princípio a agentes que estavam pescando em época e com petrechos proibidos, considerando a potencialidade que esses **têm de causar danos ambientais relevantes, representando risco para a reprodução das espécies**.[37]

---

[34] STJ, AgRg no Ag em REsp nº 1.674.306, 6ª Turma, Rel. Min. Nefi Cordeiro, j. 30.06.2020.
[35] STJ, AgRg no REsp nº 1.898.367, 6ª Turma, Rel. Min. Felix Fischer, j. 09.12.2020.
[36] STJ, RHC nº 115.605, 5ª Turma, Rel. Min. Ribeiro Dantas, j. 14.10.2020.
[37] RHC nº 118.130/RS, 6ª Turma, j. 12.11.2019; STJ, AgRg no REsp nº 1.888.707, 5ª Turma, Rel. Min. Ribeiro Dantas, j. 20.10.2020.

9. **Não se aplica ao crime de Moeda Falsa**, pois nele o bem jurídico tutelado é a fé pública, ou seja, a convicção geral na autenticidade e valor dos documentos e atos prescritos para as relações coletivas (MASSON, 2019b, p. 34), **não importando o valor da moeda**.[38]

   É interessante salientar que o STJ já entendeu que, com relação ao crime de moeda falsa, pode ser aplicado o princípio quando se tratar de falsificação grosseira, desde que, obviamente, de pequena monta o valor apreendido, porquanto inábil a ludibriar terceiros.[39]

10. **Não se aplica ao crime de falsidade documental**, que, tal qual ocorre com a falsidade de moeda, tem por objetividade jurídica a tutela da fé pública.

11. **Não se aplica aos crimes relacionados à Lei de Drogas** (Lei nº 11.343/2006), inclusive o crime de droga para consumo pessoal (art. 28), por se tratar de crimes de perigo abstrato contra a saúde pública.[40]

    Atualmente, porém, devem ser destacadas decisões do STF em que a Corte admite a aplicação do princípio da insignificância para o crime de porte de droga para consumo pessoal,[41] e mesmo para o tráfico, tal qual se deu nos autos do HC nº 127.573, em que o Min. Gilmar Mendes, relator, destacou que a razão para a recusa da aplicação do princípio da insignificância em crimes de tráfico de entorpecentes está muito mais ligada a uma decisão político-criminal arbitrária do que propriamente a uma impossibilidade dogmática, reconhecendo, pois, a atipicidade comportamental de uma mulher que fora condenada à pena de 6 (seis) anos, 9 (nove) meses e 20 (vinte) dias de reclusão, a ser cumprida em regime inicialmente fechado, pela posse de 1g (um grama) de maconha, não tendo havido indícios de que a paciente teria anteriormente comercializado maior quantidade de droga.

---

[38] AgRg no REsp nº 1.395.016/SC, 6ª Turma, Rel. Min. Rogerio Schietti Cruz, j. 16.05.2017, *DJe* 24.05.2017.

[39] AgRg no REsp nº 1.026.522, 5ª Turma, Rel. Min. Napoleão Nunes Maia Filho, j. 19.08.2008, *DJe* 08.09.2008; STJ, AgRg no REsp nº 1.026.522/CE 2008/0019598-7.

[40] HC nº 461.377/PR, 5ª Turma, Rel. Min. Ribeiro Dantas, j. 13.11.2018, *DJe* 22.11.2018; EDcl no HC nº 463.656/SP, 6ª Turma, Rel. Ministro Nefi Cordeiro, j. 04.10.2018, *DJe* 24.10.2018; AgRg no HC nº 387.874/MS, 6ª Turma, Rel. Min. Rogerio Schietti Cruz, j. 03.08.2017, *DJe* 10.08.2017; HC nº 386.093/SP, 5ª Turma, Rel. Min. Reynaldo Soares da Fonseca, j. 20.04.2017, *DJe* 27.04.2017; HC nº 377.737/MS, 5ª Turma, Rel. Min. Felix Fischer, j. 16.02.2017, *DJe* 16.03.2017; AgRg no REsp nº 1.578.209/SC, 6ª Turma, Rel. Min. Maria Thereza de Assis Moura, j. 07.06.2016, *DJe* 27.06.2016.

[41] STF, AgRg no HC nº 202.883, 2ª Turma, Rel. Min. Ricardo Lewandowski, Rel. p/ acórdão Min. Gilmar Mendes, j. 15.09.2021. Ressalte-se que o relator original, Min. Ricardo Lewandowski, em seu voto havia se manifestado pela não aplicação do princípio da insignificância aos crimes de porte ou tráfico de drogas. Destacou o ministro que o legislador, ao editar a Lei nº 11.343/2006, optou por abrandar as sanções cominadas ao simples usuário, afastando a possibilidade de aplicação de penas privativas de liberdade e prevendo somente penas de advertência, de prestação de serviços à comunidade e de medida educativa de comparecimento a programa ou curso educativo, com a clara intenção, ao atenuar as reprimendas, de impor ao usuário medidas de caráter educativo, objetivando alertá-lo do risco de sua conduta para a própria saúde, além de evitar a reiteração do delito.

> **Decifrando a prova**
>
> **(2021 – FAPEC – PC/MS – Delegado de Polícia – Adaptada)** Sobre as hipóteses de aplicação do princípio da insignificância pelas Cortes Superiores, não existe nenhum precedente, nem do STJ, nem do STF, aplicando o princípio da insignificância ao crime de porte de drogas para consumo pessoal (art. 28 da Lei nº 11.343/2006), visto tratar-se de delito de perigo presumido ou abstrato e a pequena quantidade de droga faz parte da própria essência do delito em questão.
> ( ) Certo    ( ) Errado
> **Gabarito comentado:** conforme se depreende dos julgados colacionados, a assertiva está errada.

12. O princípio da insignificância é **inaplicável** ao crime **de estelionato quando cometido contra a administração pública, uma vez que** a **conduta ofende o patrimônio público,** a **moral administrativa** e a fé pública, **possuindo elevado grau de reprovabilidade.**[42]
13. **Não se aplica aos crimes militares.** No Direito Penal Militar, "existe uma proteção precipuamente à administração militar e aos princípios basilares da hierarquia e disciplina, tratando de um conjunto de normas que definem os crimes contra a ordem jurídica militar" (ASSIS, 2017). Neste sentido, também se manifesta o STF.[43]
14. **Evasão de divisas**, crime descrito no art. 22 da Lei nº 7.492, de 1986, **não** admite, na esteira da jurisprudência do STJ, a aplicação do princípio da insignificância.[44]
15. Com relação ao crime descrito no art. 183 da Lei nº 9.472/1997, podemos perceber uma flagrante divergência entre o posicionamento do STF, que entende possível a aplicação do princípio da insignificância,[45] e do STJ, que entende inaplicável o princípio, na medida em que a instalação e a utilização de aparelhagem em desacordo com as exigências legais, ou de forma clandestina, sem a observância dos padrões técnicos estabelecidos em normas nacionais, por si sós, inviabilizam o **controle do espectro radioelétrico** e podem causar sérias interferências prejudiciais

---

[42] RHC nº 56.754/RS, Rel. Min. Nefi Cordeiro, j. 03.05.2016, DJe 12.05.2016; RHC nº 61.931/RS, 5ª Turma, Rel. Min. Gurgel de Faria, j. 15.12.2015, DJe 15.02.2016; AgRg no AREsp nº 627.891/RN, 5ª Turma, Rel. Min. Jorge Mussi, j. 17.11.2015, DJe 25.11.2015; RHC nº 55.646/RS, 5ª Turma, Rel. Min. Newton Trisotto (Desembargador Convocado do TJ/SC), j. 1º.09.2015, DJe 09.09.2015; EDcl no AgRg no REsp nº 1.335.363/ES, 5ª Turma, Rel. Min. Leopoldo de Arruda Raposo (Desembargador Convocado do TJ/PE), j. 20.08.2015, DJe 1º.09.2015; AgRg no AREsp nº 682.583/SP, 5ª Turma, Rel. Min. Reynaldo Soares da Fonseca, j. 20.08.2015, DJe 28.08.2015.
[43] HC nº 120.812, 2ª Turma, Rel. Min. Cármen Lúcia, j. 11.03.2014, DJe 20.03.2014.
[44] REsp nº 1.535.956/RS, 6ª Turma, Rel. Min. Maria Thereza de Assis Moura, j. 1º.03.2016, DJe 09.03.2016.
[45] STF, HC nº 185.355, Rel. Min. Gilmar Mendes, decisão monocrática de 27.09.2021; STF, AgRg no HC nº 165.577, 2ª Turma, Rel. Min. Gilmar Mendes, Rel. p/ acórdão Min. Edson Fachin, j. 08.09.2021; STF, AgRg no HC nº 161.483, 2ª Turma, Rel. Min. Edson Fachin, j. 07.12.2020.

em serviços de telecomunicações regularmente instalados (polícia, ambulâncias, bombeiros, navegação aérea, embarcações, bem como receptores domésticos – TVs e rádios – adjacentes à emissora), pelo aparecimento de frequências espúrias. Por conseguinte, além de presumida a ofensividade da conduta por lei, inquestionável a alta periculosidade social da ação.[46]

16. **Apreensão de única munição e princípio da insignificância.** Os delitos previstos no Estatuto do Desarmamento são crimes de mera conduta, sendo suficiente a prática de alguma das condutas previstas no tipo penal para a sua configuração, sendo prescindível a demonstração de lesão ou dano. Contudo, o STJ admite a aplicação do princípio da insignificância quando evidenciada flagrante desproporcionalidade da resposta penal, como nas hipóteses em que apreendida uma única munição de calibre .38, sem nenhum armamento ou dispositivo apto a deflagrar o projétil.[47]

17. **Furto contra pessoa idosa.** O STJ tem afastado o princípio bagatelar na hipótese, por implicar maior reprovabilidade da conduta.[48]

### 5.9.1 Os vetores para aplicação do princípio

Em qualquer hipótese, o STF tem fixado **vetores (cumulativos)** para a aplicação do princípio em referência, que podem ser memorizados por meio da sigla **MARI**:

- Mínima ofensividade da conduta do agente.
- Ausência de periculosidade social da ação.
- Reduzido grau de reprovabilidade do comportamento.
- Inexpressividade da lesão jurídica provocada.

O STJ entende não ser possível apreciação do cabimento, ou não, do princípio da insignificância se a matéria não foi enfrentada pelo tribunal *a quo*.

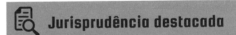 **Jurisprudência destacada**

(...) 2. A tese de incidência do princípio da insignificância não foi apreciada pelo Tribunal *a quo*, de modo que não pode ser conhecida originariamente por este Superior Tribunal de Justiça, sob pena de supressão de instância (AgRg no HC nº 698.636/SP, 6ª Turma, Rel. Min. Laurita Vaz, j. 19.10.2021, *DJe* 25.10.2021).

---

[46] STJ, AgRg no Ag em REsp nº 1.691.564, 5ª Turma, Rel. Min. Ribeiro Dantas, j. 18.08.2020; STJ, AgRg no Ag em REsp nº 1.691.564, 5ª Turma, Rel. Min. Ribeiro Dantas, j. 18.08.2020.
[47] STJ, AgRg no REsp nº 1.895.527, 6ª Turma, Rel. Min. Nefi Cordeiro, j. 09.03.2021.
[48] STJ, AgRg no HC nº 628.943/SC 2020/0311497-1, Rel. Min. Antonio Saldanha Palheiro, j. 02.02.2021, 6ª Turma, *Dje* 09.02.2021; STJ, AgRG no REsp nº 1.893.573, 6ª Turma, Rel. Min. Nefi Cordeiro, j. 03.11.2020.

O STF já entendeu que o porte econômico da vítima em comparação ao valor da coisa furtada não pode ser considerado para aferir a incidência da causa supralegal de atipicidade consistente na insignificância.[49]

## 5.9.2 Insignificância × reincidência e habitualidade criminosa

Se considerarmos os vetores trazidos pelo STF para aplicação do princípio da insignificância, forçoso seria concluir, a nosso sentir, pela inaplicabilidade do princípio da insignificância aqueles que fazem do crime o seu meio de vida, ou seja, o criminoso habitual.

A jurisprudência do STF é, contudo, bastante vacilante quanto ao tema e, embora já tenha afastado o princípio da insignificância para o criminoso habitual,[50] certo é que também já aceitou a sua aplicação,[51] em razão da mínima lesividade, ausência de dano efetivo ou potencial ao patrimônio da vítima independente da reiteração criminosa do paciente. Caberia questionar se o princípio é aplicável ao reincidente.

O STF, embora tenha aplicado o princípio para hipótese de reincidente genérico (ou seja, aquele que cometeu crime após condenação irrecorrível por crime de natureza distinta), já asseverou não ser cabível sua aplicação na hipótese de reincidência específica.[52,53] A Corte, assim, vinha adotando postura mais restritiva com relação a reincidentes, tal qual ocorrido por ocasião do julgamento de uma mulher, denunciada pela prática do furto de produtos avaliados em R$ 40,00, a quem se negou aplicação do princípio da insignificância por se tratar de pessoas multirreincidente e de maus antecedentes.[54]

Contudo, o que se pode concluir da análise de julgados mais recentes é que se tem aplicado o princípio da insignificância para reincidentes de forma bem mais ampla, contemplando-os com o reconhecimento da atipicidade comportamental.

---

[49] STF, AgRg no RHC nº 203.051, 1ª Turma, Rel. Min. Alexandre de Moraes, j. 30.08.2021.
[50] HC nº 100.223, 1ª Turma, Rel. Min. Marco Aurélio, j. 20.11.2012, Data de Publicação: 26.02.2013; HC nº 330.156/SC, 5ª Turma, Rel. Min. Jorge Mussi, j. 03.11.2015, DJe 10.11.2015; AgRg no AREsp nº 697.524/MS, Rel. Min. Sebastião Reis Júnior, j. 13.10.2015, DJe 05.11.2015; HC nº 332.416/SP, 5ª Turma, Rel. Min. Reynaldo Soares da Fonseca, j. 13.10.2015, DJe 19.10.2015; HC nº 325.703/SC, 5ª Turma, Rel. Min. Felix Fischer, j. 15.09.2015, DJe 1º.10.2015; HC nº 292.824/SP, 5ª Turma, Rel. Min. Gurgel de Faria, j. 30.06.2015, DJe 05.08.2015.
[51] STF, RHC nº 205.911, Rel. Min. Rosa Weber, decisão monocrática de 1º.09.2021.
[52] HC nº 126.866, 2ª Turma, Rel. Min. Gilmar Mendes, j. 02.06.2015, DJe-119 19.06.2015, Data de publicação: 22.06.2015; STF, HC nº 192.744, 1ª Turma, Rel. Min. Dias Toffoli, j. 29.03.2021.
[53] Exemplo de reincidência genérica: José, após ter sido condenado irrecorrivelmente pela prática de furto, pratica crime de lesão corporal. A reincidência específica, a seu turno, se dará quando o agente, depois de ter sido condenado irrecorrivelmente pela prática de um crime, pratica outro do mesmo gênero do anterior. Exemplo de reincidência específica: após sofrer condenação irrecorrível pela prática de furto, André pratica outro crime patrimonial, ainda que distinto do furto.
[54] STF, HC nº 187886/SP 0097006-20.2020.1.00.0000, 1ª Turma, Rel. Roberto Barroso, j. 31.08.2020, Data de Publicação: 23.09.2020.

Chamam atenção os fundamentos levantados pelo Min. Gilmar Mendes com relação ao tema, reputando mais coerente a linha de entendimento segundo a qual, para incidência do princípio da bagatela, devem ser analisadas as circunstâncias objetivas em que se deu a prática delituosa e não os atributos inerentes ao agente, sob pena de, ao proceder-se à análise subjetiva, dar-se prioridade ao contestado e ultrapassado Direito Penal do autor em detrimento do Direito Penal do fato.[55] Segundo o ministro, que destaca a correção do Plenário da Corte ao aceitar a aplicação do princípio para o reincidente, por ser o princípio da insignificância excludente da tipicidade, seria irrelevante a análise da ficha de antecedentes criminais para seu reconhecimento e compara a atitude do magistrado que se atém à folha de antecedentes para reconhecer, ou não, a bagatela à conduta de um outro que, para apurar se o réu agiu em legítima defesa, mandasse juntar aos autos folha de antecedentes criminais, a fim de saber se ele é primário ou reincidente. Conclui o Ministro, assim, que para o reconhecimento de causa de exclusão de tipicidade ou ilicitude, são irrelevantes, em tese, os dados relacionados ao passado do agente, e assim também deverá ser com relação à aplicação do princípio da insignificância.[56]

No STJ, o entendimento é que a reiteração criminosa, em regra, inviabiliza a aplicação do princípio bagatelar, que, entretanto, não será desconsiderada pelo magistrado se, diante das peculiaridades de um caso concreto, entender que a medida se mostra recomendável.

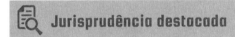 **Jurisprudência destacada**

(...) 2. A 3ª Seção desta Corte, no julgamento do EREsp nº 221.999/RS, *DJe* 10.12.2015, estabeleceu que a reiteração criminosa inviabiliza a aplicação do princípio da insignificância, ressalvada a possibilidade de, no caso concreto, a verificação que a medida é socialmente recomendável. 3. Na hipótese em análise, trata-se de situação que não atrai a incidência excepcional do princípio da insignificância, uma vez que, apesar de o valor da *res furtiva* não superar o percentual de 10% do salário mínimo vigente à época dos fatos (três metros de fios de cobre da rede de energia elétrica avaliados em R$ 41,00), o acusado possui maus antecedentes e é reincidente na prática de crime doloso contra o patrimônio, em específico, no crime de furto, conforme consta das Certidões de Antecedentes Criminais acostadas aos autos, o que afasta o reduzido grau de reprovabilidade da conduta, não sendo possível do princípio da bagatela, demonstrando a reprovabilidade da conduta. (...) 5. Agravo regimental não provido (AgRg no AREsp nº 1.955.366/TO, 5ª Turma, Rel. Min. Reynaldo Soares da Fonseca, j. 07.12.2021, *DJe* 13.12.2021).

---

[55] STF, HC nº 205.232, Rel. Min. Gilmar Mendes, decisão monocrática de 25.08.2021.
[56] STF, HC nº 205.986, Rel. Min. Gilmar Mendes, decisão monocrática de 1º.09.2021.

Verifica-se da jurisprudência do STJ, portanto, que, embora a regra seja a do descabimento da aplicação do princípio da insignificância para os reincidentes, será possível aplicá-lo quando a solução se mostrar recomendável.[57]

De nossa parte, ousamos discordar veementemente da aplicação do princípio da insignificância para quem faz do crime seu modo de vida ou mesmo para o reincidente específico. Como ressaltado pela 6ª Turma do STJ:

> A reincidência ou reiteração delitiva é elemento histórico objetivo, e não subjetivo, ao contrário do que o vocábulo possa sugerir. Isso porque não se avalia o agente (o que poderia resvalar em um Direito Penal do autor), mas, diferentemente, analisa-se, de maneira objetiva, o histórico penal do indivíduo (...).

Essa análise, portanto, não se traduz no exame do indivíduo em si ou no que ele representa para a sociedade como pessoa, mas nas consequências reais, concretas e objetivas, extraídas de seu comportamento histórico avesso ao direito e na perspectiva, apoiada em tais evidências, de recidiva de tal comportamento. Sob pena de violação do princípio da isonomia, o indivíduo que furta uma vez não pode ser igualado ao que furta habitualmente, escorando-se este, conscientemente, na impunidade.[58]

Com relação à continuidade delitiva o STF entende que não obsta, em tese, a aplicação do princípio da insignificância,[59] e o valor a ser considerado para fins de concessão do privilégio (art. 155, § 2º, do CP) ou do reconhecimento da insignificância **é a soma dos bens subtraídos**.[60]

> **Art. 155.** Subtrair, para si ou para outrem, coisa alheia móvel:
>
> **Pena** – reclusão, de um a quatro anos, e multa. (...)
>
> **§ 2º** Se o criminoso é primário, e é de pequeno valor a coisa furtada, o juiz pode substituir a pena de reclusão pela de detenção, diminuí-la de um a dois terços, ou aplicar somente a pena de multa.

---

[57] Por essa razão, nos autos do HC nº 612.472, 6ª Turma, Rel. Min. Nefi Cordeiro, j. 07.12.2020, a Corte reconheceu a possibilidade de aplicação do princípio da insignificância, mesmo se tratando de reincidente o réu pela prática de crimes de estelionato, em hipótese de furto de itens de limpeza e de gêneros alimentícios em que foram subtraídos dois pacotes de bolacha, 1 kg de carne, um pacote de caldo de carne, 1 kg de feijão e um pacote de sabão em pó, restituídos à vítima, após abordagem de funcionário do estabelecimento comercial. Na época, o montante era equivalente a 3,94% do salário mínimo vigente, entendendo o STJ não estar justificada tão gravosa resposta penal do Estado.

[58] STF, HC nº 205.986, Rel. Min. Gilmar Mendes, decisão monocrática de 1º.09.2021.

[59] RHC nº 187.935, Rel. Min. Edson Fachin, decisão monocrática de 13.07.2020.

[60] AgRg no AREsp nº 712.222/MG, 5ª Turma, Rel. Min. Reynaldo Soares da Fonseca, j. 03.11.2015, *DJe* 09.11.2015; HC nº 260.814/MG, Rel. Min. Nefi Cordeiro, j. 22.09.2015, *DJe* 19.10.2015; AgRg no AREsp nº 653.257/MG, 5ª Turma, Rel. Min. Gurgel de Faria, j. 30.06.2015, *DJe* 04.08.2015.

### 5.9.3 Insignificância e atos infracionais

Cabendo a aplicação do princípio da insignificância para afastar a tipicidade de uma determinada conduta, por razões muito maiores o princípio deve ser usado para os atos infracionais correspondentes, pois praticados por menores de 18 anos, inimputáveis e que, assim, não podem sofrer as sanções típicas do Direito Penal.

### 5.9.4 O princípio bagatelar impróprio

Não se pode confundir a bagatela própria, aplicando-se o princípio da insignificância, com a denominada bagatela imprópria. Se na bagatela própria existe uma irrelevância penal pela ausência da tipicidade material, na bagatela imprópria a conduta é penalmente relevante, mas o julgador, ao fazer a análise da hipótese concreta, não aplicará a pena correspondente por entendê-la desnecessária, sendo recomendável o seu afastamento. Assim, imaginemos um sujeito que, muitos anos depois de ter praticado um furto ainda não prescrito, venha a ser condenado e que, no momento de sua condenação, esteja arrependido, trabalhando licitamente, tenha constituído família etc. Nesse caso, aplicando-se a bagatela imprópria, o juiz deveria afastar a pena, que em nada contribuiria para a sociedade. Ao contrário, mostrar-se-ia prejudicial para o próprio corpo social, que presenciaria o desmantelamento da família de alguém já perfeitamente reajustado socialmente.

O cabimento da bagatela imprópria não é majoritário, tampouco pacífico no Direito Penal brasileiro.

### 5.9.5 A aplicação do princípio da bagatela pelo Delegado de Polícia

Considerando-se que o princípio da insignificância afasta a tipicidade da conduta, entendemos **que pode ser aplicado pela autoridade de polícia** que, assim, não estará obrigada a lavrar auto de prisão em flagrante quando se tratar de hipótese em que flagrantemente se aplica o princípio.

Ressaltamos, contudo, o entendimento de que a autoridade policial deverá documentar o ocorrido, encaminhando os autos respectivos para o Ministério Público, que, titular da ação penal, formará a *opinio delicti*.

## 5.10 PRINCÍPIO DA ADEQUAÇÃO SOCIAL

Pelo princípio em estudo, concebido por Welzel, entende-se que não são típicas condutas consideradas adequadas por um determinado grupo social, tal qual demonstra sua vida historicamente condicionada. Cuida-se de vetor geral de hermenêutica, servindo como base para interpretação.

Cumpre destacar que o próprio Welzel vacilou quanto aos efeitos do princípio da adequação social (BITENCOURT, 2019), ora reconhecendo que se tratava de hipótese que afastaria a tipicidade, ora entendendo que se tratava de hipótese de afastamento da ilicitude.

Atualmente, cuida-se de princípio que a doutrina e a jurisprudência, de forma amplamente majoritária, tratam como **excludente da tipicidade penal**, por afastar atipicidade material.

Não deve ser confundido com leniência ou indulgência. Ser algo corriqueiro, comum, não significa, em absoluto, ser socialmente adequado. Nesse sentido, poderíamos destacar a conduta de portar droga para consumo pessoal, que aceita e mesmo defendida por alguns segmentos da sociedade brasileira, não pode ser considerada socialmente adequada. O mesmo se diga da venda de produtos pirateados, algo muito comum em nosso país, e atividade muitas vezes desenvolvida em espaços públicos.[61] Nesse sentido, há, inclusive, entendimento sumulado do STJ:

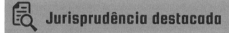

**Súmula nº 502, STJ.** Presentes a materialidade e a autoria, afigura-se típica, em relação ao crime previsto no art. 184, § 2º, do CP, a conduta de expor à venda CDs e DVDs piratas.

No crime de descaminho, igualmente se descartou a possibilidade de utilização do princípio.[62]

Quanto ao tema, vale a citação de um julgado do STJ quanto à posse e ao porte por delegado de polícia, de arma de fogo sem registro. Afastando a alegação de que a condição de Delegado de Polícia autorizaria a posse e o porte das armas, ressaltando que essa autorização deve ser complementada com a necessidade do cumprimento das formalidades legais previstas na Lei nº 10.826/2003, a Corte firmou não ser possível a aplicação do princípio da adequação social porque, mesmo na condição de Delegado de Polícia, possuir armas de fogo e munições, de uso permitido, sem registro no órgão competente e que somente são descobertas após cumprimento de mandado judicial de busca e apreensão não é uma conduta socialmente tolerável e adequada no plano normativo penal.[63]

Também já asseverou a Corte que não há que se falar em aplicação do princípio da adequação social na hipótese de estupro de vulnerável, por entender que a tentativa de não conferir o necessário relevo à prática de relações sexuais entre casais em que uma das partes (em regra a mulher) é menor de 14 anos, com respaldo nos costumes sociais ou na tradição local, tem raízes em uma cultura sexista.[64]

Sendo aplicável o princípio da adequação social, resta afastada a tipicidade material, e a conduta será penalmente irrelevante, atípica.

---

[61] AgRg no AREsp nº 1.043.241/SP, 5ª Turma, Rel. Min. Felix Fischer, j. 20.04.2017, DJe 10.05.2017.
[62] HC nº 45.153/SC, 6ª Turma, Rel. Min. Maria Thereza de Assis Moura, j. 30.10.2007, DJe 26.11.2007.
[63] RHC nº 70.141/RJ, Rel. Min. Rogerio Schietti Cruz, por unanimidade, j. 07.02.2017, DJe 16.02.2017.
[64] REsp nº 1.480.881/PI, 3ª Seção, Rel. Min. Rogerio Schietti Cruz, j. 26.08.2015, DJe 10.09.2015.

Necessário observarmos que nem toda conduta socialmente adequada pode ser considerada atípica, consoante veremos a seguir.

Tomemos como base as seguintes condutas:

- **jogo do bicho;**
- **furar orelha da criança ao nascer;**
- **circuncisão do menino judeu.**

As condutas citadas são socialmente adequadas, mas será que podemos dizer que todas são atípicas, pela incidência do princípio da adequação social? A resposta negativa se impõe.

O princípio da adequação social tem três funções, a saber:

1. **Nortear o legislador**, para que não incrimine condutas socialmente adequadas. Assim, na hipótese de edição de um novo CP, não seria tipificada a conduta de vender material pornográfico envolvendo pessoas maiores e capazes, conduta socialmente adequada nos dias atuais. Assim, não repetiria o tipo trazido pelo art. 234 do CP.
2. Levar o legislador à revogação de normas penais incriminadoras que, elaboradas em outra época, em que havia outros valores, hoje não mais guardam relevância, porque adequadas socialmente. Mais uma vez, o princípio serviria como um norte, uma inspiração, **um vetor de atuação do Poder Legislativo**, que elaboraria leis retirando do ordenamento jurídico, por exemplo, contravenções como o jogo do bicho e crimes como o descrito no próprio art. 234 citado. Afinal, se não há sentido na formulação de tipos penais que incriminem condutas socialmente adequadas, igualmente não há sentido qualquer na manutenção de tipos penais que as descrevam como penalmente relevantes. Observe que, tanto neste item quanto no anterior, o princípio se dirige ao legislador e não ao intérprete. Nesse diapasão, se, embora socialmente adequada, a conduta continua prevista como criminosa ou contravencional no ordenamento jurídico, sem que o legislador a tenha afastado, o intérprete não poderá afastar a sua aplicação. Afinal, por força da reserva legal, o crime sempre estará previsto em lei, que não pode ser revogada por costumes.
3. **Limitar o âmbito de incidência da norma penal incriminadora**, que não será aplicada às condutas consideradas socialmente adequadas. Importante frisarmos que, nesse caso, o princípio não terá revogado a norma, que incidirá sobre várias outras condutas que correspondam à sua descrição e que não sejam socialmente adequadas. Imaginemos, por exemplo, a norma do art. 129 do CP, que descreve o crime de lesão corporal. No tipo penal, cabem várias hipóteses de comportamentos que provoquem ofensa à integridade física e à saúde de alguém. Dentre elas, serão identificadas lesões que a sociedade tem como adequadas e outras tantas que assim não são consideradas. Pela incidência do princípio da adequação social são atípicas, por exemplo, as lesões provocadas por rabino que realize a circuncisão em menino judeu e pela mãe que fure a orelha da criança, porque adequadas socialmente. Isso não significa, porém, que tenha sido revogada a norma do art. 129 do CP, que, assim, embora não se aplique às condutas da mãe e do rabino, será usada para todas as outras lesões não adequadas socialmente. Como sinalizado no item anterior, não

será possível invocar o princípio, contudo, se a hipótese de sua utilização acabar por fulminar a própria norma, tal qual aconteceria se fosse usado para afastar a tipicidade da conduta de quem pratica o denominado jogo do bicho e de quem explora casa de prostituição.

## 5.11 PRINCÍPIO DA PROPORCIONALIDADE

Também conhecido como **princípio da razoabilidade**. Destina-se não apenas ao legislador, mas também ao juiz e à administração pública. Cuida-se de importante princípio constitucional que limita a atuação e a discricionariedade dos poderes públicos (CUNHA JÚNIOR, 2009, p. 50).

No que tange à sua destinação ao legislador, o princípio, que aqui se denominará proporcionalidade abstrata ou legislativa, recomendará que não se criem tipos desnecessários (vedação ao excesso), proibindo, ainda, penas demasiadamente severas e igualmente desnecessárias.

Por outro lado a proporcionalidade, igualmente veda a proteção deficiente de bens jurídicos que, caros à sociedade, não poderão deixar de ser protegidos e não poderão ter respostas penais "aquém de seu efetivo merecimento".

Por essa razão, alterações legislativas trazidas pela Lei nº 13.964, de 2019, fizeram incluir entre os crimes hediondos, dentre outros, o de sequestro relâmpago qualificado pela morte (art. 158, § 3º, do CP), e o crime de organização criminosa que se destina à prática de crimes hediondos e equiparados. Acrescam-se outras mudanças nesse sentido havidas na legislação brasileira quanto ao crime de corrupção, cuja pena foi aumentada no ano de 2003, quando também se passou a exigir reparação do dano ao erário público como requisito para a progressão no regime para condenados pela prática de crime contra a administração.

> Art. 317. Solicitar ou receber, para si ou para outrem, direta ou indiretamente, ainda que fora da função ou antes de assumi-la, mas em razão dela, vantagem indevida, ou aceitar promessa de tal vantagem:
> **Pena** – reclusão, de 2 (dois) a 12 (doze) anos, e multa.
>
> Art. 33. (...)
> § 4º O condenado por crime contra a administração pública terá a progressão de regime do cumprimento da pena condicionada à reparação do dano que causou, ou a devolução do produto do ilícito praticado, com os acréscimos legais.
>
> Art. 158. Constranger alguém, mediante violência ou grave ameaça, e com o intuito de obter para si ou para outrem indevida vantagem econômica, a fazer, tolerar que se faça ou deixar de fazer alguma coisa: (...)
> § 3º Se o crime é cometido mediante a restrição da liberdade da vítima, e essa condição é necessária para a obtenção da vantagem econômica, a pena é de reclusão, de 6 (seis) a 12 (doze) anos, além da multa; se resulta lesão corporal grave ou morte, aplicam-se as penas previstas no art. 159, §§ 2º e 3º, respectivamente.

Quando destinado ao juiz (proporcionalidade concreta), determina que a pena seja aplicada de acordo com as especificidades da hipótese que se analisa, individualizada e a ele adequada.

Sob a ótica da proporcionalidade executória, dirigirá-se ao Estado administração, encarregado da execução das penas, "vedando que a Administração Pública aja com excesso ou valendo-se de atos inúteis, desvantajosos, desarrazoados e desproporcionais" (CUNHA JÚNIOR, 2009, p. 50).

## 5.12 PRINCÍPIO DA RESPONSABILIDADE PESSOAL

Também denominado **princípio da pessoalidade ou da intranscendência da pena**, segundo a qual somente o condenado poderá ser responsabilizado pela infração praticada, não podendo a pena passar de sua pessoa.

O princípio em referência não se aplica somente às penas privativas de liberdade, mas também à pena de multa. Por isso, tendo sido a pessoa condenada pela prática de um crime ao qual se comine pena de multa, o valor respectivo não poderá ser exigido de seus herdeiros, sob pena de estarmos violando o princípio em estudo, consagrado pela Constituição.

> **Art. 5º** (...)
> XLV – nenhuma pena passará da pessoa do condenado, podendo a obrigação de reparar o dano e a decretação do perdimento de bens ser, nos termos da lei, estendidas aos sucessores e contra eles executadas, até o limite do valor do patrimônio transferido.

A pena de multa, desde o ano de 1996, depois do trânsito em julgado, nos termos do art. 51 do CP, será considerada dívida de valor, com a impossibilidade de sua conversão em pena privativa de liberdade. Todavia, não perdeu sua natureza jurídica de pena.

Assim, somente será cobrada do autor do crime, até porque, nos termos do art. 107, I, do CP, a morte do agente é causa extintiva de punibilidade, e a cobrança da pena, uma vez extinta a punibilidade, não poderá ser levada a efeito.

> **Art. 51.** Transitada em julgado a sentença condenatória, a multa será executada perante o juiz da execução penal e será considerada dívida de valor, aplicáveis as normas relativas à dívida ativa da Fazenda Pública, inclusive no que concerne às causas interruptivas e suspensivas da prescrição.

> **Art. 107.** Extingue-se a punibilidade:
> I – pela morte do agente; (...)

Com relação à pena de perda de bens e valores, uma das modalidades de penas restritivas de direitos, nos termos do art. 43 do CP, a própria Constituição, no art. 5º, permite que seja estendida aos sucessores e contra eles executada, até o limite do valor do patrimônio transferido.

> **Art. 43.** As penas restritivas de direitos são: (...)
> II – perda de bens e valores; (...)

# 6 Classificação das infrações penais

Neste capítulo, traremos várias definições de crimes que serão usadas ao longo da obra e que são, invariavelmente, objeto de muitas questões de prova.

## 6.1 CRIMES OMISSIVOS × CRIMES COMISSIVOS

Crimes omissivos são aqueles praticados por meio de uma inação, correspondendo a comportamento passivo (SANTOS, 2002). Crimes comissivos são aqueles praticados por meio de um comportamento ativo, ou seja, mediante ação.

## 6.2 CRIME DE CONDUTA MISTA

São aqueles praticados por uma **ação, seguida de uma omissão, sendo necessário ambos os comportamentos** para a sua caracterização. Ex.: o crime descrito no art. 169, II, do CP (apropriação de coisa achada) em que o agente se apropria do bem achado (conduta comissiva) e, após, deixa de restituí-la no prazo legal (conduta omissiva).

> Art. 169. Apropriar-se alguém de coisa alheia vinda ao seu poder por erro, caso fortuito ou força da natureza; (...)
>
> II – quem acha coisa alheia perdida e dela se apropria, total ou parcialmente, deixando de restituí-la ao dono ou legítimo possuidor ou de entregá-la à autoridade competente, dentro no prazo de quinze dias.

## 6.3 CRIME DE ESQUECIMENTO OU DE OLVIDO

Olvidar significa esquecer. O crime de olvido é aquele em que o agente, por esquecimento, sem nenhuma representação do resultado, deixa de realizar uma conduta e, por isso, um resultado típico não desejado e não previsto acaba por ocorrer. Trata-se de uma modalidade de crime omissivo culposo. Como lecionam Zaffaroni e Pierangeli (2004, p. 519), são condutas típicas omissivas culposas sem representação (ou omissão culposa inconsciente).

Portocarrero e Palermo (2020, p. 270) citam como exemplo de crime de olvido ou esquecimento aquele trazido pelo art. 13, *caput*, da Lei nº 10.826, de 2003, qual seja, o de omissão de cautela na guarda da arma de fogo pelo proprietário ou possuidor para impedir que criança ou adolescente a ela tenha acesso.

## 6.4 CRIMES OMISSIVOS PRÓPRIOS × CRIMES OMISSIVOS IMPRÓPRIOS (OU COMISSIVOS POR OMISSÃO)

Crimes omissivos próprios são aqueles em que o agente, ao violar o dever de agir, responde meramente pela omissão. Neles, o dever de agir imposto pela norma é um dever geral.

Crimes omissivos impróprios são aqueles em que o agente, por ter uma especial relação com a vítima ou com a situação geradora do perigo, tem dever de agir para impedir resultados, consoante determinado pela norma legal. Caso não atue e o resultado ocorra, a responsabilização se dará pelo resultado, não pela mera omissão. São também denominados crimes comissivos por omissão ou espúrios ou omissivos promíscuos.

## 6.5 CRIMES OMISSIVOS POR COMISSÃO

São aqueles em que o agente, por meio de uma ação, provoca uma omissão, tal qual se daria se alguém impedisse que outra pessoa realizasse uma ação salvadora que podia e queria realizar em benefício de um terceiro. Ex.: ao ver um náufrago em perigo, ocupante de uma embarcação que por ali passa logo após o acidente manifesta desejo de salvá-lo, sendo impedido pelo capitão da embarcação.

Essa classificação não é aceita pela doutrina amplamente majoritária, à qual nos filiamos. Aqui, trazemos a lição de Joppert (2011, p. 157), que destaca seu equívoco, pois, no exemplo mencionado, o que se tem é um crime comissivo por omissão ou omissivo impróprio. Afinal, ao não permitir que se realize a ação salvadora, o agente está agravando situação de perigo enfrentada pela vítima e, portanto, tornando-se garantidor, nos termos do art. 13, § 2º, *c*, do CP.

> Art. 13. O resultado, de que depende a existência do crime, somente é imputável a quem lhe deu causa. Considera-se causa a ação ou omissão sem a qual o resultado não teria ocorrido (...).
>
> § 2º A omissão é penalmente relevante quando o omitente devia e podia agir para evitar o resultado. O dever de agir incumbe a quem: (...)
>
> c) com seu comportamento anterior, criou o risco da ocorrência do resultado.

## 6.6 CRIMES COMUNS × CRIMES PRÓPRIOS

Crimes comuns são aqueles em que qualquer pessoa pode figurar como sujeito ativo. A grande maioria dos crimes descritos na lei penal é composta por crimes comuns. Dentre outros que são considerados comuns, temos o homicídio, o furto, o roubo etc.

Algumas vezes, porém, o tipo exige uma especial qualidade do sujeito ativo. Nesse caso, teremos os denominados crimes próprios. Exemplos de crimes próprios são os descritos nos art. 269 e 312 do CP e no crime do art. 304 do CTB.

> **Art. 269.** Deixar o médico de denunciar à autoridade pública doença cuja notificação é compulsória:
> **Pena** – detenção, de 6 (seis) meses a 2 (dois) anos, e multa.
>
> **Art. 312.** Apropriar-se o funcionário público de dinheiro, valor ou qualquer outro bem móvel, público ou particular, de que tem a posse em razão do cargo, ou desviá-lo, em proveito próprio ou alheio:
> **Pena** – reclusão, de dois a doze anos, e multa.
>
> **Art. 304.** Deixar o condutor do veículo, na ocasião do acidente, de prestar imediato socorro à vítima, ou, não podendo fazê-lo diretamente, por justa causa, deixar de solicitar auxílio da autoridade pública:
> **Penas** – detenção, de seis meses a um ano, ou multa, se o fato não constituir elemento de crime mais grave.

No crime do art. 269 do CP, exige-se que o sujeito ativo ostente a qualidade de médico. No peculato, descrito no art. 312 daquele diploma, exige-se do sujeito ativo a qualidade de funcionário público. No art. 304 do CTB, o autor do crime deverá ser o condutor de veículo automotor envolvido e não culpado pelo acidente.

É muito importante esclarecer que, nos crimes próprios (ou especiais), aquele que não preencher as qualidades ou condições especiais que o tipo exige do sujeito ativo poderá figurar como partícipe. Isso ocorre porque, tratando-se de elementar do tipo, tal qualidade se comunicará ao terceiro que não a possua, por força do disposto no art. 30 do CP.[1] Destarte, aquele que, não sendo médico, incitar o profissional para que não notifique uma doença, responderá pelo crime do art. 269, na qualidade de partícipe. Afinal, concorreu para o crime. Idêntica solução cabe para aquele que, não sendo funcionário público, auxiliar o último na realização do peculato. Nesse caso, mesmo tratando-se de um *extraneus* (estranho) aos quadros da administração, por ter aderido à conduta do funcionário, deverá ser responsabilizado por peculato.

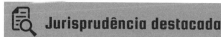
**Jurisprudência destacada**

> (...) 4. O fato de a acusada não ser funcionária pública não impede que seja denunciada pela prática de **peculato**, se, consciente dos atos **praticados** pelos supostos autores do crime, é beneficiada pela apropriação ou pelo desvio. 5. Na hipótese de que se trata, a denunciada,

---

[1] "**Art. 30.** Não se comunicam as circunstâncias e as condições de caráter pessoal, salvo quando elementares do crime. (Redação dada pela Lei nº 7.209, de 11.07.1984.)".

> antes mesmo do episódio retratado no vídeo aportado aos autos (recebimento de valores em espécie), conscientemente, aderiu às ações dos demais agentes, contribuindo, portanto, para a produção do resultado lesivo, de modo a configurar a sua condição de partícipe no delito funcional **praticado** pelo funcionário público. (...) (Inq. nº 3.113, 1ª Turma, Rel. Min. Roberto Barroso, j. 02.12.2014, Data de Publicação: 06.02.2015 – grifos nossos).

Os crimes próprios, a seu turno, podem **ser puros ou impuros**. Serão puros quando, retirada a condição especial do sujeito ativo, a conduta se torna atípica. O crime do art. 269 do CP é um crime próprio puro, pois, se retirarmos a condição de médico daquele que deixa de notificar a doença, a conduta se torna atípica.

Os crimes próprios seriam impuros quando, retirada a condição especial de sujeito ativo, a conduta continua prevista como criminosa, embora em outra norma penal. Um exemplo é o crime do art. 304 do CTB, em que, se retirarmos daquele que se omite a condição de condutor envolvido e não culpado pelo acidente, o crime passa a ser o do art. 305 do CP.

## 6.7 CRIMES BIPRÓPRIOS

São aqueles que exigem qualidade especial do sujeito ativo e também do sujeito passivo, tal qual ocorre com o crime de abandono de recém-nascido (art. 134 do CP), que só pode ser praticado pela mãe contra o próprio filho recém-nascido.

**Art. 134.** Expor ou abandonar recém-nascido, para ocultar desonra própria:

**Pena** – detenção, de seis meses a dois anos.

## 6.8 CRIMES DE MÃO PRÓPRIA

São crimes infungíveis, cuja execução não poderá ser delegada a outra pessoa, exigindo, portanto, atuação pessoal daquele que o tipo indica como sujeito ativo. Por isso, são também chamados crimes de atuação pessoal.

Podemos citar como exemplo de crime de mão própria o de falso testemunho. Somente a pessoa que figura como testemunha poderá realizar a conduta típica, não sendo possível delegar, total ou parcialmente, a execução. Neles, não há possibilidade de coautoria ou mesmo de autoria mediata, consoante leciona a doutrina amplamente majoritária.

## 6.9 CRIME FUNCIONAL

É aquele que exige que o sujeito ativo seja funcionário público. Pode ser funcional próprio ou funcional impróprio.

Será **funcional próprio** nas hipóteses em que, retirado o fato de se tratar de funcionário público o sujeito ativo, a conduta se torna atípica, tal qual ocorre com a condescendência criminosa (art. 320 do CP) e a prevaricação (art. 321 do CP).

Art. 320. Deixar o funcionário, por indulgência, de responsabilizar subordinado que cometeu infração no exercício do cargo ou, quando lhe falte competência, não levar o fato ao conhecimento da autoridade competente:

**Pena** – detenção, de quinze dias a um mês, ou multa.

Art. 321. Patrocinar, direta ou indiretamente, interesse privado perante a administração pública, valendo-se da qualidade de funcionário:

**Pena** – detenção, de um a três meses, ou multa.

Será, todavia, **funcional impróprio quando**, retirada a qualidade de funcionário público, a conduta continua típica, embora enquadrada em outro dispositivo legal. Ex.: no peculato furto, se for retirada a condição de funcionário público do agente que realiza a conduta, ainda assim será criminoso o comportamento, embora não mais como peculato, mas como furto. Assim, o peculato furto é exemplo de crime funcional impróprio.

## 6.10 CRIME DE RESPONSABILIDADE

Devemos ter cuidado com a utilização da expressão "crime de responsabilidade", pois a lei poderá usá-la para se referir a um crime propriamente dito (sujeito a sanções penais e julgados pelo Poder Judiciário) ou a uma infração político-administrativa (sujeita a julgamento e sanções políticas).

Assim, quando o Decreto-lei nº 201, de 1967, se refere, logo em seu art. 1º, aos crimes de responsabilidade praticados pelo Prefeito Municipal, está se referindo a um crime propriamente dito, sujeito a julgamento pelo Poder Judiciário, independentemente de qualquer autorização da Câmara dos Vereadores.

Por outro lado, a partir do art. 4º daquele mesmo decreto e na Lei nº 1.079, de 1950, o que temos são infrações político-administrativas.

Assim, os crimes de responsabilidade podem ser classificados como **próprios e impróprios**.

Serão crimes de responsabilidade propriamente ditos os que, a exemplo daqueles trazidos pelo art. 1º do Decreto-lei nº 201, de 1967, são verdadeiramente crimes.

Art. 1º São crimes de responsabilidade dos Prefeitos Municipal, sujeitos ao julgamento do Poder Judiciário, independentemente do pronunciamento da Câmara dos Vereadores:

I – apropriar-se de bens ou rendas públicas, ou desviá-los em proveito próprio ou alheio;

II – utilizar-se, indevidamente, em proveito próprio ou alheio, de bens, rendas ou serviços públicos;

III – desviar, ou aplicar indevidamente, rendas ou verbas públicas;

IV – empregar subvenções, auxílios, empréstimos ou recursos de qualquer natureza, em desacordo com os planos ou programas a que se destinam;

V – ordenar ou efetuar despesas não autorizadas por lei, ou realizá-las em desacordo com as normas financeiras pertinentes;

VI – deixar de prestar contas anuais da administração financeira do Município a Câmara de Vereadores, ou ao órgão que a Constituição do Estado indicar, nos prazos e condições estabelecidos;

VII – deixar de prestar contas, no devido tempo, ao órgão competente, da aplicação de recursos, empréstimos subvenções ou auxílios internos ou externos, recebidos a qualquer título;

VIII – contrair empréstimo, emitir apólices, ou obrigar o Município por títulos de crédito, sem autorização da Câmara, ou em desacordo com a lei;

IX – conceder empréstimo, auxílios ou subvenções sem autorização da Câmara, ou em desacordo com a lei;

X – alienar ou onerar bens imóveis, ou rendas municipais, sem autorização da Câmara, ou em desacordo com a lei;

XI – adquirir bens, ou realizar serviços e obras, sem concorrência ou coleta de preços, nos casos exigidos em lei;

XII – antecipar ou inverter a ordem de pagamento a credores do Município, sem vantagem para o erário;

XIII – nomear, admitir ou designar servidor, contra expressa disposição de lei;

XIV – negar execução a lei federal, estadual ou municipal, ou deixar de cumprir ordem judicial, sem dar o motivo da recusa ou da impossibilidade, por escrito, à autoridade competente;

XV – deixar de fornecer certidões de atos ou contratos municipais, dentro do prazo estabelecido em lei;

XVI – deixar de ordenar a redução do montante da dívida consolidada, nos prazos estabelecidos em lei, quando o montante ultrapassar o valor resultante da aplicação do limite máximo fixado pelo Senado Federal; (Incluído pela Lei nº 10.028, de 2000.)

XVII – ordenar ou autorizar a abertura de crédito em desacordo com os limites estabelecidos pelo Senado Federal, sem fundamento na lei orçamentária ou na de crédito adicional ou com inobservância de prescrição legal; (Incluído pela Lei nº 10.028, de 2000.)

XVIII – deixar de promover ou de ordenar, na forma da lei, o cancelamento, a amortização ou a constituição de reserva para anular os efeitos de operação de crédito realizada com inobservância de limite, condição ou montante estabelecido em lei; (Incluído pela Lei nº 10.028, de 2000.)

XIX – deixar de promover ou de ordenar a liquidação integral de operação de crédito por antecipação de receita orçamentária, inclusive os respectivos juros e demais encargos, até o encerramento do exercício financeiro; (Incluído pela Lei nº 10.028, de 2000.)

XX – ordenar ou autorizar, em desacordo com a lei, a realização de operação de crédito com qualquer um dos demais entes da Federação, inclusive suas entidades da administração indireta, ainda que na forma de novação, refinanciamento ou postergação de dívida contraída anteriormente; (Incluído pela Lei nº 10.028, de 2000.)

XXI – captar recursos a título de antecipação de receita de tributo ou contribuição cujo fato gerador ainda não tenha ocorrido; (Incluído pela Lei nº 10.028, de 2000.)

XXII – ordenar ou autorizar a destinação de recursos provenientes da emissão de títulos para finalidade diversa da prevista na lei que a autorizou; (Incluído pela Lei nº 10.028, de 2000.)

XXIII – realizar ou receber transferência voluntária em desacordo com limite ou condição estabelecida em lei.

**As infrações político-administrativas**, a seu turno, são os crimes de responsabilidade **impróprios**.

## 6.11 CRIME FORMAL × CRIME MATERIAL × CRIME DE MERA CONDUTA

Esta classificação tem como critério a existência e a exigência de um resultado naturalístico para que o crime seja considerado consumado.

**Crimes materiais** são aqueles em que se descreve um resultado naturalístico, uma mudança no mundo exterior, exigindo-se sua efetiva ocorrência para a consumação. Podemos citar como exemplo de crime material o crime de furto (art. 155 do CP), que descreve como resultado naturalístico a subtração e exige que o bem seja subtraído para que se possa considerar consumada a infração. A lesão corporal (art. 129 do CP) e o homicídio (art. 121 do CP) são também exemplos de crimes materiais.

**Art. 155.** Subtrair, para si ou para outrem, coisa alheia móvel:

**Pena** – reclusão, de um a quatro anos, e multa.

**Art. 129.** Ofender a integridade corporal ou a saúde de outrem:

**Pena** – detenção, de três meses a um ano.

**Art. 121.** Matar alguém:

**Pena** – reclusão, de seis a vinte anos.

**Crimes formais** são aqueles em que, embora exista previsão de um resultado naturalístico, não se exige sua superveniência para a consumação. Podemos citar como exemplo o crime de extorsão (art. 158 do CP). Nele, a obtenção da indevida vantagem econômica é o resultado pretendido pelo agente, mas que não será exigido para a consumação. Assim, ainda que o agente não logre obter a indevida vantagem econômica, o crime restará consumado quando do constrangimento realizado contra a vítima.

**Art. 158.** Constranger alguém, mediante violência ou grave ameaça, e com o intuito de obter para si ou para outrem indevida vantagem econômica, a fazer, tolerar que se faça ou deixar de fazer alguma coisa:

**Pena** – reclusão, de quatro a dez anos, e multa.

> **Jurisprudência destacada**
>
> **Súmula nº 96, STJ.** O crime de extorsão consuma-se independentemente da obtenção da vantagem econômica.
>
> O crime de extorsão é formal e se consuma no momento em que a vítima, submetida a violência ou grave ameaça, realiza o comportamento desejado pelo criminoso. É irrelevante que o agente consiga ou não obter a vantagem indevida, pois esta constitui mero exaurimento do crime. Súmula nº 96 do STJ (REsp nº 1.467.129/SC, *DJe* 11.05.2017).

**Crimes de mera conduta** são aqueles que, limitando-se à descrição de uma conduta, sequer mencionam um resultado naturalístico. Como exemplo, o crime de ato obsceno (art. 233 do CP).

> Art. 233. Praticar ato obsceno em lugar público, ou aberto ou exposto ao público:
> **Pena** – detenção, de três meses a um ano, ou multa.

## 6.12 CRIMES DE DANO × CRIMES DE PERIGO

A classificação dos crimes como de dano ou de perigo apresenta como critério o resultado normativo, também denominado resultado jurídico.

**Crimes de dano** são aqueles que descrevem um dano, uma lesão ao bem jurídico tutelado. Assim, podem ser classificados como crimes de dano, o crime de homicídio (art. 121 do CP), furto (art. 155 do CP), estupro (art. 213 do CP) etc.

> Art. 121. Matar alguém:
> **Pena** – reclusão, de seis a vinte anos.

> Art. 155. Subtrair, para si ou para outrem, coisa alheia móvel:
> **Pena** – reclusão, de um a quatro anos, e multa.

> Art. 213. Constranger alguém, mediante violência ou grave ameaça, a ter conjunção carnal ou a praticar ou permitir que com ele se pratique outro ato libidinoso:
> **Pena** – reclusão, de 6 (seis) a 10 (dez) anos.

**Crimes de perigo** são aqueles que descrevem condutas que representam perigo ao bem jurídico tutelado. Como exemplos, citemos os crimes de embriaguez ao volante (art. 306 do CTB), direção sem habilitação (art. 309 do CTB), participação em competições automobilísticas não autorizadas (art. 308 do CTB) etc.

> Art. 306. Conduzir veículo automotor com capacidade psicomotora alterada em razão da influência de álcool ou de outra substância psicoativa que determine dependência:
> **Penas** – detenção, de seis meses a três anos, multa e suspensão ou proibição de se obter a permissão ou a habilitação para dirigir veículo automotor.

**Art. 308.** Participar, na direção de veículo automotor, em via pública, de corrida, disputa ou competição automobilística ou ainda de exibição ou demonstração de perícia em manobra de veículo automotor, não autorizada pela autoridade competente, gerando situação de risco à incolumidade pública ou privada:

**Penas** – detenção, de 6 (seis) meses a 3 (três) anos, multa e suspensão ou proibição de se obter a permissão ou a habilitação para dirigir veículo automotor.

**Art. 309.** Dirigir veículo automotor, em via pública, sem a devida Permissão para Dirigir ou Habilitação ou, ainda, se cassado o direito de dirigir, gerando perigo de dano:

**Penas** – detenção, de seis meses a um ano, ou multa.

## 6.13 CRIMES DE PERIGO CONCRETO × CRIMES DE PERIGO ABSTRATO

Nos crimes de perigo concreto, descreve-se a produção de um perigo para o bem jurídico que a norma tem por finalidade proteger, exigindo-se a efetiva causação de perigo. Assim, o crime somente restará caracterizado caso se demonstre, na hipótese concreta, que a conduta trouxe dano potencial para o bem jurídico.

Por essa razão, afirma-se que, nos crimes de perigo concreto, deverá ser feita uma análise *ex post* do perigo. Tomemos como exemplo o crime de direção por pessoa não habilitada (art. 309 do CTB). De antemão, não poderemos dizer que a conduta de dirigir sem habilitação é criminosa. Somente será criminosa se aquela pessoa que, inabilitada, conduzir veículo automotor e efetivamente expuser a perigo a coletividade, quase atropelando uma pessoa, quase colidindo contra outro veículo, por pouco não causando acidente entre outros veículos etc.

É relativamente fácil identificar crimes de perigo concreto, na medida em que os tipos penais que os descrevem trazem expressões como "gerando perigo de dano", "expondo a dano potencial", "expondo a perigo" e outras do gênero.

Nos crimes de perigo abstrato, também chamados de crimes de perigo presumido, a situação de perigo é presumida de forma absoluta, *ex ante*, pelo legislador. Neles, a presumida periculosidade da ação para um objeto de proteção é suficiente para a sua penalização (SANTOS, 2002, p. 41). Sobre os crimes de perigo abstrato, remetemos o nosso querido leitor ao capítulo que trata dos princípios constitucionais setoriais de Direito Penal, em que discorremos acerca de sua constitucionalidade. O porte de arma (arts. 14 e 16 da Lei nº 10.826, de 2003) e a embriaguez ao volante (art. 306 da Lei nº 9.503, de 1997) são crimes de perigo abstrato.

**Art. 14.** Portar, deter, adquirir, fornecer, receber, ter em depósito, transportar, ceder, ainda que gratuitamente, emprestar, remeter, empregar, manter sob guarda ou ocultar arma de fogo, acessório ou munição, de uso permitido, sem autorização e em desacordo com determinação legal ou regulamentar:

**Pena** – reclusão, de 2 (dois) a 4 (quatro) anos, e multa.

**Art. 16.** Possuir, deter, portar, adquirir, fornecer, receber, ter em depósito, transportar, ceder, ainda que gratuitamente, emprestar, remeter, empregar, manter sob sua guarda ou ocultar arma de fogo, acessório ou munição de uso restrito, sem autorização e em desacordo com determinação legal ou regulamentar:

**Pena** – reclusão, de 3 (três) a 6 (seis) anos, e multa.

**Art. 306.** Conduzir veículo automotor com capacidade psicomotora alterada em razão da influência de álcool ou de outra substância psicoativa que determine dependência:

**Penas** – detenção, de seis meses a três anos, multa e suspensão ou proibição de se obter a permissão ou a habilitação para dirigir veículo automotor.

## Jurisprudência destacada

RECURSO ESPECIAL. PENAL E PROCESSO PENAL. POSSE ILEGAL DE ARMA DE FOGO E MUNIÇÕES DE USO PROIBIDO. ART. 16, *CAPUT*, DA LEI Nº 10.826/2003. INEFICÁCIA DA ARMA DE FOGO ATESTADA POR LAUDO PERICIAL. MUNIÇÕES DEFLAGRADAS E PERCUTIDAS. AUSÊNCIA DE POTENCIALIDADE LESIVA. ATIPICIDADE DA CONDUTA. ABSOLVIÇÃO MANTIDA. DA CONDUTA. ABSOLVIÇÃO MANTIDA. 1. A 3ª Seção desta Corte pacificou entendimento no sentido de que o tipo penal de posse ou porte ilegal de arma de fogo cuida-se de delito de mera conduta ou de perigo abstrato, sendo irrelevante a demonstração de seu efetivo caráter ofensivo. 2. Na hipótese, contudo, em que demonstrada por laudo pericial a total ineficácia da arma de fogo (inapta a disparar) e das munições apreendidas (deflagradas e percutidas), deve ser reconhecida a atipicidade da conduta perpetrada, diante da ausência de afetação do bem jurídico incolumidade pública, tratando-se de crime impossível pela ineficácia absoluta do meio. 3. Recurso especial improvido (REsp nº 1.451.397/MG, 6ª Turma, Rel. Min. Maria Thereza de Assis Moura, j. 15.09.2015, *DJe* 1º.10.2015 – grifos nossos).

## Decifrando a prova

**(2019 – Cespe/Cebraspe – TJ/PA – Juiz de Direito Substituto – Adaptada)** A inaptidão de arma de fogo para efetuar disparos, ainda que comprovada por laudo pericial, não é excludente de tipicidade.
( ) Certo     ( ) Errado

**Gabarito comentado:** apesar de os crimes de posse e porte de arma de fogo serem de perigo abstrato, caracterizando-se independentemente de qualquer demonstração efetiva de perigo provocada por aquele que porta o objeto, não estará caracterizado o crime quando, apreendida e periciada, a arma se mostrar obsoleta ou inapta, por qualquer razão, para efetuar disparos. Esse foi o entendimento do STJ, que destacou, quando do julgamento do REsp nº 1.451.397/MG, que deve ser reconhecida a atipicidade da conduta perpetrada, diante da ausência de afetação do bem jurídico "incolumidade pública", tratando-se de crime impossível pela ineficácia absoluta do meio. Portanto, a assertiva está errada.

## 6.14 CRIME DE PERIGO ABSTRATO DE PERIGOSIDADE OU DE PERIGOSIDADE REAL OU DE PERIGO ABSTRATO-CONCRETO

Embora discordemos dessa classificação, que para nós em nada se distingue dos crimes de perigo concreto, dela trataremos por ser expressão usada por alguns doutrinadores. O crime de perigo abstrato-concreto é aquele em que não se exige a demonstração efetiva de criação de risco à pessoa certa e determinada, conformando-se com a criação de um risco à coletividade. Os crimes descritos nos arts. 54 da Lei nº 9.605, de 1998 (poluição) e no art. 7º, IX, da Lei nº 8.137, de 1990, poderiam ser mencionados como exemplos dessa categoria. Neles não se há que comprovar que uma determinada pessoa foi exposta a situação de perigo, pois houve ameaça concreta de perigo à coletividade, a um sem-número de pessoas.

> **Art. 54.** Causar poluição de qualquer natureza em níveis tais que resultem ou possam resultar em danos à saúde humana, ou que provoquem a mortandade de animais ou a destruição significativa da flora:
> **Pena** – reclusão, de um a quatro anos, e multa.
>
> **Art. 7º** Constitui crime contra as relações de consumo: (...)
> IX – vender, ter em depósito para vender ou expor à venda ou, de qualquer forma, entregar matéria-prima ou mercadoria, em condições impróprias ao consumo.

O STJ, em decisão veiculada no *Informativo* nº 613, trouxe definição para crimes de perigo abstrato-concreto, entendendo crime de perigo abstrato-concreto como sendo aquele que basta a **produção de um perigo em potencial**.

### Jurisprudência destacada

Logo, o crime materializado no art. 56, *caput*, da Lei nº 9.605/1998 possui a natureza de crime de perigo abstrato, ou, de crime de perigo abstrato-concreto, em que, embora não baste a mera realização de uma conduta, não se exige, a seu turno, a criação de ameaça concreta a algum bem jurídico e muito menos lesão a ele. Basta a produção de um ambiente de perigo em potencial, em abstrato – *in casu*, com o transporte dos produtos ou substâncias em desacordo com as exigências estabelecidas em leis ou nos seus regulamentos, de modo que a atividade descrita no tipo penal crie condições para afetar os interesses juridicamente relevantes, não condicionados, porém, à efetiva ameaça de um determinado bem jurídico. Deste modo, desnecessária se faz a constatação, via laudo pericial, da impropriedade, perigo ou nocividade do produto transportado, bastando, para tanto, que o "produto ou substância tóxica, perigosa ou nociva para a saúde humana ou o meio ambiente", esteja elencado na Resolução nº 420/2004 da ANTT (REsp nº 1.439.150/RS, 6ª Turma, Rel. Min. Rogério Schietti Cruz, por unanimidade, j. 05.10.2017, *DJe* 16.10.2017).

## 6.15 CRIME DE PERIGO INDIVIDUAL E DE PERIGO COLETIVO

**Crime de perigo individual** é aquele que se caracteriza pela exposição de uma pessoa ou pessoas determinadas a perigo. Ex.: exposição a perigo (art. 132 do CP), omissão de socorro (art. 135 do CP), maus-tratos (art. 136 do CP).

> **Art. 132.** Expor a vida ou a saúde de outrem a perigo direto e iminente:
> **Pena** – detenção, de três meses a um ano, se o fato não constitui crime mais grave.
>
> **Art. 135.** Deixar de prestar assistência, quando possível fazê-lo sem risco pessoal, à criança abandonada ou extraviada, ou à pessoa inválida ou ferida, ao desamparo ou em grave e iminente perigo; ou não pedir, nesses casos, o socorro da autoridade pública:
> **Pena** – detenção, de um a seis meses, ou multa.
>
> **Art. 136.** Expor a perigo a vida ou a saúde de pessoa sob sua autoridade, guarda ou vigilância, para fim de educação, ensino, tratamento ou custódia, quer privando-a de alimentação ou cuidados indispensáveis, quer sujeitando-a a trabalho excessivo ou inadequado, quer abusando de meios de correção ou disciplina:
> **Pena** – detenção, de dois meses a um ano, ou multa.

No **crime de perigo coletivo**, o que se descreve como criminosa é a realização de uma conduta que expõe a perigo um número indeterminado de pessoas. Ex.: incêndio (art. 250 do CP), explosão (art. 251 do CP), perigo de desastre aéreo (art. 261 do CP), embriaguez ao volante (art. 306 da Lei nº 9.503 de 1997).

> **Art. 250.** Causar incêndio, expondo a perigo a vida, a integridade física ou o patrimônio de outrem:
> **Pena** – reclusão, de três a seis anos, e multa.
>
> **Art. 251.** Expor a perigo a vida, a integridade física ou o patrimônio de outrem, mediante explosão, arremesso ou simples colocação de engenho de dinamite ou de substância de efeitos análogos:
> **Pena** – reclusão, de três a seis anos, e multa.
>
> **Art. 261.** Expor a perigo embarcação ou aeronave, própria ou alheia, ou praticar qualquer ato tendente a impedir ou dificultar navegação marítima, fluvial ou aérea:
> **Pena** – reclusão, de dois a cinco anos.
>
> **Art. 306.** Conduzir veículo automotor com capacidade psicomotora alterada em razão da influência de álcool ou de outra substância psicoativa que determine dependência:
> **Penas** – detenção, de seis meses a três anos, multa e suspensão ou proibição de se obter a permissão ou a habilitação para dirigir veículo automotor.

## 6.16 CRIME PROGRESSIVO

É aquele em que o agente, *ab initio*, ou seja, desde o princípio, deseja provocar um resultado com a sua conduta. Contudo, para atingi-lo, precisa praticar crime menos grave, o denominado crime de ação de passagem. Ex.: agente quer matar alguém e o fere inúmeras vezes para alcançar seu objetivo, hipótese em que responderá apenas pelo homicídio, restando absorvidas as lesões corporais.

Crime progressivo não deve ser confundido com progressão criminosa, pois nesta o agente inicialmente quer praticar o crime menos grave e, após, mudando o seu dolo, passa a desejar o crime mais grave. Ex.: inicialmente quer lesionar e, após, resolve matar. Neste caso, também deverá ser responsabilizado apenas pelo crime mais grave, qual seja, o homicídio.

> **Decifrando a prova**
>
> **(2010 – MPE/GO – Promotor de Justiça – Adaptada)** Ocorre o crime progressivo ou progressão criminosa quando o agente, para alcançar o resultado mais gravoso, passa por outro, necessariamente menos grave.
> ( ) Certo     ( ) Errado
> **Gabarito comentado:** os termos não são sinônimos e a questão nos faz crer que seriam. Portanto, a assertiva está errada.

## 6.17 CRIMES VAGOS (OU MULTIVITIMÁRIOS OU DE VÍTIMAS DIFUSAS)

São aqueles em que o sujeito passivo é destituído de personalidade jurídica, como a família e a coletividade. Assim, os crimes de perigo descritos no CTB (Lei nº 9.503, de 1997), os crimes contra o sentimento religioso e os crimes contra a paz pública.

## 6.18 CRIMES PERMANENTES OU DURÁVEIS × CRIMES INSTANTÂNEOS

São aqueles em que a conduta se prolonga no tempo e, durante todo tempo em que a conduta se prorrogar, o crime estará se consumando. Um exemplo é o crime de extorsão mediante sequestro, cuja conduta se prolonga durante todo o tempo em que a vítima estiver privada da sua liberdade.

Nos **crimes permanentes**, o prolongamento da conduta se dá por vontade do agente.

**Crimes instantâneos** (ou de estado) são aqueles que se completam, consumam-se em um determinado momento, tal qual ocorre com o roubo (art. 157 do CP).

> **Art. 157.** Subtrair coisa móvel alheia, para si ou para outrem, mediante grave ameaça ou violência a pessoa, ou depois de havê-la, por qualquer meio, reduzido à impossibilidade de resistência:
> **Pena** – reclusão, de quatro a dez anos, e multa.

## 6.19 CRIMES NECESSARIAMENTE PERMANENTES × CRIMES EVENTUALMENTE PERMANENTES

Serão permanentes aqueles em que a conduta necessariamente se prolongará no tempo, tal qual ocorre no crime de extorsão mediante sequestro (art. 159 do CP).

**Art. 159.** Sequestrar pessoa com o fim de obter, para si ou para outrem, qualquer vantagem, como condição ou preço do resgate:

**Pena** – reclusão, de oito a quinze anos.

Serão **eventualmente permanentes crimes** que, em regra, são de estado, ou seja, sua confirmação se verifica em um momento determinado, não se prolongando no tempo, mas que, por opção do agente, poderão ser prorrogados. É o que ocorre com o crime de furto de energia (art. 155, § 3º, do CP). Assim, se o agente, por meses ou mesmo anos, mantiver a captação criminosa de energia, estará praticando um só crime, por meio de uma única conduta que se prolonga no tempo.

**Art. 155.** Subtrair, para si ou para outrem, coisa alheia móvel: (...)

**§ 3º** Equipara-se à coisa móvel a energia elétrica ou qualquer outra que tenha valor econômico.

## 6.20 CRIMES INSTANTÂNEOS DE EFEITOS PERMANENTES

São aqueles que se consumam em um determinando momento, mas cujos efeitos se prolongam no tempo, independentemente da vontade do agente. Ex.: homicídio.

## 6.21 CRIME HABITUAL

É aquele em que a realização de uma só conduta não é bastante para sua caracterização. Somente com a prática reiterada daquela conduta é que estaremos diante de um fato penalmente relevante. Ex.: exercício ilegal da medicina (art. 282 do CP).

**Art. 282.** Exercer, ainda que a título gratuito, a profissão de médico, dentista ou farmacêutico, sem autorização legal ou excedendo-lhe os limites:

**Pena** – detenção, de seis meses a dois anos.

## 6.22 CRIME HABITUAL IMPRÓPRIO OU ACIDENTALMENTE HABITUAL

É aquele em que a **prática de um ato isolado já caracteriza crime, mas a sua reiteração não acarretará reconhecimento de que tenha havido concurso material ou continuidade delitiva**. Distingue-se do crime habitual porque, no último, a prática de um ato isolado não é conduta típica. Por outro lado, assemelha-se ao crime habitual porque a reiteração daqueles atos, tal qual ocorre com o crime habitual, não caracteriza pluralidade de crimes, mas um crime único. Assim, por exemplo, é o crime de gestão fraudulenta de instituição financeira (art. 4º da Lei nº 7.492, de 1986). Basta que o agente realize um único ato em sua gestão que possa ser considerado fraudulento para que se reconheça praticado o delito. Porém, caso venha a reiterar aquelas práticas fraudulentas durante o tempo em que estiver à frente da gestão da instituição financeira, não haverá concurso de crimes, mas uma só infração penal.

**Art. 4º** Gerir fraudulentamente instituição financeira:

**Pena** – Reclusão, de 3 (três) a 12 (doze) anos, e multa.

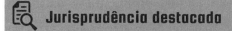

(...) 1. A denúncia descreveu suficientemente a participação do paciente na prática, em tese, do crime de gestão fraudulenta de instituição financeira. 2. As condições de caráter pessoal, quando elementares do crime, comunicam-se aos coautores e partícipes do crime. Art. 30 do Código Penal. Precedentes. Irrelevância do fato de o paciente não ser gestor da instituição financeira envolvida. 3. O fato de a conduta do paciente ser, em tese, atípica – avalização de empréstimo – é irrelevante para efeitos de participação no crime. É possível que um único ato tenha relevância para consubstanciar o crime de gestão fraudulenta de instituição financeira, embora sua reiteração não configure pluralidade de delitos. Crime acidentalmente habitual. 4. Ordem denegada (HC nº 89.364/PR, 2ª Turma, Rel. Min. Joaquim Barbosa, j. 23.10.2007, Data de Publicação: 18.04.2008).

## 6.23 CRIMES COMPLEXOS

São aqueles que resultam da soma de elementares de outros crimes.[2] Um exemplo é o crime de roubo, cujas elementares derivam da soma do furto com a ameaça ou com lesão corporal.

A seguinte fórmula nos faz compreender o que é um crime complexo:

$$A \text{ é crime}$$
$$B \text{ é crime}$$
$$C \text{ é crime complexo}$$
$$A + B = C$$
$$A \neq B \neq C$$

Ou seja, A, B e C são crimes distintos, mas C é o resultado do somatório das elementares de A e B.

---

[2] Os delitos que compõem a estrutura do crime complexo são chamados famulativos.

Aplicando-se a fórmula acima ao crime de roubo, teremos:

Furto é crime

Ameaça é crime

Roubo é crime

O somatório das elementares do furto com as da ameaça resulta no reconhecimento do roubo. O roubo, a seu turno, não é nem furto, nem ameaça.

## 6.24 CRIME COMPLEXO EM SENTIDO AMPLO

É aquele que resulta da soma das elementares de um crime com um indiferente penal. Um exemplo seria o crime de estupro (art. 213 do CP), resultante da fusão do constrangimento ilegal e de um fato atípico, qual seja: o ato de libidinagem. O Direito Penal brasileiro não consagrou o conceito, somente se admitindo entre nós o crime complexo em sentido estrito, consoante o art. 101 do CP:

> **Art. 101.** Quando a lei considera como elemento ou circunstâncias do tipo legal fatos que, por si mesmos, constituem crimes, cabe ação pública em relação àquele, desde que, em relação a qualquer destes, se deva proceder por iniciativa do Ministério Público.
>
> **Art. 213.** Constranger alguém, mediante violência ou grave ameaça, a ter conjunção carnal ou a praticar ou permitir que com ele se pratique outro ato libidinoso:
>
> **Pena** – reclusão, de 6 (seis) a 10 (dez) anos.

## 6.25 CRIMES PARCELARES

São os crimes que **compõem a continuidade delitiva**, assim definida no art. 71 do CP. Serão sempre crimes da mesma espécie, considerando-se as exigências feitas pelo dispositivo legal citado.

> **Art. 71.** Quando o agente, mediante mais de uma ação ou omissão, pratica dois ou mais crimes da mesma espécie e, pelas condições de tempo, lugar, maneira de execução e outras semelhantes, devem os subsequentes ser havidos como continuação do primeiro, aplica-se-lhe a pena de um só dos crimes, se idênticas, ou a mais grave, se diversas, aumentada, em qualquer caso, de um sexto a dois terços.

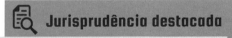

**Jurisprudência destacada**

(...) 3. O crime continuado é benefício penal, modalidade de concurso de crimes, que, por ficção legal, consagra unidade incindível entre os crimes parcelares que o formam, para fins específicos de aplicação da pena. Para a sua aplicação, a norma extraída do art. 71, *caput*, do

> Código Penal exige, concomitantemente, três requisitos objetivos: I) pluralidade de condutas; II) pluralidade de crime da mesma espécie ; III) condições semelhantes de tempo lugar, maneira de execução e outras semelhantes (conexão temporal, espacial, modal e ocasional); IV) e, por fim, adotando a teoria objetivo-subjetiva ou mista, a doutrina e a jurisprudência inferiram implicitamente da norma um requisito da unidade de desígnios na prática dos crimes em continuidade delitiva, exigindo-se, pois, que haja um liame entre os crimes, apto a evidenciar de imediato terem sido os crimes subsequentes continuação do primeiro, isto é, os crimes parcelares devem resultar de um plano previamente elaborado pelo agente (...) (STJ, HC nº 232.709/SP 2012/0023324-0, 5ª Turma, Rel. Min. Ribeiro Dantas, j. 25.10.2016, Data de Publicação: 09.11.2016).

## 6.26 CRIME DE CIRCULAÇÃO

É aquele praticado na condução de veículo automotor.

## 6.27 CRIMES MONOSSUBJETIVOS E PLURISSUBJETIVOS (OU DE CONCURSO NECESSÁRIO)

Crimes monossubjetivos ou unissubjetivos ou unilaterais são aqueles que podem ser praticados por uma única pessoa, sendo essa a classificação da quase totalidade dos crimes.

Crimes plurissubjetivos, ou plurilaterais, são crimes de concurso necessário, ou seja, sua prática envolve necessariamente mais de uma pessoa, consoante exigência feita pelo próprio tipo penal.

O crime de furto é um crime unissubjetivo ou monossubjetivo, pois pode ser praticado perfeitamente por uma única pessoa, embora possa eventualmente ser praticado por pessoas em concurso. Os crimes unissubjetivos são chamados crimes de concurso eventual.

O crime de organização criminosa, a seu turno, exige para a sua caracterização a participação de quatro ou mais pessoas, tratando-se de crime de concurso necessário.

Também são de concurso necessário: bigamia, rixa, associação para o tráfico, associação criminosa etc.

Os crimes de concurso necessário se subdividem em crimes de condutas convergentes, de condutas paralelas e de condutas contrapostas.[3]

**Crime plurissubjetivo de condutas convergentes ou bilaterais** são aqueles em que as condutas dos agentes envolvidos convergem, uma indo em direção à outra – a bigamia (art. 235 do CP) é um exemplo.

**Crime plurissubjetivo de condutas paralelas:** os agentes atuam paralelamente, como ocorre na associação criminosa (art. 288 do CP), organização criminosa (art. 2º da Lei nº 12.850, de 2013).

---

[3] Cleber Masson (2019b, p. 170) traz diferente classificação quanto aos crimes de condutas convergentes, de condutas contrapostas e de condutas paralelas.

**Art. 288.** Associarem-se 3 (três) ou mais pessoas, para o fim específico de cometer crimes: (...)

**Art. 2º** Promover, constituir, financiar ou integrar, pessoalmente ou por interposta pessoa, organização criminosa.

**Crime plurissubjetivo de condutas contrapostas:** os agentes realizam as suas condutas umas contra as outras. Ex.: rixa (art. 137 do CP).

**Art. 137.** Participar de rixa, salvo para separar os contendores.

## 6.28 CRIME DE CONCURSO EVENTUALMENTE NECESSÁRIO (OU CRIMES EVENTUALMENTE COLETIVOS)

São aqueles crimes que, embora possam ser praticados por uma pessoa, apresentam causa de aumento de pena ou qualificadora quando praticados em concurso. Assim ocorre com os crimes de roubo e furto, em que o concurso de pessoas se apresenta como causa de aumento de pena e qualificadora, respectivamente, consoante arts. 157, § 2º, II, e 155, § 4º, ambos do CP.

**Art. 157.** Subtrair coisa móvel alheia, para si ou para outrem, mediante grave ameaça ou violência a pessoa, ou depois de havê-la, por qualquer meio, reduzido à impossibilidade de resistência: (...)

§ 2º A pena aumenta-se de 2/3 (dois terços): (...)

II – se há destruição ou rompimento de obstáculo mediante o emprego de explosivo ou de artefato análogo que cause perigo comum.

**Art. 155.** Subtrair, para si ou para outrem, coisa alheia móvel: (...)

§ 4º A pena é de reclusão de 4 (quatro) a 10 (dez) anos e multa, se houver emprego de explosivo ou de artefato análogo que cause perigo comum.

## 6.29 CRIME MULTITUDINÁRIO

É aquele praticado por multidões, tal qual ocorre com o crime de rixa (art. 137 do CP).

## 6.30 CRIME TENTADO × CRIME CONSUMADO

Essa distinção pode ser extraída do art. 14 do CP. Assim:

**Art. 14.** Diz-se o crime:

**Crime consumado**

I – consumado, quando nele se reúnem todos os elementos de sua definição legal;

**Tentativa**

II – tentado, quando, iniciada a execução, não se consuma por circunstâncias alheias à vontade do agente.

## 6.31 CRIME EXAURIDO

Exaurimento é o proveito que o agente tira do crime que praticou. Crime exaurido, portanto, é aquele de que o agente, após a consumação, tira proveito. A extorsão, descrita no art. 158 do CP, por exemplo, é crime em que o gente deseja obter indevida vantagem econômica, resultado que não é necessário para a sua consumação, por se tratar de crime formal. Como já exposto nesta obra, a consumação se dará com o constrangimento, segundo entendimento majoritário.[4] Se, porém, o referido resultado sobrevier, o crime, mais que consumado, estará exaurido.

## 6.32 CRIMES UNISSUBSISTENTES × PLURISSUBSISTENTES

Unissubsistentes são aqueles crimes que podem ser praticados por um só ato. Os plurissubsistentes são aqueles crimes praticados por dois ou mais atos.[5]

## 6.33 CRIMES NATURAIS × CRIMES DE PLÁSTICO[6]

Quando o bem jurídico tutelado por um crime é um valor ético absoluto e universal, tal qual ocorre com o homicídio, o furto, o roubo etc., estaremos diante dos crimes denominados naturais. Tais crimes estão e sempre estiveram presentes na legislação penal em todo o mundo, independentemente de um momento histórico.

Por outro lado, temos os denominados **crimes de plástico**, que atendem às necessidades de um determinado grupo social, em um determinado momento da história, surgindo a partir das transformações sofridas pela sociedade. Isso ocorreu, por exemplo, com a criação da rede mundial de computadores e o desenvolvimento tecnológico, permitindo invasões à intimidade nunca antes pensadas e, assim, provocando tipificações como a do art. 154-A do CP, citado como exemplo de crime de plástico. Poderíamos, ainda, mencionar como

---

[4] Entendemos que, na hipótese da extorsão, a consumação se dá com a realização, pela vítima, da conduta a que foi constrangida, independentemente da obtenção, pelo agente, da indevida vantagem econômica.

[5] É importante que se estabeleça a **diferença entre ato e conduta**: conduta é a materialização da vontade humana, mediante a prática de um ou mais atos. O ato é apenas uma parte da conduta, quando esta se manifesta sob a forma de ação. Assim, imaginemos que o agente tenha dado uma surra na vítima, lesionando-a, depois de amarrá-la, com vários golpes. Trata-se de uma única conduta, realizada por meio de vários atos.

[6] FÜHRER, Maximiliano Roberto Ernesto. *História do direito penal*. São Paulo: Malheiros, 2005. p. 114-115.

crimes de plástico os praticados contra o Sistema Financeiro Nacional (SFN), previstos na Lei nº 7.492, de 1986.

> **Art. 154-A.** Invadir dispositivo informático de uso alheio, conectado ou não à rede de computadores, com o fim de obter, adulterar ou destruir dados ou informações sem autorização expressa ou tácita do usuário do dispositivo ou de instalar vulnerabilidades para obter vantagem ilícita (...)

## 6.34 CRIME DE OPINIÃO

É o crime em que o agente exacerba, de forma abusiva, quando manifesta, por escrito ou verbalmente, suas ideias e seus pensamentos. Ex.: crimes contra a honra.

## 6.35 CRIME DE AÇÃO ASTUCIOSA

É praticado por meio de astúcia, de fraude ou engodo usado para ludibriar a vítima. Ex.: estelionato (art. 171 do CP), furto com fraude (art. 155, § 4º, II, do CP) etc.

> **Art. 171.** Obter, para si ou para outrem, vantagem ilícita, em prejuízo alheio, induzindo ou mantendo alguém em erro, mediante artifício, ardil, ou qualquer outro meio fraudulento.

> **Art. 155.** Subtrair, para si ou para outrem, coisa alheia móvel: (...)
> § 4º A pena é de reclusão de dois a oito anos, e multa, se o crime é cometido: (...)
> II – com abuso de confiança, ou mediante fraude, escalada ou destreza; (...)

## 6.36 CRIMES DE ATENTADO OU DE EMPREENDIMENTO

São aqueles em que a norma penal descreve a forma tentada equiparando-a à consumada. Ex.: art. 352 do CP.

> **Art. 352.** Evadir-se ou tentar evadir-se o preso ou o indivíduo submetido a medida de segurança detentiva, usando de violência contra a pessoa.

## 6.37 CRIME OBSTÁCULO

Crime obstáculo é aquele em que se tipifica como infração autônoma aquilo que seria **ato preparatório de outro crime**, tal qual ocorre com o art. 291 do CP, que descreve como típica a posse de maquinário destinado à falsificação de moeda. Cuida-se de ato preparatório para o crime de falsificação de moeda, descrito no art. 289 do CP. Se não existisse o disposto no art. 291, não se poderia punir a conduta de quem adquirisse, guardasse, possuísse maquinário para a falsificação de moeda, pois se trataria de ato meramente preparatório para a falsificação e, portanto, não poderia ser atingido pela norma do art. 14, II, do CP.

O legislador, entretanto, houve por bem tipificar a conduta, buscando antecipar a barreira penal na proteção da fé pública.

> **Art. 291.** Fabricar, adquirir, fornecer, a título oneroso ou gratuito, possuir ou guardar maquinismo, aparelho, instrumento ou qualquer objeto especialmente destinado à falsificação de moeda.

> **Art. 289.** Falsificar, fabricando-a ou alterando-a, moeda metálica ou papel-moeda de curso legal no país ou no estrangeiro: (...)

### Decifrando a prova

**(2017 – Fapems – PC/MS – Delegado de Polícia – Adaptada)** Os atos preparatórios do crime não são punidos, mesmo que caracterize em si conduta tipificada, em virtude da teoria finalista da ação que direciona a punição para a finalidade do crime e não para os meios de sua prática.
( ) Certo    ( ) Errado
**Gabarito comentado:** o legislador pode optar por caracterizar o ato preparatório como crime autônomo, como fez com o disposto nos arts. 288 e 291 do CP, por exemplo. Portanto, a assertiva está errada.

## 6.38 CRIME DE TENDÊNCIA × CRIME DE INTENÇÃO

Crime de **intenção** (ou de tendência interna transcendente) é aquele em que o agente dirige, finalisticamente, sua vontade ao resultado, que, contudo, não será exigido para sua consumação. Ex.: extorsão mediante sequestro, descrita no art. 159 do CP, em que o agente deseja obter a vantagem, mas que estará consumado com o sequestro, ainda que a vantagem não seja obtida.

> **Art. 159** Sequestrar pessoa com o fim de obter, para si ou para outrem, qualquer vantagem, como condição ou preço do resgate: (...)

Os crimes de intenção, a seu turno, podem ser classificados em crimes de resultado cortado e crimes mutilados de dois atos.

Nos crimes de resultado cortado, a superveniência do resultado não dependerá de nenhuma outra conduta do agente. A extorsão é um exemplo. O agente consuma o delito com o constrangimento, e a ocorrência do resultado não dependerá que seja por ele realizado qualquer outro ato. Também pode ser dado como exemplo de crime de intenção de resultado cortado o crime de concussão (art. 316 do CP), que estará consumado com a exigência da vantagem indevida. Após, o recebimento da vantagem objetivada não mais dependerá de qualquer ato dele, mas de terceiro, que entregará, ou não, o que o funcionário público objetiva.

**Art. 316.** Exigir, para si ou para outrem, direta ou indiretamente, ainda que fora da função ou antes de assumi-la, mas em razão dela, vantagem indevida.

Nos crimes mutilados de dois atos, a superveniência do resultado depende da realização de outra conduta pelo próprio agente. Podemos dar como exemplo a falsificação de moeda, descrita no art. 289 do CP. Ao falsificar a moeda, o agente deseja colocá-la em circulação, resultado que, embora dispensável para a caracterização daquele crime, somente se produzirá se o agente vier a realizar uma nova conduta para fazer com que a moeda circule.

**Delito de tendência** (ou de tendência intensificada), a seu turno, é aquele que, embora sem exigência expressa trazida pelo tipo, demanda, por sua própria natureza, que o agente imprima ao seu dolo uma certa inclinação, sem a qual o crime não restará caracterizado. Nele, o agente não deseja nenhum ulterior resultado, e nisso se distingue dos crimes de intenção. Assim, imaginemos que um amigo, ao encontrar seu velho conhecido, receba-o com a seguinte saudação: "Seu safado, que saudade! Como ficar assim tanto tempo longe de mim, seu pilantra!". As expressões "seu safado" e "seu pilantra", retiradas do contexto, certamente soariam ofensivas. Entretanto, na hipótese proposta, não foram usadas com tendência ofensiva. Ao contrário: são ditas de forma até carinhosa, por mais estranho que pareça. Assim, não se poderia, no caso, cogitar do reconhecimento de um crime contra a honra. O próprio STJ já se manifestou nesse sentido, decidindo que, para a configuração dos crimes contra a honra, se exige a demonstração mínima do intento positivo e deliberado de ofender a honra alheia (dolo específico), o denominado *animus caluniandi, diffamandi vel injuriandi*.[7]

Também pode ser considerado crime de tendência o de estupro na modalidade de prática de atos libidinosos distintos da conjunção carnal. Assim, ao dar banho em uma criança, aquele pai que passe as mãos em suas partes íntimas com o intuito de fazer sua limpeza não estará praticando o crime descrito no art. 213 do CP, pois que não imprimiu ao seu dolo a tendência lasciva, exigida pela própria natureza do delito.

**Art. 213.** Constranger alguém, mediante violência ou grave ameaça, a ter conjunção carnal ou a praticar ou permitir que com ele se pratique outro ato libidinoso: (...)

### Decifrando a prova

**(2009 – Cespe/Cebraspe – TRF/5ª Região – Juiz Federal – Adaptada)** Nos crimes de tendência intensificada, o tipo penal requer o ânimo de realizar a própria conduta típica legalmente prevista, sem necessidade de transcender tal conduta, como ocorre nos delitos de intenção. Em outras palavras, não se exige que o autor do crime deseje um resultado ulterior ao previsto no tipo penal, mas, apenas, que confira à ação típica um sentido subjetivo não previsto expressamente no tipo, mas deduzível da natureza do delito. Cita-se, como exemplo, o propósito de ofender, nos crimes contra a honra.
( ) Certo        ( ) Errado

---

[7] APn nº 895/DF, Rel. Min. Nancy Andrighi, Corte Especial, j. 15.05.2019, *DJe* 07.06.2019.

> **Gabarito comentado:** além desse exemplo, podemos mencionar o crime de racismo, o de estupro caracterizado pela prática de atos libidinosos distintos da conjunção carnal. Portanto, a assertiva está certa.

Quanto ao crime de dano, embora existam divergências doutrinárias relacionadas ao tema, o STJ entende que também exige o denominado *animus nocendi*, ou seja, a vontade de causar prejuízo patrimonial. Entendemos correto o posicionamento adotado pela Corte. Trata-se de exigência não expressa no tipo, mas que se extrai da própria natureza do delito de que ora tratamos. Assim, também pode ser classificado como crime de tendência. Não basta, assim, que o agente queira e saiba estar destruindo algo, sendo imprescindível que imprima ao seu dolo esse ânimo hostil, como lecionava Hungria (1980).

 **Jurisprudência destacada**

> AGRAVO REGIMENTAL NO RECURSO ESPECIAL. CRIME DE DANO QUALIFICADO. ART. 163, PARÁGRAFO ÚNICO, III, DO CÓDIGO PENAL – CP. DESTRUIÇÃO DE TORNOZELEIRA ELETRÔNICA PARA EVASÃO. AUSÊNCIA DE DOLO ESPECÍFICO. *ANIMUS NOCENDI*. AGRAVO REGIMENTAL DESPROVIDO. 1. A danificação de tornozeleira eletrônica para evasão não configura o delito do art. 163, parágrafo único, III, do CP, por ausência de *animus nocendi*. Precedentes. 2. Agravo regimental desprovido (AgRg no REsp nº 1861044/RS, 5ª Turma, Rel. Min. Joel Ilan Paciornik, j. 28.04.2020, *DJe* 04.05.2020).

## 6.39 CRIME DE FORMA LIVRE × CRIME DE FORMA VINCULADA

**Crimes de forma livre** são aqueles que podem ser praticados por meio da utilização de qualquer meio de execução idôneo. Ex.: homicídio, calúnia, ameaça etc.

**Crimes de forma vinculada** são aqueles em que o tipo penal menciona o meio por intermédio do qual poderão ser praticados e somente se caracterizarão se usado o meio de execução indicado pelo tipo respectivo. Ex.: crime de perigo de contágio de doença venérea, que, consoante exigência feita pelo art. 130 do CP, só pode ser praticado mediante atos de libidinagem. Assim, por exemplo, se alguém, sabendo ser portador de doença venérea, empresta suas roupas íntimas sujas para que a vítima delas se utilize, não estará praticando o crime descrito.

> Art. 130. Expor alguém, por meio de relações sexuais ou qualquer ato libidinoso, a contágio de moléstia venérea, de que sabe ou deve saber que está contaminado.

## 6.40 CRIMES PRINCIPAIS × CRIMES ACESSÓRIOS

**Crimes principais** são aqueles crimes que não dependem da existência de um crime anterior. Essa classificação se aplica à grande maioria dos crimes previstos no ordenamento jurídico brasileiro, como homicídio, estupro, furto etc.

**Crimes acessórios** (também denominados parasitários ou crimes de fusão) são aqueles que dependem da existência de um crime anterior, denominado crime antecedente ou precedente. Como exemplos de crimes parasitários temos a receptação (art. 180 do CP) e a lavagem de capitais, descrita na Lei nº 9.613, de 1998.

> Art. 180. Adquirir, receber, transportar, conduzir ou ocultar, em proveito próprio ou alheio, coisa que sabe ser produto de crime, ou influir para que terceiro, de boa-fé, a adquira, receba ou oculte: (...)

Vale salientar que, embora o crime parasitário dependa da existência do crime principal, é autônomo com relação ao último, e com ele não se confunde. Por essa razão, ainda que desconhecido ou isento de pena o autor do crime principal, mesmo que sequer tenha havido processo com relação ao crime principal, poderá ser punido o autor do crime acessório. Não é outra a regra do art. 180, § 4º, do CP.

> Art. 180. (...)
>
> § 4º A receptação é punível, ainda que desconhecido ou isento de pena o autor do crime de que proveio a coisa.

## 6.41 CRIME DE ÍMPETO

Cuida-se de denominação que a doutrina reserva para crimes praticados em razão de **sentimento repentino**, sem qualquer planejamento prévio, ou seja, com dolo de ímpeto, tal qual ocorre com o crime de homicídio privilegiado quando praticado sob domínio de violenta emoção, logo em seguida à injusta provocação da vítima (art. 121, § 1º, do CP).

> Art. 121. (...)
>
> § 1º Se o agente comete o crime impelido por motivo de relevante valor social ou moral, ou sob o domínio de violenta emoção, logo em seguida a injusta provocação da vítima, o juiz pode reduzir a pena de um sexto a um terço.

## 6.42 CRIMES *ON DEMAND*

A expressão é cunhada por Portocarrero e Palermo (2020) para denominar modalidade de crimes de plástico quando criados em virtude de um acontecimento específico e de repercussão, provocando a movimentação legislativa por encomenda. Podem ser citados como exemplos alguns dos crimes da Lei nº 13.869, de 2019, denominada nova Lei de Abuso de Autoridade, como o previsto no art. 10, que tipifica a conduta de decretar a condução coercitiva de testemunha ou investigado manifestamente descabida ou sem prévia intimação de comparecimento ao juízo. O referido tipo penal foi criado após a condução coercitiva de ex-presidente da República em um dos processos da denominada operação Lava Jato. Também foram criados ***on demand*** (ou "por encomenda") os crimes descritos nos arts. 28 e 37 daquele diploma legal.

**Art. 28.** Divulgar gravação ou trecho de gravação sem relação com a prova que se pretenda produzir, expondo a intimidade ou a vida privada ou ferindo a honra ou a imagem do investigado ou acusado.
**Pena** – detenção, de 1 (um) a 4 (quatro) anos, e multa.

**Art. 37.** Demorar demasiada e injustificadamente no exame de processo de que tenha requerido vista em órgão colegiado, com o intuito de procrastinar seu andamento ou retardar o julgamento:
**Pena** – detenção, de 6 (seis) meses a 2 (dois) anos, e multa.

**Lei nº 13.869/2019, art. 10.** Decretar a condução coercitiva de testemunha ou investigado manifestamente descabida ou sem prévia intimação de comparecimento ao juízo.

O crime do art. 215-A do CP também pode ser denominado como crime por encomenda, elaborado a partir de grande clamor social provocado por episódio específico ocorrido no Estado de São Paulo, qual seja, a ação de homem que ejaculava em mulheres no interior de coletivos.

**Art. 215-A.** Praticar contra alguém e sem a sua anuência ato libidinoso com o objetivo de satisfazer a própria lascívia ou a de terceiro: (...)

## 6.43 CRIME MERCENÁRIO

É aquele praticado mediante paga ou promessa de recompensa. Ex.: art. 121, § 2º, I, do CP.

**Art. 121.** (...)
**§ 2º** Se o homicídio é cometido:
I – mediante paga ou promessa de recompensa, ou por outro motivo torpe; (...)

## 6.44 CRIME GRATUITO

Crime cujos **motivos são desconhecidos**. Prevalece na doutrina o entendimento no sentido de que todo crime tem um motivo, embora nem sempre se saiba qual teria sido esse motivo, como adverte Masson (2019b, p. 178).

**Ausência de motivo não se confunde com motivo fútil**, segundo entendimento majoritário.

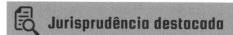
**Jurisprudência destacada**

AGRAVO REGIMENTAL NO RECURSO ESPECIAL. PENAL. HOMICÍDIO. PRONÚNCIA. MOTIVO FÚTIL. QUALIFICADORA MANIFESTAMENTE IMPROCEDENTE. AUSÊNCIA DE MOTIVO NÃO SE EQUIPARA À EXISTÊNCIA DE FUTILIDADE. PRECEDENTES. EXCLUSÃO. REGIMENTAL DESPIDO DE ARGUMENTOS NOVOS E IDÔNEOS PARA REBATER AS RAZÕES EM QUE SE FUNDOU A DECISÃO AGRAVADA. AGRAVO REGIMENTAL DESPROVIDO. 1. As razões declinadas na petição do

> regimental se ressentem de argumentos novos e robustos o bastante para infirmar os fundamentos da decisão agravada, proferida em conformidade com a jurisprudência sedimentada nesta Corte, no sentido de que a ausência de motivo não se equipara à existência de futilidade, devendo, portanto, ser mantida em seus próprios termos (AgRg no REsp nº 1.289.181/SP).

## 6.45 CRIMES A DISTÂNCIA E CRIMES PLURILOCAIS

**Crimes a distância**, também denominados de espaço máximo, é a infração penal que abrange mais de um país, sendo a ação ou omissão levada a efeito em um país, com o resultado ocorrendo, ou devendo ocorrer, em outro.

**Crime plurilocal** é aquele em que a ação ou omissão se dá em uma comarca e o resultado em outra dentro de um mesmo país.

## 6.46 CRIME DE AÇÃO SIMPLES E CRIME DE AÇÃO MÚLTIPLA (OU CONTEÚDO VARIADO, OU PLURINUCLEAR, OU TIPO MISTO)

**Crime de ação simples** é aquele cujo tipo apenas traz um núcleo verbal. Ex.: furto (art. 155 do CP), em que "subtrair" é o único verbo típico.

**Crime de ação múltipla, de ação plurinuclear, de conteúdo variado ou tipo misto** é o crime cuja descrição legal traz mais de um núcleo verbal. Pode ser dividido em **alternativo** (quando a prática de mais de um dos núcleos verbais em um mesmo contexto caracteriza um único crime. Ex.: art. 33 da Lei nº 11.343, de 2006. Se o agente fabrica, guarda e vende a droga fabricada, embora tenha praticado 3 (três) dos 18 (dezoito) núcleos verbais trazidos pelo tipo, terá praticado um único crime) ou **cumulativo** (em que a prática de mais de um núcleo verbal caracterizará mais de um crime. Ex.: art. 198 do CP).

> **Lei nº 11.343/2006, art. 33.** Nos crimes de tráfico ilícito de entorpecentes, as penas poderão ser reduzidas de 1/6 (um sexto) a 2/3 (dois terços), desde que o agente seja primário, de bons antecedentes e não se dedique a atividades criminosas nem integre organização criminosa.

> **CP, art. 198.** Constranger alguém, mediante violência ou grave ameaça, a celebrar contrato de trabalho, ou a não fornecer a outrem ou não adquirir de outrem matéria-prima ou produto industrial ou agrícola: (...)

## 6.47 INFRAÇÕES PENAIS DE MENOR, MÉDIO E MAIOR (OU ALTO) POTENCIAL OFENSIVO

Infração de **menor potencial** é toda aquela que, com pena máxima não superior a dois anos, será de competência dos Juizados Especiais Criminais.

O conceito de infração penal de **médio potencial** se aplica à infração penal que, por ter pena máxima superior a dois anos, não poderá ser classificada como de menor potencial ofensivo, mas, porque sua pena mínima é igual ou inferior a um ano, admitirá a suspensão condicional do processo. Porém, o Pacote Anticrime, Lei nº 13.964, de 2019, deu nova roupagem ao conceito, para também abranger as infrações praticadas sem violência ou grave ameaça, com mínima inferior a quatro anos, que poderão dar ensejo à celebração do Acordo de Não Persecução Criminal (ANPP), nos termos do art. 28-A do Código de Processo Penal (CPP).

> **Art. 28-A.** Não sendo caso de arquivamento e tendo o investigado confessado formal e circunstancialmente a prática de infração penal sem violência ou grave ameaça e com pena mínima inferior a 4 (quatro) anos, o Ministério Público poderá propor acordo de não persecução penal, desde que necessário e suficiente para reprovação e prevenção do crime, mediante as seguintes condições ajustadas cumulativa e alternativamente: (Incluído pela Lei nº 13.964, de 2019.) (...)

O conceito de infrações penais de maior potencial ofensivo se dá por exclusão, sendo de maior potencial todo crime que não se adéque ao conceito de menor ou de médio potencial ofensivo.

## 6.48 CRIME REMETIDO

É aquele cujo preceito primário nos remete a outro tipo penal. Ex.: facilitação de contrabando ou descaminho.

> **Art. 318.** Facilitar, com infração de dever funcional, a prática de contrabando ou descaminho (art. 334):
> **Pena** – reclusão, de 3 (três) a 8 (oito) anos, e multa.

## 6.49 DELITO DE ACUMULAÇÃO

São crimes em que, se considerarmos isoladamente as condutas praticadas, a ofensa ao bem jurídico é insignificante, ínfima. Porém a **soma** das várias condutas revela a provocação de uma lesão considerável ao bem jurídico, justificando sejam aquelas condutas alcançadas pelo Direito Penal. O exemplo fica claro quando estamos tratando de questões relacionadas aos delitos ambientais. Imaginemos, assim, a conduta isolada de lançar detrito em quantidade insignificante em um rio. Se somarmos, contudo, as ações de todas as pessoas que realizem idêntico comportamento, teremos lesão significativa ao meio ambiente. **Não consagramos no Direito Penal brasileiro o crime de acumulação.**

## 6.50 CRIME TRANSEUNTE E NÃO TRANSEUNTE

**Crime transeunte** (ou *delicta facti transeuntis*) é o que, ao ser realizado, passa sem deixar vestígios. Ex.: crimes contra a honra praticados verbalmente.

**O crime não transeunte** (ou *delicta facti permanentis*), ao contrário, deixa vestígios. Ex.: homicídio (art. 121 do CP), lesão corporal (art. 129 do CP), falsificação de moeda (art. 289 do CP). Sua materialidade deve ser comprovada por prova pericial.

Sobre os crimes não transeuntes e a necessidade de realização de exame pericial para a comprovação da materialidade:

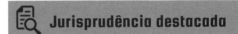

> 1. Segundo a pacífica jurisprudência desta Corte Superior, quando a conduta deixar vestígios, o exame de corpo de delito é indispensável à comprovação da materialidade do crime. O laudo pericial somente poderá ser substituído por outros elementos de prova se os vestígios tiverem desaparecido por completo ou o lugar se tenha tornado impróprio para a constatação dos peritos. 2. Na espécie, embora os vestígios não tenham desaparecido, não foi realizado laudo pericial, revelando-se a impossibilidade de sua substituição por prova testemunhal (AgRg no REsp nº 1.622.139/MG, j. 22.05.2018).

## 6.51 CRIME FALHO × QUASE CRIME

**Crime falho** é o que ocorre na hipótese de tentativa perfeita, ou acabada, em que o agente realiza todos os atos de execução, mas o resultado não sobrevém por razões alheias à sua vontade.

**Quase crime** é sinônimo para crime impossível, hipótese de tentativa inidônea, tentativa impossível ou crime oco, quando, por ineficácia absoluta do meio ou por impropriedade absoluta do objeto, o crime não se consumou e nem jamais se consumaria. Trata-se do instituto disciplinado pelo art. 17 do CP.

> **Art. 17.** Não se pune a tentativa quando, por ineficácia absoluta do meio ou por absoluta impropriedade do objeto, é impossível consumar-se o crime.

## 6.52 CRIME DE HERMENÊUTICA

**(2011 – Cespe/Cebraspe – TJ/ES – Analista Judiciário – Adaptada)** Na tentativa perfeita, também denominada quase crime, o agente realiza todos os atos executórios, mas não atinge a consumação por circunstâncias alheias à sua vontade.
( ) Certo     ( ) Errado
**Gabarito comentado:** a tentativa perfeita é denominada crime falho e não quase crime. Quase crime é crime impossível. Portanto, a assertiva está errada.

É o crime que resulta **do não acolhimento por um Tribunal revisor** da interpretação que o operador do Direito tenha dado a uma determinada hipótese que lhe foi submetida a apreciação.

Rui Barbosa (1986, p. 228), com a maestria que lhe era peculiar, sobre eles tratou, ainda no final do século XIX:

> Para fazer do magistrado uma impotência equivalente, criaram a novidade da doutrina, que inventou para o Juiz os crimes de hermenêutica, responsabilizando-o penalmente pelas rebeldias da sua consciência ao padrão oficial no entendimento dos textos. Esta hipérbole do absurdo não tem linhagem conhecida: nasceu entre nós por geração espontânea. E, se passar, fará da toga a mais humilde das profissões servis, estabelecendo, para o aplicador judicial das leis, uma subalternidade constantemente ameaçada pelos oráculos da ortodoxia cortesã. Se o julgador, cuja opinião não condiga com a dos seus julgadores na análise do Direito escrito, incorrer, por essa dissidência, em sanção criminal, a hierarquia judiciária, em vez de ser a garantia da justiça contra os erros individuais dos juízes, pelo sistema dos recursos, ter-se-á convertido, a benefício dos interesses poderosos, em mecanismo de pressão, para substituir a consciência pessoal do magistrado, base de toda a confiança na judicatura, pela ação cominatória do terror, que dissolve o homem em escravo. (...)

Entre nós, **não pode ser, sob qualquer fundamento, admitido** o delito de hermenêutica. A Lei nº 13.869, de 2019, é clara nesse sentido ao dispor, em seu art. 1º, § 2º:

> Art. 1º (...)
> § 2º A divergência na interpretação de lei ou na avaliação de fatos e provas não configura abuso de autoridade.

## 6.53 CRIMES DE COLARINHO BRANCO E DE COLARINHO AZUL

Também denominados **White Collar Crimes**, os crimes de colarinho branco são aqueles praticados por pessoas que compõem as mais altas camadas da sociedade, aproveitando-se de sua influência, poder, capacidade econômica. Ex.: os crimes previstos na Lei nº 7.492, de 1986, crimes contra o SFN.

Crimes de colarinho azul, ou **Blue Collar Crimes**, ou **crimes de rua**, são aqueles praticados por integrantes das camadas sociais menos favorecidas. São chamados de crimes de colarinho azul em alusão aos uniformes utilizados pelos empregados das fábricas americanas no século passado. Esse termo foi empregado pelo STF no julgamento do denominado Mensalão.[8]

---

[8] Ap. nº 470/DF, Rel. Min. Joaquim Barbosa, Plenário, j. 27.08.2012.

## 6.54 DELITO LILIPUTIANO OU CRIME ANÃO

Delitos liliputianos são as **contravenções penais**. O termo nos remete ao clássico da literatura inglesa *Gulliver's Travels*, de Jonathan Swift, que retrata *Liliput* como terra imaginária em que os habitantes eram seres minúsculos.

## 6.55 DELITO DE CATÁLOGO

Crime de catálogo é a expressão usada pelo STF para se referir a **delitos que admitem interceptação de comunicação telefônica**, nos termos do art. 5º, XII, da CF/1988 e da Lei nº 9.296/1996.

> XII – é inviolável o sigilo da correspondência e das comunicações telegráficas, de dados e das comunicações telefônicas, salvo, no último caso, por ordem judicial, nas hipóteses e na forma que a lei estabelecer para fins de investigação criminal ou instrução processual penal; (...)

### Jurisprudência destacada

*Habeas Corpus*. Afastamento dos sigilos bancário e fiscal. Medida cautelar deferida judicialmente. Regularidade. "Prova encontrada". Licitude. Precedentes. Ordem denegada. Não se verifica, no caso, qualquer ilicitude na quebra dos sigilos bancário e fiscal do ora paciente, haja vista que tais medidas foram regularmente deferidas pela autoridade judicial competente. "**É lícita a utilização de informações obtidas por intermédio de interceptação telefônica para se apurar delito diverso daquele que deu ensejo a essa diligência, (...) sendo incontestável o reconhecimento da licitude da prova encontrada quando o fato desvelado fortuitamente se encontre entre os chamados 'crimes de catálogo' – isto é, entre aqueles para a investigação dos quais se permite autorizar a interceptação telefônica**", o que efetivamente é o caso dos autos (AI nº 761.706/SP, Rel. Min. Cármen Lúcia, *DJe*-161 de 26.08.2009). Ordem denegada (HC nº 100.524, 2ª Turma, Rel. Min. Joaquim Barbosa, j. 27.03.2012 – grifos nossos).

## 6.56 CRIME PUTATIVO OU IMAGINÁRIO OU ERRONEAMETE SUPOSTO

É aquele em que o agente, por erro, pensa estar praticando uma conduta penalmente relevante quando pratica um irrelevante penal. Admite três modalidades: delito putativo por erro de tipo (ex. mulher não está grávida, mas, imaginando-se grávida, realiza manobras abortivas), delito putativo por erro de proibição (ex.: pai mantém relações sexuais consentidas com sua filha maior e capaz) e crime putativo por obra do agente provocador (Súmula nº 145 do STF).

O delito putativo por erro de proibição também é por alguns denominado delito de alucinação ou crime de loucura (MASSON, 2019b, p. 181).

O delito putativo por obra do agente provocador é também denominado crime de ensaio ou de flagrante provocado ou preparado.

## 6.57 CRIME ABERRANTE

A classificação aqui trazida está diretamente relacionada com o erro em uma das modalidades de *aberratio*: **aberratio ictus** (art. 73), **aberratio criminis** (art. 74) e *aberratio causae*. As hipóteses serão tratadas no capítulo dedicado ao estudo do erro acidental.

## 6.58 CRIME ACHADO

**Crime achado** é aquele estreitamente relacionado com a serendipidade, que é a descoberta fortuita, durante a apuração de um crime, de delitos que não são objeto da investigação. Assim, crime achado é aquele fortuitamente descoberto quando da apuração de outros crimes.

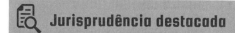

(...) 1. O "crime achado" ou seja, a infração penal desconhecida e, portanto, até aquele momento não investigada, sempre deve ser cuidadosamente analisada para que não se relativize em excesso o inciso XII do art. 5º da Constituição Federal. A prova obtida mediante interceptação telefônica, quando referente a infração penal diversa da investigada, deve ser considerada lícita se presentes os requisitos constitucionais e legais (HC nº 129.678/SP, 1ª Turma, Rel. Min. Alexandre de Moraes, j. 13.06.2017).

## 6.59 CRIME DE MERA SUPOSIÇÃO OU DE MERA SUSPEITA

É o que se caracteriza em razão de uma suspeita que o agente provoca ao realizar uma certa atividade. Entre nós, poderia ser citado o art. 25 da Lei de Contravenções Penais, que tipificava a conduta de alguém que possuísse, de forma injustificada, instrumento comumente utilizado para a prática de furtos. Tal contravenção foi entendida não recepcionada pela CF/1988.

> Art. 25. Ter alguém em seu poder, depois de condenado, por crime de furto ou roubo, ou enquanto sujeito à liberdade vigiada ou quando conhecido como vadio ou mendigo, gazuas, chaves falsas ou alteradas ou instrumentos empregados usualmente na prática de crime de furto, desde que não prove destinação legítima: (...)

> **Jurisprudência destacada**
>
> Recurso extraordinário. Constitucional. Direito Penal. Contravenção penal. 2. Posse não justificada de instrumento de emprego usual na prática de furto (art. 25 do Decreto-lei nº 3.688/1941). Réu condenado em definitivo por diversos crimes de furto. Alegação de que o tipo não teria sido recepcionado pela Constituição Federal de 1988. Arguição de ofensa aos princípios da isonomia e da presunção de inocência. 3. Aplicação da sistemática da repercussão geral – tema 113, por maioria de votos em 24.10.2008, Rel. Min. Cezar Peluso. 4. Ocorrência da prescrição intercorrente da pretensão punitiva antes da redistribuição do processo a esta relatoria. Superação da prescrição para exame da recepção do tipo contravencional pela Constituição Federal antes do reconhecimento da extinção da punibilidade, por ser mais benéfico ao recorrente. 5. Possibilidade do exercício de fiscalização da constitucionalidade das leis em matéria penal. Infração penal de perigo abstrato à luz do princípio da proporcionalidade. 6. Reconhecimento de violação aos princípios da dignidade da pessoa humana e da isonomia, previstos nos arts. 1º, inciso III; e 5º, *caput* e inciso I, da Constituição Federal (...) (RE nº 583.523, Tribunal Pleno, Rel. Min. Gilmar Mendes, j. 03.10.2013, Data de Publicação: 22.10.2014).

## 6.60 CRIMES CIBERNÉTICOS

São aqueles praticados **por meio da rede mundial de computadores**, em *sites* fechados ou abertos. *Bullying, stalking*, intimidações criminosas, chantagens caracterizadoras de extorsão, crimes contra a honra em geral, assédio sexual, plágios, pornografia infanto-juvenil, terrorismo e outros são crimes muito frequentemente praticados por meio da internet. Para alguns, o legislador pode, inclusive, trazer causas de aumento de pena quando tiver sido a *web* o meio escolhido para sua prática, tal qual ocorre com o crime do art. 122 do CP, que tipifica a conduta de induzir ou instigar alguém a suicidar-se ou a praticar automutilação ou prestar-lhe auxílio material para que o faça, cuja pena, nos termos do § 4º, é aumentada até o dobro se a conduta é realizada por meio da rede de computadores, de rede social ou transmitida em tempo real, conforme redação incluída pela Lei nº 13.968, de 2019, depois de vários episódios em que crianças e adolescentes eram levados a mutilação e suicídio por meio de jogos macabros como o conhecido "Baleia Azul".

> **CP, art. 122.** Induzir ou instigar alguém a suicidar-se ou a praticar automutilação ou prestar-lhe auxílio material para que o faça: (Redação dada pela Lei nº 13.968, de 2019.)

## 6.61 CRIMES HEDIONDOS

São aqueles assim elencados no rol taxativo do art. 1º da Lei nº 8.072, de 1990, por meio de um critério legal, objetivo.

> **Art. 1º** São considerados hediondos os seguintes crimes, todos tipificados no Decreto-lei nº 2.848, de 7 de dezembro de 1940 – Código Penal, consumados ou tentados:

I – homicídio (art. 121), quando praticado em atividade típica de grupo de extermínio, ainda que cometido por um só agente, e homicídio qualificado (art. 121, § 2º, incisos I, II, III, IV, V, VI, VII, VIII e IX); (Redação dada pela Lei nº 14.344, de 2022.)

I-A – lesão corporal dolosa de natureza gravíssima (art. 129, § 2º) e lesão corporal seguida de morte (art. 129, § 3º), quando praticadas contra autoridade ou agente descrito nos arts. 142 e 144 da Constituição Federal, integrantes do sistema prisional e da Força Nacional de Segurança Pública, no exercício da função ou em decorrência dela, ou contra seu cônjuge, companheiro ou parente consanguíneo até terceiro grau, em razão dessa condição;

II – roubo:

a) circunstanciado pela restrição de liberdade da vítima (art. 157, § 2º, inciso V);

b) circunstanciado pelo emprego de arma de fogo (art. 157, § 2º-A, inciso I) ou pelo emprego de arma de fogo de uso proibido ou restrito (art. 157, § 2º-B);

c) qualificado pelo resultado lesão corporal grave ou morte (art. 157, § 3º);

III – extorsão qualificada pela restrição da liberdade da vítima, ocorrência de lesão corporal ou morte (art. 158, § 3º);

IV – extorsão mediante sequestro e na forma qualificada (art. 159, *caput*, e §§ 1º, 2º e 3º);

V – estupro (art. 213, *caput* e §§ 1º e 2º);

VI – estupro de vulnerável (art. 217-A, *caput* e §§ 1º, 2º, 3º e 4º);

VII – epidemia com resultado morte (art. 267, § 1º);

VII-A – (vetado);

VII-B – falsificação, corrupção, adulteração ou alteração de produto destinado a fins terapêuticos ou medicinais (art. 273, *caput* e §§ 1º, 1º-A e 1º-B, com a redação dada pela Lei nº 9.677, de 2 de julho de 1998);

VIII – favorecimento da prostituição ou de outra forma de exploração sexual de criança ou adolescente ou de vulnerável (art. 218-B, *caput*, e §§ 1º e 2º);

IX – furto qualificado pelo emprego de explosivo ou de artefato análogo que cause perigo comum (art. 155, § 4º-A).

**Parágrafo único.** Consideram-se também hediondos, tentados ou consumados:

I – o crime de genocídio, previsto nos arts. 1º, 2º e 3º da Lei nº 2.889, de 1º de outubro de 1956;

II – o crime de posse ou porte ilegal de arma de fogo de uso proibido, previsto no art. 16 da Lei nº 10.826, de 22 de dezembro de 2003;

III – o crime de comércio ilegal de armas de fogo, previsto no art. 17 da Lei nº 10.826, de 22 de dezembro de 2003;

IV – o crime de tráfico internacional de arma de fogo, acessório ou munição, previsto no art. 18 da Lei nº 10.826, de 22 de dezembro de 2003;

V – o crime de organização criminosa, quando direcionado à prática de crime hediondo ou equiparado.

Importante frisarmos que o denominado **TTT (Tráfico de drogas, Terrorismo e Tortura) não corresponde a crimes hediondos, mas a equiparados**.

O tráfico privilegiado, praticado por pessoa primária, de bons antecedentes, que não se dedica a ações criminosas, nem integra organizações criminosas, não é considerado crime hediondo, consoante previsão legal expressa trazida pelo Pacote Anticrime, Lei nº 13.964 de 2019.

> **Lei nº 7.210/1984, art. 112.** (...)
>
> § 5º Não se considera hediondo ou equiparado, para os fins deste artigo, o crime de tráfico de drogas previsto no § 4º do art. 33 da Lei nº 11.343, de 23 de agosto de 2006. (Incluído pela Lei nº 13.964, de 2019.)

Sendo **taxativo o rol trazido pelo art. 1 da Lei nº 8.072, de 1990**, não será admitida analogia *in malam partem* para que nele se incluam outros crimes semelhantes.

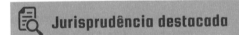

### Jurisprudência destacada

De acordo com a Jurisprudência desta Corte Superior, ante a ausência de previsão no rol do art. 2º da Lei nº 8.072/1990, o crime de associação para o tráfico previsto no art. 35 da Lei nº 11.343/2006 não é crime hediondo ou equiparado (STJ, AgRg no HC nº 485.529/RS, j. 12.03.2019).

### Decifrando a prova

**(2017 – Cespe/Cebraspe – PC/MS – Delegado)** A associação para fins de tráfico de drogas é considerada crime hediondo.

( ) Certo    ( ) Errado

**Gabarito comentado:** a associação para fins de tráfico não é crime hediondo, nem equiparado. Não se encontra no rol taxativo do art. 1º da Lei nº 8.072, de 1990, e não se confunde com o tráfico, segundo orientação de nossos Tribunais Superiores. Portanto, a assertiva está errada.

# 7 Aplicação da lei penal no tempo

## 7.1 IMPORTÂNCIA DO TEMA E PRINCÍPIOS REITORES

Estabelecer o tempo do crime significa identificar o momento em que foi praticado, o que é imprescindível para a aplicação dos princípios constitucionais que norteiam o operador do Direito quanto às questões de Direito intertemporal a saber:

1. **O princípio da irretroatividade da lei que prejudica** (a lei que, de qualquer forma, prejudicar o agente, não pode ser aplicada a fatos anteriores à sua vigência), fruto dos ideais iluministas, restou consagrado na **Declaração Francesa dos Direitos do Homem e do Cidadão, de 1789, constando da Declaração Universal dos Direitos do Homem, de 1948.**

   > Cuida-se de corolário do *nullum crimen, nulla poena sine lege*. As mesmas razões que fundamentam o veto à criação de crimes ou aplicações de penas à margem da lei (pelo *arbitrium judicis* ou pela analogia) militam para a interdição da lei penal *ex post facto*, quer no caso de *novatio criminis*, quer no acréscimo de punibilidade ou desfavor do réu. (HUNGRIA, 1958a, p. 106)

Na Convenção Americana sobre Direitos Humanos, o tema é tratado no art. 9º.

> **Art. 9º** Ninguém pode ser condenado por suas ações ou omissões que, no momento em que forem cometidas, não sejam delituosas, de acordo com o direito aplicável. Tampouco se pode impor pena mais grave do que a aplicável no momento da perpetração do delito. Se depois da perpetração do delito além dispuser a imposição de pena mais leve, o delinquente será por isso beneficiado.

A Carta Constitucional brasileira, inspirada nesse diploma, dispõe:

> **Art. 5º** Todos são iguais perante a lei, sem distinção de qualquer natureza, garantindo-se aos brasileiros e aos estrangeiros residentes no País a inviolabilidade do direito à vida, à liberdade, à igualdade, à segurança e à propriedade, nos termos seguintes: (...)
>
> XL – a lei penal não retroagirá, salvo para beneficiar o réu (...);

A irretroatividade da lei que prejudica é, portanto, direito fundamental e cláusula pétrea.

2. **O princípio da retroatividade da lei que beneficia** (toda lei que vier para beneficiar o agente deve ser aplicada aos fatos praticados antes da sua vigência). Na apuração da benignidade de uma lei, não apenas se deve considerar leis que descriminalizem uma conduta ou que diminuam penas. Leis serão também benignas quando trouxerem causas de exclusão de ilicitude, de culpabilidade, aumento de prazo de prescrição, diminuição de prazo de pena cumprida para gozo de benefícios, devendo ser aplicadas aos fatos anteriores à sua vigência.

> **CP, art. 2º** (...)
> **Parágrafo único.** A lei posterior, que de qualquer modo favorecer o agente, aplica-se aos fatos anteriores, ainda que decididos por sentença condenatória transitada em julgado.

A possibilidade de aplicação da lei que favorece o agente **mesmo depois do trânsito em julgado da sentença condenatória** poderia nos trazer a seguinte perplexidade: como não respeitar a coisa julgada se existe determinação constitucional nesse sentido? A resposta encontramos na ponderação dos princípios que regem a matéria. No cotejo entre o princípio da retroatividade da lei benigna e o princípio da preservação da coisa julgada, prepondera o primeiro. A rigor, ao determinar respeito à coisa julgada, o que o Estado **visa é resguardar o indivíduo diante do Estado**, visa proteger o indivíduo. Destarte, a garantia do respeito à coisa julgada não poderá ser usada contra aquele que praticou uma conduta antes tipificada em lei como criminosa, mas que, atualmente, não possui qualquer relevância jurídico penal.

### Decifrando a prova

**(2019 – Vunesp – TJ/RO – Juiz de Direito Substituto – Adaptada)** A lei penal não retroagirá, exceto se mais benéfica ao réu, desde que não iniciada a execução penal fixada em condenação transitada em julgado.
( ) Certo    ( ) Errado
**Gabarito comentado:** a lei que beneficia se aplica mesmo quando o fato já tiver sido alcançado por sentença condenatória transitada em julgado, nos termos do parágrafo único do art. 2º do CP. Portanto, a assertiva está errada.

Estabelecer se a lei é anterior ou posterior ao fato, porém, é uma questão de **referencial**. Assim, imaginemos, por exemplo, um homicídio em que os disparos que provocaram a morte da vítima tenham sido efetuados no dia 5 de um determinado mês e a morte se dado no dia 10 daquele mesmo mês. Imaginemos, ainda, que, no dia 8, uma nova lei tenha entrado em vigor, trazendo maior rigor no tratamento dispensado àquele crime. Se tomarmos por base o dia 5, a lei do dia 8 será posterior e não poderá retroagir. Outrossim, se considerado praticado no dia 10, a lei do dia 8 seria anterior e, ainda que prejudicial, poderia ser aplicada.

Afinal, em que dia se considera praticado o crime na hipótese citada? Pode, ou não, a lei do dia 8 ser aplicada? Atente para as explicações a seguir.

## 7.2 TEMPO DO CRIME, TEORIA ADOTADA PELO CP

O conceito de tempo do crime é regido pelo art. 4º do Código Penal, que adotou a chamada **Teoria da Atividade ou da Ação**, que também se aplica às contravenções.

> **Art. 4º** Considera-se praticado o crime no momento da ação ou omissão, ainda que outro seja o momento do resultado.

Assim, no exemplo dado, o crime ocorreu no dia 5 e a lei do dia 8, *novatio legis in pejus*, não poderá retroagir para alcançá-lo, sob pena de violarmos a Carta Constitucional em um dos seus mais importantes princípios: o da irretroatividade da lei que prejudica.

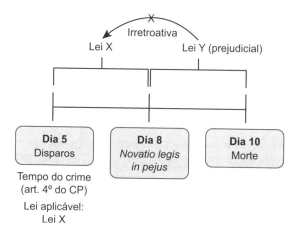

### Decifrando a prova

**(2021 – FAPEC – PC/MS – Delegado de Polícia – Adaptada)** Rick Grimes, de 17 anos e 11 meses de idade, com *animus necandi*, efetuou dois disparos de arma de fogo contra seu desafeto, Negan Smith, empreendendo fuga na sequência. A vítima foi atingida na região do peito, sofreu bastante hemorragia e foi socorrida no Hospital Regional de Alexandria. Depois de um mês, quando Rick Grimes já havia completado 18 anos, Negan Smith veio a óbito, em razão dos disparos recebidos naquela ocasião. Nessa hipótese, é correto afirmar que Rick Grimes irá responder por crime de homicídio (art. 121 do Código Penal), porque, quando o delito se consumou, ele já possuía 18 anos, sendo indivíduo imputável na ocasião do resultado naturalístico.
( ) Certo    ( ) Errado

**Gabarito comentado:** errado, pois o crime se considera praticado no momento da ação ou da omissão, ainda que outro tenha sido o momento do resultado. Assim, não importa quando a vítima veio a óbito, mas quando o agente realizou a ação que levou àquele resultado típico.

Importante, porém, visualizarmos que, a depender da modalidade de crime de que estejamos tratando, a aplicação do disposto no art. 4º traz algumas especificidades, que podem, sem maiores dificuldades, ser superadas.

- **Aplicação do art. 4º do CP ao crime permanente**

Crimes permanentes são aqueles em que a conduta se prolonga no tempo. Assim, tomemos como exemplo o sequestro. A ação se prolonga por todo o tempo em que a vítima estiver sendo privada de sua liberdade. Numa hipótese em que, no dia 5 a vítima tenha sido arrebatada, privada de sua liberdade, sendo, no dia 10, liberada pelos sequestradores, qual o tempo do crime? Será todo aquele período entre os dias 5 e 10. Trata-se de uma única conduta que se prolongou por todo aquele período. Se uma lei nova, no dia 8, entrasse em vigor, trazendo um tratamento mais gravoso (*novatio legis in pejus*), a referida lei seria aplicável àquele crime. Veja que não se trata de aplicar a lei retroativamente, porque, afinal, aplicar uma lei retroativamente é aplicá-la aos fatos praticados antes da sua vigência. Não é o que ocorre nesse caso. Não se está aplicando a lei a um fato ocorrido antes. O fato não ocorreu antes do dia 8. Ao contrário: o fato estava acontecendo e continuou em andamento mesmo depois do dia 8, quando a nova lei entrou em vigor. A lei do dia 8 é a lei do tempo do crime e, por isso, ainda que mais grave, poderá ser aplicada. Essa matéria é disciplinada pela Súmula nº 711 do STF:

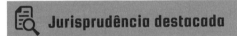 **Jurisprudência destacada**

**Súmula nº 711, STF.** A lei penal mais grave aplica-se ao crime continuado ou ao crime permanente, se a sua vigência é anterior à cessação da continuidade ou da permanência.

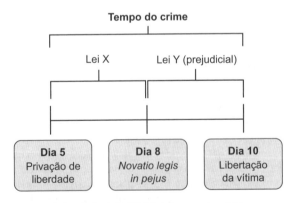

Lei aplicável: Lei Y, lei do tempo do crime

Solução diferente se daria na hipótese de uma lei nova entrar em vigor dia 11, trazendo tratamento mais grave. A lei seria posterior ao crime de que tratamos no exemplo anterior e, consequentemente, não poderíamos aplicá-la. Sendo lei posterior e prejudicial, não poderia retroagir para alcançar fatos anteriores à sua vigência.

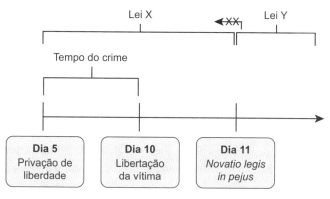

Lei Y, posterior e mais grave, não se aplica ao crime

### Decifrando a prova

**(2021 – FGV – PM/CE – Soldado da Polícia Militar)** João, policial militar, responde a Inquérito policial pela prática do crime de abuso de autoridade, por ter violado o domicílio de Mário, em 7 de junho de 2019, sem estar respaldado pelo respectivo Mandado de Busca e Apreensão. A autoridade policial indicia João pela prática do crime previsto no art. 3º, alínea *b*, da Lei nº 4.898/1965, que trata do atentado contra a inviolabilidade de domicílio, cuja pena é de detenção de 10 dias a 6 meses. Uma vez relatado o Inquérito, este é remetido para o Ministério Público para o oferecimento da denúncia. Em virtude da entrada em vigor da Lei nº 13.869/2019, o promotor com atribuição oferece denúncia contra João, imputando, a ele, a prática do crime previsto no art. 22 da nova Lei, que trata da mesma figura criminal, qual seja, a conduta de violar o domicílio sem obedecer às formalidades legais, cuja pena é detenção de 1 a 4 anos. Acerca da conduta do promotor, podemos dizer que está incorreta, em razão do princípio da irretroatividade da lei penal mais severa, sendo certo que esta regra apenas admite exceção em casos de crime permanente e crime continuado, o que não é o caso de João.
( ) Certo ( ) Errado
**Gabarito comentado:** essa assertiva foi dada como correta, mas está incorreta. A CF/1988 não admite qualquer exceção ao princípio da irretroatividade da lei que prejudica e a Súmula nº 711 do Supremo Tribunal Federal não consagra retroatividade de norma prejudicial, nem poderia. O que a Súmula nº 711 faz é possibilitar a aplicação de uma lei mais grave na continuidade delitiva, já que um dos crimes foi praticado sob a vigência dessa lei mais grave, adotando a mesma solução para o crime permanente, porque, se a lei mais grave entra em vigor durante a permanência, ela é a lei do tempo do crime. Não se trata de retroatividade de lei que prejudica. Portanto, a assertiva está errada.

• **Aplicação do art. 4º do CP ao crime habitual**

Consoante conceito adotado pela doutrina e jurisprudência brasileiras, crime habitual é aquele em que a prática de uma única conduta é fato atípico, só ganhando a conduta relevância penal quando reiterada. Ex.: crime de exercício ilegal da medicina, descrito no art. 282 do CP.

> **Art. 282.** Exercer, ainda que a título gratuito, a profissão de médico, dentista ou farmacêutico, sem autorização legal ou excedendo-lhe os limites: (...)

Vamos, assim, supor que, em 2005, Larapius Augustus tivesse dado início às atividades como médico em seu consultório, embora sem nenhuma formação para tanto, exercendo tal atividade até o ano de 2010 e, naquele período, quase todos os dias o consultório fosse aberto com atendimento de milhares de pessoas. Imaginemos, ainda, que, no ano de 2008, ocorresse *novatio legis in pejus*, entrando em vigor uma lei que aumentasse a pena do crime.[1]

Quantos foram os crimes praticados e qual foi o tempo do crime?

Cuida-se de hipótese em que houve um único crime, que perdurou por todo tempo durante o qual ele reiterou a conduta, ou seja, de 2005 até 2010. Assim, a lei de 2008, ainda que desfavorável, seria a ele aplicada. Mais uma vez, não se trata de aplicação para trás (retroativa) da lei que prejudica, mas aplicação da lei ao fato que foi praticado durante a sua vigência.

Embora a Súmula nº 711 do STF verse apenas sobre o crime continuado e o permanente, a regra por ela trazida também se aplica ao crime habitual. Logo, é possível usar a lei mais grave para o crime habitual se ela entrar em vigor antes da cessação da reiteração da conduta. Trata-se da lei do tempo do crime. Destarte, não a estaremos usando retroativamente.

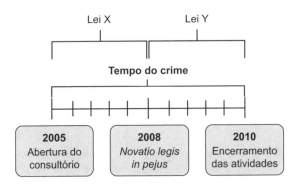

Lei aplicável: Lei Y, lei do tempo do crime

**Imaginamos, contudo, que possa surgir a seguinte dúvida:** o certo não seria usar a lei anterior para os fatos até 2008 e a lei posterior para os fatos posteriores? **Não**, porque, afinal, cuida-se de um só crime! Não há um crime até 2008 e outro depois de 2008!

---

[1] Cumpre salientar que o exemplo é fictício, aqui dado apenas para finalidades acadêmicas, não havendo nenhuma mudança no art. 282 em 2010.

| Crime permanente | Crime habitual |
|---|---|
| Uma única conduta que se prolonga no tempo. Um só crime. | Repetição, reiteração de condutas ao longo do tempo. Um só crime. |

- **Tempo do crime na hipótese de crime continuado**

Crime continuado, cuja definição podemos encontrar no art. 71 do CP, é uma das modalidades de concurso de crimes.

> **Art. 71. Quando o agente, mediante mais de uma ação ou omissão, pratica dois ou mais crimes** da mesma espécie e, pelas condições de tempo, lugar, maneira de execução e outras semelhantes, devem os subsequentes ser havidos como continuação do primeiro, aplica-se-lhe a pena de um só dos crimes, se idênticas, ou a mais grave, se diversas, aumentada, em qualquer caso, de um sexto a dois terços. (Grifos nossos.)

A leitura do dispositivo acima nos permite concluir que, para o crime continuado, não adotamos a teoria da unidade real. Assim, não se trata de crime único. A própria definição legal menciona que são "dois ou mais crimes", embora, por ficção jurídica, seja aplicada a pena de somente um deles, com o aumento previsto na lei.

O crime continuado é uma ficção jurídica inspirada em ideais de benignidade, buscando-se evitar penas demasiadamente altas.

Desta feita, pensemos em crimes de furto (art. 155 do CP) praticados por Larapius Augustus, em cinco dias diferentes, nas mesmas condições de tempo, lugar e modo de execução. Os crimes foram praticados nos dias 5, 7, 9, 11 e 15. Tem-se, a rigor, cinco crimes. Não se trata de um único crime.

Imaginemos que, no dia 13, uma nova lei tivesse entrado em vigor, tratando-se de lei prejudicial (*novatio legis in pejus*), aumentando em muito a pena daquele crime. Seria essa lei aplicável à série continuada de crimes praticados por Larapius?

Na hipótese proposta, cada crime tem o seu próprio tempo. Afinal, são crimes diferentes. Assim, a lei posterior não será plicada a nenhum dos crimes ocorridos antes de sua vigência. Ela será aplicada apenas ao crime do dia 15, ocorrido após a vigência da nova lei, sendo esse o crime que vai receber a maior das penas.

Por ocasião da aplicação da pena, seguindo a determinação do art. 71, o juiz aplicará a pena mais grave, que foi calculada de acordo com a lei mais grave, e sobre ela fará o aumento de um sexto a dois terços.

Assim, na hipótese proposta, ao fixar a pena para a continuidade delitiva, terá ele considerado a lei mais grave.

Isso não significa, em absoluto, retroatividade da lei que prejudica, uma vez que a *lex gravior* está sendo usada unicamente para o crime do dia 15, e não para os anteriores à sua vigência.

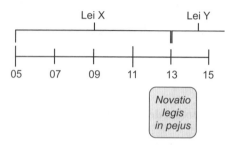

Lei aplicável à continuidade delitiva: Lei Y, porque um dos crimes foi praticado sob sua vigência

Contudo, se a lei do dia 13 fosse *lex mitior* (lei que beneficia), aí sim teria que ser usada para fixação da pena de todos os cinco crimes e para a fixação da pena do crime continuado, por força da retroatividade da lei que beneficia, imposta pela Constituição. Consequentemente, seria ela a lei a ser aplicada a toda a série continuada de crimes.

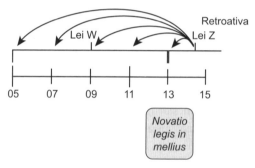

Lei aplicável: Lei Z, de forma retroativa

## 7.3 TEMPO DO CRIME NOS CRIMES HABITUAIS IMPRÓPRIOS

Crime habitual impróprio é aquele em que a prática de um ato isolado já caracteriza crime, mas a sua **reiteração não acarretará reconhecimento de concurso material ou continuidade delitiva**. Distingue-se do crime habitual porque, no último, a prática de um ato isolado não é conduta típica. Por outro lado, assemelha-se ao crime habitual porque a reiteração daqueles atos, tal qual ocorre com o crime habitual, não caracteriza pluralidade de crimes, mas um crime único.

Assim, por exemplo, o **crime de gestão fraudulenta de instituição financeira** (art. 4º da Lei nº 7.492/1986), em que basta que o agente realize um único ato fraudulento em sua gestão para que se reconheça praticado o delito. Porém, caso venha a reiterar aquelas práticas fraudulentas durante o tempo em que estiver à frente da gestão da instituição financeira, não haverá concurso de crimes, reconhecendo-se, outrossim, uma só infração penal.

E qual deve ser considerado o tempo do crime habitual impróprio? Aqui, por se tratar de crime único, deverá ser adotada a mesma solução aplicada para o crime habitual propriamente dito. Destarte, na hipótese de superveniência de uma nova lei antes da cessação da reiteração dos atos, será ela a lei aplicável.

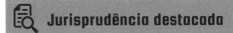

Descabe, por fim, a incidência de crime continuado à gestão fraudulenta, tendo em vista que o referido delito consiste em "crime habitual impróprio, ou acidentalmente habitual, em que uma única ação tem relevância para configurar o tipo, inobstante sua reiteração não configure pluralidade de crimes" (citação doutrinária de Rodolfo Tigre Maia no voto condutor do acórdão proferido no *Habeas corpus* nº 39.908/PR, Rel. Min. Arnaldo Esteves Lima, 5ª Turma, j. 06.12.2005, DJ 03.04.2006). Ademais, a sequência de atos perpetrados pelo réu a configurar o crime de gestão fraudulenta integra o próprio tipo penal, pelo que não há que se falar em pluralidade de condutas a ensejar a aplicação da continuidade delitiva (...) (REsp nº 975.243/SP, Rel. Min. Jorge Mussi, 5ª Turma, j. 19.10.2010, DJe 08.11.2010) (STJ, AREsp nº 608.646/ES 2014/0278007-6, Rel. Min. Sebastião Reis Júnior, DJ 29.09.2015).

## 7.4 TEMPO DO CRIME PARA O PARTÍCIPE E PARA O AUTOR MEDIATO

Para o partícipe, o tempo do crime é o da conduta por ele levada a efeito, que pode ser entendida como contribuição acessória para o crime, pouco importando o tempo da realização da conduta principal.

Observe a figura a seguir:

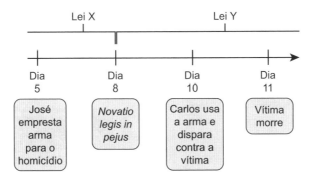

- Tempo do crime para José, partícipe: dia 5.
- Lei aplicável a José: Lei X, pela irretroatividade da Lei Y (*lex gravior*).
- Lei aplicável a Carlos: Lei Y – lei do tempo do crime, qual seja, dia 10.

O mesmo pode ser afirmado quanto à autoria mediata. Para o autor mediato, o tempo do crime será aquele em que ele atuou sobre o seu instrumento, e não o momento em que o último executou o fato descrito como crime.

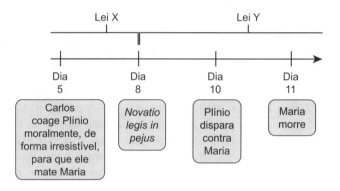

* Tempo do crime para Carlos: dia 5.
* Lei aplicável a Carlos: Lei X. Lei Y é posterior, mais grave e, portanto, irretroativa.

## 7.5 EXTRATIVIDADE DA LEI PENAL MAIS BENÉFICA

Costumamos afirmar que a lei que beneficia (*lex mitior*) **é sempre retroativa**, aplicando-se aos fatos ocorridos anteriormente à sua vigência. Embora tal assertiva seja indiscutivelmente verdadeira, o certo é que a aplicação da lei que beneficia se dá de forma muito mais ampla.

Em verdade, a **lei que beneficia é extrativa**, podendo ser aplicada fora dos limites de sua vigência, quer seja para alcançar fatos anteriores (hipótese em que será **retroativa**), quer seja para alcançar fatos praticados durante a sua vigência, mesmo quando não mais vigente (hipótese em que será **ultrativa**).

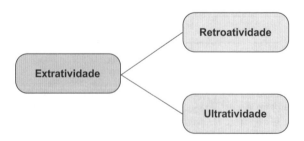

Admite as seguintes hipóteses:

1. Dia 5 foram efetuados disparos de arma de fogo contra a vítima, que veio a óbito no dia 10. Entra em vigor, no dia 8, lei que prejudica o agente (*lex gravior*). O tempo do crime é dia 5. A lei do dia 8 não poderá retroagir e, assim, não será aplicável àquele homicídio. Trata-se de aplicação do princípio da irretroatividade da *lex gravior*.

Assim, a lei aplicável a esse crime será a lei anterior, que não mais estará vigente. Trata-se de hipótese de aplicação ultrativa da *lex mitior* (ela estará sendo aplicada a fato praticado durante a sua vigência quando não mais vigente).

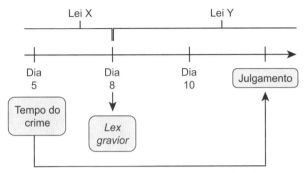

Lei X, aplicável pela ultratividade

2. Dia 5 foram efetuados disparos de arma de fogo contra a vítima, que veio a óbito no dia 10. Entra em vigor, no dia 8, lei que beneficia o agente (*lex mitior*). O tempo do crime é dia 5. A lei do dia 8 deverá retroagir e, assim, será aplicável àquele homicídio. Trata-se de aplicação do princípio da retroatividade da *lex mitior*.

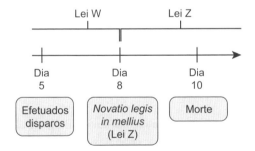

Lei aplicável: Lei Z, pela retroatividade da *lex mitior*

## 7.5.1 Leis intermediárias

A hipótese de lei intermediária ocorre quando a lei mais benéfica não é a que estava vigente na época do fato, mas também não é a que estava vigente ao tempo da sentença.

A mais benéfica e, portanto, a aplicável, será uma lei intermediária, havendo uma dupla sucessão de leis penais.

Nessa **dupla sucessão**, a intermediária, por ser mais benéfica que a do tempo do crime, deverá retroagir para alcançar o fato e, como a terceira será a mais prejudicial, não retroagirá.

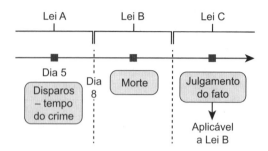

- Lei A mais grave que B.
- Lei C mais grave que B.

### 7.5.2 Leis excepcionais e temporárias

Leis temporárias são aquelas que trazem a data do fim de sua vigência. São leis **autorrevogáveis**.

As leis excepcionais são leis que foram editadas para atendimento das necessidades de um momento excepcional. As leis excepcionais limitam sua vigência a um prazo determinado, mas que é incerto e se prolongará enquanto perdurar a situação excepcional que a determinou. Ex.: uma lei elaborada para atender às especificidades do período de quarentena imposta em virtude da pandemia de Covid-19.[2]

As leis temporárias e excepcionais são ultrativas, aplicando-se aos fatos praticados durante a sua vigência, ainda que terminada a sua vigência.

> **CP, art. 3º** A lei excepcional ou temporária, embora decorrido o período de sua duração ou cessadas as circunstâncias que a determinaram, aplica-se ao fato praticado durante sua vigência.

Há de se pontuar que nada existe de inconstitucional na ultratividade da lei temporária e da lei excepcional. A sua aplicação às condutas praticadas durante a sua vigência não importa em violação a qualquer princípio trazido pela Constituição quanto à aplicação da lei penal no tempo. Afinal, o fato de não mais estarem em vigor não significa que o Estado tenha decidido abrandar o tratamento que dispensava às condutas nela descritas, tampouco que o Estado não mais consideraria importante observá-las caso as circunstâncias excep-

---

[2] Há quem estabeleça a distinção entre leis excepcionais e tipos circunstanciados, que seriam aqueles trazidos por uma lei penal ordinária, que considera criminosa uma conduta quando há concorrência de certas circunstâncias como guerras, catástrofes etc. As leis excepcionais, diante de uma situação extraordinária, entram em vigor e perdem a vigência quando desaparece a situação que a ensejou. Os tipos circunstanciados, ao contrário, conservam a sua vigência e voltam a ser aplicados todas as vezes em que a circunstância volte a se apresentar (ZAFFARONI; PIERANGELI, 2004, p. 221).

cionais que as determinaram continuassem a existir. Perdurassem as excepcionalidades, o Estado manteria aquelas regras. Não mudou a concepção estatal acerca dos mesmos fatos. Os fatos é que mudaram!

A regra constitucional que determina aplicação retroativa da lei benigna somente se aplica quando as leis em conflito tratam do mesmo fato, o que não ocorre com as leis temporárias excepcionais, como adverte Joppert (2011, p. 62). De qualquer forma, não podemos deixar de consignar que, embora a posição aqui adotada seja amplamente majoritária, há posições em sentido contrário, questionando[3] ou, ainda, afirmando sua inconstitucionalidade (GRECO, 2019, p. 169).

### 7.5.3 *Abolitio criminis*

Ocorre *abolitio criminis* quando uma lei deixa de considerar criminosa uma conduta anteriormente tipificada como tal.

> **CP, art. 2º** Ninguém pode ser punido por fato que lei posterior deixa de considerar crime, cessando em virtude dela a execução e os efeitos penais da sentença condenatória.

Trata-se de **causa extintiva da punibilidade** trazida pelo art. 107, III, do CP.

> **Art. 107.** Extingue-se a punibilidade: (...)
>
> III – pela retroatividade de lei que não mais considera o fato como criminoso; (...)

Com a *abolitio criminis*, o Estado perde seu direito de punir aqueles que praticaram a conduta anteriormente. As condutas praticadas depois da revogação da norma penal incriminadora, a seu turno, serão consideradas atípicas. Ex.: a norma que previa como criminosa a conduta de adultério foi revogada no ano de 2005, pela Lei nº 11.106. Quem praticou adultério anteriormente à revogação da norma praticou crime, mas não pode ser punido pela prática desse crime, em virtude da extinção da punibilidade prevista no art. 107, III, do CP. As práticas posteriores à Lei nº 11.106 são, a seu turno, atípicas e, assim, não são consideradas criminosas.

Das situações que caracterizam o conflito intertemporal de leis penais, a *abolitio criminis* é a que mais favorece o agente, revelando a mudança da concepção estatal acerca de determinada conduta. Se antes o Estado entendia necessário tipificá-la como criminosa, agora, entendendo que outros ramos do Direito trarão para ela tratamento eficaz, deixa de tratá-la como penalmente relevante.

Assim, a lei que instituir *abolitio criminis* deverá sempre retroagir, ainda que estejamos diante de uma hipótese em que já tenha ocorrido o trânsito em julgado de uma sentença condenatória, consoante disciplina o parágrafo único do art. 2º do CP.

---

[3] Zaffaroni (2004, p. 221) entende como sendo de constitucionalidade duvidosa a regra do art. 3º do CP.

**Art. 2º** Ninguém pode ser punido por fato que lei posterior deixa de considerar crime, cessando em virtude dela a execução e os efeitos penais da sentença condenatória.

Importante frisarmos que apenas existe *abolitio criminis* quando a conduta prevista na norma revogada não encontra adequação, subsunção a nenhum outro tipo penal incriminador.

Assim, imaginemos que uma lei viesse a revogar o Código de Trânsito Brasileiro, que tipifica o homicídio culposo na direção de veículo automotor, nos termos de seu art. 302.

A conduta de quem anteriormente tivesse provocado, na direção de veículo automotor, por negligência, imprudência ou imperícia, a morte de alguém não seria alcançada pela *abolitio criminis*, pois continuaria se adequando ao tipo penal trazido pelo art. 121, § 3º, do Código Penal.

Também não haverá *abolitio criminis* na hipótese **de continuidade normativa típica**, que ocorre quando uma lei revoga outra lei, mas continua prevendo como criminosas as condutas que a lei anterior tipificava.

### Decifrando a prova

**(2015 – Cespe/Cebraspe – TJ/DF – Analista Judiciário/Oficial de Justiça Avaliador Federal – Adaptada)** O instituto da *abolitio criminis* refere-se à supressão da conduta criminosa nos aspectos formal e material, enquanto o princípio da continuidade normativo-típica refere-se apenas à supressão formal.

( ) Certo     ( ) Errado

**Gabarito comentado:** na *abolitio criminis* a conduta deixa de ser considerada criminosa. A norma que a definia como crime desaparece do ordenamento jurídico e nenhuma outra contém a descrição da conduta. Na hipótese de continuidade normativa típica, a norma que previa a conduta como criminosa deixa de existir, mas a conduta continua se adequando à outra norma incriminadora. Portanto, a assertiva está certa.

Esse fenômeno é muito comum e ocorreu, por exemplo, com o crime de tráfico de drogas. A Lei nº 6.368/1976 tipificava, em seu art. 12, a conduta de fabricar, produzir, vender, transportar etc. drogas e foi revogada pela Lei nº 11.343/2006. A revogação do art. 12 não significou, em absoluto, que tenha se operado *abolitio criminis* com relação à conduta de traficar drogas, porque a lei nova trouxe tipo penal idêntico. Assim, traficar droga era crime antes da lei de 2006 e continuou sendo crime mesmo depois da lei de 2006, havendo continuidade normativa típica.

### Decifrando a prova

**(2015 – Cespe/Cebraspe – TRE/GO – Analista Judiciário – Adaptada)** A revogação expressa de um tipo penal incriminador conduz a *abolitio criminis*, ainda que seus elementos passem a integrar outro tipo penal, criado pela norma revogadora.

( ) Certo    ( ) Errado
**Gabarito comentado:** se os elementos passarem a integrar outro tipo penal, teremos continuidade normativa típica, e não *abolitio criminis*. Portanto, a assertiva está errada.

Um exemplo de norma que merece atenção é a que constava do art. 219 do Código Penal. A Lei nº 11.106/2005 revogou aquele dispositivo, fazendo com que muitos chegassem à conclusão equivocada de que teria havido *abolitio criminis* com relação ao rapto, o que jamais ocorreu.

O rapto nada mais era do que a privação de liberdade de uma mulher honesta para fins libidinosos. Expressões como "mulher honesta", contudo, devem ser evitadas pelo legislador, que, assim, decidiu pela revogação do art. 219. Porém, a própria lei revogadora fez acrescentar ao art. 148, § 1º, o inciso V, trazendo como qualificadora para o crime de sequestro o fato de o agente ter realizado a conduta com fins libidinosos. Portanto, continuou sendo tratada como crime a conduta de privar a liberdade de alguém com tal finalidade.

Por outro lado, a partir da Lei nº 11.106/2005, não mais importa se a liberdade privada foi de um homem ou de uma mulher. Também não importam valores que levam a considerá-la honesta ou não. O maior rigor do sequestro com finalidade libidinosa foi assim estendido a hipóteses não antes contempladas no art. 219. Verificou-se, ainda, que a nova lei trouxe pena maior que anteriormente cominada ao rapto. De tudo, se conclui não ter havido *abolitio criminis* e que não se poderia, em virtude da revogação, declarar extinta a punibilidade de quem, antes da vigência da Lei nº 11.106/2005, raptou mulher honesta para fins libidinosos. Era e continuou sendo tipificada como criminosa aquela conduta. Ao contrário, tivemos *novatio legis in pejus*, irretroativa, consoante determinação constitucional.

Solução diferente teve o rapto consensual. O art. 220 do CP, também revogado pela Lei nº 11.106/2005, tratava da hipótese da raptada, maior de 14 anos e menor de 21, consentir com o rapto.

Cuidava-se de um crime contra o pátrio poder. Com relação a ele, de fato houve *abolitio criminis*, uma vez que a conduta prevista na norma revogada não está prevista como crime em nenhuma outra no ordenamento jurídico brasileiro.

Devemos, ainda, ressaltar que a expressão *abolitio criminis* é muitas vezes utilizada de forma equivocada até mesmo por nossas cortes superiores. O STJ já se utilizou dessa expressão para se referir à supressão de causas de aumento de pena, tal qual se deu com relação ao concurso eventual de pessoas no crime de tráfico de drogas. Se é verdade que a Lei nº 6.368/1976 trazia essa causa de aumento e a Lei nº 11.343/2006 não a repetiu, também é certo que não se trata de hipótese de *abolitio criminis*. Traficar drogas em concurso de pessoas não deixou de ser crime! A atual Lei de Drogas apenas trouxe tratamento mais brando, suprimindo o aumento antes aplicável. Nesse aspecto, revela-se *novatio legis in mellius* e deverá retroagir para alcançar fatos anteriores. Nem toda hipótese de inovação legislativa benigna, porém, é *abolitio criminis*, como quis a Corte.

**Jurisprudência destacada**

RECURSO ORDINÁRIO EM *HABEAS CORPUS*. PROCESSUAL PENAL. PLEITO DE SUBSTITUIÇÃO DAS PENAS. IMPETRAÇÃO NÃO CONHECIDA PELO TRIBUNAL DE JUSTIÇA POR EXISTIR RECURSO PRÓPRIO EM TRÂMITE (APELAÇÃO). CONSTRANGIMENTO ILEGAL. ASSOCIAÇÃO EVENTUAL PARA O TRÁFICO. CAUSA ESPECIAL DE AUMENTO DO ART. 18, INCISO III (PARTE INICIAL), DA LEI N° 6.368/1976 REVOGADA PELA LEI N° 11.343/2006. *ABOLITIO CRIMINIS*. APLICAÇÃO DO PRINCÍPIO DA RETROATIVIDADE DA LEI PENAL MAIS BENÉFICA. (...) 4. Em se considerando que a causa especial de aumento pela associação eventual de agentes para a prática dos crimes da Lei de Tóxicos, anteriormente prevista no art. 18, inciso III (parte inicial), da Lei n° 6.368/1976, não foi mencionada na nova legislação, resta configurada, na espécie, a *abolitio criminis*, devendo, pois, ser retirada da condenação a causa especial de aumento respectiva, em observância à retroatividade da lei penal mais benéfica. 5. Recurso não conhecido. Concedida a ordem, de ofício, para determinar que o Tribunal de Justiça do Estado do Rio de Janeiro aprecie o mérito da impetração, bem como para, com fulcro no art. 203, inciso II, do RISTJ, excluir da condenação a majorante do art. 18, inciso III, da Lei n° 6.368/1976, decorrente da associação eventual para a prática do crime de tráfico ilícito de entorpecentes (STJ, RHC n° 21.062, 5ª Turma, Rel. Min. Laurita Vaz, *DJ* 14.05.2007, p. 335).

**Atenção**

Embora não tenhamos qualquer dúvida de que é imprópria a utilização da expressão *abolitio criminis* no caso vertente, em prova de concurso público, o estimado leitor deverá se valer dela caso questionado acerca do posicionamento do STJ.

## 7.5.4 *Abolitio criminis* nas leis excepcionais e temporárias

Poderíamos, em um primeiro momento, pensar que não existe *abolitio criminis* em lei temporária e lei excepcional, o que é de todo equivocado.

**A rigor, não é mesmo possível afirmar que houve *abolitio criminis* com relação à lei temporária ou excepcional apenas pelo fato de ter cessado sua vigência.** Afinal, tem aplicação ultrativa, como aqui já foi destacado.

Porém não se pode deixar de citar a possibilidade de ocorrência da *abolitio criminis* com relação àquelas normas. Cuida-se de hipótese que excepciona a regra do art. 3º. Ocorrerá quando, através de uma norma excepcional, o legislador tipificar como criminosa uma determinada conduta e, posteriormente, quando ainda inalteradas as circunstâncias excepcionais que determinaram sua edição, o próprio legislador mudar sua concepção, passando a entender desnecessária a incriminação. Assim, edita nova lei, dentro do mesmo período excepcional, revogando a norma anterior. No exemplo, em que terá havido *abolitio criminis*, os fatos não foram alterados. O que se alterou foi a concepção estatal a respeito daqueles mesmos fatos.

Imaginemos, assim, que, por ocasião da pandemia do coronavírus, fosse editada uma lei excepcional para ter vigência durante o período e que essa lei tipificasse como criminosa a conduta de frequentar praias, ainda que para realizar atividades esportivas. Posteriormente, inalterada a situação que levou à edição da norma, ainda com altos índices de mortes causadas pela Covid-19, a lei fosse revogada após estudos que mostraram os benefícios do esporte em espaço aberto. A lei revogadora, *in casu*, teria provocado *abolitio criminis*, devendo retroagir e, assim, estaria extinta a punibilidade daquele que tivesse, anteriormente à sua edição, sido flagrado quando realizava exercícios funcionais na areia de uma das praias de sua cidade. Trata-se, no exemplo fictício que aqui trazemos, de um aperfeiçoamento da norma e, assim, não poderia deixar de ser aplicado para beneficiar o cidadão.

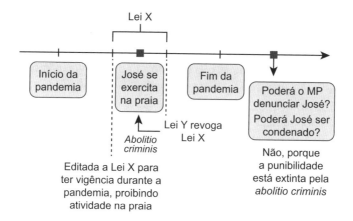

### 7.5.5 *Abolitio criminis* e normas penais em branco

Sabemos que normas penais em branco são aquelas normas que, incompletas, precisarão ser integradas por outras. A possibilidade da ocorrência, ou não, de *abolitio criminis* em tais hipóteses, no caso de supressão ou alteração de seu complemento, sempre dependerá da natureza do último.

Assim, tendo o complemento natureza temporária, não se poderá falar em *abolitio criminis*, em virtude da ultratividade das normas excepcionais e temporárias, nos termos do art. 3º do CP.[4]

Outrossim, quando não se reconhecer no complemento da norma conteúdo excepcional ou temporário, poderá ser reconhecida a *abolitio criminis*.

---

4   Ressalvamos, aqui, as hipóteses excepcionais de cabimento de *abolitio*.

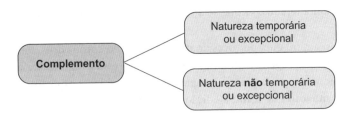

Tomemos como exemplo a norma do art. 269 do CP, que tipifica como criminosa a conduta do médico que deixar de denunciar à autoridade pública doença de notificação compulsória. Cuida-se de norma penal em branco cujo complemento pode ter natureza temporária (ex. 1: uma portaria do Ministério da Saúde que venha a determinar a notificação compulsória dos casos de dengue entre os meses de dezembro a abril, meses que registram as temperaturas mais quentes do ano e nos quais a doença se propaga assustadoramente) ou natureza não temporária (ex. 2: um diploma em que sejam elencadas doenças infectocontagiosas que devem ser obrigatoriamente denunciadas às autoridades de saúde).

Vamos supor que, no exemplo 1, em janeiro daquele ano, um médico tenha tomado conhecimento de um caso de dengue, não fazendo a notificação mandatória.

Poderia esse médico, depois do mês de abril, ser responsabilizado pela não notificação da doença em janeiro daquele ano? Sim, pois tendo o complemento da norma penal em branco natureza temporária, a norma excepcional deverá ser tratada como são tratadas as normas temporárias. Pelo princípio da ultratividade, ela será aplicada aos fatos praticados durante a sua vigência. Não houve *abolitio criminis* nessa hipótese.

No outro exemplo, tomemos como base a conduta do médico que tenha deixado de denunciar um caso de doença listada pelo Ministério da Saúde como infectocontagiosa e, portanto, de notificação compulsória. Imaginemos ainda que, posteriormente, tenha sido publicada uma lei que tenha retirado aquela doença do rol, depois das autoridades sanitárias chegarem à conclusão de que aquela doença não é infectocontagiosa como sempre se pensou.

Nessa hipótese, houve *abolitio criminis* com relação à conduta realizada pelo médico.

### Jurisprudência destacada

Em princípio, o artigo terceiro do Código Penal se aplica a norma penal em branco na hipótese do ato normativo que a integra ser revogado ou substituído por outro mais benéfico ao infrator, não se dando, portanto, a retroatividade. Essa aplicação só não se faz quando a norma, que complementa o preceito penal em branco importa real modificação da figura abstrata nele prevista ou se assenta em motivo permanente, insuscetível depois de ficar se por circunstâncias temporárias ou excepcionais, como se sucede quando do elenco de doenças contagiosas se retira uma, por se haver demonstrado que não tem ela tal característica (HC nº 73.168/SP, Rel. Min. Moreira Alves, 1ª Turma, j. 21.11.1995).

Em outro exemplo de norma penal em branco com complemento de natureza não temporária e não excepcional, admitamos que, por alterações feitas pelo Ministério da Saúde no rol das substâncias catalogadas como drogas, fosse suprimido o Cloreto de etila da Portaria SVS/MS 344 de 1998. Vender cloreto de etila, assim, deixaria de caracterizar o crime de tráfico de drogas, podendo-se reconhecer *abolitio criminis*, com a extinção, consoante art. 107, III, do CP, da punibilidade daquele que, data anterior, tivesse traficado a referida substância. Assim já reconheceu o STF, em decisão veiculada no *Informativo* nº 578 daquela Corte.

## Jurisprudência destacada

***Abolitio Criminis* e Cloreto de Etila** – 1. A Turma deferiu *habeas corpus* para declarar extinta a punibilidade de denunciado pela suposta prática do delito de tráfico ilícito de substância entorpecente (Lei nº 6.368/1976, art. 12) em razão de ter sido flagrado, em 18.02.1998, comercializando frascos de cloreto de etila (lança-perfume). Tratava-se de *writ* em que se discutia a ocorrência, ou não, de *abolitio criminis* quanto ao cloreto de etila ante a edição de resolução da Agência Nacional de Vigilância Sanitária – ANVISA que, 8 dias após o haver excluído da lista de substâncias entorpecentes, novamente o incluíra em tal listagem. Inicialmente, assinalou-se que o Brasil adota o sistema de enumeração legal das substâncias entorpecentes para a complementação do tipo penal em branco relativo ao tráfico de entorpecentes. Acrescentou-se que o art. 36 da Lei nº 6.368/1976 (vigente à época dos fatos) determinava fossem consideradas entorpecentes, ou capazes de determinar dependência física ou psíquica, as substâncias que assim tivessem sido especificadas em lei ou ato do Serviço Nacional de Fiscalização da Medicina e Farmácia do Ministério da Saúde – sucedida pela ANVISA. Consignou-se que o problema surgira com a Resolução ANVISA RDC 104, de 07.12.2000, que retirara o cloreto de etila da Lista F2 – lista das substâncias psicotrópicas de uso proscrito no Brasil, da Portaria SVS/MS 344, de 12.05.1998 – para incluí-lo na Lista D2 – lista de insumos utilizados como precursores para fabricação e síntese de entorpecentes e/ou psicotrópicos. Ocorre que aquela primeira resolução fora editada pelo diretor-presidente da ANVISA, *ad referendum* da diretoria colegiada (Decreto nº 3.029/1999, art. 13, IV), não sendo tal ato referendado, o que ensejara a reedição da Resolução nº 104, cujo novo texto inserira o cloreto de etila na lista de substâncias psicotrópicas (15.12.2000) (HC nº 94.397/BA, Rel. Min. Cezar Peluso, j. 09.03.2010).

## Decifrando a prova

**(2014 – Cespe/Cebraspe – Analista Legislativo – Adaptada)** Se a ANVISA retirasse o tetraidrocanabinol, princípio ativo da maconha, da lista de substâncias entorpecentes, haveria, nessa hipótese, efeitos retroativos, operando-se verdadeira *abolitio criminis*, a qual beneficiaria todos aqueles que tivessem anteriormente sido condenados ou que ainda estivessem sendo processados por fatos delituosos envolvendo a mercancia ou o uso de maconha.
( ) Certo ( ) Errado

> **Gabarito comentado:** a supressão de um item do complemento da norma penal em branco, neste caso, por não ter natureza temporária ou excepcional, provoca *abolitio criminis*, consoante decidiu o STF no HC nº 94.397/BA, parcialmente transcrito na página anterior. Portanto, a assertiva está certa.

### 7.5.6 Efeitos da *abolitio criminis*

Nos termos do art. 2º do CP, a *abolitio criminis* **faz cessar os efeitos penais da sentença condenatória**. Assim, a condenação anterior não poderá dar azo ao reconhecimento de reincidência, tampouco de maus antecedentes.

Os efeitos civis, extrapenais, contudo, não serão atingidos. Destarte, ainda que não mais considerada criminosa a conduta, a condenação anterior continua tornando certa a obrigação de reparar o dano causado pela prática do crime e a sentença condenatória transitada em julgado continuará valendo como título executivo judicial.

> **Decifrando a prova**
>
> **(2015 – Cespe/Cebraspe – Auditor – Adaptada)** A revogação de um tipo penal pela superveniência de lei descriminalizadora alcança também os efeitos extrapenais de sentença condenatória penal.
> ( ) Certo  ( ) Errado
> **Gabarito comentado:** a *abolitio criminis* só faz cessar os efeitos penais da sentença condenatória, consoante art. 2º do CP, não tendo nenhum condão de afastar os efeitos extrapenais. Portanto, a assertiva está errada.

### 7.6 COMBINAÇÃO DE LEIS

Na hipótese de sucessão de leis no tempo, a doutrina diverge quanto à possibilidade de sua combinação, formando-se duas correntes a respeito do tema.

- **1ª corrente:** adotando a teoria da ponderação unitária ou global, não admite combinação das leis, sob pena de se estar criando uma terceira além, *a lex tertia*, usurpando, sem qualquer legitimidade, a função do legislador. Esse foi o entendimento adotado pelo STJ com relação ao disposto no art. 33 da Lei nº 11.343/2006. O citado dispositivo comina penas mais graves do que aquelas que eram trazidas pela Lei nº 6.368/1976 para o tráfico de drogas, mas, ao mesmo tempo, no seu § 4º, traz causa de diminuição de pena para o traficante primário, de bons antecedentes, que não se destina a práticas criminosas nem integra organização criminosa. Essa causa de diminuição de pena não constava da lei anterior. Para o STJ, não se poderá combinar as leis para extrair a pena menos grave cominada pela primeira e a causa de diminuição de pena prevista pela segunda. Neste sentido, foi editada a Súmula nº 501 daquela Corte.

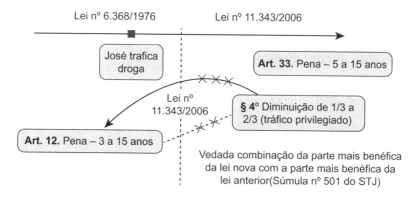

### Jurisprudência destacada

**Súmula nº 501, STJ.** É cabível a aplicação retroativa da Lei nº 11.343/2006, desde que o resultado da incidência das suas disposições, na íntegra, seja mais favorável ao réu do que o advindo da aplicação da Lei nº 6.368/1976, sendo vedada a combinação de leis.

### Decifrando a prova

**(2021 – FAPEC – PC/MS – Delegado de Polícia – Adaptada)** Tanto o STF quanto o STJ não admitem a combinação de leis penais.
( ) Certo    ( ) Errado
**Gabarito comentado:** por entenderem que se estaria criando uma terceira lei e, assim, substituindo o legislador, não admitem a cominação de leis penais. Portanto, está certo.

No Brasil, entre outros, é a posição de Capez (2003, p. 59) e Estefam (2010, p. 131).

- **2ª corrente:** adota a teoria da ponderação diferenciada, que, considerando a complexidade de cada uma das leis, entende ser possível a combinação de leis sem que isso signifique usurpação da função do legislador, como querem fazer crer os partidários da primeira corrente. É a nossa orientação. Como sustenta Busato (2018, p. 133-137), a alegação de que se estaria criando *lex tertia* é confundir lei com norma. A aplicação concomitante de dispositivos favoráveis das duas leis é imposta pela *ratio* jurídico-política da proibição da retroatividade desfavorável e pela *ratio* político-criminal da imposição da retroatividade favorável (CARVALHO, 1990, p. 158).

Trata-se de tendência majoritária na doutrina europeia, sendo, no Brasil, o entendimento sufragado por Joppert (2011, p. 59), Busato (2018, p. 135), Bitencourt (2020, p. 230), Damásio de Jesus (1999, p. 135) e Greco (2019, p. 171).

### 7.6.1 Dúvidas acerca da maior benignidade

Em havendo dúvidas quanto à lei mais benigna, a exemplo do disposto no art. 2º do CP espanhol, nada impediria oitiva do réu e de seu defensor.

> **Art. 2º** *No obstante, tendrán efecto retroactivo aquellas leyes penales que favorezcan al reo, aunque al entrar en vigor hubiera recaído sentencia firme y el sujeto estuviese cumpliendo condena. En caso de duda sobre la determinación de la Ley más favorable, será oído el reo. Los hechos cometidos bajo la vigencia de una Ley temporal serán juzgados, sin embargo, conforme a ella, salvo que se disponga expresamente lo contrario.*

Hungria (1958a, p. 125-126) apontava a solução do Código Penal espanhol como sendo a mais racional, pois que ninguém melhor que o réu para dizer qual das opções se revela mais benéfica.

### 7.6.2 Vedação de combinação de leis no Código Penal Militar

A combinação de leis é vedada pelo Código Penal Militar na apuração da lei de maior benignidade.

> **Apuração da maior benignidade**
> § 2º Para se reconhecer qual a mais favorável, a lei posterior e a anterior devem ser consideradas separadamente, cada qual no conjunto de suas normas aplicáveis ao fato.

### 7.6.3 Mudança de entendimento jurisprudencial se submete às regras de retroatividade e irretroatividade?

O entendimento jurisprudencial, em regra, não se submete aos princípios de retroatividade e irretroatividade, pois que não se trata de lei, mas de interpretação que os Tribunais dão às leis.

Porém, o STF, vez ou outra, extrapola aquilo que deveria ser mera atividade de interpretação e acaba por trazer inovações não contempladas e mesmo negando soluções adotadas pelo legislador.

Claro exemplo de atividade criadora ocorre com a Súmula Vinculante nº 24:

> **📄 Jurisprudência destacada**
>
> **Súmula Vinculante nº 24.** Não se tipifica crime material contra a ordem tributária, previsto no art. 1º, incisos I a IV, da Lei nº 8.137/1990, antes do lançamento definitivo do tributo.

Na Súmula, o STF **realizou atividade inovadora** e, assim, à súmula se deve conferir o tratamento dispensado à lei. Consequentemente não retroagirá para alcançar fatos anteriores à sua criação.

Nesse sentido, admitindo ultratividade de posicionamento jurisprudencial que beneficia, também se manifesta Joppert (2011, p. 69), sustentando que tal solução se daria nas hipóteses em que o STF inovasse no ordenamento jurídico, por meio de súmulas, ainda que não vinculantes.

Concordando com o citado autor, entendemos que a solução também deve ser adotada quando o STF inovar em matéria penal, em sede de controle concentrado de constitucionalidade. Tomemos como exemplo a decisão do STF na ADO nº 26, em que a Corte classificou como racismo os atos de discriminação que traduzam preconceito de gênero, consoante exposição feita no Capítulo 5, "Princípios", item 5.2.4. "Reserva de lei". Para nós, a referida solução não poderia ser aplicada aos fatos anteriores àquela decisão.

Estefam (2010, p. 136), destacando que o nosso país não usa o sistema do precedente judicial e que as decisões dos Tribunais não têm caráter vinculante, defende que a nova posição jurisprudencial benéfica ao agente só poderia ter aplicação retroativa nas hipóteses em que existisse esse caráter vinculativo, ou seja, quando se tratasse de **súmula vinculante** ou decisão em sede de controle direto de constitucionalidade.

Greco (2019, p. 177), sem excepcionar situações ou exigir súmulas ou decisões vinculativas para tanto, entende que novas interpretações jurisprudenciais que se revelarem benéficas deverão obrigatoriamente retroagir, a fim de alcançar fatos ocorridos no passado, que foram julgados sob a ótica do entendimento anterior. As que prejudicam jamais poderiam retroagir. Defende o prestigiado autor que, se o agente praticou a conduta quando a jurisprudência dos Tribunais Superiores entendia se tratar de conduta lícita, sendo, tempos depois, mudada a orientação, não poderá ser prejudicado e, caso processado, deverá alegar ter atuado em erro de proibição, pois acreditava, diante das decisões anteriores, ser lícito o seu comportamento. Para o autor deveria o agente, nessa hipótese, ser beneficiado com o reconhecimento do erro de proibição.

Contudo, cumpre ressaltar que o **STF não vem adotando esse entendimento**. Especificamente quanto à Sumula Vinculante nº 24, o Tribunal não acatou, nos autos do Recurso Ordinário em *Habeas Corpus* nº 122.774/RJ, a tese do impetrante, que desejava a não aplicação da Súmula Vinculante. Alegava o impetrante que a Súmula Vinculante nº 24 teria força de lei, sendo prejudicial ao agente quanto à contagem do tempo da prescrição e, portanto, não poderia ser aplicada retroativamente para alcançar fatos ocorridos antes de 19 de fevereiro de 2010, data de sua publicação. Insistindo no caráter meramente interpretativo da Súmula, a Corte rechaçou os argumentos defensivos.

> **Jurisprudência destacada**
>
> Ademais, padece de plausibilidade jurídica a tese do recorrente de que a observância do enunciado da Súmula Vinculante nº 24 no caso concreto importaria interpretação judicial mais gravosa da lei de regência. Com efeito, a Súmula Vinculante em questão é mera consolidação da jurisprudência da Corte, que, há muito, tem entendido que "a consumação do crime tipificado no art. 1º da Lei nº 8.137/1990 somente se verifica com a constituição do crédito fiscal, começando a correr, a partir daí, a prescrição" (HC nº 85.051/MG, 2ª Turma, Rel. Min. Carlos Velloso, *DJ* 1º.07.2005) (RHC nº 122.774, voto do Rel. Min. Dias Toffoli, 1ª Turma, j. 19.05.2015, *DJe*-111 de 11.06.2015).

A análise da jurisprudência do STF demonstra que a Corte também insistiu que, ao estender a Lei nº 7.716/1989 à homofobia, não criou norma incriminadora, mas apenas deu interpretação ao texto legal para acatá-la como racismo, o que, a rigor, não corresponde ao que foi decidido. Afinal, a questão de gênero não guarda nenhuma relação com raça, cor, religião, etnia ou procedência nacional.

## 7.7 RETROATIVIDADE DA LEI INTERPRETATIVA MALÉFICA

Se a lei penal é meramente interpretativa (explica algum conceito de outra lei ou dispositivo), mas o seu conteúdo de qualquer forma agrave a situação do agente, poderá retroagir de modo a influenciar fatos ocorridos no passado (interpretação autêntica posterior maléfica)? Há dois posicionamentos:

Para Cleber Masson (2019b, p. 101), com quem concordamos, ao abordar a interpretação autêntica (legislativa):

> Por se limitar à interpretação, tem eficácia retroativa (*ex tunc*), ainda que seja mais gravosa ao réu. Em respeito à força e à autoridade da coisa julgada, por óbvio não atinge os casos já definitivamente julgados.

Em sentido contrário são as lições de Nélson Hungria e René Dotti (2017):

> Nem mesmo as leis destinadas a explicar ponto duvidoso de outras leis, ou a corrigir equívoco de que estas se ressintam, podem retroagir em desfavor do réu. Se o próprio legislador achou que a lei anterior (interpretada ou emendada) era de difícil entendimento ou continha erro no seu texto, não se pode exigir do réu que a tivesse compreendido segundo o pensamento que deixou de ser expresso com clareza ou exatidão.

## 7.8 COMPETÊNCIA PARA APLICAÇÃO DA *LEX MITIOR*

**Antes do trânsito em julgado** da sentença condenatória, a aplicação da lei que beneficia competirá ao juiz ou tribunal que, naquele momento, esteja analisando a matéria. Após, a competência será do juiz da execução.

**Lei nº 7.210/1984, art. 66.** Compete ao Juiz da execução:

I – aplicar aos casos julgados lei posterior que de qualquer modo favorecer o condenado; (...)

Tratando-se de questão de ordem pública, a aplicação da lei que beneficia não depende de provocação, **podendo ser feita, de ofício, pelo magistrado**.

Há, contudo, uma situação instigante e que merece reflexão. Imaginemos que, após o trânsito em julgado da sentença condenatória, sobrevenha uma lei benéfica. Sua aplicação não depende, contudo, de um mero cálculo matemático, mas da reanálise do conjunto probatório já apreciado pelo juiz ou tribunal que prolatou a decisão transitada em julgado. Nessa hipótese, entendemos que cabe razão a Rogério Greco (2019, p. 173) ao defender que a aplicação da lei benigna não poderá ser levada a efeito pelo juiz da execução, ficando, outrossim, a cargo do Tribunal, que deverá reavaliar a matéria por meio de revisão criminal. Afinal, o entendimento de que ao juiz da execução caberia a aplicação da *novatio legis in mellius* nessa hipótese o elevaria à condição de um superjuiz, que poderia reavaliar material probatório já decidido por um Tribunal ou mesmo por um magistrado que é tão magistrado quanto ele, como nos faz refletir Alberto Silva Franco (1997, p. 93).

A solução não é, porém, uníssona e, na doutrina, aponta-se a impossibilidade de utilização da revisão criminal para tal fim, uma vez que a hipótese não está contemplada entre aquelas que constam do art. 621 do CPP. Para quem assim entende, o juiz da execução poderia requisitar os autos principais e apreciar todos os elementos que viabilizariam aplicação da lei nova (MIRABETE, 2013a, p. 51).

**CPP, art. 621.** A revisão dos processos findos será admitida:

I – quando a sentença condenatória for contrária ao texto expresso da lei penal ou à evidência dos autos;

II – quando a sentença condenatória se fundar em depoimentos, exames ou documentos comprovadamente falsos;

III – quando, após a sentença, se descobrirem novas provas de inocência do condenado ou de circunstância que determine ou autorize diminuição especial da pena.

Das decisões do juiz da execução quanto à aplicação da lei que beneficia cabe agravo em execução, sem efeito suspensivo.

**Lei nº 7.210/1984, art. 197.** Das decisões proferidas pelo Juiz caberá recurso de agravo, sem efeito suspensivo.

## 7.9 APLICAÇÃO DA LEI POSTERIOR DURANTE PERÍODO DE *VACATIO LEGIS*

Sobre a possibilidade de aplicação de uma lei que beneficia durante o seu período de *vacatio legis*, duas são as correntes que se formaram:

- **1ª corrente:** a lei, ainda que mais benigna, **precisa do transcurso** do período de *vacatio* para que possa ser aplicada. Durante o período de *vacatio*, a lei não propaga seus efeitos, pois ainda não possui eficácia. Demais disso, existe a possibilidade de revogação de uma lei dentro do próprio período de *vacatio*, tal qual ocorreu com o Código Penal de 1969 (Lei nº 1.004/1969), que jamais entrou em vigor. O precedente, apontado como o mais longo período de *vacatio* da história do direito brasileiro, reforça os argumentos dessa primeira corrente que, entre nós, é adotada por Capez (2003, p. 60), Masson (2019b, p. 109) e Joppert (2011, p. 70).

- 2ª **corrente:** a lei benigna **deverá ter aplicação imediata**, não sendo necessário aguardar o transcurso do período de *vacatio*. Afinal, cuida-se de lei posterior e de retroatividade obrigatória por força de dispositivo constitucional. Por outro lado, uma vez iniciando o período de sua vigência, necessariamente deverá ser aplicada aos fatos anteriores, não havendo motivos para aguardar o fim da *vacatio*. É o nosso entendimento, também defendido na doutrina por Greco (2019, p. 174). Não nos parece convincente o argumento trazido por Masson (2019b, p. 109), no sentido de que seria incoerente devermos aguardar o período de *vacatio* de uma lei que prejudica e dispensarmos a exigência quando se tratasse de norma que beneficia. É preciso que se rememore que o período de *vacatio* se justifica para que a sociedade assimile melhor o conteúdo de um novo diploma legal, para que esteja mais bem informada e a ele se adeque, não sendo por ele surpreendida. Ora, se a lei penal vem para beneficiar, esse cuidado não se faz necessário e, traduzindo a nova concepção do Estado a respeito da matéria, para entender que deva ser menos gravoso o tratamento dispensado ao agente, não há motivos para condicionar sua aplicação ao término do período de *vacatio*. Outrossim, o fato de a lei poder ser revogada no período de *vacatio*, não nos parece desautorizar o entendimento que aqui sufragamos.

Quanto ao precedente referente ao Código de 1969, cuida-se de algo único, excepcional e que traduz as inquietudes da época em que foi publicado, quando experimentávamos um período de exceção democrática. Não podemos usá-lo como parâmetro para os novos tempos, em que se deve prestigiar cumprimento fiel de normas constitucionais.

## 7.10 APLICAÇÃO DE LEIS PROCESSUAIS NO TEMPO

As leis processuais não se submetem aos princípios da retroatividade e da irretroatividade, ou seja, **devem ser aplicadas de forma imediata**, atingindo mesmo os fatos praticados anteriormente à sua vigência, ainda que possam ser consideradas prejudiciais.

> **CPP, art. 2º** A lei processual penal aplicar-se-á desde logo, sem prejuízo da validade dos atos realizados sob a vigência da lei anterior.

Entendemos, porém, que leis processuais não devem necessariamente ser aplicadas de forma imediata, pois existem aquelas que, embora processuais, trazem reflexos nos direitos e nas garantias fundamentais. Quando isso ocorre, às normas processuais deve ser dispensado tratamento idêntico àquele a que se submetem as normas de direito material, sujeitando-se ao princípio de retroatividade, quando benignas, e à irretroatividade, quando prejudiciais. Assim, por exemplo, na minirreforma no Código de Processo Penal em 2008, foi suprimido, pela Lei nº 11.689/2008, recurso do protesto por novo júri, o que acabou por influenciar na garantia da ampla defesa e recursos a ela inerentes. Assim, a nosso ver, a vedação não poderia ser aplicada de forma imediata, não deveria retroagir para alcançar fatos anteriores à sua vigência para os quais continuaria cabendo o mencionado recurso.

Esse não foi, contudo, o entendimento do STF, que, reconhecendo o caráter processual da norma que suprimiu o recurso de protesto por novo júri, determinou sua aplicação imediata, consoante disposto no art. 2º do CPP.

> **Jurisprudência destacada**
>
> I – O protesto por novo júri, que constituía prerrogativa de índole processual e exclusiva do réu, cumpria função específica em nosso sistema jurídico: a invalidação do primeiro julgamento, que se desconstituía para todos os efeitos jurídico-processuais, a fim de que novo julgamento fosse realizado, sem, contudo, afetar ou desconstituir a sentença de pronúncia e o libelo-crime acusatório (HC nºs 67.737/RJ e 70.953/SP, Rel. Min. Celso de Mello). II – Esse recurso *sui generis* era cabível nas condenações gravíssimas (vinte anos ou mais), com o escopo de realizar-se novo julgamento, sem invalidar totalmente a sentença condenatória, que, em face do princípio da soberania dos veredictos dos jurados, somente poderia ser alterada ou cassada pelo próprio Tribunal do Júri. (...) IV – Nos termos do art. 2º do CPP, "a lei processual aplicar-se-á desde logo, sem prejuízo da validade dos atos realizados sob a vigência da lei anterior". Desse modo, se lei nova vier a prever recurso antes inexistente, após o julgamento realizado, a decisão permanece irrecorrível, mesmo que ainda não tenha decorrido o prazo para a interposição do novo recurso; se lei nova vier a suprimir ou abolir recurso existente antes da prolação da sentença, não há falar em direito ao exercício do recurso revogado. Se a modificação ou alteração legislativa vier a ocorrer na data da decisão, a recorribilidade subsiste pela lei anterior. V – Há de se ter em conta que a matéria é regida pelo princípio fundamental de que a recorribilidade se rege pela lei em vigor na data em que a decisão for publicada (GRINOVER, Ada Pellegrini; GOMES FILHO, Antonio Magalhães; FERNANDES, Antonio Scarence. *Recursos no processo penal*: teoria geral dos recursos em espécie, ações de impugnação, reclamação aos tribunais. 5. ed. São Paulo: RT, 2008. p. 63). (...) (RE nº 752.988 AgR/SP, Ag. Reg. no RE, Rel. Min. Ricardo Lewandowski, 2ª Turma, j. 10.12.2013, Data de Publicação: 03.02.2014).

Portanto, a doutrina majoritária e as nossas Cortes Superiores entendem que as **normas processuais sempre se submeterão à regra do art. 2º do CPP, com aplicação imediata**, não fazendo qualquer distinção entre as que reflitam diretamente sobre os direitos e as garantias fundamentais e as que não tenham esse condão.

## 7.11 LEIS HÍBRIDAS E SUA APLICAÇÃO NO TEMPO

Normas mistas ou híbridas são aquelas que apresentam duplo viés, revestindo-se tanto de conteúdo material quanto de processual.

**O que vai determinar sua retroatividade, ou não, é o aspecto penal**. Se a parte penal for benéfica, retroagirão como um todo, tanto no conteúdo material quanto no processual.

Se a parte penal for prejudicial, não poderão ser aplicadas a fatos anteriores, nem mesmo no aspecto processual. Devem, portanto, ser aplicadas em bloco, não se admitindo sua cisão. Essa sempre foi a orientação do STF e do STJ a respeito do tema.

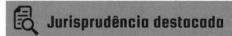 **Jurisprudência destacada**

PENAL. *HABEAS CORPUS*. DELITO DE MENOR POTENCIAL OFENSIVO. ROL AMPLIADO PELA LEI Nº 10.259/2001. SENTENÇA PROFERIDA APÓS SUA EDIÇÃO. NORMAS DE NATUREZA PENAL OU MISTA QUE BENEFICIAM OS PACIENTES. RETROATIVIDADE. ORDEM CONCEDIDA. 1. A Lei nº 10.259/2001, por seu art. 2º, parágrafo único, ampliou o rol dos delitos de menor potencial ofensivo, elevando o teto da pena máxima abstratamente cominada ao delito para 2 (dois) anos, sendo omisso em relação a possíveis exceções, estendendo mais ainda o conceito de infração de menor potencial ofensivo. 2. No caso dos autos, os réus foram condenados pela prática do delito capitulado no art. 256, parágrafo único, c/c 258, segunda parte, ambos do Código Penal, os quais preveem a pena máxima de 1 (um) ano e 6 (seis) meses de detenção, subsumindo-se, portanto, ao conceito de menor potencial ofensivo nos termos postos pela Lei nº 10.259/2001. 3. Tratando-se de lei penal mais benéfica, de natureza jurídica de direito material ou mista, que possibilita aos pacientes a oportunidade de se beneficiarem dos institutos despenalizadores previstos na Lei nº 9.099/1995, aplica-se aos fatos praticados anteriormente à sua entrada em vigor, consoante determina os arts. 5º, inciso XL, da Constituição Federal e 2º, parágrafo único, do Código Penal. 4. Ordem concedida para anular a sentença condenatória e determinar que seja verificada a incidência das regras pertinentes às infrações penais de menor potencial ofensivo, notadamente quanto ao disposto no art. 76 da Lei nº 9.099/1995 (HC nº 55.064/SP, *Habeas Corpus* nº 2006/0037120-4, Rel. Min. Arnaldo Esteves Lima, 5ª Turma, j. 09.05.2006, *DJ* 29.05.2006, p. 283).

# 8 Aplicação da lei penal no espaço

## 8.1 PRINCÍPIOS REITORES

A lei penal brasileira pode ser aplicada aos crimes praticados no território brasileiro e a certas situações em que sua prática se dá fora do território nacional. Quando o crime ocorrer no território brasileiro, a lei brasileira será aplicável pelo princípio da territorialidade. Quando não praticado em território brasileiro, a aplicação da lei penal brasileira ao crime dependerá da verificação se aquele crime está ou não inserido entre as hipóteses para as quais a lei brasileira permite a sua aplicação pelo princípio da extraterritorialidade.

**O princípio da territorialidade** preceitua que a lei de um país será aplicada ao crime praticado no território daquele mesmo país.

**O princípio da extraterritorialidade** possibilitará a aplicação da lei de um país a um crime praticado fora do território daquele país.

Para fixarmos se o crime foi praticado ou não no território nacional, é preciso que atentemos para a regra trazida pelo art. 6º do Código Penal a respeito da matéria.

A territorialidade será a regra geral. A extraterritorialidade será a exceção.

## 8.2 LOCAL DO CRIME

Para a fixação do local do crime, o Código Penal adotou a **teoria da ubiquidade**, nos termos do art. 6º do CP:

> Art. 6º Considera-se praticado o crime no lugar em que ocorreu a ação ou omissão, no todo ou em parte, bem como onde se produziu ou deveria produzir-se o resultado.

Lugar do crime é tanto o da ação ou da omissão quanto aquele em que o resultado ocorreu ou deveria ter ocorrido, na hipótese de tentativa. Atentemos para os exemplos a seguir.

**Ex. 1:** no dia 5, no Paraná, foram efetuados os disparos contra a vítima, que foi levada para um hospital em Porto Iguaçu, Argentina, onde morreu no dia 10. Quando se considera praticado esse crime (tempo do crime)? No dia 5. Onde se considera praticado esse crime (lugar do crime)? No Brasil ou na Argentina, nos termos do art. 6º do CP (tanto no local da ação ou da omissão quanto no do resultado).

**Ex. 2:** Hostilia Augusta manda uma carta bomba da Itália para um endereço na zona sul do Rio de Janeiro, onde explodiria, provocando a morte de seu inimigo Larapius Augustus. As autoridades brasileiras interceptam a carta e desativam o aparato. O crime pode ser considerado praticado tanto na Itália quanto no Brasil, onde o resultado deveria ter ocorrido.

Nos exemplos anteriores, temos o denominado crime a distância, em que a ação ocorre em um país e o resultado, em outro.

> **Decifrando a prova**
>
> **(2019 – Cespe/Cebraspe – DPE/DF – Defensor Público – Adaptada)** Em razão da teoria da ubiquidade, considera-se praticado o crime no lugar em que ocorreu a ação ou omissão, no todo ou em parte, bem como onde se produziu ou deveria ter sido produzido o resultado.
> ( ) Certo     ( ) Errado
> **Gabarito comentado:** assertiva de acordo com os termos do art. 6º do CP. Portanto, está certo.

Porém, para que o crime possa ser considerado praticado no Brasil, alguma parte de seu iter executório deve ter "tocado" o território nacional.

Assim, vamos supor que, no caso da bomba postada na Itália, as próprias autoridades locais, desconfiando do conteúdo da correspondência, interceptassem a carta, ainda em solo italiano. Nesse caso, como o crime não tocou o território nacional, não pode ser considerado praticado no Brasil. É necessário que, pelo menos, algum ato de execução tenha sido praticado no território nacional ou que aqui se tenha consumado o crime. Não será aplicada a lei brasileira, destarte, aos casos em que houver interrupção da execução ou mesmo antecipação involuntária da consumação fora do território brasileiro, ainda que fosse intenção do agente obter o resultado no território nacional (MIRABETE, 2013a, p. 61). Também não serão considerados praticados em território brasileiro aqueles crimes cujos atos meramente preparatórios tenham sido praticados no Brasil.

**A doutrina aponta, com razão, que não se aplica o princípio da ubiquidade aos denominados crimes conexos, pois não se trata de um só crime.** Assim, se o agente pratica tráfico de drogas no Brasil, e no estrangeiro dissimula e oculta a origem ilícita dos valores obtidos com a venda ilícita de drogas, em operação de lavagem de capitais, apenas o tráfico poderá ser considerado praticado no Brasil e a ele se aplicará a lei brasileira pelo princípio da territorialidade. Quanto ao crime de lavagem de capitais, ocorreu no estrangeiro e, se houver a hipótese de aplicação da lei brasileira, esta se dará pelo princípio da extraterritorialidade.

> **Decifrando a prova**
>
> **(2018 – Cespe/Cebraspe – PC/MA – Delegado – Adaptada)** Com relação a lugar do crime e territorialidade e extraterritorialidade da lei penal, conforme previstos no CP: nos crimes conexos, não se aplica a teoria da ubiquidade, devendo cada crime ser julgado pela legislação penal do país em que for cometido.
> ( ) Certo     ( ) Errado
> **Gabarito comentado:** os crimes conexos não são crime único. São dois ou mais crimes, consoante explicação dada anteriormente. Portanto, a assertiva está certa.

Muito comum que se confundam as regras de fixação de local do crime com as de competência, o que não se justifica.

A regra do art. 6º se aplica aos denominados crimes a distância, como acima destacado, apenas servindo para que possamos saber se aquele crime pode ou não ser considerado praticado no Brasil. Uma vez fixado que o crime ocorreu no Brasil, deveremos verificar que juízo será competente para o processo e julgamento daquele crime. Para tanto, deveremos nos socorrer das regras estabelecidas no Código de Processo Penal.

Por outro lado, na hipótese de a ação e o resultado terem ocorrido no território nacional, não há razão para aplicarmos o princípio da ubiquidade. Neste caso, em que teremos crime **plurilocal**, resta claro que o crime ocorreu no território brasileiro e o que importará é a fixação de qual juiz dentro do território brasileiro será competente para o processo e julgamento respectivo.

## 8.2.1  Lugar do crime para o partícipe

Adotando-se a regra do art. 6º do Código Penal, local do crime será aquele em que o agente realizou a conduta que pode ser considerada participação para o crime, bem como aquele em que se deu o resultado. Assim, se o partícipe empresta arma, no Brasil, para que o autor execute o crime na Argentina, para ele poderemos considerar praticado o crime no Brasil ou na Argentina.

> **Decifrando a prova**
>
> **(2018 – Cespe/Cebraspe – PC/MA – Delegado – Adaptada)** Com relação a lugar do crime e territorialidade e extraterritorialidade da lei penal, conforme previstos no CP: no concurso de pessoas, o lugar do crime será somente aquele em que ocorrerem os atos de participação ou coautoria, independentemente do local do resultado.
> ( ) Certo     ( ) Errado
> **Gabarito comentado:** também poderá ser o do local do resultado, conforme art. 6º do CP. Portanto, a assertiva está errada.

## 8.3 PRINCÍPIO DA TERRITORIALIDADE

O princípio da territorialidade, que versa sobre a possibilidade de aplicação da lei de um país aos **fatos ocorridos dentro do território daquele** país, é a regra usada no Código Penal para a aplicação da lei brasileira.

> Art. 5º Aplica-se a lei brasileira, sem prejuízo de convenções, tratados e regras de direito internacional, ao crime cometido no território nacional. (Redação dada pela Lei nº 7.209, de 1984.)

Por território brasileiro deve-se entender:

1. A nossa base geográfica, ou seja, o solo ocupado pela corporação política, sem solução de continuidade e com limites reconhecidos, inclusive rios, mares e lagos interiores, bem como o respectivo subsolo e espaço aéreo correspondente.
2. Regiões separadas do solo principal e espaço aéreo correspondente.
3. O mar territorial, também denominado como marginal, na forma estabelecida pela Lei nº 8.617/1993, bem como seu leito, subsolo e espaço aéreo correspondente.

> Art. 1º O mar territorial brasileiro compreende uma faixa de doze milhas marítima de largura, medidas a partir da linha de baixa-mar do litoral continental e insular, tal como indicada nas cartas náuticas de grande escala, reconhecidas oficialmente no Brasil.
>
> Art. 2º A soberania do Brasil estende-se ao mar territorial, ao espaço aéreo sobrejacente, bem como ao seu leito e subsolo.

4. A plataforma continental, conforme art. 6º da Lei nº 8.617/1993, medindo 200 milhas marítimas a partir do litoral brasileiro, conhecida como como zona econômica exclusiva.

> Art. 6º A zona econômica exclusiva brasileira compreende uma faixa que se estende das doze às duzentas milhas marítimas, contadas a partir das linhas de base que servem para medir a largura do mar territorial.
>
> Art. 7º Na zona econômica exclusiva, o Brasil tem direitos de soberania para fins de exploração e aproveitamento, conservação e gestão dos recursos naturais, vivos ou não vivos, das águas sobrejacentes ao leito do mar, do leito do mar e seu subsolo, e no que se refere a outras atividades com vistas à exploração e ao aproveitamento da zona para fins econômicos.
>
> Art. 8º Na zona econômica exclusiva, o Brasil, no exercício de sua jurisdição, tem o direito exclusivo de regulamentar a investigação científica marinha, a proteção e preservação do meio marítimo, bem como a construção, operação e uso de todos os tipos de ilhas artificiais, instalações e estruturas.

Além do conceito de território propriamente dito, temos o conceito **de território por extensão, ou por ficção**, nos precisos termos do art. 5º, § 1º, do CP.

**§ 1º** Para os efeitos penais, consideram-se como extensão do território nacional as embarcações e aeronaves brasileiras, de natureza pública ou a serviço do governo brasileiro onde quer que se encontrem, bem como as aeronaves e as embarcações brasileiras, mercantes ou de propriedade privada, que se achem, respectivamente, no espaço aéreo correspondente ou em alto-mar. (Redação dada pela Lei nº 7.209, de 1984.)

**§ 2º** É também aplicável a lei brasileira aos crimes praticados a bordo de aeronaves ou embarcações estrangeiras de propriedade privada, achando-se aquelas em pouso no território nacional ou em voo no espaço aéreo correspondente, e estas em porto ou mar territorial do Brasil. (Redação dada pela Lei nº 7.209, de 1984.)

Assim, praticado um **crime a bordo de um navio público ou embarcação pública** brasileira, onde quer que se encontre, ainda que em águas de outro país ou no espaço aéreo de outro país, o crime será considerado praticado em território brasileiro.

Quanto às **aeronaves privadas e embarcações privadas**, somente serão consideradas território brasileiro em duas hipóteses:

1. quando a serviço do governo brasileiro, onde quer que estejam;
2. quando em alto-mar ou espaço aéreo correspondente.

Portanto, uma embarcação privada brasileira em porto estrangeiro é território estrangeiro, assim como uma embarcação privada estrangeira em porto brasileiro é território brasileiro. Já as embarcações públicas estrangeiras, ainda que em águas ou porto brasileiro, não são consideradas território brasileiro.

Atentemos para os seguintes exemplos:

**Ex. 1:** imaginemos que alguém dentro de uma aeronave pública brasileira sobrevoando o espaço aéreo francês pratique um crime. Nesse caso, o crime foi praticado em território brasileiro e, portanto, podemos aplicar a lei penal brasileira pelo princípio da territorialidade.

**Ex. 2:** em um navio brasileiro privado, em alto-mar, ocorreu um aborto. Nesse caso, o crime ocorreu em território brasileiro. Logo, podemos aplicar a lei brasileira pelo princípio da territorialidade.

**Ex. 3:** em um navio público argentino, em porto ou águas brasileiras, um brasileiro matou um argentino. Nesse caso, o crime não pode ser considerado praticado no Brasil. Não se poderia, pelo princípio da territorialidade, aplicar a lei brasileira ao caso. Contudo seria possível aplicarmos a lei brasileira pelo princípio da extraterritorialidade, consoante veremos a seguir.

**Ex. 4:** se alguém comete um crime em uma jangada, após um naufrágio, ou nos destroços de um navio naufragado. Se a jangada foi feita com os destroços do navio, segue-se a lei da nação a que pertence o navio, pois o material de que foi construída a embarcação ainda representa um navio e, portanto, o Estado respectivo. Em se tratando de embarcação feita com destroços de dois navios de bandeiras diferentes, o criminoso deveria ser submetido à lei do seu próprio Estado, pelo critério da personalidade. Esse exemplo é dado por Basileu Garcia (2011, p. 76).

**Lembre-se:** sempre que pudermos afirmar que um crime ocorreu no território brasileiro, será aplicável a lei brasileira pelo princípio da territorialidade. Por isso, atenção:

**Ex. 5:** alvejada por disparos de arma de fogo no Brasil, a vítima veio a óbito em território argentino. Podemos aplicar a lei brasileira? Por qual princípio? A resposta depende da seguinte pergunta: onde foi praticado o crime? Ora, pela regra do art. 6º, no Brasil ou na Argentina. Assim, podendo ser considerado praticado no Brasil, a esse crime é possível aplicar a lei penal brasileira pelo princípio da territorialidade.

### Decifrando a prova

**(2018 – Cespe/Cebraspe – PC/PI – Delegado – Adaptada)** Em relação à aplicação da lei penal: para os efeitos penais, consideram-se como extensão do território nacional as embarcações e aeronaves brasileiras, de natureza privada onde quer que se encontrem, bem como as aeronaves e as embarcações brasileiras mercantes, que se achem, respectivamente, no espaço aéreo correspondente ou em alto-mar.

( ) Certo    ( ) Errado

**Gabarito comentado:** para os efeitos penais, consideram-se como extensão do território nacional as embarcações e aeronaves brasileiras, de natureza pública. As privadas somente serão consideradas extensão do território brasileiro quando estiverem a serviço do governo brasileiro, onde quer que estejam, ou, ainda que não estejam a serviço do governo brasileiro, quando estiverem em alto-mar ou espaço aéreo correspondente. Portanto, a assertiva está errada.

## 8.4 PRINCÍPIO DA EXTRATERRITORIALIDADE

Embora a territorialidade seja a regra, também é possível aplicar a lei brasileira pelo princípio da extraterritorialidade, em determinadas situações em que **o crime tenha sido praticado fora do território brasileiro.** Em nossa lei, a matéria é tratada no art. 7º.

A norma do art. 7º é norma de direito público interno, e não uma norma de direito internacional público. Afinal, não estabelece o citado dispositivo preceitos e sanções destinados a outros Estados (MIRABETE, 2013a, p. 55).

**CP, art. 7º** Ficam sujeitos à lei brasileira, embora cometidos no estrangeiro:

I – os crimes:

a) contra a vida ou a liberdade do Presidente da República;

b) contra o patrimônio ou a fé pública da União, do Distrito Federal, de Estado, de Território, de Município, de empresa pública, sociedade de economia mista, autarquia ou fundação instituída pelo Poder Público;

c) contra a administração pública, por quem está a seu serviço;

d) de genocídio, quando o agente for brasileiro ou domiciliado no Brasil;

II – os crimes:

a) que, por tratado ou convenção, o Brasil se obrigou a reprimir;

b) praticados por brasileiro;

c) praticados em aeronaves ou embarcações brasileiras, mercantes ou de propriedade privada, quando em território estrangeiro e aí não sejam julgados.

§ 1º Nos casos do inciso I, o agente é punido segundo a lei brasileira, ainda que absolvido ou condenado no estrangeiro.

§ 2º Nos casos do inciso II, a aplicação da lei brasileira depende do concurso das seguintes condições:

a) entrar o agente no território nacional;

b) ser o fato punível também no país em que foi praticado;

c) estar o crime incluído entre aqueles pelos quais a lei brasileira autoriza a extradição;

d) não ter sido o agente absolvido no estrangeiro ou não ter aí cumprido a pena;

e) não ter sido o agente perdoado no estrangeiro ou, por outro motivo, não estar extinta a punibilidade, segundo a lei mais favorável.

§ 3º A lei brasileira aplica-se também ao crime cometido por estrangeiro contra brasileiro fora do Brasil, se, reunidas as condições previstas no parágrafo anterior:

a) não foi pedida ou foi negada a extradição;

b) houve requisição do Ministro da Justiça.

* Art. 7º, I – Extraterritorialidade incondicionada (hipóteses).
* Art. 7º, II – Extraterritorialidade condicionada (hipóteses).
* Art. 7º, § 2º – Condições para aplicação da lei brasileira nas hipóteses de extraterritorialidade condicionada.
* Art. 7º, § 3º – Extraterritorialidade ultracondicionada (hipótese).

É preciso lembrar que **nem todas as hipóteses de extraterritorialidade da lei penal brasileira são da competência da justiça federal.** Apenas serão submetidas a processo julgamento pela justiça federal as hipóteses que se inserirem entre aquelas contempladas no art. 109 da CF/1988.

## 8.4.1 Hipóteses de extraterritorialidade incondicionada

São aquelas em que a aplicação da lei brasileira **não dependerá do implemento de qualquer condição** e será possível, nos termos do art. 7º, § 1º, ainda que o agente tenha sido absolvido ou condenado no estrangeiro.

Na hipótese de condenação no Brasil, mesmo depois de ter sido o agente condenado no estrangeiro, deverá ser abatido o tempo de pena já cumprido no estrangeiro, nos termos do art. 8º do CP. Assim, imaginemos que o agente tenha sido condenado a 5 (cinco) anos de pena no estrangeiro e a 8 (oito) anos de pena no Brasil. Vamos, ainda, supor que já tenha cumprido 5 (cinco) no estrangeiro, deverá cumprir apenas 3 (três) anos no Brasil.

Por outro lado, falemos de hipótese de condenação a 8 (oito) anos no estrangeiro e a 5 (cinco) no Brasil. No caso, se tiver cumprido pelo menos 5 (cinco) no estrangeiro, não haverá pena a ser cumprida no Brasil. Tampouco se poderá falar em crédito a ser abatido de pena por crime posteriormente aqui perpetrado.

No caso de penas diversas (no estrangeiro, foi aplicada pena restritiva de direitos ou pecuniária e, no Brasil, pena privativa de liberdade, por exemplo), a pena cumprida no estrangeiro atenuará a pena aplicada no Brasil.

> **CP, art. 8º** A pena cumprida no estrangeiro atenua a pena imposta no Brasil pelo mesmo crime, quando diversas, ou nela é computada, quando idênticas. (Redação dada pela Lei nº 7.209, de 1984.)

### 8.4.1.1 Os casos de extraterritorialidade incondicionada e a hipótese de absolvição no estrangeiro

Embora a doutrina brasileira cite a regra do art. 7º, § 1º, sem qualquer ressalva, entendemos que, na hipótese de absolvição no estrangeiro, o agente não poderá ser novamente processado no Brasil, ainda que se trate de hipótese de extraterritorialidade incondicionada.

Em 22 de novembro de 1969, os países-membros da Organização dos Estados Americanos assinaram a Convenção Americana de Direitos Humanos, mais popularmente conhecida como Pacto de San José da Costa Rica, cidade na qual o tratado foi subscrito.

Em 25 de setembro de 1992, com a promulgação do Decreto nº 678/1992, o Pacto ingressou no ordenamento jurídico interno, sendo um dos pilares da proteção dos direitos humanos no país, consagrando direitos políticos e civis, garantindo, ainda, integridade pessoal, liberdade e trazendo mecanismos relacionados à proteção judicial, dispondo, no art. 8º, item 4, que:

> O acusado absolvido por sentença passada em julgado não poderá se submetido a novo processo pelos mesmos fatos.

Destarte, a norma desse art. 8º, item 4, posterior e versando sobre direitos humanos, se sobrepõe àquela trazida pelo art. 7º, § 1º, do CP.

Conforme já foi destacado, a doutrina brasileira, porém, não faz essa ressalva. Nesse aspecto, parece olvidar da garantia trazida pela convenção, que, ao entrar no ordenamento jurídico interno, o faz com *status* de norma supralegal, devendo prevalecer sobre as regras do Código Penal.

Em prova objetiva, considerando experiência de concursos anteriores em que a matéria foi abordada, o caro leitor deverá optar pela letra da lei, conforme demonstram os dois exemplos a seguir:

### Decifrando a prova

**(2019 – MPE/GO – Promotor de Justiça – Adaptada)** Consoante prescreve o Código Penal, é INCORRETO afirmar sobre a extraterritorialidade da lei brasileira: embora cometidos no estrangeiro, ficam sujeitos à lei brasileira os crimes contra a administração pública, por quem

está a seu serviço. Portanto, ainda que absolvido ou condenado no estrangeiro, o agente é punido segundo a lei brasileira.
( ) Certo ( ) Errado
**Gabarito comentado:** a assertiva foi dada como certa, utilizando-se o examinador da letra da lei (art. 7º, § 1º, do CP).

**(2019 – Ieses – TJ/SC – Titular de Serviços de Notas e de Registros)** Quanto à aplicação da lei penal e processual penal no tempo e no espaço: ficam sujeitos à lei brasileira, embora cometidos no estrangeiro, os crimes praticados contra o patrimônio da União, do Distrito Federal, de Estado, de Território, de Município, de empresa pública, sociedade de economia mista, autarquia ou fundação instituída pelo Poder Público, ainda que o agente tenha sido absolvido no estrangeiro.
( ) Certo ( ) Errado
**Gabarito comentado:** o examinador, mais uma vez atento à literalidade do disposto no art. 7º, § 1º, do CP, entendeu que a assertiva estava certa.

## 8.4.1.2 Crimes contra a vida ou liberdade do presidente da República

Na hipótese dos crimes previstos nos arts. 121, 122 e 146 a 154 do Código Penal, praticados contra o presidente da República no exterior, será aplicável a lei brasileira, pelo princípio real ou da defesa real, que leva em conta o bem jurídico atingido, independentemente do lugar em que tenha sido praticado ou da nacionalidade de seu autor.

Com a utilização do princípio da proteção, busca-se proteger os interesses maiores do Estado quando são alvos de ataques criminosos no estrangeiro.

Deve-se ter cuidado na análise do art. 7º, I, *a*, pois não se aplica a extraterritorialidade incondicionada se contra o presidente da República forem perpetrados crimes como latrocínio, extorsão com morte, extorsão mediante sequestro com morte. Afinal, trata-se de crimes contra seu patrimônio, e não contra sua vida ou a liberdade. Nesses casos caberia, porém, a aplicação da lei brasileira pela aplicação da extraterritorialidade ultra condicionada, tratada pelo art. 7º, § 3º.

## 8.4.1.3 Crimes praticados contra o patrimônio ou a fé pública da União, do Distrito Federal, do Estado, territórios, municípios, empresas públicas, sociedades de economia mista, autarquias ou fundo de ações instituídas pelo Poder Público e crimes contra a Administração Pública por quem estiver a seu serviço

Aqui também foi usado o princípio real, ou da defesa real, ou da proteção, mais uma vez atentando o legislador para a prevalência dos interesses do Estado brasileiro na proteção dos bens jurídicos envolvidos. Destaque-se, ainda, que a aplicação da lei brasileira aos casos mencionados não dependerá da verificação da nacionalidade do seu autor.

> **Decifrando a prova**
>
> **(2019 – Iades – CRN/3ª Região/SP e MS – Advogado – Adaptada)** Dois colombianos explodiram bombas em uma agência do Banco do Brasil, sediada em Nova Iorque (Estados Unidos da América), para acessar os valores que lá se encontravam. Nessa hipótese, ambos estão sujeitos à aplicação da lei penal brasileira por se tratar de uma hipótese de extraterritorialidade incondicionada, dada a incidência do princípio real, nos termos do art. 7º, I, *b*.
> ( ) Certo ( ) Errado
> **Gabarito comentado:** trata-se de crime praticado contra sociedade de economia mista brasileira. Portanto, a assertiva está certa.

### 8.4.1.4 Crime de genocídio, quando o agente for brasileiro ou domiciliado no Brasil

O genocídio é definido na Lei nº 2.889/1956 e nos arts. 208 e 401 do Código Penal Militar. Trata-se de um crime contra a humanidade. Divergem nossos doutrinadores sobre o princípio que fundamenta a aplicação da lei penal brasileira ao crime de genocídio praticado fora do território nacional.

- **1ª corrente:** há quem defenda ter sido aqui adotado o princípio da competência universal, justiça universal (JOPPERT, 2011, p. 73) ou justiça cosmopolita.[1] Por esse princípio, determinados crimes, por afetarem toda a comunidade internacional, revelam-se um mal universal, tal qual ocorre com o genocídio, o que justificaria sua punição por qualquer país, independentemente do local onde os crimes tiverem sido praticados ou mesmo da nacionalidade dos seus autores.
- **2ª corrente:** entende que aqui foi usado o princípio da personalidade ou nacionalidade, segundo o qual se utiliza a lei do país do nacional ao crime por ele praticado, independentemente do local onde tenha sido praticado.
- **3ª corrente:** aqui foi usado o princípio do domicílio, segundo o qual se utiliza a lei do país em que o autor tenha domicílio, independentemente do local onde o crime tenha sido praticado.
- **4ª corrente:** aqui foram adotados todos os princípios acima. É o nosso entendimento.

### 8.4.2 Hipóteses de extraterritorialidade condicionada (art. 7º, II)

São hipóteses em que a aplicação da lei brasileira ficará na dependência do implemento das condições trazidas pelo art. 7º, § 2º.

---

[1] Esse princípio também recebe a denominação de princípio da jurisdição universal, da jurisdição mundial, da universalidade do direito de punir.

### 8.4.2.1 Crime que o Brasil, por tratado ou convenção, obrigou-se a reprimir (art. 7º, II, *a*)

Nesse caso, foi adotado o **princípio da competência universal** ou justiça cosmopolita, anteriormente já explicitado. Temos aqui os denominados crimes internacionais, como tráfico de drogas, tráfico de pessoas etc. A utilização do princípio é característica dos mecanismos de cooperação penal internacional, fundando-se no dever de solidariedade na repressão de certos delitos.

### 8.4.2.2 Crime praticado por brasileiro (art. 7º, II, *b*)

Para a hipótese foi adotado o **princípio da nacionalidade ativa** ou da personalidade ativa, aplicando-se a lei brasileira ao crime praticado em qualquer lugar do mundo por brasileiro. O fundamento para utilização desse princípio é a obediência que o nacional sempre deve às leis de seu país.

### 8.4.2.3 Crimes praticados em aeronaves ou embarcações brasileiras, mercantis ou de propriedade privada, quando em território estrangeiro e aí não sejam julgados (art. 7º, II, *c*)

Nessa alínea, adotou-se o **princípio da representação**, pelo qual as leis de um país são aplicáveis aos crimes cometidos em suas aeronaves e embarcações.

#### Decifrando a prova

**(2019 – Fundep – MPE/MG – Promotor de Justiça Substituto – Adaptada)** No direito brasileiro, adota-se, no âmbito espacial, como regra, o princípio da territorialidade. Dada, porém, a relevância de certos bens, protege-os o direito até mesmo contra crimes praticados inteiramente fora do Brasil, em respeito a certos princípios. É o que chama a doutrina de aplicação extraterritorial condicionada ou incondicionada, conforme o caso, da lei penal brasileira. A esse respeito, assinale a alternativa INCORRETA.

A) A lei brasileira é aplicável, por força do princípio da justiça cosmopolita, ao crime contra a dignidade sexual de criança praticado no estrangeiro, quando o agente ou vítima for brasileiro ou pessoa domiciliada no Brasil, falando a doutrina, nesse caso, de aplicação extraterritorial incondicionada.

B) A lei brasileira é aplicável, por força do princípio da personalidade, ao crime praticado no estrangeiro por brasileiro, falando a doutrina, nesse caso, de extraterritorialidade condicionada.

C) A lei brasileira é aplicável, por força do princípio da proteção, ao crime praticado no estrangeiro contra a Administração Pública por quem está a seu serviço, falando a doutrina, nesse caso, de aplicação extraterritorial incondicionada.

D) A lei brasileira é aplicável, por força do princípio do pavilhão, ao crime praticado a bordo de embarcação mercante brasileira, quando em território estrangeiro e aí não seja julgado, falando a doutrina, nesse caso, de aplicação extraterritorial condicionada.

> **Gabarito comentado:** a hipótese não seria crime sexual praticado contra criança e adolescente, mas de genocídio, nos termos do art. 7º, I, *d*, do CP. Portanto, letra A.

## 8.4.2.4 Condições para aplicação da lei brasileira nas hipóteses de extraterritorialidade condicionada

São trazidas pelo art. 7º, § 2º, e são cumulativas. Destarte, ausência de qualquer uma delas impede a utilização da lei brasileira para hipóteses trazidas pelo art. 7º, II.

- **1ª condição:** que o agente entre no território nacional. Para que se entenda preenchida essa condição, o ingresso pode ser voluntário ou involuntário, regular ou clandestino, a passeio ou a negócio, breve ou longo. Outrossim, sua saída posterior não prejudicará o andamento da ação penal instaurada (MIRABETE, 2013a, p. 63).
- **2ª condição:** que o fato também seja punido como crime no país em que foi praticado, ainda que com um nome diferente daquele adotado pela legislação brasileira. Deverá ser crime também no estrangeiro e não uma mera contravenção. Em se tratando de fato descrito como contravencional no país em que foi praticado, a condição não estará satisfeita e, assim, não se poderá aplicar a lei brasileira.
- **3ª condição:** estar o crime incluído entre aqueles para o qual a lei brasileira autorize a extradição. A extradição é a entrega de um indivíduo feita por um Estado a outro Estado para que, neste último, submeta-se a uma ação penal e, caso condenado, cumpra a pena respectiva. As regras de extradição se encontram na Constituição Federal e na Lei nº 13.445/2017, a partir de seu art. 81. O art. 82 daquele diploma traz as hipóteses para as quais não caberá a extradição.

> **Art. 82.** Não se concederá a extradição quando:
>
> I – o indivíduo cuja extradição é solicitada ao Brasil for brasileiro nato;
>
> II – o fato que motivar o pedido não for considerado crime no Brasil ou no Estado requerente;
>
> III – o Brasil for competente, segundo suas leis, para julgar o crime imputado ao extraditando;
>
> IV – a lei brasileira impuser ao crime pena de prisão inferior a 2 (dois) anos;
>
> V – o extraditando estiver respondendo a processo ou já houver sido condenado ou absolvido no Brasil pelo mesmo fato em que se fundar o pedido;
>
> VI – a punibilidade estiver extinta pela prescrição, segundo a lei brasileira ou a do Estado requerente;
>
> VII – o fato constituir crime político ou de opinião;
>
> VIII – o extraditando tiver de responder, no Estado requerente, perante tribunal ou juízo de exceção; ou
>
> IX – o extraditando for beneficiário de refúgio, nos termos da Lei nº 9.474, de 22 de julho de 1997, ou de asilo territorial.

- **4ª condição:** que o agente não tenha sido absolvido no estrangeiro ou lá não tenha cumprido pena. Na hipótese de o agente ter cumprido parcialmente a pena no estrangeiro, poderá ser processado e julgado no Brasil.

    Ex.: o agente foi condenado no estrangeiro. Lá, depois de iniciado o cumprimento de sua pena, fugiu. Nesse caso, se estiverem presentes as demais condições exigidas pelo art. 7º, § 2º, poderá ser-lhe aplicada a lei brasileira. Pontue-se, contudo, que, na hipótese de condenação, da pena privativa de liberdade a ser cumprida no Brasil deverá ser abatido o tempo de pena cumprida no estrangeiro, nos termos do art. 8º do Código Penal.

- **5ª condição:** que o agente não tenha sido perdoado no estrangeiro ou não tenha, por qualquer outra causa, segundo a lei mais favorável, se operado a extinção da punibilidade.

### 8.4.3 Hipótese de extraterritorialidade ultracondicionada ou extracondicionada

É a hipótese trazida pelo art. 7º, § 3º, do CP, na qual se trata de crime praticado contra brasileiro fora de nosso território. Aqui foi aplicado o **princípio da defesa ou da proteção**. Também assim entendem Capez (2003, p. 91) e Mirabete (2013a, p. 64), dentre outros. Cuida-se de hipótese de **extraterritorialidade ultracondicionada** porque, além das condições do § 2º, ainda são exigidas outras trazidas pelo próprio § 3º, a saber: que não tenha sido pedida ou tenha sido negada a extradição, que haja requisição do Ministro da Justiça.

### 8.4.4 Hipóteses contempladas por lei especial

O art. 12 do Código Penal brasileiro preceitua que suas normas gerais serão usadas para crimes trazidos por leis especiais desde que as últimas não tragam disposição em sentido contrário. Assim é que encontramos a hipótese do art. 2º da Lei nº 9.455/1997, que afirma ser aplicável o diploma ao crime de tortura praticado contra brasileiro fora do país. O citado dispositivo não exige qualquer condição para aplicação da lei brasileira à hipótese, afastando, assim, o disposto no art. 7º, § 3º, do CP.

Por isso, quando o crime for praticado contra brasileiro no estrangeiro, devemos atentar para as seguintes regras:

**Regra geral:** hipótese de extraterritorialidade ultracondicionada, nos termos do art. 7º, § 3º.

**Tortura praticada contra brasileiro no estrangeiro:** regra especial – hipótese de extraterritorialidade incondicionada, nos termos do art. 2º da Lei nº 9.455/1997.

# 9 Crime – noções introdutórias

O Direito Penal tem **caráter dogmático** e, assim, o conceito de crime não consta expressamente do Código Penal.[1] Trata-se, portanto, de um conceito jurídico, elaborado pela doutrina, que o define em três diferentes perspectivas, trazendo um conceito formal, um conceito material (ou substancial) e um conceito analítico de crime.

## 9.1 CONCEITO FORMAL DE CRIME

Sob o aspecto formal, **o crime é toda ação ou omissão contrária ao direito** e à qual se atribui uma pena.

Tal conceito, entretanto, não nos permite entender as entranhas do crime. Definindo-o como contradição entre o fato e a norma, o conceito formal de crime se preocupa somente com o seu aspecto externo, daí surgindo a necessidade de se formular outros conceitos.

## 9.2 CONCEITO MATERIAL DE CRIME

O conceito material de crime se preocupa em dar resposta à seguinte indagação: por que razão o legislador previu um determinado fato como criminoso?

- **A previsão de fato como criminoso deriva da necessidade do Estado de manter a ordem e equilíbrio sociais.** Para tanto, é preciso que se encarregue da proteção de bens jurídicos indispensáveis à obtenção do bem coletivo. Destarte, pode-se entender que crime, sob o aspecto material, é a conduta humana que lesa ou expõe a perigo um bem jurídico protegido pela lei penal (NORONHA, 1978, p. 105).

---

[1] É importante frisar que nem sempre foi assim, pois, tal qual ocorria com o Código Penal de 1890, a definição de crime constava do texto da lei. "**Art. 7º** Crime é a violação imputável e culposa da lei penal. **Art. 8º** Contravenção é o facto voluntário punível que consiste unicamente na violação, ou na falta de observância das disposições preventivas das leis e dos regulamentos".

Jiménez de Asúa (1951, p. 61 *apud* MIRABETE, 2013a, p. 80), a seu turno, define o crime, sob o aspecto material como:

> A conduta considerada pelo legislador como contrária a uma norma de cultura reconhecida pelo Estado e lesiva de bens juridicamente protegidos, procedente de um homem imputável que manifesta com sua agressão periculosidade social.

Tal qual ocorre com o conceito formal de crime, um conceito material também não nos permite traduzi-lo com precisão, como adverte Greco (2019, p. 198). Por essa razão, elabora-se um conceito analítico.

## 9.3 CONCEITO ANALÍTICO DE CRIME

Trata-se de um conceito formal que, para além da preocupação com aspecto exterior do crime, se encarregará da **análise dos elementos que o compõem**.

Sob o aspecto analítico, o crime é, assim, a ação típica antijurídica e culpável, conforme entendem, dentre outros, Nélson Hungria, Cézar Roberto Bitencourt, Luís Regis Prado, Magalhães Noronha, Assis Toledo, Rogério Greco.

Esse conceito tripartido é adequado tanto à teoria finalista quanto à teoria causalista.

Deve-se, contudo, consignar que, entre os finalistas, há quem defenda que o delito é apenas a conduta atípica e ilícita, sendo a culpabilidade mero pressuposto de aplicação de pena.

Entre nós, adotam a teoria bipartida autores como Damásio Evangelista de Jesus (1999, p. 193), Júlio Fabrini Mirabete (2013a, p. 82)e Fernando Capez (2003, p. 106).

É preciso que se destaque que a teoria bipartida jamais poderia ser adotada pela teoria causalista, porque, situando os causalistas o dolo e a culpa na culpabilidade e não se admitindo crime sem dolo e sem culpa, a culpabilidade necessariamente se apresentaria como seu elemento.

Ao finalismo, que situa o dolo e a culpa no fato típico, os conceitos bipartido e tripartido são adequados.

| | |
|---|---|
| **Teoria tripartida** | Causalismo |
| | Finalismo |
| **Teoria bipartida** | Finalismo |

Há, ainda, quem entenda que o crime é fato típico, ilícito, culpável e punível, posição adotada, entre nós, por Basileu Garcia (GRECO, 2019, p. 199). Cuida-se de posição minoritaríssima. Afinal, a punibilidade é apenas uma consequência jurídica do delito, e não uma das suas características (MIRABETE, 2013a, p. 83).

Por que adotar um **conceito bipartido**? A culpabilidade é entendida atualmente como juízo de reprovação que recai sobre aquele que praticou um fato típico e ilícito. Conforme adverte Capez (2003, p. 277), para censurar quem cometeu um crime, a culpabilidade deve estar necessariamente fora dele. Assim conceituada, **a culpabilidade não é uma característica do crime, mas um conceito ligado ao agente** que, imputável, com consciência potencial da ilicitude e que poderia ter agido de forma diferente, terá o seu comportamento, típico e ilícito, reprovado por meio da imposição de uma pena.

Os argumentos daqueles que adotam a **definição tripartida**: embora o juízo de reprovabilidade tenha como destinatário o agente, a sua construção parte de um fato concreto, não se podendo dissociar o juízo normativo do fato. Assim, **a culpabilidade não recai isoladamente sobre o sujeito, mas também sobre o fato**.

Defensor do conceito tripartido, Bitencourt (2020, p. 457-458) pondera:

> A tipicidade, a antijuridicidade e a culpabilidade são predicados de um substantivo, que *é* a conduta humana definida como crime. Não nos convence o entendimento que foi dominante na doutrina brasileira, no *último* quarto do século passado, segundo o qual a culpabilidade, a partir do finalismo welzeliano, deveria ser tratada como mero pressuposto da pena, e não mais como integrante da teoria do delito. (...) Afinal, seria possível a imposição de sanção penal a uma ação típica, que não fosse antijurídica? b) poder-se-ia sancionar uma ação antijurídica que não se adequasse a uma descrição típica? c) a sanção penal (penas e medidas) não *é* uma consequência jurídica do crime? Seguindo essa reflexão, perguntamos: a tipicidade e a antijuridicidade não seriam também pressupostos da pena? Ora, na medida em que a sanção penal *é* consequência jurídica do crime, este, com todos os seus elementos, *é* pressuposto daquela. Assim, não somente a culpabilidade, mas igualmente a tipicidade e a antijuridicidade também são pressupostos da pena, que, por sua vez, é consequência do crime.

### 9.3.1 Teoria adotada pelo Código Penal brasileiro

Firmada a compatibilidade dos critérios bipartido e tripartido com a teoria finalista, é necessário que se identifique o critério adotado pelo legislador brasileiro no Código Penal e na legislação penal extravagante.

Pontue-se que não existe nenhum dispositivo no Código Penal que albergue qualquer um dos dois critérios de forma expressa, como acima destacado. **A leitura das leis penais brasileiras, contudo, indica a adoção de um critério bipartido**, considerando-se que:

1. O título II da parte geral do Código Penal trata **"do crime"**, e o Título III, **"da imputabilidade penal"**, separando culpabilidade de fato típico e ilícito, o que nos permitiria concluir que a culpabilidade não é elemento estrutural do crime.
2. Ao tratar das causas que excluem a culpabilidade, o legislador não se utiliza da expressão **"não há crime"**. Ao contrário, **fala em isenção de pena**, tal qual se dá nos arts. 26 e 28, § 1º.

> Art. 26. É isento de pena o agente que, por doença mental ou desenvolvimento mental incompleto ou retardado, era, ao tempo da ação ou da omissão, inteiramente incapaz de entender o caráter ilícito do fato ou de determinar-se de acordo com esse entendimento.

> **Art. 28. (...)**
>
> **§ 1º** É isento de pena o agente que, por embriaguez completa, proveniente de caso fortuito ou força maior, era, ao tempo da ação ou da omissão, inteiramente incapaz de entender o caráter ilícito do fato ou de determinar-se de acordo com esse entendimento.

3. Na parte especial do Código Penal, o disposto no **art. 180, § 4º**, é emblemático e cuida da hipótese da receptação, estabelecendo que esta será "punível, ainda que desconhecido ou isento de pena o autor do crime de que proveio a coisa". **Separa o texto legal, mais uma vez, o conceito de crime do conceito de pena e da possibilidade de sua imposição.**
4. Na legislação penal extravagante, no art. 13, parágrafo único, da Lei nº 12.850/2013, mais uma vez se vê a separação do conceito de crime da possibilidade de imposição de pena. Ao tratar do agente infiltrado, o citado diploma legal estabelece que não se poderá punir o **agente infiltrado** que praticar um crime quando verificada a inexigibilidade de conduta diversa. Assim, a lei preceitua que, se o agente infiltrado praticar crime (fato típico é ilícito), ficará isento de pena quando inexigível conduta diversa (excludente de culpabilidade).

> **Lei nº 12.850/2013, art. 13. (...)**
>
> **Parágrafo único.** Não é punível, no âmbito da infiltração, a prática de crime pelo agente infiltrado no curso da investigação, quando inexigível conduta diversa.

Pelo todo exposto, embora adeptos do sistema tripartido, nos parece que resta evidenciada a **opção do nosso legislador pela adoção de um critério bipartido, ainda que inexistente uma afirmação expressa neste sentido**.

## 9.4 CRIMES E CONTRAVENÇÕES PENAIS

No Brasil, a expressão **"infração penal"** é usada como um gênero, que tem os crimes (ou delitos) e as contravenções como espécies. Adotou-se, assim, uma classificação dicotômica.

> **Decifrando a prova**
>
> **(2010 – Cespe/Cebraspe – ABIN – Oficial Técnico de Inteligência – Adaptada)** No Código Penal brasileiro, adota-se, em relação ao conceito de crime, o sistema tricotômico, de acordo com o qual as infrações penais são separadas em crimes, delitos e contravenções.
> ( ) Certo     ( ) Errado
> **Gabarito comentado:** foi adotado o sistema dicotômico, falando-se em crimes e contravenções. Portanto, a assertiva está errada.

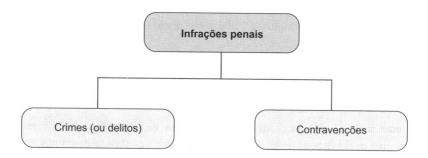

Contudo, existem países em que há três espécies de infrações penais: os crimes, os delitos e as contravenções. Os delitos ficariam entre os crimes e as contravenções – menos graves que os crimes e mais graves que as contravenções.

No Brasil, **delito é sinônimo de crime**, embora a palavra delito, muitas vezes, seja usada tanto pela Constituição (art. 5º, XI) quanto pela legislação infraconstitucional (arts. 301 e 302 do CPP) como sinônimo de infração penal.

> **Decifrando a prova**
>
> **(2014 – Cespe/Cebraspe – Analista Legislativo – Adaptada)** Na legislação pátria, adotou-se o critério bipartido na definição das infrações penais, ou seja, estas se subdividem em contravenções penais e crimes ou delitos, inexistindo diferença conceitual entre as duas últimas espécies.
> ( ) Certo   ( ) Errado
> **Gabarito comentado:** a expressão "delito", entre nós, corresponde a crime. Portanto, a assertiva está certa.

Não há **diferença ontológica** (de natureza, de substrato, de essência) entre crimes e contravenções. Assim, nada existe na essência de uma conduta que diga que ela deva ser tipificada como contravenção, sendo essa a razão pela qual uma contravenção pode ser transformada em crime, tal qual ocorreu com o porte e posse de arma de fogo, que, até 1997, eram condutas meramente contravencionais e que, a partir da Lei nº 9.437/1997, o legislador optou por catalogar como criminosas. Idêntico fenômeno se deu com os maus-tratos contra os animais, que, até 1998, caracterizavam conduta meramente contravencional, sendo atualmente descrita como conduta criminosa no art. 32 da Lei nº 9.605/1998.

> **Art. 32.** Praticar ato de abuso, maus-tratos, ferir ou mutilar animais silvestres, domésticos ou domesticados, nativos ou exóticos:
>
> **Pena** – detenção, de três meses a um ano, e multa.
>
> § 1º Incorre nas mesmas penas quem realiza experiência dolorosa ou cruel em animal vivo, ainda que para fins didáticos ou científicos, quando existirem recursos alternativos.

§ 1º-A Quando se tratar de cão ou gato, a pena para as condutas descritas no *caput* deste artigo será de reclusão, de 2 (dois) a 5 (cinco) anos, multa e proibição da guarda. (Incluído pela Lei nº 14.064, de 2020.)

§ 2º A pena é aumentada de um sexto a um terço, se ocorre morte do animal.

O próprio racismo também passou por essa transformação. Foi contravenção até o advento da Lei nº 7.716/1989, que passou a considerá-lo crime.[2]

**A diferença entre crimes e contravenções é, assim, de grau.** O legislador reserva àquelas ofensas mais graves a bens jurídicos mais importantes a qualidade de crimes, tipificando como contravenções as menos graves. Trata-se, assim, de uma opção do legislador.

> **Decifrando a prova**
>
> **(2010 – FGV – Fiscal da Receita Estadual – Adaptada)** Analise as proposições a seguir.
>
> I. O exame do direito positivo é a metodologia indicada para promover a distinção entre crime e contravenção penal posto que não há diferença ontológica entre ambos.
>
> II. Segundo dispõe o legislador penal, crime é a infração penal a que a lei comina pena de reclusão ou de detenção, quer isoladamente, quer alternativa ou cumulativamente com a pena de multa; contravenção é a infração penal a que a lei comina, isoladamente, pena de prisão simples ou multa, ou ambas, alternativa ou cumulativamente.
>
> III. No Direito Penal pátrio a expressão crime é tida como gênero, do qual são espécies as contravenções penais e os delitos.
>
> IV. A diferença entre ilícito civil e ilícito penal é que o primeiro gera a imposição de uma pena, que pode até chegar ao extremo de privação da liberdade do agente; já o segundo tem como consequência a obrigação de reparar o dano, primordialmente.
>
> **Gabarito comentado:** apenas I e II estão certas. No item III, o erro é mencionar que crime é gênero de que a contravenção seria espécie. Infração penal é gênero de que são espécies os crimes e contravenções. Com relação ao item IV, o critério para distinguir o ilícito civil do ilícito penal é político, e somente será ilícito penal aquilo que for definido em lei como crime pelo legislador. Portanto: I. Certo; II. Certo; III. Errado; IV. Errado.

Embora seja apenas de grau a diferença entre crimes e contravenções, certo é que **a lei traz distinções entre crimes e contravenções**. Passemos à análise dessas diferenças.

---

[2] Com relação ao racismo, a mudança legislativa se operou por força de mandado constitucional de criminalização trazido pela Carta de 1988, que determinou ao legislador infraconstitucional, ainda, a previsão de sua inafiançabilidade e imprescritibilidade.

## 9.4.1 Classificação pela gravidade

Crimes podem ser de menor potencial ofensivo (quando a pena máxima não superar 2 anos), de médio potencial ofensivo (admitem suspensão condicional do processo e acordo de não persecução penal), de maior potencial ofensivo ou mesmo hediondos.

Todas as **contravenções**, a seu turno, **serão de menor potencial ofensivo**.

## 9.4.2 Ação penal

Para os crimes, a ação penal pode ser pública incondicionada, pública condicionada à representação ou privada.

Na hipótese de **contravenções, a ação penal é sempre pública incondicionada**, nos termos do art. 17 da LCP.

**Art. 17.** A ação penal é pública, devendo a autoridade proceder de ofício.

## 9.4.3 Tentativa

Para os crimes se admite a tentativa e se pode puni-la, nos termos do art. 14, II, do CP.

**Art. 14.** Diz-se o crime: (...)

**Tentativa**

II – tentado, quando, iniciada a execução, não se consuma por circunstâncias alheias à vontade do agente.

**Pena de tentativa**

**Parágrafo único.** Salvo disposição em contrário, pune-se a tentativa com a pena correspondente ao crime consumado, diminuída de um a dois terços.

Em se tratando de **contravenções, não se pune a tentativa**, consoante art. 4º da LCP, o que se dá por razão de política criminal. Afinal, a tentativa é um *minus* com relação ao crime. Sendo considerada um delito-anão, inexiste interesse do Estado em punir a tentativa de contravenção.

**Art. 4º** Não é punível a tentativa de contravenção.

> **Decifrando a prova**
>
> **(2007 – Cespe/Cebraspe – Juiz de Direito – Adaptada)** Nas contravenções penais, a tentativa é punida com a pena da contravenção consumada diminuída de um a dois terços.
> ( ) Certo ( ) Errado
> **Gabarito comentado:** não se pune tentativa de contravenção, nos termos do art. 4º da LCP. Portanto, a assertiva está errada.

## 9.4.4 Territorialidade

Aos crimes é aplicável o princípio da extraterritorialidade, que permite, em determinadas hipóteses trazidas pela lei, a incidência da lei brasileira a crimes praticados fora do território nacional. Em se tratando de **contravenção, não se admite o princípio da extraterritorialidade**. Assim, não se aplica a lei brasileira às contravenções praticadas fora do território brasileiro.

Art. 2º A lei brasileira só é aplicável à contravenção praticada no território nacional.

**(2015 – Cefet/BA – Promotor de Justiça Substituto – Adaptada)** As contravenções penais, em sua integralidade, são de ação penal pública incondicionada, não são admitidas em forma tentada e seguem, de forma exclusiva, o princípio da territorialidade.
( ) Certo    ( ) Errado
**Gabarito comentado:** consoante arts. 2º, 4º e 17 da LCP, respectivamente, está certo.

## 9.4.5 Prazo máximo para cumprimento da pena

Para os crimes, o prazo máximo de cumprimento de pena privativa de liberdade:

a. Antes de 23.01.2020: 30 anos.
b. A partir de 23.01.2020: **40 anos**, nos termos do art. 75 do CP, com redação dada pelo Pacote Anticrime (Lei nº 13.964/2019).

Art. 75. O tempo de cumprimento das penas privativas de liberdade não pode ser superior a 40 (quarenta) anos.

O prazo máximo para o cumprimento da pena de **contravenção é de 5 anos**, conforme art. 10 da LCP.

Art. 10. A duração da pena de prisão simples não pode, em caso algum, ser superior a cinco anos, nem a importância das multas ultrapassar cinquenta contos.

## 9.4.6 Prazo das medidas de segurança

Para os crimes, o prazo mínimo das medidas de segurança é de 1 a 3 anos. Para as **contravenções o prazo mínimo é de 6 meses**.

LCP, art. 16. O prazo mínimo de duração da internação em manicômio judiciário ou em casa de custódia e tratamento é de seis meses.

## 9.4.7 Modalidades de penas privativas de liberdade

As penas privativas de liberdade cominadas aos crimes são as de detenção e reclusão. A pena privativa de liberdade cabível para as **contravenções é a pena de prisão simples**.

> **LCP, art. 5º** As penas principais são:
> I – prisão simples; (...)

De qualquer forma, importante frisarmos que o Decreto-lei nº 6.259/1944, em seus arts. 53 e 54, traz, excepcionalmente, contravenções a que se aplica pena de reclusão. O Decreto nº 6.259/1944 foi **recepcionado como lei ordinária** pela CF/1988. O decreto citado versa sobre as loterias e sua regulamentação, inclusive, sobre as loterias não autorizadas.

> **Art. 53.** Colocar, distribuir ou lançar em circulação bilhetes de loterias relativos a extrações já feitas. Penas: as do art. 171 do Código Penal.

> **Art. 54.** Falsificar emendar ou adulterar bilhetes de loteria. Penas: as do art. 298 do Código Penal.

A doutrina em geral, contudo, não costuma apresentar essa diferença e as provas dão como certa a afirmação de que a pena privativa de liberdade para as contravenções é apenas a prisão simples.

### Decifrando a prova

**(2019 – Ieses – TJ/SC – Titular de Serviços de Notas e de Registros – Adaptada)** Em relação às contravenções penais: as contravenções penais não são punidas com reclusão, nem com detenção.
( ) Certo      ( ) Errado
**Gabarito comentado:** essa afirmativa foi dada como certa, desconsiderando-se a previsão do Decreto lei nº 6.259/1944.

## 9.4.8 *Sursis*

O *sursis* (suspensão condicional da pena) pode ser concedido ao condenado a pena privativa de liberdade de até 2 anos, sendo de 2 anos a 4 anos o período de provas.

> **CP, art. 77.** A execução da pena privativa de liberdade, não superior a 2 (dois) anos, poderá ser suspensa, por 2 (dois) a 4 (quatro) anos, desde que: (...)

Para as contravenções, o *sursis* pode ser aplicado qualquer que tenha sido a pena privativa de liberdade aplicada. O período de prova será de 1 a 3 anos (art. 11 da LCP).

Art. 11. Desde que reunidas as condições legais, o juiz pode suspender por tempo não inferior a um ano nem superior a três, a execução da pena de prisão simples, bem como conceder livramento condicional.

## 9.4.9 Regime de cumprimento de pena

A pena dos crimes pode ser cumprida em regime fechado, semiaberto ou aberto. Mesmo na hipótese de pena de detenção, que não pode ser fixada em regime inicial fechado, admite-se seu cumprimento em regime fechado, na hipótese de transferência

CP, art. 33. A pena de reclusão deve ser cumprida em regime fechado, semiaberto ou aberto. A de detenção, em regime semiaberto, ou aberto, salvo necessidade de transferência a regime fechado.

Em se tratando de **contravenção**, em que a pena privativa de liberdade é a prisão simples, **só pode ser cumprida em regime semiaberto ou aberto**, jamais em regime fechado, nem mesmo por força de regressão.

LCP, art. 6º A pena de prisão simples deve ser cumprida, sem rigor penitenciário, em estabelecimento especial ou seção especial de prisão comum, em regime semiaberto ou aberto.

> **Decifrando a prova**
>
> **(2016 – Cespe/Cebraspe – PC/PE – Delegado de Polícia – Adaptada)** O condenado por contravenção penal, com pena de prisão simples não superior a quinze dias, poderá cumpri-la, a depender de reincidência ou não, em regime fechado, semiaberto ou aberto, estando, em quaisquer dessas modalidades, obrigado a trabalhar.
> ( ) Certo ( ) Errado
> **Gabarito comentado:** não se cumpre pena de contravenção em regime fechado. Outrossim, o trabalho não é obrigatório para quem tem pena de prisão simples não superior a 15 dias. Portanto, a assertiva está errada.

## 9.4.10 Dolo e culpa

Para os crimes, é imprescindível a existência de dolo ou culpa. A Lei de Contravenções, contudo, salienta não ser necessária a demonstração de dolo ou culpa, bastando a ação voluntária.

Art. 3º Para a existência da contravenção, basta a ação ou omissão voluntária. Deve-se, todavia, ter em conta o dolo ou a culpa, se a lei faz depender, de um ou de outra, qualquer efeito jurídico.

Embora essa diferença seja apontada por parte da doutrina, devemos destacar que mesmo as contravenções dependem da existência de dolo ou culpa, pois, segundo a doutrina finalista, não se pode conceber conduta sem dolo e culpa. É preciso que tenhamos em mente que a lei de contravenções penais foi editada quando ainda éramos adeptos da doutrina causalista, para a qual dolo e culpa estavam localizados na culpabilidade. Com a Reforma Penal de 1984, a norma está superada.

Sobre o tema, Damásio de Jesus (2014) leciona:

> Nos termos do dispositivo, a contravenção não exige dolo ou culpa, contentando-se com o simples querer (voluntariedade). (...). Hoje, entretanto, adotada a teoria finalista da ação e vedada a responsabilidade objetiva pela reforma penal de 1984, o disposto no art. 3º, que diz prescindir a contravenção de dolo e culpa, está superado: a contravenção, assim como o crime, exige dolo ou culpa, conforme a descrição típica. O dolo se apresenta como elemento subjetivo implícito no tipo; a culpa, como elemento normativo. Ausentes, o fato é atípico.

### 9.4.11 Modalidades de erro

Nos crimes, à luz da doutrina finalista, o erro pode ser classificado como erro de tipo e erro de proibição. Tendo sido a lei de contravenções penais elaborada sob a teoria causalista, fala-se em erro de direito, nos termos do art. 8º. Outrossim, quando se tratar de erro inevitável, escusável, o juiz poderá deixar de aplicar a pena, concedendo perdão judicial.

> **Art. 8º** No caso de ignorância ou de errada compreensão da lei, quando escusáveis, a pena pode deixar de ser aplicada.

---

**Decifrando a prova**

**(2012 – TJ/DF – Juiz de Direito – Adaptada)** A Lei de Contravenções Penais (Decreto-lei nº 3.688/41) não prevê qualquer hipótese de concessão de perdão judicial.
( ) Certo   ( ) Errado
**Gabarito comentado:** nos termos do art. 8º da LCP, a afirmação está errada.

**(2008 – Vunesp – MPE/SP – Promotor de Justiça)** Nas contravenções, em caso de ignorância ou de errada compreensão da lei, quando inescusáveis, a pena pode deixar de ser aplicada.
( ) Certo   ( ) Errado
**Gabarito comentado:** só pode o juiz deixar de aplicar a pena quando o erro for escusável. Portanto, a assertiva está errada.

---

**Erro sobre elementos do tipo**

**Art. 20.** O erro sobre elemento constitutivo do tipo legal de crime exclui o dolo, mas permite a punição por crime culposo, se previsto em lei.

**Erro sobre a ilicitude do fato**

**Art. 21.** O desconhecimento da lei é inescusável. O erro sobre a ilicitude do fato, se inevitável, isenta de pena; se evitável, poderá diminui-la de um sexto a um terço.

**Parágrafo único.** Considera-se evitável o erro se o agente atua ou se omite sem a consciência da ilicitude do fato, quando lhe era possível, nas circunstâncias, ter ou atingir essa consciência.

## 9.4.12 Crime antecedente de lavagem de capitais

Antes de 10.07.2012, apenas alguns crimes poderiam figurar como antecedentes da lavagem de capitais. A partir de 10.07.2012, as **contravenções também podem ser consideradas infrações penais antecedentes da lavagem de capitais**. Cuida-se de *novatio legis in pejus* e, portanto, irretroativa. Por essa razão, não se pode considerar típica a conduta de lavagem de direitos, bens e valores oriundos de contravenções penais quando feita antes de 10 de julho de 2012.

**Lei nº 9.613/1998**

**Art. 1º** Ocultar ou dissimular a natureza, origem, localização, disposição, movimentação ou propriedade de bens, direitos ou valores provenientes, direta ou indiretamente, de infração penal.

## 9.4.13 Reincidência

As regras para aferição de reincidência quando se está diante de crimes (arts. 63 e 64 do CP) são distintas das regras de reincidência para as contravenções (art. 7º da LCP).

**LCP, art. 7º** Verifica-se a reincidência quando o agente pratica uma contravenção depois de passar em julgado a sentença que o tenha condenado, no Brasil ou no estrangeiro, por qualquer crime, ou, no Brasil, por motivo de contravenção.

**CP**

**Art. 63.** Verifica-se a reincidência quando o agente comete novo crime, depois de transitar em julgado a sentença que, no País ou no estrangeiro, o tenha condenado por crime anterior.

**Art. 64.** Para efeito de reincidência:

I – não prevalece a condenação anterior, se entre a data do cumprimento ou extinção da pena e a infração posterior tiver decorrido período de tempo superior a 5 (cinco) anos, computado o período de prova da suspensão ou do livramento condicional, se não ocorrer revogação;

II – não se consideram os crimes militares próprios e políticos.

| Condenação anterior com trânsito em julgado | Nova infração penal | Reincidente ou não reincidente |
|---|---|---|
| Contravenção | Crime | Não é reincidente |
| Crime | Contravenção | Reincidente |
| Contravenção praticada no Brasil | Contravenção | Reincidente |
| Crime | Crime | Reincidente |
| Crime político | Crime | Não é reincidente |
| Crime militar próprio | Crime | Não é reincidente |
| Contravenção praticada em outro país | Contravenção | Não é reincidente |

O caro leitor pode questionar as razões pelas quais a condenação anterior transitada em julgado pela prática de contravenção no estrangeiro não gera reincidência, e a resposta é simples: a lei penal brasileira não se encarrega das contravenções ocorridas em território estrangeiro, apenas se aplicando às contravenções ocorridas no território nacional, consoante o art. 2º da Lei de Contravenções Penais. Assim, condenação por contravenção praticada fora do Brasil não pode ter qualquer interferência nos institutos penais aqui adotados.

> **Decifrando a prova**
>
> (2019 – Ieses – TJ/SC – Titular de Serviços de Notas e de Registros – Adaptada) Em relação às contravenções penais: a prática de contravenção, depois de condenação prévia transitada em julgado por crime, não enseja reincidência.
> ( ) Certo     ( ) Errado
> **Gabarito comentado:** nos termos do disposto no art. 7º da LCP, está errado.

## 9.4.14 Competência

Os crimes podem ser da competência da Justiça Federal ou da Justiça Estadual.
As contravenções não se encontram no âmbito da competência da Justiça Federal.

> Art. 109. Aos juízes federais compete processar e julgar: (...)
> IV – os crimes políticos e as infrações penais praticadas em detrimento de bens, serviços ou interesse da União ou de suas entidades autárquicas ou empresas públicas, excluídas as contravenções e ressalvada a competência da Justiça Militar e da Justiça Eleitoral;

V – os crimes previstos em tratado ou convenção internacional, quando, iniciada a execução no País, o resultado tenha ou devesse ter ocorrido no estrangeiro, ou reciprocamente;

VI – os crimes contra a organização do trabalho e, nos casos determinados por lei, contra o sistema financeiro e a ordem econômico-financeira; (...)

IX – os crimes cometidos a bordo de navios ou aeronaves, ressalvada a competência da Justiça Militar;

X – os crimes de ingresso ou permanência irregular de estrangeiro, a execução de carta rogatória, após o exequatur, e de sentença estrangeira, após a homologação, as causas referentes à nacionalidade, inclusive a respectiva opção, e à naturalização; (...)

## 9.4.15 Trabalho

Para o condenado pela prática de crime, o trabalho é obrigatório.

**Lei nº 7.210/1984, art. 31.** O condenado à pena privativa de liberdade está obrigado ao trabalho na medida de suas aptidões e capacidade.

**Parágrafo único.** Para o preso provisório, o trabalho não é obrigatório e só poderá ser executado no interior do estabelecimento.

Na Lei de Contravenções Penais, aquele que tiver sido condenado por contravenção, somente será obrigado a trabalhar se a imposição de prisão simples for superior a 15 dias.

**Lei nº 3.688/1941, art. 6º** (...)

§ 2º O trabalho é facultativo, se a pena aplicada, não excede a quinze dias.

## 9.4.16 Causas extintivas da punibilidade

Não estão previstas na LCP. Assim, para as contravenções cabem as mesmas causas extintivas de punibilidade aplicáveis para os crimes.

## 9.5 ILÍCITO CIVIL × ILÍCITO PENAL

Diz-se ilícita a conduta que contraria o ordenamento jurídico como um todo. O lícito, assim, não apenas será de natureza penal, havendo ilícito administrativo, civil, penal etc.

A distinção entre o ilícito penal e os demais gira em torno da gravidade do primeiro, que versa sobre bens jurídicos que o legislador tem como mais importantes e sobre lesões mais graves a esses mesmos bens jurídicos. Será ilícito penal aquela conduta que, tipificada em lei como criminosa, violar o ordenamento jurídico, não encontrando nenhum respaldo para a sua prática. A prática de um ilícito penal gera para seu autor a possibilidade de aplicação de uma pena. As sanções previstas para os outros ilícitos são mais brandas.

# Sujeitos e objeto do crime

## 10.1 SUJEITO ATIVO

O sujeito ativo do crime é a pessoa que realiza a conduta que a lei tipifica como criminosa, na qualidade de **autor ou partícipe**.

Todo homem tem capacidade geral para praticar crimes e, como afirma Wessels, capaz de ação, em sentido jurídico, é toda pessoa natural, independentemente da sua idade ou de seu estado psíquico, portanto também os doentes mentais (MIRABETE, 2013a, p. 106).

### 10.1.1 Pessoa jurídica como sujeito ativo de crime

Embora a regra diga que somente a pessoa física possa ser considerada sujeito ativo de crime, entre nós foi consagrada a responsabilidade penal da pessoa jurídica para a prática de crimes ambientais, consoante disposto no art. 225, § 3º, da Constituição Federal e no art. 3º da Lei nº 9.605/1998.

> **CF, art. 225.** Todos têm direito ao meio ambiente ecologicamente equilibrado, bem de uso comum do povo e essencial à sadia qualidade de vida, impondo-se ao Poder Público e à coletividade o dever de defendê-lo e preservá-lo para as presentes e futuras gerações.
> (...)
> **§ 3º** As condutas e atividades consideradas lesivas ao meio ambiente sujeitarão os infratores, pessoas físicas ou jurídicas, a sanções penais e administrativas, independentemente da obrigação de reparar os danos causados.
>
> **Lei nº 9.605/1998, art. 3º** As pessoas jurídicas serão responsabilizadas administrativa, civil e penalmente conforme o disposto nesta Lei, nos casos em que a infração seja cometida por decisão de seu representante legal ou contratual, ou de seu órgão colegiado, no interesse ou benefício da sua entidade.
>
> **Parágrafo único.** A responsabilidade das pessoas jurídicas não exclui a das pessoas físicas, autoras, coautoras ou partícipes do mesmo fato.

É possível, então, com relação à pessoa jurídica, afirmar ter sido adotada em nossa legislação penal, como regra, **a teoria da ficção**, de natureza romanística, para se reconhecer que não pode figurar como sujeito ativo de crime.

Com relação aos crimes ambientais, porém, abandonamos a teoria da ficção para adotarmos **a teoria da realidade** (também denominada teoria organicista ou teoria da personalidade real), sendo a pessoa jurídica por nós reconhecida como um ente autônomo e dotado de vontade própria, titular de direitos e obrigações tanto quanto uma pessoa física.[1]

Em que pese a opção feita pelo constituinte brasileiro, muitos insistem na impossibilidade de reconhecimento da capacidade penal da pessoa jurídica para todo e qualquer crime, mesmo os ambientais. Sustentam, e com eles concordamos, que não se poderia abandonar a teoria da ficção, sustentada, dentre outros, por Savigny. Afinal, *societas delinquere non potest*, ou seja, a "empresa não pode delinquir". A pessoa jurídica não tem vontade própria, não é dotada de consciência e não possui capacidade para entender o caráter ilícito de um comportamento. O crime é um fenômeno que só pode ser atribuído ao homem, à pessoa natural.

Demais disso, as penas cominadas às pessoas jurídicas já são cominadas como sanções eficazes e suficientes em outros ramos do Direito. Portanto, diante da subsidiariedade, princípio reitor do Direito Penal, não há muito sentido na opção feita pela teoria organicista.

Contudo, a opção feita pela teoria da realidade, formulada por Otto Gierke, com relação aos crimes ambientais, já foi discutida perante nossas Cortes Superiores, que reafirmaram a possibilidade de figurar a pessoa jurídica como sujeito ativo de crime ambiental.[2]

### Decifrando a prova

**(2016 – TRF/3ª Região – Juiz Federal Substituto – Adaptada)** Relativamente à responsabilidade penal da pessoa jurídica: é inconstitucional, haja vista o princípio da responsabilidade penal objetiva.
( ) Certo    ( ) Errado

---

[1] É necessário, contudo, destacar que a legislação penal brasileira apenas adotou a teoria organicista com relação aos crimes ambientais, não havendo nenhuma outra hipótese em que se admite a pessoa jurídica como sujeito ativo, nem mesmo com relação aos crimes contra a ordem econômica. Com relação a esses crimes, muitos vislumbram no art. 173, § 5º, da Constituição um permissivo para o reconhecimento da capacidade penal da pessoa jurídica. Seja como for, inexiste entre nós, a exemplo do que ocorre com os crimes ambientais, lei regulamentando a matéria.

[2] O primeiro caso envolvendo a responsabilidade penal da pessoa jurídica chegou ao STF no ano de 2006, por meio do RE nº 473.045, de Santa Catarina. Nele, o Ministério Público de Santa Catarina denunciou a um posto de gasolina e seu proprietário pela prática, em tese, de crime de poluição e de realização de obras sem licença ou autorização dos órgãos ambientais competentes. Naquela decisão, o STF reconheceu a possibilidade de a pessoa jurídica figurar como sujeito ativo de crime, mas o recurso foi prejudicado e declarada extinta a punibilidade pela prescrição (STF, RE nº 473.045/SC, Rel. Min. Gilmar Mendes, j. 08.10.2013, *DJe*-204, divulg. 14.10.2013, publ. 15.10.2013).

> **Gabarito comentado:** adotada a teoria organicista, a pessoa jurídica pode figurar como sujeito ativo de crime ambiental, consoante já decidiram nossos Tribunais Superiores. Portanto, a assertiva está errada.

## 10.1.2 A responsabilidade penal da pessoa jurídica de direito público interno

Aceita a teoria da realidade ou organicista, cumpriria discutirmos se toda pessoa jurídica poderia figurar como autora de crime ambiental. Trata-se de matéria quase nada discutida por nossa doutrina, mas que merece, por sua importância, melhor reflexão.

Pessoas jurídicas podem ser de direito público (interno ou externo) ou de direito privado. As pessoas jurídicas de direito público interno são aquelas de que trata o art. 41 do Código Civil.

> **Art. 41.** São pessoas jurídicas de direito público interno:
> I – a União;
> II – os Estados, o Distrito Federal e os Territórios;
> III – os Municípios;
> IV – as autarquias, inclusive as associações públicas;
> V – as demais entidades de caráter público criadas por lei.
> **Parágrafo único.** Salvo disposição em contrário, as pessoas jurídicas de direito público, a que se tenha dado estrutura de direito privado, regem-se, no que couber, quanto ao seu funcionamento, pelas normas deste Código.

Filiamo-nos a uma **primeira corrente**, que sustenta impossibilidade de as pessoas jurídicas de direito público interno figurarem com autoras de crime ambiental.

Nem todas as pessoas jurídicas são iguais e, portanto, nem todas poderão receber sanção penal. Comparar pessoas jurídicas de direito público interno com pessoas jurídicas de direito privado, que representam a vontade de seus sócios e não os interesses da coletividade, não nos parece o melhor caminho. Engrossamos, assim, as fileiras dos que defendem a imunidade da pessoa jurídica de direito público interno, na medida em que a aceitação de possibilidade de sua responsabilização por crimes ambientais equivaleria à legitimação do autoflagelo. Afinal, elas se confundem com o próprio Estado, que, se as punisse, estaria punindo a si mesmo (JOPPERT, 2011, p. 109).

Pedro Krebs (2000) destaca duas razões para o reconhecimento da imunidade penal da pessoa jurídica de direito público interno:

- Não se pode comparar pessoas jurídicas de direito público interno com pessoa jurídica de direito privado e, assim, não se pode falar em quebra de isonomia.
- Sendo o Estado titular do *ius puniendi*, não poderia pedir o reconhecimento de um direito contra si próprio, sob pena de acarretar confusão de partes: aquele que pede

o reconhecimento e a aplicação de um suposto direito seria o mesmo que aquele contra quem se pede.

A imunidade da pessoa jurídica de direito público interno não impede, por óbvias razões, que se reconheça e promova a responsabilidade da pessoa física do agente público, que a ela vinculado, tenha concorrido para a infração penal. Assim, embora não se possa responsabilizar a União, os Estados, os Municípios, a responsabilidade penal pela prática do crime ambiental poderá recair sobre o Presidente da República, o governador, os secretários de Estado, os prefeitos, ministros etc.

Tal posicionamento já foi mencionado pela jurisprudência do STJ (embora o caso concreto em análise no julgamento não tratasse diretamente da temática citada):

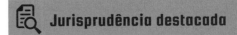

**Jurisprudência destacada**

(...) Os critérios para a responsabilização da pessoa jurídica são classificados na doutrina como explícitos: 1) que a violação decorra de deliberação do ente coletivo; 2) que autor material da infração seja vinculado à pessoa jurídica; e 3) que a infração praticada se dê no interesse ou benefício da pessoa jurídica; e implícitos no dispositivo: 1) que seja pessoa jurídica de direito privado; 2) que o autor tenha agido no amparo da pessoa jurídica; e 3) que a atuação ocorra na esfera de atividades da pessoa jurídica (...) (STJ, REsp nº 564.960/SC, Rel. Min. Gilson Dipp, 5ª Turma, j. 02.06.2005).

Para uma **segunda corrente**, porém, é totalmente possível a responsabilização penal da pessoa jurídica de direito público, na medida em que nem o art. 225, § 3º, da CF/1988, nem a Lei nº 9.605/1998 fez qualquer distinção ao se referir aos entes coletivos, abrangendo, portanto, as entidades de direito público e privado.

Uma **terceira corrente**, a seu turno, afirma que, à exceção do Estado em si, qualquer pessoa jurídica de direito público ou de direito privado pode ser responsabilizada. É o que pensa Luiz Regis Prado (2019, p. 121).

### 10.1.3 A teoria da dupla imputação ou do sistema paralelo de imputação

A aceitação da responsabilidade penal da pessoa jurídica, conforme disposto no art. 3º, parágrafo único, da Lei nº 9.605/1998, não exclui a responsabilidade penal da pessoa física, consagrando-se a possibilidade da dupla imputação. Cumpre destacar que, ao prever o **sistema paralelo de imputação**, a lei ambiental não determina que se faça a dupla imputação ou que esta se opere de forma automática. A rigor, é perfeitamente possível que a pessoa jurídica seja responsabilizada pela prática do crime ambiental e a pessoa física apontada como coautora seja absolvida. Não é outra a orientação dos nossos Tribunais Superiores acerca da matéria:

**Lei nº 9.605/1998, art. 3º** (...)

**Parágrafo único.** A responsabilidade das pessoas jurídicas não exclui a das pessoas físicas, autoras, coautoras ou partícipes do mesmo fato.

---

### Decifrando a prova

**(2013 – PUC/PR – TCE/MS – Auditor de Controle Externo – Adaptada)** Em relação à responsabilidade da pessoa jurídica em decorrência da prática de crimes ambientais: é possível a responsabilização penal da pessoa jurídica em crimes ambientais desde que haja a imputação simultânea do ente moral e da pessoa física que atua em seu nome ou em seu benefício.

( ) Certo        ( ) Errado

**Gabarito comentado:** a Lei nº 9.605/1998 consagra a possibilidade da dupla imputação, responsabilizando-se a pessoa jurídica e a pessoa física que dela faz parte, consoante disposto no art. 3º, parágrafo único. Contudo, possibilitar a dupla imputação não significa determinar a dupla imputação, razão pela qual a pessoa física pode ser absolvida pela prática de crime ambiental, ainda que condenada a pessoa jurídica. As organizações corporativas complexas da atualidade se caracterizam pela descentralização e distribuição de atribuições e responsabilidades, sendo inerentes, a esta realidade, as dificuldades para imputar o fato ilícito a uma pessoa concreta. Portanto, a assertiva está errada.

---

## 10.1.4 Sujeitos ativos especiais

Os crimes, em sua quase totalidade, podem ser praticados por qualquer pessoa. Contudo há situações específicas em que se demanda a existência de um sujeito ativo que preencha qualidade ou condição especial, como ocorre como o crime definido no art. 269 do Código Penal, que exige do sujeito ativo a qualidade de médico. Trata-se de **um crime próprio**.

**Art. 269.** Deixar o médico de denunciar à autoridade pública doença cuja notificação é compulsória.

Nessas hipóteses, a qualidade especial do sujeito ativo será elementar do crime e, como tal, se comunicará a outros que, não ostentando aquela qualidade, de qualquer forma concorrerem para a prática criminosa. Essa é a razão pela qual um não médico poderá figurar como partícipe do crime do art. 269 do Código Penal, caso concorra para a conduta do profissional de saúde. Não é outra a lição do art. 30 do Estatuto Penal Repressivo.

**Circunstâncias incomunicáveis**

**Art. 30.** Não se comunicam as circunstâncias e as condições de caráter pessoal, salvo quando elementares do crime.

Ao lado dos crimes próprios, há os denominados **crimes de mão própria**, ou de atuação pessoal, ou de conduta infungível, que são aqueles em que o tipo penal exige uma qualidade especial do sujeito ativo e somente aquele que preencha essa qualidade especial poderá executar a conduta típica, não sendo possível delegá-la a qualquer outra pessoa. Podemos citar como exemplo de crime de mão própria aquele descrito no art. 342 do CP, ou seja, o de falso testemunho.

> **Art. 342.** Fazer afirmação falsa, ou negar ou calar a verdade como testemunha, perito, contador, tradutor ou intérprete em processo judicial, ou administrativo, inquérito policial, ou em juízo arbitral: (Redação dada pela Lei nº 10.268, de 2001.) (...)

## 10.2 SUJEITO PASSIVO

Sujeito passivo é o titular do bem jurídico protegido pela norma. Assim, no crime de homicídio, em que se tutela a vida, sujeito passivo é a pessoa cuja vida foi ceifada; no crime de embriaguez ao volante, descrito no art. 306 da Lei nº 9.503/1997, em que se tutela a segurança nas vias públicas, sujeito passivo é toda a coletividade.

> **Lei nº 9.503/1997, art. 306.** Conduzir veículo automotor com capacidade psicomotora alterada em razão da influência de álcool ou de outra substância psicoativa que determine dependência:
>
> **Penas** – detenção, de seis meses a três anos, multa e suspensão ou proibição de se obter a permissão ou a habilitação para dirigir veículo automotor.

O sujeito passivo pode ser o **constante** (ou mediato, ou formal, ou geral, ou genérico, ou indireto) e o **episódico** (ou eventual, ou material, ou imediato, ou direto, ou particular).

Sujeito **passivo constante**, ou formal, é o Estado, pois, ao transgredir a lei, praticando a conduta descrita como criminosa, o agente violará o interesse do Estado em ver cumpridas as normas que edita. Por essa razão, o Estado figura como sujeito passivo formal, constante de todos os crimes.

### Decifrando a prova

**(2017 – Fepese – PC/SC – Escrivão – Adaptada)** É correto afirmar sobre a infração penal: o Estado sempre será sujeito passivo formal de um crime.
( ) Certo    ( ) Errado
**Gabarito comentado:** sendo o crime uma violação a um comando que dele provém, o Estado é sempre sujeito passivo formal, constante, mediato, geral, genérico, do crime. Em alguns casos, poderá ser também sujeito passivo material. Portanto, a assertiva está certa.

Sujeito **passivo episódico** ou material é o titular do bem jurídico protegido pela normal penal incriminadora.

A **pessoa jurídica** pode figurar como sujeito passivo de crime quando lhe couber a titularidade do bem jurídico tutelado pela norma. Assim, poderá figurar como sujeito passivo do crime de furto, mas não poderá figurar como sujeito passivo do crime de injúria, por não ter, por sua natureza, honra subjetiva.

> ### 🧩 Decifrando a prova
>
> **(2018 – Ibade – IPMJP/PB – Analista Previdenciário – Adaptada)** Sobre os sujeitos ativo e passivo da infração penal: uma pessoa jurídica não pode ser sujeito passivo da infração penal.
> ( ) Certo ( ) Errado
> **Gabarito comentado:** a pessoa jurídica pode figurar como sujeito passivo desde que possa figurar como titular do bem jurídico tutelado pela norma que define a conduta criminosa. Assim poderá figurar como sujeito passivo de furto, estelionato, calúnia (se lhe é falsamente atribuída a prática de conduta descrita como crime ambiental) etc. Portanto, a assertiva está errada.

Também podem figurar como sujeitos passivos os **inimputáveis**, sendo, inclusive, previstas hipóteses criminosas em que apenas inimputáveis poderão figurar como sujeito passivo, tal qual ocorre com o infanticídio, o abandono intelectual etc.

> ### 🧩 Decifrando a prova
>
> **(2016 – Funcab – PC/PA – Papiloscopista – Adaptada)** Os inimputáveis não podem ser vítimas de crimes contra a honra.
> ( ) Certo ( ) Errado
> **Gabarito comentado:** os inimputáveis podem ser sujeitos passivos de crimes porque podem figurar como titulares do bem jurídico tutelado pela norma. Podem ser sujeitos passivos de crimes vários, existindo alguns crimes que, inclusive, somente protegem inimputáveis, como destacado acima. Portanto, a assertiva está errada.

Com relação ao **feto**, há divergência na doutrina acerca da possibilidade, ou não, de figurar como sujeito passivo. Duas são as orientações:

- **1ª corrente:** amplamente majoritária, sustenta que o feto pode figurar como sujeito passivo, o que, entre nós, somente se daria no crime de aborto.
- **2ª corrente:** o feto pode ser, além do aborto, sujeito passivo no crime de lesões corporais.[3] Esse entendimento é bastante minoritário, na medida em que o Código Penal, ao definir o crime de lesões corporais, o descreve como sendo a conduta da-

---

[3] No art. 157 do Código Penal Espanhol de 1995, existe previsão do crime de Lesões no feto: "El que, por cualquier medio o procedimiento, causare en un feto una lesión o enfermedad que perjudique gravemente su normal desarrollo, o provoque en el mismo una grave tara física o psíquica, será castigado con pena de prisión de uno a cuatro años (...)" [Aquele que, por qualquer meio ou procedimento, causar no feto uma lesão ou enfermidade que prejudique gravemente seu normal desenvolvimento, ou nele provoque uma grave alteração física ou psíquica, será punido com pena de prisão de 1 a 4 anos (...)].

quele que "ofender a integridade corporal ou a saúde de outrem", ou seja, de outra pessoa. O feto, se ainda em formação, não pode ser considerado "pessoa" e, assim, não estaria sob o manto da norma.

- **3ª corrente:** o feto não pode configurar como sujeito passivo, nem mesmo no crime de aborto, pois não é o titular do bem jurídico ofendido. No aborto, sujeito passivo seria o Estado e toda a comunidade nacional. É a posição defendida por Mirabete (2013b, p. 60).

**Coletividades** destituídas de personalidade jurídica, também podem figurar como sujeitos passivos de crimes, caso em que teremos os denominados crimes vagos, em que não há sujeito passivo determinado.

Os **mortos** e os **animais** não poderão ser sujeitos passivos de quaisquer crimes, pois não são titulares de direitos. O fato de haver calúnia contra a memória dos mortos e crimes contra a fauna não desautoriza a conclusão. Afinal, no primeiro, sujeitos passivos são os familiares da pessoa morta e, no crime ambiental, a coletividade, a quem se deve assegurar um meio ambiente saudável e preservado.

Deve-se salientar que, embora os animais e os mortos não possam ser considerados sujeitos passivos de crimes, podem figurar como objeto material desses, tal qual ocorre nos crimes contra a fauna e no de vilipêndio a cadáver.

## 10.2.1 As posições do Estado como sujeito passivo

O Estado, que é sempre sujeito passivo formal, pode figurar como sujeito passivo de crime nas seguintes condições:

- Apenas como sujeito passivo formal, como ocorrerá nos crimes de homicídio, furto, apropriação indébita, estupro etc.
- Como sujeito passivo formal e material, como se dará nas hipóteses em que figura como titular do bem jurídico protelado pela norma. Ex.: peculato, prevaricação etc.
- Como sujeito passivo formal e material, havendo, além dele, um outro sujeito passivo material, como se dará na hipótese do crime de peculato que recaia sobre bens particulares.

## 10.3 SUJEITO PASSIVO × PREJUDICADO

Não se deve confundir **sujeito passivo** com **prejudicado**. Nem sempre a pessoa prejudicada pela prática do crime, por suportar as consequências dele advindas, patrimoniais ou não, é sujeito passivo do crime.

Tomemos como exemplo alguém que, ao dirigir embriagado, acaba por perder o controle do automóvel e atinge um veículo estacionado na porta de um bar, danificando-o, sem qualquer intenção. Nessa hipótese, o agente praticará o crime descrito no art. 306 do Código de Trânsito Brasileiro e o proprietário do veículo danificado, embora prejudicado, não pode ser considerado sujeito ativo. Afinal, o bem jurídico tutelado pela norma do art. 306 é a segurança viária, de que toda a coletividade é titular. Assim, sujeito passivo do crime é a coletividade, embora o proprietário do veículo tenha sido a pessoa a quem o autor do crime causou prejuízos.

Também podemos citar o exemplo do crime de um homicídio, em que o sujeito passivo será a pessoa cuja vida foi ceifada e prejudicados serão seus parentes, que sofrerão as dores da perda.

## 10.4 A IMPOSSIBILIDADE DE ALGUÉM FIGURAR, AO MESMO TEMPO, COMO SUJEITO ATIVO E PASSIVO DE UM CRIME

Ninguém pode figurar ao mesmo tempo como sujeito ativo e passivo de um mesmo crime, não havendo possibilidade de alguém cometer um crime contra si mesmo, em virtude de um dos aspectos do princípio da lesividade, qual seja, a **alteridade**. Trata-se de tema amplamente debatido nesta obra no capítulo em que se abordam os princípios que alicerçam o Direito Penal.

Essa possibilidade não existe nem mesmo no crime de rixa, descrito no art. 137 do Código Penal. Nele, os rixosos não são sujeitos passivos da própria ação, mas da ação dos demais rixosos. Como nos alerta Damásio de Jesus (1999, p. 219), o rixoso é sujeito ativo porque seu procedimento põe em risco a saúde e a integridade física dos outros rixosos; é sujeito passivo porque, no desenrolar do entrevero, é exposto ao mesmo perigo pela conduta dos outros.

Art. 137. Participar de rixa, salvo para separar os contendores: (...)

### 10.4.1 Objeto do crime

Quando se trata de objeto do crime, deve-se atentar para o fato de que o crime tem duas modalidades de objeto: o **objeto jurídico** e o **objeto material**.

Objeto jurídico do crime é o bem jurídico tutelado pela norma. Assim, no crime de apropriação indébita, definida no art. 168 do Código Penal, o objeto jurídico é o patrimônio.

Art. 168. Apropriar-se de coisa alheia móvel, de que tem a posse ou a detenção.

Objeto material do crime, a seu turno, é a coisa ou a pessoa sobre a qual recai a conduta do agente. Assim, na apropriação indébita de um veículo praticada pelo mecânico com quem o auto fora deixado para conserto, o objeto material do crime é o automóvel.

Não existe crime sem objeto jurídico, porque todo crime visa a proteção de um bem jurídico. Porém, é possível vislumbrarmos a existência de um crime sem objeto material, na medida em que há possibilidade de se praticar uma conduta criminosa que não recaia sobre uma coisa ou sobre uma pessoa, como ocorre no crime de reingresso de estrangeiro (art. 338 do CP) e no falso testemunho (art. 342 do CP).

**Art. 338.** Reingressar no território nacional o estrangeiro que dele foi expulso.

**Art. 342.** Fazer afirmação falsa, ou negar ou calar a verdade como testemunha, perito, contador, tradutor ou intérprete em processo judicial, ou administrativo, inquérito policial, ou em juízo arbitral: (...)

Cumpre destacar, por derradeiro, que muitas vezes o sujeito passivo coincide com o objeto material, como ocorre no crime de homicídio, em que a pessoa atingida pela conduta é, ao mesmo tempo, sujeito passivo (por ser o titular do bem jurídico tutelado) e objeto material (por ser a pessoa sobre a qual recai a conduta do agente).

# Do fato típico – I° elemento: conduta

O fato típico é composto por:

1. conduta;
2. resultado;
3. nexo causal;
4. tipicidade.

> **Decifrando a prova**
>
> **(2015 – MPE/SP – Promotor de Justiça – Adaptada)** São elementos do fato típico a conduta, resultado, relação de causalidade e tipicidade.
> ( ) Certo    ( ) Errado
> **Gabarito comentado:** consoante parágrafo anterior, a assertiva está certa.

Dedicaremos este capítulo ao primeiro desses elementos, ou seja, a conduta.

## II.I  CONDUTA

O conceito de conduta, primeiro elemento do fato típico, dependerá da teoria que se proponha a fornecê-lo. Passaremos a analisar as principais teorias formuladas com esse objetivo desde o final do século XIX até os dias atuais.

### II.I.I  Teoria causalista, ou naturalista, ou tradicional, ou clássica

Formulada no **final do século XIX**, sob grande influência do **positivismo científico**, e perdurando até a primeira metade do século XX, a teoria teve como seus principais expoentes **Von Liszt, Beling e Radbruch, razão pela qual sua** estrutura é conhecida como sistema Liszt-Beling-Radbruch.. Concebendo a conduta como mero fator de causalidade, Lizst define a conduta como a causação de uma modificação no mundo exterior por um comportamento humano voluntário (SANTOS, 2002, p. 11).

Pela vontade, o autor realiza a conduta e esta, a seu turno, provoca o resultado. Trata-se, portanto, de uma **teoria mecanicista** para a qual não haveria ação sem resultado.

Sofrendo forte influência das ciências físicas e naturais, o conceito de conduta trazido pelos causalistas reflete uma mera aplicação das leis físicas de causa e efeito, buscando submeter a ciência do Direito ao ideal de exatidão das ciências naturais (ESTEFAM, 2010, p. 162). A causação objetiva do resultado era o que importava. Tratava-se de um **conceito puro de ação**, isento de todo juízo de valor. Era a ação tomada como pura realização da vontade no mundo exterior (BRUNO, 1978, p. 296). A vontade tem, para os causalistas, dois aspectos: um externo (o movimento corporal do agente) e um interno (que é a vontade de fazer ou não fazer).

O causalismo propõe uma **fotografia externa do evento** e, como consequência, não importava para seus teóricos saber o que o agente desejava ao realizá-la. Bastava saber que desejava realizá-la.

Para os causalistas, o fato típico era concebido como uma simples comparação entre o que o agente praticou e o que se encontra no texto de lei, não cabendo indagações acerca de dolo ou culpa na análise da conduta. Apenas importava saber que houve a causação de um resultado definido na lei como crime. O único nexo que importava estabelecer era o natural (de causa e efeito), desprezando-se os elementos volitivo (dolo) e normativo (culpa), cujo exame ficava relegado para o momento da verificação da culpabilidade (CAPEZ, 2003, p. 110). Assim, como pregava Asúa, a ação era acromática, focalizada sem qualquer conteúdo finalístico ou normativo.

Para o causalista, a conduta típica de homicídio é matar alguém, pouco importando se o agente, ao realizar voluntariamente a ação que provocou a morte, queria mesmo matar. O que o agente desejava, o conteúdo de sua vontade, ou seja, a finalidade de seu comportamento somente seria pesquisada em momento posterior, quando da análise da culpabilidade, onde "moravam" o dolo e a culpa.

Destarte, a **teoria clássica** não distinguia a conduta dolosa da culposa, visto que o resultado é idêntico nas duas modalidades de crime. Deve-se, contudo, destacar que os causalistas não consagravam a responsabilidade penal objetiva, bem como não desprezavam o dolo ou a culpa, que por eles era objeto de análise na culpabilidade.

A teoria causalista erra ao incorporar as leis da natureza ao Direito Penal, como observa Damásio de Jesus (1999, p. 271). O direito é uma ciência da cultura, o crime é um fenômeno social e, assim, não se pode desejar tratá-lo como são tratadas as ciências naturais, analisando a conduta como mera **relação de causa e efeito**.

Ao preocupar-se somente com o aspecto causal, **os causalistas encontram dificuldades para explicar os crimes omissivos, a tentativa e os crimes culposos.**

Com relação aos primeiros, Maurach (1966, p. 23 *apud* JESUS, 1999, p. 271) destaca a impossibilidade de os delitos de omissão originarem causalidade.

Afinal, inexiste nexo causal no crime omissivo. A omissão é um nada, e do nada nada vem (*ex nihilo nihil fit*). Ora, se o conceito causal de ação a define como o movimento corporal voluntário que causa um resultado no mundo exterior, verifica-se que o mesmo é inaplicável aos crimes omissivos.

Com relação à tentativa, melhor sorte não teve a concepção causalista. Afinal, para sabermos se a conduta de alguém que provoca lesão em outra pessoa caracteriza lesão corporal ou tentativa de homicídio, se fará imprescindível identificar a direção final da vontade, ou seja, o que o agente desejava ao realizar a conduta, se queria ele matar ou apenas lesionar. Os causalistas, ao afirmarem que na análise da conduta não se deve perquirir o conteúdo da vontade, encontravam, portanto, sérias dificuldades para a explicação da tentativa.

Por outro lado, ainda com relação à tentativa, o conceito causal de conduta apresenta outra falha. Ora, se os causalistas definem conduta como ação humana voluntária que causa um resultado, como explicar a tentativa, em que inexiste qualquer resultado?

Com relação aos crimes culposos, a teoria causalista apresenta mais de um de seus graves equívocos, outorgando à culpa, que é meramente normativa, natureza psicológica. Seus teóricos conceituavam a culpabilidade como relação psíquica do autor com o fato (teoria psicológica pura da culpabilidade) e a culpa era, ao lado do dolo, uma das espécies de culpabilidade. A imprudência inconsciente não contém elementos psíquicos, o que torna insustentável lhe conferir natureza psicológica, como pretendiam os causalistas.

Pelas inconsistências apresentadas, a teoria causal-naturalista da ação, acolhida em vários países, foi praticamente abandonada pela dogmática alemã, já no início do século passado, como lembra Bitencourt (2004).

### Decifrando a prova

**(2015 – MPE/SP – Promotor de Justiça – Adaptada)** A teoria clássica entende que a culpabilidade consiste em um vínculo subjetivo que liga a ação ao resultado, ou seja, no dolo ou na culpa em sentido estrito.

( ) Certo     ( ) Errado

**Gabarito comentado:** para a teoria causalista, o conteúdo da vontade, ou seja, a finalidade do agente ao realizar a conduta típica e ilícita, não integra a conduta, mas a culpabilidade. Dolo e culpa seriam a própria culpabilidade, modalidades de culpabilidade. Portanto, a assertiva está certa.

### II.I.2 Teoria neoclássica ou neokantiana, ou causal-valorativa

As críticas direcionadas à teoria causal-naturalista, clássica, tal qual acima se aponta, fizeram com que os tipos passassem a ser identificados como normas de cultura, algumas vezes exigindo valoração, razão pela qual não mais poderiam ser considerados meramente descritivos.

Assim, já nas **primeiras décadas do século XX**, percebe-se a desintegração do sistema clássico e o causalismo ganha contornos neoclássicos, trazendo importantes mudanças para o conceito de conduta. A teoria **neokantista**, também denominada **causal-valorativa** ou **neoclássica**, superando o positivismo, percebe que as normas jurídicas aparecem determinadas por valores que lhes são prévios e a verdade jurídica, portanto, vem influenciada pela cultura.

Dessa forma, promove-se uma ruptura metodológica na teoria do crime, concluindo-se que nenhum dos seus elementos poderia ser entendido sem um suporte valorativo. Com isso, a tipicidade perde a natureza de "livre de valor" para inclusão de elementos normativos como motivo torpe, intenção de apropriação no crime de furto e até mesmo o dolo, na tentativa (SANTOS, 2002, p. 13).

A conduta, assim, deixa de ser absolutamente natural, passando a ter um certo **sentido normativo**, permitindo a compreensão da ação em sentido estrito, bem como da omissão. Por isso, não mais será concebida como comportamento humano voluntário que provoca mudança no mundo exterior, mas "como comportamento humano voluntário manifestado no mundo exterior".

A teoria, que teve na obra de **Edmund Mezger** sua expressão mais bem acabada (BUSATO, 2018, p. 224), foi um violento golpe no causalismo.

## II.1.3 Teoria social da ação

Para a teoria social da ação, que teve em Johannes Wessels um dos seus maiores expoentes, conduta é o comportamento humano que a vontade domine ou possa por ela ser dominado e que tenha **relevância social** e jurídica segundo os **critérios axiológicos** de determinada época. O conceito de ação, tratando-se de um comportamento praticado no meio social, deve ser valorado por padrões formulados pela própria sociedade.

Ação seria, assim, a realização de um **resultado socialmente relevante**, o que demonstra que a teoria social se preocupa mais com o desvalor do resultado do que com o desvalor da ação. Cuida-se, portanto, de uma teoria também **mecanicista** e, como a teoria causal-naturalista, não apresenta solução para a figura da tentativa, dos crimes omissivos e dos crimes formais e de mera conduta.

## II.1.4 Teoria final ou finalista

**Welzel**, concluindo que os causalistas incorrem em erro insuperável ao converterem a ação em um mero processo causal, desenvolveu as bases de sua teoria destacando que a ação é o exercício de uma **atividade final**. Assim, o finalismo define a conduta como a ação ou omissão humana, consciente e voluntária, dirigida a uma finalidade.

Portanto, definida a ação, percebe-se que o homem ao realizar qualquer comportamento, seja ele positivo ou negativo, sempre dirige sua vontade a uma finalidade.

A ação humana, por ser um acontecimento final, não pode ser confundida com fatos naturais, que são meramente causais.

**Welzel** ensina que a vontade é a energia que produz a ação e que a finalidade dirige a causalidade para configurar o futuro conforme o plano do autor. A **vontade consciente do**

**fim** é a espinha dorsal da ação. O homem, consciente dos efeitos causais do acontecimento, pode prever as consequências de sua conduta. Conhecedor das relações de causa e efeito, tem condições de dirigir sua atividade para causação dos efeitos que pretende produzir. Se pretende matar, compra a arma, escolhe o lugar para realizar a sua conduta, mira região letal e dispara. O dolo é, destarte, a vontade final que rege o acontecimento causal (BUSATO, 2018, p. 229). Fatos naturais, que são acontecimentos meramente causais, não são assim ordenados. As mortes provocadas por um tsunâmi, por exemplo, são efeitos cegos dos fenômenos desencadeados pela natureza. Por isso, Welzel dizia que **a finalidade é vidente e a causalidade é cega** (SANTOS, 2002, p. 15).

Os finalistas percebem que o conteúdo da vontade, ou seja, a direção final da vontade, o fim a que se dirige à vontade, ou seja, o dolo do agente não é e nem pertence à culpabilidade, como sustentavam os causalistas e os neoclássicos. O dolo integra a conduta, elemento componente do fato típico. A vontade, assim, abrange:

1. o fim que o agente pretende alcançar;
2. a escolha dos meios por ele utilizados para alcançar tais fins;
3. a representação dos efeitos colaterais, que podem ser desejados, aceitos ou não aceitos pelo agente.

Os finalistas percebem que, somente depois da análise do conteúdo da vontade, é que se pode afirmar qual teria sido a conduta típica realizada pelo agente. Assim, matar alguém não corresponde necessariamente à conduta típica de homicídio.

A fotografia externa do fato, proposta pelos causalistas, não nos permite saber se pratica conduta típica de homicídio aquele que dispara arma de fogo e atinge alguém que, posteriormente, vem a óbito. Ao fotografarmos a cena, só sabemos que houve morte e que a morte foi causada pelo agente que disparou. Contudo será necessário analisar o que o agente queria ao disparar, a que resultado dirigiu finalisticamente sua vontade, se disparou para matar, para lesionar ou mesmo se disparou para atingir um pássaro e acabou matando a vítima. Caso tenha disparado para matar, dirigindo sua vontade finalisticamente à causação do evento morte, atuando, portanto, com dolo de matar, pratica conduta típica de homicídio. Se disparou para provocar lesão e acabou provocando a morte, a conduta típica será de lesão corporal seguida de morte. Se disparou para atingir um pássaro e, por errar a pontaria, acabou por atingir e matar a vítima, a conduta típica será de homicídio culposo.

Podemos, então, concluir que, se para os causalistas a conduta típica de homicídio é matar, para os finalistas só haverá conduta típica de homicídio se o agente matar com dolo de matar, desejando matar. Se outro era o seu dolo, a conduta não será de homicídio. Assim, poderíamos afirmar que:

- Causalistas – tipo penal = tipo objetivo.
- Finalistas – tipo penal = tipo objetivo + tipo subjetivo (dolo).

Importante destacar que não apenas do dolo, que consiste na vontade de realizar os elementos do tipo objetivo, ocupam-se os finalistas. A culpa é também objeto da sua preocupação. Como leciona Damásio de Jesus (1999, p. 275):

O direito não deseja apenas o que o homem não realize condutas dolosas, mas, também, que imprima em todas as suas atividades uma direção finalista capaz de impedir se produzam resultados lesivos. As ações que, produzindo um resultado causal, são devidas à inobservância do mínimo de direção finalista no sentido de impedir a produção de tal consequência ingressam no rol dos delitos culposos.

 **Decifrando a prova**

**(2013 – Vunesp – MPE/ES – Promotor de Justiça – Adaptada)** A conduta para a teoria naturalista é o comportamento humano, voluntário e consciente (doloso ou culposo) dirigido a uma finalidade.
( ) Certo     ( ) Errado
**Gabarito comentado:** a concepção naturalista da conduta não se preocupa com o conteúdo da vontade, com a finalidade do agente. Para a teoria causalista, dolo e culpa serão analisados na culpabilidade. O conceito trazido pela assertiva é o conceito de conduta para a teoria finalista. Portanto, a assertiva está errada.

Importante destacar, tal qual ocorre na conduta dolosa, na conduta culposa há vontade e finalidade, embora nela a vontade não esteja finalisticamente dirigida ao resultado típico. Imaginemos um exemplo em que Larapius Augustus, atrasado para buscar a filha na escola, imprima velocidade excessiva ao seu veículo, e, no meio do caminho, acabe por provocar um acidente, causando lesões no condutor do outro veículo. No exemplo, estamos diante de lesão culposa, em que o agente não dirigiu finalisticamente sua vontade à causação do resultado típico (lesão), mas acabou por causá-lo ao deixar de observar dever objetivo de cuidado. De qualquer forma, porém, vislumbra-se vontade finalisticamente dirigida, ou seja, deixou de observar as regras de cuidado para atingir um fim lícito, qual seja, chegar a tempo de pegar a criança na escola.

## II.I.5 Teorias funcionalistas

As teorias funcionalistas pregam a necessidade de **revisão** das bases do Direito Penal, sem, contudo, trazer uma nova proposta estrutural da teoria do delito, tal qual ocorreu na contraposição causalismo-finalismo (BUSATO, 2018, p. 238).

As categorias do delito, como estruturadas pelo finalismo, não são alteradas pelo funcionalismo, que, entretanto, propõe uma diferente visão do fato típico, da antijuridicidade e da ilicitude, para que, assim, restem harmonizadas com os próprios objetivos da sociedade. Sustentam a impossibilidade de serem desconsiderados critérios político-sociais quando da aplicação dos dogmas penais. O Direito Penal deve cumprir uma função social, não mais podendo ser pensado sem conexão com os tais objetivos, o que revela preocupação com as consequências de sua aplicação, que somente se justificaria quando necessária. O funcionalista busca fornecer as bases que nos permitirão responder qual é **a missão do Direito Penal**, para que serve o Direito Penal.

Duras críticas endereçam aos finalistas por terem focado a vontade, sem qualquer consideração que diga respeito à eficácia e legitimação da atuação do Direito Penal.

Sob a ótica funcionalista, Welzel e seus seguidores buscaram soluções meramente ontológicas, socorrendo-se de conceitos pré-jurídicos para as categorias do delito, sem preocupação com valoração jurídico-penal e nisso residiria seu maior equívoco. Entendem os funcionalistas que os adeptos da teoria final da ação se preocuparam demais com o conceito pré-jurídico de finalidade, em definir o dolo como a vontade de realização de algo, sem perceberem que "um problema que se tem à frente é um problema jurídico, normativo, a saber: o de quando se mostra necessária a pena por crime doloso" (GRECO, 2000, p. 39).

Para os funcionalistas, a estruturação do crime não pode se dar a partir de um conceito de ação, ontológico, que se origina da realidade fática do resultado ou da manifestação da vontade dirigida a uma finalidade devendo-se encarar **o crime como uma escolha política**, migrando-se do eixo ontológico para o axiológico, fixando-se a **primazia do critério axiológico** na concepção da estrutura punitiva (BUSATO, 2018, p. 246). Afirmando que nenhuma realidade admite apenas uma interpretação e que, portanto, para a solução do problema jurídico hão de ser considerados critérios valorativos, os funcionalistas buscam trazer novas luzes à teoria do delito.

Não existe apenas um funcionalismo, distinguindo-se duas principais orientações: a **moderna, teleológica ou moderada**, defendida por Claus Roxin, e **a radical (sistêmica)**, representada pelo funcionalismo sociológico (teoria dos sistemas) de Günther Jakobs.

As vertentes funcionalistas mencionadas **apresentam diferenças substanciais**, principalmente no que tange à explicitação de qual seria a missão do Direito Penal.

Segundo o **funcionalismo teleológico de Claus Roxin**, também conhecido por funcionalismo moderado ou funcionalismo da Escola de Munique, o Direito Penal é instrumento de que somente se deve lançar mão em última hipótese, quando se faz necessária a proteção a bens jurídicos fundados na dignidade da pessoa humana e dos quais a sociedade não prescinde para seu desenvolvimento. O Direito Penal teria, destarte, a missão de reafirmar e proteger os valores da ordem jurídica essenciais à convivência social harmônica.

A conduta, para o funcionalismo teleológico, é o comportamento humano voluntário, causador de relevante e intolerável lesão ou perigo de lesão ao bem jurídico tutelado pela norma penal.

O **funcionalismo sistêmico, estratégico, radical ou funcionalismo da Escola de Bonn** tem em **Günther Jakobs** seu principal expoente. Partindo da teoria dos sistemas, trazida por Luhmann para o âmbito das ciências sociais, Jakobs afirma que a missão precípua do Direito Penal é a busca do reconhecimento da necessidade de estabilização normativa.

Para Luhmann, a sociedade é um **sistema autopoiético**, ou seja, um sistema que gera condições de existência para si próprio, procurando a preservação de sua coerência, sempre buscando sua estabilidade e continuidade. A sociedade é formada por vários subsistemas sociais, dentre os quais se situa o direito, que, por sua vez, comporta outros subsistemas, entre os quais o sistema-jurídico penal.

Ao partir da teoria dos sistemas para a construção de sua teoria, Jakobs concebe o Direito Penal como um subsistema fechado, que busca sua própria existência enquanto sistema, bem como a preservação do sistema a que se atrela, o sistema jurídico, objetivando a **estabilização da norma**.

A aplicação de sanções penais tem por objetivo gerar a confiança da população na vigência da norma que foi violada, fazendo com que o autor do crime e toda a sociedade saibam que a norma continua vigente. Ou seja, a pena não se presta a evitar lesões de bens jurídicos, mas a reafirmar a vigência da norma, para que o sistema, assim, continue preservado e estável.

Ao ser praticado o crime, é violada uma norma, surgindo um conflito entre a atitude individual e a expectativa social. Aplicada a pena ao transgressor, a norma é reafirmada e fica restabelecida a confiança que a sociedade nela deposita.

O funcionalismo sistêmico de Günther Jakobs nos leva às seguintes consequências:

1. O sistema jurídico-penal se organiza em torno da norma (sua estrutura de referência) e não do homem.
2. Não importa se o sistema é justo ou injusto, mas que funcione.
3. O direito não é instrumento de afirmação do indivíduo, mas da coletividade representada pelo Estado, que é fonte formal da norma. Nesse ponto, o Direito Penal protege a sociedade e não o bem da pessoa que é vítima do delito.
4. A preocupação do funcionalismo sistêmico não é o bem jurídico indispensável à convivência social harmônica, mas a preservação do sistema social e jurídico.

Feitas essas considerações, poderíamos afirmar que conduta, para o funcionalismo sistêmico, é o comportamento humano voluntário, que, frustrando as expectativas normativas, gera um resultado que poderia ser evitado, violando o sistema jurídico.

### Decifrando a prova

**(2015 – MP/DF – Promotor de Justiça Adjunto – Adaptada)** O funcionalismo sistêmico, adotado por Günther Jakobs, enxerga, na violação da norma, a expressão simbólica da falta de fidelidade ao Direito, o que ameaça a integridade e a estabilidade sociais, e defende que a lesão a bens jurídicos específicos não é o que justifica a incidência da pena, cuja função é de prevenção positiva, representando a reação social ao delito, com reforço da vigência dos valores violados.

( ) Certo    ( ) Errado

**Gabarito comentado:** o funcionalismo da Escola de Bonn, inspirado na teoria dos sistemas, enxerga no sistema jurídico-penal um subsistema autopoiético, fechado e autorreferente, que se autopreserva. Sendo a norma seu elemento estrutural, o Direito Penal cria mecanismos para sua estabilização. Portanto, a assertiva está certa.

## 11.1.6 Teoria da ação significativa

Baseada na **filosofia da linguagem**, pretende reestruturar toda a teoria do crime em razão da perspectiva da linguagem no campo penal, propondo uma reestruturação dos ideais finalistas para adequá-lo às concepções filosóficas de linguagem.

Seu principal expoente é **Tomás Salvador Vives Antón**, que defende um novo modelo de imputação que tem a filosofia da linguagem de **Wittgenstein** e a **teoria da ação comunicativa** de **Habermas** como seus pilares.

A teoria da significação propõe que, na análise da conduta, não se deve focar no que foi realizado pelo agente, mas no significado de sua ação. Compreender o que seria a ação é como compreender a linguagem. Assim como não se pode entender o sentido de uma frase fora do contexto em que é usada, somente se pode entender a ação se entendermos o contexto em que ocorre.

A teoria significativa visa, assim, demonstrar que a ação humana, longe de ser meramente modificativa do mundo dos fatos ou simplesmente dotada de finalidade, pode ser interpretada pela cadeia de seus significados no mundo.

Distinguindo os fatos (que não têm sentido e comportam apenas descrições) de ações (que são dotadas de sentidos e significados), a teoria da ação significativa dirá que o Direito não é uma fotografia, mas um filme (BUSATO, 2018, p. 250). Enquanto os meros fatos da vida podem ser explicados por regras imutáveis como as leis da física, química e biologia, as ações humanas têm a característica diferenciadora de que só podem ser identificadas, classificadas e interpretadas conforme regras ou normas (BUSATO, 2018, p. 273). A ação é, assim, uma expressão simbólica de uma atividade.

Dessa forma, referir-se a alguém como "neguinho" pode ser racismo, injúria preconceituosa, uma forma de carinho ou mesmo a recitação de uma poesia ou letra de uma música, a depender das circunstâncias em que ocorreu aquela ação. Só assim poderemos verificar como deve ser interpretada, compreendida e se foi mesmo uma ofensa. As ações não preexistem às regras que as definem. Se há o ato de injuriar, por exemplo, é porque a norma estabelece, antes, a definição do que se entende por injúria. Se não existisse previamente estabelecida, não haveria significado para a ação.

Juan Luis Vives conceitua ações como interpretações que podem ser dadas ao comportamento humano segundo os distintos grupos de regras sociais. Assim, deve-se ter nova perspectiva acerca da ação, que não é o que se faz, mas o significado do que se faz.

Para a teoria significativa, não existe um conceito ontológico de ação, pois não a enxergam seus teóricos "no mundo do ser", no ser naturalista. O conceito de ação também não estaria fundamentado em critérios meramente axiológicos, valorativos.

Não existe, portanto, um modelo matemático, um modelo único de ação de que se possa lançar mão para definir todas as ações que o homem, em diferentes contextos, pode levar a efeito.

### Decifrando a prova

**(2014 – MPE/GO – Promotor de Justiça Substituto – Adaptada)** No estudo da teoria geral do crime, a doutrina desenvolveu diversas teorias sobre a conduta penalmente relevante. O modelo da ação significativa define ação como manifestação da personalidade, um conceito capaz de abranger todo acontecimento atribuível ao centro de ação psíquico-espiritual do

> homem, permitindo-se a exclusão de todos os fenômenos somático-corporais insuscetíveis de controle do ego e, portanto, não dominados ou não domináveis pela vontade humana (força física absoluta, convulsões, movimentos reflexos etc.). De igual modo, não são abrangidos pelo conceito de ação nesse sistema os pensamentos e emoções encerrados na esfera psíquico-espiritual do ser humano, porquanto não representam manifestação significativamente relevante da personalidade.
> ( ) Certo    ( ) Errado
> **Gabarito comentado:** o conceito de conduta fornecido pela assertiva corresponde àquele trazido pelo modelo pessoal de ação, não pela teoria da ação significativa. O modelo da ação significativa repousa nos princípios do liberalismo político e tem como pilares dois conceitos essenciais: ação e norma, unidos em sua construção pela ideia fundamental de liberdade de ação. De acordo com estes pressupostos, não existe um conceito universal e ontológico de ação. Não há um modelo matemático ou uma fórmula lógica apta a oferecer um conceito de ação humana válido para todas as diferentes espécies de ações que o ser humano pode realizar. Em outras palavras, as ações não existem antes das regras que as definem, havendo, sim, tantos conceitos de ação quantas forem as espécies de condutas relevantes (típicas) para o Direito Penal, segundo as diversas características com as que são descritas normativamente. Portanto, a assertiva está errada.

### II.1.7  Teoria jurídico-penal

É a teoria defendida por **Assis Toledo**, na tentativa de **conciliar os modelos** causalista, finalista e social, sintetizando o conceito de conduta sob a visão da doutrina penal.

Toledo (2000, p. 92), neste diapasão, define:

> A ação *é* o comportamento humano, dominado ou dominável pela vontade, dirigido para a lesão ou para a exposição a perigo de um bem jurídico, ou, ainda, para a causação de uma previsível lesão a um bem jurídico.

Ao referir-se ao comportamento humano, Toledo traz referências à ação ou omissão, base da teoria causalista. Ao agregar a vontade humana no estudo da conduta, traz para a sua definição o escopo da teoria finalista. Referindo-se à vontade dominável, na dialética das influências, do que pode ou não ser dominado na consciência social, insere o objeto da teoria social da ação. Por fim, exige a provocação de lesão ao bem jurídico tutelado ou, pelo menos, a exposição do bem jurídico a risco.

### II.2  MODELO NEGATIVO DE AÇÃO

Fulcra-se, fundamentalmente, no princípio da **evitabilidade**. Preceitua que um resultado só é atribuível ao autor quando o direito determina que ele seja evitado e o autor, embora pudesse fazê-lo, deixa de evitá-lo. Verifica-se, assim, a possibilidade de evitar aparecer como pressuposto da obrigatoriedade da evitação.

Pelo conceito negativo, a ação pode, assim, ser definida como a evitável não evitação do resultado danoso (SANTOS, 2002, p. 25).

> **Decifrando a prova**
>
> **(2014 – MPE/GO – Promotor de Justiça Substituto – Adaptada)** O modelo negativo de ação define o conceito de ação dentro da categoria do tipo de injusto, rejeitando definições ontológicas ou pré-jurídicas. Para esse modelo, a ação é a evitável não evitação do resultado na posição de garantidor, compreensível como omissão da contradireção mandada pelo ordenamento jurídico, em que o autor realiza o que não deve realizar (ação), ou não realiza o deve realizar (omissão de ação). O ponto de partida do conceito negativo de ação é o exame desta dentro do tipo de injusto, a fim de se concluir se o autor teria a possibilidade de influenciar o curso causal concreto conducente ao resultado, mediante conduta dirigida pela vontade.
> ( ) Certo ( ) Errado
> **Gabarito comentado:** essa assertiva está certa, sendo autoexplicativa.

## 11.3 MODELO PESSOAL DE AÇÃO

Define ação como **manifestação da personalidade**, abrangendo todo acontecimento atribuível ao centro de ação psíquico-espiritual do homem (SANTOS, 2002, p. 26).

Assim, não há conduta na força física absoluta, nas convulsões, nos movimentos reflexos etc. por serem fenômenos insuscetíveis de controle do ego, não podendo, portanto, serem dominados pela vontade. Também, por não serem manifestações significativamente relevantes da personalidade, não se inserem no conceito de ação os pensamentos e emoções.

## 11.4 RESUMO DO CONCEITO DE CONDUTA PARA AS VÁRIAS TEORIAS APRESENTADAS

- **Teoria causal-naturalista:** conduta é a causação de uma modificação no mundo exterior por um comportamento humano voluntário.
- **Teoria neoclássica ou neokantiana:** conduta é o comportamento humano voluntário manifestado no mundo exterior.
- **Teoria social da ação:** conduta é o comportamento humano que a vontade domine ou possa por ela ser dominado e que tenha relevância social e jurídica segundo os critérios axiológicos de determinada época.
- **Teoria finalista:** conduta é a ação ou omissão humana, consciente e voluntária, dirigida a uma finalidade.
- **Funcionalismo teleológico:** conduta é o comportamento humano voluntário, causador de relevante e intolerável lesão ou perigo de lesão ao bem jurídico tutelado pela norma penal.
- **Funcionalismo sistêmico:** conduta é o comportamento humano voluntário, que, frustrando as expectativas normativas, gera um resultado que poderia ser evitado, violando o sistema jurídico.

- **Teoria jurídico-penal:** conduta é a ação é o comportamento humano, dominado ou dominável pela vontade, dirigido para a lesão ou para a exposição a perigo de um bem jurídico, ou, ainda, para a causação de uma previsível lesão a um bem jurídico.
- **Teoria da ação significativa:** ações são interpretações que podem ser dadas ao comportamento humano segundo os distintos grupos de regras sociais, não se podendo construir um conceito geral de ação.
- **Modelo negativo de ação:** ação é a evitável não evitação do resultado danoso.
- **Modelo pessoal de ação:** define ação como manifestação da personalidade, abrangendo todo acontecimento atribuível ao centro de ação psíquico-espiritual do homem.

O conceito por nós **adotado** é o fornecido pela teoria **finalista**.

## II.5 CONDUTA E SEUS COMPONENTES

Adotado o conceito finalista, a conduta pode ser definida como a ação ou omissão humana, consciente, voluntária dirigida a uma finalidade.

Não se pode conceber crime sem conduta, não sendo aceitos entre nós os denominados crimes de mera suspeita, que consagram o Direito Penal de autor em que o agente não é punido pelo que efetivamente faz, mas pelas suspeitas que desperta por seu modo de agir, não sendo outra a razão pela qual o STF[1] entendeu não recepcionada pela Constituição a contravenção penal do art. 25 da LCP, como nos adverte Masson (2019b, p. 196).

O dispositivo citado define como contravenção o fato de alguém ter em seu poder, depois de condenado por crime de furto ou de roubo, ou enquanto sujeito à liberdade vigiada ou quando conhecido como vadio ou mendigo, gazuas, chaves falsas ou alteradas ou instrumentos usualmente empregados na prática de crime de furto, desde que não prove destinação legítima. A norma claramente violava os princípios penais da dignidade da pessoa humana e da isonomia, previstos nos arts. 1º, III, e 5º, *caput* e inciso I, da Constituição Federal, consagrando o Direito Penal do autor, incompatível com o Direito Penal brasileiro.

**Ação ou omissão humana.** Embora entre nós exista previsão de responsabilidade penal da pessoa jurídica pela prática de crimes ambientais, a conduta é um comportamento humano positivo (ação) ou caracterizado por um não fazer (omissão) levado a efeito pelo homem, como expressão individual de sua personalidade. Assim, não cabe atribuir conduta a **animais** ou **seres inanimados**. Com relação aos animais, é preciso destacar que podem ser usados como **instrumentos** pelo homem, caso em que a conduta será humana, e não do animal. Assim, admitimos que alguém se utilize de seu cão feroz, incitando-o a atacar uma pessoa. A conduta não será do cão, mas do ser humano.

---

[1] STF, RE nº 583.523/RS, Rel. Min. Gilmar Mendes, j. 03.10.2013, Tribunal Pleno.

Outrossim, não estão incluídos no conceito de conduta os **fenômenos naturais**, como raios, por exemplo.

***Cogitationes poenam nemo patitur***. O Direito Penal não se ocupa de atividades que não passam do plano psíquico. Assim, sem repercussão externa da vontade, não há que se falar em conduta. Vale a lição de Bitencourt (2020, p. 317):

> A simples vontade de delinquir não é punível, se não for seguida de um comportamento externo. Nem mesmo o fato de outras pessoas tomarem conhecimento da vontade criminosa será suficiente para torná-la punível. É necessário que o agente, pelo menos, inicie a execução da ação que pretende realizar.

**Ação consciente**. Só se concebe conduta penalmente relevante quando consciente. Assim, **os estados de inconsciência**, como o sonambulismo, os ataques epiléticos, a hipnose etc., afastam a conduta. Quanto à hipnose, destacamos que se trata de questão discutível, pois muitos afirmam não ser verdadeiro que a consciência do hipnotizado chegue a ficar completamente suprimida. Entretanto, a nós, operadores do Direito, não cabe dizer se há, ou não, dominação completa do hipnotizado. Cabe-nos, outrossim, dar a solução jurídica correta à resposta dos peritos. Caso a perícia conclua pela ausência de consciência, deveremos concluir pela consequente ausência de conduta.

### Decifrando a prova

**(2016 – Iades – PC/DF – Perito Criminal – Ciências Contábeis – Adaptada)** Um sujeito sofre de estados de sonambulismo desde os cinco anos de idade. Já com 32 anos de idade, em determinada noite, ele se levanta sonâmbulo e caminha pela casa. Chegando à área de lazer, aproxima-se dos itens de churrasco e empunha uma faca de 30 cm. Quando o irmão desse sujeito toca a lombar dele para levá-lo à cama, de súbito, o sujeito vira e desfere uma facada certeira no estômago do irmão que, em alguns minutos, perde sangue e agoniza até a morte. O sujeito retorna para o quarto e continua seu sono. Com base nesse caso hipotético, é correto afirmar que o referido sujeito não praticou crime, pois o respectivo estado de inconsciência consiste em causa de exclusão de culpabilidade.
( ) Certo    ( ) Errado
**Gabarito comentado:** a hipótese é de ausência de conduta, havendo, por consequência, fato atípico, por ter atuado sem consciência. Portanto, a assertiva está errada.

Com relação à **embriaguez letárgica**, embora possa revelar estado de inconsciência, é tratada por nosso legislador no âmbito da culpabilidade e não da conduta.

**Ação voluntária dirigida a uma finalidade**. A ausência de vontade nos leva à ausência de conduta.

Nesse aspecto, não se pode falar em vontade no **ato reflexo**, meramente fisiológico, reação automática não dominada pela vontade. Mais rápido mecanismo de estímulo e resposta do sistema nervoso, é uma reação instantânea e involuntária a estímulos ambientais (PASSEI WEB, 2015).

Assim, ao encostarmos nossa mão em um objeto quente, a retiramos imediatamente; ao recebermos uma descarga elétrica, fazemos um movimento; ao baterem em nosso joelho, esticamos a perna; ao recebermos uma quantidade muito grande de luz na direção do nosso rosto, fechamos os olhos. Todos esses são exemplos de atos reflexos, não dominados pela vontade. Assim, imaginemos que, ao receber uma descarga elétrica ao pisar em um fio desencapado quando caminhava descalço pela rua a caminho de casa, após sua prática diária de *surf*, um homem acabe por fazer um movimento e a prancha que levava consigo acabe por atingir um transeunte, ferindo-lhe o rosto. Nesse caso, não se pode falar em conduta e, portanto, não se está diante de fato típico, por ausência de conduta. Afinal, o movimento que provocou o ferimento não foi dominado pela vontade, tratando-se de ato reflexo.

É importante salientar que haverá conduta quando, diante de **ato reflexo previsível**, o agente se colocar na condição de sofrê-lo, tal qual ocorrerá com aquele que, sem nenhuma precaução e sem conhecimentos específicos a respeito de eletricidade, aventurar-se a consertar um aparelho elétrico qualquer, sofrendo uma descarga elétrica e produzindo, em razão do movimento, lesões em uma outra pessoa. Nesse caso, o agente poderá ser responsabilizado pelo resultado.

### Decifrando a prova

**(2018 – Comperve – TJ/RN – Juiz Leigo – Adaptada)** Juca vai consertar um chuveiro elétrico e, mesmo percebendo a existência de um fio desencapado, tenta fazer o conserto sem desligar a chave de força. Se ele sofrer descarga elétrica e, mediante movimento reflexo, causar lesão a Maria, irá responder por lesão corporal, diante da previsibilidade do movimento reflexo.
( ) Certo        ( ) Errado
**Gabarito comentado:** o movimento reflexo afasta a conduta, por ausência de vontade, mas, na hipótese em que é previsível, como a do exemplo trazido pela questão, a conduta não restará afastada, pois o agente se colocou, voluntariamente, em condições de sofrê-lo. Portanto, a assertiva está certa.

Outrossim, não se pode confundir ato reflexo com **ações em curto-circuito**, que são atos instintivos, realizados voluntariamente. Distinguem-se as ações em curto-circuito dos atos reflexos porque, ao contrário dos últimos, não são puramente fisiológicos. São atos impulsivos nos quais existe um querer. Assim, tomemos como exemplo a ação de uma pessoa que, tentando se concentrar para a realização de uma atividade intelectual, é incomodada por outra que, de forma insistente, tenta retirar seus óculos. Num determinado momento, já muito irritada, efetua um golpe contra o amigo inconveniente, provocando-lhe lesões. Nesse caso, haverá conduta.

**Atos automáticos**, resultante de prolongada repetição, também se incluem entre as ações em curto-circuito e, por conseguinte, neles existe conduta.

> ### Decifrando a prova
>
> **(2014 – MPE/GO – Promotor de Justiça Substituto – Adaptada)** Considerando que o fato típico constitui o elemento estrutural inicial do delito, nas ações em curto-circuito e nos atos reflexos inexiste conduta por ausência de voluntariedade.
> ( ) Certo    ( ) Errado
> **Gabarito comentado:** não se pode confundir ação em curto-circuito com ato reflexo. Nas ações em curto-circuito existe conduta, pois nela existe vontade. No ato reflexo não há vontade e, sendo assim, não há conduta. Portanto, a assertiva está errada.

Na **coação física irresistível** (*vis absoluta*) também não há vontade. Vamos, então, partir de um exemplo hipotético em que alguém, infinitamente mais forte que José, queira matar João e, para não deixar suas digitais na arma, force os dedos de José contra o gatilho da arma, disparando e matando a vítima. Nesse caso, não havendo vontade do coagido em disparar a arma, não se pode reconhecer conduta por ele praticada. A conduta é do coator.

A força física irresistível pode também vir de um **fenômeno da natureza**, como ocorrerá no exemplo dado por Zaffaroni e Pierangeli (2004, p. 142) de um homem que foi arrastado pelo vento, por uma corrente de água ou foi empurrado por uma árvore que caiu e acabou por esbarrar fortemente numa outra pessoa, causando-lhe lesões.

**Não se deve, contudo, confundir ausência de vontade como vontade livremente formada.** Para que exista conduta, basta que exista uma decisão por parte do agente de realização de determinado comportamento. Essa constatação nos faz refletir acerca da coação moral, em que há conduta voluntária. Ex.: um criminoso faz ligação de vídeo para o funcionário público responsável pela guarda de papéis referentes à importante investigação contra poderosa figura da República e mostra que está em companhia de sua filha, prometendo que a matará caso não destrua os documentos originais. O agente público, sabedor que o caso envolve pessoa perigosíssima e que, se contrariado, não hesitará em matar a criança, destrói os documentos, tal qual exigido. Nessa hipótese, há vontade e, portanto, conduta típica. Não se tratou de um simples movimento mecânico do servidor público. Entre destruir os documentos ou ver sua filha morta, o funcionário optou pela destruição. Inexistiu, porém, livre formação de sua vontade. Nesse caso, houve **coação moral irresistível** e, sendo inexigível que o coagido se comportasse de outra forma, não se podendo dele exigir conduta diversa, estará isento de pena.

A questão, assim, resolve-se no âmbito da culpabilidade, nos termos do art. 22 do CP. Há fato típico, ilícito, mas o agente estará isento de pena. Pelo crime, como autor mediato, responderá o coator. Nas hipóteses de coação moral resistível, o coator responderá pelo crime, porém com a pena atenuada.

> **Art. 22.** Se o fato é cometido sob coação irresistível ou em estrita obediência a ordem, não manifestamente ilegal, de superior hierárquico, só é punível o autor da coação ou da ordem.

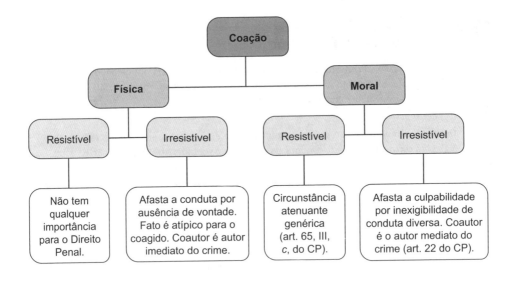

### Decifrando a prova

**(2009 – Vunesp – TJ/SP – Juiz – Adaptada)** Com relação à coação moral irresistível, é correto afirmar que exclui a culpabilidade.
( ) Certo        ( ) Errado
**Gabarito comentado:** trata-se de inexigibilidade de conduta diversa. Portanto, a assertiva está certa.

**Caso fortuito e força maior.** A conduta só tem relevância jurídico-penal se praticada a título de dolo ou de culpa. Na hipótese de caso fortuito é o que se mostra imprevisível, inesperado e ocorre por força estranha à vontade do homem que, assim, não terá como impedi-lo. A doutrina se divide quanto à sua natureza jurídica:

- **1ª corrente:** não há conduta típica por inexistir dolo ou culpa. É o posicionamento de Mirabete (2013a, p. 93) e Capez (2003).
- **2ª corrente:** caso fortuito e a força maior devam ser entendidos, em face dos postulados da teoria da imputação objetiva, como hipóteses de exclusão da tipicidade do fato, sendo esse o posicionamento de Damásio de Jesus (1999, p. 281).
- **3ª corrente:** sendo imprevisíveis e inevitáveis, não são domináveis pela vontade humana. Assim, excluem a conduta. É a orientação de Masson (2019b, p. 199) e também a nossa.

## II.6 ATO × CONDUTA

É muito comum a confusão entre **ato** e **conduta**. A conduta é ação ou omissão humana consciente e voluntária finalisticamente dirigida. Ato é apenas um **momento da conduta**.

Assim, quando um agente lesiona a vítima, desferindo-lhe várias facadas, a conduta é uma só, embora vários sejam os atos que a compõem.

## 11.7 MOMENTOS (OU FASES) DA CONDUTA[2]

A conduta possui dois momentos:

- **1º momento:** é um **momento interno**, que é a vontade finalisticamente dirigida, ou seja, a vontade dirigida a uma finalidade, **o dolo**. A vontade abrange o objetivo pretendido pelo sujeito, os meios usados na execução e as consequências que necessariamente advirão de sua prática.
- **2º momento:** é o **momento externo**, ou seja, a manifestação da vontade livre por meio da realização de uma ação positiva (ação, um fazer) ou negativa (omissão, um não fazer). Assim, os crimes poderão ser comissivos ou omissivos (próprios ou impróprios).

---

[2] Alguns autores, como Damásio de Jesus (1999, p. 268), referem-se a elementos, e não a momentos.

# 12 Fato típico – 2º elemento: resultado

Segundo elemento do fato típico, o conceito de resultado pode ser extraído de duas diferentes perspectivas: a naturalística e a normativa.

## 12.1 RESULTADO NATURALÍSTICO

Sob o aspecto **naturalístico**, resultado é a **transformação no mundo exterior** provocada pela conduta do agente. Ex.: no homicídio, o resultado naturalístico é a morte; no furto, é a subtração patrimonial.

Fixando-se como critérios a existência e a exigência de um resultado naturalístico para que se considere consumado o delito, os crimes se classificam como materiais, formais e de mera conduta.

- Os **crimes materiais** são aqueles que descrevem um resultado e exigem esse resultado para sua consumação.
- Os **crimes formais** são aqueles que descrevem um resultado, mas não exigem o resultado para sua consumação.
- Os **crimes de mera conduta** são aqueles em que não há resultado naturalístico descrito no tipo.

A própria **redação adotada pelo legislador** no tipo objetivo permitirá, na grande maioria das vezes, que o intérprete identifique se está diante de um crime formal, material ou de mera conduta. Nessa ordem de ideias, caberá ao intérprete, ao fazer a leitura do tipo penal, identificar se nele é descrito um resultado naturalístico. Em caso positivo, após identificado o resultado naturalístico, deverá investigar se o legislador exige a superveniência daquele resultado para a consumação do crime. Se a resposta for positiva, estaremos diante de um crime material. Se negativa, o crime será formal ou de consumação antecipada.

Passemos a alguns exemplos que ajudarão o nosso leitor na compreensão do que aqui é dito:

**Ex. 1:** art. 171 (estelionato).

> **Art. 171.** Obter, para si ou para outrem, vantagem ilícita, em prejuízo alheio, induzindo ou mantendo alguém em erro, mediante artifício, ardil, ou qualquer outro meio fraudulento.

Existe descrição de resultado naturalístico que o agente objetiva provocar com sua conduta? Se positivo, qual? Sim, a obtenção da indevida vantagem econômica.

O resultado é exigido para a consumação? Sim, não basta o atuar do agente para obter a indevida vantagem econômica. Ao contrário, a leitura do tipo nos permite concluir que o crime somente estará completo com a efetiva obtenção daquela vantagem. Exigindo-se que o agente obtenha a vantagem para a consumação, estamos diante de crime material.

**Ex. 2:** art. 158 (extorsão).

> **Art. 158.** Constranger alguém, mediante violência ou grave ameaça, e com o intuito de obter para si ou para outrem indevida vantagem econômica, a fazer, tolerar que se faça ou deixar de fazer alguma coisa: (...)

Existe descrição de resultado naturalístico que o agente objetiva provocar com sua conduta? Se positivo, qual? Sim, o tipo descreve a obtenção da indevida vantagem econômica como resultado naturalístico.

O resultado é exigido para a consumação? Não, a lei não exige que o agente obtenha o resultado, mas que realize o constrangimento como intuito de obter a vantagem, o que indica que haverá consumação com a prática da conduta nuclear do tipo (constranger alguém a fazer ou não fazer algo) independentemente da superveniência do resultado. Trata-se, portanto, de crime formal.

Sobre o crime de extorsão, há, inclusive, entendimento do STJ cristalizado em Súmula:

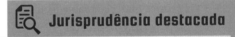

**Jurisprudência destacada**

**Súmula nº 96, STJ.** O crime de extorsão consuma-se independentemente da obtenção da vantagem indevida.

Não sendo imprescindível para a consumação, a obtenção da indevida vantagem econômica é mero exaurimento do crime.

**Ex. 3:** art. 148 (sequestro).

> **Art. 148.** Privar alguém de sua liberdade, mediante sequestro ou cárcere privado: (...)

Existe descrição de resultado naturalístico que o agente objetiva provocar com sua conduta? Se positivo, qual? Sim, cuida-se de um crime contra a liberdade individual, em que o resultado desejado é a privação da liberdade da vítima.

O resultado é exigido para a consumação? Sim, o tipo penal só estará perfeito, completo se houver a efetiva privação da liberdade. É, portanto, crime material.

**Ex. 4:** art. 159 (extorsão mediante sequestro).

**Art. 159.** Sequestrar pessoa com o fim de obter, para si ou para outrem, qualquer vantagem, como condição ou preço do resgate.

Existe descrição de resultado naturalístico que o agente objetiva provocar com sua conduta? Se positivo, qual? Sim, o resultado desejado é a obtenção da vantagem. Veja aqui, diversamente do que ocorre com o sequestro, a privação da liberdade não é o resultado que o agente deseja, mas o meio de que ele se utilizará para alcançar o resultado pretendido.

O resultado é exigido para a consumação? Não. Basta para a consumação que o agente prive a liberdade da vítima com o fim de obter esse resultado. Ainda que não obtenha, o crime está consumado. Trata-se, portanto, de crime formal.

**Ex. 5:** art. 321 (advocacia administrativa).

**Art. 321.** Patrocinar, direta ou indiretamente, interesse privado perante a administração pública, valendo-se da qualidade de funcionário: (...)

Existe descrição de resultado naturalístico que o agente objetiva provocar com sua conduta? Se positivo, qual? Aqui encontraremos uma divergência. Alguns dirão que se trata de crime de mera conduta, por entenderem que a norma não se refere a qualquer resultado naturalístico. Para nós, cuida-se de crime que traz implicitamente um resultado naturalístico objetivado pelo autor: a satisfação do interesse do particular, a obtenção de benefício pelo particular. Parece-nos óbvio que, se está o agente público patrocinando interesses do particular perante a Administração, é porque pretende a satisfação de tal interesse. De qualquer forma, não será necessário que haja efetivamente a satisfação do interesse perseguido para a consumação. Assim, trata-se de crime formal. Também Masson (2016, p. 704) e Bitencourt (2013, p. 157) entendem como formal o crime do art. 321 do CP. Forçoso, contudo, destacar que, formal ou de mera conduta, o crime estará consumado no momento em que o agente realizar a conduta que caracterize o patrocínio.

**Ex. 6:** art 337-G do Código Penal (modalidade especial de advocacia administrativa).

**Patrocínio de contratação indevida**

**Art. 337-G.** Patrocinar, direta ou indiretamente, interesse privado perante a Administração Pública, dando causa à instauração de licitação ou à celebração de contrato cuja invalidação vier a ser decretada pelo Poder Judiciário; (...) (Redação dada pela Lei nº 14.133, de 2021.)

Existe descrição de resultado naturalístico que o agente objetiva provocar com sua conduta? Se positivo, qual? Sim, a instauração de uma licitação ou celebração de um contrato.

O resultado é exigido para a consumação? Sim, pois consoante descrição legal trazida pelo artigo, não basta que o agente patrocine o interesse particular. A lei exige que ele, com sua conduta, efetivamente dê causa à instauração de licitação ou celebração do contrato para que o crime se considere consumado. O crime, aqui, é material, embora só possa ser punido caso se implemente uma condição objetiva de punibilidade: a invalidação do contrato ou da licitação por ato do Poder Judiciário.

É bem verdade que a doutrina, com relação a **crimes formais e de mera conduta**, frequentemente **vai mal em atingir um consenso** quanto à classificação dos crimes. Há crimes que, por alguns, são classificados como formais e, para outros, como de mera conduta. Nesse particular, compartilhamos o entendimento de Bitencourt (2013, p. 298) – e as constantes divergências na doutrina parecem confirmar o acerto de sua observação – ao afirmar que:

> (...) na verdade, temos dificuldade de constatar com precisão a diferença entre crime formal e de mera conduta porque se trata de uma classificação superada pela moderna dogmática jurídico-penal.

### Decifrando a prova

**(2013 – Cespe/Cebraspe – TJ/RN – Juiz – Adaptada)** Para a configuração do crime de desobediência, não é necessário o resultado naturalístico.
( ) Certo    ( ) Errado
**Gabarito comentado:** trata-se de crime formal (BITENCOURT, 2013, p. 212) ou, como entendemos, de mera conduta, por não haver qualquer menção a resultado que o agente objetive alcançar para que se entenda consumado o crime. Seja ele formal ou de mera conduta, certo é que não há necessidade de resultado para a consumação, que se dará no momento em que o agente descumprir a ordem legal. Portanto, a assertiva está certa.

## 12.2 RESULTADO JURÍDICO OU NORMATIVO

Resultado **jurídico ou normativo** é a lesão ou o perigo de lesão ao bem jurídico tutelado pela norma caracterizado pela violação da norma penal.

Adotando-se o resultado jurídico ou normativo como critério, os crimes podem ser classificados como **crimes de lesão (ou de dano) ou crimes de perigo**.

**Crimes de danos** são aqueles que descrevem um dano, uma lesão ao bem jurídico tutelado. Assim, podem ser classificados como crimes de dano o crime de **homicídio (art. 121 do CP), furto (art. 155 do CP), estupro (art. 213 do CP)** etc.

Art. 121. Matar alguém.

Art. 155. Subtrair, para si ou para outrem, coisa alheia móvel.

Art. 213. Constranger alguém, mediante violência ou grave ameaça, a ter conjunção carnal ou a praticar ou permitir que com ele se pratique outro ato libidinoso: (...)

**Crimes de perigo** são aqueles que descrevem condutas que representam perigo ao bem jurídico tutelado. Como exemplos, podemos citar os crimes de embriaguez ao volante (art. 306 do CTB), direção sem habilitação (art. 309 do CTB), participação em competições automobilísticas não autorizadas (art. 308 do CTB) etc. Os crimes de perigo, a seu turno, podem ser de perigo concreto ou abstrato, individual ou coletivo.

**Art. 306.** Conduzir veículo automotor com capacidade psicomotora alterada em razão da influência de álcool ou de outra substância psicoativa que determine dependência: (...)

**Art. 308.** Participar, na direção de veículo automotor, em via pública, de corrida, disputa ou competição automobilística ou ainda de exibição ou demonstração de perícia em manobra de veículo automotor, não autorizada pela autoridade competente, gerando situação de risco à incolumidade pública ou privada: (...)

**Art. 309.** Dirigir veículo automotor, em via pública, sem a devida Permissão para Dirigir ou Habilitação ou, ainda, se cassado o direito de dirigir, gerando perigo de dano: (...)

Lembramos que a definição desses conceitos é apresentada de forma completa no Capítulo 6, referente à classificação das infrações penais, ao qual remetemos o caro leitor.

## 12.3 HÁ CRIME SEM RESULTADO?

A resposta para a pergunta formulada depende de que resultado se esteja tratando.

Considerando-se que o resultado naturalístico é a mudança no mundo exterior provocada pelo comportamento do agente e que nem em todo o crime se descreve um resultado naturalístico, podemos afirmar que existe crime sem resultado naturalístico.

Contudo, não há crime sem resultado jurídico, pois quando se pratica uma conduta criminosa sempre se estará provocando uma lesão ou o perigo de lesão ao bem jurídico do tutelado pela norma.

Assim, sobre resultado, segundo elemento do fato típico, observe a figura a seguir.

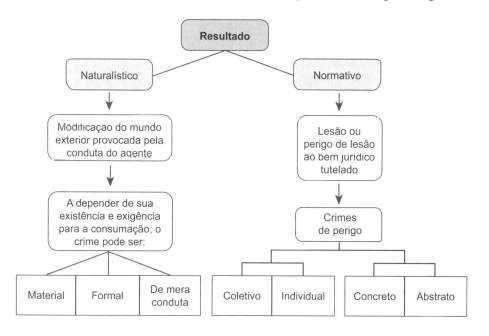

# Do fato típico – 3º elemento: nexo causal

## 13.1 NEXO CAUSAL

A **relação de causalidade**, ou nexo causal, é o **vínculo entre a conduta e o resultado** (ou evento típico). Afirmar que existe nexo causal significa, entre uma determinada conduta e o resultado, afirmar que o agente, ao praticá-la, deu causa, provocou o resultado.

A responsabilização do agente pelo resultado passa por 3 fases:

- **1ª fase:** a verificação da existência de nexo causal.
- **2ª fase:** imputação objetiva.[1]
- **3ª fase:** dolo ou culpa.

Neste capítulo, nosso único propósito é tratar do nexo causal. Lembre-se de que ainda estaremos tratando da primeira das fases pelas quais se precisa passar para imputar o resultado.

Assim dispõe o art. 13 do Código Penal:

> **Art. 13.** O resultado, de que depende a existência do crime, somente é imputável a quem lhe deu causa. Considera-se causa a ação ou omissão sem a qual o resultado não teria ocorrido.

A própria leitura do art. 13 nos permite tirar conclusões iniciais relevantíssimas para a compreensão da matéria:

1. Refere-se o artigo ao resultado naturalístico, ou seja, à mudança no mundo exterior provocada pelo comportamento do agente.
2. Ao se referir a resultado de que depende a existência do crime, o dispositivo trata de crime material, pois só crime material depende de superveniência do resultado.

---

[1] Nem todos aceitam a teoria da imputação objetiva e, assim, vislumbram apenas duas fases: a da verificação da existência do nexo causal e, após, a verificação do dolo e da culpa.

Crimes formais e de mera conduta se aperfeiçoam e consumam com a realização da conduta, independentemente da superveniência do resultado.

> **Decifrando a prova**
>
> **(2009 – FCC – TJ/PA – Analista Judiciário – Área Direito – Adaptada)** O art. 13 do Código Penal Brasileiro, que trata do resultado, ou seja, do efeito material da conduta humana, não se aplica aos crimes formais, omissivos próprios e de mera conduta.
> ( ) Certo    ( ) Errado
> **Gabarito comentado:** o artigo se refere ao crime material. Portanto, a assertiva está certa.

O artigo não se propõe a resolver toda a problemática da imputação, tampouco diz que aquele que causou o resultado vai responder por ele. Preceitua que o resultado só é imputável a quem lhe der causa, ou seja, que somente existe a possibilidade de imputar o resultado àquele cuja conduta o provocou. Para sabermos se haverá a efetiva imputação, precisaremos avançar para verificarmos a imputação objetiva e se o agente atuou com dolo ou culpa, não sendo esses aspectos disciplinados pelo art. 13.

> **Decifrando a prova**
>
> **(2011 – Cespe/Cebraspe – TJ/PB – Juiz – Adaptada)** O nexo causal consiste em mera constatação acerca da existência de relação entre conduta e resultado, tendendo a sua verificação apenas às leis da física, mais especificamente, da causa e do efeito, razão pela qual a sua aferição independe de qualquer apreciação jurídica, como a verificação da existência de dolo ou culpa por parte do agente.
> ( ) Certo    ( ) Errado
> **Gabarito comentado:** nexo de causalidade se coloca no plano físico. Dolo e culpa não são questões que o nexo causal se dispõe a esclarecer. Portanto, a assertiva está certa.

O artigo não se propõe a identificar o crime praticado pelo agente, mas apenas estabelece critérios para que possamos concluir se uma determinada conduta é, ou não, causa de um resultado.

## 13.2  O CONCEITO DE CAUSA

Nos termos do art. 13 do CP, causa é toda ação ou omissão sem a qual o resultado não teria ocorrido, adotando-se, destarte, a teoria da equivalência dos antecedentes causais ou teoria da *conditio sine qua non*, atribuída a **Von Buri**.

O texto legal não dispõe expressamente, mas resta implícito em sua redação, que, a rigor, causa é toda ação ou omissão sem a qual o resultado não teria ocorrido como ocorreu.

Tomemos como exemplo a hipótese de alguém que esteja extremamente doente, em estado terminal, mantendo-se vivo em virtude da utilização de aparelhos e cuja família já tenha sido alertada por médicos acerca da morte, que pode se dar a qualquer instante. Um parente, não mais suportando ver o ente querido naquela situação de sofrimento atroz, decide antecipar-lhe a morte, desligando os aparelhos que o mantinham vivo. Nesse caso, ainda que o parente não realizasse aquela conduta, a vítima morreria. Contudo não morreria como morreu, no momento em que morreu, razão pela qual aquela conduta pode ser considerada causa do resultado.

Para sabermos se uma determinada conduta pode ser considerada causa do resultado, adotamos o **processo hipotético de eliminação de Thyrèn**: se, ao eliminarmos mentalmente uma determinada conduta, o resultado desaparece, é porque essa conduta foi causa para o resultado. Se, contudo, eliminada a conduta, o resultado continua acontecendo, é porque não foi causa do resultado.

As ácidas críticas tecidas contra a teoria da equivalência dos antecedentes causais apontam que ela muito mais se presta a dizer o que não é causa para o resultado do que a definir o que é causa. Acusam-na de nos levar a um *regressum ad infinitum* e pouco ajudar na fixação da conduta que pode ser considerada causa do resultado. Assim, no exemplo em que alguém mata outra pessoa com emprego de arma de fogo que tomou por empréstimo com outra pessoa, poderiam ser consideradas causas a conduta daquele que disparou, daquele que emprestou a arma, daquele que vendeu a arma para quem emprestou a arma, daquele que fabricou a arma, daquele que autorizou a fabricação da arma, daquele que votou naquele que autorizou a fabricação da arma e por aí em diante.

Cremos tratar-se de crítica sem fundamento. Afinal, não se pode negar que, se não fossem fabricadas armas de fogo, elas não existiriam e, assim, não seriam usadas em homicídios. Sim, a fabricação é causa! Todos os antecedentes mencionados no exemplo influenciaram na ocorrência do resultado. Porém, como ressaltamos anteriormente, em nenhum momento o art. 13 estabelece que, por ser causa, o fabricante deverá ser penalmente responsabilizado por aquela morte. Na verdade, o art. 13 nem mesmo nos diz que a morte tenha de ser imputada ao que disparou, mas apenas que aquelas condutas foram causas para o resultado.

Os ataques sofridos pelo art. 13 muito mais se justificam por aquilo que acham que ele quer disciplinar do que por aquilo que ele realmente disciplina. Mais uma vez, é preciso lembrar que o art. 13 não se presta a esgotar os critérios da imputação: ele é apenas uma das etapas pela qual devemos passar para que se possa imputar o resultado a alguém. Afinal, não basta causar o resultado para por ele responder. Para que alguém responda por um resultado, é preciso que o tenha causado, mas nem todo aquele que causa responde.

## 13.3 CONCAUSAS

As questões referentes à causalidade podem ganhar contornos mais difíceis quando mais de uma conduta interfere no processo causal. Nessa hipótese, teremos as denominadas concausas, que se classificam como **causas absolutamente independentes** e **causas relativamente independentes**.

**Causas absolutamente independentes:** são causas que não guardam qualquer relação entre si. Tomemos como exemplo a conduta de André e admitamos os seguintes exemplos:

**Ex. 1:** André ministra veneno à vítima no café da manhã e, antes de o veneno fazer efeito, ladrões entram na casa e disparam contra a vítima. A vítima morreu em virtude dos disparos, conduta absolutamente independente superveniente com relação à conduta de André. O resultado será imputável a quem disparou, e não a André.

**Ex. 2:** André dispara contra a vítima no exato momento em que um abalo sísmico provoca a queda do teto do prédio sobre a cabeça da vítima, que morre. A morte da vítima se dá em virtude do trauma sofrido. A morte não poderá ser imputada a André.

**Ex. 3:** André dispara contra a vítima, à qual um terceiro já havia ministrado veneno horas antes. A vítima morre em razão do veneno ministrado. Cuida-se de causa relativamente independente preexistente à conduta de André, a quem não se poderá imputar a morte.

Importante frisar que o fato de André não poder ser responsabilizado pela morte, por não haver nexo de causalidade entre a sua conduta e a morte, não significa que não deva ser responsabilizado penalmente. São coisas diferentes, como já pontuamos. Nas hipóteses citadas, se André disparou para matar, deverá ser responsabilizado por tentativa de homicídio.

### Decifrando a prova

**(2019 – MPE/GO – Promotor de Justiça – Adaptada)** "A" subministra dose letal de veneno a "B", mas antes que produzisse o efeito desejado, surge "C", antigo desafeto de "B", que contra ele efetua vários disparos de arma de fogo, matando, assim, "B". "A" não responderá por tentativa de homicídio e nem pelo homicídio consumado, já que sua conduta em nada contribuiu com o resultado morte.

( ) Certo    ( ) Errado

**Gabarito comentado:** embora não exista nexo de causalidade entre a conduta de "A" e a morte de "C", por não ter sido o veneno o causador da morte, "A" pode ser responsabilizado pelos atos anteriores. Se tiver atuado com dolo de matar, será responsabilizado por homicídio tentado. Os disparos são causas absolutamente independentes supervenientes, que excluem a imputação do resultado a "A". Portanto, a assertiva está errada.

**Causas relativamente independentes:** são fatores causais que se entrelaçam em algum momento e podem ser:

a. **Causas relativamente independentes preexistentes.** Ex.: Maria efetua um golpe de faca na mão de Joana, que, hemofílica, morre. Não fosse a hemofilia, causa relativamente independente preexistente, Joana não teria morrido. Por outro lado, ainda que hemofílica, a vítima não teria morrido como morreu se não fosse a facada. Assim, a facada é causa da morte. A hemofilia não exclui a possibilidade de imputação do resultado a Maria.

b. **Causas relativamente independentes concomitantes.** Ex.: Maria dá um susto em Joana, que sofre uma parada cardíaca e morre. No caso, a parada cardíaca é causa relativamente independente concomitante. O susto é causa da morte. Afinal, não fosse o susto, a morte não teria ocorrido. A parada cardíaca não excluiria a possibilidade de imputação do resultado a Maria.
c. **Causas relativamente independentes supervenientes.** Com relação às causas relativamente independentes supervenientes, podemos distinguir dois grupos distintos.

- 1º grupo: **as que estão dentro da linha de desdobramento causal natural do comportamento anterior** – As que podem normalmente decorrer do comportamento anterior. Não excluirão a possibilidade de imputação do resultado àquele que realizou a conduta anterior. Ex.: Ana dispara contra Carlos, que é socorrido por populares e levado a um hospital, onde morre em virtude de parada cardíaca durante a cirurgia para extração do projétil alojado em seu corpo. Aqui, temos a parada cardíaca como causa relativamente independente superveniente que se encontra na linha do que poderia normalmente acontecer com alguém que é vítima de disparos de arma de fogo. Assim, a parada cardíaca não exclui a possibilidade de imputação do resultado a quem efetuou os disparos, que, assim, podem ser considerados causa do resultado.

- 2º grupo: **as que, inaugurando um novo curso causal, não se encontram na linha de desdobramento natural do comportamento anterior** – Ex.: após ser alvejada por disparos de arma de fogo, a vítima é levada para um hospital, onde morre por ação térmica em virtude de um incêndio no local, onde a vítima esperava por atendimento. Nessa hipótese, o incêndio é causa relativamente independente superveniente que não pode ser entendido como desdobramento natural dos disparos. Inaugurando um novo curso causal, o incêndio é causa que, por si só, provocou a morte, excluindo a possibilidade de imputação do resultado àquele que efetuou os disparos.

Trata-se da hipótese disposta pelo art. 13, § 1º, do CP:

Art. 13. (...)

§ 1º A superveniência de causa relativamente independente exclui a imputação quando, por si só, produziu o resultado; os fatos anteriores, entretanto, imputam-se a quem os praticou.

Com relação às causas relativamente independentes supervenientes que, por si, provocaram o resultado, o Código Penal não adotou a teoria da *condito sine qua non*. Tivesse sido adotada a referida teoria, o disparo poderia ser considerado causa do resultado. Afinal, se suprimíssemos os disparos, consoante proposto pelo processo hipotético de eliminação, a morte não teria ocorrido. Não fossem os disparos, a vítima não teria sido levada ao hospital e ali não teria morrido no incêndio. O art. 13, § 1º, dispensa a teoria da equivalência dos antecedentes causais e adota **a teoria da causalidade adequada**.

A teoria da causalidade adequada é atribuída a Kries e von Bar. Para a teoria da causalidade adequada, causa não é mais o acontecimento que, de qualquer modo, contribui para o resultado, passando a ser causa apenas a causa idônea, com base nas regras de experiência. Só é causa aquela que mantenha com o fenômeno típico uma relação de regularidade estatística (HUNGRIA *apud* BIERRENBACH, 2009, p. 59). Não basta qualquer contribuição. Exige-se uma contribuição adequada (MASSON, 2019b, p. 206).

Todas as vezes em que se analisam hipóteses de causas relativamente independentes supervenientes, deve-se ter em mente essa diferença entre as causas do primeiro (estão na linha de desdobramento natural da conduta anterior) e segundo grupo (não estão na linha de desdobramento causal natural da conduta anterior).

Assim, nos exemplos a seguir:

| Conduta anterior | Causas relativas supervenientes | 1º grupo | 2º grupo |
|---|---|---|---|
| 1. André dispara arma de fogo. | Vítima morre em acidente de trânsito a caminho do hospital. |  | x |
| 2. André dispara arma de fogo. | Vítima morre em virtude de parada cardíaca durante a cirurgia para extração do projétil. | x |  |
| 3. André dispara arma de fogo. | Vítima morre em razão da queda do teto do hospital onde estava aguardando por atendimento. |  | x |
| 4. André dispara arma de fogo. | Vítima morre em virtude de infecção hospitalar no nosocômio onde foi atendida. | x |  |

Se a hipótese for do primeiro grupo, a conduta antecedente pode ser considerada causa para o resultado, não restando excluída a possibilidade de imputação.

Se for do segundo grupo, estará excluída a possibilidade de imputação do resultado àquele que realizou a conduta anterior, ou seja, a conduta anterior não pode ser considerada causa do resultado. Contudo a seu autor serão imputados os fatos anteriores, de acordo com seu dolo. Assim, nas hipóteses 1 e 3, André poderia ser responsabilizado por tentativa de homicídio (se tiver agido com dolo de matar) ou lesão corporal (se tiver agido com dolo de lesionar).[2]

---

[2] Verifique que a hipótese jamais poderia ser de lesão corporal seguida de morte, na medida em que não existe nexo de causalidade entre a conduta de atirar e a morte do agente, em face do disposto no art. 13, § 1º.

## Decifrando a prova

**(2013 – Cespe/Cebraspe – TJ/MA – Juiz – Adaptada)** Abel, com intenção de matar, disparou um tiro de revólver contra Bruno, que foi socorrido e, dias depois, faleceu em decorrência do desabamento do prédio do hospital onde convalescia dos ferimentos causados pelo disparo. Abel deve responder por homicídio, pois, se não houvesse disparado o tiro contra Bruno, este não teria sido internado no hospital e, portanto, não teria morrido em decorrência do desabamento do prédio.

( ) Certo    ( ) Errado

**Gabarito comentado:** o desabamento é causa relativamente independente que, não estando na linha de desdobramento causal natural dos disparos anteriores, provocou, por si só, o resultado, excluindo a imputação para Abel. Portanto, a assertiva está errada.

**(2015 – MP/DF – Promotor de Justiça Adjunto – Adaptada)** "Páris", com ânimo de matar, fere "Nestor", o qual, vindo a ser transportado em ambulância, morre em decorrência de lesões experimentadas em acidente automobilístico a caminho do hospital, sendo o acidente, no caso, causa superveniente e relativamente independente, respondendo "Páris" por homicídio consumado.

( ) Certo    ( ) Errado

**Gabarito comentado:** na hipótese, o acidente com a ambulância é causa relativamente independente superveniente que, não estando na linha de desdobramento causal natural do comportamento anterior, exclui a imputação. Páris apenas poderia ser responsabilizada por tentativa de homicídio. Portanto, a assertiva está errada.

**(2015 – Cespe/Cebraspe – DPE/RN – Defensor Público Substituto – Adaptada)** A vítima Lúcia foi alvejada e ferida por disparo de arma de fogo desfechado por Aldo, que agiu com *animus laedandi*. Internada em um hospital, Lúcia faleceu não em decorrência dos ferimentos sofridos, mas em razão de queimaduras causadas por um incêndio que destruiu toda a área de internação dos enfermos. Nessa situação, e considerando a teoria da equivalência dos antecedentes ou da *conditio sine qua non*, Aldo será responsabilizado criminalmente pelo resultado naturalístico (morte).

( ) Certo    ( ) Errado

**Gabarito comentado:** o incêndio ocorrido no hospital é causa relativamente independente superveniente que, por si só, provocou a morte da vítima. Assim, exclui a imputação do resultado morte a Aldo, que deverá responder apenas pelos atos anteriormente praticados, ou seja, os ferimentos provocados na vítima. Considerando-se que, ao provocá-los, Aldo não queria outra coisa senão lesionar a vítima, tendo agido com *animus laedandi* (dolo de lesão), deverá ser responsabilizado por lesão corporal dolosa. Portanto, a assertiva está errada.

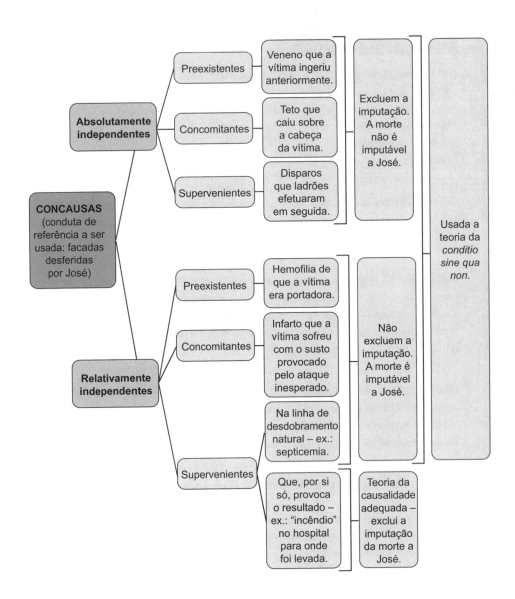

## 13.3.1 As questões que a teoria da equivalência dos antecedentes causais não logra responder

Em que pese entendermos equivocadas as críticas dirigidas à teoria da equivalência dos antecedentes causais, apontadas por grande parte da doutrina quanto à possibilidade objetiva do regresso causal até o infinito, há algumas questões referentes ao nexo causal que não conseguem ser resolvidos com a sua adoção.

• **1ª hipótese:** dupla causalidade alternativa

Ocorre na hipótese de ocorrerem duas ou mais condutas, independentes entre si e praticadas por pessoas diversas, e sem que essas pessoas estejam ligadas entre si em ações e desígnios, produzam, simultaneamente, o resultado que seus autores desejam.

Ex.: José e João, ambos desejando matar a vítima e sem que um conheça a conduta do outro, ministram veneno em quantidade suficiente para provocarem sua morte.

A questão nos faz pensar acerca da aplicação da teoria da equivalência dos antecedentes causais. A rigor, caso suprimida a conduta de qualquer um deles, a morte continuaria ocorrendo. Pela teoria da equivalência dos antecedentes causais, nenhuma das duas condutas poderia ser considerada causa do resultado. A doutrina rechaça essa solução, afastando a teoria da equivalência dos antecedentes e sustenta que ambas as condutas podem ser consideradas causa do resultado. Capez (2003, p. 157) entende que, na hipótese, não se provando qual das doses causou a morte, impõe-se, pela teoria da equivalência dos antecedentes, a responsabilização por tentativa para ambos.

• **2ª hipótese:** dupla causalidade com doses insuficientes

Ocorre se, no exemplo acima, as doses fossem insuficientes, cada uma delas isoladamente considerada, para levar ao resultado morte, mas, uma vez somadas, acabassem por atingir a quantidade necessária para a provocação do evento.

Nessa hipótese, pela aplicação da teoria da *conditio sine qua non*, todas as duas condutas são causas do resultado. Entendemos que se trata de caso de responsabilização de ambos por tentativa de homicídio.

Não se pode, porém, negar que a teoria da equivalência falha na resposta para a dupla causalidade, pois é no mínimo estranho que, adotando-se os seus critérios, na primeira hipótese nenhuma das condutas seja causa e, na segunda, ambas as condutas sejam causas.[3]

## 13.3.2 Interrupção de cursos causais salvadores

Ocorre a interrupção de cursos causais salvadores quando o agente, com sua conduta, interrompe um curso causal preexistente que, se não fosse interrompido, teria evitado o resultado, com probabilidade próxima à certeza (BIERRENBACH, 2009, p. 65). Ex.: o agente retira a corda que havia sido lançada na direção da vítima, que se afogava.

Nessa hipótese, o agente deverá ser responsabilizado pelo resultado (ROXIN *apud* BIERRENBACH, 2009, p. 65).

## 13.3.3 Causalidade na omissão

A base da autoria na omissão, ou seja, a razão pela qual uma pessoa pode ser responsabilizada por um crime omissivo é a **violação do dever de agir, é o deixar de fazer aquilo**

---

[3] Os exemplos referentes à dupla causalidade com utilização de veneno são dados pela maioria dos doutrinadores brasileiros.

que a lei determina que se faça (BIERRENBACH, 2009, p. 135). Existem duas espécies de dever de agir:

1. **O dever geral**
   Trata-se de um dever geral, que a todos obriga e que, quando violado, gera possibilidade de responsabilização pela **mera omissão. Aqui, teremos os crimes omissivos próprios.** Ex.: art. 304 da Lei nº 9.503/1997.

   **Art. 304.** Deixar o condutor do veículo, na ocasião do acidente, de prestar imediato socorro à vítima, ou, não podendo fazê-lo diretamente, por justa causa, deixar de solicitar auxílio da autoridade pública:
   **Penas** – detenção, de seis meses a um ano, ou multa, se o fato não constituir elemento de crime mais grave.

2. **O dever especial**
   Cuida-se de um dever de agir especial, pois se trata de dever de agir para impedir o resultado. Esse dever especial de agir é imposto àqueles que têm uma relação especial com a vítima (art. 13, § 2º, *a* e *b*) ou uma relação especial com a situação geradora do perigo (art. 13, § 2º, *c*). São os denominados garantidores. Na hipótese de violação desse dever especial, o agente poderá ser responsabilizado pelo resultado. Nesse caso, teremos os denominados crimes omissivos impróprios ou comissivos por omissão, também denominados espúrios.
   É a regra do art. 13, § 2º, do CP:

   **Art. 13.** (...)
   § 2º A omissão é penalmente relevante quando o omitente devia e podia agir para evitar o resultado. O dever de agir incumbe a quem:
   a) tenha por lei obrigação de cuidado, proteção ou vigilância;
   b) de outra forma, assumiu a responsabilidade de impedir o resultado;
   c) com seu comportamento anterior, criou o risco da ocorrência do resultado.

---

### Decifrando a prova

**(2019 – Vunesp – TJ/AC – Juiz de Direito Substituto – Adaptada)** Os crimes omissivos impróprios dispensam a existência de um resultado e, portanto, não necessitam de verificação do nexo de causalidade.
( ) Certo     ( ) Errado
**Gabarito comentado:** os crimes omissivos impróprios são crimes em que o resultado se impõe àquele que, tendo dever de agir para impedir o resultado, nada fez. Na hipótese, embora não exista nexo causal natural entre a omissão e o resultado, a lei estabelece um nexo normativo. Portanto, a assertiva está errada.

A leitura do dispositivo revela que os **garantidores não têm obrigação de impedir o resultado, mas sim de fazer tudo que puderem para evitá-lo**. Se o garantidor fizer aquilo que dele se esperava, a fim de evitar o resultado, e se este, ainda assim, vier a acontecer, não lhe poderá ser atribuído (GRECO, 2019, p. 348). Ex.: a babá, ao ver uma criança de quem cuidava se afogando, tenta salvá-la de todas as formas, mas não consegue. A morte daquela criança não lhe poderá ser imputada.

Outrossim, só se exige atuação do denominado garantidor quando lhe era possível atuar. Essa possibilidade deve ser real e efetiva (MASSON, 2019b, p. 210). Assim, qual a natureza da possibilidade de agir dentro da estrutura dos crimes omissivos? A possibilidade de agir é elementar de qualquer crime omissivo (próprio ou impróprio), pois só pode agir quem tem o dever de agir.

Assim, a possibilidade de agir se revela como pressuposto do dever de agir. Sendo-lhes possível atuar, poderão ser responsabilizadas pelo resultado caso optem pela omissão, autorizando-se, assim, a conclusão de que existe uma relação entre a omissão daqueles que têm dever especial de agir e o resultado. Não existisse esse nexo causal, não responderiam aqueles omitentes pelo resultado.

Sabemos, porém, que esse nexo causal não é natural. Afinal, sendo um nada, **a omissão nada pode causar** (*ex nihilo nihil fit*). Como dizia Hungria, tentar provar que a omissão é mecanicamente causal equivale a demonstrar a quadratura do círculo. Se a mãe, assistindo ao afogamento de seu filho e podendo auxiliá-lo a sair da situação de perigo, nada faz, vindo a criança a morrer em virtude do afogamento, não existe relação de causalidade no plano natural, físico. O resultado, nesse caso, será imputado à mãe, porque a lei assim estabelece. Conclui-se, portanto, que, na omissão, a causalidade é normativa.

Nos crimes omissivos, só existe nexo de **causalidade normativo** para os denominados garantidores, sendo essa a razão pela qual a lei, no art. 13, § 2º, menciona que a omissão só é penalmente relevante para quem tem dever de agir para impedir o resultado. A relevância a que a lei se refere é a relevância causal. Para os omitentes não garantidores ela inexiste e, assim, serão responsabilizados por sua mera omissão.

Imaginemos, por exemplo, que duas mulheres, Ana e Maria, que nem sequer se conhecem, estejam em uma praia quando o filho de Ana se afoga, clamando por socorro, não tomando nenhuma das duas qualquer atitude para salvar a criança, embora tenham condições de fazê-lo. Nesse caso, podemos, à luz do disposto no art. 13, § 2º, do CP, afirmar que:

1. Não existe nexo de causalidade físico, natural entre a omissão de Maria e a morte da criança. Afinal, no plano físico, a omissão nada causa. O resultado morte não lhe pode ser imputado.
2. Não existe nexo de causalidade normativo entre a omissão de Maria e a morte da criança. Afinal, Maria não figura entre os que, tendo dever especial de agir para impedir resultado, são denominados garantidores. O resultado morte não lhe pode ser imputado.
3. Não existe nexo de causalidade natural entre a conduta de Ana e a morte da criança. Nesse sentido, mais uma vez vale a lembrança de que, no plano físico, a omissão nada pode causar.

4. Existe nexo normativo de causalidade entre a conduta omissiva de Ana e a morte da criança, razão pela qual o evento típico (a morte) lhe poderá ser imputado.

O resultado pelo qual o garantidor omitente responde é o resultado descrito em um crime comissivo, sendo essa a razão pela qual o crime que pratica se denomina **crime comissivo por omissão (ou omissivo impróprio, ou espúrio)**.

> ### Decifrando a prova
>
> **(2008 – FCC – TCE/SP – Auditor do Tribunal de Contas – Adaptada)** A relação de causalidade não é normativa, mas fática, nos crimes omissivos impróprios ou comissivos por omissão.
> ( ) Certo  ( ) Errado
> **Gabarito comentado:** nos crimes omissivos impróprios ou comissivos por omissão, a causalidade é normativa. No plano natural, não há causalidade na omissão. Portanto, a assertiva está errada.

Importante, ainda, frisar que não apenas no art. 13, § 2º, encontramos relevância causal normativa na omissão. A regra do art. 2º, segunda parte, da Lei nº 9.605/1998 também a estabelece para diretores, prepostos, membros de conselhos da pessoa jurídica na hipótese de se omitir diante de crimes ambientais.

> **Art. 2º** Quem, de qualquer forma, concorre para a prática dos crimes previstos nesta Lei, incide nas penas a estes cominadas, na medida da sua culpabilidade, bem como o diretor, o administrador, o membro de conselho e de órgão técnico, o auditor, o gerente, o preposto ou mandatário de pessoa jurídica, que, sabendo da conduta criminosa de outrem, deixar de impedir a sua prática, quando podia agir para evitá-la.

### 13.3.4 Hipóteses em que o omitente tem dever de agir para impedir o resultado

1. Os que têm dever de cuidado, proteção ou vigilância derivado da lei. Assim, os pais com relação aos seus filhos menores, os filhos com relação aos seus pais, os policiais, o cônjuge com relação ao outro etc.
   Ex.: determinado policial assistiu um furto acontecendo, podia agir para impedir e nada fez, aderindo à conduta do ladrão. O furto lhe poderá ser imputado. Ex.: mãe de uma criança sabe que o padrasto estupra a criança e nada faz. À mãe, por ser garantidora e nada ter feito, embora pudesse, pode ser imputado o resultado, podendo, assim, ser responsabilizada por estupro.
   Quando o texto legal, na alínea *a* do art. 13, § 2º, refere-se à lei, vale-se da denominada **teoria das fontes**. Assim, refere-se a deveres que são impostos pela ordem jurídica, não abrangendo apenas obrigações decorrentes de **leis em sentido estrito**, mas

qualquer disposição que tenha eficácia de forma a poder constituir um vínculo jurídico, como acontece com **os decretos, regulamentos, portarias e mesmo das sentenças judiciais e provimentos judiciários em geral**. Portanto, tais deveres derivam de norma penal ou não penal, de direito público ou privado (LUISI, 2003, p. 143).

2. Os que, de outra forma, assumem a responsabilidade de evitar o resultado. Nessa hipótese, não precisa haver uma relação contratual, mas qualquer situação em que se possa concluir que o agente assumiu essa responsabilidade de garantidor da não superveniência do resultado. Nesses casos, há uma assunção voluntária de custódia. A informalidade marca a fonte do dever de garantia nessa hipótese.

   Ex.: Maria pede a uma vizinha que deixe o filho, uma criança de apenas 7 anos, ir com ela ao cinema, assumindo a responsabilidade de cuidar da criança. Caso a criança se envolva em uma situação de perigo e Maria nada faça, sofrendo a criança uma lesão, o resultado será imputável a Maria.

   Ex.: André, guarda-vidas contratado para trabalhar na piscina de um condomínio, deixa de socorrer uma mulher que ali se afogava, embora pudesse fazê-lo. A mulher morre. O resultado é imputável a André.

   Masson nos adverte que responsabilidade do garantidor existirá **enquanto estiver no local em que tem a obrigação de impedir o resultado**, estando vinculado ao dever de agir enquanto lá permanecer, porque dele ainda não se desvencilhou (LUISI, 2003, p. 211). Assim, enquanto não tiver deixado o local de trabalho, será obrigado a zelar pelos que estiverem na piscina.

3. Aquele que, com seu comportamento anterior, comissivo ou omissivo, cria o risco da ocorrência do resultado. Nesse caso, teremos o fenômeno da ingerência ou do atuar precedente.

   Ex.: Ana, brincando com um amigo, o lança nas águas de um lago, tem o dever de agir para tirá-lo da água caso perceba que, por não saber nadar, ele se afoga. Caso não o faça e o amigo se afogar, vindo a óbito, a morte será imputável a Ana.

   Sobre os requisitos exigidos para que a conduta prévia do agente possa transformá-lo em garantidor, a doutrina se divide:

+ **1ª corrente:** a conduta precedente deve ser antijurídica ou contrária ao dever (SANTOS, 2002, p. 141).

   Ex.: com a finalidade de se matar, uma pessoa se atira sob as rodas do veículo cujo condutor dirige cautelosamente. O condutor foge do local, sem qualquer prestação de socorro à vítima, que morre. O condutor não poderá ser responsabilizado pelo resultado morte (BIERRENBACH, 2009, p. 146). Afinal, o atropelamento não se deveu à realização de uma conduta contrária ao seu dever. Assim, não é garantidor da não superveniência do resultado.

   Para essa corrente, ações que tenham sido levadas a efeito dentro dos limites do risco permitido, ações desempenhadas com observância do dever objetivo de cuidado e ações justificadas não podem gerar o dever especial de agir de que trata o art. 13, § 2º, c.

No caso de estar afastado, o dever de agir para impedir o resultado na hipótese vertente não exclui o dever geral de socorro. Assim, poderá o condutor ser responsabilizado pela omissão de socorro descrita no art. 304 do Código de Trânsito Brasileiro.

> **Art. 304.** Deixar o condutor do veículo, na ocasião do acidente, de prestar imediato socorro à vítima, ou, não podendo fazê-lo diretamente, por justa causa, deixar de solicitar auxílio da autoridade pública: (...)

- **2ª corrente:** minoritaríssima, admite criação de risco conforme ao direito como fonte da posição de garantidor, pois as condutas no limite do risco permitido não afastam o dever de segurança. É o posicionamento adotado por Joppert (2011, p. 156), que afirma que:

> (…) a hipótese do indivíduo que está dirigindo seu veículo com toda cautela possível e vem a atropelar, sem culpa nenhuma, um suicida. Ao sair do carro, reconhece ao atropelado como conhecido desafeto, deixando de prestar-lhe socorro por desejar efetivamente sua morte, que, de fato, vem a ocorrer. Aqui tem-se homicídio doloso, não em razão do atropelamento em si, que foi realizado sem dolo e sem culpa, mas, sim, porque, diante daquele comportamento anterior (atropelamento), tornou-se o atropelador automaticamente obrigado a tomar todas as medidas impeditivas do resultado, que, uma vez não realizadas de maneira intencional, conduz à imputação do resultado morte a título de dolo. Caso a inação se dê por negligência, deverá ser responsabilizado pelo resultado a título de culpa.

4. Trata-se de hipótese tratada pelo art. 2º, segunda parte, da Lei nº 9.605/1998, que estabelece para o diretor, o administrador, o membro de conselho e de órgão técnico, o auditor, o gerente, o preposto ou mandatário de pessoa jurídica o dever de, sabendo da conduta criminosa de outrem, atuar para impedi-la, sob pena de, não agindo, responder pelo crime ambiental. Mais uma vez, a possibilidade de agir se apresenta como pressuposto do dever de atuação. Inexistindo possibilidade de agir, não se poderá falar em dever de agir.

> **Art. 2º** Quem, de qualquer forma, concorre para a prática dos crimes previstos nesta Lei, incide nas penas a estes cominadas, na medida da sua culpabilidade, bem como o diretor, o administrador, o membro de conselho e de órgão técnico, o auditor, o gerente, o preposto ou mandatário de pessoa jurídica, que, sabendo da conduta criminosa de outrem, deixar de impedir a sua prática, quando podia agir para evitá-la.

## 13.4 HIPÓTESE EM QUE O GARANTIDOR NÃO RESPONDE PELO RESULTADO

A Lei nº 9.455/1997, em seu art. 1º, § 2º, descreve a prática de crime omissivo próprio para aquele que, tendo dever de evitar a tortura, omitir-se diante de sua prática. Nesse caso, a regra da lei especial afasta o nexo normativo de causalidade estabelecido pelo art. 13, § 2º, do Código Penal.

**Art. 1º** (...)

**§ 2º** Aquele que se omite em face dessas condutas, quando tinha o dever de evitá-las ou apurá-las, incorre na pena de detenção de um a quatro anos.

Sobre a regra, discorrem Portocarrero e Palermo (2020, p. 120-121):

> Consideramos, entretanto, que o artigo em comento, ao dispor que o garantidor que se quedar inerte responderá pela mera omissão, padece do vício de inconstitucionalidade, na medida em que a relação normativa de causalidade a impor a responsabilização pelo resultado, *in casu*, decorre não da norma geral do Código Penal, mas da própria Constituição Federal que, em seu art. 5º, XLIII, dispõe que "a lei considerará crimes inafiançáveis e insuscetíveis de graça ou anistia a prática da tortura, o tráfico ilícito de entorpecentes e drogas afins, o terrorismo e os definidos como crime hediondos, **por eles respondendo os mandantes, os executores e os que, podendo evitá-los, se omitirem**". Assim, seria perfeitamente possível deixar de aplicar o art. 13, § 2º, do Código Penal que estabelece para o garantidor a responsabilidade pelo resultado na hipótese de omissão, mas jamais poderia o legislador infraconstitucional violar a Constituição Federal, que impõe que o garantidor omitente deva responder pelo resultado quando se tratar de crime hediondo ou equiparado, como ocorre na hipótese de tortura. Destarte, com relação a quem tem o dever de agir para impedir a tortura, situação prevista na primeira parte do dispositivo, a esse deveria, ao nosso sentir, ser imposta a responsabilização pela própria tortura, com as penas impostas à mesma nos incisos I e II e § 1º, qual seja, reclusão de 2 (dois) a 8 (oito) anos, punindo-se, na mesma medida e nos termos do mandamento constitucional, os executores, os mandantes e os que, tendo o dever de impedi-la, se omitirem. (Grifos nossos.)

Contudo, não tendo sido declarada a inconstitucionalidade, deve ser aplicada a norma, que, inclusive, já foi usada em julgado do STF:

CRIME DE TORTURA. TRANCAMENTO DA AÇÃO PENAL, POR AUSÊNCIA DE JUSTA CAUSA. EXCEPCIONALIDADE. OMISSÃO. RELEVÂNCIA CAUSAL. DEVER DE AGIR. TRÂNSITO EM JULGADO DA CONDENAÇÃO. (...) 2. Crime de tortura praticado pela companheira do paciente contra sua filha. Omissão do paciente, que vivia em sociedade conjugal de fato com a corré. Relevância causal. Dever de agir, senão de direito ao menos de fato. 3. Ação penal, ademais, transitada em julgado. Ordem indeferida (HC nº 94.789/RJ, Rel. Min. Eros Grau, 2ª Turma, j. 27.04.2010).

## 13.5 IMPORTANTES NOTAS SOBRE A CAUSALIDADE NORMATIVA NA OMISSÃO

1. Somente se faz necessário lançar mão do disposto no art. 13, § 2º, do CP quando inexistir causalidade fática, natural, física. Assim, por exemplo: se a mãe provoca a

morte de seu filho, afogando-o durante um passeio de barco, não precisamos lançar mão do disposto no art. 13, § 2º, *a*, do CP para dizer que o resultado morte lhe pode ser imputado. A aferição da existência do nexo causal decorrerá da aplicação do art. 13, *caput*, do CP.

2. Haverá situações em que será difícil distinguir ação e omissão. Nessas hipóteses, sempre deveremos verificar a ação antes da omissão. Sheila Bierrenbach (2009, p. 147) nos fornece o exemplo do terrorista que conduz pacote com bomba relógio, a qual pretende colocar em um banco. Em meio do caminho, entra em uma agência de Correios, esquecendo o pacote. Pouco depois de sair, percebe seu esquecimento, sabendo que, se não voltar, a bomba explodirá. Sendo para ele indiferente o local da explosão, nada faz. Nesse caso, segundo o escólio da autora, estaremos diante de crime comissivo.

# 14 Imputação objetiva

## 14.1 CONCEITO

Consoante já analisado nesta obra, a imputação de um resultado depende não apenas da relação de causalidade, mas também da imputação objetiva e da existência de dolo ou culpa. O intérprete deve percorrer, assim, essas três fases e somente ultrapassadas todas elas será possível concluir pela imputação do resultado àquele que o tenha causado.

> **Decifrando a prova**
>
> **(2012 – MPE/GO – Promotor de Justiça – Adaptada)** Em relação à imputação objetiva é correto afirmar: imputação objetiva ou responsabilidade penal objetiva significa atribuir a alguém a realização de uma conduta criadora de um relevante risco juridicamente proibido e a produção de um resultado jurídico.
> ( ) Certo    ( ) Errado
> **Gabarito comentado:** imputação objetiva nenhuma relação tem com responsabilidade objetiva, que é responsabilidade sem dolo ou culpa. Portanto, a assertiva está errada.

Não pretende a teoria da imputação objetiva substituir ou mesmo desqualificar a necessidade de um nexo de causalidade, mas lhe acrescentar conceitos normativos que delimitarão sua abrangência, demonstrando que, embora imprescindível nos denominados crimes materiais, a relação de causalidade não se mostra suficiente para autorizar que se impute o resultado àquele que o causou. Melhor seria, todavia, se fosse denominada "teoria da não imputação", porque limita o âmbito de incidência do Direito Penal, impedindo que se atribuam resultados àqueles que – sob a ótica da causalidade material – o provocaram.

Sobre o tema, vale o escólio de Juarez Tavares (2000, p. 222-223), que aduz "(…) a teoria da imputação objetiva, portanto, não é uma teoria para atribuir, senão para restringir a incidência da proibição ou determinação típica sobre determinado sujeito".

A sua aferição se dá no plano objetivo e, uma vez reconhecida a ausência da imputação objetiva, não será preciso avançar para a etapa de verificação do dolo.

> **Decifrando a prova**
>
> **(2012 – MPE/GO – Promotor de Justiça – Adaptada)** Para fins de responsabilização do agente, a análise do estado anímico (dolo) precede à análise da imputação objetiva do resultado.
> ( ) Certo  ( ) Errado
> **Gabarito comentado:** a imputação objetiva é analisada no âmbito do tipo objetivo, e, portanto, antes da análise do tipo subjetivo, onde reside o dolo. Portanto, a assertiva está errada.

A teoria da imputação objetiva, relacionada a ideais funcionalistas, faz acrescer elementos ao tipo objetivo e, para ela, o resultado somente pode ser objetivamente imputado ao agente que o tenha causado criando um risco não permitido e desde que o risco se realize no resultado, ou seja, quando se puder afirmar que o resultado ocorreu porque o risco foi criado.

Deve-se especialmente a Claus Roxin a concepção moderna da teoria.

Embora a doutrina aceite os pontos de partida da teoria da imputação objetiva, tal qual apresentada por Roxin, muita divergência existe quanto aos critérios a serem usados para a sua aferição e o âmbito da sua incidência.

Roxin apresenta como elementos da teoria da imputação objetiva:

1. a criação do risco não permitido;
2. a realização do risco no resultado;
3. que o resultado se insira no âmbito de proteção da norma.

A teoria nos sugere uma visão do tipo objetivo, distinto daquela que o causalismo e o finalismo nos trouxeram. Tanto para a teoria causalista quanto para a teoria finalista, o tipo objetivo é composto por: conduta, nexo causal e resultado.

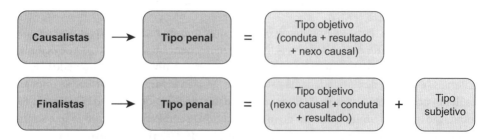

A imputação objetiva sugere, porém, que se acresçam elementos ao tipo objetivo, ou seja, a criação de um risco não aprovado e a realização do risco no resultado, que deverá, ainda, se inserir no âmbito de proteção da norma.

Assim, para a imputação objetiva, que se ergue sobre pilares valorativos, axiológicos, em contraponto à visão ontológica da teoria final da ação, poderíamos afirmar que:

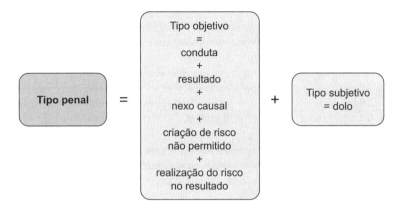

## 14.2 O RISCO PERMITIDO E A AUSÊNCIA DE IMPUTAÇÃO OBJETIVA

O conceito fundamental sobre o qual se estrutura a imputação objetiva é o risco tolerado pela sociedade moderna. Não se pode imputar o resultado ao agente cuja conduta revele a criação de um risco permitido. A imputação objetiva do resultado somente caberá quando a conduta criar um risco proibido ou nos casos em que incrementar o risco já existente. Por essa razão, por afastar a imputação do resultado em situações que não representem risco proibido, afirma-se que muito melhor seria denominá-la: **"teoria da não imputação"**.

Nesse diapasão, se, ao realizar a conduta o agente o fizer para diminuir riscos já existentes, a ele não se poderá imputar o resultado, ainda que sua conduta o tenha causado. Podemos, assim, citar o exemplo em que, ao perceber que André está com arma apontada para Eurídice, visando alvejá-la, Azaradus Cesar lance a vítima ao chão, provocando-lhe lesões. Embora exista nexo de causalidade entre a conduta de Azaradus Cesar e a lesão provocada, o resultado não lhe poderá ser imputado, pois, ao realizar a conduta que provocou as lesões, o fez para impedir que o evento mais grave, no caso a morte, sobreviesse. Agindo para minimizar riscos, sua conduta deverá ser considerada atípica, não sendo necessário, *in casu*, avançarmos na análise visando à incidência de uma excludente de ilicitude.

Decifrando a prova

**(2021 – Fapec – PC/MS – Delegado de Polícia – Adaptada)** Luciana é funcionária do mercado "Preço Bom", em Campo Grande – MS, onde trabalha como caixa. Em certa manhã, Luciana foi surpreendida quando Tobias adentrou no estabelecimento e, munido de um revólver, anunciou um assalto, determinando a Luciana que lhe entregasse todo o dinheiro que havia no caixa. Luciana, trêmula, suplicou a Tobias para que ele não roubasse o estabelecimento, porque o mercado estava passando por uma severa crise financeira e, com mais aquele prejuízo, haveria o risco de o mercado fechar e Luciana ficar sem o emprego. Percebendo que Tobias mantinha-se irredutível quanto ao assalto, Luciana fez a última tentativa e convenceu Tobias a roubar apenas metade do valor do caixa, cerca de R$ 5.000,00 (cinco mil reais), pois assim sobraria dinheiro suficiente para quitar o aluguel do estabelecimento e o salário de Luciana. Assim, atendendo à súplica de Luciana, Tobias subtraiu metade do valor do caixa e evadiu-se do local, tomando rumo ignorado.

Diante do caso hipotético narrado e considerando a concepção de Claus Roxin acerca da teoria da imputação objetiva, Luciana poderá responder criminalmente pelo crime de roubo na modalidade omissiva imprópria, já que ela, como empregada do mercado, tinha o dever de evitar o resultado do roubo praticado por Tobias.

( ) Certo      ( ) Errado

**Gabarito comentado:** Luciana não poderá ser responsabilizada pelo crime de roubo, pois, ao convencer Tobias a subtrair apenas a metade do valor disponível no caixa do mercado, a sua conduta não elevou, mas, pelo contrário, diminuiu o risco de lesão ao bem jurídico patrimônio. Trata-se de aplicação da teoria da imputação objetiva, para a qual não se pode imputar o resultado àquele que, não criando riscos proibidos, diminuiu os existentes. Portanto, a assertiva está errada.

**(2014 – PUC/PR – TJ/PR – Juiz Substituto – Adaptada)** No que se refere à imputação objetiva, para fugir dos dogmas causais, pode-se dizer que Claus Roxin, fundamentando-se no chamado princípio do risco, cria uma teoria geral da imputação, para os crimes de resultado, com quatro vertentes que impedirão sua imputação objetiva, quais sejam, a diminuição do risco; a criação de um risco juridicamente relevante; aumento do risco permitido; esfera de imputação da norma como critério de imputação.

( ) Certo      ( ) Errado

**Gabarito comentado:** a questão não trata dos requisitos para que haja a imputação, mas sim dos requisitos para que não se possa imputar o resultado a quem o tenha causado. De fato, a diminuição do risco é um deles. Portanto, a assertiva está certa.

## 14.3 A REALIZAÇÃO DO RISCO NO RESULTADO

Não basta que a conduta do agente represente um risco não permitido, sendo necessário, ainda, que a criação do risco proibido tenha se realizado no resultado, concluindo-se por uma conexão interna entre o desvalor da conduta e o desvalor do resultado.

A imputação objetiva nos impõe uma visão restritiva do tipo penal ao exigir, ainda, que, para que se impute o resultado ao agente, deve ele estar no âmbito de proteção da norma. Destarte, o resultado não é imputável ao autor se, ainda que a norma de cuidado fosse respeitada, sua observância não fosse suficiente para impedir o resultado causado. Consequentemente, não se pode fazer a imputação objetiva do resultado ao agente nos casos em que, mesmo se ele se cercasse de todos os cuidados necessários, o resultado teria acontecido pela interferência de fatores desconhecidos.

Nessa fase, busca-se verificar a existência de adequação do resultado provocado pelo agente à conduta que representa a criação do risco. Assim, pensemos, por exemplo, no caso de Azaradus Cesar, que, dirigindo na contramão de direção, atropelasse e matasse um pedestre. Em uma análise *ex ante*, podemos identificar a criação de um risco não permitido. Afinal, conduzia veículo na via pública usando a contramão de direção. Porém, para sabermos da possibilidade de imputação objetiva do resultado morte a Azaradus Cesar, será necessário que, numa perspectiva *ex post*, depois de serem conhecidas todas as circunstâncias que envolviam a hipótese fática, seja verificado se a vítima morreu porque Azaradus Cesar dirigia na contramão. Podemos pensar nas seguintes hipóteses:

- **1ª hipótese:** a vítima morreu porque, ao atravessar, certificou-se da inexistência de carros vindo no sentido regular da via. Nesse caso, morreu porque foi surpreendida por um veículo transitando na contramão de direção. Foi porque Azaradus Cesar realizou o risco proibido que o resultado ocorreu. Existindo uma conexão interna entre o desvalor da conduta e o desvalor do resultado, ou seja, estando o resultado adequado à conduta que representa o risco, a morte do transeunte poderá ser imputada a Azaradus Cesar.
- **2ª hipótese:** a vítima morreu porque, desejando dar fim à própria vida, atirou-se sob as rodas do veículo de Azaradus, o primeiro que por ali passou. Neste caso, embora Azaradus Cesar indiscutivelmente tenha criado um risco desaprovado e causado o resultado, sob a ótica da teoria da *conditio sine qua non* (art. 13 do Código Penal), o evento não se deu porque dirigia na contramão. O risco, assim, não se realizou no resultado. Destarte, a Azaradus Cesar não se pode imputar o resultado morte.

Poderíamos, ainda, cogitar a hipótese de um piloto de avião que, depois de passar toda a noite anterior a um fatídico voo consumindo álcool e drogas, pilotasse a aeronave e acabasse fazendo um pouso de emergência no qual 10 das 100 pessoas a bordo viessem a óbito. Investigações realizadas por autoridades aeronáuticas chegam à conclusão de que o pouso forçado se deu em razão de uma pane elétrica no avião, sem nenhuma vinculação com as atitudes tomadas pelo comandante durante o voo. A pane foi causada por defeito nunca antes detectado pelo fabricante e, portanto, sobre o qual nenhum piloto tinha conhecimento técnico para impedir. Nesse caso, a criação do risco proibido foi pilotar sob efeito de drogas, mas não existe adequação do resultado ao risco criado, ou seja, o risco não se realizou no resultado, as mortes não foram causadas porque ele estava sob efeito de drogas. No exemplo, ainda que sóbrio e usando toda a técnica conhecida, as mortes ocorreriam. Ao piloto, portanto, não se poderia fazer a imputação das mortes provocadas durante o pouso.

Por isso, se mesmo realizando um comportamento conforme o Direito, o resultado se produziria, não se pode imputar o resultado a quem, como o piloto do caso mencionado, criou o risco não permitido. "O juízo de evitabilidade nos conduz, portanto, a isentar de responsabilidade nesses casos" como ressalta Bitencourt (2020, p. 354).

## 14.4 CONSIDERAÇÕES FINAIS

Ainda que sejam os postulados básicos da imputação objetiva aceitos por muito, seus críticos apontam a imprecisão dos conceitos propostos e a insegurança dos seus resultados.

Não comungamos, justamente por essas imprecisões, das conclusões de Damásio de Jesus (2010, p. 321-322), que, festejando a teoria, a aponta como aquela que se apresenta, "no futuro, como substituta da doutrina da causalidade material, procurando dar melhor explicação a questões que o finalismo não conseguiu resolver".

Todavia, não se pode negar o valor da teoria ao introduzir critérios valorativos na imputação, reduzindo-a, diminuindo o âmbito de alcance do tipo penal. Pela imputação objetiva:

> O que existe é meramente a adição do critério axiológico do risco na determinação do elo objetivo da imputação, sendo que esse critério axiológico é determinado dentro de cada tipo, consideradas as ações caso a caso. (BUSATO, 2018, p. 334)

# Fato típico – 4º elemento: tipicidade

## 15.1 CONCEITO

O quarto elemento do fato típico é a tipicidade, que ocorre quando a conduta se adequa, subsome-se e se enquadra perfeitamente na descrição trazida no tipo penal.

Impende destacarmos, em um primeiro momento, a diferença entre tipo e tipicidade. O tipo penal é o modelo trazido pela lei, por meio do qual se descreve a conduta humana penalmente relevante. Modelo legal genérico e abstrato, o tipo é a descrição da conduta que se quer coibir. Ex.: art. 155 do CP; art. 12 da Lei nº 10.826, de 2003 etc.

> **Art. 155.** Subtrair, para si ou para outrem, coisa alheia móvel.

> **Art. 12.** Possuir ou manter sob sua guarda arma de fogo, acessório ou munição, de uso permitido, em desacordo com determinação legal ou regulamentar, no interior de sua residência ou dependência desta, ou, ainda no seu local de trabalho, desde que seja o titular ou o responsável legal do estabelecimento ou empresa:
> **Pena** – detenção, de um a três anos, e multa.

A tipicidade, a seu turno, é uma característica da conduta. A conduta típica é aquela que se enquadra, se adequa, se subsome ao modelo incriminador.

A tipicidade penal, entretanto, deve ser entendida sob o aspecto formal e o aspecto material. Assim:

**Tipicidade penal = tipicidade formal + tipicidade material.**

O conceito de tipicidade formal se limita à verificação da adequação, ou não, do comportamento ao modelo de crime trazido pela lei. Assim, se Larapius Augustus subtrai uma caixa com fósforos da casa de José, podemos afirmar a existência de tipicidade formal. Afinal, subtraiu, para si ou para outrem, coisa alheia móvel.

Contudo a tipicidade penal não mais se conforma, não mais se limita à verificação da mera relação de enquadramento da conduta ao modelo e passa a exigir também que a conduta que se encaixa no modelo legal incriminador traga uma lesão ou perigo de lesão ao bem jurídico que se tutela, que a lesão não seja insignificante e que não seja socialmente adequada. O conceito de tipicidade material tem, assim, a finalidade de delimitar quais condutas possuem, de fato, relevância para que sejam disciplinadas, alcançadas pelas incisas e drásticas consequências da aplicação do Direito Penal.

A tipicidade material, destarte, é afastada pela ausência de lesividade, pela insignificância e adequação social.

### 15.1.1 Formas de adequação típica

Quando determinada conduta se adequa ao modelo incriminador, diz-se que houve adequação típica, expressão que temos como sinônimo de tipicidade formal, assim como Estefam (2010, p. 194), Joppert (2011, p. 175), Mirabete (2013a, p. 99) e Greco (2019, p. 264). A adequação típica pode ser:

- **Imediata ou direta:** aquela conduta se adequa imediatamente ao modelo incriminador. Ex.: com uma faca o agente efetuou vários golpes contra alguém em região letal, matando aquela pessoa. O encaixe da conduta, a subsunção da conduta ao modelo trazido pelo art. 121 é direto, imediato.

    Art. 121. Matar alguém.

- **Mediata:** quando o enquadramento da conduta realizada ao modelo legal incriminador não se dá de forma direta, imediata, sendo necessária a utilização de outras normas para tanto. Essas normas são denominadas normas de extensão, porque irão permitir que se encaixem no tipo penal condutas que inicialmente ali não se enquadrariam. A utilização dessas normas permitirá que se reconheçam como típicas condutas que, em um primeiro momento, não o seriam. As normas dos arts. 13, § 2º, 14, II, e 29, todas do Código Penal, são normas de extensão ou normas de adequação típica mediata. Atente para os exemplos que a seguir colacionamos.

**Ex. 1:** André estava na praia e viu seu filho se afogando. Nada fez, embora pudesse, e, desejando a morte da criança, deixou que morresse sem prestar-lhe socorro. Na hipótese, por figurar entre aqueles que têm o dever de agir para evitar a ocorrência do resultado, André será responsabilizado por homicídio doloso qualificado, descrito no art. 121, § 2º, III, do CP. Contudo, se analisarmos a conduta de André, verificamos, em um primeiro momento, que não se enquadra no modelo legal de homicídio. Afinal, André não matou ninguém. Como tipificar como homicídio aquela conduta se ela não corresponde ao modelo de crime de homicídio trazido pela lei? A resposta é relativamente simples: a conduta omissiva de André se amoldará ao tipo do art. 121, porque a norma do art. 13, § 2º, o estenderá a todos aqueles que, tendo o dever de agir para impedir o resultado, se omitirem. Não fosse a norma do art. 13, § 2º, a conduta de André jamais poderia ser tipificada como homicídio.

    Art. 13. (...)

    § 2º A omissão é penalmente relevante quando o omitente devia e podia agir para evitar o resultado. O dever de agir incumbe a quem:

a) tenha por lei obrigação de cuidado, proteção ou vigilância;

b) de outra forma, assumiu a responsabilidade de impedir o resultado;

c) com seu comportamento anterior, criou o risco da ocorrência do resultado.

**Ex. 2:** Plínio, sabendo que Joana desejava uma arma para matar Pedro, entrega uma pistola que havia muito possuía em sua casa. Joana, utilizando-se daquela arma que lhe havia sido entregue por Plínio, efetua os disparos e mata Pedro. Na hipótese, a adequação típica para Joana se dá de forma imediata, direta. Quanto a Plínio, deverá ser responsabilizado por crime de homicídio tanto quanto Joana. Mas como explicar isso, se Plínio não matou ninguém, como exigido para o preenchimento do tipo trazido pelo art. 121? Mais uma vez, uma norma de extensão o explicará: a conduta de Plínio se enquadra no modelo trazido pelo art. 121 do CP, porque concorreu para o crime de Joana e a regra do art. 29 determina que todo aquele que concorre para a prática do crime deverá por ele responder, na medida de sua culpabilidade, estendendo a aplicação do tipo penal a outras condutas, que, em uma primeira análise, não estariam nele descritas. A norma do art. 29 do CP é, portanto, uma norma de extensão e, com relação a Plínio, a adequação típica se deu de forma mediata.

**Art. 29.** Quem, de qualquer modo, concorre para o crime incide nas penas a este cominadas, na medida de sua culpabilidade.

**Ex. 3:** desejando matar Pedro, Joana efetua diversos disparos contra a vítima, que, entretanto, sobrevive. Nessa hipótese, Joana tentou matar alguém. Verificamos não existir um tipo penal que descreva a conduta de "tentar matar alguém". Assim, em um primeiro momento, não teríamos como fazer incidir o art. 121 do CP para abrangê-la. Porém, por força da norma trazida pelo art. 14, II, do CP, podemos estender a aplicação do tipo penal para que alcance o início da execução do crime e, assim, conseguiremos adequar a conduta de Joana ao modelo legal incriminador. Não existisse a norma citada, não poderia a conduta de Joana ser considerada típica. Assim como nos exemplos 1 e 2 acima, a adequação típica é, também, mediata na hipótese da tentativa.[1]

**Art. 14.** Diz-se o crime: ( )

II – tentado, quando, iniciada a execução, não se consuma por circunstâncias alheias à vontade do agente.

---

[1] Excepcionalmente, o Código Penal pode trazer descrição legal do crime tentado equiparando-o ao consumado. Isso se dá nas hipóteses dos denominados crimes de atentado, tal qual exemplo do art. 352 do CP ("**Art. 352.** Evadir-se ou tentar evadir-se o preso ou o indivíduo submetido a medida de segurança detentiva, usando de violência contra a pessoa: **Pena** – detenção, de três meses a um ano, além da pena correspondente à violência"). Nesse caso, ao tentar fugir, o preso já estará realizando a conduta descrita no tipo e a adequação típica é imediata, não dependendo da norma de extensão do art. 14, II.

## 15.2 TIPICIDADE CONGLOBANTE

A teoria da tipicidade conglobante foi formulada por Eugenio Raúl Zaffaroni. O renomado mestre argentino afirma, para justificá-la, que o conceito de tipicidade penal não pode ser extraído apenas da tipicidade formal. Apresentando a tipicidade conglobante como um "corretivo", sustenta que, para além da tipicidade formal, a conduta deverá ser antinormativa e representar afetação ao bem jurídico para que possa ser considerada penalmente típica.

A fórmula da tipicidade conglobante pode ser assim representada:

**Tipicidade penal** = tipicidade formal + tipicidade conglobante (antinormatividade + afetação do bem jurídico).

Não é de difícil compreensão a construção do jurista, que foi ministro da Suprema Corte argentina entre os anos de 2003 e 2014.

> **Decifrando a prova**
>
> **(2014 – Vunesp – TJ/PA – Juiz de Direito Substituto – Adaptada)** Eugenio Raúl Zaffaroni, argentino, é o principal defensor da teoria da tipicidade conglobante.
> ( ) Certo ( ) Errado
> **Gabarito comentado:** a questão foi aqui colocada para que o leitor tenha a noção da importância de sabermos os nomes dos principais expoentes das várias teorias estudadas. Está certa a assertiva.

O artífice da teoria parte da constatação de que inexiste uma ordem normativa composta por normas conflitantes, incompatíveis. A ideia central da tipicidade conglobante pode ser extraída, de forma sintetizada, da lição do próprio Zaffaroni (1996, p. 435), quando afirma:

> Uma ordem normativa, na qual uma norma possa ordenar o que a outra pode proibir, deixa de ser ordem e de ser normativa para se tornar uma "desordem" arbitrária.

A rigor, em um ordenamento jurídico, deve-se observar uma ordem mínima em que as normas guardem entre si harmonia e compatibilidade, não podendo ser analisadas isoladamente. Podemos, assim, afirmar a impossibilidade de existirem, dentro de um mesmo sistema jurídico, normas que determinem ou incentivem a realização de uma conduta e outras que proíbam, em situação idêntica, a realização daquela mesma conduta. Na verdade, o que existe são normas que parecem conflitantes, sem que efetivamente o sejam.

Pensemos, assim, em um país que admite a pena de morte. Nesse caso, alguém terá que cumpri-la, matando o condenado. Porém, nesse mesmo país, certamente existirá um tipo penal em que se define como criminosa a conduta de matar alguém. Haverá, portanto, duas normas: "matarás" e "não matarás". O agente público encarregado da execução da pena de morte estará sujeito ao cumprimento desses comandos, mas não ao mesmo tempo. A rigor, quando, em cumprimento de decisão prolatada por autoridade competente, o carrasco executar a pena de morte, a norma que deverá obedecer é "matarás". Por outro lado, para aquele mesmo funcionário público, em outras situações, como por exemplo, em uma briga de trânsito, a norma a ser observada é a que determina: "não matarás".

De acordo com a teoria formulada pelo argentino, na aferição da tipicidade será sempre necessário pinçar, destacar, identificar no ordenamento a norma que se aplica à hipótese concreta que se está analisando. Caso a conduta levada a efeito pelo agente viole o comando normativo aplicável, será considerada antinormativa. Por outro lado, se a conduta se adequa ao comando normativo, não será antinormativa. Somente as condutas antinormativas são consideradas típicas. Consoante lição de Zaffaroni (1996, p. 435): "A lógica mais elementar diz que o tipo não pode proibir o que o direito ordena e nem o que ele fomenta".

Retomando a análise dos casos concretos propostos, teríamos:

- Funcionário público ao executar a pena de morte no país em que a pena capital seja admitida: o comando normativo aplicável ao caso concreto é "matarás"; ao matar, a conduta do referido funcionário não será antinormativa e, portanto, não será típica.
- Funcionário público, cujo dever legal é a execução da pena de morte em país que admita a pena capital, ao matar alguém em uma briga de trânsito: comando normativo aplicável ao caso concreto é "não matarás"; ao matar, a conduta do referido funcionário será contrária à norma (antinormativa) e, portanto, haverá tipicidade conglobante.

Adotando-se a teoria da tipicidade conglobante, o estrito cumprimento do dever legal não pode ser catalogado como causa excludente da ilicitude. Ao contrário, excluirá a própria tipicidade. Afinal, sempre que o agente atuar em estrito cumprimento do seu dever legal, realizará algo que lhe é determinado pela lei. Nesse caso, existe uma norma preceptiva, uma ordem à qual obedecerá. Atuando de acordo com o comando normativo aplicável àquela situação, sua conduta jamais poderá ser considerada antinormativa. Se não é antinormativa, inexiste tipicidade conglobante e, ainda que esteja prevista em lei como criminosa (tipicidade formal), a conduta não será penalmente típica.

Como ocorre no caso do carrasco, também será atípica a conduta do agente policial quando priva a liberdade daquele a quem flagra praticando um crime e a do oficial de justiça que, face à resistência do morador em deixá-lo cumprir seu dever, viola um domicílio para executar um mandado judicial.

Quanto ao exercício regular do dircito, Zaffaroni alerta para o fato de que merecem ser destacados dois diferentes grupos:

- **1º grupo:** o exercício regular do direito que importa na realização de condutas incentivadas pelo Estado (esportes, intervenções cirúrgicas com finalidade terapêutica etc.). As condutas que se enquadram nesse grupo não podem ser consideradas típicas. Admitimos o exemplo de um lutador de boxe que golpeia seu oponente e o lesiona. A conduta por ele praticada é formalmente típica, encaixando-se na descrição legal trazida pelo art. 129 do CP. Porém, inexistirá tipicidade conglobante porque, atuando de acordo com a norma de incentivo, não haverá antinormatividade. Como ensina Zaffaroni (1996, p. 529): "Conforme os princípios que regem a tipicidade conglobante, resulta inadmissível que uma norma proíba o que outra fomenta dentro da mesma ordem normativa".

- **2º grupo:** o agente, regularmente exercendo o seu direito, leva a efeito condutas que são meramente toleradas pelo Estado. Consideremos, por exemplo, lesões provocadas pelo médico na paciente por ocasião de cirurgia para fins meramente estéticos. Existe tipicidade formal, pois sua conduta se enquadra na descrição legal do art. 129. Inexistem, todavia, normas que a determinem ou fomentem, sendo, portanto, antinormativa. Quando realizadas, tais condutas deverão ser consideradas típicas, porém não ilícitas, pois foram realizadas a partir de um preceito permissivo.

Com relação à legítima defesa e ao estado de necessidade, a teoria da tipicidade conglobante reconhece o seu caráter de excludente da ilicitude, porque não existe nenhum comando que determine ou obrigue, fomente ou incentive que alguém atue nas hipóteses do perigo imposto pela situação fática. A lei apenas tolera, permite que o agente, caso queira, se defenda da agressão injusta e preserve o bem ameaçado naquelas situações.

Observemos o quadro a seguir, que resume as situações aqui enfrentadas:

|  | Código Penal brasileiro | Teoria da tipicidade conglobante |
|---|---|---|
| **Estrito cumprimento do dever legal** | Exclui ilicitude | Exclui tipicidade |
| **Exercício regular do Direito** | Excui ilicitude | Atividade fomentada – exclui tipicidade |
|  |  | Atividade tolerada – exclui ilicitude |
| **Legítima defesa** | Exclui ilicitude | Exclui ilicitude |
| **Estado de necessidade** | Exclui ilicitude | Exclui ilicitude |

### Decifrando a prova

**(2009 – Cespe/Cebraspe – DPE/AL – Defensor Público)** Segundo a teoria da tipicidade conglobante, o ordenamento jurídico deve ser considerado como um bloco monolítico, de forma que, quando algum ramo do Direito permitir a prática de uma conduta formalmente típica, o fato será considerado atípico.

( ) Certo    ( ) Errado

**Gabarito comentado:** a rigor, afirmar que condutas permitidas são atípicas para a teoria da tipicidade conglobante é desconhecer a obra de Zaffaroni. O erro pode ser perfeitamente constatado na leitura do seu *Manual de direito penal brasileiro: parte geral*. 5. ed. 2004. p. 523, 524 e 530. Somente as condutas determinadas e as condutas fomentadas podem ser consideradas atípicas para a tipicidade conglobante, porque, nesse caso, não serão antinormativas. As meramente toleradas são típicas, mas não antijurídicas. Contudo, o gabarito oficial dessa questão foi "certo".

Para a teoria da tipicidade conglobante, a afetação do bem jurídico se apresenta como outro requisito da tipicidade penal, limitando sua incidência. Devem, ainda, ser consideradas atípicas condutas que revelem afetação insignificante do bem jurídico tutelado. Portanto, a ausência de lesividade e a insignificância afastam a tipicidade penal. Zaffaroni (1996, p. 534), contudo, nos adverte:

> A insignificância da afetação exclui a tipicidade, mas só pode ser estabelecida através da consideração conglobada da norma: toda ordem normativa persegue uma finalidade, tem um sentido, que é a garantia jurídica para possibilitar uma coexistência que evite a guerra civil, ou seja, a guerra de todos contra todos. A insignificância só pode surgir à luz da finalidade geral que dá sentido à ordem normativa e, portanto, à norma em particular e que nos indica que essas hipóteses estão excluídas de seu âmbito de proibição, o que não pode ser estabelecido à simples luz de sua consideração isolada.

A teoria da tipicidade conglobante já foi citada em julgados do STJ quando a Corte se referiu à aplicação do princípio da insignificância:

 **Jurisprudência destacada**

No caso em análise, teria a paciente, segundo a denúncia, subtraído um cofrinho contendo R$ 4,80 (quatro reais e oitenta centavos) da Associação dos Voluntários de Combate ao Câncer – AVCC, induzindo seu filho de apenas 09 anos a pegar o objeto e colocá-lo na sua bolsa. Nesse contexto, verifica-se que o princípio da insignificância não se aplica ao caso, porquanto, as características dos fatos revelam reprovabilidade suficiente para a consumação do delito, embora o ínfimo valor da coisa subtraída. O referido princípio se aplica a fatos dotados de mínima ofensividade, desprovidos de periculosidade social, de reduzido grau de reprovabilidade do comportamento e que a lesão jurídica provocada seja inexpressiva (STF, HC nº 84.412-0/SP, Rel. Min. Celso de Mello, 2ª Turma, *DJU* 19.11.2004). Observa-se, assim, que não há falar em mínima ofensividade e nem reduzido grau de reprovabilidade do comportamento, porquanto foi subtraído o bem com o induzimento do próprio filho menor da ora paciente a pegá-lo e, lamentavelmente, contra uma instituição sem fins lucrativos que dá amparo a crianças com câncer. Ainda que irrelevante a lesão pecuniária provocada, porque inexpressivo o valor do bem, a repulsa social do comportamento é evidente. Viável, por conseguinte, o reconhecimento da tipicidade conglobante do comportamento imputado (RHC nº 93.472/MS, Rel. Min. Maria Thereza de Assis Moura, por unanimidade, j. 15.03.2018, *DJe* 27.03.2018).

Em outro julgado, ao tratar de posse de armas de fogo sem registro, o STJ novamente a mencionou:

 **Jurisprudência destacada**

(...) Nesse passo, há doutrina afirmando que o juízo de tipicidade não é um mero juízo de tipicidade legal, mas que exige um outro passo, que é a comprovação da tipicidade conglobante, consistente na averiguação da proibição através da indagação do alcance proibitivo da norma,

> não considerada isoladamente, e sim conglobada na ordem normativa. Posto isso, quando o proprietário de arma de fogo deixa de demonstrar que ainda detém, entre outros requisitos, aptidão psicológica e idoneidade moral para continuar a possuir o armamento, representa, em tese, um risco para a incolumidade pública, de modo que a lei penal não pode ser indiferente a essa situação. Assim, sem investigar as peculiaridades de cada caso, é temerário afirmar, de forma automática e categórica, que não é crime possuir arma de fogo com registro expirado, máxime ante a finalidade do Estatuto do Desarmamento e porque não existe previsão de penalidade administrativa para tal conduta, não podendo a questão ser resolvida na seara administrativa. A Administração, ao contrário dos particulares, nada pode fazer senão o que a lei determina. Assim, a subsistir o entendimento de que tal conduta é materialmente atípica, os agentes públicos nem sequer poderiam adentrar na residência do particular para reaver as armas de fogo com registro vencido ou compeli-lo, por exemplo, a pagar multa. (...) Já sob a ótica do princípio da lesividade, tem-se, aqui, que o perigo à incolumidade pública é idêntico àquele ocasionado pelo agente que possui arma de fogo ou somente munições sem certificado. Em função dos próprios objetivos da Lei do Desarmamento, o postulado da insignificância deve ser aferido caso a caso, de forma excepcional, para verificar a presença dos vetores já assinalados pelo STF, tais como a mínima ofensividade da conduta, nenhuma periculosidade social da ação, reduzidíssimo grau de reprovabilidade do comportamento e a inexpressividade da lesão jurídica provocada (...) (RHC nº 60.611/DF, Rel. Min. Rogério Schietti Cruz, j. 15.09.2015, *DJe* 05.10.2015).

Em que pese a alusão à teoria da tipicidade conglobante nos exemplos acima, é necessário frisarmos que a utilização dos princípios de lesividade e da insignificância para afastar a tipicidade penal não é sua exclusividade.

A tipicidade material (afastada quando não há lesividade ou na hipótese de insignificância) é conceito que se agrega à tipicidade formal para que cheguemos à conclusão de que existe, ou não, tipicidade penal, independentemente da utilização da tipicidade conglobante, que não é aceita pela grande maioria da doutrina, tampouco é adotada por nossa lei.

A adoção da teoria da tipicidade conglobante importaria em trazer a ideia de antinormatividade, como proposto por Zaffaroni, para o conceito de tipicidade penal. Se o fizéssemos, teríamos que considerar as hipóteses de estrito cumprimento de dever legal como excludentes da tipicidade, que também estaria afastada em algumas situações de regular exercício do direito, conclusão desautorizada por nossa lei[2] e pela doutrina amplamente majoritária, como acima já afirmamos.

Dizer que se adotou a tipicidade conglobante porque se considerou o princípio da insignificância e a ausência de lesividade para afastar a tipicidade penal é de todo equivocado. Outras teorias se utilizam da insignificância e da ausência de lesividade com a mesma finalidade.

---

[2] O Código Penal brasileiro prevê o estrito cumprimento do dever legal e o exercício regular do direito como causas excludentes de ilicitude, nos termos do art. 23.

## 15.3 FUNÇÕES DO TIPO PENAL

O tipo penal tem seis principais funções, a saber:

- **1ª: função de garantia** de que somente podem ser consideradas criminosas condutas que estejam descritas em uma lei, da forma mais clara, determinada, precisa possível, atentando-se para o princípio da legalidade. Por meio do tipo penal, realiza-se o princípio da reserva legal (CAPEZ, 2003, p. 173).
- **2ª: função fundamentadora do *ius puniendi***, podendo o Estado exercer o seu direito de punir sempre que realizada a conduta descrita no tipo penal.
- **3ª: função seletiva**, sendo por meio do tipo que o legislador seleciona as condutas que deseja ver alcançadas pelo Direito Penal.
- **4ª: função indiciária da ilicitude**, pois se a conduta está descrita em lei como criminosa é porque ela é, em princípio, contrária ao ordenamento jurídico. Essa função decorre do caráter seletivo do tipo penal. Afinal, se o tipo descreve comportamentos que o legislador selecionou para proibir por entender que representam lesões ou perigo de lesão a bens jurídicos que precisam ser protegidos para a garantia da harmonia social, é porque, em princípio, aqueles comportamentos, até prova em contrário, contrastam com a ordem jurídica como um todo.
- **5ª: função diferenciadora do erro**, devendo o dolo do agente abranger todos os elementos do tipo, ou seja, para que alguém seja responsabilizado por crime doloso, é preciso que saiba e queira realizar cada um de seus elementos. Assim, no furto, deverá subtrair coisa alheia móvel, sabendo que se trata de coisa alheia e desejando subtrair coisa alheia. Na hipótese de ignorar que se trata de coisa alheia, está em erro de tipo, que evidencia a ausência de dolo, consoante disposto no art. 20, *caput*, do CP, dispositivo que será objeto de nossos estudos em capítulo específico desta obra.
- **6ª: função motivadora geral**, por ter o tipo penal como objetivo fazer com que as pessoas se motivem a se comportar de acordo com a norma, abstraindo-se da prática das condutas descritas como criminosas.

## 15.4 MUDANÇAS HISTÓRICAS NA CONCEPÇÃO E ESTUDO DO TIPO PENAL

O estudo e a concepção do tipo penal passaram por fases distintas ao longo do tempo.

A **teoria da independência do tipo** foi concebida ainda na primeira década do século passado por **Beling**. Antes, o conceito de tipo estava relacionado à totalidade do delito, tendo Beling feito uma depuração do seu conceito para chegar a algo mais restritivo: o tipo de delito formulado com precisão pelo direito positivo, convertendo-o em um dos elementos da estrutura tripartida do delito (WELZEL, p. 78 *apud* GRECO, 2019, p. 259). Para Beling, entretanto, o tipo englobava apenas aspectos exteriores da conduta e era visto como completamente desvinculado, **independente da ilicitude**, não possuindo qualquer conteúdo valorativo e com função meramente descritiva. Para Beling, a análise do tipo dispensava elementos internos. Todo o acontecimento objetivo se referia ao tipo e o aspecto subjetivo, à culpabilidade. Essa fase é estreitamente vinculada à teoria clássica, tradicional, mecanicista da ação, tendo, por conseguinte, entrado em declínio com o advento da teoria finalista.

Numa segunda fase, por meio dos estudos de **Ernest Mayer**, na segunda década do século XX, por volta de **1915**, concebeu-se a tipicidade como tendo função indiciária da ilicitude. Trata-se da adoção da **teoria da *ratio cognoscendi***, ou Teoria da Indiciariedade que nega a possibilidade de o fato típico ser considerado um fenômeno completamente distinto da ilicitude, como proposto por Beling. Para a teoria da *ratio cognoscendi*, todo fato típico é, em princípio, contrário ao ordenamento jurídico, a menos que sobre ele incida uma causa de justificação. A tipicidade, então, traz a fumaça da ilicitude, indicia a ilicitude, embora não a determine. Trata-se, a rigor, de algo que decorre da seletividade do tipo penal. Afinal, se a conduta é típica, é porque se subsome a um modelo legal incriminador e, se o legislador selecionou aquela conduta para defini-la como criminosa, é porque viola bens jurídicos relevantes, estando, pelo menos em princípio, em desconformidade com o ordenamento jurídico. Assim, imaginemos que chegue ao nosso conhecimento que André matou Azaradus Cesar. A ideia que teremos é a de que a conduta de André, por estar definida em lei como crime, é contrária ao ordenamento jurídico. Contudo, logo na sequência, tomamos conhecimento de que André assim se comportou porque Azaradus Cesar o teria agredido injustamente e André, usando moderadamente dos bens necessários, repeliu a injusta agressão, matando-o. Nesse caso, embora típica, a conduta de André não poderá ser considerada ilícita. Com o exemplo, percebemos que a tipicidade indiciou, mas não determinou a ilicitude. A conduta de André continua sendo típica, embora não seja antijurídica.

Em **1931**, com **Edmund Mezger**, apresenta-se o tipo como ***ratio essendi* da ilicitude**, ou seja, o tipo passa a ser conceituado como a ilicitude tipificada, fazendo-se uma fusão entre tipicidade ilicitude, sem, contudo, confundir seus conceitos. Para essa teoria, portanto, a tipicidade e ilicitude não podem ser estudadas, divididas em momentos distintos. O tipo penal é transformado em tipo de injusto e só se poderia considerar típica determinada conduta se fosse igualmente ilícita, não restando autorizado concluir pela existência de fato típico na hipótese da realização de uma conduta permitida pelo ordenamento jurídico. Na valiosa lição de Greco (2019, p. 267), a conduta típica de homicídio não seria matar alguém, mas matar alguém ilicitamente. Assim, a incidência de uma causa excludente de ilicitude, ou seja, uma causa de justificação, levaria à atipicidade. Seria, portanto, segundo a teoria em exame, atípica a conduta de alguém que matasse em legítima defesa ou em estado de necessidade.

Da adoção da teoria da *ratio essendi*, embora com ela não deva ser confundida, surge a **teoria dos elementos negativos do tipo**, com a adoção do conceito de tipo total de injusto (tipicidade e ilicitude integrando o tipo penal). A teoria foi preconizada por Weber. Explicitando-a, Jescheck (*apud* GRECO, 2019, p. 268) sustenta:

> (...) o tipo deve abarcar não só as circunstâncias típicas do delito, se não aquelas que afetam a antijuridicidade. Os pressupostos das causas de justificação sim entendem, assim, como elementos negativos do tipo. Incluem-se, portanto, no tipo porque, somente quando faltam é possível um juízo definitivo sobre a antijuridicidade do fato.

Para a teoria dos elementos negativos do tipo, os elementos das causas excludentes de ilicitude seriam elementos negativos implícitos do tipo penal. Poderíamos descrever a teoria por meio de uma metáfora em que a tipicidade se encontra em uma casa na qual também reside a ilicitude, sua companheira inseparável. Todas as vezes que as causas de justificação (legítima defesa, estado de necessidade, estrito cumprimento do dever legal, exercício regular do direito) entram por uma porta, a tipicidade sai pela outra, juntamente com a ilicitude.

Das teorias acima apresentadas, a mais aceita é a teoria formulada por Mayer, ou seja, a da *ratio cognoscendi*, concebendo a **tipicidade como indiciária da ilicitude**, o que nos leva a analisar o crime em etapas distintas e que se sucedem: primeiro o fato típico; após a constatação do fato típico, analisa-se a antijuridicidade e, finalmente, a culpabilidade.

## 15.5 ESPÉCIES DE TIPO

1. **Incriminadores**: são modelos legais em que se descrevem condutas proibidas. Ex.: art. 155 do CP.

   **Art. 155.** Subtrair, para si ou para outrem, coisa alheia móvel: (...)

2. **Permissivos ou justificadores**: são modelos legais que descrevem condutas permitidas, expondo as causas de exclusão da ilicitude. Podemos dar como exemplos aqueles trazidos pelos arts. 24 e 25 do CP, o art. 37 da Lei nº 9.605, de 1998 etc.

   **Art. 24.** Considera-se em estado de necessidade quem pratica o fato para salvar de perigo atual, que não provocou por sua vontade, nem podia de outro modo evitar, direito próprio ou alheio, cujo sacrifício, nas circunstâncias, não era razoável exigir-se. (Redação dada pela Lei nº 7.209, de 11.07.1984.)

   **Art. 25.** Entende-se em legítima defesa quem, usando moderadamente dos meios necessários, repele injusta agressão, atual ou iminente, a direito seu ou de outrem. (Redação dada pela Lei nº 7.209, de 11.07.1984.)

   **Art. 37.** Não é crime o abate de animal, quando realizado:
   I – em estado de necessidade, para saciar a fome do agente ou de sua família;
   II – para proteger lavouras, pomares e rebanhos da ação predatória ou destruidora de animais, desde que legal e expressamente autorizado pela autoridade competente;
   III – (Vetado)
   IV – por ser nocivo o animal, desde que assim caracterizado pelo órgão competente.

Neste tópico nos encarregaremos do estudo dos tipos incriminadores.

## 15.5.1 Estrutura do tipo legal de crime

O tipo penal, analisado sob a ótica da teoria finalista, apresenta a seguinte estrutura:

**Tipo penal = tipo objetivo + tipo subjetivo.**

O tipo objetivo corresponde à descrição legal de comportamento. Nele são descritos todos os elementos objetivos que identificam a proibição penal, delimitando seu conteúdo: o sujeito ativo, a conduta que se proíbe, o objeto da conduta, os meios e modos da ação, o resultado, a relação de causalidade etc.

O tipo subjetivo corresponde à atitude psíquica. O elemento subjetivo geral dos tipos dolosos é o dolo. Contudo, não raras vezes, além do dolo são exigidos pelo tipo penal elementos subjetivos especiais, fazendo menção a tendências especiais, intenções especiais ou mesmo atitudes pessoais sem as quais o tipo penal não estará preenchido. Destarte, podemos afirmar que o dolo é o elemento nuclear e primordial do tipo subjetivo e, frequentemente, o único componente do tipo subjetivo (casos em que o tipo não requer outros) (ZAFFARONI, 1996, p. 457).

Os crimes culposos não têm, segundo a doutrina amplamente majoritária, a mesma estruturação, não se podendo falar em tipo subjetivo do crime culposo. Portanto, também não se fala em duas partes (ou faces) do tipo, objetivo e subjetivo, quando se está diante de um crime culposo. Culpa não é elemento subjetivo, mas elemento normativo do tipo.

Zaffaroni (1996, p. 489), porém, de forma bastante minoritária, defende a existência do tipo subjetivo mesmo nos crimes culposos, embora nos advirta que não se deva considerá-lo da mesma maneira com que concebemos o tipo subjetivo do crime doloso, ou seja:

> Não devem ser consideradas da mesma maneira, isto é, como componentes de 2 partes do tipo em que, em cada caso concreto, o primeiro deve ser analisado o aspecto objetivo e, depois, o subjetivo.

Para o renomado autor, o tipo subjetivo culposo é integrado por um aspecto cognitivo (ou intelectual) e um aspecto volitivo. O aspecto volitivo é a vontade de realizar a conduta. O aspecto intelectual da culpa é a possibilidade que o agente tem de conhecer o perigo a que expõe o bem jurídico quando realiza a conduta descuidada, ou seja, a previsibilidade (ZAFFARONI, 1996, p. 490).

## 15.6 ELEMENTOS DO TIPO

Os elementos do tipo, também denominados elementares, são **dados essenciais**, sem os quais o crime desaparece. Os **elementos do tipo** podem ser classificados em:

a. **Descritivos ou objetivos:** descrevem os aspectos materiais da conduta que, pertencendo ao mundo dos fatos, são apenas descritos pela norma, tal qual ocorre com objetos, tempo, lugar, forma de execução. Independem de qualquer valoração que alcance a compreensão do seu significado. Ao contrário, seu significado pode ser extraído da mera observação.

b. **Normativos:** aqueles cuja compreensão demanda a realização de um juízo de valor. A valoração pode ser jurídica, social, histórica, religiosa, política, científica.[3]

---

[3] Com relação aos elementos que dependem de valoração científica, há posicionamento no sentido de que pertenceriam a uma outra classe, os elementos científicos, cuja valoração transcenderia o

Quando exigem valoração jurídica são classificados como elementos normativos jurídicos (também denominados impróprios). Quando não, são chamados elementos normativos extrajurídicos, ou morais ou culturais. Expressões como "funcionário público", "documento", "cheque", "duplicata", "ato obsceno", "sem justa causa" e "pudor", por exemplo, por demandarem valoração pelo intérprete, são elementos normativos do tipo.

c. **Elementos modais:** são aqueles que dizem respeito ao tempo, local e modos de execução, como, "em via pública" (art. 308 da Lei nº 9.503, de 1997), "no interior de sua residência ou dependência desta" (art. 12 da Lei nº 10.826, de 2003), "durante ou logo após o parto" (art. 123 do CP).

> **Lei nº 9.503/1997**
>
> **Art. 308.** Participar, na direção de veículo automotor, em via pública, de corrida, disputa ou competição automobilística ou ainda de exibição ou demonstração de perícia em manobra de veículo automotor, não autorizada pela autoridade competente, gerando situação de risco à incolumidade pública ou privada: (...) (Redação dada pela Lei nº 13.546, de 2017.)
>
> **Lei nº 10.826/2003**
>
> **Art. 12.** Possuir ou manter sob sua guarda arma de fogo, acessório ou munição, de uso permitido, em desacordo com determinação legal ou regulamentar, no interior de sua residência ou dependência desta, ou, ainda no seu local de trabalho, desde que seja o titular ou o responsável legal do estabelecimento ou empresa.
>
> **CP**
>
> **Art. 123.** Matar, sob a influência do estado puerperal, o próprio filho, durante o parto ou logo após: (...)

d. **Elementos subjetivos do tipo:** são os elementos subjetivos distintos do dolo que dizem respeito ao estado anímico do agente e que são transportados para o tipo objetivo, dizendo respeito à sua especial finalidade de agir, os especiais estados de ânimo e intenções. Todas as vezes que o tipo penal trouxer na descrição da conduta típica um elemento subjetivo, será necessário que o agente, além do dolo de realizar seu núcleo central, possua a finalidade especial expressamente indicada. Assim, não haverá crime de prevaricação, por exemplo, se o agente público, ao omitir a prática do ato de ofício, não o fizer com a finalidade de satisfazer interesse ou sentimento pessoal. A mera ciência e vontade de deixar de praticar o ato de ofício não é suficiente para a caracterização do crime, pois o tipo requer que o agente o faça com especial finalidade de agir.

---

mero elemento normativo. Exigiriam tais elementos conhecimento do significado estampado na ciência natural, tal qual se daria com a elementar "embrião humano" (CUNHA, 2020). Não vemos utilidade na classificação proposta. Entendemos, outrossim, que o conceito se adequa ao de elemento normativo.

## 15.7 CLASSIFICAÇÃO DOS TIPOS PENAIS

### 15.7.1 Tipo normal × tipo anormal

**Tipos normais** (também conhecidos como **neutros, acromáticos ou avalorados**): são aqueles em que todos os elementos são de ordem objetiva.

**Tipos anormais:** são aqueles que contêm, além de elementos objetivos, também elementos subjetivos e/ou normativos.

A distinção entre tipos normais e tipos anormais, formulada por **Jiménez de Asúa**, hoje não faz mais qualquer sentido, tratando-se de classificação que apenas encontra respaldo na doutrina causalista. O tipo penal, tal qual concebido pelos causalistas, era meramente objetivo e livre de valoração. Para a teoria clássica, mecanicista, os elementos subjetivos integravam a culpabilidade e os normativos, a antijuridicidade. Portanto, a sua presença no tipo penal lhe conferia contornos de anormalidade.

A superação do causalismo pelos dogmas finalistas e a atual teoria do delito, com dolo e culpa situados no fato típico, não mais admitem como válida a classificação dos tipos como normais e anormais.

Em que pesem as considerações acima, que demonstram a superação dessa **distinção**, que atualmente só possui **valor histórico**, deve-se frisar que não raras vezes foi cobrada em concursos públicos, mesmo porque pode ser encontrada na quase totalidade dos manuais de Direito Penal.

### 15.7.2 Tipos fechados × tipos abertos

**Tipos fechados:** são aqueles em que a conduta proibida é descrita como utilização de expressões que têm alcance restrito, apresentando uma descrição completa, sem que o intérprete necessite se socorrer de normas gerais para a compreensão dos seus termos. Os tipos fechados, também denominados cerrados ou puros, **representam o sistema ideal**, por apresentarem descrição minudente do comportamento proibido.

**Tipos abertos:** são aqueles que trazem em sua definição termos amplos, não individualizando de forma fechada e completa a conduta proibida. Neles, o verdadeiro **alcance da norma será dado pelo intérprete**, que, para tanto, deverá recorrer a regras gerais que estão fora do tipo penal e formular juízos de valor para sua compreensão. Embora não padeçam de vício de inconstitucionalidade, não podemos negar que diminuam a garantia que o tipo penal deve representar. Como sustenta Zaffaroni (1996, p. 425):

> (...) Tratando-se de um sistema de tipos legais, ainda que o sistema puro seja um ideal, não há dúvidas de que o legislador está obrigado a extremar os cuidados para avizinhar-se ao máximo desse ideal.

### 15.7.3 Tipo fundamental e tipo derivado

**Tipo fundamental:** é o que descreve a forma mais simples do delito, sendo, por essa razão, também denominado tipo básico. É, em regra, situado no *caput* do dispositivo, embora possamos encontrar tipos básicos fora do *caput,* tal qual ocorre com a figura do art. 13, parágrafo único, da Lei nº 10.826, de 2003, e com as figuras típicas trazidas pelos incisos do art. 16, § 1º, daquele mesmo diploma legal.

**Lei nº 10.826/2003**

**Art. 13.** Deixar de observar as cautelas necessárias para impedir que menor de dezoito anos ou pessoa portadora de deficiência mental se apodere de arma de fogo que esteja sob sua posse ou que seja de sua propriedade:

**Pena** – detenção, de um a dois anos, e multa.

**Parágrafo único.** Nas mesmas penas incorrem o proprietário ou diretor responsável de empresa de segurança e transporte de valores que deixarem de registrar ocorrência policial e de comunicar à Polícia Federal perda, furto, roubo ou outras formas de extravio de arma de fogo, acessório ou munição que estejam sob sua guarda, nas primeiras vinte quatro horas depois de ocorrido o fato.

**Art. 16.** Possuir, deter, portar, adquirir, fornecer, receber, ter em depósito, transportar, ceder, ainda que gratuitamente, emprestar, remeter, empregar, manter sob sua guarda ou ocultar arma de fogo, acessório ou munição de uso restrito, sem autorização e em desacordo com determinação legal ou regulamentar: (Redação dada pela Lei nº 13.964, de 2019.)

**Pena** – reclusão, de 3 (três) a 6 (seis) anos, e multa.

§ 1º Nas mesmas penas incorre quem: (Redação dada pela Lei nº 13.964, de 2019.)

I – suprimir ou alterar marca, numeração ou qualquer sinal de identificação de arma de fogo ou artefato;

II – modificar as características de arma de fogo, de forma a torná-la equivalente a arma de fogo de uso proibido ou restrito ou para fins de dificultar ou de qualquer modo induzir a erro autoridade policial, perito ou juiz;

III – possuir, deter, fabricar ou empregar artefato explosivo ou incendiário, sem autorização ou em desacordo com determinação legal ou regulamentar;

IV – portar, possuir, adquirir, transportar ou fornecer arma de fogo com numeração, marca ou qualquer outro sinal de identificação raspado, suprimido ou adulterado;

V – vender, entregar ou fornecer, ainda que gratuitamente, arma de fogo, acessório, munição ou explosivo a criança ou adolescente; e

VI – produzir, recarregar ou reciclar, sem autorização legal, ou adulterar, de qualquer forma, munição ou explosivo.

**Tipos derivados:** são aqueles formados a partir da estrutura do tipo fundamental a qual são somadas circunstâncias que, revelando uma maior ou menor gravidade da conduta ou um maior ou menor desvalor do resultado, aumentam ou diminuem a pena, como ocorre com as qualificadoras (Ex.: art. 121, § 2º, do CP) e os tipos circunstanciados e privilegiados, que trazem causas de aumento (art. 157, § 2º, do CP) e diminuição de pena (art. 121, § 1º, do CP), respectivamente.

**Art. 121.** Matar alguém.

**§ 1º** Se o agente comete o crime impelido por motivo de relevante valor social ou moral, ou sob o domínio de violenta emoção, logo em seguida a injusta provocação da vítima, o juiz pode reduzir a pena de um sexto a um terço.

**§ 2º** Se o homicídio é cometido:

I – mediante paga ou promessa de recompensa, ou por outro motivo torpe;

II – por motivo fútil;

III – com emprego de veneno, fogo, explosivo, asfixia, tortura ou outro meio insidioso ou cruel, ou de que possa resultar perigo comum;

IV – à traição, de emboscada, ou mediante dissimulação ou outro recurso que dificulte ou torne impossível a defesa do ofendido;

V – para assegurar a execução, a ocultação, a impunidade ou vantagem de outro crime.

**Art. 157.** Subtrair coisa móvel alheia, para si ou para outrem, mediante grave ameaça ou violência a pessoa, ou depois de havê-la, por qualquer meio, reduzido à impossibilidade de resistência: (...)

**§ 2º** A pena aumenta-se de 1/3 (um terço) até metade: (Redação dada pela Lei nº 13.654, de 2018.)

I – (revogado)

II – se há o concurso de duas ou mais pessoas;

III – se a vítima está em serviço de transporte de valores e o agente conhece tal circunstância.

IV – se a subtração for de veículo automotor que venha a ser transportado para outro Estado ou para o exterior;

V – se o agente mantém a vítima em seu poder, restringindo sua liberdade.

VI – se a subtração for de substâncias explosivas ou de acessórios que, conjunta ou isoladamente, possibilitem sua fabricação, montagem ou emprego.

VII – se a violência ou grave ameaça é exercida com emprego de arma branca.

## 15.7.4 Tipos simples e tipos mistos (ou de conduta múltipla)

**Simples:** é um tipo penal em que apenas existe um verbo nuclear do tipo, tal qual ocorre com aquele descrito no art. 155 do Código Penal. Quando um crime é definido por meio de um tipo simples, temos o denominado **crime de conduta única**.

**Art. 155.** Subtrair, para si ou para outrem, coisa alheia móvel: (...)

**Tipos mistos:** são aqueles que, em sua descrição, trazem dois ou mais verbos nucleares. Os crimes definidos em tipos mistos são, assim, **crimes de ação múltipla ou conteúdo variado**.

Os tipos mistos podem ser classificados como tipo misto alternativo e tipo misto cumulativo.

No **tipo misto alternativo**, ainda que o agente pratique duas ou mais das condutas nucleares, desde que em um mesmo contexto fático, haverá realização de um único crime. Ex.: art. 33 da Lei nº 11.343, de 2006 (aquele que fabrica, guarda, transporta e vende uma certa quantidade de droga em um mesmo contexto fático, praticará único delito, embora tenha realizado quatro verbos típicos).

> **Art. 33.** Importar, exportar, remeter, preparar, produzir, fabricar, adquirir, vender, expor à venda, oferecer, ter em depósito, transportar, trazer consigo, guardar, prescrever, ministrar, entregar a consumo ou fornecer drogas, ainda que gratuitamente, sem autorização ou em desacordo com determinação legal ou regulamentar.

No **tipo misto cumulativo**, a prática de mais de um dos seus núcleos verbais, ou seja, a prática de mais de uma das condutas nele descritas levará à conclusão de ter havido concurso de crimes.

Masson (2019b, p. 231) nos alerta para a importância de:

> Não confundir os tipos mistos cumulativos com os crimes de condutas conjugadas, ou seja, delitos em que o tipo penal prevê apenas um núcleo, associado com diversas condutas, e se o sujeito realizar mais de uma delas, responderá por vários crimes, em concurso material ou formal, dependendo do caso concreto. É o que se dá no crime de abandono moral, tipificado no art. 247 do Código Penal.

> **Art. 247.** Permitir alguém que menor de dezoito anos, sujeito a seu poder ou confiado à sua guarda ou vigilância:
> I – frequente casa de jogo ou mal-afamada, ou conviva com pessoa viciosa ou de má vida;
> II – frequente espetáculo capaz de pervertê-lo ou de ofender-lhe o pudor, ou participe de representação de igual natureza;
> III – resida ou trabalhe em casa de prostituição;
> IV – mendigue ou sirva a mendigo para excitar a comiseração pública:
> Pena – detenção, de um a três meses, ou multa.

### 15.7.5 Tipo congruente × tipo incongruente

A classificação dos crimes como **congruentes e incongruentes** nos faz pensar na estrutura do tipo tal qual proposto pelos finalistas, composto por uma parte objetiva e outra subjetiva.

Haverá **tipo congruente**: quando aquilo que o agente faz corresponder exatamente àquilo que objetivava ao realizar a conduta, tal qual ocorre nos crimes dolosos consumados.

**Tipos incongruentes:** são aqueles em que não há uma perfeita coincidência entre o tipo objetivo ou subjetivo. Fica fácil entender esse fenômeno quando se está diante, por exemplo, de um homicídio tentado, em que o agente desejava matar, mas, no plano objetivo, sua conduta ficou aquém de seu desejo. Na tentativa, portanto, há incongruência típica.

A **incongruência típica** simples se dará, portanto, quando o **tipo subjetivo ficar além ou aquém do tipo objetivo**, tal qual ocorre nos crimes descritos em tipos penais que trazem especial fim de agir e especiais motivos de agir. Assim, o tipo de prevaricação, trazido pelo art. 319 do CP é um tipo incongruente, pois nele o agente, no plano subjetivo, satisfaz sentimento ou interesse pessoal, mas o tipo objetivo requer bem menos para sua consumação, estando o crime consumado quando o agente deixar de realizar o ato de ofício.

Outro exemplo de tipo incongruente é o de crime preterdoloso, em que, no plano subjetivo, o agente quer menos do que ocorre no plano objetivo. Ex.: lesão corporal seguida de morte, em que, no plano subjetivo, o agente dirige finalisticamente sua conduta à causação de uma lesão, mas acaba, no plano objetivo, provocando a morte da vítima. Aqui, o aspecto objetivo ultrapassa o subjetivo.

Masson (2019b, p. 231) cita os tipos de crimes culposos como exemplo de tipos incongruentes, opinião de que ousamos discordar. Afinal, se a classificação dos tipos como congruentes ou incongruentes deriva da coincidência, ou não, entre sua parte objetiva e a parte subjetiva, não se poderia incluir crimes culposos nessa classificação porque, como já destacado, o tipo de crime culposo não possui face subjetiva. A culpa não é elemento psicológico, mas normativo do tipo.

### 15.7.6 Tipo preventivo

É aquele que descreve um delito obstáculo, ou seja, aqueles em que o legislador transforma em crime autônomo o que seria um ato preparatório para outros crimes, tal qual se dá com o crime de associação criminosa e o de porte de arma.

# 16 Dolo

## 16.1 DEFINIÇÃO DE DOLO

Dolo é **a consciência e a vontade** que o agente tem de realizar a conduta descrita no tipo objetivo. É a vontade realizadora do tipo objetivo guiada pelo conhecimento dos elementos deste no caso concreto (ZAFFARONI; PIERANGELI, 2004, p. 458). Assim, em um homicídio, por exemplo, só atua com dolo o agente que sabe estar realizando uma ação apta a matar alguém e deseja realizá-la.

Welzel (*apud* BITENCOURT, 2020, p. 373), ao defini-lo, dizia: "Dolo, em sentido técnico penal, é somente a vontade de ação orientada à realização do tipo de um delito".

A definição de dolo no Código Penal brasileiro é encontrada no art. 18, em que o legislador equipara o dolo direto ao dolo eventual.

> **CP, art. 18.** Diz-se o crime:
> **Crime doloso**
> I – doloso, quando o agente quis o resultado ou assumiu o risco de produzi-lo.

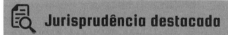

**Jurisprudência destacada**

Não se pode descurar, ademais, que a imputação de conduta dolosa engloba tanto o dolo direto quanto o eventual, não se verificando, dessarte, ofensa ao princípio da congruência. Aliás, a equiparação entre o dolo direto e o dolo eventual decorre do próprio texto legal, não se revelando indispensável apontar se a conduta foi praticada com dolo direto ou com dolo eventual, "tendo em vista que o legislador ordinário equiparou as duas figuras para a caracterização do tipo de ação dolosa" (HC nº 147.729/SP, Rel. Min. Jorge Mussi, 5ª Turma, j. 05.06.2012, *DJe* 20.06.2012) (AgRg no REsp nº 1.658.858/RS, Rel. Min. Reynaldo Soares da Fonseca, 5ª Turma, j. 18.06.2019, *DJe* 28.06.2019) (Processo AgRg no REsp nº 1.845.152/RS, Rel. Min. Joel Ilan Paciornik, 5ª Turma, j. 28.04.2020, *DJe* 04.05.2020).

O dolo, como elemento essencial da ação final, compõe o denominado tipo subjetivo.

### 16.1.1 Os componentes do dolo

Dois são os componentes do dolo:

a. **O elemento cognitivo**, que é o conhecimento, a consciência de estar realizando o fato que caracteriza a ação típica, ou seja, a consciência de estar realizando os elementos do tipo. A consciência da realização da ação típica deve ser atual (deve estar presente no momento em que a ação é realizada) e efetiva. Nesse sentido, Welzel adverte não bastar a potencial consciência das circunstâncias objetivas do tipo porque, caso fosse possível descartar a necessidade de atualidade dessa consciência, estaria convertendo o dolo em mera ficção e, consequentemente, destruindo a linha que o divide da culpa.

A consciência abrange

> todos os elementos essenciais descritivos ou normativos do tipo, do nexo causal e do resultado, da lesão ao bem jurídico, dos elementos da autoria e da participação, dos elementos objetivos das circunstâncias agravantes e atenuantes que supõem uma maior ou menor gravidade do injusto e dos elementos acidentais do tipo objetivo. (PRADO; BITENCOURT, 1995, p. 86)

b. **O elemento volitivo**, que é a vontade de realizar o fato que caracteriza a ação típica. Não se pode, contudo, confundir a vontade com desejo. Como leciona Patricia Laurenzo Copello (*apud* GRECO, 2019, p. 291), desejo é uma atitude meramente emotiva, carente de eficácia no mundo exterior, enquanto a vontade é o motor de uma atividade humana capaz de dominar cursos causais.

Como destaca Bitencourt (2020, p. 377), o primeiro elemento, o conhecimento ou a representação, é pressuposto do segundo, a vontade, que não pode existir sem aquele.

## 16.2 TEORIAS ACERCA DO DOLO

### 16.2.1 Teoria adotada para definição do dolo direto

Para a definição de **dolo direto**, foi entre nós adotada a **teoria da vontade**. Trata-se da teoria clássica, para a qual o dolo é a vontade finalisticamente voltada para o resultado. Dolo é, assim, o querer do resultado típico. Carrara foi seu principal defensor. Cuida-se de teoria volitiva, que mais ênfase dá à vontade que a própria ideia de consciência. Foi a teoria adotada no Brasil para a definição de dolo direto.

### 16.2.2 Teorias acerca do dolo eventual e culpa consciente

Com relação ao dolo eventual e à culpa consciente, podemos distinguir teorias cognitivas e teorias volitivas entre aquelas que buscam diferenciá-los. As teorias cognitivas buscam explicar a diferença entre culpa consciente e dolo eventual tomando como parâmetro o conhecimento pelo agente dos elementos do tipo. As volitivas, a seu turno, dão ênfase ao elemento volitivo para essa diferenciação.

Entre as teorias cognitivas (ou intelectivas), destacam-se:

- Teoria da representação ou da possibilidade.
- Teoria da probabilidade.
- Teoria da evitabilidade.
- Teoria do risco.
- Teoria do perigo a descoberto.

Entre as teorias volitivas:

- Teoria do consentimento ou da assunção.
- Teoria da indiferença.

### 16.2.2.1 Teorias intelectivas ou cognitivas do dolo

#### 16.2.2.1.1 Teoria da representação ou possibilidade

A teoria da representação ou da possibilidade preconiza que o **dolo se contenta com a representação subjetiva ou a previsão do resultado como possível**, não exigindo que o agente aceite o resultado. Para a teoria da representação, portanto,

> desde que o agente tenha conscientemente admitido a possibilidade de ocorrência do resultado, haverá dolo eventual. A diferença entre dolo e culpa, portanto, reside no conhecimento ou desconhecimento do agente quanto aos elementos do tipo objetivo: se houver conhecimento, há dolo; se não houver conhecimento, há culpa. (TAVARES, 2003b, p. 335)

Para essa teoria, não se admite culpa consciente, ou seja, não haveria a distinção que costumamos fazer entre o dolo eventual e a culpa consciente, porque, em ambos, o agente representa o resultado como possível a partir de seu comportamento. Não é adotada em nossa lei e há muito foi abandonada.

### Decifrando a prova

**(2016 – Funcab – PC/PA – Delegado de Polícia Civil – Prova Anulada – Adaptada)** Tema dos mais árduos, a distinção entre dolo eventual e culpa consciente ensejou o surgimento de diversas teorias, as quais se dividem em volitivas e cognitivas. Para a teoria da representação, que se situa entre as teorias volitivas, há dolo eventual quando o agente admite a possibilidade de ocorrência do resultado e demonstra alto grau de indiferença quanto à afetação do bem jurídico-penal.
( ) Certo    ( ) Errado

> **Gabarito comentado:** a teoria da representação não se situa entre as teorias volitivas do dolo, mas entre as cognitivas. Outrossim, a teoria da representação, por não ser volitiva, não exige indiferença do agente quanto ao resultado para que se caracterize dolo eventual. Portanto, a assertiva está errada.

### 16.2.2.1.2 Teoria da probabilidade

Cuida-se de uma **variação da teoria da possibilidade**, para a qual o dolo existirá quando o agente entender como provável o resultado. A probabilidade, no sentido dessa teoria, significa mais do que possibilidade, demonstra a tendência à ocorrência do resultado (BUSATO, 2018, p. 442). Na concepção de Schumann, haveria dolo quando existisse um **sério risco da ocorrência do resultado** (*apud* BUSATO, 2018, p. 442).

> **Decifrando a prova**
>
> **(2019 – MPE/PR – Promotor Substituto – Adaptada)** Em tema de dolo eventual, segundo a teoria da probabilidade, basta que haja o conhecimento sobre a possibilidade de ocorrência do resultado para estar presente a figura dolosa.
> ( ) Certo    ( ) Errado
> **Gabarito comentado:** é a teoria da possibilidade que afirma bastar conhecimento sobre a possibilidade do resultado para estar presente a figura dolosa. Provável não é sinônimo de possível. Nem tudo que é possível é provável. Para a teoria da possibilidade ou da representação, haverá dolo se o agente aceitar o resultado como **possível**, ou seja, quando o prever como algo que "pode ocorrer". Para a teoria da probabilidade, não bastará que seja possível, exigindo-se, outrossim, que seja **provável**, ou seja, que apresente séria chance de ocorrer. Portanto, a assertiva está errada.

### 16.2.2.1.3 Teoria da evitabilidade

Atribuída a Kaufmann, parte da ideia de que há dolo eventual quando o agente **representa o resultado como possível e não dirige sua vontade no sentido de evitar que ocorra a lesão ao bem jurídico**. Em outras palavras, se o autor, ao levar a efeito a ação, não se empenha para que esta não produza o resultado que representa como possível, haverá dolo eventual.

### 16.2.2.1.4 Teoria do risco

A teoria do risco entende a vontade como absolutamente dispensável na aferição do dolo, partindo do pressuposto de que o objeto do dolo não é o evento típico, ou seja, não é o resultado descrito no tipo, mas a própria conduta típica. Assim, por exemplo, na lesão corporal não será a lesão provocada na vítima, mas a conduta que traga risco para a integridade física. Para o **dolo eventual, destarte, basta que o agente conheça o risco tipificado como ação proibida**.

### 16.2.2.1.5 Teoria do perigo a descoberto

Para a teoria do perigo a descoberto, que busca criar critérios exclusivamente objetivos para distinguir dolo eventual de culpa consciente, **haverá dolo eventual quando a ocorrência do resultado depender da sorte ou do acaso**. A **culpa consciente**, ao contrário, traria consigo **a noção de perigo resguardado** e se caracterizaria quando, observando dever de cuidado, o agente, um terceiro ou mesmo a vítima, pudesse evitar sua ocorrência.

### 16.2.2.2 Teorias volitivas

### 16.2.2.2.1 Teoria do assentimento ou do consentimento ou da anuência

Cuida-se da teoria entre nós adotada para definição do dolo eventual. De acordo com essa teoria, há dolo quando o agente tem a consciência de que a realização da conduta pode produzir o resultado e, ainda assim, opta por sua realização, aceitando, conformando-se, assumindo o risco de que o resultado sobrevenha, embora não o queira de forma direta.

### 16.2.2.2.2 Teoria da indiferença

Para a teoria da indiferença, que muito se aproxima da teoria do consentimento, o que distingue o dolo eventual da culpa consciente é **o maior grau de indiferença** que o agente demonstra com relação ao resultado.

## 16.3 ESPÉCIES DE DOLO

### 16.3.1 Dolo direto ou imediato

Há dolo direto quando **o agente quer o resultado**. O dolo direto se desdobra em **dolo direto de primeiro e dolo direto de segundo grau**. O dolo direto de primeiro grau se relaciona com o fim proposto e meios escolhidos para atingir esses fins. O dolo direto de segundo grau se relaciona com os efeitos colaterais que, como parte inevitável da ação típica, necessariamente decorrerão dos meios utilizados ou da natureza do fim proposto. O dolo direto de segundo grau é também chamado **dolo das consequências necessárias**.

A divisão do dolo direto em dolo direto de primeiro grau e dolo direto de segundo grau se justifica porque a vontade do agente abrange imediatamente o seu fim último e os meios que ele escolheu para a realização daquele fim. Por outro lado, as consequências que necessariamente decorrerão da natureza do objeto que o agente deseja atingir ou dos meios que empregar são abrangidas de forma mediata pela vontade do agente. Assim, os efeitos colaterais são incluídos no dolo direto pela relação de necessidade e não pela imediatidade.

Imaginemos, assim, o exemplo em que o agente pretenda provocar a morte de um inimigo político e instale uma bomba na aeronave que será utilizada para transportar seu desafeto e outras trezentas pessoas em voo comercial. A bomba será ativada assim que a aeronave alcançar uma certa altitude e morrerão todos os que ali estiverem. Nesse caso, podemos dizer que, com relação ao fim proposto, qual seja, matar o desafeto, há dolo direto de primeiro grau, que também existirá com relação ao meio escolhido para atingir aquele fim, qual seja, o acionamento de uma bomba. Contudo, haverá dolo direto de segundo grau com relação aos demais tripulantes e passageiros, a quem ele também quis matar como consequência necessária do meio usado para atingimento de seu fim último.

Há quem fale de dolo direto de terceiro grau, que seria o dolo de duplas consequências necessárias, ou seja, a consequência da consequência necessária. Assim, poderíamos falar em dolo direto de terceiro grau quando, no mesmo exemplo acima citado, entre os passageiros estivesse uma mulher grávida e o agente soubesse dessa gravidez. Com relação à morte da mulher, haveria dolo direto de segundo grau e, com relação ao aborto, haveria dolo direto de terceiro grau. Temos que essa classificação não se aplica. O que se tem, tanto com relação à mulher gestante quanto com relação ao feto, é dolo direto de segundo grau, tratando-se a morte de ambos de consequências necessárias do meio usado pelo agente para a provocação da morte do inimigo, ou seja, o acionamento de uma bomba. Destarte, acreditamos não existir a figura do dolo direto de terceiro grau.

### Decifrando a prova

**(2017 – MPE/PR – Promotor Substituto – Adaptada)** Sobre o tipo dos crimes dolosos de ação, se B realiza disparo de arma de fogo, com a finalidade específica de atingir pneu do veículo pilotado por C, levando a sério e se conformando com a possibilidade de atingir C mortalmente: se o projétil efetivamente atinge C, o resultado de morte é atribuível a B a título de dolo direto de 2º grau.
( ) Certo    ( ) Errado
**Gabarito comentado:** terá havido dolo eventual e não dolo direto de segundo grau. O dolo direto de segundo grau é o dolo das consequências necessárias. Atingir C, no caso proposto, não é consequência que necessariamente decorrerá da ação de B, mas algo que ele prevê como possível e aceita, embora não queira diretamente. Portanto, a assertiva está errada.

Como já destacamos, **o dolo direto de segundo grau**, ou dolo das consequências necessárias, também pode derivar da **natureza do fim proposto**. Bitencourt (2014, p. 55) cita o exemplo dos irmãos xifópagos:

> Questão interessante refere-se a situação dos irmãos xifópagos: Haverá um ou dois homicídios? Não se ignora que o agente tanto pode pretender matar apenas um dos xifópagos como, em uma única ação, visar a morte de ambos. Como regra, ainda que a ação do agente objetive a morte somente de um dos irmãos, responderá o agente por duplo homicídio doloso, pois seu ato acarretará, por necessidade lógica e biológica, a supres-

são da vida de ambos, na medida em que, geralmente, a morte de uma implica a morte dos dois. Nesse caso, a morte dos irmãos xifópagos decorre de dolo direto. Em relação à vítima visada, o dolo direto é de primeiro grau e, em relação ao outro, o dolo direto é de segundo grau.

Nas hipóteses propostas, os crimes foram praticados em concurso formal. Sobre a natureza do concurso formal na hipótese, se próprio ou impróprio, a questão será analisada no capítulo 36, referente ao concurso de crimes.

**Não se deve confundir dolo direto de segundo grau com o dolo eventual.** O dolo direto de segundo grau, como o próprio nome diz, é dolo direto. O dolo eventual, a seu turno, é indireto. No dolo eventual, o agente não atua com vontade de produzir qualquer evento lesivo. No dolo eventual, o agente antecipa mentalmente que um determinado resultado pode ocorrer caso leve a efeito uma determinada conduta, mas ainda assim, embora não queira diretamente aquele resultado, realiza a conduta, consentindo na sua produção. Nele, o resultado não é efeito colateral necessário de sua conduta, mas apenas possível ou provável. No dolo direto de segundo grau, o agente sabe que o resultado é consequência necessária dos meios que escolheu para atingir o fim proposto.

Destarte, imaginemos o exemplo em que Malignus Cesar queira atirar contra Larapius Augustus e antecipe mentalmente a possibilidade de atingir um terceiro que esteja ao lado de Larapius. Contudo, embora não deseje atingir o terceiro, não quer perder a oportunidade e efetua os disparos, consentindo na produção do resultado com relação ao terceiro, resultado esse que pode ocorrer ou não. Nesse caso, se vier a atingir tanto a vítima quanto o terceiro, haverá dolo direto com relação a Larapius e dolo eventual com relação ao terceiro.

> **Decifrando a prova**
>
> **(2019 – Fundep – MPE/MG – Promotor de Justiça Substituto – Adaptada)** O nominado dolo de consequências necessárias é uma espécie de dolo indireto ou mediato.
> ( ) Certo    ( ) Errado
> **Gabarito comentado:** o dolo das consequências necessárias é o denominado dolo direto de 2º grau, que não pode, em absoluto, ser confundido com dolo eventual, que é dolo indireto. Portanto, a assertiva está errada.

## 16.3.2 Dolo eventual

Modalidade de dolo indireto, resta caracterizado quando o agente realiza a conduta prevendo a possibilidade ou mesmo a probabilidade de ocorrência de um resultado e, embora não o queira diretamente, consente na sua produção, assumindo, portanto, o risco de provocá-lo (art. 18, I, *in fine*, do CP).

É preciso que bem se entenda o que a lei quer dizer quando se refere ao fato de o agente "assumir o risco". Tendo sido adotada a teoria do consentimento com relação ao dolo eventual, assumir risco não é apenas ter consciência de que se está correndo o risco: assumir risco é previamente consentir com a causação do resultado.

> **Decifrando a prova**
>
> **(2018 – Fundação Cefet Bahia – MPE/BA – Promotor de Justiça Substituto – Adaptada)**
> "O dolo é a energia psíquica fundamental dos fatos dolosos. O elemento subjetivo geral dos tipos dolosos é o dolo" (SANTOS, 2004, p. 61-62).
> Tendo em conta o pensamento doutrinário que o dolo é composto de um elemento intelectual e um elemento volitivo, podemos afirmar que, no nível intelectual, o dolo eventual se caracteriza pela atenção dada à possível produção do resultado, e, no nível emocional, caracteriza-se por se conformar com a possibilidade de produção desse resultado.
> (  ) Certo     (  ) Errado
> **Gabarito comentado:** considerando-se ter sido, entre nós, adotada a teoria do consentimento ou da assunção, a assertiva está certa.

Frank sintetizou a definição de dolo eventual por meio da seguinte fórmula: **"seja como for, dê no que der, em qualquer caso, não deixo de agir"**, ou seja, "se o agente diz a si mesmo: 'aconteça isso ou aquilo, de qualquer modo agirei', há dolo eventual" (TAVARES, 2003b, p. 344).

Não deve ser confundido com a culpa consciente, em que o agente, prevendo que o resultado pode ocorrer a partir de seu comportamento, não o aceita, sinceramente acreditando que o evento não será produzido ou mesmo que poderá evitar a sua ocorrência.

> **Decifrando a prova**
>
> **(2018 – Vunesp – PC/SP – Delegado de Polícia – Adaptada)** Complete o trecho a seguir: "Existe _____ quando o agente prevê o resultado, mas espera, sinceramente, que não ocorrerá; configura-se _____ quando a vontade do agente não está dirigida para a obtenção do resultado, pois ele quer algo diverso, mas, prevendo que o evento possa ocorrer, assume assim mesmo a possibilidade de sua produção".
> **Gabarito comentado:** "culpa consciente" e "dolo eventual". Aqui, vale a lição de Hungria (1958b, p. 116-117) que, apontando a existência de um traço comum entre os institutos, qual seja, a previsão do resultado antijurídico, destaca que, no dolo eventual, o agente presta anuência ao advento do resultado, preferindo arriscar-se a produzi-lo, em vez de renunciar à ação, ao passo que, na culpa consciente, o agente repele a hipótese da superveniência do resultado, empreendendo a ação na esperança ou persuasão de que este não acontecerá.

> **(2019 – MPE/SC – Promotor de Justiça – Adaptada)** No caso em que o sujeito realiza a conduta e prevê a possibilidade de produção do resultado, mas não quer sua ocorrência e conta com a "sorte" para que ele não se materialize, pois sabe que não tem o controle sobre a situação implementada, se configura um exemplo de "culpa consciente" e não de "dolo eventual", porque se o sujeito soubesse de antemão que o resultado iria ocorrer, provavelmente não teria atuado.
> ( ) Certo    ( ) Errado
> **Gabarito comentado:** se o agente conta com a sorte, como ressaltado na questão, não tendo qualquer controle sobre a situação, não se pode concluir que ele sinceramente acreditasse que o evento não seria produzido. Outrossim, o resultado não tinha como ser por ele evitado. Portanto, a assertiva está errada.

Embora o Código Penal brasileiro equipare o dolo direto ao dolo eventual, nos termos do art. 18, I, há crimes que somente são admitidos quando praticados com dolo direto, tal qual ocorre nas hipóteses abaixo. Neles, inexistindo dolo direto, a conduta será atípica.

> **CP**
> **Art. 138**. (...)
> § 1º Na mesma pena incorre quem, sabendo falsa a imputação, a propala ou divulga.
> **Art. 180.** Adquirir, receber, transportar, conduzir ou ocultar, em proveito próprio ou alheio, coisa que sabe ser produto de crime, ou influir para que terceiro, de boa-fé, a adquira, receba ou oculte:
> **Pena** – reclusão, de um a quatro anos, e multa.
> **Art. 237.** Contrair casamento, conhecendo a existência de impedimento que lhe cause a nulidade absoluta:
> **Pena** – detenção, de três meses a um ano.
> **Art. 339.** Dar causa à instauração de inquérito policial, de procedimento investigatório criminal, de processo judicial, de processo administrativo disciplinar, de inquérito civil ou de ação de improbidade administrativa contra alguém, imputando-lhe crime, infração ético-disciplinar ou ato ímprobo de que o sabe inocente: (...) (Redação dada pela Lei nº 14.110, de 2020.)

### 16.3.3 Dolo alternativo

Nele, o agente, **entre dois ou mais resultados, quer qualquer um deles**. Ex.: atira para matar ou para lesionar.

De nossa parte, discordamos da existência de um dolo alternativo. Nesse sentido, chamamos atenção para a lição de Joppert (2011, p. 196-197):

> O dolo alternativo não deixa de ser um dolo direto. Se um indivíduo desejou um ou outro resultado e produziu um deles, não deixou de querer o mais grave e por ele deve responder. Assim, Tício desfere diversas punhaladas em Mévio desejando com isso ferir

ou matar, é óbvio que irá responder pelo crime mais grave por ele desejado, ou seja, um homicídio doloso, tentado ou consumado, conforme venha a vítima a morrer ou não.

O entendimento por nós sufragado tem, ainda, respaldo nos ensinamentos do inesquecível Nélson Hungria (1958b, p. 116):

> (...) no dolo alternativo não há indeterminação da vontade: quando se querem, indiferentemente, resultados diversos, sabendo-se que um excluirá o outro, a vontade é tão determinada como quando se quer um resultado único.

### 16.3.4 Dolo cumulativo

É o que **ocorre na denominada progressão criminosa**, em que o agente inicialmente pretende alcançar um resultado e, após, alterando seu dolo, resolve provocar outro mais grave. Ocorre dolo cumulativo, por exemplo, quando o agente, inicialmente objetivando violar o domicílio para tomar banho na piscina da casa, adentra o imóvel e lá, alterando seu plano, resolve subtrair alguns bens.

### 16.3.5 Dolo geral (*dolus generalis*) ou erro sucessivo

Ocorre naquelas hipóteses em que o agente realiza uma conduta para provocar um determinado resultado e, julgando que com aquela conduta tenha conseguido provocar o resultado, realiza uma outra conduta, sendo certo que essa última é que acaba por provocar o resultado que o agente sempre quis. Ex.: o agente efetua disparo contra a vítima e, julgando-a morta, para livrar-se daquilo que acredita ser o seu cadáver, o atira do alto de um despenhadeiro. Entretanto, o disparo não havia causado a morte da vítima, que, assim, ainda estava viva quando lançada. A morte se deu em virtude do trauma provocado pela queda. Nesse caso, o agente será responsabilizado pela morte, a título de dolo, resultado que, desde o início, desejava. Não se deve dividir as ações em dois momentos porque, como lecionava Welzel (*apud* Greco, 2019, p. 298), o dolo acompanhava a ação, *ab initio*, em todos os instantes. Responde, destarte, por homicídio doloso consumado. **Cuida-se de uma ficção a que a doutrina também denomina erro sucessivo ou erro quanto ao nexo causal, ou, ainda, *aberratio causae*.**

Na responsabilização, devem ser consideradas as circunstâncias sabidas, conhecidas pelo agente e por ele utilizadas para a causação do evento. Assim, admitamos que, no exemplo anterior, o agente, para esconder aquilo que supunha ser o corpo da vítima depois de nela atirar, o atirasse no mar, causando, em virtude da asfixia por afogamento, a morte. A qualificadora relacionada à asfixia, prevista no art. 121, § 2º, III, do Código Penal, não lhe poderia ser imputada, pois jamais ingressou em sua esfera de conhecimento.

Contudo, imaginemos outro exemplo em que o agente desejasse ceifar a vida da vítima por envenenamento e, julgando-a morta, atirasse seu corpo de um despenhadeiro, provocando a morte com esta última conduta. Neste caso, deveria ser responsabilizado pelo crime de homicídio qualificado, nos termos do art. 121, § 2º, III, do Código Penal.

Portanto, a exemplo do que ocorre quando o agente erra sobre a pessoa, em que não importa a pessoa atingida, mas a pessoa visada, no dolo geral (que também é uma hipótese de erro, embora incida sobre o nexo causal) não deve ser considerado o meio pelo qual o evento efetivamente foi causado, mas o meio que o agente elegeu, usou e julgou ter sido o causador do evento típico.

Ressalvamos, contudo, entendimento de Paulo José da Costa Júnior (1996, p. 78-79), que defende o reconhecimento do meio que efetivamente provocou o resultado e não aquele visado pelo agente.

### 16.3.6 Dolo de ímpeto (ou repentino) × dolo de propósito (ou refletido)

O dolo de ímpeto é **aquele em que o agente atua de forma repentina**. É aquele em que não se concebe um intervalo entre a cogitação e a execução da ação típica. Distingue-se do dolo de propósito, em que o agente premedita a prática do crime. Sobre o tema, vale lembrar que "nem sempre a premeditação agrava a pena do crime, mas o ímpeto pode corresponder a uma privilegiadora (art. 121, § 1º, CP) ou circunstância atenuante (art. 65, III, *c*, CP)" (CUNHA, 2013, p. 179).

### 16.3.7 Dolo subsequente ou *subsequens* ou consecutivo

Cuida-se de hipótese em que o agente, com sua conduta, acaba por provocar um resultado ao qual não dirigiu finalisticamente a sua vontade, mas, **após ocorrido, celebra sua produção**. Nesse caso, não se pode reconhecer ter sido o crime praticado a título de dolo, pois o dolo não pode ser subsequente à realização da conduta típica e, caso não exista culpa, a conduta não será penalmente relevante.

Observe os exemplos a seguir:

- **Situação 1:** dirigindo imprudentemente, Relaxadus Augustus atropela um transeunte, que vem a óbito instantaneamente. Saindo do carro para ver o que ocorreu, percebe ter atingido Larapius Augustus, por quem nutria ódio, comemorando, então, o fato. O resultado não lhe será imputado a título de dolo, mas apenas a título de culpa.
- **Situação 2:** dirigindo com todo cuidado, observando todas as regras de trânsito, André atropela um transeunte, que, atirando-se sob as rodas do veículo em movimento, vem a óbito instantaneamente. Saindo do carro para ver o que ocorreu, percebe ter atingido Larapius Augustus. Indignado com os estragos provocados por Larapius na lataria do veículo, André comemora sua morte. O resultado não lhe será imputado nem a título de dolo (porque o dolo não pode ser reconhecido para atingir a conduta já realizada), nem a título de culpa (pois não violou dever objetivo de cuidado).
- **Situação 3:** dirigindo imprudentemente, Relaxadus Augustus atropela um transeunte, lesionando-o gravemente. Saindo do carro para ver o que ocorreu, percebe ter atingido Larapius Augustus, por quem nutria ódio e, comemorando o fato, não

lhe presta socorro, justamente por desejar-lhe a morte. Larapius, depois de perder muito sangue, vem a óbito. Neste caso, ao ter criado a situação de perigo para Larapius, tornou-se garantidor da não superveniência de sua morte, consoante a regra de ingerência trazida pelo art. 13, § 2º, c, do Código Penal. Omitindo-se com o objetivo de provocar o resultado, embora devesse agir para impedi-lo, deverá ser responsabilizado por esse resultado a título de dolo. Observe que, nesta terceira situação, não houve uma ação imprudente transformada em ação dolosa. Quanto à omissão, no caso *sub examine*, não se pode falar em dolo subsequente, portanto, o dolo era atual quando o agente decidiu que, embora pudesse, não realizaria a ação salvadora.

### 16.3.8 Dolo *in re ipsa* ou dolo presumido

Diz-se presumido ou *in re ipsa* o dolo que **dispensa comprovação**, o que não se pode admitir no atual estágio do Direito Penal, que veda qualquer tipo de responsabilidade objetiva.

### 16.3.9 Dolo genérico e dolo específico

Em alguns modelos legais incriminadores podem aparecer, além do dolo, outras características subjetivas, como o **especial fim de agir**, sem o qual o tipo não é preenchido, não se aperfeiçoa. Um exemplo é o crime de prevaricação, que exige para sua caracterização que o agente atue para satisfazer sentimento ou interesse pessoal. Para a doutrina clássica, o elemento subjetivo geral do tipo era denominado dolo genérico e, para o especial fim de agir, era reservada a denominação **dolo específico**.

Bitencourt (2020, p. 382) leciona que:

> Na realidade, o especial fim, embora amplie o aspecto subjetivo do tipo, não integra o dolo nem com ele se confunde, uma vez que, como vimos, o dolo esgota-se com a consciência e a vontade de realizar a ação com a finalidade de obter o resultado delituoso, ou na assunção do risco de produzi-lo. O especial fim de agir que integra determinadas definições de delitos condiciona ou fundamenta a ilicitude do fato, constituindo, assim, elemento subjetivo do tipo de ilícito, de forma autônoma e independente do dolo. A denominação correta, por isso, é elemento subjetivo especial do tipo ou elemento subjetivo especial do injusto, que se equivalem, porque pertencem, ao mesmo tempo, à ilicitude e ao tipo que a ela corresponde.

 **Decifrando a prova**

**(2019 – MPE/SC – Promotor de Justiça – Adaptada)** A especial finalidade da conduta (também denominada "dolo específico") é um elemento subjetivo do tipo existente em alguns delitos materiais, mas não é compatível com os delitos formais.

( ) Certo    ( ) Errado

**Gabarito comentado:** na hipótese de haver um especial fim de agir, o agente busca um resultado transcendente que não precisa ser alcançado para que o crime esteja consumado, o que evidencia estarmos diante de crime formal e não de crime material. Portanto, a assertiva está errada.

## 16.3.10 Dolo natural e dolo normativo

O dolo, para **os finalistas**, é puramente **natural**, não trazendo consigo a consciência da ilicitude. Nesse sentido, é diferente a concepção de dolo que hoje se tem quando comparado à visão dos **causalistas**, para quem o dolo era **normativo**, trazendo em seu bojo **a consciência da ilicitude**. Dolo normativo é, assim, o dolo dos causalistas, que integra a culpabilidade e que abrange a consciência da ilicitude, consciência essa que, a depender da teoria adotada, poderá ser real ou potencial.

Para a **teoria extremada do dolo**, só haveria dolo se a **consciência da ilicitude** fosse **real**, atual. É o denominado *dolus malus*. Para essa teoria, o dolo tinha como elementos a vontade, a previsão e o conhecimento de que se estava realizando conduta vedada pelo ordenamento jurídico.

Para a **teoria limitada do dolo**, não seria necessário o real conhecimento da ilicitude do fato, bastando ao dolo a **potencial consciência da ilicitude**.

Destarte, se o finalista define o dolo como a consciência e a vontade de realização da conduta (dolo natural), os causalistas definiriam dolo como a consciência e a vontade de realização da conduta sabidamente ilícita (dolo normativo). A consciência do dolo para os finalistas somente se relaciona com a consciência dos elementos integradores do tipo penal e não com a consciência da ilicitude, que é elemento integrante da culpabilidade.

Exemplificando, poderíamos pensar na conduta daquele que entra no país com droga para consumo pessoal sem saber que as leis brasileiras tipificam a conduta como criminosa. Para os finalistas, o agente atua com dolo, pois tem a consciência e a vontade de trazer consigo a droga e isso basta para a configuração do dolo. Para os causalistas, não haveria dolo na hipótese, porque o agente não possui consciência da ilicitude, da proibição que versa sobre a conduta.

## 16.4 EMBRIAGUEZ NA DIREÇÃO DE VEÍCULO AUTOMOTOR: DOLO OU CULPA?

Cuida-se de questão que provoca as mais acaloradas discussões. No atropelamento com morte provocado por pessoa que esteja sob influência de álcool ou qualquer outra substância psicoativa, deverá ser reconhecido crime doloso ou culposo? Quanto ao tema, destacamos a lição de Portocarrero e Palermo (2020, p. 1304):

> Acreditamos não haver fórmulas matemáticas para explicação da matéria em comento, devendo a análise ser feita caso a caso, aplicando-se o Código de Trânsito Brasileiro apenas quando se tratar de modalidade culposa. Dolo eventual somente existirá se, na

hipótese fática, pudermos concluir que, de acordo com a teoria do consentimento ou da assunção, o agente pouco se importou com o resultado, consentindo com sua produção, ainda que não o desejasse. Outrossim, na hipótese de falta de previsão ou previsão sem aceitação do resultado, há de se reconhecer a culpa. Se concluirmos pelo dolo, será aplicável o Código Penal.

Destarte, **não se pode vincular a embriaguez necessariamente à figura do dolo eventual, sob pena de estarmos matematizando o Direito Penal**. Somente será possível reconhecermos o dolo quando diante da hipótese de embriaguez preordenada ou de assunção de risco do resultado, aferição que, repise-se, somente é possível na análise pormenorizada do fato e das circunstâncias que o envolvem.

Tanto é possível reconhecer crime culposo na hipótese que o próprio Código de Trânsito Brasileiro traz a embriaguez como qualificadora dos crimes de homicídio culposo na direção de veículo automotor e de lesão corporal culposa na direção de veículo automotor, nos termos dos arts. 302, § 3º, e 302, § 2º, respectivamente.

**CTB**

**Art. 302.** Praticar homicídio culposo na direção de veículo automotor: (...)

§ 3º Se o agente conduz veículo automotor sob a influência de álcool ou de qualquer outra substância psicoativa que determine dependência:

Penas – reclusão, de cinco a oito anos, e suspensão ou proibição do direito de se obter a permissão ou a habilitação para dirigir veículo automotor.

**Art. 303.** Praticar lesão corporal culposa na direção de veículo automotor: (...)

§ 2º A pena privativa de liberdade é de reclusão de dois a cinco anos, sem prejuízo das outras penas previstas neste artigo, se o agente conduz o veículo com capacidade psicomotora alterada em razão da influência de álcool ou de outra substância psicoativa que determine dependência, e se do crime resultar lesão corporal de natureza grave ou gravíssima.

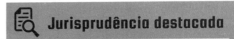

Penal e processo penal. Homicídio na direção de veículo automotor. Pronúncia. Embriaguez e velocidade acima do permitido. Ausência de outros elementos capazes de demonstrar a assunção do risco de matar. Dolo eventual. Não demonstrado. Desclassificação. Crime culposo. Submissão ao tribunal do júri. Impossibilidade. Necessidade de reexame de matéria fático-probatória. Vedação.

Súmula nº 7/STJ. 1. Consoante a jurisprudência do Superior Tribunal de Justiça, "a embriaguez, por si só, sem outros elementos do caso concreto, não pode induzir à presunção, pura e simples, de que houve intenção de matar" (HC nº 328.426/SP, Rel. Min. Maria Thereza de Assis Moura, 6ª Turma, j. 10.11.2015, *DJe* 25.11.2015). Precedentes. 2. No caso concreto, o Tribunal de origem manteve a decisão proferida no primeiro grau de jurisdição que, em vez de pronunciar o agravado pela prática, em tese, de homicídio simples, com dolo eventual, desclassificou a conduta para a forma culposa do delito, uma vez que, analisando as provas dos autos, concluiu que apenas a embriaguez e a velocidade pouco acima do permitido no instante do fato não permitem atribuir-lhe de forma alguma o *animus necandi* nem a assunção do risco de matar. 3. Segundo a instância ordinária, não exsurge dos autos nenhum outro elemento ou circunstância capaz de demonstrar o elemento subjetivo necessário à submissão do caso a julgamento do tribunal do júri. (...) (AgRg no REsp nº 1.848.945/PR, Rel. Min. Jorge Mussi, 5ª Turma, j. 13.04.2020, *DJe* 20.04.2020).

## 16.5 O DOLO NOS CRIMES OMISSIVOS IMPRÓPRIOS

Sheila Bierrenbach (2009, p. 150), ao tratar dos crimes comissivos por omissão, leciona que os componentes do dolo, **consciência e vontade, devem iluminar todos os elementos do tipo omissivo impróprio**. Assim, continua a autora, além dos elementos do tipo objetivo da parte especial do Código Penal, a consciência deve abranger a situação típica (ou seja, o perigo para o bem jurídico) além da possibilidade de agir e a posição de garantidor. A vontade, destaca, deve se manifestar na resolução por parte do omitente de permanecer inativo e, no caso do dolo direto, deve estender-se ao resultado típico. No eventual, o agente deve aceitar o risco de sua produção.

Portanto, atuará dolosamente o agente que, **conhecendo a condição** que o torna garantidor, **conhecendo a situação de perigo** enfrentada pelo garantido e **sabendo de sua possibilidade de agir, deixar de atuar com vontade finalisticamente dirigida ao resultado**, desejando sua ocorrência ou, na hipótese de dolo eventual, aceitando a ocorrência de um resultado que tem como possível ou provável.

Tomemos o exemplo de um pai que observava seu filho, de 10 anos, brincando na areia da praia, sendo derrubado e levado por uma onda, tal qual ocorrera diversas vezes naquele mesmo dia. O pai, que sabia nadar e poderia ter caído na água para dali retirar a criança, acreditou, sinceramente, que o menino, por sua habilidade, pois acostumado com o mar, iria, como sempre, safar-se da situação. Assim, não foi a seu socorro, permanecendo inerte. Ao estranhar a demora, jogou-se na água. Contudo não mais recuperou o filho, que, levado por uma corrente, teve seu corpo encontrado, dias depois, em uma ilha um pouco distante da costa. Neste caso, não se pode atribuir ao pai, a título de dolo, a morte da criança. Não basta que tenha deixado de agir quando podia agir, sendo necessário, como anteriormente salientado, que o agente conhecesse a situação de perigo e, podendo atuar, deixasse de fazê-lo desejando ou aceitando a morte da criança, o que, à toda evidência, não se deu no caso concreto ora analisado.

De outro giro, pensemos na hipótese de um pai que, vendo o filho se afogar em uma piscina, ingerindo grande quantidade de água, resolvesse não salvá-lo, embora pudesse, cedendo ao apelo de sua amante. Sem socorro, a criança morre. Na hipótese, o omitente conhece a situação de perigo, a possibilidade de agir e a condição de garantidor, resolvendo, contudo, não atuar para que a morte ocorresse. A existência do dolo é, portanto, inegável e, a esse título, deverá ser responsabilizado.

Por derradeiro, tal qual destacamos, também haveria dolo se o garantidor, conhecedor de todos os aspectos objetivos da situação fática, deliberasse não atuar, aceitando a produção do resultado. Um exemplo seria o do único médico em plantão em hospital público que deixasse de atender pessoa admitida naquele nosocômio com graves ferimentos, dizendo que precisaria ausentar-se e que o faria quando retornasse. Horas depois, sem atendimento, o paciente morresse. Aqui, estaria caracterizado o dolo eventual, indicando as circunstâncias do caso concreto que, ainda que o profissional não desejasse a morte da vítima, consentiu, aceitou a sua produção.

## 16.6 DOLO SEM VONTADE

O termo **"vontade"** pode ser empregado em **dois sentidos**. Por vezes, falamos de vontade como um estado mental, pertencente ao universo psíquico do agente. Nesse primeiro sentido, o termo **vontade** é um conceito **psicológico-descritivo**. Em sentido **atributivo-normativo**, contudo, a "vontade" deixa de ser uma entidade interna à psique do agente, passando a ser tratada como forma de interpretar um comportamento, independentemente da situação psíquica do autor. Vista sob esse prisma, vontade não mais pode ser encarada como algo dentro da cabeça do autor, mas sim como a melhor maneira de compreender seu comportamento.

Luís Greco,[1] esclarecendo a diferença entre sentidos psicológico-descritivo e normativo-atributivo, cita o exemplo de um estudante que não abre os livros até a véspera da prova, quando sai para beber com os amigos, não dorme e chega direto da balada para fazer o exame. Posteriormente, ao tomar conhecimento da reprovação, lamentando com sinceridade o ocorrido, o estudante diria que sua vontade não era essa, que "foi sem querer". Continuando na ilustração, o autor cita a possível existência de um amigo honesto daquele estudante que talvez responda, ao ouvir o lamento: "Não reclame, você quis ser reprovado". Neste diálogo, o termo "vontade" teria sido usado pelo estudante em sentido psicológico-descritivo. O amigo, contudo, o teria usado em sentido atributivo-normativo. Não se pode negar que, internamente, o estudante nunca quis ser reprovado, mas que aquele que interpretasse seu comportamento desidioso concluiria que, se ele não quisesse de fato ser reprovado, não teria agido como agiu. Analisada em sentido atributivo-normativo, o agente quis, sim, ser reprovado ao deixar de estudar e ir para a balada. Essa seria a melhor forma de compreender o seu comportamento.[2] De tudo aqui visto, se usarmos o termo "vontade" em sentido meramente normativo, não se exige a presença de uma vontade em sentido psicológico para que se configure o dolo.

Pela concepção do **dolo sem vontade**, propõe-se uma **concepção meramente cognitiva do dolo**. Dolo, assim, é apenas conhecimento e, para que se reconheça o dolo, o autor tem

---

[1] GRECO, Luís. *Dolo sem vontade*. [s.d.]. Disponível em: https://pt.scribd.com/doc/214585860/LUIS-GRECO-Dolo-Sem-Vontade. Acesso em: 20 out. 2020.

[2] GRECO, Luís. *Dolo sem vontade*. [s.d.]. Disponível em: https://pt.scribd.com/doc/214585860/LUIS-GRECO-Dolo-Sem-Vontade. Acesso em: 20 out. 2020.

que agir com conhecimento que lhe confira domínio sobre o que realiza. **Destarte, o dolo seria o conhecimento de que o resultado é provável a partir de um determinado comportamento.** A vontade, a seu turno, em nada altera o domínio: a uma porque, ainda que presente a vontade, não haverá dolo se não houver domínio; a duas porque a ausência de vontade não exclui o dolo quando há domínio. Assim sendo, não há o menor sentido na diferença tradicionalmente feita entre dolo direto, de primeiro ou de segundo grau, e dolo eventual. A teoria sugere aperfeiçoamento da teoria da probabilidade para a exata compreensão do dolo.

### Decifrando a prova

**(2019 – MPE/GO – Promotor de Justiça – Adaptada)** A concepção de "dolo como compromisso cognitivo" (ou "dolo sem vontade") é uma vertente teórica que vem ganhando cada vez mais adeptos. A imputação a título de dolo não tem relação com a postura volitiva psíquica do indivíduo, pois dolo não é vontade, dolo é representação. A essencial diferença entre o dolo e a culpa, portanto, equivale fundamentalmente à distinção entre conhecimento e desconhecimento do perigo com qualidade dolosa.
( ) Certo    ( ) Errado
**Gabarito comentado:** considerada a concepção do dolo sem vontade, dolo é conhecimento e o domínio só pode ser gerado pelo conhecimento. O conceito de dolo prescinde da vontade e a ausência da vontade não exclui o dolo se houver domínio. Portanto, a assertiva está certa.

## 16.7 A INTENSIDADE DO DOLO

Com a Reforma Penal de 1984, quando a Lei nº 7.209, a denominada Nova Parte Geral, entrou em vigor, a intensidade do dolo deixou de ser prevista como circunstância judicial de medição da pena.[3] Porém, ainda que o legislador tenha equiparado o dolo direto ao dolo eventual, **quanto mais intenso o dolo, mais reprovável a conduta.** Assim, a ação realizada com dolo direto possui um desvalor maior do que uma ação levada a efeito com dolo indireto, eventual. Do que aqui se expôs, pode-se concluir que a intensidade do dolo ainda hoje reflete na dosimetria da pena.

---

[3] A redação original da Parte Geral do Código Penal de 1940 dispunha, em seu art. 42: "Compete ao juiz, atendendo aos antecedentes e à personalidade do agente, à intensidade do dolo ou grau da culpa, aos motivos, às circunstâncias e consequências do crime".

# 17 A culpa

## 17.1 CONCEITO DE CULPA

A culpa, caracterizada pela **inobservância de um dever objetivo de cuidado**, deita suas raízes no **Direito Romano**, aplicado ao Direito Civil (BRANDÃO, 2007, p. 77). Somente mais tarde, depois de amadurecida a sua aplicação no Direito Privado, viu-se recepcionada pelo Direito Penal, havendo, contudo, controvérsias na doutrina acerca do momento exato em que se deu essa recepção.

No Código Penal brasileiro, a definição da culpa é encontrada no art. 18, II:

**CP, art. 18.** Diz-se o crime: (...)

II – culposo, quando a gente deu causa ao resultado por imprudência, negligência ou imperícia.

## 17.2 FORMAS DE COMETIMENTO DO CRIME CULPOSO

Consoante disposto no art. 18 do Código Penal, existem três formas de culpa estabelecidas pelo legislador no Código Penal brasileiro: **a imprudência, a negligência e a imperícia**. Essa distinção não tem, porém, qualquer sentido, na medida em que, no mais das vezes, **os conceitos** de imprudência, negligência e imperícia se **entrelaçam**, impedindo a distinção pretendida pelo legislador. Uma demonstração disso se tem no exemplo dado por Bitencourt (2020, p. 398), em que se configuram, sucessivamente, negligência e imprudência do motorista de ônibus que trafega com as portas abertas, provocando a queda de um passageiro. No caso, houve negligência quanto ao fato de não fechar as portas, e imprudência ao agir arriscadamente, colocando o veículo em marcha com as portas abertas.

Nélson Hungria (1958b, p. 203) já nos alertava sobre a **inconveniência de se estabelecer distintas modalidades de culpa**, salientando que são sutis distinções nominais de uma situação culposa substancialmente idêntica.

Bitencourt (2020, p. 397-398), tratando do tema, ressalta que: "Por essas razões é que a doutrina e os diplomas legais europeus preferem utilizar a terminologia genérica de 'delitos imprudentes', ignorando as especificações adotadas pelo legislador brasileiro".

Façamos, porém, diante da previsão legal, a conceituação das formas de culpa.

### 17.2.1 Imprudência

Imprudência é a **culpa *in faciendo* ou *in committendo*.** Imprudente é, assim, uma conduta positiva, **comissiva**, reveladora de um atuar arriscado, perigoso, intempestivo. Na imprudência, o agente atua de afogadilho, ou seja, de forma açodada, precipitada.

### 17.2.2 Negligência

É a **culpa *in ommittendo*,** caracterizada pelo pouco caso, pela displicência, pela indiferença, revelada por uma **omissão de cautela**. Ao tratar da negligência, reforçando o entendimento anteriormente exposto no sentido de que tem pouca ou nenhuma valia a diferença feita pelo legislador pátrio entre as diversas modalidades de culpa, Noronha (1974, p. 93) questionava: "O que vem a ser a negligência? Consigne-se, primeiramente, que, para muitos, é ela expressão ampla em que cabe todo o conteúdo da culpa".

### 17.2.3 Imperícia

É o **despreparo, a falta ou insuficiência de conhecimento técnico** para exercer uma arte, profissão ou ofício. É a culpa profissional. É a inobservância da *lex artis*.

> **Decifrando a prova**
>
> **(2013 – TRT/14ª Região – Juiz do Trabalho – Adaptada)** Julgue as assertivas abaixo:
> I. Para fins do Direito Penal, dolo eventual e culpa consciente possuem conceitos equivalentes, no sentido de que o agente assume o risco de produzir o resultado danoso, ou seja, mesmo visualizada a possibilidade da ocorrência do ato ilícito, não interrompe a sua ação.
> II. A imprudência é uma culpa positiva *in agendo*, ou seja, o agente faz o que não deve.
> III. A negligência é uma forma de culpa negativa, *in ommittendo*.
> IV. A imperícia é a culpa técnica, em que o agente se mostra inabilitado para o exercício de determinada profissão, embora possa estar credenciado por diploma, que é mera presunção de competência.
> **Gabarito comentado:** a assertiva I está errada, pois dolo eventual e culpa consciente não se equivalem, tampouco se confundem. Todas as demais estão corretas. A imprudência é a chamada imprevisão ativa e a negligência, imprevisão passiva. Portanto: I. Errado; II. Certo; III. Certo; IV. Certo.

## 17.2.3.1 Erro profissional × culpa profissional

Não se pode confundir culpa com erro profissional.

O erro profissional ocorre quando o agente emprega o cuidado que lhe é devido, bem como as regras técnicas no desempenho de seu ofício, mas opta por um caminho que, embora admitido pelos protocolos daquela atividade, não se revela o melhor para o caso concreto. Como ressalta Masson (2019b, p. 247), o erro profissional "é o que resulta da falibilidade das regras científicas".

O erro profissional, assim, não se presta à caracterização de crime culposo.[1]

Admitamos, por exemplo, um médico ao qual tenha sido confiada uma pessoa gravemente doente. O profissional, competente e cuidadoso, opta pela utilização de uma das técnicas admitidas pela literatura médica para a hipótese. A técnica utilizada era fruto de pesquisas sérias, embora recentemente desenvolvidas e aprovadas. Mesmo se cercando de todas as precauções na intervenção, não teve sucesso na cirurgia, em que a metodologia por ele usada não se mostrou eficaz, vindo o paciente a óbito. Nesse caso, não se pode falar em culpa profissional. Admitir reconhecimento de culpa no caso *sub examine* importaria, em última análise, criar obstáculos ao avanço da ciência e olvidar de sua falibilidade. Nenhum profissional ousaria empregar novos métodos e ficaríamos estagnados no tempo, presos a limitações. Bitencourt (2020, p. 399), ao analisar a questão, salienta que o resultado não estaria no âmbito da previsibilidade do agente. Acreditamos, todavia, que a imputação objetiva nos forneça razões mais convincentes para que não se possa imputar o resultado ao agente: não criou o agente qualquer risco proibido.

## 17.3 A VONTADE E A FINALIDADE NO CRIME CULPOSO

Embora a estrutura do tipo de crime culposo seja diferente do tipo de crime doloso, **há vontade e finalidade na culpa.**

No crime culposo, o agente, com consciência e vontade, realiza a conduta violadora do dever objetivo de cuidado.

Se no crime doloso o agente dirige finalisticamente sua vontade ao resultado, no crime culposo a **vontade é dirigida a um fim no mais das vezes lícito e irrelevante.** Assim, quando o agente espalha sabão no chão da cozinha da casa onde moram crianças e uma delas escorrega e se machuca, pode-se afirmar ter havido vontade do agente na realização do comportamento descuidado, mas a sua vontade não foi finalisticamente dirigida à causação da lesão naquela criança. Não se pode negar que ele tenha realizado uma ação finalista. A finalidade do agente era fazer a limpeza daquele ambiente, o que é penalmente irrelevante.

---

[1] Embora a expressão "excluir a culpa" seja por muitos mencionada, ousamos discordar de sua utilização. Afinal, em havendo aquilo a que denominamos "erro profissional", não se vislumbra inobservância de regra técnica de arte, profissão ou ofício, tampouco imprudência ou negligência. Portanto, não há culpa e não há como se excluir o que jamais existiu.

Não são irrelevantes, contudo, os meios por ele escolhidos, a forma e o momento em que deles se utilizou para atingir sua finalidade, pois reveladores de inobservância do cuidado objetivo.

O que se vislumbra no tipo de injusto culposo é a contradição entre a ação praticada e a que devia ter sido realizada se fosse observado o dever objetivo de cuidado.

## 17.4 EXISTIRIA TIPO SUBJETIVO CULPOSO?

Como já visto no estudo do tipo penal, a estrutura típica do crime culposo **não nos permite concluir pela existência de um tipo subjetivo**, que, na culpa, é substituído por um elemento normativo, qual seja, a violação do dever objetivo de cuidado pelo autor.

Deve aqui ser ressalvado o entendimento de **Zaffaroni, que vislumbra a possibilidade de identificação de um tipo subjetivo culposo**, embora reconheça que não terá as mesmas características do tipo subjetivo do crime doloso.

Conforme escólio de Juarez Tavares (2003a, p. 278):

> Diante das características da ação típica, ainda que se reconheça na ação culposa tanto componente subjetivo, representado pela relação coletiva entre o agente e sua execução, quanto o objetivo, expresso na causalidade, não é recomendável a divisão do tipo em objetivo e subjetivo, como se costuma fazer com o crime doloso. É que, neste caso, a relação volitiva final não interessa à realidade normativa. A relevância da ação resulta, aqui, de puro juízo objetivo sobre a conduta concretamente realizada e a violação do dever de cuidado, situando-se fora deste juízo a vinculação consciente ou volitiva entre o agente e o objeto de referência.

Ou seja, no crime culposo se compara a conduta descuidada realizada pelo agente e o dever imposto pelas normas de cuidado. Dessa contradição entre a conduta realizada e o dever objetivo de cuidado é que surge a relevância da ação, sendo irrelevante o fim a que o agente direcionou sua vontade.

## 17.5  Os elementos do fato típico culposo

O fato típico culposo é composto pelos seguintes elementos:

a.  ação voluntária que inobserva o dever objetivo de cuidado;
b.  resultado;
c.  nexo causal;
d.  previsibilidade objetiva do resultado;
e.  conexão interna entre desvalor da ação e desvalor do resultado;
f.  tipicidade.

### 17.5.1 Ação voluntária que inobserva o dever do cuidado objetivo

A vida em sociedade nos impõe atuação diligente e responsável no desempenho das atividades cotidianas, sendo necessário observar cuidado para não causar danos a bens jurídicos de terceiros. No crime culposo, o agente, consciente e voluntariamente, atua de forma não diligente quando da realização da conduta. Aferir se houve, ou não, violação do dever de cuidado pelo agente demandará uma comparação entre o seu atuar e o atuar que se espera do homem de prudência média. Como afirma **Welzel** (*apud* BRANDÃO, 2007, p. 84), "é cuidadosa aquela conduta que haveria seguido um homem razoável e prudente na situação do autor".

Se, na comparação feita, for possível concluir que o agente não se comportou como se comportaria, nas mesmas circunstâncias, um homem de média prudência, estará preenchido esse primeiro elemento do fato típico culposo, ou seja, a inobservância de dever objetivo de cuidado.[2]

Como **limitador do dever objetivo de cuidado surge o princípio da confiança**, inicialmente desenvolvido pela jurisprudência no Direito de Trânsito, mas que, atualmente, ganha contornos mais amplos (TAVARES, 2003a, p. 293).

A rigor, o princípio da confiança pode servir como critério limitador do dever de cuidado em toda e qualquer atividade de risco que desempenhamos com outras pessoas. Pelo referido princípio, no desempenho de atividades compartilhadas de risco, cada um pode realizar a parcela que lhe cabe confiando que os demais realizarão as suas com os cuidados que lhes são devidos. Assim, como no exemplo dado por Bitencourt (2020, p. 393), "(...) em um cruzamento de trânsito, a quem trafega pela via principal é lícito supor que o outro motorista, que está na via secundária, aguardará sua passagem, em respeito às normas convencionais de trânsito".

Poderíamos, ainda, citar o exemplo de uma equipe médica durante uma cirurgia, situação em que será lícito ao médico supor que o instrumentador lhe entregará um bisturi devidamente desinfetado. A confiança exerce esse papel limitador do dever de cuidado porque, não fosse por ela, restaria inviabilizada a realização de atividades de risco indispensáveis ao funcionamento da engrenagem moderna.

Basta imaginarmos o nó que se provocaria nos deslocamentos coletivos se todo condutor de veículo automotor tivesse que parar a cada cruzamento, independentemente de sinalização; se um funcionário da última etapa do processo de produção tivesse que, antes de realizar a atividade dele esperada, revisar tudo o que os demais antes fizeram ou mesmo que um médico, chefe de uma equipe, precisasse, ao receber o instrumento, fazer novamente a sua assepsia.

---

[2] Sobre o tema, cumpre destacar o posicionamento de parte da doutrina que repudia essa comparação do agente com o homem médio, como é o caso de Zaffaroni (1996, p. 487), que entende que a fórmula do *reasonable man*, do homem normal, "o bom pai de família" dos civilistas são conceitos que de nada servem, na medida em que o dever de cuidado deve ser determinado de acordo com a situação jurídica e social de cada homem. Igualmente repudiando a fórmula do homem médio, que, a seu ver, não tem qualquer fundamento científico, Juarez Tavares (2003a, p. 275) afirma que, "na realidade dos fatos, a figura do homem médio não será obtida de um padrão objetivo e coerente, mas, ao contrário, será inferida de um juízo subjetivo pessoal do intérprete". Miguel Reale (2002, p. 182) igualmente reprova a utilização do critério do homem médio, reputando tratar-se de parâmetro inaceitável, destacando que cada um de nós constrói a sua própria figura do que é um homem médio.

Caso possa ser validamente invocado, o princípio da confiança terá o condão de excluir, por ausência de fato típico, a responsabilização do agente que realizou sua parcela da atividade compartilhada de acordo com o dever de cuidado concreto imposto. A responsabilização recairá sobre aquele que realizou a ação defeituosa, descuidada.

Contudo, **para a alegação válida do princípio** da confiança será necessário que:

- **O agente tenha desempenhado a parcela que lhe cumpria com o cuidado devido.**

Aquele que atua contrariamente ao dever de cuidado não pode alegar o princípio da confiança. Assim, não pode alegar confiança o motorista que trafegava a 200 km/h em rodovia para a qual as autoridades de trânsito estabeleceram 100 km/h como velocidade máxima de segurança, por exemplo.

- **O agente tenha razões para confiar.**

Embora de todos que conosco compartilham a atividade se deva esperar que realizem a conduta segundo determinam as normas de cuidado, muitas vezes o agente não poderá confiar que o façam, pois, na hipótese concreta que se examina, surgem para ele razões para desconfiar. Tomemos como exemplo uma via que, concebida para ser expressa, onde a velocidade permitida é de 100 km/h, é usada por moradores e transeuntes como área de lazer e ponto comercial. Assim, pelo agente é sabido que crianças soltam pipa no meio da via, jogam bola às suas margens, onde também ambulantes montam bancas para a venda dos mais variados produtos.

Ora, o agente que, por qualquer razão, conheça essas circunstâncias não tem a menor razão para confiar que não haverá travessia de pedestre, ainda que enorme placa exista no local com a advertência da proibição respectiva. Portanto, não poderá ali transitar na velocidade máxima estabelecida como sendo a de segurança para o local, devendo, ao contrário, redobrar seus cuidados para não atingir qualquer daquelas pessoas.

Também não poderá validamente alegar o princípio da confiança aquele que tenha dever de controle e fiscalização de atividade de terceiros. A hipótese ocorreria, por exemplo, com o engenheiro encarregado de supervisionar uma obra, que, tendo que fiscalizar atividade de seus supervisionados, não pode confiar que todos tenham realizado seus respectivos deveres com o cuidado que lhes era devido.[3]

Na denúncia por crime culposo, o Ministério Público deverá descrever em que consistiu a inobservância de dever de cuidado para que o agente, assim, possa se defender da imputação. Do contrário, a peça será inepta.

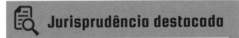 **Jurisprudência destacada**

**1.** Nos delitos culposos deve ser indicada a falta ao dever de cuidado do agente e a sua relação com o resultado ocorrido, possibilitando o exercício da defesa do réu. **2.** Não havendo a

---

[3] O exemplo é de Juarez Tavares (2003a, p. 296).

> devida narrativa da conduta imputada, então, verifica-se ofensa ao art. 41 do CPP, pois não é admissível que a acusação limite-se a afirmar que o réu praticou o crime, sem descrever se a conduta imputada ao réu decorre de imprudência, imperícia ou negligência, o que, a toda evidência, obsta o exercício do direito de defesa e do contraditório. 3. Agravo regimental provido, reconsiderando a decisão de fls. 121-124, a fim de conceder o *habeas corpus*, para trancar a ação penal quanto ao delito de homicídio culposo no trânsito, sendo facultado o oferecimento de nova denúncia, desde que preenchidos os requisitos do art. 41 do CPP, com a devida descrição da conduta criminosa (STJ, AgRg no HC nº 583.028/CE 2020/0118382-3, Rel. Min. Nefi Cordeiro, j. 1º.09.2020, 6ª Turma, *DJe* 16.09.2020).

## 17.5.2 Resultado

Considerando-se que a **quase totalidade dos crimes culposos corresponde a crimes materiais**, exigindo resultado naturalístico para que se entendam caracterizados, o resultado funciona como componente de azar, ou seja, o azar do agente será a superveniência do evento típico. Caso realizada a conduta violadora do dever de cuidado sem que nenhum resultado sobrevenha, não haverá ação típica culposa, embora possa existir, caso previsto em lei, um crime de perigo subjacente.

Assim, no exemplo em que o agente imprime velocidade incompatível com a segurança nas proximidades de um estabelecimento de ensino, em horário escolar, mas, felizmente, ainda que por pouco, não atinge qualquer pessoa daquelas que por ali transitavam, não haverá crime culposo. Todavia, sua conduta caracteriza o crime doloso de perigo descrito no art. 311 da Lei nº 9.503, de 1997 (Código de Trânsito Brasileiro).

Pontue-se, contudo, **a existência de crimes culposos de mera conduta**, sem resultado naturalístico, como se dá com os exemplos a seguir, extraídos do Código de Defesa do Consumidor, da Lei Antidrogas e do Estatuto da Criança e do Adolescente.

> **Lei nº 8.078/1990**
>
> **Art. 63.** Omitir dizeres ou sinais ostensivos sobre a nocividade ou periculosidade de produtos, nas embalagens, nos invólucros, recipientes ou publicidade:
>
> **Pena** – Detenção de seis meses a dois anos e multa.
>
> § 1º Incorrerá nas mesmas penas quem deixar de alertar, mediante recomendações escritas ostensivas, sobre a periculosidade do serviço a ser prestado.
>
> § 2º Se o crime é culposo.
>
> **Art. 66.** Fazer afirmação falsa ou enganosa, ou omitir informação relevante sobre a natureza, característica, qualidade, quantidade, segurança, desempenho, durabilidade, preço ou garantia de produtos ou serviços: (…)
>
> § 2º Se o crime é culposo.

**Lei nº 11.343/2006**

**Art. 38.** Prescrever ou ministrar, culposamente, drogas, sem que delas necessite o paciente, ou fazê-lo em doses excessivas ou em desacordo com determinação legal ou regulamentar:

**Pena** – detenção, de 6 (seis) meses a 2 (dois) anos, e pagamento de 50 (cinquenta) a 200 (duzentos) dias-multa.

**Lei nº 8.069/1990**

**Art. 228.** Deixar o encarregado de serviço ou o dirigente de estabelecimento de atenção à saúde de gestante de manter registro das atividades desenvolvidas, na forma e prazo referidos no art. 10 desta Lei, bem como de fornecer à parturiente ou a seu responsável, por ocasião da alta médica, declaração de nascimento, onde constem as intercorrências do parto e do desenvolvimento do neonato:

**Parágrafo único.** Se o crime é culposo:

**Pena** – detenção de dois a seis meses, ou multa.

**Art. 229.** Deixar o médico, enfermeiro ou dirigente de estabelecimento de atenção à saúde de gestante de identificar corretamente o neonato e a parturiente, por ocasião do parto, bem como deixar de proceder aos exames referidos no art. 10 desta Lei:

**Parágrafo único.** Se o crime é culposo:

**Pena** – detenção de dois a seis meses, ou multa.

---

### Decifrando a prova

**(2012 – FUJB – MPE/RJ – Promotor de Justiça – Adaptada)** Sobre culpa em sentido estrito, a quase totalidade dos crimes culposos é composta de delitos materiais e de tipo penal aberto, mas há exceções.

( ) Certo ( ) Errado

**Gabarito comentado:** há crimes culposos de mera atividade, como os citados anteriormente. Outrossim, embora a quase totalidade dos crimes culposos esteja prevista em tipos abertos, sendo necessário o intérprete valorar o comportamento do agente para aferir se houve, ou não, violação do dever objetivo de cuidado naquele caso concreto, excepcionalmente, há crimes culposos fechados, em que o legislador define a conduta violadora do dever objetivo de cuidado, como, por exemplo, no art. 180 do Código Penal. Portanto, a assertiva está certa.

---

## 17.5.3 Nexo de causalidade

Nos crimes culposos de resultado, consoante regra trazida pelo art. 13, *caput*, do Código Penal, somente se poderá imputar o resultado ao agente caso tenha sido provocado pelo autor.

> **Jurisprudência destacada**
>
> *Habeas corpus* – homicídio culposo – acidente em parque de diversões – imputação desse evento delituoso ao presidente e administrador do Complexo Hopi Hari – inviabilidade de instaurar-se persecução penal contra alguém pelo fato de ostentar a condição formal de *chief executive officer* (CEO) – precedentes – doutrina – necessidade de demonstração, na peça acusatória, de nexo causal que estabeleça relação de causa e efeito entre a conduta atribuída ao agente e o resultado dela decorrente (CP, art. 13, *caput*) – magistério doutrinário e jurisprudencial. Inexistência, no sistema jurídico brasileiro, da responsabilidade penal objetiva – prevalência, em sede criminal, como princípio dominante do modelo normativo vigente em nosso país, do dogma da responsabilidade com culpa – *nullum crimen sine culpa* – não se revela constitucionalmente possível impor condenação criminal por exclusão, mera suspeita ou simples presunção – o princípio da confiança, tratando-se de atividade em que haja divisão de encargos ou de atribuições, atua como fator de limitação do dever concreto de cuidado nos crimes culposos – entendimento doutrinário – inaplicabilidade da teoria do domínio do fato aos crimes culposos – doutrina – *habeas corpus* deferido – recurso de agravo improvido (HC nº 138.637/AgR, 2ª Turma, Rel. Min. Celso de Mello, j. 10.10.2020, *DJe* 22.10.2020).

## 17.5.4 Previsibilidade objetiva do resultado

Juarez Tavares (2003a, p. 327) define a previsibilidade como um prognóstico que se faz acerca da possibilidade de realização de um certo evento. É, assim, a possibilidade de se antecipar mentalmente a ocorrência do resultado.

A previsibilidade, de acordo com a doutrina amplamente majoritária, deve ser feita sob a ótica do homem médio, sendo, destarte, previsível o resultado que poderia ser previsto pelo homem médio, o resultado que "não escapa à perspicácia do homem comum" (JOPERT, 2011, p. 203-204).

Discordando dessa orientação, porém, Zaffaroni e Pierangeli (2004, p. 491) sustentam:

> A previsibilidade deve ser estabelecida de acordo com a capacidade de previsão de cada indivíduo, sem que para isso se possa recorrer qualquer "termo médio" ou "critério de normalidade". Um técnico em eletricidade pode prever, com maior precisão do que um leigo, o risco que acarreta um fio solto e quem tem em seu automóvel um dispositivo que lhe permite prever acidentes, que sem ele seriam imprevisíveis, tem um dever de cuidado maior do que aqueles que não possuem tal aparelho, ainda que apenas um em mil o possua (MEZGER-BLEI).

Embora o critério do homem médio mereça reparos, como destaca parte da doutrina, nos parecem frágeis os exemplos fornecidos pelo mestre argentino. Afinal, quando a doutrina majoritária aponta a previsibilidade objetiva como elemento do fato típico culposo, na substituição do agente pelo homem médio há de ser levado em consideração o homem médio dentro da mesma categoria a que pertence aquele cuja conduta se substitui. Destarte, quando diante da conduta de um médico, o homem médio será o médico de discernimento e prudência ordinários e não um leigo. O mesmo se diga do eletricista, que deverá ser substituído por eletricista de conhecimento e cuidado médios e não por pessoa sem qualquer conhecimento de eletricidade.

Por derradeiro, não se pode confundir previsibilidade com previsão, porque nem tudo que se pode antecipar mentalmente é, de fato, mentalmente antecipado. Não se exige a previsão como elemento do fato típico culposo, apenas a previsibilidade. Assim, pensemos em Ana, que, após uma refeição, se recolhe com o filho de dois anos para fazê-lo dormir, deixando aberta uma porta que dá acesso à piscina da casa, sem se dar conta de que pode ela mesma cair no sono, como, de fato, ocorre. A criança levanta-se e caminha até a piscina, onde se afoga. O resultado, previsível a qualquer mãe de cuidado médio, por Ana não foi previsto, o que não descaracteriza sua culpa.

### Decifrando a prova

**(2010 – Cespe/Cebraspe – TRT/1ª Região/RJ – Juiz do Trabalho – Adaptada)** No ordenamento jurídico brasileiro, de acordo com a doutrina majoritária, a ausência de previsibilidade subjetiva – a possibilidade de o agente, dadas suas condições peculiares, prever o resultado – exclui a culpa, uma vez que é seu elemento.
( ) Certo    ( ) Errado
**Gabarito comentado:** a previsibilidade, que é elemento do fato típico culposo, é, conforme doutrina majoritária, a previsibilidade objetiva e não a subjetiva, devendo, portanto, ser feita sob a ótica do homem médio e não sob a ótica do agente. Portanto, a assertiva está errada.

**Resultados imprevisíveis, contudo, descaracterizam o fato típico culposo.** A imprevisibilidade desloca o resultado para o caso fortuito ou força maior, que são a negação da culpa (BITENCOURT, 2020, p. 396).

### 17.5.5 A conexão interna entre o desvalor da conduta e o desvalor do resultado

No crime culposo **não basta a relação de causalidade, tal qual conhecemos a partir da leitura do art. 13 do Código Penal**, sendo necessário, além da causalidade material, que se possa estabelecer um **nexo de determinação**, ou seja, que se possa concluir que o resultado veio determinado pela violação do dever objetivo de cuidado.

Assim, ainda que o agente viole um dever de cuidado e acabe causando um resultado, somente haverá fato típico culposo se pudermos concluir que, caso tivesse atuado com a prudência devida, o resultado poderia ter sido evitado. Não sendo o resultado evitável nem mesmo com a conduta conforme o cuidado adequado ao caso concreto, pode-se concluir pela irrelevância da violação do cuidado objetivo. Portanto, afigura-se indispensável que o resultado ocorra como consequência da inobservância do cuidado devido, ou, usando os termos da teoria da imputação objetiva, que o risco proibido criado pelo autor se realize no resultado.

Para exemplificar, citemos Portocarrero e Palermo (2020, p. 1307):

> Imaginemos uma pessoa que, desejando matar-se, se atirasse sob as rodas de um veículo que trafegasse na contramão de direção e, assim viesse a morrer. Em hipótese tal, não temos como negar ter sido inobservado o dever objetivo de cuidado por aquele que trafegou com o veículo pela contramão de direção, criando um risco desaprovado. Ocorre que não foi porque o condutor trazia o carro na contramão, infringindo as mais elementares normas de trânsito e, assim, deixando de observar dever objetivo de cuidado, que se deu a morte. O referido resultado foi determinado pela conduta da própria vítima. Nesta hipótese, mesmo que o condutor estivesse observando o dever objetivo de cuidado, trafegando pela mão correta de direção, o resultado teria ocorrido. Assim, o evento morte não veio determinado pela violação do dever de cuidado. Poderíamos dar outro exemplo, para reforçar a ideia acima: imaginemos que alguém venha a mais de 150 km/h em via cuja velocidade máxima de segurança seja de 100 km/h e na qual não se admite travessia de pedestres. A proibição de que por ali transitem pedestres, entretanto, não foi observada por um determinado homem que, transgredindo a norma, atravessou a rua, sendo colhido pelo veículo supracitado, morrendo em consequência das graves lesões sofridas. Imaginemos, ainda, que a perícia realizada demonstrasse que, ainda que o condutor estivesse a 100 km/h, ele teria atropelado o tal homem, porque não haveria tempo suficiente para frenagem do veículo. Nesta situação, novamente não se tem como negar que o condutor tenha violado dever objetivo de cuidado, mas também não se tem como questionar que não foi por isso que a vítima morreu! Afinal, no exemplo, mesmo que o condutor estivesse observando a regra de cuidado, dirigindo a 100 km/h, a morte teria se dado. Assim, não foi o fato de dirigir a 150 km/h que determinou a morte da vítima, mas exclusivamente o comportamento da última, ao atravessar, de inopino, a pista. Destarte, não se poderia falar em fato típico culposo.

## 17.5.6 Tipicidade

Os crimes culposos são regidos pelo **princípio da excepcionalidade**, só podendo ser admitidos nas hipóteses previstas em lei. Se, ao definir o crime, a lei nada dispuser sobre a modalidade culposa, não haverá crime culposo. É o que ocorre com a grande maioria dos crimes existentes no ordenamento jurídico brasileiro. Assim, por exemplo, por não estar prevista a modalidade culposa do crime de dano, descrito no art. 163 do Código Penal, o dano culposo é atípico.[4]

---

[4] Sobre o tema, forçoso esclarecer que, embora não esteja prevista a modalidade culposa de crime de dano no Código Penal, podemos encontrar figuras típicas que revelam destruição e inutilização de coisas para as quais a lei prevê a modalidade culposa, como ocorre com o crime descrito no art. 62 da Lei nº 9.605, de 1998, sendo, portanto, equivocado afirmar não haver dano culposo. O certo seria afirmar a inexistência de dano culposo no Código Penal.

## 17.6 TIPOS DE CRIME CULPOSO COMO TIPOS ABERTOS

A descrição legal da conduta típica dos crimes culposos é distinta daquela dos crimes dolosos, em que "a matéria objeto de proibição encontra-se exaustivamente descrita nos tipos respectivos", como salienta Sheila Bierrenbach (2009, p. 123).

**Os tipos de crime culposo são geralmente abertos**, não definindo o legislador em que consiste a culpa. Ao intérprete caberá fixar o verdadeiro alcance do tipo, após comparar a conduta do agente com o comportamento que teria uma pessoa de discernimento e prudência ordinários em idênticas circunstâncias. Por meio da comparação, poderá concluir ter havido violação, ou não, do dever objetivo de cuidado. A culpa é, portanto, elemento normativo do tipo, a ser valorado pelo intérprete, que, assim, complementará o tipo por intermédio da valoração realizada.

Deve-se, entretanto, destacar que se aponta a existência, no Código Penal brasileiro, de crimes culposos previstos em tipos fechados, tal qual ocorre com o art. 180, § 3º, em que se define o crime de receptação culposa. A razão para a afirmação de que se trata de um tipo fechado é a previsão das formas de violação de dever de cuidado: aquisição da coisa por preço desproporcional ao seu valor ou quando ofertada por quem não tinha condições de fazê-lo.

Temos, porém, certa resistência em aceitar o art. 180, § 3º, como um tipo fechado. Existindo nele elementos normativos, será necessário que o intérprete faça um juízo de valor para saber se houve desproporção entre valor e preço e mesmo quanto à condição da pessoa que oferece a coisa. O legislador não fechou esses conceitos, e nem seria possível fazê-lo.

Portanto, embora não se possa negar que se trata de um tipo mais fechado do que os que geralmente são usados para definição de um crime culposo, não deixa o tipo em referência de ser um tipo aberto.

> § 3º Adquirir ou receber coisa que, por sua natureza ou pela desproporção entre o valor e o preço, ou pela condição de quem a oferece, deve presumir-se obtida por meio criminoso.

### Decifrando a prova

**(2014 – FGV – SUS/AM – Técnico de Nível Superior – Direito – Adaptada)** Com relação ao estudo do dolo e da culpa no Direito Penal, o Código Penal não apresenta o conceito de crime culposo, tratando-se de tipo aberto, devendo o juiz, no caso concreto, promover um juízo de valor.

( ) Certo    ( ) Errado

**Gabarito comentado:** embora, como vimos, a doutrina aponte a existência de crimes culposos previstos em tipos fechados, os crimes culposos são, em regra, definidos em tipos abertos. Portanto, a assertiva está certa.

## 17.7 ESPÉCIES DE CULPA

### 17.7.1 Culpa consciente e culpa inconsciente

Para que se possa concluir pela existência de fato típico culposo é preciso haver previsibilidade do resultado.

Quando houver previsibilidade e o agente fizer a previsão, teremos **culpa com previsão, ou culpa consciente, ou culpa com representação**. Nela, a perigosidade da conduta é conhecida pelo autor, que representa a provocação do resultado como possível, mas, ainda assim, viola o dever de cuidado porque confia que o evento típico não ocorrerá.

Quando há previsibilidade do resultado e o agente não faz a previsão, por descuido ou desatenção, temos a denominada **culpa inconsciente, sem previsão ou sem representação, também denominada culpa *ex ignorantia*.**

Juarez Tavares (2003a, p. 214) adverte, porém, para o fato de que:

> (...) na culpa inconsciente, é perfeitamente possível reconhecer-se uma atividade volitiva, pois o que é nela inconsciente é a relação entre o agente e a norma de cuidado, ou, na moderna proposição de Roxin, entre o agente e o risco autorizado.

Assim, na análise dessas espécies de culpa, a previsão do resultado ou ausência dela, por si só, não pode nos levar à conclusão de que há culpa consciente ou inconsciente. O que, de fato, caracteriza a culpa com previsão ou sem previsão é a consciência (na culpa consciente) ou ausência de consciência (na culpa inconsciente) acerca da lesão ao dever de cuidado.

Embora o Código Penal brasileiro não faça a distinção entre culpa consciente e culpa inconsciente, doutrina e jurisprudência consideram que, sendo a culpa consciente mais grave e, portanto, mais censurável que a inconsciente, merece maior reprovação quando da dosimetria da pena.

### Decifrando a prova

**(2008 – FAE – TJ/PR – Juiz – Adaptada)** A culpa que decorre de erro culposo sobre a legitimidade da ação realizada denomina-se culpa consciente.
( ) Certo    ( ) Errado
**Gabarito comentado:** trata-se da culpa imprópria, prevista na parte final do art. 20, § 1º. Portanto, a assertiva está errada.

### 17.7.2 Culpa imprópria (culpa por extensão ou assimilação)

Trata-se, na verdade, de **conduta dolosa punida a título de culpa**. Na denominada culpa imprópria, o agente dirige finalisticamente a sua vontade à causação de um resultado típico, muito embora tenha sido levado àquela deliberação por erro inescusável, que poderia ter evitado, sobre a legitimidade da ação realizada. É a figura prevista na última parte do art. 20, § 1º, do Código Penal.

> **Art. 20.** (...)
>
> § 1º É isento de pena quem, por erro plenamente justificado pelas circunstâncias, supõe situação de fato que, se existisse, tornaria a ação legítima. Não há isenção de pena quando o erro deriva de culpa e o fato é punível como crime culposo.

Consoante se verifica da leitura do dispositivo acima transcrito, o agente, ao avaliar de forma defeituosa pressupostos fáticos, pode se imaginar diante de situação que não existe, mas que, se existisse, tornaria legítima a sua conduta. Assim, tomemos como exemplo o de um homem idoso, que levou o neto para uma sessão de cinema depois de muitos anos sem frequentar as salas de projeção. Por não ter se interessado pelo filme, tirou um cochilo durante a exibição e, ao acordar com o barulho de uma cena mais intensa, percebeu fumaça invadindo o ambiente, com uma sirene ao fundo. Julgando haver um incêndio no local, levantou-se, retirando a criança de forma abrupta da cadeira e, diante da demora de uma mulher que, ao seu lado, mexia em uma bolsa e não se levantava, chutou-lhe as pernas, provocando-lhe lesões, por entender que era a única forma de dali sair e salvar-se, bem como ao neto. Não havia, contudo, qualquer incêndio, tratando-se a fumaça e o barulho de efeitos do cinema em 4D ao qual não estava acostumado.

No caso proposto, o agente admite estar diante de uma situação de perigo que não existia, mas que, caso existisse, configuraria hipótese de estado de necessidade, que tornaria sua conduta legítima, lícita. Errou ao analisar a situação fática e seu erro decorreu de culpa, por ter sido precipitado em suas conclusões. Tivesse sido ele mais atento, poderia perceber que não havia a situação de perigo que julgou enfrentar. Seu erro, portanto, era vencível. Para o exemplo proposto, a lei traz a seguinte solução: existindo a modalidade culposa do crime de lesão corporal, o agente deverá ser responsabilizado a título de culpa.

Deve-se perceber que, no momento em que agride a mulher, o agente o faz dolosamente e o fato de o erro ter sido culposo não nos permite concluir ter sido alterada a estrutura típica do crime, que continua sendo doloso, embora lhe seja aplicável, na hipótese, a pena do crime culposo.

### Decifrando a prova

**(2017 – PUC/PR – TJ/MS – Analista Judiciário – Adaptada)** Acerca do dolo e da culpa, a culpa própria, também denominada culpa por extensão ou equiparação, é aquela em que o sujeito, após prever o resultado, realiza a conduta por erro escusável quanto à ilicitude do fato.
( ) Certo ( ) Errado
**Gabarito comentado:** culpa imprópria é a culpa por extensão, assimilação ou equiparação, prevista na parte final do art. 20, § 1º, do Código Penal, decorrente do erro inescusável quanto à licitude do fato. Portanto, a assertiva está errada.

> **(2010 – Cespe/Cebraspe – TRT/RJ – Juiz do Trabalho – Adaptada)** Paulo, chefe de família, percebeu que alguém entrou pelos fundos, à noite, em sua residência, em local com altos índices de violência. Pensando tratar-se de assalto, posicionou-se, com a luz apagada, de forma dissimulada, e desferiu golpes de faca no suposto meliante, com intenção de matá-lo, certo de praticar ação perfeitamente lícita, amparada pela legítima defesa. Verificou-se, posteriormente, que Paulo ceifou a vida de seu filho de doze anos de idade. Nessa situação, Paulo agiu com culpa inconsciente, devendo responder por homicídio culposo.
> ( ) Certo     ( ) Errado
> **Gabarito comentado:** Paulo, por erro que derivou de culpa, imaginou situação de fato que, se existisse, tornaria lícito o seu comportamento. Na hipótese, temos culpa imprópria, com a aplicação do disposto no art. 20, § 1º, parte final, do Código Penal. A rigor, trata-se de dolo punido como se culpa fosse. Portanto, a assertiva está errada.

## 17.8 CONCORRÊNCIA DE CULPAS

Ocorre quando, sem qualquer vínculo subjetivo, duas ou mais pessoas concorrem para o crime culposo, tal qual se daria em acidente de trânsito em que os condutores de dois ou mais veículos, pela inobservância de dever objetivo de cuidado, provocassem a morte de um transeunte. Na hipótese, todos responderiam pelo resultado produzido, não como coautores, mas como autor, cada um, de seu próprio crime, caracterizando-se, assim, **autoria colateral**.

## 17.9 COMPENSAÇÃO DE CULPAS

O fato de ter a vítima também contribuído, com seu atuar descuidado, para a provocação do evento típico não excluirá a culpa do agente, porque o Direito Penal não admite compensação de culpas. Costuma-se afirmar que apenas a culpa exclusiva da vítima exclui a do agente, mas não podemos concordar com a assertiva. Como em outros momentos desta obra fizemos questão de destacar, não se pode excluir o que nunca existiu. Se houve culpa exclusivamente da vítima é porque o agente não atuou com culpa. Assim, não é questão de ter sido excluída a culpa do agente, mas de nunca ter existido culpa de sua parte.

A contribuição da vítima com seu comportamento violador de dever de cuidado revela o **"comportamento da vítima"** a que faz alusão o art. 59 do Código Penal, devendo ser levada em **consideração na dosimetria da pena**, quando da fixação da pena-base.

> **CP, art. 59.** O juiz, atendendo à culpabilidade, aos antecedentes, à conduta social, à personalidade do agente, aos motivos, às circunstâncias e consequências do crime, bem como ao comportamento da vítima, estabelecerá, conforme seja necessário e suficiente para reprovação e prevenção do crime:
> I – as penas aplicáveis dentre as cominadas;
> II – a quantidade de pena aplicável, dentro dos limites previstos.

## 17.10 GRAUS DE CULPA

De acordo com o grau de inobservância do dever objetivo de cuidado, a doutrina classificava **a culpa como leve, moderada ou grave**. A aludida classificação, que jamais teve qualquer relevância na pena em abstrato cominada ao crime, desde 1984, com a Reforma da Parte Geral, também não mais impacta a pena em concreto, pois retirados dolo e culpa das circunstâncias que influenciam a dosimetria da pena.[5]

Assim, atualmente se refuta a classificação mencionada.

---

[5] O art. 42 da antiga parte geral assim dispunha: "**Art. 42**. Compete ao juiz, atendendo aos antecedentes e à personalidade do agente, à intensidade do dolo ou grau da culpa, aos motivos, às circunstâncias e consequências do crime: I – determinar a pena aplicável, dentre as cominadas alternativamente; (...)".

# 18 Tentativa

## 18.1 *ITER CRIMINIS*

Denomina-se *iter criminis* todo o **caminho percorrido** pelo agente para realizar o crime. "São as etapas que se sucedem, cronologicamente, no desenvolvimento do delito", como lecionam Zaffaroni e Pierangeli (1995, p. 13). Só se fala de *iter criminis* quando se está diante de um **crime doloso**, pois somente nessa modalidade de crime se pode conceber a ideia de um processo que se inicia desde a concepção do delito e vai até sua consumação ou mesmo até seu exaurimento.

## 18.2 FASES DO *ITER CRIMINIS*

O *iter criminis* é composto por uma fase interna e outra externa. Somente a **fase externa pode ser punida**, não se admitindo punição de pensamentos e ideias, em homenagem ao princípio da lesividade. Aqui, vige a ideia de que ao pensamento não se pode impor nenhum tipo de punição (*pensiero non paga gabella, cogitationis poenam nemo patitur*).

### 18.2.1 Fase interna

A fase interna do *iter criminis* corresponde à **cogitação**, quando o agente representa mentalmente a prática do crime. Nessa fase, surge para o agente o desígnio criminoso, "preso em um claustro psíquico" (MASSON, 2019b, p. 273). Alguns autores costumam vislumbrar três momentos distintos na cogitação (CABALLERO *apud* MASSON, 2019b, p. 274):

a. **idealização:** sujeito tem a ideia de cometer o crime;
b. **deliberação:** o agente coloca na balança o que pode perder e o que pode ganhar caso venha a praticá-lo;
c. **resolução:** o agente opta pelo cometimento do crime.

Não conseguimos ver qualquer utilidade prática nessa distinção, pois, em muitas, senão na maioria das vezes, as etapas acima se confundem.

## 18.2.2 Fase externa

A fase externa do *iter criminis* é aquela em que o propósito criminoso **ultrapassa o plano mental** e se materializa. Nessa fase do *iter*, identificamos a **preparação, a execução e a consumação**.

Na **preparação**, o agente cria condições para viabilizar a sua resolução de levar a efeito a prática criminosa. Ex.: autor adquire a arma do crime; vai ao encontro da vítima; reúne-se com eventuais parceiros para ajustar detalhes etc.

Na fase da **execução**, o agente inicia a realização da conduta típica, inicia o ataque ao bem jurídico. A regra é que só a partir daqui a conduta passa a ser considerada penalmente relevante.

O ato de execução deve ser idôneo para atacar o bem jurídico tutelado pela norma e inequívoco, ou seja, deve revelar a vontade do agente em praticar a conduta criminosa.

Na **consumação**, atingida pelo agente quando consegue reunir todos os elementos do tipo, a conduta finalmente encontra perfeita adequação ao modelo incriminador.

## 18.2.3 Diferenças entre atos de preparação e atos de execução

Estabelecer a diferença entre atos de preparação e de execução é uma das mais difíceis tarefas atribuídas ao intérprete. A linha tênue entre preparação e início de execução faz com que muitas condutas que alguns consideram como o início da execução sejam por outros encaradas como atos meramente preparatórios.

Assim, surgem teorias que buscam delimitar a diferença entre atos de preparação e início da execução.

### 18.2.3.1 Teoria subjetiva

Para ela, que não distingue atos de preparação de atos de execução, qualquer conduta levada a efeito pelo autor que **demonstre, de forma inequívoca, seu intuito de praticar o crime** deve ser entendida como início da execução. Qualquer ato de preparação acaba sendo um ato de tentativa, pois existe vontade criminosa em todas as etapas (ZAFFARONI, 1996, p. 667).

### 18.2.3.2 Teoria objetivo-formal ou lógico-formal

A teoria objetivo-formal, formulada por Beling, **estabelece a realização da conduta nuclear do tipo como início da execução**. Assim, a execução somente se iniciaria quando o agente iniciasse a realização do verbo do tipo. Assim, por exemplo, imaginemos a conduta daquele que, objetivando retirar o bem de dentro de uma casa, violasse o domicílio para tanto. Até aí não haveria início da execução do furto, porque não teria o agente dado início à subtração. Em um outro exemplo, não haveria início da execução em um homicídio quando o agente apenas apontasse a arma na direção da vítima, antes de apertar o gatilho. Somente haveria ato de execução nesse caso se o agente acionasse o gatilho da arma. Santos (2002, p. 307) aponta que:

> (…) o problema fundamental da teoria objetivo-formal é a exclusão no dolo para caracterizar a tentativa: o dolo é igual em todas as fases do fato punível, mas só o conteúdo do dolo permite diferenciar ações típicas dolosas como forma exterior objetiva idêntica (por exemplo, lesão corporal consumada e tentativa de homicídio).

Trata-se da teoria adotada pelo STJ:

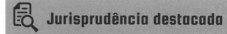

Penal. Roubo circunstanciado. Tentativa. Teoria objetivo-formal. Início da prática do núcleo do tipo. Necessidade. Quebra de cadeado e fechadura da casa da vítima. Atos meramente preparatórios. Agravo conhecido. Recurso especial admitido, porém, improvido. 1. A despeito da vagueza do art. 14, II, do CP, e da controvérsia doutrinária sobre a matéria, aplica-se o mesmo raciocínio já desenvolvido pela 3ª Seção deste Tribunal (CC nº 56.209/MA), por meio do qual se deduz a adoção da teoria objetivo-formal para a separação entre atos preparatórios e atos de execução, exigindo-se para a configuração da tentativa que haja início da prática do núcleo do tipo penal. 2. O rompimento de cadeado e a destruição de fechadura de portas da casa da vítima, com o intuito de, mediante uso de arma de fogo, efetuar subtração patrimonial da residência, configuram meros atos preparatórios que impedem a condenação por tentativa de roubo circunstanciado. 3. Agravo conhecido, para admitir o recurso especial, mas negando-lhe provimento (STJ, AREsp nº 974.254/TO 2016/0227450-9, Rel. Min. Ribeiro Dantas, j. 21.09.2021, 5ª Turma, *DJe* 27.09.2021).

### 18.2.3.3 Teoria objetivo-material

Para a teoria objetivo-material, não apenas a realização do verbo nuclear do tipo deve ser considerada início da execução, mas também, **por criar perigo ao bem jurídico tutelado, a prática de qualquer ato que, por estar intimamente ligado à realização da conduta nuclear, deve ser dela considerada parte integrante**. Para essa teoria, retomando o exemplo acima, inicia a execução do crime de furto o agente que viola o domicílio de alguém para subtração de bens. Afinal, por uma concepção natural, não se teria como subtrair os bens que estão dentro do imóvel sem adentrá-lo.

### 18.2.3.4 Teoria objetivo-individual

Para a teoria objetivo-individual, a fixação do que seria **início da execução de um crime depende sempre da análise do plano individual de seu autor**. Para a teoria objetivo-individual, o início da execução se dá com a realização da conduta típica, mas também com atos que lhe são imediatamente anteriores, segundo o plano concreto do autor.

Trata-se da teoria defendida por **Welzel** (*apud* ZAFFARONI, 1996, p. 669), para quem "a tentativa começa com a atividade com que o autor, segundo seu plano delitivo, imediatamente aproxima-se da realização do plano delitivo". Cuida-se, como aponta Santos (2002, p. 309), de formulação moderna da teoria objetivo-subjetiva. **Zaffaroni e Pierangeli** (2004, p. 669), embora entendam o critério objetivo-individual como sendo o que nos permite maior grau de aproximação dentre os critérios formulados pelas demais teorias, destacam que a teoria objetivo-individual não é suficiente para sanar as controvérsias acerca do que seria início da execução e que a delimitação entre atos preparatórios e atos de execução "continua sendo um problema em aberto, e que a ciência jurídico-penal ainda não resolveu satisfatoriamente".

Para exemplificarmos o que propõe a teoria objetivo-individual, poderíamos imaginar os seguintes exemplos:

1. Um homem que, desejando matar alguém, se colocasse, horas antes, nas proximidades do local em que passaria a vítima, contra quem lançaria, de forma certeira, uma única facada em região letal. Como a vítima somente chegaria ao local horas mais tarde, o agente, ciente de que não poderia falhar, decidiu treinar, arremessando a faca diversas vezes na marcação feita como alvo em uma árvore. O local era bem pouco iluminado. Depois de ter lançado o objeto diversas vezes, percebeu ter atingido um objeto e, aproximando-se daquilo que pareceria ser o corpo de alguém, constatou ter atingido a própria vítima, que conseguira antecipar um voo, chegando horas antes do previsto pelo agente. Este, pensando tê-la matado, se afastou imediatamente do local para não ser visto. A vítima, contudo, sobreviveu. Nesse caso, não se pode entender ter havido início de execução de crime de homicídio, porque o agente, ao arremessar a faca, não o fez, segundo seu plano concreto, como início da execução do crime que pretendia praticar, ou seja, o autor não se colocou em relação imediata com a realização do tipo do delito segundo seu plano delitivo. Não houve, portanto, tentativa de homicídio, mas lesão corporal culposa. Deve-se atentar para o fato de que, ainda que ele festeje o resultado posteriormente, ao perceber que alcançou seu propósito, não se poderá responsabilizá-lo por crime doloso. O dolo deve estar presente quando da realização da conduta típica. No momento em que lançou a faca que acabou por atingir a vítima, aquele homem não o fez para atingi-la. Não há dolo subsequente.

2. Uma mulher quer matar o seu marido com uma comida e nela adiciona veneno para que ela própria o sirva posteriormente. Nessa hipótese, o fato de colocar o veneno na comida é um ato preparatório. Afinal, ela ainda tem uma outra conduta a realizar para provocar a morte do marido, qual seja, servi-lo. Nessa hipótese, de acordo com o seu plano concreto, a colocação de veneno não é a conduta mais próxima da realização da conduta típica. Destarte, não se pode falar em início da execução, que somente se dará quando ela servir o alimento.

3. Uma mulher quer envenenar o seu marido com uma comida e nela adiciona veneno para que o marido se sirva do alimento por ela envenenado. Nesse caso, já existe iní-

cio da execução, porque, de acordo com seu plano concreto, a colocação do veneno é sua última intervenção antes de o marido ingerir a refeição preparada, guardando proximidade da realização do tipo.[1]

### 18.2.3.5 Teoria da hostilidade ao bem jurídico

Cuida-se de teoria preconizada por **Mayer**, para quem só haveria tentativa se houvesse **agressão direta ao bem juridicamente tutelado**. O ato preparatório se distingue do ato de execução: enquanto o primeiro torna possível o ataque, o segundo representa efetiva e direta agressão ao bem jurídico.

### 18.2.4 Atos de preparação transformados em crimes autônomos

As ações que caracterizam preparação, em regra, "são impuníveis porque a distância que as separa da consumação não permite defini-las como ameaça séria ao bem jurídico protegido na lei penal" (SANTOS, 2002, p. 316). Consoante já mencionado aqui, somente a partir do início dos atos de execução a conduta passa a ser alcançada pelo tipo penal. A preparação, assim, é impunível.

Contudo, em certas hipóteses, para antecipar a barreira penal, o legislador tipifica como crimes autônomos atos que poderiam ser considerados preparatórios de outros delitos. Nesse caso, surge o que a doutrina convencionou denominar crime obstáculo.

O crime de **petrechos para falsificação de moeda**, descrito no art. 291 do Código Penal, é um exemplo de crime obstáculo. A aquisição de maquinismos destinados especialmente à fabricação de moedas é, à toda evidência, ato preparatório para o crime de falsificação de moeda.

O legislador, porém, prevê essa figura como crime autônomo e o agente, ao ser responsabilizado pela conduta de adquirir o maquinismo para fabricação de moeda, não estará sendo responsabilizado por tentativa de crime de moeda falsa. Sua responsabilização se dará por ter consumado o crime do art. 291 do Código Penal, cujo tipo objetivo estará, assim, completo.

Idêntica solução o legislador adotou quanto aos atos de preparação para o crime de terrorismo:

> **Lei nº 13.260/2016, art. 5º** Realizar atos preparatórios de terrorismo com o propósito inequívoco de consumar tal delito:
> **Pena** – a correspondente ao delito consumado, diminuída de um quarto até a metade.

---

[1] Os exemplos foram extraídos de Zaffaroni e Pierangelli (2000, p. 53-54).

> **Decifrando a prova**
>
> **(2017 – DPE/SC – Defensor Público Substituto – FCC – Adaptada)** A Lei Antiterrorismo (Lei nº 13.260/2016) prevê a punição de atos preparatórios de terrorismo quando realizados com o propósito inequívoco de consumar o delito.
> ( ) Certo ( ) Errado
> **Gabarito comentado:** nos termos do art. 5º da Lei nº 13.260/2016, em que a lei optou pela tipificação como crime autônomo, a assertiva está certa.

## 18.2.5 Consumação

Como mencionado neste capítulo, a **consumação** é alcançada quando se completa o tipo penal, conseguindo-se reunir todos os elementos do tipo. A definição de crime consumado pode ser encontrada no art. 14, I, do Código Penal.

> **CP, art. 14.** Diz-se o crime:
> I – Consumado, quando nele se reúnem todos os elementos de sua definição legal.

A seguir, analisaremos o momento consumativo de algumas das várias modalidades criminosas existentes na legislação penal brasileira.

### 18.2.5.1 Crimes materiais

Crimes materiais são aqueles que descrevem um resultado naturalístico e exigem esse resultado para a sua consumação. Assim, a consumação desses crimes somente se dará **no momento em que sobrevém o resultado**, com a transformação no mundo exterior provocada pela conduta do agente.

### 18.2.5.2 Crimes formais

Crimes formais são aqueles que têm um resultado, mas não exigem o resultado para sua consumação. Assim, a consumação se dará **com a prática da conduta nuclear do tipo**, independentemente da superveniência do resultado. Neles, se o resultado sobrevier, o crime estará exaurido.

### 18.2.5.3 Crimes de mera conduta

Neles, o tipo não descreve nenhum resultado e o crime se consuma **com a simples realização da conduta** descrita na norma.

### 18.2.5.4 Crimes permanentes

Os crimes permanentes, sendo aqueles cuja conduta se prolonga no tempo, se **consumam durante todo o tempo em que a conduta se protrair no tempo**. Assim, no crime de tráfico, descrito no art. 33 da Lei nº 11.343/2006, na modalidade de "ter em depósito", o crime se consumará durante todo o tempo em que o agente mantiver em depósito a substância catalogada como droga pelas autoridades sanitárias competentes.

### 18.2.5.5 Crimes culposos

A regra é que os crimes culposos sejam materiais,[2] e, assim, sua consumação virá **quando sobrevier o resultado**, o evento naturalístico descrito no tipo.

### 18.2.5.6 Crimes omissivos próprios e impróprios

Os crimes omissivos próprios se consumam **com a mera inatividade do agente**, que não observa o dever legal de agir imposto pela norma. Por serem materiais, os crimes omissivos impróprios, ou comissivos por omissão, se consumarão com a ocorrência do resultado e não com a mera omissão.

### 18.2.5.7 Crimes habituais

Considerando-se que o conceito dado pela doutrina brasileira ao crime continuado faz com que sua definição repouse na reiteração da conduta, o crime habitual somente se consuma **quando o agente reitera o comportamento**, sendo a prática de cada uma das condutas, isoladamente considerada, um irrelevante penal.

### 18.2.5.8 Crimes qualificados pelo resultado

Sua consumação se dá **com a superveniência do resultado agravador**. Ex.: art. 129, § 3º, do CP, que somente se consuma com a morte.

### 18.2.5.9 Crimes complexos

Crimes complexos são aqueles que resultam da soma de elementares de outros crimes, havendo a fusão de dois ou mais tipos penais. A consumação do crime complexo somente se dará **quando estiverem consumados todos os crimes componentes**.

Em que pese a orientação anterior, com relação ao crime de latrocínio, que também pode ser classificado como crime complexo, a doutrina diverge quanto ao seu momento

---

[2] Como já vimos nesta obra, no Direito Penal brasileiro existem crimes culposos de mera conduta, em que apenas se descreve um comportamento violador do dever de cuidado, sem, contudo, descrever qualquer resultado advindo da conduta do agente, tal qual ocorre com o crime do art. 63, § 2º, do Código de Defesa do Consumidor (Lei nº 8.078/1990).
"**Lei nº 8.078/1990**, art. 63. Omitir dizeres ou sinais ostensivos sobre a nocividade ou periculosidade de produtos, nas embalagens, nos invólucros, recipientes ou publicidade. (...) § 2º Se o crime é culposo: (...)".

consumativo na hipótese em que o agente atua com dolo com relação ao evento morte.[3] As seguintes situações podem ocorrer:

a. subtração e homicídio consumados: latrocínio consumado;
b. subtração e homicídio tentados: latrocínio tentado;
c. subtração consumada e homicídio tentado: latrocínio tentado;
d. subtração tentada e homicídio consumado: nessa hipótese é que as controvérsias se colocam.

• **1ª corrente:** latrocínio tentado, eis que o crime de latrocínio, por ser complexo, somente estaria consumado se os crimes componentes igualmente estivessem consumados. Se um dos crimes componentes estiver apenas tentado, o crime complexo estará igualmente tentado.

• **2ª corrente:** em havendo morte consumada, ainda que o agente nada tenha conseguido subtrair da vítima, o latrocínio deve ser considerado consumado. É a corrente amplamente majoritária e que, por se tratar de entendimento cristalizado em Súmula do STF, deverá ser utilizado.

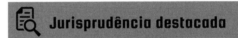

**Súmula nº 610, STF.** Há crime de latrocínio, quando o homicídio se consuma, ainda que não realize o agente a subtração de bens da vítima.

## 18.2.5.10 Crimes de perigo concreto

Consumam-se quando o bem jurídico tutelado pela norma é efetivamente exposto a perigo de dano, sem o qual o crime sequer se caracteriza. Ex.: no crime do art. 308 do Código de Trânsito Brasileiro, a consumação se dará quando aquele que participa de competição automobilística não autorizada expuser alguém a perigo com o seu comportamento.

## 18.2.5.11 Crimes de perigo abstrato

Consumam-se com a **mera realização da conduta** que o legislador, por presumir perigosa, descreve na norma penal incriminadora, independentemente de demonstração de ter havido efetiva exposição de qualquer pessoa ou mesmo da coletividade a efetivo perigo de dano. É o que ocorre com o crime de embriaguez ao volante, que estará consumado quando o agente assumir a direção de veículo automotor na via pública.

---

[3] Na hipótese de morte culposamente provocada, não há tentativa de latrocínio e o crime se consuma no momento em que sobrevém a morte.

## 18.2.6 Exaurimento

O exaurimento se dá quando o agente, após a consumação, obtém o proveito do crime. O delito estará exaurido quando produzir todos os efeitos danosos consequentes à violação, não podendo mais o agente intervir para impedi-la (BECKER, 2004).

Poderíamos citar o exemplo da extorsão mediante sequestro, descrita no art. 159 do Código Penal, que se consuma com a privação da liberdade da vítima. No referido crime, o exaurimento se dará quando o agente obtiver qualquer vantagem como condição ou preço do resgate. Assim, **o crime exaurido, também denominado crime esgotado**, é aquele de que o agente extrai proveito. Zaffaroni e Pierangeli (1995, p. 13) se utilizam do termo "consumação material do crime" quando se referem ao exaurimento, não sendo por outra razão que os crimes formais são denominados crimes de consumação antecipada (BIERRENBACH, 2009, p. 72).

É, em algumas infrações penais:

> (...) a última etapa do *iter criminis*, devendo ser levado em conta, por ocasião da dosimetria da pena-base, como circunstância judicial desfavorável ao agente, quando não figurar como qualificadora ou causa de aumento de pena do crime, tal qual ocorre nos arts. 329, § 1º, e 317, § 1º, respectivamente.[4]

Embora não esteja presente como etapa do caminho que o agente percorre para realizar a grande maioria dos crimes, não podemos concordar com a parcela da doutrina que entende não ser o exaurimento parte integrante do *iter criminis*, como lecionam Masson (2019b, p. 278) e Bitencourt (2020, p. 551), para quem o *iter criminis* tem somente quatro fases, encerrando-se com a consumação.[5]

> **Decifrando a prova**
>
> **(2004 – MP/DF – Promotor de Justiça – Adaptada)** O *iter criminis* compreende os seguintes momentos: cogitação, preparação, execução, consumação formal e exaurimento.
> ( ) Certo    ( ) Errado
> **Gabarito comentado:** a assertiva foi dada como errada, o que mostra ter sido adotada a corrente que defende que o exaurimento não é parte do *iter criminis*.

## 18.3 CONCEITO DE TENTATIVA

O conceito de crime tentado é extraído do art. 14, II, do Código Penal:

---

[4] Os exemplos são dados por Masson (2019b, p. 278) e Estefam (2010, p. 236).
[5] Parece ser também a orientação de Estefam (2010, p. 236) ao se referir ao exaurimento como algo que ocorre depois de encerrado o *iter criminis*.

> **CP, art. 14.** Diz-se o crime: (...)
>
> II – tentado, quando, iniciada a execução, não se consuma por circunstâncias alheias à vontade do agente.

A tentativa, também denominada *conatus*, é, assim, a **realização incompleta, defeituosa do tipo objetivo**. Não é por outra razão que a doutrina a identifica como tipo manco, truncado, carente (FRANCO, 1997, p. 152).

Deve-se pontuar que não existe qualquer diferença entre o tipo subjetivo do crime tentado e o tipo subjetivo do crime consumado.

Afinal, o tipo subjetivo da tentativa é o dolo e o que se quer no crime consumado é o mesmo que se quer, mas não se consegue, no crime tentado. Portanto, a subjetividade típica na tentativa é completa (ZAFFARONI; PIERANGELI, 1995, p. 59).

## 18.4 NATUREZA JURÍDICA DA TENTATIVA

A tentativa, de acordo com o Código Penal brasileiro, é prevista como **causa de diminuição da pena** a ser considerada na terceira fase de aplicação da pena, segundo a sistemática trazida pelo art. 68 do Código Penal.

> **CP, art. 14.** (...)
>
> **Parágrafo único.** Salvo disposição em contrário, pune-se a tentativa com a pena correspondente ao crime consumado, diminuída de um a dois terços.

Como se percebe da leitura do dispositivo em análise, que encerra a regra geral para a figura do crime tentado, é possível que a parte especial do Código Penal e até mesmo as leis especiais, com fulcro no art. 12 do Código Penal, tragam diferentes percentuais ou frações de diminuição de pena para o crime tentado. Poderão, inclusive, cominar novas penas mínima e máxima para o crime tentado.

Assim, podemos citar o exemplo do art. 5º da Lei nº 2.889, de 1956, que dispõe sobre o crime de **genocídio** e determina aplicação, para o crime tentado, de 2/3 (dois terços) da pena do crime consumado.

Dessa forma, determina uma **redução fixa de 1/3** (um terço) para cálculo da pena da tentativa de genocídio.

> **Lei nº 2.889/1956, art. 5º** Será punida com 2/3 (dois terços) das respectivas penas a tentativa dos crimes definidos nesta lei.

Isso sem contar as hipóteses em que o tipo penal, descrevendo a forma tentada, a equipara à forma consumada, aplicando-lhe **pena idêntica**, tal qual ocorre no crime previsto no art. 352 do Código Penal.

### 18.4.1 Critério para diminuição da pena na tentativa

Em hipóteses como a da regra do art. 14, parágrafo único, do Código Penal, em que se tem variação para diminuição da pena da tentativa (diminuição de 1 a 2/3), podendo o magistrado se movimentar entre as frações mencionadas na lei, o critério a ser utilizado é o de menor ou maior proximidade da consumação.

Assim, quanto **mais distante** o crime ficar da consumação, maior deverá ser a redução e, portanto, **menor será a pena imposta**. Ao contrário, quanto **mais próximo** da consumação, menor deverá ser a redução aplicada pelo juiz e, consequentemente, **maior será a pena**.

### Jurisprudência destacada

(...) Quanto à fração aplicada para a redução da pena, em razão do delito tentado, sua modulação é inversamente proporcional ao *iter criminis* percorrido. É dizer: quanto maior o caminho percorrido pela conduta do agente, antes de efetivamente violar o bem juridicamente tutelado pela norma, maior o perigo ao qual o bem jurídico resultou exposto e maior será o desvalor da conduta, a ensejar uma menor redução da pena (AgRg no HC nº 604.895/SC, Rel. Min. Reynaldo Soares da Fonseca, 5ª Turma, j. 22.09.2020).

### Decifrando a prova

**(2013 – TJ/SP – Juiz – Vunesp – Adaptada)** Conforme o disposto no art. 14, parágrafo único, do Código Penal, 'Salvo disposição em contrário, pune-se a tentativa com a pena correspondente ao crime consumado, diminuída de um a dois terços'. O critério de diminuição da pena levará em consideração o *iter criminis* percorrido pelo agente.
( ) Certo    ( ) Errado
**Gabarito comentado:** mais distante da consumação, maior deverá ser a redução e, portanto, menor será a pena imposta. Portanto, a assertiva está certa.

Contudo, em hipóteses como a da Lei nº 2.889, de 1956, em que a redução é fixa, ao magistrado caberá aplicá-la, embora possa (e deva!) considerar a maior ou menor proximidade da consumação quando da fixação da pena-base (art. 59 do Código Penal), pois não se pode negar que são mais drásticas as consequências do crime tentado quando ele mais se aproxima da consumação.

### 18.4.2 A adequação típica na tentativa

Uma breve e superficial leitura da legislação penal brasileira nos revela que a grande maioria, a quase totalidade dos crimes é prevista na modalidade consumada. Não são comuns tipos penais como o do art. 352 do Código Penal, que descreve o crime em estado de tentativa.

Assim, poderíamos nos questionar como podem, à luz do princípio da legalidade, ser consideradas típicas as tentativas de furto, de roubo, de homicídio, de peculato etc. se não há uma norma penal que as descreva.

De fato, em regra **não há adequação típica imediata na tentativa**.

Se Larapius Augustus tenta subtrair os pertences da bolsa de uma mulher no interior de um coletivo e não consegue por razões alheias à sua vontade, é certo que não há subsunção, não há adequação de plano, de imediato, direta de sua conduta ao modelo legal incriminador do furto.

Porém, por força da norma do art. 14, II, do CP, será possível estender, ampliar a incidência do art. 155 do Código Penal para o início da execução, abrangendo, assim, a conduta de Larapius Augustus.

Não fosse a norma do art. 14, II, do CP, a conduta do meliante não poderia ser considerada típica.

Portanto, **a adequação típica na tentativa é mediata, indireta**.

A norma do art. 14, II, do CP, a seu turno, por estender o tipo penal a uma fase por ele não descrita, é uma norma de extensão. Mais: por ampliar a incidência da norma penal incriminadora para um momento anterior ao da consumação, permitindo que aquela conduta de quem iniciou a execução seja alcançada pelo tipo penal incriminador, o art. 14, II, do CP é uma norma de adequação típica mediata por ampliação temporal. Não fosse o art. 14, II, do CP, aquele espaço de tempo no *iter criminis* que vai desde o início da execução até a consumação seria atípico.

Observe o gráfico:

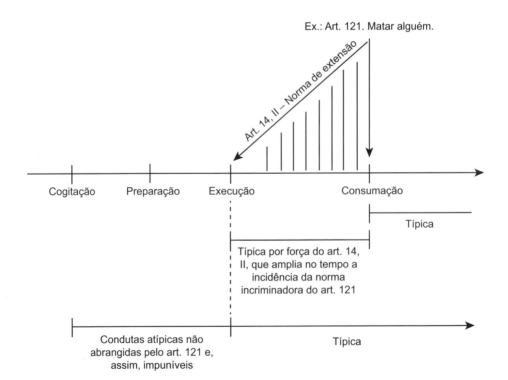

## 18.5 ELEMENTOS DO FATO TÍPICO TENTADO

O fato típico tentado é composto por:

1. início da execução;
2. não superveniência do resultado por razões alheias à vontade do agente;
3. dolo.

### 18.5.1 Início da execução

Consoante já estudado neste capítulo, **várias são as teorias** que buscam definir o que seria o início da execução. Certo, porém, que o legislador brasileiro recusou a adoção de uma teoria puramente subjetiva e, portanto, distingue atos preparatórios de atos de execução.

Das teorias objetivas, em que pesem as controvérsias existentes, cremos ter sido adotada pelo nosso Código Penal a teoria objetivo-formal ou lógico-formal, só devendo ser compreendido como início da execução o **início da realização do verbo do tipo**. Trata-se da solução que melhor atende à estrita legalidade. Nesse sentido, também Capez (2003, p. 225), Bitencourt (2020, p. 553) e Aníbal Bruno (1959, p. 234).

Todavia, aqui valem, mais uma vez, as palavras de Greco (2019, p. 369) no sentido de que:

> (...) embora existam os atos extremos, em que não há possibilidade de serem confundidos, a controvérsia reside naquela zona cinzenta na qual, por mais que nos esforcemos, não teremos a plena convicção se o fato é de preparação ou de execução. Ainda não surgiu, portanto, teoria suficientemente clara e objetiva que pudesse solucionar esse problema.

Em que pesem os argumentos acima, o STJ, que, como já mencionado neste capítulo, se utiliza da teoria objetivo-formal (STJ, AREsp nº 974.254/TO 2016/0227450-9, Rel. Min. Ribeiro Dantas, j. 21.09.2021, 5ª Turma, *DJe* 27.09.2021), também já decidiu pela sua não aplicação, entendendo desnecessário o início da realização da conduta nuclear do tipo para que se reconheça a tentativa. No julgado a seguir, a Corte se utilizou da **teoria objetivo-subjetiva**.

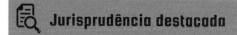

Recurso especial. Tentativa de furto. Atos executórios. Ingresso na residência. Início da subtração. Desnecessidade. Teoria mista. Adoção. Precedentes do STJ. Recurso provido.
1. Hipótese em que, surpreendido dentro da casa da vítima sem estar na posse de algum objeto, o réu foi absolvido, ao entendimento de que a ação constitui mero ato preparatório impunível. 2. Nos termos das teorias objetiva e subjetiva, o início dos atos executórios pode **ser aferido por outros elementos que antecedem a própria subtração da coisa, tais como, a pretensão do autor, a realização de atos tendentes à ação típica, ainda que periféricos,** a idoneidade do ato para a realização da conduta típica e a probabilidade

> concreta de perigo ao bem jurídico tutelado, considerados os atos já realizados no momento da prisão do agente. 3. Embora a subtração não tenha sido efetivamente iniciada, o risco ao patrimônio de quem teve a casa já invadida, quando é o agente criminoso surpreendido, considerando-se a idoneidade da invasão para a realização da conduta típica, constituem relevantes atos periféricos indubitavelmente ligados ao tipo penal do delito de furto. 4. Os atos externados **na conduta do agente, extraídos das premissas fáticas delineadas no acórdão, ultrapassaram meros atos de cogitação ou de preparação e, de fato, expuseram a perigo real o bem jurídico protegido pela norma penal. 5. Recurso especial provido para restabelecer** a sentença condenatória (STJ, REsp nº 1.683.589/RO 2017/0169452-0, Rel. Min. Nefi Cordeiro, j. 19.03.2019, 6ª Turma, *DJe* 26.03.2019, RSTJ v. 254, p. 1482).

## 18.5.2 Dolo

O elemento subjetivo do crime tentado é o dolo e, como aqui já destacado, não existe diferença entre o tipo subjetivo consumado e o tipo subjetivo do crime tentado. A tentativa sempre requer o dolo, ou seja, o querer do resultado (ZAFFARONI; PIERANGELI, 1996, p. 665). Conforme escólio de Bitencourt (2020, p. 556):

> Não há dolo de tentar fazer algo, de tentar realizar uma conduta delitiva. O dolo é sempre de fazer, de realizar, de concluir uma ação determinada. O dolo da tentativa é o mesmo do crime consumado.

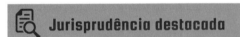

> 1. O delito consumado e a tentativa não são duas diferentes modalidades de delito, mas somente distintas manifestações de um único delito. 2. Como o réu não se defende da capitulação da denúncia, mas do fato descrito na exordial acusatória, não há a nulidade prevista no art. 384 do CPP, visto que o magistrado limitou-se a dar definição jurídica diversa (crime tentado) da que constou na denúncia (crime consumado), aplicando pena menos grave. 3. Ordem denegada (STJ, HC nº 297.551/MG 2014/0152418-0, Rel. Min. Rogerio Schietti Cruz, j. 05.03.2015, 6ª Turma, *DJe* 12.03.2015).

**O dolo da tentativa é apenas o dolo direto ou também o dolo eventual se prestaria à caracterização do *conatus*?**

Sobre o tema, há controvérsias na doutrina:

- **1ª corrente**: Zaffaroni e Pierangeli (2004, p. 665) defendem que o dolo na tentativa **pode ser o direto ou o eventual**, destacando não existir qualquer razão para se excluir da figura do crime tentado o dolo eventual. Justificando sua posição, argumentam que existe tentativa de homicídio quando se joga uma granada de mão sobre alguém e não se consegue matá-lo, mas também quando se lança uma granada de mão contra um prédio sem a preocupação com a possível morte do morador que dorme próximo à janela. Hungria (1958b, p. 90), que também sustentava a possibilidade de dolo eventual na tentativa, destacava que dificuldades processuais relacionadas à comprovação de que teria havido início da execução, não poderiam influir na conceituação do instituto.

> Do mesmo modo que é conciliável com o dolo ímpeto, a tentativa também o é com o dolo eventual. Este ponto de vista é inquestionável em face de nosso Código, que equiparou o dolo eventual ao dolo direto. Se o agente aquiesce no advento do resultado específico do crime, previsto como possível, é claro que este entra na órbita de sua volição.

Joppert, que também integra essa primeira corrente, não vê como possível afastar da tentativa o dolo eventual, na medida em que este foi equiparado ao dolo direto no art. 18 do Código Penal.

Busato, afirmando que o dolo eventual não é mais que uma classe de dolo, tendo a mesma natureza do dolo direto e dele somente se distinguindo em termos de intensidade, igualmente reconhece compatibilidade entre a tentativa e o dolo eventual. "Tolerar o resultado, consentir em sua provocação, estar a ele conforme, assumir o risco de produzi-lo não passam de formas diversas de expressar um único momento, o de aprovar o resultado alcançado, enfim, o de querê-lo", como adverte Alberto Silva Franco (1997, p. 284).

Demais disso, deve-se perceber que, na Exposição de Motivos do Código Penal de 1940, consta, *in verbis*:

> (...) O dolo eventual é, assim, plenamente equiparado ao dolo direto. É inegável que arriscar-se conscientemente a produzir um evento vale tanto quanto querê-lo: ainda que sem interesse nele, o agente o ratifica *ex ante*, presta anuência ao seu advento.

Trata-se da orientação prevalente na doutrina e também encampada pelo STJ. É a atual posição dos autores.

**Jurisprudência destacada**

(...) 1. Este Superior Tribunal reconhece a compatibilidade entre o dolo eventual e a tentativa, consequentemente cabível a decisão de pronúncia do agente em razão da suposta prática de tentativa de homicídio na direção de veículo automotor (STJ, REsp nº 1.486.745/SP 2014/0259422-6, Rel. Min. Sebastião Reis Júnior, j. 05.04.2018, 6ª Turma, *DJe* 12.04.2018).

- **2ª corrente:** o dolo eventual não é compatível com a figura da tentativa porque, nesta, o resultado não ocorre por circunstâncias alheias à vontade do agente. Não existe vontade do agente na produção do resultado quando se está diante de dolo eventual, para o qual se adotou a teoria do consentimento ou do assentimento.

Assim, não há como se conceber tentativa de algo não desejado pelo agente. Na tentativa, **só cabe o dolo direto**. Esse entendimento é também sufragado por Mirabete (2013a, p. 145) e Greco (2019, p. 381), que argumenta:

(...) A própria definição legal do conceito de tentativa nos impede de reconhecê-la nos casos em que o agente atua com dolo eventual. Quando o Código Penal, em seu art. 14, II, do CP, diz ser o crime tentado quando, iniciada a execução, não se consuma por circunstâncias alheias à vontade do agente, nos está a induzir, mediante a palavra vontade, que a tentativa somente será admissível quando a conduta do agente for finalística e diretamente dirigida à produção de um resultado, e não nas hipóteses em que assume o risco de produzi-lo, nos termos propostos pela teoria do assentimento. O art. 14, II, do Código Penal adotou, portanto, para fins de reconhecimento do dolo, tão somente a teoria da vontade.

### 18.5.3 Não superveniência do resultado por razões alheias à vontade do agente

Uma vez iniciada a execução de um crime, o resultado pode acabar não ocorrendo por duas razões distintas: 1. porque o próprio agente não mais o desejou e impediu que sobreviesse, hipótese em que teremos desistência voluntária ou arrependimento eficaz; ou 2. por razões alheias à sua vontade, hipótese em que estará configurada a tentativa.

## 18.6 TEORIAS SOBRE A PUNIBILIDADE DO CRIME TENTADO

### 18.6.1 Teoria subjetiva

Originada na Alemanha e tendo em **Von Buri** seu principal expoente, a teoria subjetiva aponta **a vontade como fundamentadora da punibilidade do crime tentado**.

Para a teoria subjetiva, no crime tentado a vontade do agente, contrária ao Direito, por ser completa, é decisiva e perfeita. O crime tentado, portanto, não apresenta imperfeição no plano subjetivo. A imperfeição da tentativa somente existe no aspecto objetivo do tipo, que não reúne todos os seus elementos. Para essa teoria, portanto, a pena da tentativa deveria ser idêntica à do crime consumado.

### 18.6.2 Teoria sintomática

Atribuída à **Escola Positiva de Ferri**, a teoria sintomática fulcra a punibilidade da tentativa na **periculosidade do agente**, revelada com a prática dos atos preparatórios. Permite a punição dos atos preparatórios.

### 18.6.3 Teoria objetiva

De acordo com a teoria objetiva, em que pese o agente, no crime tentado, expor a perigo o bem jurídico tutelado, o perigo causado no *conatus* não pode ser comparado à gravidade do crime consumado.

Para a teoria objetiva, portanto, a punibilidade da tentativa encontra **fundamento no perigo a que é exposto o bem jurídico, mas, sendo a lesão menor na tentativa, a conduta do agente merece punição menos severa**.

### 18.6.4 Teoria da impressão

Cuida-se da teoria mais aceita no Direito europeu, a teoria da impressão faz repousar o fundamento da punibilidade da tentativa na impressão de agressão ao direito provocada pela conduta do agente, alterando o sentimento de segurança da coletividade.

Para a referida teoria, portanto, a tentativa é punível pela atuação da vontade do agente, que se revela contrária ao direito, desde que seja idônea para abalar a confiança da sociedade na vigência do ordenamento jurídico por expor o bem jurídico a perigo de lesão.

Assim, a punibilidade da tentativa se justifica para estabilização da confiança na validade normativa, consoante destaca Jescheck (*apud* BUSATO, 2018, p. 678). Como salienta Brandão (2007, p. 224), "(...) a teoria da impressão surgiu da tentativa de conciliar elementos objetivos e subjetivos para fundamentar a punibilidade da tentativa".

### 18.6.5 Teoria adotada no Direito Penal brasileiro

A teoria objetiva foi adotada como regra no Código Penal, que, atendo-se ao aspecto objetivo do delito tentado, que, incompleto, inacabado, imperfeito, autoriza punição menos rigorosa, sendo essa a razão pela qual o Código Penal autoriza a diminuição de 1 a 2/3 para o *conatus*, nos termos do seu art. 14, parágrafo único.

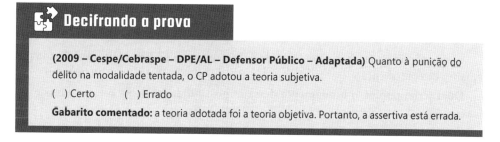

**(2009 – Cespe/Cebraspe – DPE/AL – Defensor Público – Adaptada)** Quanto à punição do delito na modalidade tentada, o CP adotou a teoria subjetiva.
( ) Certo    ( ) Errado
**Gabarito comentado:** a teoria adotada foi a teoria objetiva. Portanto, a assertiva está errada.

Deve-se, contudo, pontuar ter sido **excepcionalmente adotada pelo Código Penal a teoria subjetiva** nas hipóteses em que o crime consumado e tentado forem equiparados, aplicando-lhes as mesmas penas, porque o legislador, nesses casos, se atém à vontade criminosa do agente, importando-se mais com o desvalor da ação do que com o desvalor do resultado. É o que ocorre nos denominados crimes de atentado (Ex.: art. 352 do Código Penal).

> **Decifrando a prova**
>
> **(2014 – Fundep – TJ/MG – Juiz de Direito Substituto – Adaptada)** Nos chamados crimes de atentado, a tentativa é equiparada ao crime consumado, havendo a aplicação da teoria subjetiva.
> ( ) Certo ( ) Errado
> **Gabarito comentado:** o legislador cominou ao crime tentado a mesma pena que comina ao consumado por entender que o que vale para fundamentar a punibilidade da tentativa é a vontade criminosa do agente, dando, destarte, maior importância ao desvalor da ação do que ao desvalor do resultado. Cuida-se de excepcional adoção da teoria subjetiva para fundamentar a punibilidade da tentativa. Portanto, a assertiva está certa.

O Código Penal Militar, a seu turno, também adotou a teoria objetiva como regra e, assim como o Código Penal, excepcionalmente admite a utilização da teoria subjetiva, ao permitir, no parágrafo único do art. 30, que o juiz, em caso de excepcional gravidade, aplique a pena do crime consumado.

**CPM, art. 30. (...)**

**Parágrafo único.** Pune-se a tentativa com a pena correspondente ao crime, diminuída de um a dois terços, podendo o juiz, no caso de excepcional gravidade, aplicar a pena do crime consumado.

## 18.7 INFRAÇÕES PENAIS E INADMISSIBILIDADE DA TENTATIVA

### 18.7.1 Contravenções penais

A Lei de Contravenções Penais estabelece:

**Art. 4º** Não é punível a tentativa de contravenção.

Assim, não se pode ter qualquer dúvida de que ninguém pode ser responsabilizado por tentativa de contravenção.

**Qual seria, porém, o fundamento dessa impossibilidade?** Sobre o tema, formam-se duas correntes:

- **1ª corrente:** as contravenções, a rigor, **admitem**, em tese, a tentativa. Contudo, por razão de política criminal, **não se pune tentativa** de contravenção, consoante regra trazida pelo art. 4º da LCP. Era a nossa posição.

- **2ª corrente:** é a nossa posição atual, seguindo, dentre outros, o ensinamento de Rogério Greco, que entende que, não tendo sido permitida pelo legislador aplicação da norma de extensão do art. 14, II, do Código Penal, a **tentativa de contravenção é atípica** e, consequentemente, não é punível. O fato de a lei mencionar não ser punível a tentativa de contravenção não nos permite dizer que se trata de hipótese de ausência de punibilidade. Afinal, é possível que a lei mencione punibilidade quando, a rigor, se refere à atipicidade, como ocorre com o disposto no art. 17 do Código Penal. Ali, a lei, embora mencione "não ser punível a tentativa" ao tratar de crime impossível, nos traz hipótese de atipicidade, como veremos no capítulo 20.

## 18.7.2 Crimes culposos

Sendo o **dolo o tipo subjetivo da tentativa**, não se admite tentativa de crime culposo. Afinal, no crime culposo, o agente jamais dirigiu sua vontade finalisticamente ao resultado descrito no tipo. Assim, não há espaço para tentar o que jamais se pretendeu realizar. Sendo a tentativa "intenção sem resultado", é inconciliável com o crime culposo, onde se tem "um resultado sem intenção" (JOPPERT, 2011, p. 223).

Entretanto, **a tentativa é perfeitamente possível na denominada culpa imprópria**, definida na parte final do art. 20, § 1º, do Código Penal, na hipótese de erro vencível (inescusável) nas descriminantes putativas. A possibilidade do *conatus* na hipótese deriva da conclusão de que, a rigor, o que ali se tem é crime doloso, praticado pelo agente que pensa erroneamente estar atuando sob o escudo dos pressupostos fáticos de uma causa de justificação. Tendo seu erro derivado de culpa, o legislador, por razões político-criminais, reservou-lhe tratamento dispensado ao crime culposo, caso exista previsão de figura culposa correspondente. Por se tratar de dolo punido como se culpa fosse, cabe a tentativa.

## 18.7.3 Crimes omissivos puros ou próprios

Não admitem a tentativa, consumando-se com a mera inação. O simples não fazer o que a norma determina já caracteriza o crime. Assim, das duas, uma: ou o agente realiza a conduta exigida pela lei e não haverá crime ou, violando o dever de agir, se abstém de realizá-la e o crime estará consumado.

## 18.7.4 Crimes preterdolosos

São crimes em que o agente, desejando o resultado menos grave, acaba por provocar um resultado mais grave que jamais desejou. Assim, sendo o **resultado mais grave provocado culposamente pelo agente**, não cabe tentativa. Pensemos nas seguintes hipóteses, que demonstram a impossibilidade de tentativa nos crimes preterdolosos.

1. O agente deseja o resultado menos grave e nem mesmo este consegue provocar: haverá tentativa do crime que desejava praticar.
2. O agente desejava o resultado menos grave e sua conduta somente provocou o resultado menos grave: responderá pelo crime menos grave, consumado.
3. O agente desejava o menos grave e quase provocou o mais grave, que jamais desejou provocar: continua respondendo apenas pelo crime que desejava, na modalidade consumada.

4. O agente desejava o menos grave e acabou provocando o mais grave, que jamais quis: responde pelo crime preterdoloso consumado.

Embora a regra indique a impossibilidade de tentativa em crimes preterdolosos, pelas razões acima destacadas, certo é que há entre nós crimes preterdolosos que a admitem, **excepcionalmente**, tal qual ocorre no crime **de aborto, com ou sem consentimento da gestante, de que resulte morte da vítima** (art. 127 do Código Penal). Cuida-se de crime preterdoloso, em que o abortamento se dá a título de dolo, mas em que se acaba por provocar a morte da gestante, resultado mais grave e não desejado por aquele que realizou o aborto.

> **CP, art. 127.** As penas cominadas nos dois artigos anteriores são aumentadas de um terço, se, em consequência do aborto ou dos meios empregados para provocá-lo, a gestante sofre lesão corporal de natureza grave; e são duplicadas, se, por qualquer dessas causas, lhe sobrevém a morte.

Nesse crime, pode-se vislumbrar hipótese em que, iniciada a execução do aborto, o crime não se consuma, por razões alheias à vontade do agente, preservando-se o produto da concepção. Porém, em virtude dos meios empregados para a prática do aborto, a gestante acaba não resistindo e vem a óbito. Nessa hipótese, teremos **tentativa de crime de aborto com morte da gestante**.[6]

---

[6] Bitencourt (2020, p. 405) pondera que, no Brasil, a doutrina não faz a necessária distinção entre crime preterdoloso e crime qualificado pelo resultado a título de culpa. Para nós, crimes preterdolosos são aqueles em que o agente, desejando um resultado a título de dolo, acaba por provocar um resultado mais grave, a título de culpa. São, destarte, crimes em que se tem dolo no antecedente e culpa no consequente. Crime preterdoloso, assim, acaba abrangendo também o conceito de crime qualificado pelo resultado a título de culpa e aqui são tratados como expressões sinônimas. Bitencourt, porém, destaca corrente doutrinária que refuta essa confusão e leciona que, ao contrário do que se preconiza no Brasil, não se confundem os conceitos de crime qualificado pelo resultado e crime preterdoloso (ou preterintencional). No crime verdadeiramente preterintencional, o resultado mais grave, que o agente jamais desejou causar, atinge bem jurídico que "contém" o menos grave que o agente desejava atacar. Isso ocorre na lesão corporal seguida de morte, por exemplo, em que seria impossível admitir a morte (mais grave) sem a lesão (menos grave). Nele, a tentativa é inconcebível porque não haveria como atingirmos o mais grave sem atingirmos o menos grave, necessariamente contido no mais grave. Contudo, no aborto seguido de morte da gestante, pelo fato de o resultado mais grave (morte da gestante) não necessariamente pressupor o abortamento do feto, não teríamos um crime preterdoloso, mas um crime qualificado pelo resultado a título de culpa, sendo, por isso, perfeitamente possível que, ao tentar praticar o aborto, o agente não lograsse êxito em seu propósito, mas acabasse provocando a morte da gestante, resultado por ele indesejado. Apesar da crítica feita por Bitencourt no v. 1, p. 405, de seu *Tratado de direito penal*, 26. ed., o próprio autor se contradiz (ou, pelo menos, se rende à doutrina brasileira amplamente majoritária), quando, ao discorrer sobre o crime de aborto com morte da gestante, em seu v. 2, 14. ed., p. 173, prefere denominá-lo crime preterdoloso *sui generis* para, assim, justificar a razão pela qual o crime admitiria a tentativa.

## 18.7.5 Crime de atentado

Crime de atentado, também denominado crime de empreendimento, é aquele cujo tipo objetivo descreve a **forma tentada, equiparando-a à consumada**, tal qual ocorre no crime do art. 352 do Código Penal, abaixo transcrito:

> Art. 352. Evadir-se ou tentar evadir-se o preso ou o indivíduo submetido a medida de segurança detentiva, usando de violência contra a pessoa:
> **Pena** – detenção, de três meses a um ano, além da pena correspondente à violência.

Vimos que a tentativa é a realização incompleta do tipo objetivo. No crime de atentado, entretanto, aquele que tenta realizar a conduta tipificada como criminosa já realizará de forma completa o tipo objetivo, não havendo necessidade de utilizarmos qualquer norma de extensão para encontrarmos a adequação da conduta ao modelo legal incriminador.

Por isso, os crimes de atentado não admitem tentativa.

## 18.7.6 Crimes habituais

Com relação aos crimes habituais, divergem os doutrinadores quanto à possibilidade do *conatus*.

- **1ª corrente:** a doutrina é majoritária no sentido de que inadmitem a tentativa, na medida em que essa modalidade criminosa depende, para sua existência, de reiteração da conduta. Assim, ou o agente a reitera e o crime estará caracterizado, ou não o faz, e estaremos diante de fato atípico. Em prova, deve ser a resposta escolhida.
- **2ª corrente:** caberia tentativa em crime habitual quando o agente realiza a primeira conduta e, restando evidente, pelas circunstâncias fáticas, que iria reiterá-las, não o faz por razões alheias à sua vontade. Ex.: o agente, que não tem qualificação acadêmica e profissional para o exercício da medicina, abre um consultório e, no dia em que o inaugura, é flagrado pela polícia quando atendia o primeiro paciente. Nesse caso, resta evidente que o agente reiteraria a conduta, atendendo aos pacientes da fila de espera, mas não o fez pela intervenção da polícia. No sentido do cabimento de tentativa para crimes habituais, Mirabete (2013a, p. 147), de cuja obra se extraiu o exemplo.

## 18.7.7 Crimes formais unissubsistentes

Crimes formais são aqueles que não dependem da superveniência de resultado para a sua consumação. Consumam-se com a realização da conduta. Poderão admitir, ou não, a tentativa, dependendo de serem unissubsistentes ou plurissubsistentes. Unissubsistentes são aqueles levados a efeito mediante a prática de um único ato, não sendo possível fracionar o *iter* executório. Assim, não admitem tentativa. Por isso, a injúria verbal não admite o *conatus*. Se o crime formal for plurissubsistente, como ocorre com o crime contra a honra praticado por meio escrito, haverá espaço para a tentativa, pois será possível a fragmentação da fase executória.

### 18.7.8 Crimes de mera conduta

Parte da doutrina costuma citar crimes de mera conduta como modalidade criminosa que não admite tentativa, mas a assertiva não é necessariamente correta. A rigor, tal qual ocorre com os crimes formais, o crime de mera conduta somente **não admitirá a tentativa se for unissubsistente**, não sendo admitida a fragmentação do processo executório. Ex.: o crime de violação de domicílio, descrito no art. 150 do Código Penal, por ser plurissubsistente, como ocorre com o crime contra a honra praticado por meio escrito, admitirá a tentativa quando, iniciada a execução, o agente não conseguir invadir domicílio alheio pela atuação de terceiros, ou da própria vítima, que o impede de fazê-lo. Porém, em sendo crime unissubsistente, tal qual ocorre com o crime de desacato[7] cometido por meio verbal, não admitirá a tentativa.

### 18.7.9 Crime obstáculo

Conforme aqui já definido, crime obstáculo é aquele em que o legislador erige atos preparatórios à condição de crime autônomo, tal qual ocorre com crime descrito no art. 52 da Lei nº 9.605, de 1998:

> Art. 52. Penetrar em Unidades de Conservação conduzindo substâncias ou instrumentos próprios para caça ou para exploração de produtos ou subprodutos florestais, sem licença da autoridade competente.

Sobre a possibilidade de tentativa nessa modalidade criminosa existem correntes:

- **1ª corrente:** Masson (2019b, p. 287), defendendo **a inadmissibilidade de tentativa** em crimes obstáculo, leciona:

  > De fato, não há sentido em punir a preparação de um crime que normalmente não é punível como delito autônomo prevendo se para este também a figura do *conatus*. haveria incompatibilidade lógica de punir a tentativa de preparação de um crime que somente é objeto de punição porque, excepcionalmente, o legislador construiu um tipo penal específico. (...) como se sabe, o intérprete não pode ampliar a exceção criada pelo legislador.

- **2ª corrente:** ousamos discordar do respeitado autor para, assim, defendermos a **possibilidade de tentativa em crime obstáculo**. Definida a tentativa como sendo a realização incompleta do tipo objetivo, o instituto será possível sempre que o

---

[7] Há quem entenda que o crime de desacato é formal. De qualquer sorte, ainda que possa ser entendido como formal, não cabe tentativa de desacato quando unissubsistente.

agente iniciar a realização da conduta descrita no tipo, mas não conseguir ultimá-la por razões que lhe sejam alheias à vontade. Destarte, voltando ao exemplo dado, seria perfeitamente possível visualizarmos situação fática em que o agente, levando consigo substâncias ou instrumentos próprios para caça ou para exploração de produtos ou subprodutos florestais, sem licença da autoridade competente, não conseguisse adentrar a Unidade de Conservação porque, no exato momento em que tentava transpor os limites da unidade, foi surpreendido por autoridade florestal que o tenha impedido de ingressar após constatar a existência daquelas substâncias ou produtos na mochila que levava consigo. Outrossim, caso não fosse desejo do legislador punir a tentativa de crime obstáculo, em razão de política criminal, o teria previsto expressamente, tal qual ocorre com as contravenções penais.

## 18.7.10 Crimes de perigo

A matéria é controvertida, formando-se, pelo menos, três correntes sobre o assunto:

- **1ª corrente:** enquadram-se no bloco dos crimes unissubsistentes e, assim, inadmitem tentativa os crimes de **perigo abstrato**. A tentativa é admitida, entretanto, nos crimes de **perigo concreto**. É a posição de Masson (2019b, p. 286).

- **2ª corrente:** os crimes de **perigo abstrato** são aqueles em que o perigo é presumido *jure et de jure*, não havendo necessidade de sua comprovação. Admitem tentativa quando plurissubsistentes. Não se pode afirmar que os crimes de perigo abstrato sejam necessariamente unissubsistentes.[8] Ao contrário, são admitidas situações em que se revelam plurissubsistentes, praticados mediante mais de um ato, autorizando o fracionamento de seu processo executório e, consequentemente, a tentativa. Essa é a orientação de Magalhães Noronha (1993) e também de Frederico Marques (*apud* SATO, 2012, p. 162). Filiamo-nos ao escólio dos mestres citados.

Assim, por exemplo, no crime do art. 310 da Lei nº 9.503, de 1997, reconhecidamente de perigo abstrato, conforme Súmula nº 575 do STJ, poder-se-ia imaginar a seguinte hipótese: o agente pede ao filho, de apenas 13 anos de idade, que, usando seu carro, vá até o mercado mais próximo comprar alguns itens. No momento em que o rapaz ingressa no veículo e o agente estende a mão para lhe entregar as chaves, um terceiro impede que o faça.

**Quanto aos crimes de perigo concreto**, entendemos que não admitem a tentativa porque neles a comprovação do perigo é analisada *ex post*, somente podendo-se vislumbrar duas situações: ou ocorre a efetiva criação do perigo de dano e estarão consumados, ou nenhum dano potencial ocorre e estaremos diante de figura atípica.

- **3ª corrente:** há, ainda, quem defenda que, embora se possa fracionar o *iter* executório do crime de perigo abstrato quando plurissubsistente, não caberia falarmos em

---

[8] Masson (2019b, p. 286) parece assim entender ao afirmar, em seu *Direito Penal: parte geral*, que os crimes de perigo abstrato se enquadram no bloco dos crimes unissubsistentes.

tentativa de crime de perigo abstrato sob pena de violação do princípio da lesividade. Hungria (1959, p. 264) assim entendia, sustentando que qualquer ato anterior seria inadequado para expor o bem jurídico à situação de perigo. Nesse sentido, também Soler (*apud* SATO, 2012, p. 161).

### 18.7.11 Crimes permanentes de forma exclusivamente omissiva

Damásio de Jesus (2010, p. 380) cita a hipótese como sendo mais uma de crime que não admite tentativa e, para ilustrá-la, cita o exemplo do crime de cárcere privado, quando o agente não liberta alguém que esteja sob seu poder, ressalvando, contudo, que, caso se trate de crime permanente que possua fase inicial comissiva, a tentativa poderia ser admitida.

### 18.7.12 Crimes de ímpeto

O crime de ímpeto, embora seja fruto de reação repentina, **admite a tentativa** tanto quanto o crime refletido, conforme entendemos, seguindo a posição de Masson (2019b, p. 284) e Hungria (1959, p. 261).

Contudo **há quem adote posicionamento distinto**, por entender que seria impossível fracionamento do *iter* executório.

> **Decifrando a prova**
>
> **(2013 – MPE/GO – Promotor de Justiça – Adaptada)** O crime de ímpeto é aquele no qual o agente pratica o delito com premeditação, em momento de extrema frieza e ausência de emoção.
> ( ) Certo    ( ) Errado
> **Gabarito comentado:** crimes de ímpeto são praticados sem premeditação, por reação repentina. Portanto, a assertiva está errada.

### 18.7.13 Crimes sujeitos ao implemento de condição objetiva de punibilidade

Condição objetiva de punibilidade é aquela cujo **implemento** é **exigido** pelo legislador, por razões de política criminal, para que **se possa punir o crime**. Quando o legislador traz para o crime uma condição objetiva de punibilidade, não se admite a punição da tentativa. Tomemos como exemplo o crime do art. 337-G do Código Penal.

**Patrocínio de contratação indevida**

Art. 337-G. Patrocinar, direta ou indiretamente, interesse privado perante a Administração Pública, dando causa à instauração de licitação ou à celebração de contrato cuja invalidação vier a ser decretada pelo Poder Judiciário: (...) (Incluído pela Lei nº 14.133, de 2021.)

Nesse caso, para que se possa punir o crime, será necessário o implemento da condição objetiva de punibilidade, qual seja, a invalidação da licitação ou do contrato pelo Poder Judiciário. Assim, na hipótese de o agente realizar o patrocínio do interesse particular perante a Administração, mas, por circunstâncias estranhas à sua vontade, o contrato não vier a ser celebrado ou a licitação não vier a ser instaurada, nada existirá que possa ser invalidado pelo Poder Judiciário. Não tendo se implementado a condição objetiva de punibilidade, não se poderá punir a tentativa.

## 18.7.14 Quadro-resumo da inadmissibilidade da tentativa

Tudo de que tratamos nos itens anteriores pode ser resumido no quadro a seguir:

| Infração | Admissibilidade da tentativa ||||| 
|---|---|---|---|---|---|
| | Não admite tentativa | Admite tentativa | Há controvérsia | Há exceção | Depende |
| Contravenção | X | | | | |
| Culposos | X | | | | |
| Preterdolosos | | X | | X<br>Ex.: art. 127 do CP | |
| Omissivos puros | X | | | | |
| Habituais | | | X | | |
| Mera conduta | | | | | X<br>Unissubsistente – não admite<br>Plurissubsistente – admite |
| Obstáculo | | X | | | |
| Formais | | | | | X<br>Unissubsistente – não admite<br>Plurissubsistente – admite |

*(continua)*

*(continuação)*

| Infração | Admissibilidade da tentativa ||||| 
|---|---|---|---|---|---|
| | Não admite tentativa | Admite tentativa | Há controvérsia | Há exceção | Depende |
| Perigo abstrato | | X | | | |
| Perigo concreto | | X | | | |
| Permanente de forma exclusivamente omissiva | X | | | | |
| Ímpeto | | X | | | |
| Sujeita à condição objetiva de punibilidade | X | | | | |
| Atentado | X | | | | |

## 18.8 A TENTATIVA NOS CRIMES OMISSIVOS IMPRÓPRIOS

Os crimes omissivos impróprios admitem a modalidade tentada. Todavia, para que se reconheça o *conatus*, faz-se necessário identificar qual seria o início da execução na hipótese de omissão do garantidor. Sheila Bierrenbach considera impossível apontar o momento em que se inicia a execução nessa modalidade de crime.

Contudo, reconhecida pela doutrina brasileira a possibilidade de tentativa nos crimes comissivos por omissão ou omissivos impróprios, faz-se imprescindível fixarmos o momento da execução.

Assim, na hipótese de haver uma situação de perigo indicativa de proximidade de lesão ao bem jurídico daquele em favor de quem se impõe a atuação do garantidor, deve-se considerar iniciada a execução **no primeiro momento em que, podendo atuar, dolosamente deixar de fazê-lo**. Ex.: a mãe, durante uma viagem a um cânion, vê o filho deslocar-se na direção do despenhadeiro e, embora pudesse correr atrás da criança para impedir sua queda, deixa deliberadamente de fazê-lo. Outro viajante, ao assistir a cena e perceber que a queda, e consequente morte da criança, seria inevitável se desse mais um passo, a pega pela mão, impedindo a tragédia. Nesse caso, poderíamos reconhecer ter havido início da execução e o crime de homicídio estaria tentado, pois a morte não sobreveio graças à intervenção salvadora do terceiro.

Também se pode fixar como início da execução para o crime omissivo impróprio aquele em que o agente garantidor, diante de situação de perigo enfrentada pela vítima, realiza conduta que, anulando qualquer chance que tenha de impedir a causação do resultado, **demonstre, de forma inequívoca, que nada fará para evitá-lo**. Ex.: ao ver que seu filho, de apenas 8 anos, que antes estava apenas brincando na areia da praia, em dia de mar agitado, acabara de entrar na água, para pegar sua bola, a mãe se levanta e sai da praia, deixando a criança, a quem queria ver morta, sozinha no local. Ao perceber que a criança se debatia, na iminência de se afogar, um terceiro a retira do mar. A criança sobrevive, mesmo tendo ingerido grande quantidade de água.

> **Decifrando a prova**
>
> **(2013 – MPE/PR – Promotor de Justiça – Adaptada)** Os crimes culposos, os omissivos próprios, omissivos impróprios, e os preterdolosos não admitem tentativa.
> ( ) Certo    ( ) Errado
> **Gabarito comentado:** os crimes omissivos impróprios admitem a tentativa, como visto anteriormente. Portanto, a assertiva está errada.

## 18.9 CLASSIFICAÇÃO DA TENTATIVA

### 18.9.1 Tentativa perfeita (ou acabada) × tentativa imperfeita (ou inacabada)

Diz-se **perfeita** a tentativa quando o agente **esgota todos os atos executórios**, mas, por interferência alheia à sua vontade, o resultado não sobrevém. **Também é chamada tentativa acabada ou crime falho.** Como dizia Asúa, o resultado aqui não se verifica por mero acidente (*apud* JESUS, 2010, p. 377). Ex.: o agente desfere várias facadas na vítima, em região letal, cessando a agressão quando a julga morta. A vítima, porém, é levada para um hospital e, recebendo tratamento médico adequado, sobrevive.

Será, contudo, **imperfeita ou inacabada, ou, ainda, tentativa propriamente dita, quando houver interrupção do processo executório por interferência externa**, ou seja, a execução não foi concluída porque, por circunstâncias alheias à sua vontade, o agente não conseguiu ultimá-la. Ex.: o agente, desejando matar a vítima, inicia a execução do crime desferindo-lhe a primeira facada. Percebendo que não a atingiu em região letal, parte para um novo golpe, mas, neste momento, a polícia se aproxima e impede que ele dê prosseguimento na execução. Socorrida, a vítima sobrevive.

**A distinção** tem **reflexos na dosimetria da pena**, considerando-se que, quanto mais próximo da consumação, menor deverá ser a diminuição da pena, nos termos do art. 14, parágrafo único, do Código Penal.

O Código Penal não adotou a distinção entre **crime tentado e crime frustrado**. Para alguns, existiria tentativa quando, em meio ao *iter*, houvesse interrupção da conduta do agente por circunstâncias alheias à sua vontade. O crime frustrado, a seu turno, ocorreria quando o agente percorresse integralmente o *iter criminis* sem, contudo, obter o resultado pretendido.

No Brasil, o crime frustrado é a tentativa perfeita (BIERRENBACH, 2009, p. 75), acabada.

> **Decifrando a prova**
>
> **(2004 – MP/DF – Promotor de Justiça – Adaptada)** O crime impossível, quando absolutamente impróprio o objeto, é também denominado crime falho.
> ( ) Certo ( ) Errado
> **Gabarito comentado:** havendo impropriedade absoluta do objeto, estaremos diante de crime impossível, também denominado quase crime ou tentativa inidônea. Crime falho, outrossim, é sinônimo de tentativa perfeita, acabada. Portanto, a assertiva está errada.

### 18.9.2 Tentativa cruenta (ou vermelha) × tentativa incruenta (ou branca)

Tentativa **branca ou incruenta** é aquela em que a **coisa ou pessoa** sobre a qual recai a conduta do agente **não é atingida**. Ex.: para provocar dano no veículo alheio, André atira uma enorme pedra, que, contudo, não atinge o automóvel; para matar Maria, André efetua disparos de arma de fogo contra a vítima, sem, contudo, atingi-la.

Na **tentativa cruenta**, também denominada **vermelha**, o **objeto material é atingido**. Ex.: o agente dispara contra a vítima, ferindo-a. Contudo, socorrida por terceiros, sobrevive. O termo **tentativa vermelha** aqui vem em alusão ao fato de ter sido provocada perda de sangue, em consequência das lesões, marcando de "vermelho" o *conatus*.

A distinção **influencia na diminuição de pena** a ser aplicada pelo magistrado, considerado o critério do art. 14, parágrafo único, do Código Penal. O STJ já decidiu que, em sendo hipótese de tentativa branca ou incruenta, a diminuição deverá ser fixada no máximo.

> **Jurisprudência destacada**
>
> (...) 1. Incontroversa, nos autos, a ocorrência de tentativa branca, não há falar em imprescindibilidade do reexame fático probatório para a análise da controvérsia, o que afasta a incidência da Súmula nº 7/STJ. 2. Conforme reiterada jurisprudência desta Corte Superior, nas hipóteses de crime de homicídio em que não há lesão à vítima – tentativa branca ou incruenta –, a fração de redução da pena deve ser aplicada no patamar máximo de 2/3, considerado o *iter criminis* percorrido (AgRg no Resp nº 1.868.145/PR, Rel. Min. Nefi Cordeiro, 6ª Turma, j. 30.06.2020, DJe 07.08.2020).

### 18.9.3 Tentativa abandonada ou qualificada

O termo se refere à **desistência voluntária e ao arrependimento eficaz**, definidos no art. 15 do Código Penal, que veremos no Capítulo 19 desta obra.

### 18.9.4 Tentativa inidônea ou inadequada ou quase crime

São expressões usadas como sinônimas para **o crime impossível**, previsto no art. 17 do Código Penal e que será igualmente objeto de estudo no Capítulo 20.

# 19 Desistência voluntária e arrependimento eficaz

## 19.1 TENTATIVA ABANDONADA OU QUALIFICADA

A desistência voluntária e o arrependimento eficaz, disciplinados pelo art. 15 do Código Penal, são também chamados **tentativa abandonada ou qualificada**. São hipóteses de desistência da tentativa. Neles, o agente inicialmente deseja um resultado e inicia a execução do crime. Antes da consumação, porém, o próprio agente passa a não mais desejar o evento, atuando nesse sentido e impedindo que o resultado se produza.

> **CP, art. 15.** O agente que, voluntariamente, desiste de prosseguir na execução ou impede que o resultado se produza, só responde pelos atos já praticados.

A eles a doutrina se refere como ponte de ouro, em alusão ao fato de que, por meio da desistência voluntária e do arrependimento eficaz, o agente cruzaria o caminho de volta, abandonando o desejo inicial e, por isso, sendo premiado. Como ensina Von Litz (*apud* MASSON, 2019b, p. 290):

> No momento em que o agente transpõe a linha divisória entre os atos de preparação impunes e o começo da execução punível, incorre na pena combinada contra a tentativa. Semelhante fato não pode mais ser alterado, suprimido ou anulado retroativamente. Pode, porém, a lei, por considerações de política criminal, construir uma ponte de ouro para a retirada do agente que já se tornara passível de pena.

**Somente** se admite desistência voluntária e arrependimento eficaz em **crimes dolosos**. Afinal, se o agente, no crime culposo, não desejava o resultado, não há como pensar que possa ter desistido de algo que jamais quis. Cabe, todavia, na denominada culpa imprópria, prevista na parte final do art. 20, § 1º, do Código Penal.

> **Art. 20.** (...)
>
> § 1º É isento de pena quem, por erro plenamente justificado pelas circunstâncias, supõe situação de fato que, se existisse, tornaria a ação legítima. Não há isenção de pena quando o erro deriva de culpa e o fato é punível como crime culposo.

## 19.2 NATUREZA JURÍDICA DA DESISTÊNCIA VOLUNTÁRIA E DO ARREPENDIMENTO EFICAZ

Consoante disposto no art. 15 do Código Penal, em havendo desistência voluntária ou arrependimento eficaz, o agente não responde pela tentativa do crime que inicialmente queria praticar, mas apenas, a título de dolo, pelos atos já praticados na execução do crime inicialmente pretendido.

Assim, imaginemos um exemplo em que Larapius Augustus, desejando subtrair bens na casa de Maria, adentre o imóvel com esse propósito, mas, arrependido, de lá sai sem nada levar. Neste caso, não será responsabilizado pela tentativa de furto, mas somente pela violação do domicílio. É necessário, contudo, estabelecer as razões pelas quais aquele que desistiu ou se arrependeu eficazmente somente responde pelos atos já praticados. A resposta para essa pergunta depende da natureza jurídica que reconhecermos para os institutos, havendo, nesse sentido, controvérsias:

- **1ª corrente:** trata-se de hipóteses de **atipicidade da tentativa**, pois o não atingimento da consumação se deu "por vontade do agente". Se houvesse tentativa, a consumação não se daria por razões alheias à vontade do agente. Assim, no exemplo proposto, Larapius Augustus não responde por tentativa de furto porque não houve tentativa de furto. O que ocorreu foi uma violação de domicílio. Defendendo essa corrente, assinala Bitencourt (2020, p. 562):

    > Não há tentativa quando a conduta não atinge a consumação atendendo à própria vontade do infrator. Faz parte do tipo ampliado – da tentativa, portanto – que a "não ocorrência do evento seja estranha à vontade do agente". Na desistência voluntária e no arrependimento eficaz inexiste a elementar "alheia à vontade do agente", o que torna o fato atípico, diante do preceito definidor da tentativa.

    Essa posição é defendida pela doutrina majoritária, podendo-se citar entre os que engrossam suas fileiras Damásio de Jesus (2010, p. 382), Mirabete (2013a, p. 148), Joppert (2011, p. 231), Fernando Capez (2003, p. 228), Estefam (2010, p. 240), Heleno Cláudio Fragoso (1995, p. 302), Greco (2019, p. 390), Brandão (2007, p. 225) etc. Na jurisprudência é também o posicionamento majoritário.

**Jurisprudência destacada**

(...) A reparação do dano ocorrida após a efetiva consumação do crime, durante a instrução processual, depois de já recebida a denúncia, não tem o condão de afastar a tipicidade do delito, não se confundindo com os institutos da desistência voluntária e arrependimento eficaz (STJ, HC nº 110.504/RJ 2008/0150175-2, Rel. Min. Marco Aurélio Bellizze, j. 07.02.2012, 5ª Turma, *DJe* 27.02.2012).

- **2ª corrente:** para uma segunda corrente, sustentada, dentre outros, por Nélson Hungria (1978, p. 93), cuida-se de **causa extintiva da punibilidade, causa pessoal** de **exclusão da pena**. Assim, para os que seguem essa orientação, Larapius Augustus teria praticado um furto tentado, que, contudo, não será punível. O Estado, por política criminal, renuncia ao direito de punir o agente pela tentativa e o responsabiliza apenas pelos atos já praticados. Temos que se trata da orientação correta, pois, tendo o agente dolosamente iniciado a execução de um crime, já existe fato típico e nada pode existir que, no meio do caminho entre a execução e a consumação, torne atípica aquela conduta. Essa é também a orientação de Zaffaroni (1996, p. 672) e Luiz Regis Prado (2000, p. 296).

- **3ª corrente:** trata-se de hipótese de **exclusão de culpabilidade**, ou seja, de exculpação, afastando-se a pena porque o mérito da desistência compensa a injustiça da tentativa. É como pensa **Roxin** (*apud* SANTOS, 2002, p. 327).

## 19.3 DISTINÇÃO ENTRE A DESISTÊNCIA VOLUNTÁRIA E O ARREPENDIMENTO EFICAZ

Na desistência voluntária, o **agente interrompe a execução**, que ainda estava em curso, e, assim, o resultado não sobrevém. Ex.: desejando matar a vítima, o agente contra ela dispara sua arma de fogo. Ao ver que não a atingiu em região letal, voluntariamente desiste de prosseguir na execução, deixando de efetuar novos disparos e a vítima sobrevive, caso em que o agente somente responderá pelas lesões nela provocadas.

No arrependimento eficaz, com a **execução já finalizada** pelo agente, este, arrependido, realiza outra conduta, impedindo que o resultado anteriormente desejado sobrevenha. Ex.: o agente, desejando provocar a morte de alguém, dispara contra o alvo toda a munição de que dispõe. Ao finalizar, percebe que, embora atingida, a vítima ainda não veio a óbito. Arrepende-se e a socorre, levando-a até um nosocômio próximo, salvando-a.

A desistência voluntária, assim, só pode ser configurada no contexto daquilo que seria, em tese, uma hipótese de tentativa imperfeita, em que ainda havia atos de execução a serem levados a efeito. Distingue-se da tentativa imperfeita, porém, porque nesta o que determina a não ocorrência do resultado é uma circunstância estranha à vontade do agente. O arrependimento eficaz, em que o agente esgota todo o *iter* executório, a seu turno, é instituto que guarda semelhança com aquilo que seria uma tentativa perfeita ou crime falho. A distinção, mais uma vez, é que, na última, o resultado não ocorre por razões externas à vontade do agente.

### Decifrando a prova

**(2013 – Vunesp – TJ/RJ – Juiz – Adaptada)** Caio, decidido a matar Denise, para a casa dela se dirigiu portando seu revólver devidamente municiado com seis projéteis. Chegando ao local, tocou a campainha e, assim que Denise abriu a porta, contra ela disparou um tiro, que a atingiu no ombro esquerdo. Ao ver Denise caída, Caio optou por não fazer mais disparos, guardou seu revólver e se retirou do local. Denise foi socorrida por terceiros e sobreviveu, ficando, porém, com pouca mobilidade em seu braço esquerdo. Diante do exposto, é correto afirmar que Caio responderá criminalmente por lesão corporal de natureza grave (houve desistência voluntária).

( ) Certo    ( ) Errado
**Gabarito comentado:** correto, pois, embora pudesse prosseguir na execução, resolveu não fazê-lo.

**(2013 – FGV – MPE/MS – Analista)** Determinado agente, insatisfeito com as diversas brigas que tinha com seu vizinho, resolve matá-lo. Ao ver seu desafeto passando pela rua, pega sua arma, que estava em situação regular e contava com apenas uma bala, e atira, vindo a atingi-lo na barriga. Lembrando-se que o vizinho era pai de duas crianças, arrepende-se de seu ato e leva a vítima ao hospital. O médico, diante do pronto atendimento e rápida cirurgia, salva a vida da vítima. Diante dessa situação, o membro do Ministério Público deve denunciar o agente pelo crime de lesão corporal, pois o arrependimento posterior no caso impede que o agente responda pelo resultado.
( ) Certo    ( ) Errado
**Gabarito comentado:** não se trata de arrependimento posterior, mas de arrependimento eficaz, consoante art. 15 do Código Penal. Arrependimento posterior diz respeito à reparação de dano e só cabe depois da consumação, nos termos do art. 16 do Código Penal. Portanto, a assertiva está errada.

## 19.3.1 Diferença entre a tentativa punível e a desistência voluntária

Frank, visando a facilitar a distinção entre desistência voluntária e tentativa, criou a seguinte fórmula: "**Posso, mas não quero (desistência voluntária); quero, mas não posso (tentativa)**". Assim, todas as vezes em que o agente, podendo prosseguir na execução, resolve desistir porque não mais deseja o resultado que inicialmente queria provocar, teremos desistência voluntária. Outrossim, quando deseja prosseguir, mas se vê, de alguma forma, impedido, impossibilitado de fazê-lo, teremos tentativa. Por essa razão, se o agente desiste em virtude do risco de ser surpreendido em flagrante, não haverá desistência voluntária, mas tentativa punível.

### Decifrando a prova

**(2013 – Cespe/Cebraspe – PG/DF – Procurador – Adaptada)** Marcos, imbuído de *animus necandi*, disparou tiros de revólver em Ricardo por não ter recebido deste pagamento referente a fornecimento de maconha. Apesar de ferido gravemente, Ricardo sobreviveu. Marcos, para chegar ao local onde Ricardo se encontrava, foi conduzido em motocicleta por Rômulo, que sabia da intenção homicida do amigo, embora desconhecesse o motivo, e concordava em ajudá-lo. Ricardo foi atingido pelas costas enquanto caminhava em via pública, e Marcos e Rômulo, ao verem a vítima tombar, fugiram, supondo tê-la matado. Houve desistência voluntária, pois os agentes fugiram do local ao perceberem a vítima tombar no chão, sem disparar o tiro de misericórdia.
( ) Certo    ( ) Errado
**Gabarito comentado:** não houve desistência voluntária porque eles não desistiram de prosseguir na execução. Eles apenas não dispararam mais uma vez porque julgavam que a vítima estivesse morta. A hipótese é de tentativa. Portanto, a assertiva está errada.

## 19.3.2 Desistência voluntária e desistência espontânea

A lei penal **não exige** que a desistência **seja espontânea**, limitando-se a exigir que seja voluntária. Será voluntária a desistência quando realizada sem coação, moral ou física, ou sem fraude. Será espontânea quando partir do próprio agente a ideia de desistir. A lei, ao apenas exigir a voluntariedade, permitirá que reconheçamos a desistência de que trata o art. 15, ainda que não espontânea. Assim, trabalhemos com o seguinte exemplo: Carlos, com intuito de manter atos de libidinagem com Ana, encosta uma arma contra sua cabeça e determina que tire a roupa. Ana, ao retirar a blusa, clama pela misericórdia de Carlos, alegando ser pessoa portadora de distúrbios cardíacos e virgem. Sensibilizado com os pedidos, Carlos desiste de prosseguir na execução, retirando-se do local antes mesmo de praticar qualquer ato de libidinagem com a vítima. Nesse caso, embora a desistência não tenha sido espontânea, não se pode negar que foi voluntária. Quisesse Carlos prosseguir, poderia tê-lo feito. O fato de ter a ideia de desistência partido de outrem, no caso a própria vítima, não descaracteriza a desistência como um ato da vontade de Carlos. Tendo havido desistência voluntária, o agente somente responderá pelos atos já praticados, ou seja, o constrangimento ilegal.

> **Decifrando a prova**
>
> **(2012 – Cespe/Cebraspe – DPE/ES – Defensor Público – Adaptada)** Os efeitos da desistência voluntária e do arrependimento eficaz ficam condicionados à presença dos requisitos objetivos e subjetivos, aliados à espontaneidade do comportamento do agente, evitando-se a consumação do delito.
> ( ) Certo    ( ) Errado
> **Gabarito comentado:** a desistência voluntária não demanda espontaneidade, apenas voluntariedade. Portanto, a assertiva está errada.

## 19.3.3 A falsa representação da realidade

Inexistirá desistência voluntária quando o agente, imaginando um obstáculo inexistente à consumação, deixar de prosseguir na execução. Usando a fórmula proposta por Frank, podemos constatar ter ele pensado: "Quero, mas não posso". Destarte, estaremos diante de tentativa punível. Ex.: ladrão entra na casa de Maria para realizar um furto. Ao ouvir o barulho daquilo que parecia sirene de uma viatura policial, abandonou o local imediatamente, sem nada levar consigo. Já do lado de fora da casa e não mais podendo retornar, percebe que o barulho que ouvira era apenas o de crianças que brincavam na rua. Nesse caso, deverá ser responsabilizado por tentativa de furto.

## 19.3.4 Motivos para desistir precisam ser éticos?

Não precisam ser louváveis, éticos, moralmente aceitos nem mesmo nobres os motivos que levaram o agente a desistir de prosseguir na execução para que se reconheça a desistência voluntária. São, assim, inócuos os esforços de eticização do instituto. Basta que existam motivos psicológicos autônomos, em que o autor figura como dono da decisão.

Nesse sentido, Zaffaroni e Pierangeli (2004, p. 674), que destacam que, "de modo algum, se requer que o sujeito seja motivado por normas éticas ou morais, pois a desistência voluntária pode fundar-se no puro temor à pena ou num cálculo de vantagens". Apenas importa que o agente tenha optado por desistir quando podia continuar. Portanto, se Larapius Augustus entra em uma casa para furtar e resolve dali sair sem nada levar porque se decepciona com a péssima qualidade dos bens que guarneciam o imóvel, haverá desistência voluntária tanto quanto haveria na hipótese de desistir por força de um lampejo de honestidade que o faz constatar que não se deve subtrair coisa alheia.

### Decifrando a prova

**(2013 – Cespe/Cebraspe – Polícia Federal – Delegado – Adaptada)** No arrependimento eficaz, é irrelevante que o agente proceda *virtutis amore* ou *formidine poence*, ou por motivos subalternos, egoísticos, desde que não tenha sido obstado por causas exteriores independentes de sua vontade.
( ) Certo    ( ) Errado
**Gabarito comentado:** a lei não exige motivos louváveis, mas apenas voluntariedade. Portanto, a assertiva está certa.

A doutrina, todavia, leciona que se deve reconhecer a tentativa punível nas hipóteses em que, segundo a representação do autor, a consumação representa uma excessiva desvantagem, como dar continuidade ao estupro depois de ter sido reconhecido pela vítima, ou por temer ser flagrado em meio à execução do ato, ou por recear que não consiga sair dali impunemente etc. Nesses casos, não figurou o **agente como dono da decisão**.

### 19.3.5 Desistência definitiva × desistência concreta

A doutrina discute se a desistência deve ser definitiva, sem planos de posterior retomada, ou se bastaria a desistência concreta.

- **1ª corrente:** deve ser **definitiva**. Se o agente deseja dar sequência, no futuro, à atividade criminosa que precisou adiar, não haverá desistência. É a posição de **Fragoso** (1995, p. 303).
- **2ª corrente:** é suficiente a existência concreta, tal qual é exigido pela lei. Como leciona Juarez Cirino (*apud* BUSATO, 2018, p. 686):

  (...) parece excessivo exigir desistência definitiva, colocando condição não prevista em lei para excluir a pena entre outras razões, porque uma desistência concreta é um fato objeto de prova e uma desistência definitiva é uma hipótese insuscetível de prova.

  Não menos relevantes nos parecem as ponderações feitas por Busato (2018, p. 686) ao afirmar:

(...) parece correto exigir a desistência apenas contextualmente, porque uma desistência definitiva implica num exercício de adivinhação futura absolutamente irrealizável.

Filiamo-nos a essa 2ª corrente e, assim, entendemos que, para a caracterização da desistência voluntária, basta concluirmos que o agente, depois de iniciada a execução, tenha desistido de prosseguir nela, não mais desejando o resultado, **naquele contexto determinado em que atuou**, sendo desnecessária qualquer demonstração de que sua desistência tenha sido definitiva.

## 19.4 ARREPENDIMENTO VOLUNTÁRIO E ARREPENDIMENTO ESPONTÂNEO

No arrependimento eficaz, o agente esgota todos os meios necessários e suficientes de que dispõe para atingir o resultado, mas, arrependido, realiza nova conduta e evita a ocorrência daquele resultado. Assim como a desistência voluntária, não é necessário que seja espontâneo, bastando que seja voluntário.

### 19.4.1 A necessária eficácia do arrependimento

Para que se caracterize o arrependimento eficaz, o agente precisa impedir que o resultado ocorra, caso contrário não terá sido eficaz. Não basta, portanto, que o agente não mais deseje o resultado e mesmo que atue com sincero desejo de evitá-lo. Por mais que se esforce, por mais que se empenhe para impedir a superveniência do resultado, se este sobrevier, responderá pelo crime consumado.

### 19.4.2 Contribuição da vítima

Pode ocorrer hipótese em que o agente se arrepende e realiza uma atividade que impediria o resultado, mas a vítima, recusando-se a aceitar a ação salvadora, acaba por contribuir para a consumação. Bitencourt (2020, p. 561) exemplifica a hipótese dando o exemplo do agente que coloca veneno na alimentação da esposa e esta, desconhecendo essa circunstância, a ingere. Aquele, arrependido, confessa o fato e procura ministrar o antídoto. No entanto a mulher, desiludida com a atitude do marido, recusa-se a aceitar o antídoto e morre. O arrependimento, por mais que tenha sido sincero, não foi eficaz e o agente responderá pelo crime consumado.

## 19.5 COMUNICABILIDADE DA DESISTÊNCIA VOLUNTÁRIA E DO ARREPENDIMENTO EFICAZ

Discute-se, na doutrina, quais seriam os efeitos do abandono da tentativa, sob as modalidades de desistência voluntária e arrependimento eficaz, para o partícipe e coautor. A resposta para a pergunta sempre dependerá da corrente a que nos filiarmos a respeito da natureza jurídica da desistência voluntária e do arrependimento eficaz.

- **1ª corrente:** para quem entende que desistência voluntária e arrependimento eficaz são causas de atipicidade da tentativa, todos os que concorreram para o crime devem ser por ela beneficiados. Afinal, não tem sentido a tentativa ser atípica para um e típica para outros que participaram do mesmo fato. Com relação ao partícipe, cuja atuação é acessória, isso é ainda mais latente: se a tentativa é atípica para o autor que desistiu, será igualmente atípica para o partícipe. A impunidade do partícipe seria, destarte, decorrente da acessoriedade da participação (BATISTA, 2004, p. 135-136).

- **2ª corrente:** embora entendam que a desistência voluntária e o arrependimento eficaz sejam causas de atipicidade da tentativa, alguns sustentam que não se comunicam ao partícipe, uma vez que, ao ser iniciada a execução, já existe a possibilidade de punição do partícipe. Entendem os partidários dessa corrente que a solução se caracterizaria como uma exceção ao monismo consagrado no art. 29, *caput,* do Código Penal. É a posição de Rogério Greco (2019, p. 575).

- **3ª corrente:** para os que entendem que são causas pessoais, que levam à extinção da punibilidade como recompensa para aquele que desistiu, "a desistência do autor não beneficia aos partícipes e nem vice-versa" (ZAFFARONI; PIERANGELI, 2004, p. 673). Assim, a desistência voluntária e o arrependimento eficaz somente beneficiarão o partícipe que retira sua contribuição para o fato e convence o autor a não realizá-lo, ou, então, atua, de forma exitosa, para impedir que o resultado se produza. Na hipótese de coautoria, somente será beneficiado o coautor que impede a consumação do crime. É a nossa orientação. Temos, ainda, que o coautor ou mesmo partícipe, ainda que muito se empenhe, não será beneficiado com a desistência voluntária quando sua atitude for insuficiente para obstar a superveniência do resultado.

## 19.6 A LEI DE TERRORISMO E O TRATAMENTO DA DESISTÊNCIA VOLUNTÁRIA E DO ARREPENDIMENTO EFICAZ

O art. 10 da Lei nº 13.260, de 2016, disciplina que:

> **Art. 10.** Mesmo antes de iniciada a execução do crime de terrorismo, na hipótese do art. 5º desta Lei, aplicam-se as disposições do art. 15 do Decreto-lei nº 2.848, de 7 de dezembro de 1940 – Código Penal.

O dispositivo é consequência lógica da opção legislativa feita no **art. 5º**, em que se punem, de forma autônoma, os atos preparatórios de terrorismo.

Assim, como lecionam Portocarrero e Palermo (2020, p. 1257):

> Sabe-se que o crime previsto no art. 5º pune, de forma autônoma, os atos preparatórios, erigindo-os à tipificação criminal propriamente dita. Embora de difícil visualização (já que o intérprete é levado a restringir ainda mais a verificação do *iter criminis*), o que o art. 10 denota é a possibilidade de se considerar, também naquela hipótese, a aplicação dos institutos da desistência voluntária e do arrependimento eficaz, fazendo com que o agente possa responder pelos atos até então praticados.

# 20 Crime impossível

## 20.1 DEFINIÇÃO

Diz-se impossível o crime que não se consumou e jamais se consumaria, porque o meio de que o agente se utilizou era absolutamente ineficaz ou o objeto atingido era absolutamente impróprio. O crime impossível é também denominado tentativa inidônea, quase crime, crime oco, tentativa inadequada, sendo definido no art. 17 do Código Penal.

> **Art. 17.** Não se pune a tentativa quando, por ineficácia absoluta do meio ou por absoluta impropriedade do objeto, é impossível consumar-se o crime.

## 20.2 NATUREZA JURÍDICA

A leitura do texto legal menciona o crime impossível como hipótese de não punição da tentativa, o que poderia nos fazer acreditar que existe tentativa, embora não se possa punir seu autor. A rigor, porém, o crime impossível é hipótese em que não existe conduta típica, em que não há crime tentado. Assim, quando o agente, desejando realizar o tráfico de drogas, vende farinha de bolo pensando tratar-se de cocaína, não pratica conduta típica, porque sua conduta não se encaixa em nenhum modelo legal incriminador. Por ser atípico seu comportamento, é impunível.

Nesse sentido, a lição de Mirabete (2013a, p. 152):

> Não se pode falar que tenha ocorrido início da execução quando se utiliza meio absolutamente ineficaz ou se visa objeto absolutamente impróprio. Só figuradamente se pode dizer que se iniciou a execução de um homicídio quando se apertou o gatilho de uma arma de brinquedo ou se alvejou um cadáver.

> **Decifrando a prova**
>
> **(2013 – Cespe/Cebraspe – Polícia Federal – Delegado – Adaptada)** No arrependimento eficaz, é irrelevante que o agente proceda *virtutis amore* ou *formidine poence*, ou por motivos subalternos, egoísticos, desde que não tenha sido obstado por causas exteriores independentes de sua vontade.
> ( ) Certo ( ) Errado
> **Gabarito comentado:** a lei não exige motivos louváveis, mas apenas voluntariedade. Portanto, a assertiva está certa.
>
> **(2017 – FCC – TJ/SC – Juiz Substituto)** Conforme a redação do Código Penal, o crime impossível é tentativa impunível.
> ( ) Certo ( ) Errado
> **Gabarito comentado:** a afirmação foi dada como correta, mas, a rigor, deve-se perceber que, no crime impossível, não existe tentativa típica. De qualquer forma, a assertiva é mesmo correta, porque, sendo atípica a conduta, é, consequentemente, impunível. Demais disso, a redação da questão corresponde ao texto legal. Portanto, a assertiva está certa.

## 20.3 CRIME IMPOSSÍVEL E ERRO DE TIPO

O crime impossível, a rigor, é o inverso do erro de tipo. No erro de tipo, o agente realiza a conduta descrita em lei como criminosa sem dolo, ou seja, sem consciência e vontade de fazê-lo. No crime impossível, o agente atua com dolo, desejando a realização do tipo objetivo, sem que, contudo, o faça, porque impróprio o objeto ou absolutamente ineficaz o meio, consoante o esquema a seguir:

| Crime impossível |
|---|
| Tipo penal = ~~tipo objetivo~~ + tipo subjetivo |

| Erro de tipo |
|---|
| Tipo penal = tipo objetivo + ~~tipo subjetivo~~ |

## 20.4 OBJETO DO CRIME

O crime tem duas espécies de objeto: o jurídico e o material, conforme o esquema seguinte:

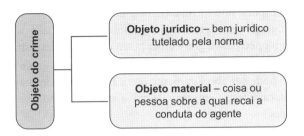

**Ex. 1:** quando Larapius Augustus subtrai o celular de Maria, o objeto jurídico de seu crime é o patrimônio. O objeto material é o celular.

**Ex. 2:** no crime de homicídio que André praticou contra Maria, o objeto jurídico do delito é a vida. O objeto material é Maria, a pessoa viva sobre a qual recaiu sua conduta.

Quando, no art. 17, o Código Penal menciona a impropriedade absoluta do objeto material do crime, será absolutamente impróprio quando a pessoa ou coisa sobre a qual recai a conduta do agente não existe ou é absolutamente inidônea à caracterização do crime. Assim, não há como furtar coisa própria, realizar aborto se não há gravidez, matar pessoa morta, intimidar um boneco com aparência de homem.

> **Decifrando a prova**
>
> **(2017 – Cespe/Cebraspe – DPE/AL – Defensor Público)** Jonas descobriu, na mesma semana, que era portador de doença venérea grave e que sua esposa, Priscila, planejava pedir o divórcio. Inconformado com a intenção da companheira, Jonas manteve relações sexuais com ela, com o objetivo de lhe transmitir a doença. Ao descobrir o propósito de Jonas, Priscila foi à delegacia e relatou o ocorrido. No curso da apuração preliminar, constatou-se que ela já estava contaminada da mesma moléstia desde antes da conduta de Jonas, fato que ela desconhecia. Nessa situação hipotética, considerando-se as normas relativas a crimes contra a pessoa, a conduta perpetrada por Jonas constitui tentativa de perigo de contágio venéreo.
> ( ) Certo ( ) Errado
> **Gabarito comentado:** trata-se de crime impossível, em razão do contágio anterior. Pessoa já contaminada pela mesma doença venérea não pode ser sujeito passivo desse crime. Trata-se de hipótese de crime impossível por impropriedade absoluta do objeto. Portanto, a assertiva está errada.

O crime impossível por impropriedade absoluta do objeto é a hipótese de delito putativo por erro de tipo.

## 20.5 MEIO ABSOLUTAMENTE INEFICAZ

É aquele que não produziu nem jamais produziria um resultado desejado pelo agente. A afirmação da absoluta ineficácia do meio há de ser feita caso a caso, pois é possível que um meio que tenha absoluta inidoneidade em alguns casos se revele eficaz em outros. Uma réplica de arma de fogo, por exemplo, é meio absolutamente ineficaz para provocar a morte de alguém, mas será idôneo para a grave ameaça em um roubo, um estupro etc.

Não é por outra razão que o STJ já reconheceu que a promessa de realização de trabalhos espirituais, que pode ser absolutamente ineficaz para amedrontar pessoa que não se apega a superstições, caracteriza emprego de grave ameaça quando exercida contra pessoa que é dada a crendices.

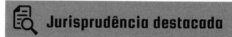

**Jurisprudência destacada**

Cinge-se a controvérsia a saber se a grave ameaça de mal espiritual pode configurar o crime de extorsão. O trabalho espiritual, quando relacionado a algum tipo de credo ou religião, pode ser exercido livremente, porquanto a Constituição Federal assegura a todos a liberdade de crença e de culto. No entanto, na hipótese dos autos, houve excesso no exercício dessa garantia constitucional, com o intuito de obter vantagem econômica indevida, o que caracteriza o crime do art. 158 do CP. A acusada, de uma situação inicial, em que foi voluntariamente provocada a realizar atendimento sobrenatural para fins de cura, interpelou a vítima em diversas oportunidades e a convenceu, mediante ardil, a desembolsar vultosas quantias para realizar outros rituais, não solicitados. Fez a vítima acreditar que estava acometida de mal causado por entidades sobrenaturais e que seria imprescindível sua intervenção, solicitando, para tanto, vultosas quantias. Mesmo depois de expresso pedido de interrupção dos rituais, modificou a abordagem inicial e passou a empregar grave ameaça de acabar com a vida da vítima, seu carro e de causar dano à integridade física de seus filhos, para forçá-la a desembolsar indevida vantagem econômica. A ameaça de mal espiritual, em razão da garantia de liberdade religiosa, não pode ser considerada inidônea ou inacreditável. Para a vítima e boa parte do povo brasileiro, existe a crença na existência de força ou forças sobrenaturais, manifestada em doutrinas e rituais próprios, não havendo falar que são fantasiosas e que nenhuma força possuem para constranger o homem médio. Os meios empregados foram idôneos, tanto que ensejaram a intimidação da vítima, a consumação e o exaurimento da extorsão (REsp nº 1.299.021/SP, Rel. Min. Rogerio Schietti Cruz, por unanimidade, j. 14.02.2017, *DJe* 23.02.2017).

É, porém, hipótese de crime impossível, ou tentativa inidônea, a da denominada **tentativa supersticiosa**, ou irreal, que ocorre quando o agente, por crendice, se utiliza de meios que pensa ser idôneos para a caracterização do resultado, mas que, a rigor, jamais produziriam o resultado pretendido. É exemplo daquele que, objetivando matar um desafeto, faz um vodu para tanto, não logrando êxito em seu intento porque, afinal, não se consegue matar alguém com trabalhos espirituais.

Contudo, na mesma linha citada pelo STJ no julgado anterior colacionado e como adverte Busato (2018, p. 684), se o vodu é usado para provocar uma crise cardíaca em uma pessoa medrosa e gravemente doente do coração, o meio pode ser considerado idôneo a provocar-lhe a morte.

Com relação ao crime de furto em estabelecimento comercial, o Superior Tribunal de Justiça firmou entendimento, cristalizando-o com a edição da Súmula nº 567, no sentido de que há tentativa, e não crime impossível, na hipótese de furtos em estabelecimentos comerciais restarem frustrados em virtude de captação de imagens por monitoramento ou ação de seguranças. Mesmo com altos investimentos em segurança, muitas são as ações que levam à subtração consumada em estabelecimentos comerciais. Câmeras não captam todas as ações no interior desses estabelecimentos e, além disso, são monitoradas por seres humanos.

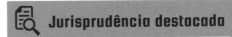

> **Súmula nº 567, STJ.** Sistema de vigilância realizado por monitoramento eletrônico ou por existência de segurança no interior de estabelecimento comercial, por si só, não torna impossível a configuração do crime de furto.

### Decifrando a prova

**(2018 – MPE/MS – Promotor de Justiça Substituto)** Segundo o Superior Tribunal de Justiça, é possível a consumação do furto em estabelecimento comercial, ainda que possua vigilância mediante câmera de vídeo em circuito interno ou realizada por seguranças.
( ) Certo ( ) Errado
**Gabarito comentado:** consoante Súmula nº 567 do STJ, a assertiva está certa.

## 20.6 TEORIAS ACERCA DO TRATAMENTO A SER DADO ÀQUELE QUE PRATICA CRIME IMPOSSÍVEL

A doutrina diverge quanto ao tratamento penal que se deve adotar para aquele que pratica a conduta que pode ser considerada crime impossível.

### 20.6.1 Teoria sintomática

Sustenta a possibilidade de aplicação de medida de segurança àquele que praticou a conduta classificada como crime impossível, na medida em que demonstrou periculosidade.[1]

---

[1] Essa era a teoria por nós usada antes da Reforma da Parte Geral em 1984. Na redação original da parte geral do Código Penal de 1940, era assim definido o crime impossível: "**Art. 14.** Não se pune a tentativa quando, por ineficácia absoluta do meio ou por absoluta impropriedade do objeto, é impossível consumar-se o crime (art. 76, parágrafo único, e 94, n. III). (...) **Art. 76.** A aplicação da medida de segurança pressupõe: I – a prática de fato previsto como crime; II – a periculosidade do agente. Parágrafo único. A medida de segurança é também aplicável nos casos dos arts. 14 e 27, se ocorre a condição do n. II".

## 20.6.2 Teoria subjetiva

Equipara o crime impossível ao crime tentado, pelo fato de ter o agente dirigido sua conduta finalisticamente à produção do resultado.

## 20.6.3 Teoria objetiva

Sustenta que, por não ter sido o bem jurídico exposto a perigo de dano, o agente não deve ser punido.

A teoria objetiva, a seu turno, comporta duas vertentes, explicadas a seguir.

### 20.6.3.1 Teoria objetiva pura

Segundo a teoria objetiva pura, não importa se a impropriedade e a ineficácia são absolutas ou relativas para que se caracterize crime impossível. Assim, por exemplo, tanto na hipótese de alguém usar uma arma de brinquedo para matar alguém, supondo tratar-se de arma verdadeira, quanto na hipótese de tratar-se de uma arma verdadeira que, por defeito circunstancial, não deflagrou o projétil, haveria crime impossível.

### 20.6.3.2 Teoria objetiva temperada

**Adotada pelo Código Penal brasileiro**, somente sendo considerada crime impossível uma hipótese em que a conduta não tenha representado risco algum ao bem jurídico tutelado. Assim, demanda-se a ineficácia absoluta do meio e a impropriedade absoluta do objeto.

Se a ineficácia ou impropriedade for apenas relativa, não haverá crime impossível, mas tentativa. Portanto, no exemplo daquele que, com vontade de matar, efetuar disparos com uma arma verdadeira que, por defeito circunstancial, não deflagrar o projétil, teremos tentativa de homicídio, e não crime impossível. Afinal, a ineficácia foi apenas relativa.

Haverá impropriedade relativa do objeto quando, por circunstância acidental, ele se revestir de uma condição que não permita que o meio usado pelo agente apresente eficácia (Ex.: vítima protegida por um colete à prova de balas) ou quando, embora exista na fase inicial da conduta, não mais o estiver quando da realização do ataque (Ex.: Larapius Augustus, fraudulentamente, para subtrair o numerário que a vítima mantinha no banco, dá um comando de transferência de vultuosa quantia que existia em sua conta. A quantia existe no momento em que o comando foi dado. Contudo, no momento em que o comando é recebido pelo sistema, não logra retirá-la, pois a vítima havia, segundos antes, realizado o saque). Nos exemplos citados, haveria tentativa, e não crime impossível.

## 20.7 DELITO PUTATIVO (OU DELITO IMAGINÁRIO, OU ERRONEAMENTE SUPOSTO)

Diz-se putativo o delito quando o agente imagina estar praticando uma conduta penalmente relevante quando, na verdade, o que realiza se traduz em um irrelevante penal, sendo atípica a conduta que realiza.

São três as espécies de delito putativo: delito putativo por erro de tipo, delito putativo por erro de proibição e delito putativo por obra do agente provocador.

### 20.7.1 Delito putativo por erro de tipo

É aquele em que o agente imagina estar praticando uma conduta definida em lei como criminosa, mas, por estar ausente um elemento que seria necessário à configuração do tipo penal, sua conduta é atípica.

Podemos, assim, pensar em alguém que, julgando subtrair coisa que pertence a outra pessoa, acaba levando consigo coisa própria. Trata-se de uma das modalidades de crime impossível. Cuida-se de uma hipótese de erro de tipo às avessas, ou invertido.

### 20.7.2 Delito putativo por erro de proibição (ou delito de alucinação, ou delito de loucura)

É aquele em que o agente imagina, erroneamente, estar praticando comportamento punível. Assim, no delito de alucinação, o que existe é "a realização de comportamento atípico considerado erroneamente como criminoso" (SANTOS, 2002, p. 318).

O delito putativo por erro de proibição pode se configurar nas seguintes hipóteses:

- 1ª: o agente realiza um fato atípico pensando que sobre ele existe uma proibição. Ex.: mantém relações sexuais com sua filha maior e capaz e pensa ser criminoso o seu comportamento. A rigor, embora se traduza em comportamento altamente imoral, a conduta não está descrita como criminosa e, assim, inexiste qualquer proibição que sobre ela recaia.
- 2ª: o agente realiza uma determinada conduta sob o escudo de uma causa de justificação pensando estar praticando conduta criminosa. Ex.: mata um animal considerado praga pelas autoridades ambientais e, por desconhecer a permissão legal trazida pelo art. 37 da Lei nº 9.605/1998,[2] pensa estar praticando um crime.

O delito putativo por erro de proibição é o erro de proibição às avessas: no delito putativo por erro de proibição é lícito o que o agente faz pensando ser ilícito, e no erro de proibição é ilícito o que o agente faz julgando ser lícito.

---

[2] "**Art. 37.** Não é crime o abate de animal, quando realizado: I – em estado de necessidade, para saciar a fome do agente ou de sua família; II – para proteger lavouras, pomares e rebanhos da ação predatória ou destruidora de animais, desde que legal e expressamente autorizado pela autoridade competente; III – (Vetado); IV – por ser nocivo o animal, desde que assim caracterizado pelo órgão competente".

## 20.7.3 Delito putativo por obra do agente provocador (ou crime de ensaio, ou crime de experiência, ou flagrante provocado, ou flagrante preparado)

Quando o agente é induzido por terceiro, policial ou não, a iniciar a execução de um crime que não se consumou e jamais se consumaria porque o agente provocador não o permitiria. O terceiro, ao mesmo tempo em que provoca o agente, de forma insidiosa, para que realize a conduta típica, adota providências que impedirão a consumação do crime.

Disciplinando a figura do flagrante preparado ou provocado, o Supremo Tribunal Federal editou a Súmula nº 145:

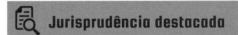

**Jurisprudência destacada**

**Súmula nº 145, STF.** Não há crime, quando a preparação do flagrante pela polícia torna impossível a sua consumação.

Importante, porém, frisarmos que, na hipótese de o crime se consumar, em que pesem as providências tomadas pelo agente para que isso não ocorra, não teremos crime impossível, mas crime consumado, até porque crime impossível é aquele que não se consumou e jamais se consumaria. Estando consumado, tanto é possível que se consumou! Ex.: o agente colocou dinheiro como isca para atrair o empregado de quem desconfiava, escondendo-se para não ser visto e efetuar a prisão do empregado no momento em que realizasse a subtração. O empregado foi atraído pela isca, subtraiu o dinheiro e saiu com este sem que o provocador conseguisse impedi-lo.

**Decifrando a prova**

**(2019 – Cespe/Cebraspe – TJ/SC – Juiz Substituto)** Constitui crime impossível a prática de conduta delituosa induzida por terceiro que assegure a impossibilidade fática da consumação do delito.
( ) Certo      ( ) Errado
**Gabarito comentado:** trata-se de hipótese de crime putativo por obra do agente provocador, tratada como crime impossível. Portanto, a assertiva está certa.

### 20.7.3.1 O agente disfarçado

A doutrina e a jurisprudência há muito se orientavam no sentido de que não se poderia aplicar a Súmula nº 145 quando o crime já tivesse atingido a consumação. Por isso, os tipos mistos ou de conduta variada sempre mereceram sua especial atenção. Neles, é possível que, embora o agente provoque a realização de um dos verbos, um outro já esteja realizado, independentemente da atuação do agente provocador.

Imaginemos, assim, um policial que perceba que um homem traz consigo droga para fins de comercialização, abordando turistas quando estes saem do terminal de cruzeiros do porto. Objetivando prendê-lo, o policial vai ao seu encontro e se faz passar por usuário de drogas, perguntando se dispõe de cocaína para venda. O homem, então, respondendo positivamente, faz a entrega do material, momento em que o policial se identifica e lhe dá voz de prisão.

Nessa hipótese, podemos afirmar que a venda realizada ao agente policial foi "um teatro provocado", em que o traficante foi apenas "o protagonista inconsciente de uma comédia" (HUNGRIA, 1949, p. 279). Contudo, mesmo antes da atuação do policial, o agente já praticara o crime em outra modalidade, qual seja, ele trazia consigo a droga para comercialização e, nesse aspecto, o crime já estava consumado. Assim, não há que se falar em crime impossível e tampouco em aplicação da citada Súmula nº 145, sendo válido o flagrante.

Seria diferente a situação se o homem abordado não dispusesse da droga no momento da abordagem pelo policial e somente a tivesse adquirido para vendê-la ao agente disfarçado. Nesse caso, aplicar-se-ia a Súmula nº 145 do STF e teríamos delito putativo por obra do agente provocador, modalidade de crime impossível.

A Lei nº 13.964/2019 trouxe a figura do agente disfarçado para a Lei de Drogas e o Estatuto do Desarmamento.

> **Lei nº 11.343/2006, art. 33.** (...)
>
> **§ 1º** Nas mesmas penas incorre quem: (...)
>
> IV – vende ou entrega drogas ou matéria-prima, insumo ou produto químico destinado à preparação de drogas, sem autorização ou em desacordo com a determinação legal ou regulamentar, a agente policial disfarçado, quando presentes elementos probatórios razoáveis de conduta criminal preexistente. (Incluído pela Lei nº 13.964, de 2019.)

> **Lei nº 10.826/2003**
>
> **Art. 17.** Adquirir, alugar, receber, transportar, conduzir, ocultar, ter em depósito, desmontar, montar, remontar, adulterar, vender, expor à venda, ou de qualquer forma utilizar, em proveito próprio ou alheio, no exercício de atividade comercial ou industrial, arma de fogo, acessório ou munição, sem autorização ou em desacordo com determinação legal ou regulamentar: (...)
>
> **§ 2º** Incorre na mesma pena quem vende ou entrega arma de fogo, acessório ou munição, sem autorização ou em desacordo com a determinação legal ou regulamentar, a agente policial disfarçado, quando presentes elementos probatórios razoáveis de conduta criminal preexistente.
>
> **Art. 18.** Importar, exportar, favorecer a entrada ou saída do território nacional, a qualquer título, de arma de fogo, acessório ou munição, sem autorização da autoridade competente:

**Parágrafo único.** Incorre na mesma pena quem vende ou entrega arma de fogo, acessório ou munição, em operação de importação, sem autorização da autoridade competente, a agente policial disfarçado, quando presentes elementos probatórios razoáveis de conduta criminal preexistente.

Entendemos que os dispositivos citados nada mais são que a adoção, no texto legal, da interpretação dada pela doutrina e jurisprudência à Súmula nº 145 do STF, conforme acima explicitado. Nesse sentido também é o posicionamento de Portocarrero e Palermo (2020, p. 121).

# 21 Arrependimento posterior

## 21.1 DEFINIÇÃO

**Após a consumação** de determinados crimes e **até o recebimento da denúncia**, é possível que o agente, arrependendo-se, restitua o bem subtraído ou repare o dano causado. Nessa hipótese, teremos arrependimento posterior, com possibilidade de diminuição de 1 a 2/3 da pena. Na hipótese de ser reconhecido o arrependimento posterior, a pena poderá, portanto, ser aplicada em patamar abaixo do mínimo legal.

Trata-se de instituto que Von Listz denominava **ponte de prata**, por meio da qual o legislador oferece ao criminoso a possibilidade de ter sua pena diminuída.

Presentes seus requisitos, o instituto é aplicável aos "crimes dolosos ou culposos, tentados ou consumados, simples, privilegiados ou qualificados"(CAPEZ, 2003, p. 233).

O item 15 da Exposição de Motivos do Código Penal, ao tratar do tema, dispõe que se trata "de providência de política criminal e é instituída menos em favor do agente do crime do que da vítima. Objetiva-se, com ela, instituir um estímulo à reparação do dano nos crimes cometidos sem violência ou grave ameaça à pessoa".

Seus **fundamentos**, de caráter **político-criminal**, buscando atender às exigências de proteção especial, são, portanto, os seguintes:

a. atenuar os impactos sofridos pela vítima do crime;
b. incentivar o arrependimento do agente.

Sua previsão é encontrada no art. 16 do Código Penal.

> **Art. 16.** Nos crimes cometidos sem violência ou grave ameaça à pessoa, reparado o dano ou restituída a coisa, até o recebimento da denúncia ou da queixa, por ato voluntário do agente, a pena será reduzida de um a dois terços.

## 21.2 CRIMES EM QUE CABE O ARREPENDIMENTO POSTERIOR

O arrependimento posterior não se aplica a todos os crimes, mas apenas aos crimes **patrimoniais e a outros tantos em que ocorra prejuízo material à vítima**, como no crime de peculato doloso, descrito no art. 312, *caput*, do Código Penal.

Pressupõe o arrependimento posterior que o crime praticado seja patrimonial ou possua efeitos patrimoniais.

> **Decifrando a prova**
>
> **(2018 – Cespe/Cebraspe – STJ – Analista Judiciário – Oficial de Justiça/Avaliador Federal)** O arrependimento posterior incide apenas nos crimes patrimoniais e sua caracterização depende da existência de voluntariedade e espontaneidade do agente.
> ( ) Certo     ( ) Errado
> **Gabarito comentado:** não apenas cabe em crimes patrimoniais, mas em qualquer crime com reflexos patrimoniais. Portanto, a assertiva está errada.

Entendemos que, nos crimes em que não haja lesão patrimonial direta, como o de lesões corporais culposas, não se pode admitir o arrependimento posterior como causa de diminuição de pena pelo fato de o agente reparar o dano patrimonial suportado pelo ofendido com gastos médicos, conserto do veículo, aquisição de medicamentos, atividades profissionais suspensas etc. Contudo, há quem entenda ser cabível o arrependimento posterior no crime de lesão corporal culposa na direção de veículo automotor (art. 303 do Código de Trânsito Brasileiro), ao argumento de que o disposto no art. 16 é aplicável, desde que presentes os seus requisitos, a todos os crimes com que eles sejam compatíveis, e não apenas aos crimes contra o patrimônio ou que tenham reflexos patrimoniais diretos.

> **Decifrando a prova**
>
> **(2014 – Cespe/Cebraspe – TJ/CE – Analista Judiciário/Execução de Mandados – Adaptada)** O instituto do arrependimento posterior pode ser aplicado ao crime de lesão corporal culposa.
> ( ) Certo     ( ) Errado
> **Gabarito comentado:** embora sufraguemos do entendimento de que é incabível arrependimento posterior em crime de lesão corporal, como já antes destacado, vimos que a possibilidade é por muitos admitida e, assim, a assertiva foi dada como correta. Acreditamos que, em provas, deva ser adotado o entendimento contrário ao nosso. Portanto, a assertiva está certa.

Nossas Cortes Superiores negam a possibilidade de aplicação de arrependimento posterior ao crime de homicídio culposo na direção de veículo automotor.

> **Jurisprudência destacada**
>
> RECURSO ESPECIAL. PENAL. HOMICÍDIO CULPOSO NA DIREÇÃO DE VEÍCULO AUTOMOTOR. ART. 312 DO CTB. CAUSA DE DIMINUIÇÃO DA PENA. ARREPENDIMENTO POSTERIOR. ART. 16 DO CP. REPARAÇÃO DO DANO. APLICÁVEL APENAS NOS CRIMES PATRIMONIAIS. PLEITO SUBSIDIÁRIO. RECONHECIMENTO DE ATENUANTE. ART. 65, III, *B*, DO CP. PENA-BASE FIXADA NO MÍNIMO. Súmula Nº 231/STJ. 1. O Superior Tribunal de Justiça possui entendimento de que, para que seja possível aplicar a causa de diminuição de pena prevista no art. 16 do Código Penal, faz-se necessário que o crime praticado seja patrimonial ou possua efeitos patrimoniais. 2. As Turmas especializadas em matéria criminal do Superior Tribunal de Justiça firmaram a impossibilidade material do reconhecimento de arrependimento posterior nos crimes não patrimoniais ou que não possuam efeitos patrimoniais. 3. *In casu*, a composição pecuniária da autora do homicídio culposo na direção de veículo automotor (art. 302 do CTB) com a família da vítima, por consectário lógico, não poderá surtir proveito para a própria vítima, morta em decorrência da inobservância do dever de cuidado da recorrente. 4. A existência de causa de aumento verificável na terceira fase da dosimetria não permite retorno para a fase anterior para reconhecer atenuantes, sob pena de subversão do sistema trifásico de dosimetria da pena. Súmula nº 231/STJ. 5. Recurso especial improvido, com determinação de imediato início de cumprimento da pena, vencidos, apenas quanto à execução provisória da pena, o Relator e a Sra. Ministra Maria Thereza de Assis Moura (STJ, Resp nº 1.561.276/BA 2015/0186168-1, 6ª Turma, Rel. Min. Sebastião Reis Júnior, j. 28.06.2016, *DJe* 15.09.2016, *RSTJ*, v. 247, p. 1140).

## 21.3 REQUISITOS PARA O RECONHECIMENTO DO ARREPENDIMENTO POSTERIOR

O arrependimento posterior somente poderá ser reconhecido diante dos seguintes requisitos, cumulativos:

a. o crime tenha sido cometido sem violência ou grave ameaça à pessoa;
b. o dano tenha sido reparado ou a coisa restituída até o recebimento da denúncia ou da queixa;
c. seja feito por ato voluntário do agente;
d. que seja integral, embora exista controvérsia quanto a essa necessidade.

### 21.3.1 O crime cometido sem violência ou grave ameaça à pessoa

Crimes praticados com violência ou grave ameaça não admitem o arrependimento posterior. Quanto ao cabimento nas hipóteses de violência imprópria, em que há redução significativa ou supressão da capacidade de resistência da vítima, divergem os doutrinadores:

* **1ª corrente:** não cabe o arrependimento posterior em crime praticado com violência imprópria, porque a lei não distingue a violência própria da imprópria. É a

posição majoritária na doutrina e que deve ser sustentada em provas. Deve-se pontuar, contudo, que, na hipótese, embora não se aplique o arrependimento posterior, a reparação do dano antes da denúncia ou da queixa e até a prolação da sentença autoriza a incidência do art. 65, III, *b*, do Código Penal.

> **CP, art. 65.** São circunstâncias que sempre atenuam a pena: (...)
>
> III – ter o agente: (...)
>
> b) procurado, por sua espontânea vontade e com eficiência, logo após o crime, evitar-lhe ou minorar-lhe as consequências, ou ter, antes do julgamento, reparado o dano; (...)

- **2ª corrente:** vedações que prejudicam o agente devem ser interpretadas de forma restritiva. Assim, verifica-se que a lei apenas impede que se aplique o arrependimento posterior a crimes perpetrados com grave ameaça ou violência, nada dispondo acerca da violência imprópria, que, como o próprio nome diz, não é violência. Destarte, cabe aplicação da diminuição de pena pelo arrependimento posterior a crimes perpetrados com violência imprópria, como na hipótese do crime de roubo em que o agente ministra sonífero à vítima, levando-a à impossibilidade de oferecer qualquer resistência, aproveitando-se do fato para subtrair seus pertences. É o nosso entendimento.

Quando **a violência é perpetrada contra a coisa**, como se dá no crime de dano e no de furto qualificado pelo rompimento de obstáculo, por exemplo, é possível reconhecer o arrependimento posterior. Como vimos, também é cabível, para muitos, no crime de lesão corporal culposa, em que não há emprego de violência.

### Decifrando a prova

**(2012 – MPE/GO – Promotor de Justiça)** Em relação ao arrependimento posterior, o agente do crime previsto no art. 155, parágrafo 4º, inciso I (furto qualificado mediante rompimento de obstáculo) não pode ser beneficiado pela causa geral de diminuição de pena, posto que a reparação do dano ou a restituição da coisa só pode ser feita nas hipóteses da não ocorrência de violência ou grave ameaça.

( ) Certo    ( ) Errado

**Gabarito comentado:** a violência no furto qualificado pelo rompimento é contra a coisa, e não contra a pessoa. Portanto, a assertiva está errada.

Quanto à sua aplicação aos crimes militares, há divergências:

- **1ª corrente:** não tendo o Código Penal Militar disposto de forma diversa, é possível, conforme a regra do art. 12 do Código Penal, a aplicação da causa de diminuição. Assim já entendeu o STF:

> **Jurisprudência destacada**
>
> *HABEAS CORPUS*. CÓDIGO PENAL MILITAR, ART. 303, § 2º. DECISÃO DO STM QUE AFASTA A APLICAÇÃO DO ART. 16 DO CÓDIGO PENAL, NO ÂMBITO DO CPM, EM FACE DO PRINCÍPIO DA ESPECIALIDADE. 2. CÓDIGO PENAL, ART. 16. SUA APLICAÇÃO A FATOS INCRIMINADOS POR LEI ESPECIAL, SE ESTA NÃO DISPUSER DE MODO DIVERSO (CÓDIGO PENAL, ART. 12). 3. O ARREPENDIMENTO POSTERIOR (CP, ART. 16) NÃO ESTÁ PREVISTO NA LEGISLAÇÃO PENAL MILITAR. OS BENEFÍCIOS PREVISTOS NO CÓDIGO PENAL MILITAR (ARTS. 72, III, LETRA *B*, E 240, § 2º) NÃO CARACTERIZAM O ARREPENDIMENTO POSTERIOR A QUE SE REFERE O ART. 16 DO CÓDIGO PENAL. 4. O ARREPENDIMENTO POSTERIOR (CP, ART. 16) E CAUSA DE DIMINUIÇÃO DA PENA E NÃO MERA ATENUANTE. 5. *HABEAS CORPUS* DEFERIDO, PARA QUE, ANULADO O ACÓRDÃO, NO PONTO, NOVA DECISÃO SE PROFIRA, TENDO EM CONTA O ART. 16 DO CÓDIGO PENAL (STF, HC nº 71.782/RJ, 2ª Turma, Rel. Min. Néri da Silveira, j. 25.04.1995, *DJ* 30.06.1995).

- **2ª corrente:** não cabe aplicação do art. 16 aos crimes militares, pois existe, no Código Penal Militar, regra especial sobre a matéria. É a nossa orientação acerca do tema. O art. 72, III, *b*, do Código Penal Militar prevê, como circunstância atenuante genérica, o fato de ter o agente procurado, por sua espontânea vontade e com eficiência, logo após o crime, minorar-lhe as consequências ou ter, antes do julgamento, reparado o dano. Além disso, o diploma repressivo castrense opta por prever o instituto do arrependimento posterior para crimes determinados, como furto (art. 240, § 7º), apropriação indébita (art. 250), estelionato (art. 253) e receptação (art. 254, parágrafo único). Destarte, é descabida a aplicação dos dispositivos do Código Penal. Trata-se de posição que guarda sintonia com o princípio da especialidade, podendo-se facilmente perceber, pela leitura do Código Penal Militar, não ter sido opção do legislador conferir a possibilidade de diminuição de pena pela reparação do dano ao autor de todo e qualquer crime perpetrado sem violência ou grave ameaça. Assim, o benefício da diminuição da pena pela reparação somente é aplicável aos crimes para os quais a lei especial trouxe expressa previsão.

## 21.3.2 O dano reparado ou coisa restituída até o recebimento da denúncia ou da queixa

O dano precisa ter sido reparado antes do recebimento, que não deve ser confundido com oferecimento da denúncia. Assim, se a reparação ocorre depois de oferecida, mas antes de recebida a denúncia, cabe a diminuição.

## Decifrando a prova

**(2011 – Vunesp – TJ/SP – Juiz)** Antônio, durante a madrugada, subtrai, com o emprego de chave falsa, o automóvel de Pedro. Depois de oferecida a denúncia pela prática de crime de furto qualificado, mas antes do seu recebimento, por ato voluntário de Antônio, o automóvel furtado é devolvido à vítima. Nesse caso, pode-se afirmar a ocorrência de arrependimento posterior.

( ) Certo    ( ) Errado

**Gabarito comentado:** o marco final não é o oferecimento, mas o recebimento. Portanto, a assertiva está certa.

Havendo reparação do dano após o recebimento da denúncia ou queixa, não mais se admite arrependimento posterior. Contudo trata-se de hipótese de incidência da **circunstância atenuante genérica**, prevista no art. 65, III, *b*, do Código Penal, caso em que, havendo condenação, a pena do agente não poderá ser aplicada em patamar abaixo do mínimo legal, consoante Súmula nº 231 do STJ:

## Jurisprudência destacada

**Súmula nº 231, STJ.** A incidência da circunstância atenuante não pode conduzir à redução da pena abaixo do mínimo legal.

*HABEAS CORPUS.* Direito Penal. APROPRIAÇÃO INDÉBITA. ATENUANTE DA REPARAÇÃO DO DANO. PENA-BASE FIXADA NO MÍNIMO LEGAL. IMPOSSIBILIDADE DE VALORAÇÃO. *ARREPENDIMENTO POSTERIOR.* INOCORRÊNCIA. PENA RESTRITIVA DE DIREITO. *SURSIS* PENAL NÃO APLICÁVEL. ORDEM NÃO CONHECIDA. 1. Na espécie, a pena-base foi fixada no mínimo legal, tendo sido aumentada em um terço na terceira fase da dosimetria. 2. A atenuante da reparação do dano (art. 65, III, *b*, do CP) é analisada na segunda fase da fixação da pena, dessa forma, no presente caso, ainda que fosse reconhecida, ela não teria força para trazer a pena-base aquém do mínimo legal. Precedentes. 3. Quando a restituição do bem à vítima ocorrer após o recebimento da denúncia ou queixa, não se aplica a causa de diminuição do **arrependimento posterior**. No caso em tela, a quantia apropriada indevidamente foi restituída após o recebimento da denúncia. 4. O *sursis* penal reveste-se de caráter subsidiário, em virtude do que dispõe o art. 77, III, do Código Penal, já que tal benefício legal somente incidirá se e quando incabível a substituição da pena privativa de liberdade por sanção restritiva de direitos. Precedentes. 5. A paciente preenche os requisitos do art. 44 do Código Penal para aplicação de penas restritivas de direito, o que efetivamente ocorreu. 6. *Writ* não conhecido (HC nº 99.803, 2ª Turma, Rel. Min. Ellen Gracie, j. 22.06.2010 – grifos nossos).

Deve-se, contudo, pontuar que o STF já entendeu possível o reconhecimento da causa de diminuição de pena pelo arrependimento posterior para o caso em que o agente efetuou a reparação do principal antes do recebimento da denúncia, mas somente indenizou a vítima pelos valores referentes aos juros e correção monetária depois de recebida a denúncia, quando já tramitava o processo.

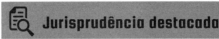

> **Jurisprudência destacada**
>
> É suficiente que ocorra arrependimento, uma vez reparada parte principal do dano, até o recebimento da inicial acusatória, sendo inviável potencializar a amplitude da restituição (STF, HC nº 165.312, 1ª Turma, Rel. Min. Marco Aurélio, j. 14.04.2020, *Info.* 973).

> **Decifrando a prova**
>
> **(2021 – FAPEC – PC/MS – Delegado de Polícia)** O arrependimento posterior encontra-se previsto de forma expressa no art. 16 do Código Penal. Sobre esse instituto e considerando a posição doutrinária e a jurisprudência dos Tribunais Superiores a seu respeito, apesar de parcela da doutrina entender que o reconhecimento do arrependimento posterior exige a integral reparação dos prejuízos causados pelo crime, o Supremo Tribunal Federal já se manifestou, em decisão sobre o tema, que para a incidência do instituto basta que o agente realize o ressarcimento do valor principal até o recebimento da denúncia, ainda que o pagamento dos juros e da correção monetária do prejuízo causado pelo crime se dê em momento posterior.
> ( ) Certo   ( ) Errado
>
> **Gabarito comentado:** consoante julgado pelo STF. "É possível o reconhecimento da causa de diminuição de pena prevista no art. 16 do Código Penal (arrependimento posterior) para o caso em que o agente fez o ressarcimento da dívida principal (efetuou a reparação da parte principal do dano) antes do recebimento da denúncia, mas somente pagou os valores referentes aos juros e correção monetária durante a tramitação da ação penal". Portanto, a assertiva está errada.

### 21.3.3 Ato voluntário do agente

A reparação deve se dar por **ato voluntário, ainda que não seja espontâneo**, o que ocorrerá, por exemplo, nos casos em que o agente tiver sido incentivado por familiares ou orientado por seu advogado, que aponta os benefícios legais.

> **Decifrando a prova**
>
> **(2013 – Cespe/Cebraspe – AGU – Procurador Federal – Adaptada)** O CP permite a aplicação de causa de diminuição de pena quando o arrependimento posterior for voluntário, não exigindo que haja espontaneidade no arrependimento.
> ( ) Certo   ( ) Errado

> **Gabarito comentado:** o agente pode se arrepender seguindo sugestões ou orientações de terceiros. Portanto, a assertiva está certa.

O arrependimento posterior depende de ter sido feita a reparação por ato voluntário do agente, sendo essa a razão pela qual **não** é reconhecido se houver **apreensão do bem pela autoridade policial** ou por **determinação judicial**. Igualmente não caberá arrependimento posterior em caso de reparação do dano por meio de **ação cível proposta pela vítima**. Nessas hipóteses, tendo sido forçada a reparação ou restituição, não cabe o instituto.

Outrossim, a reparação não precisa ser feita diretamente à vítima, razão pela qual haverá arrependimento posterior quando realizada **a devolução da coisa em sede policial**, devidamente certificada pela autoridade policial ou um dos seus agentes. Igualmente cabe o reconhecimento do instituto quando o autor voluntariamente fizer um **depósito judicial**.

Não impede o reconhecimento da causa de diminuição do art. 16 do Código Penal o fato de a **vítima não aceitar a reparação** do dano, pois não se poderia admitir a utilização do Direito Penal como instrumento de vingança pessoal. Outrossim, é inconcebível que a dosimetria da pena dependa da vontade da vítima. Havendo negativa da vítima, deverá o agente providenciar o depósito judicial do valor ou da coisa. A reparação precisa ser **pessoal**? Sobre o tema, formam-se as seguintes correntes:

- **1ª corrente:** aponta que a reparação deve ser feita pelo agente, ou seja, deve ser pessoal. É o posicionamento de Estefam (2010, p. 241). Alguns partidários dessa orientação admitem a sua realização por terceiros se comprovada impossibilidade de o agente levá-la a efeito, como na hipótese de estar preso, por exemplo. Esse é o posicionamento de Masson (2019b, p. 297).
- **2ª corrente:** admite a reparação feita por terceiro, desde que o faça com autorização do agente e que a reparação derive de sua vontade, não se podendo exigir que o ato indenizatório seja pessoalmente realizado pelo último. Esse é o nosso posicionamento, que é também o de Fernando Capez (2003, p. 232) e já foi sufragado pelo STJ.

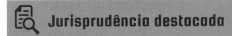
**Jurisprudência destacada**

PENAL. "ARREPENDIMENTO POSTERIOR" (CP, ART. 16). RESSAR- CIMENTO FEITO POR IRMÃO DA RECORRENTE (RE). EXIGÊNCIA LEGAL DE "VOLUNTARIEDADE", E NÃO DE "ESPONTANEIDADE". CAUSA OBJETIVA DE REDUÇÃO OBRIGATÓRIA DA PENA. RECURSO ESPECIAL CONHECIDO E PROVIDO. PENAS REDUZIDAS DE DOIS TERÇOS (STJ, REsp nº 61.098/SP 1995/0007795-7, 6ª Turma, Rel. Min. Adhemar Maciel, j. 11.09.1995, *DJ* 30.10.1995).

Havendo dano à coisa objeto do crime, o agente deverá, além de restituí-la ou ressarcir a vítima em valor que lhe seja correspondente, também ressarcir o dano provocado. Assim, se, por exemplo, Larapius Augustus subtrai uma bicicleta, danifica o bem e, antes do recebimento da denúncia, resolve reparar o dano causado à vítima, deverá, para fins de arrependimento posterior, devolver a bicicleta ou entregar valor correspondente, além de ressarcir pelos estragos causados ao bem.

O arrependimento posterior **não exige** do agente "sentimento de pesar pelo crime praticado, não é fenômeno de ordem afetiva ou emocional, mas implica a vontade de promover o restabelecimento da ordem jurídica alterada pelo crime, manifestada quer pela reparação do dano, quer pela restituição da coisa" (PRADO, 2000, p. 298).

### 21.3.4 A reparação precisa ser integral?

Sobre o tema, há controvérsias.

**Doutrina e jurisprudência são majoritárias no sentido de que há de ser integral** a reparação do dano à vítima, não sendo suficiente a reparação parcial para o reconhecimento da incidência da causa de diminuição.

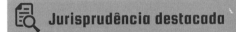

(...) A causa de diminuição de pena prevista no art. 16 do Código Penal (arrependimento posterior), exige a reparação integral, voluntária e tempestiva do dano, nos crimes cometidos sem violência ou grave ameaça à pessoa (STJ, AgRg no RHC nº 56.387/CE, 6ª Turma, Rel. Min. Antonio Saldanha Palheiro, j. 16.03.2017).

Porém, não sendo possível ao agente fazer a reparação total, já se admitiu, desde que aceita pela vítima, a reparação parcial do dano. É o nosso entendimento e também o de Luiz Regis Prado (2000, p. 299) e Heleno Cláudio Fragoso (1995, p. 306).

### 21.3.4.1 Critério para diminuição da pena pelo arrependimento posterior

De acordo com a norma do art. 16 do Código Penal, na hipótese do arrependimento posterior, a pena poderá ser diminuída de um a dois terços, possibilitando a aplicação da pena em patamar abaixo do mínimo legal.

O **critério a ser usado para a diminuição é a proximidade e a extensão da reparação**, ou seja, quanto mais próxima da consumação e quanto mais plena a reparação, menor deve ser a pena aplicada ao agente, ou seja, para o cálculo da diminuição, o juiz deve se basear não só na presteza da reparação do dano, mas também no *quantum* do efetivo ressarcimento, como já decidido pelo STF.

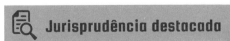

PENA. CAUSA DE DIMINUIÇÃO. ARREPENDIMENTO POSTERIOR. ART. 16 DO CÓDIGO PENAL. ALCANCE. A norma do art. 16 do Código Penal direciona à gradação da diminuição da pena de um a dois terços presente a extensão do ato reparador do agente (STF, HC nº 98.658/PR, 1ª Turma, Rel. Min. Cármen Lúcia, j. 09.11.2010, *DJe* 15.02.2011).

> O *quantum* de redução da pena deve ser modulado, de 1/3 a 2/3 (um a dois terços), de forma proporcional à presteza e ao grau de voluntariedade por este externados. (...) reputa-se razoável e proporcional, com base nas peculiaridades do caso concreto, a modulação da referida causa de diminuição de pena, para o delito em exame, à razão de 1/2 (metade), em atenção aos conjugados critérios do grau de presteza e voluntariedade por este externados (...) (STJ, AgRg no AREsp nº 1.467.975/DF 2019/0079527-3, 6ª Turma, Rel. Min. Laurita Vaz, j. 23.06.2020, DJe 04.08.2020).

## 21.4 COMUNICABILIDADE DO ARREPENDIMENTO POSTERIOR

Em se tratando de **circunstância objetiva**, comunica-se aos demais concorrentes que venham a ser condenados pelo mesmo crime, nos termos do art. 30 do Código Penal.

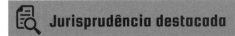

> **Súmula nº 554, STF.** O pagamento de cheque emitido sem provisão de fundos, após o recebimento da denúncia, não obsta ao prosseguimento da ação penal.

Em sentido oposto e minoritário, Luiz Regis Prado (2000, p. 300) entende que se trata de questão pessoal, influenciando na culpabilidade, não se estendendo ao coautor ou partícipe que não tenha voluntariamente realizado o ressarcimento.

**Nos crimes acessórios**, a reparação do dano caracterizadora do arrependimento posterior deve igualmente beneficiar os autores e partícipe do crime antecedente, desde que também se trate de crime praticado sem violência e grave ameaça e não tenha ainda sido recebida a denúncia. Entendimento diverso, como ressalta Masson (2019b, p. 298), "prejudicaria o autor do crime antecedente, que estaria impossibilitado de reparar um dano já satisfeito".

## 21.5 OUTRAS HIPÓTESES DE REPARAÇÃO DO DANO NO DIREITO PENAL BRASILEIRO

O disposto no art. 16 do Código Penal é regra geral que pode ser afastada por normas especiais, a saber:

a. **Súmula nº 554 do STF**

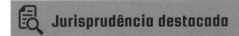

> **Súmula nº 554, STF.** O pagamento de cheque emitido sem provisão de fundos, após o recebimento da denúncia, não obsta ao prosseguimento da ação penal.

Assim, **o pagamento do cheque** antes do recebimento da denúncia é causa de **extinção da punibilidade** no crime de estelionato mediante emissão dolosa de cheque sem provisão de fundos. **Após a denúncia, mantém-se o prosseguimento da ação penal, embora incida a circunstância atenuante genérica trazida pelo art. 65, III, *b*, do Código Penal.**

Essa causa extintiva da punibilidade não se aplica, entretanto, a outras modalidades de estelionato, nem mesmo à praticada mediante emissão dolosa de cheque falsificado.

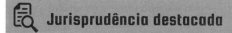

> (...) 2. A Súmula nº 554 do Supremo Tribunal Federal não se aplica ao crime de estelionato na sua forma fundamental: "Tratando-se de crime de estelionato, previsto no art. 171, *caput*, não tem aplicação a Súmula nº 554, STF" (HC nº 72.944/SP, Rel. Min. Carlos Velloso, *DJ* 08.03.1996). A orientação contida na Súmula nº 554 é restrita ao estelionato na modalidade de emissão de cheques sem suficiente provisão de fundo, prevista no art. 171, § 2º, inc. VI, do Código Penal (...) (HC nº 94.777, 1ª Turma, Rel. Min. Menezes Direito, j. 05.08.2008, *DJe* 177 de 19.09.2008).

### Decifrando a prova

**(2012 – MPE/GO – Promotor de Justiça – Adaptada)** Em relação ao arrependimento posterior o pagamento do cheque antes do recebimento da denúncia, nos termos da Súmula nº 554 do STF, tem força para obstruir a ação penal.
( ) Certo    ( ) Errado
**Gabarito comentado:** o pagamento do cheque sem provisão de fundos antes do recebimento da denúncia, nos termos da Súmula nº 554, é causa extintiva de punibilidade, não podendo o juiz receber a inicial acusatória, conforme disposto no art. 395 do CPP. Portanto, a assertiva está certa.

Cumpre destacar que a Súmula nº 554 foi elaborada no ano de 1976 e publicada no início de 1977, não existindo, naquela época, a regra atualmente constante do art. 16 do Código Penal. Até a reforma de 1984, a reparação do dano era uma mera circunstância atenuante genérica, tal qual ocorre com o atual art. 65, III, *b*.

Por essa razão, com a alteração legislativa promovida em 1984, o Supremo Tribunal Federal deveria ter cancelado a Súmula, porque não mais se adequava à legislação vigente. Todavia, a Corte Suprema optou por manter o enunciado, com isso conferindo tratamento indiscutivelmente desigual ao estelionato praticado mediante emissão dolosa de cheque sem fundos, tratando-o com maior leniência quando comparado a outros crimes patrimoniais não violentos e até menos graves, como o furto simples, por exemplo. Causa aos autores perplexidade a extinção da punibilidade para um estelionatário que se utiliza de cheque sem fundos, enquanto furtadores, autores de apropriação indébita e até estelionatários que praticam a fraude com a utilização de meios menos elaborados somente poderão se beneficiar com redução de pena.

### b. Reparação do dano no peculato culposo

A reparação do dano feita pelo funcionário público autor de crime de peculato culposo, desde que realizada até o trânsito em julgado da sentença condenatória, conforme art. 312, § 3º, do Código Penal é causa extintiva da punibilidade.

> **CP, art. 312.** Apropriar-se o funcionário público de dinheiro, valor ou qualquer outro bem móvel, público ou particular, de que tem a posse em razão do cargo, ou desviá-lo, em proveito próprio ou alheio: (...)
>
> **§ 3º** No caso do parágrafo anterior, a reparação do dano, se precede à sentença irrecorrível, extingue a punibilidade; se lhe é posterior, reduz de metade a pena imposta.

Devemos verificar que a previsão apenas se aplica ao crime de peculato culposo. Nas outras modalidades de peculato, em que há dolo, a reparação do dano antes do recebimento da denúncia dará azo ao reconhecimento do arrependimento posterior, nos termos do art. 16 do Código Penal.

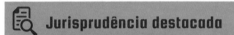

> (...) 1. É devido o reconhecimento da causa de diminuição de pena do arrependimento posterior, previsto no art. 16 do Código Penal, ao crime de peculato doloso, em suas diversas vertentes, desde que procedida pelo agente, de forma voluntária, a restituição da coisa, apropriada ou desviada, ou reparado o dano o Erário, até o recebimento da denúncia, sob pena de se configurar aplicação da atenuante genérica estatuída no art. 65, inciso III, alínea *b*, do Código Penal (...) (STJ, AgRg no AREsp nº 1.467.975/DF 2019/0079527-3, 6ª Turma, Rel. Min. Laurita Vaz, j. 23.06.2020, *DJe* 04.08.2020).

### c. Pagamento do débito tributário

O **pagamento do débito tributário**, nas hipóteses de sonegação fiscal, conforme art. 83, § 4º, da Lei nº 9.430/1996, não é causa de diminuição de pena, mas causa **extintiva da punibilidade**.

> **§ 4º** Extingue-se a punibilidade dos crimes referidos no *caput* quando a pessoa física ou a pessoa jurídica relacionada com o agente efetuar o pagamento integral dos débitos oriundos de tributos, inclusive acessórios, que tiverem sido objeto de concessão de parcelamento.

### d. Repatriação de valores

A repatriação dos valores objeto do crime de evasão de divisas, nos termos do art. 5º, § 2º, da Lei nº 13.254/2016, também não ensejará diminuição da pena, mas **extinção da punibilidade**.

**Art. 5º** A adesão ao programa dar-se-á mediante entrega da declaração dos recursos, bens e direitos sujeitos à regularização prevista no *caput* do art. 4º e pagamento integral do imposto previsto no art. 6º e da multa prevista no art. 8º desta Lei.

**§ 1º** O cumprimento das condições previstas no *caput* antes de decisão criminal extinguirá, em relação a recursos, bens e direitos a serem regularizados nos termos desta Lei, a punibilidade dos crimes a seguir previstos, praticados até a data de adesão ao RERCT: (...)

e. **Reparação do dano ambiental**

Nos termos do art. 27 da Lei nº 9.605/1998, a reparação do dano ambiental é **requisito para a transação penal** nos crimes ambientais de menor potencial ofensivo.

**Art. 27.** Nos crimes ambientais de menor potencial ofensivo, a proposta de aplicação imediata de pena restritiva de direitos ou multa, prevista no art. 76 da Lei nº 9.099, de 26 de setembro de 1995, somente poderá ser formulada desde que tenha havido a prévia composição do dano ambiental, de que trata o art. 74 da mesma lei, salvo em caso de comprovada impossibilidade.

f. **Composição dos danos**

A composição dos danos, nos crimes de menor potencial ofensivo de ação pública condicionada ou nos de ação privada, caracteriza **renúncia tácita ao direito de representação ou queixa**, consoante regra do art. 74 da Lei nº 9.099/1995.

**Art. 74.** A composição dos danos civis será reduzida a escrito e, homologada pelo Juiz mediante sentença irrecorrível, terá eficácia de título a ser executado no juízo civil competente.

g. **Pagamento de contribuição previdenciária**

A confissão espontânea e o pagamento das contribuições, importâncias ou valores e prestação das informações devidas à Previdência Social, na forma estabelecida em lei ou regulamento, antes do início da execução fiscal, no crime de apropriação indébita previdenciária, é **causa extintiva de punibilidade**, nos termos do art. 168-A, § 2º, do Código Penal.

**CP, art. 168-A.** Deixar de repassar à previdência social as contribuições recolhidas dos contribuintes, no prazo e forma legal ou convencional: (Incluído pela Lei nº 9.983, de 2000.) (...)

**§ 2º** É extinta a punibilidade se o agente, espontaneamente, declara, confessa e efetua o pagamento das contribuições, importâncias ou valores e presta as informações devidas à previdência social, na forma definida em lei ou regulamento, antes do início da ação fiscal. (Incluído pela Lei nº 9.983, de 2000.)

# 22 Ilicitude – noções introdutórias

## 22.1 CONCEITO DE ILICITUDE

A **antijuridicidade, ou ilicitude**, é a contradição entre a conduta típica praticada pelo agente e o ordenamento jurídico como um todo. Como já tivemos a oportunidade de ver anteriormente, tipicidade e ilicitude não são conceitos que se confundem, embora a **tipicidade tenha função indiciária da ilicitude**, de acordo com a teoria da *ratio cognoscendi*. Por conseguinte, toda ação típica é, em princípio, também antijurídica. Deixará de sê-lo caso sobre ela incida uma causa de justificação, ou seja, uma excludente de antijuridicidade, também denominada excludente de ilicitude.

O fato típico e antijurídico é o denominado injusto penal.

**Não se pode confundir ilícito com injusto.**

**Ilícito** é um **adjetivo**, referindo-se à qualidade da conduta que está em desconformidade com o ordenamento jurídico. Assim, dizemos ser ilícita a conduta de quem mata sem estar acobertado por qualquer das causas de justificação trazidas pelo art. 23 do Código Penal.

O **injusto penal** é um **substantivo**, é a própria ação típica adjetivada de antijurídica. Assim, quem mata sem estar acobertado por uma causa de exclusão de ilicitude pratica um injusto penal.

A antijuridicidade não é, entretanto, um conceito que se restrinja ao Direito Penal, referindo-se aos mais diversos ramos e segmentos do Direito. Trata-se de conceito válido para todas as searas do universo jurídico. Todavia, as condutas antijurídicas somente interessarão ao Direito Penal quando previstas em lei como criminosas, ou seja, quando típicas.

Podemos, nessa ordem de ideias, citar a **tentativa de suicídio**, conduta que, indiscutivelmente, está em contradição com o conjunto de normas que compõem o ordenamento jurídico brasileiro. A **ilicitude** da conduta resta comprovada, de forma explícita, pelo art. 146, § 3º, II, do Código Penal brasileiro, que, ao tratar do crime de constrangimento ilegal, dispõe não restar caracterizado o delito quando o agente exerce coação para impedir o suicídio. Assim, aquele que constrange alguém a não se suicidar está impedindo que realize conduta contrária ao ordenamento jurídico e, portanto, não pratica o crime do art. 146 do

Código Penal. Embora ilícita, contudo, a tentativa de suicídio não interessa ao Direito Penal, à mingua de uma norma que a defina como crime.

> **Art. 146.** Constranger alguém, mediante violência ou grave ameaça, ou depois de lhe haver reduzido, por qualquer outro meio, a capacidade de resistência, a não fazer o que a lei permite, ou a fazer o que ela não manda: (...)
>
> § 3º Não se compreendem na disposição deste artigo: (...)
>
> II – a coação exercida para impedir suicídio.

Destarte, podemos afirmar que **nem todo ilícito importa ao Direito Penal**, mas apenas aqueles definidos em lei como crime ou contravenção. De outro giro, porém, ainda que tipificada como criminosa, a conduta sobre a qual incida uma causa de justificação não possui relevância penal.

Caberia, aqui, a observação de que, embora os termos **ilicitude** e **antijuridicidade** sejam usados como expressões sinônimas, muitos apontam a impropriedade do adjetivo "antijurídico" para se referir a uma conduta praticada em desacordo com o ordenamento jurídico. Isso porque o prefixo "anti" é sinônimo de "contra" e, sendo um fenômeno criado pelo Direito, não pode ser contrajurídico: ou é jurídico, por estar em conformidade com o ordenamento, ou é injurídico, por estar em desconformidade com ele. A Reforma Penal de 1984 abandonou a expressão antijuridicidade, usada na parte geral original, de 1940, para adotar o termo ilicitude. Como destaca Bitencourt (2020, p. 409), contudo, a expressão antijuridicidade é adotada na maioria dos países europeus.

## 22.2 ANTINORMATIVIDADE E ANTIJURIDICIDADE

**Antinormatividade e antijuridicidade não são expressões sinônimas**, consoante distinção estabelecida por Welzel. Antinormativa seria a conduta realizada em desacordo com a proibição implícita no tipo que descreve um crime comissivo ou em descordo com o mandamento implícito em um tipo que define um crime omissivo. Assim, por exemplo, quando se mata alguém, viola-se a norma proibitiva do art. 121 do Código Penal, praticando, assim, conduta antinormativa. Toda realização do tipo de uma norma proibitiva é uma conduta antinormativa. Porém, nem toda conduta antinormativa é antijurídica, porque, naquele mesmo ordenamento jurídico, também existem normas permissivas que, em certas situações, autorizarão a realização de conduta antinormativa. Destarte, percebemos que **antinormatividade nasce da contradição entre a conduta do agente e uma norma proibitiva determinada, isolada, ao passo que a antijuridicidade surge da contradição entre a conduta antinormativa e o ordenamento jurídico como um todo.**

## 22.3 ANTIJURIDICIDADE FORMAL E ANTIJURIDICIDADE MATERIAL

Parte da doutrina sustenta que a antijuridicidade não se esgota na mera contradição entre a ação humana e o ordenamento jurídico, destacando ser preciso verificar se a contradição também se reveste de um caráter material compatível com a finalidade de proteção de bens jurídicos. Nessa ordem de ideias, far-se-ia necessário, além de aferir a contradição entre a conduta e o ordenamento jurídico, se o bem jurídico protegido sofreu a lesão ou perigo de lesão em virtude do comportamento desajustado, surgindo, assim, o conceito de **antijuridicidade material**. A antijuridicidade material potencializa a utilização de princípios que diminuem o âmbito de incidência do *jus puniendi*, restringindo a atuação do Direito Penal aos ataques relevantes aos bens jurídicos mais importantes.

Majoritariamente, porém, considera-se a distinção desnecessária, porque o comportamento humano contrário à ordem jurídica (portanto formalmente ilícito) sempre lesa ou, pelo menos, expõe a perigo bens juridicamente tutelados, o que se adequa ao conceito de tipicidade material. **Toda antijuridicidade, portanto, é material,** e, como toda conduta materialmente antijurídica é também formalmente antijurídica, somente uma concepção unitária da antijuridicidade pode ser admitida. O que os partidários da corrente minoritária denominam antijuridicidade formal é, na verdade, a própria tipicidade.

Discorrendo sobre o tema, Damásio Evangelista de Jesus (2010, p. 400) ensina:

> Não se justifica um conceito de antijuridicidade formal em contraposição a um conceito de antijuridicidade material. A primeira confunde-se com a tipicidade, pois a contradição entre o comportamento humano e a lei penal se exaure no primeiro elemento do crime, que é o fato típico. A locução antijuridicidade formal não indica outra espécie de ilicitude, mas é, apenas, modo de exprimir um dos elementos do fato típico (a tipicidade).

Masson (2019b, p. 310), a seu turno, afirma que a antijuridicidade é apenas formal, por consistir no exame da presença ou ausência, das causas de justificação, reservando o caráter material ao campo da tipicidade, posição com a qual concordamos.

De qualquer sorte, somente a **antijuridicidade concebida sob o aspecto material** nos autoriza reconhecer causas de exclusão de ilicitude além daquelas já elencadas em nosso ordenamento jurídico. Por essa razão é que nossa doutrina e jurisprudência admitem o consentimento do ofendido como **excludente supralegal de ilicitude**, como veremos adiante.

## 22.4 ANTIJURIDICIDADE OBJETIVA E ANTIJURIDICIDADE SUBJETIVA

Quem defende a índole subjetiva da antijuridicidade sustenta aqui que apenas existiria antijuridicidade quando praticado o **fato por pessoa imputável**. Um menor, assim, não poderia praticar um fato antijurídico.

Para os que defendem o **cariz meramente objetivo** da antijuridicidade, independentemente de se tratar de imputável ou não, **todos que praticarem** um fato contrário ao ordenamento jurídico estarão praticando fato antijurídico. Destarte, não importa se a pessoa tem ou não a possibilidade de entender que está praticando o fato contrário à ordem jurídica.

A concepção subjetiva de antijuridicidade leva à confusão entre ilicitude e culpabilidade e não se adequa ao Direito Penal brasileiro, em que se reconhece a possibilidade de inimputáveis realizarem conduta antijurídica. Assim, se um doente mental, sem qualquer condição de entender o caráter ilícito daquilo que faz e sem condição de se posicionar de acordo com aquele entendimento, mata alguém, terá praticado conduta antijurídica, embora, por não haver culpabilidade, esteja isento de pena, consoante art. 26 do Código Penal.

> **Decifrando a prova**
>
> **(2021 – MPE/PR – Promotor de Justiça Substituto – Adaptada)** Não é admissível juridicamente o exercício da legítima defesa por parte de inimputável por doença mental contra agressões injustas, atuais ou iminentes, de terceiros, mas a legítima defesa exercida por outrem, contra agressão injusta, atual ou iminente, de inimputável por doença mental, sujeita-se a limitações ético-sociais, que definem a permissibilidade de defesa.
> ( ) Certo ( ) Errado
> **Gabarito comentado:** a legítima defesa pode ser invocada por qualquer pessoa, independentemente de se tratar de um imputável. Adotamos a concepção objetiva de antijuridicidade. Portanto, a assertiva está errada.

## 22.5 TEORIA DOS ELEMENTOS SUBJETIVOS DAS CAUSAS DE JUSTIFICAÇÃO

Discute-se acerca da suficiência da presença dos elementos objetivos de uma causa de justificação para exclusão da ilicitude ou se, ao contrário, seria necessário, tal qual ocorre nos tipos incriminadores, que o agente saiba atuar sob o manto da excludente de ilicitude.

O questionamento nos remete ao seguinte caso concreto. Um homem dispara contra outro, que se encontra dentro de uma casa. O atirador só tem a visão do tronco de sua vítima e não sabe que, naquele momento, aquele a quem desejava atingir estava na iminência de disparar contra um inocente, que, ajoelhado, clamava por misericórdia. Ao alvejar e matar seu alvo, salvou, sem saber, a vida daquele inocente.

Na hipótese, poderíamos reconhecer legítima defesa de terceiro para o homem que, do lado de fora, disparou?

- **1ª corrente:** nos termos da **teoria dos elementos subjetivos da causa de justificação, amplamente majoritária** na doutrina e jurisprudência pátrias, também por nós adotada, não bastam os elementos objetivos para que reconheçamos a causa de justificação, sendo necessário o conhecimento da situação justificante. Assim, não há que se falar em legítima defesa na hipótese em exame. Só se pode reconhecer legítima defesa para quem o faz com *animus defendendi*. Joppert (2011, p. 262) destaca importante detalhe, que indica a adoção, entre nós, da teoria dos elementos subjetivos da causa de justificação: "(...) o art. 24 do Código Penal exige textualmente que a atuação se dê 'para salvar de perigo atual direito próprio ou alheio', pressupondo, portanto, esse específico requisito finalístico".

  Bitencourt (2020, p. 423) destaca que:

  > (...) a presença do elemento subjetivo da causa de justificação afasta o desvalor da ação, pois, na verdade, age conforme ao Direito, consequentemente, desenvolve uma

ação valiosa. Quando, ao contrário, está ausente o elemento subjetivo de justificação, o desvalor da ação persiste.

- **2ª corrente:** poderia ser reconhecida a legítima defesa no caso *sub examine*. Para o reconhecimento das causas de justificação basta o preenchimento dos requisitos de cunho objetivo, não sendo necessário que o agente tenha desejado atuar conforme o direito, pois inexiste qualquer exigência nesse sentido feita pelo legislador pátrio (MONTEIRO, 2001, p. 276).

## 22.6 EXCLUDENTES DE ANTIJURIDICIDADE OU CAUSAS DE JUSTIFICAÇÃO OU DESCRIMINANTES

Há, no ordenamento jurídico, **normas permissivas** que excluem a ilicitude da conduta. Ex.: André matou Larapius Augustus para salvar a própria vida por ocasião de um naufrágio em alto mar. Embora típica, sobre a conduta de André incide a justificante do estado de necessidade. Incidindo a causa de justificação sobre a conduta típica, ela passa a ser considerada lícita para todos os fins e em todas as esferas do ordenamento jurídico. Por essa razão, não se poderá falar em crime e não se poderá aplicar ao seu autor qualquer tipo de sanção penal, pena ou medida de segurança.[1]

## 22.7 CAUSAS GERAIS E ESPECIAIS DE EXCLUSÃO DE ILICITUDE OU ANTIJURI-DICIDADE

Na parte geral do Código Penal são expressamente previstas as seguintes excludentes de ilicitude:

a. Estado de necessidade (art. 24).
b. A legítima defesa (art. 25).
c. O estrito cumprimento do dever legal e o exercício regular do direito (art. 23, III).

Essas são as **causas gerais ou genéricas de justificação**, aplicáveis não apenas aos crimes previstos na parte especial do Código Penal, mas também aos previstos em leis extravagantes, salvo, nos termos do art. 12 do Código Penal, se elas dispuserem de forma diversa.

Não apenas na parte geral e no Código Penal, contudo, são encontradas as causas de justificação. Também estão elas previstas na Parte Especial do Estatuto Repressivo e nas leis especiais. **São as chamadas causas especiais ou específicas de exclusão da ilicitude**.

Assim, dentre outras, podemos citar as regras dos arts. 128 do Código Penal e 37 da Lei nº 9.605, de 1998.

---

[1] Aqui vale a lembrança de que corrente maciçamente majoritária entende que medida de segurança é hipótese de sanção penal, tal qual veremos quando tratarmos do tema.

**CP, art. 128.** Não se pune o aborto praticado por médico:

**Aborto necessário**

I – se não há outro meio de salvar a vida da gestante;

**Aborto no caso de gravidez resultante de estupro**

II – se a gravidez resulta de estupro e o aborto é precedido de consentimento da gestante ou, quando incapaz, de seu representante legal.

**Lei nº 9.605/1998, art. 37.** Não é crime o abate de animal, quando realizado:

I – em estado de necessidade, para saciar a fome do agente ou de sua família;

II – para proteger lavouras, pomares e rebanhos da ação predatória ou destruidora de animais, desde que legal e expressamente autorizado pela autoridade competente;

III – (VETADO);

IV – por ser nocivo o animal, desde que assim caracterizado pelo órgão competente.

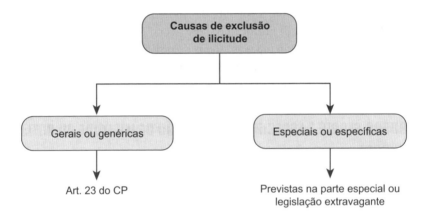

## 22.8 CONSENTIMENTO DO OFENDIDO

Como já anteriormente ressaltado, a aceitação de uma acepção material da antijuridicidade permite o reconhecimento de **causas supralegais de justificação, tal qual ocorre com o consentimento do ofendido**.

Diferentes são os **fundamentos** apresentados para a fundamentação do consentimento como causa supralegal de exclusão de ilicitude.

**Para a teoria da ponderação de valores**, é a prevalência do valor da vontade da vítima sobre o desvalor da conduta que lesou o bem jurídico que lhe era disponível.

**Para a teoria da renúncia à proteção do Direito Penal**, é a possibilidade que o ofendido tem de renunciar à proteção que lhe é conferida pelo Direito Penal.

**A teoria da ausência do interesse** fundamenta, porém, o consentimento como causa de exclusão supralegal na ausência de interesse do titular do bem jurídico disponível.

Ainda que a doutrina e a jurisprudência admitam o consentimento do ofendido como causa supralegal de exclusão de ilicitude, certo é que ele **também pode provocar exclusão**

**da própria tipicidade**, primeiro dos elementos do conceito analítico de crime. Essa é a razão pela qual, antes de analisarmos se o consentimento exclui a ilicitude, se faz necessário verificar se ele tem, naquele caso, o condão de afastar o fato típico.

O consentimento do ofendido afastará a tipicidade quando a dissenso da vítima integra a estrutura do modelo incriminador. Assim, na invasão de domicílio, no estupro e na divulgação de cena de sexo ou pornografia.

**CP**

**Art. 150.** Entrar ou permanecer, clandestina ou astuciosamente, ou contra a vontade expressa ou tácita de quem de direito, em casa alheia ou em suas dependências: (...)

**Art. 213.** Constranger alguém, mediante violência ou grave ameaça, a ter conjunção carnal ou a praticar ou permitir que com ele se pratique outro ato libidinoso: (...)

**Art. 218-C.** Oferecer, trocar, disponibilizar, transmitir, vender ou expor à venda, distribuir, publicar ou divulgar, por qualquer meio – inclusive por meio de comunicação de massa ou sistema de informática ou telemática –, fotografia, vídeo ou outro registro audiovisual que contenha cena de estupro ou de estupro de vulnerável ou que faça apologia ou induza a sua prática, ou, sem o consentimento da vítima, cena de sexo, nudez ou pornografia: (...)

### Decifrando a prova

**(2013 – Vunesp – TJ/SP – Juiz – Adaptada)** Quando a descrição legal do tipo penal contém o dissenso, expresso ou implícito, como elemento específico, o consentimento do ofendido funciona como causa de exclusão da tipicidade.
( ) Certo      ( ) Errado
**Gabarito comentado:** a falta de consentimento exclui a tipicidade de crimes como a violação de domicílio, a violação do sigilo de correspondência etc. Portanto, a assertiva está certa.

Importante, ainda, destacarmos que, muitas vezes, a ausência de consentimento provoca atipicidade relativa, deslocando a figura típica de um modelo para outro. É a hipótese do aborto, que, quando praticado sem o consentimento da gestante, desloca a conduta do agente do art. 126 para o art. 125, ambos do Código Penal.

**Art. 125.** Provocar aborto, sem o consentimento da gestante: (...)

**Art. 126.** Provocar aborto com o consentimento da gestante: (...)

### Decifrando a prova

**(2013 – MPE/GO – Promotor de Justiça – Adaptada)** O consentimento do ofendido pode ensejar atipicidade relativa (desclassificação) da conduta.
( ) Certo      ( ) Errado

> **Gabarito comentado:** como ocorre nas hipóteses dos arts. 125 e 126 do Código Penal. Portanto, a assertiva está certa.

Quando não afastar a tipicidade, o consentimento do ofendido afastará a ilicitude desde que presentes os requisitos apontados pela doutrina para tanto. Teremos, assim, o consentimento justificante.

> **Decifrando a prova**
>
> **(2010 – MPE/MG – Promotor de Justiça – Adaptada)** Considerando as funções que o consentimento do ofendido desempenha na área penal, poderá ser causa de extinção da punibilidade.
> ( ) Certo ( ) Errado
> **Gabarito comentado:** o consentimento do ofendido pode figurar como elemento essencial do tipo, sendo causa de exclusão da tipicidade ou, então, causa de exclusão da ilicitude. Portanto, a afirmativa está errada.

## 22.8.1 Requisitos para o consentimento justificante

Para que possa ser entendido como excludente supralegal da ilicitude, o consentimento do ofendido deverá preencher todos os seguintes requisitos:

a. **A manifestação do ofendido deverá ser livre**, emitida sem vício de vontade. Assim, não terá o condão de afastar a ilicitude o consentimento que tiver sido obtido mediante coação, fraude, dissimulação etc.

b. **O consentimento há de ser inequívoco**, inquestionável, podendo, contudo, ser feito por escrito ou oralmente, independentemente de solenidades. Admite-se, todavia, o consentimento presumido. Juarez Cirino dos Santos (2002, p. 198) salienta que: "o consentimento presumido é construção normativa do psiquismo do autor sobre a existência objetiva do consentimento do ofendido, que funciona como causa supralegal de justificação da ação típica".

Assim, admite-se o consentimento presumido nas hipóteses em que o ofendido não pode dar seu consentimento, mas o autor conclui que, se estivesse em condições de manifestar sua vontade, certamente o daria. Poderíamos citar como exemplo a amputação da perna de soldado ferido durante uma batalha.

Desacordado e gravemente ferido, o combatente não podia manifestar sua aquiescência na amputação do membro. Considerando-se, porém, que a providência era necessária para salvar-lhe a vida, aquele que realiza a amputação presume que, se estivesse consciente, teria consentido. Sobre a **natureza jurídica do consentimento presumido, a doutrina diverge**: alguns entendem tratar-se de causa supralegal de exclusão da licitude, outros entendem que se trata de hipótese de estado de necessidade. Aliamo-nos ao segundo grupo.

a. O ofendido, no momento em que emite seu consentimento, **deve possuir capacidade para tanto**, podendo compreender, inclusive, as consequências de sua manifestação de vontade. Quanto à idade, a doutrina amplamente majoritária se posiciona no sentido de que só os maiores de 18 anos têm capacidade para consentir. Busato (2018, p. 514) afirma que: "O consentimento há de derivar do sujeito capaz. Aquele que não é civilmente capaz de consentir não gerará consentimento jurídico válido e, portanto, não gerará exclusão da responsabilidade penal por falta de antijuridicidade material".

Entendemos, porém, que, a partir dos 14 anos, o consentimento da vítima será válido, seja qual for o crime, desde que presentes, cumulativamente, os requisitos aqui apontados. Nossa orientação se justifica pela opção do legislador, que permeou o ordenamento jurídico brasileiro com normas que reconhecem a validade do consentimento emitido por maior de 14 anos, tal qual se dá nos arts. 217-A, 126, parágrafo único, e, atualmente, no art. 122, §§ 6º e 7º, todos do Código Penal. Tais normas reconhecem valor ao consentimento do maior de 14 anos. O último dispositivo citado, inclusive, equipara o menor de 14 anos a qualquer outra pessoa que não tenha o necessário discernimento para a prática do ato, o que revela que, para a lei brasileira, quem tem mais de 14 anos tem capacidade para consentir validamente, ainda que não se trate de crime contra a dignidade sexual.

> **Art. 122.** Induzir ou instigar alguém a suicidar-se ou a praticar automutilação ou prestar-lhe auxílio material para que o faça: (...)
>
> **§ 6º** Se o crime de que trata o § 1º deste artigo resulta em lesão corporal de natureza gravíssima e é cometido contra menor de 14 (quatorze) anos ou contra quem, por enfermidade ou deficiência mental, não tem o necessário discernimento para a prática do ato, ou que, por qualquer outra causa, não pode oferecer resistência, responde o agente pelo crime descrito no § 2º do art. 129 deste Código.
>
> **§ 7º** Se o crime de que trata o § 2º deste artigo é cometido contra menor de 14 (quatorze) anos ou contra quem não tem o necessário discernimento para a prática do ato, ou que, por qualquer outra causa, não pode oferecer resistência, responde o agente pelo crime de homicídio, nos termos do art. 121 deste Código.
>
> **Art. 126.** (...)
>
> **Parágrafo único.** Aplica-se a pena do artigo anterior, se a gestante não é maior de quatorze anos, ou é alienada ou débil mental, ou se o consentimento é obtido mediante fraude, grave ameaça ou violência.
>
> **Art. 217-A.** Ter conjunção carnal ou praticar outro ato libidinoso com menor de 14 (catorze) anos: (...)

**Jurisprudência destacada**

(...) 9. O crime previsto no art. 217-A do Código Penal, consuma-se quando o agente mantém conjunção carnal ou qualquer ato libidinoso contra menor de 14 (quatorze) anos, sendo irrelevante, ainda, o consentimento da vítima. Portanto, no caso em apreço, não há como afastar a prática do crime previsto no art. 217-A do Código Penal, na sua forma consumada, haja vista que restou incontroverso nos autos a prática de atos libidinosos diversos da conjunção carnal com a vítima destinados à satisfação da lascívia do acusado, consistentes em "beijá-la na boca e passar as mãos sobre as roupas, nos seios e em seus órgãos genitais" (AgRg no AREsp nº 1.660.518/RS, 5ª Turma, Rel. Min. Ribeiro Dantas, j. 20.10.2020, *DJe* 22.10.2020).

Sobre a irrelevância do consentimento da vítima menor de 14 anos, temos, ainda, a Súmula nº 593 do STJ.

 **Jurisprudência destacada**

**Súmula nº 593, STJ.** O crime de estupro de vulnerável configura-se com a conjunção carnal ou prática de ato libidinoso com menor de 14 anos, sendo irrelevante o eventual consentimento da vítima para a prática do ato, experiência sexual anterior ou existência de relacionamento amoroso com o agente.

Os doentes mentais, sem discernimento, também não podem validamente consentir. Pontue-se, por derradeiro, que igualmente não produz efeito o consentimento emitido pelo representante legal do incapaz.

    b. **O bem jurídico deve ser disponível**. Sobre a disponibilidade do bem jurídico, não há consenso quanto aos critérios para sua aferição. Na doutrina, vale destacar os ensinamentos de Pierangeli (2001 *apud* MASSON, 2019b, p. 318), que sugere sejam percorridos todos os ramos do direito e os princípios que formam a base do ordenamento jurídico, reportando-se o intérprete às fontes imediatas e mediatas, ressaltando, ainda, que o critério adotado pelo legislador para fixação da natureza da ação penal, embora não seja tão seguro, deve servir ao intérprete, desde que não seja usado com exclusividade. Por essa razão, considerando-se as normas existentes na legislação brasileira acerca da matéria, em especial a do art. 41 da Lei nº 11.340/2006, devendo-se, ainda, citar a Súmula nº 542 do STJ, é que se tem concluído pela indisponibilidade da integridade física pela mulher quando vítima de lesão corporal praticada em situação de violência doméstica e familiar.

De acordo com Fragoso (2003, p. 236),

> (…) bem jurídico disponível é aquele exclusivamente de interesse privado (que a lei protege somente se *é* atingido contra a vontade do interessado). O consentimento

jamais terá efeito quando se tratar de bem jurídico indisponível, ou seja, aquele bem em cuja conservação haja interesse coletivo.

Nesse sentido, vale lembrar o teor da Lei nº 11.340/2006:

> **Art. 41.** Aos crimes praticados com violência doméstica e familiar contra a mulher, independentemente da pena prevista, não se aplica a Lei nº 9.099, de 26 de setembro de 1995.

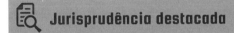

**Súmula nº 542, STJ.** A ação penal relativa ao crime de lesão corporal resultante de violência doméstica contra a mulher é pública incondicionada.

c. O consentimento deve ser **emitido antes ou durante a realização da conduta** típica. Sendo realizado após, não terá o condão de afastar a ilicitude nem sequer pode ser denominado consentimento. Se posterior, consonante lição de Fernando Galvão da Rocha (2004, p. 310), é apenas perdão pelo que já se fez, um mero reconhecimento de situação fática já consolidada.

d. Deve ser **específico**, ou seja, deve ser emitido para determinada conduta, não se podendo concluir que, tendo a vítima aquiescido, permitido uma vez, sua anuência se estenda a outras condutas. É preciso "que o fato típico se limite e se identifique com o consentimento do ofendido" (TOLEDO, 1991, p. 215).

# 23 Estado de necessidade

## 23.1 DEFINIÇÃO

A definição de estado de necessidade é encontrada no art. 24 do Código Penal.

> **Art. 24.** Considera-se em estado de necessidade quem pratica o fato para salvar de perigo atual, que não provocou por sua vontade, nem podia de outro modo evitar, direito próprio ou alheio, cujo sacrifício, nas circunstâncias, não era razoável exigir-se.
> **§ 1º** Não pode alegar estado de necessidade quem tinha o dever legal de enfrentar o perigo.
> **§ 2º** Embora seja razoável exigir-se o sacrifício do direito ameaçado, a pena poderá ser reduzida de um a dois terços.

Trata-se de uma descriminante sempre relacionada à **situação de perigo** em que todos os envolvidos têm **interesse lícito** na preservação de seus bens jurídicos e na qual o Estado permite sacrifício de um bem quando isso se mostrar inevitável para a preservação de outro, desde que presentes os requisitos do art. 24.

A doutrina é farta em exemplos de situações caracterizadoras de estado de necessidade, podendo ser citados os seguintes: incêndio no hospital, quando o acompanhante de um doente ali internado ofende a integridade física de outra pessoa em seu desespero para sair do local; a antropofagia praticada pelos sobreviventes do terrível desastre aéreo ocorrido na Cordilheira dos Andes, em 1972, vitimando jogadores do time de *rugby* do Uruguai; a opção que um médico tem que fazer, em meio a uma pandemia, ao deixar morrer um paciente mais velho para salvar outro mais novo, diante da inexistência de leitos e recursos para salvar a vida de ambos etc.

### 23.1.1 Estado de necessidade × estado de precisão

Para a caracterização da excludente de ilicitude do estado de necessidade se faz necessária a ocorrência de uma **situação excepcional**, extrema, em que o agente vê no sacrifício de bem jurídico de terceiro a única maneira de salvar o bem que tem interesse em preservar e cujo sacrifício lhe seria inexigível.

Assim, não pode ser confundido com situações de "precisão", de **dificuldades financeiras**, de "apertos" que muitas vezes a vida impõe, como desemprego ou doença.

Destarte, não restará amparada pelo manto do estado de necessidade a conduta daquele que, experimentando uma fase de privações, entrar em uma loja para subtrair itens ali existentes. Somente em casos muito excepcionais restará caracterizado o **furto famélico**, a ser reconhecido quando o agente, em situação de penúria extrema, atuar para saciar a sua fome ou de terceiro e desde que não possua outros meios para obter o alimento.

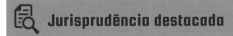

**Jurisprudência destacada**

(...) Consta nos autos que a vítima adquiriu uma carne bovina, um frango e pão francês no Supermercado e deixou sua motocicleta estacionada em frente a residência onde trabalha, com os objetos dentro do baú. Em dado momento, a vítima ouviu um barulho vindo de sua motocicleta, quanto então foi até a rua e percebeu que o baú do veículo estava aberto e os alimentos haviam sido subtraídos. Na ocasião, a vítima recebeu uma informação de que o denunciado e outra pessoa haviam corrido pela Rua Barão de Melgaço, sentido Cemitério Municipal. De posse da informação, vítima saiu em perseguição dos agentes e encontrou no caminho uma guarnição da Polícia Militar, momento em que foi possível abordar o denunciado de posse de três sacolas contendo os objetos furtados e uma porção de substância entorpecente, enquanto o outro agente conseguiu empreender fuga. (...) II – DO RECONHECIMENTO DE FURTO FAMÉLICO. A defesa alega excludente da tipicidade, da ilicitude, por se tratar de verdadeiro estado de necessidade, ou, ainda, excludente da culpabilidade, por afastar a exigibilidade de conduta diversa. No que se refere ao pedido do reconhecimento de furto famélico, não há como atendê-lo, pois este consiste na subtração de alimentos para matar a fome. Praticado em tais condições, caracteriza o estado de necessidade do agente, descaracterizando o crime. Não a hipótese nos autos, pois os alimentos, na forma em que se encontravam, não podiam satisfazer de modo imediato/urgente a suposta necessidade do apelante (...) (STJ, Resp nº 1.798.250/RO 2019/0052151-9, Rel. Min. Nefi Cordeiro, *DJ* 02.08.2019).

## 23.2 DIREITO OU FACULDADE DO AGENTE

A doutrina diverge quanto ao fato de o estado de necessidade ser uma faculdade ou um direito.

Para aqueles que sustentam que se trata de uma faculdade, a exemplo do grande Nélson Hungria (1958b, p. 272), o estado de necessidade não é um direito porque a todo direito corresponde uma obrigação e, na hipótese de necessidade, nenhum dos envolvidos na situação de perigo, titulares dos bens em conflito, está obrigado a suportar o sacrifício do seu bem.

Os que sustentam tratar-se de um direito dizem que o estado de necessidade é um direito a ser exercido contra o Estado, que, assim, terá o dever de reconhecer a excludente de ilicitude.

Temos que razão cabe às duas correntes, que, na verdade, analisam o instituto sob ângulos distintos e, a rigor, não se contrapõem. Assim, no que tange à relação entre os indivíduos cujos interesses estão em conflito, o estado de necessidade é uma **faculdade**, porque não estão obrigados a atuar para proteger seus bens, como também não estão obrigados a suportar lesão a seus interesses. Se, contudo, pensarmos **na relação entre os sujeitos envolvidos e o Estado, é direito** subjetivo daquele que atua em estado de necessidade vê-lo reconhecido pelo Estado, com todos os desdobramentos que esse reconhecimento trará.

## 23.3 NATUREZA JURÍDICA DO ESTADO DE NECESSIDADE. TEORIAS UNITÁRIA E DIFERENCIADORA

O Código Penal brasileiro, ao conceituar o estado de necessidade, expressamente o faz, no art. 23, I, como causa excludente da ilicitude, ou seja, como justificante. Em outras legislações, contudo, o estado de necessidade é por vezes tratado como excludente de ilicitude e, em outras, como excludente de culpabilidade, por inexigibilidade de conduta diversa.

Pode-se, assim, concluir que duas são as teorias de que o legislador pode lançar mão para a definição do estado de necessidade: teoria unitária e teoria diferenciadora.

Adotando-se a **teoria unitária**, o estado de necessidade sempre terá na lei natureza jurídica de causa excludente da ilicitude, ou seja, **será sempre justificante**.

Adotando-se a **teoria diferenciadora**, contudo, ao estado de necessidade se dará natureza jurídica de **causa excludente de ilicitude** (estado de necessidade justificante) ou de **causa excludente de culpabilidade** (estado de necessidade exculpante). Nesse caso, o próprio legislador deverá estabelecer os critérios distintivos entre uma e outra hipótese. E quais são esses critérios? Ora, serão os que a lei trouxer, podendo variar de um diploma para outro, segundo a opção do legislador.

O nosso **Código Penal**, optando pela **teoria unitária**, somente prevê o estado de necessidade como justificante,[1] mas não podemos dizer o mesmo do **Código Penal Militar**, que, nos termos de seus arts. 39 (estado de necessidade exculpante) e 43 (estado de necessidade justificante), **abraçou a teoria diferenciadora**.

> **Art. 39.** Não é igualmente culpado quem, para proteger direito próprio ou de pessoa a quem está ligado por estreitas relações de parentesco ou afeição, contra perigo certo e atual, que não provocou, nem podia de outro modo evitar, sacrifica direito alheio, ainda quando superior ao direito protegido, desde que não lhe era razoavelmente exigível conduta diversa.
>
> **Art. 43.** Considera-se em estado de necessidade quem pratica o fato para preservar direito seu ou alheio, de perigo certo e atual, que não provocou, nem podia de outro modo evitar, desde que o mal causado, por sua natureza e importância, é consideravelmente inferior ao mal evitado, e o agente não era legalmente obrigado a arrostar o perigo.

---

[1] O Código Penal brasileiro de 1969, que não chegou a entrar em vigor, tendo sido revogado em seu período de *vacatio legis*, adotava a teoria diferenciadora. Na Reforma Penal de 1984, o legislador optou pela teoria unitária.

Observados os critérios distintivos pelos quais optou o legislador brasileiro no diploma castrense, verifica-se que, para que o estado de necessidade exclua a ilicitude do comportamento, nos termos do art. 43, será necessário que o bem sacrificado seja de valor "consideravelmente inferior" ao bem que preservou. Assim, o sacrifício de uma vida para salvar outra não se enquadra no conceito de estado de necessidade justificante do Código Penal Militar.

Por outro lado, se o bem sacrificado for de valor igual ou mesmo superior ao preservado, pode, em tese, restar caracterizada a situação exculpante trazida pelo art. 39, desde que preenchidos os demais requisitos ali previstos. Assim, por exemplo, se atuou para proteger direito de um estranho, a quem não está ligado por estreitas relações de parentesco ou afeição, não será, pelo texto da lei, afastada a culpabilidade.

Na Alemanha, optou-se pela teoria diferenciadora e, segundo os critérios estabelecidos em seu estatuto repressivo, haverá estado de necessidade justificante apenas quando o bem sacrificado for de menor valor que o protegido. Caso o bem sacrificado seja de valor igual ou superior ao que se salva, no direito alemão será reconhecido o estado de necessidade exculpante, caso em que a conduta será ilícita, mas, ante a inexigibilidade de conduta diversa, poderá restar afastada a culpabilidade. Assim, de acordo com os critérios lá adotados, na hipótese de sacrifício de uma vida para salvar outra, o estado de necessidade será excludente da culpabilidade, e não da ilicitude.

O Código Penal, de acordo com o art. 24, além de não adotar a teoria diferenciadora, ao prever o estado de necessidade justificante, não o faz com os mesmos critérios do Código Penal Alemão ou mesmo com aqueles adotados pelo Código Penal Militar. Assim, nosso conceito de estado de necessidade justificante não é o conceito dos alemães nem do diploma militar brasileiro. Se, para eles, matar para salvar a própria vida, desde que preenchidos os demais requisitos, caracteriza estado de necessidade exculpante, para nós caracteriza estado de necessidade justificante. Afinal, o legislador penal brasileiro não se valeu, no art. 24 do Código Penal, de critério de ponderação dos bens em conflito na situação de necessidade.

Para o **Código Penal brasileiro, não importa se o bem sacrificado é de menor ou igual valor**. Para nós, na legislação penal comum, **o único critério é o da razoabilidade**. Assim, para concluirmos se o agente atuou sob o pálio do estado de necessidade, basta que façamos a seguinte pergunta: era razoável exigir do agente, nas circunstâncias, o sacrifício do bem ameaçado? Se a resposta for "não", poderá ser reconhecido o estado de necessidade, que é sempre justificante. Analisando, uma situação de perigo atual, não criada dolosamente por Larapius Augustus, em que o último matou José para salvar um baú cheio de joias, porque não havia outra forma de proteger seu patrimônio. Ao questionarmos se "era razoável exigir de Larapius o sacrifício do patrimônio ameaçado", a resposta será: "sim, claro!", e ele não estará, para nós, em estado de necessidade. Por outro lado, se, nas mesmas circunstâncias, Larapius Augustus matasse José para salvar a sua própria vida, ao questionarmos se "era razoável exigir de Larapius o sacrifício de sua vida ameaçada?", a resposta será: "não, claro que não!" e ele estará em estado de necessidade, restando excluída a ilicitude de sua conduta.

Pela sistemática adotada pelo Código Penal, portanto, só há dois caminhos quando diante de uma situação de perigo atual, não criada dolosamente pelo agente, que sacrifica um bem alheio porque não havia outra forma de proteger o bem ameaçado:

1. concluímos não ser razoável exigir o sacrifício do bem ameaçado e haverá estado de necessidade justificante, conforme art. 24, *caput,* do Código Penal;
2. concluímos ser razoável exigir o sacrifício do bem ameaçado e não haverá estado de necessidade justificante, embora o juiz possa diminuir-lhe a pena, conforme art. 24, § 2º, do Código Penal, hipótese de redução da culpabilidade.

> **Decifrando a prova**
>
> **(2019 – MPE/SC – Promotor de Justiça)** No CP brasileiro, a situação correspondente ao estado de necessidade somente exclui a ilicitude do fato, e por isso não afeta a culpabilidade da conduta.
> ( ) Certo ( ) Errado
> **Gabarito comentado:** na hipótese do art. 24, § 2º, embora não afaste a culpabilidade, influencia nesta, ao reduzir a pena. Portanto, a assertiva está errada.

## 23.3.1 O estado de necessidade exculpante como causa supralegal – controvérsias

Conforme o que foi até aqui exposto, inexiste espaço entre nós para o estado **de necessidade exculpante como causa supralegal,** como pretendem alguns, dentre eles Bitencourt. O respeitado doutrinador, embora reconheça ser bem mais vantajoso para o autor da conduta valorá-la como justificada do que como meramente exculpada, sustenta que, se o bem sacrificado for de maior valor, não haverá estado de necessidade justificante pela falta de proporcionalidade exigida pelo art. 24, o que abriria possibilidade de reconhecimento do estado de necessidade exculpante supralegal, reconhecendo, como solução mais vantajosa, a inexigibilidade de conduta diversa, desprezando-se o disposto no art. 24, § 2º. Os argumentos, entretanto, não nos convencem.

Primeiro, porque não podemos fazer de conta que não existe o disposto no art. 24, § 2º, do Código Penal, que é a opção feita pelo legislador; segundo, porque, apenas a título de argumentação, caso reconheçamos, em determinada situação de perigo, que do agente não se poderia exigir conduta diversa quando sacrificou o bem de maior valor, estamos reconhecendo ter ele atuado nos termos do art. 24, *caput,* e assim estará em estado de necessidade justificante. Afinal, ao fazermos a pergunta "era exigível do agente o sacrifício do bem ameaçado?", a resposta será "não, não era exigível", restando preenchidos os requisitos da justificação trazidos pelo *caput*; terceiro, porque, caso reconheçamos que era razoável dele exigir que sacrificasse o bem menos valioso para salvaguardar o mais valioso, não caberá a solução do art. 24, *caput,* nem poderia se beneficiar de estado de necessidade exculpante supralegal. Afinal, **estado de necessidade exculpante é hipótese de exclusão de culpabili-**

dade por inexigibilidade de conduta diversa e, nessa terceira situação, estamos afirmando justamente o contrário: seria dele exigível um atuar diferente!

Não se pode, a nosso sentir, trazer para cá solução adotada por outros diplomas que dispõem sobre a matéria de forma bastante diferente daquela pela qual optou o legislador brasileiro. Nem mesmo na hipótese de colisão de deveres temos como possível o reconhecimento do estado de necessidade exculpante como causa supralegal.

## 23.4 ELEMENTOS DA SITUAÇÃO DE NECESSIDADE

### 23.4.1 Situação de perigo atual

Existe perigo atual, base da situação de necessidade, quando um bem jurídico se encontra exposto à probabilidade de dano. No estado de necessidade, como leciona Masson (2019b, p. 326), o perigo pode ter sido causado por forças naturais, por seres irracionais ou mesmo pela ação de outro homem.

> **Decifrando a prova**
>
> **(2015 – Vunesp – PC/CE – Delegado – Adaptada)** Considera-se em estado de necessidade exclusivamente em situação de calamidade pública, pratica o fato para salvar de perigo atual, que não provocou por sua vontade, nem podia de outro modo evitar, direito próprio ou alheio, cujo sacrifício, nas circunstâncias, não era razoável exigir-se.
> ( ) Certo    ( ) Errado
> **Gabarito comentado:** a situação de perigo no estado de necessidade pode decorrer tanto de forças naturais quanto de ação humana. Portanto, a assertiva está errada.

**Perigo atual é o perigo real, que está em andamento no momento em que a ação é levada a efeito.** Perigo atual não pode ser confundido com perigo iminente, que é o que está prestes a acontecer, o que vai acontecer quase imediatamente.

### 23.4.1.1 O perigo iminente

Ao contrário do que ocorre com a legítima defesa, no estado de necessidade a lei não se refere à palavra "iminente". Isso provoca a controvérsia seguinte: cabe estado de necessidade quando o perigo for iminente, por analogia ao que é disposto na legítima defesa (art. 25 do Código Penal)?

Na doutrina, surgem duas posições acerca do tema:

1. **O perigo iminente**, por analogia à legítima defesa, também **caracteriza estado de necessidade**. Além disso, em todo perigo está implícita a iminência. Dentre seus defensores, Damásio de Jesus (1999, p. 416) argumenta que não se pode aguardar

que o perigo iminente se transforme em perigo atual para que o agente possa agir. É também a posição de Rogério Greco (2019, p. 440).
2. **O perigo iminente não se presta à caracterização do estado de necessidade**. É um equívoco, em nossa opinião, falar em aceitação do perigo iminente por analogia à legítima defesa. Só existe possibilidade de analogia quando se tem lacuna na lei sobre determinado assunto, integrando-se a lacuna ao aplicar solução que a lei traz para uma hipótese semelhante. Isso não ocorre na hipótese em análise, em que inexistem lacunas quaisquer. Não cabe falar em iminência, a exemplo do que ocorre na legítima defesa, porque ali a iminência a que se refere a lei, em seu art. 25, é a iminência do dano, não do perigo. Com maestria, Frederico Marques (1965, p. 125) ensina: "não se inclui aqui o perigo iminente porque a atualidade se refere ao perigo e não ao dano".

Hungria (1958b, p. 273) ressalta que "deve tratar-se de perigo presente, concreto, imediato, reconhecida objetivamente, ou *id quod plerumque accidit*,[2] a probabilidade de tornar-se um dano efetivo".

É também a posição de Joppert (2011, p. 268-269) e Capez (2003, p. 255), entre outros. Sobre o tema, vale, ainda, a lição de Juarez Cirino dos Santos (2007, p. 243):

> A atualidade do perigo no estado de necessidade não se confunde com a atualidade de agressão na legítima defesa: define-se pela necessidade de proteção imediata – e não pelo dano imediato –, porque o adiamento da proteção ou seria impossível, ou determinaria maior risco ou dano, como no aborto necessário, por exemplo, realizado no terceiro mês de gestação para evitar dano na época do parto; igualmente, pode ocorrer em perigos contínuos ou duráveis, atualizáveis em dano a qualquer momento segundo aquele juízo objetivo *ex ante*, como edifícios em ruína, doentes mentais perigosos para a comunidade (neste caso, aguardar agressões antijurídicas para a proteção justificada pela legítima defesa pode ser ineficaz, ou implicar lesão maior na área dos bens jurídicos sacrificados) etc.

### 23.4.2 Não criação voluntária do perigo pelo agente

Para que alguém possa, validamente, alegar estado de necessidade, será necessário que não tenha intencionalmente, dolosamente, criado a situação de perigo para o bem jurídico. Disso não se pode ter dúvidas. Assim, se José ateou fogo ao cinema, não poderá validamente alegar estado de necessidade para justificar lesões que provocou em alguém ao tentar dali sair. O perigo dolosamente criado, portanto, impede o reconhecimento do estado de necessidade. Discute-se, porém, se o perigo causado culposamente também impediria a alegação de estado de necessidade.

---

[2] *Id quod plerumque accidit* significa "aquilo que geralmente acontece".

- **1ª corrente:** a expressão usada pelo Código quando se refere a perigo "que não provocou por sua vontade" equivale apenas ao perigo dolosamente provocado. Assim, **apenas quem provocou o perigo dolosamente não poderá alegar estado de necessidade.**
  A criação de perigo por negligência, imprudência ou imperícia não impede a alegação válida do estado de necessidade. Portanto, na hipótese do incêndio supramencionada, caso o agente provocasse o incêndio culposamente, por exemplo, ao fumar escondido no local, poderia, segundo os partidários dessa primeira corrente, alegar estado de necessidade se lesionasse um terceiro ao tentar sair. É o posicionamento de Bitencourt (2020, p. 437), Damásio de Jesus (1999, p. 418), Fragoso (2003, p. 233), entre outros, sobre o tema. É a corrente majoritária.

- **2ª corrente: o perigo culposamente provocado também impede a alegação de estado de necessidade**, pois existe vontade na culpa, embora a vontade no crime culposo não esteja finalisticamente dirigida ao resultado. Não se pode admitir, amparada pela excludente de ilicitude, a conduta do agente que ofende bens e interesses de alguém para safar-se de uma situação de perigo que ele, por descuido, provocou. Além disso, devemos lembrar que, ao criar a situação de perigo, o agente se torna, pela ingerência, garantidor, tendo dever legal de evitar a ocorrência do resultado típico para aquele a quem colocou em situação de perigo, conforme art. 13, § 2º, *c*, do Código Penal. Seria, a nosso sentir, ilógico que pudesse alegar estado de necessidade contra seu garantido. É o nosso posicionamento e também o de Masson (2019b, p. 327), Hungria (1958b, p. 273), Joppert (2011, p. 271), entre outros. Cuida-se de posicionamento minoritário.

## 23.4.3 Perigo a direito próprio ou alheio

Em estado de necessidade, o agente atua na defesa de direito próprio ou alheio. A expressão "direito", utilizada no art. 24 do Código Penal, compreende qualquer bem ou interesse juridicamente protegido, do próprio agente **(estado de necessidade próprio)** ou de terceiro **(estado de necessidade de terceiro).**

Não pode ser protegido em estado de necessidade um bem ou interesse ao qual a ordem jurídica negue proteção. Por essa razão, Damásio de Jesus (1999, p. 417) adverte não poder validamente alegar estado de necessidade aquele que, foragido da prisão, furta roupa para não ser reconhecido.

### 23.4.3.1 Necessidade de autorização da vítima

No estado de necessidade de terceiro, quando se tratar de **bens disponíveis**, o agente **dependerá do consentimento do titular do bem jurídico.** Porém, em se tratando de bem indisponível, não haverá necessidade de consentimento, até porque, no caso, "o estado de necessidade de terceiro implica um verdadeiro dever de agir para aquele que está em condições de prestar auxílio, sob pena de incorrer nas penas do crime de omissão de socorro (art. 135)" (BITENCOURT, 2020, p. 436).

### 23.4.4 Inevitabilidade

Importante traço distintivo exsurge quando da comparação da legítima defesa com o estado de necessidade: no estado de necessidade, todos os interesses em conflito são lícitos e o Estado a todos protege. Assim, somente em hipótese excepcional, quando não houver outra saída para preservar o bem jurídico, será entendida como justificada a conduta de quem sacrifica interesse de outrem. O mesmo não se pode dizer da legítima defesa, em que, de um lado, alguém ataca injustamente e, de outro, alguém sofre o injusto ataque, não estando, por isso, obrigado a se acovardar, fugir, procurar outra saída. Por essa razão, a inevitabilidade, requisito do estado de necessidade, não se apresenta como requisito da legítima defesa, salvo em situações excepcionais, como veremos no item 24.4.

**Assim, se o agente, na situação de necessidade, opta por sacrificar bem alheio quando havia outra forma de se afastar da situação de perigo, não restará caracterizada a excludente de ilicitude do art. 24 do Código Penal.** Deve o agente, ainda, realizar a ação de salvaguarda do bem utilizando-se do meio menos lesivo possível, sob pena de caracterização de excesso, nos precisos termos do art. 23, parágrafo único, do Código Penal.

Temos que aqui observar, então, o denominado *commodus discessus*, a saída mais cômoda, o afastamento discreto, em que o agente, na situação de perigo, poderia dela ter escapado, evitando o sacrifício dos interesses e bens alheios, hipótese em que não poderá alegar estado de necessidade.

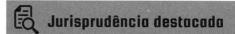

> Habeas corpus. 2. Violência contra militar em serviço. 3. Não se reconhece a excludente de ilicitude do estado de necessidade quando o agente pode escolher outras maneiras de agir para resolver a situação excepcional. 4. Ausência de ilegalidade na dosimetria da pena. Pena-base fixada no mínimo legal, atendendo aos princípios da proporcionalidade e razoabilidade. 5. Ordem denegada (HC nº 128.323, Rel. Min. Gilmar Mendes, 2ª Turma, j. 22.09.2015, DJe 14.10.2015).

#### 23.4.4.1 Estado de necessidade em crimes permanentes e habituais

**Não se admite estado de necessidade em crimes permanentes e habituais.** A razão para o descabimento é a incompatibilidade dos requisitos da causa de justificação (perigo atual, inevitabilidade e não razoabilidade de exigência do sacrifício do bem ou interesse ameaçado) com a estrutura dessas categorias de delitos, em que a consumação se prolonga no tempo ou em que se exige a reiteração de atos. Assim, não caracteriza estado de necessidade o exercício ilegal da medicina, crime habitual, ainda que o agente o faça em virtude da falta de profissional em zona distante do centro urbano.

> **Decifrando a prova**
>
> **(2019 – FCC – MPE/MT – Promotor de Justiça Substituto – Adaptada)** De acordo com o ordenamento jurídico e o posicionamento dos tribunais superiores acerca das excludentes de antijuridicidade, é cabível o estado de necessidade em crimes habituais.
> ( ) Certo     ( ) Errado
> **Gabarito comentado:** a natureza do crime, que exige reiteração para sua caracterização, é incompatível com o estado de necessidade. Portanto, a assertiva está errada.

### 23.4.5 Inexigibilidade de sacrifício do bem ameaçado – proporcionalidade

O cabimento do estado de necessidade é aferido, como já exposto anteriormente, **pelo princípio da razoabilidade,** não tendo o legislador brasileiro adotado, no Código Penal, o critério da ponderação de bens, como ocorre com outras legislações e com o próprio Código Penal Militar, em que se adota a teoria diferenciadora. O requisito para a caracterização da excludente é, assim, como ressalta Damásio de Jesus (1999, p. 421), "a proporcionalidade entre a gravidade do perigo que ameaça o bem jurídico e a gravidade da lesão causada pelo fato necessitado".

De forma amplamente majoritária, nossos doutrinadores se posicionam no sentido de que não será possível reconhecer estado de necessidade quando o bem sacrificado for de valor maior que o preservado. Tendo **o bem jurídico sacrificado valor igual ou menor que o bem preservado,** porém, seria possível reconhecer o estado de necessidade. Nesse sentido, Masson (2019b, p. 330), Joppert (2011, p. 274), Greco (2019, p. 446). Essa deve ser a orientação defendida em provas.

Ousamos, porém, discordar, por acreditarmos que, tal qual preceituava a Exposição de Motivos do Código Penal de 1940, item 17:

> (...) identifica-se o estado de necessidade sempre que, nas circunstâncias em que a ação foi praticada, não era razoavelmente exigível o sacrifício do direito ameaçado. O estado de necessidade não é um conceito absoluto: deve ser reconhecido desde que ao indivíduo era extraordinariamente difícil exigir um procedimento diverso do que teve. O crime é um fato reprovável, por ser a violação de um dever de conduta, do ponto de vista da disciplina social ou da ordem jurídica. Ora, essa reprovação deixa de existir e não há crime a punir, quando, em face das circunstâncias em que se encontrou o agente, uma conduta diversa da que teve não podia ser exigida do *homo mediuss*, do comum dos homens.

Destarte, cremos ser desnecessário estabelecer critérios valorativos: maior, igual ou menor valor. Essa ponderação pode se mostrar inconveniente e injusta no caso concreto. O que vale mais: uma ou duas vidas? A resposta sempre dependerá do ângulo pelo qual esteja sendo analisada. Se a vida preservada for a do filho do agente, certamente para ele valerá mais que as outras duas. Destarte, quando se questionar, em observância à parte final do art. 24, *caput*, se era razoável exigir o sacrifício da vida de seu filho para salvar a vida de dois desconhecidos, a resposta será "não" e, desde que presentes os demais requisitos, estará o agente em estado de necessidade.

> **Decifrando a prova**
>
> **(2019 – Instituto Acesso – PC/ES – Delegado de Polícia – Adaptada)** A legítima defesa é uma garantia que permite a defesa de interesse legítimo por parte de quem sofre a agressão injusta a um bem jurídico. Não obstante os interesses em conflito no caso de estado de necessidade, todos os interesses são considerados legítimos ao se tratar de oposição de bens jurídicos de mesmo valor.
> ( ) Certo ( ) Errado
> **Gabarito comentado:** entre nós, em se tratando de bens de idêntico valor, restará caracterizado o estado de necessidade, desde que presentes os demais requisitos da causa de justificação. Portanto, a assertiva está certa.

### 23.4.6 Ausência do dever legal de enfrentamento do perigo

Aqueles a quem a lei atribuir dever legal de enfrentar perigo não podem alegar estado de necessidade. A regra deve ser entendida restritivamente e, portanto, a vedação se limita ao período em que se encontra no exercício da atividade. Atentos aos princípios de razoabilidade e proporcionalidade, podemos afirmar que a norma em análise não impõe comportamento heroico daquele que tem dever legal de enfrentar o perigo. Não se pode, assim, exigir que um bombeiro, por ter dever legal de enfrentar o perigo, entre em um prédio já tomado pelas chamas e prestes a ruir para recuperar um objeto ali deixado pela vítima.

> **CP, art. 24.** (...)
> § 1º Não pode alegar estado de necessidade quem tinha o dever legal de enfrentar o perigo.

**Impende destacar que a proibição contida no dispositivo somente é aplicável quando a situação de perigo enfrentada pelo agente corresponder àquela que, por lei, está obrigado a enfrentar.** Por essa razão, um policial poderá alegar estado de necessidade se, para escapar de um incêndio ocorrido no prédio em que trabalha, lesionar uma pessoa que ali esteja prestando declarações ou comunicando um crime. O policial não tem dever legal de enfrentar perigos decorrentes do fogo. Diferente seria a solução se, durante um evento esportivo para o qual tivesse sido deslocado com o objetivo de conter a ação de alguns homens que depredavam o estádio, usasse um torcedor inocente como escudo para não ser atingido por pedras e objetos lançados pelos vândalos. Nessa hipótese, jamais poderia validamente alegar estado de necessidade.

A doutrina diverge acerca da possibilidade de alegação do estado de necessidade por quem tem **dever jurídico de enfrentar o perigo**:

- **1ª corrente:** quem tem dever jurídico de enfrentar perigo pode alegar estado de necessidade, pois a lei só impede a alegação nesse sentido por quem tenha dever legal, não se podendo estender a proibição, sob pena de restar caracterizada analogia *in malam partem*, como leciona Damásio de Jesus (1999, p. 420). Também Hungria (1958b, p. 279) entende que a limitação do art. 24, § 1º, não se estende a quem tem dever jurídico. Bitencourt (2020, p. 440) cita o exemplo do segurança do banqueiro que, naufragando a lancha em que viajavam, tendo somente um colete salva-vidas, pode disputá-lo em igualdade de condições e, assim, validamente alegar estado de necessidade. É o posicionamento prevalente na doutrina.

- **2ª corrente:** também não pode alegar estado de necessidade quem tem dever jurídico. Afinal, a lei equipara o dever jurídico ao dever legal, conforme art. 13, § 2º, do Código Penal. Não se trata, assim, de analogia *in malam partem*. É a nossa orientação, e também a de Masson (2019b, p. 329). Demais disso, não nos convence o exemplo acima, referente ao banqueiro e o segurança no naufrágio da lancha. Também nós entendemos que o segurança do banqueiro possa alegar estado de necessidade ao disputar com o patrão o colete salva-vidas.

Porém, isso não se deve ao fato de ser jurídico o seu dever, mas ao fato de que a situação de perigo enfrentada nenhuma relação guarda com aquela que se obrigou a enfrentar. O segurança foi contratado pelo banqueiro para impedir que ataques criminosos lhe fossem direcionados. A situação de perigo enfrentada foi um naufrágio e o segurança não tem dever de enfrentar os perigos do mar, sendo essa a razão pela qual poderá alegar o estado de necessidade. Contudo, se o barco fosse atacado por um ladrão, o segurança, que fora contratado para enfrentar justamente esse tipo de perigo, não poderia usar o contratante como escudo ou deixá-lo à própria sorte, alegando estado de necessidade, por força do que dispõe o art. 24, § 1º, do Código Penal.

## 23.4.7 Elemento subjetivo

Além dos requisitos objetivos acima elencados, para a caracterização do estado de necessidade é preciso que o agente tenha, no momento da ação, o objetivo de salvar da situação de perigo um bem próprio ou alheio do perigo. O tipo permissivo do art. 24 faz essa exigência: atuar "para salvar" direito próprio ou alheio.

Nesse sentido, vale a lição de Bitencourt (2020, p. 439): "Não estará justificada a ação se houver a mera coincidência de fatores objetivos justificantes, desconhecidos ou não desejados pelo agente, posteriormente constatados".

> **Decifrando a prova**
>
> **(2019 – Fundep – DPE/MG – Defensor Público)** Para caracterizar o estado de necessidade, é suficiente o conhecimento objetivo da situação de perigo, a exemplo do que ocorre com as demais causas justificantes. É desnecessário que o agente aja com o objetivo de salvar um bem próprio ou alheio do perigo.
> ( ) Certo ( ) Errado
> **Gabarito comentado:** sem a vontade de atuar para salvar direito seu ou de outrem, não haverá estado de necessidade. Portanto, a assertiva está errada.

## 23.5 ESTADO DE NECESSIDADE AGRESSIVO × ESTADO DE NECESSIDADE DEFENSIVO

A diferença tem como parâmetro aquele contra quem a ação é direcionada. Assim, haverá **estado de necessidade agressivo** quando o agente direciona sua ação ao sacrifício de bem jurídico de alguém que não provocou o perigo ou que não está envolvido na situação de perigo. Ex.: o agente, fugindo de um cão bravo, pula a cerca de uma casa, provocando danos ao morador.

**Estado de necessidade defensivo** se caracterizará, porém, quando o agente direcionar sua conduta ao sacrifício de bem jurídico daquele que provocou o perigo.

A diferença entre Estado de necessidade agressivo e estado de necessidade defensivo ganha importância no que tange à reparação civil. Nesse sentido, o Código Civil dispõe que a pessoa lesada e o dono da coisa danificada em estado de necessidade, se não forem culpados do perigo, ou seja, na hipótese de estado de necessidade agressivo, terão direito a indenização do prejuízo que sofreram. Se ocorrido o perigo por culpa de terceiro, o autor do dano terá contra ele ação regressiva para haver a importância usada para ressarcimento ao dono da coisa. A matéria é tratada no Código Civil, consoante dispositivos transcritos a seguir:

> **Art. 188.** Não constituem atos ilícitos:
> I – os praticados em legítima defesa ou no exercício regular de um direito reconhecido;
> II – a deterioração ou destruição da coisa alheia, ou a lesão a pessoa, a fim de remover perigo iminente.
>
> **Art. 929.** Se a pessoa lesada, ou o dono da coisa, no caso do inciso II do art. 188, não forem culpados do perigo, assistir-lhes-á direito à indenização do prejuízo que sofreram.
>
> **Art. 930.** No caso do inciso II do art. 188, se o perigo ocorrer por culpa de terceiro, contra este terá o autor do dano ação regressiva para haver a importância que tiver ressarcido ao lesado.
>
> **Parágrafo único.** A mesma ação competirá contra aquele em defesa de quem se causou o dano (art. 188, inciso I).

## 23.6 SITUAÇÕES ESPECIAIS DE ESTADO DE NECESSIDADE

O art. 128, I, do Código Penal e o art. 37 da Lei nº 9.605/1998 nos trazem hipóteses especiais de estado de necessidade, que afastarão a incidência da regra geral trazida pelo art. 24 do Código Penal.

> **CP, art. 128.** Não se pune o aborto praticado por médico:
>
> I – se não há outro meio de salvar a vida da gestante; (...)

> **Lei nº 9.605/1998, art. 37.** Não é crime o abate de animal, quando realizado:
>
> I – em estado de necessidade, para saciar a fome do agente ou de sua família;
>
> II – para proteger lavouras, pomares e rebanhos da ação predatória ou destruidora de animais, desde que legal e expressamente autorizado pela autoridade competente;
>
> III – VETADO;
>
> IV – por ser nocivo o animal, desde que assim caracterizado pelo órgão competente.

## 23.7 ESTADO DE NECESSIDADE RECÍPROCO

Ocorre na hipótese **de estado de necessidade contra estado de necessidade**, quando pessoas enfrentando a mesma situação de perigo atuam uma contra a outra com o objetivo de salvar bem próprio ou alheio.

# 24 Legítima defesa

## 24.1 DEFINIÇÃO

"Verdade imanente à consciência jurídica universal, que paira acima dos códigos, como conquista da civilização" (WANDERLEY apud BITENCOURT, 2020, p. 440), a legítima defesa é prevista **em todas as legislações**, estando estreitamente relacionada ao **instinto de autopreservação**.

Ao tomar para si o monopólio da força, o Estado reconhece que lhe seria impossível se fazer presente a tempo de evitar violação aos bens jurídicos de seus súditos em determinadas hipóteses e, assim, permite, de forma excepcional, a reação ante uma agressão ilegítima. Seria, como destaca Joppert (2011, p. 277), "absolutamente injusto que a ordem jurídica obrigasse o indivíduo a aceitar passivamente uma agressão, não permitindo sua atuação pessoal".

> **Decifrando a prova**
>
> **(2018 – FCC – DPE/MA – Defensor Público – Adaptada)** A legítima defesa é cabível ainda que o bem agredido esteja submetido a outra forma de especial proteção, como o proprietário que ameaça o inquilino para que preserve o imóvel.
> ( ) Certo    ( ) Errado
> **Gabarito comentado:** não se justifica a legítima defesa quando existe possibilidade de o Estado dirimir eventuais conflitos, impedindo lesões a bem juridicamente protegido. Portanto, a assertiva está errada.

A legítima defesa deve ser analisada sob a ótica da **razoabilidade, proporcionalidade e da ponderação de interesses**, não se admitindo, como veremos, reação a qualquer custo e em qualquer situação.

> **CP, art. 25.** Entende-se em legítima defesa quem, usando moderadamente dos meios necessários, repele injusta agressão, atual ou iminente, a direito seu ou de outrem.

## 24.2 FUNDAMENTOS

Entre as teorias que buscam fundamentar a legítima defesa, podemos destacar teorias subjetivas e objetivas.

Para as **teorias subjetivas**, a legítima defesa é **causa excludente de culpabilidade** e se caracteriza pela perturbação de ânimo do agredido.

Para as **teorias objetivas**, a legítima defesa **exclui a ilicitude**. É adotada por nosso Código Penal.

## 24.3 REQUISITOS DA LEGÍTIMA DEFESA

Podem ser identificados na legítima defesa requisitos de cunho objetivo e subjetivo, nos termos do art. 25 do Código Penal.

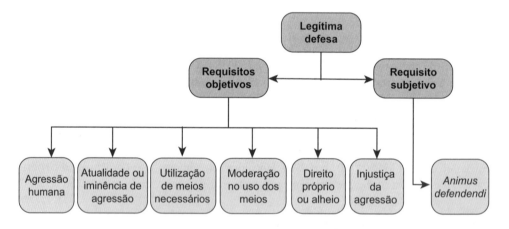

### 24.3.1 Agressão humana

Para a legítima defesa, exige-se a agressão humana, consciente e voluntária.

Exigindo a lei que se tenha uma agressão, a mera provocação não autoriza atuação em legítima defesa. Não poderá matar e alegar validamente legítima defesa aquele que, repelindo provocação, matar um torcedor de clube rival que zombar do péssimo desempenho de seu time.

A agressão que dá azo ao atuar em legítima defesa é a **agressão humana**. Portanto, não haverá legítima defesa quando se repele ataque de um animal. A razão é simples: a agressão deve ser injusta e somente o comportamento humano pode ser adjetivado de injusto. Imaginemos, assim, uma pessoa que, na rua, é atacada por um cão feroz. Ao matar o animal para salvar-se, estará, desde que presentes os demais requisitos legais, em estado de necessidade e não em legítima defesa.

Devemos, contudo, destacar a possibilidade de o animal estar sendo provocado por uma pessoa. Nesse caso, o ataque será humano e, na hipótese de repulsa, com sacrifício de bem ou interesse jurídico de quem incitou o animal, a excludente de ilicitude a ser reconhecida é a legítima defesa. Há de se perceber, todavia, que a hipótese de ataque humano materializada pela incitação de um animal somente caracterizará legítima defesa quando a repulsa for dirigida ao agressor. Assim, admitamos o seguinte exemplo: Larapius Augustus incita o seu cão de guarda a atacar André, seu desafeto. André, não encontrando outra forma de livrar-se do cão senão a invasão de uma casa, pula seu muro, pisa e destrói algumas plantas pelas quais o proprietário havia pago vultuosa quantia na execução de lindo projeto paisagístico. Na hipótese, André terá praticado condutas típicas de violação de domicílio e dano contra o proprietário do imóvel, porém acobertadas pelo estado de necessidade (estado de necessidade agressivo), jamais pela legítima defesa. Não se pode, ainda que para escapar de injusta agressão, admitir legítima defesa como excludente da antijuridicidade de conduta finalisticamente dirigida ao sacrifício de bens que não pertençam ao agressor.

A afirmativa acima não deve ser confundida com a hipótese de erro na execução, em que o agente, embora direcione a sua repulsa ao agressor, acaba por atingir pessoa diversa. Observados os termos do art. 73 do Código Penal, se, repelindo a agressão injusta, o agente direciona sua repulsa a bem ou interesse jurídico do agressor, mas, por erro, acaba atingindo bem jurídico de terceiro, a legítima defesa pode ser reconhecida. Ex.: Larapius Augustus, armado, ataca André. A vítima, que também estava armada, saca de sua arma e dispara, em legítima defesa, vindo, porém, a atingir, por erro na execução, Azaradus Cesar, que se encontrava naquele mesmo recinto. Neste caso, considerada a disciplina do art. 73 do Código Penal, ao agente se deve dar a mesma solução que se daria caso atingisse aquele a quem desejava atingir. Portanto, deverá ser reconhecida a legítima defesa de André.

> **Art. 73.** Quando, por acidente ou erro no uso dos meios de execução, o agente, ao invés de atingir a pessoa que pretendia ofender, atinge pessoa diversa, responde como se tivesse praticado o crime contra aquela, atendendo-se ao disposto no § 3º do art. 20 deste Código. No caso de ser também atingida a pessoa que o agente pretendia ofender, aplica-se a regra do art. 70 deste Código.

A agressão também deve ser **consciente**. Caso o agente atue em repulsa a agressão de quem esteja em estado de inconsciência, não haverá legítima defesa, mas estado de necessidade. Ex.: durante a madrugada, em crise de sonambulismo, o marido parte com um objeto perfurocortante na direção de sua mulher, a quem ataca. Mesmo ferida e durante o ataque, não havendo outra forma de salvar-se, a vítima se apossa de um objeto de vidro, quebra-o e o enfia no pescoço do marido. Neste caso, como a conduta do agressor não era consciente, a excludente de ilicitude a justificar o comportamento da mulher é o estado de necessidade, não a legítima defesa.

Além de ser consciente, exige-se que a agressão seja **voluntária**. Caso não exista vontade na conduta do agressor, não poderá haver repulsa acobertada pela legítima defesa. A excludente, na hipótese, será, caso presentes os requisitos exigidos em lei, o estado de necessidade. Ex.: Larapius Augustus, muito mais forte que Azaradus Cesar, exercendo força física sobre o último, força seus dedos contra o gatilho de uma arma de fogo, apontada contra André. Para não ser atingido, na tentativa de desviar o curso do projétil, André quebra o braço de Azaradus Cesar. Com relação à lesão provocada no último, André poderá validamente alegar estado de necessidade.

### 24.3.1.1 Legítima defesa contra pessoa jurídica

A doutrina majoritária, considerando que a pessoa jurídica exterioriza sua vontade por meio de pessoas físicas e que estas podem injustamente agredir bens jurídicos de terceiros em nome da empresa, entende ser perfeitamente **possível vislumbrarmos legítima defesa contra uma pessoa jurídica** (MASSON, 2019b, p. 343). Imaginemos, assim, que um funcionário seja injustamente impedido de retirar-se da sede da empresa porque se nega a assinar, como determinado pela diretoria, um documento, sendo trancadas as portas para que não saia do local. O funcionário, assim, quebra a fachada de vidro do prédio para dali retirar-se. Nesse caso, teríamos legítima defesa.

### 24.3.1.2 Legítima defesa e desobediência civil

Discute-se a possibilidade de reconhecimento da legítima defesa na resistência do cidadão à ação estatal classificada como abusiva. Entendemos que a **resposta deva ser negativa**. Afinal, nesse caso, como ressalta Masson (2019b, p. 347): "A lesão a bens jurídicos, mediante a prática de condutas penalmente típicas, não pode ser tolerada sob pena de acarretar em anarquia e desordem pública".

## 24.3.2 Agressão atual ou iminente

Somente a **agressão atual ou iminente** caracteriza a legítima defesa. **Atual** é a agressão em curso, a que ainda não foi finalizada. **Iminente** é a agressão bastante próxima, quase imediata, que está prestes a acontecer.

Agressão iminente, porém, não pode ser confundida com qualquer agressão futura. **Agressão futura, que não seja iminente, não dá azo ao reconhecimento de legítima defesa.** Aqui, devemos lembrar a *ratio* da legítima defesa, que somente é cabível nas hipóteses em que o Estado, que detém o monopólio da força para impedir a barbárie, não pode atuar a tempo para impedir ofensas aos bens e interesses jurídicos da vítima do ataque injusto. Havendo possibilidade, ainda que em tese, de o Estado intervir para solucionar o conflito e impedir o ataque, não se reconhece legítima defesa, embora, a depender do caso concreto, a inexigibilidade de conduta diversa possa ser invocada para afastar a culpabilidade.

Nesse diapasão, pensemos no seguinte exemplo: por dar abrigo a agente público durante operação policial, morador de comunidade conflagrada tem sua casa invadida por um traficante. Após matar o policial, o traficante dá ao morador o prazo de 24 horas para dali se retirar, sob pena de morte. Sabedor do poderio do tráfico na localidade e que o traficante certamente o matará, como já fez antes com outro morador em idênticas circunstâncias, a vítima, aproveitando-se de um descuido do criminoso, que lhe dá as costas, se apossa de uma faca e desfere violento golpe contra o traficante, matando-o.

Afinal, não encontraria outro lugar para onde ir com toda a sua família no prazo fixado. Nessa hipótese, havendo ameaça de agressão futura, o agente não estará em legítima defesa, devendo-se, porém, reconhecer a **inexigibilidade de conduta diversa** para, afastando a culpabilidade, isentá-lo de pena.

Exige-se, ainda, para a caracterização da legítima defesa, que a reação seja imediata, afinal, se o perigo já passou, não mais existe legítima defesa. Se a reação é exercida após já ter cessado o perigo, o que se tem é vingança não acobertada pela causa de justificação. Legítima defesa é repulsa, não revide.

### 24.3.3 Direito próprio ou alheio

Na legítima defesa, o agente atua para salvaguardar um bem jurídico, que pode ser próprio (**legítima defesa própria**) ou alheio (**legítima defesa de terceiro**), hipótese em que, em se tratando de **bens jurídicos disponíveis**, o agente dependerá, para que possa validamente alegar legítima defesa, da **concordância do titular**.

Consoante escólio de Bitencourt (2020, p. 444-445), "qualquer bem jurídico pode ser protegido pelo instituto da legítima defesa, para repelir agressão injusta, sendo irrelevante a distinção entre bens pessoais e impessoais, disponíveis e indisponíveis".

**A honra**, como qualquer outro bem juridicamente tutelado, pode ser protegida em legítima defesa (BITENCOURT, 2020, p. 445), desde que presentes os requisitos legais. Assim como não se pode matar alguém pelo fato de ter invadido uma propriedade para tirar frutas do pé, não se pode matar alguém por ter sido por ele traído. O que inviabiliza o reconhecimento de legítima defesa nas duas hipóteses citadas é a ausência de razoabilidade, de proporcionalidade, e não o bem jurídico que se defende. Sendo a honra um bem juridicamente tutelado, pode ser objeto de proteção por meio da legítima defesa.

Sobre a impossibilidade de alegação de legítima defesa da honra para justificar um homicídio, já se manifestou o STF. Entendemos que, embora no voto do relator, Ministro Dias Toffoli, tenha sido determinada interpretação conforme a Constituição aos arts. 23, II, e 25, *caput* e parágrafo único, do Código Penal e o art. 65 do Código de Processo Penal, de modo a excluir a legítima defesa da honra do âmbito do instituto da legítima defesa, o julgado apenas se refira ao crime de homicídio, crime sobre o qual versava. Não resta, portanto, desautorizada a afirmação de que cabível a legítima defesa para a proteção da honra em outras situações, desde que presentes os requisitos legais trazidos pelo art. 25 do CP.

> **Jurisprudência destacada**
>
> (...) inaceitável, diante do sublime direito à vida e à dignidade da pessoa humana, que o acusado de feminicídio seja absolvido, na forma do art. 483, III, § 2º, do Código de Processo Penal, com base na esdrúxula tese da "legítima defesa da honra". Dessa forma, caso a defesa lance mão, direta ou indiretamente, da tese inconstitucional de legítima defesa da honra (ou qualquer argumento que induza à tese), seja na fase pré-processual, processual ou no julgamento perante o tribunal do júri, caracterizada estará a nulidade da prova, do ato processual ou até mesmo dos debates por ocasião da sessão do júri (caso não obstada pelo Presidente do Júri), facultando-se ao titular da acusação recorrer de apelação na forma do art. 593, III, *a*, do Código de Processo Penal (ADPF nº 779).

> **Decifrando a prova**
>
> **(2004 – Cespe/Cebraspe – TJ/CE – Adaptada)** Marcelo desfechou seis tiros de revólver contra a sua esposa, de quem estava separado de fato há mais de 30 dias, sob a justificativa de que a vítima não tinha comportamento recatado e o traía. Nessa situação, de acordo com o entendimento do STJ, Marcelo agiu sob o pálio da legítima defesa da honra.
> ( ) Certo    ( ) Errado
> **Gabarito comentado:** embora seja possível a legítima defesa da honra, não foram, na hipótese em comento, observados os requisitos para o reconhecimento da causa de justificação. Não há razoabilidade, proporcionalidade, que também não existiriam caso a conduta fosse realizada imediatamente após a traição. Portanto, a assertiva está errada.

### 24.3.3.1 Agressão a bens coletivos

Aqui, podemos identificar duas correntes:

- **1ª corrente:** não se pode conceder ao cidadão a faculdade de atuar em legítima defesa para a proteção de **bens jurídicos pertencentes à coletividade**, na medida em que essa garantia é dever imposto ao Estado que, assim, não poderia decliná-la em favor de instâncias particulares, conforme escólio de Roxin. Quanto **a bens jurídicos pertencentes ao próprio Estado**, o jurista alemão sustenta haver possibilidade de legítima defesa, pois não se justificaria o entendimento de que o bem do Estado merece uma proteção menor de que a que se garante a bens de particulares. Seria uma hipótese de legítima defesa de terceiro (ROXIN, 1997 *apud* BUSATO, 2018, p. 491). Essa também é a posição da doutrina majoritária e deve ser a adotada em provas.

- **2ª corrente: pode haver legítima defesa de bens coletivos e de bens do Estado.** É a nossa orientação. Ousamos, portanto, discordar, ainda que em parte, da visão majoritária. Se o bem é coletivo, é de todos. Se o agente pode atuar em legítima defesa de terceiro, também poderia atuar, ao nosso ver, em legítima defesa de bens coletivos. Assim, ainda que não respaldados pela doutrina majoritária, admitimos legítima defesa de bens coletivos.

### 24.3.4 Meios necessários

Meio é **aquilo de que o agente se vale para a defesa legítima de um bem seu ou de terceiro**. Assim, é a faca, a pedra, a arma de fogo, o objeto contundente etc. Meios necessários são aqueles de que o agente dispõe no momento da reação. Inexistindo outros, será considerado meio necessário o único de que o agente disponha, ainda que superior aos meios do agressor. Embora alguns sustentem que não pode ser qualquer meio, mas um meio proporcional, ousamos discordar. Não existe proporcionalidade entre o meio e o ataque, mas entre a utilização de meio e o ataque. Assim, a questão não é usar uma arma de fogo ou uma pedra, mas a forma com que se usa a arma de fogo e a pedra. Basta pensarmos que, assim como se pode usar uma pedra, atirando-a contra alguém para matá-lo, se pode usar uma arma para apenas intimidar, efetuando disparo para o alto. Sobre a moderação no uso dos meios, trataremos no próximo tópico.

### 24.3.5 Moderação no uso dos meios necessários

A moderação no uso dos meios diz respeito à **sua utilização apenas no limite necessário para fazer cessar a agressão**, embora essa adequação não precise ser milimetricamente calculada, considerando-se o estado de ânimo do agente que se vê diante da agressão injusta.

Podendo o agente dispor de mais de uma maneira para se defender, deverá se utilizar da menos lesiva. A reação desproporcional, desarrazoada, não pode servir à caracterização da legítima defesa.

#### 24.3.5.1 Legítima defesa agressiva × legítima defesa defensiva

Admitindo como parâmetro de distinção a forma de reação, parte da doutrina classifica a legítima defesa como agressiva ou defensiva:

a. **Legítima defesa agressiva**, também denominada ativa. Se dá quando, ao repelir a injusta agressão, o agente pratica um fato que a lei define como crime ou contravenção. Ex.: matar o inicial agressor.
b. **Legítima defesa defensiva**, também denominada passiva. Ocorre quando, ao repelir a injusta agressão, o agente pratica um indiferente penal. Ex.: segurar o braço do inicial agressor.[1]

De nossa parte, porém, não vislumbramos sentido na distinção porque, sob o aspecto penal, só há sentido em analisar a legítima defesa caso se supere a primeira etapa do crime, reconhecendo-se a realização de uma conduta típica. Caso contrário, sendo atípico o comportamento do agente, não precisaremos avançar para análise da eventual incidência de excludente de ilicitude.

### 24.3.6 Agressão injusta

**Agressão injusta é a agressão humana não justificada pelo direito.** A lei não exige que a agressão seja criminosa, bastando que seja ilícita. Destarte, a reação a uma agressão justa não caracteriza legítima defesa. Assim, não há legítima defesa recíproca, não há legítima defesa contra estado de necessidade, não há legítima defesa contra exercício regular do direito nem contra estrito cumprimento de um dever legal.

---

[1] Exemplo dado por Masson (2019b, p. 341).

> **Decifrando a prova**
>
> **(2018 – FCC – DPE/MA – Defensor Público – Adaptada)** A legítima defesa se legitima como forma de exclusão da antijuridicidade diante de agressão injusta, entendida como aquela realizada mediante comportamento do agressor que implique em crime doloso.
> ( ) Certo ( ) Errado
> **Gabarito comentado:** a agressão injusta não precisa ser típica, tampouco crime doloso. Portanto, a assertiva está errada.

## 24.3.7 Elemento subjetivo

É o *animus defendendi*, devendo o agente ter conhecimento de que está diante de uma agressão injusta e atuar com o intuito de se defender. Sem o elemento subjetivo, consoante entendimento amplamente majoritário entre nós, não há que se falar em legítima defesa.

Por essa razão, não se vislumbra a justificante no denominado pretexto de legítima defesa, que se caracteriza quando uma pessoa, com intuito de atacar, se coloca em situação que, objetivamente, se caracterizaria como legítima defesa. Assim, imaginemos que André seja amante de Maria, que, por sua vez, é esposa de Larapius Augustus. André, apaixonado por Maria, decide matar o rival. Sabendo que Larapius é pessoa violenta, que costuma andar armado e que não aceitará o fato de ser traído, André se faz passar por alguém que deseja alertá-lo, efetuando uma ligação, informando hora e lugar em que Maria estará em companhia do amante. Larapius se dirige ao hotel, onde se depara com a chocante cena. Atormentado por ódio e ciúme, Larapius saca de uma arma, apontando-a na direção de André. Este, porém, que já o aguardava e tinha uma arma sob o travesseiro, efetua um único disparo, vindo a matar Larapius. Nesse caso, André não pode validamente alegar legítima defesa, pois jamais atuou com *animus defendendi*. Ao contrário, durante todo o tempo, seu propósito era de ataque, criando uma situação para tanto, a pretexto de atuar em legítima defesa.

## 24.4 LEGÍTIMA DEFESA E *COMMODUS DISCESSUS*

O denominado *commodus discessus*, em que o agente se afasta prudentemente do local, é, como já vimos, **elemento do estado de necessidade**, que tem como um de seus requisitos objetivos a inevitabilidade, só podendo alegar validamente a excludente de ilicitude trazida pelo art. 24 do Código Penal aquele que atacar bem jurídico alheio quando não puder, de outro modo, evitar o perigo.

A inevitabilidade, contudo, não se apresenta como elemento da legítima defesa, não sendo exigida para a sua caracterização que o agredido se afaste, saia do local, para não ser atacado, ainda que possa fazê-lo.

**Porém, há situações excepcionais em que o *commodus discessus* figurará como elemento da legítima defesa.** Isso ocorre, por exemplo, na agressão levada a efeito por não culpáveis ou por pessoas que atuam com culpabilidade bastante diminuída, como no exemplo de ataque por menores de 18 anos, por doentes mentais ou ébrios por patologia, pessoa sob coação moral irresistível etc.

Nessas hipóteses, o agente deverá buscar a saída menos lesiva e só poderá atuar em legítima defesa, adotando a repulsa agressiva, se não puder escapar de outra forma. Se puder optar pelo afastamento prudente, mas preferir não se abster da reação, não terá reconhecida a legítima defesa em seu favor. Para ilustrar o aqui exposto, citemos o exemplo de um homem que esteja dentro de seu carro, transitando pela rua, nas proximidades de uma "cracolândia", quando abordado por uma pessoa maltrapilha, com aparência devastada e certamente sob efeito da droga, que, com uma faca, caminha em sua direção, já estando bem próxima ao veículo. O condutor que puder dar partida e sair do local, evitando a agressão, deverá fazê-lo. Caso opte por repelir a agressão, disparando contra o dependente químico com a arma que licitamente trazia consigo, não poderá validamente alegar legítima defesa, pois, na hipótese, o *commodus discessus* se apresenta excepcionalmente como requisito da causa de justificação a se considerar que o agressor é inimputável, ou, pelo menos, tem a sua culpabilidade diminuída.[2]

Nessa mesma hipótese, estando aquele condutor parado em um sinal em movimentada avenida ou mesmo preso em um engarrafamento, não tendo como fugir da agressão, poderá, atuando de forma moderada e mediante a utilização dos meios necessários, repelir a agressão, caso em que estará acobertado pela legítima defesa. Assim, se a arma era o único meio de que dispunha naquele momento, poderá usá-la para atingir o agressor e, caso as circunstâncias mostrem ser preciso matá-lo para a proteção de sua própria vida, poderá fazê-lo.

Portanto, nessas hipóteses de ataque por inimputáveis ou pessoas com culpabilidade bastante diminuída, o agente só estará amparado pela excludente de ilicitude da legítima defesa se o caso concreto demonstrar ser inevitável a reação agressiva.

**Hungria** (1958b, p. 296) entendia que, na hipótese de agressão por inimputáveis, deveria ser reconhecido o **estado de necessidade**, não a legítima defesa. Atentemos para suas razões:

> Ora, a possível fuga diante da agressão de um inimputável nada tem de deprimente: *não é* um ato de poltronaria, mas uma conduta sensata e louvável. Assim, no caso de tal agressão, o que se deve reconhecer é o "estado de necessidade", que, diversamente da legítima defesa, fica excluído pela possibilidade de retirada do periclitante. A sua inclusão na órbita da legítima defesa importaria uma quebra dos princípios que a esta inspiram e regem.

---

[2] Com relação à inimputabilidade na hipótese analisada, remetemos o leitor aos arts. 45 e 46 da Lei nº 11.343/2006: "**Art. 45.** É isento de pena o agente que, em razão da dependência, ou sob o efeito, proveniente de caso fortuito ou força maior, de droga, era, ao tempo da ação ou da omissão, qualquer que tenha sido a infração penal praticada, inteiramente incapaz de entender o caráter ilícito do fato ou de determinar-se de acordo com esse entendimento. **Art. 46.** As penas podem ser reduzidas de um terço a dois terços se, por força das circunstâncias previstas no art. 45 desta Lei, o agente não possuía, ao tempo da ação ou da omissão, a plena capacidade de entender o caráter ilícito do fato ou de determinar-se de acordo com esse entendimento".

Contudo, a **doutrina majoritária**, à qual nos filiamos, sustenta que, em se tratando de repulsa à agressão injusta, de inimputáveis, a excludente apropriada é mesmo a trazida pelo **art. 25 do Código Penal**, ainda que se trate de hipótese que reclame, excepcionalmente, a saída mais cômoda. Greco (2019, p. 471) comunga desse entendimento.

## 24.5 LEGÍTIMA DEFESA SUCESSIVA

A **legítima defesa sucessiva é a legítima defesa contra excesso** em que incorre o inicialmente agredido ao defender-se. Sendo o excesso injusto, contra ele cabe legítima defesa. Como destaca Bitencourt (2020, p. 447): "Nessa hipótese, o agressor inicial, contra o qual se realiza a legítima defesa, tem o direito de defender-se do excesso, uma vez que o agredido, pelo excesso, transforma-se em agressor injusto".

## 24.6 POSSIBILIDADES

É possível:

a. **Legítima defesa real contra legítima defesa real?**
Não, porque, se alguém pratica o fato em legítima defesa real, o que repelir estará repelindo agressão justa. Não cabe legítima defesa contra agressão justa. Ex.: Larapius Augustus inicia a execução de um roubo contra André, que, armado, repele a injusta agressão em legítima defesa. Larapius não pode repelir a atuação de André em legítima defesa. Afinal, a agressão de André é justa.

b. **Legítima defesa real contra legítima defesa putativa?**
Sim, porque aquele que está em legítima defesa putativa pratica agressão injusta que, assim, pode ser repelida em legítima defesa real. Ex.: André é contratado para fazer faxina pós-obra em uma casa. Supondo tratar-se de um ladrão abrindo a porta da casa, o proprietário aplica-lhe golpes. André repele a agressão, golpeando o proprietário para que cessasse a injusta agressão. O proprietário estava em legítima defesa putativa e André, em legítima defesa real.

c. **Legítima defesa real contra estado de necessidade?**
Não, porque é justa a ação de quem atua em estado de necessidade. Não cabe legítima defesa contra agressão justa. Na hipótese, o que se tem é estado de necessidade contra estado de necessidade.

d. **Legítima defesa putativa contra legítima defesa real?**
Somente é cabível quando envolver terceiro. Ex.: Cláudia, ao ver suas irmãs Carla e Christiane brigando, julga que Carla esteja agredindo Christiane. Afinal, Christiane é mais pacata e foge de brigas. Para fazer cessar a suposta agressão de Carla contra Christiane, Cláudia desfere um golpe contra Carla, que cai. Naquele dia, porém, era Christiane a agressora. Carla apenas se defendia em legítima defesa real. Cláudia atuou em legítima defesa putativa contra a legítima defesa real de Carla.

e. **Legítima defesa real contra legítima defesa sucessiva?**
A legítima defesa sucessiva é legítima defesa realizada contra o excesso injusto daquele que inicialmente atuava em legítima defesa. Assim, é justa. Contra ela não caberá legítima defesa real.

f. **Legítima defesa contra coação moral irresistível?**
Sim, pois é injusta a conduta daquele que atua sob coação moral irresistível. É preciso lembrar que a coação moral irresistível, embora afaste a culpabilidade, isentando o agente de pena, por inexigibilidade de conduta diversa, não afasta a injustiça da conduta. Para exemplificar a situação aqui proposta, admitamos que Azaradus Cesar, sob coação moral irresistível, esteja na iminência de, com uma arma de fogo, matar André. O último, para se defender, com uma faca efetua um único golpe contra Azaradus, que morre. Nesse caso, André atuou em legítima defesa.

g. **Legítima defesa putativa contra legítima defesa putativa?**
Sim, como ocorre, por exemplo, quando duas pessoas, antigas inimigas, se encontram. Depois de terem feito muitas promessas de morte uma contra a outra, sempre andavam precavidas. Quando se depararam naquele dia, ambas colocaram a mão para trás. Uma pensou que a outra estivesse sacando uma arma e, assim, ambas partiram para a agressão. Nenhuma das duas estava armada e nem pretendia atacar a outra. O ataque apenas ocorreu porque pensavam que seriam agredidas.

## 24.7 OFENDÍCULOS OU OFENSÁCULOS

Ofendículos ou ofensáculos são **obstáculos, instrumentos**, barreiras normalmente utilizadas para a proteção de bens jurídicos, para a defesa de bens jurídicos. Podemos citar como exemplos a cerca eletrificada, as grades pontiagudas, o arame farpado, a concertina, os cacos de vidro no alto dos muros. A colocação do ofensáculo deve seguir normas técnicas, com cautelas devidas, sob pena de responsabilização pelo excesso.

**Há quem diferencie os ofendículos da chamada defesa mecânica predisposta**, porque os primeiros são visíveis ao agressor (tal qual se dá com os cacos de vidro colocados sobre o muro para dificultar a ação de larápios e invasores), enquanto a defesa mecânica predisposta é invisível ao agressor (Ex.: cercas eletrificadas). De nossa parte, não enxergamos qualquer utilidade prática na distinção, que, contudo, deve ser conhecida por nosso leitor.

> **Decifrando a prova**
>
> **(2013 – Funcab – Emdur – Adaptada)** No Direito Penal, o uso das chamadas ofendículas é admitido sem limitações.
> ( ) Certo    ( ) Errado
> **Gabarito comentado:** sempre haverá limites e o agente poderá ser responsabilizado pelo excesso praticado. Portanto, a assertiva está errada.

Sobre sua natureza jurídica, há três distintas correntes:

- **1ª corrente:** cuida-se de legítima defesa predisposta, preordenada, preventiva ou prévia. É a posição de Hungria (1958b, p. 295), ao destacar que "pouco importa que a instalação do aparelho insidioso preceda ao momento da agressão, desde que só entra em funcionamento na ocasião em que o perigo se faz atual".
- **2ª corrente:** sua instalação é hipótese de exercício regular do direito. Quando acionada, diante do ataque injusto de alguém, é legítima defesa. É a posição de Joppert (2011, p. 287) e de Bitencourt (2020, p. 452).
- **3ª corrente:** cuida-se de exercício regular do direito, não sendo necessário fazer qualquer distinção entre o momento da colocação e o momento em que é acionada ante o ataque injusto de alguém. Afinal, não necessariamente será o dispositivo acionado contra um injusto agressor. É a posição de Mirabete (2013a, p. 176) e também a nossa. Nesse sentido, Busato (2018, p. 501) leciona:

> A legítima defesa demanda um ataque atual ou iminente a bem jurídico próprio ou de outrem e, quando uma pessoa instala os *offendiculas* não está sob ataque algum. Mas não é só. Uma legítima defesa também demanda agressão, que estaria acontecendo caso quem saltasse um muro fosse um ladrão que pretendia subtrair os bens da residência. Mas também poderia estar saltando o muro o filho do vizinho em busca da bola que caiu no jardim da casa, ou até mesmo o filho do proprietário, que esqueceu de levar consigo a chave do portão. Nesses casos, também não haverá responsabilidade penal e, no entanto, não se pode falar na existência de qualquer ataque a bem jurídico.

## 24.8 DISPAROS CONTRA PESSOA EM FUGA

Agente público **não pode atirar contra pessoa em fuga** e alegar estrito cumprimento do dever legal. Contudo, caso a fuga represente risco imediato de dano ou perigo de dano ao agente público ou a terceiros, poderá alegar legítima defesa. Ex.: o agente público determina que o condutor de um determinado veículo pare durante uma operação policial e o último não apenas desobedece, como ainda lança o veículo na direção do policial, que dispara, matando-o.

A matéria é, entre nós, disciplinada pela Lei nº 13.060/2014, que dispõe sobre o uso dos instrumentos de menor potencial ofensivo pelos agentes de segurança pública.

> **Art. 2º** Os órgãos de segurança pública deverão priorizar a utilização dos instrumentos de menor potencial ofensivo, desde que o seu uso não coloque em risco a integridade física ou psíquica dos policiais, e deverão obedecer aos seguintes princípios:
> I – legalidade;
> II – necessidade;
> III – razoabilidade e proporcionalidade.
> **Parágrafo único.** Não é legítimo o uso de arma de fogo:

I – contra pessoa em fuga que esteja desarmada ou que não represente risco imediato de morte ou de lesão aos agentes de segurança pública ou a terceiros; e

II – contra veículo que desrespeite bloqueio policial em via pública, exceto quando o ato represente risco de morte ou lesão aos agentes de segurança pública ou a terceiros.

> **Decifrando a prova**
>
> **(2017 – MPE/SP – Promotor de Justiça Substituto – Adaptada)** Policial militar, em patrulhamento de rotina, se depara com "perigoso assaltante", seu desafeto, que já havia cumprido pena por diversos roubos. Imediatamente, o policial dá voz de prisão ao indivíduo que, incontinente, inicia uma fuga. Nesse instante, o miliciano descarrega sua arma, efetuando disparos em direção do fugitivo que é atingido pelas costas. Dois dias após o ocorrido, o "perigoso assaltante" entra em óbito em razão da lesão sofrida. A conduta do policial caracteriza homicídio qualificado.
>
> ( ) Certo    ( ) Errado
>
> **Gabarito comentado:** a resposta foi dada como certa. Agentes públicos não podem disparar contra pessoa em fuga, a não ser em situação de legítima defesa. Na hipótese, não há que se falar em legítima defesa, mas em execução sumária. Discordamos do gabarito, contudo, quando menciona tratar-se de homicídio qualificado. Cremos que a qualificação pretendida diga respeito ao fato de os disparos terem sido efetuados pelas costas. Porém, a qualificadora do recurso que impossibilita a defesa da vítima ou diminui as chances que a última tenha de se defender somente se justifica quando atingida de inopino, de surpresa, sem poder esperar o ataque, o que não ocorre na hipótese em exame, em que o policial chega a dar voz de prisão ao assaltante, que se coloca em fuga.
>
> **(2018 – Cespe/Cebraspe – PC/MA – Investigador de Polícia – Adaptada)** Durante o cumprimento de um mandado de prisão a determinado indivíduo, este atirou em um investigador policial, o qual, revidando, atingiu fatalmente o agressor. Nessa situação hipotética, a conduta do investigador configura estrito cumprimento do dever legal.
>
> ( ) Certo    ( ) Errado
>
> **Gabarito comentado:** não é estrito cumprimento do dever legal matar alguém em um país em que não se admite, salvo em hipótese de guerra declarada, pena de morte. Um policial somente pode ceifar a vida de alguém em situação de legítima defesa ou estado de necessidade quando o perigo enfrentado não se incluir entre aqueles que tenha o dever legal de enfrentar. Portanto, a assertiva está errada.

## 24.9 LEGÍTIMA DEFESA E ESTADO DE NECESSIDADE – PRINCIPAIS DISTINÇÕES

A legítima defesa e o estado de necessidade são causas excludentes de ilicitude que derivam de uma situação de perigo. Porém, podemos destacar diferenças entre os institutos:

a. No estado de necessidade, os interesses em conflito são legítimos; na legítima defesa, há conflito entre interesse lícito (daquele que se defende) e ilícito (daquele que ataca).
b. No estado de necessidade, o ataque não se dirige a quem atua dolosamente criando perigo, na grande maioria das vezes voltando-se contra um terceiro inocente; na legítima defesa, a reação é dirigida contra o autor da agressão.
c. Existe ação no estado de necessidade e reação na legítima defesa.

# 25 Estrito cumprimento de dever legal e exercício regular do direito

## 25.1 ESTRITO CUMPRIMENTO DO DEVER LEGAL

### 25.1.1 Conceito

Aquele que pratica uma ação por determinação legal, ou seja, que cumpre um dever que a lei impõe, consoante art. 23, III, do Código Penal, não pratica crime. Aqui não se tem faculdade, mas dever. Como exemplos de prática de conduta típica por imposição de dever legal podemos dar os seguintes: a do carrasco, em países onde a pena de morte é admitida; a do policial que prende o criminoso em flagrante delito ou em cumprimento à ordem emanada de autoridade judiciária competente; a do oficial de justiça que viola o domicílio para cumprimento de mandado judicial, bem como, na hipótese de resistência, a utilização dos meios necessários para se defender ou para vencer a resistência, conforme art. 292 do CPP.

> **Art. 292.** Se houver, ainda que por parte de terceiros, resistência à prisão em flagrante ou à determinada por autoridade competente, o executor e as pessoas que o auxiliarem poderão usar dos meios necessários para defender-se ou para vencer a resistência, do que tudo se lavrará auto subscrito também por duas testemunhas.

AÇÃO PENAL ORIGINÁRIA. QUEIXA-CRIME POR INJÚRIA, CALÚNIA E DIFAMAÇÃO. QUEIXA-CRIME OFERECIDA POR JUIZ CONTRA DESEMBARGADORA. IMPUTAÇÃO DOS DELITOS DE DIFAMAÇÃO, CALÚNIA E INJÚRIA. ARTS. 138, 139 E 140, C/C ART. 141, II, DO CP. AUSÊNCIA DO ELEMENTO SUBJETIVO DO TIPO. PROCESSO DE PROVIMENTO DE CARGO DE DESEMBARGADOR. EXPRESSÕES UTILIZADAS PARA FUNDAMENTAR VOTO DE PROMOÇÃO. CAUSA ESPECIAL DE EXCLUSÃO DO DELITO. 1. Queixa-crime oferecida por Juiz contra Desembargadora que, durante processo de promoção por merecimento de magistrados, proferiu voto com expressões tidas por, caluniosas, difamatórias e injuriosas pelo querelante. 2. A querelada, em sessão pública, proferiu seu voto, em cumprimento ao previsto na Resolução nº 106/2010 do CNJ, com considerações que entendeu pertinentes, não se extraindo da sua manifestação ati-

> vidade delituosa que se amolde às figuras típicas dos arts. 138, 139 e 140, c/c art. 141, II, do Código Penal, visto que ausente o elemento subjetivo dos tipos penais, a inexistência de *animus caluniandi, diffamandi vel injuriandi*. 3. Manifestação da querelada no estrito cumprimento do dever legal de fundamentação do voto, relatando informações que possuía, não se configurando a tipicidade dos crimes a ela imputados, pelo querelante nos termos do art. 142, III, do Código Penal e do art. 41 da LC nº 35/1979 (LOMAN). 4. Queixa-crime rejeitada (STJ, APn nº 720/BA 2013/0122547-6, Corte Especial, Rel. Min. Sidnei Beneti, j. 07.08.2013, *DJe* 26.08.2013).

A excludente não é compatível com os crimes culposos.

## 25.I.2 Requisitos

Para que se possa validamente alegar estrito cumprimento do dever legal, é preciso que se implementem dois requisitos, a saber:

a.  **Cumprimento estrito:** somente os atos que sejam rigorosamente necessários para a realização do ato devem ser admitidos e, assim, considerados justificados. Extrapolados os limites da norma, haverá abuso, arbitrariedade e, portanto, excesso criminoso.

 **Decifrando a prova**

**(2010 – Cespe/Cebraspe – DPU – Defensor Público Federal)** A responsabilidade penal do agente nos casos de excesso doloso ou culposo aplica-se às hipóteses de estado de necessidade e legítima defesa, mas o legislador, expressamente, exclui tal responsabilidade em casos de excesso decorrente do estrito cumprimento de dever legal ou do exercício regular de direito.
( ) Certo      ( ) Errado
**Gabarito comentado:** o excesso, doloso ou culposo, cabe em qualquer hipótese excludente da ilicitude. Portanto, a assertiva está errada.

b.  **Dever legal:** o dever deve ser imposto pela lei, aqui entendida em seu sentido amplo, para abranger todo e qualquer comando normativo dotado de características de generalidade e abstração. Destarte, poderá o dever decorrer de lei, de regulamento, de decreto etc. Não praticará o fato sob o manto do estrito cumprimento do dever legal, contudo, aquele que atua em cumprimento de dogmas morais, religiosos ou sociais.

**Decifrando a prova**

**(2010 – Cespe/Cebraspe – ABIN – Oficial Técnico de Inteligência – Área de Direito – Adaptada)** O estrito cumprimento do dever legal, causa de exclusão da ilicitude, consiste na

> realização de um fato típico por força do desempenho de uma obrigação imposta diretamente pela lei, não compreendendo a expressão dever legal a obrigação prevista em decreto ou regulamento.
> ( ) Certo    ( ) Errado
> **Gabarito comentado:** como vimos, basta que decorra de lei em sentido amplo, ou seja, qualquer comando que tenha características de generalidade e abstração. Portanto, a assertiva está errada.

Bitencourt (2020, p. 449) destaca que: "Se a norma tiver caráter particular, de cunho administrativo, poderá, eventualmente, configurar a obediência hierárquica (art. 22, 2ª parte, do CP), mas não o dever legal".

### Decifrando a prova

> **(2007 – NC/UFPR – PC/PR – Delegado – Adaptada)** As causas de exclusão de ilicitude, previstas no art. 23 do Código Penal, devem ser entendidas como cláusulas de garantia social e individual. Sobre as excludentes, o estrito cumprimento do dever legal pressupõe que o agente atue em conformidade com as disposições jurídico-normativas e não simplesmente morais, religiosas ou sociais.
> ( ) Certo    ( ) Errado
> **Gabarito comentado:** se o cumprimento do dever for imposto por regras morais, religiosas ou sociais, não estará autorizado o reconhecimento da causa de justificação. Portanto, a assertiva está certa.

Como já destacado quando dos nossos estudos acerca da legítima defesa, não atua em estrito cumprimento do dever legal aquele que dispara para prender ou evitar a fuga de um criminoso.

### 25.1.3 Quem pode alegar a causa excludente de ilicitude do estrito cumprimento do dever legal

Embora tenha os agentes públicos como seus principais destinatários, a causa de justificação em análise pode ser aplicada a qualquer pessoa a quem se dirija o dever legal, conforme entendimento majoritário.

Assim, poderá alegar estrito cumprimento do dever o advogado que se recusar a depor sobre fatos de que teve conhecimento no exercício de sua função (MASSON, 2019b, p. 351).

> **Art. 7º** São direitos do advogado: (...)
> XIX – recusar-se a depor como testemunha em processo no qual funcionou ou deva funcionar, ou sobre fato relacionado com pessoa de quem seja ou foi advogado, mesmo

quando autorizado ou solicitado pelo constituinte, bem como sobre fato que constitua sigilo profissional; (...)

## 25.1.4 Dever de corrigir filhos: estrito cumprimento de dever legal ou exercício regular de direito

Com relação ao dever imposto pela lei aos pais quanto à educação de seus filhos, consoante art. 1.634 do CC/2002, discute-se, na doutrina, qual seria causa de justificação a incidir:

- **1ª corrente:** Assis Toledo (1991, p. 212) entende que se trata de estrito cumprimento do dever legal, pois, mais que direito, pais têm dever de educar seus filhos. Também essa é a orientação de Bitencourt (2020, p. 450).

- **2ª corrente:** Aníbal Bruno (1967, p. 8) insere a hipótese como sendo exemplo de exercício regular de direito, posição essa comungada por Noronha (2004, p. 198) e também por Greco (2019, p. 487). Pensamos tratar-se da melhor solução, alertando, todavia, para os limites dessa atuação, consoante disposto no art. 18-A do ECA.

## 25.2 EXERCÍCIO REGULAR DE DIREITO

Um direito regularmente exercido não pode ser entendido como ilícito. O exercício regular do direito, por se tratar de uma faculdade, difere do estrito cumprimento do dever legal, que é um dever.

São exemplos de exercício regular do direito as intervenções médicas, terapêuticas ou estéticas;[1] a violência esportiva; o desforço imediato, no caso de esbulho possessório, quando o desforço se realiza após a consumação do esbulho, conforme art. 1.210 do CC/2002; o direito que tem o particular de realizar a prisão em flagrante, nos termos do art. 301 do CPP; a instalação de ofendículos;[2] o estudo de cadáveres, conforme Lei nº 8.501/1992; o direito que tem o vizinho de cortar a raiz de ramos da árvore que invade o seu terreno, conforme art. 1.283 do Código Civil; o exercício do direito de petição, nos termos do art. 5º, XXXIV, *a*, da Constituição Federal.

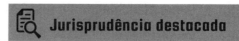
**Jurisprudência destacada**

INQUÉRITO. DENÚNCIA CONTRA DEPUTADA FEDERAL. COMPETÊNCIA ORIGINÁRIA (ART. 102, I, *B*, CRFB). DENUNCIAÇÃO CALUNIOSA (ART. 339 DO CP). DOLO DIRETO NÃO CONFIGURADO. EXERCÍCIO REGULAR DO DIREITO DE PETIÇÃO (ART. 5º, XXXIV, *A*, CRFB). CAUSA

---

[1] As intervenções cirúrgicas podem ser realizadas em estado de necessidade. Ex.: art. 128, I, do Código Penal.

[2] Sobre o tema, verificamos, no Capítulo 24, referente à legítima defesa, a existência de divergência quanto à natureza dos ofendículos, que, para nós, reflete exercício regular do direito.

> EXCLUDENTE DE ILICITUDE (ART. 23, III, CP). PRECEDENTES. DOUTRINA. PRETENSÃO PUNITIVA ESTATAL JULGADA IMPROCEDENTE. 1. O crime de denunciação caluniosa (art. 339 do CP) exige, para sua configuração, que o agente tenha dolo direto de imputar a outrem, que efetivamente sabe ser inocente, a prática de fato definido como crime, não se adequando ao tipo penal a conduta daquele que vivencia uma situação conflituosa e reporta-se à autoridade competente para dar o seu relato sobre os acontecimentos. Precedente (Inq. nº 1.547, Rel. Min. Carlos Velloso, Rel. p/ Acórdão: Min. Marco Aurélio, Tribunal Pleno, j. 21.10.2004). (...) 3. A Constituição assegura, no seu art. 5º, XXXIV, *a*, o direito fundamental de petição aos poderes públicos, de modo que o seu exercício regular é causa justificante do oferecimento de *notitia criminis* (art. 23, III, do Código Penal), não sendo o arquivamento do feito instaurado capaz de tornar ilícita a conduta do noticiante. (...) a ora Acusada, então, apresentou *notitia criminis* ao Ministério Público para que fosse averiguado eventual delito cometido pelos policiais que realizaram a incursão em sua residência; (iii) o procedimento administrativo instaurado, entretanto, foi arquivado, motivo pelo qual foi proposta a denúncia ora apreciada, por denunciação caluniosa (art. 339 do CP); (iv) o vídeo que registrou a diligência não revela maiores detalhes do contato físico entre os envolvidos, pelo que dele não se pode extrair a má-fé da ora Acusada; (v) a própria exordial acusatória reconhece que o exame de corpo de delito realizado na Denunciada apontou a existência de equimoses avermelhadas, caracterizadas como lesões corporais leves, o que corrobora a versão apresentada na *notitia criminis*, no sentido de que houve efetiva agressão física. 6. Pretensão punitiva estatal julgada improcedente, nos termos do art. 6º da Lei nº 8.038/1990 e do art. 397, III, do Código de Processo Penal, tendo em vista que o fato narrado na denúncia evidentemente não constitui crime (STF, Inq. nº 3.133/AC, 1ª Turma, Rel. Min. Luiz Fux, j. 05.08.2014, *DJe*-176, divulg. 10.09.2014, public. 11.09.2014).

Realizar conduta típica de acordo com os costumes não é hipótese de exercício regular do direito, mas de exclusão de tipicidade, pela adequação social.

Por derradeiro, cabe lembrar que a teoria da tipicidade conglobante, não adotada na nossa legislação, reconhece o estrito cumprimento do dever legal como causa excludente de tipicidade e o exercício regular do direito como causa que pode excluir a tipicidade ou a ilicitude. Sobre o tema, remetemos nosso leitor aos comentários feitos nesta obra a respeito da teoria da tipicidade conglobante, no item 15.2.

### Decifrando a prova

**(2010 – Acafe – PC/SC – Agente de Polícia – Adaptada)** O "estrito cumprimento do dever legal", segundo o Código Penal brasileiro exclui a punibilidade do fato praticado pelo agente.
( ) Certo    ( ) Errado
**Gabarito comentado:** exclui a ilicitude, nos termos do art. 23 do Código Penal. Portanto, a assertiva está errada.

**(2021 – MPE/PR – Promotor de Justiça Substituto – Adaptada)** De acordo com o Código Penal brasileiro, o erro fático evitável sobre a situação justificante do exercício regular de direito permite a redução da culpabilidade do agente, na terceira fase de aplicação da pena.
( ) Certo      ( ) Errado
**Gabarito comentado:** o erro sobre pressupostos fáticos sobre a justificante do exercício regular do direito é disciplinado no art. 20, § 1º, do Código Penal e, quando evitável, permite a responsabilização do agente a título de culpa. Portanto, a assertiva está errada.

# 26 Excesso nas causas de justificação

## 26.1 NOÇÕES PRELIMINARES

Ao contrário da redação original da Parte Geral do Código Penal de 1940, a Lei nº 7.209/1984, também denominada Nova Parte Geral, prevê possibilidade de responsabilização daquele que se excede, dolosa ou culposamente, desrespeitando os limites impostos para **toda e qualquer causa de justificação**. Para que se possa falar em excesso, portanto, é preciso que o agente, em algum momento, tenha atuação amparado por uma causa excludente de ilicitude.

A redação original da Parte Geral somente previa o excesso em relação à legítima defesa.

> **Jurisprudência destacada**
>
> HOMICÍDIO QUALIFICADO. TRIBUNAL DO JÚRI. LEGÍTIMA DEFESA. ALEGAÇÃO. INJUSTA AGRESSÃO. AFASTAMENTO. EXCESSO CULPOSO/DOLOSO. QUESITAÇÃO PREJUDICADA. 1. Afastada pelos jurados a indagação de que o acusado repeliu injusta agressão, elemento essencial da legítima defesa, a quesitação acerca do excesso culposo/doloso fica prejudicada. 2. Recurso especial conhecido e provido (STJ, Resp nº 917.034/PE 2007/0005766-8, 5ª Turma, Rel. Min. Jorge Mussi, j. 17.06.2010, DJe 28.06.2010).

> **Decifrando a prova**
>
> **(2014 – MPE/SC – Promotor de Justiça)** Segundo a doutrina majoritária, em apenas uma das causas de exclusão de ilicitude previstas no art. 23 do Código Penal Brasileiro, a legítima defesa, pode ocorrer excesso doloso.
> ( ) Certo ( ) Errado
> **Gabarito comentado:** com a nova Parte Geral, todas as causas de justificação admitem a figura do excesso. Portanto, a assertiva está errada.

A conduta que represente excesso em qualquer das causas de justificação é injusta e, portanto, contra ela caberá atuação em **legítima defesa sucessiva**.

> **Decifrando a prova**
>
> **(2006 – Cespe/Cebraspe – DPE/DF – Procurador – Assistência Judiciária)** Nos termos do Código Penal e na descrição da excludente de ilicitude, haverá legítima defesa sucessiva na hipótese de excesso, que permite a defesa legítima do agressor inicial.
> ( ) Certo    ( ) Errado
> **Gabarito comentado:** a legítima defesa sucessiva é a legítima defesa contra o excesso. Portanto, a assertiva está certa.

## 26.2 EXCESSO INTENSIVO × EXCESSO EXTENSIVO

**Excesso intensivo** é hipótese de excesso caracterizado pela "espécie dos meios empregados ou ao grau de sua utilização" (FRAGOSO, 2003, p. 230). Verifica-se excesso nessa hipótese porque o agente deveria ter adotado menor **intensidade na sua atuação**.

O **excesso extensivo**, a seu turno, se dará quando o agente, que inicialmente atuava de forma justificada, fez cessar a situação de perigo para o bem jurídico, mas resolve prolongar a atuação. Cuida-se de um excesso na **duração da defesa**.

> **Decifrando a prova**
>
> **(2013 – Cespe/Cebraspe – Polícia Federal – Delegado de Polícia)** Considere que João, maior e capaz, após ser agredido fisicamente por um desconhecido, também maior e capaz, comece a bater, moderadamente, na cabeça do agressor com um guarda-chuva e continue desferindo nele vários golpes, mesmo estando o desconhecido desacordado. Nessa situação hipotética, João incorre em excesso intensivo.
> ( ) Certo    ( ) Errado
> **Gabarito comentado:** cuida-se de excesso extensivo, pois prolonga a duração da defesa. Portanto, a assertiva está errada.

## 26.3 EXCESSO DOLOSO E EXCESSO CULPOSO

Diz-se doloso o excesso quando o agente, aproveitando-se da situação justificante em que se encontra, impõe, de forma intencional, dano maior que o necessário à proteção do bem ameaçado.

Haverá, contudo, excesso culposo quando o agente, por descuido na análise das circunstâncias em que atua, ultrapassa os limites da atuação que a lei considera justificada.

O excesso culposo, portanto, sempre decorre de erro e somente será punível quando prevista a forma culposa do crime.

A rigor, porém, como demonstraremos a seguir, em todo excesso o atuar do agente é doloso, embora, em determinadas situações, seja punido a título de culpa.

## 26.3.1 Excesso doloso em sentido estrito

Ocorre excesso doloso em sentido estrito quando, inicialmente atuando sob o pálio de uma excludente de ilicitude, o agente faz cessar a agressão e, apesar de não mais se encontrar sob a proteção da norma, atua deliberadamente, prosseguindo no ataque ao bem jurídico de terceiro.

Assim, poderíamos mencionar o exemplo em que André, defendendo-se da agressão injusta de Azaradus Cesar, neutralize o agressor com uma faca, meio de que dispunha naquele momento para a reação, atingindo-o na coxa. Imediatamente após fazê-lo tombar, já tomado pelo ódio e não mais atuando com *animus defendendi*, aproxima-se de Azaradus e desfere uma facada no peito da vítima. Nessa hipótese, se está diante de excesso extensivo, devendo o agente ser responsabilizado pelo excesso, a título de dolo. O crime pelo qual André vai responder dependerá das respostas aos seguintes questionamentos: **em que consistiu o excesso, a que resultado dirigiu finalisticamente a sua vontade na conduta caracterizadora do excesso e o que causou com aquilo que realizou no excesso?**

Tudo que decorrer da conduta realizada em legítima defesa, porém, estará sob o manto da causa de justificação.

No exemplo proposto, a conduta realizada em excesso foi a de golpear o peito da vítima, evidenciando que atuou com dolo de matar (*animus necandi*). Caso Azaradus Cesar venha a morrer em virtude desse golpe no peito, André deverá ser responsabilizado por homicídio consumado. Se, porém, a morte tiver sido causada pelo primeiro golpe, realizado em legítima defesa, o agente deverá ser responsabilizado por tentativa de homicídio. Afinal, o que realizou em excesso não terá, nesse caso, provocado a morte. André não poderá ser responsabilizado por homicídio consumado, porque a conduta que levou ao resultado morte está justificada pela legítima defesa.

Agora, porém, trabalhemos com o mesmo exemplo, invertendo apenas a ordem dos golpes. O primeiro será efetuado em legítima defesa por André no peito da vítima, que tomba. Após, enfurecido, atuando, portanto, sem *animus defendendi*, golpeia novamente a vítima, agora na coxa. Azaradus Cesar ainda estava vivo quando o segundo golpe foi efetuado. Nessa variação do exemplo proposto, a conduta realizada em excesso foi a de golpear a coxa da vítima, evidenciando que, nesse momento, André atuou com dolo de lesioná-la (*animus laedendi*). Caso Azaradus Cesar venha a morrer em virtude do golpe no peito, André deverá ser responsabilizado por lesão consumada, pois o que realizou em excesso não provocou a morte e nem era esse seu dolo ao se exceder.

Embora tenha André dado causa à morte ao golpear Azaradus Cesar no peito, essa conduta está justificada pela legítima defesa. Se, porém, a morte tiver sido causada pelo segundo golpe, caracterizador do excesso, o agente deverá ser responsabilizado por lesão corporal seguida de morte.

Também se pode admitir hipótese de excesso doloso em sentido estrito, dessa vez intensivo, quando o agredido excede-se conscientemente, ou seja, "escolheu *ex professo* o meio desproporcionado (preferindo este a outro menos prejudicial de que podia dispor) e quis o *plus* da reação, agindo por ódio ou espírito de vingança (e não mais *defensionis causa*)" (HUNGRIA, 1958b, p. 305). Ex.: Antônio, agredido injustamente por Larapius Augustus, repele a agressão e intensifica sua reação, utilizando-se de uma enxada com a qual aplica-lhe violento golpes, enraivecido pelo acinte de Larapius, matando-o. Nesse exemplo, reconhecido o excesso doloso em sentido estrito, o resultado deverá ser imputado a Antônio a título de crime doloso, não importando o estado inicial de legítima defesa.

### 26.3.2 Excesso doloso por erro quanto aos limites da causa de justificação

Haverá excesso doloso por erro quanto aos limites da causa de justificação quando o agente se exceder por supor que a permissão para atuar em defesa do bem jurídico vai além daquela efetivamente autorizada pela lei.

Cuida-se de uma hipótese de excesso intensivo. Seria o exemplo de Azaradus Cesar, alvo de agressão injusta perpetrada por Larapius Augustus, entender que, por estar se defendendo, possa até mesmo matá-lo, independentemente de ser necessário chegar a esse extremo para fazer cessar o ataque. No caso *sub examine*, Azaradus Cesar errava quanto aos limites da causa. Como sabemos, consoante art. 25 do Código Penal, a lei exige moderação no uso dos meios necessários. Destarte, Azaradus tem uma compreensão equivocada acerca do permissivo legal.

Também podemos citar como exemplo de erro quanto aos limites da causa de justificação aquele em que incorre o policial que, ante a fuga de um perigoso bandido, entenda que a lei determina que de tudo faça para recapturá-lo, devendo até mesmo provocar-lhe morte. Mais uma vez, o agente incorre em erro sobre os limites impostos pela lei para sua atuação.[1]

**Nesses casos, o agente estará em erro de proibição indireto e a solução para o caso concreto é encontrada no art. 21 do Código Penal.** Sendo escusável e, portanto, invencível o seu erro, teremos excesso exculpante e o agente estará isento de pena. Porém, se inescusável, vencível o erro em que incorre, deverá ser responsabilizado por crime doloso, com a pena diminuída, nos termos da lei.

> **Art. 21.** O desconhecimento da lei é inescusável. O erro sobre a ilicitude do fato, se inevitável, isenta de pena; se evitável, poderá diminuí-la de um sexto a um terço.

### 26.3.3 Excesso culposo por erro quanto aos pressupostos fáticos da causa de justificação

Cuida-se de hipótese em que um agente, inicialmente atuando sob o pálio de uma causa de justificação, acaba por se exceder, prolongando sua defesa, porque admite a existência de uma situação que não corresponde àquela verdadeiramente enfrentada, mas que, se existisse, tornaria legítima a sua conduta. Trata-se de excesso extensivo.

---

[1] Sobre o tema, já abordado nesta obra, *vide* art. 2º da Lei nº 13.060/2014.

Sobre o tema, podemos imaginar a seguinte hipótese fática: em uma boate, Azaradus Cesar é agredido por um desconhecido, que em nenhum momento teve justo motivo para tanto. O tal homem, muito maior e mais forte que Azaradus, golpeia a vítima com força, fazendo-a cair sobre o balcão do bar, dando prosseguimento à agressão injusta. Azaradus, então, se apossa de um copo quebrado e golpeia o tal homem no rosto. Nesse momento, o homem cessa as agressões contra Azaradus, afastando-se, com a mão na face, até que, segundos depois, coloca a outra mão para trás, como se fosse pegar algo. Nesse momento, alguém no bar grita que o homem está armado, e Azaradus, julgando que continuaria sendo injustamente atacado, golpeia o homem novamente com o objeto cortante, dessa vez na barriga. Logo após, ao tentar pegar a arma que imaginava existir, percebe que apenas havia um celular no bolso do inicial agressor. Minutos depois, a vítima morre.

Nessa hipótese, no primeiro momento, Azaradus está acobertado pela excludente de ilicitude da legítima defesa, mas, no segundo, não. Houve excesso e, nele, hipótese de descriminante putativa por erro quanto aos pressupostos fáticos da causa de justificação. Caso o homem estivesse armado, como supôs Azaradus Cesar, sua conduta continuaria sendo lícita, justificada também no segundo momento. Não havia, porém, o perigo que imaginava. Não estava ele diante da iminência de uma nova agressão.

**Essa modalidade de erro quanto às causas de justificação é tratada no art. 20, § 1º, do Código Penal.** Se entendermos que seu erro está plenamente justificado pelas circunstâncias, estará isento de pena. Se concluirmos, todavia, que o erro derivou de culpa, deverá ser responsabilizado por crime culposo, conforme parte final do dispositivo mencionado. Nesse último caso, há culpa imprópria, ou seja, a conduta do agente é dolosa, mas será responsabilizado a título de culpa.

> Art. 20. (...)
>
> § 1º É isento de pena quem, por erro plenamente justificado pelas circunstâncias, supõe situação de fato que, se existisse, tornaria a ação legítima. Não há isenção de pena quando o erro deriva de culpa e o fato é punível como crime culposo.

Temos que, no exemplo proposto, o erro de Azaradus é plenamente justificado pelas circunstâncias e, assim, estará isento de pena. Haverá excesso exculpante. Aqui teremos a denominada **legítima defesa subjetiva**, nomenclatura destinada à legítima defesa putativa por erro invencível no excesso.

### Jurisprudência destacada

(...) 7. O Plenário do Júri reconheceu a legítima defesa putativa com excesso culposo. Mesmo que o réu tenha acreditado que foi o ofendido que o agrediu primeiro, seu erro era vencível e ele criou o risco de resultado ao agir com falta de moderação na repulsa. Cabia a ele evitar o perigo de morte ocasionado por seu comportamento anterior, quando já havia cessado a agressão erroneamente suposta. 8. A diminuição da pena pela tentativa deve considerar o *iter criminis* percorrido pelo agente para a consumação do delito. A sentença incorreu em erro, pois nenhum dos tiros atingiu a vítima sobrevivente. Sem notícia de que o homicídio qualificado

> tentado se aproximou de sua consecução completa, cabível a redução no percentual máximo em virtude da aplicação do art. 14, II, do CP. 9. Ordem parcialmente concedida para afastar a consideração negativa das circunstâncias judiciais do art. 59 do CP relacionadas às consequências dos crimes e à culpabilidade, reconhecer a confissão espontânea e diminuir a pena do crime de homicídio qualificado no grau máximo, em razão da tentativa (STJ, HC nº 391.990/SP 2017/0055073-0, 6ª Turma, Rel. Min. Rogerio Schietti Cruz, j. 18.10.2018, *DJe* 07.11.2018).

### Decifrando a prova

**(2015 – FCC – TJ/SC – Juiz Substituto – Adaptada)** O elemento subjetivo derivado por extensão ou assimilação decorrente do erro de tipo evitável nas descriminantes putativas ou do excesso nas causas de justificação amolda-se ao conceito de dolo eventual.
( ) Certo    ( ) Errado
**Gabarito comentado:** cuida-se de hipótese de culpa imprópria. Portanto, a assertiva está errada.

Os partidários da teoria limitada da culpabilidade dirão que a legítima defesa subjetiva se trata de excesso por erro de tipo invencível, escusável.

## 26.3.4 Excesso culposo em sentido estrito

Haverá excesso culposo em sentido estrito quando o agente, diante de um perigo caracterizador da causa de justificação, analisa mal a situação e, por entendê-la mais grave do que realmente é, julga, por erro, ser necessário mais do que de fato precisa para salvaguardar seu bem jurídico. Cuida-se de exemplo de **excesso intensivo, existindo o erro *ab initio*.**

Veja que, na hipótese proposta, o agente não quer se exceder, atua o tempo todo com *animus defendendi*, sabe exatamente os limites impostos pela lei para o reconhecimento do atuar justificado e o perigo que ele imagina estar sofrendo existe! Assim, não se pode confundir com as outras hipóteses de excesso que já antes enfrentamos neste capítulo. O que marca esse excesso culposo em sentido estrito é a análise defeituosa da gravidade da situação de perigo!

No excesso culposo em sentido estrito, "o agente queria um resultado necessário, proporcional, autorizado e não o excessivo, que é proveniente de sua indesculpável precipitação, desatenção etc." (MIRABETE, 2013a, p. 179).

Para haver o excesso culposo em sentido estrito[2] é necessário que exista a situação justificante, que o agente se utilize de meios imoderados para salvaguardar seu bem jurídico porque, por culpa, julgou necessários, e que exista, na lei, a modalidade culposa do crime.

---

2   O excesso culposo em sentido estrito é por alguns também denominado excesso inconsciente (CAPEZ, Fernando. *Curso de Direito Penal*: parte geral. 6. ed. rev. e atual. São Paulo: Saraiva, 2003. v. 1. p. 267). Discordamos do termo, por não haver excesso inconsciente na hipótese. Fosse inconsciente o ato, nem mesmo conduta típica haveria.

A dificuldade em responsabilizar o agente por excesso culposo em sentido estrito é indiscutível, na medida em que não se pode exigir de alguém que, atuando em situação de tensão e perigo, calcule matematicamente e de forma milimétrica o que deve usar para a proteção do seu bem jurídico.

A seguir, um esquema que resume as hipóteses de excesso de que tratamos no capítulo.

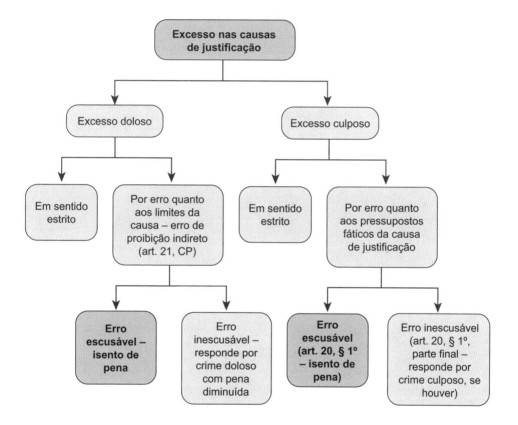

# 27 Culpabilidade

## 27.1 CONCEITO DE CULPABILIDADE

### 27.1.1 Distintos significados da palavra culpabilidade

O conceito de culpabilidade entre nós ganha três sentidos diferentes.

- **1º sentido:** entendida como princípio, a culpabilidade é conceito que se opõe ao de responsabilidade objetiva, impedindo que se atribua a alguém responsabilidade penal sem dolo ou culpa.
- **2º sentido:** entendida como fundamento da pena, refere-se à possibilidade, ou não, de se impor a sanção penal. Cuida-se, assim, de um juízo de reprovação que recairá sobre a conduta daquele que praticar um fato típico e ilícito, desde que seja imputável, tenha potencial consciência da ilicitude e dele se possa exigir conduta diversa da realizada. Considera-se, em sua análise, o perfil subjetivo do autor e não o homem médio (MASSON, 2019b, p. 366).
- **3º sentido:** a culpabilidade como grau de medição da pena, impedindo que se fixe a pena fora dos limites em lei estabelecidos. É nesse sentido que a palavra **culpabilidade** aparece no art. 59 do Código Penal.

> Art. 59. O juiz, atendendo à culpabilidade, aos antecedentes, à conduta social, à personalidade do agente, aos motivos, às circunstâncias e consequências do crime, bem como ao comportamento da vítima, estabelecerá, conforme seja necessário e suficiente para reprovação e prevenção do crime: (...)

Neste capítulo, a culpabilidade será analisada em seu segundo sentido, ou seja, como juízo de reprovação que recai sobre o comportamento típico e ilícito do agente. Para uns, é elemento do conceito analítico de crime, predicado do crime (BITENCOURT, 2020, p. 457), para outros, pressuposto para a aplicação de pena, por recair sobre o agente e não sobre a conduta que pratica.

## 27.1.2 Fundamentos da culpabilidade

Para a **Escola Clássica**, o fundamento da culpabilidade é o **livre-arbítrio**. Sendo o homem livre para fazer escolhas, por elas deve ser responsabilizado. Afinal, "se o homem cometeu um crime, deve ser punido porque estava em suas mãos abster-se ou se o quisesse, praticar, ao invés dele, um ato meritório" (ARAGÃO, p. 72 *apud* GRECO, 2019, p. 497).

Para a **Escola Positiva**, contudo, é o **determinismo**, pois o homem não é dotado do poder soberano de escolha, podendo ser influenciado por fatos externos. A vontade não seria livre, mas, ao contrário, determinada por fatores de ordem biológica, física e social.

Cremos, assim como Greco (2019, p. 498), que os ensinamentos das Escolas Clássica e Positiva não se repelem. Ao contrário, se completam.

## 27.2 TRANSFORMAÇÕES NO CONCEITO DE CULPABILIDADE

O conceito de culpabilidade atualmente adotado é fruto de transformações havidas ao longo do tempo, como veremos a seguir.

### 27.2.1 Teoria psicológica da culpabilidade

Estreitamente relacionada com a concepção causal-naturalista, fundamenta-se nos ideais positivistas do século XIX. Deve-se a Von Liszt e Beling, que concebem culpabilidade como a responsabilidade do agente pelo ilícito praticado. A culpabilidade, assim, é **o vínculo psicológico entre o autor e o fato**. Para essa teoria, **dolo e culpa eram espécies de culpabilidade**, eram a própria culpabilidade, que, portanto, apenas continha elementos anímicos. Ainda de acordo com a teoria psicológica, **a imputabilidade funcionava como pressuposto da culpabilidade**. Somente os imputáveis eram capazes de culpabilidade. Portanto, só se analisava dolo e culpa se o agente fosse imputável.

Dominante durante o século XIX e parte do século XX, sofreu várias críticas. Uma delas foi a referente à culpa, que, sendo normativa, não poderia ser colocada ao lado do dolo, que é psicológico, para formar um conceito superior de culpabilidade. Como destaca Bitencourt (2020, p. 462), "a culpa não consiste em algo psicológico, mas em algo normativo: a infração do dever objetivo de cuidado". Não poderiam conceitos tão diferentes ser reunidos para formar um denominador comum (JESUS, 1999, p. 504). A impropriedade se mostrava ainda mais evidente com relação à culpa inconsciente, que, sendo culpa sem previsão, jamais poderia ser equiparada a um elemento psicológico.

**(2010 – Cespe/Cebraspe – DPU – Defensor Público Federal – Adaptada)** A respeito das teorias da culpabilidade, julgue o item que se segue.

> Segundo a teoria psicológica da culpabilidade, o dolo e a culpa fazem parte da análise da culpabilidade, e a imputabilidade penal é pressuposto desta.
> ( ) Certo ( ) Errado
> **Gabarito comentado:** trata-se do conceito de culpabilidade como vínculo psicológico entre o agente e sua conduta. Portanto, a assertiva está certa.

As diversas críticas que sofreu a teoria psicológica acabaram por provocar seu declínio e substituição pela teoria normativa ou psicológico-normativa.

### 27.2.2 Teoria normativa ou psicológico-normativa da culpabilidade

Teve Reinhard Frank como fundador, embora tenha em James Goldschmidt e Berthold Freudenthal nomes que muito contribuíram para a sua elaboração e, em Mezger, um grande entusiasta e difusor. A teoria surgiu no momento em que o positivismo-naturalista era paulatinamente substituído pelos ideais neokantianos, que deram azo ao conceito neoclássico de delito. A culpabilidade passou a ser concebida como **juízo de reprovabilidade, sendo nela, contudo, mantidos o dolo e a culpa**. A teoria preconiza que o aspecto psicológico não é o único conteúdo da culpabilidade. A censurabilidade foi, assim, agregada ao conceito psicológico e "a culpabilidade passava a ser, ao mesmo tempo, uma relação psicológica e um juízo de reprovação" (BITENCOURT, 2020, p. 463). Com a citada teoria, a culpabilidade assume um perfil complexo, com elementos normativos e psicológicos. A ideia de exigibilidade de conduta diversa passa a irradiar sobre todo o conteúdo da culpabilidade, subsidiando solução para situações antes não solucionadas como a coação irresistível, a obediência hierárquica etc.

Pela concepção psicológico-normativa, a imputabilidade deixa de ser encarada como pressuposto e passa a ser componente da culpabilidade.

O dolo e a culpa, a seu turno, deixam de ser a própria culpabilidade, e, não mais sendo concebidos como espécies de culpabilidade, passam à condição de elementos da culpabilidade.

Outrossim, o dolo, que até então era meramente psicológico, passa a ser composto também por elemento normativo. Tem-se, assim, o dolo normativo, o *dolus malus*. O dolo normativo, que é um dolo híbrido, tem a vontade, a previsão (ou conhecimento) e a consciência da ilicitude como seus elementos.

Para essa teoria, portanto, o dolo passa a ter a seguinte estrutura:

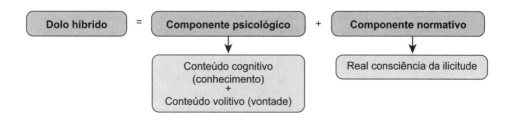

Como último elemento da culpabilidade, a teoria normativa ou psicológico-normativa acresceu à culpabilidade, como um de seus elementos, a **exigibilidade de outra conduta**, o que inviabiliza a reprovação daquele que não poderia agir de outro modo, ou seja, daquele que não poderia agir conforme o Direito.

Assim, para a teoria psicológico-normativa, a culpabilidade é composta por:

a. imputabilidade;
b. dolo ou culpa;
c. exigibilidade de conduta diversa.

O conceito de culpabilidade trazido pela teoria normativa psicológica, contudo, cedeu espaço àquele trazido pela teoria normativa pura, compatível com o giro que acabou consagrando os ideais finalistas.

### 27.2.3 Teoria normativa pura da culpabilidade

Cuida-se de teoria acerca da culpabilidade compatível com a teoria finalista, que extraiu da culpabilidade todos os elementos psicológicos e subjetivos, deslocando dolo e culpa para a conduta, fazendo com que surgisse ideia normativa pura da culpabilidade. A culpabilidade, na concepção finalista, é a "reprovação pessoal que se faz contra o autor pela realização de um fato contrário ao Direito, embora houvesse podido atuar de modo diferente" (BITENCOURT, 2020, p. 469).

Outrossim, a teoria normativa pura passa a não mais exigir real consciência da ilicitude para que se reconheça possível reprovar o agente que praticou o fato típico e antijurídico, bastando que seja potencial, ou seja, que o agente, ainda que não saiba estar atuando em desconformidade com o ordenamento jurídico, tenha condições de sabê-lo.

Assim, para a teoria normativa pura, a culpabilidade é composta por:

d. imputabilidade;
e. potencial consciência da ilicitude;
f. exigibilidade de conduta diversa.

> **Decifrando a prova**
>
> **(2019 – Cespe/Cebraspe – TJ/PR – Juiz Substituto – Adaptada)** Para Welzel, a culpabilidade é a reprovabilidade de decisão da vontade, sendo uma qualidade valorativa negativa da vontade de ação, e não a vontade em si mesma. O autor aponta a incorreção de doutrinas segundo as quais a culpabilidade tem caráter subjetivo, porquanto um estado anímico pode ser portador de uma culpabilidade maior ou menor, mas não pode ser uma culpabilidade maior ou menor. Essa definição de culpabilidade está relacionada à teoria psicológica.
>
> ( ) Certo    ( ) Errado
>
> **Gabarito comentado:** a definição está relacionada à teoria normativa pura. Para a teoria psicológica, a culpabilidade tem caráter subjetivo. Portanto, a assertiva está errada.

Os partidários da teoria normativa pura da culpabilidade, porém, divergem quanto à natureza jurídica do erro nas descriminantes putativas, fazendo, assim, surgir duas variantes: a teoria extremada e a teoria limitada da culpabilidade, que por nós serão estudadas no capítulo referente ao erro, no item 29.3.

> **Decifrando a prova**
>
> **(2010 – Cespe/Cebraspe – Detran/ES – Advogado – Adaptada)** Tratando-se de culpabilidade, a teoria estrita ou extremada e a teoria limitada são derivações da teoria normativa pura e divergem apenas a respeito do tratamento das descriminantes putativas.
> ( ) Certo    ( ) Errado
> **Gabarito comentado:** ambas entendem que a culpabilidade é composta pela imputabilidade, pela potencial consciência da ilicitude e pela exigibilidade da conduta diversa. A divergência, contudo, repousa na natureza do erro quanto aos pressupostos fáticos da causa de justificação, que, para a teoria limitada da culpabilidade, é erro de tipo permissivo, sendo para a teoria extremada, erro de proibição indireto. Portanto, a assertiva está certa.

O esquema a seguir nos permite visualizar a mudança do conceito de culpabilidade ao longo do tempo, da estrutura psicológica à atual, normativa pura.

**TEORIAS ACERCA DA CULPABILIDADE**

| Causalistas | | Finalistas |
|---|---|---|
| Teoria clássica | Teoria neoclássica | |

| Teoria psicológica pura | Teoria psicológico-normativa | Teoria normativa pura | |
|---|---|---|---|
| Imputabilidade é pressuposto de culpabilidade. Dolo e culpa são espécies de culpabilidade. | Elementos da culpabilidade: • imputabilidade; • culpa/dolo; obs.: dolo normativo = componente natural + componente normativo (real consciência da ilicitude) • exigibilidade de conduta diversa. | Elementos da culpabilidade: • imputabilidade, • potencial consciência da ilicitude; • exigibilidade de conduta diversa. | Para os finalistas, dolo e culpa na conduta, não mais na culpabilidade. |
| Culpabilidade = vínculo psicológico entre o autor e sua conduta. | Culpabilidade como juízo de censura, de reprovação, mas também como vínculo psicológico. | Culpabilidade como juízo de censura, de reprovação. | |

## 27.3 O CONCEITO FUNCIONAL DE CULPABILIDADE

Cuida-se de conceito fundamentado na justificação social da pena, na necessidade de prevenção.

Na visão de Roxin (*apud* BITENCOURT, 2020, p. 485), o conceito de culpabilidade, como terceiro predicado do delito, deve ser substituído pelo de responsabilidade, que abrangeria o juízo de culpabilidade somado à ideia de necessidade de pena.

> A responsabilidade depende de dois dados que devem ser acrescentados ao injusto: a culpabilidade do sujeito e a necessidade preventiva da sanção penal, que devem ser deduzidas da lei. O sujeito atua culpavelmente quando realiza um injusto jurídico-penal, a despeito de poder alcançar o efeito de chamada de atenção da norma na situação concreta e possuir suficiente capacidade de autocontrole, de modo que lhe era psiquicamente acessível uma alternativa de conduta conforme ao Direito.

A culpabilidade fundamentada na teoria do fim da pena, segundo Roxin, seria um critério político que derivaria da teoria do fim da pena: quando a pena não cumprisse seu papel no caso concreto, já não teria sentido aplicá-la, e a culpabilidade, portanto, não se faria presente (ZAFFARONI; PIERANGELI, 2004, p. 580).

Na visão de Jakobs (p. 589 *apud* BITENCOURT, 2020, p. 487), a culpabilidade se fundamenta na finalidade preventivo-geral da pena e se justifica para manter a confiança na norma violada. Jakobs sustenta que "a pena adequada à culpabilidade é, por definição, a pena necessária para a estabilização da norma".

## 27.4 CULPABILIDADE DE FATO × CULPABILIDADE DE AUTOR

O conceito de dolo híbrido, que abrange a real consciência da ilicitude, fez com que Mezger detectasse uma importante questão a ser enfrentada pelo Direito Penal: análise da culpabilidade dos criminosos habituais, que, vivendo em ambientes hostis, em que o crime é visto como algo comum, atuam sem consciência da ilicitude de seus atos. Afinal, muitas condutas criminosas são realizadas corriqueiramente em seu grupo social como se fossem lícitas, normais. Inexistindo para eles consciência da ilicitude, não atuavam com dolo e, portanto, inexistente a culpabilidade, o que impossibilitaria a censura de sua conduta. A constatação gerava uma conclusão contraditória, porque o indivíduo mais perigoso e com comportamento mais reprovável acabaria sendo beneficiado. Mezger, para solucionar esse inconveniente, construiu o conceito de "culpabilidade pela condução de vida", que tem como núcleo não o fato, mas o autor. Importaria, destarte, o que o agente é, e não o que o agente faz. Cuida-se de concepção que abre enorme espaço para o arbítrio e a supressão de garantias individuais, incompatível com um Direito Penal democrático.

Conforme alertam Zaffaroni e Pierangeli (2004, p. 579), o conceito de culpabilidade pela conduta de vida se traduz como

(...) o mais claro expediente para burlar a vigência absoluta do princípio da reserva e estender a culpabilidade em função de uma *actio in moral in causa*, por meio da qual se pode chegar a reprovar os atos mais íntimos do indivíduo. Poucos conceitos podem ser mais destrutivos para uma sã concepção do Direito Penal.

Dúvidas não temos de que o núcleo da culpabilidade deve ser o fato e, por isso, mostra-se muito mais adequado o conceito de culpabilidade de ato, que diz respeito à reprovação do agente por aquilo que fez, considerada a medida de sua possibilidade de autodeterminação.

Temos, porém, que cabe razão a Jescheck (p. 581 *apud* GRECO, 2019, p. 513) quando, reconhece que, embora a culpabilidade deva se fundamentar pelo fato individual, o Direito Penal deve muitas vezes ter em conta a culpabilidade do autor na reprovação do crime. A ideia é também defendida por Greco (2019, p. 512).

## 27.5 COCULPABILIDADE

É sabido que o meio social exerce sobre o indivíduo importante papel. Naqueles em que imperam a pobreza, a marginalização, a criminalidade, pode-se perceber que o Estado falhou ao não se fazer presente. Quando não garante educação, saúde, segurança e saneamento a muitos que vivem em meio hostil, o Estado cria condições perfeitas para que o indivíduo a quem brindou com muito pouco ou mesmo nada acabe entrando no mundo sombrio do crime. Não se pode, destarte, negar que ao Estado cabe parcela de culpa, de responsabilidade quando essas pessoas, esquecidas em sua miséria e abandono, praticam crimes. A responsabilidade pelo cometimento do delito deve, portanto, ser dividida com o Estado, que é corresponsável.

Sobre o tema, Zaffaroni e Pierangeli (2004, p. 580), valendo a lição de Zaffaroni:

> Todo sujeito age numa circunstância determinada e com âmbito de autodeterminação também determinado. Em sua própria personalidade há uma contribuição para esse âmbito de autodeterminação, posto que a sociedade, por melhor organizada que seja, nunca tem a possibilidade de brindar a todos os homens com as mesmas oportunidades. Em consequência, há sujeitos que têm um menor âmbito de autodeterminação, condicionado desta maneira por causas sociais. Não será possível atribuir essas causas sociais a um sujeito e sobrecarregá-lo com as mesmas no momento da reprovação de culpabilidade. Costuma se dizer que há, aqui, uma coculpabilidade, com a qual a própria sociedade deve arcar. Tem-se afirmado que o conceito de coculpabilidade é uma ideia introduzida pelo Direito Penal socialista. Cremos que a coculpabilidade é herdeira do pensamento de Marat e hoje faz parte da ordem jurídica de todo Estado social de direito, que reconhece direitos econômicos e sociais e portanto, tem cabimento no CP mediante à disposição genérica do art. 66.

Assim, surge a teoria da coculpabilidade, que, embora não adotada expressamente entre nós, autoriza o reconhecimento da atenuante genérica inominada de que trata o art. 66 do Código Penal.

**Art. 66.** A pena poderá ser ainda atenuada em razão de circunstância relevante, anterior ou posterior ao crime, embora não prevista expressamente em lei.

O Direito Penal peruano trata expressamente da coculpabilidade em seu art. 45, ao preceituar que, "dentre os pressupostos para fundamentar e determinar a pena, o juiz deve levar em consideração as carências sociais que tiver sofrido o agente".[1]

> **Decifrando a prova**
>
> **(2019 – FCC – DPE/SP – Defensor Público – Adaptada)** De acordo com a teoria da coculpabilidade, na forma como foi proposta por Eugenio Raúl Zaffaroni, a sociedade é corresponsável pela prática do delito por ter deixado de oferecer ao agente as condições sociais necessárias para uma vida digna, o que fez com que ele fosse compelido à prática do delito, havendo um determinismo social.
> ( ) Certo    ( ) Errado
> **Gabarito comentado:** a coculpabilidade não sustenta determinismo social, apenas aponta a corresponsabilidade do Estado e da sociedade quando o agente que não teve acesso as mesmas oportunidades e direitos conferidos a outros indivíduos da sociedade pratica um crime. Possuindo limitado âmbito de autodeterminação, a redução do seu grau de culpabilidade se impõe. Assim, embora deva responder pelo crime, sua pena deve ser atenuada. Portanto, a assertiva está errada.

## 27.6 COCULPABILIDADE ÀS AVESSAS

O conceito de coculpabilidade às avessas recebe esse nome justamente por ser o avesso, o inverso do conceito de coculpabilidade, e permitiria ao Estado agravar a resposta penal para aquele que, tendo acesso à educação e à cultura, gozando de papel de destaque na sociedade e dispondo de maiores facilidades financeiras, viesse a praticar um crime.

O conceito, porém, não se aplica à legislação brasileira, por ausência de dispositivo legal que autorize o agravamento proposto.

---

[1] O Código Penal peruano trata da matéria, admitindo que o juiz leve em consideração a posição econômica, a formação, o poder e a função do agente na fixação da pena: *"Artículo 45. Presupuestos para fundamentar y determinar la pena. El juez, al momento de fundamentar y determinar la pena, tiene en cuenta: 1. Las carencias sociales que hubiese sufrido el agente o el abuso de su cargo, posición económica, formación, poder, oficio, profesión o la función que ocupe en la sociedad"*.

## 27.7 CULPABILIDADE MATERIAL E CULPABILIDADE FORMAL

Alguns distinguem culpabilidade material de culpabilidade formal. O conceito de culpabilidade formal é um conceito definido em abstrato, referindo-se à censurabilidade em relação a um possível autor do fato típico ilícito, servindo como parâmetro ao legislador para cominar os limites mínimo e máximo de pena atribuída ao crime.

Quando se fala em culpabilidade em sentido material, trata-se de um conceito de culpabilidade em concreto, dirigido àquela pessoa que praticou a conduta típica e ilícita. Cuida-se de conceito que se destina ao magistrado no momento em que aplicar a pena.

De nossa parte, não vemos sentido na distinção.

# 28 Imputabilidade

## 28.1 CONCEITO

Imputabilidade é a capacidade de culpabilidade, ou seja, é a possibilidade de entender o caráter ilícito do fato e de se determinar de acordo com esse entendimento. Conforme ensina Mirabete (2013a, p. 196), a imputabilidade é a aptidão para ser culpável.

Nem todas as pessoas reúnem em si atributos que lhes conferem essa capacidade, na medida em que nem todos possuem capacidade de dirigir a sua conduta de acordo com o Direito. A imputabilidade estará presente

> sob a ótica do Direito Penal brasileiro, toda vez que o agente apresentar condições de normalidade e maturidade psíquicas mínimas para que possa ser considerado como um sujeito capaz de ser motivado pelos mandados e proibições normativos. (BITENCOURT, 2020, p. 493-494)

A imputabilidade é um conceito que deve ser aferido no momento da prática da ação ou da omissão. Trata-se, portanto, de um conceito contemporâneo ao crime.

Imputável, portanto, será o sujeito capaz de, no momento da ação ou da omissão, entender a licitude do fato e de atuar de acordo com esse entendimento. Qualquer alteração posterior não interfere na existência da imputabilidade como elemento da culpabilidade.

Portanto, se no curso do processo houver superveniência de doença mental, não estará afastada a imputabilidade. A providência, nesse caso, será a suspensão do processo no sistema do art. 152 do Código de Processo Penal.

**Jurisprudência destacada**

*Habeas corpus* substitutivo de recurso próprio. Não cabimento. Corrupção passiva. Doença mental superveniente. Laudo médico conclusivo sem prognóstico de melhora do réu. Suspensão do curso do processo em relação ao paciente (art. 152 do Código de Processo Penal – CPP). Ausência de previsão legal para prosseguimento do feito ou de suspensão da prescrição. *Writ* não conhecido. Ordem concedida de ofício. 1. Diante da hipótese de *habeas corpus* substitutivo de recurso próprio, a impetração sequer deveria ser conhecida, segundo orientação jurisprudencial do Supremo Tribunal Federal – STF – e do próprio Superior Tribunal de Justiça – STJ. Contudo, considerando as alegações expostas na inicial, razoável a análise do feito para verificar a existência de eventual constrangimento ilegal que justifique a concessão da ordem de ofício. 2. Inexistindo previsão legal para o prosseguimento do feito enquanto persistir a doença mental superveniente, deve ser o processo mantido suspenso em relação ao paciente até que o réu se restabeleça, nos termos do art. 152 do Código de Processo Penal. 3. Ainda que ocorra o que a doutrina denomina crise de instância, deve o processo ficar suspenso em relação ao paciente até que ocorra o restabelecimento da sua saúde mental ou a ocorrência da prescrição, que segue seu regular transcurso por falta de previsão legal para sua interrupção. Em relação ao corréu, deve o processo ser desmembrado para ter seu regular seguimento, nos termos do art. 79, § 1º, do Código de Processo Penal. 5. *Habeas corpus* não conhecido. Ordem concedida, de ofício, para suspender, apenas em relação ao paciente, o curso da Ação Penal nº 0035006-79.2012.4.02.5101, até que haja seu restabelecimento ou ocorra a prescrição da pretensão punitiva do estatal, determinando-se, igualmente, o desmembramento do feito em relação ao corréu, para regular seguimento da ação penal (STJ, HC nº 468.011/RJ 2018/0230843-9, Rel. Min. Joel Ilan Paciornik, j. 21.05.2019, 5ª Turma, *DJe* 03.06.2019 – grifos nossos).

Outrossim, na hipótese de superveniência de doença mental durante a execução da pena, deverá ser observado o disposto no art. 41 do Código Penal.

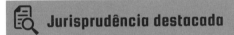

Agravo regimental em *habeas corpus*. Doença mental posterior ao fato criminoso. Sentença condenatória com conversão da pena privativa de liberdade em medida de segurança. Pena reclusiva afastada em recurso exclusivo da defesa. Proibição de *reformatio in pejus*. Prazo prescricional aferido pela reprimenda aplicada ao réu. Prescrição da pretensão executória. Termo inicial. Data do trânsito em julgado da sentença condenatória para a acusação. Agravo provido. 1. "A prescrição nos casos de sentença absolutória imprópria é regulada pela pena máxima abstratamente cominada ao delito. Precedentes." (AgRg no REsp nº 1.656.154/SP, Rel. Min. Reynaldo Soares da Fonseca, 5ª Turma, j. 23.05.2017, *DJe* 31.05.2017). 2. Embora a superveniência de doença mental do réu permita a conversão da pena privativa de liberdade em medida de segurança, nos termos do art. 41 do Código Penal, não se pode afirmar que tal substituição alteraria a natureza do título condenatório. 3. Por outro lado, não poderia a Corte de origem, em recurso exclusivo da defesa, cassar a condenação imposta ao paciente e modificar a natureza do título judicial (aplicação de medida de segurança), a pretexto de que a exclusão da pena seria favorável ao paciente. Proibição de *reformatio in pejus*. 4. Conforme entendimento consolidado nesta Corte Superior de Justiça, o termo inicial da contagem do prazo da prescrição da pretensão executória é a data do trânsito em julgado da sentença condenatória para a acusação, a teor do art. 112, I, do Código Penal. Precedentes. 5. Agravo regimental provido para reconhecer a prescrição da pretensão executória da pena nos autos da Apelação Criminal nº 990.08.147507-3 (STJ, AgRg no HC nº 469.698/SP 2018/0242663-5, Rel. Min. Reynaldo Soares da Fonseca, j. 12.02.2019, 5ª Turma, *DJe* 19.02.2019).

Nosso Código Penal não traz definição de imputabilidade penal, embora traga as hipóteses em que não se vislumbra essa capacidade de entendimento e determinação por parte do sujeito, conforme mostra o esquema a seguir:

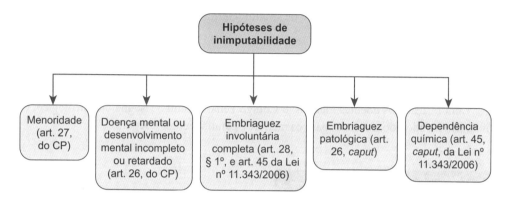

## 28.2 CRITÉRIOS PARA AFERIÇÃO DA IMPUTABILIDADE

São três os critérios fixadores da inimputabilidade: biológico, psicológico e biopsicológico.

### 28.2.1 Biológico

Também denominado etiológico, somente reconhece imputabilidade para quem goza de saúde mental. Destarte, o portador de uma enfermidade mental grave ou de desenvolvimento mental incompleto ou retardado deve ser entendido incapaz de culpabilidade, sem necessidade de ulterior indagação psicológica. Ainda que possa entender o caráter ilícito do fato e se posicionar de acordo com esse entendimento, o simples fato de ser portador de doença mental gera inimputabilidade.

### 28.2.2 Psicológico

Ao contrário do anterior, ao critério puramente psicológico não interessa a existência de perturbação mental. A inimputabilidade será reconhecida se, ao tempo do crime, o agente, seja qual for a causa, não dispunha de condições para entender o caráter ilícito do que fazia e nem para determinar-se de acordo com esse entendimento.

### 28.2.3 Biopsicológico

Para o critério biopsicológico, para que se conclua pela inimputabilidade, não basta que o agente seja portador de doença mental ou tenha desenvolvimento mental incompleto ou retardado. É preciso também que, em razão da doença, não possa, no momento da ação ou da omissão, discernir se o seu ato está em conformidade com a ordem jurídica e se posicionar de acordo com esse entendimento. O critério biopsicológico, portanto, reclama a presença de dois indispensáveis prismas: o biológico (portar a doença mental) e o psicológico (capacidade de entender ou de se autodeterminar). Esse critério representa fusão dos dois anteriores.

### 28.2.4 Sistema adotado no Brasil

Com relação aos doentes mentais, o Código Penal adotou o sistema biopsicológico. O biológico foi adotado, contudo, para os menores, como veremos a seguir.

**(2014 – Cespe/Cebraspe – MPE/AC – Promotor de Justiça – Adaptada)** Sílvia, interditada para os atos da vida civil por ser portadora de doença mental, foi denunciada pela prática dos crimes de estelionato e de uso de documento público materialmente falso, acusada de ter aplicado o denominado golpe do conto do paco. Sílvia, agindo de forma consciente e voluntária, de prévio acordo e em unidade de desígnios com Júlia, induziu a vítima Paulo a erro, para obter vantagem ilícita em proveito próprio. Em data e local predefinidos, a denunciada deixou cair uma cártula de cheque falsificada, no valor de nove mil e quinhentos reais e na qual estava grampeada uma cédula de vinte reais, supostamente pertencente a uma relojoaria. Paulo, que caminhava logo atrás, recolheu a cártula e a devolveu para a denunciada, que, fingindo estar muito agradecida, disse que ligaria para seu patrão com o objetivo de obter uma recompensa para Paulo. Minutos depois, Sílvia retornou e avisou Paulo de que a recompensa lhe seria dada, desde que todos deixassem seus pertences com Júlia, que ficaria aguardando. A vítima, induzida a erro, deixou sua bolsa com a comparsa da denunciada e dirigiu-se ao suposto estabelecimento comercial, enquanto Sílvia e Júlia fugiram do local com seus pertences, que incluíam R$ 1.000,00 em espécie. Ao fim da instrução, Sílvia foi condenada à pena de três anos e dois meses de reclusão e multa. A pena privativa de liberdade foi substituída por duas penas restritivas de direitos, consistentes em prestação pecuniária em favor da vítima e limitação de fim de semana. Nesse caso, tendo sido adotado pelo CP o critério biológico para a aferição da inimputabilidade do agente, Sílvia somente em razão de ser interditada por doença mental, está isenta de culpabilidade.

( ) Certo      ( ) Errado

**Gabarito comentado:** foi adotado, com relação à doença mental, o critério biopsicológico, não bastando que Sílvia seja doente mental para que se possa afirmar sua inimputabilidade. Para tanto, nos termos do art. 26 do Código Penal, seria necessário, que em razão da doença mental, não fosse, ao tempo da ação ou da omissão, minimamente capaz de entender o caráter ilícito do fato e de se posicionar de acordo com esse entendimento. Portanto, a assertiva está errada.

**Jurisprudência destacada**

*Habeas corpus.* Constitucional. Penal. Alegação de interdição do paciente no Juízo Cível. Pedido de trancamento ou de suspensão de ação penal. Independência entre a incapacidade civil e a inimputabilidade penal. 1. O Código Penal Militar, da mesma forma que o Código Penal, adotou o critério biopsicológico para a análise da inimputabilidade do acusado. 2. A circunstância de o agente apresentar doença mental ou desenvolvimento mental incompleto ou retardado (critério biológico) pode até justificar a incapacidade civil, mas não é suficiente para que ele seja considerado penalmente inimputável. É indispensável que seja verificar se o réu, ao tempo da ação ou da omissão, era inteiramente incapaz de entender o caráter ilícito do fato ou de determinar-se de acordo com esse entendimento (critério psicológico). 3. A incapacidade civil não autoriza o trancamento ou a suspensão da ação penal. 4. A marcha processual deve seguir normalmente em caso de dúvida sobre a integridade mental do acusado, para que, durante a instrução dos autos, seja instaurado o incidente de insanidade mental, que irá subsidiar o juiz na decisão sobre a culpabilidade ou não do réu. 5. Ordem denegada (STF, HC nº 101.930/MG, Rel. Min. Cármen Lúcia, j. 27.04.2010, 1ª Turma, *DJe* 14.05.2010).

## 28.3 MENORIDADE

Com relação aos menores, foi adotado entre nós o sistema biológico, conforme regras trazidas pelos arts. 228 da Constituição Federal e 27 do Código Penal, presumindo-se, de forma absoluta, que os menores de 18 anos não tenham aptidão para a culpabilidade.

> **CF, art. 228.** São penalmente inimputáveis os menores de dezoito anos, sujeitos às normas da legislação especial.
>
> **CP, art. 27.** Os menores de 18 (dezoito) anos são penalmente inimputáveis, ficando sujeitos às normas estabelecidas na legislação especial.

Assim, ainda que saibam do caráter ilícito daquilo que fazem, que sejam suficientemente desenvolvidos sob os aspectos mental e intelectual, são considerados inimputáveis. Nem mesmo a sua emancipação civil afeta essa sua condição de inimputável.

Para concluirmos por sua inimputabilidade, basta que se prove, nos termos da Súmula nº 74 do STJ, por meio de documento hábil, que, no momento da ação ou omissão, era menor de 18 anos, não importando se já havia completado essa idade quando da superveniência do resultado, considerando-se o disposto no art. 4º do Código Penal. Vale a lembrança de que, no caso de crimes habituais ou permanentes, caso venham a completar 18 anos enquanto a ação ainda se prolonga no tempo, poderão ser responsabilizados pelos atos praticados após a maioridade.

 **Jurisprudência destacada**

**Súmula nº 74, STJ.** Para efeitos penais, o reconhecimento da menoridade do réu requer prova por documento hábil.

O menor de 18 anos, embora não possa ser responsabilizado criminalmente pelo fato típico e ilícito que pratica, responderá pelo ato infracional correspondente, nos termos do art. 103 do ECA, sujeitando-se à aplicação de medidas socioeducativas, consoante art. 112 do referido estatuto menorista.

### 28.3.1 Mecanismo a ser adotado para a alteração da idade penal

A inimputabilidade dos menores de 18 anos é expressa na Constituição Federal, conforme art. 228. Portanto, diversamente do que aconteceu com a idade civil, alterada pelo legislador infraconstitucional no Código Civil de 2002, apenas com uma mudança na Constituição se poderá promover alteração da maioridade penal. Discute-se, todavia, o mecanismo a ser adotado. Sobre o assunto, surgem duas correntes, a saber:

- **1ª corrente:** a alteração da maioridade penal somente poderá ser feita por nova Constituição porque se trata de uma cláusula pétrea, nos termos do art. 60, § 4º, da Carta Maior. Afinal, cuida-se de garantia fundamental.
- **2ª corrente:** a alteração da maioridade penal não é cláusula pétrea, como pretendem os partidários da primeira corrente. Assim, bastaria uma emenda constitucional e, por meio do constituinte derivado, promover-se-ia a mudança. Esse é o nosso entendimento. Masson (2019b, p. 378), inclusive, nos chama a atenção para o fato de que várias já foram as propostas de emenda constitucional nesse sentido, sem que qualquer delas tenha sido aprovada, entretanto.

### 28.3.2 Regras sobre maioridade no Código Penal Militar

O diploma castrense trata da imputabilidade penal a partir de seu art. 50:

> **Art. 50.** O menor de dezoito anos é inimputável, salvo se, já tendo completado dezesseis anos, revela suficiente desenvolvimento psíquico para entender o caráter ilícito do fato e determinar-se de acordo com este entendimento. Neste caso, a pena aplicável é diminuída de um terço até a metade.
>
> **Equiparação a maiores**
> **Art. 51.** Equiparam-se aos maiores de dezoito anos, ainda que não tenham atingido essa idade:
> a) os militares;
> b) os convocados, os que se apresentam à incorporação e os que, dispensados temporariamente desta, deixam de se apresentar, decorrido o prazo de licenciamento;
> c) os alunos de colégios ou outros estabelecimentos de ensino, sob direção e disciplina militares, que já tenham completado dezessete anos.

Essas regras, que permitem se reconheça imputabilidade para menores de 18 anos, não foram, contudo, recepcionadas pela Constituição de 1988, considerando-se o disposto no art. 228.

## 28.4 DOENÇA MENTAL OU DESENVOLVIMENTO MENTAL INCOMPLETO OU RETARDADO

No art. 26, o Código Penal, ao aludir à doença mental, refere-se a toda alienação mental e a todas as alterações do psiquismo por processos tóxicos que retirem do criminoso a capacidade de entender o caráter ilícito do que faz ou de determinar-se de acordo com esse entendimento. O desenvolvimento mental retardado, a seu turno, abrange a idiotia e a imbecilidade, desenvolvimento aquém do encontrado em outras pessoas no mesmo estágio de vida do agente. Como leciona Bitencourt (2020, p. 500): "Em outros termos, desenvolvimento mental retardado é aquele em que não se atingiu a maturidade psíquica, por deficiência de saúde mental".

Não cabe ao juiz, mas aos peritos, por meio de laudos próprios, a identificação do grau de deficiência do agente. Ao juiz caberá aplicar a solução legal trazida para a conclusão a que chegarem os peritos. Destarte, caso concluam os *experts* pela existência de doença mental que retirou do agente toda a capacidade de entender o caráter ilícito do fato e de se determinar de acordo com esse entendimento, o juiz, aplicando a solução trazida pelo art. 26 do Código Penal, deverá isentá-lo de pena.

> **Decifrando a prova**
>
> **(2014 – FMP Concursos – TJ/MT – Juiz – Adaptada)** Rosvaldo, doente mental acometido de esquizofrenia, manda sua filha, Georgina, comprar carne no açougue. Voltando a menor para casa com o troco errado, Rosvaldo foi até o açougue para corrigir a transação. O açougueiro, irritado, passou a destratar Rosvaldo, que, para não brigar, saiu de lá. Porém, o irritado açougueiro foi atrás do doente mental, com facão de cortar carne na mão. Este tropeçou e caiu, sendo que Rosvaldo, em sequência, vibrou-lhe um golpe certeiro com seu canivete, causando a morte do açougueiro. Rosvaldo é considerado imputável, visto que não há nexo da doença mental com o homicídio.
> ( ) Certo    ( ) Errado
> **Gabarito comentado:** Rosvaldo não era, no tempo da ação ou omissão, em razão da doença mental, completamente incapaz de entender o caráter ilícito do fato e de se posicionar de acordo com esse entendimento. Portanto, a assertiva está certa.

### 28.4.1 Os silvícolas

A nossa doutrina costuma tratar os indígenas como exemplos de inimputáveis em virtude de seu desenvolvimento incompleto ou retardado, defendendo que a solução para a hipótese de o silvícola praticar fato típico e ilícito estaria no art. 26 do Código Penal.

Não podemos concordar com essa orientação. Estar integrado à cultura brasileira não guarda nenhuma relação com ser, ou não, portador de desenvolvimento incompleto ou retardado. Temos que, com relação aos silvícolas, a imputabilidade não está disciplinada pelo art. 26 do Código Penal. Deve-se, outrossim, por força da especialidade, observar o disposto no art. 56 do da Lei nº 6.001/1973 (Estatuto do Índio), que faz da integração ou da ausência de integração o cerne da questão.

> **Art. 56.** No caso de condenação do índio por infração penal, a pena deverá ser atenuada e na sua aplicação o juiz atenderá também ao grau de integração do silvícola.

A aferição da integração e do grau de integração será fruto de perícia antropológica, que em nada se confunde com a perícia psiquiátrica realizada para a constatação de doença mental, o que reforça a conclusão de que não é o art. 26 do Código Penal o dispositivo a regular a matéria. Nesse sentido, vale a lição de Paulo Antunes (2010, p. 922):

> (...) o grau de integração do indígena na sociedade nacional e o desenvolvimento mental são dois conceitos que não guardam a menor relação entre si. Para que um índio ou qualquer pessoa tenha o seu desenvolvimento mental completo não há a menor necessidade de que esteja integrado na sociedade brasileira. As diferenças culturais não podem, de forma nenhuma, servir de base para julgamentos relativos a sanidade ou ao desenvolvimento mental de qualquer pessoa. Tratar-se diferenças culturais com o retardamento mental é extremamente perigoso, pois, à semelhança do nazismo e do estalinismo, todo aquele que não estiver "integrado" em um determinado padrão de organização social passa a ser tratado como retardado mental, intelectualmente pouco desenvolvido ou louco (...).

Diante da prática de um fato típico e ilícito por um indígena, portanto, atento às conclusões da perícia antropológica, o juiz pode:

1. Condenar, aplicando pena, se o silvícola for totalmente integrado à cultura da sociedade brasileira, não se aplicando a atenuante a que se refere o art. 56 do Estatuto do Índio, como já decidiu o STF.

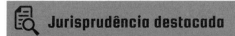
**Jurisprudência destacada**

*Habeas corpus.* Indígena. Se o índio já é aculturado e tem desenvolvimento mental que lhe permite compreender a ilicitude de seus atos, é plenamente imputável. Recurso desprovido (RHC nº 64.476, 2ª Turma, Rel. Min. Carlos Madeira, j. 10.10.1986, *DJe* 31.10.1986).

2. Condenar, caso a perícia conclua que se trate de silvícola em vias de integração, reconhecendo-o, contudo, semi-imputável, diminuindo-lhe a pena. Quanto mais avançado estiver o silvícola no processo de integração, menor deverá ser a diminuição feita pelo magistrado. Aqui, mais uma vez, em nosso entendimento, deverá o magistrado atentar para o disposto no art. 56 do Estatuto do Índio.
3. Absolver, reconhecendo sua inimputabilidade, quando se tratar de silvícola completamente isolado, pois não terá a menor capacidade para entender o caráter ilícito do que faz, nem de determinar-se de acordo com esse entendimento.

O conceito de silvícola isolado, em vias de integração e integrado é encontrado no art. 4º do Estatuto do Índio:

**Art. 4º** Os índios são considerados:

I – isolados – quando vivem em grupos desconhecidos ou de que se possuem poucos e vagos informes através de contatos eventuais com elementos da comunhão nacional;

II – em vias de integração – quando, em contato intermitente ou permanente com grupos estranhos, conservam menor ou maior parte das condições de sua vida nativa, mas aceitam algumas práticas e modos de existência comuns aos demais setores da comunhão nacional, da qual vão necessitando cada vez mais para o próprio sustento;

III – integrados – quando incorporados à comunhão nacional e reconhecidos no pleno exercício dos direitos civis, ainda que conservem usos, costumes e tradições característicos da sua cultura.

## 28.4.2 Os surdos-mudos

Assim como a doença mental não necessariamente conduz à inimputabilidade, também não podem ser considerados inimputáveis os surdos-mudos em razão de sua condição. Não se pode, porém, negar que, em razão da sua dificuldade de comunicação, pessoas com essa deficiência têm menor interação com as demais pessoas, o que pode comprometer a sua autodeterminação e a capacidade de compreensão da ilicitude daquilo que fazem.

Portanto, para aferição da imputabilidade, os surdos-mudos estarão submetidos aos mesmos critérios a que se submetem os doentes mentais. Sendo pericialmente comprovado que, no momento da ação ou da omissão, era o surdo-mudo completamente incapaz de autodeterminação ou mesmo de entendimento do caráter ilícito do fato, em razão de seu déficit de comunicação oral, deverá ser considerado inimputável e, portanto, isento de pena. Sendo suprimida apenas em parte essa capacidade de compreensão e de autodeterminação, a pena deverá ser, nos termos do art. 26, parágrafo único, diminuída, por se tratar de semi-imputabilidade.

Pode ocorrer, entretanto, tratar-se o surdo-mudo de pessoa com completa capacidade de determinação e de entendimento da ilicitude de seus atos, caso em que, sendo imputável, poderá ser responsabilizado por sua conduta típica e ilícita. A capacidade de entendimento e de autodeterminação do surdo-mudo deve ser aferida caso a caso, de acordo com as conclusões da psicopatologia forense.

## 28.5 SEMI-IMPUTABILIDADE

Trata-se de hipótese de culpabilidade diminuída, nos precisos termos do art. 26, parágrafo único, do Código Penal, autorizando, portanto, a diminuição da pena.

**Art. 26.** (...)

**Parágrafo único.** A pena pode ser reduzida de um a dois terços, se o agente, em virtude de perturbação de saúde mental ou por desenvolvimento mental incompleto ou retardado não era inteiramente capaz de entender o caráter ilícito do fato ou de determinar-se de acordo com esse entendimento.

Segundo o escólio de Bitencourt (2020, p. 502), as expressões "imputabilidade diminuída ou semi-imputabilidade" são impróprias. Para ele, seria como usar os termos "semivirgem, semigrávida". Tecendo essa crítica, o conceituado mestre ressalta que, nessas hipóteses, há situações de pessoas com capacidade de valoração e censura diminuída e, consequentemente, merecem ver reduzida a censurabilidade de sua conduta, sendo essa a razão pela qual defende o citado autor o termo "culpabilidade diminuída" como o melhor a ser usado.

A diminuição da pena será maior quanto menor a capacidade do réu de entender o caráter ilícito do fato ou de determinar-se de acordo com esse entendimento.

O termo "semi-imputabilidade", contudo, é amplamente consagrado entre nós, mesmo porque é adotado em nossa lei penal e processual penal.

## 28.6 CONSEQUÊNCIAS DA INIMPUTABILIDADE E DA SEMI-IMPUTABILIDADE POR DOENÇA MENTAL

Reconhecida a inimputabilidade do agente, deve o juiz prolatar decisão absolutória e aplicar medida de segurança, conforme arts. 96 a 99 do Código Penal. Trata-se de uma sentença absolutória imprópria, pois, ainda que absolvido, lhe será imposta a medida de segurança, que é uma das espécies de sanção penal. Nas hipóteses de semi-imputabilidade, condenando o réu, o juiz obrigatoriamente aplicará uma pena e, após, poderá, na hipótese de periculosidade do autor, substituí-la por medida de segurança, consoante veremos no capítulo 41.

## 28.7 EMOÇÃO E PAIXÃO

### 28.7.1 Distinção

Emoção e paixão são perturbações da psique humana (MASSON, 2019b, p. 385).

A emoção é perturbação transitória. A paixão é a emoção em estado crônico e duradouro. "Em outras palavras, a emoção dá e passa, enquanto a paixão permanece, alimentando-se nas suas próprias entranhas", consoante definição de Bitencourt (2020, p. 511).

Seja como for, a emoção e a paixão não são suficientes para afastar a reprovação daquele que, motivado por uma ou por outra, praticar o fato típico e ilícito.

**Art. 28.** Não excluem a imputabilidade penal:

I – a emoção ou a paixão; (...)

Ao tratar da emoção e da paixão, o art. 28, I, do Código Penal não está se referindo àquelas que já evoluíram e atingiram condição de enfermidade, caracterizando patologia ou psicose que retira do agente a capacidade de percepção do caráter ilícito do que faz e de se determinar de acordo com esse entendimento. Nesses casos, pericialmente comprovadas, paixão e emoção levarão à inimputabilidade ou à semi-imputabilidade, a depender do caso concreto.

### 28.7.2 Impactos da emoção e da paixão no Código Penal

Embora a emoção e a paixão não excluam a imputabilidade, podem ser consideradas pelo juiz na dosimetria da pena como circunstância atenuante genérica ou como causa de diminuição de pena.

Assim, conforme disposto no art. 65, III, *c*, parte final, do Código Penal, a pena será atenuada quando o agente tiver cometido o crime sob a influência de violenta emoção provocada por ato injusto da vítima. Nesse caso, a pena do agente não poderá ficar abaixo do mínimo legal, considerando-se o entendimento sufragado pelo STJ na Súmula nº 231 da Corte.

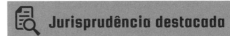
**Jurisprudência destacada**

> **Súmula nº 231, STJ.** A incidência da circunstância atenuante não pode conduzir à redução da pena abaixo do mínimo legal.

Também nos arts. 121, § 1º, e 129, § 4º, do Código Penal, encontramos normas que dizem do impacto da emoção e da paixão, dessa vez no crime de homicídio e lesões corporais quando praticados sob o domínio de violenta emoção, logo em seguida à injusta provocação da vítima. Para a aplicação da minorante prevista nos artigos citados, é preciso que o agente atue com dolo de ímpeto, imediatamente após a injusta provocação da vítima, diversamente da circunstância atenuante genérica do art. 65, III, *c*. Cuida-se de causa de diminuição de pena que, assim, autoriza que a reprimenda seja fixada em patamar abaixo do mínimo legal.

**Decifrando a prova**

> **(2017 – MPE/PR – Promotor de Justiça Substituto – Adaptada)** A emoção e a paixão não excluem a imputabilidade, mas a violenta emoção, logo em seguida a injusta provocação da vítima, pode privilegiar determinados crimes ou constituir circunstância atenuante de outros.
> ( ) Certo ( ) Errado
> **Gabarito comentado:** consoante arts. 121, § 1º, e 129, § 4º, do Código Penal e art. 65, III, *c*, do Código Penal, a assertiva está certa.

## 28.8 EMBRIAGUEZ

### 28.8.1 Conceito

A embriaguez é um estado de intoxicação provocado pelo consumo e ingestão de bebidas alcoólicas ou qualquer outra substância de efeito análogo. O Código Penal, ao referir-se à embriaguez, não trata necessariamente de hipótese de ingestão de álcool, mas de qualquer substância inebriante. Em se tratando de drogas, a solução legal será encontrada nos arts. 45 e 46 da Lei nº 11.343, de 2006.

### 28.8.2 Fases

Segundo a classificação mais tradicional, a embriaguez apresenta três estágios, conforme lição de Uchôa (2021):

- **Fase da excitação/desinibição/do macaco**
  Nesta fase o indivíduo tem plena noção do que faz e se caracteriza pela agitação, excessos verbais, presença de freios sociais no comportamento.

- **Fase da confusão/agitação/do leão**
  Neste caso, o indivíduo já ingeriu uma quantidade maior de álcool, que varia de acordo com o que a pessoa ingere; alguns entram nessa fase com pouca ingestão e outras com muita.
  Nessa fase o indivíduo já tem dificuldade na fala, esquece o que fez, fica agressivo, apresenta arrependimentos etc.

- **Fase comatosa/sono/do porco**
  Se a fase anterior já era considerada embriaguez completa, essa também o será.
  Apesar de a nomenclatura não ajudar muito neste caso, por induzir a pensar que seria um estágio de coma, na verdade, se trata de um período de sono profundo.

### 28.8.3 Classificação da embriaguez quanto à intensidade

Pode ser completa ou incompleta.

Será **completa ou total** a embriaguez quando o agente atinge o estágio da depressão, seus reflexos ficam vagarosos, provocando confusão no pensamento, afetando sua coordenação motora. Nessa fase, o agente perde sua capacidade de entendimento do caráter ilícito do fato por ele praticado ou de determinar-se de acordo com esse entendimento.

**Incompleta ou parcial** é aquela que não passou da fase de euforia, de desinibição, não comprometendo, destarte, a capacidade do agente de compreensão e de autodeterminação.

Assim, conforme ensinamento de Uchôa (2021): "Em suma, quando a legislação fala em embriaguez completa ela se refere à fase de confusão e à fase comatosa, já que a fase da excitação é considerada embriaguez incompleta".

## 28.8.4 Classificação da embriaguez quanto à origem

Quanto à origem, a embriaguez será voluntária ou involuntária (acidental ou fortuita).

**Embriaguez voluntária.** Trata-se de hipótese em que o agente ingeriu de forma voluntária a substância. Poderá ser voluntária em sentido estrito (intencional ou dolosa) ou culposa.

Na **voluntária em sentido estrito, ou dolosa**, o agente, ao ingerir a substância, o faz para embriagar-se. Ao embriagar-se intencionalmente, o agente não necessariamente o faz para praticar o crime. No mais das vezes, o faz pelo simples prazer de inebriar-se. Caso, porém, o faça para ter coragem para praticar o delito, será denominada preordenada e incidirá sobre a pena do agente uma circunstância agravante genérica, nos termos do art. 61, II, *l*, do Código Penal.

Na **embriaguez culposa**, o sujeito ingere a substância voluntariamente, mas, por imprudência, por calcular mal a quantidade ou a sua própria condição, acaba se embriagando de forma não intencional.

Conforme disposto no art. 28, II, do Código Penal, a embriaguez voluntária, ainda que completa, não exclui a imputabilidade, em virtude da aplicação da teoria da *actio libera in causa*.

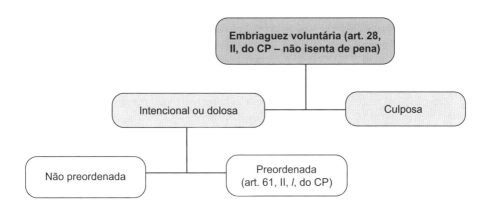

### Decifrando a prova

**(2005 – MPE/SP – Promotor de Justiça – Adaptada)** No Código Penal, a chamada embriaguez preordenada pode, por si só, caracterizar qualificadora do crime de homicídio.
( ) Certo ( ) Errado
**Gabarito comentado:** a embriaguez preordenada, por si só, configura circunstância agravante genérica do crime, nos termos do art. 61, II, *l*, do Código Penal. Portanto, a assertiva está errada.

### Jurisprudência destacada

Apelação. Ministério Público Militar. Sentença absolutória. Ingresso clandestino. Crime de mera conduta. Prisão em flagrante delito. Estado de embriaguez voluntária. Culpabilidade. Transposição de muro. Área militar. Perícia. Ausência de sinalização adequada. Desconfiguração do fato típico. Manutenção da sentença atacada. Apelo desprovido (...) O alegado estado de ebriedade em que se encontrava o réu no momento do flagrante delito não o exime de culpabilidade, uma vez que, conforme os relatos testemunhais e a confissão espontânea, tratou-se de embriaguez voluntária e não acidental, que, por si só, não impede a atribuição de responsabilidade penal. Apelo desprovido. Decisão unânime (STM, APL nº 70.003.695.220.187.000.000, Rel. Francisco Joseli Parente Camelo, j. 13.03.2019, *DJe* 22.03.2019).

O STJ já entendeu que, em hipótese de crime de lesão corporal no contexto de violência doméstica, a embriaguez voluntária, além de não afastar a imputabilidade, pode ser utilizada pelo magistrado na fixação da pena-base, tratando-se de fundamentação idônea para exasperá-la.

### Jurisprudência destacada

1. Nos termos da orientação jurisprudencial desta Corte, "a embriaguez voluntária ou culposa do agente não exclui a culpabilidade, sendo ele responsável pelos seus atos mesmo que, ao tempo da ação ou da omissão, era inteiramente incapaz de entender o caráter ilícito do fato ou de determinar-se de acordo com esse entendimento. Aplica-se a teoria da *actio libera in causa*, ou seja, considera-se imputável quem se coloca em estado de inconsciência ou de incapacidade de autocontrole, de forma dolosa ou culposa, e, nessa situação, comete delito" (AgInt no Resp nº 1.548.520/MG, Rel. Min. Sebastião Reis Júnior, 6ª Turma, j. 07.06.2016, *DJe* 22.06.2016). 2. A pretensão absolutória por ausência de dolo implica o reexame de fatos e provas, o que encontra óbice na Súmula nº 7/STJ. A dosimetria da pena submete-se a juízo de discricionariedade do magistrado, vinculado às particularidades fáticas do caso concreto e subjetivas do agente, somente passível de revisão por inobservância aos parâmetros legais ou flagrante desproporcionalidade. 3. A prática do delito de lesão corporal mediante violência doméstica, por agente sob o efeito de bebidas alcoólicas, desborda do tipo penal do art. 129, § 9º, do Código Penal, autorizando a exasperação da pena-base. 4. Agravo regimental improvido (AgRg no AREsp nº 1.871.481/TO, Rel. Min. Olindo Menezes – Desembargador convocado do TRF/1ª Região –, 6ª Turma, j. 09.11.2021, *DJe* 16.11.2021).

Não podemos, contudo, concordar com essa solução, que nos parece evidente *bis in idem*. A embriaguez não pode, ao mesmo tempo, servir para firmar a imputabilidade e permitir que a pena-base seja fixada em patamar acima do mínimo legal, como circunstância judicial desfavorável. Somente a embriaguez preordenada permite que se afaste o magistrado da pena mínima (o que fará quando do segundo momento de aplicação da pena) por estar prevista, na lei, como agravante genérica. Nela, o agente, plenamente consciente, planeja o crime em todos os seus aspectos para, após embriagar-se, dar início à execução, já em estado de embriaguez. Apenas neste caso podemos vislumbrar maior reprovabilidade na embriaguez voluntária, pois o agente, ao se embriagar, o faz com o objetivo de soltar os freios inibitórios, o que não ocorre nas outras hipóteses de intoxicação voluntária.

**Acidental ou fortuita.** É a embriaguez proveniente de caso fortuito ou força maior.

No **caso fortuito**, o agente desconhece estar ingerindo substância inebriante ou, então, não tem como saber que aquilo que ingere, nas condições em que o faz e em razão de uma condição fisiológica sua, poderá provocar a embriaguez. Ex.: pessoa que, desconhecendo efeito de medicação que está ingerindo para o sistema nervoso, ingere a substância alcoólica, provocando momentânea alteração da consciência (PACELLI; CALLEGARI, 2015, p. 344). A embriaguez, nessa hipótese, era imprevisível ao agente.

A **embriaguez por força maior** é aquela em que, embora o agente conheça o fato de estar ingerindo substância inebriante, não pode evitar a ingestão e a consequente embriaguez, que, *in casu*, não depende de sua vontade ou mesmo de seu controle. Teríamos embriaguez por força maior, por exemplo, nas hipóteses de coação exercida sobre o agente para que faça a ingestão do álcool ou substância com propriedades análogas ou, ainda, no velho exemplo citado pela doutrina em que o agente, por acidente, cai em um tonel de vinho.

Diversamente do que ocorre na hipótese de embriaguez voluntária, o tratamento dispensado à embriaguez acidental ou fortuita dependerá de sua intensidade. Caso completa, retirando do agente a capacidade de compreensão do caráter ilícito do fato e de se determinar de acordo com esse entendimento, importará em isenção de pena, sendo o agente considerado inimputável, conforme art. 28, § 1º, do Código Penal.

Caso incompleta, haverá redução da pena, nos termos do art. 28, § 2º, do Código Penal.

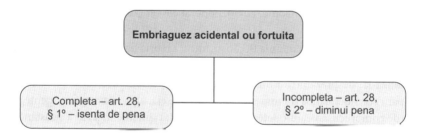

### Decifrando a prova

**(2015 – MPE/SP – Promotor de Justiça – Adaptada)** A *actio libera in causa* se caracteriza quando o agente, em estado de embriaguez completa, proveniente de caso fortuito ou força maior, que enseja isenção de pena, pratica fato definido como crime.
( ) Certo    ( ) Errado

**Gabarito comentado:** a teoria da *actio libera in causa* não é usada para hipóteses de embriaguez acidental ou fortuita. Portanto, a assertiva está errada.

> **Jurisprudência destacada**
>
> Agravo regimental. *Habeas corpus*. Penal. Embriaguez voluntária. Exclusão da imputabilidade. Impossibilidade. Autoria e materialidade. Reconhecimento. Revolvimento da matéria fático-probatória. Súmula nº 7/STJ. Agravo regimental desprovido. 1. A embriaguez, como causa de inimputabilidade, atrai a normatividade do art. 28 do Código Penal. 2. A colocação em estado de inconsciência decorrente de caso fortuito ou de força maior resulta na atipicidade dos resultados lesivos produzidos pelo agente em tal condição, não havendo que se falar em responsabilização criminal, sob pena de violação ao princípio da culpabilidade. 3. No entanto, a chamada teoria da *actio libera in causa* é inaplicável aos casos de embriaguez acidental, voluntária ou culposa, sob pena de a reprimenda tornar-se inócua para fins de prevenção e repressão (precedentes) (...) (STJ, AgInt no HC nº 350.918/SC 2016/0061486-3, Rel. Min. Antonio Saldanha Palheiro, j. 26.04.2016, 6ª Turma, *DJe* 03.05.2016).

## 28.8.5 A teoria da *actio libera in causa*

Pelo que até aqui expusemos, para que se possa reconhecer a imputabilidade penal, é necessário que o agente tenha, no momento da ação ou da omissão, capacidade para conhecer o caráter ilícito daquilo que faz e determinar-se de acordo com esse entendimento.

Assim, o disposto no art. 28, II, do Código Penal, no sentido de que a embriaguez voluntária não exclui a imputabilidade, poderia nos causar perplexidades. Afinal, na hipótese de embriaguez completa, ao realizar a conduta, o agente não dispõe de capacidade de entendimento e autodeterminação. Como, então, poderia ele ser considerado imputável e, assim, ser responsabilizado?

A resposta é encontrada em uma ficção jurídica: a teoria da *actio libera in causa*, ou ação livre na causa.

Ao utilizá-la, desprezamos o momento em que a pessoa, inebriada, realiza a ação ou omissão para considerarmos o momento anterior, ou seja, aquele em que o agente, com capacidade de compreensão e autodeterminação, voluntariamente ingeriu a substância que o levou à embriaguez, ainda que sua intenção não fosse a de ficar embriagado e ainda que não tenha se embriagado para praticar o crime.

A teoria da *actio libera in causa* foi inicialmente formulada para a hipótese de embriaguez preordenada, à qual se adequa com perfeição, na medida em que o agente, ao se embriagar, tinha sua vontade finalisticamente dirigida à realização da conduta típica. Como lecionam Pacelli e Callegari (2015, p. 346):

> (...) o autor suscita, quem quando ainda é capaz de culpabilidade, a comissão posterior do delito e, antes de levá-lo a cabo, colocasse em estado de embriaguez para tomar coragem, perdendo total ou parcialmente sua capacidade de culpabilidade.

Se não era imputável ao cometer o crime, o era, todavia, no momento em que idealizou cometê-lo (MUÑOZ CONDE *apud* REALE JR., 2009, p. 214).

Posteriormente, porém, a *actio libera in causa* foi estendida para as demais hipóteses de embriaguez voluntária e outros estados de inconsciência.

 **Jurisprudência destacada**

Agravo regimental. Recurso especial. Arts. 140, § 3º, e 141, III, ambos do CP. Injúria qualificada. Dolo específico. Necessidade de demonstração. Presença de *animus injuriandi*. Embriaguez voluntária. Irrelevância. Absolvição. Impossibilidade na via especial. Súmula nº 7/STJ. Manutenção do *decisum a quo*. Matéria constitucional. STF. (...). 3. Nos termos do art. 28, II, do Código Penal, é cediço que a embriaguez voluntária ou culposa do agente não exclui a culpabilidade, sendo ele responsável pelos seus atos mesmo que, ao tempo da ação ou da omissão, era inteiramente incapaz de entender o caráter ilícito do fato ou de determinar-se de acordo com esse entendimento. Aplica-se a teoria da *actio libera in causa*, ou seja, considera-se imputável quem se coloca em estado de inconsciência ou de incapacidade de autocontrole, de forma dolosa ou culposa, e, nessa situação, comete delito (...) (STJ, AgInt no REsp nº 1.548.520/MG 2015/0196136-1, Rel. Min. Sebastião Reis Júnior, j. 07.06.2016, 6ª Turma, *DJe* 22.06.2016).

Contudo, a utilização da teoria não pode se revelar arbitrária e incompatível com o Direito Penal moderno, que consagra o princípio da culpabilidade, vedando a responsabilidade sem dolo e sem culpa.

Por isso, entendemos que somente será possível a sua aplicação nas hipóteses em que verificarmos a existência da previsibilidade de ocorrência do resultado quando o agente ingeriu a substância causadora da embriaguez. Portanto, a análise do caso concreto é imprescindível e somente se poderá, a nosso ver, aplicar a teoria quando o agente, ao inebriar-se, criar um risco não permitido para o bem jurídico, colocando-se em situação que o homem médio poderia prever como adequada para a causação do resultado.

Assim, imaginemos duas situações concretas:

**Ex. 1:** André, pessoa explosiva e visceral, decide cobrar uma dívida há muito não paga por um amigo. Dirige-se à casa deste, onde empregados alegam que o tal homem não estaria presente. André, então, decide esperar em um bar nas proximidades, onde consome algumas canecas de chope. Horas depois, o amigo chega, e André, completamente embriagado, o aborda. O amigo, todavia, nega a existência da dívida. André, então, surra o amigo de forma violenta, provocando-lhe sérias lesões. Na hipótese *sub examine*, a teoria da *actio libera in causa* pode ser usada para fundamentar a culpabilidade de André, que era imputável quando ingeriu a bebida, iniciando o processo causal, sendo-lhe previsível o resultado. Sua responsabilidade poderá se dar a título de dolo ou de culpa, a depender de seu estado anímico no momento em que se colocou em situação de inimputabilidade, consumindo álcool, e não no momento em que golpeou o devedor. O dolo deve coincidir com o primeiro elo da série causal e

> transportando essa concepção para a embriaguez, antes de embriagar-se o agente deve ser portador de dolo ou culpa não somente em relação à embriaguez, mas também, e principalmente, em relação ao fato delituoso posterior. (BITENCOURT, 2020, p. 514)

**Ex. 2:** Larapius Augustus, após longo período em cárcere pela prática de dezenas de crimes patrimoniais, resolve mudar de vida, escolhendo um sítio localizado em pacata cidade interiorana para fixar residência. Certo dia, Larapius, que morava sozinho e não recebia amigos, julgando-se abandonado pelos seus, resolveu tomar um porre para de tudo esquecer, ainda que por algumas poucas horas. Assim, ficou completamente bêbado. Naquela madrugada, porém, recebeu a visita completamente inesperada de um irmão com quem não mantinha qualquer contato havia anos. O irmão, ao vê-lo naquela situação, disse que Larapius continuava o mesmo desqualificado e desprezível ser humano que tanto desgosto dera à família. Descontrolado, Larapius o golpeou com uma enxada, matando-o. Na hipótese aqui proposta, houve embriaguez voluntária e intencional, mas não se poderia usar a teoria da *actio libera in causa* para responsabilizar Larapius, que, quando golpeou o irmão, não tinha nenhuma condição de se autodeterminar e que, ao ingerir a bebida, não teria como prever estar criando um risco adequado à produção daquele resultado. Admitir a utilização da *actio*, nessa hipótese, importaria em aceitar a inconcebível responsabilidade objetiva, sem dolo e sem culpa.

Não foi essa, contudo, a solução encampada pelo Código Penal brasileiro, que, ao adotar a teoria da ação livre na causa, não considera o estado de ânimo do agente no momento em que se colocou em situação de inimputabilidade. Para a nossa lei, o momento a ser considerado para aferição da existência de dolo e culpa é o da realização da conduta típica, quando o agente, em estado etílico, já não tinha capacidade de compreensão e autodeterminação.

**Ex. 1:** José, depois de ter ingerido algumas taças de vinho, completamente embriagado, efetua disparo de arma de fogo contra a sua mulher, matando-a. Deverá ser responsabilizado por crime de homicídio doloso.

**Ex. 2:** José, depois de ter ingerido aquelas mesmas taças de vinho, decide carregar pesado objeto, deixando-o, ao caminhar de forma trôpega, cair sobre uma criança, matando-a. Deverá ser responsabilizado pela prática de crime culposo.

Pela lei penal brasileira, portanto, não é pela característica dolosa ou culposa da embriaguez que o crime será considerado doloso ou culposo. De acordo com o disposto no Código Penal, a embriaguez dolosa pode levar à responsabilização por crime culposo e uma embriaguez culposa pode levar à responsabilização por crime doloso.

**Ex. 1:** depois de exaustivo dia de trabalho, José, embora abatido e nervoso, decide beber uma taça de vinho para relaxar. Acaba se embriagando com aquela pouca quantidade ingerida, embora não fosse essa sua intenção. Completamente alterado, mata a mulher quando esta, ao chegar em casa, reclama da bagunça que fizera no local, espalhando roupas e sapatos. Nessa hipótese, houve embriaguez culposa, que não exclui a imputabilidade (art. 28, II, do Código Penal), mas, como atuou com dolo no momento da ação, deverá ser responsabilizado por crime doloso (a embriaguez é culposa, mas o crime é doloso).

**Ex. 2:** depois de exaustivo dia de trabalho, José, abatido e nervoso, decide beber várias taças de vinho para embriagar-se. Afinal, queria esquecer a vida, afogando-se na bebida. Completamente embriagado, acaba provocando a morte de sua mulher ao abraçá-la, fazendo-a cair da escada da sala do apartamento onde moravam. Nessa hipótese, houve embriaguez dolosa, que não exclui a imputabilidade (art. 28, II, do Código Penal), mas, como atuou com culpa no momento da ação que levou a companheira à morte, deverá ser responsabilizado por crime culposo.

A solução merece a crítica de muitos que pontuam que, quando o legislador fez uso da ficção jurídica da *actio libera in causa*, adotou hipótese de responsabilidade objetiva, embora não admita expressamente. Aliás, sobre o tema, vale a lembrança de Busato (2018, p. 566):

> A ideia da *actio libera in causa* tem origem no princípio romano *versare in re ilicita*, de larga utilização no Direito Canônico, que propõe uma espécie de responsabilidade objetiva, pois relaciona como obra do sujeito, atribuível a ele, tudo o que realiza a partir de uma conduta prévia ilícita: *qui in re illicita versatur tenetur etiam pro casu*, ou seja, quem se envolve em coisa ilícita é responsável pelo resultado fortuito posterior.

Se, de um lado, a solução adotada pela legislação penal brasileira tem seus ferrenhos opositores, certo é que, na outra ponta, também encontra em Hungria e outros tantos seus fiéis defensores.

Hungria (1958b, p. 385-386) aponta uma vontade residual, um resíduo de consciência e vontade no agente embriagado, que, portanto, não lhe eliminaria a imputabilidade. Outrossim, o mestre ainda vislumbra na ameaça penal de punição ao ébrio mais um motivo inibitório à embriaguez.

> Cumpre notar, além disso, que, segundo a lição da experiência, a vontade do ébrio não é tão profundamente conturbada que exclua por completo o poder da inibição, como acontece nas perturbações psíquicas de fundo patológico (...). Finalmente, não se deve abstrair que a ameaça penal será um motivo inibitório a mais no sentido de prevenir a embriaguez, com os seus eventuais efeitos maléficos.

Manzini (1948, p. 669 *apud* BITENCOURT, 2020, p. 515), a seu turno, sustenta razões de política criminal para a adoção, pela lei, da possibilidade de imputação a título de dolo na hipótese de embriaguez.

Damásio de Jesus (1999, p. 557), ao comentar o tratamento dispensado pela lei brasileira à *actio libera in causa*, sustenta tratar-se de algo incompatível com a ordem constitucional inaugurada pela Constituição de 1988. Defende, assim, que o art. 28, II, do Código Penal, deve ser interpretado de maneira a repelir soluções que nos conduzam à responsabilidade penal objetiva e nos deixa a seguinte lição:

> Para que haja responsabilidade penal no caso da *actio libera in causa*, é necessário que no instante da imputabilidade o sujeito tenha querido o resultado, ou assumido o risco de produzi-lo, ou o tenha previsto sem aceitar o risco de causá-lo, ou que, no mínimo, tenha sido previsível. Na hipótese de imprevisibilidade de que estamos cuidando, não há que se falar em responsabilidade penal ou em aplicação da *actio libera in causa*.

## 28.8.6 A embriaguez patológica e a dependência química de drogas

O conceito de embriaguez habitual é distinto do conceito de embriaguez patológica. A embriaguez habitual se caracteriza como hipótese de alcoolismo agudo. Na embriaguez patológica, o que se tem é um alcoolismo crônico, capaz de provocar transtornos psíquicos, assemelhando-se à psicose e, assim, devendo ser tratada como doença mental, nos termos do art. 26, *caput,* do Código Penal.

Portanto, se o agente, em razão de embriaguez patológica, era, ao tempo da ação ou da omissão, completamente incapaz de entender o caráter ilícito do fato e de se determinar de acordo com esse entendimento, será isento de pena, porque, nos termos do citado dispositivo, é inimputável.

Contudo, se, em virtude de embriaguez patológica, o agente não tinha sua capacidade de entender o caráter ilícito do fato e de se posicionar completamente suprimida, terá sua pena reduzida, nos termos do art. 26, parágrafo único, do Código Penal.

Verifica-se, portanto, que a teoria da *actio libera in causa* não é usada para a hipótese de embriaguez patológica.

Uchôa (2021), ao tratar das hipóteses de embriaguez patológica, nos traz as suas modalidades:

- **Embriaguez agressiva e violenta**
  Estado em que delitos podem ser praticados, inclusive de forma ordenada e segura de forma a sugerir até mesmo premeditação.

- **Embriaguez excitomotora**
  Inquietação que pode levar à raiva destrutiva com eventual amnésia lacunar posterior.

- **Embriaguez convulsiva**
  Ocorrência de instintos destrutivos seguidos de episódio de convulsões epileptiformes.

- **Embriaguez delirante**
  Tendência ao suicídio após ideias de autoacusação e autodestruição.

As formas citadas acima não guardam relação de proporcionalidade com a quantidade de álcool ingerida e podem ocorrer mesmo após mínimas doses da substância, porque é patológico.

Em se tratando de dependência química de drogas, a matéria é tratada no art. 45 da Lei nº 11.343, de 2006, que dá ao dependente químico a mesma solução dispensada pelo Código Penal ao doente mental.

> **Art. 45.** É isento de pena o agente que, em razão da dependência, ou sob o efeito, proveniente de caso fortuito ou força maior, de droga, era, ao tempo da ação ou da omissão, qualquer que tenha sido a infração penal praticada, inteiramente incapaz de entender o caráter ilícito do fato ou de determinar-se de acordo com esse entendimento.

# 29 Erro de tipo e erro de proibição

## 29.1 CONCEITO DE ERRO

Erro é a falsa percepção ou a percepção imperfeita da realidade que provoca um **vício no processo de formação da vontade**. Em Direito Penal, o erro tanto pode incidir sobre os elementos constitutivos do tipo legal de crime, ou seja, sobre as elementares do crime, quanto sobre a ilicitude daquilo que se faz. No primeiro caso, teremos erro de tipo e, no segundo, erro de proibição.

### 29.1.1 A nomenclatura do erro e as mudanças trazidas pela parte geral de 1984

Antes da Reforma Penal de 1984, eram adotados no Direito Penal brasileiro os conceitos de erro de direito e erro de fato. As expressões, contudo, não guardam, necessariamente, correspondência com o erro de tipo e o erro de proibição que hoje conhecemos, não são institutos que se confundem. Ao contrário, o erro de tipo e o erro de proibição representam novos institutos, com distinções profundas se comparados às modalidades de erro anteriormente conhecidas. O que antes era erro de direito, por exemplo, hoje pode ser erro de tipo. A distinção entre erro de direito e erro de fato era fulcrada na situação jurídica e na situação fática, o que não ocorre nos dias atuais, em que a classificação tem como parâmetro a tipicidade e a ilicitude. Demais disso, não podemos olvidar que seria impensável compararmos a concepção do erro sob a ótica causalista e a concepção finalista que se tem do instituto. Afinal, **se causalistas tinham o dolo como elemento integrante da culpabilidade e finalistas o tem como elemento da própria conduta**, certamente as distinções entre erro de fato × erro de tipo/erro de direito × proibição são profundas.

Tratando do erro de fato, contemplado entre as causas de exclusão da culpabilidade pela parte geral com redação anterior à reforma de 1984, Hungria (1958b, p. 225) lecionava que: "O *error facti* penalmente relevante é o que faz supor a inexistência de elemento de fato integrante do crime ou a existência de situação de fato excludente da injuricidade da ação".

## 29.2 ERRO DE TIPO

### 29.2.1 Erro essencial. Tratamento legal

Erro de tipo é o que recai sobre elementos constitutivos do tipo legal de crime, ou seja, é o erro sobre as **elementares do tipo**. Nele, o agente realiza conduta descrita no tipo objetivo sem, contudo, saber que o faz.

São exemplos de erro de tipo:

a. subtrair coisa alheia pensando estar levando coisa própria;
b. disparar contra alguém supondo tratar-se de um animal;
c. manter relações sexuais com alguém menor de 14 anos julgando tratar-se de pessoa com 17 anos de idade;
d. imputar a alguém falsamente a prática de um crime por sinceramente acreditar que a pessoa o tenha praticado;
e. transportar cocaína julgando tratar-se de fermento para bolo.

O erro de tipo pode recair sobre conceitos ou normas jurídicas quando fizerem parte da estrutura do tipo.

Cuida-se de modalidade de erro disciplinada pelo *caput* do art. 20 do Código Penal.

> **Art. 20.** O erro sobre elemento constitutivo do tipo legal de crime exclui o dolo, mas permite a punição por crime culposo, se previsto em lei. (Redação dada pela Lei nº 7.209, de 11.07.1984.)

Consoante se depreende do dispositivo acima, a lei admite duas modalidades de erro de tipo, dando-lhe as seguintes consequências:

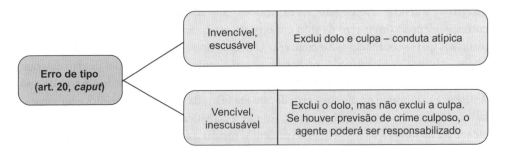

Em que pese a redação do dispositivo, o erro de tipo não exclui o dolo. A razão para afirmarmos isso é bem simples: não se pode excluir o que nunca existiu. Trata-se aqui apenas de uma adequação de termos há muito utilizados e já perpetuados entre nós, mas que, a rigor, não correspondem ao fenômeno que ocorre sob o ponto de vista estritamente técnico.

O agente, quando em erro de tipo, **realiza o tipo objetivo (subtrair, para si ou para outrem, coisa alheia móvel), mas não sabe que o faz.** Assim, nos exemplos dados anteriormente, quando o agente subtraiu coisa alheia pensando tratar-se de algo que lhe pertence, ele jamais soube estar levando coisa alheia móvel, nunca foi sua vontade subtrair coisa alheia móvel. Assim, nunca teve consciência e vontade de realizar o tipo objetivo. **Não tendo jamais atuado com dolo, não há que se falar em exclusão do dolo.**

Nesses casos, poderão ser visualizadas as seguintes situações:

- **1ª hipótese. Erro invencível, inevitável, escusável, plenamente justificado.** Ex.: Larapius Augustus e Relaxadus César saíram para caçar durante o período noturno, atividade que realizavam de forma completamente lícita. Ao ver um vulto e julgando tratar-se de um animal, movendo-se vagarosamente sobre quatro patas para aproximar-se de um outro, que parecia ser da mesma espécie, Larapius Augustus efetuou disparo em sua direção. Ao ouvir o grito, Larapius logo percebeu que se tratava de uma pessoa e não de um animal. Aproximando-se, percebeu que havia atingido Relaxadus César, o amigo, que havia trocado de roupa no local e, vestindo uma fantasia, movimentava-se, com as mãos apoiadas no chão, tentando se aproximar de um outro animal. No caso, o erro de Larapius é invencível, não havendo dolo nem culpa. Sua conduta é, portanto, atípica.

- **2ª hipótese. Erro de tipo vencível, evitável, inescusável quando há previsão de crime culposo.** Ex.: Larapius Augustus e Relaxadus César saem para caçar. Ao ver o vulto de algo se movimentando, que julga tratar-se de um animal, Larapius atira de forma açodada e acaba alvejando o amigo Relaxadus, que caminhava um pouco mais à frente. Nesse caso, ao atirar, Larapius não queria matar o amigo e sequer sabia que era uma pessoa que ali se movimentava. De toda sorte, contudo, tivesse sido mais cauteloso, tivesse observado melhor, poderia perceber que disparava contra uma pessoa, e não contra um animal. Nesse caso, não há dolo, mas há culpa e, havendo previsão de homicídio culposo, o agente deve ser responsabilizado a título de culpa.

- **3ª hipótese. Erro de tipo vencível, evitável, inescusável quando não há previsão de crime culposo.** Ex.: Juliano, ao término da aula, levanta-se, dirigindo-se ao professor para tirar dúvidas, deixando seu *laptop* no braço da cadeira da frente, que era ocupada por Thaís, que havia se ausentado poucos minutos antes para ir ao banheiro. Ao retornar do *toilette*, Thaís vê o computador sobre o braço da cadeira e o coloca na bolsa, julgando ser o seu. Os aparelhos eram idênticos e tinham, inclusive, um adesivo do Vasco da Gama, clube do coração de ambos. Nessa hipótese, o erro de Thaís era vencível. Afinal, antes de sair para ir ao banheiro, já havia guardado seu *laptop* na bolsa e, se tivesse sido mais cautelosa, poderia ter percebido o erro. Se não há dolo, não se pode negar a existência de culpa na hipótese. Porém, como não existe previsão de crime de furto culposo, a conduta de Thais é atípica.

O erro de que trata o art. 20 do Código Penal, por evidenciar ausência de dolo, ou "excluir" o dolo, como menciona a lei, é denominado **erro essencial**, não devendo ser confundido com o erro acidental, de que trataremos a seguir.

> ### Decifrando a prova
>
> **(2018 – Fundep – MPE/MG – Promotor de Justiça Substituto)** Gleicilene, jovem simples de 20 anos de idade, preocupada com o atraso de seu ciclo menstrual e receosa por um estado de gestação indesejada, passou em um laboratório clínico e submeteu-se a exame sanguíneo a fim de que pudesse confirmar suas suspeitas, tendo o resultado sido prometido para a manhã seguinte. Entretanto, impaciente e tensa que estava, Gleicilene foi a uma farmácia e adquiriu um *kit* de teste gravídico e, chegando em casa, submeteu-se à experiência. Desesperou-se diante da reação química que, em princípio, indicava gravidez. Preocupada, procurou um indivíduo de quem adquiriu medicação abortiva com o escopo de praticar autoaborto, tendo ingerido duas drágeas à noite. No outro dia, logo de manhã, ela deambulou até o laboratório e apanhou o resultado do exame de sangue que revelou que não havia nenhuma gravidez. Foi realizada contraprova que ratificou a ausência de gestação. Do ponto de vista do Direito Penal, pode-se dizer que Gleicilene incorreu em erro de tipo invencível.
> ( ) Certo      ( ) Errado
>
> **Gabarito comentado:** a questão revela hipótese de delito putativo por erro de tipo, crime impossível, que é o inverso do erro de tipo. No delito putativo por erro de tipo, o agente pensa estar praticando uma conduta criminosa, mas, pela inexistência de um dos elementos do tipo, a conduta não pode ser considerada típica. No erro de tipo, o agente preenche os requisitos do tipo legal de crime sem saber que o faz. Portanto, a assertiva está errada.

### 29.2.1.1 Provocação do erro por terceiro

O erro de tipo essencial pode ser provocado por um terceiro, que **intencionalmente leva o agente ao erro**. A matéria é disposta no art. 20, § 2º, do Código Penal.

**Erro determinado por terceiro**

§ 2º Responde pelo crime o terceiro que determina o erro.

Nessa hipótese, será responsabilizado pelo crime, como seu **autor mediato, aquele que provoca o erro**, utilizando-se do executor, que se encontrava em erro de tipo, como um instrumento para a prática do crime.

Para ilustrar a hipótese, pensemos em um médico que tenha a intenção de matar um paciente e prepare uma dose letal de veneno, fazendo crer à enfermeira que se tratava de medicamento. Sem saber do plano criminoso do médico, a enfermeira ministra o conteúdo ao paciente, que morre instantaneamente. A enfermeira, ao ministrar o veneno, está matando a vítima, mas em erro de tipo. Sem consciência e vontade, realiza a conduta descrita no tipo do art. 121 do Código Penal. Seu erro, no caso, é inevitável. Não havendo, portanto, dolo ou culpa, sua conduta é atípica. O médico, contudo, por ter dolosamente provocado o erro, usando a cuidadora como seu instrumento, responderá por homicídio doloso, nos termos do art. 20, § 2º, do Código Penal, como autor mediato.

Nessa mesma situação, porém, se o conteúdo entregue pelo médico apresentasse aparência diferente daquela que normalmente apresentaria o tal remédio, e, sem atentar para o detalhe, a enfermeira ministrasse o líquido à vítima, seu erro poderia ser classificado como evitável, inescusável e, assim, sobre ela recairia a responsabilidade por crime de homicídio culposo, sendo o médico autor mediato do crime doloso. No caso, registre-se, não poderia a enfermeira ser considerada coautora ou partícipe do médico, porque não existe qualquer possibilidade de participação culposa em crime doloso.

## 29.2.2 Erro acidental. Espécies

O **erro de tipo acidental é aquele que não exclui o dolo, porque não versa sobre os elementos do tipo.** Nele, o agente realiza a conduta descrita no tipo objetivo com consciência e vontade, sendo manifesta a sua intenção criminosa.

O erro acidental pode se manifestar sob uma das seguintes modalidades:

a. erro sobre a pessoa ou *erro in personae*;
b. erro sobre o objeto;
c. erro sobre o nexo causal;
d. erro na execução, também denominado *aberratio ictus*;
e. resultado diverso do pretendido, também denominado *aberratio criminis*.

### 29.2.2.1 Erro sobre a pessoa ou *error in persona* ou erro do baile de máscaras

O erro sobre a pessoa é matéria tratada no art. 20, § 3º, do Código Penal.

**Erro sobre a pessoa**

§ 3º O erro quanto à pessoa contra a qual o crime é praticado não isenta de pena. Não se consideram, neste caso, as condições ou qualidades da vítima, senão as da pessoa contra quem o agente queria praticar o crime.

Nele, **há uma confusão feita pelo agente quanto à identificação da vítima, atingindo uma pessoa, julgando tratar-se de outra.** Não há aqui erro na execução, pois o agente atinge aquele a quem mirou, embora pensando tratar-se de outro alguém. Essa é a razão pela qual essa modalidade de erro também é denominada **erro do baile de máscaras**.

Quando o agente erra sobre a pessoa, deve ser responsabilizado pelo crime que praticou, considerando-se, contudo, **as condições e características daquele a quem desejava atingir, desprezando-se as qualidades da vítima atingida.**

Ex.: Larapius Augustus decide matar sua mulher, porque não mais suporta vê-la sofrendo com doença degenerativa que a mantém, há mais de cinco anos, em estado miserável sobre uma cama. À noite, depois de encher-se de coragem, dirige-se ao quarto da mulher e dispara uma única vez na direção do leito de sua amada. Ao aproximar-se do leito da mulher, constata ter matado a cuidadora que, sem que ele soubesse, havia colocado sua esposa em outro quarto, mais amplo e arejado. Nesse caso, por ter matado alguém com consciência e vontade, deverá ser responsabilizado por homicídio doloso, como se tivesse matado a própria esposa, inclusive com a incidência da causa de privilégio referente ao homicídio por motivo de relevante valor moral (eutanásia). Na hipótese, não deverão ser consideradas as qualidades da vítima efetivamente atingida, mas daquela a quem queria atingir.

> **Decifrando a prova**
>
> **(2015 – FCC – TJ/PE – Juiz Substituto – Adaptada)** O erro quanto à pessoa contra a qual o crime é praticado não isenta de pena, considerando-se as condições ou qualidades da vítima, e não as da pessoa contra quem o agente queria praticar o crime.
> ( ) Certo   ( ) Errado
> **Gabarito comentado:** o erro quanto à pessoa contra a qual o crime é praticado não isenta de pena, considerando-se as condições ou qualidades da pessoa contra quem o agente queria praticar o crime e não as da vítima efetivamente atingida. Portanto, a assertiva está errada.

### 29.2.2.2 Erro sobre o objeto

No erro sobre o objeto, o sujeito, **confundindo o objeto, atinge outro não desejado**. Ex.: Larapius Augustus, com a intenção de furtar um relógio caríssimo que estaria dentro de uma sacola, subtrai a sacola, mas percebe, após, que não havia relógio, mas uma pulseira relativamente barata que ali havia sido colocada. Esse erro é irrelevante, sendo típica a conduta de Larapius Augustus, que subtraiu coisa alheia móvel com consciência e vontade, não importando o erro sobre a coisa. Não havendo erro essencial, Larapius Augustus deverá ser responsabilizado por furto. Defendemos, portanto, que deve ser considerado o que o agente visava subtrair e não o objeto efetivamente subtraído. Contudo, há de se destacar que a matéria, ao contrário do que ocorre com as outras hipóteses de erro acidental, não tem disciplina no Código Penal brasileiro. Seu tratamento é dado pela doutrina, que, majoritariamente, em sentido oposto ao aqui defendido, leciona que deve ser observada a teoria da concretização, considerando-se a coisa efetivamente atingida pela conduta do agente. Assim, no caso proposto, à conduta de Larapius poderia ser aplicado o princípio da insignificância, caso o valor se adequasse aos parâmetros estabelecidos e aos vetores propostos pelo STF, afastando-se a tipicidade material. Porém, é de extrema importância frisarmos que somente se pode falar de erro acidental quanto ao objeto quando as características do objeto não se apresentarem como elementares do crime, tal qual ocorre com a "coisa alheia" no crime de furto. Destarte, se o agente, desejando colocar na bolsa um objeto que pensa ser seu, acaba por se confundir, subtraindo coisa que a outra pessoa pertence, incorrerá em erro de tipo essencial (art 20, *caput*, do Código Penal) e, ausente o dolo, sua conduta será atípica.

### 29.2.2.3 Erro sobre o nexo causal ou *aberratio causae*

É o erro que recai sobre a relação causal entre a ação e o resultado (*aberratio causae*). Esse erro pode se dar em duas situações:

- **1ª situação:** o agente deseja provocar a morte da vítima e julga que a conduta que realiza irá provocar-lhe a morte de uma maneira, mas, por um desvio no curso causal a partir daquela mesma conduta, a morte acaba sendo provocada de outra forma. Ex.: desejando matar a vítima, por afogamento, arremessa-a em alto mar. Antes de afogar-se, porém, a vítima foi devorada por tubarões. Esse erro do autor é irrelevante. "O desvio do curso causal inicialmente imaginado pelo agente, por si só, não exclui o dolo (...) o resultado morte produzido constitui, exatamente, a realização ou concretização do risco proibido criado pelo autor", como observa Bitencourt (2020, p. 533).

- **2ª situação:** hipótese de dolo geral, quando o agente, desejando um resultado, realiza uma conduta e, julgando que essa conduta tenha provocado o resultado, realiza uma outra conduta, no mais das vezes para ocultar a primeira, sendo justamente essa segunda conduta a que causa o evento típico por ele *ab initio* desejado. Ex.: o agente efetua disparo contra a vítima e, julgando ter provocado sua morte, ateia fogo no que pensa tratar-se de seu cadáver. Na verdade, o disparo não causou a morte da vítima, que morreu em virtude da ação térmica. No caso, usando o dolo geral, o agente deverá ser responsabilizado por homicídio doloso.

 **Decifrando a prova**

**(2018 – Nucepe – PC/PI – Delegado – Adaptada)** O erro acidental não afasta o dolo do agente, podendo ocorrer em algumas situações. Erro sobre o curso causal, quando o autor, ao tentar matar a vítima por afogamento e ao arremessar a vítima de uma ponte, esta bate na estrutura falecendo de traumatismo.
( ) Certo    ( ) Errado
**Gabarito comentado:** cuida-se de hipótese de erro acidental, por se tratar de *aberratio causae*, que não exclui o dolo. Portanto, a assertiva está certa.

## 29.2.2.4 Erro na execução ou *aberratio ictus*

Trata-se da figura do art. 73 do Código Penal:

> **Art. 73.** Quando, por acidente ou erro no uso dos meios de execução, o agente, ao invés de atingir a pessoa que pretendia ofender, atinge pessoa diversa, responde como se tivesse praticado o crime contra aquela, atendendo-se ao disposto no § 3º do art. 20 deste Código. No caso de ser também atingida a pessoa que o agente pretendia ofender, aplica-se a regra do art. 70 deste Código. (Redação dada pela Lei nº 7.209, de 11.07.1984.)

A *aberratio ictus* ou erro na execução não deve ser confundida com o erro quanto à pessoa, em que há erro de representação. No erro na execução, o agente visa uma pessoa, mas atinge outra, de forma involuntária e acidentalmente. O erro não surge no processo de formação da vontade, mas no momento da execução da conduta. Outrossim, o erro quanto à pessoa, como destaca Paulo José da Costa Júnior (p. 189 *apud* PACELLI; CALLEGARI, 2015, p. 308), constitui uma subespécie do *error in objeto*, origina-se de uma falsa percepção da realidade (erro de percepção), que intervém no processo de formação do dolo.

São previstas duas hipóteses de *aberratio ictus*: *aberratio ictus* com unidade simples (art. 73, primeira parte) e *aberratio ictus* com unidade complexa (art. 73, segunda parte).

- **1ª hipótese – *aberratio ictus* com unidade simples:** nela, o art. 73 do Código Penal prevê **aproveitamento do dolo**, ou seja, quando alguém tem por objetivo ferir certa pessoa, mas, por erro na execução, lesa outro ser humano, o efeito é o mesmo (NUCCI, 2019b, p. 497). Destarte, nessa primeira modalidade de *aberratio ictus*, o agente não atinge a quem visa, mas a outra pessoa. Ex.: Larapius Augustus atira em André, mas acaba atingindo, por erro na execução, o pobre Azaradus César, que se encontrava próximo, matando-o. Nesse caso, Larapius Augustus deverá ser responsabilizado como se tivesse praticado o crime contra André, desprezando-se as qualidades da vítima atingida. Embora a hipótese seja distinta do erro quanto à pessoa, a solução é a mesma, por expressa disposição legal.

> **Decifrando a prova**
>
> **(2018 – Nucepe – PC/PI – Delegado – Adaptada)** Resultado diverso do pretendido, quando o autor, ao desejar matar seu filho, causa a morte de seu funcionário.
> ( ) Certo    ( ) Errado
> **Gabarito comentado:** trata-se de hipótese de *aberratio ictus*, erro na execução. O resultado diverso do pretendido vem disciplinado no art. 74 do Código Penal, revelando a denominada *aberratio criminis*. Portanto, a assertiva está errada.

- **2ª hipótese – *aberratio ictus* com unidade complexa ou resultado duplo:** quando o agente atinge, além da pessoa visada, um terceiro. Com uma só conduta o agente pratica dois crimes, havendo concurso formal. Ex.: Larapius Augustus, desejando matar André, logra êxito em seu intento ao disparar contra a vítima, mas acaba também, por erro, atingindo Azaradus César, que se encontrava nas proximidades, matando-o, embora não fosse essa a sua intenção. No caso, deverá ser responsabilizado por homicídio doloso em concurso formal próprio com homicídio culposo.

Bitencourt (2020, p. 533), ressalta, porém, que, havendo dolo eventual quanto ao terceiro não visado, deverão ser adotadas as regras do concurso formal impróprio, somando-se as penas, em face da existência de desígnios autônomos. Embora não tenhamos dúvidas de que o agente deva ser responsabilizado por crimes dolosos em concurso formal no caso de haver dolo eventual, ousamos discordar de que isso se trate de *aberratio ictus*, porque o instituto pressupõe erro, resultado não desejado, não aceito. Se o agente atua com dolo eventual com relação a um dos atingidos, não se pode, a nosso ver, falar em erro. Nesse sentido, citamos Masson (2019a, p. 437):

> O erro na execução com unidade complexa é admitido apenas quando as demais pessoas forem atingidas culposamente. Se houver dolo eventual no tocante às demais pessoas ofendidas, incide a regra do concurso formal impróprio ou imperfeito (sistema do

cúmulo material), somando-se as penas, pois a pluralidade de resultados deriva de desígnios autônomos, ou seja, dolos diversos para a produção dos resultados naturalísticos.

Sobre a matéria, o STJ tem entendido que a norma do art. 73 do Código Penal afasta a possibilidade de se reconhecer a ocorrência de crime culposo quando decorrente de erro na execução de crime doloso. Para a Corte, se, quando da prática de um crime doloso, houver um segundo resultado não pretendido, esse último também deverá ser punido como doloso, mesmo que o erro na execução tenha sido causado por negligência, imprudência ou imperícia do autor. Para o STJ, na hipótese de erro na execução com duplicidade de resultado, apenas será culposa a segunda conduta se a primeira assim for considerada. Ou seja, para o STJ não existiria a possibilidade de o agente responder por homicídio doloso em concurso formal com homicídio culposo no exemplo em que Larapius Augustus dispara contra André para matá-lo e acaba atingindo, sem qualquer intenção, Azaradus César. Para o sodalício, o dolo existente no crime contra André deve ser estendido ao crime perpetrado contra Azaradus César. Só haveria hipótese de segundo crime culposo se o primeiro fosse igualmente culposo.

### Jurisprudência destacada

(...) 2. A norma prevista no art. 73 do Código Penal afasta a possibilidade de se reconhecer a ocorrência de crime culposo quando decorrente de erro na execução na prática de crime doloso. 3. Reconhecido pelo Conselho de Sentença o dolo na conduta do agente que efetua disparo de arma de fogo contra vítima e acaba por acertar terceiro em razão de erro na execução (*aberratio ictus*), se mostra contraditória resposta afirmativa no sentido de que a morte do terceiro decorreu de culpa. 4. A contradição na resposta aos quesitos não sanada por ocasião da votação, nos termos do art. 490 do Código de Processo Penal, acarreta nulidade que justifica a anulação do julgamento. Ausente, portanto, qualquer constrangimento ilegal na decisão da Corte Estadual que determinou a realização de nova sessão do Tribunal do Júri, uma vez que verificou nulidade no julgamento após as respostas contraditórias dos jurados aos quesitos apresentados. *Habeas corpus* não conhecido (STJ, HC nº 210.696/MS 2011/0143364-9, Rel. Min. Joel Ilan Paciornik, j. 19.09.2017, 5ª Turma, *DJe* 27.09.2017).

Temos muita dificuldade para entender e mesmo aceitar como correta a interpretação da Corte. A uma, porque não se presume, tampouco a lei permite, no caso de erro de execução com unidade complexa, se estenda dolo de um crime para outro; a duas, porque, se o primeiro crime é culposo, não há erro na execução com relação ao segundo. Como haver erro na execução de um crime que nunca se quis perpetrar?

### 29.2.2.5 Erro na execução e causas de justificação

Também se pode vislumbrar *aberratio ictus* com relação a uma causa de justificação. Destarte, o agente pode, ao repelir injusta agressão, acabar, acidentalmente, atingindo terceiro. Nessa hipótese,

> nem por isso deixa a justificativa de ser admissível, se comprovada, uma vez que quem age em legítima defesa, pratica um ato lícito. No erro da execução do fato típico, aliás, manda o

dispositivo que o agente responda como se o estivesse praticando contra a pessoa que pretendia atingir, que, no caso, é o autor de uma agressão injusta. (MIRABETE, 2013a, p. 312)

## 29.2.2.6 Resultado diverso do pretendido ou *aberratio criminis*

Cuida-se da figura prevista no art. 74 do Código Penal:

**Resultado diverso do pretendido**

**Art. 74.** Fora dos casos do artigo anterior, quando, por acidente ou erro na execução do crime, sobrevém resultado diverso do pretendido, o agente responde por culpa, se o fato é previsto como crime culposo; se ocorre também o resultado pretendido, aplica-se a regra do art. 70 deste Código.

**Ocorre resultado diverso do pretendido**, *aberratio criminis ou aberratio delicti* quando se tem um **desvio do crime**, ou seja, quando o agente, pretendendo praticar um crime, por acidente ou erro, atinge bem jurídico diverso. Só se pode vislumbrar *aberratio criminis*, consoante expressa disposição legal, quando não se está diante de figura caracterizadora de *aberratio ictus*.

Ocorre, por exemplo, quando, ao desejar atingir uma coisa, o agente acaba atingindo uma pessoa ou quando, querendo atingir uma pessoa, acaba atingindo uma coisa. Contudo, a possibilidade de punição pelo resultado aberrante, não pretendido, ficará na dependência de previsão legal de sua modalidade culposa. Havendo resultado duplo, tal qual ocorre na hipótese do art. 73, aplica-se a regra do concurso formal.

Assim, se o agente efetua um disparo contra um carro para provocar danos ao seu proprietário, mas acaba também atingindo uma pessoa, matando-a, responderá pelo crime de dano e pelo homicídio culposo, em concurso formal. Entretanto, se o agente, com dolo de matar, dispara contra uma pessoa e acaba atingindo o carro de terceiro, responderá apenas por tentativa de homicídio, porque inexiste dano culposo.

Por derradeiro, caso o agente, desejando danificar o carro de alguém, contra ele dispare e acabe, por erro, atingindo e matando uma pessoa, deverá ser responsabilizado por homicídio culposo.

Ainda com relação ao tema, vale a lição de Flávio Monteiro de Barros (BARROS, 2003, p. 231):

"O artigo 74, 1ª parte, do Código Penal , deve ser interpretado restritivamente, sob pena de gerar soluções absurdas. Tome-se o seguinte exemplo: "A" atira em "B", para matá-lo, erra o alvo e, por culpa, acaba destruindo uma planta. Vale lembrar o artigo 49, parágrafo único, da Lei 9605/98, passou a incriminar o dano culposo em plantas de ornamentação de logradouros públicos ou em propriedade privada alheia. Uma interpretação gramatical do art. 74 faria com que o agente respondesse apenas pelo delito do artigo 49 da citada lei. Por isso, deve ser interpretada restritivamente, porque disse mais do que quis. Assim, quando o artigo 74 do CP enuncia que o agente deve responder tão somente pelo resultado produzido, leia se:' desde que o resultado produzido seja um crime mais grave do que o visado pelo agente." desnecessário dizer a incoerência de um dano culposo absorver uma tentativa de homicídio. Portanto, no exemplo ministrado, haverá tão somente a tentativa de homicídio.

Capítulo 29 • Erro de tipo e erro de proibição **439**

### Decifrando a prova

**(2013 – MPE/PR – Promotor de Justiça – Adaptada)** Semprônio, pretendendo lesionar seu vizinho Esmenio, e visualizando que este se encontrava na sala distraído, arremessa uma pedra através da vidraça da residência de Esmenio. Entretanto por erro na execução do crime, a pedra acaba por atingir o aparelho de televisão da sala, danificando-o. Neste caso, Semprônio responderá por crime de dano.
( ) Certo ( ) Errado
**Gabarito comentado:** trata-se, nesse caso, de hipótese de *aberratio criminis*, devendo o agente responder por tentativa de lesão corporal, face à inexistência de crime de dano culposo. Portanto, a assertiva está errada.

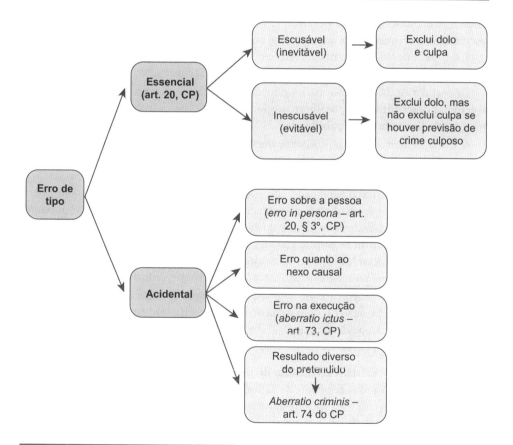

### Decifrando a prova

**(2011 – MPE/PB – Promotor de Justiça – Adaptada)** São hipóteses de erro acidental, exceto: erro sobre o objeto, erro na execução, erro sobre a pessoa e erro de proibição.

( ) Certo   ( ) Errado

**Gabarito comentado:** embora erro sobre o objeto, erro na execução e erro sobre a pessoa sejam hipóteses de erro de tipo acidental, erro de proibição não é erro de tipo. Portanto, a assertiva está errada.

## 29.3 TEORIA EXTREMADA (OU ESTRITA) E TEORIA LIMITADA DA CULPABILIDADE E AS DESCRIMINANTES PUTATIVAS

Não são raras as situações em que o agente realiza conduta típica julgando-se, por erro, amparado por uma causa de justificação (ou excludente de ilicitude, ou descriminante), quando, em verdade, nada justifica seu atuar naquelas circunstâncias. Nesse caso, estaremos diante de uma **descriminante putativa**, também chamada **descriminante imaginária**, ou **descriminante erroneamente suposta**. São, assim, possíveis situações de legítima defesa putativa, estado de necessidade putativo, estrito cumprimento do dever legal putativo e exercício regular do direito putativo, em que apenas na cabeça do agente existe a causa de justificação.

Os partidários da teoria normativa pura da culpabilidade **divergem quanto à natureza do erro nas descriminantes putativas**, surgindo, destarte, duas variantes: **a teoria extremada e a teoria limitada da culpabilidade**.

A teoria extremada da culpabilidade derivou da **realocação do dolo na estrutura do crime e na elaboração de seu conceito segundo a doutrina finalista**. Ao ser separado da consciência da ilicitude, o dolo passou a fazer parte da conduta. A potencial consciência da ilicitude foi deixada na culpabilidade, que, assim, ficou desprovida de qualquer componente psicológico. O erro que incidir sobre a potencial consciência da ilicitude não terá, portanto, o condão de afastar o dolo, mas apenas a culpabilidade. Por essa razão, para essa teoria, o erro que recai sobre uma causa de justificação será sempre erro de proibição, denominado erro de proibição indireto, com as mesmas consequências trazidas pelo art. 21 do Código Penal: sendo escusável, isentará o agente de pena; quando inescusável, reduzirá a reprimenda legal.

A teoria limitada da culpabilidade, a seu turno, adota as mesmas soluções **da teoria extremada quanto à posição do dolo e da consciência da ilicitude na estrutura do crime**. Destoará da teoria extremada, contudo, ao distinguir três diferentes hipóteses de erro que podem incidir sobre as causas de justificação:

1. **Erro sobre a existência da causa de justificação:** nele, o agente admite a existência, na lei, de uma excludente de ilicitude que recairia sobre o seu comportamento, mas a lei não traz a justificante que ele admite existir. Seria o exemplo daquele que, vindo de outro país, em que o marido tem direito de vida e morte sobre sua mulher, mata a companheira que o traiu, julgando também estar aqui amparado por aquela causa de justificação. Contudo nossa lei não contempla essa solução. Para a teoria limitada da culpabilidade, aquele homem estaria em erro de proibição indireto, aplicando-se-lhe o disposto no art. 21 do Código Penal.

2. **Erro sobre os limites da causa de justificação:** nele, o agente erra sobre os limites impostos pela lei para realização de um determinado comportamento sob o manto

da causa de justificação. Seria, por exemplo, a hipótese citada por Masson (2019b, p. 264) do fazendeiro que reputa adequado matar todo e qualquer posseiro que invada a sua propriedade. Para fugirmos dos exemplos de legítima defesa, citemos a hipótese de um policial que, em estrito cumprimento do dever legal, ao realizar a captura de um perigoso bandido, creia que a lei lhe permite até mesmo matar para conseguir recapturar o fora da lei. Nos exemplos citados, erra quanto aos limites, porque a lei, tanto na hipótese da legítima defesa quanto na hipótese do estrito cumprimento do dever legal, impõe limites, que foram ultrapassados pelo fazendeiro e pelo policial, respectivamente. **Julgam estar amparadas pela lei, quando, a rigor, a lei não permite que cheguem a tanto**. Para teoria limitada da culpabilidade, estariam em erro de proibição indireto, com aplicação do art. 21 do Código Penal.

3. **Erro sobre os pressupostos fáticos da causa de justificação:** neste último caso, o agente conhece a lei, conhece os limites por ela impostos para o atuar sob o manto de uma causa de justificação, mas se imagina diante de uma situação de fato que jamais existiu. Assim, supõe haver incêndio no cinema em que se encontra com os filhos, quando não há fogo; supõe que o inimigo que se aproxima irá atacá-lo, quando essa jamais foi a vontade do inimigo naquele momento; supõe estar realizando a prisão de um criminoso, mas aquele quem prende é um trabalhador por ele confundido com o criminoso. Ex.: Azaradus Cesar depara-se com Larapius Augustus, seu antigo inimigo, que já o havia jurado muitas vezes de morte, vindo em sua direção. Crendo que Larapius Augustus traz consigo uma arma e que está levando uma das mãos para trás para sacar da arma e matá-lo, Azaradus Cesar é mais rápido e se apossa de uma pedra, arremessando-a contra o suposto agressor, que cai, gravemente ferido. Larapius, contudo, não estava armado e tampouco pensava em agredir Azaradus naquele momento. Nessa hipótese, o agente se imagina diante de uma situação de fato que não existe, mas que, se existisse, tornaria a sua conduta legítima. A solução é dada pelo art. 20, § 1º, do Código Penal. Para teoria limitada da culpabilidade, o erro, na hipótese, é erro de tipo permissivo, excludente do dolo.

### Decifrando a prova

**(2017 – FCC – TJ/SC – Juiz Substituto – Adaptada)** Um cidadão americano residente no Estado da Califórnia, onde o uso medicinal de *Cannabis* é permitido, vem ao Brasil para um período de férias em Santa Catarina e traz em sua bagagem uma certa quantidade da substância, conforme sua receita médica. Ao ser revistado no aeroporto é preso pelo delito de tráfico internacional de drogas. Neste caso, considerando-se que seja possível a não imputação do crime, seria possível alegar erro de tipo permissivo.
( ) Certo    ( ) Errado
**Gabarito comentado:** para a teoria limitada da culpabilidade, o erro de tipo permissivo é o erro que recai sobre os pressupostos fáticos da causa de justificação, tal qual descrito no art. 20, § 1º, do Código Penal. Na hipótese, o que temos é erro de proibição indireto, em que o agente entende existir uma causa que justifique sua conduta, qual seja, a utilização de drogas para fins medicinais quando, em verdade, nada existe a justificá-la nessas circunstâncias. Portanto, a assertiva está errada.

**(2021 – MPE/PR – Promotor de Justiça Substituto – Adaptada)** De acordo com a teoria limitada da culpabilidade, adotada pelo Código Penal brasileiro, o erro de tipo permissivo, inevitável ou evitável, na realização de ação típica de violação de domicílio, exclui qualquer responsabilização penal.
( ) Certo ( ) Errado
**Gabarito comentado:** ao tratar de erro de tipo permissivo, a questão se relaciona ao disposto no art. 20, § 1º, do Código Penal, que disciplina o erro sobre pressupostos fáticos de uma causa de justificação. Cuida-se de hipótese de erro que exclui o dolo e, quando evitável, permite a punição a título de culpa, na hipótese de haver previsão de crime culposo. Considerando-se que não existe violação de domicílio na modalidade culposa, a conduta seria atípica. Portanto, a assertiva está errada.

Verifica-se, portanto, que o ponto de divergência entre as teorias limitada e extremada é justamente **o erro quanto aos pressupostos fáticos da causa de justificação**, que para a teoria extremada seria erro de proibição indireto (afastando a culpabilidade ou diminuindo a pena do agente) e, para teoria limitada, seria erro de tipo permissivo (afastando o dolo, mas permitindo a punição a título de culpa quando prevista em lei a modalidade culposa do crime). No que tange ao erro quanto à existência da causa de justificação ou quanto aos limites da causa de justificação, não divergem as teorias, considerando-os erro de proibição indireto.

Nosso Código Penal, de acordo com o disposto nos itens 17 e 19 da Exposição de Motivos, teria adotado a teoria limitada da culpabilidade. Assim, o erro quanto aos pressupostos fáticos da causa de justificação seria erro de tipo permissivo.

> 17. É, todavia, no tratamento do erro que o princípio *nullum crimen sene culpa* vai aflorar com todo o vigor no direito legislativo brasileiro. Com efeito, acolhe o Projeto, nos artigos 20 e 21, as duas formas básicas de erro construídas pela dogmática alemã: erro sobre elementos do tipo (*Tatbestandsirrtum*) e erro sobre a ilicitude do fato (*Verbotsirrtum*). Definiu-se a evitabilidade do erro em função da consciência potencial da ilicitude (parágrafo único do art. 21), mantendo-se no tocante às discriminantes putativas a tradição brasileira, que admite a forma culposa, em sintonia com a denominada "teoria limitada da culpabilidade" (TOLEDO, Francisco de Assis. Culpabilidade e a problemática do erro jurídico penal. *Rev. Trib.* 517/251).
>
> 19. Repete o Projeto as normas do Código de 1940, pertinentes às denominadas "discriminantes putativas". Ajusta-se, assim, o Projeto à teoria limitada pela culpabilidade, que distingue o erro incidente sobre os pressupostos fáticos de uma causa de justificação do que incide sobre a norma permissiva. Tal como no Código vigente, admite-se nesta área a figura culposa (art. 17, § 1º).

### Decifrando a prova

**(2011 – MPE/PB – Promotor de Justiça – Adaptada)** São hipóteses de erro acidental, exceto: erro sobre o objeto, erro na execução, erro sobre a pessoa e erro de proibição.
( ) Certo ( ) Errado

> **Gabarito comentado:** embora erro sobre o objeto, erro na execução e erro sobre a pessoa sejam hipóteses de erro de tipo acidental, erro de proibição não é erro de tipo. Portanto, a assertiva está errada.

Entendemos confusa a adoção da teoria limitada da culpabilidade e o reconhecimento de erro de tipo na hipótese.

Igualmente discordando de que se trata de erro de tipo, observa Fragoso (2003, p. 258):

> Parece-nos que o erro neste caso é de proibição. O agente erra sobre a ilicitude de seu comportamento, sabendo perfeitamente que realiza uma conduta típica, tanto do ponto de vista objetivo como subjetivo. Para usar uma fórmula da jurisprudência alemã, o agente aqui sabe o que faz, mas supõe erroneamente que estaria permitido. Exclui-se, não atipicidade, mas sim a reprovabilidade da ação.

De fato, voltando ao exemplo em que Azaradus Cesar arremessa a pedra contra Larapius Augustus imaginando-se em situação de legítima defesa, concluímos ter ele atuado com dolo. Sabia que estava atirando a pedra e queria fazê-lo para atingir a vítima. Assim, como bem observou Fragoso, o agente pratica a conduta típica dolosa. Cremos, contudo, que a hipótese também não se insere no conceito de erro de proibição indireto, pois, consoante disposto no texto legal, sendo vencível o erro, o agente responderá por crime culposo, caso previsto em lei. Essa solução é incompatível com o tratamento dispensado ao erro de proibição quando inescusável, evitável, nos precisos termos do art. 21 do Código Penal brasileiro. Erro de proibição evitável não tem o condão de possibilitar a responsabilidade a título de culpa, mas de diminuir a pena.

Por isso, entendemos que a melhor solução é tratar o erro quanto aos pressupostos fáticos da causa de justificação como erro *sui generis*, com consequências próprias, como proposto pela teoria da culpabilidade **que remete às consequências jurídicas**. Nesse sentido, Greco (2019, p. 426) e Luiz Flávio Gomes (1999, p. 184).

| | Erro nas causas de justificação | | |
|---|---|---|---|
| | Teoria extremada da culpabilidade | Teoria limitada da culpabilidade (adotada pelo Código Penal brasileiro segundo itens 17 e 19 da Exposição de Motivos) | Teoria que remete às consequências jurídicas |
| Erro quanto à existência da causa | Erro de proibição indireto | Erro de proibição indireto | |
| Erro quanto aos limites da causa | Erro de proibição indireto | Erro de proibição indireto | |
| Erro sobre os pressupostos fáticos da causa de justificação (art. 20, § 1º) | Erro de proibição indireto | Erro de tipo permissivo | Erro *sui generis* |

## 29.4 ERRO DE PROIBIÇÃO

### 29.4.1 Erro de proibição × *ignorantia legis*

O desconhecimento da lei é **inescusável**. O art. 3º da Lei de Introdução às normas do Direito Brasileiro dispõe sobre a matéria:

> **Art. 3º** Ninguém se escusa de cumprir a lei, alegando que não a conhece.

Como salienta Joppert (2011, p. 330):

> (...) Jamais terá o condão de excluir a culpabilidade a alegação de desconhecimento formal da lei (que matou porque não conhece a lei penal, porque não tem o Código Penal em casa, porque jamais se aventurou na análise dos tipos penais etc.).

Presume-se, destarte, de forma absoluta, que todos conheçam a existência da lei. A partir da publicação da lei em *Diário Oficial*, valerá essa presunção.

Sobre a matéria, o STF já se manifestou:

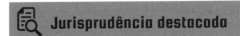

> (...) É que esta presunção se funda no fato de que a lei é do conhecimento de todos, porquanto pressuposto da vida em sociedade. Consequentemente, a ninguém é dado alegar seu desconhecimento para se furtar à incidência da sanção penal (AP nº 595, Rel. Luiz Fux, 1ª Turma, j. 25.11.2014, *DJe*-027 divulg. 09.02.2015, public. 10.02.2015).

Não se pode, entretanto, **confundir ignorância da lei com falta de conhecimento da ilicitude**.

A ignorância da lei é o desconhecimento formal do teor de seus dispositivos, ao passo que a falta de conhecimento da ilicitude é o desconhecimento pelo agente de que a ação que leva a efeito é contrária ao Direito. No erro de proibição, o agente realiza a conduta acreditando ser lícito o seu comportamento. Como destaca Masson (2019b, p. 401):

> (...) a ciência da existência da lei é diferente do conhecimento de seu conteúdo. Aquela se obtém com a publicação da norma escrita; este, inerente ao conteúdo lícito ou ilícito da lei, somente se adquire com a vida em sociedade.

**Não se pode alegar desconhecimento da lei para se livrar de responsabilização penal** (*ignorantia legis neminem escusat*), embora constitua circunstância atenuante genérica (art. 65, II, do Código Penal).

O erro de proibição, contudo, pode levar à isenção de pena, pois é possível que o agente alegue ter errado na compreensão dos termos, desconhecendo que sua conduta estivesse em desconformidade com o ordenamento jurídico como um todo.

No atual estágio dos estudos da culpabilidade, para que se possa responsabilizar o agente pelo fato típico e ilícito realizado, não mais se exige a consciência real da ilicitude, bastando a potencial consciência, ou seja, basta que o agente tenha a possibilidade de adquirir consciência de que a ação por ele praticada está em desconformidade com a ordem jurídica. Não é necessário que o agente possua consciência técnica e conheça aspectos jurídicos acerca de sua conduta, do nome do crime que pratica etc., bastando que tenha aquilo que se denomina **consciência profana do injusto**, podendo conhecer, por meio dos conhecimentos adquiridos da convivência social, que aquela conduta se revela contrária ao Direito.

Certo, porém, que, muitas vezes, a inércia do Estado no que tange ao combate à criminalidade pode levar o agente a supor que sua conduta seja lícita. O fenômeno ocorre com muita frequência em nosso país nos dias atuais, principalmente no que diz respeito ao enfrentamento do porte de drogas para consumo pessoal, praticamente não combatido em todo o território nacional, embora ainda criminoso, nos termos do art. 28 da Lei nº 11.343. Ao perceber que pessoas consomem drogas nas praças públicas, nas praias etc., o agente poderia supor que se trata de conduta lícita. O mesmo poderia ser dito das casas de prostituição. Poderia o agente, nesses casos, alegar erro de proibição?

A resposta é negativa, consoante já decidiu o STJ. A omissão do Estado, por si só, não autoriza o reconhecimento do erro de proibição. O entendimento, adotado em julgado de 2007, foi reiterado pela Corte em 2018, quando, absolvendo o acusado por insuficiência de provas de que no local havia exploração de prostituição, consignou o descabimento de erro de proibição.

### Jurisprudência destacada

"(...) Mesmo que a conduta imputada aos pacientes fizesse parte dos costumes ou fosse socialmente aceita, isso não seria suficiente para revogar a lei penal em vigor. *Habeas corpus* denegado" (HC nº 104.467, Rel. Min. Cármen Lúcia, 1ª Turma, j. 08.02.2011, *DJe* 04.03.2011). No mesmo sentido os precedentes da 6ª: "Penal. Casa de prostituição. Tolerância ou desuso. Tipicidade. Esta Corte firmou compreensão de que a tolerância pela sociedade ou o desuso não geram a atipicidade da conduta relativa à prática do crime do art. 229 do Código Penal. Precedentes" (STJ, AgRg no REsp nº 1.167.646, Rel. Des. Haroldo Rodrigues, j. 27.04.2010, *DJe* 07.06.2010); e da 5ª Turmas do Superior Tribunal de Justiça: "Criminal. Recurso especial. Casa de prostituição. Tipicidade. Recurso conhecido e provido. A simples manutenção de espaço destinado à prática de prostituição traduz-se em conduta penalmente reprovável, sendo que a possível condescendência dos órgãos públicos e a localização da casa comercial não autoriza, por si só, a aplicação da figura do erro de proibição, com vistas a absolver o réu. Precedentes do STJ" (Resp nº 870.055, Rel. Min. Gilson Dipp, j. 27.02.2007, *DJ* 30.04.2007, p. 341), 4. É caso, contudo, de absolvição do acusado por ausência de provas da prática de exploração sexual pelo acusado (STJ, Resp nº 1.683.375/SP 2017/0168333-5, Rel. Min. Maria Thereza de Assis Moura, j. 14.08.2018, 6ª Turma, *DJe* 29.08.2018).

### Decifrando a prova

**(2019 – Fundep – MPE/GO – Promotor de Justiça Substituto – Adaptada)** Entende-se por erro de compreensão a situação em que conhece o sujeito a proibição e a falta de permissão,

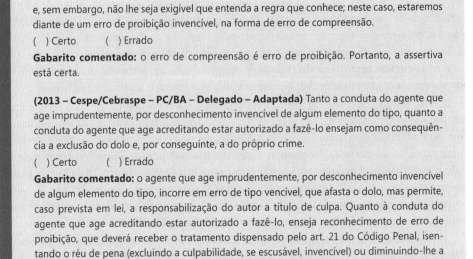

Em decorrência do que trata o art. 21 do Código Penal, podemos dizer que são **inescusáveis** o erro sobre a eficácia, o erro sobre a vigência, o erro de subsunção e o erro de punibilidade, que serão vistos ainda neste capítulo.

## 29.4.2 Consequências do erro de proibição

Erro de proibição, tal qual ocorre com o erro de tipo, pode ser **escusável ou inescusável**, classificação que deve ser feita com base na pessoa do agente, não valendo, nesse aspecto, qualquer substituição do agente pelo homem médio. Assim já decidiu o STF, seguindo o escólio da doutrina.

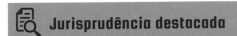 **Jurisprudência destacada**

(...) O erro sobre a ilicitude do fato, se invencível ou escusável, isenta de pena, nos termos do art. 21 do Código Penal. 8. A doutrina do tema é assente em que: a) "Apura-se a invencibilidade do erro, pelo critério já mencionado no estudo da culpa, consistente na consideração das circunstâncias do fato e da situação pessoal do autor" (NORONHA, E. Magalhães. *Direito penal*: introdução e parte geral. 13. ed. São Paulo: Saraiva, 1976. v. 1. p. 146). b) Esta espécie de erro elimina a consciência da ilicitude do comportamento, no abalizado magistério de Nilo Batista, *verbis*: "Se o agente não atua com a plena consciência da objetividade de sua ação, ou seja, sem a consciência do fato que realiza, atua em erro, em erro sobre o fato, que exclui o dolo na medida em que exclui um de seus componentes" (BATISTA, Nilo. *Decisões criminais comentadas*. Rio de Janeiro: Liber Juris, 1976. p. 72) (...) (AP nº 595, Rel. Luiz Fux, 1ª Turma, j. 25.11.2014, *DJe*-027 divulg. 09.02.2015, public. 10.02.2015).

Será **escusável, invencível, inevitável** quando, por mais esforços que o agente fizesse, consideradas as suas condições pessoais, seu perfil subjetivo, não teria como vencê-lo, ou seja, não teria como alcançar o conhecimento de que a conduta que realiza é contrária ao Direito, consoante disposto no art. 21, parágrafo único, do Código Penal.

Nesse caso, o erro de proibição atacará um dos elementos da culpabilidade, qual seja, a potencial consciência da ilicitude. Assim, ausente a culpabilidade, não se podendo reprovar seu comportamento, estará isento de pena, sendo absolvido, portanto.

O erro de proibição será, contudo, **inescusável, vencível, evitável** quando o agente poderia tê-lo evitado. Nele, o agente atua ou se omite sem a consciência da ilicitude do fato, quando lhe era possível, nas circunstâncias, ter ou atingir essa consciência. Essa é a conclusão a que se chega ao interpretar o disposto no art. 21, parágrafo único, *a contrario sensu*.

Na hipótese de o erro ser vencível, não estará excluída a culpabilidade, pois afirmada a potencial consciência da ilicitude. A pena, contudo, será reduzida. Não se trata de possibilidade de redução, mas de obrigatória redução. O "poderá" a que se refere o art. 21, *caput*, do Código Penal, ao tratar do erro vencível, não diz respeito à possibilidade de reduzir ou não, mas à quantidade de redução a ser aplicada. Portanto, quanto maior a censurabilidade do comportamento, menor deverá ser a redução, porque maior deverá ser a pena.

## 29.4.3 As modalidades de erro de proibição

Ao tratar do erro de proibição, a doutrina aponta três modalidades (ou espécies): erro de proibição direto, erro de proibição indireto e erro mandamental.

### 29.4.3.1 Erro de proibição direto

O erro de proibição direto é aquele que versa sobre a norma proibitiva contida nos tipos que definem crimes comissivos. No tipo penal do art. 28 da Lei nº 11.343, de 2006, por exemplo, o legislador, ao descrever o porte para consumo como crime, proíbe que se realize essa conduta. O agente que, desconhecendo essa proibição, acreditando ser lícita a sua conduta, entrar no território nacional trazendo consigo a droga estará em erro de proibição direto.

### 29.4.3.2 Erro de proibição mandamental

Nos tipos que definem crimes omissivos, a norma é **mandamental**. Assim, quando se descreve como criminosa a conduta de deixar de prestar socorro quando possível fazê-lo sem risco pessoal, o legislador impõe um dever de agir, qual seja, prestar socorro. O erro mandamental ocorre quando há erro sobre esse mandamento, que, segundo entendimento do agente, a ele não se dirige.

Vale, aqui, a lição de Bitencourt (2020, p. 544) ao definir o erro mandamental: "(...) é o erro que recai sobre uma norma mandamental, sobre uma norma impositiva, sobre uma norma que manda fazer, que está implícita, evidentemente, nos tipos omissivos".

Ex.: ao ver pessoa gravemente ferida, Azaradus Cesar nada fez, embora pudesse, por entender que, não tendo qualquer relação com aquela pessoa, não estaria obrigado a prestar--lhe o socorro. A percepção de Azaradus Cesar é completamente equivocada, porque, ainda que não tenha qualquer relação com aquele que vivencia a situação de perigo, está, como estamos todos nós se pudermos agir, obrigado à ação salvadora, sob pena de responsabilização pelo disposto no art. 135 do Código Penal.

O erro de proibição mandamental recai sobre o mandamento contido nos crimes omissivos próprios ou impróprios. Sobre a sua incidência nos crimes omissivos impróprios, trataremos em outro tópico deste capítulo.

As consequências do erro de proibição mandamental também são as contempladas no art. 21 do Código Penal.

> **Decifrando a prova**
>
> **(2019 – Fundep – MPE/MG – Promotor de Justiça Substituto – Adaptada)** Nos crimes omissivos, o erro que recai sobre os elementos objetivos do tipo é considerado erro de tipo, mas o erro incidente sobre o mandamento terá repercussão em sede de culpabilidade.
> ( ) Certo ( ) Errado
> **Gabarito comentado:** o erro sobre o dever de agir, ou seja, sobre norma mandamental do tipo omissivo, é erro de proibição denominado mandamental. Portanto, a assertiva está certa.

### 29.4.3.3 Erro de proibição indireto

Erro de proibição indireto é também denominado **erro de permissão**. Nele, o agente, embora conheça a ilicitude de um determinado comportamento, acredita que, naquela situação em que atua, existe uma causa de justificação a amparar sua atuação. Considerando-se ter sido entre nós, segundo a Exposição de Motivos do Código Penal, adotada a teoria limitada da culpabilidade, duas são as hipóteses de erro de proibição indireto:

a. erro quanto à existência de uma causa de justificação;
b. erro quanto aos limites da causa de justificação.

> **Decifrando a prova**
>
> **(2019 – Fundep – MPE/MG – Promotor de Justiça Substituto – Adaptada)** O sujeito que crê que, se alguém lhe entrega o carro para conserto e não o retira dentro do prazo, pode vendê-lo por sua própria conta, para se ressarcir do valor do serviço, incide em erro de proibição direto, que, nos termos do art. 21 do Código Penal, se inevitável, isenta de pena; se evitável, poderá diminuí-la de um sexto a um terço.
> ( ) Certo ( ) Errado
> **Gabarito comentado:** a questão trata de erro de proibição indireto, em que o agente conhece a proibição que normalmente recai sobre um determinado comportamento, mas julga que, naquele caso, algo exista a justificar seu comportamento, quando, na verdade, isso não ocorre. Portanto, a assertiva está errada.

> **(2019 – MPE/PR – Promotor de Justiça Substituto – Adaptada)** Para a teoria limitada da culpabilidade o erro que recai sobre a existência ou os limites legais de uma causa de justificação exclui a culpabilidade se inevitável.
> ( ) Certo ( ) Errado
> **Gabarito comentado:** a teoria limitada, nesse aspecto concordando com a extremada, entende que o erro que recai sobre a existência e o que recai sobre limites legais de uma causa de justificação são hipóteses de erro de proibição indireto, que, assim, merecerão tratamento do art. 21. Se escusáveis, inevitáveis, excluem a culpabilidade por ausência de potencial consciência da ilicitude. Portanto, a assertiva está certa.

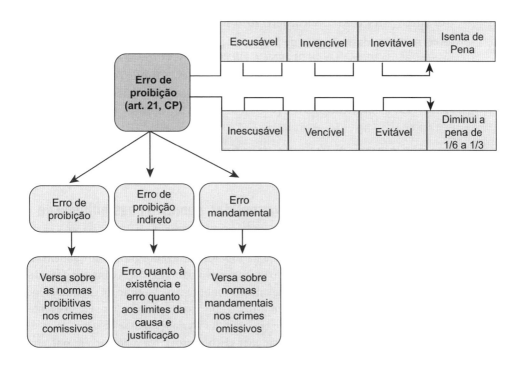

## 29.5 ERRO QUANTO AOS ELEMENTOS NORMATIVOS DO TIPO

Há quem distinga elementos jurídico-normativos do tipo dos denominados elementos normativos especiais da ilicitude (elementos jurídico-normativos da ilicitude). Os elementos jurídico-normativos do tipo seriam como conceitos que se constituem em circunstâncias do fato criminoso, como, por exemplo, "cheque" (art. 171, § 2º, VI, do Código Penal), "coisa alheia" (art. 155 do Código Penal), "moeda de curso legal" (art. 289 do Código Penal) e outros.

Os elementos normativos especiais da ilicitude (ou elementos jurídico-normativos da ilicitude) seriam aqueles que, embora se apresentem no tipo penal de crime, referem-se à ilicitude, acentuando o desvalor do comportamento. Nos tipos penais, eles se caracterizam por expressões como "indevidamente", "ilegalmente", "irregularmente", "injustamente", "sem justa causa" etc.

Sobre a natureza do erro que incide sobre esses elementos normativos da ilicitude, a doutrina diverge:

- **1ª corrente:** cuida-se de erro de tipo. O dolo deve necessariamente alcançar cada um dos elementos da figura típica. Destarte, sendo esses elementos componentes do tipo legal de crime, não cabe outra solução senão reconhecê-los como erro de tipo. Não há sentido em distinguir elementos jurídico-normativos do tipo de elementos jurídico-normativo da ilicitude. **A partir do momento em que esses elementos estão integrados ao tipo, o erro sobre eles é erro de tipo.** É o nosso entendimento e também o de Greco (2019, p. 531), Bitencourt (2020, p. 536). É o posicionamento majoritário.

- **2ª corrente:** cuida-se de erro de proibição, porque relativo à antijuridicidade. É a orientação de Welzel (*apud* BITENCOURT, 2020, p. 536), que entendia que, embora constantes do tipo penal, são elementos do dever jurídico e, por conseguinte, da ilicitude. Nesse sentido, ainda, o posicionamento de Alcides Munhoz Netto (p. 133-134 *apud* GRECO, 2019, p. 531).

## 29.6 ERRO NOS CRIMES OMISSIVOS IMPRÓPRIOS OU COMISSIVOS POR OMISSÃO

### 29.6.1 Erro quanto à condição de garantidor, quanto à possibilidade de agir e quanto à existência da situação de perigo

Sabemos que apenas aqueles que figuram na condição de **agente garantidor** podem ser sujeitos ativos do crime omissivo impróprio ou comissivo por omissão. Assim, **ser garantidor é elementar do crime**. Destarte, se o agente desconhece sua condição de garantidor, ou tem dela errada compreensão, incorrerá em erro de tipo, excludente do dolo. Ex.: o agente, que não sabia e nem tinha como saber que era seu filho a criança que se afogava, deixa de socorrê-la, embora pudesse fazê-lo sem qualquer risco pessoal. Na hipótese, em que erra sobre a condição que o torna garantidor, está em erro de tipo. Nesse caso, em que se relata erro invencível, não poderá ser responsabilizado por homicídio doloso ou culposo. Terá, contudo, praticado o crime de omissão de socorro.

Uma segunda hipótese de erro de tipo em crime omissivo é o erro quanto à possibilidade de agir, elementar de qualquer crime omissivo. Portanto, se o garantidor, conhecendo essa sua condição, deixar de atuar por julgar que algo o impede, estará em erro de tipo. Ex.: a mãe deixa de salvar seu filho que caiu no mar por não saber nadar. Após, toma conhecimento de algo que desconhecia: naquele trecho do mar havia se formado um enorme banco de areia e ela poderia ter caminhado, com água na altura da cintura, até o lugar onde estava a criança.

Também estará em erro de tipo o garantidor que se enganar sobre a real existência da situação de perigo enfrentada pela vítima. Assim, por exemplo, a mãe, ao ver o filho se afogando na praia, imagina que esteja brincando. Afinal, sempre faz essa brincadeira de péssimo gosto.

Nessas circunstâncias, se deixar de realizar a ação salvadora e a criança morrer, porque, de fato, estava se afogando, a mãe estará em erro de tipo, evidenciando a inexistência do dolo.

Bitencourt (2020, p. 545), tratando da matéria, resume: "Se alguém se engana sobre a existência de perigo, sobre a identidade da pessoa que tem a responsabilidade de proteger, sobre a existência dos meios, sobre a sua capacidade de utilizá-los, tudo isso constitui erro de tipo".

### 29.6.2 Erro quanto ao dever de agir

Nos crimes omissivos impróprios haverá erro de proibição mandamental quando o agente, conhecendo sua condição de garante, se encontra diante de perigo para seu garantido e, sabendo que dispõe de meios para realizar a ação salvadora, omite a ação que lhe é imposta pela norma preceptiva por supor que não há para ele, naquele momento, o dever de agir para evitar o resultado. Assim, por erro inevitável, o agente supõe que a determinação de atuação não lhe é, naquele momento, dirigida. Ex. 1: a babá contratada para tomar conta de uma criança deixa de realizar a ação salvadora ao vê-la em situação de perigo por entender que, estando a mãe em casa naquele dia, a obrigação seria da genitora e não sua. Ex. 2: o tutor, julgando já ser pesado o ônus decorrente da aceitação dos encargos da tutela, entende não estar obrigado a arriscar a própria vida para salvar o irrequieto pupilo que está se afogando (TOLEDO, 1977, p. 65). Ex. 3: o médico plantonista, já ultrapassado seu horário de saída, imagina não mais ser responsável por qualquer pessoa que ali chegasse. O azar seria do outro, que se atrasou (BITENCOURT, 2020, p. 545).

## 29.7 HIPÓTESES ESPECIAIS DE ERROS

Assis Toledo (1977, p. 100) aponta em sua obra quatro espécies de erro que, por equivalerem à *ignorantia legis*, seriam inescusáveis, não tendo condão de afastar a culpabilidade por ausência de conhecimento potencial da ilicitude, nem mesmo podendo ser usados para a redução da pena do agente que, ao realizar a conduta típica e ilícita, neles incorrer. São eles:

a. erro de eficácia;
b. erro de vigência;
c. erro de subsunção;
d. erro de punibilidade.

### 29.7.1 Erro de eficácia[1]

Haverá erro de eficácia quando o agente, supondo que uma determinada norma legal contraria outra, de nível superior, ou mesmo que contraria uma norma constitucional, não admite sua legitimidade.

---

1  O erro de eficácia é por Welzel e Greco (2019, p. 533) denominado erro de validez ou de validade. Bitencourt (2020, p. 547) se refere ao erro de validez como erro de vigência.

Em que pese a orientação de que se trataria de hipótese de *ignorantia legis*, temos que se trata, a rigor, de erro de proibição, devendo ser regida pelo disposto no art. 21 do Código Penal. Como destacado por Welzel (p. 186 *apud* GRECO, 2019, p. 533): "Erro de validez pode ser, sobretudo, desculpável, segundo confia na correção da decisão de um tribunal inferior, que tenha negado erroneamente a validade da norma".

### 29.7.2 Erro de vigência

Haverá erro de vigência quando o agente desconhecer que existe uma norma de lei ou ainda não se deu conta da existência de uma lei cuja publicação tenha sido recente.

### 29.7.3 Erro de subsunção

Haverá erro de subsunção quando o agente se enganar acerca de qual seria a norma legal em que se enquadra a sua conduta. Ex.: entende que, ao exigir da mãe de uma suposta vítima de sequestro quantia para a sua liberação, pratica crime de estelionato, quando, na verdade, sua conduta se adequa ao modelo legal de crime de extorsão, descrito no art. 158 do Código Penal.

### 29.7.4 Erro de punibilidade

Nessa modalidade de erro, embora saiba ou possa saber ser ilícita a conduta que pratica, o agente imagina não existir para ele qualquer punição.

# Exigibilidade de conduta diversa

## 30.1 HIPÓTESES DE EXCLUSÃO DE CULPABILIDADE POR INEXIGIBILIDADE DE CONDUTA DIVERSA

A lei brasileira não impede o reconhecimento de causas supralegais de exclusão de culpabilidade por inexigibilidade de conduta diversa. Assim, qualquer causa, ainda que não prevista em lei, que exclua a exigibilidade de conduta conforme ao Direito afasta a culpabilidade.

A coação moral irresistível e a estrita obediência hierárquica são, porém, causas que o legislador trouxe para o seio da lei como exemplos em que não se pode exigir do agente um comportamento distinto daquele que adotou.

> **Decifrando a prova**
>
> **(2011 – Cespe/Cebraspe – TCU – Auditor Federal de Controle Externo – Adaptada)** São causas de exclusão da culpabilidade, expressamente previstas no Código Penal brasileiro, a coação moral irresistível e a ordem não manifestamente ilegal de superior hierárquico.
> ( ) Certo    ( ) Errado
> **Gabarito comentado:** consoante art. 22 do Código Penal, a assertiva está certa.

### 30.1.1 Coação moral resistível

Coação moral irresistível é aquela que elimina ou reduz de forma drástica a possibilidade de o agente deliberar livremente acerca do que fazer. Diversamente da *vis absoluta*, que é a coação física irresistível, excludente conduta por ausência de vontade, na coação moral existe vontade do coagido, embora essa vontade não tenha sido livremente formada.

> **Decifrando a prova**
>
> **(2014 – FCC – TJ/CE – Juiz Substituto – Adaptada)** Na coação moral irresistível, há exclusão da culpabilidade, por inimputabilidade.
> ( ) Certo   ( ) Errado
> **Gabarito comentado:** há, na coação moral irresistível, exclusão da culpabilidade, por inexigibilidade de conduta diversa. Portanto, a assertiva está errada.

Na coação moral irresistível, portanto, existe vontade, embora viciada. Por essa razão, exclui a reprovabilidade do comportamento. Afinal, não se pode exigir conduta conforme o Direito daquele que foi exposto a uma coação moral a que não poderia resistir. Atuando de forma inculpável, estará isento de pena.

Na coação moral, o coagido é um instrumento de que o coator se utilizou para executar a sua vontade. O coator, destarte, é o homem de trás, o verdadeiro autor do crime, embora na qualidade de autor mediato, responsável único pelo fato, aquele que tem o domínio final do fato. Portanto, na hipótese de coação moral, não se pode falar em concurso de pessoas.

Não necessariamente a pessoa coagida é aquela a quem o coator ameaça de fazer o mal. Assim, haverá a coação quando o coator ameaçar fazer mal a filhos, pais ou qualquer pessoa com quem o coagido mantenha fortes laços de afeto. Ex.: prometer que matará o filho, que estuprará a filha etc.

A gravidade da ameaça endereçada ao coagido deve ser relacionada com a natureza do mal e com o poder do coator de causá-lo. Não pode ser considerado grave o mal prometido quando o autor não possa realizar o que ameaça fazer, quando o mal não dependa da vontade do autor ou mesmo quando estiver, por qualquer razão, fora de sua disponibilidade.

O mal prometido também há de ser iminente e, aqui, vale a lição de Bitencourt (2020, p. 506):

> A iminência aqui mencionada não se refere à imediatidade tradicional, puramente cronológica, mas significa iminente à recusa, isto é, se o coagido recusar-se, o coator tem condições de cumprir a ameaça em seguida, seja por si mesmo, seja por interposta pessoa.

Para haver coação moral irresistível são necessárias, no mínimo, duas pessoas: coator e coagido.[1] Assim, sem a figura do coator, não haverá que se falar na exculpante. Destarte, não existe coação moral irresistível "da sociedade", "do ambiente em que nasceu e viveu", como destacam Joppert (2011, p. 334) e Mirabete (2013a, p. 193).

---

[1] Em regra, a hipótese de coação moral irresistível apresenta três figuras: coator, coato (ou coagido) e vítima. Contudo, pode acontecer de, excepcionalmente, apresentarem-se apenas duas pessoas: coator e coagido, tal qual ocorre nos denominados crimes vagos. Por essa razão, mencionamos o número mínimo de duas pessoas.

Capítulo 30 • Exigibilidade de conduta diversa **455**

> ### Decifrando a prova
>
> **(2018 – Cespe/Cebraspe – PC/MA – Investigador de Polícia – Adaptada)** A prática de crime em decorrência de coação moral irresistível configura circunstância atenuante de pena.
> ( ) Certo ( ) Errado
> **Gabarito comentado:** a coação resistível é hipótese de circunstância atenuante. A coação irresistível é hipótese de inexigibilidade de conduta diversa. Portanto, a assertiva está errada.

Não pode a coação moral irresistível ser confundida com a coação a que o agente podia resistir, porque, nessa hipótese, podendo agir conforme o Direito, o coagido não estará isento de pena e responderá pelo crime em concurso com aquele que o coagiu, embora com sua pena atenuada, conforme disposto no art. 65, III, *c*, 1ª figura. A pena do coator, nesse caso, sofrerá a incidência da agravante genérica do art. 62, II.

> ### Decifrando a prova
>
> **(2018 – Vunesp – TJ/SP – Juiz Substituto – Adaptada)** Se o fato é cometido sob coação moral irresistível, só é punível o autor da coação. Se resistível, coator e coato respondem em concurso de pessoas, atenuando-se obrigatoriamente a pena do último.
> ( ) Certo ( ) Errado
> **Gabarito comentado:** na hipótese de coação moral irresistível somente é punível, como autor mediato, o autor da coação. Na hipótese de coação resistível, o coagido, ou coato, poderá se valer da atenuante genérica do art. 65, III, *c*, do Código Penal. Portanto, a assertiva está certa.

### Jurisprudência destacada

(...) Busca-se com o recurso especial o reconhecimento de coação moral irresistível que teria sido desprezada pelo Tribunal *a quo* em que pese comprovação nos autos, o que ensejaria a absolvição. Pretende-se também a aplicação da minorante prevista no art. 29, § 1º, CP, por entender inexistir provas de que o recorrente teria contribuído de maneira significativa para a prática do crime. Constou do acórdão que os elementos dos autos também são aptos a evidenciar a autoria dos crimes por ambos os réus, diante da prova oral harmônica e coesa, inclusive na fase inquisitorial, e com a confissão de um dos réus (...) A alegação de Sandro de que não tinha o intuito de praticar o crime e que teria sido vítima de coação moral irresistível não pode prosperar, haja vista os testemunhos serem convictos no sentido de existir o conluio entre os réus para a prática delitiva (...) (STJ, AREsp nº 895.602/DF 2016/0109470-7, Rel. Min. Nefi Cordeiro, *DJ* 07.08.2017).

## 30.1.2 Obediência hierárquica

Discute-se se a incidência da exculpante da obediência hierárquica somente se aplica às relações de Direito Público ou se também se aplicaria às relações de direito privado.

- **1ª corrente:** somente se pode admitir a obediência hierárquica excludente da culpabilidade nas relações de direito público porque hierarquia é conceito que decorre do Direito Administrativo. Não estão incluídas, portanto, as relações de família, as relações sacerdotais e eclesiásticas ou mesmo as empregatícias. Assim, a excludente não socorreria, por não implicarem subordinação hierárquica, o padre que obedecesse à ordem do bispo, a filha em obediência à ordem do pai, o empregado em cumprimento de ordem do patrão. Posição amplamente majoritária, adotada por Joppert (2011, p. 335), Pacelli e Callegari (2015, p. 353), Reale Júnior (2009, p. 196-197), Mirabete (2013a, p. 195), Greco (2019, p. 536), Damásio de Jesus (1999, p. 541) e Masson (2019b, p. 412). Deve ser a corrente adotada em provas.
- **2ª corrente:** aplica-se nas relações de direito público, mas também é incidente sobre a hierarquia nas relações privadas. A ordem de um superior hierárquico sempre produz o mesmo efeito, pouco importando que se trate de uma relação hierarquizada de natureza pública ou privada, viciando a conduta do subordinado. A rigor, as consequências do descumprimento da ordem de um superior hierárquico no campo das relações privadas podem trazer para o agente consequências muito mais contundentes do que seriam trazidas para um funcionário público, protegido por prerrogativas das quais não goza o particular. É, atualmente, a orientação de Bitencourt (2020, p. 507). Minoritaríssima, não deve ser adotada em provas.

> **Decifrando a prova**
>
> **(2019 – MPE/GO – Promotor de Justiça – Adaptada)** A obediência hierárquica, como dirimente ou eximente, só tem valor nas relações de direito público. Não pode ser invocada, portanto, nos casos de obediência religiosa ou familiar.
> ( ) Certo    ( ) Errado
> **Gabarito comentado:** a assertiva está certa, o que demonstra que, em prova, não deve ser usada a posição minoritária de Bitencourt.

A aplicação do art. 22 e a exculpação do subordinado somente se darão na hipótese de a ordem ser ilegal, mas não manifestamente ilegal. Ou seja, a ordem do superior hierárquico deve ter aparência de legalidade.

A ordem será manifestamente ilegal quando emana de funcionário sem competência para emiti-la, quando sua execução não esteja entre aquelas atribuídas ao agente que a recebe, quando não se reveste da forma legal ou, ainda e por maiores razões, flagrante e escancaradamente constitui um crime (FRAGOSO, 2003, p. 264).

Caso a ordem seja flagrantemente ilegal, superior hierárquico e subordinado serão responsabilizados pelo crime, em concurso. Afinal, se não pode o subordinado discutir conveniência e oportunidade da ordem, pode e deve negar-se a realizar ordens que, às escâncaras, violam a lei. Na hipótese, o subalterno tinha o dever legal de não a cumprir. De toda forma, incidirá atenuante genérica sobre sua conduta, consoante art. 65, III, *c*, do Código Penal, e agravante genérica do art. 62 do mesmo diploma legal para o superior.

> **Decifrando a prova**
>
> **(2017 – MPE/PR – Promotor Substituto – Adaptada)** A obediência a ordem não manifestamente ilegal de superior hierárquico caracteriza situação de exculpação legal, que exclui a culpabilidade, por inexigibilidade de comportamento diverso, e a obediência a ordem ilegal de superior hierárquico não exclui a culpabilidade, podendo funcionar como causa de diminuição de pena, que reduz a culpabilidade.
> ( ) Certo    ( ) Errado
> **Gabarito comentado:** a primeira parte está certa. A segunda parte está errada, pois menciona o cumprimento de ordem ilegal como causa de diminuição de pena quando, a rigor, se trata de circunstância atenuante genérica, nos termos do art. 65, III, *c*, do Código Penal. Portanto, a assertiva está errada.

Por derradeiro, para que se reconheça a dirimente da obediência hierárquica, o agente deverá atuar nos estritos termos da ordem. Ao contrário, responderá pelo excesso.

São requisitos cumulativos para a aplicação do disposto no art. 22 do Código Penal quanto à obediência hierárquica, portanto:

* subordinação fundada em normas de Direito Público, porque somente nestas se pode conceber a ideia de hierarquia;
* ordem não manifestamente ilegal;
* atuação nos estritos limites da ordem.

### 30.1.2.1 Tratamento da obediência hierárquica no Código Penal Militar

O cumprimento de ordem de superior hierárquico na legislação penal militar merece tratamento distinto daquele que lhe confere a legislação comum. Militares, por terem o dever legal de obediência, não discutem a legalidade de ordens de seus superiores, sob pena de responderem por crime de insubordinação, descrito no art. 163 do CPM.

Não lhes cabe, assim, discutir se o superior tem competência ou não para a ordem, se deveria ser cumprida daquela forma ou não etc. O militar, contudo, não pode obedecer ordem manifestamente criminosa, consoante se depreende do art. 38, § 2º, do diploma castrense. Nesse caso, se cumpri-la, poderá ser responsabilizado pelo crime, a menos que atue sob coação irresistível.

Art. 38. Não é culpado quem comete o crime: (...)

§ 2º Se a ordem do superior tem por objeto a prática de ato manifestamente criminoso, ou há excesso nos atos ou na forma da execução, é punível também o inferior.

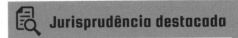

(...) Evidenciada a manifesta ilegalidade da suposta ordem recebida, resta obstaculizada a incidência do instituto jurídico da obediência hierárquica. Não incide o erro de direito quando constatado que o agente conhecia a ilicitude de sua conduta. O Princípio da Consunção não se aplica quando os crimes atribuídos ao agente tutelam bens jurídicos de naturezas diversas. Precedente do Supremo Tribunal Federal. O crime de furto de uso reclama a rápida, voluntária e integral restituição da coisa. Não satisfeitos esses requisitos, torna-se inviável a desclassificação da conduta do agente para o referido delito. Tendo a conduta criminosa sido cometida em coautoria delitiva, a semelhança de fundamentação no estabelecimento da pena-base não afronta o Postulado Constitucional da Individualização da Pena, previsto no art. 5º, inciso XLVI, da Constituição Federal (STM, APL nº 7000372-70.2019.7.00.0000, Rel. Carlos Vuyk de Aquino, j. 12.12.2019, *DJe* 10.02.2020).

## 30.1.3 Objeção de consciência

A objeção de consciência, como espécie do direito de resistência, é a recusa ao cumprimento pelo agente de deveres incompatíveis com suas convicções morais, políticas e filosóficas. A objeção de consciência procura sua legitimidade moral na dignidade da pessoa humana, solidificada como princípio político, para fazer frente à recusa à obrigação (BUZANELLO, 2001).

Alegando a escusa de consciência, o agente pretende se ver eximido de uma obrigação que o Estado impõe a todos indistintamente, mas podemos perceber que não tem caráter absoluto, não podendo ser invocada para conseguir exoneração de obrigação legal a todos imposta, consoante art. 5º da Constituição.

Art. 5º Todos são iguais perante a lei, sem distinção de qualquer natureza (...), nos termos seguintes:

I – ninguém será privado de direitos por motivos de crença religiosa ou de convicção filosófica ou política, salvo se as invocar para eximir-se de obrigação legal a todos imposta e recusar-se a cumprir prestação alternativa, fixada em lei.

Questões relacionadas à fé, à consciência, muitas vezes, são alegadas por aqueles que pretendem ver afastada a sua responsabilidade penal sob a alegação de inexigibilidade de conduta conforme o Direito, como nas hipóteses em que, por professar determinada religião, o agente alegue não poder trabalhar em determinado dia da semana, não poder doar e receber sangue de outros etc.

Os reflexos penais da objeção de consciência são bastante significativos, merecendo, por isso, a atenção dos autores. Nas hipóteses em que há possibilidade de prestação alternativa, tal qual ocorre com o serviço militar e na recusa ao serviço do júri, não há maiores complicadores, nos termos do art. 143, § 1º, da Constituição Federal e do art. 438 do Código de Processo Penal.

**Quando, porém, não há previsão e nem possibilidade de alternativa, será válida a alegação de inexigibilidade de conduta diversa?**

Sobre o tema, Heringer Júnior (2007, p. 117) nos propõe que, "à míngua de uma responsabilização legal da objeção de consciência específica no âmbito penal, é de reconhecer-lhe o caráter de causa supralegal de exclusão de culpabilidade, por inexigibilidade de conduta diversa".

# 31 Concurso de pessoas

## 31.1 DIFERENÇA ENTRE CONCURSO EVENTUAL E CONCURSO NECESSÁRIO

A grande maioria de tipos incriminadores existentes no ordenamento jurídico brasileiro, na Parte Especial do Código Penal ou nas leis extravagantes, se referem a fatos que podem ser perfeitamente praticados por uma única pessoa. São os denominados crimes **monossubjetivos** ou **unissubjetivos**. Tais crimes, porém, eventualmente, serão praticados por pessoas culpáveis em concurso. Nessa hipótese, temos o que chamamos **concurso eventual de agentes ou de pessoas**.

Ao lado dos crimes de **concurso eventual**, temos os chamados crimes de **concurso necessário, ou crimes plurissubjetivos ou crimes plurilaterais, que necessariamente serão cometidos por duas ou mais pessoas,** tal qual ocorre com os crimes de bigamia, organização criminosa, rixa etc. Neles, a pluralidade de agentes é elementar do tipo. Nesses crimes, basta que um dos agentes seja culpável para que se reconheça o concurso necessário.

Pode-se falar, ainda, em crimes eventualmente plurissubjetivos, ou de concurso eventualmente necessário, que são os que podem ser praticados por uma única pessoa, mas que, quando praticados em concurso, têm a pena aumentada ou sofrem a incidência de uma qualificadora. É o caso do furto, que, quando praticado em concurso, será qualificado (art. 155, § 4º), e do roubo que, em idênticas circunstâncias, terá sua pena agravada (art. 157, § 2º).

> Art. 155. (...)
>
> § 4º A pena é de reclusão de dois a oito anos, e multa, se o crime é cometido: (...)
>
> IV – mediante concurso de duas ou mais pessoas.
>
> Art. 157. (...)
>
> § 2º A pena aumenta-se de 1/3 (um terço) até metade: (Redação dada pela Lei nº 13.654, de 2018.) (...)
>
> II – se há o concurso de duas ou mais pessoas; (...)

## Jurisprudência destacada

Roubo. Causa de aumento. Concurso de pessoas. A incidência da causa de aumento relativa ao concurso de pessoas não exige a identificação de todos os envolvidos, revelando-se suficiente a demonstração de haver sido o delito praticado por duas ou mais pessoas. Roubo. Arma de fogo. Perícia. A caracterização da causa de aumento prevista no art. 157, § 2º, inciso I, do Código Penal – redação anterior à Lei nº 13.654/2018 – prescinde da apreensão e perícia da arma de fogo utilizada. Roubo. Causa de aumento. Percentual. O percentual da causa de aumento de pena versada no art. 157, § 2º, do Código Penal situa-se no âmbito do justo ou injusto, não encerrando ilegalidade (HC nº 163.566/SP, Rel. Min. Marco Aurélio, 1ª Turma, j. 26.11.2019. *DJe* 06.12.2019).

(...) 1. "Nos termos da jurisprudência deste Superior Tribunal de Justiça, tendo o furto sido praticado mediante o concurso de pessoas, resta demonstrada maior reprovabilidade da conduta, o que torna incompatível a aplicação do princípio da insignificância" (HC nº 584.268/PR, Rel. Min. Ribeiro Dantas, 5ª Turma, *DJe* 23.06.2020). 2. Agravo regimental desprovido (AgRg no HC nº 529.635/SC, Rel. Min. Joel Ilan Paciornik, 5ª Turma, julgado em 13.10.2020, *DJe* 20/10/2020).

## Decifrando a prova

**(2018 – TRF/2ª Região – Juiz Federal Substituto – Adaptada)** Os crimes plurissubjetivos não se confundem com os crimes de concurso necessário. Nos primeiros, os agentes podem se reunir eventualmente para praticar o crime, enquanto nos segundos a tipicidade necessariamente só se dá com o concurso de agentes.
( ) Certo    ( ) Errado
**Gabarito comentado:** crimes de concurso necessário e crimes plurissubjetivos são expressões sinônimas. Portanto, está errado.

Neste capítulo, nos ocuparemos do **concurso eventual**, que pode ocorrer em duas modalidades: a coautoria e a participação.

## 31.2 REQUISITOS PARA O CONCURSO DE PESSOAS

Os requisitos do concurso de pessoas são:

a. Pluralidade de agentes.
b. Pluralidade de condutas.
c. Contribuição causal das condutas.
d. União de ações e desígnios, que caracteriza o vínculo subjetivo entre os participantes. Também é chamado **liame subjetivo**, havendo entre os envolvidos a consciência de que participam do mesmo delito. É a vontade homogênea, visando à produção do mesmo resultado. Esse vínculo não necessariamente reclama ajuste prévio entre os envolvidos, podendo ocorrer no momento da realização da conduta.

Importante que se frise que o **liame subjetivo**, na hipótese de participação, é exigível do partícipe para o autor e não o contrário, de sorte que se pode estar diante de situação em que o autor conta com a colaboração do partícipe a quem sequer sabe existir. O que não se pode conceber é a existência de um partícipe que não conheça e não queira aderir à conduta do autor.

Assim, inexigível o *pacta sceleris*, ou seja, o acordo de vontade, "bastando que uma vontade adira à outra" (JESUS, 1999, p. 463).

### Decifrando a prova

**(2018 – TRF/2ª Região – Juiz Federal Substituto – Adaptada)** O concurso de agentes exige: interveniência de duas ou mais pessoas para o mesmo fato delituoso; identidade de infração penal; e vontade consciente de concorrerem todos os agentes para o mesmo crime, sendo irrelevante a contribuição causal de cada um.
( ) Certo    ( ) Errado
**Gabarito comentado:** não existe concurso de agentes sem contribuição causal da conduta de todos que participam do plano criminoso. Portanto, está errado.

### Jurisprudência destacada

(...) Presença de substrato probatório mínimo em relação à materialidade e autoria. 9. O tipo penal previsto no art. 20 da Lei nº 7.492/1986 consuma-se no momento da aplicação dos recursos de financiamento em finalidade diversa daquela prevista em contrato. Ademais, o tipo penal "admite o concurso de pessoas, tanto na forma de coautoria quanto de participação (...) bastando, para tanto, que se avalie a intenção dos mesmos, já que o dolo é o elemento subjetivo do tipo" (HC nº 81.852, Rel. Min. Néri da Silveira, 2ª Turma, *DJ* 14.06.2002). 10. Denúncia recebida (Inq nº 2.725/SP, Rel. Min. Teori Zavascki, 2ª Turma, j. 08.09.2015, *DJe* 30.09.2015).

### Decifrando a prova

**(2018 – Cespe/Cebraspe – PC/SE – Delegado de Polícia – Adaptada)** Para que fique caracterizado o concurso de pessoas, é necessário que exista o prévio ajuste entre os agentes delitivos para a prática do delito.
( ) Certo    ( ) Errado
**Gabarito comentado:** o ajuste prévio não é necessário à caracterização do concurso de pessoas. O liame subjetivo não exige acordo prévio, podendo o partícipe ou coautor aderir ao comportamento do autor a qualquer momento, desde que, conforme entendimento majoritário, antes da consumação. Portanto, está errado.

e. Identidade de infração penal. Conforme lição de Damásio de Jesus (1999, p. 466), a identidade de infração penal não é propriamente um requisito, mas consequência jurídica diante das outras condições.

## 31.3 DIFERENÇA ENTRE AUTORIA COLATERAL E COAUTORIA

Há autoria colateral quando duas ou mais pessoas, ignorando uma a existência da outra, realizam atos que convergem para a execução da mesma infração penal. Trata-se de fenômeno marcado pela **ausência de liame subjetivo** entre os concorrentes. Na autoria colateral, a responsabilidade de cada um dos indivíduos deve ser analisada de acordo com o seu dolo e de acordo com aquilo que efetivamente causou a partir de sua conduta.

Assim, por exemplo, quando duas pessoas, A e B, que ignoram a presença uma da outra, disparam simultaneamente contra a vítima, cada uma delas será responsabilizada pelo crime cometido, devendo-se investigar o que cada uma delas desejava e o que cada uma causou com sua conduta. Não há que se falar, no caso, em concurso de pessoas. Poderemos estar diante das seguintes hipóteses:

a. Logrou-se apurar de que arma saíram os disparos que causaram a morte. Nesse caso, teremos autoria colateral certa. Aquele que provocou a morte deve ser responsabilizado por homicídio doloso consumado e o outro, por tentativa de homicídio, caso ambos tenham atirado com dolo de matar.

b. Logrou-se apurar quem efetuou o disparo que provocou a morte da vítima e que, quando os disparos efetuados pelo outro atingiram-na, ela já estava morta em virtude do primeiro disparo efetuado. Nesse caso, a resposta para a primeira proposição não é alterada. Aquele que provocou a morte deve ser responsabilizado por homicídio doloso consumado, e o outro, por tentativa de homicídio, não se podendo falar de crime impossível nesse caso, pois, ao efetuar o disparo, a vítima ainda estava viva. Não se deve analisar o momento em que o disparo atingiu a vítima, mas o momento em que foi efetuado. Afinal, o momento do crime é o momento da ação ou da omissão e não o momento em que a vítima é atingida. Mais uma vez, nesse segundo exemplo proposto, ambos tinham o dolo de matar.

c. Não se logrou descobrir qual dos disparos provocou a morte da vítima, tendo ambos atuado com dolo de matar. Nessa hipótese, teremos a denominada **autoria colateral incerta**, caso em que não se poderia punir A e B por homicídio consumado, na medida em que, para um deles, o crime não passou da tentativa. Por outro lado, absolvê-los também é solução que não se poderia admitir, na medida em que se pode afirmar, com certeza, que, ambos, atuando dolosamente, iniciaram a execução de um crime de homicídio. Assim, devem ser responsabilizados por aquilo que no mínimo praticaram, ou seja, tentativa de homicídio.

Poderíamos, ainda, admitir a seguinte situação: A e B, ambos atuando com dolo de matar, efetuam disparos de arma de fogo contra a vítima. Cada um deles efetuou apenas um disparo. Apura-se, porém, que a vítima já estava morta quando um segundo disparo a atingiu. Nesse caso, seria necessário distinguirmos as hipóteses fáticas abaixo:

**a.** Apurou-se que A foi quem efetuou o disparo que causou a morte da vítima. Quando B disparou, a vítima já estava morta. Nesse caso, A deve ser responsabilizado por homicídio doloso consumado e, para B, deverá ser reconhecido crime impossível, sendo, portanto, atípica a sua conduta.

**b.** Não se consegue apurar quem efetuou o primeiro disparo, consequentemente não se consegue apurar quem disparou quando a vítima já estava morta. Nessa hipótese, um praticou o crime de homicídio consumado e o outro, crime impossível. Não se sabe, contudo, quem praticou o quê e não se pode "escolher" qualquer um deles para imputar o homicídio consumado, impondo-se, na dúvida, que ambos sejam beneficiados com o reconhecimento do crime impossível, ainda que nos cause perplexidade o fato de que um deles estará sendo beneficiado. Maior absurdo, porém, seria responsabilizar aquele que não praticou conduta típica pela prática de um homicídio consumado. Dúvidas, em matéria penal, sempre se resolvem *pro reo*.

Todas as respostas anteriores se alterariam, porém, se houvesse liame subjetivo e, portanto, coautoria, pois A e B seriam responsabilizados como coautores de homicídio doloso consumado em todas as hipóteses propostas. Havendo coautoria, é indiferente saber quem, com seu comportamento, deu causa ao resultado, considerando-se a norma do art. 29 do Código Penal.

> **Art. 29.** Quem, de qualquer modo, concorre para o crime incide nas penas a este cominadas, na medida de sua culpabilidade. (Redação dada pela Lei nº 7.209, de 11.07.1984.)
>
> § 1º Se a participação for de menor importância, a pena pode ser diminuída de um sexto a um terço. (Redação dada pela Lei nº 7.209, de 11.07.1984.)
>
> § 2º Se algum dos concorrentes quis participar de crime menos grave, ser-lhe-á aplicada a pena deste; essa pena será aumentada até metade, na hipótese de ter sido previsível o resultado mais grave. (Redação dada pela Lei nº 7.209, de 11.07.1984.)

## 31.4 CONCEITO DE AUTOR

### 31.4.1 Conceito restritivo de autor

Adotada uma concepção restritiva, nem todos os que concorrem para o crime são autores. São teorias restritivas:

**a. Teoria objetivo-formal:** apegada à literalidade da descrição legal trazida pelo modelo legal incriminador, a teoria define como autor aquele que realiza a conduta nuclear do tipo.[1] A teoria é duramente criticada porque não possibilita explicar o fenômeno da autoria mediata, em que o autor não realiza a conduta nuclear do tipo.

---

[1] O conceito de partícipe, assim, seria obtido por exclusão, devendo ser considerado partícipe todo aquele que concorresse para o crime não executando a ação típica nuclear. Trata-se de teoria muito difundida no Brasil, podendo-se afirmar que se trata da teoria até aqui dominante entre nós.

Embora fracasse quando confrontada com a autoria mediata, não é correto afirmar que seus teóricos não aceitam a autoria mediata. Não se pode confundir "não conseguir explicar" com "não aceitar". Tanto é assim que, consoante destacado por Nilo Batista (2004, p. 64), os que defendem o critério objetivo-formal artificialmente tentaram adequá-lo ao fenômeno da autoria mediata, sustentando que o autor mediato pratica ato executivo:

> Houve quem tentasse, artificialmente, dizer que o autor mediato pratica ato executivo. Von Liszt definia-o como aquele que serve de um outro homem como instrumento. (...) No Brasil, Heleno Fragoso e Aníbal Bruno insinuam que o autor mediato realiza a ação típica através de terceiro. Essa posição é insustentável: (...) A insatisfação com tal solução levou os partidários do critério formal objetivo a destacar a autoria imediata: assim, definem sempre o autor ("em primeiro lugar", "em princípio") com base na realização da ação executiva (...); em seguida, procuram definir o autor mediato fundamentando-se principalmente na causação da realização da conduta típica.

### Decifrando a prova

**(2022 – Cespe/Cebraspe – PC/PB – Delegado de Polícia – Adaptada)** A, B e C são atores. Pelo fato de B obter o papel de personagens de maior destaque, secretamente A o inveja e despreza. No intuito de livrar-se de B, A troca as balas de festim por munição real do revólver de C, que, ao disparar em cena de novela contra B, causa sua morte. Nesse caso, com base na teoria objetivo-formal, A poderá ser considerado autor mediato do homicídio de B.
( ) Certo     ( ) Errado
**Gabarito comentado:** ao provocar o erro de C, A é autor mediato do crime, nos termos do art. 20, § 2º, do Código Penal. Como vimos, a teoria objetivo-formal, embora não consiga explicar de forma convincente a autoria mediata, não descarta sua existência. Portanto, está certo.

b. **Teoria objetivo-material:** distingue autores de partícipes pela perigosidade de suas contribuições: há maior perigosidade na conduta do autor do que na do partícipe. Para a teoria objetivo-material, autor é, assim, quem contribui mais efetivamente para o resultado, não necessariamente realizando a ação nuclear do tipo. Quanto ao partícipe, sua contribuição seria menos relevante para o desdobramento causal. Atraiu críticas ainda maiores que a teoria objetivo-formal, em razão da dificuldade na distinção do que seriam causas mais ou menos importantes, tendo, por isso, sido abandonada.

## 31.4.2 Conceito extensivo de autor

A partir da primeira metade do século passado, foi desenvolvido um conceito extensivo de autor. O conceito extensivo se baseia na **teoria da equivalência das condições**. Todo aquele que contribui de alguma forma para o resultado é considerado autor. Inexistindo qualquer distinção na contribuição causal, não há sentido em distinguir autor de partícipe, porque idêntica a importância da contribuição causal de todos os envolvidos. Se, para o conceito extensivo de autor, objetivamente não cabia diferença entre autoria e participação, quando a lei estabelecesse penas diferentes para o autor e o instigador e o cúmplice, a distinção deveria se pautar em critério subjetivo. Assim, agregou-se ao conceito extensivo de autor, para mitigá-lo, a denominada **teoria subjetiva da participação**. Segundo essa teoria, autor é aquele que realiza a conduta com "vontade de autor", com *animus auctoris*, sendo partícipe quem, ao contribuir para o crime, o faz com "vontade de partícipe", tendo o fato não como seu, mas como alheio.

### 31.4.3 Teoria do domínio do fato

Cuida-se de teoria restritiva que surge com Lobe, embora suas origens sejam atribuídas ao finalismo Welzeliano. Seu aperfeiçoamento, porém, é devido a Claus Roxin. Sobre o tema, lecionam Greco e Leite (2014, p. 21-22):

> A expressão *domínio do fato* foi usada, pela primeira vez, por Hegler no ano de 1915, mas ainda não possuía a conotação que se lhe empresta atualmente, estando mais atrelada aos fundamentos da culpabilidade. A primeira formulação da ideia central da teoria do domínio do fato no plano da autoria, em termos assemelhados aos contornos que lhe confere Roxin, deu-se efetivamente em 1933, por Lobe, mas produziu eco apenas quando Welzel a mencionou – sem referir-se, no entanto, ao seu antecessor – em famoso estudo de 1939, referindo-se a um domínio final do fato como critério determinante da autoria. Em razão dessa sucessão de referências esparsas e pouco lineares à ideia de domínio do fato é que se pode dizer, sem exagero, que apenas em 1963, com o estudo monográfico de Roxin, a ideia teve seus contornos concretamente desenhados, o que lhe permitiu, paulatinamente, conquistar a adesão de quase toda a doutrina.

Cuida-se de teoria que somente tem aplicação em crimes dolosos, sendo incompatível com os crimes culposos, pois, nos últimos, não se pode reconhecer que o agente tenha domínio do fato.

Fundamenta-se na percepção de que a distinção entre autores e partícipes não poderá ser alcançada nem por uma teoria que prestigie aspectos meramente objetivos, nem por outros meramente subjetivos. **A teoria do domínio final do fato é, assim, objetivo-subjetiva.**

Cuida-se de uma teoria restritiva porque parte da ideia de que o autor é **figura central do acontecer típico, sendo a instigação e a cumplicidade** causas de extensão da punibilidade das quais somente se lança mão quando não se pode reconhecer no agente a condição de autor.

Dissertando sobre a teoria do domínio do fato, Bitencourt (2020, p. 577) esclarece:

> Embora o domínio do fato suponha um controle final, "aspecto subjetivo", não requer somente a finalidade, mas também uma posição objetiva que determine o efetivo domínio do fato. Autor, segundo essa teoria, é quem tem o poder de decisão sobre a realização do fato.

Três são as manifestações do domínio do fato:

I. **Domínio da ação:** para a teoria do domínio do fato, a realização pessoal dos elementos do tipo (domínio da ação) sempre caracterizará autoria, ainda que o agente atue porque alguém assim determinou ou pediu. Assim, se Larapius Augustus subtrair os bens de Azaradus Cesar, mesmo que o faça a mando de André, é autor. Afinal, realizou a conduta descrita no tipo do art. 155 do Código Penal. Portanto, havendo domínio da ação, haverá domínio do fato, do que se pode concluir que todos aqueles que podem ser considerados autores para a teoria objetivo-formal também o serão para a teoria do domínio do fato, embora o inverso não seja verdadeiro.

II. **Domínio da vontade:** para a teoria em estudo, não é apenas autor quem executa a ação típica, mas também quem se vale de outra pessoa com o verdadeiro instrumento para a execução da conduta típica. Com isso, a teoria do domínio do fato consegue, ao contrário da teoria objetivo-formal, explicar a autoria mediata. Na autoria mediata, o domínio do fato se caracteriza pelo domínio da vontade, por ser o homem de trás quem, dominando a vontade, controla a ação do executor. Aqui, se incluem as situações em que o autor mediato domina a vontade do terceiro, seu instrumento, através de:

a. coação;
b. erro;
c. **um aparato organizado de poder**, em que pode ser considerado autor, segundo Roxin (*apud* GRECO; LEITE, 2014, p. 28):

> Aquele que servindo-se de uma organização verticalmente estruturada e apartada, dissociada da ordem jurídica, emite uma ordem cujo cumprimento é entregue a executores fungíveis, que funcionam como meras engrenagens de uma estrutura automática.

Trata-se daquilo que, entre nós, com algumas variações, se convencionou denominar "autoria de escritório" e que será analisada em outro tópico, ainda neste capítulo.

IV. **Domínio funcional do fato, caracterizador de coautoria:** também é autor (coautor) para a teoria do domínio do fato quem, com **domínio funcional do fato**, realiza parcela do plano criminoso global, ocorrendo uma **divisão funcional de tarefas**. Assim, em um estupro, "A" segura a vítima para que "B" com ela mantenha conjunção carnal; em um roubo, enquanto "C" mantém a vítima sob a mira de arma de fogo, "D" recolhe seus pertences. A consequência, nesse caso, será a existência de uma imputação recíproca, em que se imputará a uma pessoa fatos de terceiros. Assim, "A" responderá pelo estupro tanto quanto "B" e "C", pelo roubo tanto quanto "D", sendo coautores do delito.

## 31.4.4 Teoria adotada pelo Código Penal brasileiro

O Código Penal brasileiro adotou a **teoria objetivo-formal**, estabelecendo distinção entre autores e partícipes, consoante se depreende da redação dos seus arts. 29 e 62. A opção pela teoria mencionada é visível quando o art. 62, III, agrava a pena com relação ao agente que **executa** o crime, ou nele **participa**, mediante paga ou promessa de recompensa, deixando claro que executar e participar são coisas distintas. Destarte, quem executa o crime é autor, sendo partícipe aquele que induz, instiga ou auxilia.

A adoção da teoria objetivo-formal, contudo, não é capaz de resolver a questão da autoria mediata em que o verdadeiro autor, o homem de trás, não executa a ação criminosa. **Para o fenômeno da autoria mediata, devemos nos socorrer da teoria do domínio do fato.**

> **Art. 62.** A pena será ainda agravada em relação ao agente que: (Redação dada pela Lei nº 7.209, de 11.07.1984.)
>
> I – promove, ou organiza a cooperação no crime ou dirige a atividade dos demais agentes; (Redação dada pela Lei nº 7.209, de 11.07.1984.)
>
> II – coage ou induz outrem à execução material do crime; (Redação dada pela Lei nº 7.209, de 11.07.1984.)
>
> III – instiga ou determina a cometer o crime alguém sujeito à sua autoridade ou não punível em virtude de condição ou qualidade pessoal; (Redação dada pela Lei nº 7.209, de 11.07.1984.)
>
> IV – executa o crime, ou nele participa, mediante paga ou promessa de recompensa.

## 31.4.5 Autoria direta e indireta

Ocorre autoria mediata quando o agente, utilizando-se de interposta pessoa como seu instrumento, realiza a conduta típica. O fundamento, a base da autoria mediata, é o domínio do fato, pois, embora não seja do autor mediato a execução da figura típica, ela é fruto de sua vontade. O autor mediato é, assim, o "homem de trás", que tem controle sobre o executor.

A doutrina aponta as seguintes hipóteses de autoria mediata:

a. **Provocação de erro no executor**. Ex.: médico entrega ao enfermeiro dose de veneno fazendo crer que se trata de medicamento a ser ministrado a um paciente do hospital. O enfermeiro ministra o medicamento, que provoca instantaneamente a morte da vítima. Nesse caso, o enfermeiro atuou em erro de tipo, nos termos do art. 20 do Código Penal, devendo o médico ser responsabilizado como autor mediato do crime, nos termos do art. 20, § 2º, do Código Penal.

> **Art. 20.** O erro sobre elemento constitutivo do tipo legal de crime exclui o dolo, mas permite a punição por crime culposo, se previsto em lei. (Redação dada pela Lei nº 7.209, de 11.07.1984.)
>
> **Descriminantes putativas**
>
> **§ 1º** É isento de pena quem, por erro plenamente justificado pelas circunstâncias, supõe situação de fato que, se existisse, tornaria a ação legítima. Não há isenção de pena quando o erro deriva de culpa e o fato é punível como crime culposo. (Redação dada pela Lei nº 7.209, de 11.07.1984.)
>
> **Erro determinado por terceiro**
>
> **§ 2º** Responde pelo crime o terceiro que determina o erro.

b. **Provocação de erro de proibição escusável no executor.** Ex.: André recebe em sua casa um primo e a mulher deste, recém-chegados de outro país, não sabendo falar uma única palavra em português. No país de origem do casal, o homem tem o direito de matar sua mulher adúltera. Dois dias depois de chegar ao Brasil, a mulher do primo é surpreendida em adultério pelo próprio André, que, então, instiga o marido traído a matá-la, fazendo-o acreditar que, no Brasil, também teria esse direito. Na hipótese, o marido estará em erro de proibição indireto e invencível (escusável), que o isentará de pena. André, a seu turno, responderá pelo crime na qualidade de autor mediato.
c. **Coação moral irresistível** (art. 22 do Código Penal). Ex.: um perigoso bandido que, prometendo matar os filhos do coagido, determina que o último realize subtração de valiosos objetos do local em que trabalha. O pai, que atuou sob coação moral irresistível, estará isento de pena e o perigoso bandido será o autor mediato do crime.

> **Art. 22.** Se o fato é cometido sob coação irresistível ou em estrita obediência a ordem, não manifestamente ilegal, de superior hierárquico, só é punível o autor da coação ou da ordem. (Redação dada pela Lei nº 7.209, de 11.07.1984.)

d. **Obediência à ordem não manifestamente ilegal de superior hierárquico** (art. 22 do Código Penal). Ex.: um juiz determina que o oficial de justiça cumpra um mandado de prisão ilegalmente decretada. Não era flagrante a ilegalidade da ordem efetivamente cumprida pelo oficial de justiça. O oficial de justiça estará isento de pena. Autor mediato do crime é o juiz.
e. **Utilização de inimputáveis por idade ou doença mental.** Ex.: Larapius Augustus instiga uma criança a subtrair o relógio de seu pai. Nesse caso, por ter se utilizado de um inimputável, Larapius Augustus, o homem de trás, deverá ser responsabilizado pelo crime como autor mediato.
f. **As qualidades de vítima e instrumento se superpõem na mesma pessoa**, ou seja, o "autor mediato dirige – valendo-se do domínio da vontade – o acontecimento no sentido de que o agente se autolesione juridicamente" (BATISTA, 2004, p. 131). Ex.: autor entrega veneno para a vítima, fazendo-a crer tratar-se de remédio. A vítima ingere e morre, tal qual desejado pelo autor.
g. **Autoria mediata na ação justificada do autor direto.** Cuida-se de hipótese de provocação de situação justificante em desfavor daquele a quem se deseja atingir. Ex.: André quer matar Beto, pessoa violenta, desrespeitosa e covarde. Assim, André instiga Beto a agredir Caio, sabendo que Caio se encontra armado na ocasião. Beto é muito mais forte que Caio, mas, sendo policial, o último se encontra armado. Ao ser agredido por Beto, Caio, em legítima defesa, mata o agressor. Nesse caso, a conduta de Caio, embora típica, não é ilícita. Assim, André não poderia ser responsabilizado como seu partícipe. Afinal, tendo sido por nós adotada a teoria da acessoriedade limitada, como veremos a seguir, seria necessária uma conduta típica e ilícita do autor para que se pudesse responsabilizar o partícipe. Para suprir esse vácuo de impunidade, a doutrina elaborou esse exemplo como sendo hipótese de autoria mediata.

Cuida-se de construção doutrinária formulada por Maurach e Welzel (JESUS, 1999, p. 461). Não conseguimos, porém, concordar com essa construção. Como já foi aqui explicitado, a **autoria mediata tem como base, como fundamento, a teoria do domínio do fato,** e não se vislumbra domínio do fato nessa hipótese. Depois que André instiga Beto, pessoa maior e capaz, André não tem qualquer domínio sobre o desenrolar dos acontecimentos. O que Beto fará, ou mesmo o que fará o próprio Caio, não é algo que esteja sob o poder de decisão de André. Portanto, acreditamos que, com relação à agressão perpetrada em legítima defesa por Caio contra Beto, nada exista a ser atribuído a André. Cremos, outrossim, que André deve ser responsabilizado, na qualidade de partícipe, pelas agressões que Beto perpetrou contra Caio.

**A autoria mediata, tendo como base o domínio do fato, não se aplica a crimes culposos.**

## 31.4.6 Autoria mediata × crimes próprios e crimes de mão própria

Na autoria mediata, as exigências que o tipo penal faz com relação ao sujeito ativo do crime devem ser preenchidas pelo autor mediato, e não por aquele que executa o crime. Sendo assim, Solere, Mir Puig e Welzel admitem autoria mediata nos crimes próprios, desde que o autor mediato reúna as qualidades ou condições exigidas pelo tipo (BITENCOURT, 2020, p. 580).

Poderíamos dar o seguinte exemplo: Corruptos Malignus, funcionário público, solicita que o empregado de uma empresa contratada para realizar pintura no prédio em que trabalha retire de uma das salas e coloque na mala de seu carro uma potente e moderna impressora que a administração recentemente adquiriu. O terceirizado, sem saber dos planos criminosos do funcionário, que alega necessitar do aparelho para realização de tarefas pendentes no final de semana, e sentindo-se feliz por poder ajudá-lo, abre o local com a chave que lhe foi entregue pelo próprio Corruptus, dali retirando o bem e colocando-o na mala, como solicitado. Cuida-se de hipótese em que Corruptus é autor mediato em crime de peculato-furto.

### Decifrando a prova

**(2021 – FAPEC – PC/MS – Delegado de Polícia – Adaptada)** "A teoria do domínio do fato, como toda teoria jurídica o deve ser, direta ou indiretamente, é uma resposta a um problema concreto. O problema que a teoria se propõe a resolver, como já se insinuou, é o de distinguir entre autor e partícipe. Em geral, assim, não se trata de determinar se o agente será ou não punido, e sim se o será como autor, ou como mero partícipe. (...) O CP brasileiro (art. 29, *caput*), todavia, e como já se observou, não o exige, e mesmo insinua uma interpretação segundo a qual todo aquele que concorre para o crime – quem efetuou o disparo, quem convenceu esse primeiro a que cometesse o delito, quem emprestou a arma – é simplesmente autor do homicídio" (GRECO, Luís; LEITE, Alaor; TEIXEIRA, Adriano; ASSIS, Augusto. *Autoria como domínio do fato*: estudos introdutórios sobre o concurso de pessoas no Direito Penal brasileiro. São Paulo: Marcial Pons, 2014. p. 22).

> Assim, com base na teoria do domínio do fato, aprimorada por Claus Roxin e estudada pela doutrina nacional, é possível a autoria mediata nos crimes próprios – como, por exemplo, no peculato.
> ( ) Certo    ( ) Errado
> **Gabarito comentado:** correto, desde que o autor mediato reúna todas as qualidades ou condições exigidas pelo tipo. Em outros termos, tratando-se de autoria mediata, todos os pressupostos necessários de punibilidade devem se encontrar na pessoa do homem de trás (autor mediato).

Nos crimes de mão própria, contudo, será impossível a figura do autor mediato, porque neles somente o autor pode realizar o tipo penal. Trata-se de crime de atuação pessoal. É o entendimento amplamente majoritário. Nesse sentido, Bitencourt (2020, p. 580), Masson (2019b, p. 429) e Nilo Batista (2004, p. 132).

Rogério Greco (2019, p. 561) admite, porém, autoria mediata em crime de mão própria, como se daria, por exemplo, na hipótese de o agente coagir, de forma irresistível, a testemunha a prestar falsas declarações. Nesse caso, segundo defende, o coator poderia ser considerado, conforme art. 22, autor mediato do crime de falso testemunho.

Luís Greco e Alaor Leite (2014, p. 34), para quem não existe possibilidade de autoria mediata nos crimes de mão própria, repudiam seu cabimento em crime de falso testemunho:

> Para a dogmática da autoria e participação isso significa que, nesses casos, autor é quem realiza, por si próprio, o verbo de que se vale o legislador para descrever o tipo penal. Não é possível autoria mediata. Partindo dessas premissas, quem fornece informações falsas à testemunha, que, nelas crendo, acaba por incorporá-las na declaração prestada em juízo, não é autor do delito de falso testemunho (art. 342, CP). Como tampouco há fato principal, sequer culposo (inexiste falso testemunho culposo), esse sujeito terá de ficar impune.

Quanto ao exemplo mencionado por Rogério Greco, ousamos discordar que se trate de autoria mediata em falso testemunho. A conduta ali mencionada se adequa, outrossim, à descrição legal do crime de coação no curso do processo, descrito no art. 344 do Código Penal:

> **Art. 344.** Usar de violência ou grave ameaça, com o fim de favorecer interesse próprio ou alheio, contra autoridade, parte, ou qualquer outra pessoa que funciona ou é chamada a intervir em processo judicial, policial ou administrativo, ou em juízo arbitral:
> **Pena** – reclusão, de um a quatro anos, e multa, além da pena correspondente à violência.
> **Parágrafo único.** A pena aumenta-se de 1/3 (um terço) até a metade se o processo envolver crime contra a dignidade sexual. (Incluído pela Lei nº 14.245, de 2021.)

### 31.4.7 Coautoria e crimes de mão própria

Crimes próprios são aqueles que exigem do sujeito ativo uma especial qualidade. Os de mão própria, a seu turno, são aqueles de atuação pessoal e, portanto, infungíveis.

Os crimes próprios podem ser praticados em coautoria, desde que por duas ou mais pessoas que detenham a mesma qualidade especial exigida do autor pelo tipo penal. Também neles pode haver participação, desde que o partícipe, não ostentando a qualidade de funcionário público ou não se valendo dessa condição ao atuar, conheça a condição de funcionário público do autor.

Os crimes de mão própria, entretanto, **não admitem a figura da coautoria**, pois, tratando-se de crimes de atuação pessoal, não admitem fracionamento da execução. Assim, se duas testemunhas calam a verdade, mesmo que estejam de comum acordo, cada uma delas será autora de seu próprio crime e não coautoras do mesmo crime. Na doutrina, esse é o escólio de Masson (2019b, p. 426) e Greco (2019, p. 561).

O STF e o STJ, contudo, já admitiram a figura de coautoria em crime de falso testemunho.

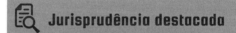

> Recurso ordinário. *Habeas corpus*. Falso testemunho (art. 342 do CP). Alegação de atipicidade da conduta, consistente em depoimento falso sem potencialidade lesiva. Aferição que depende do cotejo entre o teor do depoimento e os fundamentos da sentença. Exame de matéria probatória, inviável no âmbito estreito do *writ*. Coautoria. Participação. Advogado que instrui testemunha a prestar depoimento inverídico nos autos de reclamação trabalhista. Conduta que contribuiu moralmente para o crime, fazendo nascer no agente a vontade delitiva. Art. 29 do CP. Possibilidade de coautoria. Relevância do objeto jurídico tutelado pelo art. 342 do CP: a administração da justiça, no tocante à veracidade das provas e ao prestígio e seriedade da sua coleta. Relevância robustecida quando o partícipe é advogado, figura indispensável à administração da justiça (art. 133 da CF). Circunstâncias que afastam o entendimento de que o partícipe só responde pelo crime do art. 343 do CP. Recurso ordinário improvido (STF, RHC nº 81.327/SP, Rel. Min. Ellen Gracie, j. 11.12.2001).
>
> **Recurso especial. Penal. Falso testemunho. Advogado. Coautoria. Possibilidade. Atipicidade da conduta. Súmula nº 07/STJ.** Precedentes. A pretensão referente à atipicidade da conduta aduzida esbarra no óbice da Súmula nº 07 deste Tribunal, eis que para analisá-la enseiaria o reexame meticuloso de matéria probatória. Entendimento desta Corte de que é possível, em tese, atribuir ao advogado a coautoria pelo crime de falso testemunho. Recurso desprovido (STJ, REsp nº 402.783/SP 2001/0193430-0, Rel. Min. José Arnaldo da Fonseca, 5ª Turma, j. 09.09.2003, *DJe* 13.10.2003, p. 403 – grifos nossos).

Masson (2019b, p. 426), que, como nós, entende não haver possibilidade de coautoria em crime de mão própria, cita, contudo, uma exceção, que é a hipótese de falsa perícia realizada por dois profissionais, que necessariamente precisarão atuar em concurso para a elaboração do documento de conteúdo falso. Nesse caso, haveria coautoria em crime de mão própria.

## 31.4.8 Coautoria mediata

É possível falar em coautoria mediata nas seguintes hipóteses:

1. Quando duas ou mais pessoas, unidas em ações e desígnios para a prática da conduta delituosa, se valem, como seu instrumento, de um inculpável ou alguém que atua em erro. Ex.: Larapius Augustus e André, unidos em ações e desígnios, desejando matar Ana, preparam o veneno e entregam a Azaradus Cesar para que ministre à vítima durante uma festa, fazendo-o crer que se tratava de um inofensivo suco.
2. Quando há duas ou mais pessoas, unidas em ações e desígnios para a prática da conduta delituosa, mas um deles se vale de um inculpável ou alguém que atua em erro como seu instrumento. Ex.: Larapius Augustus e André desejam matar a vítima. André a segura enquanto Azaradus Cesar, doente mental incitado por Larapius Augustus, a esfaqueia.
3. Quando há duas ou mais pessoas, unidas em ações e desígnios para a prática da conduta delituosa e cada um deles se vale de um inculpável ou alguém que atua em erro como seu instrumento. André e Larapius Augustus desejam matar a vítima. Plínio, doente mental instigado por André, a segura para que Azaradus Cesar, doente mental instigado por Larapius Augustus, a esfaqueie.

> **Decifrando a prova**
>
> **(2018 – TRF/2ª Região – Juiz Federal Substituto – Adaptada)** Na chamada coautoria mediata, verifica-se a confluência da autoria mediata e da coautoria. Ademais, ela configura-se quando dois ou mais agentes se valem, cada qual de uma maneira, de outro agente não punível para executarem um crime.
> ( ) Certo    ( ) Errado
> **Gabarito comentado:** exato, por haver duas pessoas que, unidas entre si em ações e desígnios, têm domínio do fato com relação a um terceiro inculpável, a quem usam como instrumento. Portanto, está certo.

## 31.4.9 Autor de determinação

Trata-se de termo criado por Zaffaroni e Pierangeli para suprir vácuo de impunidade pela impossibilidade de autoria mediata nos denominados crimes de mão própria.

Trabalhemos com o seguinte exemplo: em procedimento investigatório preliminar instaurado a partir da apreensão de uma grande quantidade de droga, pessoa estranha aos quadros da Administração Pública logra trocar a droga por substância inofensiva. O perito, em erro, atesta que o material apreendido naquele procedimento não é catalogado na Portaria nº 344/1998 SVS/MS, não podendo, portanto, ser responsabilizado pelo crime de falsa perícia, descrito no art. 342 do CP. Afinal, não atuou com dolo. Por outro lado, o crime de falsa perícia, por ser de atuação pessoal, de mão própria, só pode ser praticado pelo perito. O "homem de trás", o estranho que provoca o erro, não pode ser considerado autor mediato, pois não cabe autoria mediata em crime de mão própria. Nesse caso, deve ser responsabilizado como autor de determinação, por ter concorrido para a prática do delito, nos termos do art. 29 do Código Penal.

## 31.4.10 Autor intelectual

Autor intelectual é aquele que **elabora, arquiteta, planeja o crime**. No mais das vezes, a doutrina brasileira aponta que, para a teoria do domínio do fato, é **coautor**.

> Pode acontecer, até mesmo, que ao autor intelectual não seja atribuída qualquer função executiva do plano criminoso por ele pensado, o que não afasta, contudo, o seu *status* de autor. Pelo contrário, pela teoria do domínio do fato percebe-se, com clareza, a sua importância para o sucesso da infração penal (GRECO, 2019, p. 563).

Nilo Batista (2004, p. 106-107) nos adverte que, estando sua coautoria fundada no domínio funcional do fato:

> (...) subsistirá se e enquanto ele deter este domínio. Não provém da simples circunstância de organizar a engenharia do empreendimento delituoso; se tal função fosse cometida a um técnico a soldo do Bandenchef, o técnico não seria coautor, à míngua de domínio do fato. É a qualidade de liderança na empresa criminosa, de chefia (poder) sobre os demais quem introduz o domínio funcional do fato.

Assim, imaginemos que o líder de uma organização terrorista, sem conhecimento técnico, mas desejando provocar um ataque de grandes proporções, contratasse um técnico em explosivos para fazer a engenharia do plano criminoso que seu grupo criminoso levaria a efeito. Após elaborar todo o plano, o técnico entrega nas mãos do líder. Nesse caso, o técnico contratado não pode ser considerado coautor, pois não possui nenhum domínio do fato.

Para a teoria objetivo-formal, o organizador do crime sempre é partícipe, por não realizar o núcleo do tipo.

É, porém, necessário que se destaque que mandantes, para a teoria do domínio do fato, não são autores, mas partícipes por instigação.

Luís Greco e Alaor Leite (2014, p. 36-38), repudiando a expressão e a própria existência de um "autor intelectual", salientam que o fato de ter aqui se difundido a ideia de que, para a teoria do domínio do fato, mandante seria autor se deve a um grande equívoco na compreensão daquela teoria pela doutrina brasileira, que confunde domínio do fato, autoria mediata por domínio da organização e instigação. Destacam, por derradeiro, que, para a teoria do domínio do fato, mais mesmo que para a teoria objetivo-formal, a instigação é participação e somente será coautoria nas hipóteses em que o comando é dado a partir de uma organização verticalmente estruturada, dissociada do direito e caracterizada pela fungibilidade dos executores.

### Decifrando a prova

**(2022 – Fumarc – PC/MG – Delegado de Polícia – Adaptada)** Michel ordena a Alexandre, caseiro de sua fazenda, que corte árvores de uma porção lateral da propriedade, situada na zona rural do Município de Itabirito/MG, entendendo que elas atrapalhavam a construção de uma cerca. Por se tratar de área de preservação permanente, seria necessária autorização do órgão competente para o corte, a qual, no entanto, não foi ao menos cogitada por Michel. Embora ambos tivessem conhecimento desse fato e da ilicitude de seu comportamento, Alexandre obedece à ordem de seu patrão Michel, e realiza a conduta. Tendo em vista o disposto no art. 40 da Lei n° 9.605/1998 (art. 40. Causar dano direto ou indireto às Unidades de Conservação e às áreas de que trata o art. 27 do Decreto n° 99.274, de 6 de junho de 1990, independentemente de sua localização: Pena – reclusão, de um a cinco anos) e as teorias atinentes ao concurso de pessoas, é **correto** afirmar que, pela teoria objetivo-formal, Michel seria considerado partícipe do fato criminoso e a aplicação da teoria do domínio do fato não lhe atrairia para a posição de autor da conduta.

( ) Certo ( ) Errado

**Gabarito comentado:** verifica-se que a prova entendeu ser equivocada a assertiva de que o mandante é autor para a teoria do domínio do fato, consoante preconizado por grande parte da doutrina brasileira, adotando, destarte, a lição de Luís Greco. Portanto, está certo.

Há reflexos provocados por aquilo que a doutrina brasileira denomina autoria intelectual quando da dosimetria da pena, bem observados os termos do art. 62, I, do Código Penal.

Art. 62. A pena será ainda agravada em relação ao agente que: (Redação dada pela Lei n° 7.209, de 11.07.1984.)

I – promove, ou organiza a cooperação no crime ou dirige a atividade dos demais agentes; (Redação dada pela Lei n° 7.209, de 11.07.1984.)

Como circunstância agravante genérica, porém, o reconhecimento da autoria intelectual não ensejará a possibilidade de fixação da pena além do patamar máximo legal.

### Decifrando a prova

**(2018 – Fundatec – PC/RS – Delegado de Polícia – Adaptada)** Em relação à teoria geral do crime, a diferença entre autoria indireta intelectual e autoria indireta mediata é que naquela, há o planejamento pelo autor indireto e a execução do crime por um terceiro. Nesta, o autor se vale de um instrumento, alguém que esteja sob coação moral irresistível, por exemplo, para a prática do crime. Na autoria indireta mediata, não haverá concurso de pessoas.

( ) Certo ( ) Errado

**Gabarito comentado:** autoria mediata não é hipótese de concurso de pessoas porque, nela, o instrumento é inculpável ou está em erro. A responsabilização recairá apenas sobre o autor mediato. Na autoria indireta intelectual, o autor intelectual e o executor são coautores do crime. Há de se observar que a banca, para a resposta, se baseou nos ensinamentos dados pela doutrina brasileira amplamente majoritária que, de forma equivocada, como já destacado nesta obra, reconhece no mandante, ou autor intelectual, a qualidade de autor, caso considerados os termos da teoria do domínio do fato. Portanto, está certo.

## 31.4.11 Autor por convicção

Haverá autoria por convicção quando o agente pratica o crime por razões de cunho político, religioso, ideológico. É o caso daquele que mata alguém que fez comentários pejorativos à sua religião, tal qual ocorre com extremistas que tiram vidas alheias por entenderem agir em nome de Deus.

## 31.4.12 Coautoria sucessiva

Haverá coautoria sucessiva quando a execução do crime começar como obra de um único autor, mas, durante o processo de execução, outra pessoa, sem qualquer ajuste prévio, intervém, aderindo ao plano do executor inicial, também realizando atos de execução com vistas à causação do resultado. Na coautoria sucessiva, o acordo de vontade se dá durante a realização do fato, depois do início da execução. Ex.: Larapius Augustus, iniciando a execução de um crime de homicídio, golpeou a vítima. André posteriormente se aproxima e, aderindo ao plano de Larapius Augustus, nela desfere outros golpes.

Até que momento pode haver a coautoria sucessiva?

- **1ª corrente:** só pode haver coautoria sucessiva até a consumação do delito, pois não se pode ser autor do que já ocorreu. É o pensamento defendido por Maurach (1994, p. 385), Fernando Galvão Rocha (2004, p. 526) e também é o nosso. A cooperação posterior à consumação caracteriza a prática de outro crime. Qualquer cooperação dada depois da consumação caracteriza favorecimento real (art. 349 do Código Penal) ou pessoal (art. 348 do Código Penal).
- **2ª corrente:** Nilo Batista (2004, p. 118) defende que a coautoria sucessiva tem cabimento até o exaurimento do crime. Se assim reconhecermos, será coautor sucessivo aquele que ingressar em uma extorsão por ocasião da obtenção da vantagem indevida. Destarte, aquele que ingressasse em uma extorsão mediante sequestro depois de a vítima já estar liberada apenas para buscar o resgate poderia, para os partidários desta corrente, ser responsabilizado por crime de extorsão mediante sequestro, desde que entrasse em sua esfera de conhecimento todo o anteriormente ocorrido. Como já destacamos, não nos parece correta a solução. A extorsão mediante sequestro se consuma no momento em que a vítima é privada de sua liberdade pelo agente que deseja obter vantagem qualquer como condição ou preço de seu resgate e se consumará durante todo o tempo em que for nessas condições mantida. Se o agente ingressa quando a vítima ainda está em cárcere, privada de sua liberdade, não haverá qualquer problema no reconhecimento da coautoria sucessiva. Afinal, o crime ainda estará se consumando. Porém, se a vítima já não mais tem a sua liberdade privada, o crime já se consumou e, se o agente ingressa apenas na fase de exaurimento, não há sentido em reconhecê-lo como coautor de algo que já passou. Nesse caso, deverá ser responsabilizado apenas por favorecimento real.

**Nos crimes permanentes e nos habituais, pode haver coautoria sucessiva até o momento em que cesse a permanência ou a habitualidade.**

Restaria discutirmos acerca da possibilidade de o coautor sucessivo ser responsabilizado, ou não, pelas circunstâncias objetivas que qualificam ou aumentam a pena do crime que tenham sido praticadas antes de seu ingresso.

- **1ª corrente:** sim, desde que o coautor sucessivo conheça a circunstância. É a nossa orientação. Rogério Greco (2019, p. 566), manifestando-se favoravelmente a essa corrente, faz uma ressalva, contudo, destaca que:

> (...) quando o coautor sucessivo adere à conduta dos demais, responderá pela infração penal que estiver em andamento, desde que todos os fatos anteriores tenham ingressado em sua esfera de conhecimento e desde que eles não importem fatos que, por si só, consistam em infrações penais mais graves já consumadas.

Assim, se o coautor sucessivo ingressa em um roubo depois que uma das vítimas já esteja morta, não poderá ser responsabilizado por latrocínio, pois o referido crime já estaria consumado.

- **2ª corrente:** não, porque não existe culpabilidade subsequente. Cada um dos intervenientes só deve responder pelos atos praticados após seu ingresso na empreitada criminosa, como destaca Galvão Rocha (2004, p. 527).

### 31.4.13 Autoria de escritório

É apontada pela doutrina amplamente majoritária como **modalidade especial de autoria mediata** (ZAFFARONI, 1996, p. 647).

A expressão **autoria de escritório** se refere a uma máquina de poder que:

> (...) pode ocorrer tanto num Estado em que se rompeu com toda a legalidade, como numa organização paraestatal (um Estado dentro do Estado) ou como uma máquina de poder autônoma "mafiosa", por exemplo. Não se trata de qualquer associação para delinquir, e sim uma organização caracterizada pelo aparato de seu poder hierarquizado e pela fungibilidade de seus membros (se a pessoa determinada não cumpre a ordem, outro a cumprirá) (ZAFFARONI, 1996, p. 647).

Autoria de escritório pode ser percebida na estrutura das milícias e de organizações criminosas existentes em nosso país, cujos líderes, ao emitirem suas ordens, o farão para todos os seus comandados, a quem, muitas vezes, sequer conhecem. O ponto característico principal da autoria de escritório está justamente na **fungibilidade** dos executores, na medida em que pouco importa quem é o comandado que estará na ponta. Ele fará o que foi determinado pelo autor de escritório e, caso se negue a fazê-lo, haverá outros tantos que farão em seu lugar.

A base da autoria de escritório é o domínio do fato, mas também não podemos negar que o executor das ordens igualmente possui domínio do fato em sua mais incisiva manifestação, que é o domínio da ação. Por essa razão, não conseguimos vislumbrar a autoria de escritório como sendo hipótese particular ou especial de autoria mediata, consoante entendimento que impera na doutrina. Afinal, para que se tenha autoria imediata, o executor é um instrumento que atua em erro ou sem culpabilidade, o que não ocorre no fenômeno da autoria de escritório.

Em provas, deve-se optar pelo reconhecimento de que se trata de uma modalidade especial de autoria mediata, porque este é o entendimento majoritário. É o que demonstra a questão abaixo.

### Decifrando a prova

**(2016 – Funcab – PC/PA – Delegado – Prova Anulada – Adaptada)** Com esteio na concepção de Roxin sobre o domínio do fato, uma das hipóteses de autoria pelo domínio do fato reside no domínio de um aparato organizado de poder. Como característica marcante, entre outras, dessa situação de autoria mediata, tem-se a fungibilidade dos executores, a quem são emitidas ordens dentro de uma estrutura verticalizada de poder.

( ) Certo ( ) Errado

**Gabarito comentado:** trata-se de modalidade especial de autoria mediata, como assevera a majoritária doutrina. Portanto, está certo.

### 31.4.14 Coautoria parcial ou funcional × coautoria direta ou material

Haverá coautoria parcial ou funcional quando diversos agentes praticarem cada ato que, somados, serão causa para o resultado final. Na coautoria funcional, os atos executórios são, assim, fracionados entre os diversos autores "de modo que cada um é responsável por um elo da cadeia causal" (JESUS, 1999, p. 452). Ex.: em um roubo, enquanto um dos agentes mantém a vítima sob a mira de uma arma de fogo, o outro a despoja de seus bens.

Na coautoria direta, os atos de execução realizados pelo agente são idênticos. Ex.: em um roubo, os coautores, todos armados, gravemente ameaçam e recolhem bens das vítimas.

### 31.4.15 Executor de reserva

O executor de reserva é aquele que se faz presente no momento do crime para que, se necessário, intervenha. Caso seja necessária a sua intervenção e ele efetivamente atue, não se pode ter dúvida de que será considerado coautor.

Em não intervindo, surgirão duas orientações:

- **1ª corrente:** é coautor para a teoria do domínio do fato, pois, como destaca Nilo Batista (2004, p. 109), "sua desistência interferiria no 'SE', tanto quanto sua assistência determina o 'COMO' do fato".

    O autor (BATISTA, 2004, p. 109) leciona, ainda, que se trata de uma força de reserva, que poderia ser acionada se o desenrolar dos acontecimentos demandasse sua atuação, como se daria numa hipótese de resistência, fuga etc.

Deve-se reconhecer em tal situação coautoria, fundamentada no domínio funcional do fato, não pela circunstância irrelevante da proximidade física, e sim porque este assessoramento contribui para a configuração da concreta execução do delito.

- **2ª corrente:** é partícipe para a teoria objetivo-formal.

### 31.4.16 O vigia

Para a doutrina, o vigia, que se coloca de atalaia, em posição que lhe permita avistar pessoas que se aproximam, impedindo que o autor seja surpreendido, é partícipe. Sua condição de partícipe se adequa tanto à teoria objetivo-formal quanto à teoria do domínio final do fato. Afinal, o simples fato de alguém figurar como vigia, agindo por ordem e conta de outrem, nos permite concluir que não detém o domínio do fato.

Contudo, devemos ter em mente que muitas são as vezes em que a vigilância constitui uma forma de executar o verbo nuclear do tipo e, nessa hipótese, o vigia será considerado coautor. É o caso daquele que permanece no cativeiro com a vítima sequestrada, vigiando-a para que não fuja e, portanto, privando-lhe a liberdade (art. 148 do Código Penal) ou daquele que permanece como vigia do depósito em que a droga foi colocada, hipótese em que estará "guardando" ou "terá em depósito" a substância (art. 33, *caput*, da Lei nº 11.343, de 2006).

### 31.4.17 O motorista

Quanto à figura do motorista, Nilo Batista (2004, p. 112) nos leciona que três hipóteses distintas devem ser analisadas:

1. O motorista **tem domínio do fato e domínio da ação**. A condução de coisas ou da própria vítima representa a realização de atos de execução da figura típica. Nessa hipótese, terá domínio da ação e do fato, devendo ser considerado coautor tanto para a teoria objetivo-formal quanto para a teoria do domínio do fato. Ex.: o motorista que transporta a droga é autor do crime do art. 33, *caput*, do CP; o motorista que conduz o veículo produto de crime é autor do crime de receptação (art. 180 do Código Penal); o motorista que conduz a vítima para o cativeiro é autor de sequestro (art. 148 do Código Penal).
2. O motorista **tem domínio do fato, mas não tem domínio da ação**. Ex.: atentado contra um chefe de Estado que desfilará em carro aberto, em que o motorista, tal qual plano ajustado por seu comparsa, se compromete a dirigir em menor velocidade em um determinado trecho, para facilitar o disparo que fará o executor. Existe aqui divisão funcional das tarefas. Nessa hipótese, será coautor para a teoria do domínio do fato e partícipe para a teoria objetivo-formal.
3. O motorista **não tem domínio da ação e não tem domínio do fato**. Aqui, a atuação do motorista propicia facilitação ao autor, como se daria na hipótese de o motorista aguardar o executor do homicídio para dar-lhe fuga ao final da empreitada, tal qual previamente ajustado entre ambos; no caso de o motorista transportar o autor até

o local onde este pretende matar a vítima. Nessa hipótese, o motorista é partícipe tanto para a teoria do domínio do fato quanto para a teoria objetivo-formal.

## 31.5 PARTICIPAÇÃO

A participação, ao lado da coautoria, é uma das modalidades de codelinquência. Na participação, o agente intervém no fato de outrem. Assim, a participação, por ser acessória, pressupõe a existência de um autor, com quem contribui.

Por não realizar a conduta descrita na norma penal incriminadora, a conduta do partícipe não se adequa de forma imediata ao modelo legal. A adequação somente se dará em virtude da existência da norma do art. 29 do Código Penal:

> **Art. 29.** Quem, de qualquer modo, concorre para o crime incide nas penas a este cominadas, na medida de sua culpabilidade. (Redação dada pela Lei nº 7.209, de 11.07.1984.)

Destarte, se André emprestou a Larapius Augustus uma chave mixa usada pelo último para abrir uma casa e recolher objetos de valor que ali encontrou, a conduta de Larapius Augustus, que subtraiu coisa alheia móvel, se adequa imediatamente ao modelo legal incriminador do art. 155 do Código Penal. A conduta de André, porém, não corresponde àquilo que o modelo incriminador define como crime. Não existe adequação típica imediata. Todavia, por força da existência da norma do art. 29, acima citada, considerando que André concorreu para a prática do crime de Larapius Augustus, também por ele deverá responder. Assim, a adequação típica de seu comportamento se deu em virtude da combinação da norma do art. 155 com a do art. 29 do Código Penal. A adequação típica, *in casu*, é mediata, portanto, por ampliação pessoal.

### 31.5.1 Teorias sobre participação

A participação é uma atividade acessória, secundária, que depende da atividade principal do autor. Esse grau de dependência é fixado pelas seguintes teorias:

a. **Teoria da hiperacessoriedade:** para que se possa punir o partícipe é necessário que a conduta do autor seja típica, ilícita, culpável e que ele tenha sido por ela efetivamente punido, não versando sobre ela qualquer causa excludente da punibilidade. Assim, se o autor do crime faleceu, o partícipe não poderia ser punido, pois estaria, conforme disposto no art. 107, I, do Código Penal, extinta a punibilidade.
b. **Teoria da acessoriedade extrema:** para que se possa punir a conduta do partícipe, o comportamento principal, ou seja, o comportamento do autor precisa ser típico, antijurídico e culpável. Assim, ainda que se tratasse de conduta típica e ilícita, sendo o autor inculpável por incidirem dirimentes (causas excludentes de culpabilidade) que o isentariam de pena, o partícipe seria impunível.
c. **Teoria da acessoriedade limitada:** é a teoria por nós adotada. Pela teoria da acessoriedade limitada, para punir o partícipe basta existir conduta típica e antijurídica do autor. Destarte, ainda que o autor não seja culpável, a conduta do partícipe poderá ser punida.

d. **Teoria da acessoriedade mínima:** no extremo oposto da teoria da acessoriedade extrema, para a teoria da acessoriedade mínima basta que a conduta do autor seja típica para que se possa punir o partícipe. Assim, aquele que instigar o autor a agir em estado de necessidade, poderá ser responsabilizado pelo crime. Isso nos levaria a uma situação no mínimo esdrúxula: o partícipe seria responsabilizado e o autor não.

### 31.5.2 Formas de participação

Várias são as maneiras pelas quais se pode participar de um crime, não tendo o Código Penal brasileiro enclausurado o conceito que poderia ser entendido como participação, ao contrário do Código Penal alemão e do espanhol, que mencionam expressamente as espécies de participação (BITENCOURT, 2020, p. 582).

A participação, entre nós, pode se dar sob o aspecto moral e sob o aspecto material.

A seguir, elencaremos algumas das possíveis formas de participação no crime.

### 31.5.2.1 Induzimento (ou determinação) e instigação

O **induzimento ou determinação** se caracteriza pela criação, na mente do autor, da ideia de praticar o crime.

A **instigação**, a seu turno, ocorre quando o agente **reforça a ideia** que o autor já tenha de cometer a infração, animando-o, encorajando-o, estimulando-o à prática do injusto.

Cuida-se de modalidades de **participação moral**, que somente podem se dar **por ação**, influenciando na formação da vontade do autor. Não se pode conceber determinação ou instigação por omissão, não valendo, para o Direito Penal, a velha máxima de "quem cala consente", corriqueiramente utilizada.

O fato de o agente se calar diante da manifestação do autor no sentido de desejar praticar o crime não pode ser considerado, em absoluto, determinação ou instigação, porque, nesse caso, não se conseguirá vislumbrar qualquer contribuição no processo de formação de vontade do autor.

---

**Decifrando a prova**

**(2018 – Cespe/Cebraspe – Polícia Federal – Delegado)** Clara, tendo descoberto uma traição amorosa de seu namorado, comentou com sua amiga Aline que tinha a intenção de matá-lo. Aline, então, começou a instigar Clara a consumar o pretendido. Nessa situação, se Clara cometer o crime, Aline poderá responder como partícipe do crime.
( ) Certo    ( ) Errado
**Gabarito comentado:** na instigação, sendo hipótese de participação moral no crime, todos os que concorrem para o crime incidem nas penas a ele cominadas. Portanto, está certo.

### 31.5.2.2 Cumplicidade

Cumplicidade ou auxílio é uma forma de participação material, que se dará, por exemplo, nas hipóteses em que o partícipe emprestar a arma com que o autor realizará a conduta típica, atrair a vítima para o local onde o crime vai ser praticado, criando facilidades para que o autor possa realizar a conduta típica etc.

Pode ocorrer sob a forma de ação ou de omissão, como veremos adiante.

### 31.5.3 Momento da participação

Admite-se a participação em qualquer fase do delito, mesmo antes de sua cogitação, como se dá nas hipóteses de determinação ou induzimento. Segundo a doutrina majoritária, a participação não pode se dar, porém, depois de já estar consumado o crime. Destarte, aquele que, depois do crime, auxiliar o autor, será autor de outro crime, não partícipe do crime anterior. Ex.: o agente, após realizar o roubo, procura um amigo, pedindo que este o esconda em sua casa. Nesse caso, teremos favorecimento pessoal e não participação no roubo.

Se ajuda pós-crime não caracteriza participação, é preciso destacarmos que promessa prévia de ajuda futura poderá caracterizá-lo. Assim, é partícipe o agente que promete ao autor emprestar-lhe a garagem para que ele ali esconda o carro após o roubo, tendo sido essa promessa um estímulo para que o autor realizasse a conduta criminosa. Nesse caso, ainda que, após o crime, a garagem não possa ser emprestada por qualquer razão, continuará havendo participação, pois que a promessa do empréstimo se caracterizou como um estímulo para a prática do delito.

Quanto à receptação, idêntico cuidado há de ser tomado. Se o agente participa do crime anterior, encomendando o bem, por exemplo, não poderá ser considerado autor de crime de receptação, mas partícipe do crime anterior, por ter instigado sua prática. Assim, se Larapius Augustus, depois de furtar um carro, procura Azaradus Cesar para oferecer peças do veículo e o último as adquire, estaremos diante de hipótese em que Azaradus pratica crime de receptação. Contudo, imaginemos que Azaradus, necessitando de peças para seu carro, procure Larapius Augustus, ladrão de veículos, que, contudo, delas não dispõe naquele momento. Azaradus, então, as encomenda, sabendo que Larapius realizará crime patrimonial para obtê-las. Larapius realiza o furto e Azaradus adquire as peças encomendadas. No caso, Azaradus deverá ser responsabilizado por crime de furto, do qual participou ao incentivar a empreitada criminosa.

### 31.5.4 Contribuição causal da participação

Na participação é indispensável a eficácia causal da conduta. Não haverá participação se a atividade não contribuir para a atividade final do autor. Assim, não basta conhecer a atividade criminosa do autor, sendo necessário que o partícipe a ela se alie, realizando uma conduta que revele colaboração efetiva para seu plano. Assim, não se vislumbra participação na conduta daquele que, aderindo ao comportamento do autor, lhe entrega, a pedido, uma arma para a execução do crime, mas o autor dela não faça uso.

## 31.5.5 Participação sucessiva × participação em cadeia

A participação sucessiva se dá quando o sujeito é instigado ou auxiliado a praticar a conduta criminosa por mais de uma pessoa, não existindo vínculo associativo entre as pessoas que o instigam. Ex.: Maria instiga Larapius Augustus a praticar um furto. Posteriormente, Jonas, ao saber dos planos criminosos de Larapius e sem saber que Maria já o instigara, empresta-lhe uma chave mixa para a realização da conduta.

A participação sucessiva não deve ser confundida com a participação em cadeia, em que alguém instiga alguém para que determine outrem a cometer o crime. Ex.: Maria instiga Jonas para que este, que é amigo de Larapius Augustus, o instingue a cometer o crime. A participação em cadeia também é denominada "participação em participação" (BATISTA, 2004, p. 177).

## 31.5.6 Participação por omissão × conivência impunível

Como vimos anteriormente, não existe participação moral por omissão. A participação moral, por determinação ou instigação, somente se dá por ação.

O auxílio, ou a cumplicidade, contudo, pode se dar por ação ou omissão.

Qualquer um pode ser cúmplice por ação, mas sobre a possibilidade de participação por omissão, a doutrina se divide em duas diferentes correntes de pensamento:

- **1ª corrente:** só pode ser partícipe por omissão aquele que figurar na qualidade de **agente garantidor**.

    Ex. 1: o homem que trabalha como vigilante em um depósito, ao ver a porta aberta, não a fecha, desejando, com isso, ajudar um ladrão que anda rondando a vizinhança. Nesse caso, se o ladrão entrar e subtrair bens do local, o vigilante deve ser considerado partícipe do crime.

    Ex. 2: policial em serviço assiste a um furto e, embora pudesse agir para impedir que a subtração se consumasse, nada fez por entender que havia lógica no crime, entendendo que se trata de uma forma de redistribuição da renda. Na hipótese, o policial deve ser considerado partícipe do furto.

Para essa corrente, se não fosse garantidor aquele que se omitiu diante dos crimes acima, teríamos mera **conivência impunível**. É a corrente majoritária.

- **2ª corrente:** só pode ser partícipe por omissão aquele que não figure na qualidade de garantidor e desde que sua omissão se revele um verdadeiro auxílio, uma ajuda material para a prática do crime. Ex.: Ana, que trabalhava na casa de André, ao sair do banheiro da suíte, onde acabara de fazer uma faxina, viu o patrão pressionando um travesseiro contra o rosto da própria mulher, que, desesperadamente, lutava pela vida. Do lado de fora do quarto, o pai de André gritava para que o filho abrisse a porta e desistisse daquela loucura. André, então, sem largar a vítima, pediu que Ana não abrisse a porta. Ana, aderindo ao plano de André, por quem nutria silenciosa paixão, se quedou inerte, nada fazendo. O pai de André, assim, não conseguiu entrar para impedir o crime e, depois de alguns minutos de muita agonia, a vítima morreu.

Nesse caso, Ana não é garantidora da vítima, mas, ao omitir-se, aderindo ao plano de André, acaba por auxiliá-lo, devendo ser considerada partícipe do crime.

Essa é a posição que defendemos. Para a primeira corrente, majoritária, por não ser garantidora, Ana não poderia ser considerada partícipe de André, devendo responder por mera omissão de socorro. Não podemos concordar com a posição dominante porque, afinal, se aquele que tem o dever de agir para impedir o resultado nada fizer, deverá ser responsabilizado como autor de seu próprio crime, não como partícipe de crime de terceiros.

Para nós, o vigilante e o policial, nos exemplos com que ilustramos a primeira corrente, são autores de seus próprios crimes comissivos por omissão e não partícipes de crimes alheios.

Defendemos, outrossim, que haverá conivência impunível quando um não garantidor se omitir diante da conduta comissiva de alguém, sem que a omissão se traduza como auxílio. Ex.: um transeunte passa pelo local e, embora possa, nada faz para impedir que um homem mate um inocente. Nesse caso, não é mesmo partícipe, pois nenhuma relevância causal existe em sua omissão. Sua omissão, a rigor, em nada contribuiu para o resultado. No caso, o transeunte responderá por omissão de socorro.

Deve-se atentar para o fato de que muitas vezes são usadas expressões como "participação negativa", "concurso absolutamente negativo" e "crime silente" como sinônimos de conivência imponível (MASSON, 2019b, p. 436).

### Decifrando a prova

**(2018 – Consulplan – TJ/MG – Juiz de Direito Substituto – Adaptada)** MA, preocupada com o desempenho escolar insatisfatório de sua filha AL, de 13 (treze) anos de idade, pediu ao vizinho V, de 19 (dezenove) anos de idade, universitário, para ministrar aulas particulares para AL. Ao fazer o pedido, MA mencionou para V a idade de AL e as dificuldades que ela enfrentava com a disciplina de matemática. Na data combinada, V foi à residência de AL e foi por esta recebido e conduzido até seu quarto. MA, estava na sala de TV, que fica ao lado do quarto de AL, de modo que pôde ouvir com clareza o inteiro teor da conversa travada entre V e AL. Depois de alguma conversa entre eles, AL convidou V para "ficarem". V ficou indeciso inicialmente, mas AL insistiu e afirmou que não haveria problema algum, porque sua mãe MA estava na sala entretida com a novela e não os interromperia. Depois da insistência por parte de AL, V concordou com a proposta e acabaram mantendo relação sexual. MA, que ouviu toda a conversa, achou melhor não interferir e continuou a assistir à novela. V e MA respondem pelo crime de estupro de vulnerável, V na modalidade comissiva e MA na modalidade omissiva, sendo aplicada à MA a causa de aumento de pena prevista no art. 226, II, do Código Penal (condição de ascendente).

( ) Certo      ( ) Errado

**Gabarito comentado:** sendo garantidora da menor, MA deve responder pelo estupro, pelo fato de ter se omitido. Não haverá possibilidade de ser a pena da mãe aumentada porque o fato de ser mãe não pode ser usado para que nela se reconheça a qualidade de garantidora e também para que se lhe aumente a pena, sob pena de restar caracterizado o *bis in idem*. A questão não enfrentou a controvérsia de ser o garantidor autor do próprio crime ou partícipe do crime comissivo de outrem, mas isso não a torna passível de anulação, pois se admite as duas correntes. Portanto, está errado.

## 31.5.7 Impunibilidade da participação

Tendo sido por nós adotada a teoria da acessoriedade limitada, somente se pode punir a conduta do partícipe se a conduta do autor for típica e ilícita. Sendo atípica a conduta do autor, nenhum sentido existe na punição do partícipe. Sabemos que, antes do início da execução, a conduta não pode ser considerada típica. Destarte, se a conduta do autor sequer ingressou na fase de execução, estamos diante de um fato atípico e, ainda que o partícipe o tenha ajudado, moral ou materialmente, na fase preparatória, sua conduta não poderá ser punida. Sendo acessória, a participação seguirá a sorte do principal. Essa é a razão da regra trazida pelo art. 31 do Código Penal.

> **Art. 31.** O ajuste, a determinação ou instigação e o auxílio, salvo disposição expressa em contrário, não são puníveis, se o crime não chega, pelo menos, a ser tentado. (Redação dada pela Lei nº 7.209, de 11.07.1984.)

Deve-se, contudo, destacar que o artigo em comento ressalva disposição em sentido contrário, referindo-se àquelas hipóteses em que o ajuste, a determinação, a instigação e o auxílio são tipificados como crimes autônomos. É o que ocorre, por exemplo, com os crimes de organização e associação criminosa previstos na legislação penal pátria.

## 31.5.8 Fundamentos da punibilidade da participação

Acerca da razão pela qual se pune a participação, podemos destacar duas teorias.

a. **Teoria da participação na culpabilidade:** prega que, pela gravidade de sua influência sobre o autor, o partícipe deve ser punido.
Bitencourt (2020, p. 584) aponta as razões pelas quais essa teoria não pode ser acatada:

> Na verdade, modernamente, dois aspectos fundamentais afastam peremptoriamente a aplicabilidade dessa teoria: em primeiro lugar, porque a culpabilidade é uma questão pessoal de cada participante, independente da dos demais. O fato de qualquer dos participantes ser inculpável é algo que só diz respeito a ele; em segundo lugar, e ao mesmo tempo, a consagração da acessoriedade limitada, que se satisfaz com a tipicidade e antijuridicidade da ação, torna desnecessário o exame da importância da participação na culpabilidade do autor.

b. **Teoria do favorecimento ou da causação:** para essa teoria, o partícipe não é punido por ter colaborado na ação de outrem, mas por ter contribuído para a prática do crime. O desvalor da participação residiria, portanto, no favorecimento ou causação da lesão ao bem jurídico, pouco importando a culpabilidade do autor. A teoria do favorecimento se mostra compatível com a teoria da acessoriedade limitada da participação, adotada em nosso país, segundo entendimento amplamente majoritário.

## 31.6 CONCURSO DE PESSOAS EM CRIMES CULPOSOS

Os delitos culposos não se compatibilizam com a teoria do domínio final do fato, como aqui já destacamos. A base de autoria dos crimes culposos, ou seja, a razão pela qual o agente pode ser considerado autor de um crime culposo, não é o domínio do fato, mas a violação do dever de cuidado, a inobservância do cuidado objetivo. Por essa razão, autor de crime culposo será todo aquele que, violando o dever de cuidado, contribuiu para o resultado. Trata-se, portanto, de um conceito extensivo de autor.

Restaria, contudo, questionarmos se existe possibilidade de concurso de pessoas em crimes culposos. Neste sentido, três correntes se formam:

- **1ª corrente:** crimes culposos admitem coautoria, mas não admitem participação. Se houver cooperação na causa do crime culposo, ou seja, duas ou mais pessoas realizando conjuntamente a conduta violadora do dever objetivo de cuidado, teremos coautoria. Sobre a impossibilidade de participação em crime culposo, Damásio de Jesus (1999, p. 450) leciona que: "Nos crimes culposos, inexiste distinção entre autoria e participação: é autor todo aquele que, mediante qualquer conduta, produz um resultado típico, deixando de observar o cuidado objetivo necessário".
  Ex. 1: dois irmãos, de forma desajeitada, manuseiam uma pesada serra com objetivo de cortar uma árvore, que obstruía uma parte de seu terreno. A árvore cai sobre o prédio vizinho, onde mata uma pessoa. Nesse caso, os irmãos devem ser considerados coautores do homicídio culposo praticado.
  Ex. 2: atrasada e receosa de perder um voo, a mulher, percebendo que o marido já começava a andar mais rápido com o carro, instigou-o para que corresse tanto quanto possível para chegarem a tempo ao aeroporto, sendo por ele atendida. No meio do caminho, não conseguindo controlar o veículo em virtude da velocidade que o condutor havia imprimido, envolveram-se em um acidente, que acabou provocando a morte de um transeunte. A mulher e o marido, por terem cooperado na causa do crime culposo, são considerados coautores do crime. É a posição majoritária na doutrina brasileira.

- **2ª corrente:** crimes culposos admitem coautoria e participação. Aquele que instiga o autor a violar dever objetivo de cuidado não pode ser considerado coautor, mas partícipe. Assim, para essa segunda corrente, no exemplo dos irmãos que manuseavam a pesada serra, teremos coautoria, mas, naquele em que a mulher instigou o marido a correr, teríamos participação da mulher no crime do marido, não coautoria.

- **3ª corrente:** não há possibilidade nem de coautoria nem de participação em crimes culposos. Tendo como base de autoria a violação do dever de cuidado, não há como fracionar essa violação. Todo aquele que viola o dever de cuidado é autor de seu próprio crime. Corrente minoritaríssima entre nós, é defendida por Nilo Batista (2004, p. 83) e também por Luís Greco e Alaor Leite (2014, p. 35).

## 31.7 CONCURSO DE PESSOAS EM CRIMES OMISSIVOS

Os delitos omissivos, assim como os culposos, não se compatibilizam com a teoria do domínio final do fato (BATISTA, 2004, p. 85). Neles, a base de autoria também não é o domínio do fato, mas a violação do dever de agir imposto por uma norma. Por essa razão, autor de crime omissivo será todo aquele que, tendo o dever de agir, se omite quanto ao cumprimento desse dever.

Sobre o cabimento de concurso de pessoas em crimes omissivos, também podemos destacar três correntes:

- **1ª corrente:** crimes omissivos admitem participação, mas não admitem coautoria. Todo aquele que, tendo o dever de agir, violar esse dever, será autor de seu próprio crime, ainda que exista vínculo subjetivo entre duas ou mais pessoas que, tendo o dever de agir, se omitam. Sobre a impossibilidade de coautoria nos crimes culposos, Nilo Batista (2004, p. 65) adverte:

  > (...) o dever de atuar a que está adstrito o autor do crime omissivo é indecomponível. Por outro lado, como diz Bacigalupo, a falta de ação priva de sentido o pressuposto fundamental da coautoria, que é a divisão do trabalho: *no es concebible que alguien omita una parte mientras otros omiten el resto.*

  Ex. 1: dois amigos fazem um passeio de lancha quando se deparam com um homem que sofrera um naufrágio e estava se afogando. Decidem, conjuntamente, que não prestarão socorro, embora lhes fosse possível. Cada um é autor de seu próprio crime, não havendo coautoria.

  Ex. 2: dois amigos estão em um barco. Um deles com a perna engessada. Não há sinal de celular. Deparam-se com um homem que se afoga. O amigo com a perna engessada pede que o outro, que sabe nadar e já se prepara para cair na água, que não o faça. O amigo atende seu apelo e o socorro não é prestado. Nesse caso, somente o amigo que podia realizar a ação salvadora é autor do crime. O outro, por não ter condições de agir, não tem o dever de agir e, assim, não é considerado autor. Porém, por ter dissuadido o amigo, convencendo-o a não realizar a ação salvadora, é partícipe do crime. É a posição majoritária na doutrina brasileira.

- **2ª corrente:** crimes omissivos admitem coautoria e participação. Aquele que, não tendo o dever de agir, instiga o autor a violar o dever de agir, não pode ser considerado coautor, mas partícipe. Aproveitando os exemplos acima mencionados, os que defendem essa corrente dirão ter havido participação do homem cuja perna estava engessada. Porém, na hipótese dos amigos que podiam agir e resolveram que não o fariam, teríamos coautoria, que haverá sempre que existir liame objetivo entre duas ou mais pessoas, que combinam a não atuação quando podem agir. É o entendimento de Greco e Bitencourt (2019, p. 588-589):

  > Se duas pessoas deixarem de prestar socorro a uma pessoa gravemente ferida, podendo fazê-lo, sem risco pessoal, praticarão, individualmente, o crime autônomo de omissão

de socorro. Agora, se essas duas pessoas, de comum acordo, deixarem de prestar socorro, nas mesmas circunstâncias, serão coautoras do crime de omissão de socorro. O princípio é o mesmo dos crimes comissivos: houve consciência e vontade de realizar um empreendimento comum, ou melhor, no caso, de não realizá-lo conjuntamente.

- **3ª corrente:** não há possibilidade nem de coautoria nem de participação em crimes omissivos. Sendo a sua base de autoria a violação do dever de agir, não há como fracionar essa violação. Todo aquele que viola o dever de agir é autor de seu próprio crime. Minoritaríssima entre nós, é defendida por Nilo Batista (2004, p. 86) e também por Luís Greco e Alaor Leite (2014, p. 35).

## 31.7.1 Participação em crimes omissivos

Participar em um crime omissivo significa dissuadir aquele que tem o dever de agir para que não realize a conduta que lhe é imposta por lei. Trata-se de modalidade de participação moral, que somente pode se dar por meio de uma conduta positiva, de um atuar positivo, ou seja, de uma ação. Inexiste possibilidade de participação por omissão em crime omissivo. A participação no crime omissivo é, assim, a instigação para que alguém não atue, não faça o que deve fazer e, como já destacado em outro trecho deste capítulo, não há como instigar alguém por meio do silêncio e da inação. A dissuasão, como qualquer forma de participação moral, demanda ação.

Por óbvio, não pode figurar como partícipe o agente que esteja obrigado a agir, porque, no caso, será autor.

A participação também pode ocorrer na omissão imprópria, o que se dá quando alguém, não figurando como agente garantidor, demove o garante da ideia de realizar a ação que lhe é imposta. Ex.: Anna e Pedro estão na praia, onde também se encontra Felipe, filho de Pedro. Ao ver a criança se afogando, Anna implora para que Pedro não a salve, dizendo-lhe que a morte de Felipe abriria novas portas para o relacionamento que mantinham e que, assim, poderiam ficar juntos. Pedro, então, sucumbe aos pedidos da amante e não realiza a ação salvadora. A criança morre. Nesse caso, Pedro praticou crime de homicídio comissivo por omissão e, tendo participado da omissão de Pedro quando o dissuadiu para que nao realizasse a ação salvadora, Anna deverá ser responsabilizada pelo mesmo crime do seu amante, consoante disposto no art. 29 do Código Penal. O fato de Pedro ser garantidor, ainda que se tratando de questão subjetiva, por ser elementar do crime, se comunicará a Anna, considerados os termos do art. 30 do Código Penal.

> **Art. 30.** Não se comunicam as circunstâncias e as condições de caráter pessoal, salvo quando elementares do crime. (Redação dada pela Lei nº 7.209, de 11.07.1984.)

Observe que somente poderá ser partícipe de um crime omissivo impróprio por omissão aquele que não tenha a qualidade de garante. Sendo garante, será autor (ou coautor, para os que admitem coautoria em crime omissivo). Assim, no exemplo acima, se a mulher fosse mãe da criança que se afogava e dissuadisse o pai para que não a salvasse, seriam os dois autores de seus próprios crimes comissivos por omissão, ou, para alguns, coautores do mesmo crime.

## 31.8 TEORIAS SOBRE O CONCURSO DE PESSOAS

A maioria dos autores situa as teorias acerca do concurso de pessoas logo no início do capítulo em que tratam da matéria. Aqui, preferimos optar por solução distinta, porque, consoante escólio de Nilo Batista (2004, p. 31), antes de fixarmos se autores e partícipes respondem pelo mesmo crime ou se por crimes distintos, devemos saber quem é autor e quem é partícipe:

> O conhecido debate entre as teorias monista (ou unitária), dualista e pluralista, ou seja, se, em caso de concurso de agentes, deve considerar-se um delito único (praticado por todos), ou dois delitos (um praticado pelos autores, outro pelos partícipes) ou, ainda, tantos delitos quantos autores e partícipes, na verdade não passa de uma formulação epifenomênica, que não influencia ou altera embora possa disfarçar o problema fundamental que reside na concepção restritiva ou extensiva de autor.

Agora que já vimos a diferença entre as duas modalidades de codelinquência, coautoria e participação, podemos tratar das teorias que se incumbem dessa discussão.

a. **Pluralística:** para a teoria pluralística haverá um crime para cada concorrente. Assim, serão tantos crimes quantos forem os agentes envolvidos.
b. **Dualística:** de acordo com a teoria dualista ou dualística, há dois crimes: um para os autores e outro para os partícipes.
c. **Monística ou unitária:** há um único crime para todos os intervenientes do fato. No seio da teoria monista, contudo, duas vertentes se apresentam: o sistema unitário de autor e o diferenciador. Para o primeiro, que foi a teoria adotada pelo Código Penal de 1940, todos os concorrentes são autores da obra comum, não havendo distinção de qualidade entre as condutas que praticam, devendo todos responder como autores. Pelo sistema diferenciador, o crime é o somatório da ação de sujeitos principais e de sujeitos secundários, havendo diferença qualitativa em suas condutas.

### Jurisprudência destacada

*Habeas corpus.* Direito Penal e Processual Penal. Concurso de pessoas. Reconhecimento de delito em modalidades de consumação distintas para corréus que praticaram o mesmo fato criminoso em unidade de desígnios. Impossibilidade. Aplicação da teoria monista. Tratando-se de concurso de pessoas que agiram com unidade de desígnios e cujas condutas tiveram relevância causal para a produção do resultado, é inadmissível o reconhecimento de que um agente teria praticado o delito na forma tentada e o outro, na forma consumada. Segundo a teoria monista ou unitária, havendo pluralidade de agentes e convergência de vontades para a prática da mesma infração penal, como se deu no presente caso, todos aqueles que contribuem para o crime incidem nas penas a ele cominadas (CP, art. 29), ressalvadas as exceções para as quais a lei prevê expressamente a aplicação da teoria pluralista. Ordem concedida (HC nº 97.652/RS, Rel. Min. Joaquim Barbosa, 2ª Turma, j. 04.08.2009, *DJe* 18.09.2009).

## 31.9 TEORIA ADOTADA NO BRASIL

### 31.9.1 Mitigações ao monismo

Na atual Parte Geral foi adotada a teoria monista, determinando que todos os que concorrem para o crime incidem nas penas a ele cominadas, todos respondendo por um mesmo crime. Quanto à valoração dessas condutas, porém, adotou-se um sistema diferenciador de autores e partícipes, aferindo-se, na dosagem de pena, a eficácia causal de suas ações para o plano criminoso. Assim, a pena se aplica na medida da culpabilidade, consoante art. 29.

Adotamos, destarte, uma teoria unitária temperada, quer seja pela parte final do art. 29, *caput*, quer seja pelas mitigações dos parágrafos do citado artigo e, ainda, pelas exceções pluralísticas existentes no Código Penal e legislação extravagante.

### 31.9.2 Exceções pluralísticas ao monismo

Permeiam a nossa legislação penal várias exceções pluralísticas à teoria monista de concurso de pessoas consagrada como regra no *caput* do art. 29 do Código Penal.

Dentre elas, poderíamos citar as seguintes:

a. **Arts. 124 e 126 do Código Penal:** tanto a gestante quanto o terceiro colaboram para mesmo fato, qual seja, o aborto. Contudo, cada um será responsabilizado pelo seu próprio crime: a mulher pelo crime do art. 124 e o terceiro, pelo crime do art. 126.
b. **Arts. 235 e 235, § 1º, do Código Penal:** a pessoa que se casou com a outra que já era casada, embora tenha contribuído para um mesmo fato, qual seja, a bigamia, responderá pelo crime do § 1º, com pena distinta daquela prevista no *caput* para o bígamo.
c. **Arts. 317 e 333 do Código Penal:** o particular que oferece vantagem ao funcionário público colabora para o mesmo fato contra a Administração Pública. Porém o funcionário público e o particular responderão por crimes distintos.
d. **Arts. 318 e 334 do Código Penal:** o funcionário público que facilitar o contrabando e o descaminho, embora contribua para a conduta do contrabandista ou daquele que deixa de pagar os tributos devidos pela entrada de mercadoria no território nacional, responderá por crime distinto, com pena inclusive maior.
e. **Arts. 319-A e 349-A do Código Penal:** aquele agente público que, dolosamente, aderindo ao comportamento daquele que ingressa em estabelecimento penal levando consigo aparelho de comunicação com o mundo exterior, deve ser responsabilizado pelo crime do art. 319-A e o que leva o aparelho, pelo crime do 349-A do Código Penal.
f. **Arts. 342 e 343 do Código Penal:** aquele que oferecer vantagem para que a testemunha ou o perito pratique o falso, embora esteja contribuindo para o crime desses últimos, deverá ser responsabilizado por outro, qual seja, o do art. 343.

> **Decifrando a prova**
>
> **(2018 – TRF/2ª Região – Juiz Federal Substituto – Adaptada)** O Código Penal brasileiro atualmente vigente adota a teoria exclusivamente monista do concurso de agentes. Em decorrência desta opção dogmática de nosso legislador, jamais, e em hipótese alguma, nossa legislação admitiu a possibilidade de excepcioná-la, para adotar a teoria pluralista.
> ( ) Certo    ( ) Errado
> **Gabarito comentado:** existem várias exceções pluralísticas na legislação penal brasileira, não sendo ortodoxo o nosso monismo. Portanto, está errado.

### 31.9.3 A participação de menor importância

A participação de menor importância é mitigação ao sistema monista de concurso de pessoas, autorizando a diminuição da pena de um sexto a um terço, nos termos do art. 29, § 1º, do CP. O instituto diz respeito exclusivamente ao partícipe e não ao coautor (BITENCOURT, 2020, p. 592), podendo levar sua pena a patamar aquém do limite mínimo previsto em lei.

> **Art. 29.** Quem, de qualquer modo, concorre para o crime incide nas penas a este cominadas, na medida de sua culpabilidade.
>
> § 1º Se a participação for de menor importância, a pena pode ser diminuída de um sexto a um terço.

Não se aplica àquele a quem a doutrina brasileira denomina autor intelectual, porque não pode ser entendida de menor importância a atividade daquele que é responsável pela engenharia do plano criminoso.

Masson (2019b, p. 435) nos adverte que não se pode confundir participação de menor importância com participação inócua. "Participação inócua é aquela que em nada contribui para o resultado, é penalmente irrelevante, pois se não deu causa ao crime é porque a ele não concorreu".

> **Decifrando a prova**
>
> **(2018 – Cespe/Cebraspe – PC/MA – Delegado – Adaptada)** Artur, Romualdo e José decidiram roubar um banco onde sabiam haver vigilantes armados e treinados para garantir a segurança. Com um revólver, Artur rendeu um deles e lhe tomou a pistola, enquanto seus parceiros, também com revólveres, ameaçaram os demais circunstantes e ordenaram aos caixas que juntassem o dinheiro e colocassem-no dentro de sacolas. Consumada a ação, eles correram para onde haviam deixado o carro de fuga, mas não conseguiram chegar até ele em virtude da chegada da polícia. Fingindo-se um cidadão comum, Artur conseguiu obter carona em um caminhão de entregas, livrando-se da iminente prisão em flagrante. Enquanto isso, Romualdo

> e José abordaram um motorista que estacionava seu carro e lhe tomaram as chaves do veículo. A vítima tentou reagir e foi abatida por dois disparos feitos por José, tendo morrido no local. Os ladrões fugiram com o automóvel, mas foram perseguidos e presos ao fim da perseguição. Horas depois, Artur também foi preso, e em seu poder foi apreendida a pistola tomada do vigilante do banco. Acerca dessa situação hipotética, há crime único, de latrocínio, porque o resultado morte aconteceu como desdobramento causal da ação principal e era previsível para todos os partícipes. Artur, assim como Romualdo e José, responderá por latrocínio, e sua pena não poderá ser reduzida sob o argumento de participação menos importante.
> 
> ( ) Certo    ( ) Errado
> 
> **Gabarito comentado:** para a jurisprudência amplamente majoritária, tendo participado de um crime patrimonial com emprego de armas de fogo, todos os concorrentes devem ser responsabilizados por resultados mais graves ocorridos com as vítimas e outras pessoas, caso o evento morte venha a ocorrer como desdobramento causal da ação principal. Não poderá nenhum deles se valer do argumento da participação de menor importância, porque não se caracteriza participação de menor importância quando se trata de coautor. Portanto, está certo.

## 31.9.4 Os desvios subjetivos de conduta (cooperação dolosamente distinta)

Ocorre desvio subjetivo de conduta quando, na realização da conduta típica, o autor realiza uma conduta que difere do plano inicial ao qual havia aderido. Trata-se da figura disciplinada no art. 29, § 2º, do Código Penal.

Os desvios subjetivos podem ser de ordem qualitativa ou quantitativa.

Haverá desvios qualitativos quando o autor, ao realizar a conduta, violar bem jurídico completamente distinto daquele que seria objeto do crime ao qual o partícipe havia aderido. Ex.: foi combinado um furto, mas foi realizado um estupro. Foi combinado um estupro e o autor realizou um furto. O art. 29, § 2º, não se aplica a esses desvios. Quando acontecerem, são obras única e exclusivamente do autor, não podendo ter qualquer reflexo suportado por aquele que deles não participou. Portanto, sobre o que combinou o furto não pode recair qualquer responsabilização pelo estupro.

Haverá desvios subjetivos quantitativos quando o autor, ao realizar a conduta típica, acaba por violar de forma mais contundente o bem jurídico tutelado ou, então, quando violar um bem jurídico correlato e de maior valor que o daquele sobre o qual versava o plano originalmente traçado. É dessa modalidade de desvio subjetivo que trata o art. 29, § 2º:

> **Art. 29.** (...)
> 
> § 2º Se algum dos concorrentes quis participar de crime menos grave, ser-lhe-á aplicada a pena deste; essa pena será aumentada até metade, na hipótese de ter sido previsível o resultado mais grave.

Ocorreria no exemplo de ser ajustado um furto e o agente acabar praticando um roubo, como também na hipótese de alguém combinar uma surra a ser dada na vítima, para lesioná-la e o autor decidir, quando da realização da ação, matá-la, excedendo-se na execução daquilo que havia sido combinado. Nesse caso, cada um será responsabilizado somente até o limite do que restou ajustado.

De acordo com a regra do artigo em comento, o partícipe somente deve ser responsabilizado pelo delito menos grave, podendo, contudo, suportar um aumento da pena quando o resultado mais grave lhe fosse previsível, mas que por ele não foi previsto ou, se foi previsto, não foi aceito.

É importante destacarmos que não haverá desvio subjetivo de conduta, ou cooperação dolosamente distinta, nas hipóteses em que o agente, prevendo o crime mais grave, consentiu em sua produção. Quando isso ocorrer, o agente deverá ser responsabilizado pelo crime mais grave, não se lhe aplicando a regra do art. 29, § 2º, do Código Penal.

Ilustremos situações possíveis:

a. Unidos em ações e desígnios para a prática delituosa, os agentes combinam o crime menos grave. O autor pratica o crime mais grave, imprevisível ao agente quando da elaboração do plano comum. Nesse caso, o autor deve ser responsabilizado pelo crime que praticou e o partícipe, pelo crime menos grave. Ex.: Larapius Augustus chama Azaradus Cesar para participar de um furto a ser realizado em uma casa que, havia anos, estava desocupada. Do lado de fora, Azaradus Cesar faz a vigilância do local. Ao entrar na casa, Larapius Augustus se depara com um empregado contratado e o golpeia, levando consigo a *res*. No caso, Larapius Augustus deverá ser responsabilizado por roubo. Azaradus Cesar, contudo, que aderira ao plano do crime menos grave, deverá ser responsabilizado apenas pelo crime que desejou praticar, qual seja, o furto. O resultado mais grave, na hipótese em comento, lhe era completamente imprevisível e, por isso, não deve haver qualquer aumento em sua pena. Aplica-se-lhe a primeira parte do art. 29, § 2º, do Código Penal.

b. Unidos em ações e desígnios para a prática delituosa, os agentes combinam o crime menos grave. O autor pratica o crime mais grave, previsível ao agente quando da elaboração do plano comum. Nesse caso, o autor deve ser responsabilizado pelo crime que praticou e o partícipe, pelo crime menos grave, mas com aumento. Ex.: Larapius Augustus combinou com Azaradus Cesar a realização de um furto em casa ocupada. O furto seria realizado no período de repouso noturno, quando Larapius Augustus entraria no imóvel e dali retiraria alguns bens. Azaradus Cesar permaneceria do lado de fora, como vigia. No dia do crime, quando Larapius Augustus recolhia alguns bens, um morador acordou e Larapius, para conseguir sair do local levando consigo a *res*, golpeou a vítima, deixando-a desacordada. No caso, Larapius Augustus deverá ser responsabilizado por roubo. Azaradus Cesar, contudo, que aderira ao plano do crime menos grave, deverá ser responsabilizado apenas pelo crime que desejou praticar, qual seja, o furto, mas, sendo-lhe previsível o resultado mais grave, sua pena deverá ser aumentada até a metade. Havendo moradores na casa, era previsível, ainda que Azaradus não tenha previsto, que um deles poderia acordar e esboçar reação. Aplica-se-lhe a segunda parte do art. 29, § 2º, do Código Penal.

c. Unidos em ações e desígnios para a prática delituosa, os agentes combinam o crime menos grave, ambos consentindo, porém, com a prática do crime mais grave, que lhes é previsível. Ex.: Larapius Augustus combina com Azaradus Cesar a realização de um roubo a banco. Larapius Augustus entra na agência portando arma de fogo. Azaradus Cesar, que levou o comparsa até o local, o aguarda do lado de fora do banco para dar-lhe fuga, como anteriormente combinado. No interior da agência, Larapius Augustus anuncia o assalto, provocando a reação de um cliente. Larapius Augustus dispara e mata o cliente, saindo da agência com o numerário subtraído. Deverão ambos ser responsabilizados por latrocínio. Afinal, ao combinar um crime patrimonial com emprego de arma de fogo, Azaradus Cesar consente que o autor, ao realizar a subtração, se utilize da arma contra vítima que, eventualmente, esboce reação. Inaplicável à hipótese o disposto no art. 29, § 2º, do Código Penal.

**Decifrando a prova**

**(2018 – TRF/2ª Região – Juiz Federal Substituto – Adaptada)** Na chamada cooperação dolosamente distinta, um dos concorrentes apenas atua querendo praticar um fato menos grave do que aquele que efetivamente acaba sendo levado a efeito pelos demais concorrentes, razão pela qual apenas responderá pelo fato menos grave.
( ) Certo    ( ) Errado
**Gabarito comentado:** correto, mas, caso o resultado mais grave seja previsível, a pena deverá ser aumentada até a metade, consoante disposto no art. 29, § 2º, do CP.

## 31.10 COMUNICABILIDADE DAS CIRCUNSTÂNCIAS

A regra do art. 30 do Código Penal dispõe sobre a comunicabilidade das denominadas circunstâncias do crime, estabelecendo quando poderão ser estendidas àqueles que participam do crime. Portanto, pensemos na hipótese de uma infração penal praticada por funcionário público. A depender da figura típica de que se tratar, o fato de o sujeito ativo ser funcionário público pode trazer consequências mais graves, que refletirão na sanção a ser aplicada ao seu autor. Essas circunstâncias mais graves poderiam ser suportadas por outras pessoas que, não sendo funcionário público, concorrerem para o seu crime? A resposta para essa pergunta está no art. 30 do Código Penal e muito dependerá do papel que essa circunstância desempenha no caso concreto.

As circunstâncias do crime podem ser assim classificadas:

a. elementares;[2]
b. qualificadoras;

---

[2] A rigor, circunstâncias são peculiaridades que apenas circundam o fato principal, não devendo ser confundidas com as elementares. As circunstâncias propriamente ditas são agregadas ao fato principal para aumentar ou mesmo reduzir o grau de censura que sobre ele recai. As elementares, ao contrário, integram a conduta típica, de modo que, se retiradas, o próprio crime deixa de existir.

c. causas de aumento e diminuição;
d. circunstâncias agravantes e atenuantes.

É imperioso seguir a ordem acima e, destarte, a circunstância só poderá ser considerada agravante genérica se não for elementar, qualificadora ou causa de aumento para aquele crime. O mesmo se diga das circunstâncias atenuantes genéricas, que, assim, somente poderão ser reconhecidas quando não forem elementares ou causas de diminuição. As causas de aumento, a seu turno, só poderão ser reconhecidas se não figurarem como qualificadoras ou elementares. Nunca a mesma circunstância poderá funcionar para o mesmo crime em mais de uma dessas categorias. Por isso, podemos afirmar que uma determinada circunstância somente estará na coluna 4 se não estiver nas colunas 1, 2 e 3; somente poderá estar na coluna 3 se não estiver na 2 ou na 1. Não é por outra razão que, ao tratar das circunstâncias agravantes, o Código Penal dispõe:

> **Art. 61.** São circunstâncias que sempre agravam a pena, **quando não constituem ou qualificam o crime**. (Grifos nossos.)

Passemos à análise de algumas circunstâncias para verificarmos com que qualidade elas se apresentam no crime.

a. Ser mãe da vítima:

| No infanticídio | |
|---|---|
| 1. Elementar | SIM |
| 2. Qualificadora | X |
| 3. Causa de aumento ou diminuição de pena | X |
| 4. Circunstância agravante ou atenuante genérica | X |

| No estupro | |
|---|---|
| 1. Elementar | X |
| 2. Qualificadora | X |
| 3. Causa de aumento ou diminuição de pena | SIM (art. 226, II, do CP) |
| 4. Circunstância agravante ou atenuante genérica | X |

| No homicídio | |
|---|---|
| 1. Elementar | X |
| 2. Qualificadora | X |
| 3. Causa de aumento ou diminuição de pena | X |
| 4. Circunstância agravante ou atenuante genérica | SIM |

b. Não possuir habilitação para direção de veículo automotor:

| Homicídio culposo na direção de veículo automotor (art. 302 do CTB) | |
|---|---|
| 1. Elementar | X |
| 2. Qualificadora | X |
| 3. Causas de aumento e diminuição de pena | SIM (art. 302, § 1º, III, do CTB) |
| 4. Circunstância agravante ou atenuante genérica | X |

| Falta de habilitação para condução de veículo automotor (art. 309 do CTB) | |
|---|---|
| 1. Elementar | SIM |
| 2. Qualificadora | X |
| 3. Causas de aumento e diminuição de pena | X |
| 4. Circunstância agravante ou atenuante genérica | X |

| Omissão de socorro por ocasião de acidente de trânsito (art. 304 do CTB) | |
|---|---|
| 1. Elementar | X |
| 2. Qualificadora | X |
| 3. Causas de aumento e diminuição de pena | X |
| 4. Circunstância agravante ou atenuante genérica | SIM (art. 298, III, do CTB) |

c. Crime praticado contra pessoa idosa:

| Apropriação indébita contra pessoa idosa (art. 102 do Estatuto da Pessoa Idosa) | |
|---|---|
| 1. Elementar | SIM |
| 2. Qualificadora | X |
| 3. Causas de aumento e diminuição de pena | X |
| 4. Circunstância agravante ou atenuante genérica | X |

| Tortura (Lei nº 9.455/1997) | |
|---|---|
| 1. Elementar | X |
| 2. Qualificadora | X |
| 3. Causas de aumento e diminuição de pena | SIM (art. 1º, § 4º, II, da Lei nº 9.455/1997) |
| 4. Circunstância agravante ou atenuante genérica | X |

| Homicídio | |
|---|---|
| 1. Elementar | X |
| 2. Qualificadora | X |
| 3. Causas de aumento e diminuição de pena | SIM (art. 121, § 4º, do CP) |
| 4. Circunstância agravante ou atenuante genérica | X |

| Furto | |
|---|---|
| 1. Elementar | X |
| 2. Qualificadora | X |
| 3. Causas de aumento e diminuição de pena | X |
| 4. Circunstância agravante ou atenuante genérica | SIM (art. 61, II, *h*, do CP) |

d. Crime praticado por funcionário público:

| Peculato | |
|---|---|
| 1. Elementar | SIM |
| 2. Qualificadora | X |
| 3. Causas de aumento e diminuição de pena | X |
| 4. Circunstância agravante ou atenuante genérica | X |

| Falsificação de moeda | |
|---|---|
| 1. Elementar | X |
| 2. Qualificadora | SIM (art. 289, § 3º, do CP) |
| 3. Causas de aumento e diminuição de pena | X |
| 4. Circunstância agravante ou atenuante genérica | X |

| Tráfico de drogas | |
|---|---|
| 1. Elementar | X |
| 2. Qualificadora | X |
| 3. Causas de aumento e diminuição de pena | SIM (art. 40, II, da Lei nº 11.343/2006) |
| 4. Circunstância agravante ou atenuante genérica | X |

e. Emprego de veneno, fogo ou explosivo:

| Dano | |
|---|---|
| 1. Elementar | X |
| 2. Qualificadora | SIM (art. 163, parágrafo único, II, do CP) |
| 3. Causas de aumento e diminuição de pena | X |
| 4. Circunstância agravante ou atenuante genérica | X |

| Incêndio | |
|---|---|
| 1. Elementar | SIM |
| 2. Qualificadora | X |
| 3. Causas de aumento e diminuição de pena | X |
| 4. Circunstância agravante ou atenuante genérica | X |

| Furto | |
|---|---|
| 1. Elementar | X |
| 2. Qualificadora | SIM (explosivo – art. 155, § 4º-A, do CP) |
| 3. Causas de aumento e diminuição de pena | X |
| 4. Circunstância agravante ou atenuante genérica | X |

As circunstâncias do crime podem ser objetivas (tempo e lugar do crime, modos e meios de execução, por exemplo) ou subjetivas (dizem respeito ao sujeito ativo, como suas qualidades, o parentesco com a vítima, os motivos que teve para praticar o crime).

Como se verifica da leitura do dispositivo, as circunstâncias de caráter meramente objetivo sempre se comunicam, sejam elementares, qualificadoras, causas de aumento ou de diminuição, agravantes ou atenuantes genéricas, devendo ser suportadas por todos que participarem do crime.

Ex. 1: Azaradus Cesar induziu José a matar um vizinho. Para tanto, o executor se utilizou de fogo, praticando, portanto, homicídio qualificado pelo emprego de fogo, consoante art. 121,§ 2º, III. Nesse caso, Azaradus Cesar, embora não tenha usado o fogo, contribuiu para o crime de José e, assim, poderá também ser responsabilizado pelo homicídio com a qualificadora do emprego de fogo, que é objetiva.

Ex. 2: Larapius Augustus praticou furto mediante emprego de explosivo em uma agência bancária. Para tanto, contou com a ajuda de André, que o levou até o local e ali permaneceu até o final da empreitada criminosa para dar-lhe fuga. Larapius será responsabilizado pelo furto qualificado pelo emprego de explosivo, o mesmo podendo se dizer de André, que não se utilizou do explosivo.

Contudo, as de caráter subjetivo, ou seja, aquelas que são próprias do sujeito ou a ele relativas, somente se comunicam quando forem elementares, não se estendendo aos demais concorrentes nas outras hipóteses.

Ex. 1: Corruptus Augustus, funcionário público, solicitou de Amanda vantagem indevida para não embargar sua obra. A solicitação foi feita através de André, seu amigo de infância, que, insatisfeito com os ganhos que tinha como vendedor ambulante, se encarregou de procurar a vítima para apresentar a indecente proposta, ante a promessa de Corruptus de entregar-lhe parte da vantagem, caso recebida. Corruptus praticou o crime de corrupção, mesmo crime praticado por André. O fato de André não ser funcionário público não desautoriza essa conclusão, porque Corruptus ostenta a condição de funcionário, elementar do crime do art. 317 do Código Penal, que se comunica a todos os demais concorrentes.

Ex. 2: André estupra a própria filha, de 13 anos, contando com a colaboração de Larapius Augustus, que segura a vítima para que o pai com ela mantenha os atos de libidinagem. Ser o sujeito ativo ascendente da vítima, no caso de estupro, é causa de aumento da pena do crime. Como se trata de condição de caráter pessoal e não é elementar, não se comunica a Larapius. Assim, o aumento da pena do art. 226, II, do Código Penal será aplicável somente a André.

Devemos, contudo, ter em mente que "as circunstâncias objetivas e as elementares do tipo (sejam elas objetivas ou subjetivas) só se comunicam se entrarem na esfera do conhecimento dos participantes" (BITENCOURT, 2020, p. 595).

### 31.10.1 Qualificadoras são elementares?

Na doutrina, há divergências com relação às qualificadoras, se seriam, ou não, elementares do crime.

- **1ª corrente:** qualificadoras não são elementares. Elementares são aqueles dados que, se retirados, provocam atipicidade da conduta, o que não ocorre quando se trata de qualificadoras. Assim, num crime de homicídio por motivação torpe, a retirada da motivação torpe, que qualifica o delito, não provoca seu desaparecimento. Elementares somente existem no tipo simples, básico. Portanto, as qualificadoras somente se comunicam aos demais concorrentes quando de caráter objetivo. Temos que se trata da melhor orientação. Adotando esse entendimento, a 5ª Turma do STJ fixou que a qualificadora da paga ou promessa de recompensa não é elementar do homicídio e, possuindo caráter pessoal, não se comunica ao mandante.

Jurisprudência destacada

(...) Paga ou promessa de recompensa. Circunstância de caráter pessoal não elementar do tipo penal. Incomunicabilidade aos mandantes. Ressalva de entendimento pessoal do relator. Exclusão da agravante. Motivo torpe. (...) 3. A 5ª Turma do Superior Tribunal de Justiça, no julgamento do Resp nº 1.415.502/MG (Rel. Min. Felix Fischer, DJe 17.02.2017), firmou compreensão no sentido de que a qualificadora da paga ou promessa de recompensa não é elementar do crime de homicídio e, em consequência, possuindo caráter pessoal, não se comunica aos mandantes. Ressalva de entendimento pessoal do Relator. (...) (HC nº 403.263/SP, Rel. Min. Reynaldo Soares da Fonseca, 5ª Turma, j. 13.11.2018, DJe 22.11.2018).

- **2ª corrente:** qualificadoras são elementares do tipo derivado, qualificado. As qualificadoras seriam, portanto, elementares adicionais que, acrescidas ao tipo-base, formam um novo tipo derivado. Influem, portanto, na tipificação do fato. A retirada da qualificadora faz com que desapareça o crime qualificado, previsto no tipo derivado. Sendo considerada elementar, a qualificadora sempre se comunicará, ainda que se trate de qualificadora de cunho pessoal (MARINHO; FREITAS, 2014, p. 516). É o entendimento da 6ª Turma do STJ.

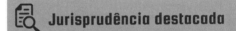

(...). Comunicação da qualificadora de promessa de paga ao autor intelectual do delito. Possibilidade. Reconhecimento pelo conselho de sentença. Falta de alegação de que a decisão dos jurados foi contrária às provas dos autos. Fundamentos inatacados. Incidência da Súmula nº 182/STJ. Dosimetria. Pena-base acima do mínimo legal. Circunstâncias judiciais negativas. Ausência de ilegalidade na fixação da sanção penal. Agravo regimental improvido. (...) 3. No homicídio mercenário, a qualificadora da paga ou promessa de recompensa é elementar do tipo qualificado, comunicando-se ao mandante do delito. (...) (AgInt no Resp nº 1.681.816/GO, Rel. Min. Nefi Cordeiro, 6ª Turma, j. 03.05.2018, DJe 15.05.2018).

# 32 Penas privativas de liberdade

## 32.1 NOTAS INTRODUTÓRIAS

A pena privativa de liberdade se justifica por sua necessidade, devendo o Estado dela lançar mão para tornar possível a convivência em sociedade.

Tendo atingido seu **apogeu no século XIX**, a pena privativa de liberdade foi, no passado, reconhecida como protagonista e até mesmo gerou entre seus entusiastas a crença de que seria meio idôneo para atingir seus objetivos, inclusive a ressocialização do criminoso. Hoje, porém, o que se tem é a conclusão de que a prisão está em crise e que, nos moldes tradicionais, não revela eficácia.

## 32.2 ESPÉCIES DE PENAS PRIVATIVAS DE LIBERDADE

As penas privativas de liberdade previstas para os crimes são as penas de **reclusão e detenção**. A **distinção** não é meramente terminológica, podendo, assim, ser apontadas diferenças.

1. Aos crimes mais graves aplica-se a pena de reclusão; a de detenção é cominada para os menos graves.
2. A pena de reclusão pode ser iniciada em regime fechado, o que não pode ocorrer com a pena de detenção.
3. Para os crimes punidos com reclusão, a lei prevê medida de segurança detentiva; para autor de crime punido com detenção, a medida de segurança poderá ser convertida em tratamento ambulatorial.[1]
4. A incapacidade, como efeito da condenação, para o exercício do poder familiar, tutela ou curatela somente se aplica para os crimes punidos com reclusão.

---

[1] Com relação ao tema, remetemos o leitor ao Capítulo 41, em que serão tratadas as medidas de segurança, no qual se discorre sobre a possibilidade, reconhecida pela jurisprudência, de tratamento ambulatorial para inimputáveis que pratiquem fato definido como crime punido com reclusão.

5. Consoante arts. 69, *caput*, do Código Penal e 76 da LEP, a pena de reclusão será executada antes da pena de detenção.

**CP, art. 69.** Quando o agente, mediante mais de uma ação ou omissão, pratica dois ou mais crimes, idênticos ou não, aplicam-se cumulativamente as penas privativas de liberdade em que haja incorrido. No caso de aplicação cumulativa de penas de reclusão e de detenção, executa-se primeiro aquela.

**LEP, art. 76.** O Quadro do Pessoal Penitenciário será organizado em diferentes categorias funcionais, segundo as necessidades do serviço, com especificação de atribuições relativas às funções de direção, chefia e assessoramento do estabelecimento e às demais funções.

## 32.3 REGIMES PENAIS

São previstos três diferentes regimes para cumprimento da pena privativa de liberdade: fechado, semiaberto e aberto.

**Art. 33.** A pena de reclusão deve ser cumprida em regime fechado, semiaberto ou aberto. A de detenção, em regime semiaberto, ou aberto, salvo necessidade de transferência a regime fechado. (Redação dada pela Lei nº 7.209, de 11.07.1984.)

§ 1º Considera-se: (Redação dada pela Lei nº 7.209, de 11.07.1984.)

a) regime fechado a execução da pena em estabelecimento de segurança máxima ou média;

b) regime semiaberto a execução da pena em colônia agrícola, industrial ou estabelecimento similar;

c) regime aberto a execução da pena em casa de albergado ou estabelecimento adequado.

### 32.3.1 Regime fechado

O regime fechado será executado em estabelecimento de segurança máxima ou média, como estabelece o art. 87 da Lei de Execução Penal, em unidade celular individual, que deverá ter os requisitos do art. 88 daquele diploma legal.

**Art. 87.** A penitenciária destina-se ao condenado à pena de reclusão, em regime fechado.

**Art. 88.** O condenado será alojado em cela individual que conterá dormitório, aparelho sanitário e lavatório.

**Parágrafo único.** São requisitos básicos da unidade celular:

a) salubridade do ambiente pela concorrência dos fatores de aeração, insolação e condicionamento térmico adequado à existência humana;

b) área mínima de 6,00 m² (seis metros quadrados).

No regime fechado, o condenado é isolado durante o repouso noturno, conforme art. 34, § 1º, do Código Penal.

**Art. 34.** O condenado será submetido, no início do cumprimento da pena, a exame criminológico de classificação para individualização da execução.

**§ 1º** O condenado fica sujeito a trabalho no período diurno e a isolamento durante o repouso noturno.

O trabalho externo é admitido, preferencialmente em obras ou serviços públicos, após o cumprimento de, pelo menos, um sexto da pena.

**Art. 37.** A prestação de trabalho externo, a ser autorizada pela direção do estabelecimento, dependerá de aptidão, disciplina e responsabilidade, além do cumprimento mínimo de 1/6 (um sexto) da pena.

No regime fechado, o condenado não fará jus a saídas temporárias, embora possa ser beneficiado com a permissão de saída, nos termos do art. 120 da Lei de Execução Penal.

**Art. 120.** Os condenados que cumprem pena em regime fechado ou semiaberto e os presos provisórios poderão obter permissão para sair do estabelecimento, mediante escolta, quando ocorrer um dos seguintes fatos:

I – falecimento ou doença grave do cônjuge, companheira, ascendente, descendente ou irmão;

II – necessidade de tratamento médico (parágrafo único do art. 14).

**Parágrafo único.** A permissão de saída será concedida pelo diretor do estabelecimento onde se encontra o preso.

## 32.3.2 Regime semiaberto

No regime semiaberto, cumprido em colônias agrícolas, industriais ou estabelecimentos congêneres, o condenado cumpre pena em celas coletivas.

Nesse regime, o condenado terá direito, além das permissões de saída, à saída temporária, depois de cumprido 1/6 (se primário) ou 1/4 (se reincidente) da pena, para visitação à família ou mesmo de frequentar cursos profissionalizantes ou participar de qualquer outra atividade que contribua para o retorno ao convívio social, nos termos dos arts. 123 e ss. da Lei de Execução Penal. Essas saídas podem, inclusive, ser autorizadas para o trabalho externo. Com relação às saídas para o trabalho, não há necessidade de cumprimento de parcela da pena, consoante entendimento sufragado pelo Superior Tribunal de Justiça.

**Art. 123.** A autorização será concedida por ato motivado do Juiz da execução, ouvidos o Ministério Público e a administração penitenciária e dependerá da satisfação dos seguintes requisitos:

I – comportamento adequado;

II – cumprimento mínimo de 1/6 (um sexto) da pena, se o condenado for primário, e 1/4 (um quarto), se reincidente;

III – compatibilidade do benefício com os objetivos da pena.

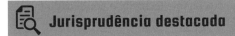

(...) O Superior Tribunal de Justiça firmou compreensão no sentido de ser prescindível, para a concessão de trabalho externo, o cumprimento de um sexto da pena pelo condenado que se encontra no regime semiaberto, desde que preenchidos também os requisitos subjetivos. 4. Conforme ditames do art. 295 do Código de Processo Penal, para observância da garantia à prisão especial basta seja o acusado recolhido em cela distinta das destinadas aos presos comuns (STJ, HC nº 264.257/GO 2013/0028332-8, Rel. Min. Laurita Vaz, *DJ* 17.10.2013).

É importante não confundir o regime semiaberto com o regime aberto, como veremos no próximo tópico.

### 32.3.3 Regras do regime aberto

O regime aberto é baseado na autodisciplina e no senso de responsabilidade do apenado, consoante art. 114 da Lei de Execução Penal.

> Art. 114. Somente poderá ingressar no regime aberto o condenado que: (...)
>
> II – apresentar, pelos seus antecedentes ou pelo resultado dos exames a que foi submetido, fundados indícios de que irá ajustar-se, com autodisciplina e senso de responsabilidade, ao novo regime.

Todo condenado que nele ingressa só fica recolhido, em casas de albergado ou em estabelecimento congênere, durante o repouso noturno e nas folgas. Durante o dia, o condenado trabalha ou realiza outras atividades autorizadas, sem qualquer vigilância, fora do estabelecimento.

Nesse aspecto, é distinto do regime semiaberto. Nem todo condenado que esteja em regime semiaberto terá direito à saída para o trabalho, mas apenas aqueles que preencham os requisitos estabelecidos por lei. Todos os que estão no regime aberto, indistintamente, podem sair durante o dia para realização das atividades.

**Decifrando a prova**

**(2018 – Cespe/Cebraspe – DPE/PE – Defensor Público – Adaptada)** Em se tratando de regime aberto, a pena deverá ser cumprida em colônia agrícola.
( ) Certo    ( ) Errado
**Gabarito comentado:** a colônia agrícola é estabelecimento prisional onde se cumpre pena em regime semiaberto. No regime aberto, a pena é cumprida em casa de albergado. Portanto, está errado.

## 32.4 FIXAÇÃO DO REGIME INICIAL

Ao juiz ou Tribunal prolator da decisão condenatória caberá fixar o regime inicial da execução das penas privativas de liberdade (art. 59, III, do CP), segundo os critérios do art. 33 do Código Penal.

> **Art. 33.** A pena de reclusão deve ser cumprida em regime fechado, semiaberto ou aberto. A de detenção, em regime semiaberto, ou aberto, salvo necessidade de transferência a regime fechado. (Redação dada pela Lei nº 7.209, de 11.07.1984.) (...)
>
> § 2º As penas privativas de liberdade deverão ser executadas em forma progressiva, segundo o mérito do condenado, observados os seguintes critérios e ressalvadas as hipóteses de transferência a regime mais rigoroso: (Redação dada pela Lei nº 7.209, de 11.07.1984.)
>
> a) o condenado a pena superior a 8 (oito) anos deverá começar a cumpri-la em regime fechado;
>
> b) o condenado não reincidente, cuja pena seja superior a 4 (quatro) anos e não exceda a 8 (oito), poderá, desde o princípio, cumpri-la em regime semiaberto;
>
> c) o condenado não reincidente, cuja pena seja igual ou inferior a 4 (quatro) anos, poderá, desde o início, cumpri-la em regime aberto.
>
> § 3º A determinação do regime inicial de cumprimento da pena far-se-á com observância dos critérios previstos no art. 59 deste Código. (Redação dada pela Lei nº 7.209, de 11.07.1984.)
>
> § 4º O condenado por crime contra a administração pública terá a progressão de regime do cumprimento da pena condicionada à reparação do dano que causou, ou à devolução do produto do ilícito praticado, com os acréscimos legais. (Incluído pela Lei nº 10.763, de 12.11.2003.)

A fixação do regime inicial se pautará pela natureza da pena aplicada, por sua quantidade, pela reincidência e pelas circunstâncias judiciais trazidas pelo art. 59 do Código Penal. Atentemos para as regras abaixo.

a. A pena privativa de liberdade de reclusão pode ser iniciada em qualquer dos três regimes. A de detenção só pode ser iniciada em regime aberto ou semiaberto. Assim, o condenado à pena de detenção somente ingressará em regime fechado se houver regressão, ou seja, transferência para regime mais severo.
b. Condenado à pena superior a oito anos, ainda que primário, de bons antecedentes e com todas as circunstâncias judiciais favoráveis, iniciará o cumprimento da pena em regime fechado.
c. Condenado não reincidente, com pena superior a quatro anos e que não exceda a oito anos, poderá cumpri-la, desde o início, em regime semiaberto. Por esse critério, o reincidente condenado com pena superior a quatro anos não poderá ingressar em regime inicial semiaberto. Por outro lado, ainda que não seja reincidente, o fato de ter sido sua pena aplicada entre quatro e oito anos não lhe garante o cumprimento da pena em regime inicial semiaberto. Isso porque, embora primário, se as circuns-

tâncias judiciais forem desfavoráveis ao condenado, o juiz deverá fixar-lhe regime inicial fechado. Essa é a razão pela qual o dispositivo geral se utiliza da expressão "poderá fixá-la", nos termos do art 33, § 2º, *b*. Destarte, para que o primário, com pena maior que quatro e até oito anos, tenha o regime semiaberto fixado como inicial, será necessário que as circunstâncias judiciais do art. 59 lhe sejam favoráveis.

Condenado não reincidente, com pena até quatro anos, poderá, desde o início, cumpri-la em regime aberto. Mais uma vez, o fato de não ser reincidente não garante ao condenado o regime aberto, que somente poderá ser fixado se as circunstâncias judiciais militarem em seu favor.

Na hipótese de serem desfavoráveis as circunstâncias do art. 59, o condenado à pena de até quatro anos deverá iniciar seu cumprimento em regime semiaberto.

Por outro lado, se for reincidente, não terá, necessariamente, que cumpri-la em regime fechado, podendo ser fixado o regime semiaberto. A exigência feita de não reincidência para início da pena no regime semiaberto é para o condenado que teve pena aplicada em patamar maior que quatro e até oito anos, consoante regra do art. 33, § 2º, *b*. Assim, o reincidente condenado a pena de até quatro anos, se as circunstâncias do art. 59 do Código Penal forem favoráveis, cumprirá a reprimenda em regime inicial semiaberto. Sendo desfavoráveis, deverá cumprir a pena em regime fechado. É esse o teor da Súmula nº 269 do STJ.

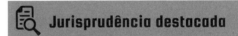

**Súmula nº 269, STJ.** É admissível a adoção do regime prisional semiaberto aos reincidentes condenados a pena igual ou inferior a quatro anos se favoráveis as circunstâncias judiciais.

Segue tabela em resumo ao que aqui foi exposto:

| Pena aplicada | Reincidência | Circunstâncias judiciais | Regime inicial |
|---|---|---|---|
| Superior a 8 anos | X | Favoráveis ou desfavoráveis | Fechado |
| Superior a 4 e até 8 anos | Reincidente | Favoráveis ou desfavoráveis | Fechado, desde que a pena não seja de detenção |
| Superior a 4 e até 8 anos | Não reincidente | Favoráveis | Semiaberto |
| Superior a 4 e até 8 anos | Não reincidente | Desfavoráveis | Fechado, desde que a pena não seja de detenção |
| Até 4 anos | Não reincidente | Favoráveis | Aberto |
| Até 4 anos | Reincidente | Favoráveis | Semiaberto |
| Até 4 anos | Reincidente | Desfavoráveis | Fechado, desde que a pena não seja de detenção |

> ### Decifrando a prova
>
> **(2019 – FCC – DPE/SP – Defensor Público – Adaptada)** Vanessa foi denunciada como incursa no delito de furto qualificado, porque, no dia 05 de abril de 2018, teria subtraído, mediante abuso de confiança, R$ 1.000,00 da loja onde trabalhava como gerente. Realizada audiência, a Juíza condenou a ré, nos termos da denúncia. Ao realizar a dosimetria da pena, a Julgadora fixou a pena-base no mínimo legal. Na segunda fase, aplicou a agravante da reincidência e aumentou a pena em 1/6 (um sexto), sob o fundamento de que a ré possuía uma condenação anterior transitada em julgado antes da prática desse novo delito. Em relação à condenação anterior de Vanessa, alegou a Juíza que, embora tenha ela recebido livramento condicional em 21 de março de 2011 e o direito não tenha sido revogado, o livramento somente expirou em 21 de março de 2015, sendo que a decisão que declarou extinta a pena foi proferida em 26 de maio de 2016. Assim, com base tão somente na reincidência da ré, a Magistrada impôs o regime fechado para início de cumprimento da pena.
> ( ) Certo    ( ) Errado
>
> **Gabarito comentado:** considerando a pena e o regime fixados, a decisão proferida está errada, porque a condenação anterior mencionada pela Juíza já foi atingida pelo período depurador, logo a ré é primária, podendo ser aplicado o regime inicial aberto, uma vez que a pena fixada é inferior a quatro anos. Portanto, está errado.
>
> **(2019 – Cespe/Cebraspe – TJ/AM – Analista Judiciário)** Condenado a pena de quatro anos de reclusão que não seja reincidente deverá cumpri-la, desde o início, no regime semiaberto.
> ( ) Certo    ( ) Errado
>
> **Gabarito comentado:** deve ser, nos termos do art. 33, § 2º, do Código Penal, fixado o regime aberto como inicial. Portanto, está errado.

## 32.5 PRISÃO DOMICILIAR

O regime aberto pode ser cumprido em prisão domiciliar, consoante arts. 33, § 1º, *c*, do Código Penal e 117 da LEP. Trata-se de espécie do gênero regime aberto, apenas cabível quando presentes os requisitos exigidos, sendo, em princípio, impossível concedê-la fora das hipóteses legais.

> **Art. 117.** Somente se admitirá o recolhimento do beneficiário de regime aberto em residência particular quando se tratar de:
> I – condenado maior de 70 (setenta) anos;
> II – condenado acometido de doença grave;
> III – condenada com filho menor ou deficiente físico ou mental;
> IV – condenada gestante.

Entretanto, com a falência do sistema penitenciário nacional, as nossas Cortes Superiores, que antes negavam a possibilidade de cumprimento em regime domiciliar fora dos casos do art. 117 da Lei de Execução Penal, acabaram se rendendo e passaram a permitir sua aplicação, sempre que não houver vagas em estabelecimento adequado. Trata-se de solução que vem sendo adotada tanto para a falta de vagas no regime aberto quanto no regime semiaberto. A omissão estatal não pode justificar que o condenado permaneça durante todo o tempo de cumprimento de sua pena em regime mais severo, devendo ser excepcionalmente possibilitado ao condenado que se recolha em seu domicílio enquanto perdurar a situação, sem que isso importe em alteração da natureza do regime de pena em que se encontre. O tema é atualmente objeto de Súmula Vinculante do STF.

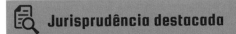

**Súmula Vinculante nº 56.** A falta de estabelecimento penal adequado não autoriza a manutenção do condenado em regime prisional mais gravoso, devendo-se observar, nessa hipótese, os parâmetros fixados no RE nº 641.320/RS.

## 32.6 PROGRESSÃO DE REGIME DE CUMPRIMENTO DE PENA

Após iniciada a pena e depois de cumprido certo lapso temporal, o condenado terá direito à progressão, passando para regime menos severo de cumprimento, desde que preenchidos os requisitos legais para tanto.

A progressão do regime de cumprimento é corolário do princípio da individualização da pena, possibilitando que, por meio de seu comportamento carcerário, o condenado conquiste, de formal gradual, mais uma etapa rumo à liberdade, superando regime mais rigoroso e ingressando em outro, menos rigoroso. Qualquer regra que proíba, de forma absoluta, a progressão é eivada de inconstitucionalidade. Foi essa a razão pela qual a redação original do art. 2º da Lei nº 8.072, de 1990, foi declarada inconstitucional nos autos do paradigmático HC nº 82.959.

**Jurisprudência destacada**

Pena. Regime de cumprimento. Progressão. Razão de ser. A progressão no regime de cumprimento da pena, nas espécies fechado, semiaberto e aberto, tem como razão maior a ressocialização do preso que, mais dia ou menos dia, voltará ao convívio social. Pena. Crimes hediondos. Regime de cumprimento. Progressão. Óbice. Art. 2º, § 1º, da Lei nº 8.072/1990. Inconstitucionalidade. Evolução jurisprudencial. Conflita com a garantia da individualização da pena – art. 5º, inciso XLVI, da Constituição Federal – a imposição, mediante norma, do cumprimento da pena em regime integralmente fechado. Nova inteligência do princípio da individualização da pena, em evolução jurisprudencial, assentada a inconstitucionalidade do art. 2º, § 1º, da Lei nº 8.072/1990 (HC nº 82.959, Tribunal Pleno, Rel. Min. Marco Aurélio, j. 23.02.2006, *DJe* 1º.09.2006).

Inexiste entre nós, atualmente, qualquer regra que impeça a progressão de regime de cumprimento de pena. Embora muitos tenham apontado o disposto no art. 2º, § 9º, da Lei nº 12.850/2013 como hipótese de vedação à progressão, nada existe no dispositivo que justifique a afirmação. Ao vedar a progressão para o condenado por organização criminosa que mantenha vínculos associativos, o legislador menciona aspecto de cunho subjetivo que desautoriza a medida, qual seja, o comportamento carcerário incompatível com os objetivos da execução. Afinal, se mantém vínculos associativos, continua praticando crime, não sendo, portanto, merecedor da transferência para regime menos rigoroso de cumprimento de pena.

> **Art. 2º** Promover, constituir, financiar ou integrar, pessoalmente ou por interposta pessoa, organização criminosa: (...)
>
> **§ 9º** O condenado expressamente em sentença por integrar organização criminosa ou por crime praticado por meio de organização criminosa não poderá progredir de regime de cumprimento de pena ou obter livramento condicional ou outros benefícios prisionais se houver elementos probatórios que indiquem a manutenção do vínculo associativo.

Assim como progride, o condenado também pode regredir no cumprimento da pena, fazendo caminho inverso.

A progressão não pode se dar em saltos, o que importa em dizer que condenado não poderá passar diretamente do regime fechado para o regime aberto. Essa é a conclusão a que se pode chegar quando da leitura do art. 112 da Lei de Execução Penal, que menciona a necessidade de cumprimento de pena no regime anterior.

Se a progressão não se dá em saltos, o mesmo não se pode afirmar com relação à regressão, considerando-se o disposto no art. 118 da Lei de Execução Penal, que, ao tratar do tema, permite a transferência para "qualquer" dos regimes mais rigorosos.

> **Art. 118.** A execução da pena privativa de liberdade ficará sujeita à forma regressiva, com a transferência para qualquer dos regimes mais rigorosos, quando o condenado:
>
> I – praticar fato definido como crime doloso ou falta grave;
>
> II – sofrer condenação, por crime anterior, cuja pena, somada ao restante da pena em execução, torne incabível o regime (art. 111).

A competência para decidir acerca da progressão ou da regressão no regime de cumprimento de pena é do juiz da execução, consoante o art. 66, III, da Lei de Execução Penal.

> **Art. 66.** Compete ao Juiz da execução: (...)
>
> III – decidir sobre:
>
> a) progressão ou regressão nos regimes; (...)

## 32.6.1 Requisitos para a progressão de regime de cumprimento de pena

O art. 112 da Lei de Execução Penal teve sua redação drasticamente alterada pelo Pacote Anticrime, Lei nº 13.964/2019. Atualmente, é nele que se encontram todas as regras para progressão de regime de cumprimento de pena, inclusive para os crimes hediondos e equiparados. Podem existir, contudo, requisitos trazidos por outros dispositivos legais.

Assim, pode ser citada a regra do art. 33, § 4º, que exige reparação do dano, quando possível fazê-lo, para progressão de regime do condenado por crime contra a Administração Pública.

Podemos, ainda, mencionar o art. 114 da Lei de Execução Penal, que exige, para o ingresso em regime aberto, que o apenado demonstre estar trabalhando ou, pelo menos, a possibilidade de fazê-lo imediatamente, bem como se apresenta, pelos seus antecedentes e pelo resultado dos exames a que se submeteu, fundados indícios de que se ajustará com autodisciplina e senso de responsabilidade ao novo regime.

> **Art. 33.** A pena de reclusão deve ser cumprida em regime fechado, semiaberto ou aberto. A de detenção, em regime semiaberto, ou aberto, salvo necessidade de transferência a regime fechado. (...)
>
> **§ 4º** O condenado por crime contra a administração pública terá a progressão de regime do cumprimento da pena condicionada à reparação do dano que causou, ou à devolução do produto do ilícito praticado, com os acréscimos legais.
>
> **Art. 114.** Somente poderá ingressar no regime aberto o condenado que:
>
> I – estiver trabalhando ou comprovar a possibilidade de fazê-lo imediatamente;
>
> II – apresentar, pelos seus antecedentes ou pelo resultado dos exames a que foi submetido, fundados indícios de que irá ajustar-se, com autodisciplina e senso de responsabilidade, ao novo regime.

Passemos à análise dos requisitos de ordem objetiva e subjetiva, sem os quais não se pode admitir a progressão.

## 32.6.2 Tempo de cumprimento de pena

> **Art. 112.** A pena privativa de liberdade será executada em forma progressiva com a transferência para regime menos rigoroso, a ser determinada pelo juiz, quando o preso tiver cumprido ao menos: (Redação dada pela Lei nº 13.964, de 2019.)
>
> I – 16% (dezesseis por cento) da pena, se o apenado for primário e o crime tiver sido cometido sem violência à pessoa ou grave ameaça; (Incluído pela Lei nº 13.964, de 2019.)
>
> II – 20% (vinte por cento) da pena, se o apenado for reincidente em crime cometido sem violência à pessoa ou grave ameaça; (Incluído pela Lei nº 13.964, de 2019.)
>
> III – 25% (vinte e cinco por cento) da pena, se o apenado for primário e o crime tiver sido cometido com violência à pessoa ou grave ameaça; (Incluído pela Lei nº 13.964, de 2019.)
>
> IV – 30% (trinta por cento) da pena, se o apenado for reincidente em crime cometido com violência à pessoa ou grave ameaça; (Incluído pela Lei nº 13.964, de 2019.)
>
> V – 40% (quarenta por cento) da pena, se o apenado for condenado pela prática de crime hediondo ou equiparado, se for primário; (Incluído pela Lei nº 13.964, de 2019.)

VI – 50% (cinquenta por cento) da pena, se o apenado for: (Incluído pela Lei nº 13.964, de 2019.)

a) condenado pela prática de crime hediondo ou equiparado, com resultado morte, se for primário, vedado o livramento condicional; (Incluído pela Lei nº 13.964, de 2019.)

b) condenado por exercer o comando, individual ou coletivo, de organização criminosa estruturada para a prática de crime hediondo ou equiparado; ou (Incluído pela Lei nº 13.964, de 2019.)

c) condenado pela prática do crime de constituição de milícia privada; (Incluído pela Lei nº 13.964, de 2019.)

VII – 60% (sessenta por cento) da pena, se o apenado for reincidente na prática de crime hediondo ou equiparado; (Incluído pela Lei nº 13.964, de 2019.)

VIII – 70% (setenta por cento) da pena, se o apenado for reincidente em crime hediondo ou equiparado com resultado morte, vedado o livramento condicional. (Incluído pela Lei nº 13.964, de 2019.)

### Decifrando a prova

**(2021 – Fumarc – PC/MG – Delegado de Polícia Substituto)** Maria, primária, mãe de uma criança de 6 (seis) anos, que cria sem qualquer ajuda, foi condenada à pena de 5 (cinco) anos de reclusão pela prática do art. 33, *caput*, da Lei nº 11.343/2006, e à pena de 1 (um) ano de reclusão pela prática do art. 180, *caput*, do Código Penal. Fixado o regime inicialmente fechado, encontra-se Maria cumprindo as penas impostas sem qualquer intercorrência, apresentando bom comportamento carcerário. Diante deste cenário, Maria fará jus a progressão de regime prisional quando cumprir 1/8 (um oitavo) do total da pena a ela imposta.
( ) Certo    ( ) Errado
**Gabarito comentado:** consoante disposto no art. 112, §§ 3º e 4º, do Código Penal, está certo.

### 32.6.3 Reincidentes genéricos e Pacote Anticrime

A péssima técnica legislativa adotada pelo denominado Pacote Anticrime (Lei nº 13.964/2019) ao dar nova redação ao art. 112 da LEP acabou por provocar divergências com relação ao reincidente genérico nos incisos IV, VII e VIII.

Como se verifica do texto legal, exige-se, para fins de progressão, cumprimento de 30% (trinta por cento) da pena, se o apenado for reincidente em crime cometido com violência à pessoa ou grave ameaça; 60% (sessenta por cento) da pena, se o apenado for reincidente na prática de crime hediondo ou equiparado; e 70% (setenta por cento) da pena, se o apenado for reincidente em crime hediondo ou equiparado com resultado morte.

Ora, a mais superficial das leituras revela que esses percentuais só podem ser exigidos dos reincidentes específicos. Assim, no caso do inciso IV, só poderão ser exigidos 30% de pena cumprida no regime anterior para aqueles que, já tendo sido condenados definitivamente pela prática de crime com emprego de violência ou grave ameaça, venham a praticar outro crime com violência ou grave ameaça. No inciso VII, os 60% só podem ser cobrados daqueles que, já tendo sido definitivamente condenados pela prática de crime hediondo, venham a praticar outro crime hediondo. O mesmo se diga do inciso VIII, que somente exige 70% para a progressão daqueles que, já tendo sido definitivamente condenados pela prática de um crime hediondo com morte, venham a praticar um outro crime hediondo com morte.

Destarte, caso o agente pratique um crime com violência ou grave ameaça depois de ter sido anteriormente condenado, de forma definitiva, por um crime praticado sem violência ou grave ameaça, estaremos diante de um reincidente genérico, que, por não ter recebido tratamento próprio no art. 112, deverá ser tratado como os primários que praticam um crime com violência ou grave ameaça, ou seja, precisarão cumprir apenas 25% da pena para que obtenham a progressão.

O mesmo raciocínio se deve ter com relação ao reincidente genérico quando se tratar da prática de crime hediondo: merecerá o mesmo tratamento dispensado aos primários e cumprirá 40% ou 50% da pena, sendo o último percentual exigido na hipótese de cometimento de crime hediondo com morte.

Pontue-se, ainda, que esses percentuais deverão ser aplicados retroativamente para alcançar aqueles que, sendo reincidentes genéricos, praticaram crimes hediondos antes do dia 23.01.2020, data em que entrou em vigor a Lei nº 13.964/2019, por se tratar de *novatio legis in mellius*. Afinal, na sistemática anterior, do reincidente eram exigidos 3/5 (que equivalem a 60% da pena) para a progressão, independentemente de a reincidência ser genérica ou específica.

Não foi outro o entendimento do STJ com relação ao tema:

### Jurisprudência destacada

Recurso especial representativo de controvérsia. Execução penal. Progressão de regime. Alterações promovidas pela Lei nº 13.964/2019 (Pacote Anticrime). Diferenciação entre reincidência genérica e específica. Ausência de previsão dos lapsos relativos aos reincidentes genéricos. Lacuna legal. Integração da norma. Aplicação dos patamares previstos para os apenados primários. Retroatividade da lei penal mais benéfica. Patamar hodierno inferior à fração anteriormente exigida aos reincidentes genéricos. Recurso não provido. 1. A Lei nº 13.964/2019, intitulada Pacote Anticrime, promoveu profundas alterações no marco normativo referente aos lapsos exigidos para o alcance da progressão a regime menos gravoso, tendo sido expressamente revogadas as disposições do art. 2º, § 2º, da Lei nº 8.072/1990 e estabelecidos patamares calcados não apenas na natureza do delito, mas também no caráter da reincidência, seja ela genérica ou específica. 2. Evidenciada a ausência de previsão dos parâmetros relativos aos apenados condenados por crime hediondo ou equiparado, mas reincidentes genéricos, impõe-se ao Juízo da execução penal a integração da norma sob análise, de modo que, dado o óbice à analogia *in malam partem*, é imperiosa a aplicação aos reincidentes genéricos dos lapsos de progressão referentes aos sentenciados primários. 3. Ainda que provavelmente não tenha sido essa a intenção do legislador, é irrefutável que *de lege lata*, a incidência retroativa do art. 112, V, da Lei nº 7.210/1984, quanto à hipótese da lacuna legal relativa aos apenados

> condenados por crime hediondo ou equiparado e reincidentes genéricos, instituiu conjuntura mais favorável que o anterior lapso de 3/5, a permitir, então, a retroatividade da lei penal mais benigna. 4. Dadas as ponderações acima, a hipótese em análise trata da incidência de lei penal mais benéfica ao apenado, condenado por estupro, porém reincidente genérico, de forma que é mister o reconhecimento de sua retroatividade, dado que o percentual por ela estabelecido – qual seja, de cumprimento de 40% das reprimendas impostas –, é inferior à fração de 3/5, anteriormente exigida para a progressão de condenados por crimes hediondos, fossem reincidentes genéricos ou específicos. 5. Recurso especial representativo da controvérsia não provido, assentando-se a seguinte tese: É reconhecida a retroatividade do patamar estabelecido no art. 112, V, da Lei nº 13.964/2019, àqueles apenados que, embora tenham cometido crime hediondo ou equiparado sem resultado morte, não sejam reincidentes em delito de natureza semelhante (STJ, REsp 1.910.240/MG 2020/0326002-4, Rel. Min. Rogerio Schietti Cruz, 3ª Seção, j. 26.05.2021, *DJe* 31.05.2021).

Com relação àquele que for condenado por crime hediondo ou equiparado com morte e o crime anterior gerador da reincidência, embora igualmente hediondo, não tenha sido agravado ou qualificado pela morte, a progressão se fará com 60% da pena, nos termos do art. 112, VII, porque se trata de reincidente específico em crimes hediondos ou equiparados. Outra solução não nos parece possível.

Sugerimos, para melhor compreensão da matéria, que se faça uma divisão do art. 112 em duas partes: regra geral e regras para crimes hediondos e milícia privada.

### 1ª parte: regra geral

- 16% para primários (P) em crimes praticados sem violência ou grave ameaça (SVGA).
- 20% para reincidentes (R) em crimes praticados sem violência ou grave ameaça (SVGA).
- 25% para primários (P) e reincidentes genéricos (RG) em crimes praticados com violência ou grave ameaça (CVGA).
- 30% para reincidentes específicos (RE) em crimes praticados com violência ou grave ameaça (CVGA).

Assim, teremos:

| | | |
|---|---|---|
| 16% | P | (SVGA) |
| 20% | R | (SVGA) |
| 25% | P e RG | (CVGA) |
| 30% | RE | (CVGA) |

**2ª parte: crimes hediondos e equiparados**

- 40% para primários (P) e reincidentes genéricos (RG).
- 50% para primários e reincidentes genéricos em crime hediondo com morte (PRIMOR) (RGMOR).
- 50% para primários líderes de organização criminosa que se destine à prática de crimes hediondos (PRILIDER).
- 50% para milícia (MILI).[2]
- 60% reincidente específico na prática de crime hediondo ou equiparado (RE).
- 70% reincidente específico na prática de crime hediondo ou equiparado (REMOR).

Assim, teremos:

| | |
|---|---|
| 40% | P e RG |
| 50% | PRIMOR e RGMOR |
| 50% | PRILIDER |
| 50% | MILI |
| 60% | RE |
| 70% | REMOR |

Vale a lembrança de que o cometimento de falta grave interrompe o prazo para a progressão de regime de cumprimento de pena, tal qual prevê a atual redação do mencionado art. 112.

§ 6º O cometimento de falta grave durante a execução da pena privativa de liberdade interrompe o prazo para a obtenção da progressão no regime de cumprimento da pena, caso em que o reinício da contagem do requisito objetivo terá como base a pena remanescente. (Incluído pela Lei nº 13.964, de 2019.)

### 32.6.3.1 Bom comportamento carcerário

Além do requisito temporal, o condenado, para progredir, deve igualmente demonstrar merecimento, o que será feito pelo seu bom comportamento carcerário, consoante relatório do diretor do estabelecimento penitenciário.

---

[2] Pontue-se que o crime de milícia privada, descrito no art. 288-A do CP, não está catalogado entre os crimes hediondos. Porém, se as características daquele grupo criminoso se adequarem ao disposto no art. 2º da Lei nº 12.850, de 2013, estará configurada organização criminosa, que, direcionando-se à prática de crimes hediondos, é também crime hediondo, consoante art. 1º, parágrafo único, V, da Lei nº 8.072, de 1990.

**Art. 112.** (...)

§ 1º Em todos os casos, o apenado só terá direito à progressão de regime se ostentar boa conduta carcerária, comprovada pelo diretor do estabelecimento, respeitadas as normas que vedam a progressão.

A lei não mais exige a realização de exame criminológico para comprovação do bom comportamento carcerário, mas nada obsta que o juiz determine a sua realização, desde que o faça de forma fundamentada. Não se pode vislumbrar, nesse caso, constrangimento ilegal, consoante entendimento do STF, cristalizado na Súmula Vinculante nº 26.

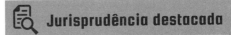

**Súmula Vinculante nº 26.** Para efeito de progressão de regime no cumprimento de pena por crime hediondo, ou equiparado, o juízo da execução observará a inconstitucionalidade do art. 2º da Lei nº 8.072, de 25 de julho de 1990, sem prejuízo de avaliar se o condenado preenche, ou não, os requisitos objetivos e subjetivos do benefício, podendo determinar, para tal fim, de modo fundamentado, a realização de exame criminológico.

O cometimento de falta grave pelo sentenciado pode ensejar o indeferimento do pedido de progressão de regime, por ausência de preenchimento do requisito subjetivo e, segundo orientação do STJ, justifica a exigência de exame criminológico para fins de progressão de regime.

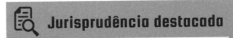

(...) A determinação de submissão do ora paciente a exame criminológico para progredir de regime prisional está devidamente fundamentada em elementos concretos da execução, especialmente na existência de falta grave (fuga), em consonância com o enunciado nº 439 da Súmula do STJ. Precedentes (HC nº 556.422/SP, Rel. Min. Joel Ilan Paciornik, 5ª Turma, j. 05.03.2020, DJe 23.03.2020).

### 32.6.3.2 Regime especial para gestantes e responsáveis por crianças e pessoas com deficiência

Cuida-se de regime especial tratado no art. 112, §§ 3º e 4º, da Lei de Execução Penal, aplicável ainda que se trate de condenada pela prática de crime hediondo.

§ 3º No caso de mulher gestante ou que for mãe ou responsável por crianças ou pessoas com deficiência, os requisitos para progressão de regime são, cumulativamente:

I – não ter cometido crime com violência ou grave ameaça a pessoa;

II – não ter cometido o crime contra seu filho ou dependente;

III – ter cumprido ao menos 1/8 (um oitavo) da pena no regime anterior;

IV – ser primária e ter bom comportamento carcerário, comprovado pelo diretor do estabelecimento;

V – não ter integrado organização criminosa.

§ 4º O cometimento de novo crime doloso ou falta grave implicará a revogação do benefício previsto no § 3º deste artigo.

Os requisitos trazidos pelo dispositivo são cumulativos. Entendemos que o regime especial de que trata esse dispositivo também deve se aplicar a condenados do sexo masculino quando for responsável por criança ou pessoa com deficiência. Embora a lei fale de beneficiária "mulher", não se pode olvidar que muitos são os homens que exercem esse papel de criação de filhos e, admitida a analogia *in bonam partem* em Direito Penal, a outra conclusão não poderíamos chegar.

Na hipótese de cometimento de falta grave, ou de novo crime doloso, o benefício é revogado, a beneficiária regride no regime de cumprimento de pena, consoante art. 118 da Lei de Execução Penal, e não mais fará jus ao benefício, o que importa em dizer que, para as futuras progressões, entrará nas regras gerais previstas para os demais condenados.

## 32.7 PROGRESSÃO ANTES DO TRÂNSITO EM JULGADO PARA RÉU PRESO

Admite-se, consoante entendimento sumulado pelo STF, mesmo antes do trânsito em julgado de decisão condenatória, a progressão de regime de cumprimento de pena.

**Súmula nº 716, STF.** Admite-se a progressão de regime de cumprimento da pena ou a aplicação imediata de regime menos severo nela determinada, antes do trânsito em julgado da sentença condenatória.

A solução se deve à constatação de que a demora para a obtenção de uma decisão final pode provocar prejuízos ao réu preso cautelarmente, por acabar se submetendo a regimes mais graves do que o previsto em lei. Trata-se de medida favorável ao condenado, aplaudida por doutrina e jurisprudência.

Na sequência, complementando o enunciado, o STF editou outra súmula, dessa vez com relação àqueles submetidos à prisão especial.

**Súmula nº 717, STF.** Não impede a progressão de regime de execução da pena, fixada em sentença transitada em julgado, o fato de o réu se encontrar em prisão especial.

A execução provisória pressupõe o trânsito em julgado para a acusação no que tange à pena aplicada. Não estará, todavia, obstada na hipótese de o Ministério Público interpor recurso para desafiar outras partes da decisão que não tenham relação com o *quantum* de pena imposta, casos em que a pena não poderá ser aumentada, conforme disposto no art. 671 do CPP.

Competente para a execução provisória será o juiz da Execução Penal, *ex vi* do disposto nos arts. 65 e 66 da Lei de Execução Penal.

**Art. 65.** A execução penal competirá ao Juiz indicado na lei local de organização judiciária e, na sua ausência, ao da sentença.

**Art. 66.** Compete ao Juiz da execução:

I – aplicar aos casos julgados lei posterior que de qualquer modo favorecer o condenado;

II – declarar extinta a punibilidade;

III – decidir sobre:

a) soma ou unificação de penas;

b) progressão ou regressão nos regimes;

c) detração e remição da pena;

d) suspensão condicional da pena;

e) livramento condicional;

f) incidentes da execução.

IV – autorizar saídas temporárias;

V – determinar:

a) a forma de cumprimento da pena restritiva de direitos e fiscalizar sua execução;

b) a conversão da pena restritiva de direitos e de multa em privativa de liberdade;

c) a conversão da pena privativa de liberdade em restritiva de direitos;

d) a aplicação da medida de segurança, bem como a substituição da pena por medida de segurança;

e) a revogação da medida de segurança;

f) a desinternação e o restabelecimento da situação anterior;

g) o cumprimento de pena ou medida de segurança em outra comarca;

h) a remoção do condenado na hipótese prevista no § 1º, do art. 86, desta Lei.

VI – zelar pelo correto cumprimento da pena e da medida de segurança;

VII – inspecionar, mensalmente, os estabelecimentos penais, tomando providências para o adequado funcionamento e promovendo, quando for o caso, a apuração de responsabilidade;

VIII – interditar, no todo ou em parte, estabelecimento penal que estiver funcionando em condições inadequadas ou com infringência aos dispositivos desta Lei;

IX – compor e instalar o Conselho da Comunidade;

X – emitir anualmente atestado de pena a cumprir.

## 32.8 REGRESSÃO

A regressão consiste na transferência do condenado de um regime menos grave para outro que imponha maior rigor carcerário. Por ela, aquele que cumpre pena em regime aberto pode ser transferido para regime semiaberto ou fechado (por caber a progressão em saltos, como já destacado neste capítulo) e o que cumpre em regime semiaberto poderá ser transferido para o regime fechado.

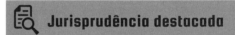

> Execução penal. Agravo regimental no recurso especial. Cometimento de falta grave. Regressão *per saltum* de regime prisional. Possibilidade. 1. A jurisprudência desta Corte Superior é no sentido de que o art. 118, inciso I, da Lei de Execução Penal, estabelece que o apenado ficará sujeito à transferência para qualquer dos regimes mais gravosos quando praticar fato definido como crime doloso ou falta grave, não havendo que se observar a forma progressiva estabelecida no art. 112 do normativo em referência (STJ, AgRg no REsp nº 1.575.529/MS, Rel. Min. Felix Fischer, 5ª Turma, j. 07.06.2016, *DJe* 17.06.2016) (AgRg no REsp nº 1.672.666/MS, Rel. Min. Nefi Cordeiro, 6ª Turma, j. 13.03.2018, *DJe* 26.03.2018). 2. Agravo regimental não provido (AgRg no REsp nº 1.773.347/RO, Rel. Min. Reynaldo Soares da Fonseca, 5ª Turma, j. 27.11.2018, *DJe* 10.12.2018).

A regressão é obrigatória nas hipóteses legais para as quais é prevista.

> **LEP, art. 118.** A execução da pena privativa de liberdade ficará sujeita à forma regressiva, com a transferência para qualquer dos regimes mais rigorosos, quando o condenado:
>
> I – praticar fato definido como crime doloso ou falta grave;
>
> II – sofrer condenação, por crime anterior, cuja pena, somada ao restante da pena em execução, torne incabível o regime (art. 111).
>
> § 1º O condenado será transferido do regime aberto se, além das hipóteses referidas nos incisos anteriores, frustrar os fins da execução ou não pagar, podendo, a multa cumulativamente imposta.
>
> § 2º Nas hipóteses do inciso I e do parágrafo anterior, deverá ser ouvido previamente o condenado.

O cometimento de crime doloso ou falta grave são as principais causas de regressão.

As faltas graves, no que tange às penas privativas de liberdade, estão elencadas no art. 50 da Lei de Execução Penal.

> **Art. 50.** Comete falta grave o condenado à pena privativa de liberdade que:
>
> I – incitar ou participar de movimento para subverter a ordem ou a disciplina;

II – fugir;

III – possuir, indevidamente, instrumento capaz de ofender a integridade física de outrem;

IV – provocar acidente de trabalho;

V – descumprir, no regime aberto, as condições impostas;

VI – inobservar os deveres previstos nos incisos II e V, do art. 39, desta Lei.

VII – tiver em sua posse, utilizar ou fornecer aparelho telefônico, de rádio ou similar, que permita a comunicação com outros presos ou com o ambiente externo.

VIII – recusar submeter-se ao procedimento de identificação do perfil genético.

**Parágrafo único.** O disposto neste artigo aplica-se, no que couber, ao preso provisório.

Sobre faltas graves, que têm impacto bastante decisivo nas questões referentes à regressão e outros temas da Execução Penal, o STJ entende que a prática, no curso da execução penal, de fato que a lei tipifica como crime doloso caracteriza falta grave, independentemente do trânsito em julgado de eventual sentença penal condenatória.

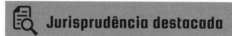

**Súmula nº 526, STJ.** O reconhecimento de falta grave decorrente do cometimento de fato definido como crime doloso no cumprimento da pena prescinde do trânsito em julgado de sentença penal condenatória no processo penal instaurado para apuração do fato.

### Decifrando a prova

**(2015 – FCC – TJ/PR – Juiz Substituto – Adaptada)** A prática de falta grave pode consistir no cometimento de crime doloso, desde que consumado.
( ) Certo    ( ) Errado
**Gabarito comentado:** o cometimento de crime doloso é falta grave, independentemente de ser consumado ou tentado. Portanto, está errado.

Para o seu reconhecimento, porém, é imprescindível a instauração de procedimento administrativo pelo diretor do estabelecimento prisional para sua apuração. No referido procedimento, em atenção a ditames constitucionais, será assegurado, sob pena de nulidade, o direito de defesa, por advogado constituído pelo condenado ou defensor público nomeado, não havendo, contudo, consoante já entendeu o STJ, obrigatoriedade de que o interrogatório seja o último ato da instrução.

A decisão que vier a ser proferida pela autoridade administrativa no processo administrativo disciplinar (PAD), em que se apura falta grave, é passível de controle de legalidade pelo Poder Judiciário. Será, contudo, dispensável que o apenado seja novamente ouvido antes da homologação judicial da falta grave, se previamente o foi no PAD.

> **Jurisprudência destacada**
>
> **Súmula nº 533, STJ.** Para o reconhecimento da prática de falta disciplinar no âmbito da execução penal, é imprescindível a instauração de procedimento administrativo pelo diretor do estabelecimento prisional, assegurado o direito de defesa, a ser realizado por advogado constituído ou defensor público nomeado.
>
> (...) No procedimento administrativo disciplinar que apura a prática de falta grave, não há obrigatoriedade de que o interrogatório do sentenciado ocorra no último a toda instrução, bastando que sejam sempre respeitados o contraditório e a ampla defesa, além da presença de um defensor (AgRg no HC nº 369.712/SP, Rel. Min. Sebastião Reis Júnior, 6ª Turma, j. 17.05.2018, *DJe* 1º.06.2018).

## 32.9 DETRAÇÃO PENAL

A detração penal consiste no desconto, na pena ou na medida de segurança, do tempo de prisão cautelar ou de internação cumprido pelo agente antes do trânsito em julgado da sentença condenatória. O instituto vem regulado pelo art. 42 do Código Penal:

> **Art. 42.** Computam-se, na pena privativa de liberdade e na medida de segurança, o tempo de prisão provisória, no Brasil ou no estrangeiro, o de prisão administrativa e o de internação em qualquer dos estabelecimentos referidos no artigo anterior.

A detração penal se dará com relação:

a. à prisão provisória, ou seja, prisão processual, no Brasil ou no estrangeiro. Entre nós, a prisão temporária, a prisão em flagrante e a prisão preventiva são hipóteses de prisão provisória e, assim, o tempo em que o condenado teve sua liberdade privada em cumprimento de qualquer delas deve ser descontado da pena aplicada;
b. à internação em hospital de custódia e tratamento psiquiátrico e em qualquer outro estabelecimento congênere.

Na medida de segurança, o tempo de prisão processual vai ser descontado do prazo mínimo da internação, conforme art. 97, § 1º, do Código Penal.

A detração também se opera com relação às penas restritivas de direitos que têm a mesma duração das penas privativas de liberdade que substituem, consoante art. 55 do Código Penal, mas não se aplica à pena de multa nem ao prazo do período probatório do *sursis*.

A detração não influencia na contagem da prescrição da pretensão punitiva.

**Jurisprudência destacada**

Prescrição da pretensão punitiva *versus* prescrição da pretensão executória. Detração. A detração apenas é considerada para efeito da prescrição da pretensão executória, não se estendendo aos cálculos relativos à prescrição da pretensão punitiva (STF, HC nº 100.001/RJ, Rel. Min. Marco Aurélio, j. 11.05.2010, 1ª Turma, *DJe* 18.06.2010).

O STJ já entendeu que a detração não tangencia o indulto.

 **Jurisprudência destacada**

Recurso especial. Execução penal. Extinção da punibilidade em razão de indulto pleno. Período compreendido entre a publicação do decreto presidencial e a decisão que concede o benefício no caso concreto. Detração. Impossibilidade. 1. O instituto da detração não pode tangenciar o benefício do indulto porque, enquanto o período compreendido entre a publicação do decreto presidencial e a decisão que reconhece o indulto, decretando-se a extinção da punibilidade do agente, refere-se a uma prisão pena, a detração somente se opera em relação à medida cautelar, o que impede a sua aplicação no referido período. 2. Recurso especial a que se nega provimento (STJ, REsp nº 1.557.408/DF 2015/0227595-6, Rel. Min. Maria Thereza de Assis Moura, 6ª Turma, j. 16.02.2016, *DJe* 24.02.2016).

## 32.9.1 Detração e prisão ocorrida em outro processo

Questiona-se a possibilidade de se utilizar o tempo em que o acusado esteve preso cautelarmente em um processo que resultou em absolvição para fins de detração em outro processo em que foi condenado. Embora com alguma vacilação e discordâncias a respeito da necessidade, ou não, de conexão entre os crimes, doutrina e jurisprudência, inclusive as Cortes Superiores, admitem a possibilidade, desde que a infração penal pela qual o agente foi condenado tenha sido anterior à infração penal em que houve a prisão provisória com posterior absolvição, impedindo-se, com a solução, a criação de uma conta corrente penal. A solução portanto, é compatível com o disposto no art. 111 da Lei de Execução Penal.

 **Jurisprudência destacada**

*Habeas corpus*. Detração penal. Cômputo do período de prisão anterior à prática de novo crime: impossibilidade. Precedentes. *Habeas corpus* indeferido. 1. Firme a jurisprudência deste Supremo Tribunal Federal no sentido de que "não é possível creditar-se ao réu qualquer tempo de encarceramento anterior à prática do crime que deu origem a condenação atual" (RHC nº 61.195, Rel. Min. Francisco Rezek, *DJ* 23.09.1983). 2. Não pode o Paciente valer-se do período em que esteve custodiado – e posteriormente absolvido – para fins de detração da pena de crime cometido em período posterior. 3. *Habeas corpus* indeferido (STF, HC nº 93.979/RS, Rel. Min. Cármen Lúcia, j. 22.04.2008, 1ª Turma, *DJe* 20.06.2008).

## 32.10 TRABALHO PRISIONAL

O trabalho prisional, em que pese ser direito do preso, é obrigatório, exceto para os crimes políticos, considerados os termos do art. 200 da Lei de Execução Penal, e para os presos provisórios.[3]

> **Art. 200.** O condenado por crime político não está obrigado ao trabalho.

A jornada normal de trabalho do preso não pode ser inferior a 6 nem superior a 8 horas diárias, com repouso aos domingos e feriados. Trata-se de trabalho não regido pelas regras da CLT, sendo remunerado com valor não inferior a três quartos do salário mínimo, com as garantias e benefícios previdenciários, inclusive a aposentadoria.

### 32.10.1 Remição pelo trabalho e pelo estudo

A palavra **remição** vem do verbo "remir", que significa abater, descontar. A remição pelo trabalho é, assim, o desconto feito na pena do condenado do tempo em que trabalhou durante o cumprimento da pena em regime fechado ou regime semiaberto. A cada três dias de trabalho, o condenado terá remido um dia de sua pena.

> **LEP, art. 126.** O condenado que cumpre a pena em regime fechado ou semiaberto poderá remir, por trabalho ou por estudo, parte do tempo de execução da pena.

Admite-se também a remição pelos estudos, na modalidade presencial ou *on-line*. A cada 12 (doze) horas de estudos será remido um dia de pena. A remição pelo estudo, ao contrário da remição pelo trabalho, também é admitida no regime aberto. Nessa hipótese, haverá acréscimo de 1/3 (um terço) se houver conclusão do ensino fundamental, médio ou superior durante o cumprimento da pena, devidamente certificado.

Também aquele que goza de livramento condicional poderá remir parte de sua pena por meio dos estudos.

> **§ 6º** O condenado que cumpre pena em regime aberto ou semiaberto e o que usufrui liberdade condicional poderão remir, pela frequência a curso de ensino regular ou de educação profissional, parte do tempo de execução da pena ou do período de prova, observado o disposto no inciso I do § 1º deste artigo.

A Lei de Execução Penal permite a cumulação de remição pelo estudo e pelo trabalho, desde que exista compatibilidade de horários.

> **§ 3º** Para fins de cumulação dos casos de remição, as horas diárias de trabalho e de estudo serão definidas de forma a se compatibilizarem.

---

[3] Sobre trabalho do preso, remetemos o leitor ao Capítulo 5, sobre Princípios Penais, em que tratamos do tema.

O preso provisório, que não está obrigado ao trabalho, caso queira, também poderá remir parte de sua pena na hipótese de condenação.

A remição é tempo de pena cumprida para todos os efeitos.

Sobre a remição ficta, ou seja, aquela que seria concedida mesmo sem trabalho, pela inexistência de vagas, duas são as correntes:

- **1ª corrente:** é possível a remição ficta, pois, sendo o trabalho também um direito do preso, ele não pode ser prejudicado pela inoperância estatal.
- **2ª corrente:** não é possível a remição ficta porque a Lei de Execução Penal, consoante art. 129, exige que se comprove documentalmente o tempo trabalhado, inclusive definindo como falso ideológico declarar ou atestar falsamente a prestação de serviço para fins de remição, nos termos do art. 130. É o posicionamento sufragado pelo STF.

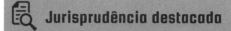

Execução Penal. *Habeas corpus* originário. Remição ficta ou virtual da pena. Impossibilidade. Ausência de ilegalidade ou abuso de poder. 1. A remição da pena pelo trabalho configura importante instrumento de ressocialização do sentenciado. 2. A orientação jurisprudencial do Supremo Tribunal Federal é no sentido de que a remição da pena exige a efetiva realização de atividade laboral ou estudo por parte do reeducando. Precedentes. 3. Não caracteriza ilegalidade flagrante ou abuso de poder a decisão judicial que indefere a pretensão de se contar como remição por trabalho período em relação ao qual não houve trabalho. 4. *Habeas corpus* denegado (HC nº 124.520, 1ª Turma, Rel. Min. Marco Aurélio, Red. do acórdão: Min. Roberto Barroso, j. 15.05.2018, *DJe* 27.06.2018).

Sendo praticada falta grave, o condenado pode perder até 1/3 (um terço) do total da pena remida, devendo o juiz da execução fixar a quantidade a ser perdida, de acordo com o disposto no art. 57 da LEP.

> **LEP**
>
> **Art. 127.** Em caso de falta grave, o juiz poderá revogar até 1/3 (um terço) do tempo remido, observado o disposto no art. 57, recomeçando a contagem a partir da data da infração disciplinar.
>
> **Art. 57.** Na aplicação das sanções disciplinares, levar-se-ão em conta a natureza, os motivos, as circunstâncias e as consequências do fato, bem como a pessoa do faltoso e seu tempo de prisão.

## 32.11 REGIME DISCIPLINAR DIFERENCIADO (RDD)

O Regime Disciplinar Diferenciado (RDD) foi introduzido pela Lei nº 10.792, de 2003, que modificou a redação do art. 52 da Lei de Execução Penal. A partir de 23 de janeiro de 2020, a Lei nº 13.964, de 2019, alterou novamente a redação do citado dispositivo, estabelecendo para o RDD duração máxima de até 2 (dois) anos, sem prejuízo de repetição da sanção por nova falta grave de mesma espécie.

O Regime Disciplinar Diferenciado atende aos princípios de individualização da pena e é aplicado às seguintes hipóteses:

1. quando o condenado ou preso provisório pratica, durante a execução da pena privativa de liberdade, fato que ocasione subversão da ordem ou disciplina internas;
2. aos presos que apresentem alto risco para a ordem e a segurança do estabelecimento penal ou da sociedade;
3. na hipótese de haver fundadas suspeitas de envolvimento ou participação, a qualquer título, em organizações criminosas.

Para os dois últimos casos, a lei prevê possibilidade de prorrogação:

§ 4º Na hipótese dos parágrafos anteriores, o regime disciplinar diferenciado poderá ser prorrogado sucessivamente, por períodos de 1 (um) ano, existindo indícios de que o preso:

I – continua apresentando alto risco para a ordem e a segurança do estabelecimento penal de origem ou da sociedade;

II – mantém os vínculos com organização criminosa, associação criminosa ou milícia privada, considerados também o perfil criminal e a função desempenhada por ele no grupo criminoso, a operação duradoura do grupo, a superveniência de novos processos criminais e os resultados do tratamento penitenciário.

São as seguintes as características do Regime Disciplinar Diferenciado:

- recolhimento em cela individual;
- visitas quinzenais de 2 (duas) pessoas por vez, a serem realizadas em instalações equipadas para impedir o contato físico e a passagem de objetos, por pessoa da família ou, no caso de terceiro, autorizado judicialmente, com duração de 2 (duas) horas;
- direito do preso à saída da cela por 2 (duas) horas diárias para banho de sol, em grupos de até 4 (quatro) presos, desde que não haja contato com presos do mesmo grupo criminoso;
- entrevistas sempre monitoradas, exceto aquelas com seu defensor, em instalações equipadas para impedir o contato físico e a passagem de objetos, salvo expressa autorização judicial em contrário;
- fiscalização do conteúdo da correspondência;
- participação em audiências judiciais preferencialmente por videoconferência, garantindo-se a participação do defensor no mesmo ambiente do preso.

Para as lideranças de organizações e associações criminosas com atuação em dois ou mais Estados, a lei determina que o RDD seja cumprido em estabelecimento federal.

§ 3º Existindo indícios de que o preso exerce liderança em organização criminosa, associação criminosa ou milícia privada, ou que tenha atuação criminosa em 2 (dois) ou mais Estados da Federação, o regime disciplinar diferenciado será obrigatoriamente cumprido em estabelecimento prisional federal.

## 32.12 PRESCRIÇÃO DE FALTA GRAVE

A falta grave, importantíssimo instituto da execução penal que reflete sobre as regras de regressão, de remição, concessão de livramento condicional e outras, também se submete à prescrição e, não havendo regra específica que discipline o prazo prescricional para sua apuração, o STJ entende que se deve adotar o menor lapso previsto no art. 109 do CP, ou seja, o de 3 anos, se o fato ocorreu após dia 06 de maio de 2010, início de vigência da Lei nº 12.234, ou o de 2 anos, se a falta tiver ocorrido até essa data.

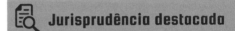

As Turmas que compõem a 3ª Seção desta Corte firmaram o entendimento de que, em razão da ausência de legislação específica, a prescrição da pretensão de se apurar falta disciplinar, cometida no curso da execução penal, deve ser regulada, por analogia, pelo prazo do art. 109 do Código Penal, com a incidência do menor lapso previsto, atualmente de três anos, conforme dispõe o inciso VI do aludido artigo. 3. *In casu*, conforme consta do voto condutor do acórdão impugnado, a falta grave foi cometida em 04.04.2017 (fuga em 26.12.2013, com recaptura do sentenciado em 04.04.2017), tendo sido determinada a instauração de procedimento administrativo disciplinar para a respectiva apuração. 4. O termo inicial do prazo prescricional, no caso de fuga, é a data da recaptura, por ser uma infração disciplinar de natureza permanente (HC nº 362.895/RS, Rel. Min. Felix Fischer, 5ª Turma, j. 14.02.2017, *DJe* 22.02.2017). 5. A conduta foi praticada após a edição da Lei nº 12.234/2010, cujo menor lapso prescricional é de 3 anos, prazo ainda não implementado. 6. *Habeas corpus* não conhecido (HC nº 527.625/SP, Rel. Min. Reynaldo Soares da Fonseca, 5ª Turma, j. 11.11.2019, *DJe* 26.11.2019).

De outro giro, também já entendeu o STJ que, em homenagem aos princípios da razoabilidade, ressocialização da pena e ao direito ao esquecimento, faltas graves cometidas há muito e já reabilitadas não são idôneas para o indeferimento de progressão de regime e concessão de outros benefícios da execução penal.

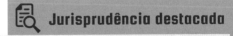

No caso concreto, o exame criminológico foi determinado apenas com base na longa pena a cumprir e na gravidade abstrata dos crimes cometidos. A indicação de uma falta grave muito antiga, de 2012, foi apenas nas informações aqui prestadas (fl. 67). *Habeas corpus* não conhecido. Ordem concedida, de ofício, para cassar as r. decisões *a quo* e determinar, ao d. Juízo da Execução Penal, que reavalie o pedido de livramento condicional do ora paciente, como entender de direito, observados termos deste acórdão. Recomenda-se celeridade (HC nº 613.428/SP, Rel. Min. Felix Fischer, 5ª Turma, j. 27.10.2020, *DJe* 12.11.2020).

# Aplicação da pena privativa de liberdade

## 33.1 DOSIMETRIA DA PENA

A individualização da pena, princípio constitucional consagrado pelo art. 5º, XLVI, da CF/1988, é uma conquista do giro iluminista.

Embora o magistrado, por ocasião da fixação da reprimenda, exerça indiscutível atividade discricionária, o Código Penal pauta a sua atuação ao estabelecer critérios aos quais ficará adstrito. Observando as diretrizes legais, buscará, entre os limites estabelecidos pelo legislador, a pena que se revele justa e proporcional à gravidade do crime praticado e às características individuais do seu autor.

As regras para cálculo da pena são encontradas no art. 68 do Código Penal, que estabelece critério trifásico para a realização da dosimetria.

> **Art. 68.** A pena-base será fixada atendendo-se ao critério do art. 59 deste Código; em seguida serão consideradas as circunstâncias atenuantes e agravantes; por último, as causas de diminuição e de aumento.

- **1ª fase:** aplicação da pena-base, em que o magistrado considerará as circunstâncias do art. 59. A pena deverá, nessa fase, ser aplicada entre o mínimo e o máximo legal.
- **2ª fase:** fixação da pena provisória, fase de aplicação das circunstâncias atenuantes e agravantes genéricas. Mais uma vez, a pena não poderá ser fixada em patamar acima do máximo, nem aquém do mínimo legal.
- **3ª fase:** fase final, em que o juiz chega à pena definitiva, aplicando as causas de diminuição e de aumento previstas em lei. Nessa fase, a pena poderá ser fixada acima do máximo ou abaixo do mínimo legal.

| Pena e sua aplicação | |
|---|---|
| **Procedimento trifásico** | |
| 1ª fase: pena-base – art. 59 do CP. | Aqui a pena deverá ficar no balizamento, entre o mínimo e o máximo. Observar a Súmula nº 231 do STJ. |
| 2ª fase: pena provisória – circunstâncias agravantes e atenuantes. | |
| 3ª fase: pena definitiva – causas de aumento e diminuição. | Aqui a pena poderá ficar acima do máximo ou abaixo do mínimo. |

Passemos à análise de cada uma dessas fases, de forma pormenorizada.

## 33.2 PENA-BASE: CIRCUNSTÂNCIAS JUDICIAIS

Na fixação da pena-base, devem ser consideradas as denominadas **circunstâncias judiciais** trazidas pelo art. 59 do Código Penal. A lei deixa para o julgador a função de mensurá-las em cada caso concreto. Na análise dessas circunstâncias, o juiz, com um grau de discricionariedade bastante amplo, não poderá se valer de cláusulas genéricas. Para aplicar a pena-base em patamar acima do mínimo legal, deverá fundamentar, **de forma pormenorizada**, cada circunstância, indicando as razões pelas quais a considera desfavorável àquele a quem condena, sob pena de nulidade absoluta da decisão. Sendo **fixada no mínimo legal, não haverá necessidade de fundamentação**, consoante entendimento amplamente majoritário e com o qual concordamos, mas que, na doutrina, encontra seus críticos. Bitencourt (2020, p. 852), por exemplo, defende a necessidade de revisão desse entendimento, ao argumento de que traduz:

> (...) uma posição questionável entender que a favor do indivíduo tudo é permitido, esquecendo-se que no outro polo da relação processual encontra-se a sociedade, representada pelo Ministério Público, que também tem o direito de receber um tratamento isonômico.

> **Art. 59.** O juiz, atendendo à culpabilidade, aos antecedentes, à conduta social, à personalidade do agente, aos motivos, às circunstâncias e consequências do crime, bem como ao comportamento da vítima, estabelecerá, conforme seja necessário e suficiente para reprovação e prevenção do crime: (...)

Embora a lei não traga parâmetros para o aumento da pena-base na hipótese de reconhecimento de circunstância judicial desfavorável, a jurisprudência vem entendendo que o aumento deverá obedecer à fração de 1/6 (um sexto) para cada circunstância negativa.

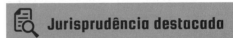

(...) O entendimento desta Corte firmou-se no sentido de que, na falta de razão especial para afastar esse parâmetro prudencial, a exasperação da pena-base, pela existência de circunstâncias judiciais negativas, deve obedecer à fração de 1/6, para cada circunstância judicial negativa. O aumento de pena superior a esse *quantum*, para cada vetorial desfavorecida, deve apresentar fundamentação adequada e específica, a qual indique as razões concretas pelas quais a conduta do agente extrapolaria a gravidade inerente ao teor da circunstância (STJ, AgRg no HC nº 460.900/SP 2018/0184618-4, Rel. Min. Reynaldo Soares da Fonseca, j. 23.10.2018, 5ª Turma, DJe 31.10.2018).

Analisemos cada uma das circunstâncias judiciais trazidas pelo art. 59 do CP:

- Culpabilidade
  Na acepção usada no art. 59, a palavra "culpabilidade" não se refere à culpabilidade como juízo de reprovação a recair sobre a conduta típica e ilícita do agente. Até porque, nesse sentido, o juiz já a terá previamente afirmado. Caso contrário, não teria condenado o réu e não estaria, nesse momento, aplicando a sua pena. A culpabilidade, como circunstância judicial mencionada no art. 59, é **grau de medição de pena**, ou seja, aqui a culpabilidade tem **função limitadora da pena**, dizendo respeito a maior ou menor reprovabilidade do comportamento realizado pelo agente.

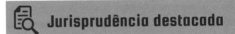

(...) A culpabilidade, para fins do art. 59 do CP, deve ser compreendida como juízo de reprovabilidade sobre a conduta, apontando maior ou menor censurabilidade do comportamento do réu (...) (STJ, HC nº 385.220/ES 2017/0005416-1, Rel. Min. Reynaldo Soares da Fonseca, j. 06.06.2017, 5ª Turma, DJe 13.06.2017).

O STJ entende que a premeditação pode ser usada como circunstância judicial desfavorável.

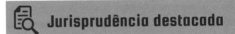

(...) Culpabilidade comprovada, sendo a conduta do Réu extremamente reprovável, porquanto mostrou ter uma conduta premeditada e fria ao abordar a vítima em plena via pública e em horário de grande movimentação, qual seja no horário aproximadamente de 8h da manhã, momento em que as pessoas estão saindo para o trabalho, escola etc. Sua personalidade é do inadaptado social, pois busca amealhar patrimônio por via transgressora, fácil e sem preocupação de trabalhar para auferir (STJ, REsp nº 1.753.304/PA 2018/0166471-2, Rel. Min. Sebastião Reis Júnior, DJ 12.09.2018).

- Antecedentes
  São os fatos anteriores praticados pelo condenado, que podem ser avaliados como positivos ou negativos pelo magistrado. O juiz não pode, contudo, considerar in-

quéritos policiais, PICs (Procedimentos Investigativos Criminais) instaurados pelo Ministério Público e processos em tramitação como "maus antecedentes", sob pena de violação ao princípio da presunção de inocência. Por essa razão, foi editada a Súmula nº 444 do STJ.

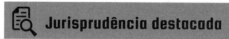

> **Súmula nº 444, STJ.** É vedada a utilização de inquéritos policiais e ações penais em curso para agravar a pena-base.

### Decifrando a prova

**(2019 – MPE/PR – Promotor Substituto – Adaptada)** É vedada a utilização de inquéritos policiais e ações penais em curso para agravar a pena-base.
( ) Certo ( ) Errado
**Gabarito comentado:** considerando-se o teor da Súmula nº 444 do STJ, está certo.

Há, ainda, quem sustente que se deva também estabelecer limitação temporal para que os "maus antecedentes" possam ser considerados na fixação da pena-base como circunstância judicial, solução com a qual não podemos concordar, por inexistir qualquer critério em lei estabelecido para tanto e, principalmente, porque esvaziaria o conceito de maus antecedentes.

O **Supremo Tribunal Federal**, em sessão virtual durante o período de pandemia do coronavírus, encerrada aos 17 de agosto de 2020, por maioria de votos no julgamento do Recurso Extraordinário nº 593.818, com repercussão geral reconhecida (Tema 150), **entendeu que podem ser consideradas maus antecedentes as condenações criminais extintas há mais de cinco anos**. Assim, é perfeitamente possível que sejam levadas em consideração para a fixação da pena-base. O entendimento da Corte se deve ao fato de que os maus antecedentes não são utilizados para fundamentar a culpa, mas para subsidiar o julgador ao realizar a dosagem da pena.

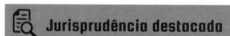

> Maus antecedentes. Art. 64, inciso I, do Código Penal. Inaplicabilidade. Não se aplica aos maus antecedentes o prazo quinquenal, alusivo à reincidência, previsto no art. 64, inciso I, do Código Penal. Precedente: Recurso Extraordinário nº 593.818/SC, Pleno, Rel. Min. Luís Roberto Barroso, julgado sob o ângulo da repercussão geral. Ressalva da óptica pessoal (RHC nº 171.222, 1ª Turma, Rel. Min. Marco Aurélio, j. 05.10.2020, *DJe* 14.10.2020).

- Personalidade
  É o somatório das qualidades do condenado. A análise da personalidade diz respeito "às qualidades morais, à boa ou má índole, o sentido moral do criminoso, bem como sua agressividade e o antagonismo com a ordem social" (BUSATO, 2018, p. 880).

  Atos infracionais praticados pelo condenado durante a menoridade não podem ser admitidos como maus antecedentes, mas podem, ressalvadas opiniões em sentido, subsidiar a análise do magistrado quanto à sua personalidade.

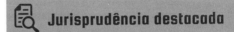 Jurisprudência destacada

A 3ª Seção desta Corte firmou orientação de que "os registros sobre o passado de uma pessoa, seja ela quem for, não podem ser desconsiderados para fins cautelares. A avaliação sobre a periculosidade de alguém impõe que se perscrute todo o seu histórico de vida, em especial o seu comportamento perante a comunidade, em atos exteriores, cujas consequências tenham sido sentidas no âmbito social. Se os atos infracionais não servem, por óbvio, como antecedentes penais e muito menos para firmar reincidência (porque tais conceitos implicam a ideia de 'crime' anterior), não podem ser ignorados para aferir a personalidade e eventual risco que sua liberdade plena representa para terceiros" (RHC nº 63.855/MG, Rel. Min. Nefi Cordeiro, Rel. p/ acórdão Min. Rogerio Schietti Cruz, 6ª Turma, *Dje* 13.06.2016 – RHC nº 96.158/SP, j. 14.08.2018).

- Conduta social
  A conduta social se refere ao comportamento do agente no meio em que vive, seu comportamento perante a família, a sociedade, seus amigos e companheiros de trabalho etc.

  Antecedentes não podem interferir na análise da conduta social de condenado. Antes da reforma da Parte Geral, ocorrida em 1984, o juiz, ao fazer a análise dos antecedentes, podia considerar toda a vida pregressa do agente, o que incluía, além dos registros criminais, sua conduta social. Com a Lei nº 7.209/1984, contudo, o art. 59 fala de "antecedentes" e "conduta", o que revela que essa circunstância judicial social passou a ter configuração própria, tratando-se de um valor separado dos antecedentes, com eles não mais se confundindo.

  Pode, destarte, ocorrer de o condenado nada possuir de registros em sua folha criminal, mas revelar péssima conduta no meio em que vive. Por outro lado, é perfeitamente possível que, com maus antecedentes criminais, seja pessoa de conduta social exemplar.

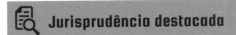 Jurisprudência destacada

(...) 1. A utilização de condenações com trânsito em julgado anteriores para negativar a conduta social era admitida porque os antecedentes judiciais e os antecedentes sociais se confundiam na mesma circunstância, conforme o art. 42 do Código Penal anterior à reforma de 1984.

> Essa alteração legislativa, operada pela Lei nº 7.209/1984, especificou os critérios referentes ao autor, desmembrando a conduta social e a personalidade dos antecedentes. 2. Esse tema possuía jurisprudência pacificada no âmbito da 5ª e 6ª Turmas do Superior Tribunal de Justiça, que admitiam a utilização de condenações com trânsito em julgado como fundamento para negativar não só o vetor antecedentes, como também a conduta social e a personalidade. Mudança de orientação no âmbito da 5ª Turma. 3. Em atenção ao princípio da individualização das penas, as condenações com trânsito em julgado não podem servir como fundamento para a negativação da conduta social (...) (Resp nº 1.760.972/MG, Rel. Min. Sebastião Reis Júnior, 6ª Turma, j. 08.11.2018, *DJe* 04.12.2018).

- Os motivos determinantes

    Os motivos devem ser levados em consideração pelo juiz por ocasião da fixação da pena, desde que não constituam elementares, qualificadoras, causas de aumento ou diminuição ou mesmo circunstâncias agravantes ou atenuantes genéricas, como ocorre com todas as circunstâncias judiciais e legais.

- As circunstâncias do crime

    As circunstâncias aqui mencionadas não podem ser confundidas com as circunstâncias agravantes e atenuantes trazidas nos arts. 61, 62, 65 e 66 do CP, relacionando-se, outrossim, com o próprio fato criminoso, como os instrumentos empregados, as condições de tempo e lugar onde o crime ocorreu etc.

- As consequências do crime

    As consequências do crime, referidas no art. 59 como circunstâncias judiciais desfavoráveis, não podem se confundir com aquilo que é inerente ao próprio fato criminoso. Assim, não se pode considerar a morte da vítima, por exemplo, como consequência do homicídio para justificar a aplicação de uma pena-base fora do mínimo legal. Também não pode ser considerada circunstância judicial desfavorável o abalo que o crime provocou na família e na comunidade local, pois isso já integra o tipo penal violado. Poderiam, contudo, para fins do disposto no art. 59, ser consideradas como consequências do homicídio o fato de ser a vítima o provedor da família, de ter deixado filhos menores etc.

- Comportamento da vítima

    O comportamento da vítima muitas vezes contribui para o crime, embora não o justifique. Por ser fator criminógeno, não pode ser levado em consideração pelo magistrado para fixar a pena em patamar acima do mínimo legal. Cuida-se de circunstância judicial que somente pode ser utilizada para beneficiar o condenado, jamais para prejudicá-lo.

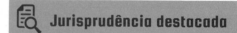

**Jurisprudência destacada**

(...) Sabe-se que o comportamento do ofendido é circunstância judicial ligada à vitimologia, que deve ser necessariamente neutra ou favorável ao réu (HC nº 334.971/AL, Rel. Min. Ribeiro Dantas, 5ª Turma, j. 04.04.2017, *DJe* 07.04.2017). Na hipótese, como não houve

> interferência da vítima no desdobramento causal, deve ser dito vetor neutralizado (...) (STJ, HC nº 385.220/ES 2017/0005416-1, Rel. Min. Reynaldo Soares da Fonseca, 5ª Turma, j. 06.06.2017, DJe 13.06.2017).

## 33.3 PENA PROVISÓRIA: AGRAVANTES E ATENUANTES GENÉRICAS

Após fixada a pena-base, o juiz avança no procedimento trifásico referido no art. 68 do Código Penal e passa ao exame das circunstâncias atenuantes e agravantes genéricas, também denominadas circunstâncias legais, fixando a denominada pena provisória. As circunstâncias legais constam dos arts. 61 a 66 do Código Penal.

Sobre a possibilidade de ser a pena fixada aquém do mínimo legal nessa fase, duas correntes se formam na doutrina e jurisprudência:

- **1ª corrente:** não poderá a pena, nessa fase, ser aplicada aquém do mínimo ou além do máximo. Somente se autoriza a fixação de pena abaixo do patamar mínimo legal quando se trata de causa de diminuição, em que o legislador menciona a redução que deseja ver aplicada, indicando a possibilidade de a pena ser aplicada abaixo do mínimo cominado, segundo os limites por ele trazidos no texto. Nesse sentido, Súmula nº 231 do STJ. Deve ser o posicionamento adotado em provas.

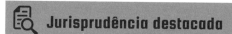

> **Súmula nº 231, STJ.** A incidência da circunstância atenuante não pode conduzir à redução da pena abaixo do mínimo legal.

- **2ª corrente:** a pena poderá ser fixada aquém do mínimo cominado, considerando-se a redação do art. 65 do Código Penal, que dispõe que as circunstâncias atenuantes "sempre atenuam a pena", sem fazer qualquer menção à impossibilidade de serem reduzidas para patamar abaixo do mínimo. Interpretação em sentido contrário violaria o princípio da individualização da pena e a legalidade.

### 33.3.1 Circunstâncias agravantes genéricas

Art. 61. São circunstâncias que sempre agravam a pena, quando não constituem ou qualificam o crime:

I – a reincidência;

II – ter o agente cometido o crime:

a) por motivo fútil ou torpe;

b) para facilitar ou assegurar a execução, a ocultação, a impunidade ou vantagem de outro crime;

c) à traição, de emboscada, ou mediante dissimulação, ou outro recurso que dificultou ou tornou impossível a defesa do ofendido;

d) com emprego de veneno, fogo, explosivo, tortura ou outro meio insidioso ou cruel, ou de que podia resultar perigo comum;

e) contra ascendente, descendente, irmão ou cônjuge;

f) com abuso de autoridade ou prevalecendo-se de relações domésticas, de coabitação ou de hospitalidade, ou com violência contra a mulher na forma da lei específica;

g) com abuso de poder ou violação de dever inerente a cargo, ofício, ministério ou profissão;

h) contra criança, maior de 60 (sessenta) anos, enfermo ou mulher grávida;

i) quando o ofendido estava sob a imediata proteção da autoridade;

j) em ocasião de incêndio, naufrágio, inundação ou qualquer calamidade pública, ou de desgraça particular do ofendido;

l) em estado de embriaguez preordenada.

**Agravantes no caso de concurso de pessoas**

**Art. 62.** A pena será ainda agravada em relação ao agente que:

III – promove, ou organiza a cooperação no crime ou dirige a atividade dos demais agentes;

IV – coage ou induz outrem à execução material do crime;

V – instiga ou determina a cometer o crime alguém sujeito à sua autoridade ou não punível em virtude de condição ou qualidade pessoal;

VI – executa o crime, ou nele participa, mediante paga ou promessa de recompensa.

Os arts. 61 e 62 trazem as denominadas circunstâncias agravantes genéricas, que, como já pontuado nesta obra, só podem ser assim consideradas quando não são elementares, qualificadoras ou causas de aumento de pena do crime.

À exceção da reincidência, que pode ser usada como agravante genérica para crimes dolosos ou culposos, as demais agravantes somente se aplicam a crimes dolosos.

### Decifrando a prova

**(2019 – MPE/SP – Promotor de Justiça Substituto – Adaptada)** Segundo entendimentos doutrinário e jurisprudencial majoritários, levando-se em consideração o rol do art. 61 do Código Penal, a reincidência é a única agravante que pode ser reconhecida tanto em crime doloso como em crime culposo.

( ) Certo    ( ) Errado

**Gabarito comentado:** certo; todas as demais somente se aplicam a crimes dolosos.

As leis especiais podem trazer agravantes genéricas aplicáveis aos crimes de que tratam, tal qual ocorre com o art. 298 do Código de Trânsito Brasileiro, o art. 15 da Lei nº 9.605, de

1998 (Lei dos Crimes Ambientais), e o art. 2º, § 3º, da Lei nº 12.850, de 2013 (Lei das Organizações Criminosas).

### 33.3.1.1 Reincidência

A reincidência é definida nos arts. 63 e 64 do Código Penal:

> **Art. 63.** Verifica-se a reincidência quando o agente comete novo crime, depois de transitar em julgado a sentença que, no País ou no estrangeiro, o tenha condenado por crime anterior.
>
> **Art. 64.** Para efeito de reincidência:
>
> I – não prevalece a condenação anterior, se entre a data do cumprimento ou extinção da pena e a infração posterior tiver decorrido período de tempo superior a 5 (cinco) anos, computado o período de prova da suspensão ou do livramento condicional, se não ocorrer revogação;
>
> II – não se consideram os crimes militares próprios e políticos.

Reincidente é aquele que pratica um crime depois de já ter sido condenado com trânsito em julgado pela prática de um outro crime **que não seja um crime militar próprio** (ou seja, aquele que só é previsto como crime na lei penal militar) ou crime político. A mera prática de crime anterior ou mesmo a sentença condenatória não transitada em julgado não geram reincidência.

Para fins de reincidência, é **desimportante a pena da condenação anterior**, razão pela qual a condenação a pena de multa é também geradora de reincidência. Porém, de acordo com o entendimento do STJ, **não é geradora de reincidência** a condenação pela prática do crime descrito no **art. 28 da Lei Antidrogas**, Lei nº 11.343/2006. A orientação da Corte, todavia, não encontra nenhum fundamento legal, consoante se depreende da leitura do disposto no art. 63, que não exige, para fins de reincidência, condenação anterior à pena de prisão.

> **Jurisprudência destacada**
>
> (...) Contudo, as condenações anteriores por contravenções penais não são aptas a gerar reincidência, tendo em vista o que dispõe o art. 63 do Código Penal, que apenas se refere a crimes anteriores. E, se as contravenções penais, puníveis com pena de prisão simples, não geram reincidência, mostra-se desproporcional o delito do art. 28 da Lei nº 11.343/2006 configurar reincidência, tendo em vista que nem é punível com pena privativa de liberdade (STJ, HC nº 453.437/SP 2018/0135290-0, Rel. Min. Reynaldo Soares da Fonseca, 5ª Turma, j. 04.10.2018, DJe 15.10.2018).

Sendo uma circunstância agravante, o juiz deverá analisar a reincidência na segunda fase de aplicação da pena. Nesse caso, a condenação passada não pode servir como maus antecedentes e, ao mesmo tempo, como agravante da reincidência, sob pena de odioso *bis in idem*.

> **Jurisprudência destacada**
>
> **Súmula nº 241, STJ.** A reincidência penal não pode ser considerada como circunstância agravante e, simultaneamente, como circunstância judicial.

Entre nós, a **reincidência não é permanente**, mas temporária, pois, considerando-se a regra do art. 64 do Código Penal, após passado um período de cinco anos, contados a partir da extinção ou cumprimento da pena, o agente retoma a sua condição de primário, ou melhor, tecnicamente primário. Esse período de cinco anos é **denominado período depurador**, que provoca caducidade da condenação anterior para fins de reincidência (MASSON, 2019b, p. 573).

O período depurador deve ser contado entre a extinção da pena do crime anterior e a prática do novo crime, computando-se nesse prazo o período probatório do *sursis* ou do livramento condicional, devendo-se, nesses casos, levar em conta a data da audiência admonitória, pois somente a partir dela terá início o período de prova.

Sobre a reincidência:

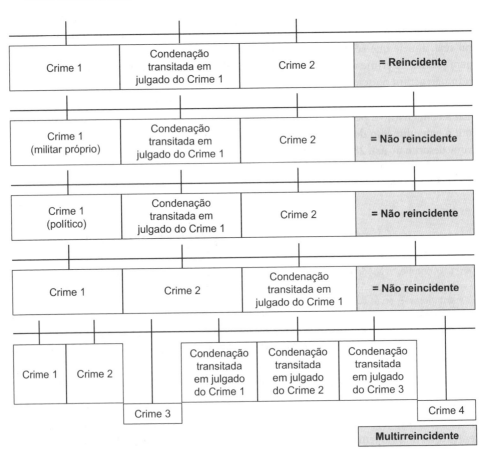

Assim, podemos ter **acusados primários** (que não ostentam nenhuma condenação transitada em julgado pela prática de qualquer crime), **tecnicamente primários** (os que já foram anteriormente condenados com trânsito em julgado, mas não mais podem ser considerados reincidentes porque já se passou o período depurador) e os **reincidentes**.

Para a prova da reincidência **não se exige certidão** expedida pela serventia judicial dando conta da condenação anterior, bastando a juntada aos autos da Folha de Antecedentes Penais, com o registro do crime anterior, consoante atualmente entende o STF.

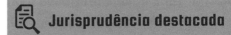

(...) IV – A folha de antecedentes criminais expedida pelo Departamento de Polícia Federal no Estado de Mato Grosso do Sul é formal e materialmente idônea para comprovar a reincidência do paciente, porquanto contém todas as informações necessárias para tanto, além de ser um documento público, com presunção *iuris tantum* de veracidade. V – Ordem denegada (STF, HC nº 103.969/MS, Rel. Min. Ricardo Lewandowski, 1ª Turma, j. 21.09.2010, *DJe* 08.10.2010).

Sobre as espécies de reincidência, podemos destacar:

- Reincidência real × reincidência ficta ou falsa

    Será real a reincidência quando o agente comete o segundo crime depois de já ter cumprido a pena do primeiro. Contudo, será ficta se comete o novo crime depois de já haver trânsito em julgado da condenação pelo anterior, estando, ou não, cumprida a pena pelo crime anterior.

    Adotamos entre nós o conceito de **reincidência ficta, ou falsa, ou imprópria ou presumida**.

- Reincidência genérica × reincidência específica

    A reincidência será genérica quando a condenação anterior, transitada em julgado, se der pela prática de um crime distinto.

    Quando o legislador exigir que a condenação anterior se dê pela prática de crime idêntico ou da mesma natureza, teremos reincidência específica.

## 33.3.1.2 Ter o agente cometido o crime por motivo fútil ou torpe

Motivo fútil é motivo **insignificante, desarrazoado, desproporcional**. Torpe é o motivo repugnante.

**Sobre a ausência de motivos**, há divergência em nossa doutrina e jurisprudência:

- **1ª corrente:** não caracteriza futilidade, até porque não há crime gratuito, sem motivo, não se devendo equiparar o desconhecimento do motivo com o motivo fútil.
- **2ª corrente:** não pode haver futilidade maior que a ausência de motivo, que não deve ser confundida com desconhecimento do motivo. Quando não se conhece o motivo, não se pode agravar a pena, mas quando se sabe que o agente realizou o crime sem ter qualquer motivo para tanto, deve ser reconhecida a futilidade. É a nossa orientação.

O motivo não pode ser considerado torpe e fútil ao mesmo tempo.

Em crimes como o homicídio, em que a motivação é qualificadora, não se pode usar o motivo como circunstância agravante genérica.

## 33.3.1.3 Ter o agente praticado o crime para facilitar a execução, ocultação, a impunidade ou a vantagem de outro crime

Trata-se de hipótese de agravante genérica que se fundamenta na conexão.

**Conexão teleológica**, quando o crime for praticado para assegurar a execução de outro.

**Conexão consequencial**, quando o crime for praticado para assegurar a ocultação, impunidade ou vantagem de outro.

Em crimes qualificados ou agravados pela conexão, tal qual ocorre no homicídio, não incidirá a circunstância agravante genérica.

## 33.3.1.4 À traição, emboscada, ou mediante dissimulação ou qualquer outro recurso que impossibilite ou torne impossível a defesa do ofendido

Traição é a deslealdade ou qualquer ato revelador da quebra da confiança que a vítima depositava no autor.

Emboscada é a tocaia, a armadilha, a arapuca, a espreita. Dissimulação é a ocultação daquilo que, de fato, se pretendia fazer.

Quando a lei se refere a qualquer outro recurso que dificulte ou impossibilite a defesa do ofendido, está se valendo de interpretação analógica, autorizando, assim, que o magistrado use a agravante genérica sempre que estiver diante de hipótese que gere surpresa para a vítima, dificultando ou mesmo impossibilitando a sua defesa.

### 33.3.1.5 Com emprego de veneno, fogo, explosivo, tortura ou outro meio insidioso ou cruel, ou de que possa resultar perigo comum

A circunstância agravante genérica em análise se refere aos meios de que o agente se utiliza para a prática do crime.

Meio insidioso é o sub-reptício, dissimulado.

Meio cruel é aquele que **provoca na vítima um desnecessário sofrimento**, revelador de ausência de piedade do agente, com brutalidade e sadismo fora do comum.

Meio de que pode resultar perigo comum é qualquer um que possa vir a atingir um número **indeterminado** de pessoas.

A utilização de veneno como meio insidioso reclama um atuar dissimulado, em que a vítima não saiba que ingere a substância. Na hipótese em que houver conhecimento da vítima, o veneno somente qualificará se puder ser entendido como meio cruel, causando um desnecessário sofrimento à vítima, ou meio de que pode resultar perigo comum.

### 33.3.1.6 Contra descendente, ascendente, irmão ou cônjuge

Aqui são consideradas as violações referentes aos vínculos de parentesco, não importando a natureza do vínculo: se legítimo ou ilegítimo, natural ou civil. Para incidir a circunstância agravante genérica, será necessária a comprovação do vínculo de parentesco por meio de documento hábil.

Sendo vedada analogia *in malam partem*, a circunstância agravante genérica em estudo **não pode ser usada quando se tratar de crime praticado contra companheiro ou companheira**.

### 33.3.1.7 Com abuso de autoridade ou prevalecendo-se de relações domésticas, de coabitação, de hospitalidade, ou com violência contra a mulher na forma da legislação específica

O abuso de autoridade a que se refere o dispositivo não é o mesmo de que trata a Lei nº 13.869/2019. Na hipótese em estudo, trata-se de relação privada. Aqui se fala de um vínculo de **dependência** que a vítima tem com relação ao autor, ou, ainda, de vínculo de **subordinação**, do qual o autor abusa.

Relações domésticas são aquelas que existem entre pessoas que participam do **cotidiano de um mesmo núcleo familiar**, ainda que sem vínculos de parentesco com aquela família. Embora a relação doméstica não se confunda com relação empregatícia, é preciso que se afira, diante de cada caso concreto, se o vínculo existente extrapola a mera relação de emprego para se tornar uma relação doméstica. Poderíamos, assim, citar o exemplo de funcionários domésticos que residem com seus patrões, passando a ser tratados e se comportando como verdadeiros membros da família, hipótese que é muito comum na realidade brasileira.

- Relação de **coabitação** se refere à **convivência sob o mesmo teto**.
- Relação de **hospitalidade** se refere à **acolhida temporária** em casa alheia.

Com relação à parte final do dispositivo, que menciona o fato de o agente atuar com **violência contra a mulher na forma da lei específica**, desde que isso não constitua, qualifique ou majore a pena do crime, sendo essa a razão pela qual não poderá ser aplicada ao crime de feminicídio.

### 33.3.1.8 Com abuso de poder ou violação de dever inerente a cargo, ofício, ministério ou profissão

Ao tratar de abuso de poder ou violação de dever inerente a cargo, a circunstância agravante genérica prevista neste item se refere a crimes praticados por funcionários públicos, com relação às suas funções, ainda que fora delas.

Na parte referente à violação de dever inerente a ofício, ministério ou profissão, a qualificadora se relaciona a atividades de natureza privada.

### 33.3.1.9 Contra criança, maior de 60 anos, enfermo ou mulher grávida

A circunstância agravante genérica aqui se refere a vítimas mais vulneráveis, frágeis e que, assim, possuem menor capacidade de defesa.

Entendemos não se tratar de presunção absoluta, mas *juris tantum*. Outrossim, é necessário que se demonstre **a conexão entre a fragilidade da vítima e o crime perpetrado**. Por essa razão, não caberá a aplicação da circunstância agravante genérica, por exemplo, na hipótese do agente que vende droga para um homem de 60 anos, em pleno gozo de suas faculdades mentais, com experiência de vida e consciência dos malefícios provocados pelo consumo da substância, mas poderia ser usada em um roubo, dada a maior vulnerabilidade da vítima.

### 33.3.1.10 Quando o ofendido estava sob a imediata proteção da autoridade

Circunstância agravante genérica aplicável quando a vítima está sob a custódia imediata, ou seja, sob guarda, dependência e sujeição da autoridade pública e é violada por terceiros, que, ao desafiarem a autoridade daqueles que a custodiavam, revelam desrespeito e desprestígio com relação ao Estado.

### 33.3.1.11 Em ocasião de incêndio, naufrágio, inundação ou qualquer calamidade pública, ou desgraça particular do ofendido

O dispositivo traz, mais uma vez, interpretação analógica para abranger calamidades ou desgraças como incêndios ou naufrágios. Assim, abarca situações como desmoronamento, inundações, acidentes, ou, no caso de desgraça particular do ofendido, morte de pessoas queridas, divórcios etc., fatos de que se aproveita o agente para a prática do crime.

## 33.3.1.12 Em estado de embriaguez preordenada

Trata-se de hipótese em que o agente se embriaga para, encorajado, praticar o crime. Nessa hipótese, terá aplicação a teoria da ***actio libera in causa***. A comprovação de que o agente se embriagou para liberar os freios inibitórios e praticar a infração penal é ônus da acusação.

## 33.3.1.13 Agravantes no concurso de pessoas (art. 62 do Código Penal)

Também são previstas como circunstâncias agravantes genéricas, já estudadas no capítulo referente ao concurso de pessoas:

- promover, organizar ou dirigir a ação dos demais;
- a coação à execução material do crime;
- a instigação ou determinação de que cometa o crime alguém sob sua autoridade ou não punível em virtude de condição ou qualidade pessoal;
- a execução de crime mediante paga ou promessa de recompensa.

## 33.3.2 Circunstâncias atenuantes genéricas

Tal qual ocorre com relação às agravantes genéricas, também vale, quanto às atenuantes, a lembrança de que apenas é possível sua incidência quando não previstas como elementares ou causas de diminuição da pena.

> **Art. 65.** São circunstâncias que sempre atenuam a pena:
>
> I – ser o agente menor de 21 (vinte e um), na data do fato, ou maior de 70 (setenta) anos, na data da sentença;
>
> II – o desconhecimento da lei;
>
> III – ter o agente:
>
> a) cometido o crime por motivo de relevante valor social ou moral;
>
> b) procurado, por sua espontânea vontade e com eficiência, logo após o crime, evitar-lhe ou minorar-lhe as consequências, ou ter, antes do julgamento, reparado o dano;
>
> c) cometido o crime sob coação a que podia resistir, ou em cumprimento de ordem de autoridade superior, ou sob a influência de violenta emoção, provocada por ato injusto da vítima;
>
> d) confessado espontaneamente, perante a autoridade, a autoria do crime;
>
> e) cometido o crime sob a influência de multidão em tumulto, se não o provocou.
>
> **Art. 66.** A pena poderá ser ainda atenuada em razão de circunstância relevante, anterior ou posterior ao crime, embora não prevista expressamente em lei.

## 33.3.2.1 Ser o agente menor de 21 anos na data do fato ou maior de 70 anos na data da sentença

Aqui, a denominada **menoridade relativa e a senilidade** funcionam como atenuantes genéricas. Para sua comprovação, deve-se atentar para os termos da Súmula nº 74 do STJ.

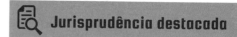

> **Súmula nº 74, STJ.** Para efeitos penais, o reconhecimento da menoridade do réu requer prova por documento hábil.

Com relação à menoridade, deve ser considerada a idade do agente na época da ação ou omissão, pois essa é a data do fato, ou melhor, o tempo do crime, consoante a regra da atividade, consagrada no art. 4º do Código Penal.

Com relação à senilidade, devemos atentar para a data da publicação da sentença.

As regras relativas à atenuante pela idade **não foram modificadas pelas alterações do Código Civil**, que, no ano de 2002, alterou de 21 para 18 anos a cessação da menoridade, consoante art. 2.043, bem como **não foi modificada pelas regras do Estatuto da Pessoa Idosa**, que reconhece a idade de 60 anos ou mais para que alguém possa ser considerado idoso. Entendimento contrário implicaria utilizarmos analogia *in malam partem*, o que não se afigura possível entre nós.

## 33.3.2.2 O desconhecimento da lei

Em que pese inescusável, não isentando o réu de pena, o desconhecimento da lei se justifica como circunstância atenuante genérica. Em se tratando de **contravenção penal**, pode ensejar aplicação de **perdão judicial**, nos termos do art. 8º da LCP.

> Art. 8º No caso de ignorância ou de errada compreensão da lei, quando escusáveis, a pena pode deixar de ser aplicada.

## 33.3.2.3 Ter o agente cometido o crime por motivo de relevante valor social ou moral

Valor social é aquele que se relaciona com os interesses da coletividade como um todo. O valor moral, a seu turno, refere-se a sentimento do próprio agente.

A utilização do motivo de valor social ou moral com o atenuante só se justifica se for algo relevante, ou seja, importante ou considerável. Usado pelo juiz como atenuante genérica, não poderá sê-lo como circunstância judicial.

## 33.3.2.4 Ter o agente procurado, por sua espontânea vontade e com eficiência, logo após o crime, evitar-lhe ou minorar-lhe as consequências, ou antes do julgamento, reparado o dano

A atenuante de que trata esse inciso se deve a razões de **política criminal**, objetivando estimular a reparação do dano e, assim, minorar as consequências que o crime trouxe para a vítima.

Somente será reconhecida se a reparação se der sem qualquer constrangimento ou coação.

A atenuante tem aplicação mesmo em se tratando de crimes praticados com violência ou grave ameaça.

A atenuante não se confunde com hipótese de arrependimento posterior, causa de diminuição a ser usada na terceira fase de aplicação da pena. Sobre as regras de reparação de dano e as diversas consequências trazidas pela lei, remetemos o caro leitor ao capítulo em que tratamos do arrependimento posterior.

Também não se confunde com as hipóteses de arrependimento eficaz e desistência voluntária, previstas no art. 15 do Código Penal, em que não se pune a tentativa do crime inicialmente desejado, mas apenas os atos praticados em sua execução. Assim, se o agente inicia execução de um furto em uma casa e, antes de consumá-lo, desiste e decide nada levar, a lei determina que só deverá responder pelos atos já praticados. Aqui, não cabe a utilização da atenuante em análise.

## 33.3.2.5 Ter o agente cometido o crime sob coação a que podia resistir ou em cumprimento de ordem de autoridade superior, ou sob a influência de violenta emoção, provocada por ato injusto da vítima

Essa atenuante não se aplica às hipóteses de coação moral irresistível e obediência à ordem não manifestamente ilegal de superior hieráquico, caso em que o agente que atuou sob coação ou em obediência à ordem ficará isento de pena e o coator ou superior hierárquico serão responsabilizados como autores mediatos do crime.

A lei aqui fala da coação resistível e a obediência à ordem ilegal, caso em que ambos, em concurso de agentes, responderão pelo crime: o coagido ou subordinado, com a circunstância atenuante de que tratamos; o coator ou superior, com a agravante genérica do art. 62, II.

Sob **a influência de emoção praticada por ato injusto da vítima** não pode ser confundido com o **domínio de violenta emoção, logo em seguida à injusta provocação da vítima**, previsto como hipótese de homicídio privilegiado, nos termos do art. 121, § 1º, do Código Penal.

> **Art. 121.** Matar alguém:
>
> **§ 1º** Se o agente comete o crime impelido por motivo de relevante valor social ou moral, ou sob o domínio de violenta emoção, logo em seguida a injusta provocação da vítima, o juiz pode reduzir a pena de um sexto a um terço.

Para a caracterização do privilégio, não basta a influência da emoção, exigindo-se domínio. Por outro lado, não basta ato injusto da vítima, sendo necessário que o autor atue sob domínio de emoção, logo após a **injusta provocação**. Trata-se de caso em que a vítima provocou injustamente e o autor, imediatamente após, com dolo de ímpeto, atuou sob domínio de emoção, matando-a. Deve-se, ainda, pontuar que, se incidir a causa de privilégio prevista para o homicídio, a pena poderá ficar aquém do mínimo legal, o que não se admite quando reconhecida a circunstância atenuante genérica, consoante Súmula nº 231 do STJ.

### Decifrando a prova

**(2018 – Cespe/Cebraspe – PC/SE – Delegado – Adaptada)** Em um clube social, Paula, maior e capaz, provocou e humilhou injustamente Carlos, também maior e capaz, na frente de amigos. Envergonhado e com muita raiva, Carlos foi à sua residência e, sem o consentimento de seu pai, pegou um revólver pertencente à corporação policial de que seu pai faz parte. Voltando ao clube depois de quarenta minutos, armado com o revólver, sob a influência de emoção extrema e na frente dos amigos, Carlos fez disparos da arma contra a cabeça de Paula, que faleceu no local antes mesmo de ser socorrida. Por ter agido influenciado por emoção extrema, Carlos poderá ser beneficiado pela incidência de causa de diminuição de pena.
( ) Certo    ( ) Errado
**Gabarito comentado:** não houve o privilégio mencionado no art. 121, § 1º, do Código Penal. No caso, porém, pode ser aplicada a atenuante genérica referente ao fato de o agente atuar sob influência de violenta emoção provocada por ato injusto da vítima, que, nos termos da Súmula nº 231 do STJ, não autoriza a aplicação da pena em patamar inferior ao mínimo legal. Portanto, está errado.

## 33.3.2.6 Ter o agente confessado espontaneamente, perante a autoridade, autoria do delito

Em torno da confissão, que é um meio de prova que facilita a apuração da verdade, versam as mais intrigantes controvérsias quanto à aplicação de pena.

Embora a lei mencione a expressão "confessar autoria", por razões óbvias, deve ser conhecida quando o agente confessar participação. Aqui, a palavra **autoria** foi usada no sentido de concorrência para o fato descrito como criminoso.

A postura de reconhecimento de ter praticado o crime já enseja o reconhecimento da atenuante, consoante entendimento do STF.

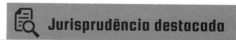

Constitucional, penal e processual penal. Tribunal do júri. Confissão espontânea não debatida no plenário. Autodefesa. Plenitude de defesa. Reconhecimento pelo magistrado de ofício. Possibilidade. Natureza objetiva da atenuante. Direito público subjetivo do réu. Princípios da individualização da pena e da proporcionalidade resguardados. Harmonização do art. 492, I, do Código de Processo Penal, aos art. 65, III, *d*, do Código Penal, e art. 5º, XXXVIII, e XLVI, da Constituição da República. 1. Pode o Juiz Presidente do Tribunal do Júri reconhecer a atenuante genérica atinente à confissão espontânea, ainda que não tenha sido debatida no plenário, quer em razão da sua natureza objetiva, quer em homenagem ao predicado da amplitude de defesa, consagrado no art. 5º, XXXVIII, *a*, da Constituição da República. 2. É direito público subjetivo do réu ter a pena reduzida, quando confessa espontaneamente o envolvimento no crime. 3. A regra contida no art. 492, I, do Código de Processo Penal, deve ser interpretada em harmonia aos princípios constitucionais da individualização da pena e da proporcionalidade. 4. Conceder a ordem (STF, HC nº 106.376/MG, Rel. Min. Cármen Lúcia, j. 1º.03.2011, 1ª Turma, *DJe*-104 divulg. 31.05.2011, public. 1º.06.2011).

Para ser circunstância atenuante, controvérsias existem sobre a exigência da espontaneidade na confissão.

- **1ª corrente:** deve ser **espontânea**, partindo da ideia do agente, como "fruto da sinceridade do íntimo do autor", conforme escólio de Masson (2019b, p. 835) e Mirabete (2013a, p. 301).
- **2ª corrente: basta que seja voluntária**, não se exigindo espontaneidade. É a nossa orientação e também a de Joppert (2011, p. 471) e Bitencourt (2020, p. 835), já tendo o STJ se manifestado nesse sentido.

### Jurisprudência destacada

(...) Confissão parcial. Utilização para a condenação. Atenuante configurada. Reconhecimento e aplicação obrigatórios. (...) 1. A confissão realizada em juízo sobre a propriedade da droga é suficiente para fazer incidir a atenuante do art. 65, III, *d*, do Código Penal, quando expressamente utilizada para a formação do convencimento do julgador, pouco importando se a admissão da prática do ilícito foi espontânea ou não, integral ou parcial (STJ, HC nº 186.375/MG, Rel. Min. Jorge Mussi, 5ª Turma, *DJe* 1º.08.2011).

Pode ser prestada **perante qualquer autoridade pública** que intervenha na persecução penal: juiz, membro do Ministério Público, delegado de polícia.

De acordo com a jurisprudência consolidada em Súmula do STJ, a confissão da qual o agente se retrata deverá ser considerada atenuante se o juiz dela se valer para condenar o acusado.[1]

---

[1] Contudo, por unanimidade, no julgamento do REsp nº 1.972.098, em junho de 2022, a 5ª Turma do sodalício entendeu que o réu terá direito ao reconhecimento da atenuante genérica da confissão sempre que admitir a autoria do crime perante a autoridade, nos precisos termos do art. 65, inciso III, *d*, do Código Penal – independentemente de a confissão ter, ou não, sido usada pelo juiz como

> **Jurisprudência destacada**
>
> **Súmula nº 545, STJ.** Quando a confissão for utilizada para a formação do convencimento do julgador, o réu fará jus à atenuante prevista no art. 65, III, *d*, do Código Penal.

O limite para que a confissão seja acolhida como circunstância atenuante genérica é o trânsito em julgado da condenação.

Sobre a possibilidade de ser parcial, a jurisprudência do STJ admite **confissão parcial**, não necessariamente alcançando qualificadoras e causas de aumento de pena.

> **Jurisprudência destacada**
>
> 1. A jurisprudência do Superior Tribunal de Justiça admite que mesmo quando o autor confessa parcialmente a autoria do delito, deve incidir a atenuante descrita no art. 65, inciso III, alínea *d*, do Código Penal. 2. *Habeas corpus* não conhecido. Ordem concedida de ofício para reconhecer a atenuante da confissão espontânea, determinando-se o redimensionamento da pena pelo Juízo competente, mantidos os demais termos do acórdão impugnado (HC nº 328.021/SC, Rel. Min. Leopoldo de Arruda Raposo –Desembargador convocado do TJ/PE –, 5ª Turma, j. 03.09.2015, *DJe* 15.09.2015).

Entendemos que a **confissão realizada por ocasião do flagrante** não deve ser usada como circunstância atenuante, mas não é essa a orientação que o STJ adotou quanto ao tema.

> **Jurisprudência destacada**
>
> (...) 3. O fato de o paciente ter sido preso em flagrante, por si só, não impede que sua confissão seja reconhecida como caracterizadora da atenuante prevista no art. 65, III, *d*, do Código Penal. 4. Na linha do entendimento dominante na Sexta Turma desta Casa de Justiça, é possível a compensação entre a agravante da reincidência e a atenuante da confissão espontânea, uma vez que ambas envolvem a personalidade do agente (STJ, HC nº 135.666/RJ 2009/0086166-4, Rel. Min. Og Fernandes, j. 22.02.2011, 6ª Turma, *DJe* 28.03.2011).

---

um dos fundamentos da condenação, e mesmo que seja ela parcial, qualificada, extrajudicial ou retratada, caso contrário restaria violado o princípio da legalidade. Afinal, entendeu a Turma que, não havendo ressalvas na lei, o juiz não poderia, ao seu arbítrio, deixar de reconhecer o direito concedido ao réu. No julgado, foi dado destaque à redação do dispositivo legal, que estabelece que a confissão é uma das circunstâncias que "sempre atenuam a pena" e que o direito subjetivo à diminuição é constituído no momento da confissão, e não quando o juiz declara, na sentença condenatória, ter havido a confissão.

Sobre a **confissão qualificada**, em que o agente confessa ter participado do fato típico, mas argumenta em seu favor uma justificante (causa excludente da ilicitude) ou dirimente (causa excludente da culpabilidade), o STF entende **não ser possível sua utilização como atenuante genérica**, mas, caso o juiz considere a confissão feita nesses termos para fundamentar a condenação, poderá ser usada, como corolário da Súmula nº 545 do STJ.

 **Jurisprudência destacada**

(...) aplicação da atenuante da confissão espontânea prevista no art. 65, III, *d*, do Código Penal não incide quando o agente reconhece sua participação no fato, contudo, alega tese de exclusão da ilicitude. (...) Ordem extinta por inadequação da via processual (STF, HC nº 119.671/SP, Rel. Min. Luiz Fux, j. 05.11.2013, 1ª Turma, *DJe*-237, divulg. 02.12.2013, public. 03.12.2013).

Portanto, sobre a confissão qualificada poder ser utilizada como atenuante genérica, segue o posicionamento dos tribunais superiores:

| 1ª) SIM – Posição do STJ | 2ª) NÃO – Posição da 1ª Turma do STF |
|---|---|
| A confissão qualificada (aquela na qual o agente agrega teses defensivas discriminantes ou exculpantes), quando efetivamente utilizada como elemento de convicção, enseja a aplicação da atenuante prevista na alínea *d* do inciso III do art. 65 do CP (STJ, 5ª Turma, AgRg no REsp nº 1.198.354/ES, Rel. Min. Jorge Mussi, j. 16.10.2014). | A aplicação da atenuante da confissão espontânea prevista no art. 65, III, *d*, do Código Penal **não** incide quando o agente reconhece sua participação no fato, contudo, alega tese de exclusão da ilicitude (STF, 1ª Turma, HC nº 119.671, Rel. Min. Luiz Fux, j. 05.11.2013 – grifos nossos). |

Entendemos, seguindo o escólio de Bitencourt (2020, p. 835-836), ser equivocado o entendimento do Supremo Tribunal Federal no sentido do não acolhimento da chamada confissão qualificada. Afinal, a lei não faz essa distinção pretendida pela Corte e a restrição que deseja impor é prejudicial ao acusado. Ademais, a confissão diz respeito à matéria de fato e não de direito. Assim, se o agente confessa o fato, ainda que alegue discriminantes ou dirimentes em seu favor, a confissão deve ser acatada.

Na hipótese, porém, de o agente, ao confessar o fato, alegar cometimento de crime menos grave, não poderá a confissão ser usada como atenuante. Não foi por outra razão que o STJ editou a Súmula nº 630.

 **Jurisprudência destacada**

**Súmula nº 630, STJ.** A incidência da atenuante da confissão espontânea no crime de tráfico ilícito de entorpecentes exige o reconhecimento da traficância pelo acusado, não bastando a mera admissão da posse ou propriedade para uso próprio.

> **Decifrando a prova**
>
> **(2019 – FCC – TJ/AL – Juiz Substituto – Adaptada)** Incidirá a atenuante da confissão espontânea quando for utilizada para a formação do convencimento do julgador, bastando, no crime de tráfico ilícito de entorpecentes, que o acusado admita a posse ou propriedade da substância, ainda que para uso próprio.
> (  ) Certo       (  ) Errado
> **Gabarito comentado:** considerando-se os termos da Súmula nº 630 do STJ, está errado.

### 33.3.2.7 Ter o agente cometido o crime sob a influência de multidão em tumulto, se não o provocou

Cuida-se aqui de atenuante a ser utilizada quando da realização de eventos esportivos, linchamentos em praça pública, invasões etc., justificando-se pela facilidade de manipulação das pessoas, que, excitadas, têm reduzida a possibilidade de orientação diante do fato.

### 33.3.2.8 Atenuantes inominadas

Ao contrário do que ocorre com as agravantes genéricas, que só se justificam quando previstas em lei, o juiz pode se valer de atenuantes ainda que não elencadas pelo legislador no Código Penal e leis extravagantes. Não é por outra razão que se permite a utilização da coculpabilidade como circunstância atenuante genérica.

## 33.3.3 Concurso de circunstâncias agravantes e atenuantes

Na hipótese de haver concurso entre agravantes e atenuantes genéricas, teremos equivalência das circunstâncias, caso em que uma compensará a outra, exceto se houver circunstâncias preponderantes, assim mencionadas no art. 67 do Código Penal.

> **Art. 67.** No concurso de agravantes e atenuantes, a pena deve aproximar-se do limite indicado pelas circunstâncias preponderantes, entendendo-se como tais as que resultam dos motivos determinantes do crime, da personalidade do agente e da reincidência.

A menoridade, antes do advento do Código Civil de 2002, quando a maioridade somente era alcançada quando o agente completava 21 anos, era considerada circunstância que preponderava sobre todas as demais. O entendimento hoje não mais vigora, porque os maiores de 18 anos são plenamente capazes para os atos da vida civil.

A reincidência e a confissão são circunstâncias preponderantes, havendo, todavia, dúvidas acerca de qual delas deverá prevalecer. Sobre o tema, percebe-se divergência entre as Cortes Superiores:

- **1ª corrente:** para o Supremo Tribunal Federal, a **reincidência é preponderante sobre a confissão**. É a nossa orientação acerca do tema.

> **Jurisprudência destacada**
>
> Recurso ordinário em *habeas corpus*. Penal. Delito de violação de direito autoral. Reconhecimento da ocorrência de confissão espontânea. Impossibilidade. Matéria controvertida. Revolvimento de fatos e provas. Concurso da agravante da reincidência e da atenuante da confissão espontânea. Impossibilidade de compensação. Recurso não provido. I – No caso concreto, para se chegar à conclusão pela existência da confissão espontânea, faz-se necessário o incurso no acervo fático-probatório, o que é incabível na estreita via eleita. II – Nos termos do art. 67 do Código Penal, no concurso de atenuantes e agravantes, a pena deve aproximar-se do limite indicado pelas circunstâncias preponderantes. No caso sob exame, a agravante da reincidência prepondera sobre a atenuante da confissão espontânea, razão pela qual é inviável a compensação pleiteada. Precedentes. III – Recurso ordinário ao qual se nega provimento. (RHC nº 120.677, Rel. Min. Ricardo Lewandowski, 2ª Turma, j. 18.03.2014, *DJe*-065, divulg. 1º.04.2014, public. 02.04.2014).

- **2ª corrente:** para o **Superior Tribunal de Justiça, porém, a confissão e a reincidência, por serem igualmente preponderantes, devem ser compensadas**, exceto no caso de multirreincidência, hipótese em que a reprovabilidade do comportamento do agente é superior ao daquele que é meramente reincidente.

> **Jurisprudência destacada**
>
> Recurso especial representativo da controvérsia (art. 543-C do CPC). Penal. Dosimetria. Confissão espontânea e reincidência. Compensação. Possibilidade. 1. É possível, na segunda fase da dosimetria da pena, a compensação da atenuante da confissão espontânea com a agravante da reincidência. 2. Recurso especial provido (REsp nº 1.341.370/MT, Rel. Min. Sebastião Reis Júnior, 3ª Seção, julgado em 10.04.2013, *DJe* 17.04.2013).
>
> Penal e processual penal. Agravo regimental no *habeas corpus*. Tráfico de drogas. Dosimetria. Confissão espontânea e reincidência. Compensação integral. Impossibilidade. Multirreincidência. Agravo improvido. 1. A jurisprudência desta Corte, no julgamento do EResp nº 1.154.752/RS, apreciado sob o rito dos recursos repetitivos, em 23.05.2012, pacificou o entendimento de que a agravante da reincidência deve ser compensada com a atenuante da confissão espontânea, porquanto ambas envolvem a personalidade do agente, sendo, por consequência, igualmente preponderantes. 2. Tal entendimento sofre alteração quando reconhecida a situação de réu multirreincidente, hipótese na qual, como regra, não será devida a compensação integral entre a confissão e a reincidência. 3. Agravo regimental improvido (STJ, AGRG-HC nº 473.486/SP 2018/0266508-2, 6ª Turma, Rel. Min. Nefi Cordeiro, j. 06.12.2018, *DJe* 19.12.2018, p. 4901).

**Ainda que se trate de reincidência específica**, o STJ entende ser **possível a compensação**, não fazendo a Corte diferenciação entre a reincidência genérica e a específica para fins de compensação.

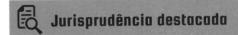

A col. 3ª Seção deste eg. Superior Tribunal de Justiça, por ocasião do julgamento do Recurso Especial Repetitivo 1.341.370/MT (Rel. Min. Sebastião Reis Júnior, *DJe* 17.04.2013), firmou entendimento segundo o qual "é possível, na segunda fase da dosimetria da pena, a compensação da atenuante da confissão espontânea com a agravante da reincidência". V – Na hipótese, não obstante seja o paciente reincidente específico, entendo que podem ser compensadas a agravante da reincidência (específica) com a atenuante da confissão espontânea, mormente se considerada a ausência de qualquer ressalva no entendimento firmado por ocasião do julgamento do recurso especial repetitivo sobre o tema (STJ, HC nº 365.963/SP 2016/0207605-7, Rel. Min. Felix Fischer, j. 11.10.2017, 3ª Seção, *DJe* 23.11.2017).

## 33.4 PENA DEFINITIVA: CAUSAS DE AUMENTO E DIMINUIÇÃO

Na terceira fase da dosimetria da pena, serão consideradas as causas de aumento e de diminuição, autorizando-se a fixação da pena em patamar abaixo do mínimo ou acima do máximo legal. Se houver mais de uma causa de aumento ou mais de uma causa de diminuição de pena na parte geral, os acréscimos e as diminuições incidirão uns sobre os outros, em efeito cascata.

> **Decifrando a prova**
>
> **(2020 – FCC – TJ/MS – Juiz Substituto – Adaptada)** Na aplicação da pena, incidindo as causas de diminuição da tentativa e do arrependimento posterior, pode o juiz limitar-se a uma só diminuição, prevalecendo, todavia, a causa que mais diminua.
> ( ) Certo ( ) Errado
> **Gabarito comentado:** as causas referidas estão previstas na parte geral do Código Penal e, assim, deverão incidir em cascata, uma sobre a outra. Portanto, está errado.

Se previstos na parte especial ou legislação extravagante, porém, o juiz poderá se limitar à aplicação apenas da causa que mais aumente ou que mais diminua. O art. 68, parágrafo único, do Código Penal menciona que o juiz "poderá" aplicar somente uma das causas de aumento, o que indica que, desde que devidamente justificado, lhe será possível aplicar mais de uma.

**Art. 68.** (...)

**Parágrafo único.** No concurso de causas de aumento ou de diminuição previstas na parte especial, pode o juiz limitar-se a um só aumento ou a uma só diminuição, prevalecendo, todavia, a causa que mais aumente ou diminua.

## Jurisprudência destacada

(...) Disciplina o parágrafo único do art. 68 do Código Penal que, no concurso de causas de aumento ou de diminuição previstas na parte especial, pode o juiz limitar-se a um só aumento ou a uma só diminuição, prevalecendo, todavia, a causa que mais aumente ou diminua. 7. Desse modo, embora presentes duas causas especiais de aumento de pena (arts. 19 e 20 da Lei nº 10.826/2003), a exasperação limitará a apenas uma delas, em metade. 8. *Habeas corpus* não conhecido. Ordem concedida de ofício para reduzir a reprimenda imposta ao paciente, com extensão ao corréu (STJ, HC nº 433.930/ES 2018/0012823-8, Rel. Min. Reynaldo Soares da Fonseca, j. 19.06.2018, 5ª Turma, *DJe* 29.06.2018).

## Decifrando a prova

**(2019 – MPE/SP – Promotor de Justiça Substituto – Adaptada)** Considerando as causas de aumento de pena previstas nos arts. 19 e 20 do Estatuto do Desarmamento – Lei nº 10.826/2003, é facultado ao Juiz, ao aplicar a pena ao condenado pela prática do crime previsto no art. 18 do Estatuto, aumentar a pena duas vezes ou apenas uma, conforme o caso concreto, desde que devidamente justificado.
( ) Certo    ( ) Errado
**Gabarito comentado:** trata-se de causas de aumento previstas na legislação extravagante, hipótese em que incide o disposto no art. 68, parágrafo único, do Código Penal. Portanto, está certo.

As causas de aumento deverão ser computadas antes das de diminuição. Consoante lição de Bitencourt (2020, p. 859):

> As exasperações decorrentes do concurso formal próprio e do crime continuado incidem depois de realizadas todas as fases estabelecidas pelo art. 68, como se fosse uma quarta operação da dosimetria penal.

Assim, o magistrado fixa a pena de cada um dos crimes, seguindo o critério trifásico do art. 68, pinça a maior delas e faz o aumento a que aludem os arts. 70 e 71 do Código Penal.

Encontrada a pena privativa de liberdade definitiva, o juiz fixará o regime inicial para seu cumprimento, ainda que depois a substitua por pena restritiva de direitos ou suspenda a sua execução. Afinal, caso ocorra reconversão da pena restritiva de direitos por pena privativa de liberdade ou, ainda, na hipótese de ser revogada a medida alternativa, o condenado terá que cumprir a privação de liberdade.

A seguir, ilustramos cada fase da dosimetria da pena para sua melhor compreensão, com algumas indicações jurisprudenciais e doutrinárias referentes a cada uma delas.

## 1ª fase – Pena-base (art. 59. do CP)

Para fins de fixação da pena-base, não há necessidade de se aferir o grau de pureza da substância apreendida, uma vez que o art. 42. da Lei de Drogas estabelece como critérios "a natureza e a quantidade da substância".

A natureza e a quantidade da droga não podem ser utilizadas simultaneamente para justificar o aumento da pena-base e afastar a redução prevista no § 4º do art. 33 da Lei nº 11.343/2006, sob pena de caracterizar *bis in idem*.

O aumento da pena-base em virtude das circunstâncias judiciais desfavoráveis (art. 59 do CP) depende de fundamentação concreta e específica que extrapole os elementos inerentes ao tipo penal.

Não há ilegalidade na análise conjunta das circunstâncias judiciais comuns aos corréus, desde que seja feita de forma fundamentada e com base nas semelhanças existentes.

A culpabilidade normativa, que engloba a consciência da ilicitude e a exigibilidade de conduta diversa, não se confunde com a circunstância judicial da culpabilidade (art. 59 do CP), que diz respeito à demonstração do grau de reprovabilidade ou censurabilidade da conduta praticada.

A premeditação do crime evidencia maior culpabilidade do agente criminoso, autorizando a majoração da pena-base.

O prazo de cinco anos do art. 64, I, do Código Penal, afasta os efeitos da reincidência, mas não impede o reconhecimento de maus antecedentes.

Em observância ao critério trifásico da dosimetria da pena estabelecido no art. 68 do Código Penal não é possível a compensação entre institutos de fases distintas.

Os atos infracionais não podem ser considerados maus antecedentes para a elevação da pena-base, tampouco para a reincidência.

Os atos infracionais podem, ressalvadas opiniões em sentido contrário, subsidiar a análise do magistrado quanto à personalidade do agente.

O comportamento da vítima em contribuir ou não para a prática do delito não acarreta o aumento da pena-base, pois a circunstância judicial é neutra e não pode ser utilizada em prejuízo do réu.

O registro decorrente da aceitação de transação penal pelo acusado não serve para o incremento da pena-base acima do mínimo legal em razão de maus antecedentes, tampouco para configurar a reincidência.

Para valoração da personalidade do agente é dispensável a existência de laudo técnico confeccionado por especialistas nos ramos da psiquiatria ou da psicologia.

É vedada a utilização de inquéritos policiais e ações penais em curso para agravar a pena-base (Súmula nº 444/STJ).

**2ª fase – Pena provisória**

- A incidência da circunstância atenuante não pode conduzir à redução da pena abaixo do mínimo legal.

- Incide a atenuante prevista no art. 65, III, *d*, do CP na chamada confissão qualificada, hipótese em que o autor confessa a autoria do crime, embora alegando causa excludente de ilicitude ou culpabilidade, desde que o juiz a utilize para fundamentar a condenação (STJ).

- A condenação transitada em julgado pelo crime de porte de substância entorpecente para uso próprio não gera reincidência e maus antecedentes, não sendo fundamento idôneo para agravar a pena tanto na primeira como na segunda fase da dosimetria.

- A reincidência penal não pode ser considerada como circunstância agravante e, simultaneamente, como circunstância judicial (Súmula nº 241/STJ).

- Havendo diversas condenações anteriores com trânsito em julgado, não há *bis in idem* se uma for considerada como maus antecedentes e a outra como reincidência.

- Para efeitos penais, o reconhecimento da menoridade do réu requer prova por documento hábil.

- Diante do reconhecimento de mais de uma qualificadora, somente uma enseja o tipo qualificado, enquanto as outras devem ser consideradas circunstâncias agravantes na hipótese de previsão legal, ou, de forma residual, como circunstância judicial do art. 59 do Código Penal.

- A agravante da reincidência pode ser comprovada com a folha de antecedentes criminais, não sendo obrigatória a apresentação de certidão cartorária.

- É possível, para o STJ, na segunda fase do cálculo da pena, a compensação da agravante da reincidência com a atenuante da confissão espontânea. O STF entende que a reincidência prevalece.

- Nos casos em que há múltipla reincidência, é inviável a compensação integral entre a reincidência e a confissão.

A seguir, selecionamos os entendimentos sumulados do Superior Tribunal de Justiça e do Supremo Tribunal Federal sobre aplicação da pena:

### Súmulas do STJ sobre pena

**Súmula nº 40.** Para obtenção dos benefícios de saída temporária e trabalho externo, considera-se o tempo de cumprimento da pena no regime fechado.

**Súmula nº 192.** Compete ao Juízo das Execuções Penais do Estado a execução das penas impostas a sentenciados pela Justiça Federal, Militar ou Eleitoral, quando recolhidos a estabelecimentos sujeitos a Administração Estadual.

*(continua)*

*(continuação)*

### Súmulas do STJ sobre pena

**Súmula nº 341.** A frequência a curso de ensino formal é causa de remição de parte do tempo de execução de pena sob regime fechado ou semiaberto.

**Súmula nº 439.** Admite-se o exame criminológico pelas peculiaridades do caso, desde que em decisão motivada.

**Súmula nº 441.** A falta grave não interrompe o prazo para obtenção de livramento condicional.

**Súmula nº 471.** Os condenados por crimes hediondos ou assemelhados cometidos antes da vigência da Lei nº 11.464/2007 sujeitam-se ao disposto no art. 112 da Lei nº 7.210/1984 (Lei de Execução Penal) para a progressão de regime prisional.

**Súmula nº 526.** O reconhecimento de falta grave decorrente do cometimento de fato definido como crime doloso no cumprimento da pena prescinde do trânsito em julgado de sentença penal condenatória no processo penal instaurado para apuração do fato.

**Súmula nº 520.** O benefício de saída temporária no âmbito da execução penal é ato jurisdicional insuscetível de delegação à autoridade administrativa do estabelecimento prisional.

**Súmula nº 533.** Para o reconhecimento da prática de falta disciplinar no âmbito da execução penal, é imprescindível a instauração de procedimento administrativo pelo diretor do estabelecimento prisional, assegurado o direito de defesa, a ser realizado por advogado constituído ou defensor público nomeado.

**Súmula nº 534.** A prática de falta grave interrompe a contagem do prazo para a progressão de regime de cumprimento de pena, o qual se reinicia a partir do cometimento dessa infração.

**Súmula nº 535.** A prática de falta grave não interrompe o prazo para fim de comutação de pena ou indulto.

**Súmula nº 562.** É possível a remição de parte do tempo de execução da pena quando o condenado, em regime fechado ou semiaberto, desempenha atividade laborativa, ainda que extramuros.

**Súmula nº 617.** A ausência de suspensão ou revogação do livramento condicional antes do término do período de prova enseja a extinção da punibilidade pelo integral cumprimento da pena.

**Súmula nº 630.** A incidência da atenuante da confissão espontânea no crime de tráfico ilícito de entorpecentes exige o reconhecimento da traficância pelo acusado, não bastando a mera admissão da posse ou propriedade para uso próprio.

**Súmula nº 636.** A folha de antecedentes criminais é documento suficiente a comprovar os maus antecedentes e a reincidência.

### Súmulas do STF sobre pena

**Súmula Vinculante nº 26.** Para efeito de progressão de regime no cumprimento de pena por crime hediondo, ou equiparado, o juízo da execução observará a inconstitucionalidade do art. 2º da Lei nº 8.072, de 25 de julho de 1990, sem prejuízo de avaliar se o condenado preenche, ou não, os requisitos objetivos e subjetivos do benefício, podendo determinar, para tal fim, de modo fundamentado, a realização de exame criminológico.

**Súmula Vinculante nº 56.** A falta de estabelecimento penal adequado não autoriza a manutenção do condenado em regime prisional mais gravoso, devendo-se observar, nessa hipótese, os parâmetros fixados no RE nº 641.320/RS.

**Súmula nº 693.** Não cabe *habeas corpus* contra decisão condenatória a pena de multa, ou relativo a processo em curso por infração penal a que a pena pecuniária seja a única cominada.

**Súmula nº 694.** Não cabe *habeas corpus* contra a imposição da pena de exclusão de militar ou de perda de patente ou de função pública.

**Súmula nº 695.** Não cabe *habeas corpus* quando já extinta a pena privativa de liberdade.

**Súmula nº 715.** A pena unificada para atender ao limite de trinta anos de cumprimento, determinado pelo art. 75 do Código Penal, não é considerada para a concessão de outros benefícios, como o livramento condicional ou regime mais favorável de execução.

**Súmula nº 716.** Admite-se a progressão de regime de cumprimento da pena ou a aplicação imediata de regime menos severo nela determinada, antes do trânsito em julgado da sentença condenatória.

**Súmula nº 717.** Não impede a progressão de regime de execução da pena, fixada em sentença não transitada em julgado, o fato de o réu se encontrar em prisão especial.

**Súmula nº 718.** A opinião do julgador sobre a gravidade em abstrato do crime não constitui motivação idônea para a imposição de regime mais severo do que o permitido segundo a pena aplicada.

**Súmula nº 719.** A imposiçao do regime de cumprimento mais severo do que a pena aplicada permitir exige motivação idônea.

**Súmula nº 723.** Não se admite a suspensão condicional do processo por crime continuado, se a soma da pena mínima da infração mais grave com o aumento mínimo de um sexto for superior a um ano.

# 34 Penas restritivas de direitos

## 34.1 NOÇÕES INTRODUTÓRIAS

A pena privativa de liberdade **fracassou** em seus objetivos retributivos e ressocializadores e o Direito Penal brasileiro, adotando solução que há muito vem sendo adotada por outros países, reformulou seu sistema para alargar a abrangência das penas ditas alternativas, que surgiram como uma necessidade inadiável, mormente quando se trata de hipóteses para as quais se aplicam penas privativas de liberdade curtas, promovendo-se a sua substituição por outras mais adequadas. Reserva-se, assim, adoção de penas privativas de liberdade para crimes mais graves ou para agentes que, por seu comportamento ou personalidade e conduta social, não podem se beneficiar com as denominadas penas alternativas. No Brasil, a reforma penal de 1984 introduziu a pena restritiva de direitos, mas ainda de forma muito tímida.

A Lei nº 9.714, de 1998, teve o papel de ampliar, de forma significativa, sua aplicação.

## 34.2 ESPÉCIES DE PENAS RESTRITIVAS DE DIREITOS

Como adverte Bitencourt (2020, p. 683):

> (...) a denominação penas "restritivas de direitos" não foi muito feliz, pois, de todas as modalidades de sanções sob a referida rubrica, somente uma refere-se especificamente à "restrição de direitos". As outras – prestação pecuniária e perda de bens e valores – são de natureza pecuniária; prestação de serviços à comunidade e limitação de fim de semana referem-se mais, especificamente, à restrição da liberdade do apenado.

Foi essa, contudo, a nomenclatura adotada por nossa legislação, que as prevê no art. 43 do Código Penal:

> **Penas restritivas de direitos**
> Art. 43. As penas restritivas de direitos são: (Redação dada pela Lei nº 9.714, de 1998.)
> I – prestação pecuniária;
> II – perda de bens e valores;
> III – limitação de fim de semana.

IV – prestação de serviço à comunidade ou a entidades públicas;
V – interdição temporária de direitos;
VI – limitação de fim de semana.

## 34.3 CARACTERÍSTICAS DAS PENAS RESTRITIVAS DE DIREITOS

Entre nós, as penas restritivas de direitos possuem duas características marcantes: autonomia e a possibilidade de serem usadas em substituição à pena privativa de liberdade (substitutividade).

Por serem autônomas, quando aplicadas em substituição, as penas restritivas de direitos não são aplicadas conjuntamente com penas privativas de liberdade, mas, de forma isolada.

Podem também ser aplicadas em substituição às penas privativas de liberdade, quando presentes os requisitos legais para tanto.

Importante, contudo, frisarmos que as penas restritivas de direitos, muitas vezes, são previstas cumulativamente com as penas privativas de liberdade, ou mesmo sem elas, no preceito secundário da norma incriminadora. Isso acontece, por exemplo, nos crimes de trânsito previstos nos arts. 302 e 303 do Código de Trânsito Brasileiro, ou mesmo no art. 28 da Lei nº 11.343/2006.

**CTB**

**Art. 302.** Praticar homicídio culposo na direção de veículo automotor:

**Penas** – detenção, de dois a quatro anos, e suspensão ou proibição de se obter a permissão ou a habilitação para dirigir veículo automotor.

**Art. 303.** Praticar lesão corporal culposa na direção de veículo automotor:

**Penas** – detenção, de seis meses a dois anos e suspensão ou proibição de se obter a permissão ou a habilitação para dirigir veículo automotor.

**Lei nº 11.343/2006**

**Art. 28.** Quem adquirir, guardar, tiver em depósito, transportar ou trouxer consigo, para consumo pessoal, drogas sem autorização ou em desacordo com determinação legal ou regulamentar será submetido às seguintes penas:

I – advertência sobre os efeitos das drogas;

II – prestação de serviços à comunidade;

III – medida educativa de comparecimento a programa ou curso educativo.

Quando cominadas com a pena privativa de liberdade, nada obsta que a pena privativa de liberdade seja também substituída por penas restritivas de direitos. Nessa hipótese, será aplicável a pena restritiva de direitos porque cominada no preceito sancionatório da norma penal incriminadora e uma outra por substituição à pena privativa de liberdade. Basta, por exemplo, imaginarmos o que ocorre com o crime de lesão corporal culposa na direção de veículo automotor, descrito no art. 302 da Lei nº 9.503/1997.

Art. 302. Praticar homicídio culposo na direção de veículo automotor:

**Penas** – detenção, de dois a quatro anos, e suspensão ou proibição de se obter a permissão ou a habilitação para dirigir veículo automotor.

Nesse caso, o juiz aplicará a suspensão do direito de dirigir, por estar cominada no preceito sancionatório. Quanto à pena privativa de liberdade, poderá substituí-la por outra, restritiva de direitos.

## 34.4 PENAS RESTRITIVAS DE DIREITOS APLICADAS EM SUBSTITUIÇÃO À PENA PRIVATIVA DE LIBERDADE

Ao condenar o acusado pela prática de um crime ao qual se comine pena privativa de liberdade, o juiz, após aplicar a pena privativa de liberdade e fixar o regime inicial para o cumprimento da pena, terá como primeira providência a verificação da possibilidade de substituição daquela pena privativa de liberdade por pena restritiva de direitos.

Essa substituição se condiciona a requisitos objetivos e subjetivos. Esses **requisitos**, que são **cumulativos**, estão no art. 44 do Código Penal e são os seguintes:

Art. 44. As penas restritivas de direitos são autônomas e substituem as privativas de liberdade, quando:

I – aplicada pena privativa de liberdade não superior a quatro anos e o crime não for cometido com violência ou grave ameaça à pessoa ou, qualquer que seja a pena aplicada, se o crime for culposo;

II – o réu não for reincidente em crime doloso;

III – a culpabilidade, os antecedentes, a conduta social e a personalidade do condenado, bem como os motivos e as circunstâncias indicarem que essa substituição seja suficiente.

### 34.4.1 Requisitos objetivos

### 34.4.1.1 A quantidade de pena aplicada

A pena aplicada não pode ser superior a quatro anos quando se tratar de crime doloso, não havendo essa exigência quando se tratar de **crime culposo, para o qual não há limite de pena aplicada para que se possa fazer a substituição, exceto se a lei especial dispuser de forma diversa.**

**Decifrando a prova**

(2018 – Vunesp – TJ/MT – Juiz Substituto – Adaptada) Acerca da aplicação de penas restritivas de direitos, para a conversão de pena privativa de liberdade por restritiva de direitos, a pena aplicada deverá ser sempre de até quatro anos.
( ) Certo    ( ) Errado

> **Gabarito comentado:** em se tratando de crimes culposos, não há limite de pena aplicada, consoante art. 44, I, do Código Penal. Portanto, está errado.
>
> **(2022 – Cespe/Cebraspe – DPE/RS – Defensor Público – Adaptada)** Com base na legislação pertinente, julgue o seguinte item.
> Camilo, réu primário e sem antecedentes criminais, foi denunciado pelo delito de furto triplamente qualificado. Ainda na fase policial, após a homologação do flagrante, foi decretada sua prisão preventiva. Ao término do feito, depois de permanecer recolhido provisoriamente por dezoito meses, Camilo acabou condenado à pena de cinco anos de reclusão. Nesse caso, o juiz poderá descontar esse tempo da prisão tanto para fins de determinação do regime quanto para substituir a pena privativa de liberdade por penas restritivas de direito, caso o acusado preencha os requisitos legais, dado que o desconto do tempo da prisão cautelar remeterá a pena aos limites temporais previstos para as sanções alternativas estabelecidas no art. 44 do Código Penal.
> ( ) Certo    ( ) Errado
> **Gabarito comentado:** o tempo de prisão processual deverá ser abatido do tempo da pena a ser cumprida, de acordo com o disposto no art. 42 do Código Penal, mas, para fins de verificar a possibilidade de substituição, deve ser considerado o total da pena aplicada, qual seja, cinco anos, que não admite a substituição, nos precisos termos do art. 44, I, daquele diploma legal. Portanto, está errado.

Na hipótese de **concurso formal ou de crime continuado**, deverá ser computado o acréscimo legal a que se referem os arts. 70 e 71 do Código Penal. Se, com o aumento, a pena ficar maior que 4 anos, não caberá a substituição.

> **Art. 70.** Quando o agente, mediante uma só ação ou omissão, pratica dois ou mais crimes, idênticos ou não, aplica-se-lhe a mais grave das penas cabíveis ou, se iguais, somente uma delas, mas aumentada, em qualquer caso, de um sexto até metade. As penas aplicam-se, entretanto, cumulativamente, se a ação ou omissão é dolosa e os crimes concorrentes resultam de desígnios autônomos, consoante o disposto no artigo anterior.
>
> **Crime continuado**
> **Art. 71.** Quando o agente, mediante mais de uma ação ou omissão, pratica dois ou mais crimes da mesma espécie e, pelas condições de tempo, lugar, maneira de execução e outras semelhantes, devem os subsequentes ser havidos como continuação do primeiro, aplica-se-lhe a pena de um só dos crimes, se idênticas, ou a mais grave, se diversas, aumentada, em qualquer caso, de um sexto a dois terços.

Quando se tratar de **concurso material**, cada uma das penas deve ser analisada isoladamente para fins da substituição da pena privativa de liberdade por pena restritiva de direitos. Porém, se com relação a qualquer dos crimes tiver sido negado o *sursis*, para todos os demais será incabível a substituição, consoante regra trazida pelo art. 69, § 1º, do Código Penal.

Sendo possível a aplicação de penas restritivas de direitos, o agente cumprirá as que forem compatíveis entre si e sucessivamente as demais, consoante regra do art. 69, § 2º, do Código Penal.

**Concurso material**

**Art. 69.** Quando o agente, mediante mais de uma ação ou omissão, pratica dois ou mais crimes, idênticos ou não, aplicam-se cumulativamente as penas privativas de liberdade em que haja incorrido. No caso de aplicação cumulativa de penas de reclusão e de detenção, executa-se primeiro aquela.

§ 1º Na hipótese deste artigo, quando ao agente tiver sido aplicada pena privativa de liberdade, não suspensa, por um dos crimes, para os demais será incabível a substituição de que trata o art. 44 deste Código.

§ 2º Quando forem aplicadas penas restritivas de direitos, o condenado cumprirá simultaneamente as que forem compatíveis entre si e sucessivamente as demais.

## 34.4.1.2 Crimes praticados sem violência ou grave ameaça à pessoa

Somente se admite a substituição quando o crime não tiver sido cometido com violência ou grave ameaça contra a pessoa. A violência contra a coisa, como se dá no crime de dano, não é fator que impeça a substituição.

Quanto ao conceito de violência trazido pelo dispositivo, cabem alguns questionamentos.

- **Controvérsia A:** a lei, ao tratar de violência no art. 44 do CP, se refere a qualquer tipo de violência ou apenas à violência propriamente dita, com uso de força física? Surgem aqui duas orientações:
    ◊ **1ª corrente:** a lei veda a aplicação de substituição qualquer que seja a violência, própria ou imprópria. Assim, nas hipóteses em que o agente reduz a vítima à impossibilidade de reação, tal qual se dá no "boa noite, Cinderela", em que o agente ministra substância para que a vítima desfaleça, caia em sono profundo enquanto ele recolhe seus pertences, também não caberia a substituição. É o entendimento majoritário na doutrina e na jurisprudência. Deve ser adotado em provas.

Com relação ao estupro de vulnerável, o STJ, inclusive, já decidiu que não cabe a substituição por se tratar de hipótese em que a violência é presumida.

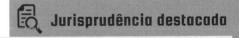
**Jurisprudência destacada**

(...) 1. Nesta Corte, firmou-se a orientação no sentido de ser absoluta a presunção de violência na prática de conjunção carnal ou outro ato libidinoso com menor de 14 (catorze) anos, de forma que o suposto consentimento da vítima, sua anterior experiência sexual ou a existência de relacionamento amoroso com o agente não torna atípico o crime de estupro de vulnerável. 2. Sendo a presunção de violência absoluta em crimes sexuais cometidos contra menores de 14 anos, obsta a substituição da pena privativa de liberdade por restritiva de direitos, uma vez que ausente o requisito do art. 44, inciso I, do CP. (...) (AgRg no REsp nº 1.472.138/GO, Rel. Min. Reynaldo Soares da Fonseca, 5ª Turma, j. 23.02.2016, *DJe* 29.02.2016).

◇ **2ª corrente:** a lei apenas veda a substituição quando se trata de hipótese de violência física propriamente dita, não se aplicando a vedação à denominada violência imprópria, não se podendo alargar o sentido de violência trazido pela lei. É a nossa orientação e também a de Mirabete (2013a, p. 271).

- **Controvérsia B:** a lei veda a substituição quando se trata de crime de menor potencial ofensivo praticado com violência ou grave ameaça, como os crimes de lesão corporal leve dolosa (art. 129 do Código Penal), de constrangimento ilegal (art. 146 do Código Penal) e da própria ameaça (art. 147 do Código Penal)?

  ◇ **1ª corrente:** sendo infrações de menor potencial ofensivo, nos termos do art. 61 da Lei nº 9.099/1995, recebem o tratamento da Lei dos Juizados Especiais e, se lá os seus autores têm direito à aplicação de penas restritivas de direitos, não teria sentido obstar a substituição de que trata o art. 44 do Código Penal na hipótese de condenação pelos referidos crimes. É o nosso entendimento e também o de Joppert (2011, p. 419), Greco (2019, p. 675) e Mirabete (2013a, p. 271).

  **Lei nº 9.099/1995, art. 61.** Consideram-se infrações penais de menor potencial ofensivo, para os efeitos desta Lei, as contravenções penais e os crimes a que a lei comine pena máxima não superior a 2 (dois) anos, cumulada ou não com multa.

  **CP, art. 44.** As penas restritivas de direitos são autônomas e substituem as privativas de liberdade, quando:

  I – aplicada pena privativa de liberdade não superior a quatro anos e o crime não for cometido com violência ou grave ameaça à pessoa ou, qualquer que seja a pena aplicada, se o crime for culposo;

  II – o réu não for reincidente em crime doloso;

  III – a culpabilidade, os antecedentes, a conduta social e a personalidade do condenado, bem como os motivos e as circunstâncias indicarem que essa substituição seja suficiente.

  ◇ **2ª corrente:** sendo crimes praticados com violência ou grave ameaça não admitem substituição da pena privativa de liberdade por pena restritiva de direitos na hipótese de condenação.

**Em crimes militares**, ainda que sem violência, **não cabe substituição** de pena privativa de liberdade por pena restritiva de direitos, como já decidiu o STF.

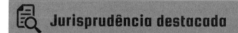

**Jurisprudência destacada**

1. A substituição da pena privativa de liberdade prevista no art. 44 do Código Penal não é aplicável aos crimes militares. (...) Não se aplica aos crimes militares a substituição da pena privativa de liberdade por restritiva de direitos, prevista no art. 44 do Código Penal, pois o art. 59 do Código Penal Militar disciplinou de modo diverso as hipóteses de substituição cabíveis sob sua égide. Precedentes (...) (STF, ARE nº 779.938/MG, Rel. Min. Luiz Fux, j. 21.05.2014, *DJe*-099, divulg. 23.05.2014, public. 26.05.2014).

**Com relação aos crimes hediondos e equiparados**, entendemos que sua natureza e a própria determinação constitucional no sentido de que se lhes dispense tratamento diferenciado dos demais crimes impedem a substituição da pena privativa de liberdade por pena restritiva de direitos. Ao colocar etiqueta de hediondez em determinado crime, o legislador infraconstitucional vislumbrou gravidade naquela prática e, consequentemente, não se poderia entender suficiente para sua reprovação uma pena restritiva de direitos. Deve-se, neste aspecto, destacar o princípio da suficiência, que se aplica às regras de substituição.

Contudo, nossas Cortes Superiores não comungam desse entendimento com relação ao tráfico de drogas, crime equiparado a hediondo, reconhecendo a possibilidade da substituição da pena privativa de liberdade por restritiva de direitos sempre que preenchidos os requisitos trazidos pelo art. 44, o que apenas se viabiliza, segundo o entendimento dos tribunais, com análise do caso concreto, não se podendo negar o benefício com base em referências genéricas acerca da gravidade do delito.

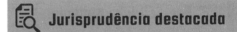

*Habeas corpus* substituto de recurso próprio. Inadequação da via eleita. Tráfico ilícito de entorpecentes. Regime prisional fechado e negativa de substituição da pena. Referências genéricas acerca da gravidade do delito. Quantidade não expressiva de entorpecentes. Fundamentos inidôneos. Paciente primário, com análise favorável das circunstâncias judiciais e condenado a pena não superior a 4 anos de reclusão. Regime aberto e substituição. Possibilidade. *Habeas corpus* não conhecido. Ordem concedida de ofício. 1. O Supremo Tribunal Federal, por sua 1ª Turma, e a 3ª Seção deste Superior Tribunal de Justiça, diante da utilização crescente e sucessiva do *habeas corpus*, passaram a restringir a sua admissibilidade quando o ato ilegal for passível de impugnação pela via recursal própria, sem olvidar a possibilidade de concessão da ordem, de ofício, nos casos de flagrante ilegalidade. 2. O STF, ao julgar o HC nº 111.840/ES, por maioria, declarou incidentalmente a inconstitucionalidade do § 1º do art. 2º da Lei nº 8.072/1990, com a redação dada pela Lei nº 11.464/2007, afastando, dessa forma, a obrigatoriedade do regime inicial fechado para os condenados por crimes hediondos e equiparados. 3. A partir do julgamento do HC nº 97.256/RS pelo STF, declarando incidentalmente a parcial inconstitucionalidade do § 4º do art. 33 e do art. 44, ambos da Lei nº 11.343/2006, o benefício da substituição da pena passou a ser concedido aos condenados pelo crime de tráfico de drogas, desde que preenchidos os requisitos insertos no art. 44 do Código Penal. 4. Hipótese em que o regime prisional foi recrudescido e a substituição da pena foi negada com base em referências genéricas acerca da gravidade do delito, além da quantidade dos entorpecentes apreendidos, que não é expressiva na hipótese dos autos (9,1 g de cocaína e 33,3 g de maconha). 5. O *quantum* da condenação (1 ano e 8 meses de reclusão), a primariedade e a análise favorável das circunstâncias judiciais permitem ao paciente iniciar o cumprimento da pena privativa de liberdade no regime aberto e ter sua pena substituída por medidas restritivas de direitos, a teor do disposto nos arts. 33, §§ 2º e 3º, e 44, ambos do Código Penal. 6. *Habeas corpus* não conhecido. Ordem concedida, de ofício, para fixar o regime inicial aberto, confirmando a liminar anteriormente deferida, bem como substituir a pena privativa de liberdade por medidas restritivas de direitos, a serem definidas pelo Juízo das Execuções Criminais (STJ, HC nº 482.234/SP 2018/0323690-2, Rel. Min. Reynaldo Soares da Fonseca, j. 06.06.2019, 5ª Turma, *DJe* 14.06.2019).

Para o **crime de tráfico privilegiado**, que atualmente não é considerado crime hediondo em virtude de disposição legal expressa nesse sentido, **cabe a substituição** da pena privativa de liberdade por pena restritiva de direitos, tendo sido declarada pelo STF a inconstitucionalidade da vedação trazida nesse sentido pelo art. 33, § 4º, da Lei nº 11.343, de 2006.

> **Art. 112.** (...)
>
> § 5º Não se considera hediondo ou equiparado, para os fins deste artigo, o crime de tráfico de drogas previsto no § 4º do art. 33 da Lei nº 11.343, de 23 de agosto de 2006.

> **Resolução nº 05/2012 do Senado Federal**
>
> Art. 1º É suspensa a execução da expressão "vedada a conversão em penas restritivas de direitos" do § 4º do art. 33 da Lei nº 11.343, de 23 de agosto de 2006, declarada inconstitucional por decisão definitiva do Supremo Tribunal Federal nos autos do *Habeas Corpus* nº 97.256/RS.

### 34.4.2 Requisitos subjetivos

### 34.4.2.1 Réu não reincidente em crime doloso

Em tese, não cabe substituição de pena privativa de liberdade por pena restritiva de direitos quando se trata de condenado reincidente em crime doloso. A reincidência em crime doloso, porém, não é obstáculo intransponível à substituição, na medida em que, "em face de condenação anterior", a substituição pode-se revelar recomendável, devendo ser levada a efeito. Só não se admite a substituição quando se tratar de **reincidência específica**, aqui entendida como reincidência na prática do mesmo crime, conforme art. 44, § 3º. Aqui, deve ser pontuado que, quando a lei veda a substituição ao reincidente pela prática do mesmo crime, a expressão não pode ser ampliada para abarcar reincidência na prática do crime da mesma espécie. Destarte, tratando-se de crime da mesma espécie, ou seja, crime que tutela o mesmo bem jurídico, a lei não obsta, de plano, a substituição, cabendo ao magistrado, na análise do caso concreto, verificar se a medida é suficiente e recomendável, ou não.

> § 3º Se o condenado for reincidente, o juiz poderá aplicar a substituição, desde que, em face de condenação anterior, a medida seja socialmente recomendável e a reincidência não se tenha operado em virtude da prática do mesmo crime.

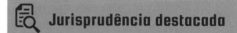

> Agravo regimental no recurso especial. Substituição da pena privativa de liberdade por restritiva de direitos. Não cabimento. Agravo regimental improvido. 1. O art. 44, II, do Código Penal não admite a substituição da pena privativa de liberdade por restritiva de direitos para o réu reincidente em crime doloso, ressalvados os casos em que se entenda socialmente recomendável que a medida e a reincidência não se tenham operado em virtude da prática do mesmo crime. 2. Demonstrada a insuficiência da medida para a repressão e prevenção do delito, por ser o crime anterior de receptação, também de natureza patrimonial, não se mostra socialmente

recomendável a substituição da pena privativa de liberdade por restritiva de direitos. 3. A reversão das premissas fáticas do acórdão demandaria necessário revolvimento do contexto fático probatório dos autos, providência vedada pelo enunciado da Súmula nº 7/STJ. 4. Agravo regimental improvido (STJ, AgRg no REsp nº 1.798.000/SP 2019/0050603-4, Rel. Min. Nefi Cordeiro, j. 20.08.2019, 6ª Turma, *DJe* 05.09.2019).

Penal e processual penal. Agravo regimental no agravo em recurso especial. Receptação. Substituição da pena privativa de liberdade por restritivas de direitos. Art. 44, § 3º, do CP. Definição do conceito de reincidência específica, para os fins deste dispositivo: nova prática do mesmo crime. Vedação à analogia *in malam partem*. No caso concreto, inviabilidade da substituição. Medida não recomendável. Agravo regimental desprovido. Consoante o art. 44, § 3º, do CP, o condenado reincidente pode ter sua pena privativa de liberdade substituída por restritiva de direitos, se a medida for socialmente recomendável e a reincidência não se operar no mesmo crime. Conforme o entendimento atualmente adotado pelas duas Turmas desta 3ª Seção – e que embasou a decisão agravada –, a reincidência em crimes da mesma espécie equivale à específica, para obstar a substituição da pena. Toda atividade interpretativa parte da linguagem adotada no texto normativo, a qual, apesar da ocasional fluidez ou vagueza de seus termos, tem limites semânticos intransponíveis. Existe, afinal, uma distinção de significado entre "mesmo crime" e "crimes de mesma espécie"; se o legislador, no particular dispositivo legal em comento, optou pela primeira expressão, sua escolha democrática deve ser respeitada. Apesar das possíveis incongruências práticas causadas pela redação legal, a vedação à analogia *in malam partem* impede que o Judiciário a corrija, já que isso restringiria a possibilidade de aplicação da pena substitutiva e, como tal, causaria maior gravame ao réu. No caso concreto, apesar de não existir o óbice da reincidência específica tratada no art. 44, § 3º, do CP, a substituição não é recomendável, tendo em vista a anterior prática de crime violento (roubo). Precedentes das duas Turmas. Agravo regimental desprovido, com a proposta da seguinte tese: a reincidência específica tratada no art. 44, § 3º, do CP somente se aplica quando forem idênticos (e não apenas de mesma espécie) os crimes praticados (AgRg no AREsp nº 1.716.664/SP, Rel. Min. Ribeiro Dantas, 3ª Seção, j. 25.08.2021, *DJe* 31.08.2021).

 **Decifrando a prova**

**(2019 – Vunesp – TJ/RJ – Juiz Substituto – Adaptada)** No que concerne à aplicação das penas restritivas de direitos dos arts. 43 a 48 do CP, é correto afirmar que ao reincidente é vedada a substituição da privativa de liberdade.
( ) Certo    ( ) Errado
**Gabarito comentado:** a reincidência não é obstáculo intransponível à substituição, a menos que se trate de reincidência pela prática do mesmo crime. Portanto, está errado.

## 34.4.2.2 Suficiência da substituição

A avaliação da suficiência da substituição será aferida pela culpabilidade, antecedentes, conduta social e personalidade do condenado, bem como os motivos e as circunstâncias do fato, todos previstos no art. 44, III, do Código Penal.

> **Jurisprudência destacada**
>
> Agravo regimental em *habeas corpus*. Art. 44 do Código Penal. Substituição da pena privativa de liberdade por restritiva de direitos. Circunstância judicial desfavorável. Ausência do requisito subjetivo. Inviabilidade. Jurisprudência pacífica. Agravo regimental não provido. – Como é cediço, quanto à substituição da pena privativa de liberdade por restritiva de direitos, o art. 44 do Código Penal estabelece que tal benesse somente será deferida ao acusado quando, além de outros requisitos, a culpabilidade, os antecedentes, a conduta social e a personalidade do condenado, bem como os motivos e as circunstâncias indicarem que essa substituição seja suficiente – Assim, no caso em tela, é inviável a substituição da pena privativa de liberdade por restritiva de direitos, pois ausente o requisito subjetivo, previsto no art. 44, III, do Código Penal, ante a existência de circunstância judicial desfavorável, consubstanciada nos maus antecedentes. Precedentes – Agravo regimental a que se nega provimento (STJ, AgRg no HC nº 580.894/SP 2020/0111788-6, Rel. Min. Reynaldo Soares da Fonseca, j. 09.06.2020, 5ª Turma, DJe 17.06.2020).

## 34.5 DURAÇÃO DA PENA RESTRITIVA DE DIREITOS E REGRAS DE SUBSTITUIÇÃO

As penas restritivas de direitos de prestação de serviços à comunidade ou a entidades públicas e as penas de interdição temporária de direitos e limitação de fim de semana terão **a mesma duração das penas privativas de liberdade**, conforme disciplina trazida pelo art. 55 do Código Penal.

> **Art. 55.** As penas restritivas de direitos referidas nos incisos III, IV, V e VI do art. 43 terão a mesma duração da pena privativa de liberdade substituída, ressalvado o disposto no § 4º do art. 46.

Deve-se, contudo, destacar a possibilidade de a pena de prestação de serviços à comunidade ser cumprida em menor tempo, embora nunca possa sê-lo por tempo inferior a metade da pena privativa de liberdade aplicada, conforme disposto no art. 46, § 2º.

> **Art. 46.** (...)
>
> **§ 2º** A prestação de serviço à comunidade dar-se-á em entidades assistenciais, hospitais, escolas, orfanatos e outros estabelecimentos congêneres, em programas comunitários ou estatais.

Quanto à substituição, devem ser observadas as seguintes regras:

a. sendo a pena privativa de liberdade aplicada em até um ano, poderá ser substituída por uma pena restritiva de direitos ou uma de multa, consoante art. 44, § 2º, primeira parte;
b. sendo aplicada pena superior a um ano, deverá ser substituída por uma pena restritiva de direitos e uma de multa ou por duas penas restritivas de direitos, nos termos do art. 44, § 2º, *in fine*.

Art. 44. (...)

§ 2º Na condenação igual ou inferior a um ano, a substituição pode ser feita por multa ou por uma pena restritiva de direitos; se superior a um ano, a pena privativa de liberdade pode ser substituída por uma pena restritiva de direitos e multa ou por duas restritivas de direitos.

## 34.5.1 Substituição da pena privativa de liberdade por multa

Sobre o tema, a leitura do art. 44, § 2º, 1ª parte e do art. 60, § 2º, coloca-nos diante de regras não harmônicas entre si. Consoante se depreende da leitura do art. 44, § 2º, já aqui estudado, cabe substituição de pena privativa de liberdade por multa quando a pena privativa de liberdade não for aplicada em patamar superior a um ano. O disposto no art. 60, § 2º, nos diz que a pena privativa de liberdade não superior a seis meses pode ser substituída por multa.

**Multa substitutiva**

§ 2º A pena privativa de liberdade aplicada, não superior a 6 (seis) meses, pode ser substituída pela de multa, observados os critérios dos incisos II e III do art. 44 deste Código.

Qual das duas regras deve prevalecer?

- **1ª corrente:** só é possível substituir por multa a pena privativa de liberdade aplicada em até seis meses, devendo prevalecer a regra do art. 60, § 2º.
- **2ª corrente:** é possível substituir por multa a pena privativa de liberdade aplicada em até um ano, devendo prevalecer a regra do art. 44, § 2º, 1ª parte, por ser mais recente.
- **3ª corrente:** os dispositivos são compatíveis. Para a aplicação da pena de multa substitutiva, ou vicariante, de que trata o art. 60, § 2º, do CP, por se referir aos incisos II e III do art. 44, basta que o condenado não seja reincidente em crime doloso e que sua culpabilidade, antecedentes, conduta social e personalidade, bem como os motivos e circunstâncias do crime indiquem a suficiência da substituição, podendo ser aplicada mesmo para crimes perpetrados com violência ou grave ameaça. É a nossa posição.
- **4ª corrente:** é compatível a disciplina trazida pelos dois dispositivos. Para as condenações até seis meses, cabe a substituição por multa (art. 60, § 2º) ou por pena restritiva de direitos (art. 44). Nas condenações superiores a seis meses até um ano, cabe a substituição por uma pena restritiva de direitos. O STF já adotou essa posição, consoante se depreende da leitura do HC nº 98.995/RS, julgado em 19.10.2010.

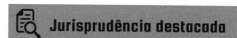

Penal. Agravo regimental em *habeas corpus*. Estelionato. Substituição da pena privativa de liberdade. Escolha da modalidade. Necessidade de fundamentação idônea. Agravo desprovido.
1. "Nos casos de condenação superior a 1 ano, é possível a substituição da pena privativa de

liberdade por uma pena restritiva de direitos e multa ou por duas penas restritivas de direitos, nos termos do art. 44, § 2º, do Código Penal. Cabe ao magistrado, ao decidir pela substituição da pena prevista no art. 44, § 2º, do Código Penal, apresentar fundamentação idônea de modo a justificar o motivo de sua escolha pela pena restritiva de direitos" (AgRg no HC nº 557.107/SC, Rel. Min. Nefi Cordeiro, 6ª Turma, j. 05.03.2020, *DJe* 10.03.2020). 2. Agravo regimental desprovido (STJ, AgRg no HC nº 497.073/SC 2019/0065101-2, Rel. Min. Antonio Saldanha Palheiro, j. 04.08.2020, 6ª Turma, *DJe* 10.08.2020).

## 34.6 ESPÉCIES DE PENAS RESTRITIVAS DE DIREITOS

### 34.6.1 Prestação pecuniária

> Art. 45. (...)
> § 1º A prestação pecuniária consiste no pagamento em dinheiro à vítima, a seus dependentes ou a entidade pública ou privada com destinação social, de importância fixada pelo juiz, não inferior a 1 (um) salário mínimo nem superior a 360 (trezentos e sessenta) salários mínimos. O valor pago será deduzido do montante de eventual condenação em ação de reparação civil, se coincidentes os beneficiários.

Com a prestação pecuniária fixada em salários mínimos, busca-se reparar o dano causado pela prática do crime, devendo o valor pago ser "deduzido do montante de eventual condenação em ação de reparação civil, se coincidentes os beneficiários", consoante art. 45, § 1º, do Código Penal.

A prestação pecuniária prevista pode ser, portanto, compensada com o montante fixado com fundamento no art. 387, IV, do CPP, ante a coincidência de beneficiários.

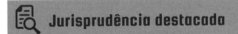

Recurso especial. Penal e processual penal. Estelionato majorado. Art. 45, § 1º, do Código Penal. CP. Prestação pecuniária e reparação civil dos danos. Vítima determinada. Preferência. Compensação. Compatibilidade entre os institutos. Finalidade reparatória. Coincidência entre os beneficiários. Dedução do montante. Recurso especial provido. 1. Diante de uma interpretação teleológica, o art. 45, § 1º, do Código Penal previu uma ordem de preferência entre os beneficiários elencados, sendo certo que, havendo vítima determinada, impõe-se que o valor estipulado para prestação pecuniária seja a ela destinado, no caso dos autos, a União. 2. O art. 45, § 1º, do Código Penal prevê que a prestação pecuniária tem natureza de pena (restritiva de direitos), contudo, possui finalidade nitidamente reparatória (cível), ao dispor que "(...) consiste no pagamento em dinheiro à vítima, a seus dependentes ou a entidade pública ou privada com destinação social (...)". A jurisprudência desta Corte é firme no sentido de que a referida pena restritiva de direitos guarda correspondência com o prejuízo causado pelo delito, o que reforça seu caráter reparatório. 3. O art. 387, IV, do Código de Processo Penal, assim como ocorre com a pena alternativa de prestação pecuniária, visa a assegurar a reparação cível dos

> danos causados pela infração penal. 4. No caso dos autos, em razão da finalidade reparatória presente em ambas disposições legais (art. 45, § 1º, do CP e art. 387, IV, do CPP) e diante da coincidência de beneficiários (vítima), impõe-se a dedução do montante fixado com fundamento no art. 387, IV, do Código de Processo Penal do que foi estipulado com fundamento no art. 45, § 1º, do Código Penal. 5. O montante fixado para reparação dos danos causados pela infração penal refere-se a um valor mínimo, não impedindo que a vítima requeira valor superior no âmbito cível. 6. Recurso especial provido (STJ, REsp nº 1.882.059/SC 2020/0160396-5, Rel. Min. Joel Ilan Paciornik, j. 19.10.2021, 5ª Turma, *DJe* 25.10.2021).

Por essa razão, Bitencourt (2020, p. 704) entende que "teria sido mais adequado e mais técnico defini-la como 'multa reparatória', que é a sua verdadeira natureza". Ousamos discordar do aclamado autor, porque a multa reparatória só se aplica aos crimes de que resultam dano material e se destina à vítima ou aos seus sucessores. Na prestação pecuniária, pode não haver dano a ser reparado ou não haver vítima imediata ou dependentes, caso em que o montante da condenação será destinado à entidade pública ou privada com destinação social.

Como a lei, em caso de descumprimento injustificado da pena restritiva de direitos, prevê a reconversão da pena restritiva de direitos em privativa de liberdade, o juiz não pode decretar o arresto dos bens do condenado como forma de cumprimento forçado da pena substitutiva.

### Jurisprudência destacada

> Recurso Especial. Direito Penal. Medida cautelar de arresto para garantia da prestação pecuniária substitutiva. Incabimento. Eventual descumprimento que dá ensejo à reconversão da pena restritiva de direitos em privativa de liberdade. Valor do bem arrestado. Desproporcionalidade. 1. As penas restritivas de direitos se convertem em penas privativas de liberdade, se ocorrer o descumprimento injustificado da restrição imposta (art. 44, § 4º, do CP). 2. A execução das penas restritivas, assim como de modo geral de todas as alternativas à prisão, demandam um mecanismo coercitivo, capaz de assegurar o seu cumprimento e este só pode ser a pena privativa de liberdade. 3. Havendo expressa previsão legal de reconversão da pena restritiva de direitos em privativa de liberdade, não há falar em arresto para o cumprimento forçado da pena substitutiva já que a reconversão da pena é a medida que, por força normativa, atribui coercividade à pena restritiva de direitos. 4. É desproporcional o arresto de bem avaliado em R$ 2.000.000,00 (dois milhões de reais) para a garantia do cumprimento de prestação pecuniária no montante de cerca de 40 mil reais, equivalente a 2% (dois por cento) do valor do bem arrestado, sendo de todo incabível a constrição, mormente se considerado que a prestação pecuniária é obrigação de trato sucessivo, a ser paga mês a mês durante o período de 2 anos e 5 meses. 5. Recurso provido (STJ, Resp nº 1.699.665/PR 2017/0241147-9, Rel. Min. Maria Thereza de Assis Moura, j. 07.08.2018, 6ª Turma, *DJe* 15.08.2018).

**A prestação pecuniária não pode, ainda, ser confundida com a pena de multa.**

**Vejamos:**

a. a multa não é pena restritiva de direitos e prestação pecuniária é pena restritiva de direitos;
b. a pena pecuniária é destinada à vítima, seus sucessores ou entidades públicas ou privadas com destinação social. A multa é destinada ao Fundo Penitenciário;
c. o cálculo da prestação pecuniária é feito em salário mínimo, não podendo ser inferior a 1 nem superior a 360 salários mínimos. O cálculo da multa é feito em dias-multa, na proporção de 10 a 360 dias e valor de 1/30 até 5 vezes o salário mínimo;
d. o valor da prestação pecuniária, quando destinado à vítima e seus sucessores, poderá ser abatido do valor da indenização, o que não ocorre com a pena de multa.

## 34.6.2 Perda de bens e valores

A perda de bens e valores se dará em favor do Fundo Penitenciário Nacional e terá como teto o prejuízo causado pela infração penal ou o proveito obtido pelo agente ou por terceiro, consoante art. 45, § 3º, do CP.

> § 3º A perda de bens e valores pertencentes aos condenados dar-se-á, ressalvada a legislação especial, em favor do Fundo Penitenciário Nacional, e seu valor terá como teto – o que for maior – o montante do prejuízo causado ou do provento obtido pelo agente ou por terceiro, em consequência da prática do crime.

### Decifrando a prova

**(2018 – Vunesp – TJ/RS – Juiz de Direito Substituto – Adaptada)** A pena restritiva de direitos, na modalidade perda de bens e valores pertencentes ao condenado, dar-se-á em favor da vítima.
( ) Certo    ( ) Errado
**Gabarito comentado:** a perda de bens e valores se dá em favor do Fundo Penitenciário Nacional, consoante art. 45, § 3º, do Código Penal. Portanto, está errado.

O objeto dessa pena é o próprio patrimônio do condenado, definido como "bens e valores". Tem "nítido **valor confiscatório**, possível e legítimo, porque admitido pelo art. 5º, XLV, da CF/1988" (MASSON, 2019b, p. 613).

Não se pode confundir a pena de perda de bens e valores com o confisco que é efeito da condenação, descrito no art. 91 do Código Penal, porque:

a. o confisco é efeito da condenação e se destina à União. A perda de bens e valores é destinada ao Fundo Penitenciário Nacional;
b. confisco, efeito da condenação, tem como objeto os instrumentos e produtos do crime, consoante art. 91, II, do Código Penal; o objeto da perda de bens e valores é o patrimônio lícito do condenado, conforme art. 45, § 3º, do Código Penal.

**Art. 91.** São efeitos da condenação: (Redação dada pela Lei nº 7.209, de 11.07.1984.)

I – tornar certa a obrigação de indenizar o dano causado pelo crime; (Redação dada pela Lei nº 7.209, de 11.07.1984.)

II – a perda em favor da União, ressalvado o direito do lesado ou de terceiro de boa-fé: (Redação dada pela Lei nº 7.209, de 11.07.1984.)

a) dos instrumentos do crime, desde que consistam em coisas cujo fabrico, alienação, uso, porte ou detenção constitua fato ilícito;

b) do produto do crime ou de qualquer bem ou valor que constitua proveito auferido pelo agente com a prática do fato criminoso.

A legislação extravagante pode dar à perda de bens e valores, porém, destinação diversa do Fundo Penitenciário Nacional.

## 34.6.3 Prestação de serviços à comunidade ou a entidades públicas

Cuida-se de pena restritiva de direitos regulada pelo art. 46 do Código Penal, somente aplicável a condenações superiores a 6 (seis) meses.

**Art. 46.** A prestação de serviços à comunidade ou a entidades públicas é aplicável às condenações superiores a seis meses de privação da liberdade.

§ 1º A prestação de serviços à comunidade ou a entidades públicas consiste na atribuição de tarefas gratuitas ao condenado.

§ 2º A prestação de serviço à comunidade dar-se-á em entidades assistenciais, hospitais, escolas, orfanatos e outros estabelecimentos congêneres, em programas comunitários ou estatais.

§ 3º As tarefas a que se refere o § 1º serão atribuídas conforme as aptidões do condenado, devendo ser cumpridas à razão de uma hora de tarefa por dia de condenação, fixadas de modo a não prejudicar a jornada normal de trabalho.

§ 4º Se a pena substituída for superior a um ano, é facultado ao condenado cumprir a pena substitutiva em menor tempo (art. 55), nunca inferior à metade da pena privativa de liberdade fixada.

Os serviços prestados pelo condenado devem ser compatíveis com suas aptidões pessoais e não podem interferir na jornada normal de trabalho, conforme art. 46, § 3º, do Código Penal.

A lei estabelece as entidades nas quais o sentenciado prestará gratuitamente serviços comunitários, tendo sido afastadas as entidades privadas que objetivam auferir lucros e que poderiam se locupletar da mão de obra gratuita. Assim, serão beneficiários: entidades assistenciais, hospitais, escolas, orfanatos e outros estabelecimentos congêneres, em programas comunitários e estatais.

O trabalho comunitário deverá ser cumprido à razão de 1 (uma) hora de tarefa por dia de condenação. A lei, contudo, autoriza o cumprimento em menor tempo, conforme disposto no art. 46, § 4º. Com o primeiro comparecimento ao local em que serão prestados os serviços se inicia o cumprimento dessa pena.

## 34.6.4 Interdição temporária de direitos

A interdição temporária de direitos é **pena restritiva de direitos específica**, porque não pode ser aplicada a qualquer crime. Sua incidência é restrita a determinados delitos. Assim, só pode ser aplicada nas hipóteses de crimes praticados com abuso ou violação dos deveres inerentes ao cargo, função, profissão, atividade ou ofício, sendo imprescindível que o delito praticado esteja intrinsicamente relacionado com o uso do direito interditado. Pela independência das instâncias, os órgãos de controle da Administração Pública poderão aplicar, em suas esferas de competências, as sanções correspondentes, independentemente da aplicação da pena de interdição temporária de direitos. Nos itens seguintes veremos cada uma das penas de interdição temporária de direitos.

### 34.6.4.1 Proibição do exercício de cargo, função ou atividade pública, bem como de mandato eletivo

Poderá ser aplicada quando o crime for praticado no exercício de toda e qualquer atividade desenvolvida por alguém que atue na condição de funcionário público, violando deveres do cargo, embora não apenas se aplique aos crimes contra a Administração. Cuida-se de uma suspensão temporária imposta pelo mesmo tempo de duração da pena privativa de liberdade substituída e, após seu cumprimento e desde que não existam impedimentos de ordem administrativa, o condenado retornará às suas atividades.

### 34.6.4.2 Proibição do exercício de profissão, atividade ou ofício que dependam de habilitação especial, de licença ou autorização do poder público

Cuida-se de pena aplicável, por exemplo, a advogados, engenheiros, arquitetos, professores de educação física, fisioterapeutas, médicos etc. Aquele que for condenado por crime praticado no exercício dessas atividades, violando os deveres inerentes a elas, poderá sofrer a sanção. Para haver a interdição será, portanto, necessário que o **crime tenha sido realizado com abuso de poder, ou com infração de dever inerente à profissão ou atividade**.

### 34.6.4.3 Suspensão de autorização ou de habilitação para dirigir veículo

Cuida-se de pena restritiva de direitos aplicável exclusivamente aos crimes culposos de trânsito, conforme arts. 47, III, e 57, ambos do CP. Atualmente, sua disciplina é encontrada na Lei nº 9.503, de 1997, em seus arts. 292 a 296.

### 34.6.4.4 Proibição de frequentar determinados lugares

A proibição não poderá se referir a lugares indeterminados, devendo restringir-se àqueles que tenham relação com o cometimento do crime, ou seja, que o local tenha exercido ou que pudesse exercer influência negativa sobre o infrator.

## 34.6.4.5 Proibição de inscrever-se em concurso, avaliação ou exame públicos

Essa interdição temporária de direitos foi acrescida pela Lei nº 12.550, de 15 de dezembro de 2011. Embora não expressamente previsto no texto legal, essa interdição temporária de direitos somente pode ser aplicada àquele que for condenado pelo crime descrito no art. 311-A do Código Penal, ou seja, o crime de **fraudes em certames de interesse público**.

## 34.6.5 Limitação de fim de semana

Trata-se de prisão descontínua, que, entre nós, é denominada limitação de fim de semana, disciplinada pelo art. 48 do Código Penal.

> **Limitação de fim de semana**
> **Art. 48.** A limitação de fim de semana consiste na obrigação de permanecer, aos sábados e domingos, por 5 (cinco) horas diárias, em casa de albergado ou outro estabelecimento adequado.

Na legislação alienígena, como destaca Bitencourt (2020, p. 709), ganha diversas denominações: "prisão por dias livres (Portugal), prisão por tempo livre (Alemanha) ou arresto de fim de semana (Bélgica e Espanha)".

O objetivo da limitação de final de semana é permitir que o condenado continue trabalhando, cuidando de sua família e mantendo suas relações sociais, sendo a pena cumprida em dias em que não teria atividades laborativas a realizar e que, em tese, gozaria de seu lazer.

Entre nós, consiste na obrigação de o condenado permanecer aos sábados e domingos, por cinco horas diárias, em casa de albergado ou em estabelecimento adequado. Sua execução iniciará com o primeiro comparecimento do apenado ao estabelecimento determinado, consoante art. 151, parágrafo único, da Lei nº 7.210, de 1984.

## 34.7 CONVERSÃO DA PENA RESTRITIVA DE DIREITOS EM PENA PRIVATIVA DE LIBERDADE

Uma vez aplicada a pena restritiva de direitos em substituição à pena privativa de liberdade, é possível que o agente não a cumpra, sem qualquer motivo justificado. Nessa hipótese, o juiz deverá promover a reconversão. Trata-se de matéria disciplinada no art. 44, § 4º, do Código Penal.

> § 4º A pena restritiva de direitos converte-se em privativa de liberdade quando ocorrer o descumprimento injustificado da restrição imposta. No cálculo da pena privativa de liberdade a executar será deduzido o tempo cumprido da pena restritiva de direitos, respeitado o saldo mínimo de trinta dias de detenção ou reclusão.

A reconversão de que se trata é um incidente na execução, devendo ser observados os termos do art. 181 da Lei nº 7.210, de 1984.

**Art. 181.** A pena restritiva de direitos será convertida em privativa de liberdade nas hipóteses e na forma do art. 45 e seus incisos do Código Penal.

Como se depreende da leitura do art. 44, § 4º, deve ser abatido da pena privativa de liberdade o tempo em que o agente cumpriu pena restritiva de direitos. Ex.: condenado a oito meses de pena privativa de liberdade teve sua pena substituída por pena restritiva de direitos. Cinco meses depois, deixou de cumprir, injustificadamente, a pena restritiva de direitos. Feita a reconversão, o condenado terá três meses de pena privativa de liberdade a cumprir.

Imaginemos, porém, na mesma hipótese acima, que faltassem apenas 20 (vinte) dias para o término do cumprimento da pena restritiva de direitos. Nesse caso, como a lei menciona a necessidade de respeito ao prazo mínimo de 30 (trinta) dias de reclusão ou detenção, o condenado deverá cumprir 30 (trinta) dias de pena privativa de liberdade, porque é o prazo mínimo estabelecido por lei, como lecionam Masson (2019b, p. 606), Capez (2003, p. 366), Estefam (2010, p. 320) e a doutrina em geral.

Com relação à prestação pecuniária, devem ser pontuadas divergências quanto à possibilidade de abatimento dos valores pagos a esse título:

- **1ª corrente:** em se tratando de prestação pecuniária, a reconversão deve ser feita proporcionalmente àquilo que o condenado tiver entregue. Assim, se nada pagou, deverá cumprir a pena privativa de liberdade em sua completude. Tendo pago parcela da pena, o abatimento do tempo deve ser proporcional. Assim, por exemplo, se pagou um terço, deve ser abatido um terço da pena. É a nossa orientação.
- **2ª corrente:** não se aplica detração, na pena privativa de liberdade, do valor pago a título de prestação pecuniária, que tem caráter penal e indenizatório, com consequências jurídicas distintas da prestação de serviços à comunidade (em que se admite a detração). É a orientação do STJ.

> **Jurisprudência destacada**
>
> Recurso especial. Execução penal. Prestação pecuniária. Detração. Ausência de previsão legal. Recurso provido. 1. Esta Corte não admite a aplicação do instituto da detração penal à pena de prestação pecuniária, por ausência de previsão legal. Precedente. 2. Recurso especial provido (STJ, REsp nº 1.853.916/PR 2019/0375253-1, Rel. Min. Nefi Cordeiro, j. 04.08.2020, 6ª Turma, *DJe* 13.08.2020).

A reconversão não pode ser realizada de forma automática e, assim, sempre dependerá da oitiva do condenado, que poderá justificar o descumprimento, caso queira.

Sobre a possibilidade de **reconversão a pedido do condenado** que repute menos gravoso o cumprimento da pena privativa de liberdade, duas correntes:

- **1ª corrente:** o condenado pode optar por cumprir a pena privativa de liberdade. Afinal, a possibilidade de substituição se dá em seu benefício. É o nosso entendimento.

- **2ª corrente:** o condenado não pode optar por cumprir a pena privativa de liberdade quando substituída por pena restritiva de direitos. Não se trata de direito subjetivo do condenado. É a orientação adotada pelo STJ a respeito da matéria.

 **Jurisprudência destacada**

O art. 33, § 2º, alínea c, do Código Penal, dito violado, apenas estabelece que o condenado não reincidente, condenado à pena igual ou inferior a 4 anos poderá, desde o início, cumpri-la em regime aberto. Referido dispositivo legal não traça qualquer direito subjetivo do condenado quanto à escolha entre a sanção alternativa e a pena privativa de liberdade, que é a tese sustentada no recurso. 2. A reconversão da pena restritiva de direitos imposta na sentença condenatória em pena privativa de liberdade depende do advento dos requisitos legais (descumprimento das condições impostas pelo juiz da condenação), não cabendo ao condenado, que sequer iniciou o cumprimento da pena, escolher ou decidir a forma como pretende cumprir a sanção, pleiteando aquela que lhe parece mais cômoda ou conveniente. 3. Recurso especial desprovido (STJ, REsp 1.524.484/PE 2015/0074257-0, Rel. Min. Reynaldo Soares da Fonseca, j. 17.05.2016, 5ª Turma, *DJe* 25.05.2016).

Agravo regimental no *habeas corpus*. Furto. Pena-base. Valor da *res furtiva*. Consequências do crime. Possibilidade. Pena restritiva de direitos. Serviços à comunidade. Fundamentação idônea. Agravo regimental desprovido. 1. O valor do objeto do crime de furto pode ser utilizado como circunstância judicial desfavorável. No caso em análise, a *res furtiva* consistente na importância de R$ 5.800,00 (cinco mil e oitocentos reais), justifica o incremento da pena-base. 2. Nos termos da jurisprudência consolidada por esta Corte Superior, não existe direito subjetivo do réu em optar, na substituição da pena privativa de liberdade por restritiva de direitos, por qual medida prefere cumprir, cabendo ao Judiciário fixar a medida mais adequada ao caso concreto. Devidamente fundamentada na necessidade de repressão efetiva ao comportamento ilícito, a substituição pelo Tribunal de origem da restrição de fim de semana por serviços à comunidade não caracteriza constrangimento ilegal. 3. Agravo Regimental no *habeas corpus* desprovido (AgRg no HC nº 582.302/SC, Rel. Min. Joel Ilan Paciornik, 5ª Turma, j. 03.11.2020, *DJe* 16.11.2020).

## 34.8 SUBSTITUIÇÃO DE PENA PRIVATIVA DE LIBERDADE POR PENA RESTRITIVA DE DIREITOS NA LEI MARIA DA PENHA

A Lei nº 11.340/2006, Lei Maria da Penha, não admite, consoante disposto no art. 17, substituição de pena privativa de liberdade por cesta básica ou outras de prestação pecuniária, bem como a substituição de pena que implique o pagamento isolado de multa.

> Art. 17. É vedada a aplicação, nos casos de violência doméstica e familiar contra a mulher, de penas de cesta básica ou outras de prestação pecuniária, bem como a substituição de pena que implique o pagamento isolado de multa.

Caberia substituição de pena privativa de liberdade por pena restritiva de direitos diferente da cesta básica e da prestação pecuniária em se tratando de crimes praticados em violência doméstica e familiar contra a mulher?

- **1ª corrente:** a Lei Maria da Penha adotou conceito amplo de violência, que abrange até mesmo a violência patrimonial, consoante disposto em seu art. 7º, não cabendo substituição de pena privativa de liberdade por pena restritiva de direitos, qualquer que fosse ela, para nenhum crime praticado em situação de violência doméstica contra a mulher.

    **Art. 7º** São formas de violência doméstica e familiar contra a mulher, entre outras:

    I – a violência física, entendida como qualquer conduta que ofenda sua integridade ou saúde corporal;

    II – a violência psicológica, entendida como qualquer conduta que lhe cause dano emocional e diminuição da autoestima ou que lhe prejudique e perturbe o pleno desenvolvimento ou que vise degradar ou controlar suas ações, comportamentos, crenças e decisões, mediante ameaça, constrangimento, humilhação, manipulação, isolamento, vigilância constante, perseguição contumaz, insulto, chantagem, violação de sua intimidade, ridicularização, exploração e limitação do direito de ir e vir ou qualquer outro meio que lhe cause prejuízo à saúde psicológica e à autodeterminação;

    III – a violência sexual, entendida como qualquer conduta que a constranja a presenciar, a manter ou a participar de relação sexual não desejada, mediante intimidação, ameaça, coação ou uso da força; que a induza a comercializar ou a utilizar, de qualquer modo, a sua sexualidade, que a impeça de usar qualquer método contraceptivo ou que a force ao matrimônio, à gravidez, ao aborto ou à prostituição, mediante coação, chantagem, suborno ou manipulação; ou que limite ou anule o exercício de seus direitos sexuais e reprodutivos;

    IV – a violência patrimonial, entendida como qualquer conduta que configure retenção, subtração, destruição parcial ou total de seus objetos, instrumentos de trabalho, documentos pessoais, bens, valores e direitos ou recursos econômicos, incluindo os destinados a satisfazer suas necessidades;

    V – a violência moral, entendida como qualquer conduta que configure calúnia, difamação ou injúria.

- **2ª corrente:** o conceito de violência trazido pelo art. 44 do Código Penal deve ser interpretado restritivamente, apenas se referindo à violência física. Destarte, pode ser aplicada a substituição quando se tratar de crimes ou contravenções não praticadas com violência física, desde que presentes os demais requisitos exigidos em lei para tanto. O art. 17 da Lei nº 11.340, de 2006, como ressaltam Portocarrero e Palermo (2020, p. 1409):

    (...) ao vedar a aplicação de pena que importe em pagamento de cesta básica e de penas pecuniárias, além de pena substitutiva isolada de multa, nos está indiretamente dizendo caber a substituição, mas que, ao substituir, o juiz não poderá usar aquelas penas. Se o legislador não desejasse a substituição, o teria dito de forma expressa.

Quanto aos crimes ou as contravenções praticadas com violência ou grave ameaça, não cabe a substituição de pena privativa de liberdade por pena restritiva de direitos, consoante entendimento sumulado pelo STJ e sufragado pelo STF.

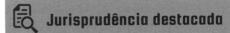

**Súmula nº 588, STJ.** A prática de crime ou contravenção penal contra a mulher com violência ou grave ameaça no ambiente doméstico impossibilita a substituição da pena privativa de liberdade por restritiva de direitos.

A Primeira Turma, por maioria, indeferiu a ordem de *habeas corpus* em que solicitada a substituição da pena privativa de liberdade por restritiva de direitos em caso de contravenção penal envolvendo violência doméstica. O paciente foi condenado por vias de fato, nos termos do art. 21 da Lei de Contravenções Penais (LCP), a vinte dias de prisão simples, em regime aberto. O juízo de 1º grau concedeu a suspensão condicional da pena (*sursis*) pelo prazo de dois anos. A Turma julgou improcedente o pedido, com base em interpretação extensiva do art. 44, I, do Código Penal, no caso de violência doméstica e familiar contra a mulher, em que a noção de crime abarcaria qualquer conduta delituosa, inclusive contravenção penal. Nesse sentido, reconhecida a necessidade de combate à cultura de violência contra a mulher no Brasil, o Colegiado considerou a equiparação da conduta do paciente à infração de menor potencial ofensivo incoerente com o entendimento da violência de gênero como grave violação dos direitos humanos. Vencido o Ministro Marco Aurélio, que votou pelo deferimento da ordem. Entendeu se tratar de mera contravenção penal, não abarcada pela Lei nº 11.340/2006 (Lei Maria da Penha), e considerou a prisão simples prejudicial, em termos sociais, especialmente após a reconciliação do casal (HC nº 137.888/MS, Rel. Min. Rosa Weber, j. 31.10.2017).

## 34.9 SUBSTITUIÇÃO DA PENA PRIVATIVA DE LIBERDADE POR PENA RESTRITIVA DE DIREITOS NA LEI AMBIENTAL

A substituição da pena privativa de liberdade por pena restritiva de direitos na Lei Ambiental, Lei nº 9.605, de 1998, está prevista nas regras dos arts. 7º a 13.

**Art. 7º** As penas restritivas de direitos são autônomas e substituem as privativas de liberdade quando:

I – tratar-se de crime culposo ou for aplicada a pena privativa de liberdade inferior a quatro anos;

II – a culpabilidade, os antecedentes, a conduta social e a personalidade do condenado, bem como os motivos e as circunstâncias do crime indicarem que a substituição seja suficiente para efeitos de reprovação e prevenção do crime.

**Parágrafo único.** As penas restritivas de direitos a que se refere este artigo terão a mesma duração da pena privativa de liberdade substituída.

**Art. 8º** As penas restritivas de direito são:

I – prestação de serviços à comunidade;

II – interdição temporária de direitos;
III – suspensão parcial ou total de atividades;
IV – prestação pecuniária;
V – recolhimento domiciliar.

**Art. 9º** A prestação de serviços à comunidade consiste na atribuição ao condenado de tarefas gratuitas junto a parques e jardins públicos e unidades de conservação, e, no caso de dano da coisa particular, pública ou tombada, na restauração desta, se possível.

**Art. 10.** As penas de interdição temporária de direito são a proibição de o condenado contratar com o Poder Público, de receber incentivos fiscais ou quaisquer outros benefícios, bem como de participar de licitações, pelo prazo de cinco anos, no caso de crimes dolosos, e de três anos, no de crimes culposos.

**Art. 11.** A suspensão de atividades será aplicada quando estas não estiverem obedecendo às prescrições legais.

**Art. 12.** A prestação pecuniária consiste no pagamento em dinheiro à vítima ou à entidade pública ou privada com fim social, de importância, fixada pelo juiz, não inferior a um salário mínimo nem superior a trezentos e sessenta salários mínimos. O valor pago será deduzido do montante de eventual reparação civil a que for condenado o infrator.

**Art. 13.** O recolhimento domiciliar baseia-se na autodisciplina e senso de responsabilidade do condenado, que deverá, sem vigilância, trabalhar, frequentar curso ou exercer atividade autorizada, permanecendo recolhido nos dias e horários de folga em residência ou em qualquer local destinado a sua moradia habitual, conforme estabelecido na sentença condenatória.

Verificamos que há **diferenças** entre as regras trazidas pela Lei nº 9.605, de 1998, e o Código Penal, caso em que, por força do disposto no art. 12 do Código Penal, será aplicado o diploma especial, a saber:

1. a substituição na Lei Ambiental requer pena aplicada **inferior** a quatro anos. Assim, sendo a pena aplicada no patamar de pena de quatro anos, não caberá a substituição;
2. a substituição, na Lei Ambiental, sempre se fará por uma única pena restritiva de direitos, ainda que a pena aplicada tenha sido em patamar superior a um ano;
3. a Lei Ambiental traz as penas restritivas de direitos que deseja ver aplicadas aos crimes de que trata, bem como as regras para a sua aplicação. Assim, por exemplo, traz o recolhimento domiciliar, não previsto no Código Penal.

## 34.10 SUBSTITUIÇÃO DE PENA PRIVATIVA DE LIBERDADE POR PENA RESTRITIVA DE DIREITOS NA NOVA LEI DE ABUSO DE AUTORIDADE

A Lei nº 13.869, de 2019, com vigência a partir do dia 03 de janeiro de 2020, também denominada Nova Lei de Abuso de Autoridade, trata da substituição de pena privativa de liberdade por pena restritiva de direitos no art. 5º:

> **Art. 5º** As penas restritivas de direitos substitutivas das privativas de liberdade previstas nesta Lei são:
> I – prestação de serviços à comunidade ou a entidades públicas;
> II – suspensão do exercício do cargo, da função ou do mandato, pelo prazo de 1 (um) a 6 (seis) meses, com a perda dos vencimentos e das vantagens;
> III – (Vetado).
> **Parágrafo único.** As penas restritivas de direitos podem ser aplicadas autônoma ou cumulativamente.

Da comparação entre o dispositivo em análise e o Código Penal se podem tirar as seguintes conclusões:

1. no que tange aos requisitos para a substituição, serão os mesmos do art. 44 do Código Penal, pois o diploma extravagante não dispõe de forma diferente da lei geral;
2. as únicas penas restritivas de direitos cabíveis para o abuso de autoridade serão a prestação de serviços à comunidade e a suspensão do exercício do cargo, função ou mandato;
3. as regras referentes à prestação de serviços à comunidade, que terá a mesma duração da pena privativa de liberdade, são as mesmas de que trata o Código Penal em seu art. 46;
4. a suspensão do exercício do cargo, do mandato ou função, inclusive com a perda de vencimentos, não terá a mesma duração da pena privativa de liberdade substituída. Outrossim, terá duração de 1 a 6 meses. Aqui, como observam Portocarrero e Palermo (2020): "O agente não perdeu o cargo, ficará apenas suspenso de seu exercício e, passado o tempo fixado, voltará ao exercício das funções anteriores".

## 34.11 A LEI Nº 14.071/2020 E OS CRIMES DE HOMICÍDIO E LESÃO CORPORAL CULPOSA NA DIREÇÃO DE VEÍCULO AUTOMOTOR

Nos arts. 302, § 3º, e 303, § 2º, o Código de Trânsito Brasileiro trata dos crimes de homicídio e lesão corporal culposa praticada na direção de veículo automotor por pessoa sob efeito de álcool ou substâncias com propriedades análogas ao álcool.

Os citados crimes, se praticados antes do advento da Lei nº 14.071, de 2020, mesmo que as penas sejam aplicadas em patamar superior a 4 anos, admitem a substituição da pena privativa de liberdade por pena restritiva de direitos, por se tratar de crimes culposos, desde que preenchidos todos os demais requisitos exigidos pelo art. 44 do Código Penal.

A sistemática legal adotada para tais crimes, admitindo a possibilidade de substituição, gerava grande desconforto e perplexidade entre os operadores do Direito e na própria sociedade, trazendo sensação de impunidade. Afinal, pessoa condenada a 8 anos de pena privativa de liberdade por homicídio culposo provocado quando conduzia veículo automotor sob efeito de álcool poderia ter sua pena substituída por pena restritiva de direitos.

A Lei nº 14.071/2020, com vigência a partir do dia 12 de abril de 2021, assim, fez inserir no Código de Trânsito Brasileiro o art. 312-B, com o propósito de vedar a substituição antes possível, sendo esse, inclusive, o conteúdo de notícias veiculadas nos *sites* oficiais.[1]

> **Art. 312-B.** Aos crimes previstos no § 3º do art. 302 e no § 2º do art. 303 deste Código não se aplica o disposto no inciso I do *caput* do art. 44 do Decreto-lei nº 2.848, de 7 de dezembro de 1940 (Código Penal).

O legislador, porém, mais uma vez, foi **extremamente infeliz na redação** do dispositivo e, se foi sua intenção dizer que não caberia a substituição, acabou por lançar o contrário no texto. Ao mencionar que o art. 44, I, do CP não se aplica aos crimes dos arts. 302, § 3º, e art. 303, § 2º, do CTB, o que o novo dispositivo legal faz é dizer que prescindível, para fins de substituição, a análise do *quantum* da pena aplicada e da modalidade de crime praticado. O inciso II do art. 44, a seu turno, não tem aplicação quando se trata de crime culposo, apenas restando a exigência do inciso III. Com isso, na hipótese dos crimes de que trata o art. 312-B, somente se exige que a culpabilidade, os antecedentes, a conduta social, a personalidade do condenado, bem como os motivos e as circunstâncias indiquem a suficiência da substituição da pena privativa de liberdade por restritiva de direitos.

Portanto, se o legislador quis impor tratamento mais incisivo àqueles que, por inobservância do dever de cuidado, matam e lesionam pessoas na direção de veículo automotor por estarem sob efeito de álcool, o tiro saiu pela culatra e nada foi alterado. Poderia ter optado por uma redação mais simples, como, por exemplo: "É vedada a substituição da pena privativa de liberdade por restritiva de direito na hipótese de condenação pela prática dos crimes dos arts. 302, § 3º, e 303, § 2º". É o descuido na elaboração do texto legal militando, mais uma vez, a favor da insegurança jurídica e da impunidade, que grassa nesse país quando se trata de crimes de trânsito.

### Decifrando a prova

**(2020 – Cespe/Cebraspe – MPE/CE – Promotor de Justiça de Entrância Inicial – Adaptada)** Pela prática de delito de homicídio culposo no trânsito, na forma qualificada, por conduzir veículo sob influência de bebida alcoólica, Marcos foi condenado à pena de cinco anos de reclusão, a ser cumprida inicialmente em regime semiaberto. Nesse caso, em que pese o *quantum* da pena, é cabível a substituição da pena privativa de liberdade por restritiva de direitos.
( ) Certo    ( ) Errado
**Gabarito comentado:** trata-se de crime culposo para o qual não se estabelece limite máximo de pena aplicada. Mesmo com as controvérsias que serão geradas pela Lei nº 14.071, o caso em questão ocorreu antes da vigência da lei mencionada, que não poderia retroagir para

---

[1] Senado aprova série de mudanças na legislação de trânsito. *Senado Notícias*. 3 set. 2020. Disponível em: https:// www12.senado.leg. br/noticias/materias/2020/09/03/senado-aprova-serie-de-mudancas-na-legislacao-de-transito. Acesso em: 5 mar. 2021.

alcançar fatos anteriores. Reiteramos, contudo, nosso entendimento de que não houve qualquer alteração, devido à redação defeituosa do diploma mencionado. Assim, sempre coube e continuará cabendo, até que a lei diga o contrário, substituição da pena privativa de liberdade por pena restritiva de direitos em crime culposo de homicídio e lesão corporal na direção de veículo automotor, ainda que praticado por pessoa sob efeito de álcool. Portanto, está certo.

## 34.12 SUBSTITUIÇÃO NA HIPÓTESE DE COLABORAÇÃO PREMIADA

Na Lei nº 9.613, de 1998 (Lei de Lavagem de Capitais), e na Lei nº 12.850, de 2013 (Lei das Organizações Criminosas), a pena privativa de liberdade pode ser substituída por pena restritiva de direitos, independentemente do preenchimento dos requisitos do art. 44 do Código Penal. Afinal, se o agente os preenche, não depende de colaborar para se valer da substituição. O que a lei deseja é criar estímulos premiais, agraciando o colaborador com benefícios de que normalmente não gozaria.

Art. 1º (...)

§ 5º A pena poderá ser reduzida de um a dois terços e ser cumprida em regime aberto ou semiaberto, facultando-se ao juiz deixar de aplicá-la ou substituí-la, a qualquer tempo, por pena restritiva de direitos, se o autor, coautor ou partícipe colaborar espontaneamente com as autoridades, prestando esclarecimentos que conduzam à apuração das infrações penais, à identificação dos autores, coautores e partícipes, ou à localização dos bens, direitos ou valores objeto do crime.

Art. 4º O juiz poderá, a requerimento das partes, conceder o perdão judicial, reduzir em até 2/3 (dois terços) a pena privativa de liberdade ou substituí-la por restritiva de direitos daquele que tenha colaborado efetiva e voluntariamente com a investigação e com o processo criminal, desde que dessa colaboração advenha um ou mais dos seguintes resultados:

I – a identificação dos demais coautores e partícipes da organização criminosa e das infrações penais por eles praticadas;

II – a revelação da estrutura hierárquica e da divisão de tarefas da organização criminosa;

III – a prevenção de infrações penais decorrentes das atividades da organização criminosa;

IV – a recuperação total ou parcial do produto ou do proveito das infrações penais praticadas pela organização criminosa;

V – a localização de eventual vítima com a sua integridade física preservada.

Decifrando a prova

**(2018 – Vunesp – TJ/SP – Juiz Substituto – Adaptada)** É requisito para a substituição da pena privativa de liberdade por restritivas de direitos, salvo no caso de delação premiada prevista na Lei nº 12.850/2013, se o crime não for cometido com violência ou grave ameaça à pessoa, se doloso, que a pena aplicada não supere 4 (quatro) anos; se culposo, independentemente da quantidade de pena.

( ) Certo ( ) Errado

**Gabarito comentado:** a substituição de pena privativa de liberdade por pena restritiva de direitos na hipótese de colaboração premiada não depende do preenchimento dos requisitos trazidos pelo art. 44 do Código Penal. Portanto, está certo.

## 34.13 PENA RESTRITIVA DE DIREITOS E PERDA DE DIREITOS POLÍTICOS

A suspensão de direitos políticos prevista no art. 15, III, da Constituição Federal aplica-se mesmo no caso de substituição da **pena** privativa de liberdade pela **restritiva** de direitos.

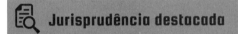

Penal e processo penal. Suspensão dos direitos políticos. Autoaplicação. Consequência imediata da sentença penal condenatória transitada em julgado. Natureza da pena imposta que não interfere na aplicação da suspensão. Opção do legislador constituinte. Recurso conhecido e provido. 1. A regra de suspensão dos direitos políticos prevista no art. 15, III, é autoaplicável, pois trata-se de consequência imediata da sentença penal condenatória transitada em julgado. 2. A autoaplicação independe da natureza da pena imposta. 3. A opção do legislador constituinte foi no sentido de que os condenados criminalmente, com trânsito em julgado, enquanto durar os efeitos da sentença condenatória, não exerçam os seus direitos políticos. 4. No caso concreto, recurso extraordinário conhecido e provido (RE nº 601.182, Repercussão Geral, Tribunal Pleno, Min. Marco Aurélio, Red. do acórdão Min. Alexandre de Moraes, j. 08.05.2019, *DJe* 02.10.2019).

## 34.14 INÍCIO DO CUMPRIMENTO DA PENA RESTRITIVA DE DIREITOS

O tema é cristalizado na Súmula nº 643 do STJ.

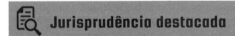

**Súmula nº 643, STJ.** A execução da pena restritiva de direitos depende do trânsito em julgado da condenação.

# 35 Multa

## 35.1 CONCEITO

Trata-se de modalidade de sanção penal consistente em pagamento, em dinheiro, que reverterá para o Fundo Penitenciário Nacional (Funpen), criado pela Lei Complementar nº 79, de 7 de janeiro de 1994, instituído no âmbito do Ministério da Justiça e Segurança Pública. A gestão do Funpen é realizada pelo Departamento Penitenciário Nacional (Depen), e os recursos a ele destinados são usados para financiar e apoiar as atividades e os programas de modernização e aprimoramento do sistema penitenciário nacional.

> **Decifrando a prova**
>
> **(2013 – Cespe/Cebraspe – TJ/DFT – Analista Judiciário – Área Judiciária)** O pagamento da pena de multa deverá ser revertido à instituição financeira lesada pelo delito.
> ( ) Certo ( ) Errado
> **Gabarito comentado:** a multa reverte para o Fundo Penitenciário Nacional. Portanto, está errado.

Nada obsta, porém, que a pena de multa seja, por força de previsão em lei especial, destinada a órgão distinto do Fundo Penitenciário Nacional, tal qual ocorre com a multa aplicada para crimes previstos na Lei Antidrogas, Lei nº 11.343/2006, que se destina ao Fundo Nacional Antidrogas, nos termos de seu art. 29, *caput*.

> **Art. 29.** Na imposição da medida educativa a que se refere o inciso II do § 6º do art. 28, o juiz, atendendo à reprovabilidade da conduta, fixará o número de dias-multa, em quantidade nunca inferior a 40 (quarenta) nem superior a 100 (cem), atribuindo depois a cada um, segundo a capacidade econômica do agente, o valor de um trinta avos até 3 (três) vezes o valor do maior salário mínimo.
>
> **Parágrafo único.** Os valores decorrentes da imposição da multa a que se refere o § 6º do art. 28 serão creditados à conta do Fundo Nacional Antidrogas.

## 35.2 CRITÉRIO DE APLICAÇÃO: DIAS-MULTA

A multa pode ser cominada como pena principal, isolada, cumulativa ou alternativamente aplicada com a pena privativa de liberdade, embora também possa ser aplicada em substituição à última. Em nenhuma hipótese poderá ser convertida em pena privativa de liberdade caso não paga.

Na reforma da Parte Geral ocorrida no ano de 1984, foi adotado o critério de dias-multa para a aplicação da pena de multa, nada obstando, porém, que leis especiais adotem critérios distintos, considerando-se o disposto no art. 12 do Código Penal, tal qual ocorre na previsão trazida pelo art. 8º da Lei nº 8.137/1990, em que o legislador utilizou indexadores para a aplicação da sanção.

> **Art. 8º** Nos crimes definidos nos arts. 1º a 3º desta lei, a pena de multa será fixada entre 10 (dez) e 360 (trezentos e sessenta) dias-multa, conforme seja necessário e suficiente para reprovação e prevenção do crime.
>
> **Parágrafo único.** O dia-multa será fixado pelo juiz em valor não inferior a 14 (quatorze) nem superior a 200 (duzentos) Bônus do Tesouro Nacional – BTN.

Ao adotar a sistemática do dia-multa, em vez de repetir no preceito sancionatório de cada norma penal incriminadora a quantidade de multa, o Código Penal brasileiro inseriu um capítulo específico para tratar da cominação da multa. Destarte, os tipos penais, da Parte Especial, não trazem os limites mínimo e máximo entre os quais o juiz poderá se movimentar.

A Lei nº 11.343/2006, Lei Antidrogas, porém, embora se utilize do critério de dias-multa para a aplicação da multa, opta por fixar número mínimo e máximo de dias-multa para cada um dos crimes que prevê, considerando a gravidade de cada um deles.

## 35.3 LIMITES DA PENA DE MULTA

A regra básica para fixação da multa pode ser encontrada no art. 49 do Código Penal.

> **Art. 49.** A pena de multa consiste no pagamento ao fundo penitenciário da quantia fixada na sentença e calculada em dias-multa. Será, no mínimo, de 10 (dez) e, no máximo, de 360 (trezentos e sessenta) dias-multa.
>
> § 1º O valor do dia-multa será fixado pelo juiz não podendo ser inferior a um trigésimo do maior salário mínimo mensal vigente ao tempo do fato, nem superior a 5 (cinco) vezes esse salário.

A lei estabelece valores mínimo e máximo para o dia-multa, que, assim, deverá ser fixado entre um trigésimo do valor do maior salário mínimo vigente à época do crime e cinco vezes esse salário.

Quanto à quantidade de dias, fixará entre os limites de 10 e 360.

Há, contudo, um limite extraordinário que será observado se, em virtude da situação econômica do réu, o juiz verificar que, mesmo aplicada no máximo, a multa se mostra ineficaz, caso em que poderá, desde que o faça de forma fundamentada, elevar a pena até o triplo, nos termos do art. 60, § 1º, do Código Penal.

> **Art. 60.** (...)
> § 1º A multa pode ser aumentada até o triplo, se o juiz considerar que, em virtude da situação econômica do réu, é ineficaz, embora aplicada no máximo.

O art. 76, § 1º, da Lei nº 9.099/1995 trata da hipótese da **multa excessiva**, hipótese em que o juiz, caso o recomende a situação econômica do condenado, poderá reduzi-la da metade.

> **Art. 76.** Havendo representação ou tratando-se de crime de ação penal pública incondicionada, não sendo caso de arquivamento, o Ministério Público poderá propor a aplicação imediata de pena restritiva de direitos ou multas, a ser especificada na proposta.
> § 1º Nas hipóteses de ser a pena de multa a única aplicável, o Juiz poderá reduzi-la até a metade.

## 35.4 DOSIMETRIA DA PENA DE MULTA

A dosimetria da pena de multa deve ser feita em dois momentos:

- **1º momento:** o juiz estabelecerá o número de dias-multa, observados os limites do art. 49.
  Nesse momento, o magistrado deverá observar a gravidade do delito, a culpabilidade, os antecedentes, a conduta social, a personalidade, os motivos, as circunstâncias e as consequências do crime, assim como as circunstâncias agravantes e atenuantes e as causas de aumento e diminuição. Nesse primeiro momento, como destaca Masson (2019b, p. 624), são observadas "todas as etapas que devem ser percorridas para dosimetria da pena privativa de liberdade".
- **2º momento:** depois de fixado o número de dias-multa, o juiz fixará o valor de cada dia-multa, de acordo com a situação econômica do réu. O valor de dia-multa deverá corresponder à renda média diária do condenado, considerando-se não apenas seu salário, mas toda a renda por ele auferida.

Na hipótese de o valor da multa se mostrar ineficaz, terá o juiz de passar para um **3º momento**, observando o disposto no art. 60, § 1º, do CP. Na Lei Antidrogas, há disposição semelhante no art. 43, parágrafo único.

> **CP, art. 60.** (...)
> § 1º A multa pode ser aumentada até o triplo, se o juiz considerar que, em virtude da situação econômica do réu, é ineficaz, embora aplicada no máximo.
> **Lei Antidrogas, art. 43.** Na fixação da multa a que se referem os arts. 33 a 39 desta Lei, o juiz, atendendo ao que dispõe o art. 42 desta Lei, determinará o número de dias-multa, atribuindo a cada um, segundo as condições econômicas dos acusados, valor não inferior a um trinta avos nem superior a 5 (cinco) vezes o maior salário mínimo.

**Parágrafo único.** As multas, que em caso de concurso de crimes serão impostas sempre cumulativamente, podem ser aumentadas até o décuplo se, em virtude da situação econômica do acusado, considerá-las o juiz ineficazes, ainda que aplicadas no máximo.

> **Decifrando a prova**
>
> **(2014 – FCC – DPE/PB – Defensor Público)** Tratando-se de crime único, praticado sob conduta também única, e considerando o valor do salário mínimo de R$ 724,00, a pena de multa máxima que pode ser fixada com base nos critérios da parte geral do Código Penal é de R$ 1.303.200,00.
> ( ) Certo    ( ) Errado
> **Gabarito comentado:** fixada no limite máximo, seriam 360 dias-multa. No valor máximo, que é de 5 vezes o valor do maior salário mínimo, o valor do dia-multa seria R$ 3.620,00. Multiplicando-se esse valor por 360, teríamos 1.303.200,00. Ocorre que, pela regra do art. 60, § 1º, pode haver aumento até o triplo, o que elevaria o valor para R$ 3.909.600,00. Portanto, está errado.

## 35.5 PAGAMENTO DA MULTA

De acordo com o Código Penal, em seu art. 50, a multa deve ser paga dentro de 10 dias depois do trânsito em julgado da sentença condenatória em que foi aplicada. A Lei de Execução Penal, a seu turno, determina, no art. 164, que o Ministério Público requeira a citação do condenado para, no prazo de 10 dias, pagar o valor da multa, ou nomear bens à penhora. Surgem, assim, dúvidas acerca de qual seria o prazo inicial para o pagamento da multa.

> **CP, art. 50.** A multa deve ser paga dentro de 10 (dez) dias depois de transitada em julgado a sentença. A requerimento do condenado e conforme as circunstâncias, o juiz pode permitir que o pagamento se realize em parcelas mensais.
>
> **LEP, art. 164.** Extraída certidão da sentença condenatória com trânsito em julgado, que valerá como título executivo judicial, o Ministério Público requererá, em autos apartados, a citação do condenado para, no prazo de 10 (dez) dias, pagar o valor da multa ou nomear bens à penhora.

- **1ª corrente:** deve ser observado o art. 50, *caput*, 1ª parte, do Código Penal. É a posição de Masson (2019b, p. 626) e a que tem sido adotada em provas.

> **Decifrando a prova**
>
> **(2010 – FCC – TRE/RS – Analista Judiciário – Área Judiciária – Adaptada)** A pena de **multa** prevista no Código Penal deve ser paga dentro de 10 (dez) dias depois do trânsito em julgado da sentença.

( ) Certo ( ) Errado
**Gabarito comentado:** foi dada como certa essa afirmativa, o que demonstra ter adotado o examinador o critério do art. 50 do Código Penal.

- **2ª corrente:** sendo norma mais favorável ao réu, deve ser observado o disposto na Lei de Execução Penal. É a nossa orientação e também de Bitencourt (2020, p. 798).

## 35.6 FORMAS DE PAGAMENTO DA MULTA

Há três modalidades de pagamento da multa:

a. Pagamento integral.
b. Pagamento em parcelas, a pedido do condenado.

> **CP, art. 50.** A multa deve ser paga dentro de 10 (dez) dias depois de transitada em julgado a sentença. A requerimento do condenado e conforme as circunstâncias, o juiz pode permitir que o pagamento se realize em parcelas mensais.

c. Desconto em folha. Esse desconto deverá ficar dentro do limite de um décimo e da quarta parte da remuneração do condenado, desde que não incida sobre os recursos indispensáveis ao seu sustento e ao de sua família, nos termos do art. 50, § 2º. O empregador do condenado será o responsável pelo recolhimento.

> **CP, art. 50.** (...)
> § 2º O desconto não deve incidir sobre os recursos indispensáveis ao sustento do condenado e de sua família.

d. Estando preso o condenado, a multa poderá ser cobrada mediante desconto na sua remuneração, conforme art. 170 da Lei de Execução Penal.

> **Art. 170.** Quando a pena de multa for aplicada cumulativamente com pena privativa da liberdade, enquanto esta estiver sendo executada, poderá aquela ser cobrada mediante desconto na remuneração do condenado (art. 168).

Impende destacar que o fato de o condenado não dispor de recursos financeiros não autoriza que fique isento do pagamento da pena de multa. Afinal, seus parcos recursos já foram considerados pelo magistrado por ocasião da fixação da pena de multa. Assim já decidiu o STJ.

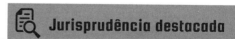
**Jurisprudência destacada**

PENAL. RECURSO ESPECIAL. ART. 157, § 2º, I, DO CP. PENA DE MULTA. SITUAÇÃO ECONÔMICA DO RÉU. ISENÇÃO. IMPOSSIBILIDADE. Inexiste previsão legal para a isenção da pena de multa, em razão da situação econômica do réu, devendo esta servir, tão somente, de parâmetro para a fixação de seu valor. Recurso provido (STJ, 5ª Turma, REsp nº 761.268/RS 2005/0098778-4, Rel. Min. Felix Fischer, j. 17.08.2006, *DJ* 02.10.2006, p. 304).

## 35.7 EXECUÇÃO DA PENA DE MULTA. COMPETÊNCIA E ALTERAÇÕES DA LEI Nº 13.964/2019

Até o ano de 1996, a multa não paga se convertia em pena privativa de liberdade de detenção, solução que hoje não mais cabe.

A matéria é atualmente disciplinada no art. 51 do Código Penal:

> **Art. 51.** Transitada em julgado a sentença condenatória, a multa será executada perante o juiz da execução penal e será considerada dívida de valor, aplicáveis as normas relativas à dívida ativa da Fazenda Pública, inclusive no que concerne às causas interruptivas e suspensivas da prescrição.

A competência para a execução da pena de multa é do Juiz da Execução Penal, bem como é do Ministério Público a legitimidade para a sua cobrança. Atualmente estão dirimidas as dúvidas antes existentes acerca da competência para a execução, em face da alteração legislativa trazida pela Lei nº 13.964/2019. Fica, assim, superada a Súmula nº 521 do STJ.[1] Cremos ter sido correta a opção do legislador. Afinal, como observa Bitencourt (2020, p. 801-802),

> (...) a mudança do rótulo não altera a essência da substância! Na verdade, a natureza jurídica da pena de multa não sofreu qualquer alteração com a terminologia utilizada pela Lei nº 9.268/1996, considerando-a "dívida de valor", após o trânsito em julgado. Dívida de valor ou não a pena de multa (ou pena pecuniária) continua sendo sanção criminal.

Pena que é, sua cobrança não pode recair sobre os herdeiros e sucessores, o que se dá em virtude da necessária observância do princípio da personalidade. A morte do condenado é causa extintiva da punibilidade, conforme disposto no art. 107, I, do Código Penal.

---

**Decifrando a prova**

**(2013 – Cespe/Cebraspe – DPF – Polícia Federal – Delegado)** A multa aplicada cumulativamente com a pena de reclusão pode ser executada em face do espólio, quando o réu vem a óbito no curso da execução da pena, respeitando-se o limite das forças da herança.
( ) Certo    ( ) Errado
**Gabarito comentado:** trata-se de sanção penal, submetendo-se ao princípio da personalidade. Portanto, está errado.

---

[1] **Súmula nº 521 do STJ:** "A legitimidade para a execução fiscal de multa pendente de pagamento imposta em sentença condenatória é exclusiva da Procuradoria da Fazenda Pública" (STJ, 3ª Seção, aprovada em 25.03.2015, *DJe* 06.04.2015).

O fato de a multa não paga passar a ser tratada como dívida de valor não altera a sua destinação, qual seja, o Fundo Penitenciário Nacional, que, consoante art. 1º da Lei Complementar nº 79/1994, tem por objetivo proporcionar recursos e meios para financiar e apoiar as atividades e programas de modernização e aprimoramento do Sistema Penitenciário brasileiro. Trata-se, inclusive, de receita vinculada, conforme art. 2º da LC nº 79/1994.

> **LC nº 79/1994**
>
> **Art. 1º** Fica instituído, no âmbito do Ministério da Justiça e Segurança Pública, o Fundo Penitenciário Nacional (Funpen), a ser gerido pelo Departamento Penitenciário Nacional (Depen), com a finalidade de proporcionar recursos e meios para financiar e apoiar as atividades e os programas de modernização e aprimoramento do sistema penitenciário nacional.
>
> **Art. 2º** Constituirão recursos do Funpen: (...)
>
> V – multas decorrentes de sentenças penais condenatórias com trânsito em julgado; (...)

## 35.8 MULTA DE VALOR REDUZIDO E (IM)POSSIBILIDADE DE RENÚNCIA PELO ESTADO

Sendo irrisório, extremamente reduzido o valor da multa, o Estado poderia deixar de cobrá-la? Aqui, duas correntes se formam:

- **1ª corrente:** é a cobrança obrigatória, não importando o seu valor, na medida em que a pena é regida pelo princípio da inderrogabilidade. Para reforçar os argumentos dessa corrente, cumpre destacar que a Portaria nº 75/2012 da PGFN, ao estabelecer valores mínimos para as execuções fiscais da União, ressalva a pena de multa. Filiamo-nos a essa corrente, que é majoritária.

    > **Portaria PGFN nº 75, art. 1º** (...)
    >
    > § 1º Os limites estabelecidos no *caput* não se aplicam quando se tratar de débitos decorrentes de aplicação de multa criminal.

- **2ª corrente:** não deve ser executada, pois a sua cobrança acarretará maiores prejuízos ao Estado.

## 35.9 SUPERVENIÊNCIA DE DOENÇA MENTAL

Na hipótese de superveniência de doença mental, a execução da pena de multa ficará suspensa, nos termos do art. 52 do Código Penal e do art. 167 da Lei nº 7.210/1984.

> **CP, art. 52.** É suspensa a execução da pena de multa, se sobrevém ao condenado doença mental.

> **Lei nº 7.210/1984, art. 167.** A execução da pena de multa será suspensa quando sobrevier ao condenado doença mental (art. 52 do Código Penal).

Não se deve confundir suspensão da execução com suspensão de prescrição, valendo, neste sentido, a lembrança de que as causas interruptivas e suspensivas da prescrição da pena de multa estão sujeitas às regras das dívidas da Fazenda Pública, nos termos do art. 51 do Código Penal.

> **Art. 51.** Transitada em julgado a sentença condenatória, a multa será executada perante o juiz da execução penal e será considerada dívida de valor, aplicáveis as normas relativas à dívida ativa da Fazenda Pública, inclusive no que concerne às causas interruptivas e suspensivas da prescrição.

## 35.10 MULTA SUBSTITUTIVA E LEI MARIA DA PENHA

A Lei nº 11.340/2006, buscando desencorajar a prática de crimes em situação de violência doméstica e familiar contra mulher, proíbe a aplicação de sanção penal que importe na entrega de cestas básicas ou prestação pecuniária. Quanto à pena de multa, proíbe, ainda, que, na hipótese de substituição, seja aplicada de forma isolada.

> **Art. 17.** É vedada a aplicação, nos casos de violência doméstica e familiar contra a mulher, de penas de cesta básica ou outras de prestação pecuniária, bem como a substituição de pena que implique o pagamento isolado de multa.

Todavia, a pena de multa nem sempre se aplica em substituição à pena privativa de liberdade, existindo possibilidade de ser a única cominada ou, então, de ser cominada alternativamente à pena privativa de liberdade. Nessas hipóteses, caberia sua utilização de forma isolada a crimes que se insiram no âmbito da Lei Maria da Penha? Mais uma vez, a doutrina e a jurisprudência divergem:

- **1ª corrente:** sim, porque a aplicação não se deu em virtude de substituição e a vedação somente contempla as hipóteses de substituição. É a nossa orientação acerca da matéria. Afinal, a norma do art. 17 da Lei Maria da Penha é restritiva e não pode o intérprete restringi-la ainda mais, prejudicando o réu.
- **2ª corrente:** não cabe sua aplicação isolada nem mesmo quando alternativamente cominada com pena privativa de liberdade. Nesse sentido se manifesta a jurisprudência do STJ.

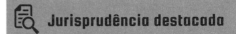

**Jurisprudência destacada**

RECURSO ESPECIAL. AMEAÇA. FIXAÇÃO DE PENA DE MULTA DE FORMA AUTÔNOMA E ISOLADA. IMPOSSIBILIDADE. VEDAÇÃO EXPRESSA DA LEI MARIA DA PENHA. 1. O art. 17 da Lei nº 11.340/2006 expressamente veda a aplicação da multa, de forma autônoma ou isolada, nos crimes de violência doméstica e familiar contra a mulher. Precedentes. 2. Recurso especial provido (STJ, 5ª Turma, REsp nº 1.727.454/RJ, Min. Jorge Mussi, j. 14.08.2018).

> AGRAVO REGIMENTAL NO RECURSO ESPECIAL. VIOLÊNCIA DOMÉSTICA. AMEAÇA. CONTRAVENÇÃO PENAL. VIAS DE FATO. ISOLADA PENA DE MULTA. IMPOSSIBILIDADE. ART. 17 DA LEI Nº 11.340/2006. PRINCÍPIO DA COLEGIALIDADE. AUSÊNCIA DE OFENSA. *SURSIS*. POSSIBILIDADE. AGRAVO REGIMENTAL NÃO PROVIDO. (...) 2. Consoante a jurisprudência desta Corte Superior, é incabível em crimes ou contravenções penais praticados em contexto de violência doméstica a aplicação de pena de cesta básica ou outra de prestação pecuniária, ainda que os delitos pelos quais o réu haja sido condenado tenham previsão alternativa de pena de multa (STJ, 6ª Turma, AgRg no REsp nº 1.691.667/RJ, Min. Rogerio Schietti Cruz, j. 02.08.2018).

## 35.II REMÉDIOS CONSTITUCIONAIS E PENA DE MULTA

Sendo o *habeas corpus* remédio constitucional para proteção da liberdade de locomoção lesada ou ameaçada de lesão por ato abusivo de autoridade, conforme art. 5º, LXVIII, da CF/1988, sua utilização não é cabível para discussões atinentes à pena de multa, na medida em que não mais se admite sua conversão em pena privativa de liberdade.

Nesse sentido, deve ser observado o teor da Súmula nº 693 do STF:

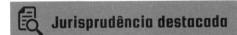

> **Súmula nº 693, STF.** Não cabe *habeas corpus* contra decisão condenatória a pena de multa, ou relativo a processo em curso por infração penal a que a pena pecuniária seja a única cominada.

# 36 Concurso de crimes

## 36.1 DEFINIÇÃO

O concurso de crimes surge quando o agente pratica duas ou mais infrações penais. Nesses casos, foram previstos critérios especiais de aplicação de pena. Entre nós, três são as modalidades de concurso de crimes: **material, formal e crime continuado**.

## 36.2 SISTEMAS DE APLICAÇÃO DA PENA

Na hipótese de concurso de crimes, há concurso de penas e, para a aplicação dessas penas, alguns sistemas devem ser observados.

a. **Sistema do cúmulo material**
   Por esse sistema, são somadas as penas de cada uma das infrações penais, o que pode levar a penas altas.

b. **Sistema do cúmulo jurídico**
   Preconiza que a pena, pelo concurso de crimes, deve ser aplicada em patamar maior do que a prevista na lei para cada um dos delitos. Contudo, não deve corresponder à soma da pena de cada uma das infrações.

c. **Sistema da absorção**
   Para esse sistema, a pena do delito menos grave deve ser absorvida pela pena do delito mais grave, o que resultaria na impunidade dos crimes menos graves. Como destaca Bitencourt (2020, p. 881), seria "uma carta de alforria para quem já delinquiu".

d. **Sistemas da exasperação**
   Por ele, aplica-se a pena mais grave, aumentada, porém, em decorrência das demais infrações praticadas.

No Direito brasileiro foram adotados:

a. o sistema do cúmulo material para o concurso material e concurso formal impróprio;
b. o sistema da exasperação para o concurso formal próprio e crime continuado.

Masson (2019b, p. 633) menciona que a jurisprudência do STJ, em termos de crimes falimentares, teria adotado o sistema da absorção, sob a égide da Lei nº 7.661/1945, revogada pela Lei nº 11.101/2005, opinião com que não podemos concordar. A rigor, para que se possa falar em concurso de crimes, se faz necessária a constatação de que se está diante de dois ou mais crimes. Quando a Corte conclui que vários atos devem ser considerados um "todo único", rechaça o concurso de crimes.

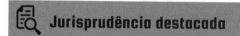

PROCESSO PENAL E PENAL. SUSPENSÃO DO PROCESSO. REQUISITOS SUBJETIVOS E OBJETIVOS. IMPOSSIBILIDADE DE EXAME. CRIMES FALIMENTARES E ESTELIONATO. PRINCÍPIO DA UNICIDADE. O fato criminoso que, em última análise, se pune é a violação do direito dos credores pela superveniente insolvência do comerciante. Todos os atos, portanto, contra tal direito devem ser considerados como um todo único. Concluindo, é de se observar o princípio da unicidade dos crimes falimentares, pois, no caso concreto, os atos lesivos ensejaram a falência da empresa. Recurso parcialmente provido, apenas para declarar a unicidade dos crimes (STJ, 5ª Turma, RHC nº 10.593/SP 2000/0110988-0, Rel. Min. Jorge Scartezzini, j. 28.08.2001, DJ 08.04.2002).

## 36.3 CONCURSO MATERIAL OU REAL

Nele, **há pluralidade de condutas e de crimes**. Ocorre quando o agente, mediante mais de uma ação ou omissão, pratica dois ou mais crimes, idênticos ou não, consoante definição legal trazida pelo art. 69 do Código Penal.

**Concurso material**

Art. 69. Quando o agente, mediante mais de uma ação ou omissão, pratica dois ou mais crimes, idênticos ou não, aplicam-se cumulativamente as penas privativas de liberdade em que haja incorrido. No caso de aplicação cumulativa de penas de reclusão e de detenção, executa-se primeiro aquela.

Para o reconhecimento do concurso material, não importa se os crimes aconteceram em contextos fáticos idênticos, ou não.

O somatório das penas pode ser feito pelo juiz ou Tribunal que prolata a sentença condenatória, na hipótese de terem sido reunidos os crimes no mesmo processo, ou pelo juiz da execução, nos termos do art. 66, III, *a*, da Lei nº 7.210/1984.

Art. 66. Compete ao Juiz da execução:

I – decidir sobre:

a) soma ou unificação de penas; (...)

As penas mais graves devem ser iniciadas antes das menos graves, consoante art. 69, § 2º, do Código Penal.

**Art. 69.** (...)

§ 2º Quando forem aplicadas penas restritivas de direitos, o condenado cumprirá simultaneamente as que forem compatíveis entre si e sucessivamente as demais.

Haverá concurso material homogêneo quando os crimes praticados forem idênticos e concurso material heterogêneo quando forem diferentes os crimes praticados.

## 36.4 CONCURSO FORMAL OU IDEAL

Ocorre quando o agente, mediante uma só ação ou omissão, pratica dois ou mais crimes, idênticos ou não. Há, portanto, **unidade de ação e pluralidade de crimes**.

O que marca o concurso formal é a existência de uma só conduta, ainda que segmentada em vários atos.

### 36.4.1 Concurso formal próprio (ou perfeito) e impróprio (ou imperfeito)

No **concurso formal próprio, ou perfeito**, o agente, ao realizar a conduta, acaba praticando dois ou mais crimes. Podem aqui ocorrer duas distintas situações: ou o agente não atuou com dolo com relação a nenhum dos crimes (ex.: dirigindo de forma imprudente, acaba por provocar a morte de três pessoas, resultado que jamais desejou) ou atuava com dolo com relação a apenas um deles, objetivando provocar um único resultado danoso, embora tenha, por culpa, provocado outros (ex.: desejando atingir Maria, o agente acaba, por erro na execução, também atingindo Azaradus Cesar).

Haverá **concurso formal impróprio ou imperfeito** quando o agente, com uma única conduta, pratica dois ou mais crimes, atuando, porém, com desígnios autônomos. Ex.: depois de ter escolhido, por suas condições físicas precárias, cem homens e mulheres que desejava ver mortos por não mais servirem para o trabalho, o nazista os coloca em uma câmara de gás e, mediante uma única ação, abre a torneira, provocando a morte de todos. Nessa hipótese, havendo desígnios autônomos com relação a cada uma daquelas mortes, podemos dizer que o nazista praticou cem crimes de homicídio em concurso formal impróprio, sendo essa razão pela qual suas penas deverão ser somadas.

Há, na doutrina, divergência acerca do real significado da expressão "desígnios autônomos".

- **1ª corrente:** desígnio autônomo refere-se a dolo, qualquer que seja a sua modalidade. É a orientação do STJ.

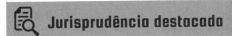

HABEAS CORPUS. HOMICÍDIO DUPLAMENTE QUALIFICADO E ABORTO PROVOCADO POR TERCEIRO. CONCURSO FORMAL IMPRÓPRIO *VERSUS* CONCURSO FORMAL PRÓPRIO. DESÍGNIOS AUTÔNOMOS. EXPRESSÃO QUE ABRANGE TANTO O DOLO DIRETO QUANTO O EVENTUAL. DELAÇÃO PREMIADA. PRETENDIDO RECONHECIMENTO. IMPOSSIBILIDADE. AUSÊNCIA

DE COLABORAÇÃO EFETIVA. CONSTRANGIMENTO ILEGAL NÃO EVIDENCIADO. 1. O concurso formal perfeito caracteriza-se quando o agente pratica duas ou mais infrações penais mediante uma única ação ou omissão; já o concurso formal imperfeito evidencia-se quando a conduta única (ação ou omissão) é dolosa e os delitos concorrentes resultam de desígnios autônomos. Ou seja, a distinção fundamental entre os dois tipos de concurso formal varia de acordo com o elemento subjetivo que animou o agente ao iniciar a sua conduta. 2. A expressão "desígnios autônomos" refere-se a qualquer forma de dolo, seja ele direto ou eventual. Vale dizer, o dolo eventual também representa o endereçamento da vontade do agente, pois ele, embora vislumbrando a possibilidade de ocorrência de um segundo resultado, não o desejando diretamente, mas admitindo-o, aceita-o (HC nº 191.490/RJ, 6ª Turma, Rel. Min. Sebastião Reis Júnior, j. 27.09.2012, DJe 09.10.2012).

Alertam os autores, contudo, que o Tribunal parece não manter coerência teórica acerca da definição do que seriam os tais desígnios autônomos de que trata o art. 70, parte final, nos julgados relacionados ao crime de roubo. Quanto ao tema, a Corte reconhece a prática de mais de um crime em concurso formal próprio quando, mediante uma única ação, o agente viola patrimônio de vítimas distintas. Ao fazê-lo, o sodalício se contradiz. Afinal, se afirma que desígnio autônomo é sinônimo de dolo, deveria reconhecer concurso formal impróprio, e não próprio, na hipótese em que o agente, mediante uma única ação, subtrai, com consciência e vontade, o patrimônio de pessoas distintas.

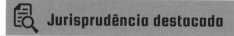

**Jurisprudência destacada**

(...) Praticado o crime de roubo mediante uma só ação contra vítimas distintas, no mesmo contexto fático, resta configurado o concurso formal próprio, e não a hipótese de crime único, visto que violados patrimônios distintos (HC nº 197.684/RJ, 6ª Turma, Rel. Min. Sebastião Reis Júnior, j. 18.06.2012, DJe 29.06.2012).

(...) Nos moldes do entendimento consolidado desta Corte, as instâncias ordinárias reconheceram a prática pelos réus de dois crimes de roubo qualificado, em concurso formal próprio (CP, art. 70, primeira parte), já que, mediante uma só ação e no mesmo contexto fático, foram subtraídos bens pertencentes a duas vítimas distintas (HC nº 455.975/SP, 5ª Turma, Rel. Min. Ribeiro Dantas, j. 02.08.2018, DJe 15.08.2018).

**Decifrando a prova**

**(2022 – FGV – DPE/MS – Defensor Público Substituto – Adaptada)** De acordo com a orientação dos Tribunais Superiores, quando o agente rouba a agência dos Correios e, durante a ação, desarma um vigilante e se apropria de sua arma de fogo, deverá ser reconhecida a hipótese de concurso formal próprio.
( ) Certo     ( ) Errado
**Gabarito comentado:** está certo, consoante julgados acima colacionados.

- **2ª corrente:** desígnio autônomo é dolo, desde que não seja o dolo eventual.
- **3ª corrente:** desígnio autônomo não é sinônimo de dolo. Outrossim, caracteriza-se "pela multiplicidade de determinação de vontade, com diversas individualizações" (BITENCOURT, 2020, p. 881). Nele, apesar de se ter apenas uma ação, "o agente intimamente deseja ou aceita o risco de produzir isoladamente cada um dos resultados lesivos" (JOPPERT, 2011, p. 489). É a nossa orientação acerca da matéria.

Podemos, assim, retornar a um exemplo já mencionado nesta obra, em que uma pessoa coloca uma bomba em um avião para matar seu desafeto por ocasião de um voo comercial. Na aeronave, há mais de 200 pessoas e o agente tem consciência da presença dessas, embora nem sequer saiba quem são. Serão 201 homicídios perpetrados em concurso formal. Disso não se pode ter qualquer dúvida. Afirmar, porém, que se trata de concurso formal próprio ou impróprio dependerá da noção de desígnios autônomos por nós adotada. Assim, os partidários da primeira e da segunda corrente vislumbrarão concurso formal imperfeito, somando as penas. Os partidários da terceira corrente, todavia, dirão ter havido concurso formal perfeito e, consequentemente, sobre a pena farão um aumento.

Tratando de exemplo semelhante, em que o agente, desejando a morte de um irmão xifópago, desfere-lhe um tiro, acabando por também matar o outro irmão, com dolo direto de segundo grau, Bitencourt (2020, p. 379) destaca:

> A simples presença, em uma mesma ação, de dolo direto de primeiro grau concomitantemente com dolo direto de segundo grau, não configura, por si só, concurso formal impróprio de crimes, pois a duplicidade dos referidos graus no dolo direto não altera a unidade de elemento subjetivo. Com efeito, essa distinção de graus do elemento subjetivo reflete a intensidade do dolo e não sua diversidade (ou pluralidade), pois os dois eventos, como ocorre no exemplo dos irmãos xifópagos, são apenas um perante a consciência e a vontade do agente não caracterizando, por conseguinte, o conhecido "desígnios autônomos" configurador do concurso formal impróprio.

É exatamente o que pensamos acerca da matéria, reconhecendo, tanto na hipótese do avião quanto na dos irmãos xifópagos citada por Bitencourt, ter havido concurso formal próprio. Não há plano individualizado do autor com relação a cada uma das vítimas que irá atingir, bem diferente do que ocorre na hipótese do nazista que, a dedo, escolheu, no exemplo fornecido, os prisioneiros do campo que desejava matar, por não mais entendê-los úteis. Nesse último caso, há individualização do plano criminoso com relação a cada uma das vítimas e, assim, não se pode negar a existência do concurso formal imperfeito, devendo as penas ser somadas.

## 36.4.2 Concurso formal homogêneo e heterogêneo

Quando os crimes praticados em concurso formal forem idênticos, teremos concurso **formal homogêneo**. Ex. 1: dirigindo de forma imprudente, o agente causa lesões em duas pessoas que conduzia em seu táxi. Ex. 2: o exemplo do nazista que matou com uma única conduta os cem prisioneiros.

Quando os crimes praticados forem distintos, teremos concurso **formal heterogêneo**, como se dará na hipótese do agente que, ao danificar o carro da vítima, acaba por provocar, sem qualquer intenção, lesão em terceiro que por ali passava.

Com os exemplos fornecidos, pode-se verificar que a classificação do concurso como perfeito (próprio) ou imperfeito (impróprio) nenhuma relação tem com o fato de ser homogêneo ou heterogêneo. Afinal, os critérios distintivos não são os mesmos.

> **Decifrando a prova**
>
> **(2013 – Cespe/Cebraspe – Bacen – Procurador – Adaptada)** No que se refere a concurso de crimes, o agente que, mediante uma só conduta, praticar crimes contra a ordem tributária e de relações de consumo a fornecedor deverá responder em concurso ideal heterogêneo de crimes, aplicando-se a pena do crime mais grave, acrescida de um sexto até a metade.
> ( ) Certo   ( ) Errado
> **Gabarito comentado:** os crimes praticados em concurso formal, na hipótese trazida pela questão, são distintos. Portanto, está certo.

## 36.4.3 Aumento de pena decorrente do concurso formal

**No concurso formal perfeito, em que se aplica a regra da exasperação**, o aumento de pena deve ser correspondente ao número de infrações praticadas. Assim, quanto mais crimes forem cometidos, mais o aumento se aproxima da metade. Não é outra a orientação do STJ.

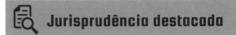

> Em relação à fração adotada para aumentar a pena em razão do reconhecimento do concurso formal, nos termos da jurisprudência deste Tribunal Superior, esse aumento tem como parâmetro o número de delitos perpetrados, no intervalo legal entre as frações de 1/6 e 1/2. No presente caso, tratando-se de sete infrações, a escolha da fração de 1/2 foi correta, não havendo ilegalidade a ser sanada (HC nº 475.974/SP, j. 12.02.2019).

| Quantidade de crimes | Percentual de aumento |
|---|---|
| 2 | 1/6 |
| 3 | 1/5 |
| 4 | 1/4 |
| 5 | 1/3 |
| 6 ou mais | 1/2 |

Em se tratando de **concurso formal imperfeito**, porém, a regra a ser adotada é a da **cumulação**, ou seja, da soma das penas referentes a todos os crimes perpetrados.

## 36.5 CRIME CONTINUADO

Trata-se **ficção jurídica** elaborada por razões de política criminal.

Discorrendo sobre as origens do crime continuado, Bitencourt (2020) ressalta que sua formulação se deve ao trabalho dos glosadores (1100 a 1250 d.C.) e pós-glosadores (1250 a 1450 d.C.), embora suas bases tenham sido efetivamente lançadas no século XIV, para livrar da pena capital os autores do terceiro furto.

### 36.5.1 Definição

Ocorre quando o agente, mediante mais de uma ação ou omissão, pratica dois ou mais crimes da mesma espécie, devendo os subsequentes, pelas condições de tempo, lugar, maneira de execução e outras semelhantes, ser havidos como continuação do primeiro. Trata-se, como indicado pelo próprio texto legal, de hipótese de concurso de crime.

> **Crime continuado**
> 
> Art. 71. Quando o agente, mediante mais de uma ação ou omissão, pratica dois ou mais crimes da mesma espécie e, pelas condições de tempo, lugar, maneira de execução e outras semelhantes, devem os subsequentes ser havidos como continuação do primeiro, aplica-se-lhe a pena de um só dos crimes, se idênticas, ou a mais grave, se diversas, aumentada, em qualquer caso, de um sexto a dois terços.

### 36.5.2 Natureza jurídica do crime continuado

Sobre o crime continuado ser, ou não, concurso de crimes, algumas teorias surgiram:

a. **Teoria da unidade real**, para a qual os vários comportamentos lesivos perpetrados na série continuada formam uma única infração penal.
b. **Teoria da ficção jurídica**, para a qual o crime continuado é uma criação da lei, em que existem dois ou mais crimes, que, por ocasião da fixação da pena, serão tratados como crime único. Foi a teoria adotada por nosso Código Penal.
c. **Teoria da unidade jurídica ou mista**, para a qual o crime continuado não é uma unidade real, nem mera ficção legal. A continuidade delitiva constituiria, para a teoria em exame, uma figura própria, constituindo uma realidade jurídica. Não é unidade ou pluralidade de delitos, mas um terceiro crime, que decorre da lei.

### 36.5.3 Teorias do crime continuado

Quanto à necessidade de um propósito global, ou seja, a unidade de propósitos para que se reconheça o crime continuado, surgiram as seguintes teorias quanto ao crime continuado:

a. **Teoria subjetiva**
Preconiza não terem importância os aspectos objetivos das ações que compõem a continuidade delitiva, destacando o elemento subjetivo, ou seja, a unidade de propósito como elemento que caracteriza o crime continuado.

b. **Teoria objetivo-subjetiva**
Para essa teoria, além dos elementos objetivos, referentes à identidade de crime, modo de execução e lugar, somente se pode reconhecer a existência de crime continuado se existir uma programação inicial, ou seja, o **dolo global**, a unidade de desígnio. Assim, no crime continuado, o agente tem um plano previamente elaborado, de sorte que as ações ou omissões subsequentes constituem prosseguimento da primeira ação praticada. Inexistindo esse plano, não se poderia reconhecer a continuidade delitiva. É a posição prevalente na doutrina, sendo defendida por Zaffaroni (1996, p. 687 e 694), Damásio de Jesus (1999, p. 649), bem como na jurisprudência. Deve ser defendida em provas.

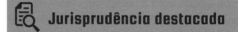
**Jurisprudência destacada**

*HABEAS CORPUS* SUBSTITUTIVO DE RECURSO ORDINÁRIO. HOMICÍDIO QUALIFICADO CONSUMADO E TRÊS TENTATIVAS DE HOMICÍDIO, EM CONCURSO MATERIAL. RECONHECIMENTO DA CONTINUIDADE DELITIVA. IMPOSSIBILIDADE. 1. O *habeas corpus* é via "inadequada para a incursão em aspectos fáticos ou para promover dilação probatória tendente a comprovar a existência dos requisitos objetivos e subjetivos para o reconhecimento da continuidade delitiva" (RHC nº 103.170, Rel. Min. Dias Toffoli). Precedentes. 2. Ademais, a jurisprudência de ambas as Turmas do Supremo Tribunal Federal tem exigido, para a caracterização da continuidade delitiva, o preenchimento de requisitos objetivos e subjetivos. Precedentes. 3. Hipótese em que as instâncias de origem afastaram, fundamentadamente, o reconhecimento do crime continuado. 4. *Habeas corpus* extinto sem resolução de mérito por inadequação da via processual (HC nº 108.012, 1ª Turma, Rel. Min. Roberto Barroso, j. 19.08.2014, publ. 11.09.2014).

*HABEAS CORPUS*. ROUBOS MAJORADOS (ART. 157, § 2º, I E II, DO CÓDIGO PENAL). INCIDÊNCIA DA REGRA DO CRIME CONTINUADO (CP, ART. 71). REQUISITOS NÃO PREENHIDOS. PRECEDENTES. 1. O reconhecimento da continuidade delitiva, prevista no art. 71 do Código Penal, está condicionado ao preenchimento dos seguintes requisitos: a) a pluralidade de condutas; b) a pluralidade de crimes da mesma espécie; c) que os crimes sejam praticados em continuação, tendo em vista as circunstâncias objetivas (mesmas condições de tempo, lugar, modo de execução e outras semelhantes); e, por fim, d) a unidade de propósitos. Pressupostos não configurados. 2. *Habeas corpus* denegado (HC nº 106.982, 1ª Turma, Rel. Min. Marco Aurélio, Redator do acórdão Min. Alexandre de Moraes, j. 28.11.2017, publ. 08.02.2018).

Essa teoria merece severas críticas por fazer do crime continuado uma "paradoxal recompensa a um '*plus*' de dolo ou de capacidade de delinquir", como destacava Hungria (1958c, p. 167).

De fato, parece-nos mais reprovável a conduta daquele que desde o início tem um plano delitivo.

Em que pese ser a teoria adotada por nossa doutrina e jurisprudência majoritárias, a teoria objetivo-subjetiva é rechaçada pelo item 59 de nossa Exposição de Motivos, que, ao tratar do crime continuado, destaca:

> O critério da teoria puramente objetiva não revelou na prática maiores inconvenientes, a despeito das objeções formuladas pelos partidários da teoria objetivo-subjetiva.

c. **Teoria objetiva**
Esta teoria preconiza que, para a caracterização do crime continuado apenas devem ser observados os elementos objetivos, não importando a programação delitiva do agente. Desprezando a unidade de desígnio, a teoria objetiva apenas se atém ao conjunto das condições referentes a tempo, lugar e modo de execução. Defendida por juristas como Nélson Hungria, foi adotada por nosso Código Penal, consoante revela o item 59 da Exposição de Motivos, acima destacado.

### Decifrando a prova

**(2002 – FCC – PGE/SP – Procurador do Estado – Adaptada)** A adoção da teoria puramente objetiva em matéria de crime continuado tem como consequência a exigibilidade de unidade de desígnios do agente.
( ) Certo    ( ) Errado
**Gabarito comentado:** para a teoria objetiva, o que marca o crime continuado é justamente a inexigibilidade de dolo de conjunto na prática sucessiva de fatos delituosos. Portanto, está errado.

## 36.5.4 Requisitos do crime continuado

São requisitos do crime continuado:

a. Pluralidade de condutas.
b. Pluralidade de crimes da mesma espécie.

Sobre a definição do que seriam crimes da mesma espécie, percebe-se controvérsia na doutrina:

- **1ª corrente:** são os crimes previstos no mesmo tipo penal, sejam eles tentados ou consumados, qualificados ou privilegiados. Por isso, roubo e extorsão não podem ser reconhecidos como crimes da mesma espécie. Demais disso, devem ser idênticos os bens jurídicos tutelados, razão pela qual não se reconhece continuidade delitiva entre roubo e latrocínio. A posição é prevalente entre nós, seja em sede doutrinária, seja em sede jurisprudencial.

> **Jurisprudência destacada**
>
> CONTINUIDADE DELITIVA. CRIME CONSUMADO E CRIME TENTADO. Desinfluente, ante o disposto no art. 71 do Código Penal, é o fato de, em relação a delitos da mesma espécie – no caso, o homicídio –, haver as figuras crime consumado e tentado. CONTINUIDADE DELITIVA. QUALIFICADORAS DIVERSAS. O enquadramento de crimes da mesma espécie – na hipótese, o homicídio – consideradas qualificadoras distintas não afasta o instituto da continuidade delitiva. CRIME DOLOSO CONTRA A VIDA. PENA. DOSIMETRIA. ERRO E CORREÇÃO. ÓRGÃO. Verificado o erro na fixação da pena, no que não levada em conta a continuidade delitiva, cumpre afastar do cenário jurídico o ato formalizado. Aperfeiçoado o veredicto dos jurados, impõe-se o reconhecimento da intangibilidade, voltando o processo ao Presidente do Tribunal do Júri para a prolação de sentença a fixar a pena (HC nº 83.575, 1ª Turma, Rel. Min. Marco Aurélio, j. 18.11.2003, publ. 19.12.2003).
>
> *HABEAS CORPUS.* ALEGAÇÃO DE ERRO NA OPERAÇÃO DE DOSIMETRIA PENAL. INOCORRÊNCIA. NEGATIVA DE AUTORIA DOS FATOS DELITUOSOS. IMPOSSIBILIDADE DO EXAME DE TAL MATÉRIA NA VIA SUMARÍSSIMA DO *HABEAS CORPUS.* CRIMES DE ROUBO E DE EXTORSÃO. ILÍCITOS PENAIS QUE NÃO CONSTITUEM "CRIMES DA MESMA ESPÉCIE". CONSEQUENTE IMPOSSIBILIDADE DE RECONHECIMENTO, QUANTO A ELES, DO NEXO DE CONTINUIDADE DELITIVA. LEGITIMIDADE DA APLICAÇÃO DA REGRA PERTINENTE AO CONCURSO MATERIAL (*QUOT CRIMINA TOT POENAE*). PEDIDO INDEFERIDO (HC nº 71.174, 1ª Turma, Rel. Min. Celso de Mello, j. 11.10.1994, publ. 1º.12.2006).
>
> No caso dos crimes de roubo majorado e latrocínio, sequer é necessário avaliar o requisito subjetivo supracitado ou o lapso temporal entre os crimes, como fizeram as instâncias ordinárias, porquanto não há adimplemento do requisito objetivo da pluralidade de crimes da mesma espécie. São assim considerados aqueles crimes tipificados no mesmo dispositivo legal, consumados ou tentada, na forma simples, privilegiada ou tentada, e além disso, devem tutelar os mesmos bens jurídicos, tendo, pois, a mesma estrutura jurídica. Perceba que o roubo tutela o patrimônio e a integridade física (violência) ou o patrimônio e a liberdade individual (grave ameaça); por outro lado, o latrocínio, o patrimônio e a vida (HC nº 189.134/RJ, j. 02.08.2016).
>
> (...) AÇÃO PENAL. Delitos de roubo qualificado e de latrocínio. Crime continuado. Reconhecimento. Inadmissibilidade. Tipos de objetividades jurídicas distintas. Inexistência da correlação representada pela lesão do mesmo bem jurídico. Crimes de espécies diferentes. HC denegado. Inaplicabilidade do art. 71 do CP. Recurso em *habeas corpus* a que se nega provimento. Não pode reputar-se crime continuado a prática dos delitos de roubo e de latrocínio (STF, 2ª Turma, RHC nº 91.552/RJ, Rel. Min. Cezar Peluso, j. 09.03.2010, *DJe* 23.04.2010).

- **2ª corrente:** são os crimes que tutelam o mesmo bem jurídico, ainda que descritos em tipos penais diferentes. Tem sido essa a orientação mais recente do STJ a respeito da matéria. É a tese a qual nos filiamos e também é a posição na doutrina de Heleno Cláudio Fragoso (2004, p. 444).

**Jurisprudência destacada**

(...) A jurisprudência do Superior Tribunal de Justiça compreende que, para a caracterização da continuidade delitiva, é imprescindível o preenchimento de requisitos de ordem objetiva (mesmas condições de tempo, lugar e forma de execução) e subjetiva (unidade de desígnios ou vínculo subjetivo entre os eventos), nos termos do art. 71 do Código Penal. Exige-se, ainda, que os delitos sejam da mesma espécie. Para tanto, não é necessário que os fatos sejam capitulados no mesmo tipo penal, sendo suficiente que tutelem o mesmo bem jurídico e sejam perpetrados pelo mesmo modo de execução. 2. Para fins da aplicação do instituto do crime continuado, art. 71 do Código Penal, pode-se afirmar que os delitos de estupro de vulnerável e estupro, descritos nos arts. 217-A e 213 do CP, respectivamente, são crimes da mesma espécie (REsp nº 1.767.902/RJ, j. 13.12.2018).

c. **Nexo da continuidade delitiva.**
Diz respeito à exigência de que o crime tenha sido praticado nas mesmas condições de tempo, lugar e modo de execução.

   c.1) **Conexão temporal**. Faz-se imprescindível certa periodicidade, uma proximidade entre os crimes, que, assim, não podem se distanciar muito uns dos outros, "a condição de tempo é o que a doutrina alemã chama de 'conexão temporal adequada'", como destaca Bitencourt (2020, p. 885). A jurisprudência do STF consagrou entendimento que fixa critério objetivo, no sentido de que só haveria essa conexão temporal quando não transcorresse um prazo superior a 30 dias entre os diversos crimes e de até três meses quando se tratar de crime contra a ordem tributária.

 **Jurisprudência destacada**

*HABEAS CORPUS*. ROUBO QUALIFICADO. CIRCUNSTÂNCIAS DO CRIME SIMILARES. LAPSO TEMPORAL SIGNIFICATIVO ENTRE OS FATOS CRIMINOSOS. IMPOSSIBILIDADE DE RECONHECIMENTO DA CONTINUIDADE DELITIVA. PRECEDENTES. 1. A configuração da continuidade delitiva exige a prática de um ou mais crimes da mesma espécie em condições de tempo, lugar e modo de execução do delito indicativas de serem, as condutas subsequentes, continuação da primeira. 2. O lapso temporal significativo, no caso cerca de oitenta e nove dias entre a prática dos crimes de roubo, inviabiliza o reconhecimento da continuidade delitiva. Precedentes. 3. Ordem denegada (HC nº 106.173, 1ª Turma, Rel. Min. Rosa Weber, j. 19.06.2012, publ. 1º.08.2012).

1. Não se comprovam, nos autos, constrangimento ilegal a ferir direito do Paciente nem ilegalidade ou abuso de poder a ensejar a concessão da ordem. 2. O Paciente não satisfaz os requisitos objetivos necessários à unificação das penas executadas, pois, "havendo intervalo de tempo superior a trinta dias entre os crimes não é de ser reconhecida a continuidade delitiva" (HC nº 95.415, Rel. Min. Eros Grau, *DJe* 20.03.2009). 3. *Habeas corpus* denegado (HC nº 107.636, 1ª Turma, Rel. Min. Luiz Fux, j. 06.03.2012).

Alertamos, porém, que se deve ter cuidado com relação ao tema relativo aos crimes tributários, pois, a depender do tributo de que se esteja tratando, somente existe possibilidade de sua prática em períodos maiores, tal qual se dá, por exemplo, com a prestação anual de informação de renda. Não se pode exigir periodicidade de três meses para reconhecimento de continuidade delitiva em crimes que somente podem ser praticados a cada um ano. O STJ, inclusive, já se manifestou no sentido de não ser absoluta a exigência dos trinta dias.

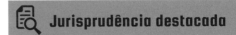 **Jurisprudência destacada**

Embora para reconhecimento da continuidade delitiva se exija o não distanciamento temporal das condutas, em regra no período não superior a trinta dias, conforme precedentes da Corte, excepcional vinculação entre as condutas permite maior elastério no tempo (AgRg no REsp nº 1.345.274/SC, *DJe* 12.04.2018).

**c.2) Conexão espacial.** Segundo Hungria (1945, p. 101 *apud* BITENCOURT, 2020, p. 885),

(...) não é necessário que seja sempre o mesmo lugar, mas a diversidade de lugares pode ser tal que se torne incompatível com a ideia de uma série continuada de ações para a realização de um só crime. É a consideração total das condições mais do que de cada uma delas que permite concluir pela continuidade ou não do crime.

A Jurisprudência dos Tribunais Superiores entende que, para o reconhecimento da continuidade delitiva, os crimes devem ocorrer na mesma cidade ou, no máximo, em cidades limítrofes.

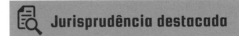 **Jurisprudência destacada**

Inexistente o requisito objetivo, porque praticados os delitos em cidades distantes e em intervalo de tempo superior a 30 dias, não está caracterizada a continuidade delitiva (STJ, AgRg no AREsp nº 771.895/SP, j. 25.09.2018).

**c.3) Conexão modal.** A lei exige semelhança nos modos de execução, no sentido de que o agente siga um padrão em suas condutas. Isso não significa, em absoluto, que deva ser o mesmo modo. Afinal, semelhança não é sinônimo de identidade.

**Jurisprudência destacada**

CONTINUIDADE DELITIVA. INEXISTÊNCIA DE IDENTIDADE ENTRE A FORMA DE EXECUÇÃO DOS DELITOS. NÃO PREENCHIMENTO DOS REQUISITOS DO ART. 71 DO CP. 1. Para a caracterização da continuidade delitiva é imprescindível o preenchimento de requisitos de ordem objetiva – mesmas condições de tempo, lugar e forma de execução – e subjetiva – unidade de desígnios ou vínculo subjetivo entre os eventos (art. 71 do CP) (Teoria Mista ou Objetivo-subjetiva). 2. A mera circunstância de os fatos terem sido praticados no mesmo dia não é suficiente para a configuração do crime continuado. 3. Considerando que em um dos roubos o estabelecimento comercial foi invadido pelos agentes criminosos, enquanto no outro o grupo rendeu funcionária da joalheria em sua própria residência, e, após subtrair diversos bens dela e de sua família, obrigou-a a se deslocar ao seu local de trabalho para consumar novo crime, não há que se falar em crime continuado circunstanciado pelo uso de arma e concurso de agentes, porquanto os bens jurídicos tutelados são distintos e os crimes, autônomos. (...) desta Corte e do Supremo Tribunal Federal. (...) (STJ, 5ª Turma, AgRg no HC nº 184.814/SP 2010/0168290-1, Rel. Min. Jorge Mussi, j. 07.11.2013, *DJe* 21.11.2013).

c.4) **Outras condições semelhantes**. Ao referir-se a "condições semelhantes", a lei se refere, conforme leciona Hungria (1945, p. 101 *apud* BITENCOURT, 2020),

(...) a qualquer outra condição objetiva que possa indicar a homogeneidade das ações. Assim, entre outras, o aproveitamento da mesma ocasião (das mesmas circunstâncias), ou de persistente ocasião favorável, ou o aproveitamento da mesma relação permanente. Exemplos: o doméstico subtrai diariamente charutos do patrão; o morador da casa, frauda, por vezes sucessivas, o medidor da luz elétrica; o coletor de rendas apropria-se, por várias vezes, do dinheiro do Estado.

### 36.5.5 Crime continuado específico ou qualificado

Cuida-se da figura a que se refere o art. 71, parágrafo único, do Código Penal:

Art. 71. (...)
**Parágrafo único.** Nos crimes dolosos, contra vítimas diferentes, cometidos com violência ou grave ameaça à pessoa, poderá o juiz, considerando a culpabilidade, os antecedentes, a conduta social e a personalidade do agente, bem como os motivos e as circunstâncias, aumentar a pena de um só dos crimes, se idênticas, ou a mais grave, se diversas, até o triplo, observadas as regras do parágrafo único do art. 70 e do art. 75 deste Código.

### 36.5.6 Requisitos

São três os requisitos para o crime continuado específico:

a. **Crimes praticados contra vítimas diferentes**
Em se tratando da mesma vítima, será aplicável o *caput* do art. 71.

## Decifrando a prova

**(2014 – FCC – DPE/CE – Defensor Público – Adaptada)** Em relação ao crime continuado, correto afirmar que nos crimes dolosos contra a mesma vítima, cometidos com violência ou grave ameaça, o juiz aplicará a pena de um só dos crimes, se idênticas, ou a mais grave, se diversas, aumentada, em qualquer caso, de um sexto a dois terços.
( ) Certo    ( ) Errado
**Gabarito comentado:** nessa hipótese, por ter sido a mesma vítima, devem ser retomadas as regras do crime continuado simples, do *caput* do art. 71. Para incidir a regra do crime continuado específico, se faz imprescindível que o crime seja perpetrado contra vítimas diferentes. Portanto, está certo.

b. **Crimes perpetrados com violência real ou grave ameaça à pessoa**
Consoante entendimento esposado pelo STJ, a violência de que trata a continuidade delitiva especial descrita no art. 71, parágrafo único, do Código Penal é a violência real, sendo inviável aplicar limites mais gravosos do benefício penal da continuidade delitiva com base, exclusivamente, na ficção jurídica de violência do legislador utilizada para criar o tipo penal de estupro de vulnerável, se efetivamente a conjunção carnal ou ato libidinoso executado contra vulnerável foi desprovido de qualquer violência real.

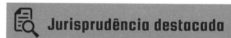

(...) O crime continuado é benefício penal, modalidade de concurso de crimes, que, por ficção legal, consagra unidade incindível entre os crimes que o formam, para fins específicos de aplicação da pena. Para a sua aplicação, o art. 71, *caput*, do Código Penal exige, concomitantemente, três requisitos objetivos: I) pluralidade de condutas; II) pluralidade de crimes da mesma espécie; e III) condições semelhantes de tempo, lugar, maneira de execução e outras semelhantes. A continuidade delitiva específica, descrita no art. 71, parágrafo único, do Código Penal, além daqueles exigidos para a aplicação do benefício penal da continuidade delitiva simples, exige que os crimes praticados: I) sejam dolosos; II) realizados contra vítimas diferentes; e III) cometidos com violência ou grave ameaça à pessoa. No caso em tela, os atos libidinosos praticados contra as vítimas vulneráveis foram desprovidos de qualquer violência real, contando apenas com a presunção absoluta e legal de violência do próprio tipo delitivo. "A violência de que trata a continuidade delitiva especial (art. 71, parágrafo único, do Código Penal) é real, sendo inviável aplicar limites mais gravosos do benefício penal da continuidade delitiva com base, exclusivamente, na ficção jurídica de violência do legislador utilizada para criar o tipo penal de estupro de vulnerável, se efetivamente a conjunção carnal ou ato libidinoso executado contra vulnerável foi desprovido de qualquer violência real (...)" (HC nº 232.709/SP, 5ª Turma, Rel. Min. Ribeiro Dantas, j. 25.10.2016, *DJe* 09.11.2016) (STJ, 5ª Turma, HC nº 483.468/GO 2018/0330567-9, Rel. Min. Reynaldo Soares da Fonseca, j. 05.02.2019, *DJe* 14.02.2019).

c. **Crimes dolosos**
A previsão deste art. 71, parágrafo único, trazido pela Reforma Penal de 1984, nos permite afirmar que está superado o entendimento da Súmula nº 605 do STF, em que a Corte havia cristalizado seu entendimento no sentido de não ser possível o reconhecimento de continuidade delitiva nos crimes contra a vida.

### Decifrando a prova

**(2013 – Cespe/Cebraspe – TCU – Auditor Federal de Controle Externo – Adaptada)** Segundo a jurisprudência do Supremo Tribunal Federal (STF), não se admite, de fato, a continuidade delitiva nos crimes contra a vida, conforme estabelecido no art. 71 do Código Penal Brasileiro.
( ) Certo    ( ) Errado
**Gabarito comentado:** embora a questão tenha sido anulada por força da Súmula nº 605 do STF, o referido verbete se encontra superado desde que a Reforma de 1984 trouxe para o ordenamento jurídico brasileiro a regra do crime continuado específico, previsto no art. 71, parágrafo único, do Código Penal. Portanto, está errado.

## 36.5.7 Dosimetria da pena do crime continuado

O *quantum* de exasperação da pena, no crime continuado simples (art. 71, *caput*, do CP), deve ser proporcional ao número de infrações cometidas, consoante quadro seguinte.

| Crime continuado simples | |
|---|---|
| Número de crimes | Aumento da pena |
| 2 | 1/6 |
| 3 | 1/5 |
| 4 | 1/4 |
| 5 | 1/3 |
| 6 | 1/2 |
| 7 ou mais | 2/3 |

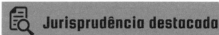

(...) Esta Corte Superior firmou a compreensão de que o aumento no crime continuado comum é determinado em função da quantidade de delitos cometidos. Assim, no caso, tendo sido cometidos crimes de estupro de vulnerável, com violência presumida, contra 8 vítimas diferentes, incide a continuidade delitiva simples, devendo ser aplicado o aumento de 2/3, que resulta na reprimenda definitiva de 13 anos e 4 meses de reclusão. *Habeas corpus* não conhecido. Ordem concedida, de ofício, para reduzir a pena do paciente ao novo patamar de 13 anos e 4 meses de reclusão, mantidos os demais termos da condenação (STJ, 5ª Turma, HC nº 483.468/GO 2018/0330567-9, Rel. Min. Reynaldo Soares da Fonseca, j. 05.02.2019, *DJe* 14.02.2019).

Importante frisar que, tratando-se de crimes sexuais cometidos reiteradamente sem a possibilidade de se aferir o número de eventos criminosos praticados, o STJ considera adequada a aplicação do aumento em fração superior a 1/6.

## Jurisprudência destacada

(...) A jurisprudência desta Corte Superior de Justiça é no sentido que, nas hipóteses em que há imprecisão acerca do número exato de eventos delituosos, esta Corte tem considerado adequada a fixação da fração de aumento, referente à continuidade delitiva, em patamar superior ao mínimo legal, com base na longa duração dos sucessivos eventos delituosos. (STJ, 6ª Turma, AgRg no AREsp nº 455.218/MG, Rel. Min. Sebastião Reis Júnior, j. 16.12.2014, *DJe* 05.02.2015) (AgRg nos EDcl no AgRg no AREsp nº 1.629.001/SP, j. 19.05.2020).

## Decifrando a prova

**(2012 – Cespe/Cebraspe – PC/AL – Delegado – Adaptada)** O acréscimo da pena em razão do crime continuado é fixado de acordo com o *iter criminis* percorrido pelo agente, porquanto na continuidade delitiva, os vários delitos que a integram são considerados como crime único.
(  ) Certo    (  ) Errado
**Gabarito comentado:** em se tratando de crime continuado simples, a regra para acréscimo é a do número de crimes praticados. Portanto, está errado.

Em se tratando de crime continuado específico ou qualificado, porém, a majoração da pena não está vinculada ao número de infrações praticadas, pois o art. 71, parágrafo único, do Código Penal determina que poderá o juiz, "considerando a culpabilidade, os antecedentes, a conduta social e a personalidade do agente, bem como os motivos e as circunstâncias, aumentar a pena de um só dos crimes, se idênticas, ou a mais grave, se diversas, até o triplo". Destarte, a fração de aumento de pena no crime **continuado** qualificado se baseia nos vetores trazidos pelo **art. 59 do Código Penal, além do número de infrações praticadas**.

### Fixação da pena

**Art. 59.** O juiz, atendendo à culpabilidade, aos antecedentes, à conduta social, à personalidade do agente, aos motivos, às circunstâncias e consequências do crime, bem como ao comportamento da vítima, estabelecerá, conforme seja necessário e suficiente para reprovação e prevenção do crime:

I – as penas aplicáveis dentre as cominadas;

II – a quantidade de pena aplicável, dentro dos limites previstos;
III – o regime inicial de cumprimento da pena privativa de liberdade;
IV – a substituição da pena privativa da liberdade aplicada, por outra espécie de pena, se cabível.

 **Jurisprudência destacada**

Homicídios simples (art. 121, *caput,* CP). Pena-base. Circunstâncias judiciais. Pretendido reexame. Descabimento. Crime continuado simples (art. 71, *caput,* CP). Critério de exasperação de pena. Número de infrações cometidas. Crime continuado qualificado (art. 71, parágrafo único, CP). Majoração não adstrita ao número de infrações praticadas. Hipótese em que poderá o juiz, "considerando a culpabilidade, os antecedentes, a conduta social e a personalidade do agente, bem como os motivos e as circunstâncias, aumentar a pena de um só dos crimes, se idênticas, ou a mais grave, se diversas, até o triplo". Aumento de 2/3 (dois terços). Fundamentação amparada apenas no número de crimes praticados (dois). Ausência de valoração negativa dos vetores previstos no art. 71, parágrafo único, do Código Penal. Inadmissibilidade. *Writ* parcialmente concedido para anular em parte a dosimetria e determinar que seja adequadamente fundamentada a fração de aumento de pena decorrente da continuidade delitiva. 1. A via estreita do *habeas corpus* não permite que se proceda à ponderação e ao reexame de circunstâncias judiciais valoradas negativamente na sentença condenatória. Precedentes. 2. Segundo a jurisprudência da Suprema Corte, o *quantum* de exasperação da pena, no crime continuado simples (art. 71, *caput,* CP), deve ser proporcional ao número de infrações cometidas (RHC nº 107.381/DF, 2ª Turma, Rel. Min. Cármen Lúcia, *DJe* 14.06.2011; HC nº 99.245/RJ, 2ª Turma, Rel. Min. Gilmar Mendes, *DJe* 21.09.2011; AP nº 470/DF-EDj-décimos sétimos, Rel. Min. Joaquim Barbosa, *DJe* 10.10.2013). 3. Diversamente, no crime continuado qualificado, a majoração da pena não está adstrita ao número de infrações praticadas, haja vista que o art. 71, parágrafo único, do Código Penal, determina que poderá o juiz, "considerando a culpabilidade, os antecedentes, a conduta social e a personalidade do agente, bem como os motivos e as circunstâncias, aumentar a pena de um só dos crimes, se idênticas, ou a mais grave, se diversas, até o triplo". 4. Logo, a fração de aumento de pena no crime continuado qualificado lastreia-se nos vetores em questão, e não apenas no número de infrações praticadas. (...) (HC nº 131.871, 2ª Turma, Rel. Min. Dias Toffoli, j. 31.05.2016, publ. 21.10.2016).

Outra não é a orientação do STJ:

 **Jurisprudência destacada**

(...) O juiz deverá sempre levar em consideração, para efeito de imposição do especial aumento de pena, não apenas o número de infrações praticadas, mas também "a culpabilidade, os antecedentes, a conduta social, a personalidade do agente, bem como os motivos e as circunstâncias" que cercaram a realização dos delitos em série continuada (FRANCO, Alberto Silva; STOCO, Rui. *Código Penal e sua interpretação:* doutrina e jurisprudência. 8. ed. São Paulo: Revista dos Tribunais, 2007, p. 400) (HC nº 439.471/MG, j. 02.08.2018).

## 36.6 CONCURSO MATERIAL BENÉFICO OU FAVORÁVEL

Cuida-se de figura prevista no art. 70, parágrafo único, do Código Penal.

> **Art. 70.** (...)
>
> **Parágrafo único.** Não poderá a pena exceder a que seria cabível pela regra do art. 69 deste Código.

> **Art. 69.** Quando o agente, mediante mais de uma ação ou omissão, pratica dois ou mais crimes, idênticos ou não, aplicam-se cumulativamente as penas privativas de liberdade em que haja incorrido. No caso de aplicação cumulativa de penas de reclusão e de detenção, executa-se primeiro aquela.

O concurso formal assim como o crime continuado são institutos que buscam impedir aplicação de penas altas aos condenados. Trata-se, destarte, de institutos que foram elaborados em benefício do réu. Algumas vezes, porém, a aplicação de suas regras acaba trazendo uma pena maior do que aquela que seria aplicável caso as penas fossem somadas. Quando isso ocorre, a regra da exasperação deve ser abandonada. Afinal, seria um contrassenso que aquilo que foi criado para favorecer o réu pudesse ser usado em seu prejuízo. Esse fenômeno se denomina **concurso material benéfico**.

Ex.: desejando matar Maria, por não se conformar com a separação, André dispara e acaba, sem qualquer intenção, por atingir Azaradus Cesar, causando-lhe lesões. Caso se aplicasse a pena mínima do homicídio qualificado, que é de 12 anos, e aumentasse a mesma de 1/6, teríamos o resultado de 14 anos de reclusão. Por outro lado, caso somássemos a pena mínima do homicídio com a pena mínima da lesão culposa, que são 2 meses, a pena total será de 12 anos e 2 meses. Assim, devemos nos valer da regra do art. 70, em seu parágrafo único, abandonando o concurso formal e adotando a solução legal da cumulação.

Impende destacar, todavia, que a hipótese não deixa, por isso, de ser concurso formal.

## 36.7 CRIME CONTINUADO E CONCURSO FORMAL

Entre nós, é possível concurso de crimes, tal qual se daria numa hipótese fática reveladora de concurso formal e crime continuado. Ex: Larapius Augustus entra em um coletivo na região metropolitana do Recife e ali anuncia assalto aos passageiros, recolhendo pertences de cinco pessoas. Após, entra em outro coletivo, onde repete o mesmo *modus operandi* e, mediante ação única, subtrai celulares de mais 15 vítimas. A ação é repetida em um terceiro ônibus, em que duas pessoas são despojadas de todo o dinheiro que levavam consigo.

Nesse caso, o STJ entende **não caber a imposição de aumento pelo concurso formal e pelo crime continuado**, aplicando-se apenas a regra da continuidade delitiva, sob pena de *bis in idem*.

**Jurisprudência destacada**

(...) este Superior Tribunal de Justiça entende que, ocorrendo na hipótese o concurso formal e a continuidade delitiva, deve o primeiro ser afastado, sendo aplicada na terceira fase da dosimetria apenas o disposto no art. 71 do Código Penal, pela quantidade total de delitos, sob pena de *bis in idem* (HC nº 441.763/SP, j. 07.06.2018).

**Decifrando a prova**

**(2013 – Cespe/Cebraspe – Sefaz/ES – Auditor Fiscal da Receita Estadual – Adaptada)**
Considere que, logo após subtrair, dentro de um ônibus, a carteira de Manoel, sem que este perceba o fato, Jonas se dirija para o fundo do veículo, onde, mediante ameaça com uma faca, subtraia o celular de Paula e a carteira de seu namorado, Pedro. Nessa situação hipotética, Jonas pratica furto em continuidade delitiva com roubo.
( ) Certo     ( ) Errado
**Gabarito comentado:** não se pode vislumbrar a prática de furto em continuidade delitiva com o roubo, por não se enquadrarem no conceito de crimes da mesma espécie. O que houve, no caso concreto proposto, foi furto (contra Manoel) em concurso material com roubos em concurso formal (os dois roubos praticados contra o casal). Houve, na hipótese, concurso de crimes. Caso tivesse praticado um roubo contra Manoel e, depois, em outra ação, os dois roubos contra o casal, a hipótese seria de reconhecimento apenas da continuidade delitiva entre os três crimes perpetrados, considerado o entendimento jurisprudencial acima destacado, que impede concurso formal com crime continuado. Portanto, está errado.

## 36.8 PENA DE MULTA E CONCURSO DE CRIMES

A matéria é tratada no art. 72 do Código Penal:

> **Art. 72.** No concurso de crimes, as penas de multa são aplicadas distinta e integralmente.

Verifica-se, destarte, que as regras de exasperação trazidas para o concurso formal e para o crime continuado, **pela letra da lei**, não se aplicam à pena de multa. Na hipótese da continuidade delitiva e concurso formal, portanto, as penas de multa aplicáveis aos crimes da série devem ser somadas.

Contudo, o STJ vem afirmando que ao crime continuado, por ser crime único para fins de aplicação da pena, seria inaplicável a regra do art. 72 do Código Penal, que, assim, teria sua aplicação restrita ao âmbito dos concursos material e formal.

 **Jurisprudência destacada**

A jurisprudência desta Corte assentou compreensão no sentido de que o art. 72 do Código Penal é restrito às hipóteses de concursos formal ou material, não sendo aplicável aos casos em que há reconhecimento da continuidade delitiva. Desse modo, a pena pecuniária deve ser aplicada conforme o regramento estabelecido para o crime continuado, e não cumulativamente, como procedeu a Corte de origem (AgRg no AREsp nº 484.057/SP, j. 27.02.2018).

**Não podemos concordar** com essa orientação que vem sendo adotada pela Corte e engrossamos, neste sentido, o coro da **doutrina majoritária**. É muito clara a previsão do art. 72 quanto ao não cabimento da regra da exasperação para o crime continuado. Afinal, trata-se, como já visto, de uma modalidade de concurso de crimes e, ao vedar a aplicação da regra de exasperação, o artigo mencionado não exclui o crime continuado, razão pela qual não se justifica o entendimento que vem sendo sufragado pelo STJ.

## 36.9 CONCURSO DE CRIMES E HABITUALIDADE CRIMINOSA

Considerando-se o entendimento sufragado por nossas Cortes Superiores no sentido de que o crime continuado exige a unidade de desígnio, nos crimes praticados por aquele que faz do crime seu modo de vida não estaria preenchido esse requisito. Destarte, não se admite crime continuado na hipótese de habitualidade delitiva ou reiteração criminosa.

### Jurisprudência destacada

AGRAVO REGIMENTAL NO RECURSO ESPECIAL. RECURSO ESPECIAL. PENAL. TRÁFICO DE DROGAS. CRIME CONTINUADO. INAPLICABILIDADE. DELITOS PRATICADOS EM INTERVALO SUPERIOR A 30 (TRINTA) DIAS. REITERAÇÃO CRIMINOSA. AGRAVO REGIMENTAL DESPROVIDO. 1. O art. 71, *caput*, do Código Penal não delimita o intervalo de tempo necessário ao reconhecimento da continuidade delitiva. Esta Corte não admite, porém, a incidência do instituto quando as condutas criminosas foram cometidas em lapso superior a trinta dias. 2. E mesmo que se entenda preenchido o requisito temporal, há a indicação, nos autos, de que o Réu, embora seja primário, é criminoso habitual, que pratica reiteradamente delitos de tráfico, o que afasta a aplicação da continuidade delitiva, por ser merecedor de tratamento penal mais rigoroso. 3. Agravo regimental desprovido (STJ, 6ª Turma, AgRg no REsp nº 1.747.139/RS 2018/0141464-8, Rel. Min. Laurita Vaz, j. 13.12.2018, *DJe* 04.02.2019).

### Decifrando a prova

**(2011 – Cespe/Cebraspe – TRF/5ª Região – Juiz Federal – Adaptada)** A reiteração criminosa indicadora de delinquência habitual ou profissional é suficiente para descaracterizar o crime continuado.

( ) Certo      ( ) Errado

**Gabarito comentado:** consoante entendimento sufragado por doutrina e jurisprudência, está certo.

## 36.10 CONCURSO DE CRIMES E JECRIM

Para a fixação da competência do Juizado Especial Criminal deverão ser consideradas as regras de exasperação ou cumulação de penas fixadas para o concurso de crimes, e não a pena de cada um dos crimes separadamente.

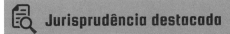

(...) 1. É pacífica a jurisprudência desta Corte de que, no caso de concurso de crimes, a pena considerada para fins de fixação da competência do Juizado Especial Criminal será o resultado da soma, no caso de concurso material, ou a exasperação, na hipótese de concurso formal ou crime continuado, das penas máximas cominadas aos delitos; destarte, se desse somatório resultar um apenamento superior a 02 (dois) anos, fica afastada a competência do Juizado Especial. 2. No caso dos autos imputa-se ao paciente a prática de crimes de calúnia, injúria e difamação cuja soma das penas ultrapassa o limite apto a determinar a competência do Juizado Especial Criminal. 3. Parecer do MPF pela concessão da ordem. 4. Ordem concedida (STJ, 5ª Turma, HC nº 143.500/PE 2009/0147523-5, Rel. Min. Napoleão Nunes Maia Filho, j. 31.05.2011, *DJe* 27.06.2011).

## 36.11 SUSPENSÃO CONDICIONAL DO PROCESSO E CRIME CONTINUADO

A suspensão condicional do processo está prevista no art. 89 da Lei nº 9.099/1995 e somente cabe para os crimes cuja pena mínima não ultrapasse o limite de um ano. Destarte, considerando-se que o crime continuado é tratado, para fins de pena, como crime único, **deverá ser computado o percentual de aumento** de que trata o art. 71 do Código Penal para fins de aferição da possibilidade, ou não, do cabimento da suspensão condicional do processo, consoante entendimento sumulado pelo STF.

> **Art. 89.** Nos crimes em que a pena mínima cominada for igual ou inferior a um ano, abrangidas ou não por esta Lei, o Ministério Público, ao oferecer a denúncia, poderá propor a suspensão do processo, por dois a quatro anos, desde que o acusado não esteja sendo processado ou não tenha sido condenado por outro crime, presentes os demais requisitos que autorizariam a suspensão condicional da pena (art. 77 do Código Penal).
>
> **Art. 71.** Quando o agente, mediante mais de uma ação ou omissão, pratica dois ou mais crimes da mesma espécie e, pelas condições de tempo, lugar, maneira de execução e outras semelhantes, devem os subsequentes ser havidos como continuação do primeiro, aplica-se-lhe a pena de um só dos crimes, se idênticas, ou a mais grave, se diversas, aumentada, em qualquer caso, de um sexto a dois terços.
>
> **Parágrafo único.** Nos crimes dolosos, contra vítimas diferentes, cometidos com violência ou grave ameaça à pessoa, poderá o juiz, considerando a culpabilidade, os antece-

dentes, a conduta social e a personalidade do agente, bem como os motivos e as circunstâncias, aumentar a pena de um só dos crimes, se idênticas, ou a mais grave, se diversas, até o triplo, observadas as regras do parágrafo único do art. 70 e do art. 75 deste Código.

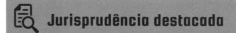

**Súmula nº 723, STF.** Não se admite a suspensão condicional do processo por crime continuado, se a soma da pena mínima da infração mais grave com o aumento mínimo de um sexto for superior a um ano.

# 37  Sursis – suspensão condicional da pena

## 37.1 CONCEITO

*Sursis* é a **suspensão condicional da execução de uma pena privativa de liberdade** concedida ao condenado que preencher os requisitos e os objetivos traçados por lei. Nele, **após a condenação**, o condenado não iniciará o cumprimento da pena privativa de liberdade. Será, contudo, submetido a um período de prova, e, caso o cumpra sem revogação, sua pena será extinta.

Pode ser concedido a qualquer pessoa que se adeque às exigências legais, nada impedindo sua concessão a **estrangeiros**. O sentenciado não está obrigado a aceitar a concessão do *sursis*, podendo optar por cumprir a pena privativa de liberdade que lhe foi imposta.

O agente beneficiado com o *sursis* fica **suspenso do gozo de seus direitos políticos**, conforme art. 15, III, da CF/1988, enquanto não declarada a extinção de sua pena pelo decurso do período probatório. Afinal, está condenado, embora cumprindo pena de uma forma alternativa.

> **Art. 15.** É vedada a cassação de direitos políticos, cuja perda ou suspensão só se dará nos casos de: (...)
>
> III – condenação criminal transitada em julgado, enquanto durarem seus efeitos; (...)

## 37.2 ORIGENS

A Bélgica foi o primeiro país da Europa Continental a adotar a suspensão condicional da execução da pena, o *sursis*, no ano de 1888. Em 1891, a França encampou o instituto. Mais tarde, outros países a ele aderiram: Portugal (1893), Itália e Bulgária (1904), Dinamarca e Holanda (1905), Suécia (1906), Espanha (1908), Grécia (1911), Finlândia (1918), Áustria (1920). O Brasil o adotou, pela primeira vez, por meio do Decreto nº 16.588, de 6 de setembro de 1924 (BITENCOURT, 2020, p. 894).

## 37.3 SISTEMAS

Três são os sistemas que a doutrina aponta para a concessão do *sursis*.

### 37.3.1 Sistema anglo-saxão ou *probation system*

Foi aquele adotado em Boston, Massachusetts e, posteriormente, na Inglaterra, por meio da Probation of First Offenders, de 1887.

Nele, o juiz verifica se o acusado primário preenche determinadas condições. Caso positivo, **suspende o próprio processo**, deixando-o em liberdade por determinado lapso temporal, durante o qual será acompanhado. Cumprindo todas as condições que foram estipuladas, o processo será extinto.

### 37.3.2 Sistema belga-francês ou europeu continental

É o sistema por nós adotado, caracterizado pelo fato de ter como pressuposto uma condenação. Somente **após a prolação de uma sentença condenatória definitiva** será concedido o *sursis*, mediante o cumprimento de condições pelo condenado durante um período probatório.

### 37.3.3 Sistema alemão ou eclético

Nele, o juiz prolator **fixa uma pena, mas suspende a condenação** e submete o indivíduo a um período de prova. O sistema adotado pelos alemães segue os moldes do anglo-saxão por não impor condenação prévia, mas difere daquele quando permite fixação de pena. Noutro giro, se aproxima do belga-francês quando suspende a execução da pena, mas dele se distancia quando omite condenação.

## 37.4 NATUREZA JURÍDICA DA SUSPENSÃO CONDICIONAL DA PENA

Não há consenso quanto ao tema, podendo-se identificar as seguintes correntes:

- **1ª corrente:** a suspensão condicional da pena é um substitutivo penal, pois importa na substituição da pena de prisão por uma pena moral. Bitencourt (2020, p. 896) critica essa tese, destacando que ela se confunde com a natureza de toda a sanção penal, que sempre mantém o caráter de diminuição moral, sendo, destarte, peculiar a toda sanção penal.

- **2ª corrente:** cuida-se de condição resolutória, ficando a pena subordinada a um acontecimento futuro, sendo revogado se não for cumprido de acordo com o estabelecido. No Brasil, é o entendimento de Magalhães Noronha.

- **3ª corrente:** a doutrina brasileira majoritariamente considera que o *sursis* é um direito público subjetivo do condenado. Tanto é assim que, toda vez que a condenação à pena privativa de liberdade não for superior a dois anos, o juiz deverá, na sentença, manifestar-se fundamentadamente sobre a concessão ou não do *sursis*, conforme obrigação legal trazida pelo art. 157 da LEP. Assim entendem Capez (2003, p. 423) e Mirabete (2013a, p. 315).
- **4ª corrente:** trata-se de hipótese de condenação, sendo uma alternativa aos meios sancionatórios tradicionais com que conta o moderno Direito Penal. É medida de natureza restritiva, e não um benefício. É a posição de Bitencourt (2020, p. 898), Joppert (2011, p. 497) e também a nossa.

## 37.5 DIFERENÇAS ENTRE O *SURSIS* PROCESSUAL E O *SURSIS* DA PENA

Não se pode confundir o *sursis* que ora estudamos, a suspensão condicional da pena, com a suspensão condicional do processo prevista no art. 89 da Lei nº 9.099/1995.

> **Art. 89.** Nos crimes em que a pena mínima cominada for igual ou inferior a um ano, abrangidas ou não por esta Lei, o Ministério Público, ao oferecer a denúncia, poderá propor a suspensão do processo, por dois a quatro anos, desde que o acusado não esteja sendo processado ou não tenha sido condenado por outro crime, presentes os demais requisitos que autorizariam a suspensão condicional da pena (art. 77 do Código Penal).

Passemos às diferenças:

1. O *sursis* processual é concedido para aqueles que estão sendo processados por crime cuja pena mínima **cominada** não seja superior a um ano. O *sursis* de que trata o art. 77 do Código Penal é concedido para pena **aplicada** em até dois anos.
2. O *sursis* processual é concedido durante o curso do processo, suspendendo-o. No *sursis* de que trata o art. 77 do Código Penal, o que se suspende é a execução de uma pena privativa de liberdade.
3. No *sursis* processual, ainda não há condenação. No *sursis* de que trata o art. 77 do Código Penal, já existe condenação.
4. No *sursis* processual, expirado o período de provas sem revogação, será extinta a punibilidade e o beneficiário mantém a condição de primário. O cumprimento do período de provas sem revogação no *sursis,* de que trata o art. 77 do Código Penal, extingue a pena, mas o beneficiário já foi condenado e a condenação anterior é geradora de reincidência.
5. Revogado o *sursis* processual, o processo retomará seu curso. Revogado o *sursis* de que trata o art. 77 do Código Penal, o condenado começará a cumprir a pena que lhe foi imposta na sentença condenatória.
6. O *sursis* processual é proposto pelo Ministério Público; o *sursis* de que trata o art. 77 do Código Penal não depende, para sua concessão, de requerimento do Ministério Público.

## 37.6 JUIZ COMPETENTE PARA CONCESSÃO DO *SURSIS*

A Lei de Execução Penal, Lei nº 7.210/1984, ao tratar do *sursis*, traz dois dispositivos que geram controvérsias a respeito de ser, ou não, o juiz da execução competente para a concessão do *sursis*.

- **1ª corrente:** o juiz da execução não pode conceder *sursis*, apenas o juiz sentenciante poderá fazê-lo. A concessão do *sursis* na fase executiva contraria a própria natureza do instituto, que visa impedir cumprimento de penas privativas de liberdade. Quando o art. 66, III, *d*, da LEP menciona o juiz da execução decidindo *sursis*, certamente se refere às questões atinentes ao instituto com reflexo na fase da execução penal, como a revogação, a decisão pela suspensão facultativa, a mudança das condições estabelecidas na sentença etc. Outrossim, o juiz a que se refere o art. 156, que apenas reitera o que já veio disposto no Código Penal, é o juiz da condenação. A demonstração de que o art. 156 é mera reiteração da regra geral se extrai da sua parte final, quando menciona "na forma prevista nos arts. 77 a 82 do Código Penal". Isso não se altera nem mesmo na hipótese de o *sursis* ser concedido pelo Tribunal em grau de recurso e o Tribunal transferir ao Juízo da Execução a incumbência de estabelecer as condições, nos termos do art. 159, § 2º. É nossa orientação e também de Estefam (2010, p. 392).

**Lei nº 7.210/1984**
**Art. 66.** Compete ao Juiz da execução: (...)
III – decidir sobre: (...)
d) suspensão condicional da pena; (...)

**Art. 156.** O Juiz poderá suspender, pelo período de 2 (dois) a 4 (quatro) anos, a execução da pena privativa de liberdade, não superior a 2 (dois) anos, na forma prevista nos arts. 77 a 82 do Código Penal.

**Art. 159.** (...)
§ 2º O Tribunal, ao conceder a suspensão condicional da pena, poderá, todavia, conferir ao Juízo da execução a incumbência de estabelecer as condições do benefício, e, em qualquer caso, a de realizar a audiência admonitória.

- **2ª corrente:** pode ser concedida tanto pelo juiz da condenação quanto pelo da execução, consideradas as normas acima transcritas.

## 37.7 REQUISITOS

A concessão do *sursis* se condiciona a pressupostos pretéritos, ou requisitos, e condições futuras, consoante disposto no art. 77 do Código Penal, quais sejam:

**Art. 77.** A execução da pena privativa de liberdade, não superior a 2 (dois) anos, poderá ser suspensa, por 2 (dois) a 4 (quatro) anos, desde que:

I – o condenado não seja reincidente em crime doloso;

II – a culpabilidade, os antecedentes, a conduta social e personalidade do agente, bem como os motivos e as circunstâncias autorizem a concessão do benefício;

III – Não seja indicada ou cabível a substituição prevista no art. 44 deste Código;

§ 1º A condenação anterior a pena de multa não impede a concessão do benefício.

§ 2º A execução da pena privativa de liberdade, não superior a quatro anos, poderá ser suspensa, por quatro a seis anos, desde que o condenado seja maior de setenta anos de idade, ou razões de saúde justifiquem a suspensão.

a. Que tenha sido aplicada uma **pena privativa de liberdade**, pois o instituto visa evitar encarceramento. Assim, penas restritivas de direitos e multa não podem ser objeto de suspensão condicional da execução, como, aliás, expressamente prevê o art. 80 do Código Penal.

**Art. 80.** A suspensão não se estende às penas restritivas de direitos nem à multa.

b. Pena **aplicada (não importa a pena cominada) em até dois anos**, independentemente de ser pena de reclusão, detenção ou mesmo prisão simples.[1] Em se tratando de condenados com mais de 70 anos ou portadores de doença grave, a pena poderá ser aplicada em até quatro anos, no denominado *sursis* etário ou humanitário.

### Decifrando a prova

**(2019 – Cespe/Cebraspe – TJ/BA – Juiz de Direito Substituto – Adaptada)** O benefício da suspensão condicional da pena – *sursis* penal – é cabível nos casos de crimes praticados com violência ou grave ameaça, desde que a pena privativa de liberdade aplicada não seja superior a dois anos.
( ) Certo     ( ) Errado
**Gabarito comentado:** o fato de o crime ser praticado com violência ou grave ameaça não impede a concessão do *sursis*. Portanto, está certo.

c. Não serem indicadas ou cabíveis penas restritivas de direitos.
d. **Não ser o condenado reincidente na prática de crime doloso**, ainda que se trate de

---

[1] Na antiga Parte Geral do Código Penal de 1940, anterior, portanto, à reforma de 1984, somente a pena de detenção não superior a dois anos poderia ser suspensa. O *sursis* para os condenados à pena de reclusão somente era dado excepcionalmente, no mesmo limite, para menores de 21 anos e maiores de 70.

condenação no estrangeiro não homologada no Brasil. A condenação irrecorrível por crime culposo ou por contravenção não impede a suspensão condicional da pena.

> **Decifrando a prova**
>
> **(2018 – FCC – DPE/RS – Defensor Público)** Com 74 anos, Jairo foi definitivamente condenado pela prática de roubo simples (art. 157, *caput*, do CP). Primário e sendo-lhe inteiramente favoráveis as circunstâncias do art. 59 do CP, foi-lhe aplicada uma pena privativa de liberdade de 04 anos de reclusão. A natureza do crime que ensejou a condenação, é impossível proceder-se à suspensão condicional da pena.
> ( ) Certo     ( ) Errado
> **Gabarito comentado:** não há impedimento na concessão de *sursis* quando se trata de crime praticado com violência, a menos que se trate de reincidente na prática de crime doloso. Haveria impedimento, outrossim, se a hipótese fosse de substituição de pena privativa de liberdade por pena restritiva de direitos, considerado o disposto no art. 44, I, do Código Penal. Portanto, está errado.

e. A lei exige para a concessão do *sursis* que a culpabilidade, os antecedentes, a conduta social e personalidade do agente, bem como os motivos e as circunstâncias lhe sejam favoráveis, o que permite concluir pela existência de uma **prognose de que o agente não voltará a delinquir**. Para a concessão do *sursis*, não é necessário que todas as circunstâncias sejam favoráveis ao condenado. Somente existe essa exigência em se tratando do denominado *sursis* especial, como veremos mais à frente.

### 37.7.1 *Sursis* e crimes hediondos

Sobre o cabimento da suspensão condicional da pena para condenados pela prática de crimes hediondos, há controvérsias:

- **1ª corrente:** não é possível, porque o instituto não é compatível com a hediondez reconhecida para determinados crimes, não se podendo olvidar que a catalogação de crimes hediondos se deve a mandado constitucional de criminalização, consoante art. 5º, XLIII. É a nossa orientação.
- **2ª corrente:** a Lei dos Crimes Hediondos, Lei nº 8.072/1990, não veda a concessão do *sursis* e, por conseguinte, o juiz não pode vedar sua aplicação ao argumento de que se trata de crime grave. Se o fizesse, estaria aplicando a analogia *in malam partem*.

## 37.8 ESPÉCIES DE SUSPENSÃO CONDICIONAL DA PENA

### 37.8.1 *Sursis* simples

*Sursis* simples ou comum é a modalidade do benefício que tem como característica marcante o fato de o condenado ficar **sujeito a prestação de serviços à comunidade ou de**

**limitação de fim de semana**, como condição legal obrigatória, no primeiro ano de prazo. Está previsto no art. 78, § 1º, do Código Penal.

> **Art. 78.** Durante o prazo da suspensão, o condenado ficará sujeito à observação e ao cumprimento das condições estabelecidas pelo juiz.
>
> **§ 1º** No primeiro ano do prazo, deverá o condenado prestar serviços à comunidade (art. 46) ou submeter-se à limitação de fim de semana (art. 48).

## 37.8.2 *Sursis* especial

No *sursis* especial haverá dispensa do cumprimento da prestação de serviços à comunidade ou da limitação de fim de semana, no primeiro ano do período de provas, ficando o condenado, porém, sujeito ao cumprimento de outras condições. Essa modalidade de *sursis* está prevista no art. 78, § 2º, do Código Penal. As condições para o *sursis* especial são as seguintes:

a. Proibição de frequentar determinados lugares.
b. Proibição de ausentar-se da comarca onde reside, sem autorização judicial.
c. Comparecimento pessoal e obrigatório a juízo, mensalmente, para informar e justificar suas atividades.

> **Art. 78.** (...)
>
> **§ 2º** Se o condenado houver reparado o dano, salvo impossibilidade de fazê-lo, e se as circunstâncias do art. 59 deste Código lhe forem inteiramente favoráveis, o juiz poderá substituir a exigência do parágrafo anterior pelas seguintes condições, aplicadas cumulativamente:
>
> a) proibição de frequentar determinados lugares;
>
> b) proibição de ausentar-se da comarca onde reside, sem autorização do juiz;
>
> c) comparecimento pessoal e obrigatório a juízo, mensalmente, para informar e justificar suas atividades.

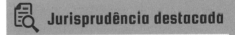

**Jurisprudência destacada**

APELAÇÃO CRIMINAL. LESÃO CORPORAL E AMEAÇA. SUSPENSÃO CONDICIONAL DA PENA. MATÉRIA DA COMPETÊNCIA DO JUÍZO DA EXECUÇÃO. *SURSIS* SIMPLES E ESPECIAL. NÃO CABIMENTO DE APLICAÇÃO CUMULATIVA. PRECEDENTE DO STJ. Questões relativas à suspensão condicional da pena (*sursis*) devem ser discutidas no juízo da execução, nos termos do art. 66, III, *d*, da Lei de Execuções Penais (Lei nº 7.210/1984). Não cabe aplicação híbrida do *sursis* simples e do *sursis* especial, ou seja, não cabe a fixação de prestação de serviços à comunidade ou limitação de fim de semana e também a fixação de proibição de frequência a lugares, proibição de ausentar-se da comarca sem autorização e comparecimento obrigatório a juízo (REsp nº 165.980/GO) (TJ/MG, 6ª CCrim., APR 10480150215451001, Patos de Minas, Rel. Bruno Terra Dias, j. 27.10.2020, publ. 06.11.2020).

Para obter o *sursis* especial, além dos requisitos exigidos para o *sursis* simples, o condenado deve preencher de forma **completamente favorável as circunstâncias do art. 59** e deverá ter **reparado o dano**, salvo impossibilidade de fazê-lo.

> **Art. 59.** O juiz, atendendo à culpabilidade, aos antecedentes, à conduta social, à personalidade do agente, aos motivos, às circunstâncias e consequências do crime, bem como ao comportamento da vítima, estabelecerá, conforme seja necessário e suficiente para reprovação e prevenção do crime:
>
> I – as penas aplicáveis dentre as cominadas;
>
> II – a quantidade de pena aplicável, dentro dos limites previstos;
>
> III – o regime inicial de cumprimento da pena privativa de liberdade;
>
> IV – a substituição da pena privativa da liberdade aplicada, por outra espécie de pena, se cabível.

### 37.8.3 *Sursis* etário e *sursis* humanitário ou profilático

Modalidade de *sursis* acrescida pela Lei nº 9.714/1998, o *sursis* etário é aquele que se aplica ao condenado com **idade superior a 70 anos**, considerada a diminuição da probabilidade de que retorne ao crime. Nele, o limite da pena aplicada é de quatro anos. Para a concessão dessa modalidade de *sursis*, **não importam as condições de saúde do condenado**. Deverá preencher os demais requisitos exigidos para o *sursis* simples.

Outra modalidade de *sursis* é o **humanitário ou profilático**, para o condenado que apresentar **sérios problemas de saúde, independentemente da idade**, desde que condenado a pena não superior a quatro anos e preencha os demais requisitos exigidos para o *sursis* simples.

### 37.9 CONDIÇÕES PARA O *SURSIS*

A concessão do benefício da suspensão condicional da pena depende do implemento de condições, que podem ser **legais ou judiciais**.

**Legais** são aquelas trazidas pela lei, consoante parágrafos do art. 78. **Judiciais** serão as que o juiz, de acordo com sua discricionariedade, fixar, consoante art. 79. Para a fixação das condições judiciais, contudo, a lei estabelece que deverão ser adequadas ao fato e à situação pessoal do condenado.

> **Art. 78.** Durante o prazo da suspensão, o condenado ficará sujeito à observação e ao cumprimento das condições estabelecidas pelo juiz.
>
> § 1º No primeiro ano do prazo, deverá o condenado prestar serviços à comunidade (art. 46) ou submeter-se à limitação de fim de semana (art. 48).
>
> § 2º Se o condenado houver reparado o dano, salvo impossibilidade de fazê-lo, e se as circunstâncias do art. 59 deste Código lhe forem inteiramente favoráveis, o juiz poderá substituir a exigência do parágrafo anterior pelas seguintes condições, aplicadas cumulativamente:

a) proibição de frequentar determinados lugares;

b) proibição de ausentar-se da comarca onde reside, sem autorização do juiz;

c) comparecimento pessoal e obrigatório a juízo, mensalmente, para informar e justificar suas atividades.

**Art. 79.** A sentença poderá especificar outras condições a que fica subordinada a suspensão, desde que adequadas ao fato e à situação pessoal do condenado.

**Não poderão ser fixadas** pelo magistrado condições que constituam sanções não previstas em lei para a hipótese, assim como também não podem ser impostas condições que violem seus direitos indisponíveis, condições vexatórias, tampouco as ociosas. **Ociosas** são as condições de que a lei trata em dispositivos próprios, como a de pagar custas, destruir material de crime, indenizar danos etc.

Cabe ao serviço social penitenciário, patronatos, conselho da comunidade ou instituições beneficiadas com prestação de serviços à comunidade, a fiscalização do cumprimento das condições impostas. Ao Ministério Público e ao Conselho Penitenciário caberá inspecionar a fiscalização, consoante art. 158, § 3º, da LEP.

## 37.9.1 *Sursis* sem condições

As alterações trazidas pela Reforma da Parte Geral de 1984 **não mais permitem *sursis* sem condições**, mas pode ocorrer de o juiz deixar de estabelecê-las quando prolata a sentença condenatória. Discute-se, assim, a possibilidade de o juiz da execução fixá-las:

- **1ª corrente:** assim como o juiz da execução pode modificar condições já impostas, conforme art. 158, § 2º, fixar condições consoante delegação de um Tribunal, nos termos do art. 159, § 2º, da LEP, pode também fixar condições não trazidas pela sentença.

    **Art. 158.** (...)

    § 2º O Juiz poderá, a qualquer tempo, de ofício, a requerimento do Ministério Público ou mediante proposta do Conselho Penitenciário, modificar as condições e regras estabelecidas na sentença, ouvido o condenado.

    **Art. 159.** (...)

    § 2º O Tribunal, ao conceder a suspensão condicional da pena, poderá, todavia, conferir ao Juízo da execução a incumbência de estabelecer as condições do benefício, e, em qualquer caso, a de realizar a audiência admonitória.

- **2ª corrente:** juiz da execução não pode impor condições não impostas, sob pena de ofender a coisa julgada, fazendo uma verdadeira revisão *pro societate*. É a nossa posição e também a de Capez (2003, p. 431).

## 37.9.2 A fixação do período de prova

Ao ser beneficiado com o *sursis*, o condenado ficará submetido a um lapso temporal em que deverá cumprir as condições. Trata-se do período de prova, que será estabelecido entre dois e quatro anos. Nas hipóteses de *sursis* etário e humanitário, esse prazo será de quatro a seis anos.

Como critério para a fixação do período de prova, o juiz deverá atentar para a natureza do crime, a personalidade do agente e intensidade da pena. A fixação de um prazo acima do limite mínimo deve ser devidamente fundamentada (BITENCOURT, 2020, p. 906).

## 37.10 AUDIÊNCIA ADMONITÓRIA

### 37.10.1 Conceito

A audiência de admoestação ou admonitória é uma solenidade em que o juiz advertirá o condenado beneficiado das consequências do descumprimento das condições com as quais concordou o condenado e que foram impostas para o *sursis*.

Essa audiência é designada após o trânsito em julgado da sentença condenatória e só a partir de então, caso aceito o benefício, terá início o período de provas.

### 37.10.2 O não comparecimento à audiência admonitória

A Lei de Execução Penal, em seu art. 161, prevê:

> **Art. 161.** Se, intimado pessoalmente ou por edital com prazo de 20 (vinte) dias, o réu não comparecer injustificadamente à audiência admonitória, a suspensão ficará sem efeito e será executada imediatamente a pena.

Acerca da consequência do não comparecimento, injustificado à audiência admonitória, há divergência na doutrina:

- **1ª corrente:** trata-se de hipótese de cassação do *sursis*. É essa a posição majoritária.
- **2ª corrente:** é causa de revogação obrigatória do *sursis*. Ao mencionar que a suspensão "ficará sem efeito", o legislador se refere à revogação. Corrente minoritaríssima, defendida por Bitencourt (2020, p. 908).

## 37.11 REVOGAÇÃO DO *SURSIS*

### 37.11.1 Consequências da revogação do *sursis*

Uma vez aceitas as condições impostas e iniciado o período de provas do *sursis*, o agente tem a execução de sua pena suspensa. **Revogado o *sursis*, estará o sentenciado obrigado a cumprir a totalidade da pena suspensa**, não se podendo admitir qualquer abatimento do tempo em que esteve em período de prova. Não se pode querer aqui aplicar a solução adotada para a conversão da pena restritiva de direitos em pena privativa de liberdade, em que o tempo de pena restritiva de direitos efetivamente cumprida será abatido. Naquele caso, o agente estava cumprindo a pena. Ali há sentido em ser abatido o período já cumprido de pena restritiva de direito. No *sursis*, essa lógica não existe, pois a pena não estava sendo cumprida. Estava, outrossim, suspensa.

As **causas de revogação de *sursis***, obrigatórias ou facultativas, deverão estar **obrigatoriamente previstas no texto legal**. Portanto, o juiz não pode revogá-lo em hipótese não contemplada em lei.

Sobre a necessidade de oitiva do condenado para a revogação do benefício, duas posições são encontradas:

- **1ª corrente:** é indispensável a oitiva, garantindo-lhe o direito de justificar o não cumprimento das condições. Posição adotada pelo STJ.
- **2ª corrente:** entende ser desnecessária a oitiva, pelo confronto entre os arts. 707 e 730 do CPP.
- **3ª corrente:** quando a revogação se der por condenação irrecorrível por crime ou contravenção, seja a revogação obrigatória ou facultativa (arts. 81, I e § 1º, segunda parte), não teria sentido condicionar a revogação à oitiva do condenado. Porém, em se tratando do descumprimento de condições, não pagamento de multa, não reparação de dano, deverá ser o condenado ouvido. Afinal, nesses casos, a revogação apenas se impõe quando não justificada e o beneficiário deverá ter a chance de apresentar suas razões. É a nossa orientação.

## 37.II.2 Hipóteses de revogação obrigatória do *sursis*

CP, art. 81. A suspensão será revogada se, no curso do prazo, o beneficiário:

I – é condenado, em sentença irrecorrível, por crime doloso;

II – frustra, embora solvente, a execução de pena de multa ou não efetua, sem motivo justificado, a reparação do dano;

III – descumpre a condição do § 1º do art. 78 deste Código.

As causas em que o juiz necessariamente terá que revogar o *sursis* são as seguintes:

a. **Condenação em sentença irrecorrível, pela prática de crime doloso.** Nessa hipótese, a condenação pode ser consequência tanto de fato anterior ou posterior ao crime pelo qual o condenado cumpria o *sursis*, assim como pode ser condenação por crime praticado mesmo durante o período de prova. A única exigência feita pela lei é que a nova condenação transite em julgado durante o período de provas.

    Porém, se a condenação durante o período de provas impuser somente pena pecuniária, não estaremos diante de causa de revogatória do *sursis*, embora a lei silencie quanto ao tema. A conclusão aqui exposta se dá por razão bastante simples: se a condenação anterior por crime doloso à pena de multa não obsta a concessão do *sursis*, não teria qualquer sentido que a condenação à pena pecuniária no curso do *sursis* já concedido fosse causa de sua revogação.

A condenação que se der no estrangeiro, à mingua de previsão legal nesse sentido, não é causa de revogação do benefício.

b. **Frustração do pagamento da pena de multa.** A frustração do pagamento da pena de multa é hipótese de revogação obrigatória do *sursis*. Caberia o seguinte questionamento, contudo: frustrar a execução da pena de multa e não a pagar são expressões sinônimas? O não pagamento da multa é causa de revogação obrigatória do *sursis*?

- **1ª corrente:** o não pagamento da pena de multa não é causa de revogação do *sursis*. A lei exige a frustração da execução, ou seja, além de deixar de pagar, que o sentenciado, com condições de pagá-la, crie obstáculos à cobrança da multa. O não pagamento da multa não permite, consoante disposto no art. 51, sua conversão em pena privativa de liberdade. Portanto, não poderia figurar como causa de revogação obrigatória do *sursis*.

- **2ª corrente:** frustrar a execução e não pagar a multa são expressões sinônimas e são causas de revogação obrigatória do *sursis*. Assim, aquele que, solvente, com condições de satisfazer o pagamento, deixar de pagar a pena de multa também deverá ter obrigatoriamente revogado o benefício. Outrossim, com relação às mudanças trazidas para a pena de multa em nosso país, a Lei nº 9.268/1996 apenas modificou o disposto no art. 51 do Código Penal, sem fazer qualquer alteração nos demais dispositivos que tratam da matéria. É a nossa posição.

c. **Não efetuar, sem motivo justificado, a reparação do dano.** A não reparação do dano apenas será causa de obrigatória revogação do *sursis* quando injustificada, ou seja, quando o sentenciado puder reparar e não o faça. Haverá justificativa para a não reparação do dano, por exemplo, quando o condenado não dispuser de recursos, quando a vítima renunciar ao direito ou quando não for encontrada.

d. **Descumprir a prestação de serviços à comunidade ou a limitação de fim de semana.** A obrigação de prestação de serviços à comunidade ou a limitação de fim de semana são impostas pelo art. 79, § 1º, do Código Penal. Quando injustificadamente descumprida, levará à revogação obrigatória do benefício.

## 37.II.3 Sobre a (des)necessidade de decisão judicial acerca de revogação obrigatória

Também quanto ao tema, doutrina e jurisprudência se mostram vacilantes.

- **1ª corrente:** sendo obrigatórias, são automáticas e, assim, não dependem de qualquer decisão do juiz.
- **2ª corrente:** não se pode conceber revogação de plano, devendo haver decisão judicial em procedimento a ser instaurado, de acordo com o disposto nos arts. 194 e ss. da LEP.

- **3ª corrente:** quando a revogação se der por condenação irrecorrível por crime doloso, nos termos do art. 81, I, não depende de qualquer decisão do juiz. Quando se tratar de descumprimento das condições do art. 78, § 1º, impor-se-á a decisão judicial, pois o beneficiário deverá ser necessariamente ouvido. É a nossa orientação a respeito do tema.

### 37.II.4 Hipóteses de revogação facultativa do *sursis*

> Art. 81. (...)
>
> § 1º A suspensão poderá ser revogada se o condenado descumpre qualquer outra condição imposta ou é irrecorrivelmente condenado, por crime culposo ou por contravenção, a pena privativa de liberdade ou restritiva de direitos.

Nas hipóteses de revogação facultativa, a decisão fica na dependência da **discricionariedade do juiz**, que poderá tomar as seguintes providências: 1) revogar a suspensão da execução da pena; 2) prorrogar o período de prova; ou 3) manter *sursis*.

São hipóteses de revogação facultativa:

a. O descumprimento das condições impostas.
   As condições de que trata o dispositivo são aquelas referentes ao *sursis* especial (art. 78, § 2º, do CP) e as condições judiciais (art. 79 do CP). O legislador, aqui, jamais poderia estar se referindo às condições do art. 78, § 1º, pois seu descumprimento é causa de revogação obrigatória.

   > Art. 78. (...)
   >
   > § 2º Se o condenado houver reparado o dano, salvo impossibilidade de fazê-lo, e se as circunstâncias do art. 59 deste Código lhe forem inteiramente favoráveis, o juiz poderá substituir a exigência do parágrafo anterior pelas seguintes condições, aplicadas cumulativamente:
   >
   > a) proibição de frequentar determinados lugares;
   >
   > b) proibição de ausentar-se da comarca onde reside, sem autorização do juiz; (...)
   
   > Art. 79. A sentença poderá especificar outras condições a que fica subordinada a suspensão, desde que adequadas ao fato e à situação pessoal do condenado.

b. Condenação irrecorrível, por crime culposo ou contravenção, à pena privativa de liberdade e restritiva de direitos.
   Se a condenação for à pena de multa, não se aplicará essa causa de revogação facultativa.

### 37.II.5 Prorrogação do período de provas

O Código Penal traz duas hipóteses de prorrogação do período de provas no *sursis*.

a. **Prorrogação facultativa**, como alternativa à revogação facultativa, desde que o período de provas não tenha sido fixado em seu limite máximo. Durante a prorrogação, aplicam-se todas as condições impostas na sentença, à exceção da prestação de serviços à comunidade ou limitação de fim de semana, que somente se aplicam no primeiro ano.
b. **Prorrogação automática e obrigatória:** pode ocorrer se, durante o período de prova, o sentenciado for processado por outro crime ou contravenção. Nesse caso, haverá prorrogação automática e obrigatória do período probatório até o julgamento definitivo, não importando quando essa infração pela qual está sendo processado foi praticada, se antes ou depois do crime pelo qual recebeu o *sursis* ou mesmo se durante o período de provas. Sendo automática, por decorrer da lei, essa prorrogação não depende de decisão judicial. **No momento em que a denúncia pela nova infração penal for recebida, ocorre a automática prorrogação** (CAPEZ, 2003, p. 433). Nessa hipótese de prorrogação obrigatória, as condições estabelecidas para o *sursis* não serão prorrogadas para além do prazo inicial. Aqui somente o prazo será prorrogado. A prorrogação se justifica nesse caso porque, havendo condenação, revoga-se automaticamente o *sursis* e o condenado deverá cumprir penas pelas duas condenações: aquela cuja execução estava suspensa e a nova.

**Jurisprudência destacada**

CRIMINAL. RESP. SUSPENSÃO CONDICIONAL DA PENA. COMETIMENTO DE CRIME DOLOSO, NO GOZO DO BENEFÍCIO. PRORROGAÇÃO AUTOMÁTICA DO PRAZO PROBATÓRIO. SUPERVENIÊNCIA DE SENTENÇA CONDENATÓRIA TRANSITADA EM JULGADO. REVOGAÇÃO AUTOMÁTICA DO *SURSIS*, MESMO QUE ULTRAPASSADO O LAPSO DE PROVA. RECURSO CONHECIDO E PROVIDO. O cometimento de nova infração durante o lapso probatório é hipótese de prorrogação obrigatória do período de prova, bem como a superveniência de decreto condenatório irrecorrível é caso de revogação obrigatória do benefício, mesmo quando ultrapassado o lapso de prova. Recurso conhecido e provido para cassar o acórdão recorrido e restabelecer a decisão monocrática que revogou o *sursis* (REsp nº 233.021/SP, 5ª Turma, Rel. Min. Gilson Dipp, j. 18.10.2001, *DJU* 19.11.2001).

Consigne-se aqui o pensamento de Pacelli e Callegari (2015, p. 530), que sustentam que a norma em comento não mais pode ser considerada válida, ao argumento de que "a duração de ações penais, infelizmente, pode ultrapassar, e muito, o prazo do período de prova, submetendo condenado a verdadeiro calvário no cumprimento das condições a ele impostas".

Cremos não caber razão aos ilustres autores, pois, como anteriormente destacado, no prazo referente à prorrogação, o sentenciado não estará sujeito ao cumprimento das condições estabelecidas para a concessão do benefício.

## 37.11.6 A prática de nova infração penal é causa de revogação de *sursis*?

- **1ª corrente:** doutrina e jurisprudência são amplamente majoritárias no sentido de afirmar que a prática de infração penal não revoga a suspensão condicional, em face da inexistência de previsão legal neste sentido.
- **2ª corrente:** é possível, desde que o juiz estabeleça o não cometimento de crime como condição judicial, nos termos dispostos no art. 79 do Código Penal. Neste caso, não se poderá cogitar de nenhuma violação a direitos individuais e constitucionais do sentenciado na hipótese de revogação, uma vez que terá aderido à condição imposta. Não concordando com a condição, pode, se quiser, não aceitar o *sursis*.

## 37.12 *SURSIS* SIMULTÂNEO E *SURSIS* SUCESSIVO

Podem ocorrer ***sursis* simultâneos ou coetâneos**, quando, aplicado primeiro, o condenado tiver sido beneficiado com o segundo antes da realização da audiência admonitória do primeiro. Isso é possível porque a condenação irrecorrível por crime doloso somente enseja revogação de *sursis* quando se dá durante o prazo do *sursis*, ou seja, durante o período de provas. Se a pessoa sofre a nova condenação antes da audiência admonitória, ainda não se iniciou o período de prova do primeiro *sursis* e, assim, não poderá o juiz revogá-lo (ESTEFAM, 2010, p. 391).

Masson (2019b, p. 666) dá outro exemplo de *sursis* simultâneos:

> O réu, durante o período de prova, é irrecorrivelmente condenado por crime culposo ou contravenção penal a pena privativa de liberdade igual ou inferior a 2 anos. Pode ser a ele concedido novo *sursis*, pois não é reincidente em crime doloso e nada impede a manutenção do *sursis* anterior, eis que a revogação é facultativa.

Haverá ***sursis* sucessivo** quando se aplicar novo *sursis* a condenado que anteriormente gozou do benefício e teve a pena extinta em razão do integral cumprimento de suas condições.

Estefam (2010, p. 391) entende não ser possível o *sursis* sucessivo ao argumento de que, se o agente for processado no curso do período de prova por outro crime ou contravenção, o benefício será revogado.

Não podemos concordar com seus argumentos, todavia, pois o fato de o agente vir a ser processado durante o período probatório não é causa de revogação do benefício, mas de prorrogação obrigatória. Por isso, preferimos adotar o entendimento de Masson (2019b, p. 666), que sustenta a possibilidade de *sursis* sucessivos quando o agente, após cumprir a suspensão condicional da pena, comete crime culposo ou contravenção penal. Por não ser reincidente em crime doloso, caberá a concessão de novo *sursis*.

## 37.13 A EXTINÇÃO DA PENA PRIVATIVA DE LIBERDADE

O decurso do período de provas sem revogação leva à extinção da pena privativa de liberdade, conforme art. 82 do Código Penal, com ou sem qualquer provimento judicial nesse sentido.

**Art. 82.** Expirado o prazo sem que tenha havido revogação, considera-se extinta a pena privativa de liberdade.

Discute-se a possibilidade de revogação do *sursis* depois de terminado o período de prova, caso venha a ser descoberta uma condenação transitada em julgado durante o período probatório pela prática de crime doloso.

- **1ª corrente:** é possível, por se tratar de hipótese de revogação automática do *sursis*, de acordo com o disposto no art. 81, I, do Código Penal. É a nossa posição e também o entendimento do STJ a respeito do tema.
- **2ª corrente:** não é possível, à exceção da prorrogação obrigatória pela instauração de nova ação penal durante o período de prova. Com relação ao tema, vale a preciosa lição de Mirabete (2013a, p. 325):

> Expirado o prazo sem que tenha havido revogação, considera-se extinta a pena privativa de liberdade (art. 82). Isso quer dizer que está extinta a pena pelo decurso do prazo do *sursis* e, mesmo que se apure que o sentenciado não tinha direito a sua concessão ou continuação (por uma condenação anterior ignorada, por não ter cumprido alguma condição etc.), não mais será possível a revogação do benefício. Com exceção da hipótese de prorrogação pela instauração de nova ação penal contra o condenado, a revogação, ainda que por fato ocorrido durante o *sursis*, só pode ocorrer durante o período de prova, não após ter ele se expirado.

Na hipótese, porém, de haver provimento judicial com declaração de extinção da pena pelo decurso do período de prova, não mais poderão existir inovações no processo de modo a revogar o *sursis*.

## 37.14 *SURSIS* EM CRIMES AMBIENTAIS

A Lei Ambiental, Lei nº 9.605/1998, diferentemente do disposto no Código Penal, possibilita a concessão da suspensão condicional da pena aplicada em até três anos, nos termos do art. 16.

**Art. 16.** Nos crimes previstos nesta Lei, a suspensão condicional da pena pode ser aplicada nos casos de condenação a pena privativa de liberdade não superior a três anos.

Por não tratar dos demais requisitos, condições e causa de revogação, deverão ser adotadas aquelas trazidas pelo Código Penal.

Também caberá aplicação do denominado *sursis* etário e do *sursis* humanitário em crimes ambientais, de acordo com as regras dispostas no Código Penal.

Percebe-se, contudo, que o legislador foi extremamente infeliz ao dispor sobre a matéria e não mencionar o período de prova a que ficará submetido o condenado. Diante do silêncio da lei especial, entendemos que deva ser adotado o menor período de prova existente no ordenamento jurídico para crimes, qual seja, o período de dois a quatro anos.

> **Decifrando a prova**
>
> **(2018 – UEG – PC/GO – Delegado – Adaptada)** A suspensão condicional da pena pode ser aplicada nos casos de condenação a pena privativa de liberdade não superior a três anos, nos crimes previstos na Lei nº 9.605/1998, que dispõe sobre as sanções penais e administrativas derivadas de condutas e atividades lesivas ao meio ambiente.
> ( ) Certo    ( ) Errado
> **Gabarito comentado:** consoante disposto no art. 16 da lei mencionada, está certo.

## 37.15 *SURSIS* NA LEI DE CONTRAVENÇÕES PENAIS

Na Lei de Contravenções Penais, Lei nº 3.688/1941, a suspensão condicional da pena vem tratada no art. 11, podendo ser aplicada a qualquer contravenção penal, independentemente da pena de prisão simples imposta. Nesses casos, o período de provas será de um a três anos.

> **Art. 11.** Desde que reunidas as condições legais, o juiz pode suspender por tempo não inferior a um ano nem superior a três, a execução da pena de prisão simples, bem como conceder livramento condicional.

## 37.16 *SURSIS* E LEI MARIA DA PENHA

Os crimes praticados em situação de violência doméstica e familiar contra a mulher não admitem a substituição da pena privativa de liberdade por pena restritiva de direitos, consoante entendimento cristalizado na Súmula nº 588 do STJ.

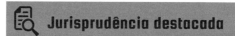

> **Súmula nº 588, STJ.** A prática de crime ou contravenção penal contra a mulher com violência ou grave ameaça no ambiente doméstico impossibilita a substituição da pena privativa de liberdade por restritiva de direitos.

Igualmente não cabe, no âmbito da Lei nº 11.343/2006, aplicação da suspensão condicional do processo, mais uma vez consoante entendimento sumulado pelo STJ.

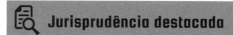

> **Súmula nº 536, STJ.** A suspensão condicional do processo e a transação penal não se aplicam na hipótese de delitos sujeitos ao rito da Lei Maria da Penha.

Contudo, uma vez preenchidos os requisitos previstos no art. 77 do Código Penal, nada obsta a concessão de suspensão condicional da pena aos crimes e às contravenções penais praticados em contexto de violência doméstica.

Uma vez aplicado, poderão, inclusive, ser impostas prestação de serviços à comunidade e limitação de final de semana. Nesse caso, as medidas não estarão sendo aplicadas como penas substitutivas da privativa de liberdade (o que é vedado), mas como condições para a suspensão da execução da pena, nos termos do art. 78, § 1º, do Código Penal.

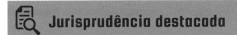

2. Consoante a jurisprudência desta Corte Superior, é incabível em crimes ou contravenções penais praticadas em contexto de violência doméstica a aplicação de pena de cesta básica ou outra de prestação pecuniária, ainda que os delitos pelos quais o réu haja sido condenado tenham previsão alternativa de pena de multa. 3. A jurisprudência desta Corte é firme em assinalar ser possível a concessão de suspensão condicional da pena aos crimes e às contravenções penais praticados em contexto de violência doméstica, desde que preenchidos os requisitos previstos no art. 77 do Código Penal, nos termos reconhecidos na sentença condenatória restabelecida. 4. Agravo regimental não provido (STJ, 6ª Turma, AgRg no REsp nº 1.691.667/RJ 2017/0211600-4, Rel. Min. Rogerio Schietti Cruz, j. 02.08.2018, *DJe* 09.08.2018).

Nesse sentido, observe a jurisprudência do STJ.

|  | Pena aplicada | Período de prova |
|---|---|---|
| *Sursis* ordinário | Até dois anos | Dois a quatro anos |
| *Sursis* etário | Até quatro anos | Quatro a seis anos |
| *Sursis* humanitário | Até quatro anos | Quatro a seis anos |
| *Sursis* na Lei nº 9.605/1998 (Lei Ambiental) | Até três anos | A lei não menciona. Entendemos que é de dois a quatro anos |
| *Sursis* na Lei de Contravenções Penais | Qualquer pena | Um a três anos |

# 38 Livramento condicional

## 38.1 CONCEITO DE LIVRAMENTO CONDICIONAL

Transitada em julgado a sentença condenatória que impôs ao condenado pena privativa de liberdade, que não tenha sido substituída por pena restritiva de direito ou suspensa em sua execução, o condenado iniciará o seu cumprimento.

**Após cumprimento de parcela da pena** e desde que preencha requisitos objetivos e subjetivos, previamente previstos em lei, o condenado fará jus ao livramento condicional, que é "a fase final desinstitucionalizada de execução da pena privativa de liberdade, com objetivo de reduzir os malefícios da prisão e facilitar a reinserção social do condenado" (SANTOS, 1985, p. 258).

O livramento condicional é a fase final da execução da pena privativa de liberdade e seu tempo de duração será o tempo que resta para o cumprimento da pena privativa de liberdade. Imaginemos, assim, que o agente obtenha livramento condicional depois de cumprir 4 de seus 10 anos de pena. Cumprirá os 6 restantes em livramento condicional. Não havendo revogação, a pena estará extinta.

Por meio do livramento condicional, proporciona-se ao sentenciado a possibilidade de conviver com a comunidade livre durante um período experimental e condicional (BITENCOURT, 2020, p. 917). Trata-se de uma espécie de liberdade vigiada antes da plena liberdade.

Pode ser concedido a qualquer condenado que preencha os requisitos impostos pela lei, inclusive para estrangeiros, ainda que esteja em trâmite seu processo de expulsão, conforme art. 54, § 3º, da Lei nº 13.445/2017.

> Art. 54. (...)
>
> § 3º O processamento da expulsão em caso de crime comum não prejudicará a progressão de regime, o cumprimento da pena, a suspensão condicional do processo, a comutação da pena ou a concessão de pena alternativa, de indulto coletivo ou individual, de anistia ou de quaisquer benefícios concedidos em igualdade de condições ao nacional brasileiro.

## 38.2 LIVRAMENTO CONDICIONAL E *SURSIS* – DISTINÇÕES

Não se pode confundir *sursis* com livramento condicional. Senão, vejamos:

1. No *sursis*, o agente nem sequer inicia o cumprimento da pena privativa de liberdade, pois estará suspensa a execução de sua pena; no livramento condicional, o agente já terá cumprido parte de sua pena e o restante cumprirá em liberdade.
2. A competência para concessão do *sursis* é do prolator da decisão condenatória; a competência para a concessão do livramento condicional é sempre do juiz da execução, consoante disposto no art. 66, III, *e*, da Lei de Execução Penal.
3. O *sursis* terá a duração de 2 a 4 anos (ou de 4 a 6, há hipótese de *sursis* humanitário e *sursis* etário); o livramento condicional corresponde ao tempo que resta para cumprimento da pena.

> **Art. 66.** Compete ao Juiz da execução: (...)
> III – decidir sobre: (...)
> e) livramento condicional; (...)

## 38.3 NATUREZA JURÍDICA DO LIVRAMENTO CONDICIONAL

Quanto à natureza jurídica do livramento condicional, diverge a doutrina.

- **1ª corrente:** cuida-se de **um direito** do apenado que satisfaça os requisitos legais.
- **2ª corrente:** é a última fase de transição do tratamento penitenciário, tendo como objetivo uma progressiva adaptação do apenado na vida em liberdade.
- **3ª corrente:** **é uma fase da execução da pena**, com a modificação do modo de execução em seu último período. O tempo de livramento condicional é tempo de cumprimento de pena. É a nossa orientação.
- **4ª corrente:** é uma **medida de política criminal** que busca a reinserção social do condenado.
- **5ª corrente:** atualmente majoritária, defende que a liberdade condicional se trata de um **direito público subjetivo do condenado**, desde que satisfaça os requisitos previamente trazidos em lei. Neste sentido, Masson (2019b, p. 672).

## 38.4 REQUISITOS OU PRESSUPOSTOS NECESSÁRIOS

Os requisitos do livramento condicional são trazidos pelo art. 83 do Código Penal:

> **Requisitos do livramento condicional**
> **Art. 83.** O juiz poderá conceder livramento condicional ao condenado a pena privativa de liberdade igual ou superior a 2 (dois) anos, desde que:
> I – cumprida mais de um terço da pena se o condenado não for reincidente em crime doloso e tiver bons antecedentes;

II – cumprida mais da metade se o condenado for reincidente em crime doloso;

III – comprovado:

a) bom comportamento durante a execução da pena;

b) não cometimento de falta grave nos últimos 12 (doze) meses;

c) bom desempenho no trabalho que lhe foi atribuído; e

d) aptidão para prover a própria subsistência mediante trabalho honesto;

IV – tenha reparado, salvo efetiva impossibilidade de fazê-lo, o dano causado pela infração;

V – cumpridos mais de dois terços da pena, nos casos de condenação por crime hediondo, prática de tortura, tráfico ilícito de entorpecentes e drogas afins, tráfico de pessoas e terrorismo, se o apenado não for reincidente específico em crimes dessa natureza.

Quanto aos seus requisitos, portanto, podemos dizer que:

1. Só cabe com relação à **pena privativa de liberdade**.
2. Somente é cabível para **pena igual ou superior a dois anos**.
3. **Cumprimento de parcela da pena** privativa de liberdade.

- Para o **primário, de bons antecedentes**, a lei exige 1/3 da pena cumprida.
- Para os **reincidentes**, é exigido que cumpram a metade da pena.
- Em se tratando de **crimes hediondos**, **tortura, tráfico de drogas, terrorismo e tráfico de pessoas**, quando cabível o livramento, exige-se que se cumpram 2/3 da pena. A concessão de livramento condicional para condenados pela prática de crimes hediondos e equiparados será tratada em tópico específico, ainda neste capítulo.

### Decifrando a prova

**(2020 – Cespe/Cebraspe – MPE/CE – Promotor de Justiça de Entrância Inicial – Adaptada)** Pela prática de delito de porte ilegal de arma de fogo de uso restrito, Pedro, reincidente por crime de roubo simples, foi condenado à pena privativa de liberdade de quatro anos de reclusão, em regime fechado. Nesse caso, ante a prática de crime hediondo e a reincidência, Pedro não fará jus ao livramento condicional.

( ) Certo ( ) Errado

**Gabarito comentado:** não se trata de reincidente específico na prática de crimes hediondos ou equiparados. Assim, fará jus ao livramento condicional após cumprida a metade de sua pena. O crime de porte de arma de fogo de uso restrito não é mais catalogado como hediondo depois das alterações provocadas pela Lei nº 13.964/2019. O roubo simples não é e nunca foi crime hediondo. Portanto, está errado.

**(2018 – FCC – DPE/MA – Defensor Público – Adaptada)** Sobre o livramento condicional é correto afirmar que é vedada sua concessão para o condenado reincidente específico no tráfico privilegiado.

( ) Certo ( ) Errado

> **Gabarito comentado:** o tráfico privilegiado não é crime hediondo ou mesmo equiparado, consoante art. 112, § 5º, da LEP. O condenado pela prática de crime de tráfico privilegiado precisará cumprir apenas 1/3 da pena para a obtenção do livramento. Afinal, sempre será primário e terá bons antecedentes, consideradas as regras do art. 33, § 4º, da Lei nº 11.343/2006. Portanto, está errado.

A lei nada menciona quanto ao **primário de maus antecedentes**, formando-se duas correntes:

- **1ª corrente:** por não ser portador de bons antecedentes, deve cumprir metade da pena (ARARIPE; FREITAS, 2009, p. 530).
- **2ª corrente:** também a eles se aplica a exigência de 1/3. É a orientação adotada pelos autores. Os críticos dessa conclusão poderiam atacá-la dizendo que 1/3 só cabe ao primário de bons antecedentes e que, portanto, deveria ser exigido o cumprimento de metade da pena. Não nos convence a alegação, na medida em que o cumprimento da metade da pena só é exigido do reincidente. Nesse conflito, deve-se optar pela solução mais favorável ao condenado.

Com relação ao **reincidente em crime culposo**, também não mencionado pela lei, a controvérsia se repete e, mais uma vez, apegados aos princípios mais elementares sobre os quais se ergue o Direito Penal, entendemos que bastará o cumprimento **de 1/3 da pena**. Afinal, no silêncio da lei não se pode aplicar solução que prejudique o condenado.

4. **Reparação do dano**, ressalvada a efetiva impossibilidade de fazê-lo, devidamente comprovada.
5. **Bom comportamento** durante a execução da pena.
6. **Bom desempenho** no trabalho atribuído.
7. **Aptidão para o trabalho.** Aqui não se exige que o condenado prove estar trabalhando, mas que se revele pessoa disposta a trabalhar honestamente.
8. **Não ter cometido falta grave nos últimos doze meses.** Cuida-se de requisito acrescentado pela Lei nº 13.964/2019, o denominado Pacote Anticrime.

As hipóteses de falta grave são disciplinadas pela Lei nº 7.210/1984, a Lei de Execução Penal, em seu art. 50.

> **Art. 50.** Comete falta grave o condenado à pena privativa de liberdade que:
> I – incitar ou participar de movimento para subverter a ordem ou a disciplina;
> II – fugir;
> III – possuir, indevidamente, instrumento capaz de ofender a integridade física de outrem;
> IV – provocar acidente de trabalho;
> V – descumprir, no regime aberto, as condições impostas;
> VI – inobservar os deveres previstos nos incisos II e V, do art. 39, desta Lei.

VII – tiver em sua posse, utilizar ou fornecer aparelho telefônico, de rádio ou similar, que permita a comunicação com outros presos ou com o ambiente externo. (Incluído pela Lei nº 11.466, de 2007.)

VIII – recusar submeter-se ao procedimento de identificação do perfil genético. (Incluído pela Lei nº 13.964, de 2019.)

Quando da análise desse requisito, será imprescindível a lembrança do que dispõe a Súmula nº 526 do STJ.

 **Jurisprudência destacada**

**Súmula nº 526, STJ.** O reconhecimento de falta grave decorrente do cometimento de fato definido como crime doloso no cumprimento da pena prescinde do trânsito em julgado de sentença penal condenatória no processo penal instaurado para apuração do fato.

O acórdão impugnado, ao manter a decisão que determinou a regressão cautelar de regime, em razão da suposta prática de fatos definidos como crimes dolosos no curso da execução da pena, decidiu em harmonia com a jurisprudência desta Corte Superior, inclusive sumulada no Enunciado nº 526, a saber: "O reconhecimento de falta grave decorrente do cometimento de fato definido como crime doloso no cumprimento da pena prescinde do trânsito em julgado de sentença penal condenatória no processo penal instaurado para apuração do fato" (AgRg no HC nº 518.657/TO, j. 17.10.2019).

A exigência feita pela lei em **nada altera o teor da Súmula nº 441 do STJ.**

 **Jurisprudência destacada**

**Súmula nº 441, STJ.** A falta grave não interrompe o prazo para obtenção de livramento condicional.

Assim, o fato de o condenado não poder obter o livramento condicional se houver cometido falta grave nos 12 meses anteriores não implica reinício de contagem do prazo para concessão de benefício. São coisas totalmente distintas. Reconhecida a falta grave nos 12 meses anteriores ao pleito, o preso não poderá ser beneficiado com o livramento condicional, mesmo que já tenha cumprido o requisito temporal. Para exemplificarmos, poderíamos citar o exemplo de Corruptus Malignus, que, primário e de bons antecedentes, foi condenado à pena de 9 anos. No 27º mês após o início do cumprimento da pena, praticou falta grave. No 37º mês, pleiteou a concessão de livramento condicional. A rigor, já satisfez o requisito temporal, com mais de 1/3 de pena cumprida. O cometimento de falta grave não interrompeu o prazo para o livramento, consoante Súmula nº 441, impedindo, porém, porque praticada nos últimos 12 meses, a concessão do benefício pleiteado.

## Decifrando a prova

**(2021 – MPE/PR – Promotor de Justiça Substituto – Adaptada)** Segundo o disposto na Lei de Execuções Penais, bem como o entendimento sumulado dos Tribunais Superiores, comprovado que o apenado cometeu falta grave durante o cumprimento da pena, a contagem do prazo da pena remanescente para a progressão de regime e concessão de outros benefícios deve ser suspensa, sendo considerado como marco inicial da suspensão a data da decisão que reconheceu o cometimento da última falta grave, inclusive nos casos de livramento condicional.

( ) Certo ( ) Errado

**Gabarito comentado:** o cometimento de falta grave somente interrompe o prazo para a concessão da progressão do regime de cumprimento de pena, consoante disposto no art. 112, § 6º, do Código Penal. Com relação ao livramento condicional e o indulto ou comutação de pena não haverá interrupção, nos termos das Súmulas nºs 441 e 535 do STJ. Portanto, está errado.

**(2015 – FCC – TJ/AL – Juiz Substituto)** Segundo entendimento sumulado dos Tribunais Superiores acerca das penas privativas de liberdade, a falta grave interrompe o prazo para a obtenção de livramento condicional.

( ) Certo ( ) Errado

**Gabarito comentado:** de acordo com a Súmula nº 441 do STJ, a falta grave não interrompe o prazo para a obtenção do benefício. Portanto, está errado.

9. A constatação de condições pessoais que façam presumir que o liberado **não voltará a delinquir**, requisito somente aplicável aos condenados por crimes praticados com emprego de violência ou grave ameaça. Na redação original, o texto determinava que a constatação demandava a realização de exame pericial. Aliás, a Exposição de Motivos, em seu item 73, traz essa previsão.

> 73. Tratando-se, no entanto, de condenado por crime doloso, cometido com violência ou grave ameaça à pessoa, a concessão do livramento ficará subordinada não só às condições dos mencionados incisos I, II, III e IV do art. 83, mas, ainda, *à verificação*, em perícia, da superação das condições e circunstâncias que levaram o condenado a delinquir (parágrafo único do art. 83).

Sobre a **necessidade do exame**, firmam-se atualmente duas posições.

## Decifrando a prova

**(2014 – PUC/PR – TJ/PR – Juiz Substituto – Adaptada)** Nos casos de livramento condicional, para o condenado por crime doloso, cometido com violência ou grave ameaça à pessoa, a concessão do benefício ficará também subordinada à constatação de condições pessoais que façam presumir que o liberado não voltará a delinquir.

( ) Certo ( ) Errado
**Gabarito comentado:** consoante regra do art. 83, parágrafo único, do Código Penal, está certo.

- **1ª corrente:** como o texto legal não mais traz a previsão, o exame não pode mais ser realizado, devendo o juiz formar sua convicção por meio dos elementos que o processo de execução oferecer.
- **2ª corrente:** não existe proibição da realização do exame. Nesse sentido, merece destaque a posição de Bitencourt (2020, p. 926), quando leciona que:

> Em matéria criminal não se admitem as restrições à prova admitidas no Direito Civil, com exceção do estado das pessoas (art. 155 do CPP). O Processo Penal brasileiro confere ao juiz a "faculdade de iniciativa de provas complementares e supletivas", autorizando-lhe a, de ofício, determinar a realização daquelas que considerar indispensáveis para o esclarecimento de pontos relevantes. Seria um verdadeiro absurdo obrigar o juiz incorrer em "provável erro" por proibi-lo de utilizar meio de prova moralmente legítimo e disponível, como é o caso de um exame pericial.

Embora **não vincule o magistrado**, o exame lhe fornece melhores condições de verificar se preenche o requisito legal exigido pela lei para a concessão de livramento condicional àqueles que cumprem pena por crime violento. A supressão da exigência não pode, em absoluto, ser entendida como uma proibição. A lei substituiu a obrigatoriedade da realização do exame por uma faculdade. Além de Bitencourt e Mirabete (2013a, p. 329), também Damásio de Jesus (1999, p. 671) adota essa corrente, à qual aderimos.

## 38.5 LIVRAMENTO CONDICIONAL E CRIMES HEDIONDOS

A concessão de livramento condicional para crimes hediondos e equiparados merece especial atenção depois das alterações trazidas pelo Pacote Anticrime, a Lei nº 13.964/2019, em vigor a partir de 23 de janeiro de 2020.

Atualmente, as regras são as seguintes:

1. **Não cabe** livramento condicional **para crime hediondo com morte**, ainda que se trate de agente primário, conforme art. 112, VI, *a*, e VIII, da Lei nº 7.210/1984 (LEP).

   Art. 112. (...)

   I – 50% (cinquenta por cento) da pena, se o apenado for: (Incluído pela Lei nº 13.964, de 2019.)

   a) condenado pela prática de crime hediondo ou equiparado, com resultado morte, se for primário, vedado o livramento condicional; (Incluída pela Lei nº 13.964, de 2019.) (...)

   VIII – 70% (setenta por cento) da pena, se o apenado for reincidente em crime hediondo ou equiparado com resultado morte, vedado o livramento condicional. (Incluído pela Lei nº 13.964, de 2019.)

Sobre o tema, destacamos que a lei traz o impedimento para qualquer crime hediondo ou equiparado com resultado morte, quer seja a título de dolo, quer seja a título de culpa. Outrossim, não apenas se refere a tipos penais em que a morte se apresenta como resultado qualificador, mas ao próprio crime de homicídio qualificado ou praticado em atividade típica de grupo de extermínio, até porque a lei menciona o não cabimento do livramento para o "crime hediondo com resultado morte", não fazendo qualquer distinção. Não nos parece razoável que o dispositivo em análise, aplicável a um crime qualificado pelo resultado morte culposamente provocado (ex.: epidemia com morte), não possa ser aplicado ao próprio crime de homicídio, em que a morte é o resultado perseguido pelo agente.

Cremos, porém, inconstitucional a vedação trazida pela Lei nº 13.964/2019 ao vedar a concessão do livramento condicional pela gravidade do delito. Aguardemos, porém, pronunciamento das Cortes Superiores, notadamente do STF, sobre o tema.

2. Nas demais hipóteses, caberá o livramento condicional desde que o agente tenha **cumprido 2/3 de sua pena**, satisfaça os requisitos trazidos pela lei **e não seja reincidente específico** na prática de crime hediondo ou equiparado, ou seja, desde que a condenação anterior transitada em julgado, geradora da reincidência, não tenha sido pela prática de crime hediondo ou equiparado, ainda que diferente daquele pelo qual o agente foi condenado. Assim, é reincidente específico, para fins do art. 83, V, do Código Penal, quem, depois de ter sido definitivamente condenado pela prática de tráfico de drogas, vier a praticar latrocínio. Nada obsta, porém, que reincidentes genéricos sejam agraciados com o livramento condicional, desde que não se trate de crime hediondo com resultado morte, em face de vedação expressa trazida pela lei.

3. Com relação ao **tráfico de drogas**, a disciplina do livramento condicional é encontrada no art. 44, parágrafo único, da Lei nº 11.434/2006, que igualmente exige cumprimento de 2/3, impedindo, contudo, a concessão de livramento condicional se a condenação anterior geradora de reincidência se der pela prática dos crimes trazidos por seu *caput*.

**Art. 44.** Os crimes previstos nos arts. 33, *caput* e § 1º, e 34 a 37 desta Lei são inafiançáveis e insuscetíveis de *sursis*, graça, indulto, anistia e liberdade provisória, vedada a conversão de suas penas em restritivas de direitos.

**Parágrafo único.** Nos crimes previstos no *caput* deste artigo, dar-se-á o livramento condicional após o cumprimento de dois terços da pena, vedada sua concessão ao reincidente específico.

 **Decifrando a prova**

**(2016 – MPE/SC – Promotor de Justiça – Adaptada)** A Súmula Vinculante nº 26 do Supremo Tribunal Federal, dispõe que para efeito de livramento condicional no cumprimento de pena por crime hediondo, ou equiparado, o juízo da execução observará a inconstitucionalidade

> do art. 2º da Lei nº 8.072/1990 (Crimes Hediondos), sem prejuízo de avaliar se o condenado preenche, ou não, os requisitos objetivos e subjetivos do benefício, podendo determinar, para tal fim, de modo fundamentado, a realização de exame criminológico.
> ( ) Certo ( ) Errado
> **Gabarito comentado:** a Súmula Vinculante nº 26 não trata de livramento condicional, mas de progressão de regime de cumprimento de pena. Portanto, está errado.

4. Com relação aos condenados por crime **de organização criminosa**, que, quando destinadas à prática de crimes hediondos também levarão a etiqueta de crimes hediondos, consoante art. 1º, parágrafo único, V, da Lei nº 8.072/1990, impende destacar a impossibilidade de concessão de livramento condicional para os que mantiverem vínculos associativos, nos termos do art. 2º, § 9º, da Lei nº 12.850/2013, com redação que lhe foi dada pela Lei nº 13.964/2019. A previsão é completamente inócua, na medida em que o art. 83 exige bom comportamento carcerário para que se possa gozar do benefício, requisito que não preencherá o condenado que, do cárcere, continue vinculado ao grupo criminoso.

> Art. 2º (...)
> § 9º O condenado expressamente em sentença por integrar organização criminosa ou por crime praticado por meio de organização criminosa não poderá progredir de regime de cumprimento de pena ou obter livramento condicional ou outros benefícios prisionais se houver elementos probatórios que indiquem a manutenção do vínculo associativo.

## 38.6 LIVRAMENTO CONDICIONAL PARA CONDENADO EM RDD

O condenado que se encontra em Regime Disciplinar Diferenciado (RDD), nos termos do art. 52 da Lei nº 7.210, de 1984, não poderá ser agraciado com o livramento condicional por uma razão que nos parece óbvia: a incompatibilidade do livramento condicional, que requer comportamento carcerário satisfatório, com a situação que enseja a decretação de um regime diferenciado.

> Art. 52. A prática de fato previsto como crime doloso constitui falta grave e, quando ocasionar subversão da ordem ou disciplina internas, sujeitará o preso provisório, ou condenado, nacional ou estrangeiro, sem prejuízo da sanção penal, ao regime disciplinar diferenciado, com as seguintes características: (Redação dada pela Lei nº 13.964, de 2019.) (...)

Contudo, nada obsta que um condenado que já esteve em RDD e não mais nele se encontre venha a ser agraciado com o livramento condicional, desde que preencha os requisitos legais para tanto.

## 38.7 CONDIÇÕES PARA O LIVRAMENTO CONDICIONAL

A Lei de Execução Penal traz condições que deverão ser obrigatoriamente impostas para a concessão do livramento condicional e outras que o juiz, segundo sua discricionariedade, poderá impor.

As **condições obrigatórias** são trazidas pelos arts. 132, § 1º, e 133 da Lei de Execução Penal.

> Art. 132. Deferido o pedido, o Juiz especificará as condições a que fica subordinado o livramento.
>
> § 1º Serão sempre impostas ao liberado condicional as obrigações seguintes:
>
> a) obter ocupação lícita, dentro de prazo razoável se for apto para o trabalho;
>
> b) comunicar periodicamente ao Juiz sua ocupação;
>
> c) não mudar do território da comarca do Juízo da execução, sem prévia autorização deste.
>
> Art. 133. Se for permitido ao liberado residir fora da comarca do Juízo da execução, remeter-se-á cópia da sentença do livramento ao Juízo do lugar para onde ele se houver transferido e à autoridade incumbida da observação cautelar e de proteção.

Além das condições obrigatórias, a lei traz as de imposição facultativa, também denominadas **judiciais**, conforme art. 137, III, da LEP.

> Art. 137. A cerimônia do livramento condicional será realizada solenemente no dia marcado pelo Presidente do Conselho Penitenciário, no estabelecimento onde está sendo cumprida a pena, observando-se o seguinte:
>
> I – a sentença será lida ao liberando, na presença dos demais condenados, pelo Presidente do Conselho Penitenciário ou membro por ele designado, ou, na falta, pelo Juiz;
>
> II – a autoridade administrativa chamará a atenção do liberando para as condições impostas na sentença de livramento;
>
> III – o liberando declarará se aceita as condições.

Fala-se, ainda, em **condições indiretas, ou condições negativas**, que seriam as causas de revogação do livramento condicional.

O acusado não estará obrigado a aceitar as condições impostas, hipótese em que não se beneficiará com o livramento condicional. Outrossim, no caso de concessão do benefício e posterior fuga do condenado antes da aceitação das condições na cerimônia solene de que trata o art. 137 acima transcrito, o livramento condicional será considerado insubsistente.

### 38.7.1 Sobre a necessidade do parecer do Conselho Penitenciário

Sobre a necessidade de o juiz ouvir o Conselho Penitenciário antes da concessão do livramento condicional, há controvérsia:

- **1ª corrente:** não é necessária a manifestação do Conselho Penitenciário, pois se tratava de incumbência estabelecida pelo art. 70, I, da Lei nº 7.201/1984, que foi suprimida pela Lei nº 10.792/2003. É a posição de nossas Cortes Superiores a respeito do tema.
- **2ª corrente:** é necessário o parecer do Conselho Penitenciário, consoante disposto no art. 131 da Lei nº 7.210/1984. Importante, contudo, frisarmos que, ainda que se adote esse entendimento, o juiz não estará adstrito ao parecer do Conselho, consoante art. 713 do CPP.

> **Lei nº 7.210/1984, art. 131.** O livramento condicional poderá ser concedido pelo Juiz da execução, presentes os requisitos do art. 83, incisos e parágrafo único, do Código Penal, ouvidos o Ministério Público e Conselho Penitenciário.

> **CPP, art. 713.** As condições de admissibilidade, conveniência e oportunidade da concessão do livramento serão verificadas pelo Conselho Penitenciário, a cujo parecer não ficará, entretanto, adstrito o juiz.

## 38.8 CAUSAS DE REVOGAÇÃO DO LIVRAMENTO CONDICIONAL

O livramento condicional pode ser, a qualquer tempo, **revogado pelo juiz** da execução, de **ofício** ou a **requerimento do Ministério Público ou mediante representação do Conselho Penitenciário**, desde que não cumpridas as suas condições ou quando desaparecem, em virtude de uma nova condenação, seus requisitos autorizadores.

Na hipótese de ser revogado em razão do não cumprimento das condições impostas, deverá o condenado ser previamente ouvido, para que possa se justificar. Da decisão do juiz da execução caberá agravo em execução, conforme art. 197 da Lei de Execução Penal.

> **Art. 197.** Das decisões proferidas pelo Juiz caberá recurso de agravo, sem efeito suspensivo.

### 38.8.1 Causas de revogação obrigatória

São hipóteses em que o juiz terá que revogar o benefício, sem necessidade de oitiva do condenado. São trazidas pelo art. 86 do Código Penal.

> **Art. 86.** Revoga-se o livramento, se o liberado vem a ser condenado a pena privativa de liberdade, em sentença irrecorrível:
> I – por crime cometido durante a vigência do benefício;
> II – por crime anterior, observado o disposto no art. 84 deste Código.

a. Condenação irrecorrível por crime cometido durante a vigência do livramento condicional.

A prática de crime ou instauração de processo não são causas de revogação de livramento condicional, exigindo a lei, para tanto, decisão condenatória irrecorrível pela prática de crime cometido durante a vigência do livramento.

Somente a condenação à pena privativa de liberdade é causa de revogação, considerado o *caput* do art. 86.

b. Condenação irrecorrível por crime cometido antes da vigência do livramento condicional quando a soma das penas privativas de liberdade aplicadas impedir a concessão do benefício.

Com relação ao somatório das penas, há divergências na doutrina:

- **1ª corrente:** deve ser apenas computado o que falta da pena anterior. É o nosso entendimento e também, dentre outros na doutrina, o de Masson (2019b, p. 684), que, inclusive, cita o seguinte exemplo para ilustrar a hipótese de que trata o art. 86, II:

    > Depois de condenado a 12 anos de reclusão, o réu, primário e de bons antecedentes, cumpriu mais de 4 anos da pena e aí lhe foi concedida a liberdade antecipada. Após 2 anos no gozo do benefício e, portanto, faltando 6 anos para a extinção da pena privativa de liberdade, é condenado a 20 anos de reclusão por crime anterior. Sua pena faltante, somadas as duas, é de 26 anos, razão pela qual é incompatível preservar o livramento condicional com os 6 anos de pena até então cumpridos, que representam menos de 1/3 do total.

- **2ª corrente:** deve ser considerado o total das penas aplicadas, "porque o art. 84 do Código Penal não faz qualquer referência a restante de pena", destaca Bitencourt (2020, p. 933).

Nesse caso, impõe-se observar que a unificação das penas, nos termos do art. 75 do Código Penal, não se aplica para fins de livramento condicional, conforme dispõe a **Súmula nº 715** do Supremo Tribunal Federal, devendo-se, contudo, observar que onde, no verbete, se lê "trinta anos" atualmente deve ser entendido como "quarenta anos", em consonância com as alterações trazidas pela Lei nº 13.964/2019.

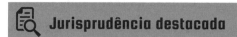

**Súmula nº 715, STF.** A pena unificada para atender ao limite de trinta anos de cumprimento, determinado pelo art. 75 do Código Penal, não é considerada para a concessão de outros benefícios, como o livramento condicional ou regime mais favorável de execução.

## 38.8.2 Causas de revogação facultativa

Na hipótese de ocorrência de uma das causas facultativas de revogação, o juiz, segundo sua discricionariedade, pode, optando pela não revogação, advertir o liberado ou mesmo agravar as condições impostas para o livramento. As causas de revogação facultativa estão previstas no art. 87 do Código Penal:

> **Revogação facultativa**
>
> **Art. 87.** O juiz poderá, também, revogar o livramento, se o liberado deixar de cumprir qualquer das obrigações constantes da sentença, ou for irrecorrivelmente condenado, por crime ou contravenção, a pena que não seja privativa de liberdade.

a. **Não cumprir qualquer das obrigações** constantes da sentença, de acordo com o disposto no art. 132, § 1º, da Lei de Execução Penal, demonstrando que o condenado não é capaz de se submeter às regras mínimas e, assim, não pode gozar do livramento condicional.

> **Decifrando a prova**
>
> **(2009 – FCC – TJ/AP – Juiz – Adaptada)** No tocante ao livramento condicional, é obrigatória a revogação se o liberado deixar de cumprir qualquer das obrigações constantes da sentença.
> ( ) Certo    ( ) Errado
> **Gabarito comentado:** trata-se de causa de revogação facultativa, nos termos do art. 87 do Código Penal. Portanto, está errado.

> Art. 132. (...)
>
> § 1º Serão sempre impostas ao liberado condicional as obrigações seguintes:
>
> a) obter ocupação lícita, dentro de prazo razoável se for apto para o trabalho;
>
> b) comunicar periodicamente ao Juiz sua ocupação;
>
> c) não mudar do território da comarca do Juízo da execução, sem prévia autorização deste.

b. **Condenação irrecorrível, por crime ou contravenção, a pena que não seja privativa de liberdade.** Aqui, embora exista omissão da lei, mas por razões que parecem óbvias, também é causa de revogação facultativa a condenação irrecorrível a pena privativa de liberdade pela prática de contravenção.

É indiferente, nesse caso, que o crime ou a contravenção, que ensejou a nova condenação, tenha ocorrido antes ou durante a vigência do livramento. Destarte, a condenação por infração penal punida com pena de multa ou restritiva de direitos é sempre hipótese de revogação facultativa, porque, pelo menos em tese, merecendo censura menor, o fato não é tão grave.

## 38.9 PRORROGAÇÃO DO LIVRAMENTO CONDICIONAL

O livramento condicional é **prorrogado** quando o beneficiário responder por novo crime praticado durante o livramento, nos termos do art. 89 do Código Penal. Aqui, pouco importa se o crime é doloso ou culposo. O disposto no art. 89 não se aplica, entretanto, quando se tratar de contravenção praticada durante a vigência do livramento, pois a lei se refere apenas a "crime".

> **Art. 89.** O juiz não poderá declarar extinta a pena, enquanto não passar em julgado a sentença em processo a que responde o liberado, por crime cometido na vigência do livramento.

### Decifrando a prova

**(2012 – FCC – MPE/AL – Promotor de Justiça – Adaptada)** No tocante ao livramento condicional, correto afirmar que possível a suspensão se o liberado praticar outro crime durante a vigência do benefício, ainda que não passada em julgado a respectiva condenação.
( ) Certo    ( ) Errado
**Gabarito comentado:** nos termos do art. 89 do Código Penal, arts. 145 e 146 da LEP, está certo.

Durante a prorrogação, não se impõe o cumprimento das obrigações impostas para o livramento condicional.

Com o trânsito em julgado da sentença prolatada com relação ao crime praticado durante a concessão do benefício, devemos destacar as seguintes possibilidades:

- O agente é absolvido. Considera-se cumprida pena do crime anterior.
- O agente é condenado a pena restritiva de direitos ou multa: o juiz, nos termos do art. 87, parte final, decidirá se revogará, ou não, o livramento.

> **Art. 87.** O juiz poderá, também, revogar o livramento, se o liberado deixar de cumprir qualquer das obrigações constantes da sentença, ou for irrecorrivelmente condenado, por crime ou contravenção, a pena que não seja privativa de liberdade.

- O agente é condenado à pena privativa de liberdade: ao juiz não caberá outra solução senão a de revogar o benefício.

Discute-se quanto à necessidade **de o juiz decidir pela prorrogação**, ou não. Aqui, mais uma vez, é estabelecida controvérsia:

- **1ª corrente:** cuida-se de prorrogação automática. Com o início da ação penal pelo outro, ou seja, com o recebimento da denúncia, está prorrogado o prazo do livramento, independentemente de qualquer decisão judicial nesse sentido. Sendo determinada pela lei, não é preciso que o juiz sobre ela decida, até porque não poderia decidir *contra legem*, transformando "uma causa legal obrigatória de revogação em uma faculdade judicial", como adverte Mirabete (2013a, p. 333). É a nossa posição.
- **2ª corrente:** a prorrogação depende de decisão judicial neste sentido. É como decide o STF, devendo ser adotada essa solução em provas.

> **Jurisprudência destacada**
>
> *HABEAS CORPUS*. PENAL E PROCESSUAL PENAL. EXECUÇÃO PENAL. LIVRAMENTO CONDICIONAL. INOCORRÊNCIA DE SUSPENSÃO E REVOGAÇÃO NO CURSO DO PERÍODO DE PROVA. EXTINÇÃO DA PENA. SUPERAÇÃO DA SÚMULA Nº 691/STF. 1. Em casos teratológicos e excepcionais, como na hipótese, viável a superação do óbice da Súmula nº 691 desta Suprema Corte. Precedentes. 2. À luz do disposto no art. 86, I, do Código Penal e no art. 145 da Lei das Execuções Penais, se, durante o cumprimento do benefício, o liberado cometer outra infração penal, o juiz poderá ordenar a sua prisão, suspendendo o curso do livramento condicional, cuja revogação, entretanto, aguardará a conclusão do novo processo instaurado. 3. A suspensão do livramento condicional não é automática. Pelo contrário, deve ser expressa, por decisão fundamentada, para se aguardar a apuração da nova infração penal cometida durante o período de prova, e, então, se o caso, revogar o benefício. Precedente. 4. Decorrido o prazo do período de prova sem ter havido a suspensão cautelar do benefício, tampouco sua revogação, extingue-se a pena privativa de liberdade. Precedentes. 5. Ordem concedida, para reconhecer a extinção da pena privativa de liberdade imposta ao paciente quanto ao primeiro crime cometido (HC nº 119.938, 1ª Turma, Rel. Min. Rosa Weber, j. 03.06.2014, publ. 25.06.2014).

Na hipótese de **prática de crime durante o livramento**, se o período de prova se extinguir antes do início da ação penal, ou seja, antes do recebimento da denúncia, não será possível prorrogar o livramento condicional, impondo-se imediata liberdade, extinguindo-se a pena pelo decurso do período de provas, isso porque o art. 89 se refere a "processo", e não à prática de crime ou mesmo inquérito policial ou PIC (procedimento investigatório criminal) do Ministério Público que porventura tenha sido instaurado (BITENCOURT, 2020, p. 934-935).

Deve-se observar que, com relação a crime cometido antes do livramento, não se aplica a regra do art. 89, valendo aqui a lembrança feita por Estefam (2010, p. 402):

> Além disso, por uma questão de lógica, afinal, quando da condenação definitiva por crime cometido antes do livramento, o período de prova, apesar de sua revogação, será sempre considerado como pena cumprida; sua prorrogação, portanto, importaria na extensão da própria pena aplicada, mesmo depois do seu integral cumprimento.

## 38.10 EFEITOS DA REVOGAÇÃO

Os efeitos da revogação do livramento condicional são trazidos pelo art. 88 do Código Penal.

> **Art. 88.** Revogado o livramento, não poderá ser novamente concedido, e, salvo quando a revogação resulta de condenação por outro crime anterior àquele benefício, não se desconta na pena o tempo em que esteve solto o condenado.

Podemos, assim, distinguir as situações expostas nos itens abaixo.

## 38.10.1 Revogação em virtude de condenação irrecorrível por crime praticado antes do livramento condicional

Neste caso, após a concessão do livramento condicional, o condenado não delinquiu, não praticou nenhum ato que o tornasse não merecedor do benefício. Portanto, poderá obter novo livramento, mesmo com relação à pena que estava cumprindo. Assim, não existe proibição de obter novo livramento na hipótese de condenação por crime praticado antes do livramento condicional e as duas penas poderão ser somadas para fins de verificação da possibilidade de obtenção de novo livramento. O tempo em que esteve em gozo do benefício será computado como tempo de pena efetivamente cumprida. A disciplina é encontrada no art. 141 da LEP.

> **Art. 141.** Se a revogação for motivada por infração penal anterior à vigência do livramento, computar-se-á como tempo de cumprimento da pena o período de prova, sendo permitida, para a concessão de novo livramento, a soma do tempo das 2 (duas) penas.

## 38.10.2 Revogação em virtude de condenação irrecorrível por crime praticado durante a vigência do livramento

Na hipótese, o condenado não se mostra apto ao retorno ao convívio social, daí a impossibilidade de concessão de novo livramento em relação à mesma pena, não se computando como tempo de pena cumprida aquele durante o qual gozou do livramento condicional, devendo-se, portanto, desprezar todo o período em que esteve solto. Após cumprir toda a pena pelo primeiro crime, poderá obter novo livramento pelo segundo crime, ocasião em que serão observados a pena e os requisitos legais para tanto.

## 38.10.3 Revogação em virtude do descumprimento das condições impostas na sentença

O apenado será obrigado a cumprir o restante de sua pena, não podendo obter novo livramento com relação a ela e, por força do art. 142 da LEP, não será considerado o tempo em que esteve solto.

> **Art. 142.** No caso de revogação por outro motivo, não se computará na pena o tempo em que esteve solto o liberado, e tampouco se concederá, em relação à mesma pena, novo livramento.

## 38.10.4 Revogação em virtude de condenação irrecorrível pela prática de contravenção penal durante o livramento

Essa hipótese trará os mesmos efeitos da situação anterior. Assim, não se computará o tempo em que esteve solto e não poderá obter novo livramento com relação à mesma pena, por ter demonstração indiscutível de que não merece gozar do benefício, mostrando-se não adaptado a esse estágio de cumprimento de pena.

De tudo aqui exposto, pode-se chegar à seguinte conclusão: se a causa da revogação do livramento condicional tiver se dado por qualquer comportamento do agente durante o tempo em que esteve em liberdade, gozando do benefício, não mais se lhe será reestabelecida tal condição. Portanto, "se voltou a delinquir, perdeu a oportunidade que lhe fora concedida de livrar-se solto da pena e demonstrou que sua recuperação não havia sido atingida" (BITENCOURT, 2020, p. 936).

### Decifrando a prova

**(2019 – Fundep – DPE/MG – Defensor Público)** O reeducando "Y.K.T." foi condenado a uma pena de 5 anos de reclusão. Durante o gozo do livramento condicional, foi preso por uma segunda condenação de mais 5 anos, transitada em julgado, pela prática de crime doloso ocorrido antes da vigência do livramento. Sobre o efeito da nova condenação em relação ao tempo em que o reeducando "Y.K.T." esteve solto em razão do livramento condicional, é correto afirmar que conservará como tempo de pena efetivamente cumprida o período em que ficou solto, em livramento condicional.
( ) Certo    ( ) Errado

**Gabarito comentado:** o beneficiário do livramento condicional somente perde o tempo em que esteve no gozo do benefício se, no período em que se encontrava em livramento condicional, pratica crime e por ele é irrecorrivelmente condenado ou quando descumpre as condições que lhe foram impostas para o livramento, conforme art. 88 do Código Penal. Portanto, está certo.

## 38.11 EXTINÇÃO DA PENA

Cumprido o livramento condicional sem revogação, a pena será nos termos do art. 90 do Código Penal e Súmula nº 617 do STJ.

> **CP, art. 90.** Se até o seu término o livramento não é revogado, considera-se extinta a pena privativa de liberdade.

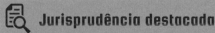

> **Súmula nº 617, STJ.** A ausência de suspensão ou revogação do livramento condicional antes do término do período de prova enseja a extinção da punibilidade pelo integral cumprimento da pena.

Antes da decretação de extinção da pena, que é meramente declaratória, a Lei de Execução Penal impõe a oitiva do Ministério Público, conforme art. 67 da Lei nº 7.210/1984:

> **Art. 67.** O Ministério Público fiscalizará a execução da pena e da medida de segurança, oficiando no processo executivo e nos incidentes da execução.

# Efeitos da condenação

## 39.1 EFEITOS PENAIS E EXTRAPENAIS

A condenação transitada em julgado produz inúmeros efeitos.

O **efeito principal** da condenação é a imposição de uma **sanção penal**, que é sua imediata consequência.

A sentença penal condenatória, porém, igualmente provoca efeitos secundários, também denominados acessórios, reflexos ou indiretos.

Esses **efeitos secundários** podem ser de **natureza penal ou extrapenal**.

No Código Penal, os efeitos secundários de natureza extrapenal estão previstos nos arts. 91 e 92 do Código Penal, podendo ser genéricos ou específicos, como veremos a seguir.

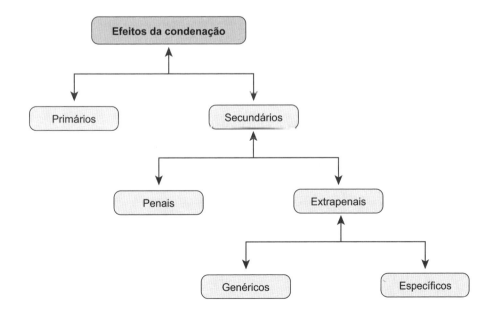

## 39.2 EFEITOS SECUNDÁRIOS

### 39.2.1 Efeitos secundários de natureza penal

Vários são os reflexos de natureza penal provocados pela condenação, dentre eles a possibilidade de geração de reincidência, a caracterização de maus antecedentes, a impossibilidade de oferecimento de oferta de transação penal etc.

### 39.2.2 Efeitos secundários de natureza extrapenal

Os efeitos secundários, como visto acima, também podem ser de natureza extrapenal, previstos nos arts. 91 e 92 do Código Penal, analisados a seguir.

#### 39.2.2.1 Efeitos secundários de natureza extrapenal genéricos

Os efeitos secundários de natureza **extrapenal genéricos** estão previstos no art. 91 do Código Penal, que são **efeitos automáticos**, não precisando ser declarados ou fundamentados na sentença condenatória.

> Art. 91. São efeitos da condenação:
>
> I – tornar certa a obrigação de indenizar o dano causado pelo crime;
>
> II – a perda em favor da União, ressalvado o direito do lesado ou de terceiro de boa-fé:
>
> a) dos instrumentos do crime, desde que consistam em coisas cujo fabrico, alienação, uso, porte ou detenção constitua fato ilícito;
>
> b) do produto do crime ou de qualquer bem ou valor que constitua proveito auferido pelo agente com a prática do fato criminoso.
>
> § 1º Poderá ser decretada a perda de bens ou valores equivalentes ao produto ou proveito do crime quando estes não forem encontrados ou quando se localizarem no exterior.
>
> § 2º Na hipótese do § 1º, as medidas assecuratórias previstas na legislação processual poderão abranger bens ou valores equivalentes do investigado ou acusado para posterior decretação de perda.

##### 39.2.2.1.1 Tornar certa a obrigação de indenizar

A sentença penal condenatória vale como título executivo judicial, nos termos do art. 584, II, do CPC. A obrigação de indenizar, por não ser pena, mas efeito da condenação, é **transmitida aos sucessores** do condenado, respeitadas as forças da herança.

##### 39.2.2.1.2 Perda, em favor da união, dos instrumentos e produtos do crime

Com a condenação, surge, em favor da União, a perda do *instrumenta et producta sceleris*, como efeito da condenação, independentemente de qualquer declaração judicial nesse sentido. Por essa razão, cuida-se de efeito automático, aplicável a crimes culposos ou dolosos, mas inaplicáveis, à míngua de previsão neste sentido, às contravenções penais.

Trata-se, pois, de hipótese de confisco, que se limita aos instrumentos ou produtos do crime.

Os instrumentos a serem confiscados são os objetos, instrumentos usados na prática do delito, cujo fabrico, alienação, uso, porte ou detenção constitua fato ilícito (art. 91, II, *a*, do CP). Por essa razão, como adverte Frederico Marques (1965, p. 299), "o bisturi do médico, o automóvel que atropela a vítima, a navalha do barbeiro, embora *instrumenta sceleris*, não podem ser confiscados". O confisco **não pode recair sobre bens de terceiro de boa-fé**.

Ao se referir a produto, a lei quer ver abrangido tudo aquilo que proveio diretamente da prática do crime, como as vantagens e bens que o agente logrou obter por meio da infração penal cometida.

O confisco prescreve com a condenação, mas não se suspende com a concessão do *sursis*, como adverte Bitencourt (2020, p. 941).

Para os crimes aos quais se comine pena máxima superior a seis anos, devemos observar a disciplina trazida pelo art. 91-A, dispositivo acrescido ao Código Penal pela Lei nº 13.964/2019.

Em se tratando de milícias e organizações criminosas, deve ser observado o disposto no art. 91-A, § 5º.

### 39.2.2.1.3 *O disposto no art. 91-A do Código Penal e alterações do Pacote Anticrime*

O disposto no art. 91-A do Código Penal foi introduzido pelo denominado Pacote Anticrime. Cuida-se de um novo efeito da condenação, que se aplica somente aos crimes cuja pena máxima for superior a seis anos de reclusão. O que distingue a perda de bens disciplinada pelo art. 91-A é a possibilidade de se atingir, como efeito da condenação, bens do condenado que não sejam compatíveis com os seus rendimentos lícitos, prescindindo-se da demonstração de que esses bens tenham qualquer ligação com o crime praticado. Assim, distingue-se da previsão do art. 91.

Buscando fornecer subsídios para que se possa comparar o que o condenado poderia ter amealhado com o seu trabalho lícito e os bens de que dispõe, o Código determina que sejam considerados não apenas os bens de que o agente é titular, mas também aqueles sobre os quais ele tenha o domínio ou benefício direto ou indireto, tanto na data da infração quanto os que vierem a ser posteriormente recebidos.

Nos termos da lei, as autoridades também deverão perseguir os bens transferidos a terceiros a título gratuito ou mediante contraprestação irrisória. Para que se opere o efeito de que trata o 91-A, é exigido pedido expresso na denúncia formulada pelo Ministério Público, que deverá vir devidamente instruída neste sentido, demonstrando a incompatibilidade mencionada.

Durante a instrução, o condenado terá direito ao contraditório e à ampla defesa. Consoante art. 91-A, § 2º, do Código Penal, caso o condenado logre demonstrar a compatibilidade entre o patrimônio e sua renda lícita, o juiz não decretará o perdimento. A garantia do contraditório e ampla defesa nos permite concluir não haver nenhuma violação a princípios constitucionais na previsão feita pela lei nova. Comprovada a incompatibilidade, o juiz deverá declarar a diferença efetivamente apurada, especificando os bens sobre os quais recairá a perda.

> **Art. 91-A.** Na hipótese de condenação por infrações às quais a lei comine pena máxima superior a 6 (seis) anos de reclusão, poderá ser decretada a perda, como produto ou proveito do crime, dos bens correspondentes à diferença entre o valor do patrimônio do condenado e aquele que seja compatível com o seu rendimento lícito. (Incluído pela Lei nº 13.964, de 2019.)
>
> § 1º Para efeito da perda prevista no *caput* deste artigo, entende-se por patrimônio do condenado todos os bens: (Incluído pela Lei nº 13.964, de 2019.)
>
> I – de sua titularidade, ou em relação aos quais ele tenha o domínio e o benefício direto ou indireto, na data da infração penal ou recebidos posteriormente; e (Incluído pela Lei nº 13.964, de 2019.)
>
> II – transferidos a terceiros a título gratuito ou mediante contraprestação irrisória, a partir do início da atividade criminal. (Incluído pela Lei nº 13.964, de 2019.)
>
> § 2º O condenado poderá demonstrar a inexistência da incompatibilidade ou a procedência lícita do patrimônio. (Incluído pela Lei nº 13.964, de 2019.)
>
> § 3º A perda prevista neste artigo deverá ser requerida expressamente pelo Ministério Público, por ocasião do oferecimento da denúncia, com indicação da diferença apurada. (Incluído pela Lei nº 13.964, de 2019.)
>
> § 4º Na sentença condenatória, o juiz deve declarar o valor da diferença apurada e especificar os bens cuja perda for decretada. (Incluído pela Lei nº 13.964, de 2019.)
>
> § 5º Os instrumentos utilizados para a prática de crimes por organizações criminosas e milícias deverão ser declarados perdidos em favor da União ou do Estado, dependendo da Justiça onde tramita a ação penal, ainda que não ponham em perigo a segurança das pessoas, a moral ou a ordem pública, nem ofereçam sério risco de ser utilizados para o cometimento de novos crimes. (Incluído pela Lei nº 13.964, de 2019.)

### 39.2.2.1.4 O perdimento de bens nas organizações criminosas e milícias

O art. 91-A, § 5º, do Código prevê especial tratamento para os instrumentos usados para a prática de crimes por organizações criminosas e milícias, ainda que não exponham a perigo a segurança das pessoas, nem sejam ofensivos à moral ou ordem pública. Tais bens terão sua perda decretada em favor da União ou do Estado, a depender da ação penal respectiva tramitar perante a Justiça Estadual ou perante a Justiça Federal. Não se trata de efeito automático da condenação, pois a lei exige que o juiz decrete sua perda.

**Decifrando a prova**

**(2005 – PGR – Procurador da República – Adaptada)** Com relação a condenação, registra-se que torna certa a obrigação de indenizar e provocar, também, a perda, em favor da União, dos bens e valores de origem ilícita, sendo estes os efeitos penais genéricos e automáticos, pois não precisam ser expressamente pronunciados pelo Juiz.

( ) Certo    ( ) Errado

**Gabarito comentado:** esses são efeitos extrapenais. Portanto, está errado.

## 39.2.2.2 Efeitos secundários de natureza extrapenal específicos

Os efeitos específicos da condenação estão previstos no art. 92 do Código Penal. Tais efeitos não são automáticos, devendo ser declarados e motivados na sentença condenatória.

**Art. 92.** São também efeitos da condenação:

I – a perda de cargo, função pública ou mandato eletivo:

a) quando aplicada pena privativa de liberdade por tempo igual ou superior a um ano, nos crimes praticados com abuso de poder ou violação de dever para com a Administração Pública;

b) quando for aplicada pena privativa de liberdade por tempo superior a 4 (quatro) anos nos demais casos.

II – a incapacidade para o exercício do poder familiar, da tutela ou da curatela nos crimes dolosos sujeitos à pena de reclusão cometidos contra outrem igualmente titular do mesmo poder familiar, contra filho, filha ou outro descendente ou contra tutelado ou curatelado;

III – a inabilitação para dirigir veículo, quando utilizado como meio para a prática de crime doloso.

**Parágrafo único.** Os efeitos de que trata este artigo não são automáticos, devendo ser motivadamente declarados na sentença.

Embora possam ser confundidos com penas de interdição temporária de direitos, com elas não se confundem, porque a interdição temporária de direitos é sanção penal aplicada em substituição à pena privativa de liberdade e terá o mesmo tempo de duração da pena privativa de liberdade substituída; os efeitos específicos do art. 92, como efeitos de condenação, são permanentes.

### 39.2.2.2.1 Perda de cargo, função pública ou mandato eletivo

O tratamento dispensado pelo art. 92 do Código Penal brasileiro não apenas se refere a crimes praticados por agentes públicos com violação de seus deveres funcionais, mas também a outros crimes por eles praticados, ainda que fora do desempenho e sem nenhuma vinculação com as suas funções. A lei, contudo, trará diferentes critérios para a perda, considerando essas duas possibilidades.

- **Para os crimes praticados com abuso de poder ou violação de dever inerente ao cargo, função ou atividade pública**, a perda do cargo pode se dar em condenação

por tempo igual ou superior a um ano. Sobre o tema, a doutrina diverge sobre a perda poder abranger todo e qualquer cargo:
- ◊ **1ª corrente:** a perda não pode abranger qualquer cargo, função ou atividade eventualmente exercidos pelo condenado, mas somente àquele em cujo exercício praticou o abuso (BITENCOURT, 2020, p. 946).
- ◊ **2ª corrente:** havendo abuso de poder ou violação de dever, caberá a perda nos termos do art. 92, I, *a*, não apenas da função pública momentaneamente exercida pelo agente, mas da função pública *in genere*. Mirabete (2013a, p. 344), defendendo essa orientação, destaca que o texto legal não se refere à perda "da função", mas à perda "de função".

Sobre o tema, o STJ adota postura intermediária.

(...) A Corte de origem consignou que a perda do cargo deve ser declarada, uma vez que, com base no art. 92, inciso I, alínea *a*, do CP, o acusado foi condenado a pena privativa de liberdade por tempo superior a 1 ano, com violação de dever para com a Administração Pública (...) 9. Em regra, a pena de perdimento deve ser restrita ao cargo público ocupado ou função pública exercida no momento do delito. Assim, a perda do cargo público, por violação de dever inerente a ela, necessita ser por crime cometido no exercício desse cargo, valendo-se o envolvido da função para a prática do delito. 10. Salienta-se que se o Magistrado *a quo* considerar, motivadamente, que o novo cargo guarda correlação com as atribuições do anterior, ou seja, naquele em que foram praticados os crimes, mostra-se devida a perda da nova função, uma vez que tal ato visa a anular a possibilidade de reiteração de ilícitos da mesma natureza, o que não ocorreu no caso. Dessa forma, como o crime em questão fora praticado quando o acusado era empregado público da Empresa Brasileira de Correios e Telégrafos, não poderia, sem qualquer fundamentação e por extensão, ser determinada a perda do cargo na UFPE. 11. Recurso especial parcialmente conhecido e, nessa parte, provido parcialmente (STJ, 5ª Turma, Resp nº 1.452.935/PE 2014/0108758-0, Rel. Min. Reynaldo Soares da Fonseca, j. 14.03.2017, *DJe* 17.03.2017).

- ♦ **Nos demais crimes**, o funcionário público poderá perder o cargo se condenado à pena superior a quatro anos. A perda, aqui, resulta da pena aplicada, e não da violação de deveres relacionado ao cargo.

Nos termos do artigo citado, a condenação não acarretará a incapacidade temporária para a ocupação de outro cargo público, podendo o agente, por meio de nova investidura, exercer outra função pública.

O disposto no art. 92, I, **não autoriza a cassação de aposentadoria**, mesmo quando o fato tenha sido praticado pelo funcionário público ainda no exercício de suas funções, por ausência de previsão nesse sentido.

> **Jurisprudência destacada**
>
> (...) 3. Condenado por crime funcional praticado em atividade, anteriormente à aposentaria, que se deu no curso da ação penal, não é possível declarar a perda do cargo e da função pública de servidor inativo, como efeito específico da condenação. A cassação da aposentadoria, com lastro no art. 92, I, alínea *a*, do Código Penal, é ilegítima, tendo em vista a falta de previsão legal e a impossibilidade de ampliar essas hipóteses em prejuízo do condenado (STJ, 5ª Turma, Resp nº 1.416.477/SP 2013/0368017-2, Rel. Min. Walter de Almeida Guilherme – desembargador convocado do TJ/SP, j. 18.11.2014, *DJe* 26.11.2014).

### 39.2.2.2.2 Perda de cargo, função pública ou mandato eletivo nas leis extravagantes

Algumas leis extravagantes trazem hipóteses de perda de cargo quando o agente público, com violação de dever funcional, pratica os crimes nela previstos. Nesses casos, deverão ser observadas as regras especiais, desconsiderando-se o disposto no art. 92 do Código Penal.

a. **Na nova Lei de Abuso de Autoridade**, a matéria é regida pelo art. 4º, II e III, que traz a perda do cargo como efeito não automático da condenação para os reincidentes na prática de crime de abuso de autoridade:

   > **Art. 4º** São efeitos da condenação: (...)
   >
   > II – a inabilitação para o exercício de cargo, mandato ou função pública, pelo período de 1 (um) a 5 (cinco) anos;
   >
   > III – a perda do cargo, do mandato ou da função pública.
   >
   > **Parágrafo único.** Os efeitos previstos nos incisos II e III do *caput* deste artigo são condicionados à ocorrência de reincidência em crime de abuso de autoridade e não são automáticos, devendo ser declarados motivadamente na sentença.

b. **Na Lei de Tortura**, a perda do cargo é prevista como efeito automático da condenação, ficando o agente interditado para exercício de qualquer outro cargo, emprego ou função pelo dobro do prazo da pena imposta, consoante art. 1º, § 5º, da Lei nº 9.455/1997.

   > **Art. 1º** Constitui crime de tortura: (...)
   >
   > **§ 5º** A condenação acarretará a perda do cargo, função ou emprego público e a interdição para seu exercício pelo dobro do prazo da pena aplicada.

c. **No Decreto-lei nº 201/1967**, a perda do cargo é efeito automático da condenação, consoante art. 1º, § 2º:

   > **§ 2º** A condenação definitiva em qualquer dos crimes definidos neste artigo, acarreta a perda de cargo e a inabilitação, pelo prazo de cinco anos, para o exercício de cargo

ou função pública, eletivo ou de nomeação, sem prejuízo da reparação civil do dano causado ao patrimônio público ou particular.

d. **Na Lei nº 12.850/2013**, a perda do cargo é efeito automático, ficando o agente impossibilitado de exercer qualquer outro cargo, emprego ou função por oito anos, contados a partir do efetivo cumprimento da pena privativa de liberdade:

> **Art. 2º** (...)
>
> **§ 6º** A condenação com trânsito em julgado acarretará ao funcionário público a perda do cargo, função, emprego ou mandato eletivo e a interdição para o exercício de função ou cargo público pelo prazo de 8 (oito) anos subsequentes ao cumprimento da pena.

e. **No art. 7º, II, da Lei nº 9.613/1998**, é prevista a interdição para exercício de cargo público pelo dobro do prazo da pena imposta para os condenados por lavagem de capitais:

> **Art. 7º** (...)
>
> II – a interdição do exercício de cargo ou função pública de qualquer natureza e de diretor, de membro de conselho de administração ou de gerência das pessoas jurídicas referidas no art. 9º, pelo dobro do tempo da pena privativa de liberdade aplicada.

f. **Na Lei de Racismo**, a perda do cargo, emprego ou função é efeito não automático da condenação, consoante arts. 16 e 18 da Lei nº 7.716/1989:

> **Art. 16.** Constitui efeito da condenação a perda do cargo ou função pública, para o servidor público, e a suspensão do funcionamento do estabelecimento particular por prazo não superior a três meses.
>
> **Art. 18.** Os efeitos de que tratam os arts. 16 e 17 desta Lei não são automáticos, devendo ser motivadamente declarados na sentença.

### 39.2.2.2.3 Incapacidade para o exercício de pátrio poder, tutela ou curatela

A incapacidade para o exercício do poder familiar, da tutela ou da curatela nos crimes dolosos sujeitos à pena de reclusão cometidos contra outrem igualmente titular do mesmo poder familiar, contra filho, filha ou outro descendente ou contra tutelado ou curatelado é efeito secundário extrapenal específico.

Somente em se tratando de crime ao qual se comina pena de reclusão poderá o juiz declarar a incapacidade de que se trata. Assim, por exemplo, na hipótese de condenação por maus-tratos na modalidade simples, descrita no *caput* do art. 136 do Código Penal, crime apenado com detenção, o juiz não poderá declarar o efeito. Em havendo maus-tratos com lesão grave, porém, incidirá uma qualificadora para a qual se comina reclusão, podendo a incapacidade ser decretada pelo magistrado por ocasião da prolação da decisão condenatória.

> **Art. 136.** Expor a perigo a vida ou a saúde de pessoa sob sua autoridade, guarda ou vigilância, para fim de educação, ensino, tratamento ou custódia, quer privando-a de

alimentação ou cuidados indispensáveis, quer sujeitando-a a trabalho excessivo ou inadequado, quer abusando de meios de correção ou disciplina:

**Pena** – detenção, de dois meses a um ano, ou multa.

§ 1º Se do fato resulta lesão corporal de natureza grave:

**Pena** – reclusão, de um a quatro anos.

### 39.2.2.2.4 Inabilitação para dirigir veículo, utilizado em crime doloso

A inabilitação para dirigir veículos com base neste artigo não deve ser confundida com a interdição temporária de direitos que se aplica aos condenados pela prática de crimes culposos no trânsito, matéria atualmente regida pela Lei nº 9.503/1997.

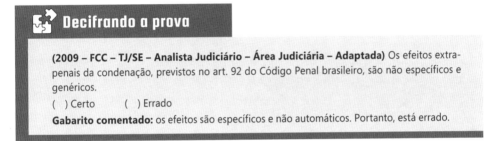

## 39.3 SUSPENSÃO DOS DIREITOS POLÍTICOS

A condenação transitada em julgado gera suspensão dos direitos políticos. Cuida-se de efeito automático trazido pelo art. 15, III, da Constituição Federal.

> **Art. 15.** É vedada a cassação de direitos políticos, cuja perda ou suspensão só se dará nos casos de: (...)
>
> III – condenação criminal transitada em julgado, enquanto durarem seus efeitos.

# Reabilitação

## 40.1 CONCEITO E NATUREZA JURÍDICA

Cuida-se de matéria de que se ocupa o art. 93 do Código Penal.

> **Art. 93.** A reabilitação alcança quaisquer penas aplicadas em sentença definitiva, assegurando ao condenado o sigilo dos registros sobre o seu processo e condenação.
>
> **Parágrafo único.** A reabilitação poderá, também, atingir os efeitos da condenação, previstos no art. 92 deste Código, vedada reintegração na situação anterior, nos casos dos incisos I e II do mesmo artigo.

Trata-se de medida cuja finalidade é guardar sigilo sobre condenação, **sem, contudo, rescindi-la**, visando, ainda, a recuperação de direitos e prerrogativas que foram perdidos como efeito extrapenal da condenação, com fundamento no art. 92. A reabilitação também **não impede a reincidência**.

Damásio de Jesus (1999, p. 697) define a reabilitação como "reintegração do condenado no exercício dos direitos atingidos pela sentença. Na Reforma penal de 1984, trata-se causa suspensiva de alguns efeitos secundários da condenação".

Bitencourt (2020, p. 950) a define como medida garantidora do sigilo da condenação e causa de suspensão condicional dos efeitos secundários específicos da condenação.

## 40.2 PRESSUPOSTOS E REQUISITOS NECESSÁRIOS

Os requisitos para a reabilitação podem ser extraídos do art. 94 do Código Penal.

> **Art. 94.** A reabilitação poderá ser requerida, decorridos 2 (dois) anos do dia em que for extinta, de qualquer modo, a pena ou terminar sua execução, computando-se o período de prova da suspensão e o do livramento condicional, se não sobrevier revogação, desde que o condenado:
>
> I – tenha tido domicílio no País no prazo acima referido; (Redação dada pela Lei nº 7.209, de 11.07.1984.)

II – tenha dado, durante esse tempo, demonstração efetiva e constante de bom comportamento público e privado;

III – tenha ressarcido o dano causado pelo crime ou demonstre a absoluta impossibilidade de o fazer, até o dia do pedido, ou exiba documento que comprove a renúncia da vítima ou novação da dívida.

**Parágrafo único.** Negada a reabilitação, poderá ser requerida, a qualquer tempo, desde que o pedido seja instruído com novos elementos comprobatórios dos requisitos necessários.

São **requisitos** exigidos para a reabilitação:

a. Condenação irrecorrível, razão pela qual a existência de inquéritos policiais arquivados, absolvições ou decretação de extinção de punibilidade, qualquer que seja a causa, não fundamenta o pedido de reabilitação.
b. Decurso de dois anos, a partir da extinção, de qualquer modo, ou do cumprimento da pena, conforme art. 94, *caput*, do CP.
c. Que o condenado tenha tido domicílio no país no período mencionado.
d. Demonstração de bom comportamento público e privado.
e. Ressarcimento do dano ou comprovação da impossibilidade de fazê-lo. Deve-se, entretanto, destacar que a impossibilidade de ressarcimento do dano causado pelo crime não impede a obtenção do benefício, desde que o condenado comprove a absoluta impossibilidade de fazê-lo, até o dia do pedido, ou exiba documento que comprove a renúncia da vítima ou novação da dívida.

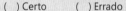

**Decifrando a prova**

**(2019 – MPE/GO – Promotor de Justiça Substituto – Adaptada)** De acordo com o Código Penal, é incorreto afirmar sobre o instituto da reabilitação: a impossibilidade de ressarcimento do dano causado pelo crime não impede a obtenção do benefício, desde que o condenado comprove a absoluta impossibilidade de o fazer, até o dia do pedido, ou exiba documento que comprove a renúncia da vítima ou novação da dívida.
( ) Certo     ( ) Errado
**Gabarito comentado:** essas são situações apontadas pela doutrina como hipóteses em que o condenado estaria eximido, para fins de reabilitação, de reparar o dano. Portanto, está certo.

## 40.3 EFEITOS DA REABILITAÇÃO

a. **Resguardar o sigilo dos registros da condenação.** Porém, com o disposto no art. 202 da Lei de Execução Penal, esse sigilo se opera automaticamente, não sendo necessário aguardar dois anos para requerer a reabilitação para esse fim.

> **Art. 202.** Cumprida ou extinta a pena, não constarão da folha corrida, atestados ou certidões fornecidas por autoridade policial ou por auxiliares da Justiça, qualquer notícia ou referência à condenação, salvo para instruir processo pela prática de nova infração penal ou outros casos expressos em lei.

Com a reabilitação, não se cancelam os registros criminais, apenas se impede sua divulgação, ressalvadas as hipóteses legais.

Uma vez concedida a reabilitação, a quebra o sigilo se dará nas seguintes hipóteses:

- Mediante requisição por juiz criminal, nos termos do art. 748 do CPP.
- Para fins de instruir processo criminal ou outras hipóteses expressas em lei, como concursos públicos, ou para fins eleitorais.
- Por requisição do juiz criminal, para instruir novos processos criminais.

b. Suspensão condicional de efeitos específicos da condenação, previstos no art. 92, vedada a reintegração na situação anterior, nos casos dos incisos I e II do mesmo artigo.

Com relação ao cargo perdido, não haverá reintegração do agente. Poderá, contudo, voltar a ocupar outro cargo público, exercer outras funções públicas, desde que por nova investidura.

Com relação ao exercício do poder familiar, a tutela e a curatela perdidas, o condenado não poderá voltar a exercê-lo com relação àqueles filhos, tutelados e curatelados contra os quais o crime foi praticado, mas poderá voltar a exercê-lo com relação aos demais com relação aos quais teve o efeito estendido. Ex.: tendo praticado crime doloso contra o filho Antônio, Azaradus Cesar perdeu o poder familiar e esse efeito foi estendido ao filho Pedro. Com a reabilitação, não voltará a exercer o poder familiar com relação a Antônio, mas poderá voltar a exercê-lo com relação ao filho Pedro. É a regra do parágrafo único do art. 93.

## 40.4 REVOGAÇÃO DA REABILITAÇÃO

A revogação da reabilitação se dá nos termos do art. 95 do Código Penal. Ocorrendo a revogação, os efeitos que, até então, estavam suspensos voltarão a vigorar.

> **Art. 95.** A reabilitação será revogada, de ofício ou a requerimento do Ministério Público, se o reabilitado for condenado, como reincidente, por decisão definitiva, a pena que não seja de multa.

## 40.5 PROCESSO DE REABILITAÇÃO

Somente o condenado pode pleitear a reabilitação, não se transmitindo, com sua morte, a seus sucessores. Afinal, tendo por objetivo possibilitar a reinserção do condenado na sociedade e suspender efeitos que lhe eram prejudiciais, não teria sentido o pedido de reabilitação por outra pessoa que não o próprio condenado.

A competência para a reabilitação é do juízo da condenação, consoante art. 743, *caput*, do CPP, e a decisão será desafiada por meio de apelação, considerando-se o disposto no art. 593, II, do CPP.

Como destacam Estefam (2010, p. 745) e Masson (2019b, p. 713), também cabe o recurso de ofício a que faz referência o art. 746 do CPP, que não foi suprimido pela Lei de Execução Penal e pelo Código Penal, como destaca Bitencourt (2020). É também a nossa posição.

Incabível sua concessão pela via do *habeas corpus*.

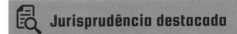

*HABEAS CORPUS*. PENAL MILITAR E PROCESSUAL PENAL MILITAR. PEDIDO DE REABILITAÇÃO. AUSENTE O CONSTRANGIMENTO À LIBERDADE DE LOCOMOÇÃO DO PACIENTE. NÃO CABIMENTO DE *HABEAS CORPUS*. INCIDÊNCIA DA SÚMULA N° 695 DESTE SUPREMO TRIBUNAL. *HABEAS CORPUS* NÃO CONHECIDO. 1. A via do *habeas corpus* não é a adequada para o fim pretendido pela Impetrante – pedido de reabilitação do Paciente. 2. Extinta a punibilidade ou encerrada a sua execução, não há se falar em constrangimento à liberdade de locomoção do Paciente a ser protegido via *habeas corpus*. 3. Incidência, no caso, da Súmula n° 695 deste Supremo Tribunal Federal ("Não cabe *habeas corpus* quando já extinta a pena privativa de liberdade"). 4. *Habeas corpus* não conhecido (HC n° 90.554, 1ª Turma, Rel. Min. Cármen Lúcia, j. 06.03.2007, publ. 23.03.2007).

# 41 Medidas de segurança

## 41.1 CONCEITO

A **medida de segurança** é a resposta estatal que se aplica aos **inimputáveis** que, por força de doença mental, desenvolvimento mental incompleto ou retardado, eram, ao tempo da ação ou da omissão, inteiramente incapazes de entender o caráter ilícito do fato e se determinar de acordo com esse entendimento. Pode ser, ainda, aplicada aos semi-imputáveis, em substituição à pena, quando a providência se mostra adequada, necessitando o condenado de especial tratamento curativo, conforme disciplina trazida pelo art. 98 do Código Penal.

Aplicam-se aos inimputáveis e semi-imputáveis também na hipótese de cometimento de contravenções penais, consoante disposto no art. 13 do Decreto-lei nº 3.688/1941.

> **Art. 13.** Aplicam-se, por motivo de contravenção, os medidas de segurança estabelecidas no Código Penal, à exceção do exílio local.[1]

**(2017 – Consulplan – TJ/MG – Titular de Serviços de Notas e de Registros – Adaptada)** As medidas de segurança aplicam-se no caso de prática de contravenção prevista no Decreto-lei nº 3.688/1941.
( ) Certo    ( ) Errado
**Gabarito comentado:** consoante disposto no art. 13 do Decreto-lei nº 3.688/1941, está certo.

---

[1] Na antiga parte geral do Código Penal, o exílio local era uma das modalidades de medida de segurança não detentiva, nos termos do art. 88 ("**Art. 88.** Medidas de segurança não detentivas. (...) § 2º São medidas não detentivas: I – a liberdade vigiada; II – a proibição de frequentar determinados lugares; III – o exílio local"). A medida não mais pode ser aplicada, porque não prevista em lei e, como já aqui salientado, as medidas de segurança se submetem ao princípio da legalidade e da anterioridade.

É inaplicável medida de segurança para menores de 18 anos. Imaginemos a seguinte hipótese: menor infrator portador de doença mental a quem tenha sido imposta medida socioeducativa de internação. Ao completar 21 anos de idade, conforme disposto pelo art. 121, § 5º, do Estatuto da Criança e do Adolescente, deverá ser liberado. Nessa hipótese, ainda que revele periculosidade e persista a doença mental, não será possível aplicar-lhe medida de segurança, consoante escólio de Masson (2019b, p. 726), ao qual aderimos.

> **Art. 121.** A internação constitui medida privativa da liberdade, sujeita aos princípios de brevidade, excepcionalidade e respeito à condição peculiar de pessoa em desenvolvimento. (...)
>
> **§ 5º** A liberação será compulsória aos vinte e um anos de idade.

## 41.2 NATUREZA JURÍDICA

Sobre sua natureza jurídica, existem **controvérsias**.

**Uma primeira corrente** sustenta tratar-se de instituto de **natureza meramente administrativa**, considerando que sua aplicação não tem como fundamento a culpabilidade. Outrossim, a medida de segurança não teria caráter punitivo. Essa é a linha adotada pela tradição dos penalistas italianos, que a inseriam no direito de polícia, ramo do direito administrativo (ESTEFAM, 2010, p. 420). **Zaffaroni e Pierangeli** (2004, p. 120-121), **a seu turno, defendem o caráter materialmente administrativo e formalmente penal** das medidas de segurança, sustentando que não podem ser chamadas de sanções, embora reconheçam que, na prática, o sistema penal as distorce, tratando-as como sanções, o que faz com que acabem sendo entendidas como penas, em face da limitação de liberdade que implicam.

Prevalece, todavia, o entendimento de **uma segunda corrente**, para a qual a medida de segurança tem **caráter jurídico-penal**, tratada, ao lado da pena, como uma das modalidades de sanção penal trazidas pelo Código Penal brasileiro. São várias as razões para que assim se conclua:

1. É disciplinada pela Lei de Execuções Penais (arts. 171 a 179) e pelo Código Penal (arts. 96 a 99).
2. Somente podem ser atribuídas ao inimputável que cometer fato típico e ilícito.
3. Sujeitam-se à extinção da punibilidade, conforme art. 179 da LEP e art. 96, parágrafo único, do CP.

    > **LEP, art. 179.** Transitada em julgado a sentença, o Juiz expedirá ordem para a desinternação ou a liberação.
    >
    > **CP, art. 96.** (...)
    >
    > **Parágrafo único.** Extinta a punibilidade, não se impõe medida de segurança nem subsiste a que tenha sido imposta.

4. Admitem a detração, nos termos do art. 42 do CP.

    > **Art. 42.** Computam-se, na pena privativa de liberdade e na medida de segurança, o tempo de prisão provisória, no Brasil ou no estrangeiro, o de prisão administrativa e o de internação em qualquer dos estabelecimentos referidos no artigo anterior.

5. Sujeitam-se ao princípio da legalidade, somente podendo ser criadas por lei.
6. Sujeitam-se ao princípio da anterioridade, não podendo ser impostas por fatos praticados anteriormente a sua vigência.
7. Sujeitam-se ao princípio da irretroatividade da lei que prejudica.
8. O Supremo Tribunal Federal entende que, tal qual ocorre com as penas, que não podem ter caráter perpétuo, por força de determinação constitucional, consoante disposto no art. 5º, XLVII, *b*, as medidas de segurança não podem ser aplicadas por tempo indeterminado, embora a lei assim preceitue. Assim, não poderão ser aplicadas por prazo superior a 40 anos, que, atualmente, é o prazo máximo para cumprimento de pena privativa de liberdade, nos termos do art. 75 do CP.

> **Art. 75.** O tempo de cumprimento das penas privativas de liberdade não pode ser superior a 40 (quarenta) anos. (Redação dada pela Lei nº 13.964, de 2019.)

9. Assim como a pena, somente pode ser aplicada pelo Poder Judiciário. Tem, assim, característica de jurisdicionalidade.
10. É regida pelos princípios de proporcionalidade e humanidade, assim como a pena.

Há, portanto, duas modalidades de sanções penais no ordenamento jurídico brasileiro: as penas e as medidas de segurança.

### Decifrando a prova

**(2015 – Fapec – MPE/MS – Promotor de Justiça Substituto – Adaptada)** Em relação ao instituto da medida de segurança, é correto afirmar que por não se configurar espécie de sanção penal, a medida de segurança não se submete às causas extintivas da punibilidade.
( ) Certo     ( ) Errado
**Gabarito comentado:** a assertiva foi entendida como errada, o que reforça que, em prova de concurso, seguindo o que leciona doutrina amplamente majoritária, deve-se adotar o entendimento de que medidas de segurança são espécies de sanção penal.

## 41.3 DIFERENÇAS ENTRE PENAS E MEDIDAS DE SEGURANÇA

1. As penas se fulcram na culpabilidade; medidas de segurança encontram seu fundamento na periculosidade daquele que praticou o fato típico e ilícito.
2. Pena tem finalidade de prevenção e retribuição, ou seja, punição pelo desrespeito ao comando normativo; medidas de segurança têm finalidade preventiva especial.
3. Considerados os termos da lei, medidas de segurança não têm prazo determinado, enquanto penas têm um prazo determinado.
4. O caráter da pena é aflitivo; o da medida de segurança é terapêutico.

5. A pena é retrospectiva, porque aplicada em razão do fato que já se passou, com a ideia de retribuição pelo mal já causado; a medida de segurança é prospectiva, porque se justifica em razão da possibilidade de, no futuro, o inimputável que praticou o fato típico e ilícito venha a novamente praticá-los.
6. Penas são aplicáveis aos imputáveis; medidas de segurança, aos inimputáveis e semi-imputáveis, quando se constatar sua periculosidade no caso concreto, recomendando-se a sua aplicação.

## 41.4 MODALIDADES DE MEDIDAS DE SEGURANÇA

As espécies de medidas de segurança são aquelas trazidas pelo art. 96 do Código Penal:

> **Art. 96.** As medidas de segurança são: (Redação dada pela Lei nº 7.209, de 11.07.1984.)
> I – internação em hospital de custódia e tratamento psiquiátrico ou, à falta, em outro estabelecimento adequado; (Redação dada pela Lei nº 7.209, de 11.07.1984.)
> II – sujeição a tratamento ambulatorial.

1. **Medida de segurança restritiva**, que importa na sujeição a **tratamento médico feito em ambulatório**, ou seja, com a apresentação em dia certo e em local próprio para que seja realizado atendimento, sem necessidade de recolhimento e internação.
2. **Medida de segurança detentiva** é aquela que importa em **internação em hospital de custódia e tratamento psiquiátrico ou estabelecimento similar**, nos termos da lei (art. 97 do CP), imposta quando à infração penal estiver cominada a **pena de reclusão**, mas também aplicável às apenadas com detenção.

> **Art. 97.** Se o agente for inimputável, o juiz determinará sua internação (art. 26). Se, todavia, o fato previsto como crime for punível com detenção, poderá o juiz submetê-lo a tratamento ambulatorial.

Em que pese a obrigatoriedade a que se refere o dispositivo citado, na doutrina e na jurisprudência dos Tribunais Superiores se admite a imposição de medida mais branda de tratamento ambulatorial quando o caso concreto revelar que o grau de periculosidade do autor não justifica a imposição da internação. O magistrado, destarte, não estará obrigado a aplicar medida de segurança detentiva por se tratar de infração apenada com reclusão, devendo, outrossim, observando critérios de razoabilidade e proporcionalidade, optar pela medida que se afigure mais adequada.

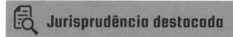

De acordo com o entendimento pacificado neste Tribunal Superior, "para uma melhor exegese do art. 97 do CP, à luz dos princípios da adequação, da razoabilidade e da proporcionalidade, não deve ser considerada a natureza da pena privativa de liberdade aplicável, mas sim a periculosidade do agente, cabendo ao julgador a faculdade de optar pelo tratamento que

> melhor se adapte ao inimputável". Desse modo, "em se tratando de delito punível com reclusão, é facultado ao magistrado a escolha do tratamento mais adequado ao inimputável, nos termos do art. 97 do Código Penal" (EREsp nº 998.128/MG, 3ª Seção, Rel. Min. Ribeiro Dantas, j. 27.11.2019, DJe 18.12.2019).

Impor uma internação que não se afigura necessária implica, em última análise, constrangimento ilegal, conforme já decidido pelo STJ.

 **Jurisprudência destacada**

> *HABEAS CORPUS* SUBSTITUTIVO. DIREITO PENAL. ART. 97 DO CP. INIMPUTÁVEL. MEDIDA DE SEGURANÇA. INTERNAÇÃO. CONVERSÃO PARA TRATAMENTO AMBULATORIAL. RECOMENDAÇÃO DO LAUDO MÉDICO. POSSIBILIDADE. (...) 2. Na fixação da medida de segurança, por não se vincular à gravidade do delito perpetrado, mas à periculosidade do agente, é cabível ao magistrado a opção por tratamento mais apropriado ao inimputável, independentemente de o fato ser punível com reclusão ou detenção, em homenagem aos princípios da adequação, da razoabilidade e da proporcionalidade. Precedentes. (...) 3. Ante a ausência de fundamentos para a fixação do regime de internação e tendo o laudo pericial recomendado o tratamento ambulatorial, evidente o constrangimento ilegal. 4. *Writ* não conhecido. Ordem de *habeas corpus* concedida de ofício, para substituir a internação por tratamento ambulatorial, mediante condições judiciais a serem impostas pelo Juiz da Execução Penal, tendo em vista o trânsito em julgado da ação (HC nº 230.842/SP, 6ª Turma, Rel. Min. Sebastião Reis Júnior, j. 14.06.2016, DJe 27.06.2016).

Em abril de 2001, foi publicada a Lei nº 10.216/2001, **a Lei da Reforma Psiquiátrica**, com objetivo de trazer **novos paradigmas** para o tratamento das medidas de segurança em nosso país. O citado diploma legal fixa como responsabilidade do Estado o desenvolvimento da política de saúde mental, a assistência e a promoção de ações de saúde aos portadores de transtornos mentais, com a participação da sociedade e da família. Um dos principais, senão o principal, ponto da reforma é a nova visão legislativa acerca da medida de segurança detentiva, como se depreende de seu art. 4º.

> **Art. 4º** A internação, em qualquer de suas modalidades, só será indicada quando os recursos extra-hospitalares se mostrarem insuficientes.

O disposto no artigo acima reforça a orientação prevalente no sentido da não obrigatoriedade de internação na hipótese de infração a que se comina pena de reclusão. Mais que isso, entendemos que o disposto na Lei da Reforma Psiquiátrica revoga a obrigatoriedade imposta pelo art. 97 do Código Penal. Portanto, reconhecer como critério de fixação de medida de segurança a necessidade ditada pela periculosidade do agente e não mais a gravidade da infração penal deixa de ser uma posição doutrinária e jurisprudencial e passa a ser uma imposição legal.

> ### Decifrando a prova
>
> **(2014 – DPE/PR – Defensor Público – Adaptada)** A pessoa portadora de transtorno mental tem o direito de ser tratada, preferencialmente, em serviços comunitários de saúde mental.
> ( ) Certo    ( ) Errado
> **Gabarito comentado:** conforme disposto no art. 2º, parágrafo único, da Lei nº 10.216/2001, diploma conhecido como Lei da Reforma Psiquiátrica, que, instituindo um novo modelo de tratamento das medidas de segurança no Brasil, dispõe sobre a proteção e os direitos das pessoas portadoras de transtornos mentais e redireciona o modelo assistencial em saúde mental. Portanto, está certo.

Os hospitais de custódia e tratamento psiquiátrico não podem ser confundidos com os antigos **manicômios judiciários**, que, na visão de Ferrajoli (2002, p. 628),

> (...) são prisões-hospitais ou hospitais-prisões, onde se consuma uma dupla violência institucional – cárcere mais manicômio – e onde jazem, esquecidos do mundo, aqueles sentenciados por enfermidade mental.

> ### Decifrando a prova
>
> **(2013 – DPE/SP – Defensor Público – Adaptada)** Em relação à Saúde Mental e Direito Penal, é correto afirmar que a internação de pessoas portadoras de transtorno mental em instituição manicomial é vedada pelo ordenamento jurídico brasileiro.
> ( ) Certo    ( ) Errado
> **Gabarito comentado:** a atual redação da Parte Geral do Código Penal brasileiro não mais traz, entre as modalidades de medida de segurança, a de internação em manicômios judiciários, que, na redação original do Estatuto Penal Repressivo, era elencada entre as medidas detentivas.[2] Portanto, está certo.

De acordo com a jurisprudência do STF, é possível a internação em hospital particular.

---

[2] Observe a antiga redação do art. 88 do CP quanto às medidas de segurança detentivas: "**Art. 88.** Medidas de segurança detentivas. § 1º São medidas detentivas: I – internação em manicômio judiciário; II – internação em casa de custódia e tratamento; III – a internação em colônia agrícola ou em instituto de trabalho, de reeducação ou de ensino profissional".

Capítulo 41 ♦ Medidas de segurança   **673**

**Jurisprudência destacada**

Penal. Insanidade mental do réu. Tendo sido o réu considerado como insano mental e, por isso, sujeito a medida de segurança, é possível permanecer ele internado em hospital que ofereça condições de custódia, já que neste tratamento específico de que necessita está sendo realizado satisfatoriamente, e da perícia resultou não poder ser ele adequadamente proporcionado em instituição hospitalar-prisional do estado (STF, 2ª Turma, HC nº 64.494/SP, Rel. Aldir Passarinho, j. 25.11.1986, *DJ* 27.02.1987).

### 41.4.1 Impossibilidade de internação em penitenciária

Já decidiu o STJ que, na hipótese de ter sido determinada internação, não se poderá admiti-la em penitenciária, ainda que inexistentes vagas em estabelecimento adequado. Também essa solução se afigura constrangimento ilegal. Portanto, ainda que a periculosidade do agente indique a internação como medida de segurança adequada ao caso concreto, quando não houver hospital de custódia ou tratamento psiquiátrico ou congênere em que possa ser cumprida, deverá o magistrado optar pelo tratamento ambulatorial.

**Jurisprudência destacada**

EXECUÇÃO PENAL. RECURSO ORDINÁRIO EM *HABEAS CORPUS*. ROUBO EM CONCURSO DE PESSOAS. INIMPUTÁVEL. IMPOSIÇÃO DE MEDIDA DE SEGURANÇA DE INTERNAÇÃO EM HOSPITAL DE CUSTÓDIA E TRATAMENTO PSIQUIÁTRICO. IMPOSSIBILIDADE DA SEGREGAÇÃO EM ESTABELECIMENTO PRISIONAL COMUM. RECURSO PROVIDO. 1. Consoante entendimento desta Corte, é indevida a segregação de inimputável submetido à medida de segurança de internação em hospital de custódia e tratamento psiquiátrico em estabelecimento prisional comum, mesmo nas hipóteses de ausência de vaga nas circunstâncias adequadas (precedentes). 2. Recurso ordinário provido para determinar a imediata transferência do recorrente para hospital de custódia e tratamento psiquiátrico ou, na falta de vaga, permitir que ele aguarde o surgimento de vaga em regime de tratamento ambulatorial (RHC nº 51.712/SP, 5ª Turma, Rel. Min. Ribeiro Dantas, j. 10.12.2015, *DJe* 17.12.2015).

### 41.4.2 Conversão da medida restritiva para medida detentiva e desinternação progressiva

Impende destacar, por derradeiro, a possibilidade de conversão do tratamento ambulatorial em internação, se a providência se fizer necessária, consoante art. 97, § 4º, do Código Penal, hipótese em que seu prazo mínimo será, nos termos do art. 184 da LEP, de um ano.

> **CP, art. 97.** (...)
> 
> § 4º Em qualquer fase do tratamento ambulatorial, poderá o juiz determinar a internação do agente, se essa providência for necessária para fins curativos.
> 
> **LEP, art. 184.** O tratamento ambulatorial poderá ser convertido em internação se o agente revelar incompatibilidade com a medida.
> 
> **Parágrafo único.** Nesta hipótese, o prazo mínimo de internação será de 1 (um) ano.

De outro giro, questiona-se a possibilidade de converter a internação para tratamento ambulatorial como forma de adaptá-lo progressivamente ao meio externo e à responsabilidade de dar continuidade ao tratamento quando em liberdade. A medida, que não encontra respaldo em nossa lei, vem sendo adotada pela jurisprudência das Cortes Superiores e se caracteriza como importante instrumento de reinserção social. Atentos aos fundamentos e objetivos da Lei de Reforma Psiquiátrica, "a desinternação progressiva permite o atingimento das finalidades político-criminais das medidas de segurança e o que deve ser feito para aumentar-lhe a eficácia" (CIA, 2008). Por outro lado, se a pena pode ser cumprida de forma progressiva, não nos parece coerente criar obstáculos para que a medida de segurança também o seja.

 **Jurisprudência destacada**

> PENAL. *HABEAS CORPUS*. RÉU INIMPUTÁVEL. MEDIDA DE SEGURANÇA. PRESCRIÇÃO. INOCORRÊNCIA. PERICULOSIDADE DO PACIENTE SUBSISTENTE. TRANSFERÊNCIA PARA HOSPITAL PSIQUIÁTRICO, NOS TERMOS DA LEI Nº 10.261/2001. *WRIT* CONCEDIDO EM PARTE. (...) III. Laudo psicológico que reconheceu a permanência da periculosidade do paciente, embora atenuada, o que torna cabível, no caso, a imposição de medida terapêutica em hospital psiquiátrico próprio. IV. Ordem concedida em parte para determinar a transferência do paciente para hospital psiquiátrico que disponha de estrutura adequada ao seu tratamento, nos termos da Lei nº 10.261/2001, sob a supervisão do Ministério Público e do órgão judicial competente (STF, 1ª Turma, HC nº 107.432/RS, Rel. Min. Ricardo Lewandowski, j. 24.05.2011, *DJe*-110, divulg. 08.06.2011, public. 09.06.2011).

## 41.5 NATUREZA DA DECISÃO QUE IMPÕE A MEDIDA DE SEGURANÇA

A decisão que, reconhecendo a inimputabilidade por doença mental, impõe medida de segurança é **decisão absolutória imprópria**.

 **Jurisprudência destacada**

> **Súmula nº 422, STF.** A absolvição criminal não prejudica a medida de segurança, quando couber, ainda que importe privação da liberdade.

Com relação às **razões** pelas quais se diz absolutória imprópria, a doutrina diverge:

- **1ª corrente:** é absolutória imprópria **porque, embora absolvido, o inimputável será submetido à medida de segurança**, que é **uma modalidade de sanção penal**. Neste sentido, Masson (2019b, p. 78), Estefam (2010, p. 424).
- **2ª corrente:** a decisão é absolutória imprópria **porque, ainda que isento de pena, será obrigatoriamente aplicada medida de segurança ao inimputável**, que, por sua vez, estará compelido a cumpri-la. Assim, o termo foi usado para fazer um contraponto com uma decisão absolutória propriamente dita, em que o juiz não pode aplicar qualquer medida àquele a quem absolve. Como salienta Greco (2019, p. 828), "a decisão que impõe a medida de segurança absolve, mas deixa a sequela". É a posição de Joppert (2011, p. 535) e também a nossa.

Tratando-se de **hipótese de semi-imputabilidade**, a decisão que impõe a medida de segurança não é absolutória, mas **condenatória**, gerando, assim, reincidência.

## 41.6 PRAZO DE DURAÇÃO DA MEDIDA DE SEGURANÇA

### 41.6.1 Prazo mínimo

De acordo com o Código Penal, a medida de segurança tem **prazo mínimo** de duração, que a lei determina seja estabelecido **entre 1 a 3 anos**.

> Art. 97. (...)
> § 1º A internação, ou tratamento ambulatorial, será por tempo indeterminado, perdurando enquanto não for averiguada, mediante perícia médica, a cessação de periculosidade. O prazo mínimo deverá ser de 1 (um) a 3 (três) anos.

**Findo o prazo mínimo** fixado pelo juiz na sentença em que impõe a medida de segurança, deverá ser **realizado o exame de cessação de periculosidade**.

Existe, nos termos do art. 176 da LEP, possibilidade de antecipação da realização do exame de cessação de periculosidade. O tema já foi objeto de prova.

> **Decifrando a prova**
>
> **(2017 – DPE/PR – Defensor Público – Adaptada)** Sobre as medidas de segurança e sua execução, é correto afirmar que não é possível a realização de exame de cessação de periculosidade no curso do prazo mínimo de duração da medida de segurança.
> ( ) Certo ( ) Errado
> **Gabarito comentado:** consoante disposto no art. 176 da Lei de Execução Penal, o juiz pode excepcionalmente determinar a antecipação do exame de cessação de periculosidade, em atendimento a pedido fundamentado do Ministério Público ou do interessado, seu procurador ou defensor. Outra hipótese de antecipação se dará quando o juiz, ainda que não provocado, tome conhecimento de fato que justifique a medida. Portanto, está errado.

Duas hipóteses poderão ocorrer a partir da realização do primeiro exame de periculosidade:

- **1ª hipótese:** a perícia médica conclui pela **cessação da periculosidade**, caso em que juiz da execução **revogará a medida** de segurança. Sendo uma medida adotada em **caráter temporário**, ficará o liberado sujeito às condições do livramento condicional, conforme art. 178 da LEP. Se não praticar, no período de **um ano**, qualquer fato, ainda que não criminoso, que indique tratar-se de pessoa ainda perigosa, a extinção da medida de segurança se dará de forma definitiva, observado o disposto no art. 97, § 3º, do Código Penal. Se, ao contrário, vier a praticar fato indicativo da persistência da periculosidade, será restabelecida a situação anterior, ou seja, proceder-se-á à sua reinternação ou será reestabelecido o tratamento ambulatorial, conforme as peculiaridades do caso concreto.

> Art. 97. (...)
>
> § 3º A desinternação, ou a liberação, será sempre condicional devendo ser restabelecida a situação anterior se o agente, antes do decurso de 1 (um) ano, pratica fato indicativo de persistência de sua periculosidade.

- **2ª hipótese:** constata-se que não cessada a periculosidade, caso em que a perícia médica deverá ser realizada de ano em ano ou a qualquer tempo, se assim determinado pelo juízo da execução, nos termos do art. 97, § 2º, do Código Penal.

> Art. 97. (...)
>
> § 2º A perícia médica realizar-se-á ao termo do prazo mínimo fixado e deverá ser repetida de ano em ano, ou a qualquer tempo, se o determinar o juiz da execução.

- **3ª hipótese:** verificou-se não ter cessado a periculosidade. A medida de segurança será mantida.

## 41.6.2 Prazo máximo

Conforme se depreende do disposto no art. 97 do Código Penal, **não existe um prazo máximo estabelecido em lei** para cumprimento das medidas de segurança que, assim, podem perdurar indefinidamente enquanto não cessar a periculosidade. A regra, de acordo com seus defensores, justifica-se por não ter a medida de segurança caráter retributivo, mas curativo.

A opção legislativa, contudo, não é compatível com a Constituição da República Federativa do Brasil. Afinal, os princípios trazidos pela Carta com relação às penas, como aqui já se ressaltou, são igualmente aplicáveis às medidas de segurança.

Destarte, assim como **não há penas perpétuas**, não podem ser fixadas medidas de segurança sem teto máximo de duração. A conclusão homenageia o princípio da humanidade.

Essa é a razão pela qual o **Supremo Tribunal Federal** fixou que o **prazo máximo** para a duração das penas, tal qual estabelecido no **art. 75 do Código Penal**, deverá ser observado como limite máximo de duração das medidas de segurança.

**Art. 75.** O tempo de cumprimento das penas privativas de liberdade não pode ser superior a 40 (quarenta) anos. (Redação dada pela Lei nº 13.964, de 2019.)

 **Jurisprudência destacada**

Observe-se a garantia constitucional que afasta a possibilidade de ter-se prisão perpétua. A tanto equivale a indeterminação da custódia, ainda que implementada sob o ângulo da medida de segurança. O que cumpre assinalar, na espécie, é que o paciente está sob a custódia do Estado, pouco importando o objetivo, há mais de trinta anos, valendo notar que o pano de fundo é a execução de título judiciário penal condenatório. O art. 75 do Código Penal há de merecer o empréstimo da maior eficácia possível, ao preceituar que o tempo de cumprimento das penas privativas de liberdade não pode ser superior a trinta anos (...). É certo que o § 1º do art. 97 do Código Penal dispõe sobre prazo da imposição da medida de segurança para inimputável, revelando-o indeterminado. Todavia, há de se conferir ao preceito interpretação teleológica, sistemática, atentando-se para o limite máximo de trinta anos fixado pelo legislador ordinário, tendo em conta a regra primária vedadora da prisão perpétua. A não ser assim, há de concluir-se pela inconstitucionalidade do preceito. (...) Publique-se. Brasília, 24 de abril de 2004 (STF, HC nº 84.219/SP, Rel. Min. Marco Aurélio, j. 24.04.2004, *DJ* 03.05.2004).

Sobre o julgado anterior, deve ser ressaltado que, sendo anterior à Lei nº 13.964/2019, que se convencionou denominar Pacote Anticrime, refere-se ao prazo máximo de 30 anos, com base na antiga redação do art. 75 do Código Penal. Com a alteração legislativa, vigente a partir de janeiro de 2020, o prazo máximo para cumprimento das penas privativas de liberdade passou a ser de 40 anos.

O **Superior Tribunal de Justiça**, contudo, editou, em maio de **2015**, a **Súmula nº 527**, em que estabelece que o prazo máximo para a duração das medidas de segurança é o **tempo máximo de pena cominada em abstrato** para a infração penal respectiva. De acordo com o entendimento do Tribunal da Cidadania, a medida de segurança aplicável àquele que, por exemplo, praticasse um furto simples e sem qualquer causa de aumento de pena não poderia, portanto, se prolongar por mais de 4 anos, pena máxima aplicável ao crime de furto.

 **Jurisprudência destacada**

**Súmula nº 527, STJ.** O tempo de duração da medida de segurança não deve ultrapassar o limite máximo da pena abstratamente cominada ao delito praticado.

> **Decifrando a prova**
>
> **(2016 – FAURGS – TJ/RS – Juiz de Direito Substituto)** Segundo a orientação jurisprudencial dominante no Superior Tribunal de Justiça, o tempo de duração da medida de segurança não poderá ser superior ao tempo máximo de pena abstratamente cominado ao crime praticado pelo agente.
> ( ) Certo ( ) Errado
> **Gabarito comentado:** consoante Súmula nº 527 do STJ, está certo.

## 41.7 PRESSUPOSTOS PARA A APLICAÇÃO DA MEDIDA DE SEGURANÇA

### 41.7.1 1º pressuposto – a prática de conduta típica e ilícita

Há quem vislumbre nas medidas de segurança resquício do Direito Penal de autor, incompatível com o Estado Democrático de Direito, argumento com que não podemos concordar, pois **não se aplicam** ao indivíduo **pelo mero fato de ser doente mental**, mas por ter ele praticado um fato típico e ilícito.

A rigor, caso o inimputável pratique uma conduta ilícita, desautorizada pelo ordenamento jurídico, mas não prevista em lei como criminosa, não caberá aplicação da medida de segurança, assim como também não caberá para aqueles que praticarem conduta típica amparada por uma causa de justificação. Não se aplica, portanto, medida de segurança para o doente mental que mate alguém em situação de legítima defesa, nos termos do art. 25 do Código Penal.

**Incabível**, ainda, a medida de segurança ao que pratica **crime impossível** (art. 17) e na hipótese de **participação impunível** (art. 31), como nos adverte Damásio de Jesus (1999, p. 591). Trata-se de hipóteses em que a conduta será atípica.

> **Art. 17.** Não se pune a tentativa quando, por ineficácia absoluta do meio ou por absoluta impropriedade do objeto, é impossível consumar-se o crime. (Redação dada pela Lei nº 7.209, de 11.07.1984.)
>
> **Art. 31.** O ajuste, a determinação ou instigação e o auxílio, salvo disposição expressa em contrário, não são puníveis, se o crime não chega, pelo menos, a ser tentado. (Redação dada pela Lei nº 7.209, de 11.07.1984.)

> **Decifrando a prova**
>
> **(2017 – MPE/PR – Promotor de Justiça – Adaptada)** A prática do crime de homicídio por inimputável por doença mental pode contar com sentença de absolvição sumária por reconhecimento judicial da causa de justificação da legítima defesa, hipótese em que não haverá aplicação de pena ou de medida de segurança.

( ) Certo    ( ) Errado

**Gabarito comentado:** a assertiva está certa, pois a aplicação da medida de segurança ao inimputável tem como pressuposto a prática de conduta típica e ilícita. Tendo atuado em legítima defesa, a conduta não pode ser considerada ilícita.

**(2021 – FUMARC – PC/MG – Delegado de Polícia Substituto)** Alfredo, no dia 01 de abril de 2020, quando andava pelas ruas da região central do pequeno município em que vivia, cruzou o caminho de Luana, que também era moradora daquele lugar. Luana, por simples picardia – até porque o fato de Alfredo ser pessoa com deficiência, paciente de saúde mental, era de todos conhecido, inclusive dela – passou a agredi-lo com tapas violentos e empurrões, momento em que Alfredo, revidando, bateu em Luana, até fazer com que ela cessasse seus atos. À vista da confusão que se formou, a polícia foi chamada ao local e conduziu Alfredo à delegacia local. Diante da situação hipotética narrada e, assumindo que a condição de saúde mental de Alfredo era capaz de afastar totalmente sua capacidade de discernimento, deve ser reconhecida a falta das condições para a imposição de qualquer resposta penal a Alfredo, inexistindo injusto penal em seu comportamento.

( ) Certo    ( ) Errado

**Gabarito comentado:** Alfredo atuou em legítima defesa, não podendo ser a sua conduta, assim, considerada ilícita. Para que se aplique a medida de segurança ao inimputável, é necessário que se reconheça ter ele praticado fato típico e ilícito, o que não se deu na hipótese vertente. Portanto, está certo.

## 41.7.2  2º pressuposto – não estar extinta a punibilidade

Não podem ser aplicadas medidas de segurança na hipótese de estar o fato alcançado por qualquer causa extintiva de punibilidade prevista em lei, esteja, ou não, prevista no art. 107 do Código Penal. Essa é a conclusão a que se chega por meio da leitura do art. 96, parágrafo único, no diploma legal citado.

> **Art. 96.** (...)
>
> **Parágrafo único.** Extinta a punibilidade, não se impõe medida de segurança nem subsiste a que tenha sido imposta.

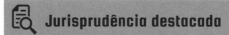

É inconstitucional a manutenção em Hospital de Custódia e Tratamento Psiquiátrico – estabelecimento penal – de pessoa com diagnóstico de doença psíquica que teve extinta a punibilidade. Essa situação configura uma privação de liberdade sem pena (STF, 2ª Turma, HC nº 151.523/SP, Rel. Min. Edson Fachin, j. 27.11.2018).

> **Decifrando a prova**
>
> **(2015 – Cespe/Cebraspe – TRF/1ª Região – Juiz Federal Substituto – Adaptada)** Extinta a punibilidade, o juiz poderá determinar que o agente seja submetido a tratamento ambulatorial para garantia da ordem pública, se concluir que ele ainda oferece risco para a sociedade.
> ( ) Certo   ( ) Errado
> **Gabarito comentado:** restando extinta a punibilidade, não se pode aplicar medidas de segurança. Portanto, está errado.

## 41.7.3 3º pressuposto – a periculosidade

A periculosidade é a **chance concreta** de o inimputável ou semi-imputável **voltar a praticar** condutas que a lei descreve como criminosas e o último dos pressupostos para a aplicação da medida de segurança.

Para os **inimputáveis**, na hipótese do art. 26, *caput*, do Código Penal, ou seja, para os doentes mentais, a **periculosidade é presumida de forma absoluta**, não se admitindo prova em sentido contrário. Para os **semi-imputáveis**, a probabilidade da prática de novos fatos criminosos deverá ser provada, ou seja, **a periculosidade é real**.[3]

## 41.8 SISTEMA DE APLICAÇÃO DE MEDIDAS DE SEGURANÇA AOS SEMI-IMPUTÁVEIS

Existem dois diferentes sistemas para a aplicação da medida de segurança:

1. sistema do duplo binário;
2. sistema vicariante.

Na sua **redação original**, o Código Penal brasileiro adotava o **duplo binário**. Com a reforma sofrida pela **Parte Geral no ano de 1984**, abandonou-se o sistema do duplo binário, passando a viger o **sistema vicariante**.

---

[3] A redação original do Código Penal de 1940 trazia outras hipóteses de presunção de periculosidade, além da doença mental. Atualmente só se pode presumir de forma *iure et de iure* a presunção de periculosidade dos inimputáveis por doença mental ("**Art. 78.** Presumem-se perigosos: I – aqueles que, nos termos do art. 22, são isentos de pena; II – os referidos no parágrafo único do art. 22; III – os condenados por crime cometido em estado de embriaguez pelo álcool ou substância de efeitos análogos, se habitual a embriaguez; IV – os reincidentes em crime doloso; V – os condenados por crime que hajam cometido como filiados a associação, bando ou quadrilha de malfeitores").

O **sistema duplo binário ou do duplo trilho** se caracteriza pela possibilidade de aplicação, pelo mesmo fato, da pena e da medida de segurança. Este sistema também é denominado sistema de **dupla via** e era adotado no art. 82, I, da antiga Parte Geral. Nele, o semi-imputável primeiro cumpria a pena privativa de liberdade e, após, a medida de segurança.[4]

Abandonada a sistemática do duplo trilho, ao "semi-imputável" passou-se a aplicar a medida de segurança pelo **sistema vicariante**, também denominado sistema **monista ou unitário**. Nele, ao semi-imputável se aplica pena ou medida de segurança, adotando-se a última solução quando recomendada pela periculosidade que ostenta o autor da infração.

O termo vicariante é usado quando nos referimos à "qualidade de substituir o outro". O que se tem com relação às medidas de segurança, após a reforma de 1984, é justamente a possibilidade de se impor ao semi-imputável medida de segurança no lugar de uma pena, vedando-se a imposição cumulativa ou mesmo sucessiva de pena e medida de segurança na hipótese do disposto no art. 26, parágrafo único, do CP.

> **CP, art. 98.** Na hipótese do parágrafo único do art. 26 deste Código e necessitando o condenado de especial tratamento curativo, a pena privativa de liberdade pode ser substituída pela internação, ou tratamento ambulatorial, pelo prazo mínimo de 1 (um) a 3 (três) anos, nos termos do artigo anterior e respectivos §§ 1º a 4º.

A substituição da pena aplicada ao semi-imputável pela medida de segurança deverá ser adotada pelo juiz quando for provada sua periculosidade concreta, revelando-se, assim, a solução mais adequada. Uma vez realizada a substituição, a pessoa ficará sujeita a tratamento idêntico ao dispensado aos inimputáveis.

### Decifrando a prova

**(2015 – Cespe/Cebraspe – AGU – Advogado da União – Adaptada)** O CP adota o sistema vicariante, que impede a aplicação cumulada de pena e medida de segurança a agente semi-imputável e exige do juiz a decisão, no momento de prolatar sua sentença, entre a aplicação de uma pena com redução de um a dois terços ou a aplicação de medida de segurança, de acordo com o que for mais adequado ao caso concreto.

( ) Certo ( ) Errado

**Gabarito comentado:** consoante disposto no art. 98 do Código Penal, está certo.

Não caracterizará violação ao sistema vicariante, porém, a imposição simultânea de pena privativa de liberdade e da medida de segurança ao semi-imputável, desde que pela prática de fatos diversos. Assim já entendeu o STJ.

---

[4] Execução das medidas de segurança ("**Art. 82.** Executam-se as medidas de segurança: I – depois de cumprida a pena privativa de liberdade; [redação da antiga Parte Geral do CP, revogada pela Lei nº 7.209 de 1984.]").

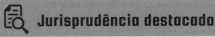

1. Ressalvada pessoal compreensão diversa, uniformizou o Superior Tribunal de Justiça ser inadequado o *writ* quando utilizado em substituição a recursos especial e ordinário, ou de revisão criminal, admitindo-se, de ofício, a concessão da ordem ante a constatação de ilegalidade flagrante, abuso de poder ou teratologia. 2. O sistema vicariante afastou a imposição cumulativa ou sucessiva de pena e medida de segurança, uma vez que a aplicação conjunta ofenderia o princípio do *ne bis in idem*, já que o mesmo indivíduo suportaria duas consequências em razão do mesmo fato. 3. Tratando-se o reconhecimento da incapacidade de decisão incidental no processo penal, não há obstáculo jurídico à imposição de medida de segurança em um feito e penas privativas de liberdade em outros processos. 4. *Habeas Corpus* não conhecido (STJ, 6ª Turma, HC nº 275.635/SP 2013/0271447-8, Rel. Min. Nefi Cordeiro, j. 08.03.2016, *DJe* 15.03.2016).

De outro giro, devemos atentar para a lição de Estefam (2010, p. 428):

> (...) se alguém responder a mais de um processo criminal e, em cada um deles, se ele impuser medida de segurança, todas elas serão unificadas numa só execução. Isso se dá em razão do caráter terapêutico da medida. Isto não quer dizer, contudo, que, na hipótese de já existir medida imposta, mediante decisão transitada em julgado, que novo processo tornar-se-á despiciendo ou desprovido de objeto; pelo contrário, a decisão haverá de ser proferida, impondo-se a sanção, se o caso for. Isto porque pode-se reconhecer, *a posteriori*, a invalidade da sentença proferida em um dos processos por meio de revisão criminal.

## 41.9  DETRAÇÃO E MEDIDA DE SEGURANÇA

O tempo de prisão ou internação provisória será **descontado** no cômputo do **prazo mínimo** da medida de segurança. A regra está prevista no art. 42 do Código Penal.

> **Art. 42.** Computam-se, na pena privativa de liberdade e na medida de segurança, o tempo de prisão provisória, no Brasil ou no estrangeiro, o de prisão administrativa e o de internação em qualquer dos estabelecimentos referidos no artigo anterior.

### Decifrando a prova

**(2014 – Vunesp – TJ/SP – Juiz – Adaptada)** A regra da detração da prisão provisória em relação à medida de segurança se justifica para o fim de ser levantada a medida e não para desconto do tempo para a realização do exame de averiguação de periculosidade ao termo do prazo mínimo.
( ) Certo       ( ) Errado
**Gabarito comentado:** a detração se justifica para desconto no cômputo do prazo mínimo da medida de segurança, e não para o fim de ser levantada a medida. Portanto, está errado.

## 41.10 PRESCRIÇÃO DA MEDIDA DE SEGURANÇA

Às medidas de segurança, sendo espécie do gênero infração penal, também **se aplica** o instituto da **prescrição**, inclusive quanto às regras de contagem pela metade aos prazos suspensivos e interruptivos, nos termos dos arts. 115, 116 e 117 do Código Penal, respectivamente.

**Art. 115.** São reduzidos de metade os prazos de prescrição quando o criminoso era, ao tempo do crime, menor de 21 (vinte e um) anos, ou, na data da sentença, maior de 70 (setenta) anos.

**Causas impeditivas da prescrição**

**Art. 116.** Antes de passar em julgado a sentença final, a prescrição não corre:

I – enquanto não resolvida, em outro processo, questão de que dependa o reconhecimento da existência do crime;

II – enquanto o agente cumpre pena no exterior; (Redação dada pela Lei nº 13.964, de 2019.)

III – na pendência de embargos de declaração ou de recursos aos Tribunais Superiores, quando inadmissíveis; e (Incluído pela Lei nº 13.964, de 2019.)

IV – enquanto não cumprido ou não rescindido o acordo de não persecução penal. (Incluído pela Lei nº 13.964, de 2019.)

**Parágrafo único.** Depois de passada em julgado a sentença condenatória, a prescrição não corre durante o tempo em que o condenado está preso por outro motivo.

**Causas interruptivas da prescrição**

**Art. 117.** O curso da prescrição interrompe-se:

I – pelo recebimento da denúncia ou da queixa;

II – pela pronúncia;

III – pela decisão confirmatória da pronúncia;

IV – pela publicação da sentença ou acórdão condenatórios recorríveis;

V – pelo início ou continuação do cumprimento da pena;

VI – pela reincidência.

§ 1º Excetuados os casos dos incisos V e VI deste artigo, a interrupção da prescrição produz efeitos relativamente a todos os autores do crime. Nos crimes conexos, que sejam objeto do mesmo processo, estende-se aos demais a interrupção relativa a qualquer deles.

§ 2º Interrompida a prescrição, salvo a hipótese do inciso V deste artigo, todo o prazo começa a correr, novamente, do dia da interrupção.

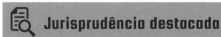

*HABEAS CORPUS*. INTERDIÇÃO CIVIL. EXTINÇÃO DA PUNIBILIDADE. RECONHECIMENTO DA PRESCRIÇÃO DA PRETENSÃO PUNITIVA. MANUTENÇÃO EM HOSPITAL DE CUSTÓDIA E TRATAMENTO PSIQUIÁTRICO. INCONSTITUCIONALIDADE. CONVENÇÃO INTERNACIONAL DOS

> DIREITOS DA PESSOA COM DEFICIÊNCIA. DECRETO. INCORPORAÇÃO COMO TEXTO CONSTITUCIONAL. LEI Nº 10.216/2001. INSERÇÃO SOCIAL É A REGRA. INTERNAÇÃO APRESENTA-SE COMO MEDIDA EXCEPCIONAL. ORDEM CONCEDIDA. 1. É inconstitucional a manutenção em Hospital de Custódia e Tratamento Psiquiátrico estabelecimento penal de pessoa com diagnóstico de doença psíquica que teve extinta a punibilidade, por configurar-se privação de liberdade sem pena. 2. A Convenção Internacional dos Direitos da Pessoa com Deficiência (CDPD), incorporado ao texto constitucional por meio do Decreto nº 6.949/2009, prevê, como princípios gerais, a plena e efetiva participação e inclusão na sociedade das pessoas com deficiência de natureza física, mental, intelectual e sensorial. 3. A Lei nº 10.216/2001 estabelece que a internação tem caráter singular e que o tratamento de pessoa com diagnóstico psíquico visará, como finalidade permanente, a reinserção social do paciente em seu meio. 4. *Habeas corpus* concedido ao Paciente, que se encontra em regime de constrição de liberdade há mais de 7 anos, com extinção da punibilidade reconhecida, uma vez que sua manutenção em HCTP fere a ordem constitucional e legal do sistema jurídico brasileiro (STF, 2ª Turma, HC nº 151.523/SP 0015424-03.2017.1.00.0000, Rel. Min. Edson Fachin, j. 27.11.2018, DJe-263, 07.12.2018).
>
> (...) 1. A prescrição da pretensão executória alcança não só os imputáveis, mas também aqueles submetidos ao regime de medida de segurança. Precedentes. 2. Consoante dispõe o art. 115 do Código Penal, são reduzidos de metade os prazos de prescrição quando o criminoso era, ao tempo do crime, menor de 21 (vinte e um) anos. 3. Na hipótese, após verificar ultrapassado o prazo de 10 (dez) anos entre a determinação da internação do paciente e o início de cumprimento da medida de segurança, o Juízo da Execução, acertadamente, reconheceu a extinção da punibilidade pela prescrição da pretensão executória. 4. Ordem concedida, com o intuito de restabelecer a decisão do Juízo da Vara de Execuções Criminais de São Paulo, mediante a qual se julgou extinta a punibilidade por força do reconhecimento da prescrição da pretensão executória (STJ, 6ª Turma, HC nº 59.764/SP 2006/0112515-1, Rel. Min. Og Fernandes, j. 25.05.2010, DJe 21.06.2010).

### 41.10.1 Prescrição das medidas de segurança aplicáveis aos semi-imputáveis

Com relação aos **semi-imputáveis**, a prescrição será calculada de acordo com as **normas referentes às penas privativas de liberdade**, uma vez que se trata de sentença condenatória, em que uma pena foi aplicada e, após, em face da periculosidade concreta do condenado, foi substituída pela medida de segurança, de acordo com o disposto no art. 98. Havendo uma sentença condenatória concreta, ela será apta a servir de parâmetro para o prazo prescricional, como observa Masson (2019b, p. 810).

> **Art. 98.** Na hipótese do parágrafo único do art. 26 deste Código e necessitando o condenado de especial tratamento curativo, a pena privativa de liberdade pode ser substituída pela internação, ou tratamento ambulatorial, pelo prazo mínimo de 1 (um) a 3 (três) anos, nos termos do artigo anterior e respectivos §§ 1º a 4º. (Redação dada pela Lei nº 7.209, de 11.7.1984.)

## 41.10.2 Prescrição das medidas de segurança aplicáveis aos inimputáveis

Com relação aos inimputáveis, duas correntes se formam com relação à prescrição das medidas de segurança:

- **1ª corrente:** as medidas de segurança não se submetem à prescrição da pretensão executória, que exige a imposição de uma pena, o que não ocorre na hipótese de aplicação da medida de segurança.
- **2ª corrente:** as medidas de segurança, como espécies do gênero sanção penal, se submetem à prescrição da pretensão punitiva e também à prescrição da pretensão executória. É a orientação que adotamos, seguindo a orientação da doutrina majoritária e de nossas Cortes Superiores.

Sobre o cálculo do prazo, nesse caso, podemos destacar duas orientações:

1. Prescrição da **pretensão punitiva e prescrição da pretensão executória para as medidas de segurança são calculadas tendo como base a pena máxima cominada em abstrato** (FERRARI, 2001). Essa orientação é adotada por Estefam (2010, p. 427), pelo STJ e é a que nos parece mais acertada.

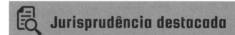

SENTENÇA ABSOLUTÓRIA IMPRÓPRIA. IMPOSIÇÃO DE MEDIDA DE SEGURANÇA. PRESCRIÇÃO. APLICABILIDADE. INTERNAÇÃO. MARCO TEMPORAL. PENA MÁXIMA ABSTRATAMENTE PREVISTA PARA O DELITO. EXTINÇÃO DA PUNIBILIDADE. INOCORRÊNCIA. RECURSO IMPROVIDO. 1. O Supremo Tribunal Federal já se manifestou no sentido de que o instituto da prescrição é aplicável na medida de segurança, estipulando que esta "é espécie do gênero sanção penal e se sujeita, por isso mesmo, à regra contida no art. 109 do Código Penal" (RHC nº 86.888/SP, Rel. Min. Eros Grau, 1ª Turma, DJ 02.12.2005). 2. Sedimentou-se nesta Corte Superior de Justiça o entendimento no sentido de que a prescrição nos casos de sentença absolutória imprópria é regulada pela pena máxima abstratamente prevista para o delito. Precedentes. 3. Na hipótese, não se verifica o transcurso do prazo prescricional aplicável entre os marcos interruptivos. 4. Recurso Improvido (RHC nº 39.920/RJ, 5ª Turma, Rel. Min. Jorge Mussi, j. 06.02.2014, DJe 12.02.2014).

Estefam destaca, ainda, que, se entre a data do trânsito em julgado da sentença que aplicou a medida de segurança e o início de seu cumprimento transcorrer tempo superior ao prazo mínimo (um a três anos), seu cumprimento se condicionará a verificação, mediante perícia médica, de que se mantém pessoa perigosa. Nesta linha também já decidiu o STJ (ESTEFAM, 2010, p. 427).

2. Prescrição da **pretensão punitiva** das medidas de segurança é calculada com base na **pena máxima** cominada ao tipo penal correspondente à infração praticada. Quanto à prescrição da **pretensão executória**, seria calculada com base na **duração**

máxima da medida de segurança, que atualmente é de 40 (quarenta) anos, consoante entendimento do STF. A Corte já adotou essa posição em julgado de 2012.

### Jurisprudência destacada

*HABEAS CORPUS.* MEDIDA DE SEGURANÇA. EXTINÇÃO DA PUNIBILIDADE. PRESCRIÇÃO. NÃO OCORRÊNCIA. DESINTERNAÇÃO PROGRESSIVA. ORDEM PARCIALMENTE CONCEDIDA. 1. As medidas de segurança se submetem ao regime ordinariamente normado da prescrição penal. Prescrição a ser calculada com base na pena máxima cominada ao tipo penal debitado ao agente (no caso da prescrição da pretensão punitiva) ou com base na duração máxima da medida de segurança, trinta anos (no caso da prescrição da pretensão executória). Prazos prescricionais, esses, aos quais se aplicam, por lógico, os termos iniciais e marcos interruptivos e suspensivos dispostos no Código Penal. 2. Não se pode falar em transcurso do prazo prescricional durante o período de cumprimento da medida de segurança. Prazo, a toda evidência, interrompido com o início da submissão do paciente ao "tratamento" psiquiátrico forense (inciso V do art. 117 do Código Penal). 3. No julgamento do HC nº 97.621, da relatoria do ministro Cezar Peluso, a 2ª Turma do Supremo Tribunal Federal entendeu cabível a adoção da desinternação progressiva de que trata a Lei nº 10.261/2001. Mesmo equacionamento jurídico dado pela Primeira Turma, ao julgar o HC nº 98.360, da relatoria do ministro Ricardo Lewandowski, e, mais recentemente, o RHC nº 100.383, da relatoria do ministro Luiz Fux. 4. No caso, o paciente está submetido ao controle penal estatal desde 1981 (data da internação no instituto psiquiátrico forense) e se acha "lotado em unidade aberta, desde 1988". Pelo que não se pode desqualificar a ponderação do juízo mais próximo à realidade da causa. 5. Ordem parcialmente concedida para assegurar ao paciente a desinternação progressiva, determinada pelo juízo das execuções penais (STF, 2ª Turma, HC nº 107.157/RS, Rel. Min. Ayres Britto, j. 14.02.2012, *DJe* 18.06.2012).

Observe que o prazo de 30 anos mencionado no julgado acima se justifica pelo fato de a decisão ser anterior a 23 de janeiro de 2020, quando entrou em vigor a Lei nº 13.964/2019, dando nova redação ao art. 75 do Código Penal.

**Art. 75.** O tempo de cumprimento das penas privativas de liberdade não pode ser superior a 40 (quarenta) anos. (Redação dada pela Lei nº 13.964, de 2019.)

### Decifrando a prova

**(2014 – Vunesp – TJ/SP – Juiz – Adaptada)** A prescrição de medida de segurança deve ser calculada pelo máximo da pena cominada ao delito atribuído ao agente, interrompendo-se lhe o prazo com o início do seu cumprimento.
( ) Certo    ( ) Errado
**Gabarito comentado:** de acordo com a jurisprudência do STJ e STF, está certo.

## 41.11 INDULTO E MEDIDAS DE SEGURANÇA

Ainda que a medida de segurança não possa ser considerada pena em sentido estrito, o Supremo Tribunal Federal decidiu, sob o rito da repercussão geral, ser **possível** ao Presidente da República **conceder indulto** ao indivíduo a quem foi aplicada.

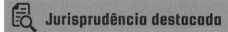

Reveste-se de legitimidade jurídica a concessão, pelo presidente da República, do benefício constitucional do indulto (CF/1988, art. 84, XII), que traduz expressão do poder de graça do Estado, mesmo se se tratar de indulgência destinada a favorecer pessoa que, em razão de sua inimputabilidade ou semi-imputabilidade, sofre medida de segurança, ainda que de caráter pessoal e detentivo. Essa a conclusão do Plenário, que negou provimento a recurso extraordinário em que discutida a possibilidade de extensão de indulto a internados em cumprimento de medida de segurança. O Colegiado assinalou que a competência privativa do presidente da República prevista no art. 84, XII, da CF abrange a medida de segurança, espécie de sanção penal, inexistindo restrição à concessão de indulto. Embora não seja pena em sentido estrito, é medida de natureza penal e ajusta-se ao preceito, cuja interpretação deveria ser ontológica. Lembrou o HC nº 84.219/SP (*DJU* de 23.09.2005), em que o período máximo da medida de segurança fora limitado a 30 anos, mediante interpretação sistemática e teleológica dos arts. 75 e 97 do CP e 183 da LEP. Fora reconhecida, na ocasião, a feição penal da medida de segurança, a implicar restrição coercitiva da liberdade. Em reforço a esse entendimento, sublinhou o art. 171 da LEP, a condicionar a execução da sentença ao trânsito em julgado; bem assim o art. 397, II, do CPP, a proibir a absolvição sumária imprópria, em observância ao princípio da não culpabilidade (CF/1988, art. 5º, LVII). No caso, o Presidente da República, ao implementar indulto no tocante a internados em cumprimento de medida de segurança, nos moldes do art. 1º, VIII, do Decreto natalino nº 6.706/1998, não extrapolara o permissivo constitucional. Precedentes citados: RE nº 612.862 AgR/RS (*DJe* de 18.02.2011) e HC nº 97.621/RS (*DJe* 26.06.2009) (RE nº 628.658/RS, Rel. Min. Marco Aurélio, 04 e 05.11.2015).

 **Decifrando a prova**

**(2013 – FCC – DPE/SP – Defensor Público – Adaptada)** Em relação à Saúde Mental e Direito Penal, a obtenção de indulto pela pessoa portadora de transtorno mental é incabível se persistir sua periculosidade.
( ) Certo     ( ) Errado
**Gabarito comentado:** tendo o STF decidido, em sede de repercussão geral, a possibilidade de concessão de indulto para aqueles, imputáveis ou semi-imputáveis, a quem tenha sido aplicada a medida de segurança. Portanto, está errado.

## 41.12 CONVERSÃO DA PENA PRIVATIVA DE LIBERDADE EM MEDIDA DE SEGURANÇA

De acordo com o disposto no art. 183 da LEP, se, no curso da execução da pena privativa de liberdade **sobrevier doença mental** ao condenado, consoante pericialmente comprovado, o juiz a **substituirá por medida de segurança**.

> Art. 183. Quando, no curso da execução da pena privativa de liberdade, sobrevier doença mental ou perturbação da saúde mental, o Juiz, de ofício, a requerimento do Ministério Público, da Defensoria Pública ou da autoridade administrativa, poderá determinar a substituição da pena por medida de segurança.

A doutrina diverge quanto ao tempo de medida de segurança a ser cumprido após a conversão, apresentando-se quatro diferentes correntes acerca da matéria:

- **1ª corrente:** uma vez convertida a pena privativa de liberdade, a medida de segurança não terá prazo determinado, devendo ser cumprida enquanto não cessada a periculosidade.
- **2ª corrente:** feita a conversão, a medida de segurança terá prazo máximo de 40 anos, nos termos do disposto no art. 75 do Código Penal e posição do STF quanto ao prazo máximo da medida de segurança.

> Art. 75. O tempo de cumprimento das penas privativas de liberdade não pode ser superior a 40 (quarenta) anos. (Redação dada pela Lei nº 13.964, de 2019.)

- **3ª corrente:** a duração da medida de segurança será o prazo máximo de pena cominada em abstrato pelo preceito sancionatório da norma penal incriminadora, seguindo a lógica da Súmula nº 527 do STJ.

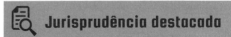 Jurisprudência destacada

**Súmula nº 527, STJ.** O tempo de duração da medida de segurança não deve ultrapassar o limite máximo da pena abstratamente cominada ao delito praticado.

- **4ª corrente:** deverá ser cumprida a medida de segurança pelo prazo restante da pena. É nossa posição e também do STJ.

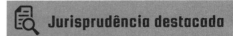 Jurisprudência destacada

(...) 5. A medida de segurança prevista no art. 183 da Lei de Execução Penal é aplicada quando, no curso da execução da pena privativa de liberdade, sobrevier doença mental ou perturbação da saúde mental, ocasião em que a sanção é substituída pela medida de segurança,

> que deve perdurar pelo período de cumprimento da reprimenda imposta na sentença penal condenatória, sob pena de ofensa à coisa julgada (...) (STJ, 6ª Turma, HC nº 219.014/RJ 2011/0223439-6, Rel. Min. Og Fernandes, j. 16.05.2013, *DJe* 28.05.2013).

## 41.13 APLICAÇÃO DA MEDIDA DE SEGURANÇA EM SEGUNDA INSTÂNCIA EM RECURSO EXCLUSIVO DO RÉU E A SUPERAÇÃO DA SÚMULA Nº 525 DO STF

Antes da Lei nº 7.209/1984, que conhecemos como a Nova Parte Geral do Código Penal, o Supremo Tribunal Federal editou a Súmula nº 525, com o seguinte teor:

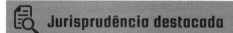

> **Súmula nº 525, STF.** A medida de segurança não será aplicada em segunda instância, quando só o réu tenha recorrido.

A razão da Súmula era bastante simples. Na época de sua edição, o sistema de aplicação das medidas de segurança era o do duplo binário, havendo possibilidade de aplicação de pena privativa de liberdade e medidas de segurança pelo mesmo fato, como já vimos neste capítulo. Assim, caso aplicada a pena, mas não aplicada a medida de segurança em primeira instância, sua aplicação em sede de recurso exclusivo da defesa caracterizaria *reformatio in pejus*.

Atualmente, e desde a reforma de 1974, contudo, adotado o sistema vicariante e não sendo admitidas pena e medida de segurança pelo mesmo fato, nada impede que, em segunda instância, em recurso exclusivo da defesa, seja operada a substituição da pena privativa de liberdade imposta ao semi-imputável por medida de segurança, desde que o período mínimo de internação não exceda ao que foi fixado na sentença para a pena privativa de liberdade.

Na hipótese em que a substituição se dará no interesse curativo do semi-imputável, não se poderá falar em *reformatio in pejus*. **A Súmula nº 525, portanto, está superada**, subsistindo apenas no seu sentido subjacente, ou seja, para vedar que, em segunda instância, em recurso exclusivo da defesa, se aplique medida de segurança mais grave do que a anteriormente aplicada, porque, aí sim, teríamos reforma prejudicial.

Neste sentido já se posicionou o STF:

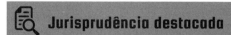

> (...) I – Se o juiz tiver dúvida razoável sobre a integridade mental do acusado, poderá, de ofício, submetê-lo a exame médico-legal. CPP, art. 149. II – Não constitui *reformatio in pejus* o fato de o juiz substituir a pena privativa de liberdade por medida de segurança, com base em laudo psiquiátrico que considerou o acusado semi-imputável. CP, art. 98. III – Como a lei não estabelece o momento processual para a realização do exame médico-legal de que trata o art.

149 do CPP, deverá ele ser realizado com o surgimento de dúvida razoável sobre a integridade mental do acusado. Precedente do STF. IV – Com a reforma penal de 1984, a medida de segurança passou a ser aplicada apenas aos inimputáveis e aos semi-imputáveis (CP, arts. 97 e 98). A Súmula nº 525/STF, editada antes da reforma penal, subsiste apenas para vedar a *reformatio in pejus* no caso específico da medida de segurança. Precedente do STF. V – HC indeferido (HC nº 75.238, 2ª Turma, Rel. Min. Carlos Velloso, j. 23.09.1997, *DJ* 07.11.1997).

Atualmente, a medida de segurança não é aplicável aos imputáveis, estando reservada aos inimputáveis, art. 97 do CP, e aos semi-imputáveis, art. 98 do CP, mas, neste caso, em substituição à pena privativa de liberdade reduzida, art. 26, par. único, do CP. Desta forma, a Súmula nº 525 subsiste, apenas, no seu princípio subjacente, de vedar a *reformatio in pejus* no caso específico da medida de segurança. É possível, em casos especiais como o presente, que o Tribunal, ao julgar apelação exclusiva do réu substitua a pena privativa de liberdade aplicável ao semi-imputável por medida de segurança, no interesse do próprio paciente, mas de forma que o período mínimo de internação não exceda ao que foi fixado na sentença para a pena privativa de liberdade (HC nº 69.568, 2ª Turma, Rel. Min. Paulo Brossard, j. 27.10.1992, *DJ* 27.11.1992).

Outra não é a orientação do STJ:

 **Jurisprudência destacada**

(...) Não há que se falar em *reformatio in pejus* quando o Tribunal de origem, ao dar parcial provimento ao recurso defensivo, fixa medida de segurança, requerida pelo próprio réu. 3. "Não se aplica a Súmula nº 525/STF ao caso, vez que a referida Súmula foi editada quando vigia o sistema duplo binário, isto é, quando havia possibilidade de aplicação simultânea de pena privativa de liberdade e de medida de segurança" (HC nº 187.051/SP, 5ª Turma, Rel. Min. Gilson Dipp, *DJe* 14.10.2011). 4. *Habeas corpus* não conhecido (STJ, 5ª Turma, HC nº 184.940/SP 2010/0169187-2, Rel. Min. Gurgel de Faria, j. 23.06.2015, *DJe* 03.08.2015).

**Contudo,** não se pode deixar de destacar que, **em 2012,** em decisão que contraria tudo o que até aqui dissemos e até mesmo a jurisprudência da própria Corte, **o STF aplicou a Súmula nº 525.**

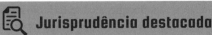 **Jurisprudência destacada**

AÇÃO PENAL. Condenação. Sentença condenatória. Pena restritiva de liberdade. Substituição por medida de segurança. Determinação de exame de sanidade mental, determinada de ofício em recurso exclusivo do réu, que a não requereu. Inadmissibilidade. Coisa julgada sobre aplicação da pena. Decisão, ademais, viciada por disposição *ultra petita* e *reformatio in pejus*. HC concedido. Aplicação da Súmula nº 525 do Supremo. Votos vencidos. Não é lícito aplicar medida de segurança em grau de recurso, quando só o réu tenha recorrido sem requerê-la (HC nº 111.769, 2ª Turma, Rel. Min. Gilmar Mendes, Rel. p/ Acórdão: Min. Cezar Peluso, j. 26.06.2012, *DJe*-037, divulg. 25.02.2013, publ. 26.02.2013).

> **Decifrando a prova**
>
> **(2014 – Cespe/Cebraspe – TJ/DF – Juiz de Direito Substituto – Adaptada)** Com base em Súmulas do STF, STJ e TJDFT, ainda que apenas a defesa tenha recorrido de sentença condenatória, poderá ser aplicada, em segunda instância, medida de segurança.
> ( ) Certo   ( ) Errado
> **Gabarito comentado:** a resposta foi dada como certa, adotando-se a orientação que prevalece no STJ e no STF, considerando-se superada a Súmula nº 525 do STF. Descartando-se, portanto, o julgado isolado.

## 41.14 MEDIDA DE SEGURANÇA PREVENTIVA OU PROVISÓRIA

A antiga redação da Parte Geral do Código Penal, em seu art. 80, *caput*, autorizava a aplicação provisória da medida de segurança. Com a mudança de 1984, o Código Penal não repetiu a solução, provocando, destarte, a revogação tácita dos arts. 378 e 380 do Código de Processo Penal, que igualmente dispunham sobre o tema. Contudo, as **alterações estruturais** provocadas no sistema processual penal brasileiro pela **Lei nº 12.403/2011** trouxeram medidas cautelares alternativas e preferenciais à prisão, dentre as quais se encontra a **internação provisória** em Hospital de Tratamento e Custódia.

> **CPP, art. 319.** São medidas cautelares diversas da prisão: (...)
>
> VII – internação provisória do acusado nas hipóteses de crimes praticados com violência ou grave ameaça, quando os peritos concluírem ser inimputável ou semi-imputável (art. 26 do Código Penal) e houver risco de reiteração; (...) (Incluído pela Lei nº 12.403, de 2011.)

A medida, que os penalistas denominam medida de segurança provisória ou preventiva, reclama para sua aplicação de três requisitos cumulativos:

1. **Crime** praticado por emprego de **violência ou grave ameaça** (aqui, a lei não exige que se trate de violência empregada contra pessoa, admitindo-se a medida ainda quando se tratar de violência contra a coisa).
2. Realização de **exame pericial** conclusivo pela inimputabilidade ou semi-imputabilidade.
3. Periculosidade, a caracterizar risco de **reiteração de novas condutas** criminosas.

No que tange ao risco de reiteração, é **presumida** a periculosidade para os **inimputáveis**. Na doutrina, cumpre destacar que, dentre outros, Távora e Alencar (2019, p. 1095) assumem posição diferente, lecionando que a medida somente é cabível quando justificada pelo risco de reiteração delituosa, o que impediria a internação compulsória como efeito automático da doença mental.

Quanto aos **semi-imputáveis**, todavia, é recomendada apenas quando comprovada a **periculosidade no caso concreto**. Inexistindo recomendação especial de tratamento curativo e a privação de liberdade se afigurar necessária para a garantia da ordem pública, por conveniência da instrução criminal ou para assegurar a aplicação da lei penal, deverá ser decretada a prisão preventiva, consoante disposto nos arts. 282, § 6º, 311 e 312 do CPP, como alerta Masson (2019b, p. 723).

> **Art. 282.** (...)
>
> **§ 6º** A prisão preventiva somente será determinada quando não for cabível a sua substituição por outra medida cautelar, observado o art. 319 deste Código, e o não cabimento da substituição por outra medida cautelar deverá ser justificado de forma fundamentada nos elementos presentes do caso concreto, de forma individualizada. (Redação dada pela Lei nº 13.964, de 2019.)
>
> **Art. 311.** Em qualquer fase da investigação policial ou do processo penal, caberá a prisão preventiva decretada pelo juiz, a requerimento do Ministério Público, do querelante ou do assistente, ou por representação da autoridade policial. (Redação dada pela Lei nº 13.964, de 2019.)
>
> **Art. 312.** A prisão preventiva poderá ser decretada como garantia da ordem pública, da ordem econômica, por conveniência da instrução criminal ou para assegurar a aplicação da lei penal, quando houver prova da existência do crime e indício suficiente de autoria e de perigo gerado pelo estado de liberdade do imputado. (Redação dada pela Lei nº 13.964, de 2019.)

O art. 319 não prevê a possibilidade de **tratamento ambulatorial** preventivo para os semi-imputáveis e inimputáveis. Cremos, contudo, que **inexistem óbices** à aplicação cautelar da medida, ainda que não elencada no rol do citado dispositivo, que pode ser ampliado para abarcar outras medidas menos restritivas, desde que consideradas adequadas ao caso concreto. Estivéssemos diante de medida mais gravosa, a autorização legal se faria imprescindível porque

> ninguém pode ser privado de sua liberdade ou de seus bens sem o devido processo legal, pelo que transbordaria essa limitação constitucional a adoção de medidas cautelares ou assecuratórias mais ásperas que as acolhidas legislativamente (TÁVORA; ALENCAR, 2019, p. 1088).

# 42 Ação penal

## 42.1 DEFINIÇÃO

A "ação" é o **direito público, subjetivo, autônomo e abstrato** que tem o cidadão de se dirigir ao Estado-juiz e dele invocar a prestação da tutela jurisdicional sempre que pretende defender, ver mantido ou reconhecido um direito. Por meio dela, se deduz uma pretensão perante o Poder Judiciário, buscando a aplicação da solução legal ao caso concreto.

Tendo o **monopólio** da administração da justiça, ao Estado competirá garanti-la.

Por intermédio da ação penal, instaura-se o processo penal e invoca-se do Estado a aplicação da sanção penal correspondente à infração praticada.

Dispõe o art. 100 do Código Penal:

> **CP, art. 100.** A ação penal é pública, salvo quando a lei expressamente a declara privativa do ofendido.

Portanto, **a regra** é que **a ação** seja **pública**, de titularidade do próprio Estado.

A Constituição de 1988, a seu turno, consoante art. 129, I, confere a **titularidade** da ação penal pública, **privativamente, ao Ministério Público**, que, na relação jurídico-processual penal, é a personificação do Estado-sociedade. O Ministério Público é, assim, o próprio Estado em juízo.

**Excepcionalmente**, quando a lei assim dispuser, a ação penal será **privada**, cabendo ao particular deflagrá-la.

## 42.2 NATUREZA JURÍDICA DAS NORMAS QUE DISPONHAM SOBRE AÇÃO PENAL

Normas relacionadas à natureza da ação penal, embora indiscutivelmente também disciplinem matéria processual, são **primordialmente normas penais** e, por repercutirem sobre aspectos referentes à punibilidade, aplicam-se retroativamente quando benéficas e, quando prejudiciais, não poderão alcançar fatos anteriores à sua vigência (art. 5º, XL, da CF/1988 c/c art. 2º, parágrafo único, do CP).

Não é outra a razão pela qual as mudanças provocadas pela Lei nº 12.015/2009 quanto à ação penal para o estupro de vulnerável, que passou a ser de natureza pública incondicionada, não poderiam, a rigor e por expressa disposição constitucional, ser aplicadas aos fatos anteriores, quando o crime era de ação privada. Cuidando-se de norma prejudicial, é irretroativa.

Contudo, contrariando a Carta, não foi isso que definiu o STF no julgamento do HC nº 123.971, julgado em 25.02.2016:

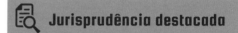

> Direito constitucional, penal e processual penal. *Habeas corpus*. Atentado violento ao pudor contra menor. 1. Não podem prevalecer decisões contraditórias do Poder Judiciário cuja consequência seja a negativa de acesso à Justiça e o esvaziamento da proteção integral da criança, prevista constitucionalmente (art. 227). 2. O art. 225 do Código Penal, na sua redação original, previa que em crimes como o dos presentes autos somente se procedia mediante queixa, salvo se a vítima fosse pobre ou tivesse ocorrido abuso do pátrio poder. O dispositivo vigeu por décadas sem que fosse pronunciada a sua inconstitucionalidade ou não recepção. 3. A Lei nº 12.015, de 07.08.2009, modificou o tratamento da matéria, passando a prever ação pública incondicionada no caso de violência sexual contra menor. 4. Na situação concreta aqui versada, o Poder Judiciário considerou, por decisão transitada em julgado, descabido o oferecimento de queixa-crime pelo pai da vítima, entendendo tratar-se de crime de ação penal pública. Se o STF vier a considerar, no presente *habeas corpus*, que não é admissível a ação penal pública, a consequência seria a total desproteção da menor e a impunidade do crime. 5. À vista da excepcionalidade do caso concreto, o art. 227 da CF/1988 paralisa a incidência do art. 225 do Código Penal, na redação originária, e legitima a propositura da ação penal pública. Aplicação do princípio da proibição de proteção deficiente. Precedente. 6. Ordem denegada (STF, HC nº 123.971, Rel. Min. Teori Zavascki, Rel. p/ Acórdão: Min. Roberto Barroso, Tribunal Pleno, j. 25.02.2016, DJe-123, divulg. 14.06.2016, public. 15.06.2016).

## 42.3 DA LEGITIMIDADE PARA A AÇÃO PENAL

### 42.3.1 Legitimidade ordinária

Sendo o Ministério Público o próprio Estado, titular do *jus puniendi*, é ordinária sua legitimidade para a ação penal. A ação será, portanto, pública.

### 42.3.2 Legitimidade extraordinária

No ordenamento jurídico brasileiro não impera de modo absoluto o caráter publicístico da ação penal (PRADO, 2000, p. 587). Assim, em determinadas situações, **excepcionais** e previstas em lei, o direito de ação é entregue ao ofendido, que, assim, terá legitimidade extraordinária para seu exercício, pois deduzirá uma pretensão punitiva que, em verdade, pertence ao Estado. Nessa hipótese, teremos ação penal privada, em que a vítima é legitimada extraordinária, atuando como substituta processual do Estado, deduzindo em nome próprio direito de outrem.

Consoante disposto no art. 100 do Código Penal, a lei mencionará expressamente as hipóteses em que na ação penal, por ser **privada**, se procederá mediante **queixa** do ofendido.

As hipóteses de crime de ação penal privada são aquelas em que a esfera íntima do indivíduo é atingida de forma tão incisiva que o Estado prefere deixar que a própria vítima delibere sobre a conveniência de deflagrar, ou não, a ação penal. Nesses casos, sopesando o conflito entre o interesse público e o interesse particular, "o Estado, embora continue figurando como detentor exclusivo do *jus puniendi*, concede, excepcionalmente, a vítima do delito, ou ao seu representante legal, a titularidade da ação penal" (PRADO, 2000, p. 587).

No nosso ordenamento jurídico, temos, ainda, uma única hipótese de ação penal privada personalíssima, trazida pelo art. 236 do Código Penal, qual seja, o induzimento a erro essencial. O que caracteriza a ação personalíssima é que, nela, não existe possibilidade de sucessão processual. Morrendo o ofendido, estará extinta a punibilidade. Até o ano de 2005, tínhamos também o adultério como crime de ação personalíssima. Com relação ao adultério, porém, operou-se a *abolitio criminis*, não sendo mais previsto como fato penalmente relevante entre nós.

> **CP, art. 236.** Contrair casamento, induzindo em erro essencial o outro contraente, ou ocultando-lhe impedimento que não seja casamento anterior:
>
> **Pena** – detenção, de seis meses a dois anos.
>
> **Parágrafo único.** A ação penal depende de queixa do contraente enganado e não pode ser intentada senão depois de transitar em julgado a sentença que, por motivo de erro ou impedimento, anule o casamento.

### 🧩 Decifrando a prova

**(2014 – Aroeira – PC/TO – Delegado)** É de ação penal de iniciativa privada personalíssima do ofendido o crime de conhecimento prévio de impedimento.
( ) Certo    ( ) Errado
**Gabarito comentado:** o crime de conhecimento prévio de impedimento é trazido pelo art. 237 do Código Penal e não é de ação personalíssima. De ação personalíssima é o crime de induzimento a erro essencial, definido no art. 236 do CP. Portanto, está errado.

## 42.3.3 Legitimidade concorrente

A legitimidade concorrente se dará em duas hipóteses.

- **1ª hipótese:** na ação penal privada subsidiária da pública, na hipótese de inércia do Ministério Público, que deixa de observar o prazo previsto no art. 46, *caput,* do CPP, surge para a vítima legitimidade para a queixa subsidiária, por um prazo de seis meses, contados da inércia do Ministério Público, consoante art. 29 do CPP.

**CPP**

**Art. 46.** O prazo para oferecimento da denúncia, estando o réu preso, será de 5 dias, contado da data em que o órgão do Ministério Público receber os autos do inquérito policial, e de 15 dias, se o réu estiver solto ou afiançado. No último caso, se houver devolução do inquérito à autoridade policial (art. 16), contar-se-á o prazo da data em que o órgão do Ministério Público receber novamente os autos.

**Art. 29.** Será admitida ação privada nos crimes de ação pública, se esta não for intentada no prazo legal, cabendo ao Ministério Público aditar a queixa, repudiá-la e oferecer denúncia substitutiva, intervir em todos os termos do processo, fornecer elementos de prova, interpor recurso e, a todo tempo, no caso de negligência do querelante, retomar a ação como parte principal.

Deve-se, contudo, atentar para o fato de que o **prazo do art. 46 é impróprio e, assim, não preclui**, o que possibilita que o Ministério Público, mesmo após esgotado, ofereça denúncia, promova arquivamento ou devolva o procedimento investigatório preliminar à Polícia para cumprimento de diligências que requisitar por entender necessárias à formação de sua *opinio delicti*.

Assim, após esgotado o prazo do art. 46 do CP, o legitimado extraordinário (vítima) e o legitimado ordinário (Ministério Público) terão legitimidade concorrente, prevalecendo na titularidade da ação quem primeiro atuar.

• **2ª hipótese:** consagrada na Súmula nº 714 do STF:

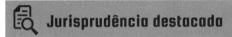

**Jurisprudência destacada**

**Súmula nº 714, STF.** É concorrente a legitimidade do ofendido, mediante queixa, e do Ministério Público, condicionada à representação do ofendido, para a ação penal por crime contra a honra de servidor público em razão do exercício de suas funções.

Deve-se atentar para a hipótese do menor de 18 (dezoito) anos completar a maioridade durante o decurso do prazo decadencial que já esteja correndo para o seu representante legal. É prevalente o entendimento que, *in casu*, a vítima terá, a partir da data em que completar 18 anos, seis meses para o oferecimento da queixa-crime.

**Decifrando a prova**

**(2020 – Cespe/Cebraspe – MPE/CE – Promotor de Justiça de Entrância Inicial)** Paulo, descontente com o término do namoro com Maria, livre e conscientemente, invadiu o dispositivo informático do aparelho celular dela e capturou fotos íntimas e conversas privadas dela com seu novo namorado, João. Posteriormente, também livre e conscientemente, com intuito de vingança, divulgou, em redes sociais na Internet, os vídeos e as fotos de Maria, com cunho sexual, difamando-a e injuriando João com a utilização de elementos referentes à sua raça, cor e etnia. Em razão dessa conduta, Paulo foi indiciado pelos delitos de violação de dispositivo informático, divulgação de cenas de sexo ou pornografia, majorada pelo intuito de vingança, difamação contra Maria e injúria racial contra João. Com relação à persecução penal nessa situação hipotética, é correto afirmar que os crimes citados se submetem, respectivamente, a ação penal pública condicionada a representação, pública condicionada a representação, privada, e pública incondicionada.

( ) Certo      ( ) Errado

**Gabarito comentado:** os crimes praticados foram o de invasão de dispositivo informático (art. 154-A do Código Penal), de ação penal pública condicionada, nos termos do art. 154-B do Código Penal; por ter feito a divulgação do material na internet, por motivo egoístico, praticou o crime do art. 218-C, § 1º, do Código Penal, que é crime de ação pública incondicionada, conforme art. 225 do Código Penal; por ter difamado Maria, praticou crime de difamação previsto no art. 139 do Código Penal, que é de ação privada, conforme art. 145 do Código Penal; finalmente, por ter injuriado João, utilizando-se de elementos relacionados à sua raça, praticou crime de injúria racial, previsto no art. 140, § 3º, do Código Penal, que é de ação penal pública condicionada à representação, consoante art. 145, parágrafo único, do Código Penal. Assim, a sequência correta seria ação pública condicionada a representação, pública incondicionada, privada, e pública condicionada a representação. Portanto, está errado.

## 42.4 AÇÃO PENAL PÚBLICA E AÇÃO PENAL PRIVADA: DISTINÇÕES

### 42.4.1 Legitimidade para o exercício do direito de ação

Na ação penal pública, legitimado será o próprio Estado, por meio do Ministério Público; na ação penal privada, extraordinariamente a legitimação será dada à vítima.

### Decifrando a prova

**(2019 – FCC – TJ/AL – Juiz Substituto)** A ação penal é pública condicionada à representação no crime de furto cometido em prejuízo de irmão, legítimo ou ilegítimo, independentemente da idade deste.

( ) Certo      ( ) Errado

**Gabarito comentado:** embora pela regra do art. 182 do Código Penal os crimes patrimoniais praticados contra irmão sejam de natureza pública condicionada à representação do ofendido, o art. 183, III, do Código Penal impede a utilização da imunidade relativa trazida quando o crime é praticado contra pessoa idosa. Assim, a aplicação do 182 do Código Penal depende, sim, da idade da vítima. Portanto, está errado.

## 42.4.2 Exordial ou petição inicial

Na ação penal pública, a exordial é denominada **denúncia** e, na privada, a vestibular acusatória se denomina **queixa-crime**. Para recebimento da denúncia e da queixa, contudo, são exigidos os mesmos requisitos intrínsecos, conforme se extrai do art. 41 do CPP.

> **CPP, art. 41.** A denúncia ou queixa conterá a exposição do fato criminoso, com todas as suas circunstâncias, a qualificação do acusado ou esclarecimentos pelos quais se possa identificá-lo, a classificação do crime e, quando necessário, o rol das testemunhas.

## 42.4.3 Oficialidade da ação pública

Sendo o Ministério Público o órgão oficial do Estado para o exercício da ação penal pública, deverá deflagrá-la de ofício, ou seja, independentemente de provocação, sempre que ao seu conhecimento chegar a prática do crime.

### Decifrando a prova

**(2016 – Cespe/Cebraspe – PC/PE – Delegado)** Na ação penal pública, o princípio da igualdade das armas é mitigado pelo princípio da oficialidade.
( ) Certo    ( ) Errado
**Gabarito comentado:** o princípio da oficialidade importa em reconhecer que é o próprio Estado que atua, por meio do Ministério Público, enquanto parte responsável pela persecução penal. Todavia o MP, além de atuar como parte, sempre acumula a função de *custos legis*, ou seja, de fiscal da lei, devendo proceder com imparcialidade, competindo ao Ministério Público também a tutela dos interesses da defesa. O MP é, assim, a parte imparcial, perseguindo criminalmente, mas atuando também como fiscal da lei. O princípio da oficialidade, desta forma, mitiga, nos crimes de ação penal pública, a ideia de paridade ou igualdade de armas. Portanto, está certo.

## 42.4.4 Obrigatoriedade × conveniência

Em virtude do disposto no art. 24 do CPP, o Ministério Público está, a princípio, obrigado a oferecer denúncia sempre que presentes os requisitos para o regular exercício do direito de ação. A **ação pública** é, assim, regida pelo princípio da **obrigatoriedade**. Caso ausentes aqueles requisitos, deverá o MP determinar retorno das peças de informação à origem para que novas diligências sejam realizadas ou promover arquivamento, o que não importa em ofensa ao princípio da obrigatoriedade e tampouco em inércia estatal.

> **CP, art. 24.** Nos crimes de ação pública, esta será promovida por denúncia do Ministério Público, mas dependerá, quando a lei o exigir, de requisição do Ministro da Justiça, ou de representação do ofendido ou de quem tiver qualidade para representá-lo.

A ação privada, por sua vez, é regida pelo princípio da Oportunidade ou Conveniência, podendo o ofendido, ainda que presentes as condições da ação, abrir mão da deflagração da ação penal, deixando correr *in albis* o prazo decadencial de seis meses para exercício do direito de ação, contados da data em que soube quem foi o autor do fato (art. 38 do CPP). Na ação penal de natureza exclusivamente privada, o ofendido pode, ainda, renunciar, expressa ou tacitamente (com a prática de atos incompatíveis com a vontade de ver o agente criminalmente processado). A renúncia ao direito de queixa é ato unilateral, que independe da ciência ou anuência do suposto infrator.

Embora a obrigatoriedade seja característica marcante da ação pública no processo penal brasileiro, abrem-se entre nós muitas brechas para o critério da oportunidade, típico dos países da *common law*, com a consagração de institutos como a transação penal, a colaboração premiada e, mais recentemente, com a Lei nº 13.964/2019, o Acordo de Não Persecução Penal (ANPP).

## 42.4.5 Indisponibilidade da ação pública × disponibilidade da ação privada

A indisponibilidade, princípio segundo o qual o Ministério Público não poderá desistir da ação penal pública, é consequência lógica da obrigatoriedade.

> **CPP, art. 42.** O Ministério Público não poderá desistir da ação penal.

O fato de a ação penal ser indisponível para o Ministério Público não importa, em absoluto, na conclusão de que não possa pugnar pela absolvição do réu. Essa conclusão decorre do fato de já constar da denúncia o pedido de condenação. Não é outra a redação do art. 385 do CPP:

> **CPP, art. 385.** Nos crimes de ação pública, o juiz poderá proferir sentença condenatória, ainda que o Ministério Público tenha opinado pela absolvição, bem como reconhecer agravantes, embora nenhuma tenha sido alegada.

A ação penal privada é disponível, o que decorre do fato de ser regida pela oportunidade ou conveniência. Por isso, a vítima pode, a qualquer momento, dela desistir, por meio do perdão expresso (judicial ou extrajudicial), do perdão tácito e da peremção.

### 42.4.5.1 Perdão do ofendido

O perdão do ofendido é causa extintiva da punibilidade somente nos crimes de ação penal privada. Na hipótese de concurso de pessoas, uma vez ofertado a um dos querelados, a todos se estenderá. Sendo bilateral, contudo, somente produzirá efeitos caso aceito.

> **CPP, art. 51.** O perdão concedido a um dos querelados aproveitará a todos, sem que produza, todavia, efeito em relação ao que o recusar.

Pode ser expresso (judicial ou extrajudicialmente concedido) ou tácito.

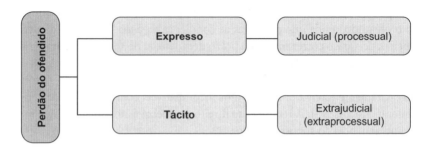

O perdão processual pode ser feito durante audiência ou pode ser ofertado mediante petição. Quando ofertado durante audiência e desde que aceito pelo querelado, o juiz o homologa e, *ex vi* do disposto no art. 107, V, do Código Penal, declara extinta a punibilidade.

Na hipótese de ser ofertado mediante petição, se aplicará o disposto no art. 58 do CPP:

> **CPP, art. 58.** Concedido o perdão, mediante declaração expressa nos autos, o querelado será intimado a dizer, dentro de três dias, se o aceita, devendo, ao mesmo tempo, ser cientificado de que o seu silêncio importará aceitação.

O perdão expresso pode ser extraprocessual, com elaboração de termo de oferecimento e aceitação, que será levado à homologação pelo juiz, que, ao fazê-lo, não deverá observar os aspectos de conveniência ou oportunidade, mas apenas aferir sua regularidade.

O perdão tácito resulta da prática de atos que se revelem incompatíveis com o desejo de perseguir criminalmente o agente. Forçoso destacar que o fato de o ofendido tratar o ofensor com urbanidade não caracteriza perdão tácito.

### 42.4.5.2 Perdão × renúncia

Perdão e renúncia são causas extintivas da punibilidade na hipótese de ação penal privada, nos termos do art. 107, V, do CPP.

> **CPP, art. 107.** Extingue-se a punibilidade:
> V – pela renúncia do direito de queixa ou pelo perdão aceito, nos crimes de ação privada; (...)

Na hipótese de concurso de pessoas, renúncia e perdão se estendem a todos os que concorreram para a prática do crime. Contudo, os institutos não se confundem.

A **renúncia é pré-processual**, enquanto o **perdão** ocorre **depois de iniciado o processo**. Outrossim, a **renúncia** é ato **unilateral** (não depende da aceitação do querelado), enquanto o **perdão é bilateral** (depende, para produzir seu efeito, da aceitação do querelado).

### 42.4.5.3 Perempção

Causa extintiva da punibilidade somente cabível para os crimes de ação penal exclusivamente privada.

**CPP, art. 107.** Extingue-se a punibilidade:

IV – pela prescrição, decadência ou perempção; (...)

É ato **unilateral**, caracterizado pelo abandono da causa. Perempção é "a morte do processo" por falta de interesse de seu autor e igualmente decorre da disponibilidade.

As hipóteses de perempção no Processo Penal são trazidas pelo art. 60 do CPP:

**CPP, art. 60.** Nos casos em que somente se procede mediante queixa, considerar-se-á perempta a ação penal:

I – quando, iniciada esta, o querelante deixar de promover o andamento do processo durante 30 dias seguidos;

II – quando, falecendo o querelante, ou sobrevindo sua incapacidade, não comparecer em juízo, para prosseguir no processo, dentro do prazo de 60 (sessenta) dias, qualquer das pessoas a quem couber fazê-lo, ressalvado o disposto no art. 36;

III – quando o querelante deixar de comparecer, sem motivo justificado, a qualquer ato do processo a que deva estar presente, ou deixar de formular o pedido de condenação nas alegações finais;

IV – quando, sendo o querelante pessoa jurídica, esta se extinguir sem deixar sucessor.

Por se tratar de causa extintiva da punibilidade em crimes de ação penal exclusivamente privada, caso verificada uma das hipóteses do art. 60 do CPP, o juiz deverá declarar extinta a punibilidade, o que não importa em absolver ou condenar o querelado.

Por essa razão, devemos atentar para a hipótese da perempção que se verifica pela não formulação de pedido de condenação (art. 60, III), caso em que não caberá ao juiz condenar ou absolver o querelado. Ao juiz caberá apenas, julgando perempta a ação, declarar extinta a punibilidade do agente e extinguir o feito, sem julgamento de mérito, não servindo a decisão como título executivo judicial para reparação do dano, tampouco para fundamentar reincidência.

## 42.4.6 Indivisibilidade na ação penal privada

O fato de a ação penal privada ser regida por critérios de conveniência e oportunidade não significa que o ofendido possa usá-la como instrumento de vingança pessoal, escolhendo, daqueles que praticaram o crime, as pessoas a quem queira ver processadas, excluindo outras. Assim, caso opte pela deflagração da ação penal, a vítima deverá, nos termos dos arts. 48 e 49 do CPP, ajuizar a ação em face de todos aqueles apontados como autores ou partícipes do crime. Ou oferece contra todos, ou não oferece contra ninguém.

**CPP**

**Art. 48.** A queixa contra qualquer dos autores do crime obrigará ao processo de todos, e o Ministério Público velará pela sua indivisibilidade.

**Art. 49.** A renúncia ao exercício do direito de queixa, em relação a um dos autores do crime, a todos se estenderá.

A **fiscalização da indivisibilidade** da ação penal privada cabe ao **Ministério Público**.[1]

Porém, imaginemos que apontados como autores do crime, para Larapius Augustus e Tibério César exista justa causa para deflagração de ação penal e a vítima opte por apenas apresentar a queixa em face de Larapius Augustus. Qual deverá ser a atitude do Ministério Público?

- **1ª corrente:** o Ministério Público, *custos legis* e com função de fiscalização da indivisibilidade da ação penal privada, nos termos dos arts. 45 e 48 do CPP, deverá aditar a queixa, fazendo incluir Tibério César. Trata-se de posição minoritária.

  > **CPP, art. 45.** A queixa, ainda quando a ação penal for privativa do ofendido, poderá ser aditada pelo Ministério Público, a quem caberá intervir em todos os termos subsequentes do processo.

- **2ª corrente:** carece legitimidade ao Ministério Público nos crimes de ação penal privada. Destarte, ao *Parquet* não cabe aditamento da queixa.[2] Inobservado o disposto no art. 48 do CPP e havendo queixa somente contra um dos autores quando havia elementos para também fazer incluir o outro, caberá ao MP pugnar pelo reconhecimento de renúncia tácita em favor de Tibério César, excluído do polo passivo pelo ofendido. Pelo fato de a renúncia se estender a Larapius Augustus, consoante art. 49 do CPP, deverá o órgão ministerial pugnar pela declaração da extinção da punibilidade de ambos. É a posição majoritária e não temos dúvida de que a mais correta.[3]

### 42.4.6.1 Indivisibilidade na ação penal pública

A ação penal pública é também indivisível?

- **1ª corrente:** sim. Na ação penal pública, a indivisibilidade é consequência lógica do princípio da obrigatoriedade, sendo desnecessária regra que a reconheça expressamente. É a nossa posição.

---

[1] Ao MP também caberá controle do princípio da indivisibilidade quanto ao oferecimento do perdão.

[2] Não se discute que o MP possa realizar aditamentos impróprios, fazendo correções materiais na queixa, para, por exemplo, corrigir detalhes referentes ao local onde o crime foi praticado, inserir dados qualificativos que auxiliarão na localização do querelado etc. O que não se admite, pela ausência de legitimidade, é o aditamento propriamente dito, em que o Ministério Público acrescentaria fatos e faria incluir pessoas na queixa.

[3] Aqui deve ser ressalvada a hipótese em que o Ministério Público, ao exercer o controle da indivisibilidade da ação privada, verificar que não foi incluído um dos autores, sem, contudo, estar convencido de que o ofendido o tenha feito de forma a deliberadamente excluí-lo. Neste caso, deverá requerer ao juiz intimação do querelante para que adite a queixa. Não sendo adotada essa providência pelo querelante, o MP deverá pugnar pelo reconhecimento da renúncia e consequente extinção da punibilidade com relação a ambos, *ex vi* do disposto no art. 49 do CPP.

- **2ª corrente:** para o STF, a ação penal pública apenas se sujeita ao princípio da obrigatoriedade, que já seria autossuficiente. A indivisibilidade é princípio característico apenas da ação penal privada.

## 42.4.7 Intranscendência

Cuida-se de princípio aplicável às ações penais públicas e privadas, decorrente do inciso XLV do art. 5º da CF/1988:

> **CF, art. 5º** (...)
> XLV – nenhuma pena passará da pessoa do condenado, podendo a obrigação de reparar o dano e a decretação do perdimento de bens ser, nos termos da lei, estendidas aos sucessores e contra eles executadas, até o limite do valor do patrimônio transferido; (...)

## 42.5 AÇÃO PENAL PRIVADA SUBSIDIÁRIA DA PÚBLICA

A Constituição Federal atribuiu ao Ministério Público a titularidade privativa da ação penal pública, sem, contudo, banir do nosso ordenamento jurídico a ação penal privada subsidiária da pública, nos precisos termos de seu art. 5º, LIX.

> **CF, art. 5º** (...)
> XLV – Será admitida ação privada nos crimes de ação pública, se esta não for intentada no prazo legal.

O prazo legal para o Ministério Público deflagrar a ação penal é o previsto no art. 46 do CPP. Transcorrido *in albis* aquele prazo pela inércia do Ministério Público, surge a legitimidade extraordinária para a vítima, sem que isso importe, contudo, no desaparecimento da legitimidade ordinária do MP. Não é por outra razão que, mesmo após o prazo do art. 46, o Ministério Público poderá oferecer denúncia.

Caso ofertada queixa subsidiária, aplica-se o art. 29 do CPP:

> **Art. 29.** Será admitida ação privada nos crimes de ação pública, se esta não for intentada no prazo legal, cabendo ao Ministério Público aditar a queixa, repudiá-la e oferecer denúncia substitutiva, intervir em todos os termos do processo, fornecer elementos de prova, interpor recurso e, a todo tempo, no caso de negligência do querelante, retomar a ação como parte principal.

O juiz ouvirá o Ministério Público antes de receber a queixa e, caso o *Parquet* venha a aditá-la, passa a figurar como assistente litisconsorcial.

Poderá repudiá-la e oferecer denúncia substitutiva.

Caso, porém, o Ministério Público opine pelo recebimento da queixa, poderá intervir em todos os termos do processo, inclusive recorrendo, pois também figura como legitimado.

Uma vez instaurada, a ação penal privada subsidiária da pública será regrada pelo princípio da indisponibilidade, não podendo ser declarada extinta a punibilidade pelo perdão ou pela peremção, pois, **quedando-se inerte o ofendido, o Ministério Público retoma sua titularidade**, consoante se depreende da parte final do art. 29 do CPP.

## 42.6 REPRESENTAÇÃO E REQUISIÇÃO NOS CRIMES DE AÇÃO PENAL PÚBLICA CONDICIONADA

Nas infrações de ação penal pública condicionada, a representação do ofendido e requisição do Ministro da Justiça são **condições específicas de procedibilidade**, sem as quais o Ministério Público não poderá oferecer a denúncia.

Embora o Ministério Público não possa deflagrar a ação penal sem a representação ou requisição do Ministro da Justiça nas hipóteses exigidas pela lei, elas não vinculam o *Parquet* que, se entender não estarem presentes os demais requisitos para exercício regular do direito de ação, não deflagrará a ação penal. A *opinio delicti* é do Ministério Público, titular da ação penal pública, conforme art. 129 da Constituição Federal:

> **CF, art. 129.** São funções institucionais do Ministério Público:
>
> I – promover, privativamente, a ação penal pública, na forma da lei; (...)

Merece destaque o escólio de Mirabete (2013a, p. 368):

> A representação da vítima não tem força obrigatória quanto ao oferecimento da denúncia pelo Ministério público, podendo este concluir pela não instauração de ação em decorrência da atipicidade do fato, da ausência de indícios de autoria etc. Requerendo o arquivamento do inquérito ou das peças de informação pode, ainda, requisitar a polícia ou a quem de direito as informações que entenda imprescindíveis ou necessárias ao oferecimento da denúncia.

### 42.6.1 Prazo para a representação

A representação do ofendido deve ser entendida como toda manifestação inequívoca de vontade do ofendido no sentido de desejar ver deflagrada a ação penal, não estando sujeita a formalidades. Assim, o comparecimento da vítima em sede policial pode ser entendido como desejo de que aqueles fatos sejam apurados. Nos termos do art. 38 do CPP, a representação deve ser oferecida no prazo decadencial de seis meses, contados da data em que a vítima tomar conhecimento da autoria do fato.

> **Art. 38.** Salvo disposição em contrário, o ofendido, ou seu representante legal, decairá no direito de queixa ou de representação, se não o exercer dentro do prazo de seis meses, contado do dia em que vier a saber quem é o autor do crime, ou, no caso do art. 29, do dia em que se esgotar o prazo para o oferecimento da denúncia.

### 42.6.2 Retratação da representação

O agente poderá se retratar da representação até o oferecimento da denúncia. Pode, inclusive, voltar atrás, retratando-se da retratação, desde que o faça no prazo decadencial de seis meses, ressalvadas as hipóteses legais.

> **Art. 25.** A representação será irretratável, depois de oferecida a denúncia.

Ao se retratar da representação, o ofendido renuncia ao direito de representação. Todavia essa renúncia não é causa extintiva da punibilidade[4] e, por isso, a vítima poderá mudar de ideia e novamente representar, desde que observe o prazo de 6 (seis) meses decadenciais a que alude o art. 38 do CPP.

### 42.6.3 Retratação da representação na Lei Maria da Penha

Nos crimes de ação penal pública condicionada à representação praticados no âmbito da violência doméstica e familiar contra a mulher, a retratação da representação é possível, consoante o art. 16 da Lei nº 11.340/2006, até o recebimento da denúncia, na presença do juiz, em audiência especialmente realizada para tal fim, a requerimento da ofendida. Nesse caso, trazendo a lei especial tratamento diferente para a matéria, não se aplica a regra geral do art. 25 do CPP.

> **Lei nº 11.340/2006, art. 16.** Nas ações penais públicas condicionadas à representação da ofendida de que trata esta Lei, só será admitida a renúncia à representação perante o juiz, em audiência especialmente designada com tal finalidade, antes do recebimento da denúncia e ouvido o Ministério Público.

### 42.6.4 Requisição do Ministro da Justiça

Cuida-se de um **ato administrativo discricionário** que atende a razões de **cunho eminentemente político** nas hipóteses de crime contra a honra do Presidente da República ou chefe de governo estrangeiro, desde que não restem configurados crimes contra a segurança nacional, e os delitos praticados por estrangeiros contra brasileiro fora do Brasil.

> **CP**
>
> **Art. 145.** Nos crimes previstos neste Capítulo somente se procede mediante queixa, salvo quando, no caso do art. 140, § 2º, da violência resulta lesão corporal.
>
> **Parágrafo único.** Procede-se mediante requisição do Ministro da Justiça, no caso do inciso I do *caput* do art. 141 deste Código, e mediante representação do ofendido, no caso do inciso II do mesmo artigo, bem como no caso do § 3º do art. 140 deste Código.
>
> **Art. 7º** Ficam sujeitos à lei brasileira, embora cometidos no estrangeiro: (...)
>
> **§ 3º** A lei brasileira aplica-se também ao crime cometido por estrangeiro contra brasileiro fora do Brasil, se, reunidas as condições previstas no parágrafo anterior: (...)

---

[4] A renúncia ao direito de representação não é causa extintiva da punibilidade. A renúncia ao direito de queixa é causa extintiva da punibilidade, *ex vi* do disposto no art. 107, V, do Código Penal ("**Art. 107.** Extingue-se a punibilidade: [...] V – pela renúncia do direito de queixa ou pelo perdão aceito, nos crimes de ação privada").

A requisição do Ministro da Justiça é irretratável e não se sujeita, face ao silêncio da lei, a prazo decadencial, conforme leciona doutrina majoritária.

>  **Decifrando a prova**
>
> **(2019 – Cespe/Cebraspe – TJ/PA – Juiz de Direito Substituto)** A respeito de ação penal, crimes cometidos por estrangeiro contra brasileiro no exterior são de ação penal pública condicionada à representação da vítima.
> ( ) Certo    ( ) Errado
> **Gabarito comentado:** trata-se de crime que somente se procede mediante requisição do Ministro da Justiça, consoante art. 7º, § 3º, do Código Penal. Portanto, está errado.

## 42.7 AÇÃO PENAL NOS CASOS DE VIOLÊNCIA DOMÉSTICA E FAMILIAR CONTRA A MULHER

A Lei Maria da Penha (Lei nº 11.340/2006) não alterou a ação penal prevista no Código Penal e nas leis especiais para infrações praticadas no âmbito da violência doméstica e familiar contra a mulher, exceto no que tange ao crime de lesão corporal leve. Tal crime, pelo Código Penal, era de ação penal pública incondicionada até 1995. Quando entrou em vigor a Lei nº 9.099/1995, o art. 88 passou a exigir a representação. Porém, o art. 41 da Lei nº 11.340/2006 **veda a aplicação da Lei nº 9.099/1995** aos crimes de violência doméstica contra a mulher, não sendo, portanto, aplicável o art. 88.

Assim, a lesão leve, em hipóteses de violência doméstica e familiar contra a mulher, passa a ser crime de ação pública incondicionada.

> **Lei nº 11.340/2006, art. 41.** Aos crimes praticados com violência doméstica e familiar contra a mulher, independentemente da pena prevista, não se aplica a Lei nº 9.099, de 26 de setembro de 1995.

Em que pese a duvidosa constitucionalidade do art. 41 supramencionado, o STF, na ADC nº 19, o declarou constitucional.

 **Jurisprudência destacada**

> Violência doméstica. Lei nº 11.340/2006. Gêneros masculino e feminino. Tratamento diferenciado. O art. 1º da Lei nº 11.340/2006 surge, sob o ângulo do tratamento diferenciado entre os gêneros mulher e homem, harmônica com a Constituição Federal, no que necessária a proteção ante as peculiaridades física e moral da mulher e a cultura brasileira. (...) Violência doméstica e familiar contra a mulher. Regência. Lei nº 9.099/1995. Afastamento. O art. 41 da Lei nº 11.340/2006, ao afastar, nos crimes de violência doméstica contra a mulher, a Lei

nº 9.099/1995, mostra-se em consonância com o disposto no § 8º do art. 226 da Carta da Republica, a prever obrigatoriedade de o Estado adotar mecanismos que coíbam a violência no âmbito das relações familiares (STF, ADC nº 19/DF, Rel. Min. Marco Aurélio, j. 09.02.2012, Tribunal Pleno, *DJe*-080, divulg. 28.04.2014, public. 29.04.2014).

Outrossim, destaque-se a Súmula nº 542 do STJ:

### Jurisprudência destacada

**Súmula nº 542, STJ.** A ação penal relativa ao crime de lesão corporal resultante de violência doméstica contra a mulher é pública incondicionada.

### Decifrando a prova

**(2013 – TJ/SC – Juiz – Adaptada)** A ação penal para o crime de lesão corporal leve praticado contra pessoa idosa é pública condicionada à representação da vítima.
( ) Certo    ( ) Errado
**Gabarito comentado:** a lesão corporal de natureza leve, definida no Código Penal, somente é crime de ação pública incondicionada quando praticado em situação de violência doméstica e familiar contra a mulher, consoante entendimento do STF e Súmula nº 542 do STJ. Portanto, está certo.

## 42.8 AÇÃO PENAL NO CRIME DE ESTELIONATO

Com o advento da Lei nº 13.964/2019, que se convencionou denominar **Pacote Anticrime**, foi alterada a natureza da ação penal para o crime de **estelionato**. Se antes a ação penal era de natureza pública incondicionada, agora passa a ser, em regra, **de ação penal pública condicionada à representação**, salvo nas hipóteses indicadas por lei.

> **Art. 171.** Obter, para si ou para outrem, vantagem ilícita, em prejuízo alheio, induzindo ou mantendo alguém em erro, mediante artifício, ardil, ou qualquer outro meio fraudulento: (...)
>
> § 5º Somente se procede mediante representação, salvo se a vítima for:
>
> I – a Administração Pública, direta ou indireta;
>
> II – criança ou adolescente;
>
> III – pessoa com deficiência mental; ou
>
> IV – maior de 70 (setenta) anos de idade ou incapaz.

A regra trazida pela nova lei, cuja vigência iniciou em 23 de janeiro de 2020, é indiscutivelmente benéfica. Afinal, sem a manifestação de vontade da vítima, não se implementará a condição de procedibilidade e o Ministério Público, consequentemente, não poderá deflagrar a ação penal. Podemos, contudo, vislumbrar algumas hipóteses distintas:

- **1ª situação:** inquérito instaurado há mais de seis meses antes da lei: vítima deve ser intimada para que, em 30 (trinta) dias, se manifeste acerca do interesse na continuidade da persecução penal. A solução, não adotada expressamente na lei, é retirada, por analogia, do art. 91 da Lei nº 9.099/1995, em que situação idêntica ocorreu: a lesão leve e a culposa eram crimes de ação pública incondicionada e passaram a ser de ação pública condicionada à representação. A Lei nº 9.099/1995 estabeleceu que, para os processos em curso, deveria ser adotada a seguinte solução:

  > **Lei nº 9.099/1995, art. 91.** Nos casos em que esta Lei passa a exigir representação para a propositura da ação penal pública, o ofendido ou seu representante legal será intimado para oferecê-la no prazo de trinta dias, sob pena de decadência.

- **2ª situação:** inquérito instaurado menos de seis meses depois da lei: a vítima teve seis meses a partir do conhecimento da autoria para se manifestar.
- **3ª situação:** denúncia ofertada antes da vigência da lei e o processo ainda se encontra em curso. Aqui se formarão duas distintas correntes buscando dar solução à hipótese:
  - **1ª corrente:** a representação é condição de procedibilidade da qual depende o Ministério Público para a deflagração de ação penal. Já tendo havido a deflagração porque, na época, não se exigia a representação, não se faz necessária qualquer manifestação de vontade da vítima no sentido de ver deflagrada a ação penal. A 3ª Seção do STJ, dirimindo divergências entre a 5ª e 6ª Turmas, ressaltando a necessidade de respeito aos princípios constitucionais do direito adquirido e do ato jurídico perfeito quando já oferecida a denúncia, consolidou o entendimento das Turmas Criminais do Superior Tribunal de Justiça (STJ) ao definir que a exigência de representação da vítima como pré-requisito para a ação penal por estelionato – introduzida pelo Pacote Anticrime (Lei nº 13.964/2019) – não pode ser aplicada retroativamente para beneficiar o réu nos processos que já estavam em curso. Entendeu a Corte que a retroatividade da **representação** no crime de **estelionato** deve se restringir à fase policial, não alcançando o processo, pois, "do contrário, estar-se-ia conferindo efeito distinto ao estabelecido na nova regra, transformando-se a representação em condição de prosseguibilidade e não procedibilidade".

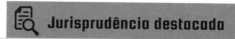 **Jurisprudência destacada**

Processual penal. *Habeas corpus* substitutivo. Estelionato. Lei nº 13.964/2019 (Pacote Anticrime). Retroatividade. Inviabilidade. Ato jurídico perfeito. Condição de procedibilidade. *Writ* indeferido. 1. A retroatividade da norma que previu a ação penal pública condicionada, como regra, no crime de estelionato, é desaconselhada por, ao menos, duas ordens de motivos. 2. A primeira é de caráter processual e constitucional, pois o papel dos Tribunais Superiores, na estrutura do Judiciário brasileiro é o de estabelecer diretrizes aos demais órgãos jurisdicionais. Nesse sentido, verifica-se que o STF, por ambas as Turmas, já se manifestou no sentido da irretroatividade da lei que instituiu a condição de procedibilidade no delito previsto no art. 171 do CP.

Em relação ao aspecto material, tem-se que a irretroatividade do art. 171, § 5º, do CP, decorre da própria *mens legis*, pois, mesmo podendo, o legislador previu apenas a condição de procedibilidade, nada dispondo sobre a condição de prosseguibilidade. Ademais, necessário ainda registrar a importância de se resguardar a segurança jurídica e o ato jurídico perfeito (art. 25 do CPP), quando já oferecida a denúncia (...) (HC nº 610.201/SP, Rel. Min. Ribeiro Dantas, 3ª Seção, j. 24.03.2021).

◊ **2ª corrente:** a exigência de representação para a ação penal relativa ao crime de estelionato se configura medida despenalizadora, de natureza penal, devendo ser aplicada aos processos em andamento, ainda que em fase recursal. Ainda que se trate de condição de procedibilidade, a exigência da representação, neste caso, se traduz em condição de procedibilidade superveniente que, a exemplo do que ocorreu com o art. 88 da Lei nº 9.099/1995, deve ser aplicada aos processos em curso. Neste caso, a omissão do legislador, que deveria ter trazido com o Pacote Anticrime, uma norma de transição, deve ser, mais uma vez, suprida pela analogia, com a utilização do disposto no art. 91 da Lei nº 9.099/1995.

Se no processos em curso, seja qual for sua fase, verificar o órgão julgador que há, nos autos, qualquer manifestação da vítima que possa ser interpretada como inequívoca demonstração de que deseja a persecução, o processo seguirá seu curso normal, não havendo qualquer razão para intimação do ofendido.

Caso ausente a manifestação de vontade que possa ser traduzida como representação, deverá a vítima ser intimada a se manifestar em 30 (trinta) dias, nos termos do art. 91 da Lei nº 9.099/1995. Na hipótese, não tem aplicação o disposto no art. 38 do CPP porque, como já existe um processo em andamento, a representação adquire natureza jurídica de condição específica de prosseguibilidade da ação penal.

Se a vítima não se manifesta em 30 dias, o feito será extinto e será declarada extinta a punibilidade, pela decadência. Cremos, lamentando não haver sido trazida por nosso legislador uma regra de transição, nos moldes do citado art. 91, tratar-se da mais correta solução. Assim havia decidido a 6ª Turma do STJ antes da 3ª Seção se manifestar, em março de 2021, a respeito da matéria.

 **Jurisprudência destacada**

*Habeas corpus*. Penal e processual penal. Pacote Anticrime. Lei nº 13.964/2019. § 5º do art. 171 do CP. Ação penal pública condicionada à representação como regra. Nova lei mais benéfica. Retroatividade. Art. 5º, XL, da CF/1988. Aplicação do art. 91 da Lei nº 9.099/1995 por

> analogia. 1. As normas que disciplinam a ação penal, mesmo aquelas constantes do Código de Processo Penal, são de natureza mista, regidas pelos cânones da retroatividade e da ultratividade benéficas, pois disciplinam o exercício da pretensão punitiva. 2. O processo penal tutela dois direitos de natureza pública: tanto os direitos fundamentais do acusado, voltados para a liberdade, quanto a pretensão punitiva. Não interessa ao Estado punir inocentes, tampouco absolver culpados, embora essa última solução se afigure menos danosa. 3. Não é possível conferir a essa norma, que inseriu condição de procedibilidade, um efeito de extinção de punibilidade, quando claramente o legislador não o pretendeu. 4. A retroação do § 5º do art. 171 do Código Penal alcança todos os processos em curso, ainda sem trânsito em julgado, sendo que essa não gera a extinção da punibilidade automática dos processos em curso, nos quais a vítima não tenha se manifestado favoravelmente à persecução penal. Aplicação do art. 91 da Lei nº 9.099/1995 por analogia. 5. O ato jurídico perfeito e a retroatividade da lei penal mais benéfica são direitos fundamentais de primeira geração, previstos nos incisos XXXVI e XL do art. 5º da Constituição Federal. Por se tratarem de direitos de origem liberal, concebidos no contexto das revoluções liberais, voltam-se ao Estado como limitadores de poder, impondo deveres de omissão, com o fim de garantir esferas de autonomia e de liberdade individual. Considerar o recebimento da denúncia como ato jurídico perfeito inverteria a natureza dos direitos fundamentais, visto que equivaleria a permitir que o Estado invocasse uma garantia fundamental frente a um cidadão. 6. Ordem parcialmente concedida, confirmando-se a liminar, para determinar a aplicação retroativa do § 5º do art. 171 do Código Penal, inserido pela Lei nº 13.964/2019, devendo ser a vítima intimada para manifestar interesse na continuação da persecução penal em 30 dias, sob pena de decadência, em aplicação analógica do art. 91 da Lei nº 9.099/1995 (STJ, HC nº 583.837/SC, Rel. Min. Sebastião Reis Júnior, 6ª Turma, j. 04.08.2020, *Dje* 12.08.2020).

- **4ª situação:** se já houver condenação definitiva em momento anterior à vigência da lei, em que pese a natureza mista ou híbrida do art. 171, § 5º, do CP e do princípio da retroatividade da lei penal benéfica, não é aplicável a representação, tal qual decidido pelo STF quando das discussões travadas a respeito do art. 88 da Lei nº 9.099/1995, nos termos dos paradigmáticos *Habeas corpus* nºs 74.017 e 74.305, ADI nº 1.719 e INQ nº 1.055-QOA. Duas são as principais razões para a solução apontada:

1. impossibilidade concreta de aplicação do instituto quando o fato já estiver alcançado pelo trânsito em julgado da condenação;
2. despenalização não se confunde com descriminalização. A exigência de representação consiste em condição de procedibilidade à persecução penal. Quando superveniente, é condição de prosseguibilidade, passando a condicionar a persecução estatal à vontade do ofendido. O fenômeno não pode ser confundido com a *abolitio criminis*, hipótese de descriminalização, cujos critérios são objetivos, deixando a conduta de ser tipificada em lei. A alteração da natureza da ação penal, que passa a exigir representação, é hipótese de despenalização, não descriminalização. Existente sentença condenatória, o *jus puniendi* estatal já se encontra concretizado, configurando a sentença condenatória, agora sim, ato jurídico perfeito.

> **Jurisprudência destacada**
>
> Penal e processo penal. Juizados especiais. Art. 90 da Lei nº 9.099/1995. Aplicabilidade. Interpretação conforme para excluir as normas de direito penal mais favoráveis ao réu. O art. 90 da Lei nº 9.099/1995 determina que as disposições da Lei dos Juizados Especiais não são aplicáveis aos processos penais nos quais a fase de instrução já tenha sido iniciada. Em se tratando de normas de natureza processual, a exceção estabelecida por lei à regra geral contida no art. 2º do CPP não padece de vício de inconstitucionalidade. Contudo, as normas de Direito Penal que tenham conteúdo mais benéfico aos réus devem retroagir para beneficiá-los, à luz do que determina o art. 5º, XL, da Constituição Federal. Interpretação conforme ao art. 90 da Lei nº 9.099/1995 para excluir de sua abrangência as normas de Direito Penal mais favoráveis ao réus contidas nessa lei (STF, ADI nº 1.719/DF, Rel. Min. Joaquim Barbosa, j. 18.06.2007, Tribunal Pleno, *DJe* 03.08.2007).

**Em que pesem os argumentos apontados**, igualmente entendemos que a lei deve retroagir para alcançar fatos anteriores e, caso não tenha havido, em algum momento do processo, manifestação da vítima a revelar seu interesse na persecução criminal, cremos que deva ser aplicada a nova lei.

Para fins de retroatividade, não importa se houve despenalização ou descriminalização e tampouco se já houve o trânsito em julgado da sentença condenatória. As regras da Constituição e do Código Penal são claras ao afirmarem que a lei que **"de qualquer modo"** favorecer ao réu será aplicada retroativamente, mesmo depois do trânsito em julgado da sentença condenatória.

Dificuldades de ordem prática certamente surgirão, mas não podem ser invocadas para obstar a aplicação da regra constitucional, que, versando direitos e garantias fundamentais, consagra um dos mais importantes pilares do ordenamento jurídico brasileiro.

> **Art. 2º** (...)
> **Parágrafo único.** A lei posterior, que de qualquer modo favorecer o agente, aplica-se aos fatos anteriores, ainda que decididos por sentença condenatória transitada em julgado.

## 42.9 AÇÃO PENAL SECUNDÁRIA

Ocorre quando as circunstâncias do caso concreto provocam a **variabilidade da legitimidade** para o exercício da ação penal. Ex.: crimes contra a honra são, em regra, de ação penal privada, mas serão, nas hipóteses previstas no art. 145 do CP, de ação penal pública condicionada à requisição do Ministro da Justiça.

Outra exceção se dá na hipótese do crime de injúria discriminatória (art. 140, § 3º, do CP), de ação pública condicionada à representação.

## 42.10 AÇÃO PENAL DE PREVENÇÃO OU AÇÃO DE PREVENÇÃO PENAL

É aquela deflagrada com o único **objetivo de aplicação de medida de segurança** aos absolutamente inimputáveis, consoante art. 26 do CP. Nela, face à inimputabilidade por doença mental, o pedido é de absolvição com imposição de medida de segurança (absolvição imprópria).

## 42.11 AÇÃO PENAL *EX OFFICIO*

A Constituição de 1988, ao adotar o sistema acusatório, tirou do ordenamento jurídico brasileiro a ação penal *ex officio*, iniciada por portaria da autoridade judiciária. Tratava-se de **procedimento judicialiforme, no qual o Poder Judiciário acusava e julgava**, previsto pelo Código de Processo Penal para as contravenções e para as lesões e homicídios culposos com autoria conhecida nos primeiros quinze dias.

## 42.12 AÇÃO PENAL EXTENSIVA NO CRIME COMPLEXO

Decorre do art. 101 do CP, o qual estabelece que nos crimes complexos, se um dos crimes componentes, isoladamente considerado, for crime de ação penal pública, a ação penal para o crime complexo será também de natureza pública, ainda que o outro crime componente seja de natureza privada.

> **CP, art. 101.** Quando a lei considera como elemento ou circunstâncias do tipo legal fatos que, por si mesmos, constituem crimes, cabe ação pública em relação àquele, desde que, em relação a qualquer destes, se deva proceder por iniciativa do Ministério Público.

Vale, entretanto, a lembrança de Cleber Masson (2019b, p. 744) quanto ao tema, no sentido de que a regra do art. 101 do CP é de todo inócua, na medida em que a lei sempre indica expressamente as hipóteses de crime de ação penal privada.

## 42.13 AÇÃO PENAL ORIGINÁRIA

Cuida-se de expressão utilizada para identificar processos de competência originária dos Tribunais, decorrente da prerrogativa de função do réu, consoante ritualística prevista nos arts. 1º a 12 da Lei nº 8.038/1990.

## 42.14 AÇÃO PENAL PÚBLICA SUBSIDIÁRIA DA PÚBLICA

Hipóteses expressamente previstas no Decreto-lei nº 201/1967, art. 2º, § 2º; art. 357, §§ 3º e 4º, do Código Eleitoral e no art. 27 da Lei nº 7.492/1986, nas quais, diante da **inércia** de determinado órgão do Ministério Público, **outro órgão do MP** exerce a ação.

> **Decreto-lei nº 201/1967, art. 2º** O processo dos crimes definidos no artigo anterior é o comum do juízo singular, estabelecido pelo Código de Processo Penal, com as seguintes modificações: (...)

§ 2º Se as previdências para a abertura do inquérito policial ou instauração da ação penal não forem atendidas pela autoridade policial ou pelo Ministério Público estadual, poderão ser requeridas ao Procurador-Geral da República.

**Lei nº 4.737/1965, art. 357.** Verificada a infração penal, o Ministério Público oferecerá a denúncia dentro do prazo de 10 (dez) dias. (...)

§ 3º Se o órgão do Ministério Público não oferecer a denúncia no prazo legal representará contra ele a autoridade judiciária, sem prejuízo da apuração da responsabilidade penal.

§ 4º Ocorrendo a hipótese prevista no parágrafo anterior o juiz solicitará ao Procurador Regional a designação de outro promotor, que, no mesmo prazo, oferecerá a denúncia.

**Lei nº 7.492/1986, art. 27.** Quando a denúncia não for intentada no prazo legal, o ofendido poderá representar ao Procurador-Geral da República, para que este a ofereça, designe outro órgão do Ministério Público para oferecê-la ou determine o arquivamento das peças de informação recebidas.

### Decifrando a prova

**(2007 – FCC – Prefeitura de São Paulo/SP – Auditor-Fiscal do Município)** Nos crimes contra o sistema financeiro, ação penal pode ser pública ou privada.
( ) Certo    ( ) Errado
**Gabarito comentado:** se o membro do Ministério Público com atribuição não a deflagrar no prazo legal, o ofendido poderá representar ao PGR para que o faça ou designe outro membro da instituição para fazê-lo. A inércia do MP, assim, não gera a possibilidade de o ofendido oferecer a queixa-crime. Portanto, está errado.

# 43 Punibilidade

Quando o agente pratica o fato típico, lícito e culpável, surge para o Estado a possibilidade de ele impor uma sanção, ou seja, abre-se para o Estado o direito de fazer valer o seu *ius puniendi*. A punibilidade surge, assim, como uma consequência do crime.

Contudo, em situações expressamente previstas em lei, o Estado elenca situações em que, por razão de política criminal, abre mão de seu *ius puniendi*, embora reconheça ter o agente praticado a infração penal. Nessas hipóteses, teremos o que se denomina extinção da punibilidade.

A extinção da punibilidade, assim, não afeta a existência do crime,[1] apenas impede que o Estado exerça o seu direito de punir.

No art. 107 do Código Penal brasileiro são elencadas as causas extintivas da punibilidade. O rol do referido dispositivo não é, contudo, taxativo, na medida em que existem outras causas extintivas da punibilidade previstas em dispositivos diversos, podendo estar contemplados na parte especial do Código Penal ou mesmo na legislação extravagante.

**Art. 107.** Extingue-se a punibilidade:

I – pela morte do agente;

II – pela anistia, graça ou indulto;

III – pela retroatividade de lei que não mais considera o fato como criminoso;

IV – pela prescrição, decadência ou peremção;

V – pela renúncia do direito de queixa ou pelo perdão aceito, nos crimes de ação privada;

VI – pela retratação do agente, nos casos em que a lei a admite;

VII – (Revogado pela Lei nº 11.106, de 2005.)

---

[1] Nunca é demais lembrar que, de forma bastante minoritária, há quem defenda que a punibilidade seria um elemento do conceito analítico de crime, adotando uma posição quadripartida.

VIII – (Revogado pela Lei nº 11.106, de 2005.)

IX – pelo perdão judicial, nos casos previstos em lei.

O rol do art. 107 é, portanto, meramente exemplificativo.

> **Decifrando a prova**
>
> **(2018 – Vunesp – PC/SP – Delegado – Adaptada)** No que concerne ao art. 107 do CP, que enumera as causas extintivas da punibilidade, trata-se de rol exemplificativo, já que são admitidas pela legislação causas ali não contidas, como, por exemplo, o indulto.
> ( ) Certo      ( ) Errado
> **Gabarito comentado:** de fato, o rol do art. 107 é mesmo meramente exemplificativo. Porém, o indulto não está contemplado em outro dispositivo, mas no próprio rol do art. 107. Portanto, está errado.

## 43.1 CAUSAS EXTINTIVAS DA PUNIBILIDADE FORA DO ROL DO ART. 107 DO CP

Abaixo, elencamos causas extintivas de punibilidade contempladas pela legislação penal brasileira, mas que não se encontram no rol do art. 107.

1. Escusas absolutórias trazidas pelo art. 181 do Código Penal, prevendo isenção de pena para aquele que praticar crime patrimonial sem violência ou grave ameaça contra seu ascendente, descendente ou cônjuge na constância da sociedade conjugal, desde que a vítima não tenha idade igual ou superior a 60 anos.

    Art. 181. É isento de pena quem comete qualquer dos crimes previstos neste título, em prejuízo:

    I – do cônjuge, na constância da sociedade conjugal;

    II – de ascendente ou descendente, seja o parentesco legítimo ou ilegítimo, seja civil ou natural.

2. Escusa absolutória trazida pelo art. 348, § 2º, do Código Penal, prevendo isenção de pena para aquele que auxiliar seu ascendente, descendente, irmão ou cônjuge a escapar da ação de autoridade pública depois da prática de crime.

    Art. 348. Auxiliar a subtrair-se à ação de autoridade pública autor de crime a que é cominada pena de reclusão: (...)

    § 2º Se quem presta o auxílio é ascendente, descendente, cônjuge ou irmão do criminoso, fica isento de pena.

3. A reparação do dano feita pelo funcionário público autor de crime de peculato culposo, desde que realizada até o trânsito em julgado da sentença condenatória, conforme art. 312, § 3º, do CP.

**Art. 312.** Apropriar-se o funcionário público de dinheiro, valor ou qualquer outro bem móvel, público ou particular, de que tem a posse em razão do cargo, ou desviá-lo, em proveito próprio ou alheio: (...)

§ 3º No caso do parágrafo anterior, a reparação do dano, se precede à sentença irrecorrível, extingue a punibilidade; se lhe é posterior, reduz de metade a pena imposta.

4. O cumprimento das condições impostas para a suspensão condicional do processo, nos termos do art. 89, § 5º, da Lei nº 9.099/1995.

**Art. 89.** Nos crimes em que a pena mínima cominada for igual ou inferior a um ano, abrangidas ou não por esta Lei, o Ministério Público, ao oferecer a denúncia, poderá propor a suspensão do processo, por dois a quatro anos, desde que o acusado não esteja sendo processado ou não tenha sido condenado por outro crime, presentes os demais requisitos que autorizariam a suspensão condicional da pena (art. 77 do Código Penal). (...)

§ 5º Expirado o prazo sem revogação, o Juiz declarará extinta a punibilidade.

5. A entrega voluntária de arma de fogo feita por seu possuidor, conforme art. 32 da Lei nº 10.826/2003.

**Art. 32.** Os possuidores e proprietários de arma de fogo poderão entregá-la, espontaneamente, mediante recibo, e, presumindo-se de boa-fé, serão indenizados, na forma do regulamento, ficando extinta a punibilidade de eventual posse irregular da referida arma. (Redação dada pela Lei nº 11.706/2008.)

6. O pagamento do débito tributário, nas hipóteses de sonegação fiscal, conforme art. 83, § 4º, da Lei nº 9.430/1996.

**Art. 83.** (...)

§ 4º Extingue-se a punibilidade dos crimes referidos no *caput* quando a pessoa física ou a pessoa jurídica relacionada com o agente efetuar o pagamento integral dos débitos oriundos de tributos, inclusive acessórios, que tiverem sido objeto de concessão de parcelamento. (Incluído pela Lei nº 12.382/2011.)

7. A confissão espontânea e o pagamento das contribuições, importâncias ou valores e prestação das informações devidas à Previdência Social, na forma estabelecida em lei ou regulamento, antes do início da execução fiscal, nos crimes de apropriação indébita previdenciária e sonegação de contribuição previdenciária, nos termos dos arts. 168-A, § 2º, e 337-A, § 1º, do Código Penal.

**Art. 168-A.** (...)

§ 2º É extinta a punibilidade se o agente, espontaneamente, declara, confessa e efetua o pagamento das contribuições, importâncias ou valores e presta as informações devidas à previdência social, na forma definida em lei ou regulamento, antes do início da ação fiscal. (Incluído pela Lei nº 9.983, de 2000.)

**Art. 337-A.** (...)

> § 1º É extinta a punibilidade se o agente, espontaneamente, declara e confessa as contribuições, importâncias ou valores e presta as informações devidas à previdência social, na forma definida em lei ou regulamento, antes do início da ação fiscal. (Incluído pela Lei nº 9.983, de 2000.)

8. Pagamento do cheque sem fundos antes do recebimento da denúncia por crime de estelionato, consoante Súmula nº 554 do Supremo Tribunal Federal.
9. A repatriação dos valores objeto do crime de evasão de divisas, nos termos do art. 5º, § 5º, da Lei nº 13.254/2016.

> Art. 5º (...)
>
> § 5º Na hipótese dos incisos V e VI do § 1º, a extinção da punibilidade será restrita aos casos em que os recursos utilizados na operação de câmbio não autorizada, as divisas ou moedas saídas do País sem autorização legal ou os depósitos mantidos no exterior e não declarados à repartição federal competente possuírem origem lícita ou forem provenientes, direta ou indiretamente, de quaisquer dos crimes previstos nos incisos I, II, III, VII ou VIII do § 1º.

10. A morte do cônjuge ofendido no crime de induzimento a erro essencial e ocultação de impedimento para o casamento, nos termos do art. 236 do Código Penal, por se tratar de crime de ação penal privada personalíssima.

> Art. 236. Contrair casamento, induzindo em erro essencial o outro contraente, ou ocultando-lhe impedimento que não seja casamento anterior: (...)

11. Cumprimento integral do acordo de leniência, nos termos do art. 87, parágrafo único, da Lei nº 12.529/2011.

> Art. 87. (...)
>
> **Parágrafo único.** Cumprido o acordo de leniência pelo agente, extingue-se automaticamente a punibilidade dos crimes a que se refere o caput deste artigo.

12. O cumprimento integral das condições impostas para o Acordo de Não Persecução Penal (ANPP), nos termos do art. 28-A, § 13, do Código de Processo Penal.

> § 13. Cumprido integralmente o acordo de não persecução penal, o juízo competente decretará a extinção de punibilidade. (Incluído pela Lei nº 13.964/2019.)

## 43.2 MOMENTO PARA A DECLARAÇÃO DE EXTINÇÃO DA PUNIBILIDADE

A declaração de extinção da punibilidade deve ser feita no curso do processo, nos termos do art. 61 do Código de Processo Penal.

> Art. 61. Em qualquer fase do processo, o juiz, se reconhecer extinta a punibilidade, deverá declará-lo de ofício.

**Parágrafo único.** No caso de requerimento do Ministério Público, do querelante ou do réu, o juiz mandará autuá-lo em apartado, ouvirá a parte contrária e, se o julgar conveniente, concederá o prazo de cinco dias para a prova, proferindo a decisão dentro de cinco dias ou reservando-se para apreciar a matéria na sentença final.

Greco (2019, p. 857-858), atento à literalidade do dispositivo, sustenta que não cabe falar de extinção de punibilidade no curso de inquérito policial, destacando que essa interpretação possibilita a revisão de um erro ocorrido quando do arquivamento de um inquérito policial, cuja decisão tenha sido fundamentada na suposta ocorrência de uma causa extintiva da punibilidade.

## 43.3 MOMENTO DA OCORRÊNCIA DAS CAUSAS EXTINTIVAS DA PUNIBILIDADE

As causas de extinção da punibilidade podem ocorrer antes ou depois do trânsito em julgado da condenação, atingindo, assim, a pretensão punitiva ou a pretensão executória.

A decadência, a perempção, a renúncia ao direito de queixa, o perdão, a retratação do agente e o perdão judicial atacam a pretensão punitiva.

A graça e o indulto,[2] a seu turno, afetam exclusivamente a pretensão executória.

A morte, a anistia, a *abolitio criminis* e a prescrição podem atingir tanto a pretensão punitiva quanto a pretensão executória.

A verificação do momento da ocorrência da causa extintiva da punibilidade é de extrema importância para que se possa entender seus efeitos.

Os crimes sobre os quais recaírem causas extintivas de punibilidade que atingem a pretensão punitiva não poderão ser considerados para fins de reincidência.

Se atingidos, todavia, por causas que afetam a pretensão executória, a seu turno, poderão ser usados como pressuposto para reincidência e como título executivo judicial.

Contudo, é preciso destacar que, no que tange à *abolitio criminis* e à anistia, ainda quando atacarem a pretensão executória, não servirão como pressuposto para a reincidência.

## 43.4 EXTINÇÃO DA PUNIBILIDADE E CRIMES CONEXOS

Consoante disposto no art. 108 do CP:

> **Art. 108.** A extinção da punibilidade de crime que é pressuposto, elemento constitutivo ou circunstância agravante de outro não se estende a este. Nos crimes conexos, a extinção da punibilidade de um deles não impede, quanto aos outros, a agravação da pena resultante da conexão.

---

[2] Com relação ao indulto, o Supremo Tribunal Federal já admitiu antes da condenação transitada em julgado, conforme decisão nos autos do HC nº 87.801, de São Paulo, julgado pela 1ª Turma em 02.05.2006.

Esse artigo de lei trata de quatro diferentes situações, a saber:

1. **Crime pressuposto de outro:** trata-se de hipótese referente aos crimes parasitários ou de fusão, que são aqueles cuja existência depende de um crime antecedente. Assim, a receptação e a lavagem de capitais são crimes que, para existirem, dependem da existência de outro, o denominado crime antecedente ou pressuposto. O fato de o crime pressuposto estar atingido por uma causa extintiva da punibilidade não faz com que o crime parasitário igualmente reste alcançado por aquela causa ou por outra. Ex.: roubo e receptação, em que o roubo é pressuposto da receptação. A extinção da punibilidade do crime de roubo não se estende ao crime de receptação. Os crimes são autônomos. Imaginemos, assim, que tenha morrido o autor do roubo, o que provocará a extinção da punibilidade, nos termos do art. 107, III, do CP. Isso, porém, não terá qualquer influência na punibilidade da receptação.

   > Art. 107. Extingue-se a punibilidade: (...)
   > III – pela retroatividade de lei que não mais considera o fato como criminoso; (...)

2. **Crime que é elemento constitutivo de outro:** isso se dá nas hipóteses de crimes complexos. Analisa-se a extinção da punibilidade do todo e não das várias partes que o compõem. Ex.: roubo = furto + constrangimento ilegal. O fato de estar extinta a punibilidade do constrangimento ilegal em nada afetará a punibilidade do roubo.

3. **Crime que é agravante, causa de aumento ou qualificadora:** Ex.: roubo qualificado pela lesão grave. A extinção da punibilidade de cada um deve ser analisada de forma independente. O fato de estar extinta a punibilidade da lesão grave não impedirá que se reconheça a forma qualificada do roubo, tampouco importará na extinção da punibilidade do roubo.

4. **Crime conexo:** por exemplo, homicídio qualificado pela conexão, nos termos do art. 121, § 2º, V, do CP. Assim, pensemos em um homicídio praticado para assegurar a impunidade de um estupro. A namorada do estuprador, ao saber do crime por ele perpetrado, decide matar a vítima com receio de que ela o aponte como autor do crime. O estuprador, por sua vez, morre em um acidente de trânsito dias após. O fato de o estupro ter sido alcançado pela extinção da punibilidade, não impedirá que se reconheça a qualificadora mencionada.

   > Art. 121. Homicídio qualificado: (...)
   > § 2º Se o homicídio é cometido:
   > I – para assegurar a execução, a ocultação, a impunidade ou vantagem de outro crime: (...)

 **Decifrando a prova**

**(2007 – Cespe/Cebraspe – PC/SP – Defensor Público Federal – Adaptada)** Nos crimes conexos, a extinção da punibilidade de um deles não impede, quanto aos outros, a agravação da pena resultante da conexão.

( ) Certo ( ) Errado
**Gabarito comentado:** consoante disposto no art. 108 do Código Penal, está certo.

**(2009 – Ejef – Titular de Serviços de Notas e de Registros – Adaptada)** A furtou um telefone celular e o vendeu para B. Foram denunciados nos mesmos autos, por crimes de furto e receptação dolosa, respectivamente. No curso da ação penal verificou-se que o acusado A era menor de 21 anos ao tempo da ação, extinguindo-se em seu favor a punibilidade do delito de furto.
O corréu B possuía 26 anos ao tempo do delito. A extinção da punibilidade que beneficiou A favorece B, denunciado pela suposta prática de receptação.
( ) Certo ( ) Errado
**Gabarito comentado:** a extinção da punibilidade de crime que é pressuposto de outro não se estende a este, conforme disposto no art. 108 do CP. Portanto, está errado.

## 43.5 CAUSAS EXTINTIVAS DA PUNIBILIDADE TRAZIDAS PELO ROL DO ART. 107 DO CP

### 43.5.1 Morte do agente

Considerando-se que a pena é regida pelo princípio da personalidade, ou da intranscendencia, não poderá passar da figura do condenado. Assim, a morte extingue a punibilidade, pouco importando se a pena cominada ao crime é privativa de liberdade, restritiva de direitos ou multa. Afinal, todas são penas. Contudo, deve-se observar que, com relação à de perda de bens e valores, a Constituição permite que seja suportada pelos herdeiros nas forças da herança:

> Art. 5º (...)
> XLV – nenhuma pena passará da pessoa do condenado, podendo a obrigação de reparar o dano e a decretação do perdimento de bens ser, nos termos da lei, estendidas aos sucessores e contra eles executadas, até o limite do valor do patrimônio transferido; (...)

A comprovação da morte se faz por meio da juntada da certidão de óbito, nos precisos termos do Código de Processo Penal em seu art. 62:

> **Art. 62.** No caso de morte do acusado, o juiz somente à vista da certidão de óbito, e depois de ouvido o Ministério Público, declarará extinta a punibilidade.

Não se admite a presunção legal de morte, constante na segunda parte no art. 6º do Código Civil, para fins penais (PRADO, 2010, p. 650).

> **Art. 6º** A existência da pessoa natural termina com a morte; presume-se esta, quanto aos ausentes, nos casos em que a lei autoriza a abertura de sucessão definitiva.

Na hipótese de ser declarada extinta a punibilidade com base em certidão de óbito falsificada, 2 (duas) correntes se apresentam na doutrina e na jurisprudência:

- **1ª corrente:** adotada pela doutrina majoritária, não admitirá revisão *pro societate*, fazendo coisa julgada a decisão que declarou extinta a punibilidade com base na certidão falsificada. Na hipótese, não se poderá retomar o curso normal da ação penal, desconsiderando-se a decisão anterior. O réu pode, contudo, ser processado pelo crime de falsidade documental.

- **2ª corrente:** tendo sido baseada em documento falso, a decisão que declarou extinta a punibilidade não faz coisa julgada em sentido estrito, por se tratar de decisão judicial inexistente e, como tal, inapta a produzir qualquer efeito. Assim, o processo poderia ter de retomar o curso normal. Na doutrina, Eugênio Pacelli (2012, p. 49-50) sustenta os argumentos dessa segunda corrente, à qual também nos filiamos. Afinal, para que se vislumbre revisão *pro societate*, vedada pelo art. 8º da Convenção Americana sobre Direitos Humanos,[3] é necessário que exista um sentença absolutória, o que não se dá na hipótese em análise, em que não houve absolvição, mas declaração de extinção de punibilidade com base na certidão criminosamente obtida e usada. Como observa Estefam (2010, p. 451), entender o contrário é beneficiar um criminoso com a própria torpeza.

Essa é a orientação do STF e do STJ acerca da matéria:

> **Jurisprudência destacada**
>
> Extinção da punibilidade amparada em certidão de óbito falsa. Decisão que reconhece a nulidade absoluta do decreto e determina o prosseguimento da ação penal. Inocorrência de revisão *pro societate* e de ofensa à coisa julgada. Pronúncia. Alegada inexistência de provas ou indícios suficientes de autoria em relação a corréu. Inviabilidade de reexame de fatos e provas na via estreita do *writ* constitucional. Constrangimento ilegal inexistente. Ordem denegada. "1. A decisão que, com base em certidão de óbito falsa, julga extinta a punibilidade do réu pode ser revogada, dado que não gera coisa julgada em sentido estrito. 2. Não é o *habeas corpus* meio idôneo para o reexame aprofundado dos fatos e da prova, necessário, no caso, para a verificação da existência ou não de provas ou indícios suficientes à pronúncia do paciente por crimes de homicídios que lhe são imputados na denúncia. 3. *Habeas corpus* denegado" (HC nº 104.998, Rel. Min. Dias Toffoli, 1ª Turma, j. 14.12.2010, *DJe* 09.05.2011).
>
> Extinção. Punibilidade. Certidão falsa. Óbito. "A Turma, entre outras questões, entendeu que pode ser revogada a decisão que, com base em certidão de óbito falsa, julga extinta a punibilidade do ora paciente, uma vez que não gera coisa julgada em sentido estrito. A formalidade não pode ser levada a ponto de tornar-se imutável uma decisão lastreada em uma falsidade.

---

[3] "Art. 8º. 4. O acusado absolvido por sentença passada em julgado não poderá ser submetido a novo processo pelos mesmos fatos".

O agente não pode ser beneficiado por sua própria torpeza. Precedente citado do STF: HC nº 84.525-8/MG, *DJ* 03.12.2004 (HC nº 143.474/SP, Rel. Min. Celso Limongi – Desembargador convocado do TJ/SP, j. 06.05.2010).

### Decifrando a prova

**(2011 – MP/DF – Promotor de Justiça – Adaptada)** No entendimento do Supremo Tribunal Federal, a decisão que, com base em certidão de óbito falsa, julga extinta a punibilidade do réu, pode ser revogada, pois não gera coisa julgada em sentido estrito.
( ) Certo     ( ) Errado
**Gabarito comentado:** de acordo com o entendimento do STF, explicitado nos julgados anteriores, está certo.

## 43.5.2 Anistia, graça e indulto

São formas de perdão estatal e expressam a indulgência do príncipe como medida equitativa que busca suavizar a aspereza da justiça (MAGGIORE, 2019, p. 859).

### 43.5.2.1 Anistia

Embora a anistia seja reservada a crimes políticos, nada impede sua aplicação a crimes comuns. Trata-se de hipótese de clemência estatal concedida por lei ordinária editada pelo Congresso Nacional, nos termos do art. 21, XVII, e 48, VIII, da CF/1988, cuja finalidade é promover o esquecimento do crime. Atinge fatos e não pessoas.

> Art. 21. Compete à União: (...)
> XVII – conceder anistia; (...)

> Art. 48. Cabe ao Congresso Nacional, com a sanção do Presidente da República, não exigida esta para o especificado nos arts. 49, 51 e 52, dispor sobre todas as matérias de competência da União, especialmente sobre: (...)
> VIII – concessão de anistia; (...)

A Lei nº 6.683/1979 concedeu anistia total e irrestrita a todos que, entre 02.09.1961 e 15.08.1979 cometeram crimes políticos, crimes conexos com crimes políticos, crimes eleitorais, que tiveram direitos políticos suspensos, aos servidores da administração direta indireta, aos servidores dos Poderes Legislativo e Judiciário, aos militares e aos dirigentes e representantes sindicais punidos com fundamento em atos institucionais e complementares.[4]

---

[4] A Corte Interamericana de Direitos Humanos entende que a Lei de Anistia brasileira, embora

Pode ser concedida antes da condenação (anistia própria) ou depois da condenação (anistia imprópria).

Pode ser ampla, absoluta ou irrestrita (quando concedida em termos gerais), ou parcial, relativa ou restrita (quando impuser limitações a fatos e/ou pessoas).

Pode ser condicionada ou incondicionada. Na hipótese de ser condicionada, admite-se a sua recusa por parte daquele que por ela poderia ser beneficiado.

A possibilidade de ser concedida anistia restrita ou de forma condicionada nos revela que, embora se trate de instituto que atinge o fato, e não indivíduos, pode, excepcionalmente trazer condições que atinjam especificamente determinadas pessoas

Os efeitos da anistia são *ex tunc*, apagando todos os efeitos penais, razão pela qual o crime por ela atingido não gera reincidência.

Não se admite para crimes hediondos, nos termos do art. 5, XLIII, da CF/1988.

> **Art. 5º** (...)
>
> XLIII – a lei considerará crimes inafiançáveis e insuscetíveis de graça ou anistia a prática da tortura, o tráfico ilícito de entorpecentes e drogas afins, o terrorismo e os definidos como crimes hediondos, por eles respondendo os mandantes, os executores e os que, podendo evitá-los, se omitirem; (...)

De acordo com o disposto no art. 187 da LEP, uma vez concedida anistia, o juiz, de ofício, a requerimento do interessado ou do próprio Ministério Público, por proposta da autoridade administrativa ou do conselho penitenciário, declarará extinta a punibilidade.

> **Art. 187.** Concedida a anistia, o Juiz, de ofício, a requerimento do interessado ou do Ministério Público, por proposta da autoridade administrativa ou do Conselho Penitenciário, declarará extinta a punibilidade.

## 43.5.2.2 Graça

Destina-se a pessoa determinada e não a fatos, sendo concedida pelo Presidente da República, que poderá delegá-la, nos termos do art. 84, parágrafo único, da Constituição da República.

> **Art. 84.** Compete privativamente ao Presidente da República: (...)
>
> XII – conceder indulto e comutar penas, com audiência, se necessário, dos órgãos instituídos em lei; (...)
>
> **Parágrafo único.** O Presidente da República poderá delegar as atribuições mencionadas nos incisos VI, XII e XXV, primeira parte, aos Ministros de Estado, ao Procurador-Geral da República ou ao Advogado-Geral da União, que observarão os limites traçados nas respectivas delegações.

---

entendida pelo STF como recebida pela Constituição de 1988, é inconvencional, na medida em que viola as convenções de direitos humanos ratificadas pelo Brasil e, portanto, inválida, porque contraria o *jus cogens* internacional.

Tem por objetivo atingir crimes comuns que já tenham sido alcançados por sentença condenatória transitada em julgado. Modernamente é conhecida como indulto individual e depende da provocação da parte interessada, que pode ser por petição do condenado, por iniciativa do Ministério Público, do Conselho Penitenciário ou da autoridade administrativa, nos termos do art. 188 da Lei de Execuções Penais.

> **Art. 188.** O indulto individual poderá ser provocado por petição do condenado, por iniciativa do Ministério Público, do Conselho Penitenciário, ou da autoridade administrativa.

A graça pode ser total (quando importa em extinção de toda a pena imposta ao condenado) ou parcial (quando o condenado é perdoado de parte da pena).

Uma vez concedida, não poderá ser recusada, exceto nos termos do art. 739 do Código de Processo Penal, ou se forem estipuladas condições para a sua concessão e o condenado com elas não concordar.

> **Art. 739.** O condenado poderá recusar a comutação da pena.

Não se admite a sua concessão na hipótese de condenação por crimes hediondos.

> **CF/1988, art. 5º** (...)
> XLIII – A lei considerará crimes inafiançáveis e insuscetíveis de graça ou anistia a prática da tortura, o tráfico ilícito de entorpecentes e drogas afins, o terrorismo e os definidos como crimes hediondos, por eles respondendo os mandantes, os executores e os que, podendo evitá-los, se omitirem; (...)

Uma vez concedida, sendo anexada cópia do decreto presidencial aos autos, o juiz declara extinta a punibilidade ou, na hipótese de ser parcial, ajusta a execução aos termos do decreto.

### Decifrando a prova

**(2007 – Cespe/Cebraspe – TJ/TO – Juiz de Direito)** A graça, que corresponde a indulto individualmente concedido, pode ser requerida pelo próprio condenado e, nesse caso, será posteriormente submetida a parecer do Conselho Penitenciário.
( ) Certo ( ) Errado
**Gabarito comentado:** a graça é concedida pelo Presidente da República e não depende de parecer do Conselho Penitenciário. O Conselho Penitenciário pode provocar, nos termos do art. 188 da LEP, a sua concessão. Portanto, está errado.

### 43.5.2.3 Indulto

Difere da graça por ser coletivo, direcionando-se a clemência a todos os condenados que preencherem os requisitos trazidos pelo decreto presidencial. A clemência estatal não atinge os efeitos secundários da condenação.

**Jurisprudência destacada**

**Súmula nº 631, STJ.** O indulto extingue os efeitos primários da condenação (pretensão executória), mas não atinge os efeitos secundários, penais ou extrapenais.

Outro ponto em que o indulto difere da graça é o fato de não precisar o interessado pleitear a sua concessão.

Assim como a graça, pode ser total ou parcial, condicionado ou incondicionado.

Também como a graça, trata-se de atividade privativa e discricionária do Presidente da República, sendo instrumento de política criminal por ele adotado, segundo seu juízo de conveniência e oportunidade.

Na análise da concessão do indulto ou comutação de penas, ao magistrado cabe apenas examinar o preenchimento, ou não, dos requisitos previstos no decreto presidencial, sob pena de restar caracterizado constrangimento ilegal, uma vez que os pressupostos para a concessão da benesse são da competência privativa do Presidente da República, não podendo ser feita qualquer outra exigência além daquelas trazidas no decreto presidencial.

 **Jurisprudência destacada**

Agravo regimental no *habeas corpus*. Execução penal. Indulto. Decreto nº 7.873/2012. Indeferimento. Requisito subjetivo não preenchido. Livramento condicional. Descumprimento das condições. Conduta não prevista como falta grave na Lei de Execução Penal. Ordem concedida de ofício. Agravo do Ministério Público Federal desprovido. 1. Segundo a jurisprudência deste Tribunal Superior, para a análise do pedido de indulto ou de comutação de penas, o magistrado deve restringir-se ao exame do preenchimento dos requisitos previstos no decreto presidencial, no caso, o Decreto nº 7.873/2012, uma vez que os pressupostos para a concessão da benesse são da competência privativa do Presidente da República. 2. O art. 3º do Decreto nº 7.873/2012 prevê que apenas falta disciplinar de natureza grave prevista na Lei de Execução Penal cometida nos 12 (doze) meses anteriores à data de publicação do decreto pode obstar a concessão do indulto. 3. O descumprimento das condições impostas para o livramento condicional não pode ser invocado para impedir a concessão do indulto, a título de não preenchimento do requisito subjetivo, porque não encontra previsão no art. 50 da Lei de Execuções Penais, o qual elenca de forma taxativa as faltas graves. 4. Mantém-se a decisão singular que não conheceu do *habeas corpus*, por se afigurar manifestamente incabível, e concedeu a ordem de ofício para determinar que o pedido de indulto seja novamente analisado pelo Juízo da execução, afastado o óbice quanto ao reconhecimento de falta grave por descumprimento das condições do livramento condicional. 5. Agravo regimental do Ministério Público Federal desprovido (STJ, AgRg no HC nº 537.982/DF 2019/0300654-5, Rel. Min. Jorge Mussi, 5ª Turma, j. 13.04.2020, *DJe* 20.04.2020).

O indulto poderá versar sobre crimes considerados graves, desde que não exista proibição legal de concessão da benesse, tal qual ocorre com os crimes hediondos. Não foi outro o teor da decisão do STF quando da análise da constitucionalidade do decreto de indulto de Michel Temer, então Presidente da República.

### Jurisprudência destacada

(...) O combate à corrupção, à ilegalidade e à imoralidade no seio do Poder Público, com graves reflexos na carência de recursos para implementação de políticas públicas de qualidade, deve ser prioridade absoluta no âmbito de todos os órgãos constitucionalmente institucionalizados. Porém, o texto constitucional não instituiu os delitos relacionados à corrupção como insuscetíveis de graça ou indulto; tampouco, até o presente momento, o Congresso Nacional classificou-os como crimes hediondos, o que, consequentemente, impediria a clemência soberana. É possível discordar da opção feita pelo Presidente da República, porém entendo não ser possível afastá-la com base em superficial interpretação principiológica, sem afetar toda a estrutura da Separação de Poderes e do próprio Direito Penal, que baseia a gravidade do crime em sua sanção e no regime de cumprimento de pena, e não nas pessoas condenadas (ADI nº 5.874/DF, Rel. orig. Min. Roberto Barroso, red. p/o ac. Min. Alexandre de Moraes, j. 09.05.2019).

Ao condenado por crime de associação para o tráfico, descrito no art. 35 da Lei nº 11.343/2006, não se poderá conceder indulto, embora não se trate de crime hediondo ou equiparado, por força da vedação expressa contida no art. 44, parágrafo único, daquele diploma legal.

> **Art. 44.** Os crimes previstos nos arts. 33, *caput* e § 1º, e 34 a 37 desta Lei são inafiançáveis e insuscetíveis de *sursis*, graça, indulto, anistia e liberdade provisória, vedada a conversão de suas penas em restritivas de direitos.

### Jurisprudência destacada

Em relação ao crime de associação para o tráfico de drogas, apesar de não possuir natureza hedionda, também incabível a concessão do indulto/comutação de penas, haja vista a vedação contida no art. 44, *caput*, da Lei nº 11.343/2006. Confiram-se, a propósito, os seguintes julgados acerca do tema (...) Estabelece o art. 44 da Lei nº 11.343/2006 que os crimes previstos nos arts. 33, *caput* e § 1º, e 34 a 37 desta Lei são inafiançáveis e insuscetíveis de *sursis*, graça, indulto, anistia e liberdade provisória, vedada a conversão de suas penas em restritivas de direitos. 3. Embora a vedação à concessão da comutação ao crime de associação para o tráfico de drogas (art. 35 da Lei nº 11.343/2006) não conste no Decreto Presidencial nº 9.246/2017, está expressamente delineada no art. 44, *caput*, da Lei nº 11.343/2006. 4. Precedentes desta Corte Superior de Justiça no sentido da impossibilidade de concessão de indulto/comutação de penas no que tange ao crime de associação para o tráfico de drogas. 5. *Habeas corpus* não conhecido (HC nº 544.773/SP, de minha relatoria, julgado em 26.11.2019, DJe 09.12.2019) (...) 1. Na hipótese em apreço, em que a Agravante pretende o restabelecimento de indulto ao delito de associação para o tráfico de entorpecentes (art. 35 da Lei nº 11.343/2006), não há que se falar em controle judicial do Decreto Presidencial nº 8.940/2016, tendo em vista que o impedimento para a aplicação do benefício, no caso, está delineado no art. 44, *caput*, da Lei nº 11.343/2006. 2. Não havendo declaração de inconstitucionalidade do art. 44, *caput*, da Lei nº 11.343/2006, não se pode afastar sua incidência nesta via, em face do disposto na cláusula de Reserva de Plenário (art. 97 da CF) e na Súmula Vinculante nº 10 do STF. 3. Agravo regimental desprovido (AgRg nos EDcl no REsp nº 1.789.369/RJ, Rel. Min. Laurita Vaz, 6ª Turma, j. 12.11.2019, *Dje* 05.12.2019) (...) 1. O art. 44 da Lei nº 11.343/2006 estatui que "os crimes previstos nos arts. 33, § 1º, e 34 a 37 da Lei são inafiançáveis e insuscetíveis de *sursis*, graça, indulto, anistia e liberdade provisória, vedada a conversão de suas penas em restritivas de direitos". 2. Embora a vedação à concessão do indulto ao crime de associação para o tráfico de drogas (art. 35 da Lei nº 11.343/2006) não conste, de fato, no Decreto Presidencial nº 9.246/2017, está expressamente delineada no art. 44, *caput*, da Lei nº 11.343/2006. 3. Não é possível a concessão de indulto ou comutação da pena ao condenado pelo delito de associação para o tráfico de drogas, pois há vedação legal contida no art. 44, *caput*, da Lei nº 11.343/2006. Precedentes. 4. Agravo regimental desprovido (AgRg no HC nº 464.605/RJ, Rel. Min. Ribeiro Dantas, 5ª Turma, j. 02.04.2019, *DJe* 08.04.2019) (...) (STJ, HC nº 670.378/SP 2021/0166920-4, Rel. Min. Reynaldo Soares da Fonseca, *DJ* 1º.06.2021).

### 43.5.3 Indulto humanitário

O indulto humanitário é o indulto concedido para condenados acometidos de doenças consideradas graves, permanentes, que imponham restrição de atividades no cárcere ou exijam cuidados contínuos que não possam ser prestados na prisão. Conforme já salientamos, assim como acontece em toda hipótese de indulto, a sua concessão dependerá do preenchimento dos requisitos objetivos e subjetivos trazidos pelo decreto que o conceder, com a comprovação da gravidade da doença através da apresentação de laudo médico oficial ou por médico designado pelo juízo da execução.

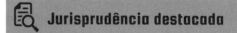

1. De acordo com a orientação jurisprudencial desta Corte, "o indulto humanitário requer, para sua concessão, a necessária comprovação, por meio de 'laudo médico oficial' ou 'por médico designado pelo juízo da execução', de que a enfermidade que acomete o sentenciado é grave, permanente e exige cuidados que não podem ser prestados no estabelecimento prisional" (RHC nº 87.697/RJ, Rel. Min. Maria Thereza de Assis Moura, 6ª Turma, *DJe* 21.11.2017), o que não ficou evidenciado na espécie. 2. Agravo regimental desprovido (STJ, AgRg no HC nº 292.952/RS 2014/0089450-3, Rel. Min. Antonio Saldanha Palheiro, 6ª Turma, j. 27.10.2020, Data de Publicação: *REPDJe* 12.11.2020, *DJe* 03.11.2020).

Restaria, contudo, o seguinte questionamento: poderia o Presidente da República conceder indulto humanitário aos condenados pela prática de crime hediondo ou equiparado? Aqui surgirão duas correntes:

1. **Não é possível** a sua concessão ao condenado pela prática de crime hediondo ou equiparado, considerando-se a vedação expressa trazida pela Lei dos Crimes Hediondos.

   **Art. 2º** Os crimes hediondos, a prática da tortura, o tráfico ilícito de entorpecentes e drogas afins e o terrorismo são insuscetíveis de:
   I – anistia, graça e indulto; (...)

   Essa foi a razão pela qual, no Decreto nº 9.706/2019, que concede indulto humanitário, restou estabelecido que, dentre outros, não se estenderia a clemência aos que ostentassem condenações por crimes hediondos e equiparados.

2. **É possível** a sua concessão ao condenado pela prática de crime hediondo ou equiparado por se tratar de instituto de índole humanitária, reservado aos condenados acometidos de doenças graves que não encontram dignidade no tratamento de suas doenças no sistema carcerário brasileiro. Destarte, devem ser tratados de forma excepcional, não se podendo criar restrição à sua concessão pela natureza do delito pelo qual foram condenados, mesmo porque o fato do crime praticado ter sido hediondo não guarda relação alguma com os critérios que norteiam o indulto humanitário. **É o nosso entendimento.**

## 43.5.4 Natureza jurídica da decisão que concede o indulto

É declaratória a natureza da sentença que concede indulto, não havendo como impedir a concessão dos benefícios ao sentenciado, se cumpridos todos os requisitos exigidos no decreto presidencial.

> **Decifrando a prova**
>
> **(2021 – FCC – DPE/AM – Defensor Público – Adaptada)** Em relação ao indulto e comutação de penas, julgue a assertiva abaixo: A sentença que tem por objeto o indulto e a comutação têm natureza constitutiva e, portanto, o Juízo da execução penal não poderá concedê-los em favor do preso evadido, devendo aguardar a sua recaptura.
> ( ) Certo        ( ) Errado
> **Gabarito comentado:** a 5ª Turma do Superior Tribunal de Justiça entendeu, no HC nº 486.272/SP, que a sentença que concede o indulto ou a comutação de pena tem natureza declaratória, não havendo como impedir a concessão dos benefícios ao sentenciado, se cumpridos todos os requisitos exigidos no decreto presidencial. Portanto, está errado.

Na hipótese de ser parcial, é denominado comutação da pena, caso em que a extinção da punibilidade somente se dará em relação ao *quantum* perdoado.

O indulto não é aplicado de forma automática, necessitando de um procedimento judicial em que o juiz da execução avaliará se o apenado preenche, ou não, os requisitos exigidos pelo decreto presidencial.

Destarte, na análise do pedido de indulto ou comutação de penas, ao magistrado cabe apenas examinar o preenchimento, ou não, dos requisitos previstos no decreto presidencial. Os pressupostos para a concessão da benesse são da competência privativa do Presidente da República, não podendo ser feita qualquer outra exigência além daquelas trazidas no decreto presidencial, sob pena de restar caracterizado constrangimento ilegal.

### 43.5.5 Indulto e medidas de segurança

Também se aplica às medidas de segurança, consoante já decidido pelo Supremo Tribunal Federal.

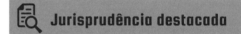

> Indulto e medida de segurança. Reveste-se de legitimidade jurídica a concessão, pelo Presidente da República, do benefício constitucional do indulto (CF/1988, art. 84, XII), que traduz expressão do poder de graça do Estado, mesmo se se tratar de indulgência destinada a favorecer pessoa que, em razão de sua inimputabilidade ou semi-imputabilidade, sofre medida de segurança, ainda que de caráter pessoal e detentivo. (...) O Colegiado assinalou que a competência privativa do Presidente da República prevista no art. 84, XII, da CF abrange a medida de segurança, espécie de sanção penal, inexistindo restrição à concessão de indulto. Embora não seja pena em sentido estrito, é medida de natureza penal e ajusta-se ao preceito, cuja interpretação deveria ser ontológica. (...) No caso, o Presidente da República, ao implementar indulto no tocante a internados em cumprimento de medida de segurança, nos moldes do art. 1º, VIII, do Decreto natalino nº 6.706/1998, não extrapolara o permissivo constitucional (...) (STF, RE nº 628.658/RS, Rel. Min. Marco Aurélio, 04 e 05.11.2015).

### 43.5.6 Indulto e crimes hediondos

Embora o art. 5º, XLIII, da CF/1988 não vede expressamente sua concessão ao condenado pela prática de crime hediondo, a Lei nº 8.072/1990 impede que se declare extinta a punibilidade pelo indulto para os crimes aos quais confere a etiqueta de hediondos.

> Art. 2º Os crimes hediondos, a prática da tortura, o tráfico ilícito de entorpecentes e drogas afins e o terrorismo são insuscetíveis de:
> I – anistia, graça e indulto; (...)

A regra é considerada constitucional pelo Supremo Tribunal Federal, na medida em que graça e indulto não diferem na essência. Ambos são formas de concessão de perdão estatal, concedidos pelo Presidente da República. Destarte, vedada a concessão da graça pela Constituição, resta igualmente vedada a concessão de indulto. É também essa a posição dos autores.

**Decifrando a prova**

**(2009 – Cespe/Cebraspe – PC/RN – Delegado)** A indulgência estatal que depende de decreto do Presidente da República (podendo este delegar tal competência a Ministros de Estado, Procurador-Geral da República ou Advogado-Geral da União), tem caráter individual e, de regra, depende de requerimento do condenado, do MP, do Conselho Penitenciário ou de autoridade administrativa é denominada anistia.
(  ) Certo        (  ) Errado
**Gabarito comentado:** o conceito trazido não é de anistia, mas de graça. Portanto, está errado.

A prática de falta grave não interrompe prazo pata fins de comutação de pena e de indulto:

**Jurisprudência destacada**

**Súmula nº 535, STJ.** A prática de falta grave não interrompe o prazo para fim de comutação de pena ou indulto.

## 43.6 ABOLITIO CRIMINIS

Igualmente ocorre extinção da punibilidade na hipótese de superveniência de lei que deixa de considerar criminosa conduta antes prevista como tal. Cuida-se do instituto da *abolitio criminis*, amplamente por nós debatido no capítulo em que tratamos da aplicação da lei penal no tempo, ao qual remetemos o estimado leitor.

## 43.7 PRESCRIÇÃO

Trata-se da mais importante, complexa e ampla das causas excludentes da punibilidade, razão pela qual será tratada em capítulo próprio.

## 43.8 DECADÊNCIA

É a perda do direito de queixa ou de representação em decorrência do seu não exercício no prazo legalmente estipulado, nos termos trazidos pelo art. 103 do Código Penal.

> **Art. 103.** Salvo disposição expressa em contrário, o ofendido decai do direito de queixa ou de representação se não o exerce dentro do prazo de 6 (seis) meses, contado do dia em que veio a saber quem é o autor do crime, ou, no caso do § 3º do art. 100 deste Código, do dia em que se esgota o prazo para oferecimento da denúncia.

O prazo decadencial é prazo penal e, assim, sua contagem se dá de acordo com o art. 10 do Código Penal.

**Art. 10.** O dia do começo inclui-se no cômputo do prazo. Contam-se os dias, os meses e os anos pelo calendário comum.

> **Decifrando a prova**
>
> **(2015 – MPE/BA – Promotor de Justiça Substituto)** A decadência é causa de exclusão de punibilidade e, no seu cômputo temporal, deve ser computado o dia inicial e excluído o dia final.
> ( ) Certo ( ) Errado
> **Gabarito comentado:** computam-se o dia de começo e o de fim. Portanto, está errado.

Em se tratando de crime habitual, que é crime único, o prazo de decadência será contado a partir da prática do último ato. No caso de crime continuado, que não se trata de crime único, mas de concurso de crimes, o prazo decadencial deverá ser contado em relação a cada crime separadamente.

Cuida-se, diferentemente da prescrição, de prazo preclusivo e improrrogável, não se submetendo a causas de interrupção e suspensão,[5] conforme já decidido pelo Supremo Tribunal Federal.

Não se pode confundir decadência com prescrição também por outras razões.

A prescrição pode ocorrer antes, durante ou mesmo após a ação penal, ao passo que a decadência somente se apresenta enquanto inexiste a peça inaugural da ação penal.

A prescrição recai sobre todo e qualquer delito, enquanto a decadência só opera nos crimes de ação penal privada (decadência do direito de queixa) ou de ação penal pública condicionada (decadência do direito à representação).

## 43.9 PEREMPÇÃO

É a perda do direito de prosseguir na ação penal de iniciativa privada imposta ao querelante por sua desídia, inércia ou negligência, deixando de impulsionar o processo.

Em havendo pluralidade de querelantes, a perempção somente atingirá aquele que se revelar inerte, prosseguindo quanto aos demais.

Não pode ser reconhecida nas hipóteses de ação penal privada subsidiária da pública, pois nela o Ministério Público pode vir a qualquer tempo retomar a ação penal.

---

[5] Processo Inq nº 774/RJ, Rel. Min. Celso de Mello, Tribunal Pleno, *DJ* 17.12.1993, p. 28049, ement. v. 1730-01, p. 42, julgado em 23.09.1993.

## Decifrando a prova

**(2009 – FCC – Defensor Público – Adaptada)** A extinção da punibilidade pela perempção pode ocorrer antes da instauração da ação penal.
( ) Certo    ( ) Errado
**Gabarito comentado:** somente pode ocorrer depois do início da ação penal. Antes, o que ocorre na ação penal privada exclusiva é a decadência ou a renúncia. Portanto, está errado.

As hipóteses em que a ação pode ser considerada perempta encontram-se elencadas no art. 60 do CPP.

> **Art. 60.** Nos casos em que somente se procede mediante queixa, considerar-se-á perempta a ação penal:
>
> I – quando, iniciada esta, o querelante deixar de promover o andamento do processo durante 30 dias seguidos;
>
> II – quando, falecendo o querelante, ou sobrevindo sua incapacidade, não comparecer em juízo, para prosseguir no processo, dentro do prazo de 60 (sessenta) dias, qualquer das pessoas a quem couber fazê-lo, ressalvado o disposto no art. 36;
>
> III – quando o querelante deixar de comparecer, sem motivo justificado, a qualquer ato do processo a que deva estar presente, ou deixar de formular o pedido de condenação nas alegações finais;
>
> IV – quando, sendo o querelante pessoa jurídica, esta se extinguir sem deixar sucessor.

- **1ª hipótese:** quando, iniciada a ação, o querelante deixar de promover o andamento do processo durante 30 (trinta) dias seguidos. A decretação da extinção da punibilidade pela perempção com base na inércia somente ocorrerá quando, regularmente intimado, o querelante deixar de adotar providências referentes à movimentação do processo.

## Decifrando a prova

**(2012 – MPE/MG – Promotor de Justiça – Adaptada)** A perempção ocorre quando o Ministério Público deixa de promover o andamento do processo durante trinta dias seguidos.
( ) Certo    ( ) Errado
**Gabarito comentado:** na medida em que não existe perempção para o Ministério Público, não se pode falar em perempção na ação pública, condicionada ou incondicionada. A perempção somente ocorre nas hipóteses de ação privada exclusiva. Portanto, está errado.

- **2ª hipótese:** quando, falecendo o querelante, ou sobrevindo a sua incapacidade, não comparecer em juízo, para prosseguir no processo, dentro do prazo de 60 dias, qualquer das pessoas a quem couber fazê-lo.

**CPP, art. 100. (...)**

§ 4º No caso de morte do ofendido ou de ter sido declarado ausente por decisão judicial, o direito de oferecer queixa ou de prosseguir na ação passa ao cônjuge, ascendente, descendente ou irmão. (Redação dada pela Lei nº 7.209, de 11.07.1984.)

Nesse caso, não se faz necessária a intimação das pessoas referidas no artigo. Como adverte Greco, não é função da Justiça Penal, principalmente nos casos de ação exclusivamente privada, investigar parente do querelante para intimá-los a, se quiserem, se habilitar nos autos para que o feito tenha prosseguimento.

- **3ª hipótese:** quando o querelante deixar de comparecer, sem motivo justificado, a qualquer ato do processo em que sua presença se faça necessária ou deixar de formular pedido de condenação nas alegações finais. O mesmo ocorrerá quando as alegações finais não forem apresentadas, nada obstante tenha o querelante sido intimado para tanto. Joppert (2011, p. 577) adverte que "não se exige de forma inexoravelmente literal o 'pedido de condenação', sendo o suficiente o que, nas alegações finais, se traduza de modo inequívoco apreensão do querelante em obtê-la (Ex.: pedido de aplicação de pena)".

### Decifrando a prova

**(2012 – TJ/RO – Juiz Substituto)** Se o querelante, nos crimes de ação penal privada, deixar de formular o pedido de condenação nas alegações finais, o juiz deverá absolver desde logo o querelado.
( ) Certo    ( ) Errado
**Gabarito comentado:** a hipótese é de perempção, devendo ser declarada extinta a punibilidade, consoante disposto no art. 60, III, do CPP. Não se trata, portanto, de hipótese de absolvição. Portanto, está errado.

Repare, no que tange ao comparecimento a atos do processo, que a ausência do querelante somente gera perempção quando sua presença for necessária para a prática do ato processual.

### Decifrando a prova

**(2012 – MPE/MG – Promotor de Justiça – Adaptada)** A perempção fica caracterizada na ausência do autor da ação em audiência conciliatória, ainda que presente seu procurador.
( ) Certo ( ) Errado
**Gabarito comentado:** não se trata de audiência em que se faz necessária a presença do querelante, até porque as partes não estão obrigadas a uma conciliação. Demais disso, a reunião judicial de composição se dá anteriormente à angularização da ação penal, sua ocorrência é anterior à aceitação ou rejeição da queixa-crime, não se podendo falar em perempção antes de iniciada a ação penal. Portanto, está errado.

### Jurisprudência destacada

1. *Habeas corpus*. 2. Alegada ocorrência de perempção. Não configuração. 3. A presença do querelante na audiência preliminar não é obrigatória, tanto por ser ato anterior ao recebimento ou rejeição da queixa-crime, quanto pelo fato de se tratar de mera faculdade conferida às partes. 4. A ausência do querelante à audiência preliminar pode ser suprida pelo comparecimento de seu patrono. 5. *Habeas corpus* indeferido (HC nº 86.942, Rel. Min. Gilmar Mendes, 2ª Turma, j. 07.02.2006, *DJ* 03.03.2006).

### Decifrando a prova

**(2009 – Cespe/Cebraspe – Juiz Federal – Adaptada)** Acarreta perempção e, consequentemente, extinção da punibilidade o não comparecimento do querelante, na ação penal privada, à audiência para oitiva das testemunhas.
( ) Certo     ( ) Errado
**Gabarito comentado:** não se trata de ato para o qual seu comparecimento seja indispensável. A ausência do querelante somente gera perempção quando sua presença for necessária para a prática do ato processual. Portanto, está errado.

Para que ocorra a perempção nessa terceira hipótese, se fará necessária a intimação do querelante para o ato a ser praticado.

- **4ª hipótese:** quando, sendo o querelante pessoa jurídica, esta se extinguir sem deixar sucessor.

Além das hipóteses trazidas pelo art. 60 do CPP, deve-se igualmente entender perempta a ação penal quando houver a morte do querelante quando se tratar de crime de ação penal personalíssima. No ordenamento jurídico brasileiro, o fenômeno ocorre no crime de induzimento a erro e ocultação de impedimento, única hipótese de crime existente entre nós em que a ação penal depende de queixa do contraente enganado e não pode ser intentada senão depois de transitar em julgado a sentença que, por motivo de erro ou impedimento, anule o casamento.

## 43.10 RENÚNCIA AO DIREITO DE QUEIXA

Cuida-se de desistência do direito de ação por ato unilateral da vítima nas ações exclusivamente privadas, o que só pode ser realizado antes do oferecimento da queixa.

É ato unilateral, que não depende da aceitação do autor do crime e, na hipótese de haver mais de uma pessoa apontada como autora do crime, a renúncia feita com relação a um deles a todos se estenderá. Trata-se de corolário do princípio da indivisibilidade da ação penal privada.

Conforme disposto no art. 50 do CPP, em havendo dois titulares da ação privada, a renúncia de um não prejudica o interesse do outro em exercitar o direito de queixa.

> **Art. 50.** A renúncia expressa constará de declaração assinada pelo ofendido, por seu representante legal ou procurador com poderes especiais.
>
> **Parágrafo único.** A renúncia do representante legal do menor que houver completado 18 (dezoito) anos não privará este do direito de queixa, nem a renúncia do último excluirá o direito do primeiro.

No caso de morte da vítima, o direito de queixa é transferido ao cônjuge, descendente ou irmão e a renúncia de um dos legitimados não obsta o exercício do direito de queixa pelos demais, conforme art. 31 do CPP.

> **Art. 31.** No caso de morte do ofendido ou quando declarado ausente por decisão judicial, o direito de oferecer queixa ou prosseguir na ação passará ao cônjuge, ascendente, descendente ou irmão.

A renúncia pode ser expressa ou tácita, ocorrendo esta última hipótese quando o ofendido realizar ato incompatível com a vontade de exercer o direito de queixa, conforme arts. 104 do CP e 57 do CPP.

> **CP, art. 104.** O direito de queixa não pode ser exercido quando renunciado expressa ou tacitamente. (Redação dada pela Lei nº 7.209/1984.)
>
> **Parágrafo único.** Importa renúncia tácita ao direito de queixa a prática de ato incompatível com a vontade de exercê-lo; não a implica, todavia, o fato de receber o ofendido a indenização do dano causado pelo crime.
>
> **CPP, art. 57.** A renúncia tácita e o perdão tácito admitirão todos os meios de prova.

Não se reconhece renúncia tácita no recebimento de indenização pelo dano causado pelo crime, conforme parágrafo único do art. 104 do Código Penal. Porém, devemos lembrar que, nas infrações de menor potencial ofensivo de ação penal privada ou pública condicionada, a composição civil de danos, conforme art. 74 da Lei nº 9.099/1995, é renúncia tácita ao direito de queixa ou representação e, portanto, causa extintiva da punibilidade.

## 43.11 PERDÃO DO OFENDIDO

É a desistência do prosseguimento na ação, manifestada, expressa ou tacitamente, pelo querelante, a qualquer momento, após o oferecimento da queixa até o trânsito em julgado da sentença condenatória. Só é admitido nas ações exclusivamente privadas.

Trata-se de ato bilateral, somente produzindo efeito com relação a quem o aceita e, uma vez ofertado a um dos querelados, a todos aproveitará. Ex.: o querelado, em crime de ação exclusivamente privada praticado por Larapius Augustus, Tibério Cesar e Corruptus Malignus, perdoa apenas Larapius. Ofertado a Larapius, se estenderá a Corruptus e Tiberius. Caso Larapius não aceite, não produzirá efeitos com relação a ele, mas produzirá efeito com relação aos demais que o aceitarem.

O perdão se refere a cada crime isoladamente considerado quando se tratar de hipótese de concurso de crimes.

Havendo pluralidade de ofendidos, o perdão concedido e aceito não prejudicará o direito dos demais em prosseguir com a ação penal.

**CP, art. 106.** O perdão, no processo ou fora dele, expresso ou tácito:

I – se concedido a qualquer dos querelados, a todos aproveita;

II – se concedido por um dos ofendidos, não prejudica o direito dos outros;

III – se o querelado o recusa, não produz efeito.

**§ 1º** Perdão tácito é o que resulta da prática de ato incompatível com a vontade de prosseguir na ação.

**§ 2º** Não é admissível o perdão depois que passa em julgado a sentença condenatória.

> **Decifrando a prova**
>
> **(2008 – Cespe/Cebraspe – TJ/SE – Adaptada)** Na ação penal privada, admite-se o perdão do ofendido após o trânsito em julgado da sentença penal condenatória, em face do princípio da disponibilidade.
> ( ) Certo   ( ) Errado
> **Gabarito comentado:** na medida em que não se pode falar em perdão do ofendido após o trânsito em julgado da condenação, conforme art. 106, § 2º, do CP. Portanto, está errado.

## 43.12 RETRATAÇÃO DO AGENTE

Retratar-se significa retirar o que foi dito.

Cuida-se de causa extintiva de punibilidade nas hipóteses previstas expressamente em lei. Para tanto, deverá ser cabal, ou seja, deverá ser completa, não dando qualquer margem a dúvidas.

Entre nós, cabe nos crimes de calúnia e difamação, nos termos do art. 143 do CP, bem como para o crime de falso testemunho e falsa perícia, consoante art. 342, § 2º, daquele mesmo diploma legal.

Não cabe no crime contra a honra subjetiva, qual seja, a injúria.

**Art. 143.** O querelado que, antes da sentença, se retrata cabalmente da calúnia ou da difamação, fica isento de pena.

**Parágrafo único.** Nos casos em que o querelado tenha praticado a calúnia ou a difamação utilizando-se de meios de comunicação, a retratação dar-se-á, se assim desejar o ofendido, pelos mesmos meios em que se praticou a ofensa. (Incluído pela Lei nº 13.188, de 2015.)

Art. 342. Fazer afirmação falsa, ou negar ou calar a verdade como testemunha, perito, contador, tradutor ou intérprete em processo judicial, ou administrativo, inquérito policial, ou em juízo arbitral: (Redação dada pela Lei nº 10.268, de 28.08.2001.) (...)

§ 2º O fato deixa de ser punível se, antes da sentença no processo em que ocorreu o ilícito, o agente se retrata ou declara a verdade. (Redação dada pela Lei nº 10.268, de 28.08.2001.)

Na hipótese de falso testemunho, ou falsa perícia, descrito no art. 342 do Código Penal, a retratação deve ser prestada antes de prolatada a primeira sentença no processo em que o agente prestou o falso.

### Decifrando a prova

**(2014 – Aroeira – Delegado de Polícia – Adaptada)** Extingue-se a punibilidade pela retratação do agente, no caso de denunciação caluniosa.
( ) Certo ( ) Errado
**Gabarito comentado:** na lei não está contemplada a possibilidade de retratação extintiva da punibilidade no crime de denunciação caluniosa, mas no de calúnia. A retratação somente funciona como causa de extinção da punibilidade nas hipóteses expressamente previstas em lei. Portanto, está errado.

## 43.13 PERDÃO JUDICIAL

Cuida-se de causa extintiva da punibilidade, conforme Súmula nº 18 do STJ, somente sendo possível sua concessão quando expressamente prevista em lei.

### Jurisprudência destacada

**Súmula nº 18, STJ.** A sentença concessiva do perdão judicial é declaratória da extinção da punibilidade, não subsistindo qualquer efeito condenatório.

Não é possível aplicação de analogia *in bonam partem* para ampliar as hipóteses de concessão de perdão judicial, o que se justifica pela afirmação categórica feita pelo legislador no sentido de que o perdão judicial somente seria concedido nos casos previstos em lei, afastando-se sua incidência para todo e qualquer outro crime para o qual a lei não faça a previsão de seu cabimento (GRECO, 2019, p. 869).

Não se confunde com o perdão do ofendido, que somente pode ser concedido pelo ofendido nas hipóteses de ação penal exclusivamente privada. O perdão judicial, a seu turno, pode ser concedido pelo juiz em crimes de ação pública ou privada.

Outra distinção entre o perdão judicial e o perdão do ofendido é que o último é bilateral e somente produz efeitos se aceito por aquele a quem se perdoa. O perdão judicial não depende da aceitação daquele a quem é concedido.

Conforme lição de Damásio Evangelista de Jesus (1999, p. 729), o perdão inicial é um direito público subjetivo de liberdade. Não é um favor do juiz, mas um direito do réu.

Por essa razão, caso preenchidos os requisitos legais para sua concessão, o juiz não poderá deixar de concedê-lo.

Assim, não se trata de faculdade do magistrado e, embora as hipóteses de concessão de perdão judicial restem evidenciadas pela utilização da expressão "o juiz pode deixar de aplicar a pena", deve-se entender que a palavra "pode" aqui não é usada como faculdade, mas como indicativo de crime que admite aplicação do perdão judicial, ou seja, de crime em que o magistrado está autorizado a deixar de aplicar a pena e no qual deverá deixar de aplicar a pena caso satisfeitos os pressupostos exigidos pela norma.

Pode ocorrer de, com uma mesma conduta, o agente praticar dois ou mais crimes, sendo apenas um deles infração penal para a qual caberia a aplicação do perdão judicial. Nesse caso, discute-se a possibilidade de extensão do perdão para os demais crimes. O STJ, julgando a matéria, em hipótese em que o agente praticou homicídios culposos em concurso formal, entendeu que não se admite a extensão.

> **Jurisprudência destacada**
>
> Malgrado a instituição do concurso formal de crimes tenha intensão de beneficiar o acusado, estabelecendo o legislador um sistema de exasperação da pena que fixa a punição com base em apenas um dos crimes, não se deixou de acrescentar a previsão de imposição de uma cota-parte, apta a representar a correção também pelos demais delitos. Ainda assim, não há referência à hipótese de extensão da absolvição, da extinção da punibilidade, ou mesmo, da redução da pena pela prática de nenhum dos delitos, tanto que dispõe, o art. 108 do Código Penal, *in fine*, que, "nos crimes conexos, a extinção da punibilidade de um deles não impede, quanto aos outros, a agravação da pena resultante da conexão". 7. Tratando-se o perdão judicial de uma causa de extinção da punibilidade de índole excepcional, somente pode ser concedido quando presentes os seus requisitos, devendo-se analisar cada delito de *per si*, e não de forma generalizada, como quando ocorre a pluralidade de delitos decorrentes do concurso formal de crimes (Resp nº 1.444.699/RS, *DJc* 09.06.2017).

> **Decifrando a prova**
>
> **(2010 – Cespe/Cebraspe – Promotor de Justiça – Questão Anulada – Adaptada)** Se um indivíduo provocar culposamente um acidente em que faleçam o seu único filho e um terceiro desconhecido, a eventual concessão do perdão judicial ao infrator, decorrente da morte de ente querido, não se estenderá à culpabilidade pela morte do terceiro.
> ( ) Certo    ( ) Errado

> **Gabarito comentado:** a questão foi anulada, mas o STJ já entendeu, como visto anteriormente, não ser cabível a extensão do perdão judicial, razão pela qual a assertiva estaria certa. Consoante disposto no art. 108 do CP, a extinção da punibilidade com relação a um crime não se estende aos que lhe sejam conexos.

Elencamos a seguir hipóteses de perdão judicial trazidas pelo legislador no Código Penal e legislação extravagante:

1. homicídio culposo (art. 121, § 5º, do CP);
2. lesão corporal culposa (art. 129, § 8º, do CP);
3. retorsão imediata e provocação injusta na injúria (art. 140, § 1º, do CP);
4. receptação culposa (art. 180, § 5º, do CP);
5. colaboração premiada na Lei de Lavagem de Capitais (art. 1º, § 5º, da Lei nº 9.613, de 1998);
6. colaboração premiada, nas organizações criminosas (art. 4º, da Lei nº 12.850, de 2013);
7. colaboração premiada na Lei de Proteção de Testemunhas e de réu colaborador (ar. 13 da Lei nº 9.807, de 1999);
8. errada compreensão da lei quando escusável, nas contravenções penais (art. 8º do Decreto-lei nº 3.688, de 1941);
9. guarda doméstica de animal silvestre não ameaçado de extinção (art. 29, § 2º, da Lei nº 9.605, de 1998).

# Prescrição

## 44.1 CONCEITO DE PRESCRIÇÃO

Como já vimos, quando ocorre um fato delituoso, surge para o Estado o *jus puniendi*. A pretensão punitiva estatal, porém, **não pode se eternizar** no tempo. Destarte, o Estado estabelece critérios que limitam o exercício do direito de punir.

Assim, usando como critério a pena em lei cominada ao delito, o Estado estabelece lapso temporal dentro do qual estará legitimado a buscar e aplicar a sanção penal adequada ao caso concreto.

**Esgotado aquele prazo**, observadas as causas impeditivas e interruptivas, fica prescrito **o direito estatal à punição do autor do fato delituoso** (prescrição da pretensão punitiva) **ou de executar a pena a ele aplicada** (prescrição da pretensão executória).

Assim, a prescrição é a perda, pelo Estado, do seu direito de punir (pretensão punitiva) ou de executar pena já aplicada (pretensão executória) em razão do seu não exercício no decurso do tempo previamente fixado em lei. Com a prescrição, o Estado impõe limites ao seu próprio poder punitivo.

Cuida-se de causa extintiva da punibilidade (art. 107, IV, do CP), sendo, portanto, instituto de direito material, regulado pelo Código Penal. Por isso, se pode concluir que:

1. Na contagem de seu prazo, **inclui-se o dia do início e se exclui o dia do final**. A razão de se incluir no prazo penal o dia do começo é porque se trata de modelo mais favorável ao réu.

    **CP, art. 10.** O dia do começo inclui-se no cômputo do prazo. Contam-se os dias, os meses e os anos pelo calendário comum.

Considerando-se que os dias, meses ou anos são contados de forma corrida e que o primeiro dia foi incluído, na hipótese de estarmos diante de prazos penais que sejam contados em meses ou em anos, há de se excluir, ao final do prazo, um dia.

**Exemplo de contagem do prazo prescricional:** Larapius Augustus praticou crime de posse ilegal de arma, consoante disposto no art. 12 da Lei nº 10.826/2003.

A prescrição, no caso proposto, começa a contar no dia 20 de julho de 2020, quando policiais, em cumprimento de mandado de busca e apreensão, encontraram a arma em um de seus armários. A pena máxima é parâmetro para a contagem. Sendo de 2 (dois) anos a pena máxima para o crime de que tratamos, a prescrição se dará, nos termos do art. 109, inciso V, do CP, em 04 (quatro) anos. Assim, iniciaremos a contagem a partir de 20 de julho de 2020. Ao final, excluiremos um dia. Em 20 de julho de 2024, teremos os quatro anos. Descontando-se um dia ao final, a prescrição se dará aos 19 de julho de 2024.

2. Sujeita-se aos **princípios da retroatividade** da lei que beneficia e da **irretroatividade** da lei que prejudica. Esta a razão pela qual as mudanças provocadas pela Lei nº 12.234/2010 não podem ser aplicadas aos crimes praticados antes do dia 06 de maio daquele ano, data em que a lei, que é prejudicial, entrou em vigor. Assim, embora atualmente não se possa reconhecer prescrição pela pena em concreto tendo como termo inicial data anterior ao recebimento da denúncia ou da queixa, a regra só é aplicável a crimes que ocorreram posteriormente àquela data.

3. Cuida-se de **matéria de ordem pública**, devendo ser decretada de ofício, ou a requerimento do Ministério Público ou do interessado.

## 44.2 HIPÓTESES DE IMPRESCRITIBILIDADE

A Constituição Federal estabelece hipóteses de imprescritibilidade e não se pode alargar o rol dos crimes imprescritíveis. Salvo aqueles casos trazidos pela Carta Constitucional, todos os crimes são prescritíveis. A prescritibilidade é, portanto, a regra.

> Art. 5º Todos são iguais perante a lei, sem distinção de qualquer natureza, garantindo-se aos brasileiros e aos estrangeiros residentes no País a inviolabilidade do direito à vida, à liberdade, à igualdade, à segurança e à propriedade, nos termos seguintes: (...)
> 
> XLII – a prática do racismo constitui crime inafiançável e imprescritível, sujeito à pena de reclusão, nos termos da lei;
> 
> XLIV – constitui crime inafiançável e imprescritível a ação de grupos armados, civis ou militares, contra a ordem constitucional e o Estado Democrático; (...)

Conforme se verifica do texto da Constituição, somente o racismo e a ação de grupos armados contra o estado democrático de direito e a ordem constitucional podem ser considerados imprescritíveis.

Quanto ao genocídio, o Brasil ratificou, por meio de Decreto Presidencial nº 4.388, de 2002, o Estatuto de Roma, que, criando o Tribunal Penal Internacional, prevê a imprescritibilidade do crime de genocídio. O **genocídio**, então, seria também para nós um crime **imprescritível**? Entendemos que **não**, em razão da barreira constitucional. Não poderia a regra trazida pelo estatuto transpor o óbice trazido pela Constituição. Esse também é o posicionamento de Estefam (2010, p. 463).

Não tendo o Brasil subscrito a Convenção sobre Imprescritibilidade dos Crimes de Guerra e dos Crimes contra a Humanidade, nem tendo a ela aderido, os crimes contra a humanidade são prescritíveis. Por se tratar de matéria de Direito Penal, submetido ao princípio constitucional da estrita legalidade, apenas a lei interna poderia dispor sobre imprescritibilidade de crimes no Brasil. Não foi outra a decisão do STF acerca da matéria.

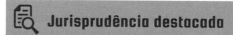

**Jurisprudência destacada**

O Plenário, em conclusão e julgamento e por maioria, indeferiu pedido de extradição formulado pelo Governo da Argentina em desfavor de um nacional, ao qual imputada a suposta prática de delitos de lesa-humanidade. Ele é investigado por crimes correspondentes, no Código Penal brasileiro, aos de homicídio qualificado, sequestro e associação criminosa. Os delitos teriam sido cometidos quando o extraditando integrava o grupo terrorista "Triple A", em atividade entre os anos 1973 e 1975, cujo objetivo era o sequestro e o assassinato de cidadãos argentinos contrários ao governo então vigente naquele país – v. *Informativos* 842 e 844. O Colegiado considerou estar extinta a punibilidade dos crimes imputados ao extraditando, nos termos da legislação brasileira, e de não ter sido atendido, portanto, o requisito da dupla punibilidade (...). A Corte se referiu a fundamentos expostos na ADPF nº 153/DF, no sentido da não aplicação, no Brasil, da imprescritibilidade dos crimes dessa natureza, haja vista o País não ter subscrito a Convenção sobre a Imprescritibilidade dos Crimes de Guerra e dos Crimes contra a Humanidade, nem ter a ela aderido, e, ainda, em razão de somente lei interna poder dispor sobre prescritibilidade ou imprescritibilidade da pretensão estatal de punir. Ponderou que, mesmo se houvesse norma de direito internacional de caráter cogente a estabelecer a imprescritibilidade dos crimes contra a humanidade, ela não seria aplicável no Brasil, por não ter sido ainda reproduzida no direito interno. Portanto, o Estatuto de Roma, considerado norma de estatura supralegal ou constitucional, não elidiria a força normativa do art. 5º, XV, da Constituição da República, que veda a retroatividade da lei penal, salvo para beneficiar o réu (Ext. nº 1.362/DF, Rel. Min. Edson Fachin, red. p/ o ac. Min. Teori Zavascki, j. 09.11.2016).

 **Decifrando a prova**

**(2019 – Cespe/Cebraspe – MPE/PI   Promotor de Justiça Substituto – Adaptada)** Quanto à extinção da punibilidade e ao instituto da prescrição, os crimes hediondos, a tortura, o tráfico de drogas e o racismo são imprescritíveis.
(  ) Certo       (  ) Errado
**Gabarito comentado:** dos crimes mencionados, apenas o racismo é imprescritível. Portanto, está errado.

## 44.3 PRESCRIÇÃO E DECADÊNCIA

Dispõe o inciso IV do art. 107 do Código Penal:

**Art. 107.** Extingue-se a punibilidade: (...)
IV – pela prescrição, decadência ou perempção; (...)

Qual seria a diferença entre prescrição e decadência?

1. Embora os institutos constituam causas extintivas de punibilidade, a **decadência**, diversamente do que ocorre com a prescrição, provoca a extinção da punibilidade por **via indireta**. A **prescrição**, a seu turno, exclui a punibilidade **diretamente**. Vejamos.

   Nas infrações de ação penal privada, para o ofendido vigora a oportunidade ou conveniência, razão pela qual somente deflagará a ação penal se julgar que deva e se quiser fazê-lo. A lei, contudo, estabelece um limite para que exerça esse direito, conferindo-lhe prazo de 06 (seis) meses, a serem contados da data em que a vítima toma conhecimento da autoria. Nas infrações para as quais se prevê ação penal pública condicionada à representação, o direito deve ser exercido dentro do mesmo prazo.

   **CP, art. 103.** Salvo disposição expressa em contrário, o ofendido decai do direito de queixa ou de representação se não o exerce dentro do prazo de 6 (seis) meses, contado do dia em que veio a saber quem é o autor do crime, ou, no caso do § 3º do art. 100 deste Código, do dia em que se esgota o prazo para oferecimento da denúncia.

   Caso a vítima não exerça seu direito de queixa ou a representação no prazo legal, não mais poderá fazê-lo, decaindo do direito e não podendo ser deflagrada a ação penal. Sem manifestação da vítima, não haverá processo e não se poderá impor uma pena. O Estado, consequentemente, não poderá exercer sua pretensão punitiva.

   Na hipótese da prescrição, outrossim, a inércia estatal conduzirá imediatamente à prescrição e a perda da pretensão punitiva em virtude da inércia.

   Podemos, assim, dizer que a prescrição primeiro atinge o *jus puniendi*, impossibilitando, consequentemente, a deflagração da ação. A decadência, a seu turno, atinge primeiro o direito de ação e, assim, o Estado fica impossibilitado de exercer seu *jus puniendi*.

2. A prescrição abrange **todos os crimes**, ao passo que a **decadência** somente se dá para os crimes de **ação penal privada** ou de ação penal pública **condicionada à representação**.

3. A prescrição ocorre antes ou depois do trânsito em julgado. A decadência somente ocorre antes de iniciada a ação penal.

## 44.4 FUNDAMENTOS DA PRESCRIÇÃO

Como fundamentos da prescrição apontam-se os seguintes:

### 44.4.1 Segurança jurídica

Aplicação de uma pena quando ocorre muito depois da prática do crime revela-se violadora do **princípio da equidade**, "não podendo ficar permanentemente suspensa sobre a cabeça do criminoso a ameaça do procedimento criminal" (FARIA, 1961, p. 197).

O indivíduo que cometeu um delito no passado tem o **direito ao esquecimento**, o direito de não ver este fato relembrado por tempo indeterminado. Não é por outra razão que o direito ao esquecimento também é denominado "direito de ser deixado em paz" ou "direito de estar só". A prescrição representa, portanto, o pilar da segurança jurídica, sendo instrumento de pacificação social, além de proteger os cidadãos contra arbitrariedades daqueles que, detendo o poder em determinado momento, objetivassem usar, sem qualquer limite temporal, a ameaça de aplicação da lei penal para atendimento de interesses pessoais, políticos etc.

### 44.4.2 Inércia estatal

A eficiência se apresenta como um dos princípios que norteiam a atividade da Administração Pública, conforme estabelecido no art. 37 da CF/1988. O Estado, por meio de suas instituições, deve primar pela celeridade e empenho que garantirão um atuar eficiente para satisfação dos interesses da coletividade como um todo, devendo, de outro giro, suportar as consequências quando não cumpre esse seu mister. Destarte, se o Estado não se mobiliza para exercer seu *jus puniendi* dentro de um lapso temporal previamente estabelecido, perderá a possibilidade de fazê-lo. Cuida-se a prescrição, assim, de um ônus que o Estado impõe a si mesmo por sua inércia e inoperância.

### 44.4.3 A importância da proximidade entre o delito e a imposição da pena

Na obra do italiano Cesare Beccaria (2005, p. 80), encontramos a lição que melhor traduz esse fundamento da prescrição. Em seu *Dei delitti e delle pene* (*Dos delitos e das penas*), de 1763, com publicação em 1764, Beccaria assevera **a importância da proximidade entre o cometimento do delito e a aplicação da pena**, de forma a infundir no espírito humano que essas duas ideias, delito e pena, estão associadas de tal modo que imperceptivelmente se considera o primeiro como causa e a pena como seu necessário e indefectível efeito.

Mais importante e eficaz que a severidade de uma pena é a certeza de que será aplicada. Passado longo lapso temporal sem que o Estado tenha aplicado uma pena àquele que praticou um crime, esvazia-se o sentido de prevenção da sanção penal. A demora faz desaparecer a necessidade do exemplo ao meio social (GRECO, 2019, p. 877).

## 44.5 ESPÉCIES DE PRESCRIÇÃO

Com a prática do crime, surge para o Estado a pretensão de punir o seu autor, sendo certo que deverá ser exercida dentro de um prazo. Uma vez transcorrido esse prazo, teremos a prescrição da pretensão punitiva, que impede todos os efeitos que poderiam decorrer de uma condenação penal. A prescrição da pretensão punitiva é também denominada **prescrição da ação penal**.

Contudo, caso obtida uma condenação, é preciso que o Estado veja concretizada a pena que impôs ao autor do crime, iniciando-se a contagem da **prescrição da pretensão executória**.

Identificamos, portanto, duas espécies de prescrição:

1. a prescrição da pretensão punitiva, que se dará antes do trânsito em julgado;
2. a prescrição da pretensão executória, que se dará após o trânsito em julgado.

## 44.6 PRESCRIÇÃO ANTES DO TRÂNSITO EM JULGADO DA CONDENAÇÃO (PRESCRIÇÃO DA PRETENSÃO PUNITIVA)

### 44.6.1 Efeitos do reconhecimento da prescrição da pretensão punitiva

**Antes de iniciada a ação penal, a prescrição da pretensão punitiva obsta o seu exercício.** Assim, se é reconhecida na fase inquisitorial administrativa, no curso de um inquérito policial, deverá o Ministério Público promover o arquivamento. Outrossim, caso ofertada a denúncia ou a queixa, o juiz deverá rejeitá-la, conforme art. 395, II, do CPP.

> **CPP, art. 395.** A denúncia ou queixa será rejeitada quando: (...)
> II – faltar pressuposto processual ou condição para o exercício da ação penal; (...)

Greco (2019, p. 882) entende que o juiz não pode declarar extinta a punibilidade com fulcro na prescrição durante o inquérito policial, dando razões de ordem prática para fundamentar sua posição. Cita, para tanto, a hipótese de ser juntada aos autos do procedimento investigativo preliminar certidão de óbito falsa e aduz que, caso declarada extinta a punibilidade, o juiz não mais poderia reabrir o inquérito com fundamento em novas provas. Ousamos discordar do renomado doutrinador, entendendo ser **possível a declaração da extinção da punibilidade em sede de inquérito policial**. Quanto ao exemplo da certidão falsa, consoante já destacamos nesta obra, não faz coisa julgada a decisão que declara extinta a punibilidade pela morte quando lastreada em falso atestado de óbito.

Se for reconhecida durante o curso do processo, o juiz deverá extingui-lo, a qualquer tempo e grau de jurisdição, nos termos do art. 61 do CPP, declarando extinta a punibilidade, encerrando-se a persecução penal, sob pena de constrangimento ilegal a ser sanado pela via do remédio constitucional do *habeas corpus*. Por se tratar de matéria de ordem pública, o juiz deverá decretá-la de ofício, independentemente de qualquer manifestação das partes.

> **CPP, art. 61.** Em qualquer fase do processo, o juiz, se reconhecer extinta a punibilidade, deverá declará-lo de ofício.

A **prescrição da pretensão punitiva**, provocada pela inércia do Estado na formação do título condenatório penal, **elimina os efeitos da condenação**, sejam eles penais ou extrapenais. Assim, o indivíduo mantém sua condição de primário e eventual processo instaurado não servirá como indicativo de maus antecedentes.

Como destaca Greco (2019, p. 878), "na esfera cível, a vítima não terá como executar o decreto condenatório, quando houver, visto que a prescrição da pretensão punitiva impede a formação do título executivo judicial".

## 44.6.2 Início de contagem da prescrição da pretensão punitiva

O termo inicial da prescrição antes de transitar em julgado a sentença final é encontrado no art. 111 do Código Penal.

A prescrição, antes de transitar em julgado a sentença final, começa a correr:

> **Art. 111.** (...)
> I – do dia em que o crime se consumou.

Trata-se da regra geral adotada pelo Código Penal para a fixação do início da contagem da prescrição da pretensão punitiva. Adotou-se, como regra, a teoria do resultado.

Observe o gráfico a seguir:

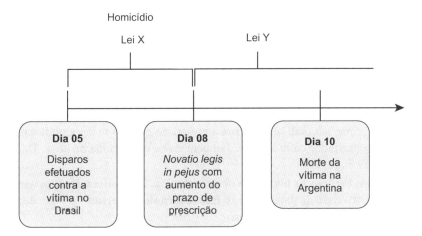

1. Quando o crime foi praticado? Dia 5 – Teoria da Atividade (art. 4º, CP).
2. Qual a lei aplicável? A Lei X, pois a Lei Y, posterior, por ser prejudicial, não poderá retroagir.
3. Onde foi praticado? Brasil ou Argentina – Teoria da Ubiquidade (art. 6º, CP).
4. Início da contagem da prescrição? Dia 10 – Teoria do Resultado (art. 111, CP).
5. Prescrição a ser contada de acordo com que lei? Lei X, que é a lei aplicável ao crime, consoante resposta ao item 02.

A regra nos impõe conhecer o momento consumativo dos crimes. Atentemos, portanto, para o quadro seguinte:

| Crime | Momento consumativo e início da contagem da prescrição |
|---|---|
| Omissivos próprios | Quando o sujeito deixa de realizar a conduta determinada. |
| Omissivos impróprios | Data em que sobrevier o resultado. |
| Mera conduta | Data em que for realizada a conduta. |
| Formal | Data da realização da conduta e não da superveniência do resultado. |
| Preterdoloso | Data em que ocorre o resultado culposamente provocado. |
| Culposo | Data em que ocorre o resultado culposamente provocado. |
| Crime continuado | Lembre-se de que se trata de concurso de crimes e a prescrição deverá ser contada para cada crime separadamente. |

1. **Art. 111, II: "no caso de tentativa, do dia em que cessou a atividade criminosa".** Na hipótese anterior, caso a vítima não viesse a óbito, a prescrição deveria ser contada a partir do dia 05, quando praticado o último ato de execução.

2. **Art. 111, III: "nos crimes permanentes, do dia em que cessou a permanência".** O crime permanente é aquele cuja conduta se protrai no tempo e, durante todo o tempo em que a conduta se prolonga, o crime está se consumando. Quando cessa a permanência, cessa a consumação, sendo a prescrição contada a partir daquele momento. Embora não mencionado pela lei, idêntica solução há de ser adotada para o crime habitual, contando-se a prescrição quando se der a prática do último ato caracterizador da reiteração. Também esse é o posicionamento de Damásio de Jesus (1999, p. 779).

3. **Art. 111, IV: "nos de bigamia e nos de falsificação ou alteração de assentamento do registro civil, da data em que o fato se tornou conhecido".** A regra desse inciso IV se aplica aos seguintes crimes:

    **CP**

    **Art. 235.** Contrair alguém, sendo casado, novo casamento: (...)

    **Art. 241.** Promover no registro civil a inscrição de nascimento inexistente: (...).

    **Art. 242.** Dar parto alheio como próprio; registrar como seu o filho de outrem; ocultar recém-nascido ou substituí-lo, suprimindo ou alterando direito inerente ao estado civil: (...) [a regra do 111, IV, se aplica às duas primeiras figuras].

    **Art. 299.** (...)

    **Parágrafo único.** Se o agente é funcionário público, e comete o crime prevalecendo-se do cargo, ou se a falsificação ou alteração é de assentamento de registro civil, aumenta-se a pena de sexta parte.

A *ratio* do dispositivo reside no fato de que os crimes mencionados são praticados de forma clandestina, ocultos ao Estado. Assim, a não atuação do Estado com relação àqueles crimes não revela desídia, mas desconhecimento de seu cometimento. Como destaca Estefam (2010, p. 466), se tais ilícitos ficassem sujeitos à regra geral (consumação) estariam fadados à impunidade.

Quem seria a autoridade pública a que se refere a lei nesse art. 111, IV, do Código Penal?

- **1ª corrente:** é aquela que tenha poderes para dar início às investigações, para deflagrar a ação penal ou mesmo aplicar a punição ao autor do fato delituoso. É o posicionamento de Masson (2019b, p. 785). Esse é o entendimento adotado pelo STJ.

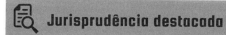

Criminal. Bigamia. Prescrição pela pena em concreto. – Data inicial do prazo. Jurisprudência assentada sobre que o prazo começa a correr a partir da *notitia criminis* levada ao conhecimento da autoridade pública (STJ, RHC nº 7.206/RJ 1998/0003366-1, Rel. Min. José Dantas, j. 28.04.1998, 5ª Turma, *DJ* 25.05.1998, p. 124).

 **Decifrando a prova**

**(2013 – Cespe/Cebraspe – TJ/PI – Titular de Serviços de Notas e de Registros)** Nos termos do CP, antes de transitar em julgado a sentença final, a prescrição começará a correr do dia em que o segundo casamento tiver sido registrado no cartório de registro civil, em caso de crime de bigamia.

( ) Certo      ( ) Errado

**Gabarito comentado:** nesse caso, aplica-se o disposto no art. 111, IV, do Código Penal e a prescrição terá seu curso iniciado a partir da data em que o fato tiver se tornado conhecido. Portanto, está errado.

- **2ª corrente:** o Estado é uno e, quando qualquer autoridade pública, ainda que não tenha poderes para investigar, perseguir judicialmente ou mesmo aplicar punição a autor de crime, tomar conhecimento do fato, a prescrição começará a correr. Assim, por exemplo, se o ilícito é percebido por uma Junta Comercial, o prazo prescricional já começa a fluir. Adotar posição diferente é trazer para a hipótese exigência não mencionada na lei e prejudicial ao autor do crime. É a nossa posição, que encontra respaldo em julgado mais recente do STJ, consoante se verifica a seguir:

> **Jurisprudência destacada**
>
> Agravo regimental no recurso especial. Penal. Crime de falsidade ideológica. Prescrição da pretensão punitiva. Inocorrência. Termo inicial. Art. 111, IV, do Código Penal – CP. Ciência do ilícito. Não decorrido o prazo do art. 109, IV, do CP. Agravo desprovido. 1. Não há falar em extinção da punibilidade pelo reconhecimento da prescrição, pois o termo inicial para a contagem do prazo nos crimes de falsidade é o dia em que o fato se tornou conhecido, nos termos do art. 111, inciso IV, do Código Penal. 2. Assim, partindo da descoberta do ilícito (encaminhamento da declaração à Jucesp – julho de 2001) e, considerando o disposto no art. 109, IV, do CP, não houve o transcurso do prazo de 8 (oito) anos entre aquela data e o recebimento da denúncia (17.05.2007), nem entre a sentença condenatória (24.07.2012) até a presente data. 3. Agravo regimental desprovido (STJ, AgRg no REsp nº 1.382.216/SP 2013/0144922-5, Rel. Min. Joel Ilan Paciornik, j. 04.09.2018, 5ª Turma, *DJe* 12.09.2018).

Damásio de Jesus (1999, p. 779) nos alerta para o fato de que:

> Não se exige que o prazo tenha início na data em que formalmente a autoridade tomou conhecimento da prática delituosa, como, *v.g.*, por intermédio de notícia direta de qualquer do povo. É suficiente o conhecimento presumido do fato por parte da autoridade pública com fundamento no uso ostensivo do documento.

Bastaria, assim, a ciência presumida, relativa à notoriedade do fato (MASSON, 2019b, p. 785).

4. **Art. 111, V**: "nos crimes contra a dignidade sexual ou que envolvam violência contra a criança e o adolescente, previstos neste Código ou em legislação especial, da data em que a vítima completar 18 (dezoito) anos, salvo se a esse tempo já houver sido proposta a ação penal".

O dispositivo, com atual redação dada pela Lei nº 14.344/2022, refere-se a todos os crimes violentos perpetrados contra criança e adolescente na legislação penal brasileira. Com relação aos crimes sexuais, a solução não é somente aplicável a crimes contra a dignidade sexual de crianças e adolescentes trazidos pelo Código Penal, como se depreende da própria redação do dispositivo que ora comentamos, o que nos permite concluir que, ao referir-se a "crimes contra a dignidade sexual", não está se referindo apenas aos crimes do Capítulo XX do Código Penal. Se fosse, não mencionaria sua aplicação às leis especiais, porque em nenhuma lei penal extravagante em nosso país existe crime sob a rubrica "crime contra a dignidade sexual".

Assim, o **art. 111, V, do Código Penal se aplica a todas as espécies de infrações contra crianças e adolescentes em que se vislumbrem práticas relacionadas à sexualidade**, tal qual ocorre nas infrações penais previstas nos arts. 240, 241, 241-A, 241-B, 241-C e 241-D, nos termos do art. 241-E, todos da Lei nº 8.069/1990 (Estatuto da Criança e do Adolescente).

Na hipótese de morte da criança ou do adolescente vítima do crime contra a dignidade sexual antes de completar 18 anos, a prescrição deverá ser contada a partir da consumação do crime. Sendo a morte posterior, a prescrição começará a fluir a partir da data em que a vítima completou 18 anos.

Por não ser cabível analogia *in malam partem* em Direito Penal, a regra desse **art. 111, V**, não se aplica aos crimes sexuais praticados contra os vulneráveis a que se refere o **art. 217-A, parágrafo único, do Código Penal**.

Com relação aos crimes sexuais, a previsão foi trazida pela Lei nº 12.650/2012. Posteriormente, como acima destacado, a redação do dispositivo foi alterada, passando a contemplar todos os crimes violentos praticados contra crianças e adolescentes. Tratando-se de *lex gravior*, com vigência a partir do dia 08 de julho de 2022, é irretroativa, em razão de disposição constitucional, somente devendo ser aplicada aos crimes praticados após aquela data.

Deve-se destacar que o fato de o prazo da prescrição somente começar a fluir depois que a vítima completar 18 anos não impede que antes se inicie a persecução penal, caso a Polícia e o Ministério Público tomem conhecimento de sua prática.

O que a lei visa a impedir com o dispositivo em análise é que, em virtude do silêncio muitas vezes imposto à criança, pelo medo da própria criança ou adolescente, bem como em razão da dificuldade que têm de acesso aos órgãos públicos, o fato reste impune.

Embora se trate de crime de ação penal pública incondicionada, trata-se aqui de crimes que ficam, no mais das vezes, em sigilo, o que reforça a necessidade da norma.

Caso seja **proposta a ação penal antes de a vítima completar os 18 anos**, é preciso que se fixe qual seria o termo *a quo* da prescrição.

- **1ª corrente:** a prescrição começará a fluir com a propositura da ação penal, ou seja, com o oferecimento da denúncia ou da queixa subsidiária. É a nossa orientação e também a posição defendida por Masson (2019b, p. 786).
- **2ª corrente:** é a data do recebimento da denúncia, em virtude do exposto pelo art. 117, I, do CP. Na doutrina, é o escólio de Rogério Sanches Cunha (2020, p. 311).
- **3ª corrente:** a regra do art. 111, V, do Código Penal traz novidade acerca do início de contagem da prescrição da pretensão punitiva para os crimes sexuais praticados contra crianças e adolescentes, estabelecendo novo prazo *a quo* apenas na hipótese de não restar conhecido antes de a vítima completar 18 anos. Se as autoridades públicas tomam conhecimento do fato anteriormente, não se deve estabelecer um novo marco inicial para a prescrição. Ao contrário, se cai na vala comum e, assim, fica restabelecida a regra geral, qual seja, a do art. 111, I, do Código Penal, inicia-se a contagem da prescrição com a consumação do delito.

Embora os argumentos dessa terceira corrente possam parecer bastante razoáveis, eles são falaciosos e nos poderiam levar a conclusões absurdas, como destaca Cavalcante (2012) por meio de interessante e convincente exemplo: uma criança de 4 (quatro) anos de idade é vítima do crime sexual do art. 218-A no ano de 2012. Esse crime prescreve em 8 (oito) anos. Se adotássemos o entendimento esposado pela corrente que ora se examina e o menino contasse para os pais quando tivesse 14 anos, o crime já estaria prescrito, porque já teriam se passado 10 anos de sua consumação. Se apenas contasse aos 18, prescreveria apenas oito anos depois de ele completar os 18. Desse modo, conclui o autor, chegaríamos à absurda conclusão de que o MP teria que esperar até que a vítima completasse 18 anos para então ajuizar a ação penal e, assim, o prazo prescricional ser contado da data do 18º aniversário.

### 44.6.3 Outras regras de início de contagem de prescrição

Aos crimes falimentares se aplicam as regras referentes à prescrição trazidas pelo Código Penal. Contudo, quanto ao **termo *a quo*, a lei estabelece que a prescrição da pretensão punitiva comece a correr no dia da decretação da falência**, da concessão da recuperação judicial ou da homologação do plano de recuperação extrajudicial. A regra é estabelecida pelo art. 182 da Lei nº 11.101/2005.

> **Art. 182.** A prescrição dos crimes previstos nesta Lei reger-se-á pelas disposições do Decreto-lei nº 2.848, de 7 de dezembro de 1940 – Código Penal, começando a correr do dia da decretação da falência, da concessão da recuperação judicial ou da homologação do plano de recuperação extrajudicial.

### 44.6.4 Cálculo do tempo da prescrição da pretensão punitiva

Quando se fala de prescrição da pretensão punitiva, estamos tratando de hipótese em que o Estado ainda não impôs uma pena ao autor do crime. Ao fazê-lo, o Estado-juiz a fixará entre os limites mínimo e máximo. Quanto maior for a pena, maior o tempo que o Estado terá para fazer valer a sua pretensão de aplicá-la. Por essa razão, **a prescrição da pretensão punitiva é contada com base no máximo da pena cominada em abstrato**, na medida em que, em tese, essa pena poderá ser a pena aplicada. Essa é a regra trazida pelo art. 109 do Código Penal.

Observemos a regra do art. 109:

> **Prescrição antes de transitar em julgado a sentença**
>
> **Art. 109.** A prescrição, antes de transitar em julgado a sentença final, salvo o disposto no § 1º do art. 110 deste Código, regula-se pelo máximo da pena privativa de liberdade cominada ao crime, verificando-se: (Redação dada pela Lei nº 12.234, de 2010.)
>
> I – em vinte anos, se o máximo da pena é superior a doze;
>
> II – em dezesseis anos, se o máximo da pena é superior a oito anos e não excede a doze;
>
> III – em doze anos, se o máximo da pena é superior a quatro anos e não excede a oito;
>
> IV – em oito anos, se o máximo da pena é superior a dois anos e não excede a quatro;
>
> V – em quatro anos, se o máximo da pena é igual a um ano ou, sendo superior, não excede a dois;
>
> VI – em 3 (três) anos, se o máximo da pena é inferior a 1 (um) ano.

Para aferição da pena máxima, deveremos observar as seguintes regras:

**Crimes qualificados:** nos crimes qualificados, o legislador comina penas mínima e máxima em patamar diferente daquele trazido pelo tipo básico. Para o cálculo da prescrição da pretensão punitiva, deverá ser considerada a pena máxima do crime qualificado. Ex.: a pena máxima do furto qualificado pela fraude é de 8 (oito) anos. A prescrição deverá ser contada tendo como parâmetro essa pena de 8 (oito) anos, e não a pena de 4 (quatro) anos fixada como pena máxima para o crime de furto simples.

**Crimes majorados:** quando incidir causa de aumento de pena, também denominada majorante, para se obter a pena máxima, deverá ser considerada a pena com o aumento máximo possível. Ex.: no roubo majorado pelo concurso de pessoas, em que a pena poderá ser aumentada de 1/3 a metade, devemos acrescentar o máximo de aumento sobre a pena máxima. Assim, sendo a pena máxima do roubo fixada em 10 (dez) anos, faremos acréscimo da metade que alcançaremos o máximo de 15 (quinze) anos. Destarte, a prescrição deverá ser computada sobre a pena de 15 (quinze) anos, não sobre a pena de 10 (dez) anos, e se dará em 20 (vinte anos).

**Tentativa:** no caso da tentativa, para obtermos a pena máxima, devemos utilizar a pena máxima cominada ao delito e reduzi-la da fração mínima, que, no caso, é 1/3, com base no próprio art. 14, II, do Código Penal. Contudo, devemos atentar para o fato de que o art. 14, II, do Código Penal é a regra geral sobre tentativa trazida pela lei brasileira, havendo outras, especiais, que poderão adotar outras regras de diminuição, tal qual ocorre com o disposto na Lei nº 2.889/1956, que define e pune o crime de genocídio.

> **Lei nº 2.889/1956, art. 5º** Será punida com 2/3 (dois terços) das respectivas penas a tentativa dos crimes definidos nesta lei.

Nesse caso, deverá ser considerada a pena máxima da tentativa, que corresponderá a dois terços da pena do crime de genocídio consumado.

**Concurso material de crimes:** neste caso, como se dará em qualquer situação de concurso de crimes, devemos lembrar que a prescrição será analisada para cada um deles, isoladamente, pouco importando o somatório das penas previstas ou aplicadas, consoante disciplina trazida pelo art. 119 do Código Penal.

**Crime continuado e concurso formal próprio:** cuida-se de hipótese de concurso de crimes em que se aplica a regra da exasperação. A prescrição de cada um dos crimes deve ser computada isoladamente, desconsiderando-se o aumento decorrente da continuidade ou do concurso formal. Devemos utilizar o máximo da pena cominada para cada crime, separadamente. A solução igualmente encontra fundamento no art. 119 do Código Penal.

A prescrição da pretensão punitiva pode também ser computada com base na pena em concreto, considerada a regra do art. 110, § 1º, na hipótese de haver trânsito em julgado para a acusação ou depois de ter sido improvido seu recurso. É simples entender a regra. Como sabemos, uma vez prolatada uma sentença condenatória da qual apenas o réu recorra, a sua pena não poderá ser aumentada, pois não cabe *reformatio in pejus* em recurso exclusivo da defesa. Se apenas a defesa se rebela contra a decisão, a instância superior poderá absolver, diminuir ou, na pior das hipóteses para o réu, manter a pena anteriormente aplicada. Portanto, já se sabe que aquela pena aplicada é o máximo que se terá para o crime, podendo-se contar a prescrição com base nela e não mais na pena máxima cominada em abstrato. Ex.: denunciado por furto, crime cuja prescrição da pretensão punitiva se dá em 8 (oito) anos, conforme art. 109, IV, do Código Penal, o réu foi condenado a 2 (dois) anos de pena, tendo o Ministério Público se conformado com a reprimenda, entendendo-a suficiente para a repressão daquele caso. A defesa apela buscando reforma da decisão. Transita em julgado para a acusação. A prescrição, agora, deverá ser contada com base nos 2 (dois) anos e se dará em 4 (quatro), conforme regra do art. 109, V, mencionado.

Na hipótese de ser contada a prescrição da pretensão punitiva pela pena em concreto, deveremos atentar para três importantes lembranças:

**Crimes tentados:** não será necessário fazer qualquer abatimento, porque o juiz já terá considerado a diminuição pela tentativa quando aplicou a pena.

**Concurso material de crimes e concurso formal impróprio:** consoante destacado no item anterior, não se deve considerar o total da pena aplicada pelo magistrado, mas a pena aplicada a cada um dos crimes separadamente, consoante disposto no art. 119 do Código Penal. Portanto, se o juiz condenou o agente pela prática de 2 (dois) furtos à pena de 1 (um) ano cada, totalizando uma pena de 2 (dois) anos, a prescrição não deverá ser computada sobre os 2 (dois) anos, mas sobre a pena de cada furto isoladamente considerado. Os crimes, pela pena em concreto, qual seja, 1 (um) ano, prescreverão em 2 (dois) anos. Se computássemos o total, o que não se admite, a prescrição se daria em 4 (quatro) anos.

**Concurso formal próprio e crime continuado:** ao fixar a pena em concreto do crime continuado e dos crimes praticados em concurso formal próprio, o juiz calculou a pena para cada um dos crimes, destacou a maior e sobre ela fez um aumento, conforme determina o disposto nos arts. 70 e 71 do Código Penal, respectivamente. Para o cálculo da prescrição pela pena em concreto, deveremos desconsiderar o percentual correspondente ao aumento. Assim, tomemos por base um exemplo em que o juiz, em hipótese de prática de seis furtos em continuidade delitiva, fixou em dois anos a pena de cada um dos furtos. Após, por se tratar de penas idênticas, considerou uma só delas e fez aumento da metade pela continuidade, chegando à pena de 3 (três) anos. Ao calcular a prescrição, o juiz não deverá considerar os 3 (três) anos, pois, neles, 1 (um) ano corresponde à exasperação pelo concurso de crimes, que não pode ser considerado para fins de prescrição, como disciplina o art. 119 do Código Penal. A pena a ser considerada para fins de prescrição será a de 2 (dois) anos, prescrevendo, portanto, em 4 (quatro). Não é outro o teor da Súmula nº 497 do STF, que, embora trate do crime continuado, também se aplica ao concurso formal de crimes.

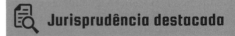 **Jurisprudência destacada**

**Súmula nº 497, STF.** Quando se tratar de crime continuado, a prescrição regula-se pela pena imposta na sentença, não se computando o acréscimo decorrente da continuação.

**CP, art. 119.** No caso de concurso de crimes, a extinção da punibilidade incidirá sobre a pena de cada um, isoladamente.

## 44.6.4.1 Prescrição na Lei de Drogas

A prescrição da Lei de Drogas, Lei nº 11.343/2006, se dá nos mesmos prazos do Código Penal, exceto na hipótese do art. 28, ao qual não se comina a pena privativa de liberdade. O referido delito prescreve em 2 (dois) anos, conforme art. 30 do diploma citado.

> **Art. 28.** Quem adquirir, guardar, tiver em depósito, transportar ou trouxer consigo, para consumo pessoal, drogas sem autorização ou em desacordo com determinação legal ou regulamentar será submetido às seguintes penas: (...)
>
> **Art. 30.** Prescrevem em 2 (dois) anos a imposição e a execução das penas, observado, no tocante à interrupção do prazo, o disposto nos arts. 107 e seguintes do Código Penal.

## 44.6.4.2 Prescrição no Código Penal Militar

Dá-se nos termos do **art. 125 do diploma castrense**, sendo seu prazo máximo de 30 (trinta) anos, na hipótese de pena de morte e o mínimo, de 2 (dois).

> **Art. 125.** A prescrição da ação penal, salvo o disposto no § 1º deste artigo, regula-se pelo máximo da pena privativa de liberdade cominada ao crime, verificando-se:
>
> I – em trinta anos, se a pena é de morte;
>
> II – em vinte anos, se o máximo da pena é superior a doze;
>
> III – em dezesseis anos, se o máximo da pena é superior a oito e não excede a doze;
>
> IV – em doze anos, se o máximo da pena é superior a quatro e não excede a oito;
>
> V – em oito anos, se o máximo da pena é superior a dois e não excede a quatro;
>
> VI – em quatro anos, se o máximo da pena é igual a um ano ou, sendo superior, não excede a dois;
>
> VII – em dois anos, se o máximo da pena é inferior a um ano.

## 44.6.5 Causas de suspensão da prescrição da pretensão punitiva

Uma vez iniciada, a prescrição pode sofrer marcos impeditivos, ou suspensivos, que obstarão momentaneamente o seu curso. Assim, deixará de correr seu prazo. Superado o impedimento, voltará a correr a partir do momento em que parou, ou seja, será computado o período anterior.

A ocorrência de uma **causa suspensiva da prescrição é algo prejudicial** ao agente, razão pela qual não se poderá reconhecer qualquer suspensão ou impedimento não previsto em lei. Assim, por ausência de previsão legal, não se caracteriza como causa suspensiva da prescrição a suspensão do processo em razão de instauração de incidente de insanidade mental, com base no art. 149 do Código de Processo Penal (ESTEFAM, 2010, p. 470).

O art. 116 do Código Penal traz algumas causas que suspendem a prescrição, nele tendo sido introduzidas duas novas hipóteses pelo denominado Pacote Anticrime.

> **Art. 116.** Antes de passar em julgado a sentença final, a prescrição não corre: (...)

1. **Art. 116, I: enquanto não resolvida, em outro processo, questão de que dependa o reconhecimento da existência do crime.** Cuida-se de hipótese de questão prejudicial, que influencia na existência do próprio crime. A questão prejudicial aqui pode versar sobre infração penal que é antecedente de outro crime (ex.: a lavagem de capitais depende da existência de um crime antecedente) ou sobre relação jurídica indispensável para a existência do crime (ex.: a discussão acerca da validade de um casamento, indispensável para que se possa concluir pela existência, ou não, do crime de bigamia. Afinal, caso um dos casamentos seja anulado, não se poderá falar no crime do art. 235 do Código Penal).

O Código de Processo Penal, ao cuidar da matéria, distingue duas situações: a primeira, em que as prejudiciais acarretarão obrigatória suspensão do processo (art. 92) e outras em que a suspensão será facultativa (art. 93).

> **Art. 92.** Se a decisão sobre a existência da infração depender da solução de controvérsia, que o juiz repute séria e fundada, sobre o estado civil das pessoas, o curso da ação penal ficará suspenso até que no juízo cível seja a controvérsia dirimida por sentença passada em julgado, sem prejuízo, entretanto, da inquirição das testemunhas e de outras provas de natureza urgente.
>
> **Parágrafo único.** Se for o crime de ação pública, o Ministério Público, quando necessário, promoverá a ação civil ou prosseguirá na que tiver sido iniciada, com a citação dos interessados.

As questões prejudiciais trazidas pelo artigo acima são as que dizem respeito ao estado civil das pessoas e levam obrigatoriamente à suspensão da ação penal até que se resolva a questão na esfera civil. As prejudiciais obrigatórias também são denominadas necessárias ou prejudiciais em sentido estrito. Nesse caso, o termo inicial da suspensão da prescrição é o despacho por meio do qual o juiz suspende o curso da ação. Embora obrigatória a suspensão, caberiam os seguintes questionamentos: Precisará o juiz decretar a suspensão do processo? Caso não a decrete, estará suspenso o prazo da prescrição? Embora obrigatória, a suspensão não se dá automaticamente, devendo ser decretada. Caso o juiz não o faça, não se pode considerar suspenso o prazo da prescrição.

> **Art. 93.** Se o reconhecimento da existência da infração penal depender de decisão sobre questão diversa da prevista no artigo anterior, da competência do juízo cível, e se neste houver sido proposta ação para resolvê-la, o juiz criminal poderá, desde que essa questão seja de difícil solução e não verse sobre direito cuja prova a lei civil limite, suspender o curso do processo, após a inquirição das testemunhas e realização das outras provas de natureza urgente.
>
> § 1º O juiz marcará o prazo da suspensão, que poderá ser razoavelmente prorrogado, se a demora não for imputável à parte. Expirado o prazo, sem que o juiz cível tenha proferido decisão, o juiz criminal fará prosseguir o processo, retomando sua competência para resolver, de fato e de direito, toda a matéria da acusação ou da defesa.
>
> § 2º Do despacho que denegar a suspensão não caberá recurso.

§ 3º Suspenso o processo, e tratando-se de crime de ação pública, incumbirá ao Ministério Público intervir imediatamente na causa cível, para o fim de promover-lhe o rápido andamento.

Na hipótese de questões prejudiciais outras, que não tratam do estado civil da pessoa, a suspensão da ação é facultativa. Ex.: a titularidade das marcas e patentes para fins de verificação de ocorrência de crimes contra a propriedade imaterial. Nesses casos, se o juiz optar por suspender a ação penal, necessariamente estará suspenso o prazo da prescrição. Caso não o faça, o prazo fluirá normalmente.

2. **Art. 116, II: enquanto o agente cumpre pena no exterior.** O inciso II tem redação dada pela Lei nº 13.964/2019, mas sem qualquer mudança de significado. A previsão já existia anteriormente. Trocou-se a palavra "estrangeiro" por "exterior". A hipótese leva à suspensão da prescrição por conta da quase impossibilidade de se obter a extradição e a pena em execução no exterior, que "pode ser tão ou mais longa que o próprio prazo prescricional do crime cometido no Brasil" (BITENCOURT, 2020, p. 1015). Deve-se atentar para o fato de que não estará suspenso o prazo da prescrição caso o cumprimento de pena por outro crime se dê no Brasil.

3. **Art. 116, III: na pendência de embargos de declaração ou de recursos aos Tribunais Superiores, quando inadmissíveis.** O inciso III do art. 116 do Código Penal é fruto das inovações legislativas trazidas pelo denominado Pacote Anticrime. Cuida-se de nova causa impeditiva da prescrição. Com a solução adotada pelo legislador, busca-se desencorajar o manejo de recursos protelatórios e, assim, criar mais um obstáculo à impunidade. Traduz-se como regra indiscutivelmente prejudicial, *novatio legis in pejus*, não podendo, portanto, ser aplicada aos crimes ocorridos antes do dia 23 de janeiro de 2020, data em que entrou em vigor a Lei nº 13.964/2019. Pela nova cláusula, quando o acusado interpuser embargos de declaração ou recursos especial e extraordinário que não conseguirem passar pela barreira do juízo de admissibilidade no Tribunal *a quo*, o curso da prescrição não correrá. Caso ultrapassem aquela barreira, sendo admitidos, não haverá suspensão do prazo prescricional, que, assim, fluirá normalmente. Com o dispositivo, a lei traz uma **causa impeditiva condicional, pois só estará suspenso o prazo se não forem admitidos os recursos. Caso o Tribunal de origem não admita o recurso excepcional e o Tribunal Superior, em agravo interposto pela defesa, nos termos do art. 1.042 do CPC, confirme a inadmissibilidade, sua decisão será meramente declaratória, nenhuma mudança tendo havido quanto à suspensão, que terá como marco inicial a decisão no tribunal de origem. De outro giro, caso acolhida no Tribunal Superior a impugnação, deve-se concluir que jamais houve a suspensão de que trata o inciso em análise.**

4. **Art. 116, IV: enquanto não cumprido ou não rescindido o acordo de não persecução penal" do CPP.** O processo penal brasileiro incorporou, com a Lei nº 13.964/2019, o Acordo de Não Persecução Penal (ANPP) como mais um instituto de justiça negocial. O acordo é cabível quando não se tratar de caso de arqui-

vamento, tendo o investigado confessado formal e circunstancialmente a prática de infração penal sem violência ou grave ameaça e com pena mínima inferior a 4 (quatro) anos. O Ministério Público proporá o acordo quando o entender necessário e suficiente para reprovação e prevenção do crime, mediante condições previamente ajustadas. Durante o período de prova do ANPP, a prescrição ficará suspensa, voltando a correr no momento em que houver a sua rescisão em razão do descumprimento. Nesse caso, a suspensão da prescrição se iniciará quando da publicação da homologação do acordo, que se dá nos termos do art. 28-A, § 4º, do CPP. A publicação se dará com entrega em mãos do escrivão, consoante art. 389 do CPP.

**CPP**

**Art. 28-A.** (...)

§ 4º Para a homologação do acordo de não persecução penal, será realizada audiência na qual o juiz deverá verificar a sua voluntariedade, por meio da oitiva do investigado na presença do seu defensor, e sua legalidade. (Incluído pela Lei nº 13.964, de 2019.)

**Art. 389.** A sentença será publicada em mão do escrivão, que lavrará nos autos o respectivo termo, registrando-a em livro especialmente destinado a esse fim.

## 44.6.5.1 Causas de suspensão da prescrição da pretensão punitiva fora do art. 116 do Código Penal

Além das causas impeditivas da prescrição trazidas pelo art. 116 do Código Penal, outras existem permeando a nossa legislação, a saber:

1. Art. 366 do CPP

    **Art. 366.** Se o acusado, citado por edital, não comparecer, nem constituir advogado, ficarão suspensos o processo e o curso do prazo prescricional, podendo o juiz determinar a produção antecipada das provas consideradas urgentes e, se for o caso, decretar prisão preventiva, nos termos do disposto no art. 312. (Redação dada pela Lei nº 9.271, de 17.04.1996.)

A atual redação do art. 366 do Código de Processo Penal é fruto de alteração que o dispositivo sofreu no ano de 1996 com o intuito de melhor adequar a legislação às regras constitucionais e convencionais referentes à ampla defesa. Antes, na hipótese de não comparecimento do réu citado por edital ao interrogatório, o processo seguia à sua revelia, nomeando-se defensor dativo. Consoante entendia parcela da doutrina e da jurisprudência ainda naquela época, a solução dada pela lei gerava cerceamento da defesa, na medida em que, sendo a citação por edital uma ficção, não proporciona ao réu efetivo conhecimento da acusação. A incerteza do conhecimento da imputação importava, portanto, em violação ao devido processo legal, princípio garantido pela Constituição no seu art. 5º, LI, o que não se pode admitir, como destacado acima. Outrossim, a Convenção Americana de Direitos

Humanos, de 1969, promulgada pelo Brasil por meio do Decreto nº 678, de 1992, dispõe, no art. 8º, 2, *b*, que todo acusado tem direito à comunicação prévia e pormenorizada da acusação formulada. Portanto, no sistema processual penal brasileiro é inaceitável a presunção da ciência da imputação pelo acusado citado por edital.

Nesse quadro, desde 1996, se realizada a citação por edital, o réu não comparece e não nomeia advogado, o processo e o curso do prazo prescricional ficarão suspensos.

Pairam controvérsias, contudo, a respeito do **tempo em que ficariam paralisados**.

- **1ª corrente:** o tempo máximo de suspensão da prescrição deverá corresponder ao tempo máximo de prescrição no Código Penal, qual seja 20 anos. Admitir que o prazo da prescrição pudesse continuar indefinidamente suspenso importaria em criar hipóteses de imprescritibilidade não trazidas pela Constituição.
- **2ª corrente:** processo e prazo da prescrição ficarão paralisados por prazo indeterminado, enquanto não encontrado o acusado. O Tribunal Pleno do STF, por ocasião do julgamento da Extradição nº 1.042, sufragou esse entendimento, repetido no julgamento do RE nº 460.971/RS.

**Jurisprudência destacada**

Citação por edital e revelia: suspensão do processo e do curso do prazo prescricional, por tempo indeterminado – CPP, art. 366, com a redação da Lei nº 9.271/1996. 1. Conforme assentou o Supremo Tribunal Federal, no julgamento da Ext. nº 1.042, 19.12.2006, Pertence, a Constituição Federal não proíbe a suspensão da prescrição, por prazo indeterminado, na hipótese do art. 366 do CPP. 2. A indeterminação do prazo da suspensão não constitui, a rigor, hipótese de imprescritibilidade: não impede a retomada do curso da prescrição, apenas a condiciona a um evento futuro e incerto, situação substancialmente diversa da imprescritibilidade. 3. Ademais, a Constituição Federal se limita, no art. 5º, XLII e XLIV, a excluir os crimes que enumera da incidência material das regras da prescrição, sem proibir, em tese, que a legislação ordinária criasse outras hipóteses. 4. Não cabe, nem mesmo sujeitar o período de suspensão de que trata o art. 366 do CPP ao tempo da prescrição em abstrato, pois, "do contrário, o que se teria, nessa hipótese, seria uma causa de interrupção, e não de suspensão". 5. RE provido, para excluir o limite temporal imposto à suspensão do curso da prescrição (RE nº 460.971/RS, Rel. Min. Sepúlveda Pertence, 1ª Turma, j. 13.02.2007, v.u.).

- **3ª corrente:** todas as hipóteses de suspensão da prescrição se dão dentro de um espaço limitado de tempo, restando condicionada a evento futuro e certo. Admitir que a suspensão se prolongasse até que compareça o acusado importa em estabelecer suspensão por tempo indeterminado e, em última análise, alargar, para além do previsto na Constituição, as hipóteses de imprescritibilidade. Por essa razão, o STJ adotou posicionamento diametralmente oposto ao do STF, editando, no final de 2009, a Súmula nº 415.

> **Jurisprudência destacada**
>
> **Súmula nº 415, STJ.** O período de suspensão do prazo prescricional é regulado pelo máximo da pena cominada.

Para o STJ, portanto, uma **vez decorrido lapso temporal** que corresponderia ao prazo prescricional calculado com base na pena máxima cominada em abstrato ao delito, a suspensão cessa e a **prescrição volta novamente a fluir**.

2. Art. 368 do CPP – Rogatória

> **Art. 368.** Estando o acusado no estrangeiro, em lugar sabido, será citado mediante carta rogatória, suspendendo-se o curso do prazo de prescrição até o seu cumprimento. (Redação dada pela Lei nº 9.271, de 17.04.1996.)

3. Suspensão condicional do processo na Lei nº 9.099/1995

> **Art. 89.** Nos crimes em que a pena mínima cominada for igual ou inferior a um ano, abrangidas ou não por esta Lei, o Ministério Público, ao oferecer a denúncia, poderá propor a suspensão do processo, por dois a quatro anos, desde que o acusado não esteja sendo processado ou não tenha sido condenado por outro crime, presentes os demais requisitos que autorizariam a suspensão condicional da pena (art. 77 do Código Penal). (...)
>
> § 6º Não correrá a prescrição durante o prazo de suspensão do processo.

4. Imunidades parlamentares e sustação do processo

> **Art. 53.** Os Deputados e Senadores são invioláveis, civil e penalmente, por quaisquer de suas opiniões, palavras e votos. (Redação dada pela Emenda Constitucional nº 35, de 2001.) (...)
>
> § 5º A sustação do processo suspende a prescrição, enquanto durar o mandato. (Redação dada pela Emenda Constitucional nº 35, de 2001.)

5. Parcelamento do débito tributário na Lei nº 9.430/1996

> **Art. 83.** A representação fiscal para fins penais relativa aos crimes contra a ordem tributária previstos nos arts. 1º e 2º da Lei nº 8.137, de 27 de dezembro de 1990, e aos crimes contra a Previdência Social, previstos nos arts. 168-A e 337-A do Decreto-lei nº 2.848, de 7 de dezembro de 1940 (Código Penal), será encaminhada ao Ministério Público depois de proferida a decisão final, na esfera administrativa, sobre a exigência fiscal do crédito tributário correspondente. (Redação dada pela Lei nº 12.350, de 2010.) (...)
>
> § 2º É suspensa a pretensão punitiva do Estado referente aos crimes previstos no *caput*, durante o período em que a pessoa física ou a pessoa jurídica relacionada com o agente dos aludidos crimes estiver incluída no parcelamento, desde que o pedido

de parcelamento tenha sido formalizado antes do recebimento da denúncia criminal. (Incluído pela Lei nº 12.382, de 2011.)

6. Acordo de leniência na Lei nº 12.529/2012

**Art. 87.** Nos crimes contra a ordem econômica, tipificados na Lei nº 8.137, de 27 de dezembro de 1990, e nos demais crimes diretamente relacionados à prática de cartel, tais como os tipificados na Lei nº 8.666, de 21 de junho de 1993, e os tipificados no art. 288 do Decreto-lei nº 2.848, de 7 de dezembro de 1940 – Código Penal, a celebração de acordo de leniência, nos termos desta Lei, determina a suspensão do curso do prazo prescricional e impede o oferecimento da denúncia com relação ao agente beneficiário da leniência.

**Parágrafo único.** Cumprido o acordo de leniência pelo agente, extingue-se automaticamente a punibilidade dos crimes a que se refere o *caput* deste artigo.

7. Acordo de colaboração premiada

**Art. 4º** O juiz poderá, a requerimento das partes, conceder o perdão judicial, reduzir em até 2/3 (dois terços) a pena privativa de liberdade ou substituí-la por restritiva de direitos daquele que tenha colaborado efetiva e voluntariamente com a investigação e com o processo criminal, desde que dessa colaboração advenha um ou mais dos seguintes resultados: (...)

**§ 3º** O prazo para oferecimento de denúncia ou o processo, relativos ao colaborador, poderá ser suspenso por até 6 (seis) meses, prorrogáveis por igual período, até que sejam cumpridas as medidas de colaboração, suspendendo-se o respectivo prazo prescricional.

## 44.6.6 Causas de interrupção da prescrição punitiva

Sendo a prescrição a perda da pretensão punitiva ou da pretensão executória pela inércia do Estado, considera-se que, quando o Estado se movimenta, atua, seu curso deve ser interrompido. A lei, então, prevê determinados movimentos estatais como marcos interruptivos da prescrição. Com relação à pretensão punitiva, sempre que essas causas interruptivas ocorrem, a prescrição terá sua contagem reiniciada, com base no disposto no art. 117, § 2º, do Código Penal.

**§ 2º** Interrompida a prescrição, salvo a hipótese do inciso V deste artigo, todo o prazo começa a correr, novamente, do dia da interrupção.

As causas interruptivas da prescrição da pretensão punitiva estão elencadas no art. 117 do Código Penal e serão analisadas nos itens seguintes.

### 44.6.6.1 Interrupção pelo recebimento da denúncia ou da queixa

A publicação da decisão de recebimento (cuidado, não é oferecimento) da inicial acusatória é o primeiro marco interruptivo da prescrição. A publicação se dará nos termos do art. 389 do CPP.

**Art. 389.** A sentença será publicada em mão do escrivão, que lavrará nos autos o respectivo termo, registrando-a em livro especialmente destinado a esse fim.

**Com a publicação**, a decisão, que até então era um ato individual de um juiz, ganha valor jurídico **e passa a ser um ato do processo**. Aqui, vale a lição de Távora e Alencar (2019, p. 1189):

> A publicação da sentença pode ocorrer de várias formas, a depender do procedimento seguido em juízo. Se a sua prolação ocorrer no bojo do próprio termo de audiência, restará dispensada a certidão ou a lavratura de outro termo, este já consignada a sua emissão, pelo juiz, naquele ato processual. Nos procedimentos dos juizados especiais criminais, comum sumário e do júri, as sentenças são publicadas no ato da audiência ou sessão.

O que interrompe a prescrição é a publicação do ato decisório em cartório, sendo prescindível sua publicação nos órgãos de imprensa oficial.

Por outro lado, as publicações digitais no processo eletrônico, regulado pela Lei nº 11.419/2008, não substituem a necessidade de observância do disposto no art. 389 do CPP. Nesse sentido, o STJ já decidiu que a publicação digital tem caráter meramente informativo, e não vinculativo, não dispensando a formalidade do art. 389 do CPP.

Portanto, não havendo a publicização do édito condenatório em sua acepção técnica, também não há se falar em interrupção do lapso prescricional, na forma do art. 117, IV, do Código Penal, pelo fato de ter sido a decisão veiculada pela internet.

### Jurisprudência destacada

Direito Penal. *Habeas corpus*. Art. 68 da Lei nº 9.605/1998. Prescrição. Publicidade da sentença. Art. 389 do CPP. Requisitos não atendidos. Publicação da movimentação processual na internet. Caráter meramente informativo e não vinculativo. Consideração do primeiro ato subsequente como data da publicação. Prescrição retroativa entre a data de recebimento da denúncia e a sentença condenatória. Ordem concedida. 1. A publicidade, requisito de existência da sentença penal, é ato complexo que se compraz com o recebimento da sentença pelo escrivão, com a lavratura dos autos no respectivo termo e com o registro em livro especialmente destinado para esse fim, na forma do art. 389 do Código de Processo Penal. 2. O lançamento da movimentação processual na internet cinge-se a uma facilidade posta à disposição dos jurisdicionais, de cunho meramente informativo e não vinculativo, não podendo ser caracterizado como ato processual propriamente dito e, via de consequência, não possuindo o condão de atender aos requisitos de publicidade exigidos pelo CPP. Não havendo a publicização do édito condenatório em sua acepção técnica, também não há se falar em interrupção do lapso prescricional, na forma do art. 117, IV, do Código Penal. 3. "Na omissão da lavratura do termo de recebimento pelo escrivão, previsto no art. 389 do Código de Processo Penal, a sentença deve ser considerada publicada na data da prática do ato subsequente, que, de maneira inequívoca, demonstre a publicidade do decreto condenatório" (RHC nº 28.822/AL, Rel. Min. Sebastião Reis Júnior, 6ª Turma, j. 22.08.2011, *DJe* 13.10.2011). *In casu*, o ato processual subsequente com força a atribuir publicidade ao decreto constritivo reside na data de expedição do mandado de intimação da sentença em 20.10.2014. 4. O paciente foi condenado à pena

> privativa de liberdade de 1 (um) ano de detenção pela prática do crime previsto no art. 68 da Lei nº 9.605/1998. Entre a data de recebimento da denúncia, em 28.09.2010, e o marco considerado como de publicação da sentença condenatória, em 20.10.2014, houve o transcurso de mais de 4 (quatro) anos, nos termos do art. 109, V, do Código Penal, fulminando a pretensão punitiva estatal pela prescrição retroativa, conforme art. 107, IV, do referido diploma legal. 5. Ordem concedida (HC nº 408.736/ES, Rel. Min. Maria Thereza de Assis Souza, j. 06.02.2018).

A reforma processual promovida no ano de 2008, nos termos da Lei nº 11.719, gerou controvérsia quanto ao momento em que se pode considerar a denúncia recebida: se logo após seu oferecimento, nos termos do art. 396 do CPP, ou se após oitiva prévia do réu, nos termos do art. 399 daquele mesmo diploma. **O STJ, aderindo à doutrina majoritária, entendeu que se deva observar o disposto no art. 396 do CPP, sendo recebida a denúncia e fixado o marco interruptivo da prescrição, portanto, logo após o oferecimento da inicial acusatória.**

> Art. 396. Nos procedimentos ordinário e sumário, oferecida a denúncia ou queixa, o juiz, se não a rejeitar liminarmente, recebê-la-á e ordenará a citação do acusado para responder à acusação, por escrito, no prazo de 10 (dez) dias.

### 44.6.6.2 Recebimento em segundo grau de jurisdição

Na hipótese de ter havido rejeição da denúncia ou da queixa em primeiro grau de jurisdição, ocorrendo o recebimento em segundo grau de jurisdição, em sede de recurso, a interrupção se dará nos termos da Súmula nº 709 do Supremo Tribunal Federal.

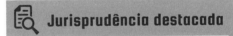

> **Súmula nº 709, STF.** Salvo quando nula a decisão de primeiro grau, o acórdão que provê o recurso contra a rejeição da denúncia vale, desde logo, pelo recebimento dela.

Assim, a interrupção ocorrerá na data da sessão de julgamento do recurso.

### 44.6.6.3 Denúncia recebida por juízo incompetente

Em se tratando **de incompetência absoluta, não haverá interrupção**, *ex vi* do disposto no art. 567 do CPP:

> Art. 567. A incompetência do juízo anula somente os atos decisórios, devendo o processo, quando for declarada a nulidade, ser remetido ao juiz competente.

Nesse caso, a interrupção se dará com a publicação do recebimento pelo juiz competente. Em se tratando de **incompetência relativa, estará interrompida a prescrição**.

## 44.6.6.4 Recebimento anulado

Em sendo **anulado despacho** que recebeu a denúncia ou queixa, **não restará interrompido o prazo da prescrição**, pois não se pode admitir que ato nulo gere qualquer efeito.

## 44.6.6.5 Aditamento da denúncia ou da queixa

Na hipótese de **aditamento objetivo, ou seja, inclusão de novo fato delituoso, o prazo da prescrição ficará interrompido apenas com relação ao novo fato**, restando inalterada a situação com relação àquele anteriormente imputado ao agente na denúncia.

**Em se tratando de aditamento subjetivo**, hipótese em que se incluirá outro(s) correu(s), não haverá interrupção da prescrição para o(s) incluído(s) no aditamento quando não houver diferença entre a sua situação e a daquele que foi inicialmente denunciado. Nesse caso, **valerá a data da publicação do recebimento da primeira denúncia como marco interruptivo para todos.**

## 44.6.6.6 Interrupção pela pronúncia

Cuida-se de causa interruptiva da prescrição que somente se aplica aos crimes da competência do Tribunal do Júri.

A interrupção se dará, observados todos os comentários trazidos no item anterior, com a **publicação da sentença de pronúncia.**

## 44.6.6.7 Hipótese de absolvição ou desclassificação em plenário

A decisão de pronúncia interrompe a prescrição ainda que o réu venha a ser absolvido no Júri ou que ocorra desclassificação, em plenário, para outro crime que não doloso contra a vida. **Assim, verifica-se que, uma vez pronunciado, nada que ocorra em plenário do Júri terá o condão de afastar a interrupção provocada pela pronúncia.** Nesse sentido, a Súmula nº 191 do STJ.

**Jurisprudência destacada**

**Súmula nº 191, STJ.** A pronúncia é causa interruptiva da prescrição, ainda que o tribunal do júri venha a desclassificar o crime.

## 44.6.6.8 Pronúncia em sede de apelação

Na hipótese de provimento de recurso de apelação interposto nos termos do art. 416 do CPP contra decisão de impronúncia (art. 414 do CPP) ou absolvição sumária (415 do CPP), a interrupção se dará na data da sessão de julgamento da apelação.

## 44.6.6.9 Desclassificação na fase de pronúncia

Se na fase de pronúncia o juiz desclassificar o crime para outro que também seja da competência do júri (ex.: aborto desclassificado para homicídio), haverá interrupção do prazo da prescrição. Se, contudo, a desclassificação é feita para um outro crime da competência do juiz singular, nos termos do art. 419 do CPP, não há que se falar em interrupção, não se trata de hipótese contemplada pela lei.

## 44.6.6.10 Interrupção pela decisão confirmatória da pronúncia

Quando o réu, uma vez pronunciado, interpuser recurso em sentido estrito (art. 581, IV, do CPP) que venha a ser improvido, confirmando-se a pronúncia, operar-se-á a nova causa interruptiva da prescrição. **A interrupção nesse caso ocorre para coibir "artimanhas processuais que levariam à impunidade pela prescrição"**, como salienta Masson (2019b, p. 789).

Nesse caso, a interrupção se dará na data do julgamento do recurso interposto pela defesa.

## 44.6.6.11 Interrupção pela publicação da sentença ou acórdão condenatórios recorríveis

Última das causas interruptivas da prescrição da pretensão punitiva é a **publicação da sentença ou acórdão condenatório recorrível**. Com relação à sentença, mais uma vez é forçoso lembrar que se dá nos termos do art. 389 do CPP, pouco importando publicação em órgão da imprensa oficial. Quanto ao acórdão condenatório, a interrupção se dará na data da sessão de julgamento.

Em se tratando de acórdão condenatório prolatado pelo STF em ação de sua competência originária, por ser irrecorrível, não há interrupção do prazo da prescrição.

## 44.6.6.12 Acórdão confirmatório de condenação

Interromperia a prescrição um acórdão que ratifica uma condenação em primeira instância, ainda que modifique a pena imposta? Sobre essa matéria, há divergências.

- **1ª corrente:** somente se admitem causas interruptivas da prescrição se estiverem previstas em lei, não se podendo admitir qualquer tipo de analogia que cause prejuízo ao acusado. Como se observa da leitura do art. 11, IV, do Código Penal, não se insere entre as causas interruptivas da prescrição o acórdão que confirma uma condenação. O decreto condenatório somente tem força interruptiva quando reformar sentença absolutória de primeiro grau, nos precisos termos da lei. Essa é a posição de Damásio de Jesus (1999, p. 787) e Estefam (2010, p. 467). Na jurisprudência, assim vinha entendendo o STJ.

**Jurisprudência destacada**

Agravo regimental em petição em recurso extraordinário. Prescrição. Extinção da punibilidade. Acórdão confirmatório da condenação, mas que majorou a pena aplicada. Não ocorrência de novo marco interruptivo da prescrição. Prescrição caracterizada. 1. Nos termos do art. 117 do Código Penal, o prazo prescricional interrompe-se pela publicação da sentença ou acórdão condenatórios recorríveis. O acórdão que confirma a condenação, mas majora ou reduz a pena, não constitui novo marco interruptivo da prescrição (...) (STJ, Corte Especial, AgRg no RE nos EDcl no Resp nº 1.301.820/RJ, Rel. Min. Humberto Martins, j. 16.11.2016).

• **2ª corrente:** a interrupção da prescrição ocorre sempre que houver acórdão condenatório, seja confirmando integralmente uma sentença anteriormente prolatada, seja diminuindo ou elevando a pena anteriormente imposta. A lei, ao mencionar que o acórdão condenatório interrompe a prescrição, não menciona que deva ser o acórdão que reforma uma sentença absolutória anteriormente prolatada. É a orientação adotada pelo STF.

 **Jurisprudência destacada**

*Habeas corpus*. Alegada prescrição da pretensão punitiva. Inocorrência. Interrupção da prescrição pelo acórdão confirmatório de sentença condenatória. 1. A prescrição é o perecimento da pretensão punitiva ou da pretensão executória pela inércia do próprio Estado; prendendo-se à noção de perda do direito de punir por sua negligência, ineficiência ou incompetência em determinado lapso de tempo. 2. O Código Penal não faz distinção entre acórdão condenatório inicial ou confirmatório da decisão para fins de interrupção da prescrição. O acórdão que confirma a sentença condenatória, justamente por revelar pleno exercício da jurisdição penal, é marco interruptivo do prazo prescricional, nos termos do art. 117, IV, do Código Penal. 3. *Habeas corpus* indeferido, com a seguinte tese: nos termos do inciso IV do art. 117 do Código Penal, o Acórdão condenatório sempre interrompe a prescrição, inclusive quando confirmatório da sentença de 1º grau, seja mantendo, reduzindo ou aumentando a pena anteriormente imposta (HC nº 176.473/RR, Rel. Min. Alexandre de Moraes, j. 27.04.2020).

O STJ, em decisão posterior ao julgamento acima, adotou a mesma orientação, inclusive citando o julgado paradigma do STF:

 **Jurisprudência destacada**

(...) 2. O paciente foi condenado, em primeiro grau, pela prática do delito descrito no art. 28 da Lei nº 11.343/2006, em sentença publicada em 28.05.2009. O Tribunal de origem, por sua vez, deu provimento ao recurso interposto pelo Ministério Público, para condenar o réu à pena de

> 5 anos, 6 meses e 20 dias de reclusão, em regime inicial fechado, mais multa, como incurso no art. 33, *caput*, da Lei nº 11.343/2006. (...) 4. Embora o acórdão haja modificado substancialmente a condenação, tanto a sentença condenatória constitui causa interruptiva da prescrição quanto o acórdão que a modificou, sendo, portanto, ambos considerados marcos interruptivos do prazo prescricional. Isso porque o Plenário do Supremo Tribunal Federal, em julgamento concluído em 28.04.2020, pacificou o entendimento de que o Código Penal não faz distinção entre acórdão condenatório inicial ou confirmatório da decisão para fins de interrupção da prescrição. Por isso, o acórdão ou a decisão colegiada do Tribunal que confirma a sentença condenatória, por revelar pleno exercício da jurisdição penal, interrompe o prazo prescricional, nos termos do art. 117, IV, do Código Penal (HC nº 176.473/RR, de relatoria do Ministro Alexandre de Moraes) (...) (HC nº 560.050/RJ, Rel. Min. Rogerio Schietti Cruz, 6ª Turma, j. 08.09.2020).

### 44.6.6.13 Sentença confirmatória reformada

Caso condenado o réu em primeira instância e o Tribunal vier a absolvê-lo, o prazo prescricional, interrompido pela condenação de primeiro grau, continuará sendo contado da data de sua publicação.

Na hipótese de ser anulada, a decisão condenatória não terá o condão de interromper a prescrição.

> **Decifrando a prova**
>
> **(2013 – TJ/SC – Juiz – Adaptada)** A sentença condenatória recorrível, posteriormente anulada por decisão do Tribunal de Justiça, conserva o efeito jurídico de interromper a fluência do prazo prescricional.
> ( ) Certo   ( ) Errado
> **Gabarito comentado:** se foi anulada, não produz efeitos jurídicos e, portanto, não interrompe o prazo da prescrição. Portanto, está errado.

### 44.6.6.14 Sentença que concede perdão judicial

Sendo o perdão judicial uma das causas extintivas da punibilidade, nos termos do art. 107, IX, do Código Penal, a **sentença que o concede é declaratória**. Não se tratando de sentença condenatória, portanto, não tem o condão de interromper a prescrição.

### 44.6.6.15 Acórdão condenatório sujeito a embargos infringentes

Ainda que não unânime, sujeito a embargos infringentes, nos termos do art. 609, parágrafo único, do CPP, o acórdão condenatório também interrompe a prescrição.

## 44.6.7 Extensão das causas interruptivas

As causas interruptivas da prescrição podem sofrer extensões subjetivas e objetivas, nos termos do art. 117, § 1º, do Código Penal.

> **CP, art. 117.** (...)
>
> § 1º Excetuados os casos dos incisos V e VI deste artigo, a interrupção da prescrição produz efeitos relativamente a todos os autores do crime. Nos crimes conexos, que sejam objeto do mesmo processo, estende-se aos demais a interrupção relativa a qualquer deles.

Ocorre **extensão subjetiva quando a interrupção da prescrição com relação a um dos autores a todos se estende**. Deve-se perceber que, embora a lei se utilize do termo "autores", está se referindo a autores como gênero, para englobar tanto coautores quanto os partícipes do crime, como nos adverte Masson (2019b, p. 791).

Nesse caso, imaginemos um crime de furto praticado por Larapius Augustus em companhia de seu primo, Paulo, em que apenas Paulo venha a ser denunciado, porque ainda não se tinha identificado o outro autor. A denúncia ofertada contra Paulo demonstra que o Estado se "movimentou" com relação ao crime, demonstrando ter interesse na persecução criminal de todos os que dele participaram. Por isso, uma vez interrompido o curso da prescrição com relação a Paulo, com a publicação da decisão que recebeu a denúncia, deve-se considerar que também para Larapius restou interrompida a contagem da prescrição.

Nesse mesmo exemplo, imaginemos que, julgados pela prática do crime, Paulo venha a ser condenado e Larapius, absolvido. A publicação da sentença condenatória de Paulo interromperá a prescrição também para o absolvido Larapius.

A **extensão objetiva, a seu turno, ocorre quando a interrupção da prescrição da pretensão punitiva para um dos delitos se estende a todos os demais, desde que seja um objeto no mesmo processo**. Para exemplificarmos o fenômeno, poderíamos pensar em Larapius Augustus sendo, agora, em outro processo, acusado de homicídio e porte de arma. Em sendo pronunciado pelo homicídio, a prescrição ocorrerá com relação ao porte de arma, crime conexo que constava daquele mesmo processo.

A **comunicabilidade de que trata o art. 117, § 1º, do Código Penal é cabível com relação a todas as causas interruptivas da prescrição da pretensão punitiva**.

### Decifrando a prova

**(2005 – NCE/UFRJ – PC/DF – Delegado – Adaptada)** Depois de pronunciado por homicídio consumado e tentativa de homicídio conexos, Tício é condenado a dois anos de detenção (art. 121, § 3º, do Código Penal), porque foi reconhecido excesso na legítima defesa, e a um ano de detenção, já que foi desclassificada a tentativa para o crime de lesões corporais (art. 129 do Código Penal). O corréu Mévio apela da decisão alegando a extinção da punibilidade do crime de lesões corporais, já que, ao contrário do que se verificou com Tício, somente foi pronunciado em grau de recurso imediatamente após o decurso de quatro anos do recebimento

> da denúncia. Assim, é correto afirmar que não ocorreu a prescrição, porque a interrupção da prescrição ocorrida com a pronúncia de Tício produz efeito relativamente ao outro participante do crime.
> ( ) Certo ( ) Errado
> **Gabarito comentado:** certo, *ex vi* do disposto no art. 117, § 1º, do Código Penal.

### 44.6.8 Prescrição retroativa

Como destacamos no início deste capítulo, a prescrição da pretensão punitiva é calculada pelo máximo da pena privativa de liberdade cominada ao delito porque ainda não se sabe que pena entre o mínimo e o máximo será aplicada ao autor do crime.

Contudo, uma vez prolatada sentença condenatória transitada em julgado para a acusação ou depois de improvido seu recurso, a pena nela fixada não poderá ser alterada para maior em recurso exclusivo da defesa, conforme art. 617 do CPP. Quando isso ocorre, a prescrição terá como parâmetro a pena aplicada em concreto. Se a acusação se conformou com essa pena é porque ela era, desde a prática do fato, a resposta estatal necessária e suficiente para o caso concreto. Por essa razão, volta-se no tempo, desde o recebimento da denúncia, para verificar se, nos lapsos temporais decorridos entre as causas de interrupção, transcorreu o prazo em que o crime prescreveria para aquela pena aplicada.

A matéria é tratada no art. 110, § 1º, do Código Penal.

> **CP, art. 110.** (...)
> § 1º A prescrição, depois da sentença condenatória com trânsito em julgado para a acusação ou depois de improvido seu recurso, regula-se pela pena aplicada, não podendo, em nenhuma hipótese, ter como termo inicial data anterior à da denúncia ou queixa.

Cuida-se da denominada prescrição **retroativa subespécie de prescrição da pretensão punitiva**, embora prevista no art. 110, § 1º, do Código Penal, o que poderia causar confusão aos mais desavisados, considerando-se que o art. 110 do Código Penal se destina a regular a prescrição da pretensão executória. A rigor, a prescrição retroativa foi ali colocada porque, tal qual ocorre com a pretensão executória, regula-se pela pena em concreto.

A prescrição **retroativa** é assim chamada porque é a **análise feita para o passado, para trás**, ou seja, da sentença ou acórdão condenatório para trás.

A análise da prescrição retroativa somente deverá ser feita após verificada a inocorrência da prescrição da pretensão punitiva propriamente dita, calculada pelo máximo da pena cominada em abstrato, observados os termos do art. 109 do Código Penal.

**Passo a passo para verificação da prescrição retroativa:**

1. Só se aplica se não há prescrição pela pena máxima cominada em abstrato. Assim, verifique se houve prescrição pela pena máxima em abstrato.
2. Veja se já há sentença transitada em julgado para a acusação ou se foi improvido seu recurso.

3. Identifique qual foi a pena aplicada em concreto e qual seria o prazo de prescrição para essa pena, observando o disposto no art. 109 do CPP.
4. Verifique se é caso de contagem pela metade, nos termos do art. 115 do Código Penal, ou seja, se era o autor menor de 21 (vinte e um) anos na data do crime (momento da ação ou da omissão) ou maior de 70 (setenta) anos na data da primeira sentença.
5. Verifique, a partir do recebimento da denúncia, se entre os marcos interruptivos da prescrição já passou o tempo da prescrição.

Assim, observe os exemplos a seguir:

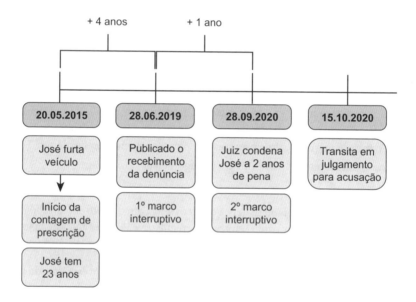

Nesse primeiro exemplo, seguindo o passo a passo proposto, verifica-se que:

1. não houve prescrição pela pena máxima cominada em abstrato;
2. há sentença com trânsito em julgado para a acusação;
3. a pena aplicada em concreto foi de 2 (dois) anos, que prescreve em 4 (quatro) anos, conforme art. 109, IV, do Código Penal;
4. não há nada que justifique a contagem pela metade. O agente tinha 23 anos na data do crime;
5. entre o recebimento da denúncia e o próximo marco interruptivo, que é a publicação da sentença condenatória, não se passaram mais de 4 (quatro) anos;
6. entre o termo *a quo* da contagem da prescrição e o recebimento da denúncia já se passaram mais de 4 (quatro) anos, mas não se pode considerar ter havido pres-

crição retroativa porque, de acordo com o disposto no art. 110, § 1º, parte final, a prescrição retroativa não pode ter como termo inicial data anterior ao recebimento da denúncia ou da queixa;

7. não houve prescrição retroativa na hipótese.

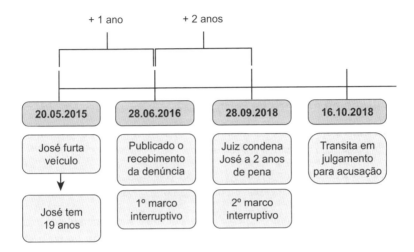

Nesse segundo exemplo, seguindo o passo a passo proposto, verifica-se que:

1. não houve prescrição pela pena máxima cominada em abstrato;
2. há sentença com trânsito em julgado para a acusação;
3. a pena aplicada em concreto foi de 2 (dois) anos, que prescreve em 4 (quatro) anos;
4. a contagem deve ser feita pela metade. O agente tinha 19 anos na data do crime. A prescrição, assim, se dará em 2 (dois) anos, consoante art. 109, V, c/c art. 115 do CP;
5. entre o recebimento da denúncia e o próximo marco interruptivo, que é a publicação da sentença condenatória, já se passaram mais de 2 (dois) anos;
6. houve prescrição retroativa na hipótese.

## 44.6.8.1 A quem cabe o reconhecimento da prescrição retroativa?

Somente se operando a prescrição retroativa depois do trânsito em julgado para a acusação ou depois de improvido seu recurso, não poderá ser reconhecida na sentença condenatória.

Em que pese entendimento no sentido de que somente poderia ser declarada pelo tribunal, o **STJ se posicionou no sentido de que pode ser declarada em qualquer grau de jurisdição.**

> **Jurisprudência destacada**
>
> *Habeas corpus*. Prescrição retroativa. Lapso temporal. Extinção da punibilidade estatal. 1. Apesar de a prescrição não ter sido enfrentada nas instâncias ordinárias, trata-se de matéria de ordem pública, que pode e deve ser reconhecida de ofício ou a requerimento das partes, a qualquer tempo e grau de jurisdição, mesmo após o trânsito em julgado da condenação, nos termos do art. 61 do Código de Processo Penal, inclusive em sede de *habeas corpus* (...) (STJ, HC nº 162.084/MG, Rel. Min. Og Fernandes, 6ª Turma, j. 10.08.2010).

## 44.6.8.2 Ainda há prescrição retroativa?

Ao entrar em vigor, no dia 6 de maio de 2010, a Lei nº 12.234 expressamente dispôs sobre o fim da prescrição retroativa em seu art. 1º:

> Art. 1º Esta Lei altera os arts. 109 e 110 do Decreto-lei nº 2.848, de 7 de dezembro de 1940 – Código Penal, para excluir a prescrição retroativa.

A leitura do dispositivo, como se percebe, deixa clara a sua finalidade de excluir o instituto, mas, ainda que tenha sido essa a intenção do legislador, **não houve a eliminação** pretendida.

Em sua atual redação, dada pela Lei nº 12.234/2010, o art. 110, § 1º, dispõe que a prescrição retroativa não pode, em nenhuma hipótese, ter por termo inicial data anterior à da denúncia ou queixa, o que nos permite concluir que somente não poderá ser reconhecida na fase pré-processual, ou seja, entre a data do fato e o oferecimento da denúncia ou da queixa. Antes da alteração de 2010, isso era possível, considerando-se o disposto no revogado § 2º do art. 110 do Código Penal.

**Atualmente, apenas após o oferecimento da denúncia poderá ser reconhecida a prescrição retroativa, computada entre os marcos interruptivos subsequentes.** Cuida-se, portanto, a Lei nº 12.234/2010 de *novatio legis in pejus*, que, assim, não poderá retroagir para alcançar fatos anteriores a 06.05.2010, data em que entrou em vigor, conforme disposto no art. 5º, XL, da CF/1988 e art. 2º, parágrafo único, do Código Penal. Tendo sido o crime praticado em data anterior, portanto, a análise da prescrição retroativa poderá ter início em data anterior ao oferecimento da denúncia ou da queixa.

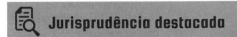

> **Jurisprudência destacada**
>
> A Lei nº 12.234/2010, ao dar nova redação ao art. 110, § 1º, do Código Penal, não aboliu a prescrição da pretensão punitiva, na modalidade retroativa, fundada na pena aplicada na sentença. Apenas vedou, quanto aos crimes praticados na sua vigência, seu reconhecimento entre a data do fato e a do recebimento da denúncia ou da queixa. (...) se o legislador pretendeu, no

art. 1º da Lei nº 12.234/2010, abolir integralmente a prescrição retroativa, essa intenção não se converteu em realidade normativa, haja vista que seu art. 2º, ao dar nova redação ao art. 110, § 1º, do Código Penal, determinou que "a prescrição, depois da sentença condenatória com trânsito em julgado para a acusação ou depois de improvido seu recurso, regula-se pela pena aplicada, não podendo, em nenhuma hipótese, ter por termo inicial data anterior à da denúncia ou queixa" (...). O texto permite concluir, com segurança, que o legislador optou por conferir efeito *ex tunc* à prescrição da pretensão punitiva com base na pena concreta apenas a partir do recebimento da denúncia ou da queixa. Na sua liberdade de conformação, o legislador poderia ter suprimido integralmente a prescrição da pretensão punitiva, na modalidade retroativa, com base na pena em concreto, a fim de que essa regulasse apenas a prescrição da pretensão executória, o que, como visto, optou por não fazer (HC nº 122.694, Rel. Min. Dias Toffoli, j. 10.12.2014, *DJe* 32, 19.02.2015).

### Decifrando a prova

**(2016 – FGV – Codeba – Analista Portuário/Advogado – Adaptada)** No dia 11.01.2010, Jean, nascido em 11.01.1992, praticou um crime de furto simples, razão pela qual foi denunciado como incurso nas sanções do art. 155, *caput*, do Código Penal. Em 25.01.2010, foi a inicial acusatória recebida, não sendo cabível a suspensão condicional do processo. Após o regular processamento do feito, diante da confissão de Jean, foi o mesmo condenado à pena mínima de um ano de reclusão, sendo a sentença condenatória publicada em 1º.03.2012 e transitando em julgado. Jean dá início ao cumprimento da pena em 02.01.2014. Considerando a situação exposta, ocorreu a prescrição da pretensão executória do Estado, devendo ser reconhecida a extinção da punibilidade.

( ) Certo    ( ) Errado

**Gabarito comentado:** na hipótese, o crime foi praticado quando o autor tinha 18 anos, devendo, assim, a prescrição ser contada pela metade, de acordo com a regra do art. 115 do Código Penal. A decisão que o condenou a 1 ano de reclusão transitou em julgado. A pena de um ano prescreve em 4 anos. Para Jean, prescreverá em dois, pelas razões já expostas. Verifica-se que, entre o recebimento da denúncia e a publicação da sentença condenatória, marcos interruptivos da prescrição, se passaram mais de dois anos, tendo-se operado, pela pena em concreto, a prescrição retroativa, que é prescrição da pretensão punitiva. Só se fala em prescrição da pretensão executória quando não se tem prescrição da pretensão punitiva. No caso, tendo a prescrição ocorrida antes do trânsito em julgado, a pretensão punitiva está prescrita. Portanto, está errado.

## 44.6.9 Prescrição intercorrente ou superveniente: conceito e início de contagem

Cuida-se de modalidade de prescrição justificada pela possível demora no julgamento dos recursos, tendo o fito de evitar impunidade. Segue o mesmo raciocínio da prescrição retroativa, sendo igualmente computada pela pena em concreto. A prescrição superveniente é também subespécie de prescrição da pretensão punitiva. Difere, contudo, da prescrição retroativa, porque se dá após a publicação da sentença condenatória, projetando-se para o futuro, ao passo que a prescrição retroativa se calcula da publicação da sentença para trás.

Hipóteses de cabimento da prescrição superveniente:

1. quando já há trânsito em julgado para a acusação quanto à pena imposta, quer seja por não ter sido interposto qualquer recurso visando a alteração da pena, quer seja pelo improvimento do recurso em que a acusação tenha pleiteado aumento da pena aplicada;
2. mesmo sem o trânsito em julgado para a acusação, o que se dará nas hipóteses em que a acusação, com o recurso manejado, não busque aumento de pena;
3. quando, em recurso manejado pela acusação, buscava-se aumento de pena e seu provimento resultou em imposição de pena que em nada alterou o prazo da prescrição. Ex.: antes fora imposta pena de 5 (cinco) anos e, com o provimento, foi aumentada para 8 (oito). Tanto a pena de 5 quanto a de 8 prescrevem em 12 (doze) anos, conforme disposto no art. 109, III, do Código Penal.

Seu prazo começa a fluir a partir da publicação da sentença ou acórdão condenatório, devendo ser computada até o trânsito em julgado, quando não mais caberão recursos para acusação ou para a defesa.

Passo a passo para a verificação da prescrição superveniente ou intercorrente:

1. verificar se não há prescrição pela pena máxima em abstrato;
2. se negativa a resposta anterior, verificar se há trânsito em julgado para a acusação, se foi improvido seu recurso, se a pena foi alterada em recurso da acusação sem mudança substancial da pena ou se a pena fixada pelo Tribunal em sede de recurso não altera o prazo da prescrição;
3. se positiva a resposta para a pergunta anterior, verificar qual foi a pena concretizada e qual seria, no art. 109 do Código Penal, o prazo prescricional correspondente;
4. conferir se é aplicável ao caso a redução pela idade do agente (art. 115 do CP);
5. verificar se, entre a sentença condenatória e o acórdão que confirma a condenação ou entre o acórdão que confirma a condenação e o trânsito em julgado, decorreu o prazo de prescrição para a pena concretizada;
6. na hipótese de condenação em sede de recurso, verificar se, entre o acórdão condenatório e o trânsito em julgado, já decorreu o prazo de prescrição para a pena concretizada na situação em análise.

Nesse primeiro exemplo, seguindo o passo a passo proposto, verifica-se que:

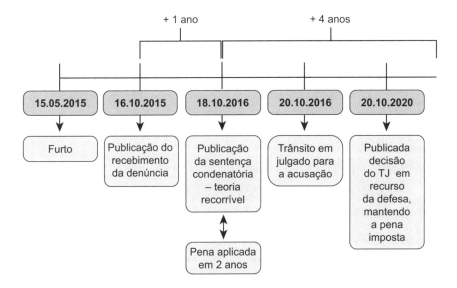

1. Não há prescrição pela pena máxima em abstrato.
2. Há trânsito em julgado para a acusação.
3. A pena concretizada foi de 2 (dois) anos, sendo de 4 (quatro) anos, considerando-se o disposto no art. 109, V, do Código Penal, o prazo prescricional correspondente.
4. Prazo prescricional fica mantido em 4 (quatro) anos, pois não é aplicável ao caso a redução pela idade do agente (art. 115 do CP).
5. Entre a sentença condenatória e o acórdão confirmatório da condenação, decorreram mais de 4 (quatro) anos.
6. Está extinta, pela prescrição superveniente, a punibilidade.

Nesse segundo exemplo, seguindo o passo a passo proposto, verifica-se que:

1. Não há prescrição pela pena máxima em abstrato.
2. Foi improvido o recurso da acusação.
3. A pena concretizada foi de 2 (dois) anos, sendo de 4 (quatro) anos, considerando-se o disposto no art. 109, V, do Código Penal, o prazo prescricional correspondente.
4. Prazo prescricional fica mantido em 4 (quatro) anos, pois não é aplicável ao caso a redução pela idade do agente (art. 115 do CP).
5. Entre a sentença condenatória e o trânsito em julgado, decorreram mais de 4 (quatro) anos.
6. Está extinta, pela prescrição superveniente, a punibilidade.

## 44.6.10 Períodos prescricionais da pretensão punitiva

De tudo o que até agora vimos, percebe-se que a prescrição da pretensão punitiva, uma vez iniciada, de acordo com o disposto no art. 111 do Código Penal, terá o recebimento da denúncia como seu primeiro marco interruptivo. A partir daí, outros marcos interruptivos virão e a prescrição poderá se dar em qualquer período entre dois daqueles marcos, quer seja pela pena máxima cominada em abstrato, quer seja pela pena em concreto, a depender da situação fática, como podemos observar no quadro a seguir.

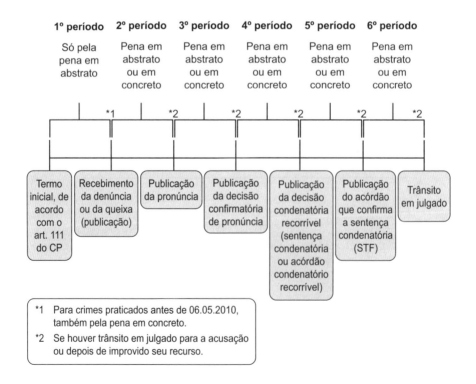

## 44.7 PRESCRIÇÃO DEPOIS DO TRÂNSITO EM JULGADO DA CONDENAÇÃO (PRESCRIÇÃO DA PRETENSÃO EXECUTÓRIA)

### 44.7.1 Prazos

O Estado, depois de prolatar uma sentença condenatória irrecorrível, dispõe de um prazo para executar a sanção penal nela aplicada. **A prescrição da pretensão executória é a perda desse direito pelo Estado, quando deixa transcorrer aquele prazo sem nada fazer.** Calculada pela pena concretizada na sentença condenatória irrecorrível, definitiva, de que não mais caiba quaisquer recursos, a prescrição da pretensão executória se verifica nos mesmos prazos estabelecidos pelo art. 109 do Código Penal, os quais são aumentados de 1/3 na hipótese de condenado reincidente.

Importante lembrar que, na hipótese de concurso de crimes (material, formal ou crime continuado), cada um deles tem seu prazo prescricional contado separadamente, pouco importando se as penas foram, ou não, impostas na mesma sentença. A matéria é regulada pelo art. 119 do Código Penal. Destarte, pode ser observado o teor da Súmula nº 497 do STF, cujo teor já foi explicitado neste capítulo, no item 44.6.4, ao qual remetemos o caro leitor.

É pressuposto da prescrição da pretensão executória que não tenha havido prescrição da pretensão punitiva.

> **CP, art. 110.** A prescrição depois de transitar em julgado a sentença condenatória regula-se pela pena aplicada e verifica-se nos prazos fixados no artigo anterior, os quais se aumentam de um terço, se o condenado é reincidente.

Caso a pena privativa de liberdade tenha sido substituída por pena restritiva de direitos, há de ser observada a regra do art. 109, parágrafo único, do Código Penal, devendo ser calculada pelo prazo da pena privativa de liberdade imposta e substituída na sentença condenatória.

> **CP, art. 109.** (...)
> **Parágrafo único.** Aplicam-se às penas restritivas de direito os mesmos prazos previstos para as privativas de liberdade.

Na hipótese de comutação, como adverte Damásio de Jesus (1999, p. 768), "reduzida a pena por graça ou indulto não é a sanção originária que regula o prazo prescricional, mas sim o restante não alcançado pela indulgência soberana".

### 44.7.2 Competência e efeitos do reconhecimento da prescrição da pretensão executória

A competência para o reconhecimento da prescrição da pretensão executória é fixada no juízo da execução penal, nos termos do art. 66, II, da Lei de Execução Penal.

Art. 66. Compete ao Juiz da execução: (...)

II – declarar extinta a punibilidade; (...)

Apenas a possibilidade de o Estado executar a pena imposta na sentença transitada em julgado é atingida pela prescrição da pretensão executória. Não desaparecem, contudo, os efeitos secundários da condenação, penais e extrapenais. Afinal, como já vimos, nela o réu foi condenado. Assim, seu nome já foi lançado no rol dos culpados e gera reincidência se vier o condenado a praticar novo crime dentro do prazo de que trata o art. 64 do Código Penal. Se após, caracterizará maus antecedentes. Outrossim, na hipótese de ter prestado fiança, o valor correspondente será destinado ao pagamento das custas e indenização do dano, nos termos do art. 336 e parágrafo único do Código de Processo Penal.

**CPP, art. 336.** O dinheiro ou objetos dados como fiança servirão ao pagamento das custas, da indenização do dano, da prestação pecuniária e da multa, se o réu for condenado. (Redação dada pela Lei nº 12.403, de 2011.)

**Parágrafo único.** Este dispositivo terá aplicação ainda no caso da prescrição depois da sentença condenatória.

Ademais disso, como subsistem os efeitos secundários da sentença condenatória, ela poderá ser executada no juízo cível com vistas à reparação do dano, nos termos do art. 91 do Código Penal.

### Decifrando a prova

**(2009 – Ejef – TJ/MG – Juiz – Adaptada)** Sobre o instituto da prescrição, a prescrição da pretensão executória faz desaparecer todos os efeitos da condenação.
( ) Certo    ( ) Errado
**Gabarito comentado:** só desaparece o efeito principal da condenação, que é a possibilidade de o Estado executar a pena imposta na sentença. Portanto, está errado.

## 44.7.3 Início de contagem da prescrição da pretensão executória

O prazo inicial para contagem da prescrição da pretensão executória é o estabelecido no art. 112 do Código Penal e suas hipóteses serão tratadas nos itens seguintes.

## 44.7.3.1 Prescrição da pretensão executória iniciada do dia em que transita em julgado a sentença condenatória para a acusação (art. 112, I, primeira parte)

Como vimos anteriormente, a prescrição da pretensão executória depende de um título condenatório irrecorrível para acusação e defesa. Só com a formação do título executivo é que se pode cogitar da possibilidade de prescrição da pretensão executória. Antes dele, a prescrição será da pretensão punitiva.

Em que pese somente haver prescrição da pretensão executória após o trânsito em julgado da sentença condenatória para ambas as partes, o início de sua contagem se dá a partir do trânsito em julgado para a acusação, ainda que pendente de apreciação de recurso interposto pela defesa.

A regra trazida, porém, deve ser situada no momento histórico em que foi desenhada pelo legislador. Quando da entrada em vigor da Lei nº 7.209/1984, a interposição de recurso extraordinário não impedia a imediata expedição do mandado de prisão, consoante disposto no art. 637 do Código de Processo Penal.

> **CPP, art. 637.** O recurso extraordinário não tem efeito suspensivo, e uma vez arrazoado pelo recorrido os autos do traslado, os originais baixarão à primeira instância, para a execução da sentença.

A disciplina do art. 637 do CPP, ao reconhecer efeito meramente suspensivo ao recurso excepcional, autorizando a execução provisória da pena, se fundamenta no fato de que os recursos extraordinário e especial não ensejam, ao contrário da apelação, reexame da causa. Sua interposição busca somente enfrentamento de questões jurídicas atinentes ao Direito Constitucional e Direito Federal.

Se o Estado pode dar início à execução com o trânsito em julgado para a acusação, na pendência de recurso especial ou extraordinário, há lógica na previsão de que o cômputo da prescrição da pretensão executória tivesse seu início antes da definitividade da decisão condenatória. Restava, então, justificada a opção feita pelo legislador na redação do art. 112, I.

Entretanto, com o julgamento das ADCs nºs 43, 44 e 54, em 07 de novembro de 2019, em apertada votação, por 6 votos a 5, o Plenário do STF decidiu que somente se pode iniciar a execução de qualquer pena após o trânsito em julgado da sentença condenatória. Entendeu a Corte, invocando a presunção de não culpabilidade, nos termos do art. 5º, LVII, da CF/1988, que qualquer restrição de liberdade antes do término do processo tem natureza cautelar e, portanto, só poderá ser decretada quando se afigure necessária, consoante demonstrado em decisão devidamente fundamentada.

Com o novo entendimento jurisprudencial, forçoso concluir que, se o titular do direito de executar a decisão condenatória não mais pode fazê-lo antes do trânsito em julgado, **não há o menor sentido em reconhecer que a prescrição dessa pretensão tenha início antes da condenação definitiva**. A prescrição é perda do direito pelo Estado quando este podia se movimentar, agir e, por desídia, não o fez. Não há o menor sentido em "punir" o Estado com a prescrição pelo fato de não ter realizado o que era impedido de realizar.

Não foi por outra razão que, no RE nº 696.533, o STF não admitiu início do prazo prescricional da pretensão executória quando pendente julgamento de recurso extraordinário ou especial.

**Jurisprudência destacada**

Recurso especial. Prerrogativa de foro. Prescrição. Inocorrência. Termo inicial. Demais teses recursais rejeitadas. Imediata execução da pena. I. Termo inicial da prescrição da pretensão executória 1. A prescrição da pretensão executória pressupõe a inércia do titular do direito de punir. Se o seu titular se encontrava impossibilitado de exercê-lo em razão do entendimento anterior do Supremo Tribunal Federal que vedava a execução provisória da pena, não há falar-se em inércia do titular da pretensão executória. 2. O entendimento defensivo de que a prescrição da pretensão executória se inicia com o trânsito em julgado para a acusação viola o direito fundamental à inafastabilidade da jurisdição, que pressupõe a existência de uma tutela jurisdicional efetiva, ou melhor, uma justiça efetiva. 3. A verificação, em concreto, de manobras procrastinatórias, como sucessiva oposição de embargos de declaração e a renúncia do recorrente ao cargo de prefeito que ocupava, apenas reforça a ideia de que é absolutamente desarrazoada a tese de que o início da contagem do prazo prescricional deve se dar a partir do trânsito em julgado para a acusação. Em verdade, tal entendimento apenas fomenta a interposição de recursos com fim meramente procrastinatório, frustrando a efetividade da jurisdição penal. 4. Desse modo, se não houve ainda o trânsito em julgado para ambas as partes, não há falar-se em prescrição da pretensão executória (...) 8. Recurso especial não conhecido. Determinação de imediata execução da pena imposta pelo Tribunal Regional Federal da 4ª Região, a quem delegada a execução da pena. Expedição de mandado de prisão (RE nº 696.533/SC, Rel. orig. Min. Luiz Fux, Red. do acórdão Min. Roberto Barroso, 1ª Turma, j. 06.02.2018). 1. Segundo a jurisprudência desta Corte Superior, somente quando houver o trânsito em julgado da sentença condenatória, para ambas as partes, é que deve ser reconhecido o início da contagem da prescrição da pretensão executória. 2. Nos termos da jurisprudência deste Sodalício, embora o termo inicial da contagem da prescrição da pretensão executória do Estado seja o trânsito em julgado para a acusação, não há que se falar em início de seu cômputo, quando pendente o trânsito em julgado para ambas as partes, porquanto ainda em curso a contagem da prescrição da pretensão punitiva, que pode ocorrer na modalidade retroativa. 3. Agravo regimental improvido (EDcl no AREsp nº 651.581/MS, Rel. Min. Jorge Mussi, 5ª Turma, j. 13.12.2018, DJe 19.12.2018) (AgRg no HC nº 473.344/PB, Rel. Min. Ribeiro Dantas, 5ª Turma, DJe 26.03.2020).

Como podemos notar, toda a controvérsia que gira em torno do início de contagem da prescrição da pretensão executória reside na não aplicação do disposto no art. 637 do Código de Processo Penal e a negativa de cabimento da execução provisória pelo Supremo Tribunal Federal. A rigor, a regra da lei processual em nada contraria o disposto na Constituição da República quanto à presunção de inocência, considerando-se que os recursos especial e extraordinário não se prestam a discutir questões de mérito, já estando fixada a culpa. A impossibilidade de reexame de provas a partir do julgado em segundo grau de jurisdição é, inclusive, objeto das Súmulas nº 279 do STF e nº 07 do STJ.

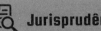 **Jurisprudência destacada**

**Súmula nº 07, STJ.** A pretensão de simples reexame de prova não enseja recurso especial.
**Súmula nº 279, STF.** Para simples reexame de prova não cabe recurso extraordinário.

Assim considerado, deveria prevalecer a regra do art. 112, I, do Código Penal quanto à fixação do trânsito em julgado para a acusação como marco para início de contagem da prescrição da pretensão executória.

Todavia, com a decisão do STF nas **ADCs nᵒˢ 43, 44 e 54, em que o STF fixa a impossibilidade de execução provisória**, não há como discordar da orientação fixada pela Corte no julgado destacado, devendo-se considerar a irrecorribilidade da decisão como marco inicial da prescrição da pretensão executória.

### 44.7.3.2 Prescrição da pretensão executória iniciada a partir da decisão que revoga a suspensão condicional da pena ou o livramento condicional (art. 112, I, segunda parte)

Com a revogação do *sursis* (suspensão da execução da pena, art. 77 e ss. do Código Penal) e do livramento condicional (art. 83 e ss. do Código Penal), será determinada a prisão do condenado.

Na hipótese do *sursis*, há uma pena imposta em sentença condenatória transitada em julgado. A pena, contudo, teve a sua execução suspensa. A revogação do benefício acarretará para o condenado a obrigação de cumpri-la integralmente. Portanto, a prescrição da pretensão executória será computada com base no total da pena imposta.

No livramento condicional, o prazo em que esteve solto o condenado será computado como tempo de cumprimento da pena, exceto na hipótese de ter sido a revogação provocada em virtude de condenação irrecorrível pela prática de crime durante o período de prova do livramento e por descumprimento das condições impostas para o livramento (arts. 88 do Código Penal e 142 da LEP). É com base na pena que resta a ser cumprida, descontado ou não o período em que o agente esteve solto, que deverá ser calculado o prazo da prescrição da pretensão executória. Essa é a disciplina do art. 113 do Código Penal.

> **CP, art. 113.** No caso de evadir-se o condenado ou de revogar-se o livramento condicional, a prescrição é regulada pelo tempo que resta da pena.

Atente para os exemplos abaixo.

**Ex. 1:** condenado a 10 (dez) anos de reclusão, após cumprir 4 (quatro) anos, obteve o livramento condicional. Quatro anos depois, teve o livramento revogado em virtude de condenação transitada em julgado pelo cometimento de crime praticado no segundo ano de livramento. Nessa hipótese, o prazo em que esteve solto não será computado como tempo de cumprimento de pena. Só podem ser considerados os 4 (quatro) primeiros anos. Faltam, portanto, 6 (seis) anos para o cumprimento da pena e é sobre esse restante que deverá ser computado o tempo da prescrição, que, assim, se dará em 12 (doze) anos, conforme art. 109, III, do Código Penal.

**Ex. 2:** condenado a 10 (dez) anos de reclusão, após cumprir 4 (quatro) anos, obteve o livramento condicional. Quatro anos depois, teve o livramento revogado em virtude de condenação irrecorrível pela prática de crime anterior ao livramento. Nessa hipótese, o prazo em que esteve solto será computado como tempo de cumprimento de pena. Assim, já cumpriu 8 (oito) daqueles dez anos. Faltam, portanto, 2 (dois) anos para o cumprimento da pena e é sobre esse restante que deverá ser computado o tempo da prescrição, que, assim, se dará em 4 (quatro) anos, consoante art. 109, V, do Código Penal.

### 44.7.3.3 Do dia em que se interrompe a execução, salvo quando o tempo da interrupção deva computar-se na pena

Aqui, podemos vislumbrar as seguintes hipóteses:

1. Fuga do condenado

    Havendo fuga do condenado, a prescrição da pretensão executória começa a contar a partir da data da evasão e será computada pelo restante de pena a ser cumprida. Assim, admitimos que o agente, condenado a 6 (seis) anos de pena, venha a se evadir quando faltavam apenas 2 (dois) anos para o seu término. Nesse caso, a prescrição da pretensão executória deverá ser computada com base nos 2 (dois) anos faltantes e ocorrerá, portanto, *ex vi* do disposto no art. 109, V, do Código Penal, em 4 (quatro) anos.

> **Decifrando a prova**
>
> **(2019 – Cespe/Cebraspe – TJ/BA – Juiz de Direito Substituto – Adaptada)** Na hipótese de evasão do condenado, a prescrição da pretensão executória é regulada pelo total da pena privativa de liberdade imposta.
> ( ) Certo ( ) Errado
> **Gabarito comentado:** a contagem deve ser pelo restante da pena a ser cumprida, descontado o tempo em que esteve preso, *ex vi* do disposto no art. 113 do Código Penal. Portanto, está errado.

2. Abandono do regime aberto ou descumprimento das penas restritivas de direito

    Nessa hipótese, a prescrição da pretensão executória terá como base a pena que restava a ser cumprida e começará a ser contada a partir da data do abandono ou do descumprimento.

3. Superveniência de doença mental e detração

    A superveniência de doença mental, nos termos do art. 41 do Código Penal, provoca interrupção da execução da pena. Todavia, o tempo em que o condenado permanecer em tratamento psiquiátrico, recolhido em estabelecimento adequado, deverá ser computado como tempo de cumprimento de pena e, assim, não se iniciará a contagem de prescrição da pretensão executória.

## 44.7.4 Reflexos da reincidência na contagem da prescrição da pretensão executória

A **reincidência apenas influencia na prescrição da pretensão executória**, que terá seu prazo aumentado de um terço, em nada alterando o prazo da prescrição da pretensão punitiva. Quanto ao tema:

### Jurisprudência destacada

**Súmula nº 220, STJ.** A reincidência não influi no prazo da prescrição da pretensão punitiva.

### Decifrando a prova

**(2014 – FMP Concursos – TJ/MT – Juiz – Adaptada)** De acordo com entendimento sumulado do Superior Tribunal de Justiça, a reincidência não influi no prazo da prescrição da pretensão punitiva.
( ) Certo    ( ) Errado
**Gabarito comentado:** nos termos da Súmula nº 220 do STJ, está certo.

A **reincidência aqui considerada é que foi reconhecida na sentença condenatória que se executa**. Caso não tenha sido expressamente reconhecida na sentença condenatória exequenda, a reincidência não poderá ser considerada para fins de aumento do prazo da prescrição.

## 44.7.5 Causa de suspensão da prescrição da pretensão executória

A prescrição da pretensão executória encontra uma causa impeditiva no art. 116, parágrafo único, do Código Penal.

> **CP, art. 116.** (...)
> **Parágrafo único.** Depois de passada em julgado a sentença condenatória, a prescrição não corre durante o tempo em que o condenado está preso por outro motivo.

Aqui sempre vale a lembrança de que a prescrição é, no caso, a perda pelo Estado do direito de executar a pena já aplicada, em virtude de sua inércia, de sua inação, do não fazer o que podia e devia fazer. Na hipótese de estar o condenado preso por outro motivo e o Estado não ter como executar a nova sanção, sua omissão não é voluntária. Não havendo desídia estatal, não há sentido algum em dizer que o prazo da prescrição continua a fluir.

O STF já considerou que o prazo dos *sursis* e do livramento condicional também são causas de suspensão do prazo da prescrição da pretensão executória. Embora alguns apontem que se trata de hipóteses de suspensão não prevista em lei, o fato é que a solução dada pelo Supremo Tribunal Federal e encampada pela doutrina amplamente majoritária é a única possível. Afinal, se, nos termos do art. 112, I, do Código Penal, a prescrição da pretensão executória começa a correr no dia em que passa em julgado a decisão que revoga a suspensão condicional da pena ou livramento condicional, resta claro que, no período de prova do livramento condicional e do *sursis*, o curso da prescrição estava suspenso, ou seja, não estava fluindo.

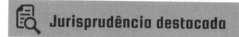

**Jurisprudência destacada**

(...) 4. No Direito brasileiro não corre o prazo prescricional durante a suspensão condicional da pena. Inteligência dos arts. 77 c/c 112, ambos do Código Penal. Precedentes (Ext nº 1.254/ Romênia, Rel. Min. Teori Zavascki, 29.04.2014).

Ao dispor sobre a suspensão, o art. 116, parágrafo único, do Código Penal se refere a estar "preso por outro motivo". Porém, de acordo com a jurisprudência do STJ, a regra se aplica ainda que o condenado esteja cumprindo pena em regime aberto.

## 44.7.6 Causas de interrupção da prescrição da pretensão executória

As causas interruptivas da prescrição da pretensão executória são trazidas pelos incisos V e VI do Código Penal analisados nos itens seguintes.

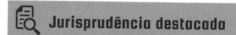

**Jurisprudência destacada**

De acordo com o parágrafo único do art. 116 do Código Penal, "depois de passada em julgado a sentença condenatória, a prescrição não corre durante o tempo em que o condenado está preso por outro motivo". Ao interpretar o referido dispositivo legal, esta Corte Superior de Justiça pacificou o entendimento de que o cumprimento de pena imposta em outro processo, ainda que em regime aberto ou em prisão domiciliar, impede o curso da prescrição executória. Assim, não há que se falar em fluência do prazo prescricional, o que impede o reconhecimento da extinção de sua punibilidade. Quanto ao ponto, é imperioso destacar que o fato de o prazo prescricional não correr durante o tempo em que o condenado está preso por outro motivo não depende da unificação das penas (AgRg no RHC nº 123.523/SP, j. 13.04.2020).

### 44.7.6.1 Pelo início ou continuação do cumprimento da pena

Trata-se da hipótese prevista no art. 117, V, do Código Penal. Nessa hipótese, o título executivo já está formado, e, quando se dá o início do cumprimento da pena, atuando o Estado para fazer valer o seu direito, interrompe-se o prazo da prescrição. Na hipótese de fuga, o prazo começa a correr a partir da fuga e, com a recaptura, resta igualmente interrompido o prazo da prescrição, ainda que o condenado tenha ficado preso por apenas um dia, como já entendeu o STJ.[1]

Quanto à **pena restritiva de direitos de prestação de serviços à comunidade**, o início de seu cumprimento se dá nos termos do disposto no art. 149, § 2º, da Lei de Execução Penal e **somente na data do primeiro comparecimento no estabelecimento é que se considera iniciada**. Assim, o comparecimento em cartório do juízo não interrompe a prescrição.

 **Jurisprudência destacada**

(...) 1. Não há falar em interrupção da prescrição da condenação quando o apenado, comparecendo em cartório judicial, retira o ofício para, ulteriormente, desempenhar atividades junto a entidade assistencial. A teor do art. 149 da LEP, o início do cumprimento da reprimenda de prestação de serviço à comunidade se dá com o primeiro comparecimento no estabelecimento conveniado e, não, em juízo. 2. *In casu*, entretanto, o Paciente compareceu em Juízo, oportunidade em que tomou ciência da decisão que estabeleceu as condições impostas e participou do Grupo de Acolhimento e Orientação, sendo computadas duas horas de efetiva prestação de serviço à comunidade (o equivalente a 5% do valor de uma parcela da prestação pecuniária). 3. Verifica-se dos autos que entre a data do trânsito em julgado das sentenças condenatórias para a acusação, 22.08.2011 e 30.08.2011, e a data de início do cumprimento das penas, 09.09.2013, não transcorreu prazo superior a quatro anos, não se podendo cogitar, portanto, em prescrição da pretensão executória. 4. Ordem denegada (STJ, HC nº 380.373/DF, Rel. Min. Maria Thereza de Assis Moura, 6ª Turma, j. 07.03.2017, *DJe* 17.03.2017).

Já entendeu o STJ que, se a pena privativa de liberdade for substituída por duas restritivas de direitos e o apenado iniciou o cumprimento de uma delas, mas não o de outra, incide a hipótese de interrupção prevista no art. 117, V, do Código Penal.

 **Jurisprudência destacada**

Agravo regimental no recurso especial. Apropriação indébita previdenciária. Pena privativa de liberdade substituída por duas restritivas de direitos. Apenado que iniciou a execução da prestação de serviços à comunidade. Interrupção da prescrição executória. Art. 117, V, do CP. Irrelevância do inadimplemento da prestação pecuniária. Agravo regimental não provido. 1. Apenas no caso de concurso de crimes, a extinção da punibilidade incidirá sobre a pena isolada de cada um, a teor do art. 119 do CP. Na condenação por um único delito, aplicado o art. 44 do CP, não existe a possibilidade de considerar as penas restritivas de direitos separadamente para a análise da prescrição da pretensão punitiva ou da pretensão executória. 2. Se a pena

---

[1] RHC nº 4.275, Rel. Min. Edson Vidigal, *DJe* 05.02.1996.

> privativa de liberdade foi substituída por prestação de serviços à comunidade e prestação pecuniária e o apenado iniciou o cumprimento das horas de trabalho exigidas, mas não adimpliu o valor estipulado no título judicial, incide a hipótese de interrupção prevista no art. 117, V, do CP, visto não ser possível considerar que o Estado estava inerte durante esse período, sem executar a condenação transitada em julgado. 3. Agravo regimental não provido (STJ, AgRg no REsp nº 1.611.328/RS, Rel. Min. Rogerio Schietti Cruz, 6ª Turma, j. 19.09.2017, *DJe* 27.09.2017).

### 44.7.6.2 Interrupção pela reincidência

O art. 117, VI, do Código Penal, ao referir-se à reincidência como causa de interrupção da prescrição da pretensão punitiva, trata daquilo que a doutrina denomina "prescrição futura ou subsequente", não devendo ser confundida com a reincidência geradora do aumento do prazo prescricional da pretensão executória.

A reincidência antecedente, já existente quando da prolação da sentença condenatória, aumenta em 1/3 o prazo da prescrição, conforme disposto no art. 110, *caput*, do Código Penal, não devendo ser considerada para fins de interrupção da prescrição da pretensão executória.

**A reincidência que terá o condão de interromper o prazo da prescrição é aquela que ocorre quando, após o trânsito em julgado da sentença condenatória**, o condenado vier a cometer outro delito, caso em que interromperá o prazo da prescrição da pretensão executória referente à condenação anterior. Ex.: o agente foi condenado, definitivamente, pela prática de crime de furto à pena de 3 (três) anos, iniciando-se a contagem da prescrição, que se dará em oito anos, conforme art. 109, IV, do Código Penal. Não foi capturado e, 3 (três) anos depois, praticou um novo crime, dessa vez um estelionato, operando-se a reincidência. O prazo da prescrição, que já estava correndo, será interrompido, reiniciando-se a sua contagem, não sendo computados os 3 (três) anos que já haviam fluído.

A questão, porém, é fixar o marco da interrupção, dividindo-se a doutrina a respeito do tema:

- **1ª corrente:** o dia do cometimento de novo crime deve ser entendido como marco da interrupção. Afinal, o que caracteriza a interrupção é o cometimento do novo crime por aquele que, antes, já fora condenado de forma definitiva por outro crime. A sentença que vier a condenar o réu pelo novo delito não gera a reincidência, apenas a declara. Contudo, depende-se da sentença condenatória transitada em julgado para que se considere haver reincidência. Quando vier essa sentença, o marco da interrupção será a data do cometimento daquele segundo crime e não a data da sentença na qual o agente por ele foi condenado.

  É a nossa opinião a respeito do tema e também a de Estefam (2010, p. 473), Cleber Masson (2019b, p. 805), Damásio de Jesus (1999, p. 789).

- **2ª corrente:** a interrupção se dará com o trânsito em julgado da condenação pelo segundo crime. Os partidários desta corrente entendem que essa seria a única solução possível em decorrência no princípio da presunção de não culpabilidade. Entre os defensores desta orientação, podemos citar Rogério Greco (2019, p. 906).

> **Decifrando a prova**
>
> **(2018 – MPE/MS – Promotor de Justiça – Adaptada)** A prescrição da pretensão punitiva é interrompida pela reincidência penal.
> ( ) Certo    ( ) Errado
> **Gabarito comentado:** a reincidência interrompe a prescrição da pretensão executória. Portanto, está errado.

## 44.7.7 A não extensão das causas de interrupção da prescrição executória

As **causas interruptivas da prescrição da pretensão executória** são, ao contrário das que interrompem a pretensão punitiva, **personalíssimas**. Por dizer respeito ao condenado e não ao fato em si, não podem ser estendidas aos demais que concorreram para o crime, como coautores ou partícipes.

## 44.8 REDUÇÃO DOS PRAZOS PRESCRICIONAIS

A legislação penal brasileira, fulcrada em razões de política criminal, estabelece hipóteses em que o prazo da prescrição será reduzido. A disciplina se aplica tanto na prescrição da pretensão executória quanto na prescrição da pretensão punitiva, sendo tratada no art. 115 do Código Penal.

> **CP, art. 115.** São reduzidos de metade os prazos de prescrição quando o criminoso era, ao tempo do crime, menor de 21 (vinte e um) anos, ou, na data da sentença, maior de 70 (setenta) anos.

Para a prova da idade, qualquer documento hábil deverá ser considerado, conforme Súmula nº 74 do STJ, que, embora se refira à comprovação da menoridade, também se aplica à comprovação da idade do agente por ocasião da sentença.

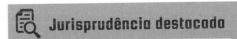

> **Súmula nº 74, STJ.** Para efeitos penais, o reconhecimento da menoridade do réu requer prova por documento hábil.

Assim, para todos aqueles que eram, ao tempo da ação ou omissão, maiores de 18 anos, porém menores de 21 anos, a prescrição será contada da metade. Observe que, aqui, o **critério é o tempo do crime**, nos termos do art. 4º do Código Penal. Assim, não importa a idade do agente na data em que sobreveio o resultado ou mesmo a da sentença condenatória transitada em julgado.

Também será contado pela metade o prazo da prescrição quando, por ocasião da sentença, o réu contar com **mais de 70 anos**. Aqui, ao contrário da regra da menoridade, **o critério não será a data do fato, mas a da primeira decisão condenatória**, que poderá ser uma sentença ou um acórdão (quando a competência originária for de um tribunal, ou quando o tribunal reformar sentença absolutória, por exemplo).

Assim, se o condenado completa 70 anos depois de prolatada sentença condenatória e enquanto pende recurso, não haverá o cômputo do prazo pela metade. Essa é a orientação do STF e do STJ.

> **Jurisprudência destacada**
>
> (...) A 3ª Seção desta Corte Superior firmou o entendimento de que a redução à metade do prazo prescricional somente é aplicada ao réu que tiver mais de 70 anos na data da primeira decisão condenatória. Precedentes. 2. Na hipótese, não há plausibilidade jurídica na causa de pedir da defesa – alegação de que o réu faz jus à redução do prazo prescricional prevista no art. 115 do Código Penal –, uma vez que o agente tinha 67 anos à época da sentença que o condenou a 3 anos de detenção pelo crime do art. 90 da Lei nº 8.666/1993. Não houve transcurso de oito anos, nos termos do art. 109, IV, do CP entre os marcos interruptivos da prescrição, a saber: 1º.01.2001 – data do fato; 28.12.2007 – recebimento da denúncia; 09.08.2012 – publicação da sentença condenatória; 14.04.2015 – publicação do acórdão que confirmou a condenação; 07.12.2016 – trânsito em julgado. 3. Agravo regimental não provido (STJ, AgRg no TP nº 2.936/SP 2020/0220528-9, Rel. Min. Rogerio Schietti Cruz, j. 22.09.2020, 6ª Turma, DJe 30.09.2020). (...) III – Não cabe aplicar o benefício do art. 115 do Código Penal quando o agente conta com mais de 70 (setenta) anos na data do acórdão que se limita a confirmar a sentença condenatória. IV – Hipótese dos autos em que o agente apenas completou a idade necessária à redução do prazo prescricional quando estava pendente de julgamento agravo de instrumento interposto de decisão que inadmitiu recurso extraordinário. V – Ordem denegada (STF, HC nº 86.320/SP, Rel. Min. Ricardo Lewandowski, j. 17.10.2006, 1ª Turma, DJ 24.11.2006).

Com relação ao Estatuto da Pessoa Idosa, o Supremo Tribunal Federal entende que o fato de a lei conferir especial tratamento a pessoas com **idade igual ou superior a 60 (sessenta) anos, não autoriza que o prazo da prescrição seja reduzido à metade**. Assim como não se pode remeter à regra do art. 115 às alterações trazidas pela legislação civil em vigor quanto à fixação da menoridade, não se pode estendê-la para abraçar o critério de senilidade constante do Estatuto da Pessoa Idosa.

> **Jurisprudência destacada**
>
> (...) A idade de 60 (sessenta) anos, prevista no art. 1º do Estatuto do Idoso, somente serve de parâmetro para os direitos e obrigações estabelecidos pela Lei nº 10.741/2003. Não há que

se falar em revogação tácita do art. 115 do Código Penal, que estabelece a redução dos prazos de prescrição quando o criminoso possui mais de 70 (setenta) anos de idade na data da sentença condenatória (...) (STF, HC nº 86.320/SP, Rel. Ricardo Lewandowski, j. 17.10.2006, 1ª Turma, *DJ* 24.11.2006).

> **Decifrando a prova**
>
> **(2019 – Cespe/Cebraspe – TJ/BA – Juiz de Direito Substituto – Adaptada)** Os prazos prescricionais previstos no CP serão reduzidos pela metade nas situações em que, ao tempo do crime, o agente fosse menor de vinte e um anos de idade ou, na data do trânsito em julgado da sentença condenatória, fosse maior de setenta anos de idade.
> ( ) Certo    ( ) Errado
> **Gabarito comentado:** para que a contagem se dê pela metade, é preciso que o agente tenha 70 anos por ocasião da primeira decisão (sentença ou acórdão) condenatório e não por ocasião do trânsito em julgado), conforme regra do art. 115 do Código Penal. Portanto, está errado.

## 44.9 PRESCRIÇÃO DA PENA DE MULTA

A matéria é disciplinada pelo art. 114 do Código Penal.

> **CP, art. 114.** A prescrição da pena de multa ocorrerá:
>
> I – em 2 (dois) anos, quando a multa for a única cominada ou aplicada;
>
> II – no mesmo prazo estabelecido para prescrição da pena privativa de liberdade, quando a multa for alternativa ou cumulativamente cominada ou cumulativamente aplicada.

### 44.9.1 Prescrição da pretensão punitiva da pena de multa

O art. 114 do Código Penal rege a prescrição da pretensão punitiva da pena de multa, sendo a doutrina, neste particular, unânime. Aplicam-se, inclusive, à prescrição da pretensão punitiva da pena de multa todas as causas impeditivas e interruptivas já aqui estudadas. Assim, a regra é simples: quando ao crime se comina unicamente a pena de multa, a prescrição se dá em dois anos. Dessa forma, por exemplo, no crime do art. 305 do Código Eleitoral, a prescrição se dará em dois anos. Uma vez consumado o delito, o Estado terá até dois anos para deflagrar a ação penal. Caso não o faça, estará prescrita a pretensão punitiva estatal.

Quando houver, **além da multa, cumulativa ou alternativamente pena privativa de liberdade, quer seja na cominação, quer seja na aplicação, a prescrição da pretensão punitiva se dará no mesmo tempo da pena privativa de liberdade.** Assim, por exemplo, no crime do art. 69 da Lei nº 8.078/1990 ("Art. 69. Deixar de organizar dados fáticos, técnicos e científicos que dão base à publicidade"), sendo cominada a pena de detenção de um a seis meses ou multa, a prescrição se dará em quatro anos, com base na pena privativa de liberdade.

Outrossim, **ainda que não seja a única cominada, caso isoladamente aplicada, a prescrição igualmente se dará em dois anos**. Tomemos, mais uma vez, como exemplo o crime do art. 69 da Lei nº 8.078/1990 e do art. 7º da Lei nº 8.137/1990 e admitamos que o juiz aplique apenas a multa. Se o fizer, a prescrição da pretensão punitiva se dará em dois anos.

Quanto aos marcos interruptivos e suspensivos da prescrição da pretensão punitiva, também se aplicam à prescrição da multa.

## 44.9.2 Prescrição da pretensão executória da pena de multa

**De acordo com o disposto no art. 51 do Código Penal**, transitada em julgado a sentença condenatória, a multa será executada perante o juiz da execução penal e será considerada dívida de valor, aplicáveis as normas relativas à dívida ativa da Fazenda Pública, inclusive no que concerne às causas interruptivas e suspensivas da prescrição.

Nem sempre foi assim. Na redação original do artigo mencionado, previa-se a possibilidade de conversão da pena de multa em pena privativa de liberdade, de detenção, quando o condenado solvente deixava de pagá-la ou frustrava a sua execução. A alteração foi provocada pela Lei nº 9.268/1996.

Com a mudança na redação do art. 51 e hoje não mais sendo possível a conversão da pena de multa em pena de detenção, duas correntes se formam na doutrina com relação ao tema:

- **1ª corrente:** a prescrição da pretensão executória da multa se dá em 5 anos, tal qual ocorre com as dívidas de valor da Fazenda Pública, uma vez que a nova redação da lei determina que a pena pecuniária seja considerada dívida de valor para fins de execução. É o posicionamento de Fernando Capez (2003, p. 537).
- **2ª corrente:** o art. 114 do Código Penal continua sendo o dispositivo a reger a matéria, até porque a lei que lhe conferiu a atual redação é a mesma que alterou, em 1996, o disposto no art. 51, que veda a conversão da pena de multa em pena privativa de liberdade. Fosse objetivo da Lei nº 9.268/1996 fixar em cinco anos a prescrição da pretensão executória da multa, teria trazido outra redação para o art. 114 do Código Penal. O fato de o art. 51 do Código Penal determinar obediência às normas da legislação relativa à dívida da Fazenda Pública no que tange às causas suspensivas e interruptivas da prescrição não nos autoriza a solução apontada como correta pela primeira corrente. Destarte, o disposto no art. 114 do Código Penal é aplicável às duas modalidades de prescrição, punitiva e executória. É a orientação defendida pelos autores.

Com relação às causas suspensivas e interruptivas, não se aplicam as trazidas pelo Código Penal, mas as que se aplicam às dívidas da Fazenda Pública.

Com relação à prescrição da pena de multa, não se aplica o aumento de 1/3 a que se refere o art. 110, *caput*, do Código Penal, somente aplicável quando se trata de prescrição executória da pena privativa de liberdade.

## 44.10 PRESCRIÇÃO E ATOS INFRACIONAIS

O STJ, em jurisprudência cristalizada na Súmula nº 338, entende que as regras referentes à prescrição são aplicáveis às medidas socioeducativas. Considera o Sodalício que as medidas socioeducativas, embora protetivas, trazem carga retributiva e repressiva, razão pela qual não podem ser excluídas do campo da prescrição.

> **Jurisprudência destacada**
>
> **Súmula nº 338, STJ.** A prescrição penal é aplicável nas medidas socioeducativas.

Fixada a possibilidade, endossada pelo STF, as Cortes decidiram que o prazo da prescrição em atos infracionais deve ser calculado pela pena máxima cominada ao crime ou contravenção correspondente, **diminuída pela metade**, pelo fato de tratar-se seu autor de pessoa menor de 21 anos.

> **Jurisprudência destacada**
>
> Aplica-se ao menor infrator o instituto da prescrição penal, ainda que não disciplinado na legislação especial a que se submetem os atos infracionais praticados por adolescente (Lei nº 8.069/1990), regendo-se tais hipóteses pelo regime jurídico previsto no Código Penal (art. 115), pois, por ser mais favorável, nesse aspecto, deve ser estendido aos procedimentos de apuração dos atos infracionais, reconhecendo-se a aplicabilidade do benefício que reduz à metade o prazo prescricional em relação ao menor de vinte e um (21) anos (STF, HC nº 107.200/RS, Rel. Min. Celso de Mello, 2ª Turma, j. 28.06.2011).

Todavia, tal qual ocorre com a disciplina estabelecida para cálculo da prescrição no Código Penal, nos termos do disposto no art. 110, *caput* e § 1º, daquele diploma legal, imaginemos que, proposta a ação socioeducativa, venha a ser aplicada medida socioeducativa correspondente. Com o trânsito em julgado para o MP, a prescrição passará a ser calculada sobre o prazo pelo qual tiver sido decretada a medida.

A mais drástica das medidas trazidas pelo ECA é a internação, aplicada sem termo determinado, devendo sua manutenção ser reavaliada periodicamente, embora a lei traga tempo máximo para seu cumprimento, consoante disposto no art. 121 do Estatuto da Criança e do Adolescente, abaixo transcrito:

> **Art. 121. A internação constitui medida privativa da liberdade**, sujeita aos princípios de brevidade, excepcionalidade e respeito à condição peculiar de pessoa em desenvolvimento.
>
> § 1º Será permitida a realização de atividades externas, a critério da equipe técnica da entidade, salvo expressa determinação judicial em contrário.

§ 2º **A medida não comporta prazo determinado**, devendo sua manutenção ser reavaliada, mediante decisão fundamentada, no máximo a cada seis meses.

§ 3º **Em nenhuma hipótese o período máximo de internação excederá a três anos.**

§ 4º Atingido o limite estabelecido no parágrafo anterior, o adolescente deverá ser liberado, colocado em regime de semiliberdade ou de liberdade assistida.

§ 5º A liberação será compulsória aos vinte e um anos de idade. (Grifos nossos.)

Destarte, uma vez aplicada sem termo, o prazo da prescrição será calculado pelo prazo máximo da internação, qual seja, 03 (três) anos, conforme art. 121, § 3º, da Lei nº 8.069/1990. Não é outra a orientação do STJ, como se depreende da leitura do julgado colacionado a seguir:

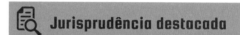

Tratando-se de medida socioeducativa aplicada sem termo, o prazo prescricional deve ter como parâmetro a duração máxima da internação (3 anos), e não o tempo da medida, que poderá efetivamente ser cumprida até que o socioeducando complete 21 anos de idade. Assim, deve-se considerar o lapso prescricional de 8 anos previsto no art. 109, IV, do Código Penal, posteriormente reduzido pela metade em razão do disposto no art. 115 do mesmo diploma legal, de maneira a restar fixado em 4 anos (STJ, 5ª Turma, AgRg no REsp nº 1.856.028-SC, Rel. Min. Reynaldo Soares da Fonseca, j. 12.05.2020, *Informativo* 672).

Deve-se atentar para o fato de que a decisão cuida de medida já aplicada, na mesma linha do disposto no art. 110 do Código Penal.

Outrossim, o prazo de três anos não pode ser levado em consideração para o cálculo de qualquer hipótese de prescrição ou mesmo para qualquer hipótese de ato infracional, sob pena de prejudicar interesses dos adolescentes.

Fosse a regra dos três anos aplicável a qualquer hipótese, para aquele adolescente que tivesse praticado infração análoga ao crime de ameaça ou mesmo ao de porte de droga para consumo pessoal, a prescrição se daria em quatro anos, o que não se pode conceber.

Além disso, o prazo máximo de três anos para cumprimento de medida socioeducativa aplicada em concreto não pode ser levado em conta para o cálculo da prescrição tendo como base data anterior ao do recebimento da representação ofertada pelo MP, nos termos do art. 110, § 1º, parte final, do Código Penal.

Art. 110. (...)

§ 1º A prescrição, depois da sentença condenatória com trânsito em julgado para a acusação ou depois de improvido seu recurso, regula-se pela pena aplicada, não podendo, em nenhuma hipótese, ter por termo inicial data anterior à da denúncia ou queixa. (Redação dada pela Lei nº 12.234, de 2010.)

Assim, em uma hipótese em que a ação pela prática de ato infracional análogo ao crime de roubo tivesse sido iniciada e somente quatro anos e meio depois fosse aplicada a medida sem prazo, ou mesmo não tivesse sido aplicada medida qualquer, já estaria prescrito o ato infracional, considerando-se a prescrição retroativa. Tal raciocínio não se aplicaria na hipótese de ação ainda não iniciada, levando-se em conta a parte final do § 1º do artigo supramencionado.

Entendemos que os julgados do STF e do STJ acima colacionados não se contradizem. Ao contrário, se completam. Antes de haver medida aplicada, a prescrição será calculada pelo máximo da pena privativa de liberdade, reduzido pela metade, respeitadas as demais regras trazidas pelo ECA quanto ao cumprimento de medidas socioeducativas. Uma vez aplicada por prazo determinado, a prescrição será calculada pelo prazo correspondente. Sendo aplicada sem termo, será regulada pelo prazo de três anos, observando-se as normas do art. 110 do Código Penal.

Sobre o tema, vale a lição pretoriana trazida em outros julgados de Tribunais do país:

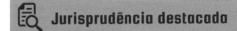

Estatuto da Criança e do Adolescente. Ato infracional equiparado a furto simples tentado. Prescrição da medida socioeducativa projetada. Descabimento. Ausência de julgamento de mérito. Prazo máximo da pena prevista no tipo penal. Pena em abstrato. Sentença desconstituída. Para que seja reconhecida a prescrição antes do trânsito em julgado da sentença que aplicar medida socioeducativa, deve-se levar em conta a pena máxima cominada ao tipo penal correspondente ao ato infracional praticado, a pena em abstrato cominada ao crime. Precedentes do STF e desta Corte. Apelo provido (TJ/RS, Apelação Cível nº 70065643918, 7ª Câmara Cível, Rel. Jorge Luís Dall'Agnol, j. 30.09.2015).

Agravo de instrumento. ECA. Ato infracional. Decisão que indefere o pedido de reconhecimento de prescrição. Descabimento. Prescrição em abstrato. Manutenção da decisão recorrida. Caso em que não merece reforma a decisão que indeferiu o pedido de reconhecimento da prescrição de ato infracional, pelo decurso de prazo superior a 01 (um) ano e 06 (seis) meses entre o fato e proposta de remissão, tendo em vista que, em hipóteses onde não há medida socioeducativa aplicada por sentença transitada em julgado, o prazo prescricional deve ser calculado considerando-se a prescrição em abstrato. Entendimento pacífico, tanto no STJ como no STF, que a prescrição em abstrato deve considerar a pena máxima cominada em abstrato ao tipo penal correspondente ao ato infracional praticado pelo adolescente, combinado com a regra do art. 115 do Código Penal. Precedentes jurisprudenciais. Negaram provimento (Agravo de Instrumento nº 70080765043, 8ª Câmara Cível, Tribunal de Justiça do RS, Rel. Rui Portanova, j. 04.04.2019).

Deve-se pontuar, contudo, decisão da 6ª Turma do STJ em sentido contrário, fixando que, em qualquer caso, o prazo máximo da prescrição deve ser computado levando-se em conta que uma medida socioeducativa jamais poderá ultrapassar 3 (três) anos, operando-se a prescrição, assim, em 4 (quatro) anos, considerando-se o disposto no art. 115 do Código Penal. Para o Sodalício, mesmo antes de iniciada a ação socioeducativa, somente na hipótese em que for reconhecida a prática de ato infracional análogo a crime que possua pena máxima *in abstrato* inferior a 3 (três) anos, o julgador, para evitar a criação de situação mais gravosa ao adolescente, deve adotar o prazo prescricional aplicável ao imputável em idêntica situação.

## Jurisprudência destacada

Agravo regimental em recurso especial. Estatuto da Criança e do Adolescente. Aplicação da medida socioeducativa de liberdade assistida. Ato infracional equiparado ao delito de tráfico de drogas. Súmula nº 338/STJ. Prazo prescricional da pretensão punitiva retroativa. Quatro anos. Não ocorrência. Entendimento dissonante da jurisprudência desta Corte. 1. Somente na hipótese em que for reconhecida a prática de ato infracional análogo a crime que possua pena máxima *in abstrato* inferior a 3 anos (como delitos de menor potencial ofensivo), o julgador, para evitar a criação de situação mais gravosa ao adolescente, deve adotar o prazo prescricional aplicável ao imputável em idêntica situação. No caso concreto, foi reconhecida a prática de ato infracional análogo ao delito do art. 33, *caput,* da Lei nº 11.343/2006, cuja pena máxima excede o limite de 3 anos estabelecido para a medida de internação. Nesse contexto, deve-se aplicar, por analogia, o prazo do art. 109, IV, do Código Penal reduzido pela metade, a teor do art. 115 do mesmo diploma legal, de modo que o prazo prescricional se consolidaria em 4 anos. 2. Nos termos do enunciado nº 338 da Súmula do STJ, a prescrição penal é aplicável nas medidas socioeducativas. Diante disso, a jurisprudência desta Corte firmou o entendimento de que, uma vez aplicada medida socioeducativa sem termo final, deve ser considerado o período máximo de 3 anos de duração da medida de internação, para o cálculo do prazo prescricional da pretensão socioeducativa, e não o tempo da medida que poderá efetivamente ser cumprida até que a envolvida complete 21 anos de idade (STJ, AgRg no REsp nº 1.856.028/SC, Rel. Min. Reynaldo Soares da Fonseca, 5ª Turma, *DJe* 19.05.2020). 3. Agravo regimental improvido (AgRg no REsp nº 1.920.059/SC, Rel. Min. Sebastião Reis Júnior, 6ª Turma, j. 05.10.2021, *DJe* 13.10.2021).

Estatuto da Criança e do Adolescente. ECA. *Habeas corpus*. Ato infracional equiparado ao delito de ameaça. Pena máxima abstratamente cominada ao crime, inferior ao prazo estipulado para a aplicação da medida socioeducativa de internação (3 anos). Alegada prescrição. Ocorrência. Constrangimento ilegal configurado. Ordem concedida. 1. Este Superior Tribunal de Justiça consolidou sua jurisprudência no sentido de que "A prescrição penal é aplicável nas medidas socioeducativas" (Súmula nº 338/STJ). 2. Sedimentou-se, ainda, a orientação de que o prazo prescricional deve ter por parâmetro, tratando-se de medida socioeducativa aplicada sem termo, a duração máxima da medida de internação (3 anos), ou, havendo termo, a duração da medida socioeducativa estabelecida pela sentença. 3. Sendo o ato infracional praticado equiparado a delito que prevê como preceito secundário sanção inferior a 3 anos, o cálculo da prescrição deve ser aferido pela pena máxima em abstrato prevista ao delito praticado. 4. Se a legislação penal estabelece pena inferior ao prazo máximo estipulado para a aplicação da medida socioeducativa de internação (3 anos), não se pode admitir que se utilize tal parâmetro para o cálculo da prescrição, uma vez que levaria a situações de flagrante desproporcionalidade e injustiça, porquanto se daria tratamento mais rigoroso à adolescente do que a um adulto, em situações análogas. 5. Resta demonstrada a ocorrência da prescrição, uma vez que o fato ocorreu em 18.05.2006 e a representação recebida em 02.07.2007; portanto, transcorrido o lapso temporal de 1 ano, deve o processo ser declarado extinto. 6. Ordem concedida para declarar prescrita a pretensão socioeducativa do Estado, no que se refere ao Processo nº 015.06.5950-2 (STJ, HC nº 120.875/SP 2008/0252808-9, Rel. Min. Arnaldo Esteves Lima, j. 16.06.2009, 5ª Turma, *DJe* 03.08.2009).

Capítulo 44 • Prescrição **795**

> **Decifrando a prova**
>
> **(2014 – FMP Concursos – TJ/MT – Juiz – Adaptada)** De acordo com entendimento sumulado do Superior Tribunal de Justiça, a prescrição não é aplicável nas medidas socioeducativas.
> ( ) Certo    ( ) Errado
> **Gabarito comentado:** errado, *ex vi* do disposto na Súmula nº 338 daquela Corte.

## 44.11 PRESCRIÇÃO VIRTUAL

Fruto de construção doutrinária e jurisprudencial, também recebe o nome de prescrição projetada, prognostical, antecipada, prescrição pela pena ideal, em perspectiva ou hipotética.

Cuida-se de hipótese em que se reconhece a prescrição considerando-se a pena que, em concreto, poderá ser aplicada àquele que praticou o fato criminoso.

O STJ não a admite, consoante entendimento sumulado pela Corte.

> **Jurisprudência destacada**
>
> **Súmula nº 438, STJ.** É inadmissível a extinção da punibilidade pela prescrição da pretensão punitiva com fundamento em pena hipotética, independentemente da existência ou sorte do processo penal.

Não é outro o entendimento do STF.

> **Jurisprudência destacada**
>
> 1. O STF consagrou ser "inadmissível a extinção da punibilidade em virtude da decretação da prescrição 'em perspectiva', projetada ou antecipada', com base em previsão da pena que hipoteticamente seria aplicada, independentemente da existência ou sorte do processo criminal" (RE nº 602.527/QO, Rel. Min. Cezar Peluso, *DJe* 17.12.2009) (...) (Inq. nº 4.434, AgR Rel. Min. Rosa Weber, j. 28.04.2020).

Na prescrição pela pena ideal, parte-se de uma pena em concreto, que se considera, como o próprio nome diz, a sanção ideal para aquele caso concreto.

Assim, imaginemos uma hipótese concreta em que Larapius Augustus, primário, de bons antecedentes, conduta social ilibada, pratique, em 18 de janeiro de um determinado ano, um furto simples e que, assim, nada justifique aplicação da pena além do patamar mínimo cominado em lei ou, pelo menos, próximo do mínimo legal. Nesse caso, verifica-se que a pena aplicável, na pior das hipóteses, jamais será fixada em patamar superior a 2 (dois) anos. Como não se pode reconhecer a prescrição pela pena em concreto tendo como termo inicial data anterior à denúncia ou à queixa, e*x vi* do art. 110, § 1º, do Código Penal, o Ministério Público terá que observar a pena máxima de 4 (quatro) anos cominada ao crime de furto e, assim, em 8 (oito) anos deve deflagrar a ação penal. Imaginemos que o faça em 20 de julho do ano seguinte, tendo sido a denúncia recebida aos 30 de julho daquele mesmo ano. Com a publicação do recebimento, interrompe-se a prescrição. Contudo, mais de quatro anos depois de recebida a denúncia, ainda não foi prolatada decisão condenatória, estando a instrução ainda em andamento. Entendemos que o juiz pode, independentemente da provocação das partes, extinguir o feito, sem julgamento de mérito, reconhecendo a prescrição retroativa pela pena em perspectiva, pelo decurso de mais de quatro anos desde o primeiro marco interruptivo. Não vemos nenhum sentido em continuar a movimentar a máquina pública, com gastos que serão suportados pela população em geral, para aguardar a sentença condenatória, com a aplicação de uma pena que certamente conduzirá ao reconhecimento da prescrição retroativa, cabível na fase judicial mesmo depois da vigência da Lei nº 12.234/2010, como já exposto nesta obra.

## 44.12 PRESCRIÇÃO E DETRAÇÃO

O prazo em que o condenado esteve preso cautelarmente deve ser deduzido da pena que a ele seja aplicada, de acordo com o disposto no art. 42 do Código Penal. Cuida-se, como já vimos, do instituto da detração.

Sobre a possibilidade de se considerar a detração para fins de prescrição, três são as posições encontradas:

* **1ª corrente:** o abatimento do tempo de prisão cautelar pode ser computado para efeito de reconhecimento da prescrição da pretensão punitiva e da executória.
* **2ª corrente:** a dedução é possível apenas no que tange à prescrição da pretensão executória. É a nossa orientação, considerando-se o disposto no art. 113 do Código Penal, que, a nosso ver, também se aplicaria à hipótese de detração. Nesse sentido, imaginemos que alguém tenha sido condenado à pena de 5 (cinco) anos e tenha ficado preso cautelarmente por 2 (dois) anos. Entendemos que a prescrição da pretensão punitiva deva ser calculada sobre o tempo restante, ou seja, 3 (três) anos e, assim, a prescrição da pretensão executória se dará em 8 (oito) anos, conforme art. 109, IV, do Código Penal. O STF já assim entendeu pelo cabimento da detração para efeitos de prescrição da pretensão executória.

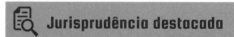

Prescrição da pretensão punitiva *versus* prescrição da pretensão executória – **detração**. A **detração** apenas é considerada para efeito da **prescrição** da pretensão executória, não se estendendo aos cálculos relativos à **prescrição** da pretensão punitiva (HC nº 100.001, 1ª Turma, Rel. Min. Marco Aurélio, *DJe* 18.06.2010, j. 11.05.2010). (Grifos nossos).

- **3ª corrente:** a detração não pode ser computada para fins prescricionais, nem da pretensão punitiva, nem da executória. Para o cálculo da prescrição, deve-se observar a pena aplicada, sem o desconto da detração. O cálculo da prescrição pela pena residual, conforme prevê o art. 113 do Código Penal, limita-se às hipóteses de evasão e de revogação do livramento condicional. Esse raciocínio foi adotado na maioria das decisões de nossas cortes superiores acerca da matéria.

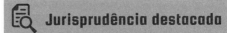

Detração. Prescrição da pretensão executória. Agravo regimental desprovido. 1. A inexistência de argumentação apta a infirmar o julgamento monocrático conduz à manutenção da decisão recorrida. 2. Não cabe a esta Corte rever as premissas decisórias encampadas pelas instâncias ordinárias, na medida em que tal proceder pressupõe aprofundado reexame de fatos e provas, providência incompatível com a estreita via do *habeas corpus*. 3. As instâncias ordinárias, no âmbito de sua discricionariedade motivada, fundamentaram adequadamente o afastamento do art. 155, § 2º, do CP, especialmente em decorrência do significativo valor do bem furtado – R$ 1.019,81 (mil e dezenove reais e oitenta e um centavos). 4. O período em que o agravante esteve preso preventivamente não pode ser utilizado para fins de definição do prazo prescricional. Precedentes. 5. Agravo regimental desprovido (RHC nº 164.273 AgR, 2ª Turma, Rel. Min. Edson Fachin, j. 28.06.2019, *DJe* 1º.08.2019).

## 44.13 PRESCRIÇÃO DA FALTA GRAVE

A Lei de Execução Penal prevê hipóteses de falta grave, às quais comina sanções disciplinares, nos termos dos arts. 52 e 53. O prazo de prescrição para aplicação de sanção disciplinar em virtude de cometimento de falta grave, à míngua de regra expressa nesse sentido, é de 3 (três) anos, menor prazo de prescrição previsto no Código Penal brasileiro (art. 109, VI). Estando a falta grave configurada em virtude da fuga, o termo inicial da contagem da prescrição para aplicação da sanção correspondente será a data da recaptura, por analogia ao disposto no art. 111, III, do Código Penal.

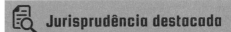

(...) 2. As Turmas que compõem a 3ª Seção desta Corte firmaram o entendimento de que, em razão da ausência de legislação específica, a prescrição da pretensão de se apurar falta disciplinar, cometida no curso da execução penal, deve ser regulada, por analogia, pelo prazo do art. 109 do Código Penal, com a incidência do menor lapso previsto, atualmente de três anos, conforme dispõe o inciso VI do aludido artigo. 3. *In casu*, conforme consta do voto condutor do acórdão impugnado, a falta grave foi cometida em 04.04.2017 (fuga em 26.12.2013, com recaptura do sentenciado em 04.04.2017), tendo sido determinada a instauração de procedimento administrativo disciplinar para a respectiva apuração. 4. O termo inicial do prazo prescricional, no caso de fuga, é a data da recaptura, por ser uma infração disciplinar de natureza permanente (HC nº 362.895/RS, Rel. Min. Felix Fischer, 5ª Turma, j. 14.02.2017, *DJe* 22.02.2017). 5. A conduta foi praticada após a edição da Lei nº 12.234/2010, cujo menor lapso prescricional é de 3 anos, prazo ainda não implementado (HC nº 527.625/SP, j. 12.11.2019).

# Referências

ANTUNES, Paulo. *Direito ambiental*. 12. ed. Rio de Janeiro: Lumen Juris, 2010.

ASSIS, Jorge César de. *Direito militar:* aspectos penais, processuais penais e administrativos. 2. ed. Curitiba: Juruá, 2007.

ASÚA, Jiménez. *Tratado de derecho penal*. Buenos Aires: Losada, 1951. v. 3.

BARBOSA, Rui. *Obras completas de Rui Barbosa*. Rio de Janeiro: Fundação Casa de Rui Barbosa, 1896. v. 23. t. II.

BARROS, Flávio Monteiro de. *Direito Penal*. Parte Geral. São Paulo: Forense, 2003.

BATISTA, Nilo. *Introdução crítica ao direito penal brasileiro*. Rio de Janeiro: Revan, 1996.

BATISTA, Nilo. *Concurso de agentes:* uma investigação sobre os problemas da autoria e da participação no direito penal brasileiro. 2. ed. Rio de Janeiro: Lumen Juris, 2004.

BECCARIA, Cesare Bonesana. *Dos delitos e das penas*. 3. ed. Tradução de Lúcia Guidicini, Alessandro Berti Contessa; revisão de Roberto Leal Ferreira. São Paulo: Martins Fontes, 2005.

BECKER, Marina. *Tentativa criminosa:* doutrina e jurisprudência. São Paulo: Siciliano Jurídico, 2004.

BERNARDES, Juliano Taveira; FERREIRA, Olavo Augusto Vianna Alves. *Direito constitucional*. 8. ed. Salvador: JusPodivm, 2018. t. I.

BIERRENBACH, Sheila. *Teoria do crime*. Rio de Janeiro: Lumen Juris, 2009.

BITENCOURT, Cezar Roberto. *Teoria geral do delito*. São Paulo: 2. ed. São Paulo: Saraiva, 2004.

BITENCOURT, Cezar Roberto. *Tratado de direito penal:* parte geral. 13. ed. São Paulo: Saraiva, 2008. v. 1.

BITENCOURT, Cezar Roberto. *Tratado de direito penal:* parte especial. 7. ed. São Paulo: Saraiva, 2013. v. 5.

BITENCOURT, Cezar Roberto. *Tratado de direito penal*. 14. ed. São Paulo: Saraiva, 2014. v. 2.

BITENCOURT, Cezar Roberto. *Tratado de direito penal*. 26. ed. São Paulo: Saraiva, 2020. v. 1.

BRANDÃO, Cláudio. *Teoria jurídica do crime*. 2. ed. Rio de Janeiro: Forense, 2007.

BRUNO, Aníbal. *Direito penal:* parte geral. 2. ed. Rio de Janeiro: Forense, 1959. t. 2.

BRUNO, Aníbal. *Direito penal:* parte geral. 3. ed. Rio de Janeiro: Forense, 1967. v. 2.

BRUNO, Aníbal. *Direito penal.* Rio de Janeiro: Forense, 1978. v. 1. t. 1.

BUSATO, Paulo César. *Direito penal:* parte geral. 4. ed. São Paulo: Atlas, 2018. v. 1.

BUZANELLO, José Carlos. Objeção de consciência: um direito constitucional. *Revista de Informação Legislativa,* v. 38, n. 152, p. 173-182, out./dez. 2001.

CABALLERO, Jorge Frias. *El proceso ejecutivo del delito.* 2. ed. Buenos Aires: Bibliográfica Argentina, 1956.

CANOTILHO, J. J. Gomes. *Direito constitucional e teoria da Constituição.* Coimbra: Almedina, 1995.

CAPEZ, Fernando. *Curso de direito penal:* parte geral. 6. ed. rev. e atual. São Paulo: Saraiva, 2003. v. 1.

CARVALHO, Américo Taipa de. *Sucessão de leis penais.* Coimbra: Coimbra Editora, 1990.

CAVALCANTE, Márcio André Lopes. Comentários à Lei nº 12.650/2012, que acrescentou o inciso V ao art. 111 do Código Penal. *Dizer o Direito.* 21 maio 2012. Disponível em: http://www.dizerodireito.com.br/2012/05/comentarios-lei-126502012-que.html. Acesso em: 08 ago. 2020.

CIA, Michele. *A desinternação progressiva como alternativa para a obrigação político-criminal do Estado frente aos atos praticados por inimputáveis.* Dissertação (Mestrado) – Universidade Estadual Paulista, Faculdade de História, Direito e Serviço Social, 2008. Disponível em: http://hdl.handle.net/11449/89868. Acesso em: 05 mar. 2021.

COSTA JÚNIOR, Paulo José da. *O crime aberrante.* Belo Horizonte: Del Rey, 1996.

CUNHA, Rogério Sanches. *Manual de direito penal:* parte geral. Salvador: JusPodivm, 2013.

CUNHA, Rogério Sanches. *Manual de direito penal:* parte geral – volume único. Salvador: JusPodivm, 2020.

CUNHA JÚNIOR, Dirley da. *Curso de direito administrativo.* 7. ed. Salvador: JusPodivm, 2009.

ESTEFAM, André. *Direito penal:* parte geral. São Paulo: Saraiva, 2010. v. 1.

FARIA, Bento. *Código Penal brasileiro comentado.* Rio de Janeiro: Record, 1961. v. III.

FERRAJOLI, Luigi. *Direito e razão:* teoria do garantismo penal. São Paulo: Revista dos Tribunais, 2002.

FERRARI, Eduardo Reale. *Medidas de segurança e direito penal no estado democrático de direito.* São Paulo: Revista dos Tribunais, 2001.

FERREIRA FILHO, Manuel Gonçalves. *Direitos humanos fundamentais.* São Paulo: Saraiva, 1995.

FRAGOSO, Heleno Cláudio. *Lições de direito penal:* parte geral. 4. ed. Rio de Janeiro: Forense, 1995.

FRAGOSO, Heleno Cláudio. *Lições de direito penal:* parte geral. 16. ed. Rio de Janeiro: Forense, 2003.

FRANCO, Alberto Silva. *Código Penal e sua interpretação jurisprudencial:* parte geral. 6. ed. São Paulo: Revista dos Tribunais, 1997. v. 1. t. 1.

FÜHRER, Maximiliano Roberto Ernesto. *História do direito penal.* São Paulo: Malheiros, 2005.

GOMES, Luiz Flávio. *Direito penal do inimigo (ou inimigos do direito penal).* São Paulo: Notícias Forenses, 2004.

GOMES, Luiz Flávio. *Erro de tipo e erro de proibição.* São Paulo: Revista dos Tribunais, 1999.

GOMES, Luiz Flávio. Os tratados internacionais podem definir delitos e penas? *Revista Jus Navigandi*, Teresina, ano 12, n. 1559, 8. out. 2007. Disponível em: https://jus.com.br/artigos/10506. Acesso em: 13 jan. 2022.

GOMES, Luiz Flávio; BIANCHINI, Alice. *Curso de direito penal:* parte geral. Salvador: JusPodivm, 2015.

GRECO FILHO, Vicente. *Manual de processo penal.* 8. ed. São Paulo: Saraiva, 2010.

GRECO, Luís. *Dolo sem vontade.* [s.d.]. Disponível em: https://pt.scribd.com/doc/214585860/LUIS-GRECO-Dolo-Sem-Vontade. Acesso em: 20 out. 2020.

GRECO, Luís. Introdução à dogmática funcionalista do delito. *Revista Jurídica*, Porto Alegre, jul. 2000.

GRECO, Luís; LEITE, Alaor. O que é e o que não é a teoria do domínio do fato: sobre a distinção entre autor e partícipe no direito penal. In: GRECO, Luis; LEITE, Alaor; TEIXEIRA, Adriano; ASSIS, Augusto. *Autoria como domínio do fato.* São Paulo: Marcial Pons, 2014.

GRECO, Luís; LEITE, Alaor; TEIXEIRA, Adriano; ASSIS, Augusto. *Autoria como domínio do fato:* estudos introdutórios sobre o concurso de pessoas no direito penal brasileiro. São Paulo: Marcial Pons, 2014.

GRECO, Rogério. *Leis penais especiais comentadas:* crimes hediondos e tortura. Rio de Janeiro: Impetus, 2016.

GRECO, Rogério. *Curso de direito penal:* parte geral. 21. ed. Rio de Janeiro: Impetus, 2019. v. 1.

GUEIROS, Artur; JAPIASSÚ, Carlos Eduardo. *Direito penal:* volume único. São Paulo: Atlas, 2018.

HERINGER JÚNIOR, Bruno. *Objeção de consciência e direito penal:* justificação e limites. Rio de Janeiro: Lumen Juris, 2007.

HUNGRIA, Nélson. *Comentários ao Código Penal.* Rio de Janeiro: Forense, 1949. v. 1.

HUNGRIA, Nélson. *Comentários ao Código Penal.* 4. ed. Rio de Janeiro: Forense, 1958a. v. 1. t. 1.

HUNGRIA, Nélson. *Comentários ao Código Penal.* Rio de Janeiro: Forense, 1958b. v. 1. t. 2.

HUNGRIA, Nélson. *Comentários ao Código Penal.* 4. ed. Rio de Janeiro, Forense, 1958c. v. 6.

HUNGRIA, Nélson. *Comentários ao Código Penal.* Rio de Janeiro: Forense, 1959. v. 9.

HUNGRIA, Nélson. *Comentários ao Código Penal.* 5. ed. Rio de Janeiro: Forense, 1978. v. 1. t. 2.

HUNGRIA, Nélson. *Comentários ao Código Penal*. 5. ed. Rio de Janeiro: Forense, 1980. v. 7.

HUNGRIA, Nélson; DOTTI, René Ariel. *Comentários ao Código Penal*. 6. ed. Rio de Janeiro: GZ, 2017. E-book.

JESUS, Damásio Evangelista de. *Direito penal*: parte geral. 22. ed. São Paulo: Saraiva, 1999. v. 2.

JESUS, Damásio Evangelista de. *Lei das Contravenções Penais anotada*: Decreto-lei nº 3.688, de 3-10-1941. 13. ed. Saraiva, 2014.

JOPPERT, Alexandre Couto. *Fundamentos de direito penal*. 3. ed. ampl. e atual. Rio de Janeiro: Lumen Juris, 2011.

JOSEFO, Flávio. *História dos hebreus*. São Paulo: CPAD, 1969. E-book.

KREBS, Pedro. Responsabilidade penal das pessoas jurídicas de direito público interno. *Boletim do Instituto Brasileiro de Ciências Criminais*, São Paulo, n. 88, mar. 2000.

LUISI, Luiz. *Os princípios constitucionais penais*. 2. ed. Porto Alegre: SAFE, 2003.

MARINHO, Alexandre Araripe; FREITAS, André Guilherme Tavares de. *Manual de direito penal*: parte geral. Rio de Janeiro: Lumen Juris, 2009.

MARINHO, Alexandre Araripe; FREITAS, André Guilherme Tavares de. *Manual de direito penal*: parte geral. 3. ed. São Paulo: Revista dos Tribunais, 2014.

MARQUES, José Frederico. *Tratado de direito penal*. São Paulo: Saraiva, 1965.

MASSON, Cleber. *Direito penal esquematizado*. 6. ed. São Paulo: Método, 2016. v. 3.

MASSON, Cleber. *Código Penal comentado*. 7. ed. São Paulo: Método, 2019a.

MASSON, Cleber. *Direito penal*: parte geral (arts. 1º a 120). 13. ed. São Paulo: Método, 2019b. v. 1.

MAURACH, Reinhart. O conceito finalista da ação e seus efeitos sobre a teoria da estrutura do delito. Tradução de: Elizabeth dos Santos Carvalho. *Revista Brasileira de Criminologia e Direito Penal*, v. 14, p. 23, jul./set. 1966.

MAURACH, Reinhart. *Derecho penal*: parte general. Atualizado por Heinz Zipf e traduzido por Jorge Bofill Genzsch e Henrique Aimone Gibson. Buenos Aires: Astrea, 1994. v. 2.

MELLO, Celso Antônio Bandeira de. *Curso de direito administrativo*. 12. ed. São Paulo: Malheiros, 2000.

MIRABETE, Júlio Fabbrini. *Manual de direito penal*: parte geral. 29. ed. São Paulo: Atlas, 2013a. v. 1.

MIRABETE, Julio Fabbrini. *Manual de direito penal*: parte especial. 30. ed. São Paulo: Atlas, 2013b. v. 2.

MONTEIRO, Barros de; AUGUSTO, Flávio. *Direito penal*: parte geral. São Paulo: Saraiva, 2001. v. 1.

NORONHA, Edgard Magalhães. *Do crime culposo*. São Paulo: Saraiva, 1974.

NORONHA, Edgard Magalhães. *Direito penal*. 15. ed. São Paulo: Saraiva, 1978. v. 1.

NORONHA, Edgard Magalhães. *Direito penal*: introdução e parte geral. São Paulo: Saraiva, 1993. v. 1.

NUCCI, Guilherme de Souza. *Manual de direito penal*. 15. ed. Rio de Janeiro: Forense, 2019.

NUCCI, Guilherme de Souza. *Curso de direito penal*. 4. ed. Rio de Janeiro: Forense, 2020a. v. 1.

NUCCI, Guilherme de Souza. *Manual de direito penal*. 16. ed. Rio de Janeiro: Forense, 2020b.

PACELLI, Eugênio. *Curso de processo penal*. 16. ed. São Paulo: Atlas, 2012.

PACELLI, Eugênio; CALLEGARI, André. *Manual de direito penal*: parte geral. São Paulo: Atlas, 2015.

PACHECO, Luciana Botelho. *Como se fazem as leis*. 3. ed. Brasília: Câmara dos Deputados, 2013.

PASSEI WEB. *Sistemas humanos – sistema nervoso: 5 – o ato reflexo*. 25 set. 2015. Disponível em: https://www.passeiweb.com/estudos/sala_de_aula/biologia/sist_nervoso_ato_reflexo/. Acesso em: 20 dez. 2020.

PIERANGELI, José Henrique. *O consentimento do ofendido na teoria do delito*. 3. ed. São Paulo: Revista dos Tribunais, 2001.

PORTOCARRERO, Cláudia; PALERMO, Wilson. *Leis penais extravagantes*: teoria, jurisprudência e questões comentadas, artigo por artigo. 5. ed. Salvador: JusPodivm, 2020.

PRADO, Luiz Regis. *Curso de direito penal brasileiro*: parte geral. 2. ed. São Paulo: Revista dos Tribunais, 2000.

PRADO, Luiz Regis. *Curso de direito penal brasileiro*. 8. ed. São Paulo: Revista dos Tribunais, 2010. v. I.

PRADO, Luiz Regis. *Direito penal do ambiente*: crimes ambientais (Lei nº 9.605/1998). 7. ed. Rio de Janeiro: Forense, 2019a.

PRADO, Luiz Regis. *Tratado de direito penal brasileiro*: parte geral. 3. ed. Rio de Janeiro: Forense, 2019b. v. 1.

PRADO, Luiz Regis; BITENCOURT, Cezar Roberto. *Elementos de direito penal*: parte geral. São Paulo: Revista dos Tribunais, 1995. v. 1.

REALE, Miguel. *Instituições de direito penal*: parte geral. Rio de Janeiro: Forense, 2002. v. I.

REALE JR., Miguel. *Instituições de direito penal*: parte geral. 3. ed. Rio de Janeiro: Forense, 2009.

ROCHA, Fernando Antônio Nogueira Galvao da. *Direito penal*: parte geral. Rio de Janeiro: Impetus, 2004.

ROXIN, Claus. *Derecho penal*: parte general – fundamentos – la estructura de la teoría del delito. 2. ed. Trad.: Diego-Manuel Luzón Peña, Miguel Diaz y García Conlledo e Javier de Vicente Remesal. Madrid: Civitas, 1997. t. I.

SANCHES, Jesús Maria Silva. *A expansão do direito penal*: aspectos da política criminal nas sociedades pós-industriais. Trad. Luiz Otávio de Oliveira Rocha. São Paulo: RT, 2002.

SANTOS, Juarez Cirino dos. *Direito penal*. Rio de Janeiro: Forense, 1985.

SANTOS, Juarez Cirino dos. *A moderna teoria do fato punível*. Rio de Janeiro: Freitas Bastos, 2002.

SANTOS, Juarez Cirino dos. *Direito penal:* parte geral. 2. ed. Curitiba: ICPC; Lumen Juris, 2007.

SATO, Catherine Ruriko. *Crimes de perigo abstrato e a questão da tentativa:* limites da antecipação da tutela penal. São Paulo: USP, 2012.

TAVARES, Juarez. *Teoria do injusto penal.* Belo Horizonte: Del Rey, 2000.

TAVARES, Juarez. *Direito penal da negligência:* uma contribuição à teoria do crime culposo. 2. ed. rev. e ampl. Rio de Janeiro: Lumen Juris, 2003a.

TAVARES, Juarez. *Teoria do injusto penal.* 3. ed. rev. e ampl. Belo Horizonte: Del Rey, 2003b.

TÁVORA, Nestor; ALENCAR, Rosmar Rodrigues. *Curso de processo penal e execução penal.* 14. ed. rev. e atual. Salvador: JusPodivm, 2019.

TOLEDO, Francisco de Assis. *O erro no direito penal.* São Paulo: Saraiva, 1977.

TOLEDO, Francisco de Assis. *Princípios básicos de direito penal.* 4. ed. São Paulo: Saraiva, 1991.

TOLEDO, Francisco de Assis. *Princípios básicos de direito penal.* 5. ed. São Paulo: Saraiva, 2000.

UCHÔA, André. *Medicina legal decifrada.* São Paulo: Alfacon, 2021.

USP. *Declaração dos Direitos do Homem e do Cidadão.* França, 26 de agosto de 1789. Disponível em: http://www.direitoshumanos.usp.br. Acesso em: 07 dez. 2020.

ZAFFARONI, Eugenio Raúl. *Manual de derecho penal:* parte general. Buenos Aires: Ediar, 1996.

ZAFFARONI, Eugenio Raúl; PIERANGELI, José Henrique. *Da tentativa.* São Paulo: Revista dos Tribunais, 1995.

ZAFFARONI, Eugenio Raúl; PIERANGELI, José Henrique. *Da tentativa:* doutrina e jurisprudência. São Paulo: Revista dos Tribunais, 2000.

ZAFFARONI, Eugenio Raúl; PIERANGELI, José Henrique. *Manual de direito penal brasileiro:* parte geral. 5. ed. rev. e atual. São Paulo: Revista dos Tribunais, 2004.